First Edition

RAHNAMA
MANAGEMENT DICTIONARY
ENGLISH - PERSIAN

BY

ABBAS YAZDI

Over 20,000 management, administrative, business, economic and legal terms clearly and simply defined and explained.

An INDISPENSABLE REFERENCE TOOL for management and English language students, translators, and anyone who deals with management terminology

RAHNAMA PUBLICATION

COPYRIGHT © 2000

All rights reserved. No part of this publication may be reproduced, stored in retrieval system, or transmitted, in any form or by any means without the prior written permission of the publisher.

Rahnama Publications, Tehran, Enghelab Sq. Farvardin St. No 220, P.O. box 13145/ 1845

Printed in Iran

RAHNAMA PUBLICATIONS

COPYRIGHT © 2009.

All rights reserved. No part of this publication may be reproduced, stored in retrieval system, or transmitted, in any form or by any means without the prior written permission of the publisher.

Rahnama Publications Tehran, Hophtetir Sq, Forsadin St, No 220. P.O. Fax 13145-1545

Printed in Iran

RAHNAMA PUBLICATIONS

فهرست اختصارات (Abbreviations)

نشانه	انگلیسی	فارسی
abbr	abbreviation	اختصار
ant	antonym	متضاد
Brit	British usage	کاربرد انگلیسی
e.g	for example	برای مثال
fml	formal	رسمی
Fr	French	فرانسوی
GB	Great Britain	در انگلستان
infml	informal	عامیانه
It	Italian	ایتالیایی
Lat	Latin	لاتین
n	noun	اسم
opp	opposite	مخالف/متضاد
pl	plural	جمع
syn	synonym	مترادف
US	American usage	کاربرد آمریکایی
v	verb	فعل
var	variant	تنوع نوشتاری
☛	compare (antonym)	مقایسه کنید (متضاد)
☞	see (synonym)	رجوع کنید به (مترادف)
→	also see	رجوع کنید به (مشتقات واژه)

Rahnama Publications
Enghelab Ave. Shohadaye Zhandarmerie St
(Moshtagh St .) between Farvardin
& Fakhre Razi , No 220 Tehran
Tel : 6416604 & 6400921
P.O.Box: 13145-1845
Printed in the I.R. IRAN

2000

Rahnama Publications

2000

In The Name Of Allah

A / a

A1
بهترین نوع؛ درجهٔ یک؛ (در اصطلاح کشتیرانی) کشتی درجهٔ یک

A and B lists
فهرست (آ) و (ب)؛ فهرست یا صورتی که ترتیب تقدم و تأخر کسانی را که مسؤول پرداخت شرکت منحل شده هستند، مشخص می‌کند

aar (against all risks)
(اصطلاح بیمه) در مقابل کلیهٔ خطرات؛ بیمه در مقابل هر گونه خطر احتمالی

abalienate
انتقال دادن سند مالکیت؛ منتقل کردن ملک

abandon
واگذار کردن؛ ترک کردن؛ رها کردن؛ اعراض کردن؛ چشم پوشی کردن؛ کناره‌گیری کردن؛ استعفا کردن؛ صرف‌نظر کردن؛ متوقف کردن؛ دست کشیدن از؛ کنار کشیدن؛ ترک؛ انصراف (از حق)؛ انتقال؛ واگذاری مال؛ تسلیم مال؛ ترک مال؛ اعراض؛ چشم پوشی
☞ *relinquish, resign*
☞ *renounce, leave*
☞ *abdicate, abjure, waive*
☞ *quit, surrender*

abandoned
متروک؛ متروکه

abandoned good
کالای متروکه

abandonment
واگذاری؛ اعلام رهاکردن کشتی یا کالا؛ اعلام ترک دعوا؛ انصراف؛ صرف‌نظر از حق؛ عدم تعقیب؛ ترک؛ اعراض
☞ *relinquishment*

abandonment, notice of
یادداشت کتبی بیمه‌گذار به بیمه‌گر جهت مطالبهٔ خسارت از بین رفتن کالا؛ اعلام رهاکردن کشتی یا کالا؛ اعلام ترک دعوا

abandonment of claim
صرف‌نظر از ادعا؛ ترک ادعا؛ اعراض ادعا

abandonment of mortgaged property
صرف‌نظر از یک ملک رهنی

abate
لغو کردن؛ تخفیف دادن؛ خاتمه دادن؛ کاهش یافتن؛ کاهش دادن؛ تنزل یافتن؛ برطرف کردن؛ رفع کردن؛ جلوگیری کردن
☞ *decrease, diminish*
☞ *supress*

abatement
تخفیف؛ کاهش؛ تنزل
☞ *tax credit*

abatement of taxes
تخفیف مالیاتی
☞ *tax credit*

ABC analysis
(در کنترل موجودی) تجزیه و تحلیل

abdicate 16 ability to design solutions

موافقت نامه تبعیت کردن

abide by laws

مقررات را رعایت کردن؛ از قوانین یا مقررات پیروی کردن

abide by regulations

مقررات را رعایت کردن از قوانین یا مقررات تبعیت کردن

abide by the rules

مقررات را رعایت کردن

ability

توانایی؛ شایستگی؛ استعداد؛ لیاقت؛ قابلیت: *قدرت جسمانی یا ذهنی برای انجام دادن کار و وظایف خاص و عهده‌دار شدن مسؤولیتهای شغلی*

☞ *capacity, capability*
☞ *talent, efficiency*
☞ *qualification, power*

ability, administrative

توانایی اداری

☞ *administrative ability*

ability, executive

توانایی اجرایی

☞ *executive ability*

ability , interpersonal

مهارتها / تواناییهای درون شخصیتی

ability , mental

تواناییهای فکری

ability of units

توانایی یگانها/ واحدها

ability of indiviudals to perform their missions

توانایی افراد در انجام مأموریتهای خود

ability, personality

تواناییهای شخصیتی

ability , physical

تواناییهای جسمی / جسمانی

ability to design solutions

توانایی طرح / ارائهٔ راه‌حلها

ای.بی.سی :
عبارت است از طبقه بندی اقلام بر مبنای استفادهٔ سالانه و ارزش آنها

abdicate

استعفا کردن؛ استعفا دادن؛ کناره‌گیری کردن؛ واگذار کردن؛ تفویض کردن؛ سلب کردن (مسؤولیت)؛ صرفنظر کردن؛ دست برداشتن؛ محروم کردن از ارث

☞ *resign, delegate*
☞ *abjure, abandon*
☞ *relinquish, renounce*
☞ *waive, desert*

abdicated

مستعفی

abdicate power

تفویض کردن اختیارات؛ کناره‌گیری کردن از قدرت

abdicate responsibility

سلب مسؤولیت کردن

abdication

کناره‌گیری؛ استعفا؛ تفویض؛ سلب (مسؤولیت)

abditory

انبار کالا؛ مخزن پنهانی

abede

آگهی کردن؛ خبر دادن

abeyance

مسکوت؛ معوق؛ تعلیق؛ بلاتکلیفی؛ به حالت تعلیق؛ منسوخ

abeyance, fall into

معوق ماندن؛ مسکوت ماندن؛ معوق گذاشته شدن

abeyance, hold in

مسکوت گذاشتن

abide

اطاعت کردن؛ تبعیت کردن؛ رعایت کردن؛ پذیرفتن؛ وفادار ماندن؛ پای‌بند بودن

abide by agreement

طبق قرارداد عمل کردن؛ از مفاد یا مقررات

ability to pay basis
اصل قدرت پرداخت:
تعیین حقوق بر اساس قدرت پرداخت

ability to pay theory
نظریهٔ قدرت پرداخت
☞ *ability to pay basis*

ability to solve complex problems
توانایی حل مشکلات پیچیده

able
صلاحیتدار؛ ذیصلاح؛ دارای صلاحیت لازم؛ دارای اهلیت قانونی؛ با استعداد؛ مناسب؛ ماهر؛ لایق؛ باکفایت؛ توانا؛ لیاقت داشتن؛ شایستگی داشتن؛ مناسب بودن
☞ *competent, capable*
☞ *qualified, efficient*
☞ *skilful, fitted*

abnormality
نابهنجاری؛ حالت غیر عادی

abolish
فسخ کردن؛ لغو کردن؛ منسوخ کردن؛ نسخ کردن
☞ *abrogate, annul, revoke*
☞ *cancel, invalidate*

abolishment
لغو؛ نسخ؛ فسخ

abolition
فسخ؛ الغا؛ ابطال؛ لغو؛ نسخ

above the line
بیش از مقدار متعارف:
(در حسابداری) یکی از شاخصهای سود که در صورت سود و زیان منعکس نمی‌شود.
(در بودجه‌بندی) معمولاً اقلام مخارج جاری در بالای خط و اقلام سرمایه در پایین خط ظاهر می‌شوند.
(در تبلیغات) نوعی تبلیغ مستقیم که از تلویزیون، جراید و سایر وسایل ارتباط جمعی صورت می‌گیرد.

abrasion (of coin)
سایش؛ خراشیدگی:
کاهش وزن مسکوک بر اثر ساییدگی ناشی از کثرت استفاده

abreaction
واکنش تسکینی؛ واکنش رهایی:
واکنش انسان برای رهایی از افکار دغدغه آفرین ذهنی

abreaction channels
راههای واکنش تسکینی؛ راههای تخلیهٔ هیجانی:
راههایی که مدیریت برای رفع نارضایتی کارکنان خود ایجاد می‌کند.

abridged balance sheet
بیلان خلاصه شده؛ ترازنامهٔ خلاصه شده؛ خلاصهٔ ترازنامه

abrogated
منسوخ؛ باطل؛ ملغا

abrogate (n.abrogation)
باطل کردن؛ فسخ کردن؛ لغو کردن؛ نسخ کردن
☞ *abolish, annul, revoke*
☞ *cancel, invalidate*
☞ *nulify, repeal, rescind*

abrogating
ناسخ؛ منسوخ کننده

abrogation
نسخ؛ الغا؛ لغو؛ بطلان؛ فسخ

abrogation of agreement
لغو قرارداد؛ فسخ قرارداد؛ منسوخ کردن قرارداد

abrogation of a treaty
الغای معاهده؛ فسخ قرارداد

absence
غیبت؛ عدم حضور؛ غیاب:
عدم حضور کارمند در سرکار خود و یا غیر قابل دسترس بودن او به هنگام نیاز برای انجام دادن وظایف شغلی
☞ *present, attending*

absence, arranged
غیبت با اطلاع قبلی؛ غیبت موجه
☞ *excused absence*

absence, chronic
غیبت دایم یا مزمن؛ غیبت عادت شده؛ غیبت مداوم
☞ *habitual absence*

absence, chronic unexcused
غیبت مداوم غیر موجه

absence cum dolo et culpa
غیبت عمدی؛ غیبت ارادی

absence, excused
غیبت موجه؛ غیبت با اطلاع قبلی

absence, habitual
غیبت دایم/مداوم؛ غیبت بر حسب عادت

absence, leave of
مرخصی موجه
☞ *absent without leave*
☞ *AWOL*

absence, occasional
غیبت تصادفی/اتفاقی
☞ *habitual absence*

absence of diligence
مسامحه؛ سهل‌انگاری

absence rate
نرخ غیبت:
نسبت روزهای غیبت به روزهای حضور کارمند
☞ *absentee - rate*

absence, unexcused
غیبت غیر موجه:
عدم حضور کارمند بدون اطلاع و کسب اجازۀ قبلی
☞ *excused absence*

absent
غایب؛ غیبت کردن؛ غایب شدن

absentee
غایب:
کارمندی که در وقت مقرر در سر کار خود حاضر نشده است.

absenteeism
غیبت؛ غیبت از کار (بدون داشتن عذر موجه)؛

حاضر نشدن کارکنان در محل کار خود
Absent Without Leave (AWOL)
غیبت غیر مجاز؛ غیبت غیر موجه
unexcused absence

absolute
مستبد؛ خودکامه؛ خودرأی؛ استبدادی؛ مسلم؛ قطعی؛ بدون قید و شرط؛ غیر مشروط؛ مطلق؛ مستقل؛ کامل
☞ *despotic, arbitrary*
☞ *unqualified*
☞ *authoritative*
☞ *unqualified, perfect*

absolute conveyance
عقد لازم؛ بیع قطعی؛ عقد غیر خیاری؛ عقد منجز

absolute distitute
سلب مطلق؛ محرومیت کامل

absolute efficiency
کارآیی مطلق

absolute interest
مالکیت مطلق

absolute liability
مسؤولیت یا تعهد مطلق؛ تعهد غیر مشروط؛ مسؤولیت حادثه

absolute majority
اکثریت مطلق

absoluteness of responsibility
تمامیت مسؤولیت:
اصلی که بر مبنای آن مدیر نمی‌تواند تمام اختیاراتش را تفویض کند اما در هر حال مسؤولیت اعمال و کارهای مرئوسان را بر عهده دارد.

absolute ownership
مالکیت مطلق
☞ *complete ownership*

absolute priority
اولویت کامل:
حق طلب داران و سهامداران ممتاز که قبل از

abstract

خلاصه؛ خلاصهٔ یک سند؛ خلاصه کردن؛ مجزا کردن؛ ربودن؛ اخاذی کردن؛ تجزیه کردن

abstracted trial balance

تراز آزمایشی استخراج شده

abstraction

دزدی؛ اختلاس

abstract service

سرویس خلاصه نویسی:

خدماتی که از طرف کتابخانهٔ سازمانها در خصوص خلاصهٔ مقاله‌ها، گزارشها و رساله‌ها به متقاضیان ارائه می‌شود.

abstract system

سیستم انتزاعی

abundance

فراوانی؛ وفور

abuse

تجاوز از حدود و اختیارات خود؛ سوء استفاده؛ سوء استفاده کردن؛ استفاده غیر مجاز؛ استفاده نادرست؛ بدرفتاری؛ استفاده غیر مجاز کردن؛ کار زیاد کشیدن از؛ بد رفتار کردن

☞ *misuse, misemploy*

☞ *misapply, dishonor*

abuse of execution term

کوتاه کردن مهلت اجرا

abuse of power

سوء استفاده از قدرت یا اختیارات

abuse of right

سوء استفاده از حق

abusive dismissal

اخراج ناروا:

اخراج کارمند به نحوی که ظاهراً قانونی و در چارچوب قرارداد استخدامی موجه باشد، لیکن مدیریت در مورد وی از قدرت خود سوء استفاده کرده باشد.

ACAS (Advisory, Conciliation and Arbitration Services)

خدمات مشاوره، سازش و داوری

دیگران طلب خود را دریافت می‌کنند.

absolute value

ارزش مطلق؛ قدر مطلق

☞ *magnitude*

absolutism

حکومت مطلقه؛ حکومت استبدادی؛ استبداد؛ خودکامگی؛ مطلق گرایی

absolve

تبرئه کردن (کسی از انجام تعهد)؛ معاف ساختن؛ بری‌الذمه کردن؛ مبرا کردن؛ عفو کردن

☞ *acquittal, amnesty*

☞ *forgiveness*

☞ *pardon, remission*

absorption

تسهیم هزینه / حساب

☞ *overhead absorption*

absorption account

حساب یک کاسه؛ حساب ادغامی؛ حساب تکمیلی

absorption costing

هزینه یابی جذبی؛ هزینه یابی یک کاسه:

اصلی که طبق آن هزینه‌های یک کالا بر مبنای کلیهٔ هزینه‌های تولید (ثابت، متغیر و نیمه متغیر) محاسبه می‌شود.

☞ *fill cost*

abstinence

خودداری از مصرف؛ خودداری از خرج کردن درآمد جاری؛ خویشتن داری

abstinence concept

نظریهٔ اِمساک:

نظریه‌ای که بر مبنای آن در مقابل خودداری از مصرف و یا به تعویق انداختن استفاده از یک کالا، بهره‌ای پرداخت می‌شود.

abstinence theory of interest

نظریهٔ بهره بر پایهٔ اِمساک؛ نظریهٔ بهرهٔ چشم پوشی:

وجهی که بابت چشم پوشی از مصرف پرداخت می‌شود.

accede to the treaty
پیوستن یا ملحق شدن به معاهده (بین‌المللی)

accelerated depreciation
استهلاک زودرس یا سریع:
مستهلک شدن دارایی ثابت سریع‌تر از نرخ معمول به علت استفادهٔ زیاد

accelerated vocational training
آموزش حرفه‌ای فشرده

accelerating premium
پاداش اضافه تولید:
پرداخت اضافی بر اساس افزایش تولید؛ نوعی نظام پرداخت که در آن به منظور ایجاد انگیزه در کارکنان، افزایش تولید مبنای پرداخت اضافی قرار می‌گیرد.

accelerating premium bonus plan
طرح پرداخت تشویقی افزایشی

accelerating premium bonus scheme
طرح پرداخت تشویقی افزایشی

accelerating premium bonus system
نظام پرداخت تشویقی افزایشی

acceleration
شتاب؛ تسریع

acceleration clause
شرط / قید تسریع در پرداخت؛ قید حال شدن دین

acceleration coefficient
ضریب شتاب:
هزینهٔ تولید یک واحد اضافی کالا

acceleration principle
اصل شتاب؛ اصل تشدید کنندهٔ نوسان‌های اقتصادی

accept
پذیرش؛ قبولی؛ پذیرفتن؛ قبول کردن:
در مبادلات ارزی پذیرش براتهای ارزی که ممکن است مشروط یا غیر مشروط باشد.

☞ *admit, acknowgedge*
☞ *agree*
☛ *reject, deny, dismiss*

accept (a bill)
قبول کردن (برات)؛ قبولی براتی را نوشتن؛ تقبل کردن

acceptable action
اقدام قابل قبول

acceptable quality level
سطح کیفیت مورد قبول؛ حد نصاب مرغوبیت (کالا):
میزان نقص و نامرغوبیت قابل قبول در یک بسته کالا

acceptance
پذیرش، قبولی؛ تصویب؛ قبولی حواله؛ قبولی برات

acceptance activity
فعالیتهای تأییدی

acceptance after sight
قبولی بعد از رؤیت

acceptance by intervention
قبولی برات نکول شده توسط شخص ثالث

acceptance by words
قبولی قولی (لفظی)

acceptance credit
اعتبار قبولی:
یکی از انواع اعتبار در تجارت بین‌المللی؛ قبولی برات؛ به عهده گرفتن تعهد

acceptance for honor
قبولی برات نکول شده توسط شخص ثالث به منظور حفظ اعتبار براتگیر

acceptance need
نیاز به پذیرش:
نیاز فرد برای این که مورد قبول و پذیرش افراد دیگر واقع شود.

acceptance of person
پارتی بازی (برای اشخاص)؛ جانبداری؛ طرفداری

acceptance quality level

سطح کیفیت مورد پذیرش/قبول

acceptance, refusal of

نکول برات

acceptance sampling

نمونه‌گیری برای پذیرش؛ نمونه‌گیری قابل قبول؛ نمونه‌گیری برای سنجش کیفیت (کالا)؛ با نمونه‌گیری پذیرفتن؛ کیفیت سنجی:
نمونه‌برداری جهت تعیین سطح قابلیت قبول کالا؛
(در حسابداری) تعیین سطح حداقل اشتباهات یا خطا در حسابرسی

acceptance supra protest

پذیرش ظهرنویسی؛ قبولی برات نکول شده توسط شخص ثالث در مقابل دریافت حق‌العمل:
قبولی ظهرنویسی برات از طرف شخص ثالث به منظور حفظ حیثیت صادرکنندهٔ برات

acceptance, tacit

قبولی ضمنی

acceptance theory

نظریهٔ پذیرش (در اصل تفویض اختیار)

acceptance, to refuse

نکول کردن (برات)؛ عدم قبولی (برات)

accepted

تصویب شده؛ قبولی حواله؛ قبولی برات؛ مصوبه

acceptilation

رهایی موقتی از دین؛ بخشش بدهی:
ابطال تعهدات شفاهی به طور رسمی؛ صرف نظر کردن از بدهی

accepting house

شورای تنزیل؛ صرّافی رسمی

accepting responsibility

قبول مسؤولیت؛ مسؤولیت پذیری

acceptor

پذیرنده؛ قبولی نویس؛ پذیره نویس:
قبول کنندهٔ برات؛ کسی که براتهای ارزی و تعهدات ناشی از آن را می‌پذیرد.

acceptor for honor

ظهرنویسی شرافتی

access

دستیابی به اطلاعات یک منبع؛ کسب اطلاعات از یک منبع

accession

استخدام؛ بکار گیری؛ الحاق؛ افزایش در ارزش

accession rate

میزان افزایش در ارزش:
میزان افزایشی که متناسب با تعداد افراد حقوق بگیر به نیروی کار اضافه می‌شود.

accession rate analysis formula

فرمول تجزیه و تحلیل میزان تغییرات استخدام:
عبارت است از تعیین نرخ استخدام، محاسبهٔ نرخ خروج از خدمت و به دست آوردن تفاضل آنها

accession to the alliance

پیوستن به معاهده

access method

روش دسترسی؛ روش دستیابی (به اطلاعات)

accessorial services

خدمات جنبی؛ خدمات ضمنی:
(در اصطلاح حمل و نقل) خدماتی که مؤسسه علاوه بر حمل و نقل واقعی انجام می‌دهد.

accessory contract

عقد تبعی (به منظور تضمین اجرای عقد اصلی)

accessory obligation

تعهد تبعی

access time

زمان دسترسی؛ زمان دستیابی (به اطلاعات):
زمانی که برای گرفتن اطلاعات از کامپیوتر صرف می‌شود.

access to a tribunal or court

حق مراجعه به دیوان داوری یا دادگاه

access to information

دسترسی به اطلاعات

accident book

accident death benefit / according to the law

دفتر سوانح:
دفتری که کارکنان کلیهٔ جزئیات مربوط به سوانح صنعتی را در آن ثبت می‌کنند.

accident death benefit
مستمری فوت ناشی از کار؛ مستمری وظیفه

accident frequency rate
نرخ فراوانی حادثه

accident severity
شدت حادثه

accommodate
توافق کردن؛ سازش کردن؛ مد نظر داشتن

accommodation
توافق؛ سازش

accommodation bill
برات دوستانه

accommodation desk
میز ارائهٔ خدمات اضافی (به مشتریان): بخشی در فروشگاه که خدماتی از قبیل بسته بندی کالا، برگرداندن پول و ... ارائه می‌نماید.

accommodation endorsement
پشت نویسی دوستانه:
ظهرنویسی برات فردی به منظور ضمانت یا افزایش اعتبار آن

accommodation party
ضامن برات

accompany
همراه بودن؛ پیوست بودن؛ پیوست کردن

accompanying invoice
فاکتور ضمیمه؛ صورت حساب پیوست

accomplish
انجام دادن؛ اجرا کردن؛ به نتیجه رساندن؛ به اتمام رساندن؛ تحقق بخشیدن
☞ *perform, execute*
☞ *do, effect*
☞ *achieve, attain*

accomplishable
قابل اجرا

accomplish a mission
مأموریتی را انجام دادن

accomplish a task
وظیفه‌ای را انجام دادن

accomplishment
اجرا؛ انجام؛ اتمام؛ تحقق؛ موفقیت؛ اجرای موفقیت آمیز؛ پیشرفت؛ دستاورد؛ مهارت؛ نیل؛ دستیابی؛ نایل شدن

accomplishment of instructions
اجرای دستورات

accomplishment of mission
اجرای مأموریت؛ انجام مأموریت

accomplishment of objectives
اجرای اهداف/ هدفها؛ نیل به اهداف؛ دستیابی به اهداف

accomplishment of project
اجرای پروژه

accomplishment, problems affecting mission
مشکلاتی که انجام مأموریت را تحت تأثیر قرار می‌دهد؛ مشکلات مؤثر در انجام مأموریت؛ موانع انجام مأموریت

accord
توافق؛ مصالحه؛ سازش؛ موافقت‌نامه؛ قرارداد (صلح)؛ اعطا کردن

accord and satisfaction
توافق و رضایت؛ تراضی و ایفای تعهد:
اصطلاحی حقوقی که در مورد تغییر در شرایط قرارداد اصلی به کار می‌رود و نشانگر آن است که طرفین قرارداد با تغییر اعمال شده موافق و از قرارداد جدید راضی هستند.

accord, incompatible to the
مغایر با قرارداد

according to
مطابق؛ بر طبق؛ بر حسب؛ مطابق با؛ متناسب با

according to rules
طبق مقررات

according to the law
برحسب قانون؛ برطبق قانون؛ مطابق قانون

according-to-usage
مطابق معمول

account
حساب؛ ورقهٔ موازنه؛ صورت حساب؛ گزارش؛ پاسخگو بودن؛ توضیح دادن؛ صورت وضعیت: صورتی از معاملات مالی در مؤسسه‌ها که معمولاً در دفتر کل ثبت می‌شود؛ مدرک رسمی برای یک دارایی، بدهی، ملک، درآمد یا هزینه که در آن آثار عملیات یا مبادلات بر حسب پول یا برخی دیگر از واحدهای اندازه‌گیری مشخص شده است.
(در تبلیغات) اصطلاحی است که برای نشان دادن وجود یک مشتری دایمی به کار می‌رود

accountability
جوابگویی؛ مسؤولیت؛ مسؤولیت محاسباتی؛ مسؤولیت پذیری؛ احساس مسؤولیت؛ پاسخگویی؛ پاسخگویی با مسؤولیت:
فرایندی که ضمن آن همهٔ اعضای سازمان در برابر اختیارات و وظایف محوّله باید پاسخگو باشند.
پاسخگویی عبارت است از تعهد گزارش نتیجهٔ اقدامات انجام شده به مقام بالاتر با برخورداری از اختیارات و مسؤولیتهای شغل مورد نظر
☞ *responsibility*
Accountability means that a subordinate is answerable to his superior when he accepts responsibility and uses authority that has been delegated to him.
پاسخگویی بدین معنی است که وقتی زیردستی مسؤولیتی را قبول می‌کند و از اختیارات تفویض شده توسط مافوق یا بالادست خود استفاده می‌نماید، در برابر او پاسخگو و مسؤول است.

accountability unit
واحد ذیحسابی؛ واحد مسؤول/پاسخگو

accountable
جوابگو؛ مسؤول؛ ملتزم؛ مسؤول حساب؛ پاسخگو؛ مسؤولیت پذیر
☞ *responsible*

accountancy
فعالیت حسابداری

accountant general
رییس حسابداری؛ رییس محاسبات؛ حسابدار کل

account balance
ماندهٔ حساب:
ماندهٔ خالص بدهکار یا بستانکار در یک حساب

account, bank
حساب بانکی

account book
دفتر حساب؛ دفتر ثبت

account, budget
حساب بودجه

account, capital
حساب سرمایه

account, charge
حساب اعتباری

account, checking
حساب جاری
☞ *drawing account*
☞ *current account*

account, closed
حساب مسدود/بسته

account, closing of
بستن حساب؛ مسدود کردن حساب

account code
کد/رمز حساب

account, current (A/C)
حساب جاری
☞ *checking account*
☞ *drawing account*

account day
روز تصفیه حساب:
روز تصفیهٔ معاملات گذشته؛ روزی که کلیهٔ

معاملات مربوط به یک حساب باید تصفیه شوند.

account dealing

معامله‌ای در خصوص بورس اوراق بهادار

account department

ادارهٔ حسابداری؛ دایرهٔ حسابداری

account, deposit

حساب سپرده

☞ *saving acount*

account executive

مسؤول حساب:

(در تبلیغات) به فردی می‌گویند که ادارهٔ امور مربوط به یک مشتری دایمی را بر عهده دارد.

account, expense

حساب هزینه / مخارج

account heading

سرفصل حساب؛ عنوان حساب

account, inactive

حساب راکد

accounting

حسابداری؛ فعالیت حسابداری

☞ *accountancy*

accounting asset

دارایی قابل محاسبه؛ دارایی حسابداری

accounting basis

مبنای حسابداری

accounting, cash

حسابداری نقدی

accounting clerk

کارمند حسابداری

accounting evidence

اسناد و مدارک حسابداری

☞ *accounting records*

accounting, governmental

حسابداری دولتی

accounting, human resource

حسابداری منابع / نیروی انسانی

accounting, inflation

حسابداری تورمی

accounting machine

ماشین حساب

accounting management

مدیریت حسابداری

accounting, managerial

حسابداری مدیریت

accounting method

روش حسابداری

accounting models

الگوهای حسابداری

accounting period

دورهٔ عمل حسابداری؛ دورهٔ حسابداری؛ دورهٔ محاسبه:

مدت زمانی که در پایان آن، صورت وضعیت مالی تهیه می‌شود.

accounting policies

روشهای حسابداری؛ اصول حسابداری؛ خط‌مشی‌های حسابداری

accounting principles

اصول حسابداری

accounting rate of return (ARR)

نرخ بازده حسابداری:

روشی برای ارزیابی سرمایه‌گذاری که بر پایهٔ سود خالص یک پروژه استوار است.

accounting ratio

نسبت حسابداری

→ *financial ratio*

accounting records

اسناد حسابداری؛ مدارک حسابداری

☞ *accounting evidence*

accounting reference date

تاریخ مأخذ حسابداری؛ تاریخ مبنای حسابداری

accounting reference period

دورهٔ مأخذ حسابداری

accounting, responsibility

حسابداری مسؤولیت

Accounting Standards Committee (ASC)

کمیتهٔ استانداردهای حسابداری

accounting system

سیستم حسابداری

account, joint

حساب مشترک

account number

شماره حساب

account of expenses

حساب هزینه‌ها

account of goods purchased

حساب کالاهای خریداری شده

account of goods sold

حساب کالاهای فروخته شده

account of transaction

حساب معاملات

account, open

حساب دایر؛ حساب باز

account payable

حساب قابل پرداخت؛ حساب پرداختی

account, profit and loss

حساب سود و زیان

account receivable

حساب قابل دریافت؛ حساب دریافتی

account receivable discounted

حساب دریافتی با استفاده از تخفیف؛ حساب دریافتی که از تخفیف استفاده شده

account rendered

صورت حسابی که قبلاً پرداخت شده؛ صورت حساب کلی

account, saving

حساب پس انداز

account settled

تصفیه حساب؛ حساب تسویه شده؛ مفاصا حساب

account, settlement of

تسویه حساب؛ تصفیه حساب

accounts payable

حسابهای پرداختی (بستانکاران):

حساب بستانکاران؛ حسابی که معمولاً در نتیجهٔ خرید کالا و خدمات به وجود آمده است.

account stated

مفاصای تأیید شده:

حسابی که توسط بدهکار و بستانکار تأیید شده باشد.

Accounts Tribunal

دیوان محاسبات

account, take into

به حساب آوردن؛ در نظر گرفتن

accredited agent

نمایندهٔ مجاز

accross-the-board increase

افزایش دستمزد به نسبت مساوی برای همهٔ کارکنان سازمان

accrual

تعهدی؛ انباشته

accrual accounting

حسابداری تعهدی

accrual basis

مبنای تعهدی؛ سیستم تعهدی؛ سیستم تعلق پذیری

accrual concept

نظام تعلق پذیری؛ مبنای تعهدی

accrual date

تاریخ سررسید؛ تاریخ تعلق پذیری

accrued asset

دارایی معوق؛ دارایی تعهد شده؛ دارایی وصول نشده

accrued expence

هزینهٔ متعلقه؛ هزینهٔ معوّق؛ بدهی متعلقه

☞ *accrued liability*

accrued interest

بهرهٔ متعلقه؛ بهره / سود تعلق گرفته به پول

accrued liability

بدهی تعهد شده؛ هزینهٔ معوّق؛ بدهی متعلقه؛ بدهیهای ناشی از هزینه‌های تحقق یافته:
مقدار بدهی که طی سال مالی ایجاد شده ولی فقط در فواصل خاصی از زمان قابل پرداخت است.
☞ *accrued expense*

accrued revenue
درآمد وصول نشده؛ درآمد متعلقه

accumulated earnings
درآمد مازاد؛ درآمد انباشته؛ درآمد توزیع نشده
☞ *accumulated income*

accumulated income
درآمد مازاد؛ درآمد توزیع نشده

accumulation factor

accumulation schedule
جدول اندوخته:
جدولی که حساب اندوختهٔ سرمایه را با بهرهٔ آن به منظور سرمایه‌گذاری مشخص می‌کند.

accumulator
انباره؛ مخزن؛ انباشتگر

achievable
قابل وصول؛ تحقق پذیر

achieve common objectives
نایل شدن به هدفهای مشترک؛ دست یافتن به اهداف مشترک

achievement
موفقیت؛ پیشرفت؛ انجام؛ دستیابی؛ تحقق

achievement motivation
انگیزهٔ موفقیت؛ انگیزهٔ دستاورد؛ کسب موفقیت؛ انگیزش پیشرفت:
یکی از نظریه‌های انگیزش که به وسیلهٔ «دیوید مک للند» مطرح شده است. بر اساس این نظریه، افراد با درجات متفاوتی از نیاز به موفقیت برانگیخته می‌شوند؛ نوعی انگیزهٔ اجتماعی برای اجرای کارهای ارزشمند و مهم یا دستیابی به معیارهای ممتاز در انجام دادن فعالیتها.

achievement motivation test
آزمون انگیزهٔ موفقیت؛ آزمون انگیزهٔ دستاورد:
یکی از آزمونهای گوناگون روانشناسی برای سنجش میزان موفقیت

achievement motive
انگیزهٔ کامیابی؛ علت پیشرفت / موفقیت

achievement oriented behavior
تئوری رفتار فراجویانه : تئوری که در زمینهٔ تحقق موازین و استانداردهای عالی توسط «مک للند» و «آتکینسون» مطرح گردیده است.

achievement test
آزمون پیشرفت تحصیلی

achieving objectives
دستیابی به اهداف؛ نیل به اهداف

acid-test ratio
نسبت سریع؛ نسبت آنی؛ نسبت قدرت پرداخت:
نسبت داراییهای قابل تبدیل به نقد در مقابل بدهیهای جاری
☞ *quick ratio*

acknowledge
تأیید کردن؛ تصدیق کردن؛ اقرار یا اذعان کردن؛ به رسمیت شناختن؛ قبول کردن؛ اعلام کردن

acknowledgement
اعلام وصول؛ تأییدیه؛ اقرار نامه؛ تصدیق؛ تأیید (رسمی)؛ ارادی بودن تعهد توسط متعهد؛ تأیید رسمی صحت امضای سند توسط امضا کننده

acknowledgement of, in
به پاداشِ؛ در ازایِ

acknowledgment of debt
اقرار به بدهی

ACL
روش آموزش مهارتهای رهبری؛ رهبری مبتنی بر رفتار
→ *action - centered leadership*

acquaintance factor
عامل آشنایی:
در صورتی که معیار انتخاب فرد، شناخت و آشنایی دیگری از او باشد عامل آشنایی اساس

استخدام خواهد بود.

acquired rights

حقوق مکتسبه

acquisition

تحصیل؛ اکتساب؛ فراگیری؛ تملّک؛ درخواست:
خرید یک شرکت یا داراییهای آن

acquisition of ownership or property

تحصیل مالکیت؛ استملاک

acquisitum

خریداری شده؛ ابتیاع شده

acquit

ادا کردن؛ پرداختن و تصفیه کردن؛ برائت ذمه کردن؛ بری‌الذمه کردن؛ ادای دین؛ تبرئه کردن

acquitment

برائت ذمه از دین؛ پرداخت بدهی ؛ ادای قرض؛ تأدیهٔ وام؛ تبرئه؛ برائت

acquittal

واریز؛ برائت ذمه؛ تبرئه

acquittance

مفاصا حساب؛ ترخیص کالا؛ سند واگذاری؛ تصفیه؛ برائت (ذمه)؛ ادای دین؛ پرداخت بدهی؛ تصفیه یا تسویهٔ حساب

☞ *quittance*

acquitter

تصفیه کننده

across-the-board

سراسری؛ همگانی

across-the-board settlement

افزایش یکنواخت دستمزد

act

لایحه؛ سند؛ عقد؛ پیمان؛ عریضه؛ رساله؛ مصوبه؛ قانون؛ عمل؛ اقدام؛ حکم؛ اقدام کردن؛ عمل کردن؛ کار کردن

ACT (advance corporation tax)

مالیات پیش پرداختی شرکت

act as attorney

وکالت کردن

act as counsel

وکالت کردن؛ وکیل کسی بودن

act as surety

ضمانت کردن؛ کفالت کردن

act by procuration

به وکالت از طرف ... عمل کردن

act for

جانشینی

act for an agent

وکالت کردن؛ به نمایندگی عملی را انجام دادن

acting

عامل؛ کفیل؛ متصدی؛ قایم مقام؛ جانشین

acting company

شرکت عامل

acting director

کفیل اداره

acting manager

کفیل مدیر

acting partner

شریک تضامنی؛ شریک فعال

☞ *active partner*
☞ *full partner*
☞ *general partner*
☞ *ordinary partner*
☞ *working partner*

act in law (Brit)

تنظیم سند قانونی (مانند قرارداد)

actio ex contractu

نتیجهٔ قرارداد؛ تأثیر قرارداد؛ دعوای ناشی از قرارداد؛ دعوای مبتنی بر مسؤولیت قراردادی

action

عمل؛ اقدام؛ قانون؛ مصوبه؛ اقدام قانونی؛ جریان حقوقی؛ اقامهٔ دعوا؛ تعقیب؛ فعالیت

actionable

قابل تعقیب قانونی

action, affirmative

اقدام مثبت؛ اقدام مؤثر

action-centered leadership

رهبری مبتنی بر رفتار؛ روش آموزش مهارتهای رهبری

action for avoidance of a contract
دعوای فسخ قرارداد

action for breach of contract
اقامهٔ دعوا برای ابطال قرارداد

action for creditors in bankruptcy
اقامهٔ دعوا علیه ترتیب ارجحیت بستانکاران (در مورد ورشکستگی بدهکاران)

action for damage
دعوای خسارت

action for goods sold and delivered
اقامهٔ دعوا علیهٔ کالای فروخته و تحویل شده

action for infringement of patent
اقامهٔ دعوا علیه تقلب یا جعل

action for liquidation of the company's estate
اقامهٔ دعوا جهت تصفیهٔ موجودی شرکت

action for recovery of land
اقامهٔ دعوا به منظور استرداد مالکیت

action for relief
اقامهٔ دعوا برای ترمیم (ضرر)

action for specific performance of a contract
اقامهٔ دعوا به منظور اجرای قرارداد

action group
گروه عمل:
گروهی خاص که برای انجام دادن وظیفهای مشخص تشکیل میشود.

action law
دعوای حقوقی

action learning
یادگیری در عمل:
یکی از مفاهیم توسعه و بهبود سازمان

action limit
محدودهٔ عمل

action of covenant
دعوای جبران خسارت در نتیجهٔ عدم اجرای قرارداد

action recommended
اقدام پیشنهادی (برای حل مشکل)

action research
پژوهش در عمل:
نوعی پژوهش سازمانی که هدف آن فعال ساختن کارکنان در کلیهٔ مراحل تحقیق است.

action training
آموزش عملی

active debt
بدهی با بهره؛ طلب

active labor force
نیروی کار فعال

active market
بازار فعال

active money
پول در گردش؛ پول در جریان

active partner
شریک تضامنی؛ شریک فعال
☞ *acting partner*
☞ *full partner*
☞ *general partner*
☞ *ordinary partner*
☞ *working partner*

active trade balance
توازن تجاری مثبت (فزونی صادرات بر واردات)
☞ *passive trade balance*

activities analysis
تجزیه و تحلیل فعالیتها:
تحلیلی است که ضمن آن عملکرد سازمان با توجه به فعالیتها و مأموریتهای آن بررسی میشود.

activities subject to inspection

فعالیتهای مشمول بازرسی

activity

فعالیت:

عبارت است از فعالیت فیزیکی کارکنان که برای افراد دیگر قابل مشاهده بوده و یکی از سه عنصر اصلی رفتار گروهی را تشکیل می‌دهد

☞ *interactions*

☞ *centiments*

activity, business

فعالیت بازرگانی / تجاری

activity chart

نمودار فعالیت

activity classification

طبقه بندی فعالیتها

activity, goal directed

فعالیت در جهت هدف؛ فعالیت هدف گرا

activity learning

یاد گیری عملی؛ فراگیری عملی

activity, mental

فعالیت فکری

activity network

شبکهٔ فعالیتها

activity on arrow

فعالیت پیکانی:

نوعی از طرح شبکه که فعالیتها در آن به شکل پیکان (فلش) نشان داده می‌شوند.

☞ *arrow diagram*

activity-on-arrow network

شبکهٔ پیکانهای فعالیت

activity-on-node

فعالیت گره‌ای:

نوعی از طرح شبکه که فعالیتها در آن به شکل گره یا نقطه نشان داده می‌شوند.

☞ *node diagram*

activity-on-node network

شبکهٔ گره‌های فعالیت

activity-on-node system

نظام گره‌های فعالیت

activity ratio

نسبت فعالیت:

نسبت درآمد به داراییها اعم از نقد، ثابت و غیره.

☞ *efficiency ratio*

activity sampling

نمونه برداری فعالیت؛ نمونه‌گیری فعالیتها:

یکی از روشهای تحقیق که در آن وقایع مربوط به کار در زمانهای مشخص ثبت می‌شود.

☞ *work sampling*

activity to be performed by an organization

فعالیتی که باید توسط سازمان انجام شود

act of bankruptcy

قانون ورشکستگی؛ اقدام به ورشکستگی

☞ *act of insolvency*

act of God

حادثهٔ غیر مترقبه؛ حادثهٔ طبیعی؛ حادثهٔ قهری؛ فورس ماژور؛ قوهٔ قهریه؛ رویداد غیر قابل پیشگیری؛ کار خدا:

حادثه یا واقعهٔ غیر قابل پیش بینی که در نتیجهٔ عوامل طبیعی و بدون دخالت انسان روی می‌دهد مانند: زلزله، سیل، طوفان و ...

☞ *force majeure*

☞ *inevitable accident*

☞ *vis divina*

☞ *vis major*

act of honor

قبول و پرداخت سفته واخواست شده

Act of Incorporation

قانون ثبت شرکتهای سهامی

act of insolvency

قانون ورشکستگی

☞ *act of bankruptcy*

actual behavior

رفتار واقعی

actual cost

هزینه / قیمت واقعی؛ هزینهٔ قطعی؛ بهای تمام

شدهٔ واقعی؛ قیمت تمام شدهٔ واقعی:
جمع هزینه‌های واقعی برای تولید یک کالا

actual damages

خسارات واقعی

actual earnings

درآمد واقعی؛ درآمد بر اساس تولید حاصله

actual eviction

خلع ید واقعی

actual hours

ساعات واقعی:
میانگین ساعات کار انجام شده به وسیلهٔ تمامی کارکنان در هفته یا ماه

actual loss

زیان، خسارت یا صدمه واقعی (در بیمه)

actual performance

رفتار مطلوب؛ عملکرد واقعی

actual progress

پیشرفت واقعی

actual supply

عرضهٔ واقعی

actual time

زمان واقعی انجام کار

actual worth

ارزش واقعی

actuarial return

برگشت سرمایه

➔ *internal rate of return*

actuary

مأمور بیمه؛ کارشناس بیمهٔ عمر
تعیین میزان حق بیمه؛ مشاور مدیریت، طرحهای بازنشستگی و بیمه؛ آمارگر؛ متخصص ریاضیات، آمار و بیمه.

acute crisis

بحران حاد/مزمن

ADA

ادا:
یکی از زبانهای سطح بالای کامپیوتر

ad (advertisement)

تبلیغات؛ آگهی؛ آگهی تجاری؛ علامت اختصاری تبلیغات بازرگانی یا آگهی تبلیغاتی کردن

adaptability

قابلیت تطبیق؛ قابلیت انطباق پذیری

adaptability of employees

شریک تطبیق کارمندان؛ قابلیت انطباق کارمندان

adaptability test

آزمون قابلیت تطبیق/انطباق

adaptable

قابل تطبیق

adaption

جرح و تعدیل؛ توافق

adaptive

انطباق پذیر

adaptive control

کنترل همساز؛ کنترل بهینه ساز:
نوعی روش کنترل که در آن از وسایل خودکار جهت تنظیم سیستم تحت کنترل استفاده می‌شود تا به عملکرد مطلوب برسد.

☞ *self_ optimizing control*

adaptive control system

نظام کنترل انطباقی؛ روش کنترل همساز

☞ *self-optimizing control system*

adaptive management

مدیریت همساز؛ مدیریت تعدیل پذیر:
مدیریتی که بر اساس آن سازمان به گونه‌ای مناسب با محیط و مقتضیات آن تطبیق داده می‌شود.

adaptive organization

سازمان قابل تطبیق؛ سازمان انطباق پذیر یا سازگار

adaptive planning

طرح تطبیقی/ انطباقی؛ برنامه‌ریزی انطباق پذیر

added hours

ساعات اضافی:

ساعات اضافی کاری کارکنان

added value

ارزش افزوده:

افزایش ارزش در یک کالا یا خدمات که در نتیجهٔ عملیاتی که به تولید آنها می‌انجامد، به دست می‌آید.

addendum

الحاقیه؛ ضمیمه

adding machine (adder)

ماشین جمع زنی

adding-substracting machine

ماشین جمع و تفریق

additional appropriation

افزایش اعتبار؛ تخصیص اعتبار اضافی

additional tax

مالیات اضافی

additional works

کارهای اضافی

add-on conference

کنفرانس تلفنی

address

نشانی؛ مقصد نهایی یک پیام؛ (موضوعی را) مورد بحث قرار دادن؛ مخاطب قرار دادن؛ ارسال کردن:

(در کامپیوتر) تشخیص محل ذخیره بر روی حافظه

addressed to a banker

خطاب به بانک

adduce

استناد کردن؛ ذکر کردن؛ نقل کردن؛ ارائه دادن؛ ایراد کردن

adduce argument or reason

اقامهٔ دلیل کردن؛ دلیل آوردن

adequacy of actions taken

کفایت اقدامات انجام شده

adequate supervisory force

نیروی سرپرستی مناسب

adhere to

پیوستن یا ملحق شدن (به معاهده)؛ پذیرفتن

adhesion

پیوست؛ انضمام؛ الحاق؛ قبول عضویت

ad-hoc

موقتی؛ ویژه؛ اختصاصی؛ مخصوص؛ برای مورد خاص؛ برای منظور خاص؛ با توجه به موقعیت خاص؛ متخصص؛ تنها به این منظور؛ ویژهٔ امری مخصوص

ad-hoc arbitration

ارجاع یک موضوع خاص به داوری

ad-hoc committee

کمیته / کمیسیون ویژه

ad-hoc grants

اعتبارات ویژه

ad-hoc mission

مأموریت ویژه

ad-hocracy

ادهوکراسی (سازمان موقت):

مفهوم ادهوکراسی یا سازمان موقت که توسط «آلوین تافلر» مطرح گردیده به گروههای کاری کوچک غیر متمرکز با مسؤولیتهای شناور و غیر ثابتی اطلاق می‌شود که تا حدودی بدون در نظر گرفتن قوانین و مقررات پیچیده و تشکیلات ثابت سازمانی که لازمهٔ بوروکراسی است، می‌توانند برای انجام وظایف موقت و حل مشکلات سازمانی خود فعالیت کنند. ادهوکراسی برای همهٔ سازمانها و در هر شرایطی مناسب نیست، بلکه سازمانی است موقت که می‌تواند بر مبنای وظیفه‌ای موقت و گذرا انتخاب و به کار گرفته شود.

adjourn

(جلسه را) بطور موقت تعطیل کردن؛ خاتمه دادن جلسه؛ به وقت دیگر موکول کردن؛ به عنوان تنفس تعطیل کردن؛ به تعویق انداختن

adjournment

تنفس یا تعطیل جلسه؛ به تعویق انداختن جلسه

adjudged bankrupt

ورشکسته اعلام شدن (به حکم دادگاه)

adjudicataire 32 administration

☞ *declared bankrupt*

adjudicataire

پیمانکار؛ برندهٔ مزایده یا مناقصه؛ فروش قضایی

adjudication

قضاوت؛ احقاق حق؛ حکم ورشکستگی

adjudication in bankruptcy

حکم ورشکستگی

adjudication of bankrupts' debts

حکم توزیع دیون ورشکسته

adjudication order

اعلام ورشکستگی از سوی دادگاه

adjunctive

الحاقی

adjust

جرح و تعدیل کردن؛ ترمیم کردن؛ اصلاح کردن

adjuster

(در بیمه) ارزیاب خسارت

adjusting entry

اصلاح حساب؛ ثبت اصلاحی:

ثبت و تعدیل حساب به منظور به روز درآوردن وضعیت مالی مؤسسه؛ ثبت به منظور اصلاح

adjustive reaction

واکنش سازگار:

واکنشی که مبتنی بر سازگاری با اوضاع و احوال محیطی می‌باشد که فرد در آن قرار گرفته است.

adjustment

جرح و تعدیل؛ اصلاح؛ ترمیم؛ مصالحه در مورد ادعای بیمه؛ تصفیه؛ تنظیم؛ تهاتر؛ برآورد تعدیلی

adjustment, automatic

تهاتر قهری

adjustment board

هیأت تطبیق؛ هیأت رسیدگی به مسائل کارگری و کارفرمایی

adjustment of budget

جرح و تعدیل بودجه

adjustment of dispute

حل اختلاف

adjust salary schedule

ترمیم یا اصلاح جدول حقوق

adjutant

آجودان؛ دستیار

admass

بمباران تبلیغاتی:

تبلیغ زیاد در رسانه‌های گروهی همراه با تأثیر زیانبار بر فرهنگ جامعه به منظور افزایش فروش

administer

اداره کردن؛ تصفیه کردن؛ نظارت کردن

administered arbitration

داوری توسط مراجع رسمی و دایمی

administer justice

احقاق حق کردن

administer upon

تصفیه کردن؛ نظارت کردن

administration

مدیریت؛ اداره؛ دولت؛ ادارهٔ امور؛ نظارت؛ مجری؛ دستگاه اجرایی؛ قوهٔ مجریه؛ ادارهٔ ماترک بلا وارث:

ادارهٔ امور سازمان به منظور تحقق هدفها و مأموریتهای آن

administration actions

کارهای اداری؛ امور اداری؛ اقدامات اداری

administration advisor

مشاور اداری

administration analysis

تجزیه و تحلیل اداری

administration apparatus

دستگاه اداری

administration assistant

معاون اداری

administration budget

بودجهٔ اداری

administration communications

administration corruprion ارتباطات اداری

administration corruprion فساد اداری

administration cost هزینهٔ دفتری؛ هزینهٔ اداری؛ مخارج اداری
☞ *administration expense*

administration council شورای اداری

administration court دیوان اداری؛ دادگاه اداری

administration department آجودانی؛ قسمت اداری؛ امور اداری

administration divisions تقسیمات کشوری؛ تقسیمات اداری

administration duties وظایف اداری؛ وظایف سازمانی

administration expense هزینهٔ دفتری؛ هزینهٔ اداری؛ مخارج اداری
☞ *administration cost*

administration functions وظایف اداری؛ وظایف سازمانی

administration hierarchy سلسله مراتب اداری

administration instruction دستور اداری

administration law حقوق اداری

administration machinery دستگاه اداری

administration measures کارهای اداری؛ امور اداری؛ اقدامات اداری

administration of personnel مدیریت پرسنل/کارکنان

administration, the ادارهٔ سرپرستی

administration tribunal دیوان اداری؛ دادگاه اداری

administrative اداری؛ اجرایی

administrative ability توانایی اداری؛ توانایی ادارهٔ امور سازمانی

administrative action عمل اداری؛ اقدام اداری

administrative agencies سازمانهای دولتی؛ سازمانهای اداری

administrative analysis تجزیه و تحلیل اداری:
بررسی سیستماتیک و منظم دربارهٔ مسائل و مشکلات سازمانی، تعیین علل ایجاد آنها و مشخص کردن راه حلهای احتمالی برای آن مشکلات، با استفاده از روشهای علمی

administrative appointment انتصاب داور توسط مرجع داوری در صورت عدم توافق طرفین دعوا در انتخاب داور

administrative behavior رفتار اداری

administrative body هیأت اجرایی

administrative by-law آیین نامهٔ اداری

administrative channles کانالهای اداری

Administrative Court of Justice دیوان عدالت اداری

administrative directive دستورالعمل اداری

administrative law مقررات اداری؛ حقوق اداری

administrative machinery سازمان یا دستگاه اداری؛ دستگاه اجرایی

administrative man انسان اداری

Administrative Management Society (USA) انجمن مدیریت اداری (در آمریکا)

administrative management

theory

نظریهٔ اداری؛ نظریهٔ اداری مدیریت؛ تئوری یا نظریهٔ مدیریت اداری

administrative measures

اقدامات اداری

administrative officer

مسؤول اداری؛ متصدی آجودانی؛ افسر آجودانی

administrative officers

مقامات اداری؛ مسؤولان اداری

administrative organization

سازمان اداری؛ تشکیلات اداری؛ مدیریت اداری:

تئوری مدیریت اداری توسط برخی از دانشمندان این رشته، سازمان اداری نیز نامیده شده است.

☞ *administrative management*

administrative policies

خط‌مشی‌های اجرایی؛ سیاستهای اجرایی

administrative reform

اصلاحات اداری؛ انقلاب اداری

administrative responsibility

مسؤولیت اداری

administrative revolution

اصلاحات اداری؛ انقلاب اداری

administrative services

خدمات اداری

administrative staff

کادر / کارمندان اداری

administrative standards

استانداردهای اداری

administrative system

نظام اداری؛ سیستم اداری

administrative tribunal

دیوان اداری

administrative vice-president

معاون اداری

administrator

مدیر؛ رییس؛ مدیر تصفیه؛ وصی؛ مجری؛ پیشنهاد کننده؛ کسی که *سازمان را اداره می‌کند*؛ *فردی که از طرف دادگاه برای ادارهٔ املاک متوفّی منصوب می‌شود*

administrator (of estate)

مدیر تصفیه

administratorship

مدیریت و مباشرت امور دیگری

administratrix

مدیره؛ مباشره؛ زنی که سمَت مدیریت به او تفویض شده باشد

admissible

مجاز؛ مسموع

admission

پذیرش؛ اجازهٔ ورود؛ حق ورود؛ ورودیه؛ ورود

admit

پذیرش دادن؛ اجازهٔ ورود دادن؛ پذیرفتن؛ اقرار کردن؛ اعتراف کردن؛ تصدیق کردن؛ اجازه دادن؛ گنجایش داشتن؛ امکان دادن

☞ *admit, acknowgedge*

☞ *agree*

☛ *reject, deny ,dismiss*

admittance

پذیرش؛ اجازهٔ ورود؛ ورود

admonition

هشدار؛ تذکر؛ انتقاد دوستانه:

گوشزد کردن نقاط ضعف و اشتباهات کارمند به او با حالتی دوستانه و به صورت مشاوره

adopt

تصویب کردن؛ پذیرفتن؛ قبول کردن؛ اتخاذ کردن؛ انتخاب کردن؛ اختیار کردن

adopt a motion

پیشنهادی را تصویب کردن

adopt a policy

خط مشیی را اتخاذ کردن؛ سیاستی را اتخاذ کردن

adopter

پذیرنده (نوآوری، تغییر و ...)

adoption

تصویب؛ اتخاذ؛ قبول؛ انتخاب؛ پذیرش (نوآوری، تغییر و ...)

adoption of a policy

اتخاذ خط‌مشی

adoption process

فرآیند پذیرش (در بازاریابی و نوآوری):
فرایند پنج مرحله‌ایِ خرید کالاهای جدید که عبارتند از: آگاهی، علاقه‌مندی، ارزیابی، آزمایش و پذیرش

adoption rate

سرعت پذیرش

adoption stages

مراحل پذیرش

adoption theory

نظریهٔ پذیرش؛ نظریهٔ قبول:
عکس‌العملهایی که افراد و سازمانها در برابر هر گونه اختراع و نوآوری نشان می‌دهند.

adopt measures

اتخاذ تدابیر کردن

ad referendum

کسب تکلیف؛ برای بررسی بیشتر

ad valorem

بر اساس ارزش؛ برحسب ارزش؛ برمبنای ارزش
☞ *according to the value*

ad valorem duty

حقوق گمرکی بر اساس درصد ارزش کالاهای وارده؛ حقوق گمرکی بر اساس ارزش کالا

ad valorem tariff

تعرفهٔ گمرکی بر حسب ارزش کالا

advalorem tax

مالیات بر ارزش افزوده؛ مالیات بر اساس ارزش

advance

مساعده؛ پیش پرداخت؛ بیعانه؛ پیشرفت؛ مساعده دادن؛ ترفیع دادن؛ ترفیع گرفتن؛ ارتقا دادن؛ پیشرفت؛ ارتقا یافتن؛ افزایش یافتن؛ عرضه کردن؛ ارائه کردن

advance advertising

تبلیغات قبل از عرضهٔ کالا و خدمات

advance against good

مساعده در مقابل (تحویل) کالا

advance bill

صورت حساب پیش از موعد

advance corporation tax (ACT)

مالیات پیش پرداختی شرکت

advanced course

دورهٔ عالی؛ دورهٔ پیشرفته

advanced freight

پیش کرایه؛ پیش پرداخت کرایهٔ حمل بار

advanced level

سطح پیشرفته؛ سطح عالی؛ دورهٔ تکمیلی؛ دورهٔ عالی

advanced organizer

پیش سازمان دهنده به فکر؛ دریافت اطلاعات و سازماندهی آن در ذهن

advanced studies

مطالعات پیشرفته

advance free of interest

مساعده بدون بهره

advance, make an

مساعده دادن

advancement

پیشرفت؛ ارتقا؛ ترفیع؛ ترقی:
در مدیریت پرسنلی به *ارتقا* و *ترفیع* گفته می‌شود.

advance money

پیش پرداخت؛ مساعده؛ پول پیش

advance on consignment of goods

مساعده بر اساس واگذاری /تحویل کالاها

advance on contract

مساعده بر اساس قرارداد

advance on ducuments

مساعده به اعتبار اسناد

advance on securities

advance on stocks 36 advertising, subliminal

مساعده به اعتبار اوراق بهادار/ سهام
advance on stocks
مساعده به اعتبار سهام
advance on wages
اضافه دستمزد
advance payment
پیش پرداخت؛ مساعده
advance, sell in
پیش فروش کردن
advantage
امتیاز؛ سود یا نفع؛ مزیت
- The agreement is to our advantage.
قرارداد به نفع ما است.
adversarial relationship
رابطهٔ خصمانه
adverse trade balance
موازنهٔ تجاری نامساعد و کسری دار
advertise
آگهی کردن؛ تبلیغ کردن؛ آگهی تبلیغاتی دادن؛ اعلان کردن؛ اطلاع دادن؛ خبر دادن؛ آگهی دادن
advertisement
تبلیغات؛ آگهی؛ اعلان؛ اطلاع؛ آگاهی
☞ *promulgation*
☞ *announcement*
☞ *declaration*
☞ *notificaion*
advertisement in press
آگهی در روزنامه
advertisement manager
مدیر تبلیغات
advertiser
آگهی کننده؛ مؤسسه یا سازمان آگهی کننده
advertising
تبلیغ؛ آگهی تجارتی
advertising agency
آژانس تبلیغاتی؛ سازمان تبلیغاتی؛ بنگاه تبلیغاتی
advertising, bait
تبلیغ فریبنده
advertising budget
بودجهٔ تبلیغاتی؛ بودجهٔ آگهی تجاری و تبلیغات
advertising competition
رقابت تبلیغات بازرگانی
advertising coverage
قلمرو تبلیغ:
بخشی از بازار که مشمول یک مبارزهٔ تبلیغاتی می‌شود.
advertising, direct
تبلیغ مستقیم
advertising, direct mail
تبلیغ مستقیم با پست
advertising director
مدیر مسؤول تبلیغات
advertising, display
تبلیغ نمایشی
advertising executive
مسؤول تبلیغات
advertising, industrial
تبلیغ صنعتی
advertising manager
مدیر تبلیغات
advertising media
رسانه‌های تبلیغاتی
advertising, national
تبلیغ در سطح ملی
advertising objectives
هدفهای تبلیغاتی
advertising pillar
ستون آگهی روزنامه؛ ستون درج آگهی‌های تجاری
advertising, point-of-sale
تبلیغ در نقطهٔ فروش
advertising specialty
کالای ویژهٔ تبلیغاتی
advertising, subliminal

تبلیغ سربسته

advice

مشاورهٔ حقوقی یا تخصصی؛ اطلاعیه؛ اعلامیه؛ اطلاعیهٔ کتبی بازرگان یا بانک دیگر مبنی بر اعلام حمل کالا یا ارسال برات یا سفته بر عهدهٔ طرف اخیر؛ اطلاع؛ مشاوره؛ توصیه؛ سفارش

advice, legal

مشاورهٔ حقوقی؛ مشورت یا نظر قضایی

advice, letter of

اطلاعیه

advice note

فهرست ویژگیهای کالا؛ یادداشت اطلاعاتی: *یادداشتی حاوی کمیت، کیفیت، قیمت، تاریخ تحویل کالا و دیگر اطلاعات مورد نیاز که برای مشتری فرستاده می‌شود.*

advice of arrival

اطلاعیهٔ ورود

advice of delivery

اطلاعیهٔ تحویل

advice of dispatch

اطلاعیهٔ ارسال

advice of draft

اطلاعیهٔ برات

advice of extension

اطلاعیهٔ تمدید

advice of issuance

اطلاعیهٔ صدور

advice of non-delivery

اطلاعیهٔ عدم تحویل

advice of receipt

اعلام وصول

advice of shipment

اطلاعیهٔ حمل کالا (با کشتی)

advice of trial

اخطاریه برای حضور در دادگاه

advise

اعلام کردن؛ اطلاع دادن؛ توصیه کردن؛ اخطار کردن؛ نظر(مشورتی) دادن؛ پیشنهاد کردن؛ سفارش دادن؛ پیشنهاد دادن

☞ *notify, inform, instruct*

adviser, financial

مشاور مالی

advising bank

بانک ابلاغ کننده

advisor

مشاور؛ مستشار؛ رایزن

advisor, administrative

مشاور اداری

advisor, legal

مشاور حقوقی

advisory and arbitration service

خدمات مشاوره و داوری

advisory arbitration

داوری مشورتی

advisory capacity

سمت مشاور؛ پست مشاور

advisory committee

کمیتهٔ مشورتی

advisory committe of experts

کمیتهٔ مشورتی کارشناسان

Advisory, Conciliation and Arbitration Service (ACAS)

سازمان خدمات مشاوره، سازش و داوری

advisory council

مجمع / انجمن مشورتی؛ شورای مشورتی

advisory opinion

نظر مشورتی؛ رأی مشورتی

advisory service

خدمات مشورتی

advisory staff

ستاد مشورتی

advocate (n. advocacy)

طرفدار؛ حامی؛ وکیل مدافع؛ وکیل؛ مدافع؛ پشتیبان؛ دستیار؛ مشاور؛ طرفداری کردن؛ حمایت کردن؛ پشتیبانی کردن

AFC (average fixed cost)

میانگین هزینهٔ ثابت

affair(s)
امر؛ موضوع؛ کار؛ مطلب؛ قضیه؛ مسأله؛ واقعه؛ رویداد؛ حادثه؛ رابطه؛ (در جمع) امور

affairs, executive
امور اجرایی

affective
نافذ

affective reaction
واکنش عاطفی (انسان برای شناخت و درک رفتار خود در سازمان)

affidavit
سوگندنامه؛ اقرارنامه به قید سوگند؛ بیانیهٔ کتبی که نویسنده در حضور یک مأمور اسناد رسمی یا مقام صلاحیتدار سوگند می‌خورد و آن را می‌نویسد و امضا می‌کند.

affidavit of merits
گواهی شایستگی و لیاقت

affiliate
شرکت وابسته؛ سازمان وابسته؛ عضو وابسته؛ وابسته (به شخص، سازمان یا گروه)؛ وابسته بودن؛ ارتباط داشتن؛ پیوستن؛ تلفیق کردن؛ به عضویت پذیرفتن؛ ضمیمه کردن؛ ملحق کردن

affiliated company
شرکت وابسته؛ مؤسسه‌ای که تحت مالکیت شرکت دیگری است
☞ *associated company*

affiliated member
عضو وابسته

affiliation
عضویت؛ ارتباط؛ رابطه؛ پیوستگی؛ وابستگی؛ پیوستن یک سازمان به سازمان بزرگتر

affirm
اظهار نظر قطعی کردن؛ تأیید کردن؛ تصدیق کردن؛ اثبات کردن؛ تصریح کردن؛ ابرام کردن

affirmation
اثبات؛ ایجاب؛ تأیید؛ تصدیق؛ اعلام رسمی؛ تصویب؛ اظهار قطعی؛ تصریح

☞ *asseveration*

affirmative action program
برنامهٔ حفظ تساوی حقوق

affix
الصاق کردن
☞ *apply, attach*

affixing seals
مهر و موم کردن

affix one's seal to ...
مهر کردن

affix one's signature to
امضا کردن

affluent society
جامعهٔ ثروتمند/مرفه

affreigtment
قرارداد اجاره کشتی؛ اجاره نامهٔ کشتی

AFL-CIO (American Federation of Labor-Congress of Industrial Organizations)
اتحادیهٔ کارگری امریکا متشکل از صنعتگران و پیشه‌وران و مؤسسات صنعتی ؛فدراسیون آمریکایی کار ـ کنگرهٔ سازمانهای صنعتی: سازمان کارگری مؤتلفه از اتحادیهٔ کارگران حرفه‌ای و صنعتی در آمریکا

after hours
پس از ساعات اداری

afternoon shift
شیفت بعد از ظهر؛ نوبت کاری بعد از ظهر؛ کار نوبتی بعد از ظهر

after office hours
خارج از سرویس اداری؛ خارج از خدمت؛ پس از ساعات کار اداری

after-sales services
خدمات پس از فروش

after sight
بعد از رؤیت؛ پس از رؤیت؛ با وعده (در مورد برات)

against all risks (aar)

against all risks insurance 39 aggregate corporation

(اصطلاح بیمه) در مقابل کلیهٔ خطرات؛ بیمه در مقابل هر گونه خطر احتمالی

against all risks insurance

☞ *all risks policy*

بیمهٔ تمام خطر؛ بیمه در مقابل کلیهٔ خطرات؛ بیمه در مقابل هر گونه خطر احتمالی

against delivery

در مقابل تحویل؛ به شرط تحویل

against presentation of the documents

در مقابل ارائه اسناد

against rules

خلاف مقررات

against the law

خلاف قانون؛ غیر قانونی

agency

نمایندگی؛ شعبه؛ کارگزاری؛ حق‌العمل کاری؛ عاملیت؛ وکالت؛ سازمان؛ آژانس؛ اداره؛ مؤسسه؛ بنگاه

agency agreement

قرارداد نمایندگی

agency contract

قرارداد نمایندگی

agency, enforcement

مدیریت اجرایی

agency fee

حق‌العمل نمایندگی

agency, financial

ادارهٔ دارایی؛ ادارهٔ مالی

agency of a company, the

نمایندگی یک شرکت

agency shop

پرداخت حق عضویت از سوی کارگران غیر عضو

agency, sole

نمایندهٔ انحصاری؛ نمایندگی انحصاری

☞ *exclusive agent*

agenda

دستور جلسه؛ دستور کار؛ برنامه:

فهرستی از موضوعهایی که قرار است در یک جلسهٔ رسمی مطرح شود.

- The agenda for today's meeting includes reading of committee reports, adoption of a new policy and election of the board of directors.

دستور جلسهٔ امروز شامل ارائه گزارش کمیته، اتخاذ سیاست جدید و انتخاب هیأت مدیره می‌باشد.

agent

نماینده؛ نمایندگی؛ عامل؛ کارگزار؛ دلال؛ واسطه؛ وکیل؛ جاسوس

agent bank

بانک کارگزار

agent, direct

مأمور بی‌واسطه

agent entitled to elect a sub-agent

وکیل در توکیل

agent, exclusive

نمایندهٔ انحصاری

agent, law

نمایندهٔ حقوقی

agent, loan

واسطهٔ وام‌گیری

agents of production

عاملان تولید

age of limit for pensioning

سن بازنشستگی

age reduction

تخفیف سنّی:

کاهش حق بیمه به علت رسیدن به سنّی خاص

aggregate

مجموعه؛ توده؛ ارقام کلی؛ جمع؛ گروه؛ جمع کردن؛ گروه بندی کردن

aggregate corporation

aggregate demand
بنگاه یا شرکت متشکل از چند نفر؛ بنگاه مرکب

aggregate demand
مجموعه تقاضا:
تقاضای کل برای کالاها و خدمات در یک نظام اقتصادی (مشتمل بر تقاضا برای کالاها و خدمات مصرفی، کالاهای سرمایه‌ای، خدمات تولیدی، تقاضای بخش عمومی و تقاضای صادرات)

aggregate indemnity
غرامت کل

aggregate liability
بدهی کل

aggregate planning
برنامه‌ریزی جامع؛ برنامه‌ریزی کلی

aggregate production planning
برنامه‌ریزی جامع تولید

aggregate supply
عرضهٔ کلی؛ مجموع عرضه

aggregate system
نظام کلی

AGM (annual general meeting)
مجمع عمومی سالیانه

agree
قبول کردن؛ موافقت کردن؛ توافق کردن؛ به توافق رسیدن؛ پذیرفتن

agreed award
حکم مرضی‌الطرفین؛ حکم سازشی
☞ *fixed award*
☞ *informed award*
☞ *rigged award*

agree / disagree items
سؤالهای موافق / مخالف

agreed minutes
پیش نویس مورد توافق طرفین؛ خلاصهٔ مذاکرات متفق علیه

agreed price
قیمت مورد توافق

agreed procedure
مراحل مورد توافق

agreed rate
قیمت مورد توافق؛ نرخ مورد توافق

agreed time
موعد مقرر

agreement
موافقت نامه؛ قرارداد؛ توافق

agreement, agency
قرارداد نمایندگی

agreement, bilateral
موافقت نامهٔ دو جانبه

agreement, blanket
موافقت کلی

agreement, buy-back
قرارداد بازخرید؛ قرارداد بای بک

agreement by arbitration
توافق از طریق حکمیت و داوری

agreement clause
شرط قرارداد

agreement, collective
توافق جمعی:
توافق نامه‌ای که به وسیلهٔ نمایندگان سازمان کارگری و کارفرما امضا و در آن شرایط استخدامی و کاری تعیین می‌شود.

agreement, conclude an
قرارداد بستن؛ قراردادی را منعقد یا امضا کردن

agreement, enter to an
قرارداد بستن؛ قراردادی را منعقد یا امضا کردن

agreement in principle
موافقت اصولی
☞ *substensive agreement*

agreement, joint
موافقت نامهٔ مشترک

agreement, labor
موافقت نامهٔ کار

agreement, letter of
موافقت نامه

agreement master

agreement of arbitration | **aircraft general declaration**

موضوع اصلی صحبت کنند. این روش مخصوصاً در بررسی بازار زیاد به کار می‌رود.

aided-recall method

روش ارزیابی اثربخشی تبلیغ

aided-recall method (of advertising)

روش ارزیابی اثر بخشی (کارآیی) تبلیغ

aid, foreign

کمک خارجی

aid fund

صندوق تعاون

AIIM (Associate of the Institution of Industrial Managers)

عضو مؤسسهٔ مدیران صنعتی

AIM (Association of Industrial Managers)

مؤسسهٔ مدیران صنعتی

air cargo

محمولهٔ هوایی

☞ *air freight*

air carrier

شرکت حمل و نقل هوایی؛ باربری هوایی

air consignment note

بارنامهٔ هوایی؛ قبض یا رسید ارسال کالا از طریق هوا؛ بارنامهٔ حمل هوایی

aircraft cargo manifest

مانیفست یا بارنامهٔ هواپیما:
سندی است که طبق مقررات ضمیمه ۹ قرارداد سازمان بین‌المللی هواپیمایی کشوری مورد استفاده قرار می‌گیرد و در آن اطلاعات مربوط به کالاهایی که هواپیما حمل می‌کند، قید می‌گردد. در برخی از کشورها برای انجام این منظور، از اسناد داخلی استفاده می‌شود.

aircraft general declaration

اظهارنامهٔ عمومی هواپیما:
سندی است که طبق مقررات مندرج در ضمیمه ۹ قرارداد سازمان بین‌المللی هواپیمایی کشوری

توافق اساسی:
توافق نامه‌ای که بسیاری از کارفرمایان، آن را امضا کرده‌اند.

agreement of arbitration

قرارداد یا موافقت نامهٔ داوری

agreement, open-end

توافق نامحدود؛ قرارداد باز

agreement, private

قرارداد خصوصی

agreement, sign an

قرارداد بستن؛ قراردادی را منعقد یا امضا کردن

agreement, stock exchange listing

موافقت نامهٔ اعضای بورس سهام

agreement, substensive

موافقت اصولی

agreement, threshold

توافق نامهٔ شروع کار

AICSA (Associate of the Institute of Chartered Secretaries and Administrators)

عضو مؤسسهٔ مدیران و مسؤولان رسمی

AIDA (Attention, Interest, Desire, Action)

آیدا (توجه، علاقه، تمایل و اقدام):
یکی از موضوع‌هایی است که در بعضی از دوره‌های آموزش فروشندگی گنجانده شده و منظور آن مراحل مطلوبی است که خریدار در زمان خرید، آنها را طی می‌کند. در مرحلهٔ اول، توجه خریدار جلب می‌شود، سپس به کالا علاقه‌مند و مایل به خرید آن می‌شود.

aided recall

کمک به یادآوری:
یکی از روش‌هایی که در آزمون سازی در روان‌شناسی به کار می‌رود. در این روش با یادآوری موضوع‌هایی نزدیک به موضوع اصلی از مصاحبه شوندگان خواسته می‌شود تا دربارهٔ

air freight 42 **allocating resources**

(ICAO) مورد استفاده قرار می‌گیرد و حاوی اطلاعاتی در زمینهٔ خود هواپیما، مسیر پرواز، محموله، خدمه پروازی، مسافران و وضعیت بهداشتی است.

air freight

محمولهٔ هوایی

☞ *air cargo*

airlines management

مدیریت خطوط هواپیمایی

airway bill

بارنامهٔ هوایی؛ بارنامهٔ حمل و نقل هوایی

airway bill of lading

بارنامهٔ هوایی

ALGOL

الگول:

یکی از زبانهای سطح بالای کامپیوتر که از عبارت زبان الگوریتمی (algorithmic language) مشتق شده است.

algorithm

آلگوریتم؛ خوارزمی:

مجموعه‌ای از قواعد برای حل یک مسأله

alien

انتقال دادن؛ واگذار کردن؛ صلح کردن (ملک)؛ فروختن؛ مغایر؛ خارجی

☞ *alienate*

alienable

قابل انتقال؛ قابل فروش؛ قابل واگذاری

alienate

انتقال دادن؛ واگذار کردن؛ صلح کردن (ملک)؛ مصادره کردن؛ تصرف کردن؛ تصاحب کردن

☞ *alien*

alienation

واگذاری؛ انتقال؛ بیگانگی؛ مصادره؛ تصرف؛ فروش (ملک):

منظور از بیگانگی، حالتی است که در اثر افراط در تقسیم کار و بی‌محتوا شدن شغل برای مشاغل به وجود می‌آید.

alienator

واگذار کننده؛ انتقال دهنده؛ فروشنده؛ متصرف

alien corporation

شرکت خارجی

alien duty

حقوق گمرکی قابل انتقال

alienee

خریدار؛ انتقال گیرنده؛ منتقل‌الیه

alienor

واگذار کننده؛ فروشنده؛ انتقال دهنده

all channel pattern of communication

الگوی ارتباطی همه جانبه

all - commodity index

شاخص مجموعهٔ کالاها

all-day delay time-study method

روش تأخیر کل روزانه

Alliance of European Press Agencies

اتحادیهٔ آژانسهای مطبوعاتی اروپا

allied company

شرکت وابسته؛ شرکت تابع

all-in rate

نرخ فراگیر

all-loss insurance

بیمهٔ کل خسارات؛ بیمهٔ خسارت کامل؛ بیمهٔ تمام زیان

allocate

تخصیص دادن؛ اختصاص دادن؛ واگذار کردن؛ محول کردن؛ توزیع کردن؛ تقسیم کردن

allocate necessary resources

اختصاص دادن منابع مورد نیاز

allocate of share

تقسیم سهام

allocating resources

اختصاص منابع؛ تخصیص منابع:

-The purpose of this conference is to estabilish guidelines for

allocating critical resources
هدف/منظور این کنفرانس تدوین خط مشی‌هایی برای تخصیص منابع حیاتی است.

allocating resources to an organization
اختصاص منابع به سازمان

allocation
تخصیص؛ اختصاص؛ تقسیم؛ واگذاری؛ توزیع؛ تقسیط؛ سهم؛ بودجه؛ اعتبار؛ سرشکن کردن

allocation of funds
تخصیص وجوه؛ تخصیص بودجه

allocation of overheads
تخصیص مخارج بالاسری؛ تخصیص هزینه‌های جانبی:
فرآیند تخصیص مخارج بالاسری و عمومی به مراکز هزینه

allocation of shares
تقسیم سهام

allocation problem
مشکل تخصیص منابع
☞ *programming problem*

allonge
پیوست سند:
کاغذی که به یک سند منضم می‌شود تا جا برای ظهرنویسی وجود داشته باشد.

all-or-none embargo
دعوی برای شمول همگانی:
در روابط صنعتی به موردی اطلاق می‌شود که امتیازهای درخواستی (از قبیل پاداش، حق اضافه کاری) باید به همگان داده شود که در غیر این صورت هیچ یک از کارکنان همکاری نخواهد کرد.

allot
تخصیص سهام تازه انتشار یافته به صاحبان اولیه؛ اختصاص دادن؛ تخصیص دادن؛ تقسیم کردن؛ توزیع کردن؛ واگذار کردن؛ محول کردن

allotee
سهامدار اختصاصی (سهام با نام)؛ سهام با نام؛ گیرندهٔ سهم

allotment
تعیین سهام؛ وجه تخصیصی؛ اعتبار؛ وجوه اختصاصی؛ تقسیم؛ توزیع؛ تخصیص؛ سهم

allotment letter
اعلامیه/برگهٔ تخصیص سهام
☞ *letter of allotment*

all - out strike
اعتصاب سراسری؛ اعتصاب کامل
☞ *general strike*

allowance
مقرری؛ اجازه؛ افزودنی‌های مجاز؛ تخفیف؛ تخفیف ویژه؛ تخفیف مالیاتی؛ مقدار مجاز؛ مدد معاش؛ مستمری؛ فوق‌العاده؛ هزینهٔ سفر؛ مزایا؛ کمک معاش؛ کمک هزینه؛ کسر؛ تعدیل قیمت

allowance for bad debts
اعتبار مطالبات مشکوک‌الوصول؛ ذخیرهٔ مطالبات غیر قابل وصول

allowance for depreciation
ذخیرهٔ استهلاک

allowed time
زمان قابل قبول؛ زمان مجاز جهت انجام یک کار استاندارد؛ زمان مجاز انجام کار

all risk insurance
بیمهٔ تمام خطرات: بیمه‌ای که در مقابل خسارات ناشی از تمام خطرات (به استثنای خطراتی که در قرارداد بیمه قید شده است) بیمه‌گذار را حمایت می‌کند.

all risks policy
بیمهٔ تمام خطر؛ بیمه‌نامهٔ تمام خطرات؛ بیمه در مقابل هر گونه خطر احتمالی
☞ *against all risks insurance*

alongside
در کنار کشتی؛ پهلو به پهلو

alphabetical rating
رتبه‌بندی الفبایی:
در این روش رتبه بندی، فرمی شامل فهرستی از

alphabetic code / **amend**

عوامل از جمله همکاری، دانش شغلی، مهارت، توانایی تحلیلی، کمیت و کیفیت کار و ... در اختیار ارزیاب قرار می‌گیرد تا عملکرد کارکنان را در مقابل عوامل فوق با تخصیص حروف و اعدادی از قبیل «الف» تا «ث» یا «۱» تا «۵» که نشانگر ضعیف، متوسط، خوب، خیلی خوب و عالی می‌باشد، ارزیابی کند.
☞ *numerical rating*

alphabetic code
کد الفبایی

alphameric code
رمز حرفی - عددی؛ کد حرفی - عددی

alphanumeric
الفبا - شماری؛ ترکیب الفبایی و عددی

alpha securities
سهام فعال؛ سهامی که بیشترین معاملات را در بورس به خود اختصاص می‌دهد.

alteration, having signs of
قلم خورده؛ مخدوش

alteration (substitution) of an obligation
تبدیل تعهد

alter (n. alteration)
تغییر دادن؛ قلم زدن؛ تحریف کردن؛ اصلاح کردن؛ عوض کردن

alternate
جانشین؛ عضو علی‌البدل؛ جانشین کردن / شدن

alternate arbitrator
داور علی‌البدل

alternate director
مدیر قایم مقام؛ مدیر جانشین

alternate member
عضو علی‌البدل

alternate standard
استاندارد بدیل؛ استاندارد جایگزین

alternating shift
نوبت کاری متغیر:

سیستم کار دو نوبتی که در آن، هر یک از کارکنان یک دوره در شب و یک دوره در روز کار می‌کنند.

alternationg day and night
شیفت گردشی؛ نظام کار دو نوبتی

alternative
راه‌کار؛ راه‌حل؛ جایگزین؛ جانشین؛ بدیل

alternative actions
اقدامات مختلف

alternative identification
شناسایی راه‌کارها/ راه‌حل‌ها

alternative plan
طرح جایگزین ؛ طرح جانشین

AMA (American Management Association)
انجمن مدیریت آمریکا

amalgamated enterprises
مؤسسات ادغام شده؛ مؤسسات یا شرکت‌های مختلط

amalgamation
ادغام چند شرکت
☞ *merger*

amalgamation, voluntary
ادغام داوطلبانه؛ ادغام داوطلبانه دو شرکت

ambiguity of accuracy
ابهام یا مبهم بودن اطلاعات

ambiguous report
گزارش مبهم

ambivalence
دوسوگرایی؛ ناهماهنگی؛ ناهمخوانی

amenable
جوابگو؛ پاسخگو؛ مسؤول؛ موظف؛ قابل بررسی؛ مطیع؛ تابع

amenableness
مسؤولیت؛ پاسخگویی

amenable to law
مسؤول در برابر قانون

amend

a mendé

تجدید نظر کردن؛ تصحیح کردن؛ اصلاح کردن؛ تغییر دادن؛ جریمه؛ مجازات مالی؛ جبران خسارت

a mendé
جریمه؛ جبران خسارت

amend a bill
لایحهٔ قانونی را اصلاح کردن

amended invoice
سیاههٔ اصلاح شده؛ صورت کالای ارسالی؛ صورت حساب اصلاحی

amendment
مادهٔ اصلاحی (قانون و لایحه)؛ پیشنهاد اصلاحی؛ اصلاحیه؛ تغییر؛ اصلاح؛ متمم

amendment bill
لایحهٔ اصلاحی

amendment to entries
تغییرات اقلام ثبتی؛ تغییرات در اظهارنامه‌ها

amends
جبران، تلافی؛ پرداخت خسارت؛ جبران خسارت؛ اصلاح وضعیت؛ اعادهٔ وضعیت به حالت قبلی

amends for, make
جبران کردن

amercement
جریمهٔ نقدی

American Federation of Labor (AFL)
فدراسیون کار آمریکا

American Management Association (AMA)
کانون/انجمن مدیریت آمریکا

American National Standards Institute (ANSI)
مؤسسهٔ استاندارد ملی آمریکا

American Stock Exchange (AMEX)
بورس آمریکا؛ بازار سرمایهٔ آمریکا

amicable action
مصالحه؛ عقد یا تعهد دو جانبه

amicable arrangement
توافق دو طرف؛ توافق مسالمت آمیز

amicable manner
حل اختلافات به صورت مسالمت‌آمیز

amicable negotiations
مذاکرات دوستانه

amicable resolution
راه‌حل مرضی‌الطرفین؛ راه‌حل مسالمت آمیز

amicable settlement
مصالحه؛ حل اختلاف به صورت مسالمت‌آمیز

amortization
استهلاک؛ اقساط برای مستهلک کردن؛ استهلاک تدریجی بدهی:
۱- تصفیه تدریجی بدهی توسط پرداخت‌های دوره‌ای قسطی از اصل سرمایه یا تعهد سالانهٔ ارزش دارایی به وسیلهٔ استهلاک
۲- ذخیرهٔ پیش بینی شده برای تصفیه و پرداخت وام از طریق استهلاک و پرداخت تدریجی
(در تولید) عبارت است از سرشکن کردن هزینهٔ ثابت روی کالاهای تولید شده؛ واریز تدریجی بدهی به صورت اقساط
☞ *depreciation*

amortization fund/quota
وجوه استهلاک؛ وجوهی که به صورت جاری از درآمد برای استهلاک برداشت می‌شود

amortization of debt
استهلاک دین / بدهی

amortize
پرداخت تدریجی وام؛ مستهلک کردن (بدهی)

amortized costs
هزینه‌های مستهلک شده

amortized loan
وام مستهلک شده؛ وامی که مستلزم پرداخت‌های دوره‌ای است و پرداخت بخشی از آن سبب تقلیل یا کاهش اصل وام می‌شود

amount due

بدهی (موعد رسیده)؛ مبلغ لازم‌التأدیه

amount of bail

وجه‌الکفاله

amount of discount

مبلغ تخفیف؛ میزان تخفیف

amount of guarantee

وجه‌الضمان

amount of loan

مبلغ وام

amount stipulated in the contract

مبلغ مشروط یا مندرج در قرارداد؛ مبلغ تصریح شده در قرارداد

amount written off

مبلغ به هزینه گرفته شده

AMT (advanced manufacturing technology)

فن آوری پیشرفتهٔ تولید؛ تکنولوژی پیشرفتهٔ تولید

analog computer

رایانهٔ قیاسی؛ کامپیوتر قیاسی : *نوعی کامپیوتر که در آن، اطلاعات به جای اینکه به صورت ارقام دوتایی، مانند کامپیوترهای عددی آورده شوند به صورت آنالوگ (اطلاعات پیوسته) ارائه می‌شوند.*

analog model

مدل قیاسی: *الگویی که در آن متغیرهای یک نظام و روابط بین آنها با متغیرها و روابط نظام دیگر بیان می‌گردد.*

analysing the mission

ارزیابی مأموریت؛ تجزیه و تحلیل مأموریت

analysing the objectives

تجزیه و تحلیل اهداف

analysis

تجزیه و تحلیل؛ بررسی

analysis, administrative

تجزیه و تحلیل اداری

analysis, decision

تجزیه و تحلیل تصمیم

analysis, demand

تجزیه و تحلیل تقاضا

analysis, factor

تجزیه و تحلیل عوامل؛ بررسی عوامل

analysis, job

تجزیه و تحلیل شغل

analysis, management

تجزیه و تحلیل مدیریت

analysis, manpower

تجزیه و تحلیل نیروی انسانی

analysis, marketing cost

تجزیه و تحلیل هزینهٔ بازاریابی

analysis, network

تجزیه و تحلیل شبکه

analysis, occupational

تجزیه و تحلیل حرفه‌ای

analysis of performance

تجزیه و تحلیل عملکرد؛ تجزیه و تحلیل کارکرد: *ارزیابی مدیر از نحوهٔ کار و عملکرد کارکنان، سیستمها و واحدهای سازمان در ارتباط با هدفهای تعیین شده.*

analysis of variance

تجزیه و تحلیل واریانس

analysis, policy

تجزیه و تحلیل خط‌مشی

analysis, regression

تحلیل برگشت ؛ تجزیه و تحلیل رگرسیون

analysis, relation

تجزیه و تحلیل روابط

analysis, risk

تجزیه و تحلیل ریسک / خطر پذیری

analysis, sensitivity

تجزیه و تحلیل حساسیت

analysis, systems

تجزیه و تحلیل سیستمها

analysis, task

تجزیه و تحلیل وظایف

analysis, value

تجزیه و تحلیل ارزش

analysis, vertical

تجزیه و تحلیل عمودی

analyst

تحلیل‌گر

analythical estimating

تخمین / برآورد تحلیلی:

یکی از روشهای زمان سنجی کار که در آن وظایف شغل تجزیه شده و مدت زمان انجام هر وظیفه از طریق داده‌های ترکیبی و یا به کمک تجربه اندازه‌گیری می‌شود؛ روشی که در مدیریتِ تولید و بررسیِ کار، استفاده می‌شود.

analytical job evaluation

ارزشیابی تحلیلی شغلی :

یکی از روشهای ارزشیابی مشاغل که بر اساس آن عوامل مشترک مشاغل با یکدیگر مقایسه می‌شوند.

analytical research

پژوهش تحلیلی

analytic job evaluation method

روش تحلیلی ارزشیابی مشاغل

analyze (var.analyse)

تجزیه و تحلیل کردن؛ بررسی کردن

analyzing the objective

تجزیه و تحلیل هدف

analyzing the problem

تجزیه و تحلیل مشکل / مسأله

Andean Common Market (ANCOM)

آنکوم:

بازار مشترک کشورهای بولیوی، شیلی، کلمبیا، اکوادور، پاراگوئه و ونزوئلا

andragogy

بزرگسال آموزی:

نگرش، دیدگاه و مجموعه فنونی که برای آموزش و یادگیری انسان به کار گرفته می‌شود و طی آن گفته می‌شود فراگیر خود شوق یادگیری را دارد.ارزیابی مطالب آموخته شده باید به وسیلهٔ فراگیر و آموزش دهنده انجام گیرد و مسؤولیت یادگیری به عهدهٔ شخص فراگیر است.

angild

جبران صدمه و جراحت وارده به کسی؛ ترمیم؛ رفع خسارت

animo revocandi

به قصد ابطال؛ به قصد فسخ

animus revocandi

به قصد ابطال؛ به قصد فسخ

annex

پیوست؛ ضمیمه؛ الحاقیه؛ پیوست کردن؛ ضمیمه کردن؛ الحاق کردن؛ منضم کردن؛ تصرف کردن؛ تصاحب کردن؛ اشغال کردن

annexation

پیوست؛ ضمیمه؛ الحاق؛ انضمام

annexed

الحاقی

announce

اعلام کردن؛ اطلاع دادن؛ اعلان کردن؛ علنی کردن؛ آگهی کردن؛ معرفی کردن؛ بیان کردن

☞ *declare, notify*

☞ *advertise, promulgate proclaim ,report*

☞ *publish, make known*

announcement

اعلان؛ اعلام؛ آگهی؛ خبر؛ اعلامیه؛ اطلاعیه

☞ *advertisement*

☞ *promulgation*

☞ *declaration, notificaion*

annual allowance

مقرری سالانه

annual budget

بودجهٔ سالانه

annual capital charge

هزینهٔ سالانهٔ سرمایه:

یکی از تکنیکهای مدیریت مالی که جریان

annual expense 48 annulment of contract

نقدینگی را با هزینهٔ سرمایه در سال مقایسه می‌کند. با استفاده از این تکنیک می‌توان میزان موفقیت مؤسسه را ارزشیابی کرد.

annual expense

هزینهٔ سالانه

annual financial statement

گزارش مالی سالانه

annual general meeting (AGM)

مجمع عمومی سالانه؛ جلسهٔ عمومی سالیانه

annual growth factor

ضریب رشد سالانه

annual improvement factor

عامل پیشرفت یا بهبود سالانه؛ پیش بینی یا قید ماده‌ای در قرارداد جمعی کارگران مبنی بر این که افزایش دستمزد آنها، وابسته به افزایش بهره‌وری خواهد بود.

annual income

درآمد سالانه

annual installments

اقساط سالانه

annual meeting

جلسهٔ سالانه؛ اجلاس سالانه

annual patent fee

حق‌الامتیاز سالانه

annual percentage rate

نرخ بهرهٔ سالانه

annual premium costing

تعیین حقوق بازنشستگی

annual report

گزارش سالانه

اطلاعات ارائه شده در هر سال توسط مدیران یا هیأت مدیره یک سازمان به سهامداران، صاحبان سرمایه یا افراد دیگر

annual return

بازده سالانه؛ بازدهی سالانهٔ مؤسسه

annual usage value

ارزش استفادهٔ سالانه

annual value

ارزش سالانه؛ مبلغ سالانه

annuitant

مستمری بگیر؛ وظیفه بگیر؛ حقوق بگیر

annuity

مستمری سالانه؛ قسط؛ مقرری سالانه:

پرداخت مرتب اصل و فرع؛ میزان مستمری که به طور منظم به شخصی پرداخت می‌شود.

annuity bond(s)

اوراق قرضهٔ سالانه؛ اوراق قرضهٔ بدون سررسید

☞ *irredeemable stock*

☞ *perpetual bonds*

☞ *undated bonds*

annuity certain

مستمری خاص؛ مستمری مشخص:

مقدار مستمری که برای تعداد سالهای معینی قابل پرداخت است. این نوع پرداختها و مستمری‌ها معمولاً برای مواردی از قبیل ازدواج، مرگ و ... پرداخت می‌شود.

annuity fund

صندوق مستمری

annuity insurance

بیمهٔ مستمری سالانه

annul

باطل کردن؛ فسخ کردن؛ لغو کردن؛ کان لم یکن کردن؛ الغا کردن

☞ *abolish, abrogate*

☞ *cancel*

☞ *invalidate, revoke*

annul a contract

قرارداد یا عقدی را باطل یا فسخ کردن

annulation

ابطال؛ فسخ؛ ابطال قانون؛ ابطال عقد؛ لغو قرارداد

annullate

باطل کردن؛ فسخ کردن؛ لغو کردن

annulment

الغا؛ فسخ؛ ابطال؛ لغو

annulment of contract

annulment of judgement
لغو قرارداد

annulment of judgement
ابطال حکم

annunciator
تابلوی اعلان (در بورس)

anonymous letter
نامهٔ بدون امضا

anonymous partnership
شرکت بی‌نام (شرکتی که بنام هیچ یک از شرکا نباشد)

answerable
پاسخگو؛ جوابگو؛ مسؤول

answer sheet
پاسخنامه

antagonism
آشتی ناپذیری؛ تقابل؛ تضاد؛ مخالفت

antagonistic cooperation
همکاری تقابلی؛ همکاری اجباری

ante-date
تاریخ ماقبل گذاشتن؛ تاریخ مقدم بر تاریخ واقعی روی سند نوشتن (به قصد عطف به ماسبق کردن اعتبار سند از تاریخ قید شده): درج تاریخی در سند که زودتر از زمان تنظیم واقعی آن است.
☞ *foredate*
☞ *predate*

antedate a deed
تاریخ مقدم یا جلوتری را در سند قید کردن

anthropometry
انسان سنجی (از نظر اندازه‌های بدن): در مطالعه کار عبارت است از بررسی اندازه‌های بدن انسان در ارتباط با کار

anticipate
قبل از موعد پرداختن؛ پیش بینی کردن؛ تدارک دیدن

anticipated
پیش بینی شده؛ مورد انتظار

anticipated consequences
پیامدهای پیش بینی شده؛ عواقب مورد انتظار

anticipated results
نتایج پیش بینی شده؛ نتایج مورد انتظار

anticipated return
نتایج پیش بینی شده؛ نتایج مورد انتظار

anticipated useful life
عمر مفید مورد انتظار

anticipation
پرداخت پیش از سررسید؛ پرداخت پیش از موعد؛ ایفای تعهد قبل از موعد؛ پرداخت بدهی قبل از سررسید؛ انتقال یا ضبط وجوه امانی قبل از موعد مقرر؛ پیش بینی

anticipation rate
نرخ برآوری؛ نرخ زود پرداخت؛ نرخ پرداخت پیش از موعد

anticipation stocks
نگهداری کالا در انبار تا رسیدن زمان مناسب؛ احتکار

anticipatory breach of contract
نقض پیش از موعد قرارداد؛ نقض فرضی قرارداد؛ اعلام قصد عدم ایفای تعهدات تصریح شده در قرارداد

antidumping
ضد رقابت مکارانه؛ ضد دمپینگ
☞ *dumping*

anti-featherbedding
جلوگیری از استخدام مازاد؛ ممانعت از ایجاد تسهیلات بی‌رویه و غیر عقلایی؛ جلوگیری از استخدام کارمند اضافی؛ منع/ممنوعیت استخدام مازاد بر نیاز
☞ *featherbedding*

antithesis
آنتی تز؛ برابر نهاد؛ تضاد؛ تقابل

anti-trust
ضد تراست:
عمل قانونی یا اقدامی که برای جلوگیری یا محدود کردن فعالیتهای انحصار طلبانه اقتصادی صورت گیرد.

AOPEC (Arab Oil Producing and Exporting Countries)
سازمان کشورهای عربی صادر کنندهٔ نفت (آاوپک)

AOQ (average outgoing quality)
میانگین کیفیت محصول؛ میانگین کیفیت کالای نهایی

AOQL (average outgoing quality limit)
حد متوسط کیفیت کالای نهایی؛ حداکثر میانگین کیفیت محصول

aperture card
کارت سوراخ دار؛ کارت پانچ

APL (a programming language)
ای.پی.ال؛ یکی از زبانهای کامپیوتر

apocryphal
ساختگی؛ جعلی؛ مجعول؛ غیر واقعی

apparatus
سازمان سیاسی؛ تشکیلات

apparent authority
مقام مسؤول؛ شخصیت بارز

appeal
درخواست کردن؛ تقاضا کردن؛ پژوهش خواستن؛ فرجام خواستن؛ مراجعه کردن؛ استیناف دادن؛ پژوهش (خواهی)؛ مراجعه؛ استیناف؛ درخواست؛ اعتراض

appeal to arbitration
توسل به داوری؛ رجوع به داوری

append
ملحق و منضم کردن؛ ضمیمه کردن

appendance
دارایی وابسته؛ مالکیت وابسته؛ متعلقات

appended
الحاقی؛ اضافی؛ ضمیمه؛ وابسته

appendix (pl. appendices)
ضمیمه؛ پیوست

appiontment of inspectors
انتصاب بازرسان

applicability
قابلیت اعمال؛ شمول؛ ذیربط بودن؛ مصداق داشتن

applicable
قابل اطلاق؛ قابل تسری؛ قابل اعال؛ قابل اجرا

applicable law
قانون قابل اجرا؛ قانون نافذ؛ قانون حاکم

applicable, prove
مصداق پیدا کردن

applicant
متقاضی؛ درخواست دهنده؛ درخواست کننده

application
تقاضا نامه؛ درخواست نامه؛ درخواست؛ قابلیت اعمال؛ تطبیق؛ شمول؛ اعمال؛ اجرا؛ کاربرد

application for a job
درخواست شغل؛ تقاضای شغل

application of law
مشمول قانون

application of the law to instances
تطبیق قانون با موارد

application and allotment sheet
برگ انتشار سهام؛ حساب تخصیص و تقاضای سهام

application form
نمونهٔ درخواست؛ فرم درخواست

application program
برنامهٔ کاربردی: نوعی برنامهٔ کامپیوتری که وظیفهٔ خاصی را انجام می‌دهد.

application to agreement
تطبیق قراردادهای مختلف با قرارداد موجود

applied
کاربردی؛ عملی

applied loans
وام تخصیص یافته؛ وام درخواستی

applied psychology in personnel management

روانشناسی کاربردی در مدیریت پرسنلی
applied research
تحقیقات کاربردی
applied statistics
آمار کاربردی
applied thories
نظریه‌های کاربردی
applier
متقاضی؛ تقاضا کننده؛ درخواست کننده
applying for a time extention
استمهال
apply (n. application)
اعمال کردن؛ اجرا کردن؛ به موقع اجرا گذاشتن؛ درخواست کردن؛ تقاضا کردن؛ استفاده کردن؛ بهره‌گیری کردن؛ به کار بردن؛ وقف کردن؛ تسری دادن
☞ *request, allot*
☞ *appropriate ,attach*
☞ *assign, devote, employ*
☞ *administer, use, avail*
☞ *petition, appeal, direct*
appoint as proxy
به عنوان نماینده یا وکیل انتخاب کردن؛ به عنوان وکیل انتصاب کردن
appointed by the articles
منتصب بر حسب مواد قانونی
appointed members
اعضای انتصابی (در مقابل اعضای انتخابی)
☞ *elected members*
appointed or engaged by an official order
حکمی (مثل کارمند حکمی)
appointed tax
مالیات توزیعی؛ مالیاتی که عواید آن بین واحدهای مختلف دولتی توزیع می‌گردد.
appointee
منتخب؛ منصوب؛ منصوب شده
appointing authority
مقام منصوب کننده
appointive position
پست انتصابی
appointment
انتصاب؛ قرار ملاقات؛ شغل؛ پست؛ مقام
appointment of auditor
انتصاب حسابرس
appointment of trustee
نصب امین؛ انتصاب امین
appoint (n. appointment)
نصب کردن؛ منصوب کردن؛ استخدام کردن؛ تعیین کردن؛ انتخاب کردن؛ گماردن
appoint single arbitrator
منصوب کردن داور واحد
appoint somebody to an office
شخصی را به پست یا سمَتی گماردن
apportion
اختصاص دادن؛ محول کردن؛ واگذار کردن؛ سرشکن کردن؛ توزیع کردن
apportionment
تخصیص اعتبار؛ تسهیم:
سرشکن کردن هزینه‌ها به چند سال بر حسب منافع حاصله در هر سال
apportionment clause
شرط تقسیم؛ قید تقسیط
appose
بازرسی کردن؛ تحقیق کردن؛ رسیدگی کردن
appraisal
ارزیابی؛ ارزشیابی؛ تقویم؛ تعیین قیمت؛ برآورد
appraisal activities
فعالیتهای ارزیابی / ارزشیابی
appraisal by peers
ارزشیابی توسط همکاران
appraisal by subordinates
ارزشیابی توسط زیردستان:
عبارت است از گزارش و قضاوت زیردستان مورد اعتماد در مورد بالادست
appraisal by superior

appraisal interview 52 approval

ارزشیابی توسط بالادست (یا مقام بالاتر)

appraisal interview

مصاحبهٔ ارزشیابی:
مصاحبه‌ای است که به عنوان بخشی از ارزشیابیِ کارِکارکنان انجام می‌شود.

appraisal method

روش ارزشیابی
→ *performance appraisal*

appraisal report

گزارش ارزیابی / ارزشیابی

appraisal surplus

مازاد ارزشیابی (در بیمه)

appraise

ارزیابی کردن؛ ارزشیابی کردن؛ تقویم کردن؛ تعیین یا تثبیت نمودن ارزش چیزی برآورد کردن

appraisement

تعیین قیمت در حراج

appraiser

ارزیاب؛ مقوم؛ ارزیابی‌کننده

appreciation

ترقی قیمت؛ افزایش ارزش؛ قدردانی؛ تقدیر؛ *افزایش ارزش بیش از بهای تمام شده یا ارزش دفتری*

apprentice

کارآموز؛ شاگرد؛ تازه‌کار؛ استخدام کردن به عنوان کارآموز؛ فردی که برای فراگیری حرفه‌ای آموزش داده می‌شود؛ کارآموز فنی

apprenticeship

کارآموزی؛ شاگردی؛ دورهٔ کارآموزی

approach

نگرش؛ رهیافت؛ رویکرد؛ روش؛ شیوه

approach-approach conflict

تعارض خواست - خواست؛ برخورد خواستها

approbate

ارزش چیزی را تصویب کردن؛ موافقت کردن

approbation

تصویب؛ موافقت؛ تحسین؛ آزمایش؛ کار آموزی

appropriate action

اقدام مقتضی

appropriated profit

سود تخصیص داده شده

appropriated surplus

مازاد تخصیص داده شده؛ سود اختصاص داده شده:
بخشی از سود ویژه قابل تقسیم که برای هدفهای خاص اختصاص می‌یابد.

appropriate (n. appropriation)

اختصاص دادن؛ تخصیص دادن؛ ضبط کردن؛ تصرف کردن؛ مناسب؛ مقتضی؛ شایسته؛ مربوط

appropriation

اعتبار تصویب شده؛ اعتبار تخصیص یافته؛ تخصیص بودجه ؛تخصیص وجه؛ واگذاری اعتبار:
تخصیص اعتبار در بودجه برای یک فعالیت خاص؛ ذخیرهٔ اختصاصی؛ اعتبار مصوّب؛ توزیع درآمد خاص به حسابهای مختلف؛ تخصیص قانونی

appropriation account

حساب کسب و کار؛ حساب تقسیم یا تخصیص سود

appropriation bill

لایحهٔ تخصیص بودجه؛ صورت ضبط اموال

appropriation committee

کمیتهٔ تخصیص بودجه

appropriation of payments

تخصیص پرداختها

appropriation period

مدت اعتبار؛ دورهٔ تخصیص

appropriation receipt

حواله نقدی اعتبار؛ رسید اعتبارات

appropriation request

درخواست اعتبارات

approval

اجازه؛ تصویب؛ موافقت؛ تأیید
☞ *consent, sanction*

approval of, meet the — arbitrary assessment

☞ *endorsement, support*
- It depends on (or is subject to) the manager's approval.
منوط به موافقت و تصویب مدیر است.

approval of, meet the
به تصویب ... رسیدن

approval, on
به شرط (در خرید جنس)

approve
تصویب کردن؛ موافقت کردن؛ تأیید کردن
  ☞ *authorize, ratify*
  ☞ *sanction*
  ☞ *confirm, endorse*

approved
مصوبه؛ تصویب شده

approved routes
راه‌های مجاز؛ مسیرهایی که طبق قانون گمرکی یک کشور برای ورود و صدور کالاها مجاز و آزاد است.

approved, to be
به تصویب رسیدن

approved, to have
به تصویب رساندن

approving authority
مقام تصویب کننده

APR (annual percentage rate)
نرخ بهرهٔ سالانه

aptitude
استعداد؛ توانایی؛ قابلیت

aptitude test
آزمون استعداد؛ آزمون آمادگی؛ نوعی آزمون که برای سنجش استعداد فرد برای وظایفی خاص یا شغلی مشخص به کار می‌رود.

AQL (acceptable quality level)
سطح کیفیت مورد قبول

arbiter
حکمیت کردن؛ داوری کردن؛ داور؛ حکم؛ میانجی

arbiter juris
داور قانونی

arbitrability
قابلیت ارجاع موضوع به داوری

arbitrable
قابل داوری؛ قابل رسیدگی؛ مورد حکمیت

arbitrage
داوری؛ حکمیت؛ رفع اختلاف بین متداعیین در خارج از دادگاه به وسیلهٔ داور انتخابی؛ معامله با منفعت (کالا را از بازار ارزان خریدن و در جای دیگر گران فروختن)؛ خرید و فروش همزمان کالا، ارز و اوراق بهادار با استفاده از تفاوت قیمت موجود در بازار مانند خرید و فروش سهام در بازار بورس؛ خرید و فروش همزمان؛ خرید و فروش کالایی که قیمت‌های مختلف در بازارهای متفاوت دارد؛ خرید کالایی از بازار و فروش فوری یا همزمان آن در بازاری دیگر به منظور استفاده از تفاوت قیمت در دو بازار

arbitrager
داور؛ قاضی؛ حَکَم؛ عامل خرید و فروش اوراق بهادار و ارز

arbitragist
سفته باز ارزی؛ واسطهٔ ارزی

arbitral award
رأی داوری

arbitral proceedings
جریان داوری

arbitral tribunal
دیوان داوری

arbitrary
قراردادی؛ خود سرانه؛ مستبدانه؛ استبدادی؛ اختیاری؛ دلخواه؛ مطلق

arbitrary address
نشانی قراردادی

arbitrary assessment
تعیین علی‌الرأس مالیات؛ تشخیص و تعیین

arbitrary interpretation 54 arm's-length bargain

مالیات بر مبنای ضوابط اداری

arbitrary interpretation

تفسیر به رأی

arbitrary price

قیمت اختیاری

arbitrate

حکمیت کردن؛ داوری کردن؛ به حکمیت گذاردن

arbitrating parties

طرفهای داوری

arbitration

حکمیت؛ داوری

- This difference shall be settled only by arbitration.

این اختلاف تنها از طریق داوری حل خواهد شد.

arbitration agency

سازمان داوری

☞ *administrative agency*

☞ *appointing agency*

arbitration agreement

موافقت نامهٔ داوری؛ قرارداد داوری؛ توافق بر حکمیت یا داوری

☞ *compromis*

arbitration award

تصمیم حکمیت؛ رأی داوری؛ حکم داوری؛ تصمیم داوری

arbitration board

هیأت داوری

arbitration body

هیأت یا مراجع داوری

arbitration clause

شرط حکمیت؛ شرط داوری

arbitration, commercial

داوری تجاری

arbitration committee

کمیتهٔ داوری

arbitration court

دادگاه/دیوان داوری

arbitration, recourse to

توسل به داوری

arbitration sentence

رأی داوری؛ رأی حکمیت

arbitration tribunal

دیوان داوری

arbitration, unilateral

داوری یک سویه؛ داوری یک جانبه

arbitratment

قدرت اتخاذ تصمیم؛ حق تصمیم گرفتن؛ داوری؛ حکم داوری

arbitrator

داور؛ حکم؛ میانجی

archive

آرشیو؛ بایگانی؛ اسناد؛ سوابق

archivist

بایگان؛ متخصص / مسؤول بایگانی

area sampling

نمونه‌گیری خوشه‌ای؛ نمونه‌گیری منطقه‌ای

☞ *cluster sampling*

areas of disagreement

موارد اختلاف

area-wide bargaining

پیمان جمعی در قلمرو معیّن

Argyris, Christopher

آرگیریس، کریستوفر: *روانشناس آمریکایی و پژوهشگر مدیریت که در زمینهٔ روابط فرد و سازمان و بهبود و توسعهٔ سازمانی تحقیقاتی را انجام داده است.*

arithmetic mean

میانگین حسابی؛ متوسط حسابی

arithmetic progression

تصاعد عددی؛ تصاعد حسابی

arithmetic unit

(در کامپیوتر) واحد حساب

arm's-length bargain

معاملات آزاد؛ معاملات عادی/مستقل:

arrow diagram

نمودار پیکانی

☞ *activity-on-arrow network*

article

بند؛ ماده؛ موضوع؛ شرط؛ فصل؛ کالا؛ مقاله

articles of apprenticeship

قرارداد بین کارگر و کارفرما

articles of association

شرکت نامه؛ اساسنامه؛ سندی که به هنگام ثبت شرکت باید تسلیم گردد. شرکت نامه موضوعات مهم زیر را در بر می‌گیرد:

۱ - صدور و انتقال سهام

۲ - تغییر سرمایه

۳ - اختیار استقراض و وام

۴ - جلسات صاحبان سهام و حق رأی

۵ - انتصاب و اختیارات مدیران

۶ - گزارش و تصویب ترازنامه:

مجموعهٔ قوانین و مقرراتی که روابط بین مدیران، کارکنان، سهامداران، نحوهٔ ادارهٔ امور و ... را مشخص می‌سازد.

☞ *article of incorporation*

articles of company

اساسنامهٔ شرکت

articles of incorporation

اساسنامهٔ شرکت؛ شرکت نامه

☞ *certificate of incorporation*

☞ *charter*

☞ *corporate charter*

☞ *incorporation charter*

articles of partnership

شرکت نامه (شرکت مدنی)؛ قرارداد مشارکت

artifical intelligence (AI)

هوش مصنوعی:

رشته‌ای از تکنولوژی اطلاعاتی که می‌کوشد از ویژگیهای مغز انسان الگوبرداری کند.

ASA (American Standard Association)

معاملاتی که خریدار و فروشنده در پی منافع خود هستند و در تعیین قیمت آن آزادند.

arrange

به توافق رسیدن؛ توافق کردن؛ حل و فصل کردن؛ رفع و رجوع کردن؛ تدارک دیدن؛ ترتیب دادن؛ قرار گذاشتن

arrangement

حل و فصل؛ تصفیه دیون؛ ترتیب ؛ تدارک؛ توافق؛ قرار؛ تصفیه؛ اصلاح

arrangement of a dispute

حل و فصل اختلاف

arrears

بدهیهای عقب افتاده؛ دیون معوقه؛ معوقه؛بدهی معوَّق؛ بدهی پس/عقب افتاده؛ بدهی که زمان پرداخت آن گذشته باشد

arrears, in

عقب افتاده؛ موعد گذشته؛ پرداخت نشده

☞ *overdue*

☞ *past-due*

arrears of debt

دیون معوقه؛ بدهیهای عقب افتاده

arrears of rent

اجارهٔ معوقه؛ اجارهٔ عقب افتاده

arrears of salary

حقوق معوقه

arrears of taxes

مالیات معوقه

arrive at a conclusion

اتخاذ تصمیم؛ تصمیم گرفتن؛ به نتیجه نایل شدن

arrive price

قیمت ورودی کالا

arrow

پیکان؛ فلش:

پیکانی که در تجزیه و تحلیلهای شبکه‌ای، دو واقعه را به هم متصل می‌کند و نمایانگر یک فعالیت یا رابطه بین وقایع است و جهت حرکت را در طول شبکه نشان می‌دهد.

انجمن استاندارد آمریکا

as directed

طبق دستور

a shares

سهام «ای»؛ سهام «آ»؛ نوعی سهام بدون رأی

asked price

قیمت استعلام شده ؛ قیمت پیشنهادی

asking for a respite

استمهال؛ مهلت خواستن

asking for information

استعلام

asking price

قیمت عرضه؛ قیمت پیشنهادی فروشنده؛ قیمت استعلام شده

as per

طبق؛ مطابق؛ بر اساس؛ بر حسب؛ به موجب

as per advice

طبق سفارش؛ طبق دستور؛ طبق قرار (عبارتی که گاهی روی بروات نوشته می‌شود، مبنی بر اینکه براتگیر از صدور براتی که بر عهدهٔ وی می‌باشد مطلع است)

as per this agreement

به استناد این قرارداد؛ به موجب این قرارداد

aspirant of office

طالب پست و مقام

assemble

سوارکردن قطعات؛ مونتاژ؛ تلفیق زبان برنامه با زبان کامپیوتر

assembler

زبان اسمبلر؛ یکی از زبانهای کامپیوتری

assembly

مونتاژ

assembly chart

نمودار خط مونتاژ

➔ *Gozinto chart*

assembly line

خط مونتاژ؛ خط تولید

☞ *production line*

assembly-line production

تولید به روش خط مونتاژ؛ تولید به روش متوالی

assembly sheet

برگ مونتاژ

assent

موافقت کردن؛ تصدیق کردن؛ قبول کردن؛ توافق؛ موافقت؛ تصویب؛ تأیید؛ توشیح

assented stock

سهم مورد قبول

assentient

موافقت کننده؛ پذیرا؛ قبول کننده (بورس)

assent to

مورد موافقت قرار دادن

assertion

حکم؛ تأیید؛ تأکید؛ با ادعا؛ اظهار؛ نمایش

assertion of jurisdiction

احراز صلاحیت

assertive

قطعی؛ مصرح

assertive training

آموزش جرأت در بیان؛ یادگیری مقابلهٔ صادقانه، منسجم و انسانی پیام؛آموزش قاطعیت:
یکی از روشهای مورد استفاده در آموزش مدیریت که به منظور افزایش قاطعیت و تواناییهای مدیر در حل و فصل امور در جهت نیل به هدفها تنظیم شده است.

assert (n. assertion)

اظهار داشتن؛ ادعا کردن؛ مطالبه کردن (حق)؛ اقامه کردن ادعا؛ دفاع کردن؛ پافشاری کردن؛ حمایت کردن؛ اظهار نظر قطعی کردن

assess

ارزیابی کردن؛ تقویم کردن؛ برآورد کردن؛ مالیات بستن؛ تشخیص دادن

assessing employee potential

ارزشیابی تواناییهای بالقوهٔ کارکنان:
برنامه‌ای که شیوه‌های مختلف ارزشیابی از جمله شبیه سازی، آزمونهای روانشناسی، تمرینهای مدیریت، بحثهای گروهی،

assessment / assientist

مصاحبه‌های فردی و گروهی و جلسات بازخوردی را به منظور افزایش کارآیی مدیران اجرا می‌کند.

assessment
تقویم؛ ارزیابی؛ ارزشیابی؛ بررسی؛ سنجش؛ برگ تشخیص مالیاتی؛ مبلغ مالیات متعلقه؛ تشخیص میزان مالیات، خسارت و نظایر آن؛ وضع مالیات؛ برآورد مالیات؛ اظهارنامهٔ مالیاتی؛ تعیین مالیات؛ تشخیص؛ واریز

assessment center
مرکز ارزیابی

assessment, market
ارزیابی بازار

assessment, needs
ارزیابی نیازها

assessment, sepcial
ارزیابی ویژه

assessment, technological
ارزیابی تکنولوژیکی؛ ارزیابی از نظر فن‌آوری

assessor
ارزیاب مالیاتی؛ مأمور تشخیص مالیات؛ ارزیاب؛ ممیز مالیاتی؛ ارزیاب خسارت (در بیمه)

assess the ability of a unit
ارزیابی توانایی یگان

assess the impact of problems on mission accomplishment
ارزیابی تأثیر مشکلات بر نحوهٔ انجام مأموریت

asset
دارایی؛ چیزی که ارزش تملک دارد

asset allocation
تخصیص دارایی

asset, capital
دارایی سرمایه‌ای

asset, cash
دارایی نقدی

asset, circulating
دارایی جاری

asset, deferred
دارایی معوق

asset, fixed
دارایی ثابت

asset, floating
دارایی جاری

asset, frozen
دارایی غیر قابل تبدیل به نقد

asseth (var. assethe)
ادای دین؛ پرداخت بدهی؛ ایفا؛ انجام

asset, intangible
دارایی نامشهود/ غیر ملموس

asset, legal
دارایی قانونی

asset, liquid
دارایی نقدی

asset management
مدیریت دارایی‌ها

asset, net
دارایی خالص

assets and equities
بیلان؛ ترازنامه؛ دارایی و دیون

assets and liabilities
دارایی‌ها و بدهی‌ها

asset stripping
ارزان / مفت خریدن دارایی

asset, tangible
دارایی مشهود/ ملموس

asset turnover
گردش دارایی؛ نسبت فروش به دارایی‌های موجود

asset valuation
(در مدیریت مالی) ارزشیابی سهام شرکت از طریق ارزشیابی دارایی‌ها

asset, wasting
دارایی نقصان پذیر

assientist
ذینفع یا سهیم در یک قرارداد

assignable
قابل انتقال؛ قابل واگذاری؛ قابل تعیین

assign a mission
مأموریتی را محول کردن

assigned
انتقال داده شده؛ حواله شده

assignee
انتقال گیرنده، منتقل‌الیه ؛ حواله گیرنده؛ محال علیه (در حواله)

assignee in bankruptcy
هیأت تصفیهٔ امور ورشکستگی

assigner (var. asignor)
واگذارکننده؛ انتقال دهنده؛ منصوب کننده

assignment
واگذاری؛ انتصاب؛ وظیفهٔ محول شده؛ حواله؛ انتقال؛ واگذاری؛ تعیین سهام؛ انتقال قانونی

assignment analysis
تجزیه و تحلیل امور ورشکستگی

assignment problem
مشکل تخصیص
☞ *allocation problem*

assign (n. assignment)
واگذار کردن، انتقال دادن؛ احاله کردن؛ مأمور کردن، ارجاع کردن؛ تعیین کردن؛ منصوب کردن؛ گماشتن؛ محول کردن؛ انتقال دادن حق به دیگری؛ به کار گماردن، اختصاص دادن چیزی یا کاری به شخصی؛ نامزد کردن؛ معرفی کردن

assignor (var. assigner)
واگذارکننده، انتقال دهنده؛ منصوب کننده

assign responsibility
واگذاری مسؤولیت؛ محول کردن مسؤولیت به شخص دیگر

assimilation
خرید و تثبیت سهام؛ جذب؛ (در روابط کار) پیمانی است که از جانب سازمان کارگری با سازمان کارفرمایی امضا شده باشد.

assistance
کمک؛ معاونت؛ مساعدت؛ همکاری

assistance, mutual
کمک متقابل؛ تعاون

assistant
معاون؛ همدست؛ دستیار

assistant manager
معاون مدیر

assistant managing director
معاون مدیر عامل

assize
نرخ قانونی؛ تعرفهٔ قانونی؛ آیین نامه؛ نظامنامه؛ قانون تجارت؛ محاکمه؛ دادرسی؛ رأی دادگاه

associated company (Brit)
شرکت وابسته (شرکتی که حداقل ۲۰ درصد و حداکثر ۵۰ درصد سرمایهٔ آن متعلق به یک یا چند شرکت دیگر باشد):
شرکتی که به طور کامل یا غیرکامل با شرکت دیگر قرارداد/موافقت‌نامه همکاری منعقد می‌کند و مشترکاً تحت کنترل مشترکی قرار می‌گیرند.

associated costs
هزینه‌های وابسته/مربوط

Associate of the Institute of Marketing (AIM)
عضو انجمن بازاریابی
☞ *Institute of Marketing*

Associate of the Institution of Industrial Managers (AIIM)
عضو انجمن مدیران صنعتی
☞ *Institution of Industrial Managers*

association
اتحادیه؛ انجمن؛ شرکت؛ اتحاد؛ کانون؛ مجمع؛ واحد اقتصادی غیر انتفاعی

association agreement
قرارداد شرکت؛ شرکت نامه

association not for profit
شرکت غیر انتفاعی

Association of Certified

Accountants

انجمن حسابداران رسمی (انگلستان)

association of enterprises

اتحادیهٔ شرکتها

Association of Industrial Executives (ACADI)

اتحادیهٔ مدیران صنعتی (در فرانسه)

Association of International Accountants

انجمن حسابداران بین‌المللی؛ انجمن بین‌المللی حسابداران

Association of South-East Asian Nations (ASEAN)

اتحادیهٔ کشورهای آسیای جنوب شرقی (آسه آن)

Association of Teachers of Management (ATM)

انجمن مربیان / مدرسان مدیریت

assortment

مجموعهٔ جور:

مجموعهٔ انتخابی از کالاها که جهت فروش عرضه می‌شود.

assumed bond

سند قرضه تضمین شده؛ سند قرضهٔ ضمانت شده

☞ *endorsed bond*

☞ *indorsed bond*

assumed liability

بدهی تضمین شده؛ مسؤولیت مورد تضمین

assume responsibility

مسؤولیت چیزی را قبول کردن؛ مسؤولیت کاری را پذیرفتن / تقبل کردن

assumpsit

تعهد؛ قول؛ توافق

assumption

تعهد؛ التزام؛ فرض؛ قبول؛ مدعی شدن؛ متصرف شدن

assumption of authority

زمام امور را به دست گرفتن

assumption of risk

به عهده گرفتن خطر؛ تقبل خطر

assumptive

متعهد؛ ملزم؛ مفروض

assurance

بیمه

☞ *insurance*

assurance agent

کارگزار بیمه؛ نمایندهٔ بیمه

assurance broker

دلال بیمه؛ واسطهٔ بیمه

assurance company

شرکت بیمه

assurance contract

قرارداد بیمه

assurance policy

بیمه‌نامه

assurance premium

حق بیمه

assurance value

مبلغ بیمه؛ ارزش بیمه

assure

☞ *insure*

بیمه کردن؛ تضمین کردن؛ وثیقه سپردن؛ قول دادن

assured

بیمه‌گذار؛ بیمه شده؛ فرد بیمه شده

assurer

بیمه‌گر

☞ *insurer*

ATA carnet

برگ آتا؛ سند آتا:

نوعی سند گمرکی مورد قبول کشورهای امضا کنندهٔ معاهده است و طبق آن بعضی اقلام را که ماهیت موقتی دارند می‌توان بدون پرداخت عوارض گمرکی به کشور وارد کرد.

at all costs

attachment

ضمیمه؛ پیوست؛ توقیف؛ اثر یک بیمه نامه؛ حکم ضبط؛ (قرار) توقیف مال یا شخص؛ ضبط

☞ *judicial attachment*

☞ *warrant of attachment*

☞ *writ of attachment*

attachment of risk

مواجهه با خطر

attachment order

قرار توقیف

attachment, warrant of

قرار توقیف؛ حکم توقیف

attachment, writ of

قرار توقیف

attain

بدست آوردن؛ احراز کردن؛ رسیدن به؛ نایل شدن؛ کسب کردن

attaining organizational objectives

نیل به اهداف سازمانی؛ دستیابی به اهداف سازمانی

attainment test

آزمون پیشرفت (تحصیلی)

☞ *achievement test*

attendance bonus

پاداش حضور؛ پاداشی که به علت حضور مرتب در سر کار به فرد داده می‌شود

attendance book

دفتر حضور و غیاب

attendance time

زمان حضور (در سر کار)

attended time

زمان اشتغال ماشین:
کل زمان استفاده از ماشین در یک دورهٔ زمانی معین

attermine

تأخیر در پرداخت بدهی تا موعد مقرر یا تعیین موعد دیگر

با تقبل کلیهٔ هزینه‌ها

at bar

در دست رسیدگی؛ مطروح در دادگاه

at call

عندالمطالبه:
پولی که قرض داده می‌شود و در صورت مطالبه قابل وصول است.

ATC (average total cost)

میانگین هزینهٔ کل

at going

در اوج فعالیت (در بورس)

Atkinson system

سیستم اتکینسون:
از سیستمهای دستمزد تشویقی که بر مبنای آن به ازای هر ۱٪ افزایش تولید بالاتر از استاندارد، ۱/۳٪ افزایش حقوق در نظر گرفته می‌شود.

ATM (Association of Teachers of Management)

انجمن مربیان مدیریت

at par

برابر؛ به قیمت اسمی

at seller´s option

به میل و اختیار فروشنده

at ship´s sail

بیمه تا عرشهٔ کشتی:
بیمهٔ باربری از زمان تحویل به خط آهنی که به کشتی منتهی می‌شود.

at sight

دیداری؛ به رؤیت:
از ویژگیهای برات، اوراق بهادار و ... که به محض رویت، قابل پرداخت است.

attach

ضمیمه کردن؛ پیوست کردن؛ ملحق کردن؛ به پیوست فرستادن

attached

پیوست؛ ضمیمه؛ توقیف شده

attached account

حساب توقیف شده توسط دادگاه

attest

تصدیق کردن؛ شهادت دادن؛ گواهی کردن؛ اثبات کردن؛ تأیید کردن؛ رسماً گواهی کردن؛ گواهی؛ تصدیق:

تأیید امضا در پای قرارداد یا سایر اسناد با امضای دوم آن

attest a signature

امضای کسی را گواهی یا تأیید کردن

attestation

گواهی امضا؛ تصدیق امضا؛ تصدیق (امضای) سند؛ بخشی از سند یا وصیت نامه مبنی بر اینکه سند در حضور شهود تنظیم و امضا شده است؛ تحلیف؛ شهادت؛ تصدیق؛ تأیید؛ استشهاد

attested copy

رونوشت مصدق

attitude

نگرش؛ طرز برخورد؛ طرز تلقی؛ گرایش؛ روش و رفتار:

مجموعه عواملی که زمینهٔ رفتار را در فرد ایجاد می‌کند مثل شخصیت و تجارب فرد؛ نوعی سوگرایی عاطفی درونی که توصیف کنندهٔ اعمال یک شخص می‌باشد.

attitude survey

بررسی نگرشها؛ بررسی طرز برخورد

attitude test(s)

تستها / آزمونهای نگرشها و گرایشها

attorney

وکیل؛ وکیل مدافع شدن؛ وکالت داشتن

attorney, appionting as one's

توکیل؛ وکالت دادن

attorney at law

وکیل عمومی؛ فردی که جواز وکالت دارد

Attorney General

دادستان کل؛ (در آمریکا) وزیر دادگستری

attorney in fact

وکیل خصوصی

attorney, letter of

وکالت نامه

☞ *power of attorney*

attorney of record

وکیل رسمی پرونده

attorney, private

وکیل خصوصی

attorney, public

وکیل عمومی

attorneyship

وکالت

attorney with right of substitution

وکیل در توکیل

attorn (n. attornment)

انتقال دادن؛ واگذار کردن

attribute

اسناد کردن؛ استناد کردن؛ ویژگی

attribute listing

فهرست کردن ویژگیها:

تکنیکی که ضمن آن ویژگیهای موضوع مورد بررسی به طور منظم فهرست شده و دربارهٔ آن بحث و گفتگو می‌شود. این تکنیک به منظور بر انگیختن تفکر خلاق در حل مسایل و مشکلات استفاده می‌شود.

attrition

تقلیل؛ سایش:

کاهش تعداد کارکنان در اثر فوت، استعفا، اخراج و یا بازنشستگی

auction

حراج؛ مزایده؛ حراج کردن؛ به حراج گذاشتن؛ به مزایده گذاشتن

auctioneer

دلال حراج

audiences

مخاطبان

audience study

بررسی مخاطبان:

نوعی تجزیه و تحلیل برای تعیین ویژگیها و

خصوصیات شنوندگان، بینندگان یا خوانندگان آگهی‌های تبلیغاتی

audio - visual materials

مطالب سمعی - بصری؛ مطالب پشتیبانی آموزشی که به منظور تقویت روشهای مختلف آموزشی مورد استفاده قرار می‌گیرد. این مطالب معمولاً بیشتر به حس بینایی و شنوایی تکیه دارد، لیکن ممکن است به حواس دیگر نیز وابسته باشد. مطالب سمعی - بصری شامل نوارهای کاست، نوارهای ویدئو، تصاویر، پوستر و غیره می‌باشد.

audit

حسابرسی؛ بازرسی؛ رسیدگی؛ ممیزی؛ حسابرسی کردن؛ ممیزی کردن:

بررسی کلیهٔ جنبه های کاریِ یک مؤسسه شامل مسائل مالی، نیروی انسانی، تکنولوژی و ...

audit, annual

حسابرسی سالیانه

audit by rotation

حسابرسی منظم امور مالی یک مؤسسه؛ بررسی دوره‌ای عملکرد کلی مؤسسه

audit department

ادارهٔ ممیزی؛ ادارهٔ حسابرسی

audit, external

حسابرسی خارجی؛ حسابرسی مستقل

audit, financial

حسابرسی مالی

auditing

حسابرسی

audit, internal

حسابرسی داخلی

audit office

ادارهٔ حسابرسی؛ ادارهٔ ممیزی؛ دیوان محاسبات

audit, operational

حسابرسی عملیاتی

auditor

حسابرس؛ ممیز

auditor general

سرممیز کل؛ بازرس کل؛ سرحسابرس کل

auditorium

سالن کنفرانس؛ سالن سخنرانی

auditor's report

گزارش حسابرس

audit report

گزارش حسابرسی

audit, special

حسابرسی خاص

audit, statutory

حسابرسی قانونی

audit, stock

حسابرسی موجودی (انبار کالا)

audit trail

رهنمون حسابرسی

Aufsichtsrat

هیأت سرپرستی:

شورایی متشکل از سهامداران و کارکنان شرکتهای دولتی در کشورهای آلمان، سوییس و اتریش که به منظور نظارت بر فعالیتهای هیأت مدیره ایجاد می‌شود.

aupair

قرارداد یا توافق بین دو ذینفع که طی آن طرفین تعهد می‌نمایند تا خدمات مرجوعه را برای یکدیگر به رایگان انجام دهند

autarchy

خودمختاری؛ استقلال؛ خودکفایی

☞ *autarky*

authentic

موثق؛ صحیح؛ معتبر؛ قابل اعتماد؛ آمرانه؛ مقتدرانه؛ توانا

authenticate

اعتبار دادن؛ سندیت یا رسمیت دادن؛ قانونی کردن؛ تصدیق کردن؛ صحت سندی را تأیید کردن؛ معتبر ساختن؛ قانونی کردن

authenticated copy

رونوشت مصدق

authentication

Authentic documents prove اثبات درستی؛ تصدیق صحت؛ تأیید سندیت؛ تصدیق اعتبار

Authentic documents prove his claim.
اسناد معتبری ادعای او را ثابت می‌کند.

authentic interpretation
تفسیری که مستقیماً مقامات عالی قانون گذاری یااشخاص ذیصلاح ارائه دهند؛ تفسیر دیوان عالی تمیز

authenticity
صحت؛ اصالت؛ سندیت؛ اعتبار

authenticity of a document
اعتبار سند

authenticness
صحت و اعتبار (سند یا چیزی)

authoritarian
استبدادی؛ خودکامه؛ مستبد؛ خود رأی؛ سلطه جو؛ مستبدانه؛ سلطه جویانه؛ آمرانه (قدرت طلب):
یکی از سبکهای رهبری مدیریت که طی آن مدیر خودش تصمیمات را می‌گیرد، ارتباط یک طرفه برقرار می‌کند و انتظار دارد افراد تحت نظارت وی دستوراتش را عیناً انجام دهند.

authoritarianism
خود مداری؛ استبدادی؛ خود کامگی؛ اقتدار طلبی؛ اقتدار گرایی؛ سلطه گرایی؛ قدرت طلبی؛تمرکز قدرت در دست یک نفر:
پذیرش بی چون و چرای فرمانهای فرادست به وسیلهٔ فرودست.

authoritarian management
مدیریت خود مدار (اقتدار طلب)؛ مدیریت استبدادی؛ مدیریت مطلقه / مستبدانه؛ مدیریت آمرانه:
از شیوه‌های مدیریت که بر اساس آن، با کارکنان مشورت نمی‌شود و آنان ناچارند بدون چون و چرا از فرمانهای مقام بالاتر خود اطاعت کنند.
☞ *autocratic management*

authoritarian manager
مدیر خود مدار؛ مدیر مستبد؛ مدیر خود رأی

authoritative
مقتدر؛ استبدادی؛ آمرانه؛ مقتدرانه؛ به طور قاطع؛ مستند؛ معتبر؛ موثق

authoritative order
دستور رسمی

authorities
مراجع؛ مقامات مسؤول؛ اولیای امور

authorities, legal
مراجع قضایی

authority
مقام؛ مرجع؛ صاحب نظر؛ اختیار؛ قدرت؛ اقتدار؛ مأخذ؛ صلاحیت؛ صاحب اختیار؛ مرجع باصلاحیت؛ قدرت / حق دستور دهی، اقدام و تصمیم گیری

authority and responsibility
اصل اختیار و مسؤولیت:
به نظر فایول اختیار و مسؤولیت با هم مرتبط هستند و در ازای مسؤولیتی که به شخص در سازمان داده می‌شود، باید اختیارات کافی به او تفویض گردد. به نظر وی اختیارات بر دو نوع است: ۱- اختیارات شغلی ۲- اختیارات شخصی

authority for payment
مجوز پرداخت

authority line
خط امضا؛ عنوان امضا کنندهٔ نامه

authorization
مجوز؛ اجازه؛ اختیار؛ اجازهٔ کتبی؛ تصویب

authorize
اجازه دادن؛ اذن دادن؛ تنفیذ کردن؛ اختیار دادن؛ مجاز دانستن؛ تصویب کردن

authorized
مجاز؛ دارای مجوز؛ تام‌الاختیار

authorized agent
اختیار دار؛ دارای قدرت قانونی؛ دارای مأموریت قانونی

authorized bank

بانک مجاز

authorized capital

سرمایهٔ ثبت شده:

ارزش اسمی یا اظهار شدهٔ کل سهامی که یک شرکت مجاز به صدور آن است.

☞ *nominal capital*

authorized contract

عقد جایز: عقدی که با فوت یا حجر یکی از طرفین عقد فسخ می‌شود. مانند عقد عاریه که عقدی است جایز و با فوت هریک از طرفین فسخ می‌گردد

authorized depositary

امین سهام

authorized leak

افشای مجاز خبر محرمانه

authorized representative

نمایندهٔ مجاز

authorized signature

امضای مجاز

authorized stock

سهام ثبت شده:

حداکثر میزان سهامی که یک مؤسسه مجاز به انتشار آن می‌باشد.

authorized unit trust

تراست رسمی

autocracy

حکومت مطلقه؛ حکومت مستقل؛ حکومت فردی؛ خودکامگی؛ حکومت استبدادی؛ آتوکراسی؛ فرد سالاری؛ دیکتاتوری

autocrat

مستبد؛ خود رأی؛ حاکم مطلق / خودکامه؛ کسی که بر دیگران حکومت مطلق اعمال می‌کند.

autocratic leadership

رهبری مستبدانه؛ رهبری خود کامه

autocratic management

مدیریت آمرانه

➔ *authoritarian management*

autofunction

تابع خاص

autogestion

خودگردانی:

سازماندهی و مدیریت به وسیلهٔ کمیتهٔ کارگران در کارخانه‌ها، مزارع و ...

automate

خودکار کردن؛ ماشینی کردن

automated test equipment

ابزار کنترل خودکار

☞ *automatic test equipment*

automatic

خودکار؛ اتوماتیک؛ غیر ارادی؛ بدون دخالت انسان

automatic adjustment

تنظیم خودکار؛ تنظیم اتوماتیک؛ خود تنظیم

automatic data processing (ADP)

پردازش خودکار داده‌ها (اطلاعات)

automatic guarantees

ضمان قهری

automatic guided vehicle (AGV)

خودروی هدایت شونده:

ماشین خودکار یا روباتی که در سطح کارخانه حرکت می‌کند و لوازم مورد نیاز، مواد خام و کالاهای ساخته شده را حمل می‌کند.

automatic machine control

کنترل خودکار ماشین

automatic remote control system

دستگاه کنترل خودکار از راه دور

automatic telling machinery (ATM)

دستگاه ارائهٔ خدمات خودکار:

ارائهٔ خدمات بانکی به طور خودکار به مشتریان در خارج از ساعات کاری بانک

automatic test equipment

ابزار آزمون خودکار

automation
اتوماسیون؛ خودکاری؛ ماشینی شدن؛ اتوماتیک کردن؛ خودکار سازی صنایع؛ خودکارسازی؛ ماشینی شدن صنعت

autonomous bargaining
مذاکرات مستقل:
وقتی که سازمانهای کارگری و کارفرمایی در جریان مذاکرات نفوذ چندانی نداشته باشند.

autonomous investment
سرمایه‌گذاری مستقل

autonomous maintenance
تعمیرات و نگهداری خود کنترلی (خودکار)

autonomous tarrif system
نظام تعرفهٔ مستقل؛ سیستم تعرفهٔ مستقل

autonomous work groups
گروههای کاری مستقل:
نوعی سازماندهی که بر اساس آن به گروههایی از کارکنان، قلمرو قابل ملاحظه‌ای از مسؤولیت برنامه‌ریزی و اجرای کار واگذار شود.

autonomy
خودگردانی؛ آزادی عمل؛ خودمختاری:
وقتی فرد یا گروه در تصمیم‌گیری آزادی عمل دارد، بدون این که مجبور باشد به دیگران مراجعه کند.

autoorganization
خود سازماندهی

auxiliary capital
سرمایهٔ کمکی؛ کالاهای سرمایه‌ای

avail
سود؛ باقیماندهٔ موازنه پس از کسر بدهیها و هزینه‌ها؛ استفاده کردن؛ سود جستن

availability of credit
امکان تحصیل اعتبار؛ موجود بودن اعتبار

available
معتبر؛ به قوت خود باقی بودن؛ قابل حصول

available asset
دارایی آزاد

available resources
منابع موجود

available to promise
موجودی در دسترس؛ موجودی آزاد:
بخشی از موجودی کالا یا تولید مؤسسه که هنوز تعهدی برای فروش آن به عمل نیامده است.

aval
ظهرنویسی برات و سفته بوسیلهٔ فردی غیر از صادر کننده

AVC (average variable cost)
میانگین هزینهٔ متغیر

AvCo (average cost)
میانگین هزینه

average
معدل؛ میانگین؛ حق خسارت؛ هزینهٔ واحد؛ هزینهٔ میانگین:
کل هزینهٔ مربوط به تولید یک کالا تقسیم بر تعداد واحدهای تولید شده.
☞ *unit cost*

average adjuster
فرد تعیین کنندهٔ میزان خسارت در بیمه؛ کارشناس بیمه؛ کارشناس برآورد هزینه

average adjustment
تصفیهٔ خسارت

average annual growth rate
آهنگ/ نرخ رشد متوسط سالانه

average annual increase
متوسط افزایش سالانه

average collection period
متوسط دورهٔ وصول مالیات؛ میانگین دورهٔ وصول مطالبات؛ میانگین مدت وصول

average cost
میانگین/متوسط هزینه

average cost pricing
قیمت‌گذاری بر پایهٔ متوسط هزینه

average deviation
انحراف متوسط؛ میانگین انحراف مطلق

average fixed cost (AFC)

average life expectancey 66 award damages

میانگین هزینهٔ ثابت

average life expectancey

طول عمر متوسط

average monthly consumption

میانگین مصرف ماهانه

average net return

متوسط بازده خالص

average of payments

میانگین؛ متوسط پرداختها

average of population

متوسط جمعیت

average outgoing quality (AOQ)

میانگین کیفیت محصول نهایی:
(در کنترل کیفی) عبارت است از میانگین درصد کالاهای معیوب در فرآیند تولید

average outgoing quality limit (AOQL)

حد متوسط کیفیت کالای نهایی؛ حداکثر میانگین کیفیت محصول

average rate of return

نرخ متوسط بازده

average salary pension scheme

سیستم بازنشستگی بر مبنای میانگین حقوق

average total cost (ATC)

میانگین هزینهٔ کل

average variable cost (AVC)

میانگین هزینهٔ متغیر

averaging down

کاهش قیمت متوسط

averaging up

افزایش قیمت متوسط

aver (n. averment)

اظهار داشتن؛ ادعا کردن؛ اثبات کردن؛ توجیه کردن؛ تأیید کردن؛ تأکید کردن؛ تصریح کردن

avoid

الغا کردن؛ موقوف کردن؛ فرار کردن از تعهد؛ اجتناب کردن؛ لغو کردن؛ باطل کردن

avoidable

قابل لغو؛ قابل فسخ

avoidable consequences, doctorine of

نظریهٔ عواقب قابل اجتناب؛ (در مسؤولیت مدنی) الزام متضرر به کاستن از میزان ضرر

avoidable costs

هزینه‌های قابل اجتناب:
هزینه‌هایی مانند ورود به بازار جدید و یا طراحی محصول تازه که بر خلاف هزینه‌های غیر قابل اجتناب مثل حقوق، اجاره‌بها و خرید تجهیزات به تصمیم مدیریت مربوط می‌شوند.

avoidance

لغو؛ الغا؛ فسخ؛ ابطال؛ اجتناب

avoidance clause

شرط الغا؛ شرط فسخ

avoid clause

شرط فسخ

avoiding mistakes

اجتناب / پرهیز از اشتباه

avoiding mistakes in selecting executives

اجتناب از اشتباه در انتخاب مدیران

award

حکم صادر کردن؛ اعطا کردن؛ واگذار کردن؛ فتوا؛ حکم؛ قرار؛ رأی؛ پاداش؛ جایزه

award a contract

قراردادی را واگذار کردن

award a medal

مدال دادن؛ نشان دادن

award by confession

حکم مرضی الطرفین؛ حکم سازشی

☞ *consent award*

☞ *consent judgment*

☞ *judgment by consent*

award by default

حکم غیابی

award damages

حکم به پرداخت خسارت دادن

awarding commission
کمیسیون اعطای عضویت

award on agreed terms
حکم مبتنی بر شرایط مرضی‌الطرفین

award upon settlement
حکم مبتنی بر مصالحه

awareness training
آگاهی یابی؛ کمک به دانش پژوه در جهت رشد توان تفکر و رشد احساسات خود

AWOL (absent without leave)
غیبت غیر مجاز؛ غیبت غیر موجه

ax/axe
اخراج کردن

axiom
اصل بدیهی؛ اصلی که بدون اثبات پذیرفته شود؛ قاعدهٔ کلی

axis
اتحادیهٔ اعتباری؛ موافقت نامه یا اتحاد بین دو یا چند کشور؛ روابط سیاسی (بین دو یا چند ملت)

aye
رأی موافق؛ رأی مثبت

B / b

baby bond

اوراق قرضهٔ کم ارزش: سند قرضه‌ای که معمولاً ارزش اسمی آن صد دلار یا کمتر است.

back

ظهرنویسی کردن (برات)؛ تقبل کردن مسؤولیت مالی؛ پشتیبانی کردن؛ (ادعایی را) با ارائه مدارک مستند تأیید کردن؛ تعهد مالی کردن

back casting

گذشته نگری؛ گذشته بینی: نوعی پیش بینی با استفاده از اطلاعات گذشته

backdate

عطف به ماسبق کردن؛ مشمول گذشته کردن

backdating

تاریخ قبل را بر سندی زدن: ذکر تاریخی در یک سند یا صورت حساب، قبل از تاریخ صدور آن

backdoor/backroom

سری؛ غیر قانونی؛ غیر مجاز؛ غیر رسمی؛ پشت پرده؛ نهانی

backdoor dealings

معاملات سری؛ معاملات پشت پرده

backdoor financing

تأمین مالی بدون وجود اعتبار مصوّب؛ تأمین مالی از راههای غیر معمول

back duty

مالیات معوّقه؛ مالیات عقب افتاده؛ مالیات پس افتاده؛ مالیاتی که در زمان مقرّر پرداخت نشده است

backer

حامی؛ پشتیبان؛ تأمین کنندهٔ مالی یک طرح

back freight

پس کرایه؛ پرداخت کرایه حمل به وسیله مرسل‌الیه

background

سابقه؛ پیشینه؛ تاریخچه؛ زمینه

background agreement

توافق قبلی یا اصلی

background investigation

بررسی تجارب گذشته؛ بررسی سوابق: تحقیق در مورد تجربه‌های کاری گذشته یک متقاضی استخدام

background processing

پردازش برنامه‌های کم اهمیت؛ پردازش برنامه‌های زمینه‌ای: اجرای خودکار برنامه‌های کم اهمیت (در کامپیوتر) در زمانی که برنامه‌های مهمتر از سیستم استفاده نمی‌کنند.

back spread

تفاوت غیر عادی قیمت یک کالا در دو بازار

backstage negotiations

مذاکرات محرمانه؛ مذاکرات پشت پرده

backstairs influence

(اعمال) نفوذ پنهانی

backstamp

مهر پُستی؛ مهر پشت پاکت:
مهری که تاریخ دریافت یا توزیع نامه را نشان می‌دهد.

back taxes

مالیات معوقه؛ مالیات عقب افتاده؛ مالیات پس افتاده؛ مالیاتی که در زمان مقرّر پرداخت نشده است

☞ *back duty*

back-to-back

پیاپی؛ پشت سر هم:
تبلیغاتی که با فاصله‌های بسیارکم و پیاپی پخش می‌شوند.

back-to-work movement

بازگشت به کار قبل از پایان اعتصاب:
برگشت کارکنان بر سر کارهایشان در یک اعتصاب قبل از آن که اتحادیه، پایان اعتصاب را اعلام کرده باشد.

backtracking-bumping

رجحان سابقه؛ اولویت کارکنان ارشد:
(در روابط کار) عبارت است از ترجیح دادن کارگران باسابقه بر سایر کارگران هنگامی که کارفرما فقط می‌تواند عده‌ای از کارکنان خود را نگه دارد.

backup system

سیستم معین؛ سیستم پشتیبان:

background program

برنامهٔ کم اهمیت (در کامپیوتر)؛ برنامهٔ زمینه‌ای:
برنامه‌ای در کامپیوتر که از اولویت کمتری برخوردار است و زمانی که برنامهٔ اصلی اجرا می‌شود، در انتظار اجرا قرار دارد.

backing

ظهرنویسی؛ تصدیق در پشت یا ظهر ورقه‌ای؛ پشتیبانی؛ حمایت؛ پشتوانه؛ پشتوانهٔ پول یک کشور

backlog

کار عقب افتاده؛ تراکم؛ تراکم سفارشات

back order

سفارش انجام نشده

back pay

پرداخت حقوق معوقه؛ پرداخت مابه التفاوت معوقهٔ دستمزد؛ حقوق معوقه:
تبلیغ فروش یک قطعه از یک کالا از طریق تبلیغ بر روی کالای اصلی
تبلیغ مواد صنعتی به خریداران بالقوهٔ کالاهایی که از مواد تبلیغ شده تشکیل شده‌اند.

backroom dealings

معاملات پشت پرده و سری

back selling

تبلیغ وابسته:
تبلیغ فروش یک قطعه از یک کالا از طریق تبلیغ بر روی کالای اصلی
تبلیغ مواد صنعتی به خریداران بالقوهٔ کالاهایی که از مواد تبلیغ شده تشکیل شده‌اند.

backshift

نوبت کاری بعد از ظهر؛ شیفت بعد از ظهر؛ نوبت کاری عصر

☞ *afternoon shift*

backwardation

سیستمی که شامل مکانیسمهای تشخیص خطا و انجام اصلاحات است.
→ *slave computer*

backwardation
مابه‌التفاوت بهای کالا به علت زمان تحویل؛ مابه‌التفاوت قیمت فعلی و آتی کالا

backward countries
کشورهای توسعه نیافته؛ کشورهای عقب مانده: کشورهایی که از سطح سواد پایین، بهداشت و تغذیهٔ ناکافی و روحیهٔ ضعیف رنج می‌برند و به علت فقر اقتصادی و کمبود سرمایه از سایر کشورها متمایز می‌شوند.

backward integration
توسعهٔ فعالیتها؛ افزایش تولید

bad check / cheque
چک بی محل

bad debt
بدهی غیر قابل وصول؛ طلب غیر قابل وصول؛ بدهی که عدم پرداخت آن محرز شده است.

bad debts collected
وصول مطالبات مشکوک الوصول / سوخت شده

bad debt write off
حذف حساب بدهی غیر قابل وصول؛ طلب غیر قابل وصول؛ طلب سوخته شده

bad delivery
تحویل و انتقال نادرست؛ تحویل کالا برخلاف متن قرارداد؛ انتقال نادرست اوراق بهادار

bad faith
سوء نیت؛ قصد گمراه کردن و فریب دادن

bad record
سوء سابقه؛ سوء پیشینه؛ سابقهٔ بد

bagged

اخراجی؛ فرد اخراج شده از شغل

bail
ضامن؛ ضمانت؛ ضمانت کردن

bail bond
وجه‌الضمان؛ وجه التزام؛ وجه الکفاله؛ ضمانت‌نامه؛ کفالت‌نامه

bail bondsman
ضامن؛ کفیل

bailee
تحویل گیرنده؛ امانت گیرنده

bailiff
مأمور ابلاغ؛ مأمور اجرا؛ ضابط دادگستری؛ پلیس قضایی؛ ناظر؛ ضابط

bailiff of justice
ضابط دادگستری؛ پلیس قضایی

bailment
ضمانت؛ وجه‌الضمان؛ گرویی؛ سپردن ضمانت برای آزادی فرد توقیف شده؛ سپردن کالایی به طرف مقابل برای اطمینان از انجام عملی

bailment of capital
مضاربه

bailor
امانت‌گذار؛ تحویل دهنده؛ امانت گیرنده

bail out
ضمانت کردن؛ به قید ضمانت آزاد کردن؛ با کمک مالی از ورشکستگی نجات دادن

bailout
ضمانت خلاف قاعده؛ پرداخت غیر قانونی به سهامداران؛ کمک مالی (دولت یا بانکها به شرکتهایی که در حال ورشکستگی هستند)

bail, release on

bailsman

به قید کفالت آزاد کردن

bailsman

ضامن؛ کفیل

bail, to enlarge (on)

آزاد کردن به قید کفالت (یا ضمانت)

bail, to go (for)

کفالت یا ضمانت کسی را کردن

bail, to stand (for)

کفالت یا ضمانت کسی را کردن

bait advertising

تبلیغ فریبنده؛ تبلیغ شکاری: تبلیغات در مورد قیمتها و شرایط استثنایی کالا به منظور جلب مشتریان بالقوّه به یک فروشگاه و اطلاع یافتن از تعداد آنها

bait and switch

تبلیغ واهی؛ طعمه و تغییر: شیوه‌ای غیر اخلاقی برای تبلیغ کار

balance

مانده؛ موازنه؛ تراز؛ ماندهٔ حساب در موجودی؛ تراز حساب؛ تراز کردن؛ موازنه برقرار کردن

balanced budget

بودجهٔ متعادل؛ بودجهٔ متوازن / متناسب: بودجه‌ای که در آن درآمدهای آتی با هزینه‌های پیش بینی شده برابر است.

balanced development

رشد موزون

balanced economic growth

رشد متوازن اقتصادی

balanced economy

اقتصاد متعادل؛ اقتصاد متوازن: شرایط اقتصادی یک کشور در حالتی که واردات و صادرات برابرند.

balanced growth

رشد متوازن؛ رشد متعادل؛ رشد هماهنگ در کلیهٔ بخشهای اقتصادی

balance due

وجه لازم برای تراز؛ میزان بدهی

balance, favorable trade

تراز بازرگانی مطلوب

☞ *balance of trade*

balance, merchandise

تراز تجاری / بازرگانی

balance of capital transition

تراز نقل و انتقال سرمایه

balance of international payments

موازنهٔ پرداختهای بین‌المللی

balance of payments

تراز پرداختها؛ موازنهٔ پرداختها؛ تراز بازرگانی: صورتی از مطالبات و بدهی‌های بازرگانی یک کشور با سایر کشورها طی یک دورهٔ زمانی معین

balance of trade

تراز بازرگانی؛ تراز تجاری؛ تفاوت رقم واردات و صادرات کشور در زمان معین؛ موازنهٔ تجاری؛ تراز صادرات و واردات

balance quantity

موجودی متوازن: (در کنترل موجودی) عبارت است از مواد و قطعات مورد نیاز در یک مرحله از تولید.

balance sheet

بیلان؛ ترازنامه: صورت وضعیت مالی یک مؤسسه در یک زمان معین

balance sheet date

تاریخ ترازنامه

balance sheet heading

سرفصل ترازنامه؛ عنوان/ سربرگ ترازنامه

balance sheet-position statement

ترازنامه:
صورت وضعیت مالی یک مؤسسه در یک زمان معین که با صورت حساب سود و زیان (که سالانه تهیه می شود) متفاوت است.

balance sheet ratios

نسبتهای مالی

→ *financial ratios*

balance sheet total

ارزش کل داراییهای ثبت شده در ترازنامه

balance, trial

تراز آزمایشی

balancing allowance

معافیت مالی

balancing time

متعادل سازی زمانی:
ایجاد انعطاف و تغییر در ساعات کار تولیدی بدون آن که کل زمان تولید تغییر کند.

balloon freight

بار سبک و حجیم:
محموله‌ای که از جهت حجم بزرگ اما از نظر وزن سبک است.

ballooning

تغییر و افزایش قیمتها بیشتر از حد واقعی

balloon loan

وام با اقساط جزئی

balloon mortgage

وام رهنی:
نوعی برگهٔ بدهی که متضمن پرداختهای جزئی در ابتدای دوره و پرداختهای کلی در پایان دوره می‌باشد.

balloon note

سند بدهی؛ برگهٔ بدهی

ballot

رأی؛ رأی کتبی؛ رأی مخفی؛ رأی‌گیری؛ رأی‌گیری مخفی؛ حق رأی؛ تعداد آرا؛ رأی دادن؛ رأی‌گیری کردن:
نوعی قرعه‌کشی برای توزیع سهام در حالتی که تعداد متقاضیان بیش از سهام منتشر شده باشد.

ban

تحریم کردن؛ ممنوع کردن؛ حکم توقیف یا تحریم؛ ممنوعیت

- *put a ban on ...*

تحریم کردن؛ ممنوع کردن

band chart

نمودار نواری:
نموداری که در آن تفاوت بین دو منحنی با سایه زدن یا رنگ کردن آنها نشان داده می‌شود.

banded pack

فروش بسته‌ای؛ بستهٔ حاوی چند کالا برای فروش؛ بستهٔ حاوی دو کالای متفاوت:
نوعی تبلیغ فروش که در آن کالای مورد نظر مشتری همراه یک کالای دیگر با قیمت کمتر به او عرضه می‌شود.

banding

گروه بندی نرخهای مختلف پرداخت

bando

فرمان؛ حکم؛ اعلامیه؛ اعلان عمومی

bandon (bandoun)

حدود اختیار؛ قلمرو

bandwagon

انگیزهٔ گروهی کار:
روش انگیزشی که بر گرایش کارکنان به کار در گروه و پیروی از هنجارهای گروهی، پایه‌گذاری شده است.

bandwidth

زمان کل کار روزانه

ban item

کالای غیر مجاز؛ کالای ممنوع الورود (از نظر گمرکی)

bank

بانک؛ دادگاه؛ در بانک گذاشتن؛ بانکداری؛ به بانک سپردن؛ هیأت عمومی (قضات)

bank account

حساب بانکی

bank advance

مساعدهٔ بانک

bank balance

ماندهٔ حساب بانکی؛ تراز بانکی

bank balance sheet

ترازنامهٔ بانکی

bank bill

حوالهٔ بانکی؛ برات بانکی؛ اسکناس

bank charter

امتیاز تأسیس بانک

bank check/cheque

چک بانکی

bank commission

کارمزد بانکی؛ حق العمل بانک

bank confirmation

تأییدیهٔ بانکی

bank credit

اعتبار بانکی

bank credit transfer

انتقال اعتبار بانکی

bank deposit

سپردهٔ بانکی؛ ودیعهٔ بانکی

bank deposit liabilities

بدهیهای بانک به صورت سپرده

bank draft

حوالهٔ بانکی؛ برات بانکی
☞ *bank bill , bank money order*

banker's bill

حوالهٔ بانکی؛ برات بانکی

banker's commercial credit

اعتبار تجاری بانکی؛ اعتبار بانکی

banker's discount

تنزیل بانک؛ تنزیل ساده
☞ *simple disciunt*

banker's draft

حواله بانکی؛ چک بانکی

banker's order

دستور پرداخت مستمر (تا اطلاع ثانوی)؛ دستور مشتری به بانک جهت پرداخت مبلغ معین در تاریخهای مشخص تا اطلاع ثانوی
☞ *standing order*

bank failure

ورشکستگی بانکی

Bank for International Settlement (BIS)

بانک تصفیه حسابهای بین‌المللی؛ بانک پرداختهای بین‌المللی

bank guarantee

ضمانت نامهٔ بانکی؛ تضمین بانکی

banking credits	اعتبارات بانکی
Banking Documents Clearing House	اطاق پایاپای اسناد بانکی
banking operations	عملیات بانکی
banking rate	نرخ بهرهٔ بانکی
banking system	نظام بانکداری
bank interest	بهرهٔ بانکی؛ سود بانکی
bank liabilities	تعهدات بانک؛ بدهیهای بانک
bank manager	رییس بانک
bank money order	حوالهٔ بانکی
☞ *bank bill*	
bank note	اسکناس
bank of circulation	بانک ناشر اسکناس
☞ *bank of issue*	
bank of high standing	بانک معروف و معتبر
bank of issue	بانک ناشر اسکناس؛ بانک منتشر کنندهٔ اسکناس
☞ *bank of circulation*	
bank overdraft	بدهی بانکی
bank panic	سراسیمگی بانکی
☞ *bank run*	
bank rate	نرخ بانکی؛ نرخ بهرهٔ بانکی
bank reconciliation	رفع مغایرت بانکها با مؤسسات: فرآیندی که طی آن حسابهای مؤسسه با گزارشهای بانک تطبیق داده می‌شوند و اختلافات بین آنها مشخص و توجیه می‌شوند.
bank run	سراسیمگی بانکی: وضعیتی غیر عادی که مشتریان به علت ترس از ورشکسته شدن بانک، به طور وسیع سپرده‌های خود را از بانک خارج می‌کنند.
bankrupt	ورشکسته؛ تاجر ورشکسته یا درمانده؛ ورشکسته شدن؛ ورشکست کردن
bankruptcy	ورشکستگی؛ اعسار؛ افلاس؛ شکست
☞ *insolvency*	
bankruptcy act	قانون ورشکستگی
bankruptcy code	قانون ورشکستگی
bankruptcy committee	دایرهٔ ورشکستگی
bankruptcy court	دادگاه ورشکستگی
bankruptcy, declaration of	اعلان ورشکستگی

bankruptcy, fraudulent
ورشکستگی به تقلب

bankruptcy, involuntary
ورشکستگی غیر ارادی / ناخواسته

bankruptcy notice
اخطار ورشکستگی

bankruptcy order
حکم ورشکستگی
☞ *adjudication of bankruptcy*

bankruptcy petition
تقاضا یا اعلام ورشکستگی
☞ *petition in bankruptcy*
☞ *receiving order*

bankruptcy, voluntary
ورشکستگی ارادی

bankrupt firm
شرکت ورشکسته

bankrupt partner
شریک ورشکسته

bankrupt surety
ضامن ورشکسته

bank's liabilities
تعهدات بانکی؛ بدهیهای بانکی

bank service charge
هزینهٔ خدمات بانکی؛ کارمزد بانک
☞ *bank commission*

bantam store
فروشگاه محلی
→ *convenience goods*
→ *depot store*

bar
یک میلیون پوند استرلینگ؛ دادگاه؛ ممنوعیت

bar chart
نمودار ستونی؛ نمودار میله‌ای: شیوه‌ای برای نمایش اطلاعات به صورت میله یا ستونهایی مستطیل شکل که طول هر میله یا ستون، نمایانگر میزان فراوانی یک متغیر است.
☞ *bar diagram*

bar code
رمز ستونی؛ بارکُد: برچسبی است که بر روی کالا زده می‌شود و شامل اطلاعاتی است که به وسیلهٔ یک سیستم شناسایی کامپیوتری قابل تشخیص است.
→ *laser scanning*

bare contract
عقد غیر معوض؛ عقد غیر معاوضی
☞ *naked contract*
☞ *nude contract*
☞ *nudum pactum*

bargain
معامله؛ مذاکرهٔ جمعی؛ معاملهٔ اوراق بهادار؛ داد و ستد بورس؛ نوعی توافق و قرارداد در معامله؛ معاملهٔ باصرفه؛ داد و ستد؛ قرارداد معامله؛ متاع مورد معامله؛ ملک و املاک؛ تعهد و التزام؛ قید و شرط؛ معامله کردن؛ چانه زدن؛ شرط / قید کردن؛ گفتگو کردن؛ به توافق رسیدن: مذاکره دربارهٔ محتوای پیمانهای جمعی کار بین کارفرمایان و سازمانهای کارگری

bargain basement
طبقهٔ جنسهای ارزان: طبقهٔ زیرین یک فروشگاه که جنسهایی با قیمت ارزان عرضه می‌کند.

bargain counter

bargain hunter

قسمت حراج؛ پیشخوان حراج و اجناس ارزان: قسمت سهام و اوراق بهاداری که زیر قیمت اصلی برای فروش عرضه شده است.

bargain hunter

مشتری ارزان طلب: فردی که در جستجوی اجناس با قیمت نازل است؛ سرمایه‌گذاری که در پی خرید سهام زیر قیمت اصلی است.

bargaining

مذاکره؛ چانه زنی؛ بحث برای دستیابی به توافق

bargaining, autonomous

مذاکرهٔ مستقل

bargaining, coalition

چانه زنی ائتلافی

bargaining, collective

چانه زنی گروهی؛ قرارداد دسته جمعی

bargaining counter

برگ برنده؛ امتیاز (در مذاکرات)؛ اهرم فشار

bargaining, distribution

چانه زنی برای توزیع

bargaining, individual

چانه زنی فردی / انفرادی

bargaining, industrywide

چانه زنی در قلمرو یک صنعت

bargaining, multi-employer

مذاکرهٔ چند کارفرما با دیگران

bargaining, pattern

مذاکرهٔ جمعی نمونه

bargaining, surface

چانه زنی صوری

bargaining, workplace

مذاکره در محل کار / کارگاه

bargain theory

تئوری مذاکرهٔ جمعی در پرداخت: نظریه‌ای که تعیین حقوق و دستمزد را بر اساس عرضه و تقاضای نیروی کار و قدرت نسبی کارفرما و کارگر در مذاکرات جمعی می‌داند.

Barnard s unit concept

نظریهٔ واحدهای تشکیل دهندهٔ سازمان: نظریهٔ «چستربارنارد» مبنی بر اینکه یک سازمان باید از واحدهای کوچکی که کمتر از دَه نفر عضو داشته باشد تشکیل شود.

barn-burner wizards

فروشندگان جادویی؛ فروشندگان ماهر و فن شناس: فروشندگان مجرب و توانمندی که با مهارتی خاص به هدفهای خود دست یابند.

barometer

شاخص سنجش وضعیت بازار یا اقتصاد

barred by limitation

مشمول مرور زمان

barred by statute

مشمول مرور زمان؛ مشمول مقررات

barred by the statute of limitations

مشمول مرور زمان

barred claim

ادعای مشمول مرور زمان؛ ادعای ممنوع از طرح

barred ex-post facto legislation

اصل عدم عطف به ماسبق شدن قوانین

barrel

بارل؛ بشکه؛ واحدی معادل ۳۱/۵ گالن

barren money

پول بی‌ثمر

barrier examination

آزمون ارتقا؛ آزمون ترفیع

barriers of communication

موانع ارتباطی

barriers, tariff

عوارض گمرکی برای محدود کردن واردات؛ موانع گمرکی

barriers to change

موانع تغییر:

عوامل / موانع موجود در راه پذیرش و اجرای تغییر از سوی کارکنان

barriers to entry

موانع ورود به بازار

barrier, trade

موانع تجاری (از قبیل تعرفه، حقوق گمرکی و...)

barter

معاملهٔ پایاپای؛ تهاتر؛ معاملهٔ پایاپای کردن؛ مبادلهٔ تهاتری؛ معاملهٔ تهاتری؛ معاملهٔ تهاتری کردن

barter agreement

موافقت نامهٔ تهاتری؛ قرارداد پایاپای

barter transaction

معاملهٔ پایاپای

barth system

سیستم پرداخت بارث؛ سیستم پرداخت بر مبنای بازده

base good

کالای پایه / مبنا

baseline information

اطلاعات پایه

base pay

مبنای حقوق؛ حقوق پایه؛ دستمزد پایه؛ پایه حقوق

base period

دورهٔ اولیهٔ استخدام:

دوره‌ای که کارمند پس از طی آن می‌تواند از مزایای بیمه کاری استفاده کند.

base price

قیمت پایه؛ قیمت مبنا

base rate

نرخ پایه؛ نرخ پایهٔ بهره؛ نرخ پایهٔ دستمزد

base stock method

روش حداقل موجودی پایه:

روش کنترل موجودی که حداقلی معین از موجودی در انبار را برای ادامهٔ فعالیتها ضروری می‌داند.

base time

زمان پایه

☞ *basic time*

base value

ارزش پایه

base wage

دستمزد پایه

BASIC (Begginers´ All purpose Symbolic Instruction Code)

بیسیک:

یکی از زبانهای سطح بالای کامپیوتر که جنبهٔ عمومی دارد و به علت سادگی و سهولت، در کامپیوترهای شخصی کاربرد دارد.

basic crops

محصولات اساسی تحت حمایت دولت

basic decisions

تصمیمهای اساسی:
تصمیمهای دراز مدت که اهمیت بسیار دارد و اجرای آنها هزینهٔ سنگینی را می‌طلبد.

basic functions of management

وظایف اصلی مدیریت

basic motion time (BMT)

سیستم اندازه‌گیری حرکتها:
یکی از سیستمهای اندازه‌گیری کار که مشابه زمان سیستم و حرکت از قبل تعیین شده است.

☞ *PMTS*

basic motion time study (BMTS)

مطالعهٔ زمان و حرکت مبنا

basic needs

نیازهای اساسی:
الگویی از توسعه که در آن بخش کشاورزی محور توسعه قرار می‌گیرد. ویژگیهای این الگو عبارتند از: تأمین نیازهای اساسی مردم، ارائهٔ خدمات به آنها، ایجاد اشتغال، اتخاذ سیاستهای تولیدی اشتغال‌زا و برنامه‌ریزی غیر متمرکز.

basis of assessment

مأخذ ارزیابی مالیاتی

basic piece rate

طرح قطعه کاری:
بخشی از طرح تشویقی دستمزدها که بر اساس آن برای هر قطعه‌ای که تولید شود، حق‌الزحمه پرداخت می‌شود.

basic point

نقطهٔ مبدأ برای قیمت

basic price

قیمت مبنا؛ قیمت پایه

basic product

محصول پایه

basic rate

نرخ پایهٔ دستمزد:
نرخ پایهٔ ساعتی پرداخت برای یک کار معین

basic research

پژوهش بنیادی؛ تحقیق بنیادی

basics of management

اصول مدیریت؛ مبانی مدیریت

basic standard cost

قیمت استاندارد؛ قیمت پایه

basic stock

کالای اساسی

basic time

زمان مبنا:
زمان تعیین شده برای انجام دادن کار در سطح عادی به وسیلهٔ یک کارگر معمولی و بدون در نظر گرفتن زمان استراحت، تأخیر ناشی از خرابی دستگاهها و دیگر تأخیرها.

basic wage

حقوق پایه؛ حداقل دستمزد:
حقوق و دستمزدی که برای یک دورهٔ زمانی معین و یا در ازای بازدهی خاص پرداخت می‌شود و شامل اضافه کاری و سایر مزایا نیست.

☞ *basic rate*

basic wage rate

نرخ پایهٔ دستمزد

☞ *basic rate*

basic work data (BWD)

نوعی سیستم اندازه‌گیری کار

☞ *PMTS*

basing point pricing
قیمت تمام شدهٔ کالا (هـزینـهٔ تـولید + مـخارج حمل و نقل محصولات در محل تولید)

basing point system
سیستم مبدأ ثابت

basis of assessment
مأخذ ارزیابی مالیاتی

basis of the tax
مأخذ مالیات

basis period
زمان مأخذ برای ارزیابی مالیاتی

basket of currencies
شاخص مجموعهٔ ارزها:
دسته‌بندی ارزهای مختلف به گونه‌ای که امکان مقایسهٔ ارز یک کشور با همهٔ ارزها فراهم شود.

basket purchase
خرید کلی:
خرید یک مجموعه از کالاها به صورت کلی و با یک قیمت
☞ *blanket purchase*

batch costing
هزینه‌یابی دسته‌ای

batch (lot)
مجموعه؛ دسته؛ یک پارتی کالا:
مجموعه یا دسته‌ای از کالاها و موادکه در یک زمان سفارش داده یا تولید می‌شود.

batch mode
وضعیت تولید و پردازش دسته‌ای

batch processing
پردازش دسته‌ای؛ تولید دسته‌ای:
پردازش برنامه‌های کامپیوتری به گونه‌ای که برنامه پیاپی اجرا شود و تا یک بـرنامه پایان نپذیرد، پردازش برنامهٔ بعدی آغاز نشود.
تولید یک دسته یا یک واحد از کالا در هـر دور تولید.

batch production
تولید دسته‌ای:
روش تولیدکه در آن کالاها به صورت دسته‌ای تولید می‌شود و در ساخت آنها در زمـانهای مختلف، ابزارهای گوناگون به کار می‌رود.

battery
مجموعهٔ تست؛ مجموعهٔ آزمون
☞ *battery of tests*

battery of tests
مجموعهٔ آزمونها

baud
مقیاس و مـعیار سـرعت انـتقال اطـلاعات (در کامپیوتر)
☞ *baud rate*

Bayes criterion
ضابطهٔ بیز:
مبنایی برای تصمیم‌گیری که بر اساس آن مدیر برای کلیهٔ شرایط محیطی احتمال یکسان در نظر می‌گیرد.
☞ *Laplace criterion*
ایـن واژه در روش تـجزیه و تـحلیل شـبکه (PERT) به کار می‌رود.

Bayesian analysis
روش تجزیه و تحلیل بیز

Bayes theorem
قضیهٔ بیز:
قضیه‌ای آماری که در درخت تصمیم‌گیری بـه کار می‌رود و به کمک آن می‌توان ارزش پولی مورد انتظار هر شق را محاسبه کرد.

bazaar

بازار؛ محلی برای خرید و فروش کالا و خدمات

BCPA (British Council of Productivity Associations)

شورای انجمنهای بهره‌وری بریتانیا

beachhead demand

تقاضای مقدماتی

be amended

تعدیل شدن؛ اصلاح شدن؛ بهبود یافتن

bear

پیش فروش؛ پیش فروش کننده؛ سلف فروش؛ سلف فروشی:

کسی که به تصور کاهش بهای سهام، آنها را پیش فروش می‌کند در حالی که در حال حاضر مالک آنها نیست.

➔ *hammering the market*

bearer

حامل؛ در وجه حامل؛ دارندهٔ برات یا سفته؛ آورنده

bearer bill

حواله در وجه حامل

bearer bond(s)

سند قرضهٔ بدون نام؛ سند در وجه حامل؛ اوراق قرضهٔ بی نام؛ اسنادِ قرضهٔ بی نام:

اوراق قرضه‌ای که به نام فردی خاص صادر نشده و برای انتقال به ظهرنویسی نیاز ندارند.

bearer check

چک در وجه حامل

bearer debenture

سند قرضهٔ بدون نام:

سهم/ سند قرضه‌ای که به نام کسی ثبت نشده و دارنده مالک آن به شمار می‌آید.

bearer instrument

سند در وجه حامل

bearer security

سهم بی‌نام

سهمی که به نام فرد خاصی صادر نشده و به آسانی قابل انتقال است.

bearer shares

سهام بی‌نام

bearer stocks

اوراق بهادار بی‌نام؛ سهام بی‌نام؛ سهام و اوراق قرضهٔ بدون نام؛ اسناد در وجه حامل (بیشتر در اروپا مرسوم است)

bear market

بازار راکد؛ بازار کساد؛ بازار کاهنده

bear position

وضعیت فروشنده در مقابل تنزیل قیمت:

وضعیت فروشنده‌ای که به تصوّر کاهش قیمتها در آینده، دست به فروش سریع سهام می‌زند.

bear responsibility for

مسؤول امری بودن؛ مسؤول چیزی بودن؛ مسؤولیت چیزی را به عهده گرفتن

beat down

چانه زدن؛ چانه زدن برای کاهش قیمت

be barred

ساقط شدن حق به مرور زمان

B/E (bill of exchange)

برات؛ سفته؛ برات ارزی

BEC (Business Education Council)

شورای آموزش بازرگانی ؛ انجمن آموزش بازرگانی

Bedaux system

سیستم بدو؛ پرداخت تشویقی: نوعی طرح پرداخت تشویقی که به وسیلهٔ «شارل بدو» در ابتدای قرن بیستم ابداع شده است.

be defaulted

محکوم غیابی شدن

beef

شکایت

☞ *grievance*

begger-my-neighbor policy

سیاست فقیر کردن کشور همسایه: سیاستی است که ضمن آن کشوری می‌کوشد تا با اعمال تدابیری از قبیل افزایش حقوق گمرکی و کاهش واردات از سایر کشورها خود را غنی سازد و اقتصاد کشورهای دیگر را مختل کند.

behalf of, acting on

به نمایندگی

behalf of, on

از طرف؛ از جانب؛ وکالتاً

behavior

رفتار؛ عملی است که دانشجو به وسیلهٔ آن دانش یا مهارتهایی را که فرا گرفته است نشان می‌دهد. چنین عملی توسط مربی قابل مشاهده و ارزشیابی می‌باشد: واکنش یک فرد به گروه یا سازمان در مقابل یک محرّک

behavior, administrative

رفتار اداری

behavioralists vs phenomenologists

مدل رفتار شناسان در مقابل مدل پدیدار شناسان:

بعضی از متخصصان، انسان را به طور کامل تنها با رفتارش قابل شناخت می‌دانند و معتقدند به منظور شناسایی این رفتار، نیازی به مفهوم خودآگاهی یا تئوری کنترل آگانه رفتار نیست. در مقابلِ رفتار شناسان، پدیدارشناسان معتقدند که انسان را باید به طور کامل در خلال خودآگاهی و معنویاتش شناخت.

behaviorally anchored rating scales (BARS)

مقیاس ارزیابی بر اساس رفتارهای خاص: نوعی ارزیابی عملکرد که رفتارهای معینی را انتخاب و از آنها به عنوان شاخصهای عملکرد مؤثر یا غیر مؤثر استفاده می‌کند.

behavioral school

مکتب رفتاری: یکی از مکتبهای مدیریت که از دیدگاه روانشناس و روانشناسی اجتماعی مسائلی چون نیازها، انگیزه‌ها، رهبری، شخصیت، تغییر و گروه‌های کاری را در مدیریت مورد بررسی قرار می‌دهد.

behavioral sciences

علوم رفتاری: علومی چون جامعه شناسی، مردم شناسی، روانشناسی و اقتصاد که به بررسی جنبه‌های مختلف رفتارهای انسان، از قبیل عملکرد گروهی یا سازمانی می‌پردازد.

behavioral theory of the firm

تئوری / نظریهٔ رفتاری سازمان: بر اساس این تئوری، سازمانها از ائتلاف علاقه‌ها و هدفهای گروههای مختلف ذینفع به وجود می‌آیند و از اینرو نشان دهندهٔ هدفهای چندگانه می‌باشند.

behavior, buyer

behavior, collective
رفتار جمعی/گروهی

behavior, consumer
رفتار مشتری/خریدار

behavior , desirable
رفتار مطلوب

behavior, economic
رفتار اقتصادی

behavior inforcement
تقویت رفتار

behavior modeling
مدل‌سازی رفتار؛ الگوسازی رفتار:
روش آموزشی که بر کسب مهارتهای مدیریتی از طریق ایفای نقش و آموزش عملی تأکید دارد.

behavior modification
تعدیل رفتار؛ تغییر رفتار:
تغییر رفتار مطلوب و تضعیف رفتار نامطلوب به کمک مکانیسمهای تشویق و تنبیه که کارآیی آنها ثابت شده است.

behavior, monopolistic
رفتار انحصاری

behavior , observable
رفتار قابل مشاهده

behavior, organizational
رفتار سازمانی

behavior, task
رفتار شغلی

behavorial view
دیدگاه رفتاری:
ارتباط علم مدیریت و تئوریهای سیستم و تصمیم‌گیری از دو دیدگاه مورد توجه متخصصان فن قرار گرفته است:
۱- دیدگاه رفتاری که عمدتاً دیدگاهی ارزشی و عاطفی است.
۲- دیدگاه عملیاتی

behind closed doors
پشت درهای بسته

behind-the-scenes
پشت پرده؛ محرمانه

behind-the-scenes talks
مذاکرات پشت پرده؛ مذاکرات محرمانه

be lapsed
ساقط شدن (حقی به مرور زمان) ؛ منقضی شدن

bell-ringer
فروشندۀ دوره‌گرد

belly
محل بار در هواپیما

below capacity
کمتر از ظرفیت

below par
کمتر از بهای اسمی؛ با تخفیف؛ زیر قیمت رسمی

below the line
کمتر از مقدار متعارف
☞ *above the line*

belt line
خط (آهن) کمربندی

bench
محل کار کارگر؛ دادگاه؛ دادگاه یا قضاتی که در دادگاه حضور دارند

beneficial
انتفاعی؛ ذینفع

beneficial owner

مالک اصلی

beneficiary

ذینفع؛ متعهدله؛ وارث

beneficience contract

عقد تبرعی؛ عقد احسانی؛ عقد غیر معوض

benefit

سود؛ منفعت؛ (در جمع) مزایا؛ اعانه؛ سود بردن؛ انتفاع؛ بهره؛ پاداش؛ امتیاز؛ استفاده؛ مستمری؛ مقرری

benefit-cost ratio

نسبت سود و هزینه

benefit-cost ratio, discounted gross

نسبت سود و هزینه ناخالص تنزیلی

benefit-cost ratio, discounted net

نسبت سود و هزینهٔ خالص تنزیلی

benefit, drive a

سود بردن

benefits, disability

مستمری از کار افتادگی

benefits, employee

مزایای کارمندی

benefits, employee termination

پاداش پایان خدمت کارمندان

benefits, fringe

مزایای شغلی

benefits, retirement

مزایای بازنشستگی

benefits, service

مزایای خدمت

benefits, survivorship

مستمری بازماندگان

Benelux

قرارداد بنلوکس: قرارداد گمرکی بین سه دولت بلژیک، هلند و لوکزامبورگ

benevolent

خیرخواهانه

benevolent-authoritative leadership style

سبک رهبری استبدادی خیرخواهانه:
در این سبک رهبری، مدیر به زیردستان اعتماد می‌کند و با استفاده از ابزارهای تنبیهی و تشویقی به ایجاد انگیزه می‌پردازد. اختیار تصمیم‌گیری در این سبک تا اندازه‌ای به زیردستان واگذار می‌شود اما کنترلهای اصلی همچنان در دست مدیر است.

benifit owner

طرح بازنشستگی بر اساس مزایا

be nil

باطل شدن؛ از بین رفتن اثر قانونی

be off one's duty

سر خدمت نبودن

bequeath

واگذاری اموال شخصی در وصیت‌نامه؛ انتقال اموال به صورت ارثیه؛ به ارث گذاشتن

bequest

ارث؛ میراث؛ هدیه؛ هبه؛ ترکه

bereavement pay

حقوق پرداختی به فرد داغدیده؛ حقوق ایام مرخصی به علت مرگ نزدیکان

best evidence

نسخهٔ اصلی مدارک

☞ *primary evidence*

Better Business Bureau (US)

(در آمریکا) دفتر حمایت از مصرف‌کنندگان؛ ادارهٔ بهبود بازرگانی

betterment

بهبودی ملک؛ ترقی ملک

betterment of organization

بهبود سازمان

better use of equipment & facilities

استفادهٔ بهینه (بهتر) از تجهیزات و امکانات

be under obligation

تعهد داشتن؛ ملزم بودن؛ مدیون بودن؛ ملزم به انجام تعهد شدن

beyond the question

خارج از موضوع

BFOQ (bona fide occupational qualification)

حمایت خاص از یک عضو شاغل

biannual meeting

اجلاس شش ماهه؛ جلسه‌ای که هر شش ماه یک بار تشکیل می‌شود

bias

جهت‌گیری؛ سوگیری؛ جبهه‌گیری؛ پیش‌داوری؛ خطا؛ جانبداری تبعیض‌آمیز؛ گرایش؛ خطای پیش‌بینی و سنجش؛ تبعیض؛ جانبداری؛ طرفداری؛ تمایل؛ تبعیض ناروا: نگرش فردی که باعث جهت‌گیری نادرست در ادراک موضوع می‌شود.

biased sampling

نمونه‌گیری غیر تصادفی و جهت‌دار

bid

پیشنهاد مناقصه؛ پیشنهاد مزایده؛ مناقصه؛ مزایده؛ پیشنهاد خرید (در حراج)؛ در مناقصه یا مزایده شرکت کردن؛ پیشنهاد خرید کردن

☞ *tender*

bid bond

ضمانت نامهٔ شرکت در مناقصه یا مزایده؛ سپردهٔ شرکت در مناقصه یا مزایده

☞ *tender bond*

bidder

شرکت کننده در مزایده یا مناقصه؛ پیشنهاد دهنده

bidder, highest

برندهٔ مزایده؛ پیشنهاد دهندهٔ بالاترین قیمت در مناقصه

bidder, successful

برندهٔ مناقصه یا مزایده

bidding

پیشنهاد مزایده؛ دستور؛ فرمان؛ امر

bid price

قیمت پیشنهاد خرید؛ قیمت خرید سهام؛ قیمت خرید یک سند بهادار در بازار بورس؛ مبلغ پیشنهادی شرکت کننده در مناقصه؛ مبلغ پیشنهادی خریدار برای خرید سهام

bid, to be allotted

برنده شدن در مناقصه یا مزایده

bid, to be awarded

برنده شدن در مناقصه یا مزایده

bid, to enter

در مناقصه یا مزایده شرکت کردن؛ پیشنهاد خرید دادن

☞ *to make bid*

☞ *to tender bid*

bid, to make
در مناقصه یا مزایده شرکت کردن؛ پیشنهاد خرید دادن
☞ *to tender bid*
☞ *to enter bid*

bid, to tender
در مناقصه یا مزایده شرکت کردن؛ پیشنهاد خرید دادن
☞ *to make bid*
☞ *to enter bid*

bid, to win
برنده شدن در مناقصه یا مزایده

big bang
روز بزرگ بورس لندن:
اصطلاحی که به روز ۲۷ اکتبر ۱۹۸۶ اطلاق می‌شود. در این روز بازار بورس لندن دگرگونیهایی را در مقررات و روشهای خود به منظور ایجاد رقابت بیشتر انجام داد.

big board
بازار بورس سهام نیویورک

Bigelow plan
طرح تشویقی بیگلو:
یکی از روشهای دستمزد تشویقی که بر مبنای آن در ازای هر یک درصد اضافه تولید، یک درصد افزایش پرداخت صورت می‌گیرد.

big five
پنج بانک معتبر انگلستان یعنی «میدلند»، «وست مینستر»، «بارکلی»، «لویدز»؛ «ناشنال پراوینشنال»

bigger the better, the
(اصل) هرچه بیشتر، بهتر (در بودجه بندی)

big stake/stick policy
سیاست زور و تهدید؛ سیاست اعمال قدرت:
اعمال قدرت اقتصادهای مسلط برای تحصیل امتیازات و منافع از کشورهای کوچک

big ticket items
اقلام گرانبها و بزرگ

bilan
بیلان؛ ترازنامه؛ حساب دخل و خرج

bilateral
دو جانبه؛ دو طرفه

bilateral agreement
موافقت نامهٔ دو جانبه؛ قرارداد دو جانبه

bilateral and multilateral conventions
کنوانسیونهای دو جانبه و چند جانبه

bilateral assistance
همکاری دو جانبه؛ کمکهای دو جانبه
☞ *multilateral assistance*

bilateral contract
قرارداد دو جانبه؛ عقد معاوضی (عقد ملزم طرفین)
☞ *reciprocal contract*

bilateral cooperations
همکاریهای دو جانبه؛ همکاریهای متقابل

bilateral monopoly
انحصار دو جانبه؛ انحصار مضاعف:
شرایطی که در آن برای کالا یا خدمات تنها یک خریدار وجود دارد و آن کالا یا خدمات نیز توسط یک فروشنده عرضه می‌شود.

bilateral payment agreement
قرارداد پرداخت دو جانبه

bilateral relations
روابط دو جانبه؛ روابط متقابل

bilateral treaty

قرارداد دو جانبه؛ پیمان / معاهدهٔ دو جانبه

bill

اسکناس؛ لایحهٔ قانونی؛ لایحه؛ ادعانامه؛ کیفرخواست؛ دادخواست؛ سند؛ قبض؛ برات؛ صورت حساب؛ برات نوشتن؛ قولنامه کردن؛ براتی که با قبول آن بانک اسناد کالا را به براتگیر تحویل می‌دهد

bill, acceptance

برات قبولی

billboard

تابلوی تبلیغاتی در فضای باز

bill broker

دلال برات

bill, conditional

برات مشروط

bill, demand

برات عندالمطالبه؛ حوالهٔ عندالمطالبه

bill, documentary

برات اسنادی

billet

مجوز؛ پروانه

bill falls due on

تاریخ سررسید اسناد مدت دار

bill, foreign

برات ارزی؛ برات خارجی

bill of credit

اوراق قرضهٔ دولتی؛ اسناد خزانه

bill of exchange

برات؛ برات مبادله‌ای؛ سندی که صادرکنندهٔ آن، پرداخت مبلغی را در زمانی معین به فرد خاصی حواله می‌دهد.

bill of exchange law

قانون برات

bill of guarantee

ضمانت نامه

bill of indictment

کیفرخواست؛ ادعانامه

bill of lading (B/L)

بارنامه؛ بارنامهٔ کشتی

bill of lading, clean

بارنامهٔ بدون قید و شرط

bill of lading, dirty

بارنامهٔ مشروط

bill of lading, straight

بارنامهٔ غیر قابل فسخ؛ بارنامهٔ غیر انتقالی

bill of material

بارنامهٔ حمل کالا؛ اسناد حمل کالا؛ صورت مواد؛ فهرستی از مواد و قطعات یک کالا: سندی که در آن مشخصات کالاهایی که به وسیلهٔ کشتی، هواپیما، قطار یا کامیون حمل می‌شود، درج شده است.

bill of materials

فهرست مواد؛ صورت مواد

bill of particulars

صورت / فهرست جزئیات

bill of sale

سند فروش: سندی که بر اساس آن مالکیت از فردی به فرد دیگر منتقل می‌شود.

bill of sight

اجازهٔ ورود موقت؛ اظهارنامهٔ موقت: اجازهٔ ورود موقت اقلام وارداتی برای بازرسی مأموران گمرک

bill payable

برات پرداختنی؛ برات قابل پرداخت
☛ *bill receivable*

bill, period

حواله / سفته مدت دار

bill receivable

برات دریافتنی؛ برات قابل دریافت
☛ *bill payable*

bill, sight

برات دیداری

bill, time

برات وعده‌دار؛ برات مدت دار؛ حواله مدت دار؛ برات غیر دیداری؛ برات میعادی؛ براتی که در تاریخی معین در آینده قابل پرداخت است

bill, usance

برات یوزانس

BIM (British Institute of Management)

انستیتو مدیریت انگلستان

bimetallism

سیستم ضرب سکه بر پایهٔ دو فلز: نوعی سیستم پولی که واحد پول آن بر پایهٔ دو فلز (مانند طلا و نقره) در سکه‌ها قرار دارد.

binary digit

رقم دو دویی؛ سیستم / نظام دو دویی
☞ *binary system*

binary system

سیستم مبنای دو؛ سیستم دوتایی؛ سیستم دو دویی:
در این سیستم عددی، برخلاف سیستم دهدهی (اعشاری) که از دَه رقم (از صفر تا نُه) استفاده می‌شود تنها دو رقم صفر و یک مورد استفاده

قرار می‌گیرد.

bin card

کارت کنترل موجودی؛ کارت مشخصات کالا: (در کنترل موجودی) کارتی که ورود و خروج کالا به طور کامل بر روی آن ثبت می‌شود.

bind

ملزم کردن؛ متعهد کردن؛ کسی را تحت تعهد و الزام قانونی در آوردن

binder

سند موقت بیمه؛ قرارداد موقت؛ هر نوع قرارداد موقت تجاری که بین طرفین منعقد شود؛ سندی که تا زمان صدور بیمه نامهٔ اصلی به جای بیمه نامه استفاده می‌شود؛ بیمه نامهٔ موقت: موافقت نامه‌ای که از سوی شرکت بیمه صادر شده و تا عقد قرارداد اصلی، به طور موقت پوشش بیمه‌ای را به مشتری ارائه می‌دهد.

binding

الزام‌آور؛ اجباری؛ لازم‌الرعایه؛ نافذ؛ لازم‌الاجرا

binding clause

شرط یا قید الزام‌آور؛ شرط لازم‌الاجرا

binding contract

قرارداد الزام‌آور؛ عقد لازم؛ قرارداد لازم‌الاجرا

binding effect

سندیت

binding force

سندیت

binding treaty

قرارداد لازم‌الاجرا؛ پیمان یا معاهدهٔ معتبر و لازم‌الاجرا

bind oneself by contract

از طریق قرارداد متعهد شدن

bind over

ملزم کردن شخص به تودیع وجه‌الضمان یا معرفی کفیل

binominal distribution

توزیع دو جمله‌ای

biotechnology

تکنولوژی زیستی؛ بیوتکنولوژی؛ تکنولوژی حیاتی

☞ *ergonomics*

bird in the hand , the

(اصل) سرکهٔ نقد بهتر از حلوای نسیه (در بودجه‌بندی)

BIS (Bank for International Settlements)

بانک تسویهٔ بین‌المللی

bit

بیت؛ یک واحد اطلاعات؛ کوچکترین واحد اطلاعات در کامپیوتر؛ یک رقم در سیستم دو دویی

bit grinding

پردازش داده‌ها؛ اجرای فرمانهای پردازش داده‌ها (در کامپیوتر)

bit twiddler

متصدی کامپیوتر

bivariate analysis

تجزیه و تحلیل دو متغیری

black

امتناع از معامله: اقدامی که در روابط صنعتی اعضای یک اتحادیه، ارائهٔ کالا به مؤسسه‌ای یا معامله با آن مؤسسه را تحریم می‌کنند.

black bourse

بورس سیاه:

بازار سیاه برای اوراق بهادار مانند بازار سیاه مبادلات ارزی

black box

جعبهٔ سیاه؛ سیستمی که در آن داده‌ها و ستاده‌ها مشخص اما عملیات درونی نامشخص هستند.

black economy

اقتصاد سیاه؛ پنهانکاری در اقتصاد؛ استخدام غیر قانونی کارگران

→ *moonlighting*

black-hole engineering

طراحی بخشی:
در طراحی خطوط مونتاژ پیچیده مثل خودروسازی، صاحب کارخانه ممکن است طراحی بخش خاصی از خط را به یک تولید کننده که دارای تخصص بیشتری در آن زمینه است واگذار کند.

blacking

امتناع از کار در طول اعتصاب

blackleg

کارگر تک‌رو؛ اعتصاب‌شکن

blacklist

لیست سیاه؛ فهرست سیاه:
فهرستی که در آن نام کسان یا مؤسسه‌های نامطلوب را می‌نویسند

blackmail

اخاذی؛ باج خواهی؛ باج سبیل؛ اخاذی کردن؛ باج خواهی کردن؛ با تهدید و ارعاب چیزی از کسی طلبیدن؛ شانتاژ

black market

بازار سیاه

black market price

قیمت بازار سیاه

black market rate
نرخ بازار سیاه

black money
درآمد غیر قانونی

blak economy
اقتصاد سیاه؛ فعالیت اقتصادی که از چشم مؤسسات دولتی پنهان بوده و هدف آنها اغلب فرار از پرداخت مالیات است.

Blake, Robert
رابرت بلیک:
یکی از نویسندگان مدیریت که با همکاری جین موتن (Jane Mouton) شبکه مدیریت (Managerial Grid) را ابداع کرد.

Blake´s grid
شبکهٔ مدیریت
☞ *managerial grid*

blank check
چک سفید؛ چک امضا شده بدون ذکر مبلغ

blank-check buying
سفارش باز:
سفارشی که خریدار ابتدا آن را به صورت کلی برای یک دوره اعلام می‌کند و سپس از طریق آن به تدریج کالاهای مورد نیاز را مشخص و دریافت می‌کند.

blank credit
اعتبار نامحدود

blank endorsement
پشت نویسی بدون قید و شرط؛ پشت نویسی بدون ذکر نام؛ امضا یا ظهرنویسی برات بدون قید نام
☞ *blank indorsement*

blanket agreement
موافقت کلی:
(در روابط صنعتی) موافقتی که همهٔ مؤسسه‌های یک صنعت را در بر می‌گیرد.

blanket bond
اوراق قرضه با تضمین چندگانه

blanket coverage
پوشش کلی (بیمه)

blanket injunction
حکم توقف اعتصاب

blanket insurance
بیمهٔ کلی؛ بیمهٔ عمومی

blanket mortgage
رهن کلی:
نوعی رهن که ضمن آن همهٔ دارایی‌های یک شرکت برای یک وام به گروگرفته می‌شود.

blanket order
سفارش کلی
→ *vendor scheduling*

blanket policy
بیمه نامهٔ کلی؛ بیمه نامهٔ عمومی:
نوعی قرارداد بیمه که ضمن آن دارایی‌ها، محموله‌ها یا مکانهای گوناگون بطور یکجا بیمه می‌شوند.

blanket purchase
خرید کلی

blanket purchase order
سفارش خرید کلی

blanket rate
نرخ عمومی؛ نرخ کلی؛ نرخ گروهی

blank indorsement
پشت نویسی بدون قید و شرط؛ پشت نویسی بدون ذکر نام؛ امضا یا ظهرنویسی برات بدون

قید نام

☞ *blank endorsement*

blank letter of credit

اعتبار اسنادی بدون قید مبلغ (اعتبار)

B/L (bill of lading)

بارنامه؛ بارنامهٔ کشتی

bliateral aid

کمک دو جانبه

bliateral trade

بازرگانی متقابل؛ تجارت متقابل / دو طرفه

blind advertisement (blind ad)

تبلیغ بدون نام؛ آگهی تجارتی بی‌نام

blind alley

مشاغل بن بست؛ مشاغل راکد:

مشاغلی که آیندهٔ امید بخشی را به شاغلان خود نوید نمی‌دهد و امکان پیشرفتی در آنها وجود ندارد.

☞ *blind alley jobs*

blind alley jobs

مشاغل بن بست؛ مشاغل راکد:

مشاغلی که آیندهٔ امید بخشی را به شاغلان خود نوید نمی‌دهد و امکان پیشرفتی در آنها وجود ندارد.

☞ *blind alley*

blind entry

ثبت بدون توضیح:

ثبت اقلامی که هیچ گونه توضیحی ندارد و فقط رقم بدهکار و بستانکار را نشان دهد.

blind selling

فروش کار؛ فروش ندید؛ فروش بدون حق امتحان:

فروش اجناس یا خدمات بدون آنکه مشتری امکان بررسی آنها را قبل از خرید داشته باشد

blind test

آزمون چشم بسته؛ آزمون محصول بی‌نام؛ آزمون کالا بدون آگاهی از نوع مارک آن؛ آزمون بی نام

blister packaging

بسته‌بندی شفاف:

نوعی بسته‌بندی پلاستیکی که بررسی کالا را به خوبی امکان پذیر می‌سازد.

block

مجموعه؛ دسته؛ بلوک؛ مسدود کردن (حساب یا دارایی)؛ بلوکه کردن (دارایی)؛ بلاک آموزشی:

(درکامپیوتر) *دسته‌ای از واژه‌ها یا حروف و ارقام که به عنوان یک واحد یا مجموعه در رابطه با ورودیها یا خروجیها مطرح می‌شوند.*

(در بورس) *به معاملهٔ مجموعهٔ بزرگی از سهام اطلاق می‌شود که غالباً از دَه هزار سهم افزون‌تر است.*

blockade

محاصرهٔ اقتصادی؛ تحریم اقتصادی؛ جلوگیری از داد و ستد تجاری با یک کشور یا یک بندر؛ محاصرهٔ دریایی؛ جلوگیری از ورود کالا به خاک دشمن؛ بستن بنادر کشور به روی کشتیهای یک کشور؛ اقدام بین‌المللی برای تحت فشار گذاشتن کشور متجاوز؛ محاصره کردن؛ محاصرهٔ تجاری؛ مانع شدن؛ بازداشتن

☞ *embargo*

blockade, raise a

لغو محاصره؛ پایان دادن به محاصره

blockbusting

تنزل دادن ارزش یک عمل

block diagram

نمودار کلی؛ نمودار کلی روابط اجزای یک

سیستم

blocked account

حساب مسدود؛ حساب بسته؛ حساب بلوکه شده

blocking

ایجاد اختلال در کار:

تاکتیکی که کارکنان با استفاده از آن از طریق کم‌کاری یا تهدید به توقف کار در کار مؤسسه اختلال و مانع ایجاد می‌کنند.

block method

روش کلی

block offer

عرضهٔ یکجا؛ عرضهٔ عمده؛ عرضهٔ تعداد زیادی کالا؛ عرضهٔ کلی

block policy

قرارداد کلی بیمه

block policy (blanket policy)

☞ *blanket policy*

بیمه نامهٔ کلی؛ بیمه نامهٔ عمومی

block purchase

خرید کلی

block relaese

مأموریت آموزشی چند روزه؛ مرخصی آموزشی با استفاده از حقوق:

نوعی مأموریت آموزشی که کارمند با دریافت حقوق کامل، در خارج از محل کار به آموزش می‌پردازد.

☞ *day relaese*

block tariff

تعرفهٔ کلی

block vote

رأی یکجا:

نوعی رأی گیری که نمایندگان گروهها در مجامع و کنفرانسهای بزرگ می‌توانند با توجه به تعداد اعضای گروههای متبوع خود رأی دهند.

☞ *card vote*

blood bath

ضرر هنگفت:

زیان هنگفتی که در هنگام رکود و تنزل شدید بازار متوجهٔ سرمایه گذاران می‌شود.

blotter

دفتر ثبت مقدماتی؛ دفتری که برای ثبت فهرست اولیه یا موقت داد و ستدها به کار می‌رود

blue chip

شرکت معتبر و سودآور

blue-chip investment

سرمایه گذاری مطمئن

blue-collar computer

کامپیوتر داخل کارخانه؛ کامپیوتر کارگاهی

blue-collar workers

طبقهٔ کارگر؛ طبقهٔ مزد بگیر؛ قشر حقوق بگیر:

کارکنانی که در محیط عملیاتی کار می‌کنند و اغلب لباس کار آبی رنگ می‌پوشند. این کارکنان از یقه سفیدها که کارکنان اداری می‌باشند متمایز هستند.

☛ *white - collar workers*

blue finger

انگشت طلایی؛ گروه کارگران موفق

→ *jebble*

blue label

برچسب آبی:

برچسب هشدار دهنده‌ای که بر روی محموله‌های حاوی رادیواکتیو چسبانده می‌شود.

blue law

قانون محدودیت کار در روزهای تعطیل آخر

هفته

blue print

طرح تفصیلی؛ طرح تفصیلی یا نقشه‌ای که جزئیات کار را منعکس می‌سازد

blue sky laws

قوانین آسمان آبی؛ قوانین جلوگیری کننده از سوء استفاده در بورس؛ قانون نظارت بر معاملات سهام:

(در بورس) قوانینی که برای جلوگیری از سوء استفاده‌های احتمالی در صدور و فروش سهام وضع شده است.

blue sky research

پژوهشهای مخاطره آمیز با نتیجه‌های مثبت

blue sky technology

تکنولوژی بدون دود؛ فن‌آوری غیر آلاینده:

اصطلاحی برای آن دسته از تکنولوژی که بر حفظ محیط زیست تأکید دارد.

blurb

عبارت ستایش آمیز؛ قدردانی؛ شرح و توصیف:

عبارتی ستایش آمیز دربارهٔ یک کتاب که توسط ناشر و به عنوان تبلیغ معمولاً بر پشت کتاب چاپ می‌شود.

BMT (basic motion time study)

مطالعهٔ زمانی حرکت پایه

board

هیأت؛ هیأت مدیره؛ هیأت عالی؛ هیأت عالی رتبهٔ سازمان؛ عرشهٔ کشتی

board, adjustment

هیأت تطبیق؛ هیأت رسیدگی به مسائل کارگری و کارفرمایی

board, arbitration

هیأت حل اختلاف؛ هیأت داوری

board, executive

هیأت اجرایی

board, junior

هیأت مدیران سطوح میانی

board lot

واحد معامله در بازار بورس

➔ *even lot*

board, marketing

هیأت بازاریابی

board meeting

جلسهٔ هیأت مدیره

board of control

هیأت نظارت

Board of Customs and Excise

کمیتهٔ ادارهٔ امور گمرکات و مالیاتهای غیر مستقیم

board of directors

هیأت مدیره؛ هیأت نظار

board of examiners

ژوری؛ هیأت منصفه

board of governors

هیأت رییسه؛ شورای مدیران؛ شورای فرمانداران / استانداران

board of honor

لوح افتخار

Board of Inland Revenue

کمیسیون/کمیتهٔ درآمد داخلی

board of settlement of disputes

هیأت حل اختلاف

board of trade (BOT)

هیأت بازرگانی؛ هیأت تجاری؛ اتاق بازرگانی؛ اعضای اتاق تجارت؛ مدیران عضو اتاق

بازرگانی

board of trustees

هیأت امنا:

هیأت عالی رتبه‌ای که تصمیم‌گیری در مورد سیاستها، هدفها، مأموریتهای سازمان و نظارت بر عملکردهای آن را بر عهده دارد.

board stucture

ساختار هیأت مدیره؛ تشکیلات هیأت مدیره؛ تشکیلات و ساختار سازمانی هیأت مدیره

board, supervisory

هیأت نظارت؛ هیأت سرپرستی

board, training

هیأت آموزشی

bobtail

کامیونت؛ کامیون کوچک؛ کامیون کوچکی که برای تحویل اجناس به کار می‌رود

body language

ارتباط از طریق حرکات بدن؛ زبان اشاره:

بخش مهمی از ارتباطات غیر کلامی که به انتقال اندیشه‌ها، احساسها و رفتارها به وسیلهٔ حرکات بدن می‌پردازد.

bogey

استاندارد غیر رسمی؛ استاندارد عملکرد فروش

bogus

تقلبی؛ واهی؛ جعلی؛ بی‌محل

bogus check

چک بی‌محل

☞ *bad cheque*

☞ *bounding check*

☞ *dishonored check*

☞ *stumer check*

☞ *uncovered check*

☞ *NSF check*

bogus money

پول جعلی/تقلبی

bogus transaction

معاملهٔ تقلبی

boilerplate clauses

شروط و قیود متحدالشکل

boiler room tactic

بازار گرمی:

فروش اوراق قرضهٔ بی‌ارزش از راه بازارگرمی و با سخنان گمراه کننده

➔ *dynamiter*

☞ *scab*

Bolton report

گزارش بولتن

BOM (beginning of month)

اول ماه

bona fide agreement

قرارداد تفاهم؛ قرارداد حسن نیت

bona fide (Lat)

حُسن نیت (در مقابل سوء نیت)؛ با بهترین قصد و نیت؛ با حسن نیت؛ بدون قصد حیله و فریب؛ معتبر؛ صادقانه؛ شرافتمندانه؛ واقعی؛ حقیقی؛ اصلی

☛ *mala fides*

bona fide occupational qualification

حمایت خاص از یک عضو شاغل؛ حمایت موجّه کارفرما از یک عضو در سازمان

bona fide transaction

معامله از روی حسن نیت

bona fiscalia

اموال عمومی

bona vecentia

مال بی‌صاحب؛ مال بدون مدعی

bond

سند قرضه؛ ضمانت؛ تعهد؛ وجه‌الضمان؛ اوراق قرضه؛ قرارداد الزام‌آور؛ ضامن یا کفیل؛ (در حقوق تجارت) اجناسی که بوسیلهٔ عاملین ضامن از قبیل گاراژدار و حق‌العمل‌کار و غیره انبار، حمل یا حفظ می‌شود تا عوارض مربوطه پرداخت شود؛ مال امانت؛ اوراق بهادار یا هر گونه تضمین بهادار؛ ضمانت نامه یا تعهد نامه مبنی بر پرداخت وجهی؛ تحت قید و الزام در آوردن؛ اجناس (اعم از مال‌التجاره و جنس در دست مکاره‌چی و عامل حمل و نقل) را تضمین کردن؛ تأمین پرداخت عوارض و مالیات متعلقه بر کالا؛ رهن کردن؛ تبدیل به وام (در مقابل سهام قرضه)؛ (طبق سند) حق فسخ معامله‌ای را داشتن؛ با تعهد یا ضمانت نامه کسی را متعهد و ملزم کردن؛ تعهد قانونی؛ سند قرارداد؛ قرارداد

bond, adjustment

سند قرضهٔ درآمدی؛ سند قرضه برای سازماندهی مجدد:
سند قرضهٔ درآمدی که به علت سازماندهی مجدد یک مؤسسه نشر می‌یابد.
☞ *bond, reorganization*

bondage

الزام؛ تعهد

bond, annuity

اوراق قرضهٔ سالانه

bond, assumed

اوراق قرضهٔ تضمین شده؛ سند قرضهٔ ضمانت شده

bond, baby

اوراق قرضه با ارزش رسمی پایین؛ اوراق قرضهٔ ارزان

bond, bail

سند ضمانت حضور:
سندی که حضور فردی را که در سند نام برده شده، در دادگاه تضمین می‌کند.

bond, bearer

اوراق قرضهٔ حامل؛ سند قرضه بدون نام / بی‌نام

bond, blanket

اوراق قرضه با تضمین چندگانه:
اوراق قرضه‌ای که در مقابل دزدی، اختلاس، کلاهبرداری و ضرر و زیان ناشی از آنها به وسیلهٔ چند مؤسسهٔ مالی تضمین شده است.

bond, callable

اوراق قرضهٔ عندالمطالبه:
اوراق قرضه‌ای که قبل از انقضای مدت آن، تحت شرایطی قابل پرداخت است.

bond, classified

اوراق قرضهٔ طبقه بندی شده

bond, clean

اوراق قرضهٔ غیر مشروط؛ سند قرضهٔ بدون شرط

bond, continued

اوراق قرضهٔ دایم / مادام‌العمر

bond, convertible

اوراق قرضهٔ قابل تبدیل

bond, debenture

سند قرضهٔ بدون تضمین

bond discount

تنزل برگهٔ قرضه؛ فروش اوراق قرضه به بهایی کمتر از ارزش اسمی آن

bond, double

سند تعهد دو جانبه ؛ سند قرضهٔ دو طرفه

bonded goods

کالاهای رهن گمرک؛ کالاهای خاص؛ کالاهای مشمول حقوق گمرکی که در انبار گمرک نگهداری می‌شود؛ کالاهای ضبطی گمرک؛ کالاهای ضبط شده توسط گمرک:
کالاهایی که مشمول حقوق گمرکی است و تا پرداخت عوارض گمرکی باید در انبار گمرک نگهداری شود.

bonded store

انبار گمرک؛ انبار کالاهای رهنی:
انبار گمرک برای کالاهایی که حقوق گمرکی آنها پرداخت نشده است؛ انبار اشیای رهنی؛ انبار کالاهای ترانزیت

☞ *bonded warehouse*

bonded warehouse

انبار گمرک؛ انبار کالاهای گمرکی

bond, extended

سند قرضهٔ تمدید شده

bond, fidelity

بیمه در مقابل اعمال خلاف کارکنان:
نوعی بیمه که بر اساس آن مؤسسه در مقابل ضرر و زیان ناشی از اعمال خلاف کارکنان خود، بیمه می‌شود.

→ *fidelity insurance*

bond, fiduciary

سند تعیین متولی یا امین:
سندی که بر اساس آن فردی از سوی دادگاه به عنوان متولی یا امین برای کاری منصوب می‌شود.

bond, forgery

بیمه در مقابل جعل اسناد

bond, full coupon

اوراق قرضه با نرخ بهرهٔ بازار

bond, general mortgage

اوراق قرضه با رهن کامل

bond, government

سند قرضهٔ دولتی

bond, guaranteed

اوراق قرضهٔ تضمین شده

bondholder

صاحب اوراق قرضه

bond, income

سند قرضه درآمدی؛ اوراق قرضهٔ درآمدی:
نوعی قرضه که پرداخت بهرهٔ آن منوط به کسب درآمد مؤسسه صادرکننده است.

bond, indemnity

سند تضمینی؛ سند پرداخت خسارت

bond, indenture

قرارداد انتشار اسناد قرضه:
قراردادی کتبی برای انتشار اسناد قرضه، تعیین زمان سررسید، نرخ بهره و سایر شرایط آنها

bond, indorsed/endorsed

سند قرضهٔ ظهرنویسی شده

bonding company

سازمان کارگزاری اوراق قرضه

bond, installment

اوراق قرضهٔ اقساطی

bond, interchangeable

سند قرضهٔ قابل تبدیل

bond, interim

اوراق قرضهٔ موقت؛ اوراق قرضه‌ای که قبل از صدور سند اصلی به خریدار داده می‌شود؛ سند قرضهٔ موقت

bond, internal

سند قرضهٔ داخلی

bond, irredeemable

اوراق قرضهٔ غیر قابل بازخرید

bond, mortgage

اوراق قرضهٔ رهنی؛ اوراق قرضه‌ای که پرداخت آن به وسیلهٔ اموال مؤسسهٔ صادر کننده تضمین می‌شود

bond note

سند تضمین معافیت گمرکی

bond, open-end

سند اجرای کار؛ ضمانت نامهٔ انجام تعهدات

bond, optional

سند قرضهٔ اختیاری

bond, passive

اوراق قرضهٔ بدون بهره

bond, perpetual

اوراق قرضهٔ دایم / مادام‌العمر

bond, preference

سند قرضهٔ مقدم / ممتاز

bond, prior-lien

سند قرضهٔ دارای حق تقدم

bond, rating

تعیین ارزش اوراق قرضه؛ ارزش گذاری اوراق قرضه؛ ارزیابی و درجه بندی ارزش اوراق قرضه به وسیلهٔ یک سازمان مالی معتبر

bond, secured

اوراق قرضهٔ وثیقه‌دار؛ اوراق قرضه تضمین شده

bondsman

ضامن؛ کفیل

bond, temporary

اوراق قرضهٔ موقتی

bond to bearer

سهام قرضهٔ ثبت نشده

bond, underlying

اوراق قرضهٔ مقدم

bond, unsecured

اوراق قرضهٔ تضمین نشده

bond warrant

گرونامه؛ رسید انبارهای عمومی یا گمرک

☞ *dock warrant*

☞ *negotiable warehouse receipt*

☞ *warehouse warrant*

bond, yield

بازده اوراق قرضه: نرخ بازده یک سرمایه‌گذاری معین در اوراق قرضهٔ بلند مدت

bond, zero-coupon

سهم تخفیف دار

bonification

معافیت مالیاتی؛ بازپرداخت بخشی از مالیات یا عوارض گمرکی؛ برگشت مالیات یا معافیت از پرداخت مالیات؛ تخفیف در مالیات یا عوارض گمرکی کالاهای صادراتی

bonus

انعام؛ جایزه (سهام)؛ حق‌الامتیاز؛ سود قرضه؛ پاداش؛ پرداخت اضافی؛ سود سهام؛ عیدی؛ تخفیف (حق بیمه)؛ کمک هزینه

bonus based on organization performance

پرداخت پاداش بر اساس عملکرد سازمان

bonus increment

پاداش حاصل از افزایش زمان کار؛ پرداخت

bonus issue

تشویقی

bonus issue

صدور سهام اضافی (جایزه)

bonus payment

پرداخت فوق‌العاده / پاداش

bonus-penalty contract

قرارداد پاداش و جریمه:
قراردادی که بر طبق آن اگر پیمانکار تعهدات خود را قبل از موعد مقرر به پایان برساند، روزانه مبلغ معینی را پاداش دریافت می‌کند، در حالی که برای هر روز تأخیر مبلغ معینی را باید به عنوان جریمۀ دیرکرد پرداخت نماید: قراردادی که ضمن آن برای انجام دادن کار زودتر از مهلت مقرر پاداش و برای تأخیر در انجام دادن آن، جریمه در نظر گرفته می‌شود.

bonus plans

طرحهای پاداش:
پرداخت پاداش بر اساس عاملهایی مانند افزایش بازدهی و ارتقای کیفیت کار

☞ *bonus schemes*
☞ *incentive bonus schemes*

bonus shares

سهام پاداشی؛ سهام‌جایزه؛ سهام رایگان؛ سهام اضافی؛ سهامی که به عنوان پاداش به سهامداران اعطا می‌شود.

☞ *capitalization issue*
☞ *scrip*

bonus system

نظام پاداش

boodle

رشوه؛ مال دزدی؛ پول دزدی

→ *counterfeit money*

book

ثبت معامله؛ به دفتر وارد کردن؛ به وسیله سند یا قباله انتقال دادن؛ (با **out**) سفارش دادن کالا؛ رزرو کردن؛ دفتری

book-delets

تهاتر کردن حسابها در دفتر:
عملی که ضمن آن شرکتهایی که با یکدیگر داد و ستد زیاد دارند، بدون رد و بدل کردن چک حسابهای یکدیگر را بدهکار و بستانکار می‌کنند.

book depreciation

استهلاک دفتری:
مبلغی که به عنوان استهلاک از ارزش دارایی مالک کم می‌شود.

book - keeping

دفترداری:
ثبت عملیات مالی مؤسسه

booklet certificate

دفترچۀ راهنمای بیمه

book of accounts

دفاتر حسابداری؛ دفتر حسابها؛ دفاتر حساب معاملات مالی مؤسسه یا شرکت

books

دفاتر حسابداری یک مؤسسه؛ صورت حسابهای مالی یک مؤسسه

book-to-bill ratio

نسبت سفارشات قبول شده به سفارشات انجام شده

book value

ارزش دفتری؛ ارزش مطابق دفتر

Boolean algebra

جبر بول

→ **symbolic language**

boom

رونق؛ اوج کسب و کار؛ رونق اقتصادی چشمگیر؛ جهش اقتصادی؛ ترقی ناگهانی

boomerang

عمل ضد دمپینگ؛ ضد رقابت مکارانه: سیستمی که برای خنثی کردن عمل دمپینگ کالاها از قبیل صدور مجدد همان کالاها بدون حقوق گمرکی اتخاذ می‌نماید.

boom market

بازار پر رونق:
بالا بودن تقاضا نسبت به عرضه

boom or bust cycle

چرخهٔ رونق و کسادی شدید

boom stick

کارگر طول خط در راه‌آهن؛ مأمور طول خط

boondoggling

کارافزایی؛ برنامه‌های غیر مولد به منظور ایجاد کار:
برنامه‌های غیر مولد دولتی که منظور از آنها پرداخت دستمزد، ایجاد اشتغال و افزایش قوهٔ خرید است.

booster training

آموزش تقویتی

☞ *refresher training*

boost morale

روحیه را تقویت کردن

boot

راه اندازی (کامپیوتر) ساخت، تملک، بهره‌برداری و واگذاری؛ روشی جهت تأمین مالی پروژه‌های زیربنایی بدون استفاده از بودجهٔ دولت:

نوعی سرمایه‌گذاری که در آن سرمایه‌گذار مسؤولیت تأمین مالی، ساخت، تملک و بهره‌برداری از تأسیسات ساخته شده را بر عهده گرفته و پس از طی زمانی معین پروژه را به صاحب اصلی آن واگذار می‌نماید.

bootleg

ممنوعه؛ غیر مجاز؛ غیر قانونی؛ قاچاقی؛ قاچاق کالا؛ جنس قاچاق وارد کردن

bootlegging

جابجایی غیر قانونی کالا؛ قاچاق کالا:
جابجایی غیر قانونی کالاها به منظور فرار از پرداخت مالیات

boot money

پرداخت اضافی:
مبلغ اضافی که از سوی یک طرف معامله به طرف دیگر پرداخت شود.

boot out

اخراج کردن

bootstrap

راه‌اندازی؛ برنامهٔ راه‌اندازی کامپیوتر

BOP (balance of payment)

موازنهٔ پرداخت

borax

وسایل ساخته شدهٔ فاقد کیفیت و ارزان:
اقلام کم ارزش مانند تجهیزات و وسایلی که به گونه‌ای نامطلوب طراحی و ساخته شده است.

→ *jerry - built*

bordereau

فرم اطلاعات بیمهٔ اتکایی

borrow

عاریه گرفتن؛ قرض گرفتن؛ وام گرفتن؛ اقتباس کردن؛ در مقابل وثیقه وام گرفتن

borrower
وام گیرنده؛ وام خواه؛ قرض گیرنده

borrowing
استقراض؛ قرض؛ بدهی؛ وام؛ وام گیری

borrowing allocation
سطح اخذ وام؛ حداکثر وام مجاز؛ سقف وام

borrowing requirement
میزان نیاز به وام

borrowing time
زمان قرض؛ زمان اخذ وام

boss
کارفرما؛ رییس (در مقابل مرئوس)؛ مافوق؛ مدیر؛ ریاست کردن؛ اداره کردن؛ دستور دادن
☞ *bosshead*

Boston box
جدول بوستون؛ آرایهٔ گمب (گروه مشاوران بوستون): نمودار ماتریسی است که گروه مشاوره‌ای بوستون آمریکا در دههٔ ۱۹۶۰ برای توصیف تئوریهای استراتژی بازرگانی ابداع کرده است.

bot
خرید شده: واژهٔ اختصاری *bought* (خریداری شده) در بازار بورس
☞ *bought*

BOT (board of trade)
هیأت بازرگانی؛ اتاق بازرگانی

bote
غرامت؛ تاوان؛ جبران

bottleneck
تنگنا: هر نوع مانعی که جریان عادی اطلاعات، عملیات و فعالیتهای سازمان را کند کرده و در آن اختلال ایجاد کند؛ کمبود بخشی از عوامل تولید به صورتی که تناسب مجموعه را مختل ساخته و سبب کاهش فعالیت شود مانند کمبود نیروی انسانی متخصص

bottleneck inflation
تورم ناشی از تنگناهای عوامل تولید

bottom dropped out
حالت تنزل شدید قیمتها

bottom line
حدّ سودآوری؛ خط سود

bottomry
وام رهنی؛ قرارداد گرو گذاری کشتی؛ (در حقوق دریایی) عقدی است به صورت رهن که صاحب کشتی در مقابل گرو گذاشتن کشتی خود مبلغی را دریافت می‌کند و در صورتی که به هر طریقی کشتی غرق گردیده یا از بین برود، طلبکار پولش از بین می‌رود ولی اگر کشتی به سلامت مراجعت نماید، مبلغ قرضه به اضافهٔ سودی که نرخ آن از حد معمول بیشتر است به طلبکار مسترد می‌گردد:
وام رهنی که ضمانت آن یک کشتی است و اگر آن کشتی غرق شود و از میان برود، اصل وام منتفی می‌شود.

bottomry loan
وام به اعتبار محمولهٔ کشتی (به شرط سالم رسیدن)

bottomry /respondentia bond
عقد به صورت رهن

bottom-up approach
روش /رهیافت تصمیم‌گیری از پایین به بالا (در مقابل رهیافت از بالا به پایین):

شیوه‌ای در برنامه‌ریزی و تصمیم‌گیری که بر اساس مشاوره با پایین‌ترین رده‌ها در هرم سازمانی انجام می‌گیرد.
☞ top down approach

bottom-up authority
تفویض اختیار از ردهٔ بالاتر به پایین‌تر
☞ top - down authority

bought
ثبت خریدها:
بخشی از دفتر کل مؤسسه / شرکت که خریدها در آن ثبت می‌شود.

bought in
خرید و تأمین قطعات مورد نیاز از داخل مؤسسه
☞ bought out

bought ledger
دفتر خرید
☞ bought book

bought out
تأمین و خرید قطعات از خارج مؤسسه
☞ bought in

Boulwarism
سرسختی و پایداری در بهترین پیشنهاد؛ بولواریسم: نگرشی که در خصوص پیمان‌های دسته جمعی کار و روابط صنعتی توسط لموئل بولوار ارائه شد:
(در روابط صنعتی) موقعیتی که در آن کارفرما پس از تجزیه و تحلیل شرایط کار و دستمزدها، بهترین پیشنهاد خود را به اتحادیه ارائه نموده و در مذاکرات جمعی از آن عدول نمی‌کند.

bounce
چک بی‌محل؛ برگشت خوردن چک؛ برگشتن

چک
☞ bad cheque
☞ dishonored check
☞ uncovered check

bound
متعهد؛ ملزم؛ موظف؛ مکلف

boundary mark
حدود قرارداد؛ علامت مرزی

boundary-spanner role
نقش حاشیه‌ای:
نقشی که فرد در نقطهٔ تماس با محیط‌هایی که بین گروه‌ها و یا محیط خارجی قرار دارد ایفا می‌کند.

bounded discretion
محدودیت انتخاب:
محدودیت‌هایی است که مدیر با توجه به هنجارهای اجتماعی، قوانین و سیاست‌های سازمانی در تصمیم‌گیری خود با آن‌ها روبرو است.

bounded rationality
تعقل محدود؛ عقلایی محدود:
نظریه‌ای مبنی بر این که در زمان تصمیم‌گیری نمی‌توان به همهٔ اطلاعات دست یافت و همهٔ ابعاد مسأله را بررسی کرد.

bounden
متعهد؛ ملزم؛ اجباری؛ الزام‌آور

bounding check
چک بی‌محل؛ چک برگشتی
☞ dishonored check
☞ uncovered check

bound-insert
آگهی الحاقی
☞ insert

bounty
پاداش؛ جایزه؛ اعانه؛ کمک هزینه؛ کمک هزینهٔ دولت؛ کمک هزینه / وام برای توسعهٔ صنعت یا صادرات؛ کمک اقتصادی دولت جهت افزایش تولید؛ کمک اقتصادی دولت جهت افزایش تولید؛ تشویق صنایع و بازرگانی توسط دولت؛ پاداش؛ جایزه؛ اعانه؛ کمک هزینه

bourgeois
طبقهٔ متوسط؛ بورژوا؛ سرمایه‌دار؛ سرمایه‌داری؛ بازاری؛سوداگران و کاسبکاران: طبقهٔ متوسط جامعه که درآمدشان از امور صنعتی و تجاری حاصل می‌شود

bourse
بورس؛ بورس اوراق بهادار؛ محل انتقال و خرید و فروش اوراق بهادار و سهام
☞ *stock exchange*

Box-Jenkins method
روش باکس - جنکینز؛ روشی آماری که در پیش بینی استفاده می‌شود

BOY (beginning of year)
آغاز سال؛ اول سال

boycott
تحریم؛ بایکوت؛ تحریم معامله؛ قطع رابطهٔ تجاری؛ تحریم کردن؛ بایکوت کردن

boycott foreign imports
تحریم کردن واردات کالاهای خارجی

BPC (British Productivity Council)
انجمن / شورای بهره‌وری بریتانیا

bracket creep
تغییر محدودهٔ مالیاتی

brainstorming
تحرک مغزی؛ ذهن انگیزی؛ سیال سازی ذهن؛ طوفان اندیشه؛ تموج فکری؛ روش مشکل گشایی گروهی:
روشی است شورایی در زمینهٔ تصمیم گیری؛ شیوه‌ای که با اتکا به تفکر خلاق در حل مشکل به کار گرفته می‌شود. در این شیوه شرکت کنندگان برای حل مسأله یا موضوع مورد سؤال، آنچه را که به ذهنشان می‌رسد، فی‌البداهه بیان می‌نمایند. نقطهٔ قوّت این شیوه آن است که ممکن است در میان نظرهای اظهار شده چند اظهار نظر مفید باشد یا به دستیابی یک نظر سودمند منجر شود. در مرحلهٔ بعد، اظهارنظرهای جمع‌آوری شده تجزیه و تحلیل و بهترین نظر انتخاب می‌شود.

brainwashing
شستشوی مغزی

branching network
شبکهٔ انشعابی:
(در بازاریابی شبکه‌ای) موقعیتی است که در یک مرحله می‌توان مسیرهای مختلفی برای فعالیتها انتخاب نمود.

branch manager
مدیر بخش / قسمت / شعبه

branch of a company
شعبهٔ شرکت

branch register
فهرست امضا
☞ *dominion register*

brand
نشان تجاری؛ علامت؛ مارک؛ علامت تجارتی؛ تخصیص نام یا علامت تجاری به کالا؛ علامت تجاری:

(در بازاریابی) به نام و نشانی خاص گفته می‌شود که کالا و یا خدمتی تحت آن ارائه می‌گردد تا از سایر کالاها و خدمات مشابه متمایز باشد.

brand awareness

آگاهی و شناخت مارک؛ تشخیص و آگاهی خریدار از وجود یک کالا با مارک معین

→ *determinant attributes*

→ *differential advantages*

brand leader

نشان / مارک پیشاهنگ؛ مارک پیشرو؛ مارک مشهور؛ کالای پیشرو؛ (در بازاریابی) به کالاهایی گفته می‌شود که از نظر مشتری بهترین کالا به شمار می‌آید و هدایت بازار را در زمینهٔ آن کالا به عهده دارد.

brand loyalty

وفاداری نسبت به یک مارک یا نشان تجاری؛ وفاداری نسبت به یک کالا یا خدمت خاص، استمرار در خرید یک کالا یا خدمت با وجود گران شدن قیمت آن؛ وفاداری و خرید مداوم یک کالای خاص توسط مشتری

brand manager

مدیر بازاریابی یک مارک خاص؛ مدیر بازاریابی که مسؤول یک کالا یا فرآورده معین می‌باشد؛ مدیر تولید

☞ *product manager*

brand mark

نشانهٔ مارک

brand name

نام تجارتی؛ کلمه یا عبارتی که به صورت برچسب یا نشان و علامت تجارتی استفاده می‌شود.

brand-name bias

گرایش به یک مارک خاص؛ گرایش شخص به یک مارک خاص که به گونه‌ای گسترده تبلیغ شده است

brand share

سهم بازار

☞ *market share*

brand-swithching model

الگوی تغییر مارک مورد نظر مصرف‌کننده

brass

مدیران اجرایی اصلی؛ مدیران قدرتمند؛ واژه‌ای است که از ارتش گرفته شده است و مدیران اجرایی اصلی و قدرتمند در یک مؤسسهٔ بازرگانی را توصیف می‌کند.

brassage

حق‌الضرب؛ حق امتیاز سکه زدن؛ هزینه مسکوک نمودن شمش

→ *seignorage*

brazen law of wages

قانون آهنین مزدها؛ تعیین دستمزد به میزانی که امرار معاش کارگر را میسر سازد

☞ *iron law of wages*

breach

نقض قانون؛ نقض عهد؛ تخلف؛ وقفه؛ ترک (وظیفه)؛ تجاوز؛ نقض کردن؛ تجاوز کردن؛ تخلف کردن

breach of a contract

تخلف از مفاد قرارداد؛ نقض قرارداد

breach of an obligation

تخلف از تعهد؛ نقض تعهد

breach of a privacy

افشای غیر مجاز (نامه، تلگراف، مکالمهٔ تلفنی و غیره)

breach of clause
نقض مفاد قرارداد؛ عدم اجرای تعهد یک طرف قرارداد
☞ *breach of contract*

breach of covenant
نقض عهد؛ تخلف از شرط؛ خلف وعده؛ بد قولی

breach of discipline
بی انضباطی؛ تخلف از انتظامات

breach of duty
ترک خدمت؛ ترک وظیفه؛ پست و شغل خود را ترک کردن؛ عدم انجام وظیفه

breach of international laws
نقض قوانین بین‌المللی

breach of promise
پیمان شکنی؛ نقض عهد؛ عهد شکنی؛ بد قولی؛ خلف وعده؛ نقض پیمان
☞ *breach of covenant*

breach of rule
قانون شکنی؛ نقض قانون؛ نقض مقررات

breach of treaty
نقض قرارداد؛ تخلف از شرایط قرارداد؛ نقض مفاد عهدنامه

breach of treaty obligations
نقض تعهدات عهدنامه

breach of warranty
عدم ایفا یا نقض شرط (مندرج در قرارداد)

breach one's promise
نقض عهد

breakage
تخفیف ناشی از صدمه دیدن کالا؛ گرد کردن؛ تخفیفی که به علت ضرر و زیان ناشی از آسیب دیدن کالا داده می‌شود.

break a stalemate
بن‌بست را شکستن؛ از بن‌بست بیرون آمدن

break a strike
اعتصاب را شکستن

break a treaty
قراردادی را نقض کردن؛ شرایط قرارداد را نادیده گرفتن

break-even analysis
تجزیه و تحلیل نقطهٔ سر به سر؛ تحلیل نقطه سر به سر:
روشی که با احتساب درآمد و هزینهٔ کل، نقطه‌ای که در مؤسسه نه سود می‌دهد و نه ضرر (یعنی سود و قرینه سر به سر است) مشخص می‌شود. بالاتر از آن نقطه، تولید یا ارائهٔ خدمت مؤسسه سودآور خواهد بود.

break-even chart
نمودار نقطهٔ سربه‌سر؛ نموداری که خط درآمد کل و هزینهٔ کل نشان داده می‌شود و به وسیلهٔ آن می‌توان منطقهٔ ضرر و سود را مشخص کرد

break-even point
نقطهٔ سر به سر؛ نقطهٔ عطف؛ نقطهٔ برابری؛ نقطهٔ توازن دخل و خرج؛ دخل و خرج سر به سر:
حجمی از تولید که در آن سود و هزینه‌های تولید برابر است.

break-even pricing
قیمت گذاری در نقطهٔ سر به سر؛ قیمت گذاری در سطحی که مؤسسه بتواند در آن سطح درآمد و هزینه‌های خود را سر به سر کند

breaking bulk
(در حمل و نقل) تجزیهٔ پارتیهای بزرگ کالا؛ نقطه‌ای که در آن محموله برای اولین بار تخلیه می‌شود

breaking point
(در حمل و نقل) نقطهٔ افت قیمت حمل؛ نقطه‌ای که در آن پرداخت حق حمل بر اساس قرار گرفتن در طبقهٔ کالاهای سنگین‌تر، ارزان‌تر تمام می‌شود

break of a contract
نقض قرارداد
☞ *breach of cotract*

break one's faith
پیمان شکنی کردن؛ نقض عهد کردن

break point
نقطهٔ توقف؛ نقطهٔ قطع برنامه؛ نقطهٔ ایست؛ (در برنامه‌های کامپیوتر) نقطه‌ای که بر اساس یک دستور یا تحت شرایطی، برنامه قطع می‌شود

break the rule
قانون شکنی کردن؛ مقررات را زیر پا گذاشتن

break the siege
محاصره را شکستن؛ از محاصره خارج شدن

breakthrough
پیشرفت؛ موفقیت

breakthrough in negotiations
پیشرفت در مذاکرات

break up
منحل کردن؛ تجزیه؛ انحلال؛ تفکیک

break-up value
ارزش به هنگام انحلال؛ ارزش تصفیه؛ میزان وجهی که در هنگام توقف تولید یا فعالیت تجاری مؤسسه از محل فروش سریع دارایی آن با بالاترین بهای پیشنهادی اخذ می‌شود
☞ *liquidating value*

breathing package
بسته‌بندی با بادخور؛ بسته‌بندی محموله‌ها به

طوری که امکان جابجا شدن هوا برای آنها موجود باشد.

Bretton Woods Agreement
موافقت نامهٔ برتن وودز؛ موافقت نامهٔ بین‌المللی در مورد سیاست پولی که در سال ۱۹۴۴ در آمریکا منعقد گردیده است

brevet
درجه یا سمت افتخاری؛ فرمان یا حکم دولتی؛ امتیاز؛ پروانهٔ اشتغال؛ انتصاب افسری به شغلی بالاتر از درجهٔ خود؛ درجهٔ افتخاری دادن

bribe
رشوه؛ رشوه دادن؛ رشوه گرفتن؛ قول رشوه دادن

bribee
رشوه گیرنده؛ مرتشی

briber
رشوه دهنده؛ راشی

bribery
رشوه دادن؛ ارتشا؛ رشوه خواری؛ کسی را به رشوه‌خواری متهم یا محکوم کردن

bribes, accept
رشوه گرفتن

bribes, receive
رشوه گرفتن

bribes, take
رشوه گرفتن

bribe to silence
حق‌السکوت دادن

brief
حدود اختیارات؛ شرح وظایف؛ وکالت؛ خلاصه پرونده؛ اعتبارنامه؛ حکم؛ نامهٔ رسمی؛ دستور؛ امریه؛ شرح مختصر؛ خلاصه؛ وکیل گرفتن؛

عرضحال دادن؛ به کار گماشتن؛ حکم دادن؛ ابقا کردن؛ معتبر ساختن؛ توجیه کردن

brief announcement

اطلاعیهٔ کوتاه؛ توجیه مختصر

briefing

بریفینگ؛ توجیه

briefing session

جلسهٔ توجیهی؛ جلسهٔ بریفینگ

brief meeting

جلسهٔ کوتاه

brief, referred

وکالت انتخابی

brief report of the accident

گزارش کوتاه از حادثه

bring a meeting to order

نظم جلسه را مجدداً برقرار کردن

bring an action against someone

بر علیه کسی اقامهٔ دعوا کردن

bring a suit /action

طرح کردن دعوا؛ اقامه کردن دعوا

bring in a bill

لایحه‌ای را به مجلس بردن

bring into force

به مورد اجرا گذاشتن؛ اعمال کردن

bring out on strike

وادار کردن به اعتصاب؛ واداشتن به اعتصاب

bring to account

بازخواست کردن؛ توضیح خواستن

bring to terms

تسلیم کردن؛ وادار کردن به توافق؛ به توافق واداشتن

bring up a question

سؤالی را مطرح کردن

bring up a subject

موضوعی را مطرح کردن؛ موضوعی را پیش کشیدن

Brisch classification

طبقه بندی بریش:
سیستم کدگذاری که هدف آن دادن کدهای خاص به کلیهٔ اقلام منابع، مواد، ابزار و نیروی انسانی است

British Association for Commercial and Industrial Education (BACIE)

انجمن آموزش بازرگانی و صنعتی انگلستان

British Association of Accountans and Auditors

انجمن حسابداران و حسابرسان انگلستان

British Business Gradutes Society

جامعهٔ فارغ‌التحصیلان رشتهٔ بازرگانی انگلستان

British Council of Productivity Associations (BCPA)

اتحادیهٔ انجمن‌های بهره‌وری انگلستان

British Employer´s Confederation

کنفدراسیون کارفرمایان انگلستان

British industry (BI)

صنایع انگلستان

British Institute of Management (BIM)

انجمن مدیریت انگلستان؛ مؤسسهٔ مدیریت انگلستان

British institute of management survey (BIM)

انستیتو تحقیقات مدیریت انگلستان

British Overseas Trade Board (BOTB)

هیأت بازرگانی خارجی انگلستان

British Productivity Council (BPC)

شورای بهره‌وری انگلستان

British Standard (BS)

استاندارد انگلستان

British Standards Institution (BSI)

مؤسسهٔ استاندارد انگلستان

broad arbitration clause

شرط بسیط داوری (شرطی که به موجب آن کلیهٔ اختلافات ناشی از قرارداد به داوری ارجاع می‌شود)

broad-band

کانال فراگیر ارتباطی؛ باند پهن؛ (در ارتباطات) کانالی که قادر است فرکانسهای متعددی را انتقال دهد

broadened collision coverage

قرارداد کامل بیمهٔ تصادف:
قرارداد بیمه‌ای که شامل بیمهٔ عادی و بیمهٔ تصادف است و بر مبنای آن در صورت مقصر نبودن طرف قرارداد، خسارت قابل پرداخت است.

broadening

دورهٔ آماده سازی مدیران؛ فرایند آماده سازی مدیران سطح میانی برای سطوح مدیریت عالی با استفاده از روش چرخش مشاغل

broad-line strategy

(در مدیریت استراتژیک) استراتژی تنوع محصول؛ راهبرد فرآورده‌های متنوع؛ راهبردی که تنوع محصول در خط تولید را توصیه می‌کند

☞ *full - line strategy*

broad market

زمان رونق بازار؛ زمانی که خرید و فروش سهام و اوراق قرضه در بازار در حد مطلوب می‌باشد

broken time

کار نوبتی؛ کار نوبتی منقطع:
تنظیم برنامهٔ نوبت کاری به نحوی که کارکنان در یک دورهٔ زمانی برای مثال سه روز استراحت می‌کنند.

☞ *split shift*

broker

دلال؛ کارگزار؛ کارگزار اوراق بهادار؛ کارگزار بیمه

brokerage

دلالی؛ حق دلالی؛ کارگزاری

broker's contract

قرارداد حق‌العمل کاری

broker´s ticket

کارت معاملات کارگزاران؛ کارتی که شامل معاملات انجام شده توسط کارگزار است و نام مشتری و کارگزار و تاریخ و میزان معامله در آن ثبت شده است

broking

دلالی؛ واسطه‌گری

brotherhood

اخوّت و برادری؛ اتحادیه؛ فدراسیون؛ انجمن؛ اصطلاحی که از ماهیت قوی برادری که در اتحادیه‌های اولیه وجود داشته ریشه گرفته است

brought forward (B/F)

نقل از صفحهٔ قبل

brown goods

رادیو تلویزیون؛ کالاهای صوتی؛ اصطلاح خرده فروشان برای رادیو و تلویزیون

brush aside a warning

توجه نکردن به اخطار

BS (British Standard)

استاندارد انگلستان

BSI (British Standards Institution)

مؤسسهٔ استاندارد انگلستان

bubble company

شرکت کاذب؛ شرکت دغل‌کار؛ شرکت تقلبی

bucket shop

محل شرط بندی؛ دفتر واسطه‌گری؛ محلی برای شرط بندی در خصوص افزایش یا کاهش قیمت سهام در بازار؛ دفتری غیر رسمی و غیر قانونی که به اموری چون خرید و فروش سهام، عرضهٔ بلیط هواپیما و غیره اشتغال دارد

buck passing

فرار از مسؤولیت در تصمیم‌گیری؛ با توسل به قوانین و مقررات در تصمیم‌گیری، از زیر بار مسؤولیت شانه خالی کردن

buddy system

شیوهٔ آموزش از طریق همکاران:

روش آموزشی که ضمن آن شخص تازه وارد به سازمان درکنار همکار باتجربه قرار داده می‌شود تاکارها را از او بیاموزد.

budget

بودجه:

برنامهٔ مالی که هزینه‌ها و درآمدهای مورد انتظار برای یک دورهٔ آتی را مشخص می‌سازد.

budget account

حساب بودجه‌ای

➔ *charge account*

budget accounting procedure

روش حسابداری بودجه‌ای

budget, administrative

بودجهٔ اداری

budget, advertisement

بودجهٔ آگهی؛ بودجهٔ تبلیغات

budget allocation

تخصیص بودجه

☞ *appropriation*

budget allocation procedure

روش تخصیص بودجه

budget, annual

بودجهٔ سالیانه / سالانه

budgetary accounts

حسابهای تخمینی (پیش از تنظیم بودجه)

budgetary control

نظارت بودجه‌ای؛ کنترل بودجه؛ نظارت بر اقلام و ارقام بودجه و هزینه‌های واحدهای دولتی:

نوعی کنترل سازمانی که اقلام پیش بینی شده در بودجه را با عملکردهای مالی انجام شده برای هدفهای خاص تطبیق می‌کند.

budget, balanced

بودجهٔ متعادل / متوازن

budget call

بخشنامهٔ بودجه

budget, capital

بودجهٔ سرمایه‌ای

budget, cash

بودجهٔ نقدی

budget center

کانون بودجه؛ مرکز بودجه

budget committee

کمیتهٔ بودجه؛ کمیسیون بودجه

budget-constrained style

(در گزارش بودجهٔ مدیریت) روش بودجهٔ تحمیلی

budget cycle

گردش بودجه؛ مراحل بودجه؛ چرخهٔ بودجه؛ دور بودجه:

مراحلی را که بودجه از آغاز تا انتها طی می‌کند، مراحل/گردش بودجه می‌نامند. گردش بودجه معمولاً دارای چهار مرحله است:

۱- تهیه و تنظیم و پیشنهاد بودجه

۲- تصویب بودجه

۳- اجرای بودجه

۴- نظارت بر اجرای بودجه

budget deficit

کسر بودجه؛ افزونی هزینه‌ها نسبت به درآمدها در بودجه

budget, development

بودجهٔ عمرانی

budget director

مدیر بودجه

budgeted cost

هزینهٔ بودجه‌بندی شده

budgeter

تنظیم‌کنندهٔ بودجه

budget financial resourses

منابع مالی بودجه

budget, fixed

بودجهٔ ثابت

budget, government

بودجهٔ دولت

budget hearing

جلسهٔ بودجه؛ جلسه‌ای که برای تصویب بودجه تشکیل می‌شود

budgeting

بودجه‌بندی؛ بودجه‌ریزی؛ تنظیم بودجه؛ فرایند تنظیم و آماده ساختن بودجه

budgeting, capital

بودجه‌بندی سرمایه‌ای

budgeting, government

بودجه‌بندی دولتی

budgeting, program

بودجه‌بندی برنامه‌ای

budgeting, static

بودجه‌بندی ایستا

budgeting system

سیستم / نظام بودجه‌بندی

budgeting, zero-based

بودجه‌بندی بر مبنای صفر

budget in operation

عملکرد بودجه؛ بودجهٔ عملیاتی

budget, marketing

بودجهٔ بازاریابی

budget message

لایحهٔ بودجه

budget of stock

بودجهٔ ذخیرهٔ انبار

budget, operating

بودجهٔ عملیاتی

budget pattern

budget perceived difficulty 109 bulge packaging

الگوی بودجه

budget perceived difficulty

(درجهٔ) استنباط پیچیدگی بودجه

budget period

دورهٔ بودجه؛ مدت / زمان بودجه

budget, personnel

بودجهٔ پرسنلی

budget, program

بودجهٔ برنامه‌ای

budget, project

بودجهٔ طرح / پروژه

budget quota

سهمیهٔ بودجه

budget reduction

کاهش بودجه

budget statement / speech

سخنرانی وزیر امور اقتصاد و دارایی (به هنگام تسلیم لایحهٔ بودجه به مجلس)

budget surplus

مازاد بودجه؛ اضافه بودن درآمدها بر هزینه‌ها در بودجه

budget, variable

بودجهٔ متغیر / انعطاف پذیر

budget variance

اختلاف بودجه‌ای؛ تفاوت بین هزینه‌های پیش بینی و انجام شده در بودجه

buffer

ذخیره:

مکانیزمی که امکان ذخیرهٔ تولید اضافی را برای مصرف در مواقع کمبود فراهم می‌آورد.

buffer stock (minimum stock)

ذخیرهٔ ایمنی؛ ذخیرهٔ اتکایی؛ ذخیرهٔ کالا و موادی که در جریان تولید یا فروش مورد نیاز می‌باشد؛ ذخیرهٔ احتیاطی:

مواد اولیه و کالاهایی که به منظور کاهش نوسانات قیمت محصولات، ذخیره و نگهداری می‌شود.

☞ *safety stock*

bug

خطا در کامپیوتر؛ عیب؛ اشتباه / خطای عملکرد در کامپیوتر؛ هرگونه نقص فنی و مکانیکی که در عملیات کامپیوتر اختلال ایجاد کند.

☞ *debug*

building lease

اجاره ملک

building society

مؤسسهٔ تهیهٔ مسکن؛ سازمان تهیهٔ مسکن

build-up

تبلیغات؛ تجمع؛ تقویت کردن؛ افزایش دادن؛ تبلیغات کردن

built-in stabilizers

سیاستهای مالی تثبیت کنندهٔ خودکار یا درونی

buisiness risk

ریسک تجاری:

عبارت است از احتمال تغییرات نامطلوب در جریانهای نقدی عملیاتی از قبیل ریسک فروش و ریسک عدم امکان استفادهٔ مطلوب از داراییهای ثابت و جاری تخصیص داده شده برای عملیات

bulge packaging

بسته بندی مواد ترد و شکننده:

روش بسته بندی که برای حفظ مواد ترد و شکننده به کار می‌رود. در این روش با تزریق هوا به بسته آن را از ضربه و آسیب مصون می‌سازند.

bulk buy

عمده خریدن؛ کلی خریدن

bulk buying

عمده خری؛ خرید کلی

bulk cargo

محمولهٔ عمده؛ فله؛ محموله‌ای از یک نوع جنس یا مواد

bulk mail

پست عادی

bulk zoning

منطقه بندی:
منطقه بندی یک ناحیه بر اساس وسعت، تعداد ساختمانها و دیگر ویژگیهای آن

bull

سلف خر سهام؛ پیش خرید کنندهٔ سهام؛ پیش خریدار سهام:
(در بورس اوراق بهادار) شخصی که با پیش بینی افزایش قیمت سهام آنها را می‌خرد تا در آینده از فروش آنها سود ببرد.

bulletin

بوسیله آگهی نامهٔ رسمی اعلام داشتن؛ اعلان داشتن؛ ابلاغیه یا آگهی رسمی؛ خبرنامه؛ گزارش رسمی؛ مجله؛ بولتن

bulletin board

تابلوی اعلانات
☞ *notice board*

bullion

شمش طلا یا نقره

bull market

بازار سهام پر رونق؛ بازار سهامی که در آن قیمتها رو به افزایش است
→ *bear market*

Bullock report

گزارش بلوک:
گزارشی که در سال ۱۹۷۶ کمیته‌ای تحت ریاست «لرد بولاک» منتشر کرد. این کمیته مسألهٔ مشارکت کارگران در انگلستان را بررسی کرد و برای عضویت نمایندهٔ کارگران در هیأت مدیرهٔ شرکتها، مانند آلمان غربی توصیه‌هایی را نمود. لیکن به رغم بحثهای فراوان در این زمینه، اقدام عملی چندانی صورت نگرفت.

bull position

خرید سهام به امید ترقی قیمتها؛ احتکار کالا یا سهام بورس:
وضعیتی که کارگزار بورس به امید افزایش قیمتها بیش از آن که سهام بفروشد، آنها را می‌خرد.
☞ *long position*

bull session

جلسهٔ بحث گروهی غیر رسمی

bump

تنزیل درجه کردن؛ تنزیل رتبه کردن
☞ *upgrade*
☞ *premote*
☞ *demote*
☞ *bust*

bumping

تنزیل درجه؛ رجحان سابقه؛ در نظر گرفتن سابقه و ارشدیت کارکنان به هنگام اخراج آنان (یعنی اگر کارفرما مجبور به اخراج کارکنان شود، کارکنان کم سابقه را اخراج و افراد سابقه‌دار را جایگزین آنها می‌کند)
☞ *back tracking*
☞ *busting*
☞ *demotion*

☞ *downgrading*

→ *preferential rehiring*

bump the salaries

افزایش دادن حقوقها

bundle

بسته؛ مجموعهٔ چند مرسولهٔ پستی:

چند مرسولهٔ پستی که به صورت یک بسته تحویل می‌شود.

bundle of rights

حقوق ناشی از مالکیت:

حقوقی که همراه مالکیت منتقل می‌شود مانند حقّ فروش، اجاره، وام و تعمیرات

burden

بار؛ محموله؛ مسؤولیت سنگین؛ ظرفیت بار کشتی؛ هزینهٔ عمومی؛ هزینهٔ سربار؛ هزینهٔ غیر مستقیم

→ *tonnage*

☞ *indirect cost*

bureau (pl.bureaux)

اداره؛ دفتر؛ دایره

bureaucracy

بوروکراسی؛ دیوانسالاری؛ تشریفات اداری به حد افراط؛ کاغذ بازی؛ دستگاه اداری؛ مقامات اداری:

واژه‌ای که توسط ماکس وِبِر (Max Weber) برای توصیف سازمان به کار رفته است. بوروکراسی دارای ویژگیهایی چون قانونمندی، سلسله مراتب، ثبت و ضبط رویدادهای سازمان و روابط رسمی، بدون هرگونه ملاحظهٔ شخصی است.

bureaucrat

مأمور دولتی؛ دیوان سالار؛ بوروکرات؛ مقام اداری

bureaucratic leader

رهبر بوروکراتیک / دیوانسالار

bureaucratic management

مدیریت دیوانسالارانه؛ مدیریت بوراکراتیک:

سبک مدیریتی که بر اصول بوروکراسی استوار است و بر قوانین و مقرّرات و اقتدار سلسله مراتبی تأکید دارد.

burgeroship (burghership)

امتیازات مخصوص

burglary and theft insurance

بیمهٔ سرقت؛ بیمهٔ دزدی

burglary assurance

بیمهٔ دزدی؛ بیمهٔ سرقت

burn in

تست / آزمون نحوهٔ کار دستگاه‌های الکترونیک

Burns, Tom

تام برنز:

یکی از نویسندگان اثر مهم «مدیریت و نوآوری» در سال ۱۹۶۱. تئوری وی و همکارش «جورج استاکر» بر اساس پژوهشهایی است که در صنایع الکترونیک اسکاتلند انجام شده است.

business

تجارت؛ بازرگانی؛ کسب و کار؛ شغل؛ تجارتخانه؛ مؤسسهٔ بازرگانی؛ معامله؛ دادوستد

business administration

مدیریت بازرگانی

business agent

نمایندهٔ اتحادیه؛ نمایندهٔ اتحادیهٔ کارگری:

نماینده‌ای است که از سوی اتحادیهٔ کارگری برای مذاکره با کارفرمایان به صورت تمام وقت انتصاب یا انتخاب می‌شود.

☞ *walking delegete*

business combination

ادغام دو یا چند مؤسسه در یکی از آن مؤسسات

business concern

شرکت تجاری؛ شرکت بازرگانی

business credit

اعتبار خرید

business cycle

دور / چرخهٔ تجاری

business day

روز بانکی؛ روز غیر تعطیل؛ هر روزی که بانکها برای انجام امور بانکی رسماً باز هستند (اصطلاحی است که در قراردادها به کار برده می‌شود)

Business Education Council (BEC)

شورای آموزش بازرگانی؛ انجمن آموزش بازرگانی

business enterprise

مؤسسهٔ بازرگانی؛ مؤسسهٔ اقتصادی؛ مؤسسهٔ تجاری؛ مؤسسهٔ انتفاعی

☞ *business corporation*

business entrepreneurs

کارآفرینان اقتصادی:

مدیران پیشرو و توفیق طلبی که با انگیزهٔ بالا و قدرت خلاقیت فراوان و مخاطره‌جویی، سازمانهای پیشگام را رهبری کنند.

business ethics

اخلاقیات بازرگانی:

معیارهای پذیرفته شدهٔ اجتماعی که مدیران مؤسسات بازرگانی را وادار می‌کند تا به ارزشهای جامعه احترام گذارند و در عملکردهای خود بالانصاف و درستکار باشند.

business firms

شرکتها / مؤسسات انتفاعی؛ شرکتهایی که هدف اصلی آنان کسب سود و درآمد است

business games

بازیهای آموزشی شغلی-حرفه‌ای:

روش آموزشی که ضمن آن اطلاعاتی در مورد موقعیتهای تجاری و شغلی در اختیار شرکت کنندگان قرار می‌گیرد تا بر اساس آنها تصمیم‌گیری کنند. بسیاری از بازیهای شغلی - حرفه‌ای شبیه سازی و کامپیوتری شده‌اند. بدین صورت که تصمیم‌ها به کامپیوتر داده می‌شود و نتایج آنها در اختیار شرکت کنندگان قرار می‌گیرد تا آنان بر اساس اطلاعات به دست آمده تصمیم‌های جدیدی را اتخاذ نمایند. بازیهای شغلی - حرفه‌ای در رشته‌های مختلف مدیریت به کار می‌رود و نقش آنها در آموزش مؤثر است.

Business Graduates Association (BGA)

انجمن فارغ‌التحصیلان رشتهٔ بازرگانی

business hours

ساعات کار؛ ساعات اداری

business indicators

شاخصهای عملکرد بازرگانی؛ شاخصهای آماری که اطلاعاتی را در مورد نحوهٔ عملکرد تجاری به دست می‌دهند

business interruption insurace

بیمهٔ توقف بازرگانی؛ بیمهٔ توقف کسب و کار؛ بیمهٔ توقف عملیات به علت حادثهٔ مورد بیمه

business logistics

تدارکات؛ تدارکات بازرگانی؛ لجستیک صنعتی:

فعالیتهایی که در زمینهٔ تدارک کالاها و مواد مورد

نیاز به مقدار کافی و در زمان لازم و همچنین پیش بینی میزان نگهداری آنها در انبار انجام می‌شود.

☞ *industrial logistics*

Business Monitor

نشریهٔ بیزینس مانیتور؛ نشریهٔ بازرگانی انگلیس: نشریه‌ای که دارای اطلاعات آماری در بخش صنعتی است و در انگلستان منتشر می‌شود

business parameter

شاخص میزان فعالیتهای اقتصادی

business park

پارک کار؛ پارک بازرگانی

→ *science park*

business planning

برنامه‌ریزی بازرگانی؛ طرح ریزی کسب و کار

→ *corporate planning*

business ratio

نسبت یا ضریب بازرگانی؛ ضریب مدیریت

☞ *management ratio*

business risk
(industry / product risk)

ریسک تجاری (صنعت / محصول)؛ احتمال خطر بازرگانی

business studies

مطالعات بازرگانی

Business Week

بیزینس ویک:
مجله‌ای آمریکایی که به صورت هفتگی منتشر می‌شود و حاوی موضوعات گوناگونی در زمینهٔ بازرگانی و صنعت می‌باشد.

bust

تنزّل بازار؛ تنزل سریع و ناگهانی در فعالیتهای تجاری کسب و کار؛ تنزیل درجه / رتبه

☛ *upgrade*

☛ *premote*

☞ *demote*

☞ *downgrade*

-He was busted for being absent without leave.

او به علت غیبت غیر موجه تنزیل درجه شد.

bust, go

ورشکست شدن

☞ *become bankrupt*

busy manager

مدیر پرکار؛ مدیر پر مشغله

but-for income

درآمد خاص؛ درآمد اختصاصی

butt

بات؛ مقیاسی برای سنجش حجم مایعات (برابر ۱۲۶ گالن)

butterfly spread

معاملات سه گانهٔ همزمان؛ خرید یا فروش سه سفارش آتی در یک یا چند بازار

buy and sell on commision

واسطه‌گری؛ خرید و فروش از طریق واسطه

buy - back

بای بک:
در این روش قراردادی بین دو کشور یا مؤسسات اقتصادی دو کشور در زمینهٔ همکاریهای بلند مدت صنعتی (به منظور انتقال ماشین آلات، تجهیزات، مواد اولیه و ...) منعقد و سرمایه گذاری مورد نیاز نیز توسط کشور انتقال دهنده انجام می‌شود و پس از آنکه پروژه تولیدی به بهره‌برداری رسید، سرمایه‌گذار طبق

قرارداد از محصولات تولید شده برداشت می‌کند. این وضعیت تا استهلاک کامل سرمایه‌گذاری ادامه می‌یابد و یکی از محاسن این روش آن است که کالای تولید شده جایگزین واردات گردیده و متقابلاً با صدور بخشی از آن موجبات توسعهٔ صادرات کشور فراهم می‌شود.

buy - back agreement

قرارداد بازخرید:
شرطی در قرارداد فروش مبنی بر این که اگر خریدار از منطقه نقل مکان کرد، فروشنده موظف است جنس فروخته شده را باز خرید کند.

buy - backs

ترغیب جهت بازگشت به کار:
شیوه‌ای برای سر کار نگهداشتن کارمندی که قصد استعفا دارد.

buyer

خریدار؛ مشتری؛ مدیر خرید؛ مدیری که مسؤولیت خرید مؤسسه یا شرکت را به عهده دارد

☞ *vendee*

buyer behavior

رفتار خریدار؛ رفتار مصرف کننده:
بخشی در بازاریابی که انگیزه‌های مصرف کنندگان را در زمینهٔ خرید کالایی خاص، مطالعه و بررسی می‌کند.

☞ *consumer behavior*

buyer credit

اعتبار خرید؛ اعتبار اعطایی به خریدار

buyer's market

بازار خریداران؛ بازار خرید:
شرایطی در بازار که به علت عرضهٔ فراوان کالاها و خدمات، موقعیت مناسبی برای خریداران ایجاد می‌شود.

☛ *seller´s market*

buyers over

تورم خریدار؛ زیادی خریدار؛ شرایطی که خریداران بیش از فروشندگان هستند

➔ *over bought*

buyer's right to route

حق تعیین مسیر؛ حق خریدار در مورد تعیین مسیر حمل کالا

buyer's surplus

مازاد خرید:
تفاوت فرضی آنچه که خریدار در مقابل یک کالا می‌پردازد و مبلغی که قصد پرداخت آن را دارد.

buy for cash

نقد خریدن

buying behavior

(در بازاریابی) رفتار خریدار

buying by specifications

خرید با ذکر مشخصات:
سفارش یک فروشگاه از تولیدکننده برای خرید کالاهایی با مشخصات ویژه به جای خرید کالاهای استاندارد

buying in

خرید جانشینی؛ خرید اوراق بهادار در بازار بورس توسط دلال سهام که از سوی شورای بورس تعیین شده باشد.

buying motive(s)

(در بازاریابی) انگیزهٔ خرید

buying off the peg

خریدن لباس آماده؛ خرید لباس دوخته شده؛ خرید پوشاک آماده

buying on balance

خرید افزون بر فروش؛ بیش از فروش خریدن: وقتی که سفارش خرید سهام کارگزار بورس از سفارش او برای فروش بیشتر است.

buying on margin

خرید اوراق قرضه بدون پرداخت کل قیمت آنها در موقع انجام معامله

buyoff

رشوه؛ پرداخت

buy on the hire

قسطی خریدن

buy out

خرید کل مایملک؛ خرید کل داراییها، اموال و سهام یک شخص یا شرکت

☞ *buying out*

buy over

رشوه دادن

buzz group

گروه کوچک؛ گروه بحث آزاد

buzz words

زبان محاوره‌ای مدیران؛ زبانی که مدیران با بهره‌گیری از واژه‌ها و اصطلاحات خاصی برای سرعت در برقراری ارتباط با همکارانشان استفاده می‌کنند

BWD (basic work data)

نوعی سیستم اندازه‌گیری کار

by bidder

پیشنهاد دهندهٔ حاشیه‌ای / جانبی؛ کسی که در حراج قیمت جنس حراج شده را به نفع فروشنده بالا می‌برد

by instalments

به اقساط؛ قسطی

- *It will be paid in five consecutive instalments.*

در پنج قسط متوالی پرداخت خواهد شد.

by - law

آیین نامه؛ نظامنامه؛ مقررات داخلی؛ قانون ویژه؛ اساسنامهٔ شرکت (در آمریکا)

by legislative text

به موجب نص قانون

by mutual consent

با توافق دو جانبه؛ با تراضی طرفین

by operation of law

به حکم قانون؛ بر طبق قانون

bypass a recommendation

توصیه‌ای را نادیده گرفتن

by-product

محصول جنبی؛ محصولی که ضمن تولید اصلی به دست می‌آید

byte

بایت؛ در کامپیوتر، یک واحد اطلاعاتی برابر هشت بیت *(bit)*

by tender

از طریق مناقصه / مزایده

by virtue of

به موجب؛ بر اساس؛ به استناد؛ به دلیل؛ با توجه به؛ با در نظر گرفتن؛ با نگرش به؛ بر حسب

by work

کار فرعی؛ کار غیر مقرّر؛ کاری که ضمن کار اصلی انجام گیرد

C / c

cabinet
هیأت وزیران؛ کابینه؛ جلسهٔ هیأت وزیران یا دولت

cabinet council
هیأت وزیران؛ هیأت دولت

cabinet meeting
جلسهٔ هیأت وزیران

cable order
سفارش تلگرافی

cable transfer
حوالهٔ تلگرافی؛ انتقال تلگرافی: نوعی برات اسنادی که جهت تسریع در انتقال پول در داخل و خارج کشور با تلگراف صادر می‌شود.

cabotage
کابوتاژ: کشتیرانی و حمل کالا از یک بندر به بندر دیگر بدون دور شدن از ساحل؛ کشتیرانی ساحلی؛ تجارت ساحلی؛ پرواز هواپیما از یک فرودگاه خارجی به فرودگاه خارجی دیگر

cabotage, reservation of
جلوگیری از حمل و نقل کالا با کشتیهای خارجی در آبهای ساحلی یک کشور؛ جلوگیری از سوار یا پیاده کردن مسافر یا بارگیری و تخلیهٔ بار توسط هواپیماهای بیگانه در فرودگاههای

یک کشور

ca'canny
اعتصاب کندکاری

CA (chartered accountant)
حسابدار رسمی؛ حسابدار خبره؛ حسابدار قسم خورده

CACM (Central American Common Market)
بازار مشترک امریکای مرکزی

CAD (Computer Aided Design)
طراحی کامپیوتری؛ طراحی با کمک کامپیوتر

cadre
کادر؛ پایور؛ عضو ثابت

cadre of leadership
کادر رهبری

caduciary (var. caducary)
حق دولت در تصاحب ماترک بلا وارث؛ اموال مصادره شده

Caesar management
مدیریت سزارگونه؛ مدیریت مستبدانه؛ مدیریت خود مدار

calculated propaganda
تبلیغات حساب شده؛ تبلیغات دقیق و سنجیده

call

شده که مجدداً به کار دعوت شده است پرداخت می‌شود.

☞ *call in pay*

call deposit account

حساب سپردهٔ دیداری

called - up capital

سرمایه تعهد شده؛ مبلغی که سهامداران در مقابل صدور سهام پرداخت می‌کنند

calling cycle

دور تماس؛ میانگین فاصله‌های تماس با مشتری:

(در بازاریابی) عبارت است از میانگین زمانی فاصله‌های تماس فروشندگان با خریداران

call in pay

دعوت به کار:

پرداخت حداًقل دستمزد تضمین شده به کارمندی که برای انجام دادن کار نیمه وقت به کار دعوت می‌شود.

☞ *reporting pay*

call-off

حذف سفارش؛ سفارش برای مصارف آتی:

روشی برای خرید مواد اولیه که سفارشها در آن طبق یک جدول زمان بندی شده به تهیه کننده ارائه می‌شود. اقلامی که در این مدت بر اساس نیاز خریدار تأمین می‌گردد و از فهرست سفارشها حذف می‌شود.

call-off system

روش / سیستم سفارش برای مصارف آینده؛ سیستم سفارش برای مصارف آتی

call option

اختیار خریدار؛ حق خرید سهام به بهای معین و در زمان معین

call premium

دعوت یا احضار کردن؛ دعوت به پرداخت؛ مطالبه کردن؛ مطرح کردن؛ اعلام کردن؛ فراخواندن؛ درخواست کردن؛ دستور برگزاری (چیزی را) صادر کردن؛ احضار؛ فراخوان؛ پیغام؛ تقاضا؛ درخواست

callabe

قابل بازخرید؛ عندالمطالبه

callable bond

اوراق قرضهٔ عندالمطالبه؛ اوراق قرضهٔ دیداری؛ اوراق قرضه‌ای که بر حسب تقاضا باید بازپرداخت شود؛ نوعی قرضه که صادر کننده حق بازخرید آنرا قبل از موعد اسمی دارد؛ سند قرضهٔ عندالمطالبه؛ اوراق قرضهٔ قابل بازخرید

☞ *redeemable bond*

callable loan

وام عندالمطالبه؛ وام دیداری؛ وامی که در صورت مطالبه در هر زمان قابل پرداخت است.

☞ *call loan*

call a meeting

تعیین وقت و دعوت برای جلسه؛ تشکیل جلسه‌ای را اعلام کردن؛ به تشکیل جلسه دعوت کردن

call analysis

تحلیل عملکرد فروشنده:

(در بازاریابی) روشی که برای سنجش عملکرد فروشندگان به کار گرفته می‌شود.

call a strike

اعلام اعتصاب کردن

call-back pay

دستمزد بازگشت به کار؛ حقوق ایام حضور؛ حقوق آماده به خدمت / کار:

دستمزدی که در برخی موارد به کارگر اخراج

call purchase

اضافه ارزش اوراق قرضه

call purchase

دعوت به خرید با ارائهٔ تخفیف؛ خرید کالا در شرایطی که فروشنده کالاهایش را به قیمتی کمتر از آنچه در آینده تعیین می‌کند، به معرض فروش می‌گذارد.

call rate

میزان تماس:
(در بازاریابی) تعداد تماسهایی که در یک دورهٔ معین با مشتریان گرفته می‌شود.

call the roll

حضور و غیاب کردن

call the tune

دیکتاتور مآبانه حرف زدن یا رفتار کردن

call to account

مؤاخذه کردن؛ بازخواست کردن؛ توضیح خواستن

call-up

احضار؛ درخواست؛ درخواست پرداخت باقیماندهٔ سهام در بورس

call up

مطالبه؛ درخواست پرداخت بخشی از ارزش اسمی سهام صادر شده

cambism

دلالی ارز؛ اشتغال در معاملهٔ پولهای خارجی
☞ *cambistry*

CAM (computer aided manufacturing)

تولید به کمک کامپیوتر؛ تولید با بهره‌گیری از رایانه

camera, in

محرمانه؛ غیر علنی

cameralism

کامرالیسم
→ *kameralism*

campaign fund

بودجهٔ مبارزات انتخاباتی

cancel

حذف کردن؛ لغو کردن؛ فسخ کردن؛ الغا کردن؛ باطل کردن؛ خط زدن؛ قلم گرفتن
☞ *abolish, annul, revoke*
☞ *abrogate, invalidate*
☞ *nulify, repeal, rescind*

cancel a contract

قراردادی را لغو و باطل کردن

cancellation

الغا؛ لغو؛ فسخ؛ حذف؛ ابطال؛ اسقاط؛ مهر ابطال

cancellation charge

خسارت ابطال

cancellation clause

شرط فسخ

cancellation fees

(جبران) خسارت ابطال (قرارداد)

cancellation of a contract by mutual consent

فسخ قرارداد به توافق طرفین

cancellation of bargain

فسخ معامله

cancellation of indebtedness

ابطال دین

cancelled

قلم خورده؛ فسخ شده؛ لغو شده

cancelling clause

قید و شرط ابطال

can do / cannot do items

سؤالهای توانایی / عدم توانایی انجام کار

canon

قانون؛ تصویب نامه؛ حکم شرعی؛ قانون کلی؛ مجموعه قوانین؛ وضع قانون؛ قانونگذاری؛ معیار و ملاک؛ اصل

canon emphyteotique

مال‌الاجارهٔ سالیانهٔ اجارهٔ طویل‌المدت؛ بهرهٔ رهن طویل‌المدت

canonical

قانونی؛ شرعی؛ استاندارد؛ مشروع؛ مرسوم؛ متداول

canon law

قانون شرع؛ مجموعه قوانین شرعی یا حقوقی

canon of inheritance

قانون ارث؛ قانون تقسیم ارث

canons of taxation

توانین و مقررات مالیات‌بندی

canting

حراج؛ مزایده

canvass

جستجوی مشتری؛ جستجو برای سفارش کالا؛ بازاریابی کردن؛ نظر خواهی کردن؛ تبلیغ کردن؛ بررسی کردن:

(در بازاریابی) عبارت است از تماس شخصی یا تلفنی با مشتریان احتمالی جهت فروش کالا یا ارائهٔ خدمات

canvasser

فروشنده؛ تبلیغات چی

capability

لیاقت؛ قابلیت؛ صلاحیت؛ کفایت؛ شایستگی؛ امکانات؛ توانایی

☞ *ability, capacity*

capability inspection (CI)

بازرسی قابلیت و توانایی

capable

صلاحیتدار؛ ذیصلاح

☞ *able, competent*

☞ *qualified, efficient*

capable manager

مدیر لایق؛ مدیر باکفایت

capacity

اهلیت؛ صلاحیت؛ رسمیت؛ مقام؛ سمَت؛ ظرفیت؛ توان؛ استعداد؛ قدرت؛ عنوان

☞ *ability, capability*

☞ *power, skill*

capacity, additional

ظرفیت اضافی

☞ *excess capacity*

capacity constraints

محدودیتها/تنگناهای مربوط به ظرفیت

capacity cost

هزینهٔ تولید در ظرفیت کامل (کارخانه)

capacity, excess

ظرفیت اضافی

capacity, full

ظرفیت کامل

capacity, ideal

ظرفیت مطلوب

☞ *optimum capacity*

capacity, legal

اهلیت قانونی؛ صلاحیت قانونی

capacity, operating

ظرفیت فعال

capacity, optimum
ظرفیت مطلوب
ideal capacity

capacity planning
برنامه‌ریزی ظرفیت:
بخشی از برنامه‌ریزی تولید که هدف آن ایجاد توازن بین تقاضا و ظرفیت تولید است.

capacity, practical
ظرفیت عملی؛ ظرفیت واقعی

capacity, storage
ظرفیت ذخیره سازی

capacity to contract
صلاحیت قرارداد بستن؛ اهلیت انعقاد قرارداد

capacity to discharge obligations
صلاحیت / اهلیت اجرای تعهدات

capacity to exercise rights and discharge obligations
اهلیت استیفای حقوق و اجرای تعهدات

capacity to sue
صلاحیت اقامهٔ دعوا

capital
سرمایه؛ یکی از عناصر مهم تولید در اقتصاد: مبلغی که به صورت نقدی یا غیر نقدی برای تشکیل مؤسسه یا شرکت در نظر گرفته می‌شود. (در بازرگانی) مبلغی که برای خرید کالاها، تجهیزات، ساختمان، سهام و مانند آنها، سرمایه گذاری می‌شود.

capital account
حساب سرمایه؛ حسابی که به نام صاحب یا صاحبان سرمایه افتتاح می‌شود

capital allowance
معافیت تجهیزات سرمایه‌ای؛ تخفیف مالیاتی: مبلغی که به عنوان جبران استهلاک تجهیزات سرمایه‌ای از پرداخت‌های مالیاتی یک شرکت حذف می‌شود.

capital allowance act
قانون تخفیف مالیاتی

capital amortization
استهلاک سرمایه

capital appropriation
تخصیص سرمایه
→ *appropriation*

capital asset pricing model (CAPM)
الگوی قیمت‌گذاری دارایی‌های سرمایه‌ای: الگوی ریاضی که درصد خطر موجود در بازار را پیش‌بینی و مناسب‌ترین روش را برای سرمایه‌گذاری فعالیتهای مختلف تعیین می‌کند.

capital assets
دارایی سرمایه‌ای؛ سرمایهٔ ثابت
☞ *fixed assets*
☞ *permanent assets*

capital bonus
سود سهام (به صورت سهام)؛ سودی که به صورت سهام بین صاحبان سرمایه توزیع می‌شود؛ سود حاصل از سرمایه
☞ *stock dividend*

capital budget
بودجهٔ سرمایه‌ای؛ بودجه‌ای که چگونگی سرمایه‌گذاری را به تفصیل برای آینده تعیین می‌کند

capital budgeting
بودجه‌بندی سرمایه‌ای

capital commitment
تعهدات سرمایه‌ای؛ هزینه‌های سرمایه‌ای که تعهد شده ولی هنوز پرداخت نشده است

capital company
شرکت سرمایه

capital contribution
آوردهٔ سرمایه؛ سهم سرمایه

capital deepening
افزایش سرمایه‌ای؛ سرمایه‌گذاری جدید در ازای هر کارگر

capital duty
مالیات سرمایه

capital employed
سرمایهٔ به کار گرفته شده:
(در ترازنامه) عبارت است از مجموع سهم‌الشرکه سهامداران بعلاوهٔ بدهیهای بلند مدت

capital equipment
تجهیزات سرمایه‌ای؛ ماشین آلات؛ تجهیزات اداری

capital expenditure
هزینهٔ سرمایه‌ای؛ هزینه‌ای که فایده‌اش محدود به یک دورهٔ مالی نباشد

capital expenditure budget
بودجهٔ هزینهٔ سرمایه‌ای؛ بودجهٔ سرمایه‌ای
☞ *capital budget*

capital flight
فرار سرمایه (که معمولاً در نتیجهٔ شرایط اقتصادی یا سیاسی نامساعد صورت می‌گیرد)

capital formation
تشکیل سرمایه؛ افزایش کالاهای سرمایه‌ای در نتیجهٔ پس‌انداز

capital gains
سود سرمایه‌ای؛ سرمایهٔ بازیافته؛ اضافهٔ ارزش سرمایه؛ افزایش بهای سرمایه

capital gain tax (CGT)
مالیات سود سرمایه

capital goods
کالاهای سرمایه‌ای (در مقابل کالاهای مصرفی)؛ دارایی ثابت
☞ *consumer goods*

capital in cash
سرمایهٔ نقدی

capital intensity
سرمایه‌بری:
شاخصی برای تعیین میزان سرمایه‌بری در مقایسه با میزان کاربری

capital intensive
سرمایه طلب؛ سرمایه بر؛ به کارگیری سرمایهٔ اضافی به منظور افزایش بهره‌وری و یا سود

capital intensive goods
کالاهایی که سهم عامل سرمایه در آنها بیش از سهم عامل کار یا سایر عوامل تولید است

capital investment
سرمایه‌گذاری در دارایی ثابت؛ وجوهی که در سرمایه یا دارایی ثابت یا سهام دراز مدت سرمایه‌گذاری می‌شود؛ به کار انداختن سرمایه؛ سرمایه گذاری ثابت

capital investment appraisal
ارزیابی پروژه‌های سرمایه‌گذاری؛ فرایند مقایسهٔ بازده احتمالی پروژه‌های سرمایه‌گذاری

capitalism
سرمایه داری، نظام سرمایه داری؛ کاپیتالیسم؛ نظام سرمایه‌ای، نظام اقتصادی مبتنی بر آزادی

درآمد حاصله از سرمایه‌گذاری در یک سال

capital levy

مالیات بر سرمایه

capital liability

دیون طویل‌المدت؛ بدهیهای درازمدت

capital market

بازار سرمایه؛ بازار بورس:
منابع مختلف سرمایه که از طریق بانکها، مؤسسات مالی و غیره برای سرمایه‌گذاری در دسترس شرکت قرار می‌گیرد.

capital outlays

هزینه‌های تأسیساتی

capital output ratio

ضریب سرمایه‌گذاری؛ نسبت سرمایه به تولید

capital paid in

سرمایهٔ پرداخت شده

capital productivity

بهره‌وری سرمایه؛ نسبت ارزش افزوده به سرمایهٔ به کار گرفته شده

capital profit

سود سرمایه

☞ *capital gain*

capital rationing

جیره‌بندی سرمایه؛ تخصیص سرمایه به گونه‌ای که بیشترین بازده از سرمایه‌گذاری عاید شود

capital receipt

وصول از محل سرمایه

capital redemption reserve

ذخیرهٔ بازخرید / سرمایه

capital requirement

سرمایهٔ مورد نیاز (برای تأسیس و شروع فعالیت اقتصادی)

مالکیت، تولید، خرید و فروش، کسب درآمد، کار، فعالیت و رقابت آزاد

☞ *laissez - faire*

capital issuse committee

کمیتهٔ صدور سهام سرمایه؛ هیأت صدور سهام سرمایه

capitalist

سرمایه دار؛ طرفدار نظام سرمایه داری

capitalist system

نظام سرمایه داری

capitalization

سرمایه سازی؛ تبدیل به سرمایه کردن؛ ایجاد سرمایه از طریق استقراض؛ ارزش کل سرمایهٔ شرکت؛ مجموع ارزش سهام و اوراق قرضهٔ شرکت؛ صدور سهام و ...

☞ *capital structure*

capitalization issue

صدور سهام؛ صدور سهام جایزه با استفاده از منافع و درآمدهای حاصله شرکت

capitalization rate

نرخ سرمایه‌گذاری؛ نرخ تنزیل

capitalization unit

هزینه‌ای که (به منظور افزایش تولید یا توسعهٔ تأسیسات) صرف دارایی ثابت می‌شود

capitalize

سرمایه‌گذاری کردن

capitalized cost

هزینهٔ سرمایه‌ای

capitalized expense

هزینه‌ای که علاوه بر به حساب آمدن در حساب سود و زیان در اصل دارایی نیز منظور می‌شود

capitalized value

capital reserves
اندوختهٔ سرمایه‌ای؛ ذخیرهٔ سرمایه

capital return
بازگشت سرمایه
☞ *capital turn*

capital stock
سهام سرمایه؛ سرمایه‌ای که از صدور سهام عاید شود؛ سهام شرکت تضامنی؛ سهام تشکیل دهندهٔ سرمایه

capital structure
ساخت سرمایه‌ای؛ ساختار سرمایه‌ای؛ سرمایه سازی؛ ایجاد سرمایه از طریق استقراض، صدور سهام و ...

capital sum
سرمایهٔ اولیهٔ مؤسسان شرکت؛ (در بیمه) حداکثر غرامت جانی (دیه)

capital tax
مالیات بر سرمایه

capital transaction
معاملهٔ سرمایه

capital transfer
انتقال سرمایه؛ واگذاری دارایی

capital transfer tax (CTT)
مالیات انتقال سرمایه؛ مالیات بر انتقال ثروت

capital turn
بازگشت سرمایه
☞ *capital return*

capital turnover
گردش سرمایه؛ تبدیل دارایی‌های یک سازمان به نقدینگی

capital value
ارزش سرمایه؛ ارزش فعلی

capitation
سرشماری مالیاتی؛ مالیات بر هر فرد؛ آمار مالیاتی؛ سرانه؛ مالیات صنفی

capitation tax
مالیات سرانه؛ مالیات نفوس
☞ *poll tax*
☞ *tribute*
☞ *head tax*

captain of industry
مدیر شرکت صنعتی بزرگ

captation
اقدام مزورانه برای کسب مال و تملک از راه حیله و تقلب؛ غصب؛ اختلاس؛ اخاذی؛ رشوه‌گیری

captive market
بازار محدود؛ بازار انحصاری: بازاری که عرضه کنندهٔ کالا در آن وضعیت انحصاری دارد و مصرف کننده به کالای جانشین دسترسی ندارد.

car card
آگهی تبلیغاتی که به صورت کارت در داخل اتوبوس و واگن قطار نصب می‌شود

card
کارت (عضویت)؛ برنامه؛ کارت ویزیت؛ کارت پانچ شده؛ کارت عضویت اتحادیه

cardholder
دارندهٔ کارت اعتباری
☞ *credit card*

card steward
مأمور جمع آوری حق عضویت

card vote
کارت رأی؛ رأی یکجا:

رأی یکجا که توسط نمایندهٔ تام‌الاختیار گروه در مجامع و کنفرانسهای بزرگ داده می‌شود. این رأی معمولاً بر روی یک کارت نوشته می‌شود.

career

شغل؛ حرفه؛ کار؛ دورهٔ خدمت؛ شغل دایمی؛ شغل تمام وقت

career curve

منحنی شغل؛ منحنی سررسید

☞ *maturity curve*

career path

مسیر شغلی؛ کارراهه

career personnel

اعضای کادر؛ کارمندان ثابت

career planning

برنامه‌ریزی شغلی

career plateau

سقف خدمت؛ مرحله‌ای از دورهٔ خدمت فرد که پیشرفت شغلی بیشتری در آن انتظار نمی‌رود

cargo

بار؛ محموله؛ کالایی که حمل می‌شود

cargo insurance

بیمهٔ باربری

cargo list

صورت محموله

☞ *tally*

cargo plane

هواپیمای باری

cargo ship

کشتی باری

Caribbean Community (CARICOM)

جامعهٔ کشورهای حوزهٔ کارائیب

Caribbean Free Trade Area (CARIFTA)

منطقهٔ تجارت آزاد بین کشورهای حوزهٔ کارائیب؛ منطقهٔ آزاد تجارت کارائیب:

اتحادیهٔ گمرکی و منطقهٔ آزاد تجاری که بین کشورهای حوزهٔ دریای کارائیب برای توسعهٔ اقتصادی آنها ایجاد شده است.

carnet

سند معافیت موقت از عوارض گمرکی:

سند گمرکی بین‌المللی که ورود کالاهای معینی را به کشورهای خاص و بدون اخذ عوارض گمرکی به طور موقت مجاز می‌سازد.

➔ *admission temporaire*

carriage

کرایهٔ حمل؛ کرایهٔ بار؛ (قرارداد) حمل و نقل؛ باربری

carriage by air and land

حمل و نقل از طریق هوا و زمین

carriage by road and rail

حمل و نقل از طریق جاده و راه‌آهن

carriage by sea

حمل و نقل از طریق دریا

carriage contract

قرارداد حمل و نقل

carriage forward

پس کرایه؛ کرایهٔ به عهده گیرندهٔ کالا

carriage inwards

هزینهٔ حمل کالاهای وارداتی (در مقابل هزینهٔ کالاهای صادراتی)

☛ *carriage outwards*

carriage of goods

حمل و نقل کالا

carriage outwards

هزینهٔ حمل کالاهای صادراتی

☛ *carriage inwards*

carriage paid

هزینهٔ حمل و نقل پرداخت شده (کالا)

carrier

حمل کننده؛ وسیلهٔ حمل؛ پیک؛ شرکت هواپیمایی یا کشتیرانی؛ شرکت حمل و نقل

carring out plans

اجرای طرحها / برنامه‌ها

carring out policies

اجرای خط‌مشی‌ها

carry

حمل کردن؛ بردن؛ (برای فروش) عرضه کردن؛ تصویب کردن؛ به تصویب رساندن

carry a resolution

قطعنامه‌ای را تصویب کردن

carry back

بخشودگی /معافیت مالیاتی برای گذشته؛ بخشودگی مالیاتی؛ انتقال به پیش؛ باز گرداندن؛ کاهش مالیات کنونی به دلیل اضافه پرداخت مالیات در گذشته

carry down

پایین آوردن ماندهٔ حساب؛ انتقال ماندهٔ یک حساب به منظور باز کردن آن حساب در آغاز دورهٔ مالی بعد

carry forward

جابجا کردن ارقام:

جابجا کردن ارقامی در ترازنامه و یا انتقال ارقامی از یک ستون به ستون دیگر در دفاتر حساب

☞ *carry over*

carrying charge

هزینهٔ حمل و نقل؛ هزینه تملک یا نگهداری اموال؛ بهره‌ای که به اقساط بدهی معوقه تعلق می‌گیرد

carrying costs

هزینه‌های حمل (کالا)؛ هزینه‌های مختلف حمل یک کالا مانند هزینه‌های انبارداری، بیمه و ...

carrying over

تعویق تصفیه حساب در خرید و فروش سهام

carrying trade

تجارت داخلی

carrying value

ارزش دفتری بدون استهلاک

carry into effect

اجرا کردن

carry out

انجام دادن؛ اجرا کردن

carry out the order to the letter

دستور را دقیقاً (مو به مو) اجرا کردن

carry over

جابجا کردن ارقام

☞ *carry forward*

carry the world before one

موفقیت سریع و کامل کسب کردن

car tax

مالیات اتومبیل / خودرو

cartel

کارتل (اتحادیهٔ تولید کنندگان محصول مشابه به منظور تسلط بر بازار):

نوعی فعالیت بازرگانی محدود کنندهٔ شبیه انحصار که بازار تحت کنترل چند شرکت قرار

می‌گیرد. این کنترل از طریق تثبیت قیمت، سهمیه‌بندی و ... به منظور حذف رقابت بین این شرکتها و ممانعت از ورود شرکتهای دیگر به بازار صورت می‌گیرد.
گروهی از مؤسسات بازرگانی که در زمینهٔ محدود کردن رقابتهای خود توافق نموده‌اند.

cartelize

تشکیل اتحادیه یا سندیکای تولید و عرضهٔ کالا به منظور قبضه کردن بازار کشورهای جهان و تعیین قیمتها به میل خود و جلوگیری از رقابت

cartogram

نقشه؛ نمودار؛ نقشه‌ای که به منظور ارائهٔ اطلاعات به مدیریت جهت تصمیم‌گیری تنظیم می‌شود

cascade network

شبکهٔ انشعابی؛ شبکهٔ آبشاری؛ یکی از نمودارهای شبکهٔ پروژه که در تجزیه و تحلیل مسیر بحرانی استفاده می‌شود

CAS (Conciliation and Arbitration Service)

خدمات داوری و حل اختلاف

case

پرونده؛ دعوا؛ مورد؛ قضیه؛ مرافعه؛ موضوع؛ شواهد؛ مدارک؛ استدلال؛ ادله؛ ادعا

case at bar

دعوای مطروح در دادگاه

case belonging to commercial court

دعوایی که در صلاحیت دادگاه تجارت است

case method

مورد پژوهی؛ روش آموزشی بررسی یا مطالعهٔ موردی:
یکی از شیوه‌های آموزش مدیریت که بر بررسی و تحلیل مسائل سازمانی استوار است. بررسی این مسایل که ممکن است واقعی و یا فرضی باشد، به دانشجویان توانایی تجزیه و تحلیل و ارزیابی موقعیتهای واقعی را می‌دهد؛ همچنین روشی است برای آموزش کارکنان که در آن شرکت کنندگان (فراگیران) شرح موقعیت یا وضعیت اداری یا بازرگانی را به عنوان مسأله یا مشکل مطالعه و پس از بررسی چنین موقعیتی اعلام می‌کنند که اگر آنان درگیر چنین مسأله‌ای بودند، چگونه تصمیم‌گیری می‌کردند.

☞ *case study*

case, reopening a

رسیدگی مجدد

case stated

دعوای مطروح

☞ *state a case*

case-study

تحقیق موردی؛ مورد پژوهشی؛ بررسی مورد خاص؛ مطالعهٔ موردی؛ نوعی روش آموزش کلاسی است که مستلزم ارائه اطلاعات واقعی به دانشجویان و همچنین هدایت و راهنمایی آنها به منظور حل مشکلات مربوط به چنین موقعیتهایی می‌باشد:
یکی از روشهای تحقیق که محقق برای اطلاعات تفصیلی دربارهٔ یک فرد، گروه و یا سازمان به جستجو می‌پردازد. محقق معمولاً اطلاعات تفصیلی را از طریق بازنگری پیشینه‌ها، انجام دادن مصاحبه، توزیع پرسشنامه و مشاهده کسب می‌کند.

case, to state

طرح کردن دعوا

case under dispute 127 cash flow accounting

☞ *case stated*

case under dispute

قضیهٔ مورد اختلاف

cash

پول نقد؛ نقد؛ نقدینگی؛ وصول کردن؛ تسعیر کردن؛ نقد کردن؛ سوء استفاده کردن؛ اسکناس؛ماندهٔ حساب پس‌انداز

cash account

حساب نقدی؛ حساب موجودی نقدی

cash accounting

حسابداری نقدی:

نظام حسابداری که در آن ثبت درآمد و هزینه، پس از وصول و پرداخت نقدی صورت می‌گیرد.

cash and carry

خرید نقدی و حمل توسط مشتری؛ عمده فروشی؛ فروش نقدی؛ خرید نقدی

cash and carry warehouse

مرکز عمده فروشی نقدی؛ انبار کالاهای خرید یا فروش نقدی

cash assets

داراییهای نقدی:

داراییهایی که به صورت نقد در صندوق شرکت و یا در حسابهای بانکی موجود است.

cash basis

روش نقدی؛ مبنای نقدی:

روش ثبت معاملات که درآمد و هزینه به محض وصول یا پرداخت نقدی، در حسابها منعکس می‌شود.

➔ *accrual basis*

cash basis accounting

حسابداری بر مبنای نقدی

➔ *cash accounting*

cash before delivery (CBD)

پرداخت قبل از تحویل (کالا)؛ دریافت بها پیش از تحویل کالا

cash book

حساب صندوق؛ دفتر ثبت کلیهٔ معاملات نقدی مؤسسه؛ حساب وجوه نقدی؛ دفتر معاملات نقدی

cash budget

بودجهٔ نقدی:

(در حسابداری) پیش بینی دریافتها و پرداختهای نقدی

(در دولت) مجموعه درآمدها و هزینه‌های یک سازمان

☞ *cash forecast*

☞ *cash flow forecast*

cash deficit

کسر صندوق

cash desk

صندوق؛ محل پرداخت

cash discount

تخفیف نقدی؛ تخفیف مخصوص برای خریداری که وجه را در موعد مقرر بپردازد:

تخفیفی بر قیمت فروش مشروط بر این که خریدار بهای کالای خریداری شده را نقداً بپردازد.

cash dividend

سود نقدی؛ سود سهام نقدی؛ سود قابل توزیع

cash drawings

برداشتهای نقدی

cash flow

گردش نقدی؛ گردش وجوه نقد

cash flow accounting

روش حسابداری نقدی

☞ *cash basis*

cash-flow statement

صورت حساب گردش نقدی

cash forecast

بودجهٔ نقدی

☞ *cash flow forecast*

☞ *cash budget*

cash generation

تولید پول نقد

cashier's check

چک بانکی

☞ *officer's check*

cash inflow

دریافتها؛ جریان نقدی ورودی؛ درآمد جاری ناشی از سرمایه‌گذاری

☛ *cash outflow*

cash items

اسناد تنخواه گردان

cash office

صندوق؛ دایرهٔ صندوق

cash on delivery (COD)

پرداخت در زمان تحویل؛ فروش نقدی؛ پرداخت قیمت کالا در زمان تحویل؛ فروش نقد پس از تحویل کالا؛ وصول وجه در هنگام تحویل کالا

☞ *franco delivery*

cash on shipment (COS)

پرداخت در زمان ارسال؛ پرداخت بهای کالا در زمان ارسال برای خریدار

cash outflow

پرداختها؛ هزینهٔ اولیهٔ ناشی از سرمایه‌گذاری؛ جریان خروجی وجه نقد

☛ *cash inflow*

cash plans

طرح پرداختهای نقدی

cash price

قیمت نقدی

cash ratio

نسبت پول نقد:

نسبت مالی داراییهای جاری که نمایانگر میزان نقدینهٔ قابل دسترس شرکت در زمان معین است.

☞ *liquidity ratio*

cash reserves

ذخایر نقدی

cash sale

فروش نقدی

cash security

وثیقهٔ نقدی

cash surrender value

ارزش واگذاری نقدی:

(در بیمهٔ عمر) مبلغی که بیمه‌گذار برای لغو بیمه‌نامه، پیش از مرگ می‌پردازد.

cash tender offer

پیشنهاد مناقصهٔ نقدی

cash transaction

☞ *spot transaction*

معاملهٔ نقدی

cash with order (CWO)

سفارش نقدی

cass

باطل کردن؛ لغو کردن؛ کانَ لم یکُن کردن

casting vote

casual
اتفاقی؛ غیر قابل پیش بینی؛ موقتی؛ غیر رسمی؛ کارگر موقت

casual forecasting
پیش بینی سببی / اتفاقی:
عبارت است از برآورد عامل مربوط به شرکت (مانند فروش) با توجه به بعضی از عوامل دیگر (مانند هزینهٔ برق)

casual laborer
کارگر اتفاقی؛ کارگر موقت؛ کارگری که شغل دایمی ندارد؛ کارگر غیر دایم
☞ *causal worker*

casually
تصادفی؛ اتفاقی

casual profit
سود اتفاقی

casualty insurance
بیمهٔ تصادفات؛ بیمهٔ حوادث؛ انواع مختلف بیمه غیر از بیمهٔ عمر، آتش سوزی و کشتیرانی

casual variables
متغیرهای تصادفی:
متغیرهای مستقلی که در تعیین نتایجی مانند تصمیم‌های مدیریت، راهبردهای سازمان و رفتار رهبری مؤثرند.

casual work
کار موقتی؛ کار غیر دایمی:
کاری که موقتی است و طبق نیاز عرضه می‌شود مثل کارهای ساختمانی

casual worker
کارگر موقت
☞ *casual laborer*

رأی تأیید کننده.

casus belli majores
حادثهٔ ناگهانی که ممانعت از آن خارج از قدرت انسانی است؛ فورس ماژور

casus foederis
رویداد یا وضعیت تصریح شده در عهدنامه یا قرارداد

casus omissus
مورد سکوت قانون؛ ما لا نص فیه؛ موارد پیش بینی نشده در قانون

catalogue
کاتالوگ؛ فهرست؛ فهرست کردن؛ در فهرست وارد کردن

catalogue store
فروش بر اساس صورت اجناس:
نوعی فروش که در آن مشخصات کالاها از طریق صورت اجناس به اطلاع خریداران می‌رسد.

catalysm
فاجعه؛ تغییر شدید سیاسی یا اجتماعی

catasta
تخت مجازات؛ آلت شکنجه

catastrophe
سانحه؛ قرارداد مربوط به حداکثر خسارت حاصله از حوادث که به موجب آن بیمه کننده خسارتی را که از یک رقم معینی تجاوز نمی‌کند می‌پردازد

catch at a proposal
از پیشنهادی استقبال کردن؛ استقبال کردن از یک پیشنهاد

catch poll
مالیات گیر؛ مأمور اخذ مالیات

categorization
طبقه بندی؛ رده بندی

categorize

دسته بندی کردن؛ طبقه بندی کردن

category

رتبه؛ گروه؛ گروه شغلی؛ طبقه بندی؛ طبقه

cathedratic

آمرانه؛ مقتدرانه

cat plant

پالایشگاه (نفت)

cats and dogs

سگ و گربه؛ احتکار اوراق بهادار و سهامی که ارزش آنها مبهم و یا اصلاً ارزشی ندارند: (در بورس سهام) سهامی که انتظار می‌رود بهای آن در آینده ترقی یا تنزل چشمگیر داشته باشد. (در تجارت) کالاهایی که فروش مطلوبی ندارند و در انبار کالا انباشته می‌شوند.

cause

سبب؛ علت؛ جهت؛ موجب؛ انگیزه؛ هدف؛ دعوا؛ داعی؛ مقصود؛ دلیل؛ غرض؛ حق طرح دعوا؛ منشأ یا مبنای دعوا؛ سبب شدن؛ موجب شدن؛ مرافعه؛ قضیه؛ موضوع؛ موضوع عقد یا قرارداد؛ علت اساسی معامله

cause-and-effect diagram

نمودار علّی؛ نمودار علت و معلول: روش ترسیمی تبیین روابط علّی که در تصمیم‌گیری استفاده می‌شود.

causing a loss

اضرار؛ موجب خسارت شدن

caution

ضمانت؛ وثیقه؛ ضامن؛ تأمین؛ سپرده؛ وجه‌الضمان؛ عقدی که به موجب آن شخصی بدهی فرد دیگری را به عهده می‌گیرد؛ پیش بینی؛ اخطار؛ توجه؛ تذکر؛ اخطار کردن؛ تذکر دادن

cautionary

تضمین؛ کفالت؛ ضمانت؛ احتیاطی

cautionary judgement

حکم توقیف احتیاطی مال

caution money

وجه‌الضمان

cautionnement

ضمانت؛ عقد ضمان؛ بر عهده گرفتن دین و تعهد دیگری در مقابل بستانکار؛ وجه‌الضمان؛ وجه وثیقه؛ ضمانت نامه؛ کفالت نامه

caveat

☞ *warning notice*

اخطار رسمی؛ اخطاریه

caveat actor

اخطار به عامل

caveat emptor

هشدار به خریدار؛ اخطار به مشتری (اصلی که به موجب آن مشتری باید احتیاط لازم را به عمل آورده، جنس را به مسؤولیت خود انتخاب و خریداری نماید)؛ اصطلاحی است که متضمن بیان حق مشتری در امتحان کردن و بررسی مبیع می‌باشد و نیز به بیع عین معین در حضور مشتری و پس از بررسی کامل مبیع اطلاق می‌شود: (در تجارت) اصلی که مسؤولیت خوبی و بدی کالا را به عهدهٔ خریدار می‌گذارد.

caveat subscriptor

هشدار امضا کننده

☞ *venditor*

cave man

غارنشین:

اصطلاحی در مورد ماشین آلات یا تکنولوژی کهنه و قدیمی که بیشتر در مورد دستگاههای کامپیوتری به کار می‌رود.

CBA (cost benefit analysis)

تحلیل هزینه و سود

CBD (cash before delivery)

پرداخت قبل از تحویل

CCA (current cost accounting)

حسابداری قیمت جاری

CCT (common customs tariff)

تعرفهٔ گمرکی مشترک

CD (certificate of deposit)

گواهی پول سپرده

CD (compact disc)

(در رایانه) دیسک فشرده؛ سی دی

cede

واگذار کردن؛ انتقال دادن؛ مسترد داشتن؛ تسلیم کردن

cede a debt to another

واگذاری دین به دیگری

cedent

انتقال دهنده؛ واگذار کننده

ceile

مشتری؛ موکل؛ مستأجر

ceiling price

بالاترین قیمت؛ سقف قیمت؛ قیمت حداکثر؛ حداکثر قیمت قانونی؛ سقف قیمتها

cellarage

حق انبارداری

cell organization

سازمان هسته‌ای؛ گروه سازمانی:

نوعی سازمان که فعالیتها و کارکنان بر اساس نوع تولید، گروه‌بندی می‌شوند.

➔ *autonomous work group*

➔ *group technology*

cense

درآمد؛ آمار؛ سرشماری؛ احصائیه؛ دسته بندی؛ طبقه بندی

censo

مبلغ سالیانهٔ عوارض؛ حقوق یا وظیفهٔ سالیانه؛ مقرری سالیانه

censo

مأمور سانسور؛ سانسورچی؛ سانسور کردن

census

سرشماری؛ آمار؛ مالیات سرانه

census of production

آمار تولید

MC/E (Management Center/Eroupe)

(در بلژیک) مرکز مدیریت اروپا

center of activities

مرکز عملیات

center of gravity doctrine

نظریهٔ قانون مرکز اصلی قرار داد (نظریه‌ای که به موجب آن در موارد تعارض قوانین، قانون محلی که نزدیک‌ترین رابطه را با طرفین یا موضوع قرار داد دارد به عنوان قانون حاکم انتخاب می‌شود)

center-punch card

کارت پانچ

central administration

دولت مرکزی؛ مدیریت مرکزی

Central African Economic and Customs Union

اتحادیهٔ اقتصادی و گمرکی آفریقای مرکزی

Central American Common Market

بازار مشترک کشورهای آمریکای مرکزی:

بازار مشترک کشورهای مرکزی شامل کاستاریکا، گواتمالا، هندوراس، نیکاراگوا و السالوادور

Central Arbitration Committee

هیأت مرکزی داوری؛ کمیتهٔ مرکزی داوری:

(که به منظور بررسی پرداخت و ساختار گروههای مندرج در طرحهای طبقه بندی مشاغل تشکیل می‌شود).

central bank

بانک مرکزی:

بانکی که عهده‌دار تنظیم سیاست پولی و بانکی کشور است و بر عملیات بانک‌های دیگر نظارت دارد.

central government

حکومت مرکزی

centralization

تمرکز؛ اصل تمرکز؛ تجمع عملیات یا وظیفه‌های همانند در داخل یک گروه مشترک:

(در مدیریت) تمرکز قدرت تصمیم‌گیری در رده‌های بالای سلسله مراتب سازمانی

فایول معتقد است که شرایط مختلف محیطی و درجهٔ تمرکز یا عدم تمرکز، اختیارات سازمان را به منظور حداکثر بهره‌برداری از آن مشخص می‌نماید.

☛ *decentralization*

centralize

متمرکز کردن؛ متمرکز شدن؛ متمرکز کردن اختیارات

centralized

متمرکز

centralized administration

مدیریت متمرکز؛ ادارهٔ امور به صورت متمرکز:

وضعیتی که در آن اختیار هدایت، نظارت و تصمیم‌گیری در دست عدهٔ معدودی از افراد یا واحدها قرار می‌گیرد.

centralized control

نظارت متمرکز

centralized decision making

تصمیم‌گیری متمرکز

centralized inspection

بازرسی متمرکز

centralized pattern of communication

الگوی ارتباطی متمرکز

centralized planning

برنامه‌ریزی متمرکز

centralized system

نظام متمرکز؛ سیستم متمرکز

centrally planned economy

اقتصاد دولتی متمرکز؛ اقتصاد برنامه‌ریزی شده متمرکز

Central Office of Information (COI)

ادارهٔ مرکزی اطلاعات

central processing unit (CPU)

واحد پردازش مرکزی

central tendency

گرایش اصلی

CEO (chief executive officer)

رییس کل؛ مدیر عامل

ceremonial
رسمی؛ تشریفاتی

ceremonial function
نقش تشریفاتی

ceremonial post
مقام تشریفاتی؛ پست تشریفاتی

ceremonies, master of
رئیس تشریفات

ceremony
مراسم؛ تشریفات؛ مراسم افتتاح؛ مراسم معرفی و آغاز به کار (یک مقام)

certificated bankrupt
ورشکستهٔ بی تقصیر

Certificate in Management Studies (CMS)
گواهی نامهٔ مطالعات مدیریت

certificate of approval
پروانهٔ موافقت؛ جواز؛ پروانه

certificate of clearance
مفاصا حساب

certificate of damage
گواهی خسارت وارده بر کالای خسارت دیده یا تخلیه نشده که از طرف مقامات بندر صادر می‌شود

certificate of deposit (CD)
گواهی سپردهٔ پول

certificate of exclusive inheritance
گواهی انحصار وراثت

certificate of health
گواهی بهداشت / سلامت

certificate of honesty
گواهی عدم سوء پیشینه / سابقه

certificate of incorporation
سند ثبت شرکت؛ اساسنامهٔ شرکت؛ شرکت‌نامه؛ گواهی ثبت شرکت
☞ *articles of incorporation*
☞ *charter*
☞ *corporate charter*
☞ *incorporation charter*

certificate of inspection
گواهی بازرسی

certificate of insurance
گواهی بیمه

certificate of liquidation
مفاصانامه

certificate of manufacture
گواهی ساخت / تولید

certificate of misfortune
گواهی ورشکستگی بی تقصیر

certificate of nonencumbrance
مفاصا حساب؛ گواهی آزاد بودن مال

certificate of non existence of mortgage
اظهارنامه مبنی بر آزاد بودن از رهن

certificate of occupancy
گواهی پایان کار ساختمان

certificate of origin
گواهی مبدأ:
سندی که باید هنگام ترخیص کالا به مقام‌های گمرکی تسلیم شود. این سند که در آن نام کشور مبدأ ذکر شده است، برای محاسبهٔ نرخ‌های تعرفه و عوارض گمرکی به کار می‌رود.

certificate of participation

certificate of qualification
گواهی مشارکت

certificate of qualification
گواهینامهٔ صلاحیت کار

certificate of registry
گواهی ثبت

certificate of release
گواهی انجام تعهد؛ گواهی صادر شده از سوی وام دهنده مبنی بر انجام کامل تعهدات

certificate of value
گواهی ارزش معامله؛ گواهی صحت ارزش واقعی کالا

certificate, share
گواهی مالکیت سهام؛ برگهٔ سهام

certificate which proves the existence of mortgage
سندی که موجب رهن (ملک) را ثابت کند

certification
گواهینامه؛ تصدیق؛ گواهی: (در روابط صنعتی) تأییدیه‌ای که توسط سازمان مسؤول روابط صنعتی به اتحادیه‌ای داده می‌شود.
(در بانکداری) تضمینی که بانک به دارندهٔ چک می‌دهد.

certification mark
علامت تأییدیه؛ علامت / نشان تأیید: علامتی بر روی کالا که نشان دهندهٔ کیفیت، روش تولید و حمل می‌باشد.

certification of transfer
گواهینامهٔ انتقال؛ گواهی انتقال سهام

certified accountant
حسابدار مجاز؛ حسابدار رسمی؛ حسابدار واجد شرایط؛ حسابدار خبره

☞ *chartered accountant*
☞ *public accountant*

certified check
چک تضمین شده؛ چک بانکی: چکی که از طرف بانکی ظهرنویسی شده و پرداخت مبلغ آن ضمانت شده است.
☞ *bank draft*
☞ *cashier's check*

certified copy
نسخهٔ تایید شده؛ رونوشت مصدق

cess
مالیات بستن بر؛ از انجام وظایف قانونی خودداری کردن؛ مالیات؛ باج

cessible
قابل واگذاری؛ قابل انتقال؛ قابل تعویض

cessio
واگذاری؛ انتقال؛ تسلیم

cessio bonorum
تخصیص یا تقسیم اموال ورشکسته بین طلبکاران؛ واگذاری و انتقال کلیهٔ اموال بدهکار به طلبکاران در مقابل طلبشان برای فرار از توقیف و زندانی شدن و عدم ارائه عرضحال ورشکستگی و افلاس

cession
واگذاری؛ انتقال؛ مورد انتقال / واگذاری

cessionaire
منتقل‌الیه؛ انتقال گیرنده

cessionary
انتقال گیرنده؛ منتقل‌الیه

CET (Common External Tariff)
تعرفهٔ خارجی بازار مشترک

ceteries paribus (Lat)

در شرایط مساوی

C & F (cost and freight)

قیمت کالا به اضافهٔ هزینهٔ حمل؛ سی اَند اف؛ پرداخت هزینهٔ حمل و نقل توسط فروشنده

CFI (cost freight and insurance)

قیمت کالا به اضافهٔ هزینهٔ حمل و بیمه

☞ *CIF*

CGT (capital gain tax)

مالیات بر درآمد سرمایه

chaffer

چانه‌زدن در معامله؛ معامله کردن؛ مبادله کردن؛ خرید و فروش؛ متاع؛ کالا

chain of command

زنجیرهٔ فرماندهی؛ سلسله مراتب فرماندهی: *سلسله مراتب فرماندهی که در آن فرمانها و اطلاعات از بالاترین مقام در سلسله مراتب سازمانی به پایین‌ترین رده‌های سازمان انتقال می‌یابد.*

☞ *line of command*

chain pattern of communication

الگوی ارتباطی زنجیره‌ای

chain store

فروشگاه زنجیره‌ای

➔ *multiple store*

chair

مدیر؛ رییس؛ مقام ریاست؛ رییس جلسه؛ ریاست جلسه‌ای را به عهده داشتن؛ اداره کردن (جلسه)؛ به عهده گرفتن؛ ریاست کردن؛ پست یا وظیفهٔ هیأت مدیره؛ جلسه‌ای را اداره کردن

chair a meeting

ریاست جلسه را به عهده داشتن؛ جلسه‌ای را اداره کردن؛ اداره کردن جلسه

chairer

رییس کمیته

chairman

رییس؛ مدیر؛ رییس جلسه ؛ آقای رییس؛ رییس دایمی کمیته یا هیأت مدیرهٔ شرکت؛ رییس کمیسیون؛ ریاست کردن

☞ *chairperson*

chairman of the board

رییس هیأت مدیره؛ عالی‌ترین مقام مدیریت شرکت

chairman of the board of directors

رییس هیأت مدیره

chairmanship

ریاست (جلسه)

chair of the planning committee

رییس کمیسیون برنامه‌ریزی

chairperson

رییس؛ رییس هیأت (مدیره): (این واژه بجای **chairman** و **chairwoman** به کار برده می‌شود)

chairwoman

خانم رییس؛ رییسه

challenge

طلب حق؛ مطالبه؛ اعتراض ؛ اعتراض کردن؛ مورد سؤال قرار دادن؛ بازخواست کردن

challenge a vote

صحت رأیی را مورد تردید قرار دادن

challenge a voter

chamber of commerce

به حق رأی کسی اعتراض داشتن

chamber of commerce

اتاق تجارت؛ اتاق بازرگانی:
سازمان/انجمنی که برای پیشبرد و توسعهٔ امور تجاری یک منطقه تشکیل می‌شود.

chamber of industry and commerce

اتاق صنایع و تجارت

☞ *chamber of commerce*

chance

شانس؛ فرصت؛ احتمال؛ امکان؛ ریسک؛ تصادفی؛ اتفاقی؛ ریسک کردن؛ خطر کردن

chance cause

علت تصادفی

chance difference

تفاضل حدود اعتماد:
یکی از پارامترهای آماری که اغلب در یک تحلیل روابط بین متغیرها استفاده می‌شود.

chance event

رویداد تصادفی:
در شبکهٔ تصمیم‌گیری به نتیجهٔ احتمالی انتخاب‌های قبلی اطلاق می‌شود.

Chancellor of the Exchequer

وزیر خزانه‌داری؛ وزیر دارایی انگلستان

chancer

تخفیف دادن مالیات؛ بدهی کسی را منصفانه تسویه کردن؛ عادلانه حل و فصل کردن

change

تغییر؛ تحوّل؛ تبدیل؛ تبدیل کردن؛ تغییر کردن؛ تغییر دادن؛ تعویض کردن:
(در رفتار سازمانی) کوشش‌های برنامه‌ریزی شده‌ای که هدف آن انطباق سازمان با محیط متغیّر آن است.

change agent

عامل ایجاد تغییر؛ ایجاد کنندهٔ تغییر

change evaluation

ارزشیابی تغییر/تحول

change, inventory

تغییر در موجودی کالا

change of practice principle

اصل تغییر در عمل:
(در روابط صنعتی) توافقی که بر اساس آن هرگاه در روش‌های کار تغییری ایجاد شود، در سیستم پرداخت حقوق و دستمزد نیز باید تغییرهای مناسبی داده شود.

change order

تغییر قرارداد:
موافقت‌نامهٔ کتبی که طرفین قرارداد با امضای آن تغییری را در قرارداد اصلی ایجاد می‌کنند.

change, organizational

تغییر سازمانی

change, planned

تغییر برنامه‌ریزی شده

change process

فرایند تغییر:
فرایند سه مرحله‌ای سازمانی که شامل کنار گذاشتن روش‌های منسوخ، معرفی رفتار جدید و تثبیت تعادل جدید می‌باشد.

change strategy

راهبرد/استراتژی تغییر

change, structural

تغییر ساختاری

change, technological

تغییر تکنولوژیکی؛ تغییر در فن‌آوری

channel
مجرا؛ طریق؛ کانال؛ شبکه؛ وسیله؛ روش؛ هدایت کردن

channels of communication
کانالهای ارتباطی؛ روشهای برقراری ارتباط

channels of distribution
کانالهای توزیع؛ مجاری توزیع:
کانالهای توزیع، مؤسساتی هستند که در انتقال کالا از تولیدکننده به مصرف‌کنندهٔ نهایی نقش دارند.

☞ *distribution channels*

characteristics of easy movement
ویژگیهای حرکات آسان:
در بررسی حرکات، یافتن اصول جهت ساده کردن حرکات به منظور رسیدن به بالاترین سطح بهره‌وری.

characteristics of under-development
ویژگیهای توسعه نیافتگی

character reader
(در کامپیوتر) کاراکتر خوان؛ نشانه خوان؛ وسیله‌ای برای خواندن داده‌ها

character recognition
(در کامپیوتر) بازشناسی کاراکترها؛ بازشناسی نشانه‌ها؛ روشی برای خواندن اطلاعات

chargable gain
درآمد مشمول مالیات

charge
بدهی؛ بهای کالا / خدمات؛ متهم کردن؛ تحمیل کردن؛ متعهد کردن؛ حساب کردن؛ موظف کردن؛ ملزم کردن؛ وضع کردن (مالیات)؛ مطالبه کردن؛ نسیه خریدن؛ فرستادن صورت حساب؛ اتهام؛ ادعا؛ هزینه؛ نرخ؛ وظیفه؛ تعهد؛ گرو؛ مسؤولیت؛ تصدی؛ تهمت:
قراردادی بین بدهکار و بستانکار که طبق آن در صورتی که بدهکار نتواند دین خود را در موعد مقرّر ادا کند، بستانکار می‌تواند طلب خود را از فروش داراییهای بدهکار تأمین کند.

chargeable
قابل پرداخت؛ مالیات پذیر؛ قابل بازپرداخت

chargeable gain
سود مشمول مالیات

charge account
حساب اعتباری؛ حساب نسیه

charge by way of legal mortgage
حق تملک از طریق رهن قانونی

charge card
کارت اعتباری

☞ *credit card*

chargee
بستانکار

charge hand
سرکارگر؛ هماهنگ کننده؛ سرگروه

☞ *foreman*

charge, in
متصدی

charges, bank
هزینه‌های بانکی

charge someone with (a duty)
(وظیفه‌ای را) به عهدهٔ کسی گذاشتن

charges prepaid
پیش پرداخت کرایه (حمل)

charges, transport

کرایه؛ هزینهٔ حمل و نقل

charging order

قرار ضبط اموال بدهکار به نفع طلبکار تا پرداخت دین؛ قرار توقیف مال؛ حکم دادگاه مبنی بر ضبط اموال یا پول مدیون

charisma

جاذبه؛ فرهمندی؛ کاریزما؛ ویژگیهای ذاتی؛ ویژگیهای خارق‌العادهٔ خدادادی؛ توانایی اعمال نفوذ در دیگران؛ توان ذاتی رهبری:

توان ذاتی رهبری عبارت است از توانایی یک شخص برای اعمال نفوذ در رفتار دیگران یا در ترغیب دیگران برای پذیرش دامنهٔ وسیعی از دیدگاههایش (به ویژه هنگامی‌که این توانمندی جنبهٔ ذاتی داشته باشد).

charismatic

فردی که دارای نیروی ذاتی رهبری است؛ منسوب به توان ذاتی رهبری؛ دارای جاذبه

charismatic authority

قدرت فرهمندی؛ قدرت اعمال نفوذ؛ اعمال قدرت با توجه به نفوذ رهبری

☞ *charismatic management*

☞ *charismatic style*

charismatic leader

رهبر متنفذ؛ رهبر با نفوذ؛ رهبر فرهمند؛ رهبر با جاذبه

charismatic leadership theory

نظریهٔ رهبری کاریزماتیک؛ نظریهٔ رهبری فرهی:

در این نظریه نوع خاصی از رهبری مورد توجه قرار می‌گیرد که مبتنی بر روابط هیجانی و غیر منطقی بین پیروان و رهبر است و طی آن پیروان معتقدند که رهبر آنان دارای قدرتهای خارق‌العاده برای اعمال تسلط و نفوذ فردی می‌باشد.

charismatic management

شیوهٔ مدیریت فرهمندی؛ مدیریت کاریزماتیک:

شیوه‌ای از مدیریت که در آن اطاعت از فرادست، در ویژگیهای شخصی و ذاتی مدیران ریشه دارد.

☞ *charismatic authority*

☞ *charismatic style*

charismatic style

شیوهٔ مدیریت فرهمندی؛ مدیریت کاریزماتیک:

شیوه‌ای از مدیریت که در آن اطاعت از فرادست، در ویژگیهای شخصی و ذاتی مدیران ریشه دارد.

☞ *charismatic management*

☞ *charismatic authority*

charm price

قیمت فریب دهنده؛ قیمت / بهای چشمگیر:

قیمتی که از نظر روانی بهای کمتری را به ذهن خریدار القا می‌کند. مانند ۹۹۹ تومان به جای ۱۰۰۰ تومان.

➔ *psychological pricing*

chart, activity

نمودار فعالیت

charta partira

قرارداد اجارهٔ کشتی

chart, assembly

نمودار خط مونتاژ / تولید

chart, break-even

نمودار نقطه سر به سر

chart, communication

نمودار شبکهٔ اطلاعات

charter

فرمان؛ امتیاز؛ امتیاز نامه؛ منشور؛ معافیت مخصوص؛ دربست کرایه کردن؛ اجارهٔ تمام ظرفیت یک وسیلهٔ نقلیه مانند هواپیما، قایق و یا اتوبوس برای جابجایی کالا یا مسافر؛ اجاره کنندهٔ کشتی / هواپیمای دربست؛ سند؛ اساسنامه (شرکت یا شهرداری)؛ اجازه تأسیس شرکت؛ اجازه نامه؛ فرمان؛ کرایه؛ اجاره؛ دربست؛ دربستی اجاره کردن

☞ *articles of incorporation*

☞ *certificate of incorporation*

☞ *corporate charter*

☞ *incorporation charter*

charterage

کرایه و اجاره کردن کشتی

charter an entire vessel

اجارهٔ تمام یک کشتی

charter a ship

کشتی را دربست اجاره کردن

chartered

رسمی؛ مجاز؛ صلاحیتدار

chartered accontant (CA)

حسابدار خبره؛ حسابدار مجاز؛ حسابدار رسمی؛ حسابدار قسم خورده:

به عضو مؤسسهٔ حسابداران قسم خورده (خبره) گفته می‌شود.

☞ *certified accountant*

☞ *public accountant*

chartered company

شرکت صاحب امتیاز؛ شرکت مجاز؛ شرکت دارای اساسنامه و مجاز به فعالیت

charterer

اجاره کنندهٔ کشتی یا هواپیمای دربست

chartering

کرایه و اجاره کردن کشتی

charter party

قرارداد اجارهٔ کشتی تجارتی؛ قرارداد کشتی در بست؛ در قرارداد اجارهٔ کشتی مبدأ، مقصد، میزان اجاره بها و زمان تخلیه و بارگیری ذکر می‌شود تا در صورت تأخیر فرستندهٔ کالا مبالغی بابت کرایهٔ معطلی یا بیکار ماندن کشتی (دموراژ) پرداخت نماید

charterparty

قرارداد دربستی

charter plan

هواپیمای دربستی

chart, flow

نمودار گردش کار

chart, functional

نمودار وظایف

chartist

متخصص / کارشناس سهام

chart of attributes

جدول آمار تعیین درجهٔ مرغوبیت کالا

chart, organizational

نمودار سازمانی

chart, personnel

نمودار پرسنلی / کارگزینی

chart, progress

نمودار پیشرفت کار

chart, quality control

نمودار کنترل کیفیت

chart, work distribution

نمودار تقسیم کار

chart, work flow

نمودار گردش کار؛ نمودار جریان کار

cheap jack

دوره‌گرد

cheap money

پول ارزان؛ پول با نرخ بهرهٔ نسبتاً کم

check (var.cheque)

چک؛ بررسی؛ کنترل؛ بازرسی؛ بازدید؛ صورت حساب؛ تیک (علامت)؛ بررسی کردن؛ بازرسی کردن؛ امتحان کردن؛ علامت زدن

check, bearer

چک در وجه حامل

check, blank

چک سفید؛ چک سفید امضا

checkbook (var.chequebook)

دسته چک

check card

چک کارت؛ کارت شناسایی بانکی

check, certified

چک تضمین شده

check columns

ستونهای کنترل پیشرفت

check crossed generally

چکی که قابل نقد کردن نبوده و فقط قابل واریز به حساب بانکی باشد

check crossed specially

چکی که قابل نقد کردن نبوده و فقط قابل واریز به حساب بانکی با ذکر نام بانک مورد نظر باشد

check digit

رقم کنترل کننده

checker

مأمور کنترل؛ بازرس

check-in

بازرسی؛ بازرسی کردن

checking account

حساب جاری

☞ *current account*

☞ *drawing account*

checking copy

نسخهٔ بازبینی

☞ *voucher copy*

checking results

بررسی نتایج

checking service

خدمات حساب جاری؛ خدماتی که به دارندگان حساب جاری داده می‌شود

checklist

فهرست بازبینی؛ چک لیست:

استفاده از فهرست بازبینی یا چک لیست روش ساده‌ای برای تمرکز داشتن بر موضوعهای خاص در پروژه است. شیوه‌ای است متداول که اغلب جهت تنظیم کار و کنترل نتایج آن توسط سرپرستان و مدیران مورد استفاده قرار می‌گیرد.

check, negotiable

چک قابل انتقال

check, NSF

چک بی محل؛ چک با کسری موجودی؛ چک با موجودی غیر کافی

☞ *check stumer*

check-off

check-off agreement / child labor laws

بــرداشت؛ بــرداشت ســهم اتحادیــه؛ بــرداشت خودکار حق عضویت اتحادیه از حقوق کارگران

check-off agreement

موافقت نسبت به دریافت حق عضویت: قــرارداد مــنعقد شــده بــین کــارفرمایان و ســازمان‌های کــارگری کــه بــر مــبنای آن حق عضویت در سازمان‌های کارگری، مستقیماً از دستمزد کارگران کسر می‌شود.

check-stub

ته چک

check, stumer

چک بی محل

☞ *bad check*
☞ *bounding check*
☞ *dishonored check*
☞ *bogus check*
☞ *uncovered check*
☞ *NSF check*

check time

زمان باز بینی؛ زمان بازپرسی؛ زمان بازدید

check to the order of...

چک به حواله کرد...

check trading

خرید با چک؛ دادوستد به وسیلهٔ چک

☞ *voucher trading*

check, traveller's

چک مسافرتی

cheque account

حساب جاری

☞ *checking account*
☞ *current account*

cheque, blank

چک سفید؛ چک امضا شده بدون ذکر مبلغ

chequebook (var. checkbook)

دسته چک

cheque (var. check)

چک

☞ *check*

Chicago School of Economists

اقــتصاددانــان مکــتب شــیکاگو؛ گــروهی از اقتصاددانان طرفدار سنت لیبرالیسم اقتصادی که منتسب به دانشگاه شیکاگوی آمریکا هستند

chief

رییس؛ اصلی؛ اساسی؛ مرکزی

chief executive

رییس کل؛ مدیر عامل

chief executive officer (CEO)

رییس کل؛ مدیر عامل؛ مدیر کل؛ بالاترین مقام اجرایی سازمان

chief finance officer

مدیر کل امور مالی

chief officer

کارمند یا مأمور عالی رتبه

chief of protocol

(در آمریکا) رییس تشریفات

chief of staff

رییس ستاد

chief of state

رییس کشور

child benefit

حق اولاد

child labor laws

قوانین کار کودکان یا افراد نابالغ؛ قانون مربوط به

کار کودکان

child labor legislation

قانون مربوط به کار کودکان؛ قوانین کار کودکان یا افراد نابالغ

chirograph

دستخط؛ اسناد خطی؛ سند؛ نوشته

chi-square test

آزمون کای اسکویر؛ آزمون برای سنجش اهمیت آماری که برای مقایسهٔ داده‌های حاصل شده از منابع مختلف، به کار می‌رود

choice of forum

انتخاب مرجع رسیدگی

choice of law

انتخاب قانون حاکم

choice of law clauses

شرط انتخاب قانون حاکم

choosing the right manager

انتخاب مدیر شایسته

chop

مبادله؛ تسعیر؛ معاوضه؛ معاملهٔ تهاتری؛ مهر؛ مهر رسمی

chores

کارهای روزمره

chose in action

حق موضوع دعوا؛ حق بالقوه

chose in possession

حق بالفعل مال مورد تصرف

chronic crisis

بحران حاد/ مزمن

chronocyclegraph

تصویر کتبی از نحوهٔ عملکرد کارگر در حین کار

chronological indexing of records

طبقه بندی تاریخی اسناد

CIFC (cost, insurance, freight and charges /commission)

قیمت کالا به اضافهٔ حق بیمه، هزینهٔ حمل و دلالی؛ قیمت کالا به اضافهٔ هزینهٔ بیمه و کرایهٔ حمل و عوارض دیگر یا حق‌العمل (که در مورد قیمت کالای سفارش داده شده از خارج گفته می‌شود)

CIF & C (cost, insurance, freight and commission)

قیمت کالا به اضافهٔ حق بیمه، هزینهٔ حمل و دلالی

CIF+C & I (cost, insurance, freight + commission and interest)

قیمت کالا به اضافهٔ حق بیمه، هزینهٔ حمل، دلالی و بهره

CIFCI (cost, insurance, freight, commission and interest)

قیمت کالا به اضافهٔ حق بیمه، هزینه حمل، دلالی و بهره

CIF (cost, insurance and freight)

(در بازرگانی بین‌المللی) قیمتی که شامل هزینه‌های بیمه و حمل کالا تا مقصد می‌باشد؛ سیف: قیمت کالا به اضافهٔ حق بیمه و هزینهٔ حمل یا کرایه تا بندر مقصد (این اصطلاح برای قیمت کالاهایی به کار می‌رود که با احتساب قیمت اصلی کالا و هزینهٔ بیمه و هزینهٔ حمل و نقل دریایی تا بندر مقصد فروخته شده است)

CIFE (cost, insurance, freight

CIF value of goods / **circulating medium**

and exchange)
قیمت کالا به اضافهٔ بیمه، کرایه و تفاوت قیمت ارز (برای جنس سفارش داده شده)

CIF value of goods
قیمت تمام شدهٔ کالا در مقصد

CII (collective investment institution)
مؤسسهٔ سرمایه‌گذاری جمعی

CIO (congress of industrial organizations)
کنگرهٔ سازمانهای صنعتی

CIOS (Conseil International par l'organisation scientifique) & (International Council for Scientific Management)
شورای بین‌المللی مدیریت علمی (در فرانسه)

cipher
رمز؛ پیام رمزی؛ به رمز درآوردن؛ به رمز تبدیل کردن

cipher codes
به رمز تبدیل کردن؛ با رمز نوشتن؛ رمز کردن

cipher key
کلید رمز

CIPM (Council for International Progress in Management)
(در آمریکا) انجمن پیشرفت بین‌المللی مدیریت

circle pattern of communication
الگوی ارتباطی دایره‌ای

circles
دوایر؛ محافل

circles, government
دوایر حکومتی

CIR (Commission on Industrial Relations)
کمیسیون روابط صنعتی

circular
بخشنامه؛ (الگوی) دایره‌ای

circular flow of income
گردش پول

circular integration
ادغام شرکتهای مرتبط

circularize
بخشنامه کردن

circular letter
بخشنامه؛ دستورالعمل عمومی
☞ *circular note*

circular pattern of communication
الگوی ارتباطی دایره‌ای

circulate
منتشر شدن؛ انتشار دادن؛ رواج دادن؛ دایر کردن

circulating asset
دارایی در گردش؛ دارایی جاری
☞ *current asset*

circulating capital
سرمایه در گردش؛ سرمایه جاری
☞ *working capital*

circulating medium
وسیلهٔ انتقال قدرت خرید (مثل اسکناس و چک و غیره)

circulation

پخش؛ جریان؛ انتشار؛ تیراژ؛ شمارگان؛ پول در گردش

circulation of rumors

پخش شایعات

city-article

مقالهٔ مالی یا تجاری

City Code on Take-overs and Mergers

مجموعه قوانین ادغام شرکتها

civil arbitration

داوری تجاری

☞ *commercial arbitration*

civil case

دعوای حقوقی؛ پروندهٔ حقوقی یا کیفری

☞ *criminal case*

civil company

شرکت مدنی

civil corporation

شرکت انتفاعی؛ مؤسسهٔ انتفاعی

civil death

محرومیت از حقوق مدنی

civil degradation

محرومیت از حقوق مدنی

civil department

تشکیلات کشوری

civil law

قانون مدنی؛ حقوق مدنی؛ قانون مدون در مقابل قانونی که بر پایهٔ سنت و عرف است

civil liability

مسؤولیت مدنی

civil partnership

شرکت مدنی

civil procedure

آیین دادرسی مدنی؛ اصول محاکمات حقوقی

civil procedure code

آیین دادرسی مدنی

civil process

حکم و دستور محکمهٔ حقوقی برای جلب و توقیف بدهکار

civil remedy

جبران خسارت حقوقی

civil servant

کارمند دولت

Civil Dervice Commission

کمیسیون استخدام کشوری

civil service(s)

سازمانهای دولتی؛ ادارات دولتی؛ نظام اداری؛ دستگاه اداری؛ کارمندان دولت؛ استخدام کشوری؛ کارمندان کشوری؛ کلیهٔ سازمانها/نهادهای دولتی بجز نیروهای مسلح

civil service pension

حقوق بازنشستگی کارمندان دولت

civil service reform

اصلاح نظام اداری

claim

ادعا؛ دعوی؛ طلب؛ دعوا؛ ادعا کردن؛ مطالبه کردن؛ سبب دعوا؛ مطالبه؛ طلب؛ تقاضا؛ پول یا مال مورد مطالبه؛ ادعا؛ درخواست؛ خسارت؛ استحقاق؛ مورد ادعا

claim damages

ادعای خسارت کردن؛ خسارت مورد مطالبه

claim form

فرم مطالبه

claim one's due

حق خود را مطالبه نمودن

claim privilege

امتیازی را برای خود قائل شدن

class

طبقه؛ گروه؛ درجه؛ رده؛ اعضای خاص (شرکت)

classical decision theory

نظریهٔ کلاسیک تصمیم‌گیری؛ نظریهٔ کلاسیک سازماندهی (طراحی سازمان)

classical economics

اقتصاد کلاسیک:

مفهومی که در اواخر قرن هیجدهم تا دههٔ ۱۹۳۰، در اقتصاد سرمایه‌ای مطرح بوده است. طرفداران این نظریه معتقدند که فعالیتهای اقتصادی باید بر اساس منافع فرد جریان یابد و دولت از دخالت در امور اقتصادی بپرهیزد.

classical management school

مکتب کلاسیک مدیریت:

نظریهٔ گروهی از محققان و نویسندگان اولیهٔ رشتهٔ مدیریت و سازمان

classical organization theory

نظریهٔ کلاسیک سازمان:

نظریهٔ نویسندگانی که اصول جهان شمولی را برای مدیریت سازمانها پیشنهاد کرده‌اند. نظریهٔ کلاسیک شامل نظریهٔ مدیریت علمی، نظریهٔ بوروکراسی و نظریهٔ اداری است.

classification

طبقه بندی؛ رده بندی؛ ایجاد سلسله مراتب

classification, budget

طبقه بندی بودجه

classification, industrial

طبقه بندی صنعتی

classification, job

طبقه بندی مشاغل

classification merchandising

روش طبقه بندی کالا؛ روش ثبت و گروه بندی کالا در کنترل موجودی

classification method

روش طبقه بندی؛ روش ارزشیابی مشاغل که بر مبنای آن شغل‌ها در طبقات مختلف گروه بندی می‌شوند؛ نحوهٔ طبقه بندی

classification, occupational

طبقه بندی حرفه‌ای/ شغلی

classification of jobs

طبقه بندی مشاغل

classification of occupations

طبقه بندی مشاغل/ حرفه‌ها

classification of occupations and directory of occupational titles (CODOT)

طبقه بندی مشاغل و راهنمای عناوین شغلی (کودات)

classification of records

طبقه بندی اسناد

classification test

آزمون طبقه بندی

classified

طبقه بندی شده؛ رده بندی شده؛ محرمانه؛ سری

classified advertisement

تبلیغات طبقه بندی شده؛ آگهی‌های تجاری طبقه بندی شده

classified balance sheet

ترازنامهٔ طبقه بندی شده:

قید داوری؛ شرط داوری

claused bill of lading

بارنامهٔ مشروط (در مقابل بارنامهٔ بدون قید و شرط)؛ بارنامه‌ای که ظهرنویسی شده

☛ *clean bill of lading*

☞ *unclean bill of lading*

clause, limitation

شرط محدود کردن مسؤولیت (در قرارداد)

clause, penal

شرط وجه التزام (در قرارداد)

clause voided

شرط ابطال

clean

بدون قید و شرط؛ منصفانه؛ بدون تقلب

clean acceptance

قبولی بدون قید و شرط (برات)

clean bill

سهام یا اوراق بهاداری که اسناد مالکیت یا ورقه‌ای دال بر مالکیت آن ضمیمه‌اش نباشد

clean bill of exchange

برات بدون قید و شرط

clean bill of lading

بارنامهٔ بدون قید و شرط (در مقابل بارنامهٔ مشروط)؛ بارنامهٔ با ذکر بی‌عیب و نقص بودن محموله

☛ *claused bill of lading*

☛ *unclean bill of lading*

clean profit

سود خالص

clean record

نداشتن پیشینه بد؛ عدم سوء سابقه؛ حسن پیشینه

ترازنامه‌هایی که در آن داراییها، بدهیها و حقوق صاحبان سهام بر مبنای خدمت، کاربرد و منبع تفکیک شده است.

classified information

اطلاعات طبقه بندی شده

classified material

اسناد و مدارک طبقه بندی شده؛ مطالب طبقه بندی شده

classified property tax

مالیات بر دارایی طبقه بندی شده:

تهیهٔ فهرستی از اموال توسط صاحبان آنها به منظور برآورد میزان مالیات متعلقه بر مبنای قیمت روز و نرخهای مالیاتی

classified tax

مالیات طبقه بندی شده

classified taxation

سیستم مالیات طبقه بندی شده

classify

طبقه بندی کردن؛ رده‌بندی کردن؛ محرمانه اعلام کردن

class meeting

جلسهٔ اعضای خاص شرکت

class rate

نرخ طبقه در بیمه:

نرخ بیمه‌ای که برای حوادثی که دارای مخاطرات یکسان می‌باشد اعمال می‌شود.

class struggle

مبارزهٔ طبقاتی؛ مبارزهٔ طبقهٔ کارگر و سرمایه‌دار (در نظریهٔ مارکسیسم)

clause

ماده؛ شرط؛ قید

clause compromissoire (Fr)

گواهی ترخیص صادره توسط گمرک برای کشتی جهت تخلیه بار یا ترک بندر؛ اسناد و مدارک خروج کشتی از بندر

cleared from obligation

بری‌الذمه

cleared without examination

ترخیص بدون بازرسی

clearing

تهاتر؛ پایاپای

clearing a bill

محاسبهٔ سررسید برات؛ پرداخت مبلغ برات و تصفیهٔ حساب مربوط به آن

clearing account

حساب تهاتری؛ حساب پایاپای

clearing agent

کارگزار ترخیص (کالا از گمرک)

clearing agreement

قرارداد پایاپای؛ موافقت نامهٔ تهاتری؛ قرارداد مبادلهٔ کالا

clearing bank

بانک تصفیه؛ بانک تهاتر؛ (در انگلستان) بانک عضو اطاق پایاپای

clearing credit

اعتبارات تهاتری:

این نوع اعتبارات معمولاً در مبادلات و قراردادهای کشورهای بلوک شرق مورد استفاده قرار می‌گیرد.

clearing house

اتاق تهاتر؛ مرکز تهاتر؛ اتاق پایاپای

→ *stock clearing corporation*

Clearing Houses Interbank Payment System (CHIPS)

clean slate

حسن سابقه؛ سابقهٔ خوب

clean up

کسب منافع به طور انحصاری و سریع؛ کسب منافع قابل ملاحظه و سریع

clear

ترخیص کردن؛ تشریفات گمرکی را انجام دادن؛ رد کردن (از گمرک)؛ بازپرداخت کردن؛ پایاپای کردن؛ (از نظر امنیتی) مورد تأیید قرار دادن؛ واریز کردن؛ خالص برداشت کردن؛ سود ویژه برداشتن؛ تسویه حساب کردن؛ تبرئه کردن؛ مورد تأیید قرار گرفتن

clearance

تصفیه؛ حراج؛ گواهی ترخیص کشتی از گمرک؛ تهاتر حساب بدهکاران و بستانکاران (در بانکداری)؛ برائت؛ تصفیهٔ دیون و مطالبات؛ ترخیص (کالا از گمرک)؛ اجازهٔ تخلیه یا بارگیری در بندر؛ حق خروج کشتی از بندر؛ تهاتر کردن (چک و حواله) در اتاق پایاپای بانکها؛ تهاتر؛ پایاپای؛ جواز؛ مجوز (امنیتی)؛ تأییدیه

clearance certificate

گواهی ترخیص (کشتی)

clearance from obligation

برائت ذمه

clearance inwards

مجوز ورود کشتی؛ گواهی مأمورین گمرک نسبت به کالاهایی که مشمول حقوق گمرکی می‌شوند قبل از تخلیه و بعد از حمل

clearance outwards

مجوز خروج کشتی

clearance papers

سیستم تسویهٔ حساب بین بانکی:
سیستمی که به صورت خودکار، حسابهای بین بانکها را تصفیه می‌کند. این سیستم که مرکز آن در نیویورک است تسویهٔ حسابهای بین‌المللی را عهده‌دار می‌باشد.

clearings

مبلغ پایاپای شده

clearing system

نظام پایاپای؛ بازرگانی تهاتری؛ تجارت پایاپای

clear instructions

دستورات صریح

clerical

دفتری؛ اداری

clerical aptitude test

آزمون اندازه‌گیری توان دفتری:
آزمونی که برای اندازه‌گیری استعداد و توانایی انجام فعالیتهای دفتری استفاده می‌شود.

clerical cost

هزینه‌های دفتری

clerical error

اشتباه تحریری؛ اشتباه تایپی؛ غلط تایپی؛ اشتباه ماشین نویسی

clerical service

خدمات دفتری / اداری

clerical work

کار دفتری؛ کار اداری؛ فعالیت دفتری

clerical workers

کارمندان دفتری

clerical staff

کارمندان دفتری

clerical work evaluation

ارزشیابی فعالیت دفتری

clerical work improvement program

برنامهٔ بهبود کارهای دفتری:
یکی از روشهای اندازه‌گیری کار در سازمانها که بر سیستم‌های از پیش طرح‌ریزی شده حرکات و زمان استوار است.

clerk

منشی؛ دبیر؛ کارمند دفتری؛ دفتردار؛ کارمند؛ فروشنده؛ متصدی پذیرش

clerk, filing

بایگان

client

موکل؛ مشتری

clientele

ارباب رجوع؛ مشتریان

client organization

سازمان بر محور ارباب رجوع

clock card

کارت وقت نگار؛ کارت ساعت؛ کارت ثبت ساعت ورود و خروج کارکنان

clocking-in

ثبت زمان صرف شده برای کار؛ روشی که بر اساس آن ساعات صرف شدهٔ کارکنان در سازمان ثبت می‌شود.

☞ *clocking - on*

clocking-on

ثبت زمان صرف شده برای کار

☞ *clocking - in*

clock watcher

زیرکار در رو؛ وقت گذران

close company

شرکت محدود:

نوعی شرکت که توسط تعداد محدودی سهامدار (حداکثر پنج نفر) اداره می‌شود و حداکثر سهام قابل فروش آن، ۳۵٪ مجموع سهام است.
☞ **close corporation**

close corporation
شرکت محدود؛ شرکتی که سهام آن در دست عدهٔ معدودی باشد؛ شرکت خانوادگی؛ شرکت خصوصی:
شرکت خصوصی که توسط تعداد محدودی سهامدار (حداکثر پنج نفر) اداره می‌شود و حداکثر سهام قابل فروش چنین شرکتی ۳۵٪ مجموع سهام است.
☞ **close company**

closed
غیر علنی؛ سری؛ خاتمه یافته؛ مسدود؛ بسته؛ تعطیل

closed account
حساب مسدود؛ حساب بسته؛ حسابی که بدهکار و بستانکار آن برابر است

closed-door
سری؛ محرمانه

closed-end company
شرکت با سرمایهٔ ثابت

closed-end investment company
شرکت سرمایه‌گذاری با سرمایهٔ ثابت

closed-loop control
کنترل دایره‌ای بسته
☞ **monitored control system**

closed-loop control system
سیستم کنترل دایره‌ای بسته؛ سیستم نظارت/کنترل بسته

☞ **close - loop control**

closed mortgage
سند رهنی غیر آزاد (سندی که تا فک رهن امکان وام گرفتن مجدد با آن نباشد)

closed session
جلسهٔ غیر علنی؛ جلسهٔ محرمانه

closed shop
عضویت اجباری در اتحادیه؛ اعطای امتیاز استخدام به آن دسته از افرادی که عضو سازمان کارگری هستند؛ قانون عضویت اجباری در اتحادیه‌های کارگری (کارفرمایان فقط کارگران عضو اتحادیه را استخدام می‌کنند)؛ عضویت اجباری کارکنان یک مؤسسه یا شرکت در سندیکای مربوطه:
روش استخدامی که در آن همهٔ کارکنان باید عضو اتحادیه باشند.
☞ **union shop**

closed shop
عضویت اجباری اتحادیه

closed shop, post-entry
عضویت اجباری پس از استخدام در اتحادیه؛ استخدام به شرط عضویت در اتحادیه

closed shop, pre-entry
عضویت اجباری پیش از استخدام؛ عضویت اجباری قبل از استخدام در اتحادیه

closed stock
متاع کامل؛ یک دست کامل؛ کالایی که به صورت دستی فروشی عرضه می‌شود

closed system
نظام بسته؛ سیستم بسته
☞ **open system**

closing stock

ارزش موجودی مواد خام و کالا در پایان دورهٔ مالی

closure

اختتام جلسه

cloth-cap association

انجمن کارگری؛ اتحادیهٔ کارگری

☞ *labor union*

☞ *industrial union*

cloth-cap (GB)

(در انگلستان) طبقهٔ کارگر؛ کارگری

cluster analysis

تجزیه و تحلیل خوشه‌ای؛ تحلیل گروهی:
یکی از روشهای طبقه بندی اطلاعات که اطلاعات در آن بر اساس عوامل مشابه در گروههای مشخص طبقه بندی می‌شوند.

cluster sampling

نمونه‌گیری خوشه‌ای؛ نمونه‌گیری گروهی؛ یکی از روشهای نمونه‌گیری‌که در آن طبقه‌ها یا گروههایی از جمعیت آماری بررسی می‌شود

CMS (Certificate in Management Studies)

گواهینامهٔ مطالعات مدیریت

CNC (computer numerical control)

کنترل کامپیوتری؛ کنترل رایانه‌ای

coaching

آموزش به کمک مربی؛ روش آموزشی با استفاده از مربی:
در این روش آموزشی، کارآموز یا دانش پژوه به تمرینات عملی می‌پردازد ، به عبارت دیگر عملاً وظایف مربوط به شغل خود را انجام می‌دهد و مربی نیز ضمن بحث و مشاوره نحوهٔ عملکرد او را ارزشیابی می‌کند.

coacquisition

شرکت در خرید؛ شرکت در تحصیل و بدست آوردن چیزی

coadaptation

توافق دو جانبه

coadjutancy

همکاری؛ تعاون؛ معاونت

coadjutant

☞ *assistant*

معاون

coadjute

همکاری کردن

☞ *cooperate*

coadjutor

همکار؛ معاون

coalition bargaining

چانه زنی ائتلافی:
یکی از روشهای مذاکرهٔ جمعی که طی آن دو یا چند سازمان کارگری ائتلافی با کارفرما به مذاکره می‌پردازند.

co-assurance

بیمهٔ مشترک؛ قرارداد بیمه که چندین بیمه‌گر یک قسمت از خسارت را بر عهده می‌گیرند ولی هیچ یک با دیگری تعاون و اشتراک ندارند؛ هم بیمه‌گی

coasting (trade)

کشتیرانی ساحلی؛ کشتیرانی و حمل کالا از یک بندر به بندر دیگر بدون دور شدن از ساحل

COBOL (common business-oriented language)

زبان کوبول؛ زبان کامپیوتر که برای برنامه‌نویسی

مجموعهٔ قوانین

codetermination
(var. co-determination)

تصمیم‌گیری مشترک؛ تصمیم‌گیری توسط مدیریت و کارکنان سازمان :
مشارکت کارکنان در ادارهٔ امور سازمان که معمولاً از طریق شرکت در مراجع تصمیم‌گیری و داشتن حق رأی مساوی با سایر اعضا صورت می‌گیرد.

codex

مجموعه قوانین

codification

کدگذاری؛ وضع قوانین؛ تدوین؛ تنظیم برنامه بر اساس تفکیک گروهها و طبقه‌ها با توجه به مقررات؛ تدوین قوانین؛ وضع قوانین؛ قانون‌نویسی؛ به صورت قانون درآوردن

codify

تدوین کردن (قانون)؛ وضع کردن قانون؛ به صورت قانون در آوردن؛ به صورت رمز در آوردن؛ تعیین مجموعه ای از اصول و توانین

coding

برنامه نویسی؛ رمز گذاری؛ کدگذاری کردن؛ کد کردن؛ رمز کردن؛ با رمز نوشتن

CODOT (classification of occupations and directory of occupational titles)

کودات: طبقه بندی مشاغل و راهنمای عناوین شغلی

coefficient

ضریب / عامل مشترک

coefficient of acceleration

ضریب شتاب؛ ضریب شتاب اقتصادی

تجاری و استفاده در امور بازرگانی برنامه‌ریزی شده است

cocket

گواهی صادر کردن؛ مهر زدن؛ گواهی پرداخت عوارض گمرکی

COD (cash on delivery)

پرداخت در زمان تحویل؛ (در انگلستان) وصول وجه در موقع تحویل کالا

code

مجموعه قوانین؛ قانون؛ نظامنامه؛ رمز؛ قرارداد؛ قاعده؛ کد؛ به صورت رمز درآوردن؛ وضع قانون کردن؛ مجموعه قانون تهیه کردن؛ کدگذاری کردن؛ به رمز نوشتن

code breaking

کشف رمز

☞ *decoding*

code of civil procedure

آیین دادرسی مدنی

code of criminal procedure

آیین دادرسی کیفری

code of industrial relations practice

قانون روابط صنعتی؛ قانون مناسبات صنعتی

☞ *industrial relations code of practice*

code of law

مجموعه قوانین

code of obligation

قانون تعهدات

code of practice

دستورالعمل داخلی یا اجرایی

code of rules

coefficient of correlation
ضریب همبستگی (معیار سنجش میزان رابطهٔ علت و معلولی بین دو امر)
→ *correlation coefficient*

coefficient of determination
ضریب تشخیص / تعیین

coefficient of relative cost of production
ضریب هزینهٔ نسبی تولید

coefficient of relative efficiency of organization
ضریب کارآیی نسبی سازمان

coemption
احتکار

co-establishment
سازمان مشترک

cofficient of variation
نسبت انحراف معیار به میانگین

cognitive dissonance
ناسازگاری ادراکی: نظریه‌ای در روانشناسی که تشریح کننده شرایطی است که در آن گرایشهای ذهنی فرد با رفتار وی در تعارض قرار می‌گیرد.

cognizant
صالح؛ صلاحیتدار؛ آگاه؛ خبره

cognovit note
سفته‌ای که دارندهٔ آن می‌تواند در صورت عدم پرداخت وجه آن توسط متعهد، از دادگاه (بدون رسیدگی) علیه وی حکم دریافت کند
☞ *confession of judgment*
☞ *judgment note*

COI (centeral office of information)
دفتر مرکزی اطلاعات

co - insurance / coinsurance
بیمهٔ مشترک؛ بیمهٔ جزئی آتش‌سوزی

cold canvassing
مشتری‌یابی؛ بازار گرمی

collaborate
همکاری کردن؛ تشریک مساعی کردن

collaboration
همکاری؛ تشریک مساعی؛ مشارکت

collapse of negotiations
شکست مذاکرات

collapsible corporation
شرکت قابل انحلال؛ شرکت در حال ورشکستگی

collate
ادغام شرکتها؛ اعطا کردن؛ تفویض کردن
☞ *merger*

collateral
تضمین؛ وثیقه؛ وجه التزام؛ مال گرویی؛ وثیقهٔ انجام تعهد؛ عین مرهونه؛ تضمین وام؛ فرعی؛ تبعی؛ همزمان؛ متقارن؛ غیر مستقیم؛ تضمینی؛ اضافی

collateral assurance to a deed
وثیقهٔ اضافی سند

collateral contract
قرارداد جنبی

collateral damages
خسارات جنبی؛ هزینه‌های جنبی

collateral loan
وام با وثیقه

collateral negligence

مسؤولیت در قبال عمل خیر (نظیر مسؤولیت کارفرما در قبال اعمال کارگر)؛ تقصیر ساری

collateral note

وام یا سفته‌ای که با اوراق بهادار تضمین شود

collateral promise

تراضی ضمان

collateral property

عین مرهونه؛ وثیقه

☞ *collateral security*

collateral security

وثیقه؛ عین مرهونه؛ گروی

collateral trust bonds

قرضه‌هایی که قرضه یا سهام دیگری را به عنوان پشتوانه داشته باشند

colleague

همکار

collect

دریافت کردن؛ وصول کردن؛ گردآوری کردن؛ جمع کردن

collectable

قابل وصول

collect a claim

قرضی را وصول کردن

collecting bank

بانک وصول کننده

collection

وصول؛ گردآوری؛ مجموعه؛ جمع‌آوری اعانه

collectionable

تابع تقدم و تأخر؛ ملزم به اجرای قرارداد و پرداخت بدهی بر حسب تقدم و تأخر

collection agency

بنگاه یا نمایندگی وصول؛ تحصیلداری

collection agent

عامل یا نمایندهٔ وصول؛ تحصیلدار

collection of debts

وصول مطالبات

collective

جمعی؛ گروهی؛ اشتراکی؛ اجتماعی؛ استنباطی؛ عمومی؛ تعاونی

collective action theory

نظریهٔ اقدام گروهی

collective bargaining

مذاکرات جمعی؛ مذاکرات برای بهبود شرایط کار؛ مذاکرات جهت بدست آوردن مزایای بیشتر؛ مذاکرات برای احقاق حق:

مذاکراتی که دربارهٔ شرایط کار بین کارفرما یا گروهی از کارفرمایان و یا یک یا چند سازمان کارفرمایی از یک طرف و یک یا چند سازمان کارگری از طرف دیگر به منظور حصول توافق صورت می‌گیرد.

collective contract

قرارداد جمعی:

نوعی نظارت مستقل کارگران بر تولید که کارگران در آن مسؤولیت رعایت استانداردها، سازماندهی کار و همانند آنها را عهده‌دار می‌شوند.

collective guarantee

مسؤولیت دسته جمعی؛ مسؤولیت گروهی

collective investment institution (CII)

مؤسسهٔ سرمایه گذاری جمعی / اشتراکی

☞ *institution for collective investment*

collective liability

collective ownership 154 come out

مسؤولیت جمعی

collective ownership

مالکیت اشتراکی؛ مالکیت جمعی

collective responsibility

مسؤولیت جمعی

collectivism

جمع گرایی

collector of taxes

مأمور وصول مالیات؛ تحصیلدار مالیاتی

collecting information

جمع آوری اطلاعات

☞ *gathering of data*

collegium

هیأت کارشناسان

collision clause

بیمهٔ تصادف

collision insurance

بیمهٔ تصادف

collision of ideas

برخورد اندیشه‌ها؛ اختلاف عقیده؛ برخورد عقاید

collocation

پرداخت ترتیبی بدهی بستانکاران؛ طبقه بندی و تقدم و تأخر دین بدهکاران به ترتیبی که بتوان در سر موعد طلب خود را وصول نمود؛ مرتب کردن؛ تنظیم؛ ترتیب پرداخت بدهی به طلبکاران

colloquy

گفتگوی دو جانبه؛ مذاکره؛ محاوره؛ بحث و مذاکره رسمی دو جانبه

column diagram

نمودار ستونی

➔ *histogram*

COMAL (common algorithmic language)

زبان محاسبهٔ عددی مشترک

combined transport

حمل و نقل مرکب؛ حمل و نقل ترکیبی

combined transport document

سند حمل و نقل مرکب؛ سند حمل و نقل کالا؛ سندی که تضمین کنندهٔ حمل کالا با وسایط نقلیه مختلف به مقصد معین می‌باشد؛ گواهی حمل مشترک

combined transport operator

متصدی حمل و نقل مرکب

COM (computer output to microfilm)

خروجی کامپیوتر به صورت میکروفیلم

come before

مطرح شدن؛ اولویت داشتن

COMECON (Council for Mutual Economic Assistance)

شورای همیاری متقابل اقتصادی؛ شورای همکاریهای متقابل اقتصادی بلوک شرق

come in

انتخاب شدن؛ روی کار آمدن؛ واصل شدن؛ قبول کردن مسؤولیت یا مشاغل رسمی

come into force

اجرا شدن؛ به مورد اجرا گذاشته شدن؛ به اجرا درآمدن

come into operation

قابل اجرا شدن؛ آماده شدن؛ راه‌اندازی شدن

come out

اعتصاب کردن؛ دست از کار کشیدن

come out against
مخالفت علنی کردن؛ بطور علنی مخالفت کردن

come out on strike
اعتصاب کردن

come to an agreement
موافقت کردن؛ توافق کردن

come to effect
قابل اجرا شدن

come to terms
به توافق رسیدن؛ دستیابی به توافق

comformance
مطابقت با مشخصات

command
دستور دادن؛ فرمان دادن؛ امر کردن؛ فرماندهی کردن؛ دستور؛ امر؛ فرمان؛ یکان؛ فرماندهی؛ افراد تحت امر؛ تسلط؛ کنترل

command, chain of
سلسله مراتب فرماندهی

commandite (Fr)
شرکت با مسؤولیت محدود یا غیر تضامنی؛ مضاربه

commandment
حکم؛ امر؛ دستور

commence an action
اقامه کردن دعوا؛ طرح کردن دعوا

commendable
قابل توصیه و سفارش

commendation
سفارش؛ توصیه؛ معرفی؛ تشویق

commendatory letter or epistle
توصیه نامه؛ معرفی نامه

comment
اظهار نظر؛ نظر دادن؛ اظهار نظر کردن؛ انتقاد کردن؛ تشریح کردن

commentary
تفسیر حقوقی؛ تأویل؛ شرح؛ یادداشت؛ گزارش

commentator
مفسر؛ گزارشگر

comment, make a
اظهار نظر کردن

commerce
تجارت؛ بازرگانی؛ داد و ستد؛ تجارت کردن؛ معامله کردن؛ داد و ستد کردن

- International Chamber of Commerce
اطاق بازرگانی بین‌المللی: یک سازمان بازرگانی بین‌المللی است که در سال ۱۹۲۰ میلادی در پاریس تأسیس گردیده و در سال ۱۹۴۶ توسط شورای اقتصادی و اجتماعی سازمان ملل دارای اساسنامهٔ مشورتی شده است.

commerce freedom
آزادی تجارت

Commerce Secretary
وزیر بازرگانی

commercial
تجاری؛ بازرگانی؛ قابل داد و ستد؛ بازاری؛ (آگهی) تجارتی؛ آگهی تبلیغاتی که از رادیو یا تلویزیون پخش می‌شود

commercial activities
فعالیتهای تجاری/بازرگانی

commercial agent
نمایندهٔ تجاری؛ نمایندهٔ بازرگانی

commercial arbitration

داوری تجاری؛ حکمیت و داوری برای رفع اختلاف بین خریداران و عرضه کنندگان کالا و خدمات

☞ *civil arbitration*

commercial arrangement

تنظیم قراردادهای تجاری

commercial bank

بانک بازرگانی؛ بانک تجارت

☞ *joint stock bank*

commercial bill

برات تجاری

commercial code

قانون تجارت

commercial courts

دادگاههای صنفی

commercial credit

اعتبار بازرگانی

commercial credit company/ corporation

شرکت اعتبار بازرگانی

commercial firm

تجارتخانه؛ شرکت بازرگانی / تجاری

commercial frustration

انتفای تعهدات تجاری به علت حوادث تهری

commercialism

مکتب سوداگری؛ عملیات بازرگانی و یا نگرشی که صرفاً ناظر بر منفعت طلبی است

commercial law

قانون یا حقوق تجارت؛ مجموعه قوانین تجاری

☞ *mercantile law*

commercial letter of credit

اعتبار اسنادی بازرگانی؛ اعتبار اسنادی تجاری (معمولاً غیر قابل فسخ)

commercial paper

سند تجاری؛ اوراق بهادار بازرگانی

commercial pledge

وثیقهٔ تجاری / بازرگانی

commercial policy

سیاست بازرگانی؛ خط‌مشی‌های کلی و اساسی دربارهٔ امور تجاری و بازرگانی در یک سازمان

commercial purpose

هدف تجاری

commercial representative

قایم مقام تجاری؛ نمایندهٔ تجاری

commercial risk

ریسک بازرگانی / تجاری

commercial ties

روابط بازرگانی

commercial transaction

معاملهٔ بازرگانی / تجاری

commercial treaty

معاهدهٔ بازرگانی؛ معاهدهٔ تجاری

commercial usage

عرف و رویهٔ تجاری

commission

حق‌العمل‌کاری؛ دلالی؛ کارمزد؛ نمایندگی؛ هیأت؛ حق‌العمل؛ کمیسیون؛ تعهد؛ وظیفه؛ مأموریت؛ فرمان؛ حکم؛ مقام یا پست نظامی؛ سفارش؛ ارتکاب؛ واگذار کردن مأموریت؛ به خدمت گرفتن ماشین آلات؛ راه‌اندازی کردن؛ سفارش دادن؛ منصوب کردن

commission agent

حق‌العمل‌کار

☞ *commisioner*

commission and interest
دلالی و بهره

commission contract
قرارداد دلالی

commissioner
حق‌العمل‌کار؛ مأمور؛ نماینده؛ عضو هیأت؛ عضو کمیسیون؛ مأمور عالی رتبهٔ دولتی؛ (در جمع) عنوان داورانی که در کمیسیونهای حل اختلاف از طرف دولتهای متبوعهٔ خود تعیین می‌شوند

commissioner of customs and excise
مسؤول امور مالیاتی و حقوق گمرکی (در انگلستان)؛ رییس گمرک

commissioner of inland revenue
متصدی امور مالیاتی (در انگلستان)؛ مأمور وصول درآمدهای داخلی؛ اعضای کمیسیون درآمد داخلی: مأمور وصول مالیات بر درآمد، مالیات شرکتها و مالیات املاک

commission, executive
هیأت رییسه؛ هیأت اجرایی

commission house
مؤسسهٔ حق‌العمل‌کاری

commission of an illegal act
ارتکاب عمل غیر قانونی؛ انجام کار خلاف

commission of conciliation
کمیسیون حل اختلاف؛ کمیسیون توافق

commission of inquiry
کمیسیون تحقیق

Commission of the European Communities
کمیسیون جوامع اروپایی

Commission on Industrial Relations (CIR)
کمیسیون روابط صنعتی

Commission on International Trade Law
کمیسیون حقوق تجارت بین‌المللی

commission, out of
غیر قابل استفاده؛ بازنشسته

commission, price
کمیسیون نظارت بر قیمتها

commission, sale
کارمزد فروش

commit
مرتکب شدن؛ سپردن؛ ارجاع کردن؛ محول کردن؛ تعهد کردن؛ متعهد کردن؛ قول دادن

commitment
تعهد؛ ارجاع؛ تسلیم؛ حکم توقیف؛ تأمین اعتبار

commitment, to fulfill
به تعهدات خود عمل کردن

committed
ملزم؛ متعهد

committed cost
هزینهٔ تعهد شده؛ هزینه‌هایی که شرکت در شروع کار یک پروژه، متقبل می‌شود

committee, ad-hoc
کمیتهٔ ویژه

committee, advisory
کمیتهٔ مشورتی

committee, audit
کمیتهٔ حسابرسی

committee, executive

committee, grievance 158 common law

کمیتهٔ اجرایی

committee, grievance

کمیسیون رسیدگی به شکایات

committee, joint

کمیسیون مشترک

committee meetings

جلسات کمیته/کمیسیون

committee members

اعضای کمیته/کمیسیون

committee of inspection

هیأت بازرسی؛ کمیتهٔ تحقیق؛ کمیتهٔ بازرسی

committee of investigation

هیأت تحقیق؛ کمیسیون/کمیتهٔ تحقیق

committee on committees

کمیسیون مرکزی

committee, organizing

کمیتهٔ برگزارکننده

committee, safety

کمیتهٔ ایمنی

committee, steering

کمیتهٔ رهبری

commodities and services

کالاها و خدمات

commodity

کالا؛ کالای اقتصادی؛ چیزی که برای فروش تولید می‌شود؛ اقلامی که در حجم سنگین در معرض خرید و فروش قرار می‌گیرد؛ متاع؛ جنس

commodity accounts

حساب کالاها:

حسابهای مربوط به عرضهٔ کالا از محل تولید داخلی، واردات و توزیع آنها

commodity agreement

قرارداد کالا

commodity broker

دلال کالا؛ واسطهٔ کالا

commodity exchange

بازار بورس کالا

commodity market

بازار کالاهای مصرفی

commodity money

پولی که در تهاتر به جای کالا استفاده می‌شود

commodity price index

شاخص قیمتهای عمده فروشی کالا

Common Business-Oriented Language (COBOL)

زبان مشترک بازرگانی؛ کوبول

common carriage

شرکت حمل و نقل عمومی؛ مؤسسهٔ حمل و نقل عمومی

common carrier

شرکت حمل و نقل عمومی؛ مؤسسهٔ حمل و نقل عمومی

common costs

هزینه‌های مشترک و عمومی

common customs tariff (CCT)

تعرفه‌های گمرکی مشترک

common external tariff (CET)

تعرفهٔ خارجی بازار مشترک؛ تعرفهٔ مشترک خارجی

common goal

هدف / منظور مشترک

☞ *common objective*

common law

commonly read paper

قانون غیر مدون؛ عرف؛ بخشی از نظام حقوقی کشور انگلستان که مبتنی بر سنت و عرف است
☛ *written law*

commonly read paper
روزنامهٔ کثیرالانتشار

common market
بازار مشترک:
موافقت نامهٔ تجاری بین دو یا چند کشور به منظور استقرار یک نظام گمرکی مشترک و حذف تعرفه‌ها بین اعضا و ایجاد تعرفهٔ مشترک بر علیه واردات کشورهای دیگر

Common Market, the
بازار مشترک (اروپا)؛ جامعهٔ اقتصادی اروپا
☞ *European Economic Community*

common objectives
اهداف مشترک
☞ *common goals*

common ownership
مالکیت مشاع؛ مالکیت مشترک
☞ *co-ownership*
☞ *joint ownership*
☞ *ownership in common*

common property
مال مشاع؛ اشتراک در حق انتفاع

common sense
عقل سلیم

common stock
سهام عادی یک شرکت (در مقابل سهام ممتاز)
☛ *preferred stock*

common stockholder
سهامدار سهام مشترک؛ صاحب سهم مشترک

commonwealth
(کشورهای) مشترک‌المنافع

Commonwealth Of Independent States
جامعهٔ کشورهای مستقل مشترک‌المنافع

communicable
قابل ابلاغ؛ قابل انتقال

communicant
مأمور ابلاغ؛ ابلاغ کننده

communicate
ابلاغ کردن؛ مکاتبه کردن؛ رابطه داشتن؛ رابطه برقرار کردن؛ انتقال دادن؛ منتقل کردن

communication
ارتباط؛ ابلاغ؛ ابلاغیه؛ (در جمع) ارتباطات؛ مواصلات؛ اخبار؛ پیام؛ خبر؛ مکاتبه؛ مبادلهٔ اطلاعات؛ نقل و انتقال؛ وسایل ارتباطی:
ارتباط عبارت است از فن انتقال اطلاعات، افکار و رفتارهای انسانی از شخصی به شخص دیگر. به بیان دیگر، ارتباط مکانیسمی است که روابط انسانی بر اساس و توسط آن به وجود می‌آید و تمام مظاهر فکری و وسایل انتقال و حفظ آنها در مکان و زمان بر مبنای آن توسعه می‌یابد. ارتباط از حالات چهره، رفتارها، حرکات، صداها، واژه‌ها و نوشته‌ها (از قبیل روزنامه‌ها، مجله‌ها و کتابها) گرفته تا رادیو، تلویزیون، تلفن، راه‌آهن را نیز در بر می‌گیرد. ارتباط همچنین چگونگی تولید و توزیع کالا و خدمات مختلفی را که وسایل مذکور به عهده دارند و مطالعات مربوط به محتوای پیامها و نتایج و آثار آنها را نیز شامل می‌شود.

communication, accuracy of
صحت اطلاعات

communication, all channel pattern of الگوی ارتباطی همه جانبه

communication channels کانالهای ارتباطی؛ روشهای مواصلاتی؛ وسایل ارتباطی: نظام کاملی که برای انتقال یک علامت (از مرحلهٔ درونداد تا مرحلهٔ نهایی برونداد) به کار گرفته می‌شود.

communication, circle pattern of الگوی ارتباطی دایره‌ای

communication, circular pattern of الگوی ارتباطی دایره‌ای

communication, group ارتباط گروهی

communication, horizontal ارتباط افقی

communication, mass ارتباط جمعی

communication, means of وسایل ارتباطی؛ روشهای ابلاغ / ارتباط

communication network شبکهٔ اطلاعاتی

communication, nonverbal ارتباط غیر کلامی؛ ارتباط غیر لفظی

communication, one-way ارتباط یک طرفه

communications mix روشهای مختلط تبلیغی
☞ *promotional mix*

communication, two-way ارتباط دو طرفه

communication, verbal ارتباط لفظی؛ ارتباط کلامی

communicative aspect of crisis جنبهٔ ارتباطی بحران

communio bonorum مالکیت مشاع (کالا)

communion مشارکت؛ شرکت؛ اشتراک؛ ارتباط

communiqué ابلاغیه؛ اطلاعیه؛ اعلامیهٔ (رسمی)

communiqué, joint اعلامیهٔ مشترک

communiqué, official اعلامیهٔ رسمی

communiqué, put out a اعلامیه صادر کردن

communiqué, to issue a اعلامیه صادر کردن

communism کمونیسم؛ مرام اشتراکی

community property principle اصل مالکیت مشترک

commutative contract عقد معاوضی

commute تخفیف دادن؛ تغییر دادن؛ تبدیل کردن؛ تعویض کردن؛ مبادله کردن

compact معاهده؛ قرارداد؛ پیمان؛ موافقت نامه؛ پیمان بستن؛ قرارداد امضا کردن

compact disk (CD)
(در کامپیوتر) دیسک فشرده؛ سی دی

Companies Act
قانون شرکتها:
مجموعهٔ قوانین مربوط به تشکیل، اداره و انحلال شرکتهای ثبت شده در انگلستان

Companies House
سازمان ثبت شرکتها

company
شرکت؛ گروه؛ شرکا

company, affiliated
شرکت وابسته

company agreement
توافق جمعی:
موافقت‌نامه‌ای بین مدیریت (کارفرما) و سازمان‌های کارگری که پس از انجام مذاکرات جمعی حاصل می‌شود.
☞ *factory agreement*

company, assurance
شرکت بیمه

company bargaining
مذاکرات جمعی؛ مذاکرات جمعی که منجر به عقد قرارداد می‌شود

company, consumer
شرکت تعاونی مصرف

company doctor
کارشناس / متخصص امور شرکتها

company, holding
شرکت صاحب سهم؛ شرکت دارنده؛ شرکت مادر / اصلی

company, incorporated
شرکت به ثبت رسیده؛ شرکت ثبت شده

company, insurance
شرکت بیمه
☞ *insurance company*

company, investment
شرکت سرمایه‌گذاری

company, joint stock
شرکت سهامی عام

company law
حقوق شرکتها؛ قانون شرکتهای تجاری؛ قانون شرکتهای سهامی

company limited by guarantee
شرکت تضامنی

company limited by shares
شرکت سهامی با مسؤولیت محدود

company, limited liability
شرکت با مسؤولیت محدود

company, listed
شرکت پذیرفته شده در بورس

company, parent
شرکت اصلی / مادر

company, private
شرکت خصوصی

company promoter
مؤسس شرکت؛ بانی / بنیانگذار شرکت

company, public
شرکت عام؛ شرکت سهامی عام

company, registered
شرکت به ثبت رسیده

company's agent
نمایندهٔ بازرگانی شرکت

company secretary
دبیر شرکت؛ نایب رییس شرکت

company s equity valuation
(در مدیریت مالی) ارزشیابی سهام از طریق تعیین ارزش حقوق صاحبان سهام

company, shipping
شرکت حمل و نقل

company taxation
مالیات بندی شرکت

company, trust
شرکت امانی

company union
اتحادیهٔ شرکت؛ اتحادیهٔ کارگران منحصر به یک شرکت؛ اتحادیهٔ صنفی: اتحادیه‌ای که عضویت در آن مخصوص کارکنان یک مؤسسه می‌باشد.
☞ *house union*

company-wide quality control
کنترل کیفیت در سطح کشور: فرآیندی که در آن کلیهٔ اعضای مؤسسه مسؤول کنترل کیفیت کالاها یا خدمات می‌باشند.

comparable firms approach
(در مدیریت مالی) ارزشیابی سهام از دیدگاه شرکتهای قابل مقایسه

comparative estimating
برآورد تطبیقی

comparative evaluation method
روش ارزشیابی تطبیقی

comparative management
مدیریت تطبیقی: مطالعهٔ سبکها و عملکردهای مدیریت در فرهنگهای مختلف به منظور یافتن اشتراک و اختلاف آنها

comparative public administration
مدیریت دولتی تطبیقی

compare actual results to standards
مقایسهٔ نتایج واقعی در برابر استانداردها

compatibility
سازگاری؛ تطابق؛ هماهنگی؛ سازش؛ توافق

compatible
سازگار؛ موافق؛ هماهنگ؛ جور

compelling reasons
دلایل موجه؛ دلایل متقن؛ دلایل قانع کننده

compensate
جبران کردن؛ خسارت دادن؛ غرامت پرداختن؛ عوض دادن؛ دستمزد یا اجرت دادن؛ ترمیم کردن

compensate someone's losses
غرامت یا خسارت کسی را جبران کردن

compensating balance
موازنهٔ جبرانی؛ وجوهی که وام گیرنده باید قبل از دریافت وام به صورت سپرده نزد بانک بگذارد

compensating rest
استراحت جبرانی؛ زمان استراحت مجاز که در زمان سنجی برای کارهای سخت در نظر گرفته می‌شود
→ *relaxtion allowance*

compensation
غرامت؛ جبران خسارت؛ حقوق و دستمزد؛ کلیهٔ پرداختهای پولی به کارکنان اعم از حقوق و دستمزد، مزایا، پاداش و ...؛ حق‌الزحمه؛ قیمت؛ عوض؛ پاداش؛ اجرت

compensation account

compensation for defect 163 competition, perfect

حساب تهاتری؛ حساب پایاپای

compensation for defect

ارش عیب؛ جبران خسارت مربوط به عیب و نقص

compensation for loss of office

جبران خسارت / غرامت از دست دادن کار

compensation transaction

داد و ستد تهاتری

compensatory fiscal policy

سیاستهای مالی ترمیمی

compensatory time

ساعاتی از کار رسمی که به عنوان جبران کار فوق‌العاده از کار کارگر حذف شده و مرخصی داده می‌شود

compete

رقابت کردن

competence

صلاحیت؛ اهلیت؛ شایستگی؛ قابلیت؛ توانایی؛ مهارت؛ کفایت؛ درآمد کافی برای امرار معاش

competence of a court

صلاحیت دادگاه

competency

صلاحیت؛ اهلیت انعقاد قرار داد؛ قابل قبول و مسموع بودن مدارک؛ صلاحیت و شایستگی؛ توانایی از جمله دانش، مهارتها و نگرشها برای انجام موفقیت آمیز یک وظیفه خاص بر طبق استانداردهای تعیین شده

competency of courts

صلاحیت دادگاهها؛ صلاحیت محاکم

competent

واجد شرایط؛ صلاحیتدار؛ واجد صلاحیت؛ دارای صلاحیت؛ دارای اهلیت؛ قابل قبول؛ باکفایت؛ کاردان؛ صالح؛ ماهر

competent authorities

مقامات صالحه؛ مقامات صلاحیتدار؛ مقامات ذیصلاح

competent court

دادگاه صالحه؛ دادگاه صلاحیتدار

competent evidence

مدارک قابل استناد؛ مدارک قابل قبول؛ مدارک ذیربط

competent Iranian courts

دادگاههای صالح ایران

competent law

قانون حاکم؛ قانون قابل اعمال؛ قانون قابل اجرا

competent manager

مدیر صالح؛ مدیر ذیصلاح؛ مدیر شایسته / کاردان

competent officials

مراجع صلاحیتدار؛ مقامات صلاحیتدار

competetive strategy

راهبرد رقابتی؛ استراتژی رقابتی

competition

رقابت؛ بازار آزاد؛ رقبا

competition costs

هزینه‌های رقابتی (هزینه‌هایی که به منظور ادامهٔ رقابت بر واحد اقتصادی تحمیل می‌شود)

competition, inperfect

رقابت ناقص

competition, inter-industry

رقابت بین صنایع

competition, monopolistic

رقابت انحصاری

competition, perfect

رقابت کامل

competition, unfair

رقابت غیر عادلانه / غیر منصفانه

competitive factors

عوامل محرک رقابت

competitive goods

کالاهای رقابتی

competitive price

قیمت رقابتی؛ قیمت جاری؛ قیمت حاصله از رقابت خریداران و فروشندگان در بازار آزاد اقتصادی

competitive spirit

روحیهٔ رقابتی

compiler

برنامهٔ همگردان؛ کامپایلر؛ برنامهٔ کامپیوتری که فرمانهای زبانهای سطح بالای کامپیوتری را به زبان ماشین تبدیل می‌کند؛ (در رایانه) مترجم؛ مؤلف؛ گرد آورنده

complementary goods

کالاهای مکمل

complementary products

کالاهای مکمل؛ محصولات مکمل

complete

تکمیل کردن فرم؛ پر کردن فرم؛ تمام کردن؛ موفق شدن؛ کامل؛ قطعی؛ واقعی؛ تمام شده

complete ownership

مالکیت مطلق؛ مالکیت کامل

☞ *absolute ownership*

☞ *perfect ownership*

complete transaction

معاملهٔ قطعی و تمام شده

completion of contract

امضای قرارداد؛ عقد قرارداد

completion test

آزمون تکمیلی:
در این آزمون از شرکت کنندگان خواسته می‌شود تا یک یا چند واژهٔ کلیدی را در یک جملهٔ ناقص به خاطر آورده و در جای خالی بنویسند.

completness of communication

جامعیت اطلاعات

complex, industrial

مجتمع صنعتی

complex job

شغل پیچیده

complex of contracts

مجموعهٔ قراردادها

complex operation

فعالیت پیچیده

complex planning

برنامه‌ریزی مختلط / مرکب

compliance

ایجاب؛ قبول؛ موافقت؛ تبعیت؛ پیروی؛ اطاعت؛ پذیرش

☞ *obedience*

compliance with the regulations, in

طبق مقررات؛ برابر مقررات

complicated coordination

هماهنگی پیچیده

comply

موافقت کردن؛ رعایت کردن؛ پیروی کردن؛ اطاعت کردن؛ اجابت کردن

☞ *obey*

comply, refuse to

comply with an order
اطاعت نکردن؛ سرپیچی کردن؛ نافرمانی کردن

comply with an order
از دستور پیروی کردن

comply with a treaty
طبق قرارداد عمل کردن

comply with law
مطابق مقررات عمل کردن

component bar chart
نمودار ستونی ترکیبی؛ نموداری که برای نشان دادن متغیرهای مختلف به کار می‌رود
→ *compound bar chart*

composite motion
پیشنهاد تلفیقی؛ دسته بندی پیشنهادهای مربوط به یک موضوع به منظور صرفه جویی در وقت جلسات و کنفرانسها

composition
مصالحه؛ قول و قرار؛ تدوین؛ نگارش؛ حروفچینی

composition contract
قرارداد ارفاقی

composition deed
قرارداد ارفاقی (میان بدهکار یا ورشکسته با بستانکاران)

composition of board of directors
ترکیب اعضای هیأت مدیره

composition of creditors
توافق طلبکاران برای تصفیهٔ دیون: موافقت نامه‌ای بین کلیهٔ بستانکاران از یک سو و بدهکار از سوی دیگر به قبول درصد معینی از مطالبات خود و تصفیهٔ کامل به منظور صرفه‌جویی و جلوگیری از هزینه‌ها و تأخیر در

اقدامات قانونی

compound
مصالحه کردن؛ قرارداد ارفاقی با طلبکاران منعقد کردن؛ کنار آمدن؛ سازش کردن؛ تصفیه کردن؛ با بهره/ ربح مرکب محاسبه کردن

compound arbitrage
خرید و فروش چند باره؛ سوداگری مرکب؛ خرید کالایی از یک بازار و فروش همزمان آن در بازاری دیگر

compound discount
تنزیل مرکب

compound interest
بهرهٔ مرکب؛ ربح مرکب

compound with one's creditors
قرارداد سازش با طلبکاران منعقد نمودن

comprehensibility (of the test)
قابلیت درک (آزمون)

comprehensive coverage
بیمهٔ جامع؛ بیمهٔ کامل؛ پوشش کامل بیمه

comprehensive insurance
بیمهٔ جامع؛ بیمهٔ کامل

comprehensive insurance policy
بیمه نامهٔ جامع

comprehensiveness
جامعیت تفکر: «فیلیپ اسمیت» در کتاب «ذهنیت فلسفی در مدیریت آموزشی» معتقد است که نظم عقلانی بیانگر «جامعیت تفکر» روشن مدیران است. بدین مفهوم که مدیران ضعیف نمی‌توانند وظایف خود را متناسب با انتظارات هر یک از سطوح مدیریت انجام دهند

comprisal

شمول

compromis

موافقت نامهٔ داوری؛ قرارداد داوری (بین دو یا چند دولت)

☞ *arbitration agreement*

compromise

مصالحه کردن؛ سازش کردن؛ عدول کردن؛ مورد توافق (طرفین)؛ به توافق رسیدن ؛ حل و فصل کردن اختلاف؛ سازش؛ مصالحه؛ تراضی؛ قرار حکمیت

compromise clause

شرط حکمیت

compromise solution

راه‌حل مورد توافق طرفین

compromit

واگذار کردن؛ تسلیم کردن؛ حل و فصل کردن؛ به حکمیت واگذار کردن؛ داوری کردن؛ مصالحه کردن؛ مشترکاً تعهد دادن؛ به مخاطره افکندن؛ در خطر انداختن

comptroller

ممیز؛ ذیحساب؛ مدیر ارشد مالی یک شرکت؛ (در ارتش) کنترلر (کنت)؛ بالاترین مقام مالی شرکت یا سازمان

☞ *controller*

comptroller general

ذیحسابی کل

Comptroller of the Currency

خزانه‌دار کل

compulsory arbitration

داوری اجباری (در روابط کارگری دولت کارگران را وادار به انصراف از اعتصاب و اختلافات را به داوری شخص ثالث ارجاع می‌کند)

compulsory assurance

بیمهٔ اجباری

compulsory condition

شرط الزامی

compulsory counterclaim

ادعای متقابل ناشی از موضوع دعوای اصلی

compulsory insurance

بیمهٔ اجباری

compulsory licence

امتیاز اجباری؛ حکمی که دادگاه طی آن استفاده از حق‌الامتیاز فردی را به دیگران واگذار می‌کند

compulsory liquidation

انحلال اجباری؛ انحلال یک شرکت بر اساس حکم دادگاه؛ تصفیهٔ اجباری

☞ *compulsory winding up*

☛ *voluntary winding up*

compulsory partnership

شرکت قهری

compulsory purchase

خرید اجباری؛ خرید ملک اشخاص بدون رضایت مالک توسط دولت به منظور احداث پروژه‌های عام‌المنفعه

compulsory winding up

تصفیهٔ اجباری؛ انحلال اجباری (در مقابل انحلال داوطلبانه)؛ انحلال یک شرکت بر اساس حکم دادگاه

☞ *compulsory liquidation*

☛ *voluntary winding up*

computation

محاسبه؛ حساب؛ شمارش؛ تضمین

computed price

قیمت محاسبه شده

computer

رایانه؛ کامپیوتر؛ رایانه‌ای؛ کامپیوتری

computer aided design (CAD)

طراحی کامپیوتری؛ طراحی به کمک کامپیوتر؛ طراحی رایانه‌ای

computer-aided production management (CAPM)

مدیریت تولید کامپیوتری:
انجام فعالیتهای مدیریت تولید مانند کنترل موجودی و کنترل تولید با بهره‌گیری از نرم‌افزارهای مناسب

computer bureau

مرکز کامپیوتری

computer instruction code

رمز دستورالعمل کامپیوتری

computerized industry

صنایع کامپیوتری / رایانه‌ای

computerized information system

سیتم اطلاعات رایانه‌ای

computer numerical control (CNC)

کنترل کامپیوتری؛ کنترل رایانه‌ای

computer science

علوم کامپیوتر

Computer Systems for Management Information and Control (COSMIC)

سیستم‌های کامپیوتری در مدیریت اطلاعات و نظارت

concede

اعطا کردن؛ واگذار کردن؛ تسلیم کردن ؛ شکست را پذیرفتن؛ اعتراف کردن؛ تصدیق کردن

concentration analysis

تحلیل متمرکز

➔ *ABC analysis*

concentration ratio

نسبت تمرکز:
عبارت است از درصد مجموعهٔ کارهای تجاری صنعت خاصی که توسط تعداد معینی از مؤسسات بزرگ آن صنعت انجام می‌شود.

concept attainment

دریافت مفهوم

conceptual framework

چهارچوب ذهنی؛ قالب مفهومی:
عبارت است از مجموعه دانشی که پژوهشگر آن را مبنای تدوین فرضیه‌ها و یا طرح سؤالهای پژوهشی خود قرار می‌دهد.

➔ *conceptual scheme*

concern

مؤسسه؛ شرکت؛ مسأله یا موضوع مورد علاقه؛ واحد اقتصادی؛ بنگاه؛ کار؛ علاقه

concerned party

طرف ذینفع

concert

توافق؛ تفاهم؛ هماهنگی

concerted

هماهنگ؛ گروهی؛ جمعی؛ مشترک

concerted action

اقدام هماهنگ؛ عمل مشترک

concessible

قابل اعطا؛ قابل تسلیم؛ واگذار کردنی

concession

concessionaire

امتیاز؛ واگذاری؛ اعطا؛ انحصار؛ تسلیم؛ امتیاز بهره‌برداری؛ حق بهره‌برداری از معادن یا ذخایر دولتی؛ امتیازی که برای رفع اختلاف به دیگری واگذار می‌شود:

حقی که به یک شرکت واگذار می‌شود تا خدمات خود را به فروش برساند.

concessionaire

صاحب امتیاز؛ دارندهٔ امتیاز بهره‌برداری؛ با تخفیف؛ تخفیف دار

☞ *concessioner*

concessionary

صاحب امتیاز؛ امتیازی؛ واگذار شده

concessionary agreement

امتیازنامه

concessionary contract

قرارداد حق امتیاز؛ دارندهٔ امتیاز بهره‌برداری

concession contract

قرارداد امتیاز

concession deed

امتیاز نامه

concessioner

صاحب امتیاز؛ دارندهٔ امتیاز بهره برداری

☞ *concessionaire*

concessor

امتیاز دهنده؛ اعطا کننده

conciliate

مصالحه کردن؛ میانجیگری کردن؛ رفع اختلاف نمودن؛ آشتی کردن؛ آشتی دادن

conciliation

مصالحه؛ آشتی؛ حکمیت؛ سازش؛ رفع اختلاف؛ میانجیگری:

(در مذاکرات جمعی) فرایندی که به حل اختلاف‌های طرفین منجر می‌شود.

Conciliation & Advisory Service

سازمان خدمات مشورتی و حل اختلاف

conciliation and arbitration

حل اختلاف و داوری

Conciliation and Arbitration Service (CAS)

(سازمان) خدمات داوری و حل اختلاف

conciliation-board

شورای حکمیت

conciliation, commission of

کمیسیون حل اختلاف

conclave

جلسهٔ محرمانه

conclude

امضا کردن؛ منعقد کردن؛ استنتاج کردن؛ نتیجه‌گیری کردن؛ تصمیم گرفتن

- *Iran concluded a trade agreement with Japan.*

ایران و ژاپن یک قرارداد بازرگانی منعقد (امضا) کردند.

conclude a contract

قراردادی را منعقد کردن؛ قرارداد بستن

☞ *sign a cntract*

conclude a freight contract

عقد قرارداد حمل کالا؛ امضای قرارداد حمل کالا

conclusion

عقد؛ امضای (قرارداد)؛ انعقاد؛ نتیجه‌گیری؛ تصمیم

conclusion of a contract

عقد یا امضای قرارداد؛ عقد یا امضای

موافقت‌نامه

conclusion of a contract of sale between two parties

مبایعه؛ امضا/عقد قرارداد فروش کالا بین طرفین

conclusion of a multilateral treaty

انعقاد معاهدهٔ چند جانبه

conclusion of a trade pact

عقد قرارداد بازرگانی؛ انعقاد پیمان تجاری

conclusion of a treaty

انعقاد معاهده / پیمان

concord

توافق؛ سازش؛ مصالحه؛ پیمان؛ هماهنگی

concordat

قرارداد تصفیهٔ امور ورشکسته؛ موافقت نامه؛ عهد نامه؛ پیمان؛ توافق دوستانه؛ موافقت نامهٔ مذهبی

concrete system

سیستم ایمنی

concurrent liability

مسؤولیت مشترک

concursion

توافق؛ همکاری؛ اشتراک مساعی

concurso

دعاوی طلبکاران مختلف در مقابل وجه معین

concussation

اختلاس؛ سرقت اموال یا وجوه دولتی از سوی کارمند دولت

condemn

محکوم کردن؛ متروکه اعلام کردن (ساختمان یا کشتی)؛ غیر قابل استفاده اعلام کردن؛ تصرف کردن؛ مصادره کردن اموال خصوصی به نفع عامه؛ مخالفت کردن

condescension

واگذاری؛ تسلیم؛ اعطا؛ موافقت؛ تمکین

condictio

ادعانامهٔ رسمی؛ ادعا برای طلب؛ ادعای هر گونه طلب یا حقی

condictio indebiti

حکم استرداد وجوهی که از روی اشتباه به شخص دیگری پرداخت شده است

condiction

ادعانامهٔ رسمی؛ ادعا برای طلب؛ ادعای هر گونه طلب یا حقی

condictio triticaria

ادعای استرداد عین (نه قیمت چیزی)

condignity

شایستگی؛ استحقاق

condition

شرط (در قانون قراردادها)؛ قید؛ وضعیت؛ کیفیت؛ تعیین / مشخص کردن؛ تنظیم کردن؛ مشروط کردن:

تعهدی است که یکی از طرفین بر اساس مفاد قرارداد آن را می‌پذیرد و در صورت تخلف از این شرط به طرف دیگر قرارداد حق می‌دهد که قرارداد را فسخ شده تلقی کند.

condition about performance of an act

شرط اجرای کار

conditional

مشروط؛ مقید؛ شرطی

conditional acceptance

موافقت مشروط؛ پذیرش مشروط؛ قبولی مشروط

conditional assent
موافقت مشروط

conditional bill of sale
بیع‌نامه با شرط خیار

conditional contract
عقد مشروط؛ عقد معلق

conditional donation
هبهٔ مشروط؛ بخشش مشروط

conditional endorsement
ظهرنویسی مشروط؛ تأیید مشروط

conditionality
شرایط مداری

conditional probability
احتمال مشروط

conditional sale
بیع شرطی

conditional sale agreement
توافق فروش مشروط؛ موافقت نامهٔ فروش مشروط

condition of avoidance
شرط فسخ

condition of qualification
شرط صلاحیت و شایستگی

condition of sale
شرایط اساسی معامله؛ شرایط فروش

condition precedent
شرط متقدم (شرطی که ایفای تعهد منوط به تحقق آن است)؛ پیش شرط قرارداد

condition precedent to the contract
شرط مسبوق بر قرارداد یا عقد (شرطی که قبل از عقد قرارداد باید برآورده شود)؛ پیش شرط

قرارداد

conditions
شرایط؛ پیش نیاز یا نیازمندیهایی که برای انجام و اتمام یک وظیفه یا شغل لازم است: (در مدیریت آموزش) شرایط عبارت است از محدودیتهایی که در انجام دادن کار یا نشان دادن مهارت بر دانشجویان تحمیل می‌شود

conditions precedent
پیش شرطهایی که قبل از اجرای قراردادها باید برآورده شود؛ شرایط متقدم (شرایطی که اجرای تعهدات منوط به تحقق آنهاست)

condition subsequent
شرط متأخر (شرطی که عدم تحقق آن موجب انتفای تعهد می‌شود)

☞ *dissolving condition*
☞ *resolutory condition*

conduct
هدایت کردن؛ رهبری کردن؛ اداره کردن؛ اجرا کردن؛ رفتار کردن؛ انتقال دادن؛ هدایت؛ اداره؛ رفتار؛ اجرا

☞ *manage*
☞ *control*
☞ *direct*

conduct a meeting
ریاست جلسه را به عهده داشتن؛ جلسه‌ای را اداره کردن

☞ *chair*

conducting operations
هدایت عملیات

conduction
استخدام؛ اجیر کردن؛ هدایت

conductor

مباشر؛ مدیر؛ متصدی؛ کارفرما

confederacy
اتحادیه؛ کنفدراسیون؛ اتفاق؛ اتحاد؛ پیمان؛ معاهده؛ ائتلاف؛ هم‌پیمانی

confederation
کنفدراسیون؛ ترکیبی از چند فدراسیون؛ اتحاد

Confederation (ETUC), Eruopean Trade Union
کنفدراسیون اتحادیه‌های تجاری اروپا

Confederation of British Industry (CBI)
کنفدراسیون صنایع انگلستان

Confederation of Irish Industry (CII)
کنفدراسیون صنایع ایرلند

confer
مشورت کردن؛ مذاکره کردن؛ اعطا کردن؛ تطبیق کردن؛ مشاوره کردن؛ تبادل نظر کردن

conferee
مشاور

conference
همایش؛ کنفرانس؛ جلسه؛ مشاوره؛ اعطا؛ گردهمایی؛ اجلاس؛ مذاکره؛ کنفرانس: کنفرانس عبارت است از جلسهٔ گروهی از مردم که نمایندهٔ سازمانهای مختلف بوده و دارای برخی زمینه‌ها یا علایق مشترک می‌باشند. هدف کنفرانس نیز مانند سمینار جمع‌آوری اطلاعات و بحث در مورد مسائل و مشکلات متقابل و یافتن راه‌حل منطقی می‌باشد.

conference call
مشاوره و مباحثهٔ تلفنی که همزمان بین چند نفر برگزار می‌شود

conference committee
کمیسیون مشورتی
☞ *consultative committee*

conference method
روش / شیوهٔ کنفرانس

conference, round table
میزگرد؛ کنفرانس غیر رسمی

conference timetable
برنامهٔ کنفرانس؛ لیست سخنرانان کنفرانس

conference, venue of
محل برگزاری کنفرانس

confering jurisdiction by consent
تعیین صلاحیت حقوقی بر حسب موافقت نامه

confer power (upon someone)
تفویض اختیار کردن

confidence interval
حوزهٔ اطمینان

confidence limits
محدوده‌های اطمینان

confidential
خیلی محرمانه؛ اسناد از نظر تأمینی به طبقات زیر تقسیم می‌شوند: محرمانه، خیلی محرمانه، سری، بکلی سری

confidential relationship with client
حفظ اسرار صاحب کار؛ حفظ اسرار مشتری یا ارباب رجوع

confidential report
گزارش خیلی محرمانه

configuration

شکل بندی؛ تواره؛ هیأت؛ مجموعه؛ تواره و ساختار سازمانی یک مؤسسه؛ (در کامپیوتر) پیکربندی

confirm

تأیید کردن؛ تنفیذ کردن؛ تصویب کردن؛ صحه گذاشتن؛ اثبات کردن؛ قطعی کردن

confirm a report

گزارشی را تأیید کردن

confirmation

تأیید؛ تصدیق؛ تنفیذ؛ اثبات؛ دلیل؛ مدرک؛ گواه؛ عقد/ تعهد یا عمل حقوقی که بطور ضمنی یا صریح عقد نافذی را تنفیذ نماید؛ تنفیذ عقد؛ تأیید قرارداد سابق بین دو یا چند دولت بوسیلهٔ قرارداد لاحق

confirmed and unconfirmed credits

اعتبارات تأیید شده و تأیید نشده

confirmed credit

اعتبار تأیید شده

confirmed letter of credit

اعتبار اسنادی تأیید شده

confirmed reports

گزارشهای تأیید شده

confirming bank

بانک تأیید کننده

confirming house

اتاق تأیید سفارشها: سازمانی که در زمینهٔ تجارت بین‌المللی فعالیت می‌کند و واسطه‌ای بین خریداران خارجی و صادرکنندگان داخلی است و نقش عمدهٔ آن تأیید سفارشهای خریدار و تعهد پرداخت برای کالاهای حمل شده است.

confiscate

مصادره کردن؛ ضبط کردن؛ توقیف کردن

confiscated property

اموال مصادره شده

confiscation

ضبط و توقیف مال؛ توقیف؛ مصادره

confiscation of smuggled goods

مصادرهٔ کالاهای قاچاق

conflict

تضاد؛ کشمکش؛ درگیری؛ اختلاف؛ تعارض؛ برخورد؛ مغایرت؛ تضاد داشتن؛ اختلاف داشتن؛ برخورد داشتن؛ در تضاد بودن:
تعارض پدیده‌ای است که آثار مثبت و منفی بر عملکرد کارکنان و سازمانها دارد. استفادهٔ صحیح و مؤثر از تعارض سبب بهبود عملکرد و افزایش سطح سلامتی سازمان گردیده و استفادهٔ غیر مؤثر از آن موجب کاهش عملکرد، کارآیی و ایجاد کشمکش و تشنج در سازمان می‌شود. تعارض همچنین به حالتی اطلاق می‌شود که فرد نمی‌تواند در موقعیت خاصی اقدام به انجام عملی نماید.

conflict, constructive

تعارض سازنده

conflict , destructive

تعارض بازدارنده؛ تعارض مخرب

conflicting

مخالف؛ مغایر؛ معارض؛ ضد و نقیض؛ متضاد

conflict, interdepartmental

تعارض بین واحدها

conflict, intergroup

تعارض درون گروهی

conflict management

مدیریت تعارض:
استفادهٔ مؤثر از تعارض نیازمند کسب مهارت لازم در کنترل آن می‌باشد که امروزه به عنوان یکی از مهمترین مهارتهای مدیریت محسوب می‌شود. اگر تعارض سازنده باشد، موجب بروز و رشد افکار جدید و خلاق می‌شود و زمینهٔ تغییر و نوآوری و تحول سازنده را در سازمان فراهم می‌سازد و در نهایت به مدیریت کمک می‌نماید تا به اهداف سازمانی خود نایل شود.

conflict of interests

تضاد منافع

conflict of jurisdiction

اختلاف در مورد صلاحیت (چند دادگاه)

conflict of laws

تعارض قوانین

conflict of laws of diverse countries

تعارض قوانین کشورهای مختلف

conflict of opinion

اختلاف نظر؛ برخورد عقاید

conflict of rules

تعارض قوانین

conflict, role

تضاد نقش

conflict, social

تضاد اجتماعی

conform

تطبیق کردن؛ تطابق داشتن؛ منطبق بودن؛ تطبیق دادن؛ اطاعت کردن؛ پیروی کردن؛ سازگار بودن

conformance testing

آزمون انطباق:
آزمونی برای حصول اطمینان از انطباق با استانداردهای ملی یا بین‌المللی

conformation

تطبیق؛ انطباق

conformed copy

رونوشت برابر اصل (و دارای توضیحاتی در مورد مطالب حذف شده)

☞ *true copy*

confutation

تکذیب؛ ابطال؛ بطلان

congé (Fr)

برگ ترخیص کشتی؛ اجازه مرخصی؛ مرخص کردن

conglomerate

مجتمع؛ مجموعهٔ مرکب؛ شرکت مرکب:
سازمانی با فعالیتهای تجاری مختلف که از ادغام چندین شرکت به وجود می‌آید.

conglomerate merger

ادغام ترکیبی

congress

کنگره؛ انجمن؛ مجلس قانونگذاری؛ مجمع؛ همایش

Congress of Industrial Organizations (CIO)

کنگرهٔ سازمانهای صنعتی (آمریکا)؛ اتحادیهٔ سازمانهای صنعتی

connection (var. connexion)

ارتباط؛ رابطه؛ مشتری

connoisseur

خبره؛ صاحب نظر؛ آگاه

conscientious objector

معترض / مخالف جنگ؛ معترض آگاه:
(در روابط صنعتی) فردی که از پیوستن به

consciousness disorder 174 consideration

سازمان کارگری یا کمک مالی به آن خودداری می‌کند.

consciousness disorder

اختلال هوشیاری

consecrate

منصوب کردن؛ اختصاص دادن؛ وقف کردن؛ اعلام کردن

consecration

تخصیص؛ اختصاص؛ وقف

consensus

اجماع؛ هم‌رأیی؛ اتفاق نظر؛ توافق؛ نظر عموم؛ نظر اکثریت

consent

رضایت؛ موافقت؛ اجازه؛ تصویب؛ توافق؛ رضایت؛ رضایت دادن؛ موافقت کردن؛ توافق داشتن؛ اجازه دادن

consentable

مورد توافق طرفین

consent award

حکم مرضی‌الطرفین؛ حکم سازشی

☞ *award by confession*

☞ *consent judgment*

☞ *judgment by consent*

consent contract

عقد رضایی؛ قرارداد شفاهی

consent decree

حکم سازشی؛ حکم مرضی‌الطرفین

☞ *consent award*

☞ *award by confession*

☞ *consent judgment*

☞ *judgment by consent*

consent judgment

مرجع رسیدگی مرضی‌الطرفین

consent jurisdiction

مرجع رسیدگی مرضی‌الطرفین

consequence analysis

تحلیل نتایج

consequences of a sale

آثار بیع؛ عواقب فروش؛ پیامدهای فروش

consequences, theory of avoidable

نظریهٔ عواقب یا پیامدهای قابل اجتناب؛ (در مسؤولیت مدنی) الزام متضرر به کاستن از میزان ضرر

consequential damages

زیانهای مالی؛ خسارتهای غیر مستقیم؛ خسارتهای تبعی

☞ *indirect damages*

☛ *direct damages*

conserve

ذخیره کردن؛ صرفه جویی کردن

consider

بررسی کردن؛ رسیدگی کردن؛ توجه کردن؛ ملاحظه کردن؛ مورد توجه قرار دادن؛ در نظر گرفتن؛ به حساب آوردن

considerate

باملاحظه:

منظور، مدیر یا رهبری است که در اعمال مدیریت و رهبری از شیوهٔ ملاحظه (consideration) استفاده می‌کند و طی آن نسبت به افراد تحت نظارت خود توجه نشان می‌دهد و آنان را برای مشارکت در تصمیم گیریها تشویق می‌کند.

consideration

consideration, absence of 175 consolidated financial

ملاحظه؛ رسیدگی؛ توجه؛ انگیزه؛ دقت؛ موضوع؛ مسأله؛ علت؛ دلیل؛ رعایت؛ بررسی؛ منفعت؛ پاداش؛ حق‌العمل؛ دستمزد؛ مزد

consideration, absence of

بلاعوض یا غیر معوض بودن (معامله یا تعهد)

consideration, under

مطرح؛ مطرح شده؛ مطروحه؛ تحت بررسی

consideration, want of

بلاعوض یا مجانی بودن

consign

ارسال کردن (کالا)؛ فرستادن کالا؛ تحویل دادن؛ محول کردن؛ تسلیم کردن؛ واگذار کردن

consign a consignment

محموله‌ای را فرستادن

consignation

ودیعه گذاری؛ تودیع؛ امانت گذاری

consignee

گیرندهٔ کالا؛ محمول‌الیه؛ گیرندهٔ (محموله)؛ مرسل‌الیه؛ دریافت کننده

consigner / consignor

فرستندهٔ کالا؛ ارسال کنندهٔ کالا؛ حمل‌کننده

consignment

محموله؛ مرسوله؛ کالای ارسال شده؛ بار

consignment distributer

توزیع کنندهٔ امانی

consignment note

بارنامه (در حمل و نقل داخلی)

☞ *waybill*

consignment stocks

کالای ذخیره ارسالی

consignor

فرستندهٔ کالا؛ ارسال کنندهٔ کالا؛ حمل‌کننده

consistency

هماهنگی؛ سازگاری؛ انسجام؛ ارتباط منطقی؛ تداوم؛ ثبات؛ پیگیری

consistency concept

(در حسابداری) اصل ثبات رویه

consistent condition

شرط موافق با مقتضای ذات عقد

consistent with

هماهنگ با؛ مطابق با

consol

سهام قرضهٔ بدون مدت؛ اوراق قرضهٔ دولتی بدون تاریخ

consolidate

تثبیت کردن؛ موقعیت خود را محکم کردن؛ تحکیم کردن؛ ادغام کردن؛ ترکیب کردن؛ یکی کردن؛ ادغام شدن؛ یکی شدن

consolidated accounts

حسابهای تلفیقی؛ یکپارچه شدن صورت حسابهای چند شرکت وابسته توسط شرکت مادر

consolidated annuities

دیون عمومی؛ اوراق قرضهٔ دولتی بدون تاریخ

consolidated balance sheet

ترازنامهٔ تلفیقی؛ ترازنامهٔ مشترک؛ صورت وضعیت مالی که در آن داراییها و بدهیهای گروهی از شرکتهای وابسته به صورتی به هم افزوده می‌شود که وضع مالی آن شرکتها را به صورت یک مؤسسهٔ بازرگانی نشان می‌دهد

consolidated financial statement

گزارشهای مالی تلفیقی

➔ *consolidated account*

consolidated fund
صندوق مشترک؛ صندوق حساب کل

consolidation
ترکیب؛ ادغام؛ تلفیق؛ تلفیق حسابها؛ تثبیت؛ تحکیم

consolidation act
قانون ترکیبی

consolidation of statutes
یکی کردن متون حقوقی

consortium
کنسرسیوم؛ اتحاد گروهی از اشخاص حقیقی یا حقوقی به منظور اجرای یک پروژه؛ اشتراک منافع؛ ائتلاف چند شرکت اقتصادی و تجاری با هم برای انجام امور انتفاعی؛ ائتلاف شرکتها و بانکهای کوچک یا بزرگ؛ شرکت خرید و فروش

consortium bank
کنسرسیوم بانکی (ائتلاف کوتاه مدت چند بانک)

conspicuous consumption
مصرف تجملی؛ مصرف بی‌رویه

constant cost
هزینهٔ ثابت؛ قیمت ثابت

constat
گواهی مأمور ابلاغ در ذیل اخطاریه و احضاریه به نفع یک از طرفین

constate
تصدیق کردن؛ تأیید و گواهی کردن

constituent company
شرکت وابسته (به شرکت یا شرکتهای دیگر)

constitute
متشکل؛ منصوب؛ رسمیت دادن؛ تأسیس کردن؛ تشکیل دادن؛ دارای صورت قانونی؛ در حکم به منزلهٔ چیزی بودن؛ وضع کردن؛ منصوب کردن؛ گماردن؛ محسوب شدن

constitute a breach
به منزلهٔ نقض قرارداد بودن

constitution
قانون اساسی؛ نظامنامه؛ تدوین؛ تشکیلات؛ تدوین قانون اساسی؛ اساسنامه؛ ایجاد؛ تأسیس؛ تشکیل؛ تشکل

constitutum
موافقت برای پرداخت بدهی؛ روز مقرر؛ عقد؛ تضمین؛ ضمانت؛ تعهد

constrain
ملزم کردن؛ تحت فشار قرار دادن؛ در تنگنا قرار دادن؛ جلوگیری کردن؛ مانع شدن؛ بازداشتن؛ مجبور ساختن؛ اجبار نمودن؛ محدود کردن؛ تحمیل کردن؛ توقیف کردن

constrained
ملزم؛ مقید؛ مجبور؛ مکلف؛ تحمیلی؛ ساختگی

constraint
محدودیت؛ قید و بند؛ الزام؛ اجبار

constructed-response programmed instruction
آموزش برنامه‌ریزی شده همراه با پاسخ تنظیم شده
☞ *linear programmed instruction*

constructed response test items
سؤالهای تشریحی؛ پرسشهایی که مستلزم نوشتن پاسخ می‌باشد. نمونه‌هایی از سؤالهای تشریحی عبارتند از: پرسشهای پاسخ کوتاه، تعاریف و...

construction falling in with the will of the parties
تفسیر بر حسب مقاصد طرفین

construction of law
تفسیر قانون

construction of the contract
تفسیر و تعبیر قرارداد

construction (v. construct)
استنباط؛ تفسیر؛ تعبیر

construction work in progress
هزینهٔ ساختمانهای نیمه تمام

constructive conflict
تعارض سازنده
☞ *creative conflict*
☜ *destructive conflict*

constructive delivery
تحویل قانونی

constructive dismissal
ترک خدمت اجباری

constructive inspection
بازرسی سازنده

constructive management
مدیریت شورایی؛ روشی در مدیریت که بر مشارکت کارکنان و مشاوره با آنان در فرایند تصمیم‌گیری تأکید دارد

constructive notice
اخطار قانونی؛ ابلاغ قانونی

constructive possession
تصرف قانونی

constructive role of inter-organizational conflict
نقش سازندهٔ تضاد / تعارض درون سازمانی

constructive service
ابلاغ قانونی

constructive service of process
ابلاغ عادی؛ ابلاغ قانونی

constructive trust
امانت قانونی؛ امانت ضمنی؛ امانت حکمی
☞ *implied trust*
☞ *presumptive trust*
☞ *resulting trust*

construe
استنباط کردن؛ تفسیر کردن؛ تعبیر کردن

construed nullity
بطلان ضمنی

constuprate
تخلف کردن

constupration
تخلف

consular invoice
صورت کالای صادره با مهر و امضای کنسولگری کشور مقصد

consult
مشاوره کردن؛ تبادل نظر کردن؛ نظر خواستن؛ درمیان گذاشتن؛ مشورت کردن؛ مراجعه کردن به؛ مشورت؛ مشاوره

consulta
جلسهٔ مشورتی؛ شورا

consultant
دفتر مشاوره؛ مشاوره؛ نظر کارشناسی

consultancy services
خدمات مشورتی

consultant
مشاور؛ مشورت کننده؛ وکیل مشاور

consultation / consumerism

☞ **consulter**

consultation
تبادل نظر؛ مشاوره؛ مشورت؛ مشاورهٔ قضایی و فنی؛ جلسهٔ مشاوره

consultative
مشورتی

consultative meeting
جلسهٔ مشورتی

consultator
مشاور؛ حقوقدان؛ مشاور حقوقی

consumable goods
کالاهای مصرفی؛ کالاهای بی‌دوام؛ کالا و اجناس از بین رفتنی در اثر مصرف
☞ *consumer goods*

consume
مصرف کردن؛ از بین رفتن؛ نابود شدن؛ تلف شدن (در اثر حریق، مرض، فساد و غیره)؛ هدر دادن؛ تلف کردن؛ از بین بردن؛ سوزاندن

consumer
مصرف کننده

consumer acceptance test
آزمون تمایل خریدار/مشتری

consumer action
اقدام مصرف کننده

consumer behavior
رفتار مصرف کننده
☞ *buyer behavior*

consumer budget
بودجهٔ مصرفی

consumer capital
سرمایهٔ مصرفی

consumer contest
مسابقه برای مصرف کنندگان

consumer cooperative
تعاونی مصرف

consumer credit
تسهیلات اعتباری خریدار

consumer credit act
قانون اعتبار مصرفی

Consumer Credit Act 1974
قانون اعتبار برای مصرف کننده، مصوب ۱۹۷۴

consumer credit agreement
قرارداد اعتبار برای مصرف کننده

consumer disposable
کالای مصرف شدنی؛ کالای بی‌دوام
☛ *consumer durable*

consumer durable goods
کالاهای مصرفی بادوام
☞ *consumer durables*

consumer durables
کالاهای بادوام؛ کالاهای مصرفی بادوام
☛ *consumer disposable*
☞ *consumer durable goods*

consumer economics
اقتصاد مصرفی

consumer expendables
کالاهای مصرفی کم دوام

consumer goods
کالاهای مصرفی
☛ *capital goods*

consumerism
حفظ منافع مصرف کننده؛ حمایت از مصرف کننده؛ مصرف گرایی

consumer loyalty
وفاداری مشتری / مصرف کننده (در خصوص خرید مداوم یک کالا از فروشگاه مورد نظر)

consumer market
بازار کالاهای مصرفی

consumer non-durable goods
کالاهای مصرفی بی‌دوام
☞ consumer disposable
☞ consumer durable goods

consumer price
قیمت (برای) مصرف کننده

consumer price index
شاخص قیمت کالاهای مصرفی؛ شاخص قیمت مصرف

consumer product
کالا / محصول مصرفی

consumer promotion
تبلیغ فروش

consumer protection
(سازمان تعیین قیمتها و) حمایت از مصرف کننده

consumer reports
گزارشهای مصرف کنندگان

consumer's choice
انتخاب مصرف کننده

consumer's credit
اعتبار مصرفی

consumer's surplus
مازاد مصرف کننده؛ اضافهٔ ارزش مصرف کننده

consumpt
مصرفی؛ کالای مصرفی؛ مصرف کردنی

consumption
اشیای مصرف شدنی؛ مصرف؛ اتلاف؛ مقدار یا میزان مصرف

consumption cooperative company
شرکت تعاونی مصرف

consumption function
تابع مصرف

consumption goods
کالاهای مصرفی

consumption lending
وام مصرفی

consumption loan
وام مصرفی؛ وام مصرف

consumption, public
مصرف عامه / عمومی

contact
ارتباط؛ تماس؛ ملاقات؛ ارتباط برقرار کردن؛ تماس گرفتن؛ رابط

contain
شامل شدن؛ در بر داشتن؛ حاوی (چیزی) بودن؛ گنجایش داشتن؛ مهار کردن؛ کنترل کردن

container
ظرف؛ جعبه؛ کانتینر؛ صندوق

container contract
قرارداد حاوی قید داوری

containerization
انبار کردن؛ نگهداری کردن در مخزنهای بزرگ و استاندارد

containerize
در کانتینر بسته بندی کردن؛ جهت حمل و نقل کانتینرها آماده کردن

contango
(در بورس لندن) بهره‌ای که خریدار سهام بابت تأخیر در پرداخت پول به فروشنده می‌دهد؛ بهرهٔ دیرکرد تسلیم قرضه و سهام؛ هزینه دیرکرد پرداخت وجوه سهام؛ مهلت تحویل مبیع به مشتری

contango day
روز تسویه:
(در بورس اوراق بهادار) عبارت است از پایان دوره‌ای که در آن همهٔ حساب‌ها باید تسویه شوند

contango facilities
تسهیلات تسویه:
(در بورس اوراق بهادار) تسهیلات خاصی که برای تسویه حساب‌ها فراهم می‌شود

contemptuous damages (Brit)
خسارت اسمی یا سمبولیک
☞ nominal damages

contentious issue
موضوع مورد اختلاف؛ موضوع ترافعی

contentious matter
موضوع مورد اختلاف؛ موضوع ترافعی

content of the plan
محتوای طرح / برنامه

content of thinking
محتوای تفکر:
موضوع یا زمینهٔ فکرکردن

contents
مندرجات؛ مضمون؛ محتویات؛ مطالب؛ فهرست مطالب

contents of a document
مندرجات سند؛ مفاد سند

contents of a file
محتویات پرونده

conterclaim
ادعای متقابل؛ دعوای متقابل

context
مفاد؛ متن؛ مضمون؛ مفهوم؛ مقدمه و نتیجه قرارداد و رابطهٔ منطقی بین شرایط و مواد مختلف آن؛ عبارت؛ شرایط؛ موقعیت

continental shift system
نظام نوبت کاری اروپایی

contingency fund
بودجهٔ اضطراری؛ وجوه احتیاطی

contingency management
مدیریت اقتضایی

contingency measures
اقدامات اضطراری؛ اقدامات احتیاطی

contingency plan
طرح اضطراری؛ طرح احتیاطی؛ طرح / برنامهٔ اقتضایی

contingency planning
برنامه‌ریزی اقتضایی:
برنامه‌ریزی به منظور آمادگی برای رویدادهای غیر منتظره در مدت اجرای پروژه

contingency table
جدول احتمال تکرار

contingency theory
نظریهٔ موقعیت؛ نظریهٔ اقتضایی؛ تئوری (نظریه) اقتضا

contingent
مشروط؛ احتمالی؛ تبعی؛ اتفاقی ؛ تصادفی؛ مشروط به؛ موکول به؛ هیأت نمایندگی

contingent annuity
پرداخت مقرری به علت اتفاق غیر مترقبه

contingent debt

بدهی احتمالی؛ بدهی اتفاقی

contingent fund
(var.contingency fund)

وجوه احتیاطی

contingent liability

دیون احتمالی؛ تعهدها یا دیون پیش بینی نشده؛ مسؤولیت یا بدهی احتمالی/پیش بینی نشده یا محتمل‌الوقوع؛ بدهی اقتضایی؛ بدهی احتمالی

contingent profit

سود و منفعت احتمالی؛ سود مشروط

continuation day

روز سرآغاز محاسبه

continue

به بعد موکول کردن؛ به تعویق انداختن؛ ابقا کردن (در مقامی)

continue to be valid

به قوت خود باقی ماندن

continuous credit

اعتبار چرخشی؛ اعتبار تجدید شدنی؛ اعتبار قابل تجدید

☞ *revolving credit*
☞ *revolving loan*

continuous movements

حرکات پیوسته

continuous production

تولید پیوسته

→ *flow production*

continuous random variable

متغیر تصادفی پیوسته

continuous shift work

نوبت کاری پیوسته

continuous stocktaking

انبارگردانی پیوسته

continuous timing

زمان سنجی پیوستهٔ کار

→ *cumulative timing*

contraband

(جنس) قاچاق؛ تجارت قاچاق؛ اجناس ممنوع از تولید یا تملک غیر قانونی؛ شناسایی و بازرسی محمولهٔ کشتی

contraband good

کالای قاچاق

contrabandist

قاچاقچی؛ وارد کنندهٔ اجناس قاچاق و ممنوع‌الورود

contraband trader

قاچاقچی

☞ *contrabandist*

contract

قرارداد بستن؛ پیمان بستن؛ منعقد کردن؛ عقد بستن؛ عقد؛ قرارداد؛ مقاطعه؛ پیمان؛ قراردادی؛ پیمانی

contractant

متعهد؛ تعهد کننده؛ مقاطعه‌کار؛ پیمانکار

contractation

مبادله؛ معاملهٔ دو طرفه

contract authorization

اجازهٔ انعقاد قرارداد

contract, bilateral

قرارداد دو جانبه

contract binding in honor only

عقد شرافتی

☞ *contract not subject to*

contract bond / **contract of employment**

legal jurisdiction (Brit)

contract bond
سند تضمین قرارداد

contract broker
واسطهٔ قرارداد

contract by deed
عقد شکلی؛ عقد تشریفاتی؛ عقد رسمی
☞ *contract under seal*
☞ *special contract*
☞ *specialty contract*

contract by private treaty
قرارداد با توافق و تراضی طرفین

contract clause
شرط متعارف در هر قرارداد

contract, conclude a
عقد بستن؛ قرارداد منعقد کردن
☞ *sign an agreement*

contract, conditional
عقد معلق؛ عقد مشروط

contract, enter into a
عقد بستن؛ منعقد کردن عقد

contract, execution of
اجرای قرارداد

contract for services
قرارداد خدمات

contract, frustrated
قرارداد عقیم شده؛ قراردادی که اجرای آن به دلیل دخالت وقایع غیر مترقبه غیر ممکن شده است

contract guarantee
ضمانت قرارداد

contract in
قبول کردن شرط

contracting capacity
اهلیت انعقاد قرارداد

contracting-in
قبولی شرط

contracting-out
نپذیرفتن شرط

contracting parties
طرفین قرارداد؛ متعاقدین؛ متعاملین

contracting states
دولتهای طرف قرارداد

contract, inoperative
عقد غیر نافذ

contract, invalid
عقد باطل؛ قرارداد باطل / غیر معتبر

contract, irrevocable
عقد لازم؛ عقد غیر قابل فسخ

contract labor
کارگر قراردادی؛ کارگر پیمانی

contract, lease
اجاره‌نامه؛ عقد اجاره

contract, multilateral
قرارداد چند جانبه

contract note
سند قرارداد

contract not subject to legal jurisdiction
عقد شرافتی

contract of carriage
قرارداد حمل و نقل

contract of employment
قرارداد استخدامی

contract of guarantee
ضمان عقدی؛ عقد ضمان
contract of insurance
قرارداد بیمه
contract of mandate
عقد وکالت
☞ *mandate, mandatum*
contract of record
قرارداد ثبت شده
contract of research
پژوهش قراردادی؛ تحقیقات بر مبنای پیمان نامه
contract of reward
عقد جعاله
contract of sale
عقد بیع؛ قرارداد فروش
contract of sale in which a respite is given for payment of the price as well as for delivery of the goods
بیع کالی به کالی
contract of service
قرارداد خدمت
contract of tainted by fraud
قراردادی که به علت تقلب مخدوش است
contract of transaction
معامله به وعده یا مدت دار
contract, optional
عقد خیاری
contractor
پیمانکار؛ مقاطعه کار
contract, parties to the
طرفین معامله؛ طرفین قرارداد؛ متعاملین؛ متعاقدین
contract period
مدت قرارداد
contract price
ارزش قرارداد
contract, provisional
قرارداد موقت
contract, provisions of
شرایط قرارداد؛ مواد قرارداد
contract, renew a
قراردادی را تجدید کردن
contract rent
اجاره بها
contract representative
نمایندۀ امور قراردادها
contract, revocable
عقد جایز؛ عقد قابل فسخ
contracts, deed under private
سند عادی؛ رسید غیر مصدق
contract, special
عقد رسمی؛ عقد تشریفاتی؛ عقد معینه؛ عقد شکلی
☞ *contract by deed*
☞ *special contract*
☞ *specialty contract*
contract to sell
قرارداد فروش؛ موافقت برای فروش
contractual
قراردادی؛ پیمانی
contractual breach
نقض قرارداد

contractual capacity
اهليت انعقاد قرارداد
contractual disability
عدم اهليت انعقاد قرارداد
contractual duty
وظايف و تكاليف قراردادى
contractual employment
استخدام قراردادى
contractual interest
بهرهٔ كلى وامى كه وام گيرنده بايد به وام دهنده بپردازد؛ بهرهٔ وام
contractual liability
ضمان عقدى؛ مسؤوليت قراردادى
contractual negotiations
مذاكرات مربوط به قرارداد
contractual obligations
تعهدات قراردادى
contractual payment
پرداخت مربوط به قرارداد؛ پرداخت قراردادى
contractual plan
برنامهٔ قراردادى
contractual proposal
پيشنهاد عقد قرارداد
contractual relationship
رابطهٔ قراردادى
contractual rent
اجاره بها؛ اجارهٔ قراردادى
contractual rights
حقوق قراردادى
contract, unauthorized
عقد فضولى
contract, unconditional
عقد منجز
contract under seal
عقد رسمى؛ عقد تصويبى؛ عقد شكلى؛ عقد تشريفاتى
☞ *contract by deed*
☞ *special contract*
☞ *specialty contract*
contract, valid
عقد صحيح؛ عقد معتبر
contract, void
عقد باطل
contract worker
كارگر پيمانى / قراردادى
contradict
تعارض داشتن؛ انكار كردن؛ تكذيب كردن؛ متناقض بودن؛ تناقض داشتن؛ مغاير بودن؛ مخالفت كردن؛ رد كردن؛ نفى كردن
contradiction
مغايرت؛ تناقض؛ نقض؛ تكذيب؛ انكار؛ تضاد؛ نفى؛ مخالفت؛ دوگانگى؛ مغاير
contradictory
متناقض؛ متضاد؛ مغاير؛ ضد و نقيض
contradictory precedent
سابقهٔ متناقض
contrary to the law
مخالف قانون؛ برخلاف قانون
contrary to the requirement of contract, condition
شرط خلاف مقتضاى عقد
contravene
خلاف قانون عمل كردن؛ تخلف كردن از؛ تخطى كردن؛ تجاوز كردن از

contravene a law
معارض قانون شدن؛ خلاف قانون عمل کردن؛ به قانون تجاوز کردن

contributed capital
سرمایهٔ پرداخت شده
☞ *paid - in capital*

contribution
اعانه؛ مالیات؛ عوارض؛ باج و خراج؛ جریمه؛ سهمیه؛ سهم‌الشرکه؛ جبران ضرر وارده به یکی از شرکا توسط سایرین؛ حق بازنشستگی؛ حق بیمه

contribution analysis
تحلیل سهم عوامل:
(در حسابداری) روشی برای محاسبه سهم هر یک از تولیدات یا خدمات در کل عملکرد شرکت

contribution margin
مابه‌التفاوت درآمد فروش و هزینه

contribution not in cash
سهم‌الشرکهٔ غیر نقدی

contributory
شریک در مسؤولیت؛ سهامدار یا شریکی که در صورت انحلال شرکت ملزم به پرداخت سهم خود از دیون شرکت باشد

contributory negligence
غرامت سهل انگاری کارمند؛ تأثیر/نقش قصور کارگر در ایجاد سوانح؛ غفلت یا بی‌احتیاطی زیان دیده که در وارد آمدن زیان مؤثر بوده باشد
☞ *employee's contributory negligence*
☞ *comparative negligence*

contributory pension scheme
طرح بازنشستگی مشارکتی:
نوعی طرح بازنشستگی که در تأمین مالی آن، کارگر و کارفرما مشارکت دارند.

contrived scarcity
کمیابی مصنوعی؛ کمیابی ساختگی

control
نظارت کردن؛ کنترل کردن؛ مهار کردن؛ تسلط داشتن؛ بازرسی کردن؛ کنترل؛ نظارت؛ وسیلهٔ کنترل؛ تسلط

control account
حساب کنترل؛ حساب موازنه

control, budgetary
کنترل بودجه‌ای

control chart
جدول کنترل کیفیت تولید؛ نمودار کنترل
☞ *quality control chart*

control, exchange
کنترل ارز

control, feedback
کنترل بازخورد

control, inventory
کنترل موجودی

control, keep under
کنترل کردن؛ تحت نظارت داشتن

controllable cost
هزینهٔ قابل نظارت؛ هزینهٔ قابل کنترل؛ هزینه‌ای که مدیر بر میزان آن نظارت دارد و مسؤولیت آن بر عهدهٔ او است؛ هزینه‌ای که بر حسب مقدار تولید تغییر می‌کند

controllable variable
متغیر قابل کنترل

controlled

controlled circulation
تحت کنترل؛ تحت نظارت

controlled circulation publication
نشریه با شمارگان یا تیراژ محدود؛ ارسال نشریه برای گروهی خاص؛ نشریه‌ای که به صورت رایگان چاپ و ارسال می‌شود

controlled communication in international relations
ارتباط نظارت شده در روابط بین‌الملل

controlled company
شرکت تحت کنترل / نظارت

controlled condition
وضعیت کنترل شده

controlled daywork
دستمزد ثابت روزانه
→ *measured daywork*

controlled economy
اقتصاد ارشادی

controlled report
ارزشیابی عملکرد
→ *performance appraisal*

controlled-written report
گزارش کتبی کنترل شده

controller
حسابرس؛ ممیز کل؛ (در ارتش) کنترولر (کنت)؛ ذیحساب؛ (بالاترین مقام مالی شرکت یا سازمان)؛ ممیز؛ ناظر؛ کنترل کننده
☞ *comptroller*

controlling account
حساب کنترل
☞ *control account*

controlling company
شرکت مادر؛ شرکت کنترل کننده

controlling function of management
وظیفهٔ کنترل و نظارت مدیریت

controlling interest
سهام تعیین کننده؛ مالکیت سهام با حق رأی که دارندگان آن می‌توانند فعالیتهای شرکت را تحت تأثیر قرار دهند

control, material
کنترل مواد؛ ماتریل کنترل

control of operation
کنترل عملیات؛ نظارت بر عملیات

control of resources
کنترل منابع؛ نظارت بر منابع

control, quality
کنترل کیفیت؛ کنترل کیفی / مرغوبیت

control, span of
حیطهٔ نظارت

control standards
استانداردهای کنترل / نظارت

control, statistical process
کنترل فرایند آماری

control system
سیستم کنترل

control unit
واحد کنترل

control, wage
کنترل دستمزد

controversial issue
موضوع بحث انگیز؛ مسأله بحث انگیز

controversy, subject of
موضوع جنجال برانگیز؛ موضوع بحث انگیز
controvert
انکار کردن؛ رد کردن؛ مخالفت کردن؛ مورد تردید قرار دادن
convene
جلسه تشکیل دادن؛ احضار کردن؛ دعوت کردن برای تشکیل جلسه؛ فرا خواندن؛ طرح کردن دعوا
convener / convenor
برگزار کنندهٔ جلسه؛ دعوت کننده به جلسه؛ نماینده اتحادیه؛ رابط
convenience
رفاه؛ تسهیلات؛ آسایش؛ منافع؛ وقت مناسب
convenience goods
کالاهای سهل‌الوصول
نماینده؛ رابط؛ اتحادیه
convenor / convener
برگزار کنندهٔ جلسه؛ دعوت کننده به جلسه؛ نماینده اتحادیه؛ رابط
convention
توافق نامه؛ قرارداد؛ توافق؛ موافقت نامه؛ معاهده؛ اجلاس؛ مجمع؛ کنگره؛ انجمن؛ گردهمایی ؛ پیمان نامه؛ کنوانسیون
Convention for the Suppression of Counterfeiting Currency
کنوانسیون پیشگیری از جعل ارز
conversatioanal programming
برنامه‌ریزی مکالمه‌ای:
نوعی برنامه‌ریزی کامپیوتری که استفاده‌کننده بدون این که نیاز باشد از قبل دستورها را آماده کند، مستقیماً آنها را به کامپیوتر می‌دهد و پاسخ لازم را دریافت می‌کند
conversation
گفتگو؛ مذاکره (غیر رسمی)؛ نشست غیر رسمی نمایندگان کشورهای مختلف
conversation, informal
مذاکرهٔ غیر رسمی
conversation, tête-á-tête
مذاکرهٔ محرمانه یا خصوصی (دو نفره)
converse
گفتگو کردن؛ مذاکره کردن؛ گفتگو؛ مخالف؛ متضاد؛ متناقض؛ برعکس؛ عکس؛ خلاف
conversion
تبدیل؛ تسعیر؛ معاوضهٔ یک قرض با قرض دیگر؛ تبدیل یک سند به سند دیگر
conversion cost
هزینهٔ تبدیل
conversion loan
وام تبدیلی
conversion of shares
تبدیل سهام
conversion rate
نرخ تبدیل (ارز)؛ نرخ تسعیر
conversion training
آموزش جدید؛ بازآموزی؛ روشی در بازآموزی وظایف جدید
converted time
زمان تبدیل شده
☞ *basic time*
convertibility
قابلیت تبدیل؛ قابلیت تسعیر
convertible
قابل تبدیل؛ قابل انتقال

convertible bond
اوراق قرضه / سهام قابل تبدیل

convertible debenture
سهم قابل تبدیل
☞ *convertible security*

convertible debt
بدهی قابل تبدیل

convertible loan stock
سهم قابل تبدیل

convertible money
پول قابل تبدیل

convertible security
سهم قابل تبدیل
☞ *convertible debenture*

convey
واگذار کردن؛ منتقل کـردن (مـلک)؛ فـروختن؛ صلح کردن (مال غیر منقول)؛ ابلاغ کردن؛ حمل کردن

convey a message
پیام رساندن

conveyance
انتقال (مال غیر منقول)؛ صلح نامه؛ سند انـتقال (مال غیر منقول)؛ حمل؛ وسیلهٔ نقلیه

conveyance deed
سند انتقال ملک
☞ *deed of transfer*

conveyance duty
حقوق انتقال

conveyancer
واگذار کننده، منتقل کننده؛ قباله نویس

conveyancing
نگارش اسناد انتقالی (واگذاری)؛ انتقال؛ قباله نویسی؛ تنظیم سند؛ واگذاری

conveyer
وسیلهٔ حمل و نقل؛ شرکت حمل و نقل ؛ واگذار کننده؛ انتقال دهنده

convoke
دعوت برای تشکیل جلسه؛ فرا خواندن؛ احضار کردن (اعضا) برای تشکیل جلسه؛ تشکیل دادن

convoke a council
(اعضای) شورا را به تشکیل جلسه دعوت کردن

co-obligant
دارای تعهد و التزام مشترک

co-obligor
متعهد مشترک

cooling-off period
دورهٔ مذاکره؛ دورهٔ رفع اختلاف:
(در روابط صنعتی) دوره‌ای کـه در طـول آن بـه طـرفین اختلاف فـرصت داده مـی‌شود تـا در مواضع قبلی خود تجدید نظر کنند.

cooling period
زمان انتظار (در بازار)

Co-op (cooperative (Society)
تعاونی

cooperate
همکاری کردن؛ مشارکت کردن؛ تشریک مساعی کردن؛ یاری کردن؛ کمک کردن

cooperation
همکاری؛ اشتراک مساعی؛ تعاون؛ مشارکت

cooperation of organizational elements
همکاری عناصر سازمان؛ هـمکاری قـسمتهای مختلف سازمان با یکدیگر

cooperative

cooperative advertising تعاونی؛ جمعی؛ شرکت تعاونی؛ همکاری

cooperative advertising آگهی مشترک؛ تبلیغات گروهی

cooperative company شرکت تعاونی

cooperative, consumer تعاونی مصرف

cooperative society شرکت تعاونی

co-opt دعوت به عضویت؛ انتخاب کردن؛ (به عنوان عضو) پذیرفتن

co-optation همکاری تطمیعی جذب عاملهای مخالف در تصمیم گیری:
استراتژی / راهبردی که سازمان با استفاده از آن شرایط نامطمئنی را که با آن مواجه می‌باشد کاهش می‌دهد. برای مثال، سازمان برای ادامهٔ فعالیتهایش ممکن است ناگزیر شود مقامات محلی یا افراد و سازمانهای با نفوذ را در فرایند تصمیم‌گیری خود دخالت دهد و در برخی موارد حتی آنان را به استخدام خود درآورد.

coordinate هماهنگی ایجاد کردن؛ هماهنگ کردن

coordinate actions هماهنگ کردن اقدامات

coordinated actions اقدامات هماهنگ

coordinating body هیأت / دستگاه هماهنگ کننده

coordination هماهنگی؛ همکاری؛ تشریک مساعی

coordination, local هماهنگی محلی

coordination of the executive, legislative and judicial authorities همکاری مسؤولان و مقامات قوهٔ مجریه، مقننه و قضائیه

coordination, telephone هماهنگی تلفنی

coordinaton of government authorities هماهنگی مقامات دولتی

coordinaton of government departments هماهنگی وزارتخانه‌ها / بخشهای دولتی

coordinator هماهنگ کننده

co-ownership مالکیت مشترک؛ مالکیت مشاع
☞ *co - partnership*

co - partnership مالکیت مشترک؛ مالکیت مشاع؛ شراکت
☞ *co - ownership*

copeman / chapman فروشنده؛ دلال

copy نسخه برداشتن، رونوشت تهیه کردن؛ تکثیر نمودن؛ فتوکپی گرفتن؛ نسخه؛ رونوشت؛ کپی؛ فتوکپی؛ تصویر؛ روگرفت؛ آگهی

- multiplication of copies نسخه برداری؛ تکثیر

copy, certifed

رونوشت مصدق

copying

تهیهٔ رونوشت؛ تهیهٔ فتوکپی

copy of, make a

رونوشت برداشتن

copyright

حق تألیف؛ حق تصنیف؛ حفظ کردن حق چاپ یا تقلید؛ حق کار فکری؛ حق چاپ انحصاری؛ حق تقلید محفوظ؛ حق طبع و نشر؛ حق چاپ و انتشار انحصاری برای مؤلف اثر یا کسی که این حق را از او به انتقال گرفته است:

حقوق ناظر بر تألیف، تصنیف، تولید و یا توزیع یک اثر به منظور حمایت از صاحب آن اثر و جلوگیری از استفاده غیر مجاز توسط دیگران

copyright reserved

حق طبع یا چاپ محفوظ است

cordial understanding

حسن تفاهم

core group

گروه اصلی؛ گروه مرکزی؛ گروهی از کارکنان که کادر ثابت سازمان را تشکیل می‌دهند

corelation analysis

تحلیل همبستگی

☛ *regression analysis*

core question

مسألهٔ مهم؛ مسألهٔ اصلی یا اساسی

core time

زمان اصلی؛ مدت زمانی که حضور همهٔ کارکنان در محل کار الزامی است (در نظام ساعات کار شناور)

corner

خرید یکجا

corp. (corporation)

شرکت؛ مؤسسه؛ بنگاه

corporate

دارای شخصیت حقوقی؛ متحد؛ صنفی؛ گروهی؛ مشترک؛ شرکتی؛ مربوط یا متعلق به شرکت؛ تأسیس یافته

corporate advertising

آگهی تجاری به منظور کسب شأن سازمان

☞ *institutional advertising*

corporate balance sheet

ترازنامهٔ شرکت

corporate body

شخص حقوقی؛ شخصیت حقوقی

corporate bonds

اوراق قرضهٔ شرکت؛ سهام شرکت

corporate charter

اجازهٔ تأسیس شرکت؛ اساسنامهٔ شرکت

☞ *articles of incorporation*

☞ *certificate of incorporation*

☞ *charter*

☞ *incorporation charter*

corporate entity

شخصیت حقوقی شرکت

corporate goal

هدف سازمانی؛ هدف شرکت؛ هدف جمعی

☞ *corporate objective*

corporate identity

هویت شرکت

→ *corporate image*

corporate identity program

برنامهٔ شناساندن شرکت

corporate income tax
مالیات بر درآمد شرکت

corporate management
مدیریت شرکت

corporate nationality
تابعیت شرکت

corporate net income
درآمد خالص شرکت

corporate objective
هدف سازمانی؛ هدف شرکت؛ هدف جمعی
☞ *corporate goal*

corporate personality
شخصیت حقوقی شرکت

corporate planning
برنامه‌ریزی شرکت
→ *business planning*

corporate property
دارایی یا اموال شرکت

corporate, public
شرکت دولتی

corporate responsibility
مسؤولیت جمعی/گروهی؛ مسؤولیت مشترک

corporate secretary
دبیر شرکت سهامی
☞ *company secretary*

corporate strategy
راهبرد شرکت، استراتژی شرکت؛ استراتژی صنعتی

corporation
شرکت؛ بنگاه؛ مؤسسه؛ صنف؛ مجموعهٔ تجاری یا بازرگانی

corporation aggregate
شرکت (مرکب از چند نفر یا متعلق به چند نفر)
☞ *corporation sole*

corporation bonds
اوراق قرضهٔ شرکت سهامی؛ سهام شرکت

corporation earnings
عایدات شرکت سهامی

corporation income tax
مالیات بر درآمد شرکت سهامی

corporation, multinational
شرکت چند ملیتی

corporation, nonprofit
شرکت غیر انتفاعی

corporation, private
شرکت خصوصی

corporation sole
شرکت انفرادی
☞ *corporation aggregate*

corporation tax
مالیات شرکت

corporation tax, advance
مالیات پیش پرداختی شرکت

corporator
عضو شرکت

correality
الزام یا تعهد مشترک

correct
اصلاح کردن؛ تصحیح کردن؛ ترمیم کردن؛ رفع کردن اشتباه
☞ *rectify*
☞ *reform*

correct document
مدرک و اسناد صحیح و مطابق قرارداد

correct identified deficiencies

اصلاح نواقص مشاهده شده

correction

تنبیه؛ مجازات؛ رفع اشتباه؛ غلط‌گیری؛ اصلاح؛ ترمیم

correctional

اصلاحی؛ انضباطی؛ تأدیبی

corrective actions

اقدامات اصلاحی

corrective inspection

بازرسی اصلاحی

corrective technique

روش اصلاحی

correct shipping documents

مدارک صحیح ارسال کالا

correi credendi

بستانکاران مشترک

☞ *correi debendi*

correi debendi

بدهکاران مشترک

☞ *orrei credendi*

correlation

همبستگی؛ رابطهٔ بین دو یا چند متغیر (در آمار)؛ ارتباط

correlation coefficient

ضریب همبستگی

☞ *coefficient of correlation*

correlation method

روش همبستگی

correspond

مکاتبه کردن؛ نامه نگاری کردن؛ تطبیق کردن؛ مربوط بودن؛ مشابه بودن

correspondence

مراسلات؛ مکاتبات؛ نامه نگاری؛ مطابقت

correspondence course

دورهٔ (آموزش) مکاتبه‌ای

correspondence, formal

مکاتبات رسمی؛ نگارش‌های رسمی

correspondence, informal

مکاتبات غیر رسمی؛ نگارش‌های غیر رسمی

correspondence management

مدیریت مکاتبات

correspondent

مخبر؛ خبرنگار؛ گزارشگر؛ طرف مکاتبه؛ مطابق؛ موافق

correspondent bank

بانک کارگزار

correspondent banking

نظام بانکی وابسته

correspondents, press

مخبرین جراید؛ خبرنگاران جراید

corresponding

مکاتبه کننده

corresponding bank

بانک کارگزار

corrigendum

اصلاحیه؛ مورد اصلاحی

corrupt

رشوه دادن؛ تحریف کردن؛ مخدوش کردن؛ مرتشی؛ فاسد؛ تحریف شده

corruptibility

فساد؛ رشوه خواری

corruption

رشوه خواری؛ فساد؛ ارتشا؛ سوء استفاده؛

انحراف؛ تحریف؛ صورت تحریف شده

☞ *bribery*

corruption, political

فساد سیاسی؛ سوء استفاده از پستهای دولتی

corrupt practices

رشوه خواری؛ ارتشا؛ فساد

corse

معامله کردن؛ معامله؛ پایاپای کردن

☞ *course*

COSA (cost of sales adjustment)

هزینهٔ تعدیل فروش

co-signatory (var. cosignatory)

هم امضا؛ شریک در امضا؛ کسی که با دیگری متفقاً چیزی را امضا کند؛ امضاکننده

COSMIC (Computer Systems for Management Information and Control)

سیستمهای رایانه‌ای در اطلاعات مدیریت و نظارت

cost

هزینه؛ قیمت؛ بها؛ قیمت گذاری کردن؛ هزینه داشتن؛ تمام شدن؛ خرج برداشتن؛ برآورد کردن هزینه

cost absorption

تعیین قیمت تمام شده

→ *absorption costing*

cost accountant

حسابدار قیمت تمام شده؛ حسابدار صنعتی

cost accounting

حسابداری هزینه؛ حسابداری صنعتی؛ محاسبهٔ قیمت تمام شدهٔ کالا

cost allocation

تخصیص هزینه؛ سر شکن کردن هزینه

cost and frieght

قیمت کالا و بهای حمل و نقل

C & F

cost, average variable

هزینهٔ متوسط متغیر

cost-benefit analysis (CBA)

تحلیل هزینه و سود؛ تجزیه و تحلیل هزینهٔ سود

cost center

واحد هزینه زا؛ مرکز هزینه؛ واحدهای سازمانی از قبیل واحد تحقیق و توسعه که معمولاً درآمد زا نیستند لیکن وجود آنها برای ادامهٔ کار سازمان ضرورت دارد

cost effectiveness

اثربخشی هزینه

cost-effectiveness in remuneration systems

کارآیی / اثربخشیِ هزینه در نظامهای پرداخت

cost estimating

برآورد هزینه؛ تخمین هزینه

cost hammock

بردار هزینه

costing

قیمت گذاری؛ مشخص کردن هزینهٔ عملیات؛ برآورد هزینه؛ هزینه‌یابی

costing, absorption

هزینه‌یابی جذبی؛ هزینه‌یابی یک کاسه

costing, batch

هزینه‌یابی دسته‌ای

costing, direct

هزینه‌یابی مستقیم

costing, end-product

هزینه‌یابی محصول نهایی

costing, job order

هزینه‌یابی سفارش کار

costing, marginal

هزینه‌یابی نهایی

costing, standard

هزینه‌یابی استاندارد

costing system

نظام هزینه‌یابی؛ نوعی نظارت سازمانی که بر اساس آن هزینه‌های واقعی با هزینه‌های پیش بینی شده مقایسه می‌شوند

costing, variable

هزینه‌یابی متغیر

cost, insurance and freight (CIF)

(در بازرگانی بین‌المللی) قیمتی که شامل هزینه‌های بیمه و حمل کالا تا مقصد می‌باشد؛ سیف: قیمت کالا به اضافهٔ حق بیمه و هزینهٔ حمل یا کرایه تا بندر مقصد (این اصطلاح برای قیمت کالاهایی به کار می‌رود که با احتساب قیمت اصلی کالا و هزینهٔ بیمه و هزینهٔ حمل و نقل دریایی تا بندر مقصد فروخته شده است)؛ تعهد پرداخت هزینه حمل و نقد و بیمه توسط فروشنده

→ *free on board*

cost leadership

رهبری هزینه

cost ledger

دفتر ثبت قیمت تمام شده: این دفتر در هر مؤسسه برای ثبت قیمت تمام شدهٔ هریک از محصولات یا خدمات نگهداری می‌شود

cost of capital

هزینهٔ سرمایه

cost of crisis

هزینهٔ بحران

cost of goods manufactured

قیمت تمام شدهٔ کالای تولید شده

cost of goods purchased

قیمت تمام شدهٔ کالای خریداری شده (یعنی قیمت خرید به اضافهٔ مخارج انبارداری و حمل و تحویل)

cost of living

هزینهٔ زندگی؛ نفقه؛ خرجی

cost of living increase

پرداختی مربوط به افزایش هزینهٔ زندگی؛ اضافه پرداختی به کارکنان جهت افزایش هزینهٔ زندگی

cost of living index

شاخص هزینهٔ زندگی؛ جدول سالیانهٔ تغییر هزینهٔ زندگی (به درصد)

cost of maintenance

هزینهٔ نگهداری و تعمیر

cost of proceedings

هزینهٔ دادرسی

☞ *costs*

cost of production

هزینهٔ تولید

cost of reproduction

هزینهٔ بازسازی؛ هزینهٔ نوسازی و ترمیم

cost of sales

هزینهٔ فروش؛ مجموع هزینه‌های تولید و فروش کالا؛ قیمت تمام شدهٔ کالای فروخته شده

cost of sales adjustment

(CoSA)

تعدیل هزینهٔ فروش

cost per thousand (CPT)

هزینه بر اساس هر هزار نفر

cost-plus contract

قرارداد بر مبنای قیمت تمام شده

cost-plus pricing

قیمت گذاری بالاتر از هزینه:
شیوه‌ای از قیمت‌گذاری کالاها که بر اساس آن درصد معینی به قیمت هزینهٔ واقعی تولید اضافه می‌شود.

cost price

قیمت تمام شده؛ قیمت خریداری

cost price squeeze

فشار ناشی از گرانی مواد اولیه؛ قابل افزایش نبودن قیمت کالا با توجه به بالا بودن هزینهٔ تولید

cost push inflation

تورم ناشی از افزایش هزینهٔ تولید

cost records

مدرک تعیین ارزش؛ مدارک قیمت تمام شده

cost reduction plan

طرح کاهش هزینه

cost-reimbursable contract

قرارداد امانی

costs

هزینهٔ دادرسی؛ خسارت دادرسی

☞ *court costs*

cost saving

درآمد حاصل از تقلیل هزینه؛ صرفه جویی در هزینه

cost unit

قیمت واحد؛ قیمت واحد تولید؛ واحد هزینه

cost variance

تفاوت هزینه؛ مغایرت بین هزینه‌های استاندارد و هزینه‌های واقعی

cost-volume-profit analysis

تحلیل هزینه، حجم و سود

cosurety

ضمانت مشترک؛ ضامن مشترک

could-know information

اطلاعات کمکی

council

شورا؛ جلسه؛ هیأت

council, administrative

شورای اداری

council, election supervisory

انجمن نظارت بر انتخابات

council, excutive

شورای اجرایی

Council for International Progress in Management (CIPM)

شورای پیشرفت بین‌المللی مدیریت (در آمریکا)

Council for Mutual Economic Assistance (COMECON)

شورای همیاری متقابل اقتصادی؛ شورای همکاریهای متقابل اقتصادی

council, joint industrial

شورای مشترک صنعتی

council, labor

شورای کار / کارگری

councillary

Council of Europe

شورای اروپا

council of ministers

شورای وزیران

Council on Prices, Productivity and Incomes

شورای قیمت، بهره‌وری و درآمدها

council, planning

شورای برنامه‌ریزی

council, table/board

میز گرد اعضای شورا؛ جلسهٔ شورا

council, works

شورای کارخانه / کار

counsel

توصیه کردن؛ پیشنهاد کردن؛ نظر دادن؛ رأی دادن؛ نظر مشورتی دادن؛ نظر خواهی کردن؛ مشورت کردن؛ راهنمایی کردن؛ توصیه؛ پیشنهاد؛ راهنمایی؛ وکیل

counselling

مشاوره؛ مشاوره‌ای؛ مشورتی

counter-bill

سندی که رونوشت سند دیگری است

counter bond

ضمانت نامه

counterclaim

ادعای متقابل؛ چشم پوشی از حق اقامه دعوا و دعوای متقابل شرطی در قراردادها و موافقت‌نامه‌ها؛ ادعای خوانده‌ای علیه خواندهٔ دیگر که از معامله یا رویداد موضوع اصلی ناشی شده باشد

☞ *cross action*

☞ *cross-claim*
☞ *offset*
☞ *recoup*
☞ *set-off*

counterfeit

جعل کردن؛ تقلب کردن؛ جعلی؛ تقلبی؛ ساختگی؛ جعل اسکناس؛ جعل اوراق بهادار

counterfeit money

پول تقلبی

counterfoil

ته چک؛ ته قبض؛ ته سوش

counter letter

سند محرمانه‌ای که سند معتبری را لغو کند یا تغییر دهد

countermand

لغو کردن؛ نقض کردن (دستور قبلی یا اختیار اعطایی)؛ دستور عدم پرداخت چک؛ لغو سفارش؛ نسخ کردن

countermand of payment

دستور عدم پرداخت چک از سوی صاحب حساب

countermeasure

اقدام متقابل

counter - offer

پیشنهاد متقابل

counterpart

رونوشت؛ نسخهٔ مشابه؛ همتا

countersign

پشت نویسی کردن؛ ظهرنویسی کردن؛ تأیید کردن با امضا؛ امضای دوم؛ تصدیق امضا کردن

☞ *endorse /indorse*

countersignature

تصدیق امضای دیگری
countervailing duty
عوارض جبرانی
countries, developed
کشورهای توسعه‌یافته/پیشرفته
countries, developing
کشورهای در حال توسعه / رو به رشد
countries, resourceful
کشورهای غنی/ ثروتمند
countries, third world
کشورهای جهان سوم
country of origin
(در تجارت بین‌الملل) کشور مبدأ؛ کشوری که کالاها از آنجا وارد می‌شود
county council
شورای استان؛ انجمن ایالتی
county court
دادگاه بخش
coupling up
بهم پیوستن؛ اتصال؛ تداخل دو نوبت کاری به منظور استمرار در کار
coupon
کوپن؛ نرخ سالانه بهره‌ای که به سهم تعلق می‌گیرد؛ بن (ارزاق)
coupon advertising
آگهی تبلیغاتی کوپنی
coupon rate
نرخ کوپن
Cour de Cassation (Fr)
(در فرانسه) دیوان عالی کشور
course
معامله کردن؛ معامله؛ پایاپای کردن؛ جریان؛ مسیر؛ روش؛ مرور زمان؛ جهت؛ خط‌مشی
☞ *corse*
course of business
رویهٔ معمول داد و ستد؛ مشی عادی تجارت
course of dealing
مناسبات گذشتهٔ طرفین معامله
court
دادگاه؛ محکمه؛ هیأت قضایی؛ جلسات محاکمه در دادگاه
courtage
دلالی؛ حق دلالی؛ حق‌الجعاله
court costs
هزینهٔ دادرسی؛ خسارت دادرسی
☞ *costs*
court of arbitration
دیوان داوری
court of cassation
دیوان تمیز؛ دیوان کشور
court of inquiry
هیأت تحقیق؛ هیأت رسیدگی
Court of Justice of the European Communities
دادگاه جوامع اروپایی
court order
حکم دادگاه؛ قرار دادگاه؛ دستور دادگاه
Court Registry
دفتر ثبت شرکتها
covariance
هم پراکنش؛ توصیفی برای تغییرهای همزمان دو متغیر (در آمار)
covenant
توافق کردن؛ عقد؛ پیمان؛ میثاق؛ توافق؛

قراردادرسمی؛ منشور؛ شرط؛ قرارداد بستن؛ پیمان بستن؛ شرط کردن؛ قید کردن؛ تصریح کردن؛ توافق کردن

covenanted

متعهد؛ هم پیمان؛ مقید؛ مشروط

covenantee

متعهدله

covenant, enter into

پیمان بستن؛ قرارداد/ پیمان امضا کردن

covenanter

متعهد؛ ملتزم

covenant in law

شرط قانونی؛ تعهد ناشی از حکم قانون

covenant of quiet enjoyment

شرط مندرج در اجاره‌نامه یا سند انتقال مبنی بر تضمین استفاده بلامعارض و بدون مزاحمت از ملک؛ واگذاری مطلق

cover

تأمین کردن؛ جبران کردن؛ گزارش تهیه کردن؛ تحت پوشش قرار دادن؛ بیمه کردن؛ شامل شدن؛ پوشش؛ وثیقه؛ پشتوانه؛ هویت جعلی

coverage

زیانهای تأمین شده بوسیلهٔ بیمه نامه؛ پوشش؛ شمول؛ مبلغ بیمه؛ گزارش؛ نحوهٔ ارائه گزارش

Coverdale training

آموزش کاوردل؛ آموزش مدیریت بر پایهٔ پویایی گروه

covering letter

نامهٔ توضیحی؛ نامهٔ ضمیمه

cover note

سند؛ بیمه نامهٔ موقت؛ برگ وثیقه

co-worker

همکار

☞ *colleague*

CPA (certified public accountant)

حسابدار رسمی؛ حسابدار قسم خورده

CPA (critical path analysis)

تجزیه و تحلیل مسیر بحرانی

CPFF (cost plus fixed fee)

قرارداد بر مبنای قیمت تمام شده

CPIF (cost plus incentive fee)

حق‌الزحمهٔ تشویقی بر اساس قیمت تمام شده

CP/M (control program for microcomputers)

سیستم عامل ***CP/M***؛ برنامهٔ کنترل برای ریز کامپیوتر

→ *MS / DOS*

CPM (critical path method)

روش مسیر بحرانی

CPT (cost per thousand)

هزینه برای هر هزار نفر

CPU (centrall processing unit)

واحد پردازش مرکزی

craftsman

کارگر ماهر؛ پیشه‌ور؛ صنعتگر

crash

ورشکستگی ناگهانی؛ سقوط ناگهانی (تجارت و غیره)؛ تنزل؛ افت؛ تصادف؛ سانحه؛ تصادف کردن؛ سقوط کردن؛ ورشکست شدن

☞ *become bankrupt*

☞ *go bust*

crash project

طرح ضربتی

☞ *crash program*

crawling peg

نرخ ارز خزنده

Cr (creditor)

بستانکار؛ طلبکار؛ ستون بستانکار؛ طلبکار

create morale problem

مشکل / مسألهٔ تضعیف روحیه ایجاد کردن

creative conflict

برخورد سازنده؛ تعارض سازنده

→ *conflict*

☞ *constructive conflict*

creative organization

سازمان خلاق؛ سازمان نوآور

☞ *innovative organization*

creative thinking

تفکر خلاق

creativity

خلاقیت؛ نوآوری؛ ابتکار

creche

مهدکودک:
(استفاده از مهدکودک به عنوان پاداشی جهت استفاده از خدمات بانوان)

credentials

صلاحیت؛ شرایط لازم؛ مدارک؛ اعتبار نامه؛ استوار نامه؛ معرفی نامه

credibility

اعتبار؛ قابلیت قبول؛ صحت؛ درستی؛ صداقت

credible

موثق؛ معتبر؛ قابل اعتماد؛ قابل قبول

credit

اعتبار؛ نسیه؛ وام؛ مدت؛ وعده؛ موجودی؛ بستانکار؛ ستون بستانکار؛ بستانکار کردن؛ اعتبار

قایل شدن؛ نسبت دادن:
(در امور مالی) خرید و فروش غیر نقدی یا نسیه
(در حسابداری) ثبت اقلام در ستون سمت چپ دفتر حسابداری
(در بانکداری) وجوهی که در یک حساب بانکی موجود است

credit, acceptance

اعتبار قبولی

credit account

حساب نسیه

credit advice

اطلاعیه یا ابلاغیهٔ بانک خطاب به ذینفع مبنی بر اینکه حساب اعتباری به نام او افتتاح گردیده است؛ اعلامیهٔ بستانکار

credit agency

مؤسسهٔ اعتباری؛ دفتر اعتباری

☞ *credit bureau*

credit a sum to someone

مبلغی را به حساب بستانکار کسی گذاشتن

credit, bank

اعتبار بانکی

credit bureau

مؤسسهٔ اعتباری؛ دفتر اعتباری

☞ *credit agency*

credit card

کارت اعتباری

credit, cash

اعتبار نقدی

credit ceiling

سقف اعتبار؛ حداکثر اعتبار

credit control

کنترل اعتبار

credit controller
مسؤول کنترل اعتبار

credit cooperative society
شرکت تعاونی اعتبار

credit, export
اعتبار صادراتی

credit facility
تسهیلات اعتباری

credit facility agreement
موافقت نامهٔ تسهیلات اعتباری

credit, installment
اعتبار اقساطی

credit institution
مؤسسهٔ اعتباری (بانک رهنی، بانک وام و قرض)

credit instrument
سند اعتباری؛ مدرک تعهد

credit insurance
بیمهٔ اعتباری: ضمانت نامه‌ای که شرکت بیمه برای صاحبان صنایع، عمده فروشان و سازمانهای خدماتی صادر می‌کند و استمرار خدمات ارائه شده به آنان را تعهد می‌نماید.

credit, letter of
اعتبار نامهٔ بانکی؛ اعتبار اسنادی

credit line
خط اعتباری
→ *line of credit*

credit, man of
شخص معتبر

credit, nonistallment
اعتبار غیر اقساطی

credit note
رسید طلبکار؛ ورقهٔ بستانکار؛ سند بدهی؛ برگهٔ اعتبار خرید

credit, on
نسیه؛ فروش نسیه

creditor
بستانکار؛ طلبکار؛ داین؛ ستون بستانکار یا طلبکار؛ اعتبار دهنده؛ وام دهنده

creditor on mortgage
طلبکار وثیقه‌دار

creditors agreement
پیمان اتحاد و همبستگی بستانکاران

creditor's bill
رسیدی که بستانکار متوفی در مقابل دریافت مقداری از ترکه به عنوان تصفیه حساب به ورثه می‌دهد

creditor secured by pledge
طلبکاری که رهینه در دست دارد

creditorship
بستانکاری

credit rating
درجهٔ اعتبار؛ درجهٔ اعتبار یک شخص یا شرکت بر مبنای توانایی او در بازپرداخت پول و یا انجام تعهدات؛ (تعیین) میزان اعتبار؛ حدود اعتبار

credit reference agency
مؤسسه اطلاعات اعتباری

credit, revolving
اعتبار قابل تجدید؛ اعتبار گردان

credit risk
ریسک اعتبار

credit sale

فروش اعتباری؛ فروش غیر نقدی؛ فروش نسیه

credit sale agreement

موافقت نامهٔ فروش غیر نقدی؛ توافق نامهٔ فروش اقساطی

credit, sell on

نسیه فروختن

credit side

ستون بستانکار؛ جنبهٔ مثبت

credit slip

فیش بستانکار؛ فرم واریز پول به حساب

credit someone with a sum

مبلغی را به حساب بستانکار کسی گذاشتن

credit squeeze

سیاست تحدید اعتبار؛ سیاست محدود کردن اعتبار؛ محدودیت اعتبار

credit system

فروش اعتباری:

بر اساس این روش خریدار کالا یا خدمات قیمت آن را پس از مدتی می‌پردازد

credit, time

اعتبار مدت‌دار

credit token

تسهیلات اعتباری؛ تسهیلاتی از قبیل کارتها و چکهای اعتباری

credit transaction

معاملهٔ نسیه؛ معاملهٔ غیر نقدی

credit transfer

روش جیرو؛ انتقال اعتبار

☞ *giro*

credit, transferable

اعتبار قابل انتقال؛ اعتبار قابل واگذاری

credit union

اتحادیهٔ اعتباری

credit - worthiness

ارزش اعتباری ؛ میزان اعتباری که به فرد یا مؤسسه‌ای اعطا می‌شود؛ خوش حسابی؛ توان/قدرت پرداخت

crew

خدمه / کارکنان کشتی یا هواپیما؛ کارکنان

criminal liability

مسؤولیت کیفری

criminal procedure

آیین دادرسی کیفری؛ اصول محاکمات جزایی

criminal record

پیشینهٔ جزایی؛ پیشینهٔ کیفری؛ سابقهٔ کیفری؛ پیشینهٔ جنایی

crisis, economic

بحران اقتصادی

crisis management

مدیریت بحران

➔ *management by crisis*

crisis negotiations

مذاکره در خصوص بحران

crisis, ongoing

بحران فعلی؛ بحران جاری

crisis, resolve a

بحران را رفع / حل کردن

criteria

استانداردها؛ ضوابط؛ استاندارد عملکرد یا شرح معینی که بر اساس آن تصمیماتی اتخاذ می‌گردد

criterion (pl criteria)

ملاک؛ میزان؛ معیار؛ ضابطه

criterion-refrenced evaluation

ارزشیابی بر اساس معیارها

critical activity
رویداد حساس؛ رویداد بحرانی
☞ *critical event*
☞ *critical incident*

critical analysis
تجزیه و تحلیل انتقادی

critical event
رویداد حساس؛ رویداد بحرانی
☞ *critical incident*

critical incident
رویداد بحرانی
☞ *critical event*

critical incident analysis
تحلیل وقایع بحرانی
☞ *critical incident method*

critical incident method
روش وقایع بحرانی؛ روشی که طی آن جنبه‌های مهم عملکرد گذشته به منظور بهینه کردن عملکرد آینده تجزیه و تحلیل می‌شود؛ روش رویدادهای حساس / بحرانی:
در این روش ارزیاب موقعیتهای حساس را در طول یک دورهٔ ارزشیابی که حاکی از عملکرد خوب یا ضعیف ارزشیابی شونده است، ذکر می‌کند.
☞ *critical incident analysis*

critical path
مسیر بحرانی

critical path analysis (CPA)
تعیین بهترین مسیر؛ تجزیه و تحلیل مسیر بحرانی:
روشی در برنامه‌ریزی که طی آن فعالیتهای مختلف اجرایی یک پروژه مشخص و ترتیب فعالیتهای مهم و بحرانی لازم برای پیشرفت آن پروژه به صورت شبکه رسم می‌شود.
→ *critical path method*

critical path method (CPM)
روش مسیر بحرانی؛ روش مسیر حساس؛ شیوهٔ مسیر بحرانی:
روشی در برنامه‌ریزی که مبنای پیش بینی را با برآورد زمان و هزینهٔ فعالیتهای یک پروژه مربوط می‌سازد.
→ *critical path analysis*
☞ *PERT*

criticism
نقد؛ انتقاد؛ نقد و بررسی

criticize
انتقاد کردن؛ نقد کردن؛ ایراد گرفتن

critique
تجدیدنظر کردن در؛ انتقاد کردن؛ تحلیل؛ نقد

cronyism
رفیق بازی در سیاست و واگذاری امتیازات و مشاغل

crop insurance
بیمهٔ محصول

cross action
ادعای متقابل؛ ادعای خوانده علیه خواهان یا خواندهٔ دیگر
☞ *counterclaim*
☞ *cross-claim*
☞ *offset*
☞ *recoup*
☞ *set-off*

cross bill
برات در مقابل برات؛ سند در مقابل سند؛ برات

متقابل

cross - check

مقایسه کردن؛ بررسی کردن؛ کنترل کردن؛ بازبینی کردن

cross demand

ادعای متقابل؛ تهاتر

crossed check

چک مسدود؛ چک بسته؛ نظارت چند جانبه

crossed cheque

چک مسدود؛ چک بسته

crossed out

قلم خورده؛ مخدوش

cross-firing

برداشت دو طرفه

crossing

بستن چک

cross liability

مسؤولیت مشترک

cross purposes

سوء تفاهم؛ اختلاف یا تعارض بین قصد فروشنده با مشتری؛ اهداف متضاد

cross-rate

نرخ متقابل یا برابری غیر مستقیم ارز

cross-reference

ارجاع؛ ارجاع دادن

cross somebody's palm

به کسی رشوه دادن؛ پول دادن به کسی (به عنوان رشوه)

CTT (capital transfer tax)

مالیات انتقال سرمایه

culpable bankruptcy

ورشکستگی به تقصیر

culpa in contrahendo

تخلف ناشی از نقض قرارداد

culpose

سهل‌انگاری؛ بی‌مبالاتی و بی‌احتیاطی

cultural lag

عقب ماندگی فرهنگی

cultural revolution

انقلاب فرهنگی

culture

فرهنگ؛ مجموعهٔ ارزشها، باورها، هنجارها و نگرشهایی که یک سازمان اجتماعی به آنها متکی است و رفتار اعضای آن را شکل می‌دهد

cumbersome regulations

مقررات دست و پاگیر

cumulative insurance

بیمهٔ مضاعف؛ بیمهٔ خطرات و حوادث در نزد دو یا چند بیمه‌گر

cumulative preference share

سهم ممتاز اندوخته

cumulative preferential

سود عقب افتاده و فعلی سهام ممتاز

cumulative timing

زمان سنجی پیوستهٔ‌کار

➔ *continuous timing*

curative law

قانون اصلاحی

curator

متصدی؛ قیم

curatorium

هیأت مدیرهٔ یک مؤسسه

curb

مهار؛ کنترل؛ محدودیت؛ مهار کردن؛ کنترل

کردن؛ محدود کردن

curb inflation

مهارکردن تورم

currency and credit council

شورای پول و اعتبار

currency depreciation

کاهش ارزش پول؛ تنزل پول؛ افت پول

currency note

اسکناس؛ پول کاغذی

currency of a bill

موعد سند

currency rate

نرخ ارز / پول

☞ *indirect rate*

current account

حساب جاری

☞ *checking account*

☞ *drawing account*

current assets

داراییهای جاری (در مقابل داراییهای ثابت)؛ داراییهایی مانند سهام، پول نقد و ...

➔ *floating assets*

➔ *liquid assets*

current budget

بودجهٔ جاری: بودجه‌ای که برای یک سال مالی تدوین شود

current capital

سرمایهٔ در گردش؛ سرمایهٔ جاری

☞ *liquid capital*

☞ *working capital*

current cost accounting (CCA)

حسابداری هزینه‌های جاری

current fund

نقدینه: اموالی که سریع بتوان آنها را به پول تبدیل کرد؛ وجه نقد

current income

درآمد یک سال مالی؛ درآمد یک دورهٔ معین

current laws

قوانین جاری؛ مقررات جاری

current liabilities

تعهدهای جاری؛ بدهیهای جاری؛ تعهدات کوتاه مدت که در طول سال مالی پرداخت می‌شود.

current money

پول رایج

current ratio

نسبت جاری؛ نسبت داراییهای جاری به بدهیهای جاری؛ نسبت دارایی موجود به بدهی موجود (با در نظر گرفتن تحرک و تحول هر دو)

current regulations

مقررات جاری

current repairs and maintenance

هزینهٔ جاری تعمیرات و نگهداری

current standard cost

هزینهٔ استاندارد و مورد قبول

current transaction

داد و ستد جاری ؛ معاملهٔ جاری

current yield

بازده جاری

☞ *running yield*

curriculum

برنامهٔ درسی؛ برنامهٔ آموزشی: (در مدیریت آموزشی) عبارت است از طرح کلی یا برنامهٔ درسی که شامل انتظارات

دانشجویان، روشهای آموزشی، محتوای آموزشی و روش ارزشیابی می‌باشد.

curriculum development
برنامه‌ریزی آموزش:
(در مدیریت آموزشی) فرایندی است که برای تشخیص و برآورد نیازهای آموزشی، تعیین اهداف آموزشی، تعیین و سازماندهی محتوای آموزشی، انتخاب روشهای آموزشی، تهیهٔ مطالب پشتیبانی آموزشی و ارزشیابی دانشجویان استفاده می‌شود.

curriculum vitae (resume)
سوابق تحصیلی؛ خلاصه وضعیت تحصیلی؛ سوابق؛ سوابق شغلی؛ مشخصات پرسنلی؛ مشخصات فردی

custodian
متولی؛ امین؛ متصدی؛ مسؤول؛ سرپرست

custodianship
تولیت (موقوفه)؛ امانت؛ تصدی

custody
سرپرستی؛ توقیف؛ بازداشت

customer
مشتری؛ خریدار؛ مستأجر دایمی
- ☞ *buyer*
- ☞ *vendee*
- ☞ *seller*
- ☞ *vendor*

customer departmentalization
تقسیم ادارات بر مبنای مشتریان

customer loyalty
وفاداری مشتری

customer needs
نیازهای مشتری

customer order
سفارش مشتری

customer order cycle
چرخهٔ سفارش مشتری (مدت زمان مورد نیاز از زمان ارسال درخواست تا دریافت کالای سفارش داده شده)

customer service
خدمات مشتری

customer service management
مدیریت خدمات مشتریان

custom house
گمرک؛ ادارهٔ گمرک

custom-made
سفارشی

customs
گمرک؛ عوارض گمرکی؛ حقوق گمرکی؛ گمرکات؛ (در انگلستان) ادارهٔ عوارض گمرکی و مالیاتهای غیر مستقیم

customs and excise
حقوق گمرکی و مالیاتهای غیر مستقیم

customs appraisor
مأمور گمرک؛ ارزیاب گمرک

customs assessor
مأمور گمرک؛ ارزیاب گمرک

customs authority
گمرکات؛ ادارهٔ گمرک

customs declaration
اظهارنامهٔ ترخیص کالا از گمرک؛ اظهارنامهٔ گمرکی

customs duty
حقوق گمرکی؛ عوارض گمرکی

customs entry form

customs exemption
اظهارنامهٔ گمرکی

customs formalities
معافیت گمرکی

تشریفات گمرکی

customs house regulations
مقررات گمرکی

customs officer
مأمور گمرک

customs permit
جواز ترخیص کالا از گمرک پس از پرداخت حقوق و عوارض گمرکی

customs registered number
شمارهٔ ثبت شدهٔ گمرکی

customs regulations
آیین نامهٔ گمرکی؛ مقررات گمرکی

customs search
بازرسی گمرکی

customs union
اتحادیهٔ گمرکی؛ اتحادیه‌ای که به منظور تنظیم امور گمرکی از کشورهای مختلف تشکیل می‌گردد؛ موافقت نامه‌ای که بین دو یا چند کشور مبنی بر الغای عوارض گمرکی و دیگر موانع بازرگانی و اتخاذ سیاست مشترک دربارهٔ تجارت با کشورهای خارج از این اتحادیه منعقد می‌گردد.

customs warehouse
انبار گمرک

cut
کاهش؛ تقلیل؛ حذف؛ سانسور؛ کاهش دادن؛ تخفیف دادن

cutcome
حاصل؛ نتیجه؛ نتیجهٔ کار

cut-price
ارزان قیمت؛ ارزان؛ زیر قیمت؛ حراجی؛ ارزان فروش

☞ **cut-rate**

CWO (cash with order)
سفارش نقدی

cybernetics
سایبرتیک؛ فرمانش؛ شعبه‌ای از دانش بشری که نظام ارتباطات و کنترل را در موجود زنده مطالعه می‌کند

cycleograph
سایکولوگراف

cyclical forecast
پیش بینی ادواری

cyclical unemployment
بیکاری ادواری؛ بیکاری ناشی از نوسانهای اقتصادی که معمولاً در شرایط کسادی و رکود ایجاد شود

cyclic duty
کار ادواری؛ کاری که به صورت دوره‌ای انجام می‌شود

D / d

DA (deposit account)

حساب سپرده

D/A (documents against/on acceptance)

وصول مدارک در مقابل پذیرش

DAF (delivered at frontier)

تحویل در مرز

daily contracted hours

ساعات موظف کار روزانه؛ ساعات مقرر کار روزانه (تصریح شده در قرارداد استخدامی شخص)

daily paper

روزنامه؛ جریده؛ یومیه

daily pay

پرداخت روزانه؛ دستمزد روزانه

damage

خسارت؛ ضرر؛ زیان؛ تاوان؛ صدمه؛ غرامت؛ خسارت وارد کردن؛ صدمه زدن

damageability

خسارت پذیری؛ آسیب پذیری

damage, consequential

خسارت تبعی

damage, direct

خسارت مستقیم

damage for breach of contract

خسارت ناشی از تخلف یا نقض قرارداد

damage, general

خسارت عمومی؛ خسارت کلی

damage, indirect

خسارت غیر مستقیم

damage, late payment

خسارت تأخیر تأدیه؛ هزینهٔ دیرکرد

damage, moral

خسارت معنوی

damage occurring to the goods

صدمه یا خسارتی که به کالا وارد می‌شود

damages at large

خسارتی که تعیین میزان آن به دادگاه واگذار شده باشد؛ خسارت تقویم نشده؛ خسارت محاسبه نشده

☞ *unliquidated damages*

damages caused by the supplier

خسارات وارده توسط فروشندهٔ کالا

damages, to recover

وصول کردن خسارت

damage to property

خسارت وارده بر اموال

damage, to suffer

D

متضرر شدن؛ زیان دیدن

damage, to sustain

متضرر شدن؛ زیان دیدن

damnify

صدمه زدن؛ زیان یا خسارت وارد کردن

damnum absque injuria (Lat)

اتلاف (مال دیگران)؛ خسارت غیر عمد؛ خسارت بدون غصب یا تصرف اموال

damnum emergens (Lat)

خسارت واقعی؛ ضرر مسلم

damnum infectum (Lat)

خسارت احتمالی؛ خسارت بالقوه؛ خسارت محتمل‌الوقوع

damnum (Lat)

خسارت؛ زیان؛ ضرر

dandy-note

پروانهٔ گمرکی برای ترخیص کالا از انبار

dangle

فعالیت معلق؛ فعالیت منفرد؛ (در برنامه‌ریزی شبکه‌ای) فعالیتی که رویداد ماقبل یا مابعد ندارد

data

اطلاعات؛ داده‌ها؛ حقایق؛ مفروضات

data administrator

مدیر اطلاعات / داده‌ها

data bank

بانک اطلاعات؛ بانک داده‌ها

data-base

پایگاه داده‌ها؛ پایگاه اطلاعاتی

data-base management (DBM)

مدیریت پایگاه داده‌ها؛ مدیریت پایگاه اطلاعات؛ فرایند ایجاد نگهداری و به کارگیری مجموعه‌ای از داده‌ها / اطلاعات؛ مدیریت پایگاههای اطلاعاتی

data-base management system (DBMS)

نظام مدیریت پایگاه داده‌ها؛ نظام مدیریت اطلاعات

data, budget

اطلاعات بودجه

data collection

جمع‌آوری داده‌ها

data compression

نشرده کردن داده‌ها؛ مجموعه‌ای از تکنیکهای نرم‌افزاری برای کاهش حجم اطلاعات بدون کاستن از ارزش و کیفیت آنها

data flow chart

نمودار جریان داده‌ها؛ نمودار گردش داده‌ها

data indexing record

طبقه بندی اسناد بر حسب تاریخ

data logging

ثبت داده‌ها؛ جمع‌آوری داده‌ها در خصوص ویژگیهای مختلف عملیاتی در سیستم تولید مانند نرخ تولید، میزان استفاده از تجهیزات، زمان از دست رفته و ...

data, personal

اطلاعات شخصی

data post service

خدمات اطلاعاتی پستی؛ سرویس اطلاعاتی پستی

data, primary

اطلاعات اولیه / اصلی

data processing

داده پردازی؛ پردازش داده‌ها

data processing center

مرکز پردازش اطلاعات؛ بانک اطلاعات

data processing system (DPS)

نظام داده پردازی؛ سیستم پردازش اطلاعات

data processor

داده پرداز؛ پردازشگر اطلاعات

data, raw

اطلاعات خام

data, secondary

اطلاعات دست دوم

data, test

اطلاعات آزمایشی

data transformation

تبدیل داده‌ها

date

(قید کردن) تاریخ؛ تاریخ گذاشتن؛ تاریخ تعیین کردن؛ قرار (ملاقات) گذاشتن

date bill

برات مدت‌دار

☞ *bill of usance*
☞ *period bill*
☞ *term bill*
☞ *time bill*
☞ *usance bill*

datel

سرویس اطلاعاتی تلفنی یا تلگرافی؛ انتقال داده‌ها از طریق تلگراف یا تلفن

☞ *service*

date of acquisition

تاریخ خریداری: تاریخی که به عنوان شروع دورهٔ استیلای خریدار بر مال در دفتر ثبت می‌گردد و اگر مال استهلاک پذیر باشد، از این تاریخ به بعد استهلاک محاسبه می‌شود؛ تاریخ تملک

date of grace

تاریخ مهلت؛ تاریخ مهلت ارفاقی؛ مهلت واریز؛ مهلتی که طبق قانون به بدهکار داده می‌شود تا بدهی خود را بپردازد؛ مهلت پرداخت

date of maturity

تاریخ سررسید؛ موعد مقرر؛ تاریخ تأدیه؛ سررسید

☞ *due - date*

date of payment

موعد پرداخت؛ تاریخ پرداخت

dative

انتصابی

dawn shift

شیفت صبح؛ نوبت کاری صبح

day book

دفتر روزنامه؛ دفتر ثبت وقایع روزانه

☞ *journal*

day labor

کار روز مزدی

day laborer

کارگر روز مزد

☞ *daysman*

daylight robbery

گرانفروشی؛ فروختن کالا به قیمت خیلی گران‌تر از نرخ معمول

day order

سفارش یک روزه؛ سفارش روزانه

day rate

نرخ روزانه

day release

مأموریت آموزشی کوتاه مدت؛ مأموریت آموزشی یک روزه؛ مرخصی روزانه؛ مرخصی تحصیلی

☞ *block release*

days off in lieu

مرخصی جایگزین؛ مرخصی جبرانی؛ روزهایی که در ازای اضافه‌کاری به کارگر مرخصی داده می‌شود

days of grace

زمان مهلت؛ زمان ارفاقی؛ مدت زمان اضافی برای بازپرداخت وام؛ مهلت مجاز برای پرداخت برات یا سفته از تاریخ سررسید

☞ *graced period*

day work

کار روزانه؛ کاری که در طول ساعات روز انجام می‌شود؛ سیستم پرداخت مزد بر مبنای کار روزانه

→ *casual work*

day worker

کارگر موقت؛ کارگر روز مزد؛ کارگر روز کار

☞ *daysman*

db (A)

دسی بل تنظیم شده؛ واحدی برای اندازه‌گیری میزان تأثیر صدا بر شنوایی انسان که بالاترین سطح مجاز آن در صنعت نَوَد db است

→ *decibel, adjusted*

DBA (doctor of business administration)

دکترای مدیریت بازرگانی

DBMS (data base management system)

نظام مدیریت اطلاعات؛ سیستم / نظام مدیریت

پایگاه داده‌ها

DCE (domestic credit expansion)

توسعهٔ اعتبارات داخلی / محلی

DCF (discounted cash flow)

ارزش تنزیلی جریان وجوه نقدی

DCFM (discounted cash flow method)

روش تنزیل نقدینه

DDP (delivered duty paid)

تحویل پس از پرداخت حقوق گمرکی

dead-end conference

کنفرانس بی‌نتیجه؛ کنفرانس بی‌ثمر

dead file

بایگانی راکد

☞ *dead records*

dead freight

کرایهٔ قسمتی از کشتی که صرفنظر از استفاده یا عدم استفاده از آن باید پرداخت شود

dead hand

اموال غیر قابل انتقال

dead horse

دستمزد از پیش پرداخت شده

dead letter

نامهٔ بی‌اعتبار؛ نامهٔ سرگردان؛ قانون منسوخ؛ سند بی‌ارزش؛ سند بی‌اعتبار؛ مقررات منسوخ؛ سند منسوخ

☞ *dead rule*

deadline

ضرب‌العجل؛ مهلت؛ سررسید؛ مهلت مقرر؛ موعد مقرر؛ موعد

deadline, extend a

deadlock

ضرب‌العجل را تمدید کردن

deadlock

بن‌بست؛ به بن‌بست رسیدن؛ شکست کامل در دستیابی به توافق یا حل و فصل اختلاف؛ وقفه

dead market

بازار کساد؛ بازار کم رونق

dead records

بایگانی راکد

☞ *dead file*

dead rent

حداقل اجاره؛ حداقل مبلغ پرداختی به عنوان اجاره‌بها

dead rule

قانون منسوخ

dead security

وثیقهٔ بی‌ارزش

dead stock

موجودی راکد؛ سرمایهٔ استفاده نشده و راکد؛ کالای غیر قابل فروش؛ ماشین‌آلات کشاورزی (در برابر احشام)؛ کارخانه و ساختمان

dead time

زمان از دست رفته؛ وقت فوت شده؛ مدت زمانی که کارگر برای آماده شدن مقدمات کار منتظر می‌ماند (در سیستم‌های کارمزدی)

dead weight

وزن خالص وسیلهٔ حمل و نقل بدون احتساب بار؛ وزن وسیلهٔ نقلیه بدون بار

deadweight debt

وام غیر تولیدی

deal

طرح (جدید)؛ برنامهٔ اصلاحات اجتماعی و اقتصادی؛ ساخت و پاخت؛ قرارداد؛ کنار آمدن؛

dealing with angry

خرید کردن از؛ معامله کردن؛ از عهده برآمدن؛ فروختن؛ توزیع یا پخش کردن؛ اقدام کردن؛ بحث کردن؛ حصه؛ سهم؛ معامله؛ مصالحه؛ مقدار

dealer

دلال؛ واسطه؛ فروشنده؛ حق‌العمل‌کار

dealer, money

دلال ارز و سهام

deal in futures

معامله سلف کردن

dealing

خرید و فروش؛ معامله؛ داد و ستد؛ رفتار؛ قاچاق

dealing in futures

☞ *futures trading*

بیع سلف (پیش خرید؛ پیش فروش)؛ معامله سلف

dealings

معاملات؛ داد و ستد؛ روابط

dealing with angry employees

رفتار با کارمندان عصبانی:

عصبانیت نیرویی است که می‌تواند سازمان را در برآورده نمودن یا مختل ساختن هدفهای روزانهٔ خود تحت تأثیر قرار دهد. روش برخورد مدیران با این مسأله از اهمیت زیادی برخوردار بوده و نیازمند مهارتهای ویژه‌ای است. آنچه برای سازمان بسیار مخرب و مضر است، عصبانیت پنهان است که می‌تواند به شکلهای مختلفی از قبیل عدم همکاری، عملکرد ضعیف، پخش شایعات و یا به گونه‌های دیگری بروز نماید. در این خصوص مدیر می‌تواند با شناخت و آگاهی نسبت به خشم و بررسی دلایل

عصبانیت کارکنان و تشویق آنان به بازگویی مسأله، با رفتارهای عصبی آنان برخورد مناسب نموده و به حل تضاد / تعارض و ایجاد جو مثبت اقدام نماید.

dean
رئیس؛ مدیر؛ سرپرست؛ عضو ارشد

dear-bought
جنس گران خریداری شده؛ خریداری به قیمت گران؛ خرید گران؛ گران تمام شده

dear money
پول با ارزش؛ پولی که ارزش آن نسبت به ارزش کالاها و خدمات بیشتر است

dearness of living
بالا بودن هزینهٔ زندگی

death benefit
وظیفه: مستمری یا پولی که صاحب کارخانه به زن و فرزند کارگر متوفی می‌دهد

death duties
مالیات بر ارث؛ عوارض انتقال مالکیت به سبب فوت؛ مالیات ماترک

death tax
مالیات ماترک؛ مالیات بر ارث
☞ *estate tax*
☞ *inheritance tax*
☞ *probate duty*

debar from office
منفصل کردن از خدمت

debate
مذاکره؛ مباحثه؛ مناظره؛ بحث کردن؛ مذاکره کردن

debate, close a
به بحث خاتمه بخشیدن؛ بحث را خاتمه دادن

☞ *wind up a debate*

debate, launch a
بحث را آغاز کردن

debenture
سند قرضه؛ اوراق قرضه؛ حوالهٔ دولتی؛ سهم قرضه؛ ورقهٔ استقراضی؛ گواهینامهٔ گمرکی؛ (در بازارهای بین‌المللی) اوراق قرضه‌ای که پرداخت آنها با دارایی‌های آزاد مؤسسه تضمین می‌شود

debenture bond
سند قرضهٔ بدون تضمین؛ سندی که پشتوانهٔ آن فقط اعتبار صادر کننده و منتشر کنندهٔ آن است

debenture capital
سرمایهٔ حاصل از اوراق قرضه؛ قسمتی از ساختار سرمایه که از طریق اوراق قرضه تأمین شده است

debentured
دارای سند قرضه

debenture holder
صاحب اوراق قرضه؛ دارندهٔ سهام قرضه

debenture, mortgage
سند رهن

debenture stock
سهم قرضه

debenture trust deed
سند تأمین اوراق قرضه

debind
ملتزم کردن؛ متعهد کردن

debit
(در حسابداری) بدهکار؛ ستون بدهکار؛ برداشت؛ بدهی؛ به حساب بدهکار گذاشتن؛ بدهکار کردن؛ کسر پول از یک حساب

debit and credit

دیون و مطالبات

debit balance

مقدار بدهکاری؛ حساب بدهکاری

debit note

رسید بدهکار؛ قبض بدهی

debit ticket

حوالهٔ پرداخت وجه به حساب صاحب حساب

debrief

اطلاعات گرفتن؛ گزارش خواستن از؛ اطلاعات خواستن؛ گزارش

debriefing

دی‌بریفینگ؛ گزارش

debt

بدهی؛ وام؛ قرض؛ دین؛ بدهکاری؛ میزان بدهی؛ بدهی داشتن

debt, bad

طلب لاوصول؛ قرض وصول نشدنی؛ بدهی غیر قابل وصول

debt, be in

مقروض بودن

debt capital

سرمایهٔ استقراضی

☞ *loan capital*

debt clearing

تسویهٔ بدهی

debt collection

وصول بدهی

debt collector

وصول کنندهٔ بدهی؛ دریافت کنندهٔ طلب

debt, demand

بدهی عندالمطالبه

debt discount

تفاوت ارزش اسمی بدهی و اصل مبلغ

debt due at a future time

دین مؤجل

debted

مقروض؛ مدیون؛ بدهکار

debtee

طلبکار؛ بستانکار

debt enforcement

درخواست وصول طلب (مطالبات)

debt finance

افزایش سرمایه از طریق فروش سهام؛ تأمین اعتبار برای پرداخت قروض و دیون

debt, fixed

بدهی ثابت

debt, in

بدهکار

☞ *debtor*

debt in arrears

دین معوقه یا عقب افتاده

debt income ratio

نسبت بدهی به درآمد ملی

debt instruments

اسناد بدهی

debtless

بدون قرض

debt limit

حداکثر مبلغی که یک واحد دولتی می‌تواند مدیون گردد و بیش از آن مجاز نیست

debt, long-term

بدهی بلند مدت

debt, national

debt of honor
بدهی / قرضهٔ ملی

debt of honor
بدهی شرافتی؛ دین شرافتی؛ وام شرافتی؛ بدهی که پرداخت آن به خوش‌حسابی بدهکار بستگی دارد

debt of record
دین قانونی؛ محکوم به؛ بدهی مستند به حکم دادگاه

debtor
مدیون؛ بدهکار؛ ستون بدهکار دفتر روزنامه؛ اقلام وارده در ستون بدهکار

debtors' ledger
دفتر کل بدهکاران
→ account receivable

debt, preferential
دیون ممتاز

debt, present
دین حال؛ بدهی فعلی

debt ratio
نسبت بدهی

debt redemption
استهلاک دین

debts, book
بدهی دفتری (بین شرکتهایی که با هم معاملات زیاد دارند مرسوم است که یکدیگر را بدون گرفتن سند، در دفتر بدهکار و بستانکار می‌کنند)

debts, collecting
وصول مطالبات

debt, secured
بدهی وثیقه دار

debt secured by mortgage
وامی که با وثیقهٔ رهنی تضمین گردد

debt, short-term
بدهی کوتاه مدت

debt, to accelerate a
حال کردن دین؛ تسریع کردن پرداخت

debug
رفع عیب کردن؛ اصلاح؛ رفع نقص؛ رفع خرابی

decapitate
از کار برکنار کردن

decelerating premium bonous
طرح پاداش کاهنده

decentralization
عدم تمرکز؛ واگذاری اختیارات به واحدهای محلی؛ تمرکز زدایی؛ کاهش اختیارات دولت مرکزی:
(در مدیریت) عبارت است از تفویض اختیار تصمیم‌گیری به رده‌های پایین‌تر سازمانی

decentralization as a management an development strategy
تمرکز زدایی به عنوان راهبرد (استراتژی) مدیریت و توسعه

decentralize
غیر متمرکز کردن؛ تمرکز زدایی کردن

decentralized
غیر متمرکز

decentralized decision making
تصمیم‌گیری غیر متمرکز

decentralized operations
عملیات غیر متمرکز

decentralized pattern of communication
الگوی ارتباطی غیر متمرکز

decern (discern)

decern (discern)
تشخیص دادن؛ تصمیم گرفتن

decernment
تشخیص؛ تصمیم

decibel, adjusted (db (A))
دسی بل تنظیم شده؛ واحدی برای اندازه‌گیری میزان تأثیر صدا بر شنوایی انسان که بالاترین سطح مجاز آن در صنعت نوَد db است؛ معیاری برای سنجش تأثیر صدا بر شنوایی انسان به منظور کاهش آلودگی صوتی

decide
تصمیم گرفتن؛ رأی دادن؛ حکم کردن؛ فیصله دادن؛ حل و فصل کردن؛ متقاعد کردن؛ انتخاب کردن؛ برگزیدن

decide the issue
حل و فصل کردن موضوع

decision
قدرت تصمیم‌گیری؛ تصمیم؛ رأی؛ حکم؛ داوری

decision analysis
تجزیه و تحلیل تصمیم

decision, arrive at a
به نتیجه نهایی رسیدن

decision-band method
روش مبتنی بر ردهٔ تصمیم‌گیری؛ روش سطح تصمیم‌گیری:
یکی از روشهایی که در ارزشیابی شغل به کار می‌رود. در این روش مشاغل با توجه به سطوح تصمیم‌گیری آنها درجه بندی می‌شوند.

decision bands
محدوده‌های تصمیم‌گیری

decision, come to a
تصمیم اتخاذ کردن؛ تصمیم گرفتن

decision making
تصمیم‌گیری:
عمل تصمیم‌گیری به شیوهٔ عقلایی شامل مراحل زیر است:
۱- تشخیص و تعیین مشکل اصلی
۲- ارائهٔ راه‌حلهای ممکن
۳- انتخاب معیار سنجش
۴- تعیین نتایج حاصل شده از هر راه‌حل
۵- ارزیابی راه‌حلها
۶- انتخاب بهترین راه‌حل (اخذ تصمیم)

decision-making process
فرایند تصمیم‌گیری

decision-making unit (DMU)
واحد تصمیم‌گیری

decision mapping via optimum network (DEMON)
بازاریابی با استفاده از تجزیه و تحلیل شبکه‌ای

decision, one sided
قضاوت یک طرفه؛ رأی مغرضانه

decision, rigtheous
تصمیم عادلانه؛ قضاوت عادلانه

decision rules
قوانین تصمیم‌گیری:
قوانین مربوط به تصمیم‌گیری که به انتخاب راه‌حل مناسب از بین راه‌حلهای مختلف کمک می‌کند و با استفاده از روشهای آماری پیامد هر یک از راه‌حلهای موجود را پیش بینی می‌نماید.

decisions, basic
تصمیمات اساسی

decisions, institutional
تصمیمات بنیادی / نهادی

decisions, investment
تصمیمات سرمایه‌گذاری

decisions, nonroutine
تصمیمات غیر روزمره؛ تصمیمات انتخابی

decisions, programmed
تصمیمات برنامه‌ریزی شده

decision support systems
سیستم‌های پشتیبانی تصمیم‌گیری؛ برنامه‌های کامپیوتری که به منظور کمک به مدیران در امر تصمیم‌گیری تنظیم می‌شوند

decision theory
نظریهٔ تصمیم‌گیری

decision theory school
مکتب تئوری تصمیم‌گیری

decision tree
درخت تصمیم؛ از جمله روشهایی که در تصمیم‌گیری به کار می‌رود: در این روش نموداری از شقوق مختلف تصمیم و پیامد هر یک از آنها رسم و احتمال وقوع هر یک از نتایج، برآورد می‌شود. پس از برآورد احتمالها، می‌توان ارزش مورد انتظار را محاسبه کرد و مطلوب‌ترین راه را تشخیص داد.

decisive action
اقدام قاطع

declaration
بیانیه؛ اعلامیه؛ اظهار نامه؛ اظهار؛ شکوائیه؛ دادخواست؛ اظهارنامهٔ ترخیص

declaration, custom's
اظهارنامهٔ ترخیص کالا از گمرک

declaration, joint
بیانیهٔ مشترک؛ اعلامیهٔ مشترک

declaration of solvency
اظهارنامهٔ توانایی پرداخت دین؛ اعلان ادای دین

declaration of trust
اظهارنامهٔ تکلیف به قبض؛ اظهارنامه‌ای که ناقل به منتقل‌الیه می‌دهد و در آن به او تکلیف می‌کند که ادارهٔ مورد انتقال را به عهده بگیرد و آن را قبض کند

declared
اظهار شده؛ اعلام شده؛ اقرار شده؛ علنی

declared bankrupt
ورشکسته اعلام شدن (به حکم دادگاه)
☞ *adjudged bankrupt*

declared capital
سرمایهٔ اعلام شده

declared value
قیمت اعلام شده

declassify
از طبقه‌بندی خارج کردن؛ (اطلاعات و اسناد محرمانه و طبقه‌بندی شده را) از حالت سری خارج کردن؛ علنی کردن؛ در اختیار عموم قرار دادن

decline in prices
سقوط قیمتها؛ کاهش قیمتها

decline responsibility for
مسؤولیت چیزی را به عهده نگرفتن

declining balance method
روش ارزش نزولی

decode
کشف رمز کردن؛ از رمز بیرون آوردن
☞ *decipher*

decode a message
پیامی را کشف کردن؛ پیامی را رمزگشایی کردن

decommission
عزل؛ از مقام یا پست برکنار کردن

decreasing cost
هزینهٔ نزولی؛ کاهش هزینه بر اثر افزایش تولید

decontrol
از نظارت و کنترل دولت خارج کردن؛ آزاد کردن

decreasing return
بازده نزولی

decree
فرمان؛ حکم؛ تصویب نامه؛ اعلامیه؛ حکم دادگاه؛ قرار؛ مصوبه؛ دستور؛ فتوا؛ حکم دادن؛ فتوا دادن؛ مقرر داشتن؛ حکم صادر کردن؛ فرمان دادن؛ اراده کردن؛ فرمان یا حکم کاری را صادر کردن؛ رأی قضایی دادن

dedicate
تخصیص دادن؛ تقدیم کردن؛ وقف کردن؛ اختصاص دادن؛ اهدا کردن

dedicated
تک منظوره؛ (در رایانه) اختصاصی؛ متعهد

dedicated automation
خودکاری اختصاصی؛ خودکاری تک منظوره

dedicatee
مورد وقف

dedit
مبلغی که متعهد نپرداخته و نقض عهد کرده؛ مبلغ نقض شده مورد تعهد

dedition
تسلیم؛ واگذاری

deduct from inventory
کسر کردن اقلام (واگذار شده) از موجودی

deductible
تخفیف پذیر؛ کاهش پذیر؛ قابل کسر؛ معاف از

مالیات

deduction
استنتاج؛ نتیجه‌گیری؛ کسر؛ کاهش؛ تخفیف

deduction from income
کسر درآمد

deductions
کسور (که به غلط کسورات نیز گفته می‌شود)

deed
قباله؛ سند رسمی؛ عمل؛ سندی که به طور رسمی امضا و مهر شده باشد و انجام شدن یک عمل قانونی را تأیید کند‌واگذار کردن؛ منتقل کردن؛ سند مالکیت؛ رفتار

deed-box
صندوق اسناد

deed of arrangement
قرار داد ارفاقی (میان بدهکار یا ورشکسته با بستانکاران)؛ سند قانونی که بر مبنای آن به فرد قابل اعتمادی اجازه داده می‌شود که از دارایی‌های مؤسسه برای پرداخت به بستانکاران استفاده کند.

☞ *composition respite*
☞ *scheme of arrangement*

deed of assignation
سند انتقال یا واگذاری ملک

deed of conveyance
سند انتقال ملک

☞ *deed of transfer*

deed of endowment
وقف نامه

deed of gift
سند هبه؛ هبه نامه؛ بخشش نامه

deed of inspection

deed of lease 218 default price

توافق میان ورشکسته و بستانکاران در مورد تعیین نمایندهٔ امور ورشکسته

deed of lease

سند اجاره؛ اجاره نامه

deed of partition

سند تفکیک؛ سند افراز

deed of partnership (Brit)

شرکت نامه

deed of proxy

وکالت نامه

deed of sale

سند فروش

deed of transfer

سند انتقال ملک

☞ *conveyance deed*

☞ *deed of conveyance*

deed of trust (var. trust deed)

امانت نامه؛ سند رهن؛ سند تولیت؛ قرارداد امانی؛ وقف نامه؛ سند یا قباله گروی

☞ *trust instrument*

deed-poll

سند یک طرفه؛ سندی که فقط برای یک طرف تعهدآور است؛ سند بدون رونوشت؛ درخواست رسمی؛ درخواست محضری

deed under private seal

سند عادی؛ سند غیر مصدق

deed under seal

سند رسمی؛ سند ممهور؛ سند مهر شده

de facto

بالفعل؛ عملی؛ غیر رسمی؛ موجود؛ دو فاکتو

de facto corporation

شرکت غیر رسمی؛ شرکت غیر قانونی

defalcate

حیف و میل کردن؛ اختلاس کردن؛ خیانت در امانت کردن؛ دستبرد زدن

defalcation

اختلاس؛ عدم ایفای تعهد؛ خیانت در امانت؛ تهاتر متقابل ادعاها یا دیون؛ ادعای متقابل

☞ *fraudulent alienation*

☞ *fraudulent conversion*

☞ *fraudulent conveyance*

defalk

تهاتر کردن ادعاها یا دیون؛ طرح کردن ادعای متقابل

default

قصور در پرداخت بدهی؛ کوتاهی در وفای به عهد؛ شکست در اجرای بخشی از قرارداد در مدت مقرر؛ به تعهد خود عمل نکردن؛ عدم پرداخت دین در سررسید؛ عدم ایفای تعهد؛ نکول؛ قصور؛ تخلف؛ غیبت؛ عدم حضور؛ غیاب

defaulter

نکول کننده؛ قصور کننده؛ متخلف؛ خاطی؛ کسی که بدهی خود را در سررسید مربوطه نپردازد یا تعهد خود را ایفا نکند؛ طرف غایب

defaulting party

طرف مقصر؛ طرف متخلف؛ طرف خاطی

defaulting witness

شاهد غایب

default in payment

عدم پرداخت؛ امتناع از پرداخت

default of acceptance, in

در صورت عدم قبولی؛ در صورت نکول (برات)

default price

کنندهٔ اضطراب، تعارض، ناکامی و شکست اطلاق می‌شود.

defence reaction

عکس‌العمل دفاعی:

در مبحث شخصیت و سازمان، عکس‌العمل دفاعی عبارت است از هرگونه ترتیب رفتاری در پاسخ به یک تهدید که هدف آن حفظ وضعیت موجود در مقابل تهدید است.

defer (n. deferral)

به تعویق انداختن؛ به بعد موکول کردن؛ به تأخیر انداختن؛ به وقت دیگر موکول کردن؛ تسلیم شدن؛ تمکین کردن؛ احترام گذاشتن به

deferred

معوقه؛ معوق؛ مؤجل؛ به بعد موکول شده؛ قسطی

deferred annuity

مستمری معوقه؛ مقرری سالانهٔ معوق؛ مستمری انتقالی؛ اقساطی که بعد از یک سال یا به شرط وقوع امری دیگر پرداخت می‌شود

deferred asset

دارایی معوق؛ دارایی معوقه؛ پیش پرداخت هزینه

deferred capital

سرمایه معوق؛ سرمایهٔ مؤخر

☞ *deferred share*

deferred charges

هزینه‌های معوقه؛ پیش‌پرداخت هزینه

deferred compensation

حقوق معوق؛ مطالبات معوقه

deferred creditor

بستانکار نهایی؛ طلبکار مؤخر

deferred credits

قیمت فسخ؛ بهای الغا

default risk

ریسک قصور / اهمال (در پرداخت بدهی)

defeasance

الغا؛ بطلان؛ شرایط ابطال یا الغا؛ شرطی در سند که در صورت تحقق سند را بعضاً یا کلاً باطل کند

defeasance clause

شرط ابطال

defease

ابرا کردن تعهد یا قرض؛ بری‌الذمه شدن؛ از قرض رهایی یافتن

defeasible

قابل لغو؛ قابل ابطال؛ قابل فسخ

defeat

باطل کردن؛ نفی کردن؛ خاتمه دادن؛ کان لم یکن کردن؛ مانع شدن؛ مغلوب کردن؛ شکست دادن؛ رد کردن؛ تصویب نکردن

defeat a motion

پیشنهادی را رد کردن؛ پیشنهادی را تصویب نکردن

defect

نقض عهد کردن؛ نقص؛ عیب

defection

نقض عهد؛ پیمان شکنی

defective

معیوب؛ ناقص؛ خراب

defective performance

انجام تعهد به صورت ناقص

defence mechanisms

مکانیسمهای دفاعی:

اصولاً مکانیسمهای دفاعی به چهار تجربهٔ تهدید

deferred dividened

اعتبارات معوق؛ پیش دریافت درآمد

deferred dividened
سود اعلام شده و قابل پرداخت در تاریخ معین و یا سودی که پرداخت آن مشروط به شرطی باشد

deferred expenses
هزینه‌های پیش بینی شده‌ای که هنوز زمان پرداختشان نرسیده

deferred income
درآمد انتقالی؛ پیش دریافت درآمد

deferred liability
بدهی معوقه؛ بدهی که در سررسید مربوطه پرداخت نشده است؛ دیون بلند مدت (مانند دیون رهنی)؛ بدهی دراز مدت

deferred maintenance
قصور و تأخیر در تعمیر ماشین‌آلات و غیره

deferred payment sale
فروش اقساطی

deferred revenue expenditure
هزینهٔ درآمدهای آتی

deferred shares
سهام مؤخر (سهامی که سود آنها پس از پرداخت سود سهام ممتاز و عادی تأدیه می‌شود)؛ سرمایهٔ تعهد شده

☞ *deferred capital*

deferred taxation
مالیات معوقه

defiance
بی‌اعتنایی به دستور مقام بالاتر؛ (در ارتش) لغو دستور؛ مخالفت؛ تمرد؛ نافرمانی؛ سرپیچی؛ اعتراض؛ استنکاف

deficiency
کمبود؛ کسری؛ نقصان درآمد و عدم کفایت مبلغ پیش بینی شده جهت اجرای یک کار

deficiency account
حساب کمبود/کسری

deficit
کسر بودجه؛ کسر موازنه؛ کمبود سرمایه؛ کسری؛ خرج بیش از دخل

deficit financing
تأمین کسر بودجه؛ ادارهٔ امور مالی با کسر بودجه؛ تأمین مالی پروژه‌هایی که هزینهٔ آنها بیش از درآمد موجود است و برای انجام دادن آنها نیاز به استقراض می‌باشد

☞ *deficit spending*

define
تعریف کردن؛ تشریح کردن؛ تصریح کردن؛ بیان کردن؛ توضیح دادن؛ مشخص کردن؛ تعیین کردن

deficit spending
کسر بودجه

defining the mission
تعریف/تشریح مأموریت (هدف)

defining the objective
تعریف/تشریح هدف

defining the problem
تشریح مسأله/مشکل

definite power of decision
قاطعیت قدرت تصمیم‌گیری

definitive
قطعی؛ نهایی؛ غیر قابل نقض؛ مسلم؛ بی‌چون و چرا

definitive contract
عقد منجز

deflate

deflate currency

مهار کردن تورم؛ جلوگیری کردن از تورم؛ تورم زدایی کردن؛ کاهش دادن قیمتها؛ تورم زدایی؛ محدود کردن خرید کالا و خدمات به منظور کاهش تورم

deflate currency

کاهش اعتبارات و پول در گردش

deflation

جلوگیری از تورم؛ تورم زدایی؛ کاهش تورم؛ کاهش قیمتها؛ مهار تورم؛ انقباض پولی؛ ضد تورم

deflationary measures

اقدامات ضد تورمی: اقداماتی که به منظور کاهش یا مهار تورم صورت می‌گیرد

deforcement

تصرف موقت غیر قانونی؛ غصب؛ سلب مالکیت؛ جلوگیری از اجرای قانون

defraudation

کلاهبرداری؛ خدعه؛ تقلب؛ کم فروشی

defrauder

کم‌فروش؛ متقلب؛ کلاهبردار

defray

پرداخت؛ تسویه؛ تأمین کردن؛ پرداختن؛ تسویه کردن

defunct

منحله؛ منسوخ؛ از رده خارج شده

defunct company

شرکت منحله

defunction

انحلال

defy

سرپیچی کردن؛ نافرمانی کردن؛ نقض کردن و زیر پا گذاشتن قانون

defy a law

توجه نکردن یا بی‌توجه بودن به قانون؛ اعتنا نکردن یا بی‌اعتنا بودن به قانون

defy with an order

بی‌اعتنا بودن به دستور

degradation

تنزیل درجه؛ تنزیل رتبه؛ توهین؛ تحقیر

☞ *bumping*
☞ *demotion*

degrade

تنزیل درجه کردن؛ تنزیل رتبه کردن؛ تحقیر کردن

☞ *demote*
☞ *bump*
☞ *bust*
☞ *downgrade*

degree

درجه؛ رتبه؛ مقام؛ جایگاه اجتماعی؛ مدرک؛ درجه؛ مدرک دانشگاهی؛ دانشنامه

☞ *grade*

degressive tax

مالیات تصاعدی

de jure

بطور قانونی و مشروع؛ حقاً؛ قانونی؛ دایم؛ رسمی

☞ *de facto*

de jure corporation

شرکت رسمی؛ شرکت قانونی

de jure membership

عضویت رسمی؛ عضویت دایم

delay

تأخیر کرد؛ تأخیر داشتن؛ دیر کردن؛ به تأخیر

delayed

انداختن؛ به تعویق انداختن؛ معطل کردن؛ عقب انداختن

delayed

مؤجل؛ عقب افتاده؛ معوق؛ با تأخیر

☞ *deferred*

delayed guarantee

ضمان مؤجل

delayed payment penalty

خسارت تأخیر تأدیه؛ زیان یا جریمهٔ دیرکرد

delay in execution of a contract

تأخیر در اجرای قرارداد؛ زمان اجرای قرارداد را به تعویق انداختن

del creder

اعتماد

del creder agent

نمایندهٔ معتمد

delegacy

نمایندگی؛ نماینده؛ هیأت نمایندگان

delegant

حوالهٔ وصول طلب از بدهکار؛ حوالهٔ بدهکار به بستانکار

delegate

نماینده؛ نماینده کردن؛ وکالت / نمایندگی دادن؛ تفویض کردن؛ واگذار نمودن؛ محول کردن؛ وکیل؛ فرستادهٔ دولتی؛ تفویض اختیار و مسؤولیت به فردی دیگر در یک سازمان

☞ *representative*

- The manager must know how to delegate works.

مدیر باید بداند که چگونه کارها را (به زیردستان خود) واگذار یا محول کند.

delegate a representative

نماینده برگزیدن؛ نماینده انتخاب کردن

delegate authority

تفویض اختیار کردن

delegate conference

جلسهٔ نمایندگی؛ گردهمایی نمایندگان

☞ *delegate meeting*

delegated legislation

قانون گذاری تفویض شده

delegatee

محال علیه؛ کسی که به او اختیاراتی واگذار شده است؛ کسی که پرداخت بدهی شخص دیگری به او واگذار شده است

delegate meeting

جلسهٔ نمایندگی

☞ *delegate conference*

delegate powers

تفویض کردن اختیارات

delegating style

سبک تفویض:
سبک تفویض اختیار یا دادن نمایندگی یا واگذاری بخشی از اختیار خود به فردی دیگر می‌باشد که در آن، مسؤولیت اقدامات بعدی وی در قبال آن اختیار، برای شخص واگذارکنندهٔ اختیار، محفوظ باقی می‌ماند.

delegation

نمایندگی؛ هیأت نمایندگی؛ اعزام نماینده؛ تفویض؛ تبدیل دین یا مدیون

delegation of authority

تفویض اختیار؛ واگذاری اختیار؛ انتقال بخشی از اختیارات مدیر به کارکنان:
عبارت است از واگذاری حق دستور و نظارت در یک شغل به فرد یا افراد خاص

delegation of authority

تفویض اختیار شامل مراحل زیر است:
۱- واگذاری وظایف از طرف رییس به مرئوس
۲- اعطای اجازه و حق تصمیم‌گیری به مرئوس
۳- تعیین مسؤولیت مرئوس در قبال رییس

delegation of authority means to give another the right to make decisions, to take action, and give orders

تفویض اختیار عبارت است از واگذاری حق تصمیم‌گیری، اقدام و دستور اجرا یا عدم اجرای کاری به شخص دیگر

delegation of functions

تفویض امور یا اختیارات

deletion

حذف؛ ابطال؛ الغا

delinquency

قصور؛ تخلف از قانون؛ عدم پرداخت دین؛ عدم انجام وظیفه؛ عدم ایفای تعهد؛ تخلف؛ قصور و کوتاهی (در انجام وظیفه)

delinquent tax

مالیات معوقه؛ مالیات پرداخت نشده

☞ *deferred tax*

deliver

تحویل دادن؛ تسلیم کردن؛ رساندن؛ واگذار کردن؛ ارائه کردن؛ ایراد کردن؛ عمل کردن

deliverer

تحویل دهنده؛ آورنده؛ رساننده

deliver one's pledge

به قول خود وفا کردن

delivery

تحویل کالا؛ ترخیص کالا؛ تحویل؛ تسلیم؛ واگذاری؛ انتقال

delivery (COD), cash on

پرداخت در زمان تحویل؛ فروش نقدی؛ پرداخت قیمت کالا در زمان تحویل؛ فروش نقد پس از تحویل کالا؛ پرداخت نقدی به محض تحویل کالا؛ (در آمریکا) وصول وجه در هنگام تحویل کالا

☞ *franco delivery*

delivery date

تاریخ تحویل

delivery, early

تحویل زودتر از موعد

delivery, late

تحویل دیرتر از موعد؛ تحویل با تأخیر

deliveryman

مسؤول / مأمور تحویل کالا

delivery note

رسید دریافت کالا؛ سند تحویل؛ سند ترخیص (کالا)؛ بارنامه

delivery of agreement

تسلیم موافقت نامه

delivery of a writ

ابلاغ یک سند رسمی؛ ابلاغ حکم

delivery of stock

انتقال سهام

delivery (of), take

تحویل گرفتن

delivery, on-time

تحویل به موقع

delivery order

حوالۀ تحویل کالا

delivery or endorsement

تسلیم یا ظهرنویسی (در انتقال اسناد و اوراق

تجاری در وجه حامل و بی نام تسلیم کافی است ولی در بانام بدواً ظهرنویسی بعد از تسلیم لازم است)

delivery period

مدت تحویل

delivery price

قیمت تحویل (کالا)

delivery terms

مدت یا مهلت تحویل؛ شرایط تحویل

delivery truck / van

کامیون / وانت مخصوص تحویل کالا؛ کامیون مخصوص حمل کالا

Delphi technique

روش دلفی:

یکی از روشهای کیفی پیش بینی است که در آن نظر کارشناسان و متخصصان دربارهٔ موضوع مورد نظر اخذ می‌شود.

delusion of deprivation

هذیان محرومیت:

اعتقاد نادرست که شخص از مزایایی که شایسته‌اش می‌باشد، محروم شده است.

delusion of influence

هذیان نفوذ:

اعتقاد یا باور نادرست فرد که عوامل خارجی می‌خواهند بر او نفوذ پیدا کنند و افکار یا احساسات وی را تحت کنترل خود درآورند.

demand

مطالبه کردن؛ تقاضا کردن؛ مستلزم چیزی بودن؛ تقاضا؛ مطالبه؛ طلب؛ درخواست؛ خواسته:

نیاز به کالاها و خدمات در یک بازار

demand analysis

تجزیه و تحلیل تقاضا

demandant

مدعی؛ خواستار؛ متقاضی

demand bill

بـرات دیـداری؛ بـرات عندالمطالبه؛ حوالهٔ عندالمطالبه

☞ *short bill*

☞ *sight bill*

☞ *demand draft*

☞ *demand note*

demand debt

بدهی عندالمطالبه

demand deposit

سپردهٔ جاری؛ سپردهٔ دیداری

demand draft

بـرات دیـداری؛ حوالهٔ عندالمطالبه؛ برات عندالمطالبه

☞ *short bill*

☞ *sight bill*

☞ *demand note*

demand elasticity

کشش تقاضا؛ کشداری تقاضا:

میزان تغییری که در تقاضای یک کالا، به علت تغییر در قیمت آن کالا به وجود آید.

☞ *elastic demand*

→ *price elasticity*

☞ *demand pull*

demand function

تابع تقاضا

demand, indirect

تقاضای غیر مستقیم

demand inflation

تورم تقاضا؛ کشش تقاضا

☞ *demand pull*

demanding report

درخواست گزارش

demand, joint

تقاضای مشترک

demand, labor

تقاضای کار

demand loan

وام عندالمطالبه

demand note

برات دیداری؛ برات عندالمطالبه؛ حوالۀ عندالمطالبه

☞ *demand draft*

☞ *short bill*

☞ *sight bill*

demand, on / upon

عندالمطالبه

☞ *at call*

☞ *at sight*

☞ *on call*

demand, potential

تقاضای بالقوه

demand price

قیمت مورد تقاضا؛ قیمت درخواستی

demand promissory note

سفتۀ عندالمطالبه

demand pull

کشش تقاضا؛ تورم ناشی از فشار تقاضا

☞ *demand inflation*

demand-pull inflation

تورم ناشی از فشار تقاضا

demand pull innovation

ابداع ناشی از نیاز؛ نوآوری ناشی از نیاز

demand-push inflation

تورم ناشی از افزایش تقاضا

demand, random

تقاضای تصادفی

demand, replacement

تقاضای تعویض؛ تقاضای جایگزینی

demand, supply and

عرضه و تقاضا

demarcation dispute

نزاع تفکیک حدود؛ دعوای تعیین حدود؛ اختلاف در قلمرو کار:
(در روابط کار) اختلافی که در نتیجۀ عدم توافق برای انجام دادن بخشهایی خاصی از کار بین کارکنان پیش می‌آید.

demise

انتقال دادن؛ واگذار کردن؛ انتقال به صورت عمری یا رقبی یا به موجب وصیت نامه؛ وقف کردن؛ اجاره دادن؛ اجاره کشتی به صورت دربست؛ سقوط؛ ورشکستگی؛ اضمحلال

demission

استعفا؛ کناره‌گیری؛ واگذاری

demobilization

رهایی از خدمت؛ ترخیص از خدمت

demobilize (var. demobilise)

از خدمت مرخص کردن؛ از خدمت (ارتش) رها ساختن

democracy

حکومت مردم بر مردم؛ مردم سالاری

democrat

طرفدار دموکراسی؛ دموکرات؛ طرفدار مردم سالاری

democratic
دموکراتیک؛ مردمی؛ آزادمنشانه؛ وابسته به حکومت اکثریت؛ طرفدار مردم سالاری؛ مبتنی بر دموکراسی:
اشاره به یکی از شیوه‌های رفتاری رهبر یک گروه شغلی که در آن رهبر گروه برای مشارکت دادن افراد تحت نظارت خود در تصمیم‌گیری‌ها اهمیت قایل است و شخصاً و بدون رعایت نظر افراد تحت نظارت خود، به تصمیم‌گیری نمی‌پردازد.

democratic leadership
رهبری مردم سالارانه؛ رهبری دموکراتیک؛ رهبری مردمی:
نوعی رهبری مشارکتی که بر مبنای آن رهبر می‌کوشد تا با اعضای گروه روابط نزدیک داشته باشد و اختیارات خود را تا حد زیادی به آنان تفویض کند. در این شیوهٔ رهبری، رهبر اعضا را به مشارکت در فرایند تصمیم‌گیری و اجرای سیاست‌ها و تصمیم‌ها بر می‌انگیزد.
☞ *democratic management*

democratic management
مدیریت مردم سالارانه؛ رهبری مردم سالارانه:
یکی از شیوه‌های مدیریت که بر مشاوره و مشارکت در فرایند تصمیم‌گیری استوار می‌باشد و بر خلاف مدیریت مستبدانه است که در آن یک مدیر همهٔ تصمیم‌ها را خودش اتخاذ می‌کند.
☞ *democratic leadership*
→ *participative management*

DEMON (decision mapping via optimum network)
ترسیم تصمیم‌ها به وسیلهٔ شبکهٔ مطلوب

demonetarization
پول را از اعتبار انداختن؛ تنزل قیمت پول؛ خارج کردن پول از گردش؛ کاهش تعداد سهام و اوراق قرضهٔ دولتی توسط یک بانک تجاری

demonstration
تظاهرات؛ راهپیمایی؛ نشان دادن نحوهٔ انجام کار؛ نمایش:
عبارت است از سخنرانی همراه نشان دادن چیزی؛ نمایش مستلزم آن است که مربی یک سری اقدامات یا مراحلی را انجام دهد تا دانشجویان بتوانند روش، اصول یا وظیفه‌ای را مشاهده نموده و آنرا درک کنند.

demonstration method
روش نمایش (در ارائهٔ مطالب آموزشی)

demote
تنزیل درجه کردن؛ تنزیل رتبه کردن؛ تقلیل رتبه دادن
☞ *degrade*
☞ *bump*
☞ *bust*
☞ *downgrade*

demotion
تنزیل رتبه؛ تنزیل درجه؛ تنزل مقام

demurrage
کرایهٔ معطلی کشتی؛ وجوهی که صاحب کالا باید به علت تأخیر در تخلیهٔ کالا به صاحب وسیله نقلیه بپردازد؛ (خسارت) معطلی یا بیکار ماندن کشتی؛ دموراژ

denationalize
خصوصی کردن؛ به بخش خصوصی واگذار کردن؛ غیر دولتی کردن

denial
انکار؛ تکذیب؛ رد؛ عدم پذیرش؛ محرومیت

denial of justice

استنکاف از احقاق حق؛ استنکاف از اجرای عدالت؛ تضییع حق

denounce

رد کردن؛ نقض قراردادی را رسماً اعلام کردن؛ باطل اعلام کردن (معاهده)؛ محکوم کردن

denouncement

اعلان قطع رابطه؛ محکومیت

densely populated areas

مناطق پرجمعیت

denunciation

انکار کردن؛ منکر شدن؛ تکذیب کردن؛ رد کردن؛ نقض؛ اعلام فسخ یک جانبهٔ قرارداد

denunciation of treaty

نقض معاهده؛ اعلان الغای معاهده؛ اعلام لغو یا فسخ قرارداد

denunciative

شرط الزام‌آور در مورد تخلف

department

اداره؛ حوزه؛ دایره؛ واحد؛ سازمان؛ (در آمریکا) وزارت؛ وزارتخانه؛ بخش؛ گروه تخصصی

departmentalization

واحد سازی؛ تقسیم‌بندی سازمان از نظر تشکیلاتی؛ تقسیم عملیات بین واحدهای مختلف سازمان؛ تقسیم ادارات:

فرایندی است که به موجب آن فعالیتهای تولید، فروش و حسابداری سازمان به صورت منطقی و در چهارچوب رشته‌های مشخص و طبقه بندی شده به مدیران مختلف واگذار می‌شود. به عبارت دیگر، نقش ادارات عبارت است از تقسیم کار در سطح سازمان که این امر منجر به ایجاد ادارات مختلفی می‌شود که اغلب تحت عناوین قسمت، شاخه، واحد، گروه یا اداره نامیده می‌شوند.

departmentalization, process

تقسیم ادارات بر مبنای فرایند عملیات

departmentalization, purpose

تقسیم ادارات بر مبنای اهداف

departmentation

واحد بندی؛ اداره سازی؛ تقسیم بندی:

فرایند سازماندهی و ایجاد واحدهای مختلف در سازمان بر مبنای ویژگیهای مشترک مثل وظیفه، نوع محصول، قلمرو فعالیت، فرایند عملیات و مشتری

department, general

ادارهٔ کل

department head

رییس بخش

department, legal

ادارهٔ حقوقی

department manager

مدیر بخش

Department Of Commerce (DOC)

وزارت بازرگانی

Department of Employment and Productivity (DEP)

سازمان امور استخدامی و بهره‌وری

Department of Employment (DE)

سازمان امور استخدامی

Department of Industry

وزارت صنایع

Department Of Labor (DOL)

وزارت کار

Department of Prices and Consumer Protection

سازمان تعیین قیمتها و حمایت از مصرف کننده

Department of Trade

وزارت بازرگانی

Department Of Transportation

وزارت راه و ترابری

Department of Trusteeship

ادارهٔ سرپرستی؛ ادارهٔ قیمومت

department, personnel

(ادارهٔ) کارگزینی؛ پرسنلی

department, property

ادارهٔ اموال

department, security

(ادارهٔ) حفاظت

departments, government

ادارات دولتی؛ دوایر دولتی

department store

فروشگاه بزرگ

department, supply

ادارهٔ تدارکات

department, training

ادارهٔ آموزش

departure, estimate time of

زمان تقریبی خروج (حرکت)

DEP (Department of Employment and Productivity)

سازمان امور استخدامی و بهره‌وری

depeculate

اختلاس کردن (اموال دولتی)

dependability

قابلیت اعتماد

dependence

تابعیت؛ وابستگی؛ تعلیق؛ عدم استقلال؛ الحاقی؛ ملحق؛ اضافه؛ ضمیمه؛ وابسته

dependency arrow

پیکان فعالیتهای وابسته

☞ ***sequence arrow***

depletion

کاهش؛ تخلیه؛ تقلیل درآمد ملی؛ کاهش منابع طبیعی؛ استهلاک منابع طبیعی

depletion reserve

ذخیرهٔ کاهنده

deploy

مستقر کردن؛ به کار گرفتن؛ آماده کردن

deployment

استقرار؛ کاربرد؛ آمادگی

deponent

گواهی نویس؛ شاهد؛ شاهد کتبی

deposal

عزل؛ اخراج؛ خلع

depose

عزل کردن؛ خلع کردن

deposed

مخلوع؛ معزول؛ عزل شده؛ خلع شده؛ معزول کردن؛ گواهی دادن

☞ ***dethroned***

deposit

به حساب گذاشتن؛ واریز کردن پول به حساب؛ ودیعه گذاشتن؛ وثیقه گذاشتن؛ بیعانه دادن؛ سپردن؛ تودیع کردن؛ امانت گذاشتن؛ سپرده؛ ودیعه؛ امانت؛ بیعانه؛ وجه‌الضمان؛ وثیقه؛ گروی

☞ ***depositum***

☞ *earnest money*

☞ *token payment*

deposit account

حساب سپردهٔ ثابت؛ حساب پس انداز

deposit administration fund

صندوق مدیریت سپرده‌ها:

نوعی طرح بیمهٔ بازنشستگی که بر مبنای آن یک شرکت بیمه از سپرده‌های کارمندان در سرمایه‌گذاری استفاده می‌کند.

deposit, bank

سپرده بانک

deposit, demand

سپرده دیداری؛ سپرده جاری؛ سپردهٔ عندالمطالبه

depositee

ودیعه گیرنده؛ امین

depositing

تودیع؛ به امانت گذاشتن

deposit, interbank

سپردهٔ بین بانکها؛ سپردهٔ میان بانکی

deposition

گواهی نامه؛ امانت سپاری؛ شهادت با تید سوگند؛ خلع؛ عزل؛ تودیع

→ *affidavit*

deposit loan

وام سپرده

deposit, money on

پول سپرده؛ وجه امانی

depositor

امانت‌گذار؛ سپرده گذار؛ پرداخت کننده

deposit, primary

سپردهٔ اولیه/ اصلی

deposit, short-term

سپردهٔ کوتاه مدت

deposit ticket

فرم سپرده‌گذاری

deposit, time

سپردهٔ مدت دار

depositum

بیعانه؛ وجه‌الضمان؛ عقد امانت (بدون حق الزحمه)

☞ *deposit*

☞ *earnest money*

☞ *token payment*

depot

انبار؛ ایستگاه (مرکزی) راه آهن یا اتوبوس؛ آمادگاه

☞ *store(s)*

☞ *warehouse*

depreciable assets

داراییهای قابل استهلاک؛ داراییهای استهلاک پذیر

depreciate

مستهلک شدن؛ مستهلک کردن؛ کاهش یافتن یا دادن ارزش؛ قیمت را پایین آوردن؛ از ارزش افتادن

depreciated currency

پول از ارزش افتاده؛ پولی که از ارزش آن کاسته شده

depreciation

کاهش ارزش پول؛ کاهش بها؛ کاهش قیمت؛ استهلاک؛ افت قیمت؛ قیمت را پایین آوردن؛ مستهلک شدن

depreciation adjustment

تعدیل استهلاک

depreciation expense

هزینهٔ استهلاک

depreciation reserve

ذخیرهٔ استهلاکی؛ اندوختهٔ استهلاکی

depression

کسادی (بازار اقتصادی و تجاری)؛ رکود

depth interview

مصاحبهٔ عمقی؛ مصاحبهٔ عمیق:

نوعی مصاحبه که در آن شیوهٔ پرسشها به صورت باز مطرح می‌شود تا مصاحبه شونده به آسانی بتواند اصطلاحات خواسته شده را در اختیار مصاحبه‌گر قرار دهد.

deputation

وکالت؛ نمایندگی؛ وکیل؛ نماینده؛ هیأت نمایندگی؛ توکیل

depute

وکالت دادن؛ محول کردن؛ نمایندگی دادن؛ وکیل کردن؛ واگذار کردن؛ برگزیدن؛ مأمور کردن

deputize

نمایندگی به عهده گرفتن؛ به نیابت از کسی عمل کردن؛ جانشین کسی بودن؛ نمایندگی دادن؛ به نمایندگی انتخاب کردن؛ به عنوان وکیل انتخاب کردن؛ مأمور کردن

deputy

قایم مقام؛ معاون؛ نماینده؛ جانشین

deputy manager

معاون مدیر؛ جانشین مدیر

deputy managing director

معاون مدیر عامل

deregulate

خارج ساختن از تحت نظارت دولت؛ آزاد کردن

deregulation

حذف نظارت دولت؛ از نظارت دولت خارج کردن

derelict

متروک؛ اشیای متروکه؛ اموال اعراض شده؛ (مال) متروک؛ بی صاحب؛ متروکه

dereliction

قصور / کوتاهی (در انجام وظیفه)

dereliction of duty

قصور در انجام وظیفه

derestrict

رفع محدودیت کردن؛ محدودیت چیزی را برداشتن

derivable

قابل انتقال

derived demand

تقاضای فرعی

☞ *indirect demand*

derogate

عدول کردن؛ قسمتی از قانون را لغو یا نسخ کردن

☞ *deviate from*

derogation

تخلف از (قانون، مقررات، حد)؛ تخلف از مواد پیمان؛ نقض؛ ابطال

derogative

مخالف؛ معارض؛ خلاف قانون

derogatory

مخالف؛ معارض؛ خلاف قانون

derogatory clause

پیش بینی موارد فسخ قرارداد؛ پیش بینی اصلاح مواد قرارداد

descriptive decision making
تصمیم‌گیری توصیفی

descriptive model
الگوی توصیفی؛ الگوی وصفی

desert
متروک؛ خالی از سکنه؛ فرار کردن؛ ترک کردن؛ فرار کردن؛ ترک خدمت کردن؛ بی سرپرست گذاشتن

desert from military service
فرار از خدمت نظام وظیفه

deserve
استحقاق داشتن؛ مستحق چیزی بودن؛ سزاوار بودن

deserving
مستحق؛ سزاوار؛ درخور؛ شایسته؛ محق

design
طرح ریزی کردن؛ طراحی کردن؛ برنامه‌ریزی کردن؛ درنظر گرفتن؛ طرح؛ نقشه؛ زمینه؛ تعهد

designate
منصوب کردن؛ تعیین کردن؛ انتخاب کردن؛ نامزد مقامی کردن؛ تخصیص دادن؛ برگزیدن؛ نامزد؛ برگزیده؛ انتخاب؛ گزینش

designation
انتخاب؛ انتصاب؛ تعیین؛ نام؛ عنوان

design department
دایرهٔ طرحها

design skill
مهارت طرح / طراحی

Design skill is the ability to solve problems in ways that will benefit the enterprise
مهارت طراحی عبارت است از حل مشکلات به نحوی که برای سازمان سودآور باشد.

desired behavior
رفتار مطلوب

desired performance
عملکرد مطلوب

desired result(s)
نتیجه / نتایج مطلوب

deskilling
تقلیل مهارت

desk jokey (infml)
کارمند (عامیانه)

desk research
تحقیق مبتنی بر اطلاعات ثانویه؛ تحقیق پشت میزی؛ پژوهش کتابخانه‌ای؛ تحقیقی که شامل برنامه‌ریزی و تجزیه و تحلیل داده‌ها و اطلاعات موجود و در دسترس (اطلاعات ثانویه) است

desktop computer
رایانهٔ رومیزی؛ کامپیوتر رومیزی؛ کامپیوتر شخصی

despatch
ارسال سری؛ پیام رسمی؛ پیک؛ اثر بخشی؛ ارسال کالایی برای خریدار از سوی فروشنده
→ *dispatch*

despoil of the object of sale before delivery
تلف مبیع قبل از تحویل

despotic
مستبد؛ خودکامه؛ مستبدانه؛ استبدادی

destruction of property
تخریب اموال؛ از بین بردن اموال / دارایی

desuetude, to fall into

متروک شدن (قانون)؛ منسوخ شدن (قانون)

- law fallen into desuetude

قانون متروک / منسوخ؛ قانونی که دیگر اجرا نمی‌شود

detailed end planning

برنامه‌ریزی تفصیلی بر مبنای نتایج / ابزار

detailed means planning

برنامه‌ریزی تفصیلی بر مبنای نتایج یا ابزار

detailed plans

برنامه‌های تفصیلی

detail man

متصدی ادای توضیحات

determinable

قابل تعیین؛ دارای موعد معین؛ قابل فسخ

determination of a compensation

تعیین وجه خسارت

determine (n. determination)

تصمیم گرفتن؛ حکم دادن؛ تعیین کردن؛ منتفی شدن؛ پایان دادن؛ به پایان رسیدن

determine the root causes of problems

تعیین علل اصلی مشکلات؛ شناسایی ریشهٔ مشکلات

deterministic system

نظام جبری

dethrone

خلع کردن؛ معزول کردن؛ عزل کردن؛ مقام (کسی را) به خود اختصاص دادن

☞ *decapacitate*

☞ *depose*

dethronement

خلع؛ عزل

detriment

زیان؛ خسارت؛ ضرر

devaluation

کاهش ارزش (پول)؛ تنزیل ارزش پول

developed countries

کشورهای توسعه یافته

developing alternatives

ارائهٔ راه‌کارها؛ یافتن راه حلها

☞ *suggestion of alternatives*

developing countries

کشورهای در حال رشد؛ کشورهای در حال توسعه؛ کشورهای رو به رشد

developing managerial skills

افزایش مهارتهای مدیریتی

developing operational objectives

توسعهٔ اهداف عملیاتی

developing the skill

توسعهٔ مهارت

development

توسعه؛ پرورش؛ پیشرفت؛ ترقی؛ عمران و آبادانی:

عبارت است از تغییر تدریجی از حالت ابتدایی به سوی حالت تکامل یافته از نظر کمّی و کیفی

development budget

بودجهٔ عمرانی

development council

شورای توسعه

development, management

توسعهٔ مدیریت

development, organizational
توسعهٔ سازمانی

development plan
طرح توسعه

development planning
برنامه‌ریزی توسعه / پیشرفت

development, regional
توسعهٔ منطقه‌ای؛ عمران منطقه‌ای

deviate (n. deviation)
تخطی کردن؛ از شروط و مقررات قرارداد تجاوز کردن و خارج شدن

deviation from established standards
انحراف از استانداردهای تعیین شده؛ عدم رعایت استانداردهای تعیین شده؛ چشم پوشی از استانداردها

devolution
انتقال قدرت؛ تفویض اختیار؛ تفویض یا انتقال قدرت به حکومتهای محلی؛ خودگردانی؛ واگذاری؛ انتقال

devolve authority
تفویض اختیار کردن؛ تفویض کردن قدرت

devolve (n. devolution)
واگذار کردن؛ انتقال یافتن؛ منتقل کردن؛ تفویض کردن؛ انتقال دادن؛ محول کردن

devote
وقف کردن؛ صرف کردن

diadic product test
آزمون دوتایی فرآورده‌ها:
از تکنیکهای بازاریابی که در آن چند نمونه از کالاهای مشابه را جهت ارزیابی در اختیار مصرف‌کننده قرار می‌دهند.

diagnosing performance problems
تشخیص مشکلات موجود در عملکردها

diagnostic program
برنامهٔ تشخیص لغزشها؛ برنامهٔ عیب یابی (در کامپیوتر)
→ *diagnostic routine*

diagnostic routine
برنامهٔ عیب یابی؛ برنامهٔ تشخیصی
→ *diagnostic program*

diagonal communication
ارتباط افقی؛ برقراری ارتباط بین واحدها یا افراد در سطوح مختلف سلسله مراتب

dialectic process of change
فرایند پویایی تغییر

diary method
روش یادداشت برداری؛ روش ثبت وقایع روزانه:
یکی از روشهای بررسی رفتار سازمانی که بر اساس آن از کارکنان خواسته می‌شود تا آنچه را که طی روز انجام می‌دهند یادداشت کنند.

dichotomy
دوگانگی؛ انشعاب؛ تضاد؛ اختلاف؛ تقسیم ثنایی؛ حصر دو وجهی؛ دو دسته‌ای؛ دو گروهی

Diemer plan
طرح دیمر؛ طرح دستمزد تشویقی:
بر اساس این طرح در ازای هر یک درصد اضافه تولید، نیم درصد مزد اضافی و دَه درصد پاداش پرداخت می‌شود.

dies non
روز تهی؛ روز عبث؛ روزی که در آن هیچ کار و معامله‌ای صورت نمی‌گیرد

differential
تفاضلی؛ افتراقی؛ تغییر پذیر؛ (در روابط کار) تفاوتهای موجود در دستمزد دریافتی گروههای مختلف کاری

differential costing
هزینه بندی افتراقی؛ هزینه بندی تغییر پذیر
→ *marginal costing*

differential piecework system
سیستم افتراقی قطعه کاری؛ سیستم قطعه کاری تغییر پذیر
→ *Halsey bonus system*

differential sampling
نمونه‌گیری افتراقی؛ نمونه‌گیری تغییر پذیر؛ نمونه‌گیری تفاضلی

differentiation
(اصل) تفکیک (تقسیم کار سازمان به واحدها)؛ تفکیک تنوع؛ پاره افزایی؛ تمایز؛ افتراق؛ شاخص بودن

difinition of an objecctive
تشریح / تعریف هدف

digital computer
کامپیوتر دیجیتال؛ رایانهٔ رقمی

digitizer
دیجیتایزر؛ (در رایانه) نوعی وسیلهٔ جانبی رقمی کننده

dimension of management actions
ابعاد کارهای مدیریتی

diminishing balance
موازنهٔ نزولی
☞ *declining balance*

diminishing return
بازده نزولی

dimission
معاف کردن؛ استعفا کردن

diplomaism
مدرک گرایی

direct
راهنمایی کردن؛ هدایت کردن؛ اداره کردن؛ مستقیم؛ بلافصل؛ صریح؛ بی‌واسطه؛ کامل؛ دقیق

direct action
اعتصاب؛ اقدام مستقیم

direct advertising
تبلیغ مستقیم

direct and indirect tax
مالیات مستقیم و غیر مستقیم

direct by supervising
هدایت و رهبری کردن از طریق نظارت

direct costing
تخصیص دادن هزینه به تولید کالا یا خدمات؛ طبقه بندی هزینه‌ها به هزینه‌های ثابت و متغیر
→ *marginal costing*

direct costs
هزینه‌های مستقیم؛ هزینه‌های متغیر
☞ *avoidable costs*
☞ *prime costs*
☞ *recurring costs*
☞ *variable costs*
☞ *indirect costs*

direct damages
خسارت مستقیم

direct debiting
پرداخت مستقیم بدهی

direct expense
هزینهٔ مستقیم

directing
هدایت؛ رهبری

directing function of management
وظیفهٔ هدایت و رهبری مدیریت

direct interview
مصاحبهٔ مستقیم؛ مصاحبهٔ منظم؛ مصاحبهٔ سازمان یافته
☞ *structured interview*

direction
مدیریت؛ اداره؛ سرپرستی؛ دستور

directional planning
برنامه‌ریزی جهت دهنده

direction par objecctifes (DPO)
مدیریت بر مبنای هدف (در فرانسه)

directions of use
دستورالعمل استفاده

directive
دستورالعمل؛ دستور؛ رهنمود

directive leadership
رهبری جهت دهنده؛ رهبری هادی؛ رهبری هدایت‌گرا

directive planning
برنامه‌ریزی رهنمودی

Directives for the Technical Work of ISO
دستورالعمل / راهنمای کارهای فنی ایزو (سازمان بین‌المللی استاندارد)؛ دستورالعمل تدوین استاندارد ایزو

direct labor
نیروی کار مستقیم؛ آن دسته از کارکنان که مستقیماً به تولید کالاها و خدمات اشتغال دارند
☞ *indirect labor*

direct labor cost
هزینهٔ نیروی کار مستقیم

direct liability
بدهی مستقیم

direct mail advertising
تبلیغ مستقیم از طریق پُست

direct mail selling
فروش مستقیم از طریق پُست

direct materials cost
هزینهٔ مستقیم مواد

direct negative
ناهمخوانی؛ مخالفت صریح؛ تعدیل نظر گروه در جلسه با ارائهٔ نظر مخالف

direct numerical control (DNC)
کنترل عددی مستقیم
☞ *distributed numerical control (DNC)*

director
مدیر؛ رئیس؛ سرپرست؛ مسؤول؛ اداره کننده؛ کارگردان

director, alternate
مدیر علی‌البدل

directorate
هیأت مدیره؛ مدیریت

directorate organization
سازمان مدیریتی

director, executive
مدیر اجرایی؛ مدیر عامل

director general

director general of / مدیر کل
director general of education / مدیر کل آموزش
director general of trading / مدیر کل بازرگانی
director, managing / مدیر عامل
directors, board of / هیأت مدیره
☞ *directorate*
director, security / مدیر حفاظت
directorship / مدیریت؛ ریاست
directors, members of the board of / (ترکیب) اعضای هیأت مدیره
directors' report / گزارش هیأت مدیره
directory of occupational titles / راهنمای عناوین شغلی
direct rate / نرخ مستقیم
direct response advertising / تبلیغ با پاسخ مستقیم؛ تبلیغ با پاسخ فوری
☞ *direct response promotion*
direct response promotion / تبلیغ با پاسخ فوری؛ تبلیغ با پاسخ مستقیم
☞ *direct response advertising*

direct sale / فروش مستقیم؛ فروش بدون واسطه
direct selling / فروش مستقیم؛ فروش از تولید به مصرف؛ فروش بی‌واسطه
direct strike / اعتصاب مستقیم: اعتصاب کارگران علیه کارفرمای خود جهت افزایش دستمزد یا خواسته دیگر
direct tax / مالیات مستقیم
direct taxation / مالیات بندی مستقیم
direct wages / دستمزدهای مستقیم؛ هزینهٔ نیروی کار مستقیم
☞ *direct labor cost*
direct worker / کارگر مستقیم
☞ *direct*
☞ *direct labor*
dirty bill of lading / بارنامه با قید معیوب بودن کالا یا بسته بندی آن
disability / از کار افتادگی؛ عدم صلاحیت؛ عدم اهلیت؛ ناتوانی
disability to perform obligations / عدم توانایی در انجام تعهدات
disablement benefit / مستمری از کار افتادگی
disaggregation method / روش تفکیک

disagree

مخالفت کردن؛ مخالف بودن؛ اختلاف نظر داشتن؛ تضاد داشتن

disagreement

عدم توافق؛ اختلاف؛ اختلاف نظر؛ مخالفت؛ ناهماهنگی

disallow (n. disallowance)

قبول نکردن؛ رد کردن؛ مردود شناختن؛ مجاز ندانستن؛ نپذیرفتن

disannul

لغو کردن؛ باطل کردن؛ فسخ کردن

disapprobation

عدم تصویب

disappropriate

سلب مالکیت کردن؛ خلع ید کردن؛ ضبط اموال

disapproval

عدم تصویب؛ عدم تأیید؛ مخالفت

disapprove

تصویب نکردن؛ مخالفت کردن؛ تأیید نکردن؛ رد کردن؛ مردود دانستن

disaster recovery planning

برنامه‌ریزی برای بهبود معضل / بحران؛ برنامه‌ریزی برای کنترل عواقب بحران

disband

منحل کردن؛ منحل شدن

disbanded

منحل شده؛ منحله

disbursement (v. disburse)

(پرداخت) نقدی؛ خرج؛ هزینه کردن؛ مبلغ

discapacitate

فاقد اهلیت قانونی کردن

discern

تشخیص دادن؛ تمیز دادن؛ تصمیم گرفتن

discharge

لغو کردن؛ نقض کردن؛ بری‌الذمه کردن؛ ایفا کردن؛ ادا کردن؛ آزاد کردن؛ منفصل کردن از خدمت؛ اخراج کردن؛ ترخیص / مرخص شدن؛ تخلیه کردن (بار)؛ پرداخت دین؛ انفصال؛ ایفا؛ اخراج؛ ادای وظیفه؛ باز پرداخت؛ تأدیه

dischargeable

قابل پرداخت؛ ادا کردنی

discharged

بری‌الذمه

discharge of contract

ایفای قرارداد؛ لغو/ فسخ قرارداد

discharge of debt

پرداخت بدهی

discharging from an obligation

ابراء ذمه؛ برائت ذمه

disciplinary board

هیأت انضباطی

disciplinary court

دادگاه اداری؛ دادگاه انتظامی

disciplinary tribunal

دادگاه اداری؛ دادگاه انتظامی

discipline

انظباط؛ نظم؛ مقررات؛ انظباط برقرار کردن؛ نظم برقرار کردن؛ منظبط کردن؛ تنبیه کردن؛ مجازات کردن؛ اصل انضباط:

«فایول» انضباط را نوعی قرارداد مبتنی بر توافق فرد و مدیر جهت فرمانبرداری مناسب در بکارگیری منابع و نیروی کار می‌داند و معتقد است که وجود دسیپلین یا انضباط در سازمان به وجود بالادستان مقتدر و خوب بستگی دارد.

disciplined
منضبط؛ با انضباط

disclaim
انکار کردن؛ رد کردن؛ به عهده نگرفتن؛ کتمان کردن؛ ترک دعوا کردن؛ از ادعای چیزی صرفنظر کردن

disclaim liability
انکار مسؤولیت یا بدهی

disclosure of confidential information
افشای اطلاعات خیلی محرمانه

disclosure of information
افشای اطلاعات

disclosure of information by employers
افشای اطلاعات توسط کارفرمایان

disclosure statement
اعلام کتبی وضع مالی (شرکت)

discompliance
عدم توافق

disc operating system (DOS)
سیستم عامل دیسک
☞ *DOS*

discount
تنزیل کردن؛ تخفیف دادن؛ کسر کردن؛ مردود شمردن؛ تخفیف؛ تنزیل؛ کسر

discount a promissory note or a bill
سفته یا براتی را نزول کردن

discount, cash
تخفیف نقدی

discount, distributor
تخفیف توزیع کننده

discounted bill
برات نزولی

discounted cash flow (DCF)
ارزش تنزیلی جریان وجوه نقدی

discounted cash flow method
روش تنزیل نقدینه؛ روش محاسبهٔ جریان نقدی کاهشی

discounted gross benefit-cost ratio
نسبت تنزیلی سود و هزینه ناخالص

discounter
ارزان فروش

discount house
مؤسسهٔ تنزیل

discountinuous shift
کار نوبتی ناپیوسته؛ کار نوبتی که به صورت متناوب و غیر مداوم انجام می‌گیرد

discount market
بازار تنزیل

discount rate
نرخ تنزیل

discount, sales
تخفیف فروش

discount, seasonal
تخفیف فصلی

discount, volume
تخفیف بابت مقدار

discourse
سخنرانی؛ بحث؛ گفتگو؛ مقاله؛ سخنرانی کردن؛ بحث کردن؛ گفتگو کردن

discrepancy

اختلاف؛ عدم مطابقت؛ مورد اختلاف؛ مغایرت

discretion

صلاحدید؛ صوابدید؛ تشخیص؛ تدبیر؛ آزادی عمل؛ قدرت تصمیم‌گیری؛ اختیار؛ بصیرت؛ مصلحت اندیشی

discretionary content

محتوای شغل مبتنی بر صلاحدید شخصی

discretionary power

قدرت تشخیص؛ قدرت تصمیم‌گیری

discretionary stimuli

انگیزه‌های گروهی؛ محرکهای گروهی

discretion, at his

به صلاحدید شخصی

discrimination

تبعیض؛ تشخیص؛ تمیز

discuss

مباحثه کردن؛ بحث کردن؛ مورد بحث قرار دادن

☞ *discourse*

discussion

تبادل نظر؛ بحث؛ مباحثه؛ مذاکره

discussion, panel

(بحث) میز گرد

discussion, under

تحت بررسی

disfranchisement (var. disenfranchisement)

محرومیت از حق / امتیاز؛ محرومیت از حق رأی؛ حق و امتیاز یا قدرت کسی را سلب کردن

disharmony

عدم توافق؛ عدم هماهنگی؛ اختلاف ؛ تعارض

dishonored bill

برات نکول شده

dishonored check (var. dishonoured cheque)

چک بی‌محل

☞ *bad cheque*

☞ *bounding check*

☞ *stumer check*

☞ *uncovered check*

☞ *NSF check*

dishonored draft

برات نکولی

dishonor (var. dishonour)

برگشت دادن چک؛ نکول کردن برات؛ واخواست کردن سفته؛ خودداری کردن از پرداخت؛ بدحسابی

☞ *refuse acceptance*

dismemberment

اخراج از عضویت؛ انفصال از عضویت؛ تجزیه؛ تفکیک (زمین)

dismiss

منفصل کردن؛ اخراج کردن؛ برکنار کردن؛ عزل کردن؛ مرخص کردن؛ انفصال؛ اخراج

dismissal

انفصال از خدمت؛ اخراج؛ برکناری؛ رهایی از خدمت؛ اخراج از شغل؛ عزل؛ انفصال

☞ *decommission*

☞ *demobilization*

☞ *deposal*

☞ *nonsuit*

☞ *discharge*

dismissal pay

حق اخراج؛ حق برکناری

dismissed

اجرا؛ برقراری

dispersion measure

مقیاس پراکندگی

displace

عزل کردن؛ برکنار کردن؛ جای (کسی یا چیزی را) گرفتن؛ جابجا کردن؛ جانشین (کسی) شدن

displaced equipment

تجهیزات جابجا شده

☞ *displaced plant*

displaced plant

تجهیزات جابجا شده؛ تجهیزاتی که قبل از پایان عمر مفید آنها به دلیلی از رده خارج می‌شوند

☞ *displaced equipment*

displacement

جابجایی؛ انتقال؛ جایگزینی؛ تغییر مکان؛ جانشینی؛ جانشین شدن

display advertising

تبلیغ نمایشی

display board

تابلوی اعلانات

disposable personal income

درآمد شخصی قابل انتقال

disposal

مصرف؛ فروش؛ واگذاری؛ انتقال؛ انهدام

dispose

انتقال دادن؛ معزول کردن؛ فیصله دادن؛ تکلیف موضوعی را روشن کردن؛ حل و فصل کردن؛ مفهوم کردن؛ مستعد کردن؛ آماده کردن؛ علاقمند کردن

disposition(s)

مفاد؛ مقررات؛ حل و فصل؛ توافق؛ اختیار؛ آمادگی؛ نظم و ترتیب

معزول؛ عزل شده

dismortgage

از رهن درآوردن

disobligation

مبرا شدن از تعهد؛ ابرا

disorder of attention

اختلال توجه

disorder of memory

اختلال حافظه:

عبارت است از هرگونه اختلال یا نقص در توانایی، فرایند یادآوری به ویژه در توانایی دوباره‌سازی آنچه که یاد گرفته شده یا تجربه شده است.

disorganization

عدم سازماندهی؛ انحلال (شرکت یا سازمان)؛ ایجاد بی‌نظمی و اخلال؛ بی سازمانی

disorganize

منحل کردن؛ سازمانی را برهم زدن؛ ایجاد بی‌نظمی کردن؛ مختل کردن

disparate treatment

رفتار تبعیض آمیز

dispatch

پیام / گزارش فوری؛ اعزام؛ اعزام کردن؛ ارسال کردن؛ فرستادن؛ به انجام رساندن

➔ *despatch*

dispatch department

دفتر / بخش توزیع؛ بخش ارسال کالا

dispatching

توزیع دستورات کار؛ دیسپچینگ

dispensation

معافیت (قانونی)؛ بخشودگی؛ پخش؛ توزیع؛ تقسیم؛ تعلیق قانون در مورد خاص؛ اعمال؛

dispossess

خلع ید کردن؛ از تصرف در آوردن ؛ تصرف کردن؛ مصادره کردن؛ محروم کردن

dispossession

خلع ید؛ سلب مالکیت؛ الغای مالکیت؛ مصادره؛ تصرف

dispossess somebody of his privileges

امتیازات کسی را گرفتن

disproof

رد؛ تکذیب؛ ابطال؛ دلیل رد

disproperty

سلب مالکیت کردن؛ خلع ید کردن

disprove

رد کردن؛ تکذیب کردن؛ باطل کردن؛ غلط بودن (چیزی را) اثبات کردن

dispute benefit

حقوق ایام اعتصاب؛ حق اختلاف؛ حقوق مربوط به دورهٔ اختلاف (میان کارگر و کارفرما)

☞ *strike pay*

dispute procedures

روشهای حل اختلاف؛ رویه‌های اختلاف

disputes arising from the contract

اختلافات ناشی از قرارداد

dispute, settle a

اختلافی را حل و فصل/ رفع کردن

dispute settlement procedure

روش حل و فصل اختلاف

disqualification

سلب صلاحیت؛ عدم صلاحیت؛ شرط عدم قابلیت؛ فاقد صلاحیت؛ فقدان شرایط احراز

disqualification to sue

عدم صلاحیت مراجعه به مراجع قانونی

disqualified

فاقد شرایط؛ فاقد صلاحیت؛ محروم

disqualify (n. disqualification)

سلب صلاحیت کردن؛ فاقد شرایط یا صلاحیت اعلام کردن؛ مناسب تشخیص ندادن؛ محروم کردن

disregard

رعایت نکردن؛ نادیده گرفتن؛ توجه نکردن؛ بی‌توجهی؛ عدم رعایت

dissatisfaction

نارضایتی؛ عدم رضایت

dissatisfiers

عوامل ناراضی کننده؛ عوامل نارضایتی؛ عوامل ابقا

dissaving

برداشت از حساب پس انداز

dissiminator role (of manager)

نقش اشاعه دهندهٔ (مدیر)

dissociative disorder

اختلال گسستگی:

حالتی که طی آن شخص در کارکرد یکپارچهٔ خود در زمینهٔ هوشیاری، ادراک و نیز در زمینهٔ رفتار حسی - حرکتی با مشکل مواجه می‌شود.

dissolution

انحلال؛ فسخ

dissolution of a company

انحلال شرکت

dissolved

منحل؛ منحله؛ فسخ شده

dissolve (n. dissolution)

dissolving condition 242 distribution, income

منحل کردن؛ باطل کردن؛ لغو کردن؛ فسخ کردن

dissolving condition

☞ *condition subsequent*

شرط فاسخ

distance learning

یادگیری از راه دور؛ آموزش از راه دور

distrain (n. distraint)

گرو برداشتن مال به عنوان وثیقهٔ دین؛ مال کسی را گرو کشیدن؛ توقیف کردن

distraint

ضبط اموال؛ تأمین خواسته

distress

گرو برداشتن؛ مال گروی؛ تأمین خواسته؛ توقیف یا تأمین مدعی به؛ توقیف اموال شخص بابت بدهی مالیاتی یا عدم پرداخت اجاره و غیره؛ اموال توقیف شده؛ اموال ضبط شده؛ وضعیت اضطراری؛ تأمین خواسته کردن؛ تأمین مدعی به را نمودن

distress warrant

قرار توقیف مال

distribute

توزیع کردن؛ پخش کردن

distributed national income

درآمد ملی توزیع شده

distributed numerical control

نظارت عددی پخش شده؛ نظارت عددی مستقیم

☞ *direct numerical control*

distributed processing

داده‌پردازی توزیعی

distributed profits

سود توزیع شده

distribution

توزیع؛ پراکندگی؛ انتقال کالاها و خدمات از محل تولید به محل مصرف؛ پخش؛ تقسیم ترکهٔ متوفی:

این وظیفه مدیریت از نظر «ویلیام شلدن» در جهت برنامه‌ریزی، انجام معاملات خارجی، بازاریابی و فروش محصولات اعمال می‌گردد.

→ *frequency distribution*

distribution bargaining

چانه زنی برای توزیع؛ پیمان توزیعی

distribution center management

مدیریت مرکز توزیع / پخش

distribution channels

کانال‌های توزیع؛ مسیرهایی که از طریق آنها کالاها توزیع می‌شوند

distribution cost

هزینهٔ توزیع (کالا)؛ هزینهٔ پخش (کالا)؛ هزینه‌های جنبی توزیع مانند حمل و نقل، انبارداری و ...

distribution curve

منحنی توزیع

distribution, exclusive

توزیع انحصاری

distribution, frequency

توزیع فراوانی

distribution function

تابع توزیع

distribution in cash

تقسیم‌بندی (سود سهام)

distribution, income

توزیع درآمد

distribution management
مدیریت پخش / توزیع

distribution mix
روشهای توزیع؛ کانالهای توزیع

distribution network
شبکهٔ توزیع (کالا)

distribution, normal
توزیع عادی / نرمال

distribution of the estate
تقسیم ترکه

distribution planning
برنامه‌ریزی توزیع (کالا)؛ فرایند برنامه‌ریزی توزیع به منظور استفاده بهینه از امکانات ترابری و انبارداری کالاها

distribution, primary
توزیع اولیه

distribution, secondary
توزیع ثانویه

distributive bargaining
مذاکرات مبتنی بر توزیع

distributive trades
دادوستدهای توزیعی؛ اقدامهای مربوط به توزیع؛ فعالیتهای عمده‌فروشی و خرده‌فروشی کالا

distributor
توزیع کننده؛ پخش کننده

distributor discount
تخفیف توزیع کننده؛ تخفیف مخصوصی که برای توزیع کننده در نظر گرفته می‌شود

disturbance handler role (of manager)
نقش تشنج زدایی (مدیر)

disused
متروک؛ متروکه؛ از کار افتاده

disuse of opinion
اختلاف نظر

disuse, to fall into
متروک شدن

diversification
سرمایه‌گذاری چندجانبه؛ تنوع؛ چندگانگی؛ متنوع ساختن فعالیتهای شرکت از طریق گسترش خطوط داخلی تولید و یا با ایجاد واحدهای جدید

diversion of funds
استفادهٔ غیر مجاز از وجوه

divestment
انتقال دارایی؛ عدم جایگزینی سرمایه‌ها؛ سرمایه برداری
☞ *disinvestmet*

divided property
ملک مفروز؛ ملک تفکیک شده
☞ *partitioned property*

dividend
سود سهام؛ بهره و سود قابل توزیع؛ امتیاز؛ پاداش

dividend, cash
سود قابل توزیع؛ سود نقدی سهام

dividend, declared
سود سهام اعلام شده

dividend mandate
مجوز پرداخت سود سهام

dividend, paid
سود پرداخت شده

dividend, passed

سود سهام عقب افتاده

dividend payout ratio

نسبت پرداخت سود سهام

dividend, stock

سود سهام

dividend-stripping

حساب سازی با سود سهام

dividend, unpaid

سود سهام پرداخت نشده

dividend warrant

اجارهٔ پرداخت سود سهام؛ دستور پرداخت سود/بهره؛ قبض پرداخت سود سهام

☞ *dividend mandate*

dividend, year-end

سود پایان سال مالی؛ سود پایان دوره

dividend yield

بازدهی سهام؛ نرخ بازده سرمایه‌گذاری در خرید سهام؛ بازده سود سهام

divisible contract

قراردادی که قسمتی از آن معتبر و قسمت دیگر آن فاقد اعتبار است

division

قسمت؛ واحد؛ بخش؛ رأی گیری

divisionalization

تقسیم ادارات بر اساس قسمتها؛ تقسیم ادارات بر مبنای حصول؛ ایجاد واحدهای مستقل (در سازمان)

☞ *departmentalization*

division manager

مدیر قسمت؛ مدیر بخش

division of labor

تقسیم کار؛ محوّل کردن اجزای مختلف یک کار به کارکنان مختلف

DMS (Diploma in Mangement Studies)

گواهینامهٔ دورهٔ مطالعات مدیریت

DNS (direct numerical control)

کنترل عددی مستقیم

DOC (Department of Commerce)

وزارت بازرگانی

dock

کسر کردن (حقوق)؛ ابطال کردن؛ فسخ کردن؛ بارانداز؛ میز محاکمه؛ جایگاه‌متهم (در دادگاه)

docket

خلاصه‌نویسی؛ خلاصهٔ متن سند؛ پشت نویسی یا ظهرنویسی سند؛ دفتر ثبت دعاوی حقوقی؛ رسیدگی گمرکی؛ ثبت کردن؛ در دفتر وارد کردن؛ پشت نویسی کردن؛ ظهرنویسی کردن

docking

تقلیل دستمزد؛ کاهش دستمزد به علت کم‌کاری، غیبت، تأخیر و ...

dock warrant (Brit)

گرو نامه؛ رسید انبارهای عمومی یا گمرک؛ قبض انبار بارانداز

☞ *bond warrant*

☞ *negotiable warehouse receipt*

☞ *warehouse warrant*

☞ *warrant*

doctrine of avoidable consequences

نظریهٔ عواقب قابل اجتناب (در مسؤولیت مدنی)؛ الزام متضرر به کاهش از میزان ضرر

doctrine of frustration of 245 documents-against

☞ *mitigation of damages*

doctrine of frustration of purpose

نظریهٔ عدم امکان ایفای تعهد؛ نظریهٔ انتفای تعهد

doctrine of mistake in /of fact

نظریهٔ اشتباه موضوعی (اشتباه در موضوع عقد یا معامله)

doctrine of pacta sunt servanda

اصل قداست معاهدات؛ اصل لزوم وفای به عهد

document

سند؛ مدرک؛ با سند و مدرک اثبات کردن؛ مدرک و سند ارائه دادن؛ ثبت کردن؛ تهیه کردن سند؛ ارائه کردن سند؛ جمع آوری و تنظیم اسناد و مدارک؛ گزارش مستند تهیه کردن

documentary

اعتبار اسنادی

documentary bill

برات اسنادی

documentary credit

اعتبار اسنادی

documentary evidence

مدرک مستند؛ ادلهٔ مستند؛ مدارک کتبی

documentary exhibits

مستندات؛ پیوستها

☞ *exhibit*

documentary letter of credit

اعتبار اسنادی

documentary transfer of legal rights

سند انتقال حقوق قانونی (مربوط به کالا) به غیر

documentation

اثبات؛ ارائه سند و مدرک؛ سند؛ مدرک؛ مستندات؛ مجموعهٔ اسناد و مدارک؛ تهیهٔ و تنظیم اسناد و مدارک

document destroyer

کاغذ خردکن

document, draw up a

سند تنظیم کردن؛ سند نوشتن

document, fabricate a

سند یا مدرکی را جعل کردن

document, forged

سند جعلی؛ سند ساختگی

document, genuine

سند معتبر

document in support

مدرک تأییدیه

documentize

سند دادن؛ ارائه سند کردن؛ اثبات کردن

document, justificative

سند مستند؛ اسناد موجه

document, negotiable

سند قابل انتقال؛ سند در وجه حامل؛ وسیلهٔ پرداخت

☞ *negotiable instrument*

document of title

سند مالکیت کالا (از قبیل بارنامه یا رسید انبار)

document of title to the goods

اسناد و مدارک مالکیت کالا

document, private

سند عادی

documents

اسناد؛ مدارک

documents-against-acceptance bill

documents, fabricated

براتی که اگر براتگیر آنرا قبول کند بانک اسناد کالا را به وی تحویل می‌دهد

documents, fabricated

اسناد جعلی

documents, official

اسناد رسمی

documents, public

اسناد دولتی

dog

داگ؛ اصطلاحی برای تشریح یک خط تولید غیر سودآور

→ *Boston box*

dogget

پشت نویسی یا ظهرنویسی سند

dole

(در بریتانیا) کمک هزینهٔ بیکاری؛ سهم؛ سهمیه؛ پخش کردن؛ توزیع کردن؛ حق بیمهٔ بیکاری؛ حقوق ایام بیکاری

domestic and foreign loans

بدهیهای داخلی و خارجی

domestic contract

قرارداد داخلی

domestic corporation

شرکت داخلی

domestic credit expansion (DCE)

افزایش / میزان اعتبار داخلی

domestic sale

معاملات داخل کشور؛ فروش داخلی

domestic trade

داد و ستد داخلی؛ تجارت داخلی

domicile

محل اقامت

dominance seeking

استیلا جویی:
تلاش فرد برای قرار گرفتن در موقعیتی که بتواند بر دیگری کنترل داشته باشد.

dominant element job evaluation

روش ارزشیابی مشاغل بر اساس عامل مسلط یا اصلی؛ ارزشیابی مشاغل با عامل چیره؛ روش مقایسهٔ عوامل در ارزشیابی شغل:
یکی از روشهای ارزشیابی مشاغل که در آن مهم‌ترین عوامل شغل انتخاب و عوامل دیگر با آنها مقایسه می‌شوند.

dominion register

فهرست امضا

donor

اهداکننده؛ تفویض کننده؛ هبه کننده

doomsday strike

اعتصاب سرنوشت ساز؛ اعتصاب تهدید آمیز که قبل از مذاکرات جمعی صورت می‌گیرد تا مدیریت را به پذیرش شرایط مذاکره وادار نماید

dormant account

حساب راکد؛ حساب بدون کارکرد

☞ *dead account*

dormant partner

شریک غیر فعال

☞ *active partner*
☞ *acting partner*
☞ *full partner*
☞ *general partner*
☞ *ordinary partner*

☛ *working partner*

dormant partnership

مضاربه

DOS (disk operating system)

سیستم عامل دیسک:
برنامهٔ معروف کامپیوتری «داس» که به منظور اداره و کنترل عملیات خواندن و نوشتن اطلاعات بر روی دیسکهای نرم و سخت به کار می‌رود

dossier (Fr)

پرونده؛ دوسیه؛ لایحهٔ توجیهی؛ سابقه

DOT (Department of Transportation)

وزارت راه و ترابری

double bond

سند قرضهٔ دو طرفه؛ سند تعهد دو جانبه

double check

بازبینی کردن؛ کنترل کردن

double day shift

سیستم دو نوبتی؛ سیستم کار دو شیفتی

double employment

اشتغال مضاعف؛ دو شغلی؛ داشتن دو شغل به طور همزمان

☞ *moonlighting*

double entry

توزیع دو طرفه؛ حسابداری دو طرفه؛ دفترداری دوبل:
روشی که بر اساس آن هر معامله‌ای دوبار یعنی یک بار به عنوان بدهی در یک حساب و بار دیگر به عنوان دارایی در حساب دیگری ثبت می‌شود.

double-entry bookkeeping

دفترداری دوبل

double indemnity

غرامت مضاعف؛ غرامت دو برابر

double jobbing

دو شغله بودن؛ دارای دو شغل بودن

☞ *double employment*

double taxation

مالیات‌بندی مضاعف

double taxation agreement

قرارداد عدم اخذ مالیات مضاعف؛ قرارداد معافیت از پرداخت مالیات مضاعف

double time

زمان مضاعف؛ پرداخت فوق‌العاده که برای اضافه‌کاری یا انجام دادن وظایف غیر استاندارد صورت می‌گیرد

doubtful debt

بدهی (طلب) مشکوک‌الوصول

doubtfull account

حساب مطالبات مشکوک‌الوصول

Dow Jones index

شاخص دو - جونز؛ شاخص قیمت سهام در بازار بورس که مؤسسه دو - جونز منتشر می‌کند

downgrade

تنزیل درجه کردن؛ تنزیل رتبه کردن؛ ارزش قائل نشدن

☞ *degrade, bump, bust*

downgrading

تنزیل درجه؛ تنزل رتبه؛ تنزل مقام

☛ *premotion*

☛ *upgrading*

down payment

پیش‌پرداخت؛ پیش قسط

down shift

downtime
نوبت کاری صبح؛ شیفت صبح
☞ *morning shift*

downtime
وقت تلف شده؛ وقت از دست رفته؛ مدت زمانی که به علت خرابی تجهیزات و یا فقدان مواد اولیه کارگر بیکار می‌ماند؛ (در کامپیوتر) مدت زمانی که یکی از تجهیزات به خوبی عمل نمی‌کند

down tools
دست از کار کشیدن (به عنوان اعتصاب)

DP (data processing)
داده پردازی؛ پردازش اطلاعات

D/P (documents against payment)
تسلیم اسناد در برابر پرداخت

draft
حواله؛ برات؛ طرح؛ پیش نویس؛ طرح مقدماتی؛ تهیه کردن پیش نویس قانون یا قرارداد؛ انتخاب کردن ؛ برگزیدن؛ احضار به خدمت؛ به خدمت احضار کردن؛ به زیر پرچم فرا خواندن؛ بسیج کردن؛ منتقل کردن؛ انتقال دادن
☞ *bill of exchange*

draft a bill
پیش نویس لایحه یا قانونی را نوشتن

draft a conclusion
استنتاج کردن

draft a resolution
پیش نویس قطعنامه‌ای را تهیه کردن

draft a treaty
پیش نویس قراردادی را تهیه و تنظیم کردن

draft, bank
حوالهٔ بانکی

draft card
برگ آماده به خدمت

drafting
پیش نویس تهیه کردن

draft of a treaty
پیش نویس معاهده

draft regulation
طرح آیین نامه؛ پیش نویس آیین نامه

draft statue
پیش نویس اساسنامه

draft up a deed
سندی را تنظیم کردن

draft up inventory
ترتیب و تنظیم صورت دارایی

DRAM (dynamic random access memory)
حافظه با دسترسی تصادفی پویا

draw
کشیدن برات یا چک؛ برداشت کردن؛ صادر کردن (چک یا حواله)؛ دریافت کردن (حقوق یا دستمزد)

draw a check for
چک کشیدن؛ حواله کردن

drawback
برگشت حقوق گمرکی؛ بازپرداخت عوارض گمرکی کالاهای وارداتی؛ عیب؛ ایراد؛ اشکال

drawee
براتگیر؛ محال علیه؛ گیرندهٔ برات یا حواله

drawer
برات کش؛ صادر کنندهٔ برات؛ صادر کنندهٔ چک

drawing account
حساب جاری
☞ *current account*

☞ *checking account*

drive theory

نظریهٔ رانش؛ نظریهٔ سائق

droit

حق قانونی؛ قانون؛ حقوق

drop

تنزل؛ سقوط؛ کاهش؛ تنزل کردن؛ سقوط کردن؛ کاهش یافتن؛ مسکوت گذاشتن؛ خاتمه دادن

drop dead list

لیست حذف شدگان؛ فهرست کارکنان اخراجی

drop in revenue

کاهش درآمد

drop out

کنار رفتن؛ بری‌الذمه شدن؛ اخراج شدن؛ متوقف شدن؛ از رقابت دست کشیدن

Drucker, Peter

پیتر دراکر: از صاحبنظران و نویسندگان رشتهٔ مدیریت

dry trust

رابطهٔ امانی که در آن وظیفه امین منحصر به رد مورد امانت به مالک است

☞ *naked trust*

☞ *passive trust*

dual-purpose trust

تراست دوگانه

☞ *split-capital investment trust*

duble option

خیار مشتری و بایع در مورد تغییر دادن مقدار ثمن و مبیع در صورت تغییر ارزش پول

due

دین؛ بدهی؛ طلب؛ مقتضی؛ لازم؛ مقرر؛ لازم‌التادیه؛ پرداختنی؛ قابل پرداخت؛ موعد رسیده؛ سر رسید

due at a specified date after sight

وعده دار؛ مدت دار؛ مؤجل

due bill

سند بدهی؛ برات قابل پرداخت

due date

موعد پرداخت؛ تاریخ سررسید؛ سررسید؛ تاریخ تأدیه؛ موعد

☞ *maturity*

due notice

ابلاغ یا ابلاغیهٔ صحیح

due process (of law)

رعایت تشریفات قانونی

☞ *legal process*

dues

عوارض؛ دیون؛ بدهیها؛ هزینه‌ها

due, to fall

لازم‌التأدیه شدن؛ فرا رسیدن موعد

dull

کساد؛ کسادی؛ راکد؛ بی رونق

- *The market is dull.*

بازار کساد است؛ بازار راکد است.

dull market

کسادی بازار؛ بازار کساد

duly

طبق موازین؛ طبق مقررات؛ به موقع؛ به نحو مقتضی؛ بطور صحیح؛ با رعایت تشریفات قانونی

dummy

پیکان تلاقی رویدادها؛ ماکت؛ آدم دست نشانده؛

آلت دست؛ ساختگی؛ جعلی؛ نمایشی؛ تقلبی

dummy activity

فعالیت مُجازی

dummy corporation

شرکت قلابی یا صوری

dump

تخلیه کردن؛ خالی کردن؛ زیر قیمت فروختن؛ قیمت شکنی کردن

dump bin

سبد اجناس درهم

dumping

دمپینگ؛ تفاوت قیمت در بازرگانی با خارج؛ فروش کالاهای صادراتی در خارج از کشور به قیمتی پایین‌تر از داخل کشور؛ تخلیه؛ ارزان فروشی؛ قیمت شکنی

dunning letter

اخطاریه؛ اخطار نامه

duopoly

انحصار دو جانبه ؛ انحصار دوتایی

duopsony

انحصار دوگانه خریداران

duplicate

المثنی؛ نسخهٔ دوم؛ رونوشت؛ رونوشت برداشتن؛ تکثیر کردن؛ دوباره کاری کردن

duplicate copy

نسخهٔ دوم

duplication of functions

تکرار وظایف؛ دوباره‌کاری کردن؛ کار موازی انجام دادن؛ وظایف خود را دوباره انجام دادن؛ تکراری انجام دادن وظایف

duplication of the work

دوباره‌کاری؛ انجام تکراری کارها

durable goods

کالاهای بادوام

duration of validity

مدت قانونی؛ مدت اعتبار

Dutch auction

حراج هلندی؛ حراج به صورت مناقصه یا مزایده؛ حراجی که در آن خریداران از قیمت پیشنهادی آگاه نیستند

dutiable

مشمول حقوق گمرکی

duties

عوارض؛ وظایف

duties assigned by commanders

وظایف محول شده توسط فرماندهان

duties, executive

وظایف اجرایی

duties, import

حقوق گمرکی اجناس وارداتی

duties, levy

گمرک بستن (به جنس)

duty

حقوق گمرکی؛ تعرفه؛ عوارض؛ مالیات؛ کار؛ خدمت؛ وظیفه (شغل)

duty, dereliction of

تصور عمدی در انجام وظیفه

duty free

معاف از پرداخت مالیات؛ معاف از پرداخت عوارض گمرکی

duty free zones

مناطق آزاد تجاری

duty, liable to

مشمول گمرک

duty, neglect of
غفلت / کوتاهی در انجام وظیفه

duty of customs
حقوق گمرکی
☞ *custom duty*

duty of excise
مالیات تولیدات داخلی
☞ *excise duty*

duty, off
خارج از خدمت
☞ *on duty*

duty, on
سر خدمت؛ سرکار
☞ *off duty*

duty paid
بـری‌الذمـه (از پـرداخت عـوارض)؛ عـوارض پرداخت شده

duty, sense of
احساس وظیفه

duty, staff
وظیفهٔ اداری؛ وظیفهٔ کارکنان

dynamic communication
ارتباط پویا

dynamic economic
اقتصاد پویا؛ اقتصاد متحرک

dynamic engagement
درگیری پویا:
در مـدیریت جـدید نگـرشی است کـه زمـان و روابط انسانی مدیریت را وادار به بازنگری در مورد نگرشهای قبلی در رویارویی با تغییر سریع و مداوم می‌کند.

dynamic homeostasis
خود نگهداری پویا؛ تعادل پویا

dynamic leadership
رهبری دینامیک؛ رهبری پویا

dynamic programming
برنامه‌ریزی پویا

dynamics of management by objective application
پویاییهای کاربرد مدیریت بر مبنای اهداف

dynamic system
نظام پویا
☞ *static system*

dysfunctional behavior
رفتار مخل؛ رفتار مـخرب؛ اقـدامـهایی کـه بـا اهداف سازمان در تضاد است

E / e

EAM (electrical accounting machine)
ماشین حساب الکتریکی

E and OE (errors & omissions excepted)
اشتباهات قابل جبران است؛ خطاها و از قلم افتادگیها مستثنا هستند؛ اشتباهات قابل برگشت است:
شرطی که معمولاً در اسناد و صورت حسابها به کار می‌رود که بر اساس آن اشتباهات و از قلم افتادگیهایی که توسط صادرکنندهٔ کالا رخ داده است قابل تصحیح و برگشت می‌باشد.
☞ *EE*

EAPM (European Association for Personnel Management)
انجمن مدیریت منابع انسانی اروپا

earliest event time
(در تجزیه و تحلیل شبکه) زودترین زمانی که ممکن است واقعه‌ای در شبکه روی دهد

earliest finish time
(در برنامه‌ریزی شبکه) زودترین زمان اجرا؛ زودترین زمانی که فعالیت قابل اجرا می‌باشد
☞ *earliest finish date*

earliest start time
(در برنامه‌ریزی شبکه) زودترین زمان آغاز؛ زودترین زمانی که می‌توان یک فعالیت را آغاز کرد
☞ *earliest start date*

early delivery
تحویل زودتر از موعد
☞ *late delivery*

early retirement
بازنشستگی زودرس؛ بازنشستگی زود هنگام

early retirement benefits
حقوق بازنشستگی زودرس؛ حقوق بازنشستگی پیش از موعد

early shift
نوبت کاری صبح؛ شیفت صبح؛ نخستین نوبت کار در سیستمهای چند نوبتی
☞ *down shift*

earmark
تخصیص دادن؛ در نظر گرفتن؛ اختصاص دادن؛ کنار گذاشتن

earn
استحقاق داشتن؛ سودآور بودن؛ درآمد داشتن؛ کسب کردن؛ بدست آوردن

earned

کسب شده؛ بدست آمده؛ مکتسبه؛ حاصله

earned for ordinary

سود سهامداران عادی

➔ *earning per share*

earned income

درآمد کسب شده؛ درآمد حاصله

earned rate

هزینهٔ تبلیغ

earned surplus

منافع محفوظ سود توزیع نشده

☞ *retained earnings*

earnest money

پیش پرداخت؛ بیعانه؛ پولی که خریدار هنگام امضای قرارداد به طرف مقابل می‌پردازد تا در صورت فسخ معامله (عدم اجرای قرارداد) به نفع طرف مقابل ضبط شود

☞ *deposit*

☞ *depositum*

☞ *token payment*

earning

درآمد؛ عواید؛ سود خالص مؤسسه پس از کسر مالیات؛ کارکرد؛ سود؛ منفعت

earning dividend ratio

نسبت سود به سود سهام پرداختی

earning per share (EPS)

سود هر سهم؛ درآمد هر سهم؛ سود حاصله برای هر سهم

earning potential

توان بالقوه کسب درآمد؛ توان یک مؤسسه در ایجاد جریان نقدینگی برای آینده از طریق انجام دادن عملیات

earning power

قدرت کسب درآمد

earning-related benefits

مزایای مرتبط با درآمد:
عبارت است از حقوق و کمکهایی شامل حقوق ایام بیکاری و بیماری که بر اساس طرح بیمهٔ ملی در انگلستان به افراد پرداخت می‌شود.

earning report

گزارش درآمد؛ صورت حساب یک مؤسسه که نشان دهندهٔ درآمدها یا زیانهای آن در یک دوره است؛ گزارش درآمد که شامل صورت حساب درآمدها، هزینه‌ها و سود خالص است

➔ *profit & loss statement*

earnings

درآمد؛ عواید

earnings before interest and after tax (EBIAT)

درآمد قبل از کسر بهره و پس از پرداخت مالیات؛ سود خالص

earnings before interest and tax (EBIT)

درآمد قبل از پرداخت بهره و مالیات؛ سود عملیاتی؛ درآمد قبل از کسر بهره و مالیات؛ عواید قبل از پرداخت بهره و مالیات

earning yield

بازده درآمد

earn promotion

ترفیع گرفتن

☞ *gain promotion*

☞ *upgrade*

easement

حقوق ارتفاقی؛ حقی که برای یک شخص در

and tax)

درآمد قبل از کسر بهره و مالیات؛ سود عملیاتی؛ عواید قبل از پرداخت بهره و مالیات

EBQ (economic bath quantity)

میزان اقتصادی تولید

EC (European Community)

جامعهٔ اروپا

ECA (Economic Commission for Africa)

کمیسیون اقتصادی آفریقا

ECAFE (Economic Commission of Asia and Far East)

کمیسیون اقتصادی آسیا و خاور دور (که در سال ۱۹۴۷ در سازمان ملل تشکیل شده است)

ECC (European Economic Community)

جامعهٔ اقتصادی اروپا؛ بازار مشترک اروپا

ecclesiastical corporation

شرکت مذهبی: شرکتی که برای مقاصد مذهبی تأسیس گردیده و معمولاً مؤسس و اعضای آن روحانیون هستند.

ECE (Economic Commission for Europe)

کمیسیون اقتصادی اروپا

ECGD (Export Credits Guarantee Department)

سازمان تضمین اعتبارات صادراتی

ECLA (Economic Commission for Latin America)

کمیسیون اقتصادی آمریکای لاتین

ECM (European Common

ملک شخصی دیگر ایجاد شده است، مانند حق عبور یا حق آب از زمینی که متعلق به دیگری است

East African Ecconomic Community (EAEC)

جامعهٔ اقتصادی آفریقای شرقی

easy commodity

کالای نامرغوب؛ کالای ارزان

easy money

پول ارزان؛ پول سهل‌الوصول؛ پولی که در شرایط فراوانی اعتبار با بهره کم قابل دریافت است

☞ *cheap money*

easy-to manufacture product design

عواملی چون جذابیت محصول، طراحی، کیفیت و قیمت برآوردکنندهٔ نیازهای مشتریان هستند و محورهای اصلی رقابت را در بازارهای جهانی تشکیل می‌دهند. بنابراین موفقیت در این رقابت از آنِ تولیدکنندگانی است که سهولت تولید و تضمین کیفیت را در نظر گرفته باشند.

EAT (Employment Appeal Tribunal)

دادگاه استیناف روابط کار/صنعتی؛ دیوان استیناف امور استخدامی؛ دادگاه تجدید نظر در مورد آرای دادگاههای صنعتی و دعاوی مربوط به روابط کار

EBIAT (earnings before interest and after taxes)

درآمد / عواید قبل از کسر بهره و پس از پرداخت مالیات

EBIT (earnings before interest

Market)

بازار مشترک اروپا

☞ *EEC*

ECO (Economic Cooperation Organization)

(سازمان) اکو؛ سازمان همکاریهای اقتصادی

econometrics

اقتصاد سنجی؛ اندازه‌گیری پدیده‌های اقتصادی

economic

اقتصادی؛ (در جمع) علم اقتصاد؛ مقرون به صرفه؛ سودآور

economical

باصرفه؛ مقرون به صرفه؛ اقتصادی

economical and effective use of personnel and equipment

استفاده مؤثر و مقرون به صرفه از تجهیزات و نیروی انسانی

Economic and Monetary Union (EMU)

اتحادیهٔ اقتصادی و پولی (اروپا)

economic batch quantity

میزان اقتصادی تولیدات دسته‌ای: عبارت است از میزان مطلوب و بهینهٔ تولید یک دسته از کالاها به گونه‌ای که هزینه‌های تولید، مواد اولیه، نیروی کار و مانند آنها را جبران کند

→ *economic lot technique*

economic boom

رشد اقتصادی؛ رونق اقتصادی؛ شکوفایی اقتصادی

economic climate

جو اقتصادی؛ میزان ریسک مالی مربوط به یک سرمایه‌گذاری خاص

economic commission

کمیسیون اقتصادی

Economic Commission of Asia and Far East (ECAFE)

کمیسیون اقتصادی آسیا و خاور دور (که در سال ۱۹۴۷ در سازمان ملل تشکیل شده است)

economic crisis

بحران اقتصادی

economic depression

رکود اقتصادی

☞ *economic recession*

economic development

توسعهٔ اقتصادی

economic development committee

کمیتهٔ توسعهٔ اقتصادی

economic disparity

نابرابری اقتصادی

economic domination

سلطهٔ اقتصادی

economic efficiency

کارآیی اقتصادی؛ استفادهٔ بهینه از منابع

→ *pareto optimality*

economic embargo

تحریم اقتصادی

economic expansion

توسعهٔ اقتصادی

☞ *economic development*

economic fluctuation

نوسان اقتصادی

economic freedom

آزادی اقتصادی

economic good

کالای اقتصادی

economic growth

رشد اقتصادی

Economic High Council

شورای عالی اقتصاد

economic imperialism

سلطه جویی اقتصادی؛ امپریالیسم اقتصادی؛ سلطهٔ اقتصادی بر کشورهای در حال توسعه از طریق تجارت خارجی و کنترل منابع تولید، مواد اولیه، نیروی انسانی و بازار آنها

economic indicator

شاخص اقتصادی

economic life

عمر اقتصادی؛ دوره‌ای که طی آن یک سرمایه‌گذاری دارای بازدهی است

economic loss

زیان اقتصادی

economic lot size (ELS)

میزان سفارش مقرون به صرفه (اقتصادی)
→ *economic order quantity*

economic lot technique

روش تعیین میزان مقرون به صرفه تولید یا فروش
→ *economic batch quantity*

economic man

انسان اقتصادی

economic manufacturing quantity

میزان مقرون به صرفهٔ تولیدات دسته‌ای
→ *economic bath quantity*

economic man vs

self-actualized man

انسان اقتصادی در مقابل انسان خود یاب: بیشتر متخصصان مدیریت سازمان انسان را به عنوان موجودی اقتصادی می‌دانند. به عقیدهٔ آنان انسان اقتصادی موجودی عقلایی است که همواره میزان رضایت ناشی از کمترین تلاش و میزان عدم رضایت خود از موارد ناراحت کننده را مورد مقایسه و توجه قرار می‌دهد. از نظر فرد اقتصادی، رضایت جز با پول حاصل نمی‌شود. همچنین موارد ناراضی کننده نیز فقط به ترس از گرسنگی محدود نمی‌شود. تئوری انسان خود یاب مفهومی کاملاً متضاد با تئوری انسان اقتصادی دارد. دانشمندانی از جمله «مازلو» معتقدند که افراد هنگامی به کار تشویق می‌شوند که در آن کار فرصتی برای ابراز وجود و افزایش کفایت آنها وجود داشته باشد تا بتوانند به رشد و آموزش خود ضمن کار ادامه دهند.

economic order quantity (EOQ)

میزان/مقدار سفارش مقرون به صرفه / اقتصادی
☞ *economic lot size*

economic planning

برنامه‌ریزی اقتصادی

economic potential

توان اقتصادی

economic pressures

فشارهای اقتصادی

economic profit

سود اقتصادی؛ سود خالص
☞ *pure profit*

economic progress

پیشرفت اقتصادی

economic prosperity

economic recession

رونق اقتصادی؛ پیشرفت اقتصادی

economic recession

رکود اقتصادی

☞ *economic depression*

☞ *economic stagnation*

economic reforms

اصلاحات اقتصادی

economic rent

اجارهٔ اقتصادی

☞ *rent*

→ *rack rent*

economic sanction

مجازات اقتصادی؛ محاصرهٔ اقتصادی؛ تحریم اقتصادی، نوعی فشار اقتصادی که به منظور وادار ساختن یک کشور برای گردن نهادن به توافقهای بین‌المللی اعمال می‌شود

economic stability

ثبات اقتصادی

economic stagnation

رکود اقتصادی

☞ *economic depression*

☞ *economic recession*

economic stimulation

انگیزش اقتصادی؛ تشویق مالی

economic strike

اعتصاب اقتصادی؛ اعتصاب با داشتن انگیزهٔ اقتصادی: مثلاً اعتصاب کارگران برای تحمیل تقاضای خود بر کارفرما دربارهٔ افزایش دستمزدها و کاهش ساعات کار

economic union

اتحادیهٔ اقتصادی: موافقت نامه یا قرارداد بین دو یا چند کشور به منظور پیروی از سیاستهای مشترک اقتصادی در موضوعاتی مانند حقوق گمرکی، مقررات مالی، مالیات بندی داخلی و غیره مانند جامعهٔ اقتصادی اروپا

economic value in existing use

(در مدیریت مالی) ارزشیابی اقتصادی داراییها (با استفاده از روش ارزش فعلی گردش نقدینگی)

economic welfare

رفاه اقتصادی

economies of scale

صرفه‌جویی ناشی از افزایش تولید

economies of scope

صرفه‌جویی ناشی از تنوع تولید

economy, balanced

اقتصاد متعادل / متوازن

economy, closed

اقتصاد بسته

economy, export-driven

اقتصاد متکی به صادرات

economy, free

اقتصاد آزاد؛ سرمایه‌داری

economy, laissez-faire

اقتصاد آزاد؛ آزادی اقتصادی؛ اقتصاد بی بند و بار

economy, lopsided

اقتصاد نامتوازن

economy man theory

نظریهٔ انسان اقتصادی (تیلور)

economy, mixed

اقتصاد مختلط

economy, oil-driven

اقتصاد متکی به نفت

economy, one-crop

اقتصاد تک محصولی

economy, open

اقتصاد باز

economy, planned

اقتصاد دولتی؛ اقتصاد برنامه‌ریزی شده

economy, sluggish

اقتصاد راکد

ECOSOC (United Nations) Economic and Social Council

شورای اقتصادی - اجتماعی (سازمان ملل)

ecosystem

اکوسیستم؛ رابطهٔ مطلوب بین سازمان و محیط آن

ECU (European Currency Unit)

واحد پول اروپا

EDB (electronic data processing)

داده‌پردازی رایانه‌ای / الکترونیکی؛ پردازش الکترونیکی اطلاعات

edict

فرمان؛ حکم؛ امریه؛ دستور

edicter

تصویب نامه صادر کردن؛ به شکل فرمان یا قانون منتشر کردن؛ مقررات وضع کردن

editor

سردبیر؛ مدیر روزنامه / مجله؛ نویسندهٔ سرمقاله؛ ویراستار؛ تدوین‌گر

editorial board

هیأت تحریریه

editorial staff

هیأت تحریریه

editor in chief

سردبیر؛ رییس هیأت تحریریه

editorship

مدیریت روزنامه؛ سردبیری

education

تعلیم و تربیت؛ آموزش و پرورش

EEC (European Economic Community)

جامعهٔ اقتصادی اروپا؛ بازار مشترک اروپا

☞ *Common Market*

EE (errors excepted)

اشتباهات قابل برگشت است؛ اشتباهات قابل جبران است

☞ *E and OE*

جامعهٔ اقتصادی اروپا؛ بازار مشترک اروپا

EEO (Equal Employment opportunity)

موقعیت استخدامی مساوی؛ فرصت / شانس یکسان و بدون تبعیض استخدامی

effect a policy of insurance

تنظیم و عقد بیمه نامه

effect, bring into

اجرا کردن؛ به مورد اجرا گذاشتن

effect, come into

اجرا شدن؛ به مورد اجرا گذاشته شدن

effect, give

تنفیذ کردن؛ قابل اجرا کردن؛ اعتبار بخشیدن؛ ترتیب اثر دادن

effect, go into

اجرا شدن؛ به مورد اجرا گذاشته شدن

effect, in

effective / 259 / efficient

effective
نافذ؛ معتبر؛ مؤثر؛ فعال؛ قابل اجرا؛ کارآمد؛ دارای قوت قانونی

effective administration
مدیریت کارآمد / کارساز؛ مدیریت مؤثر
☞ *effective management*

effective administrator
مدیر کارآمد؛ مدیر باکفایت؛ مدیر لایق؛ مدیر کاردان
☞ *effective manager*

effective date
تاریخ مؤثر؛ تاریخ اجرا؛ تاریخ اجرا یا شروع قرارداد

effective demand
تقاضای مؤثر

effective executive
مدیر کارآمد؛ مدیر لایق؛ مدیر باکفایت

effective management
مدیریت کارآمد؛ مدیریت اثربخش
☞ *effective administration*

effectiveness
کارآیی؛ اثر بخشی؛ تقرب به هدف؛ (در مدیریت مؤثر) عبارت است از میزان دستیابی به اهداف تعیین شده؛ میزان و درجه‌ای که انجام یک کار، فعالیت یا تلاش موجب می‌گردد دستیابی به هدفی که از قبل پیش بینی شده است امکان پذیر گردد.

effectiveness of fringe benefits in industry
اثر بخشی مزایا در صنعت

effective par
ارزش اسمی مؤثر (سهام ممتاز)

effective training system
نظام آموزشی کارآمد

effect, of no
باطل؛ کان لم یکن؛ بی اثر

effect payment
تأدیه کردن

effect, put into
اجرا کردن؛ عملی کردن؛ به مورد اجرا گذاشتن

effect, remain in
به قوت خود باقی ماندن

effect, take
قابل اجرا شدن؛ به مرحلهٔ اجرا درآمدن؛ قطعیت یافتن

efficiency
راندمان؛ بازدهی؛ ثمربخشی؛ اثر بخشی؛ کارآیی
→ *productive efficiency*
→ *technical efficiency*

efficiency, economic
کارآیی اقتصادی؛ بازدهی اقتصادی

efficiency, industrial
کارآیی صنعتی؛ بازدهی صنعتی

efficiency, organizational
کارآیی سازمانی

efficiency point
حد مطلوبیت کالای تولید شده با حداقل هزینه

efficiency ratio
نسبت کارآیی / بازدهی
☞ *activity ratio*

efficient
مؤثر؛ لایق؛ کارآمد؛ با کفایت؛ کارا
☞ *capable*

efficient and capable manager
مدیر لایق و باکفایت

efficient operation
عملیات مؤثر / مفید

effort bargain
مذاکرهٔ جمعی برای تعیین میزان کار؛ نوعی پیمان جمعی که در آن علاوه بر ساعات کار، کمیت کار مورد نظر برای دریافت دستمزد نیز ذکر می‌شود

effort scale
مقیاس تلاش؛ سیستمی برای نشان دادن میزان تلاش خریدار برای خرید یک قلم کالای خاص

EFTA (European Free Trade Association)
اتحادیهٔ تجارت آزاد اروپا، اتحادیهٔ بازرگانی آزاد اروپا (افتا)

egalitarianism
مکتب مساوات و برابری؛ مساوات طلبی؛ مکتبی است که بر تساوی درآمدها و جلوگیری از نابرابری حقوق انسان‌ها تأکید دارد

egocentric
خود محور:
فردی که رفتار مبتنی بر خودخواهی را از خود نشان می‌دهد. اشغال فکری شخص خود محور در رابطه با خودش می‌باشد و نسبت به افراد دیگر یا خواسته‌ها، نیازها و انتظارات آنان کمتر حساس است.
☞ *self-centered*

egocentricity (n. egocentricism)
خود محوری:
اشتغال فکری نسبت به خود و کم و بیش غیر حساس بودن نسبت به دیگران. خودخواهی و

ارزیابی اشیا و امور بر حسب و منافع خویشتن

EIB (European Investment Bank)
بانک سرمایه‌گذاری اروپا

eighty-twenty principle
اصل هشتاد - بیست:
(در بازاریابی) هنگامی که هشتاد درصد درآمد شرکت از بیست درصد منابع و فعالیتهای آن بدست می‌آید و هشتاد درصد منابع نیز صرف تحصیل بیست درصد درآمد باقیمانده می‌شود که این وضعیت نشاندهندهٔ سیاستهای غلط بازاریابی است.

ejection
اخراج؛ عزل؛ ریزش

ejectment
حق تصرف ملک و دریافت خسارت

eject (n. ejection)
اخراج کردن، رفع کردن؛ خلع ید کردن؛ عزل کردن؛ بیرون کردن
☞ *evict*

elastic demand
تقاضای کشش دار و انعطاف پذیر؛ تقاضای حساس؛ تقاضایی که بر اثر ترقی یا تنزیل جزئی قیمت تغییر نسبتاً چشمگیری می‌کند و کم و زیاد می‌شود

elastic supply
عرضهٔ کشش دار و انعطاف پذیر؛ عرضهٔ حساس

elective body
هیأت انتخابی؛ هیأت منتخب

elective members
اعضای انتخابی

elective office

(سازمانهای) خیریه؛ (سازمانهای) غیر انتفاعی
☞ *not - for - profit*
☞ *notprofit*

eleemosynary corporation
شرکت سهامی غیر انتفاعی

elegit
حکم توقیف اموال مدیون تا زمان واریز بدهی خود؛ حکم تأمین مدعی به

element
جزء؛ عامل؛ عنصر؛ بخش؛ ویژگی

elements of organization
عوامل / عناصر سازمان

elevate
ترفیع دادن؛ ارتقا دادن

eligible bank
بانک معتبر

eligible bank bill
برات معتبر

eligible bills
براتهای قابل قبول

eligible investment
سرمایه‌گذاری قابل قبول

elisor
عضو علی‌البدل

eliteness motivation
انگیزهٔ تشخّص

ELS (economic lot size)
مقدار اقتصادی موجودی؛ میزان موجودی مقرون به صرفه
➔ *economic order quantity*

elude
باطل کردن؛ برهم زدن؛ محروم کردن؛ طفره

مقام انتخابی؛ پست انتخابی

elective position
پست انتخابی

electrical accounting machines (EAM)
ماشینهای حساب الکتریکی

electronic cash register (ECR)
صندوق الکترونیکی

electronic commerce
بازرگانی الکترونیک؛ مبادلات بازرگانی که از طریق اینترنت صورت می‌گیرد.

electronic data processing (EDP)
داده پردازی الکترونیکی؛ پردازش الکترونیکی اطلاعات؛ پردازش رایانه‌ای (کامپیوتری)

electronic funds-transfer system (EFTS)
سیستم انتقال وجوه الکترونیکی؛ سیستم الکترونیکی انتقال وجوه؛ انتقال اطلاعات و انجام معاملات بین بانکها و مؤسسات مالی با استفاده از شبکه‌های کامپیوتری

electronic mail
پست الکترونیکی؛ ارتباطات پستی که با استفاده از شبکه‌های کامپیوتری برقرار می‌شود
☞ *e - mail*

electronic office
اتوماسیون دفتری
➔ *office outomation*

electronic time study systems
سیستمهای الکترونیک زمان سنجی؛ سیستمهای زمان سنجی الکترونیک

eleemosynary

embargo — رفتن؛ رعایت نکردن؛ اجتناب کردن

embargo
ممنوعیت؛ تحریم؛ محاصره؛ توقیف؛ جلوگیری؛ توقیف کشتی در بندر؛ تصاحب اموال افراد توسط دولت برای مقاصد عمومی؛ ممنوع اعلام کردن؛ هر گونه ممنوعیتی که از طرف یک دولت نسبت به امور بازرگانی یا حمل و نقل اعمال گردد؛ امتناع شرکتهای حمل و نقل از پذیرش یا انتقال بار به هنگام اعتصاب یا ازدحام غیر عادی

embargo on, lay an
در بندر توقیف کردن

embezzle
اختلاس کردن؛ حیف و میل کردن
☞ *defalcate*

embezzlement
حیف و میل؛ اختلاس؛ دستبرد؛ سوء استفاده
☞ *defalcation*

embezzlement of public funds
اختلاس وجوه عمومی؛ اختلاس از بیت‌المال

embezzlement of public treasury
اختلاس بیت‌المال؛ سوء استفاده از بیت‌المال

emend
تصحیح کردن؛ اصلاح کردن؛ درست کردن

emergency
وضعیت فوق‌العاده؛ حالت فوق‌العاده

emergency action plan
برنامهٔ عملیات اضطراری

emergency dispute
اختلاف شدید؛ اختلاف شدیدی که منجر به اعتصاب می‌شود

emergency loan
وام ضروری؛ وام اضطراری

emergency package
طرح اضطراری

emergency relief
کمک اضطراری

emergency services
سازمانهای ارائه کننده خدمات اضطراری (مانند پلیس، آتش نشانی و غیره)

emergent leader
رهبر برخاسته از گروه؛ رهبر منتخب گروه

emerging behavior
رفتار در حال تکوین

eminent domain
حق تصرف ملک؛ حق مراجع دولتی در تصرف املاک برای مصالح عامه؛ حق تملک دولت؛ حق دولت نسبت به تصاحب املاک خصوصی برای استفاده عامه؛ حق مالکیت مطلق
→ *confiscation*

emission
انتشار اوراق بهادار از طرف دولت و بانک مجاز؛ انتشار سهام دولتی و اوراق قرضه و اسکناس؛ انتشار سهام شرکت؛ نشر؛ صدور

emolument (s)
حقوق؛ دستمزد؛ حق‌الزحمه؛ مزایا؛ مقرری یا درآمد؛ مواجب؛ حقوق و مزایای جنسی و نقدی

emotional buying motives
انگیزه‌های احساسی خرید

emotional intelligence in leadership
شعور عاطفی در رهبری:
تحقیقات جدید ثابت کرده است که زیربنای

empathy

بسیاری از تصمیمات مهم، فعال‌ترین و سودمندترین سازمانها، شعور عاطفی است نه ضریب هوشی

☞ *intelligence quotient (IQ)*

empathy
قدرت درک رفتار مشتری؛ قدرت درک احساسات، نگرشها، نیازها و انتظارهای مشتریان بالقوه در یک بازار

emphyteusis
اجارهٔ طویل‌المدت؛ اجارهٔ نود و نه ساله؛ حق انتقال به مدت طولانی؛ بیع شرط؛ رهن و بیع شرط

emphyteutic lease
اجارهٔ مشروط

empire building
توسعهٔ افراطی؛ امپراطوری ساختن؛ فزون طلبی سازمان؛ اشاره‌ای است به افزایش تعداد کارکنان، میزان تجهیزات، فضا، مکان و برنامه‌های مختلف برای توسعهٔ قدرت و موقعیت فرد در سازمان

→ *parkinson law*

empiricism
تجربه گرایی، اصالت تجربه؛ روش تجربی؛ روش شناخت مبتنی بر تجربه و آزمایش

employ
استخدام کردن؛ به کار گماشتن؛ استفاده کردن از؛ به کار گرفتن؛ استخدام؛ کار

employable
واجد شرایط استخدام

employee
کارمند؛ مستخدم؛ کارگر

employee benefits
مزایای کارمندی؛ مزایای کارکنان؛ مزایای شغلی

☞ *fringe benefits*

employee development
توسعهٔ نیروی انسانی؛ تربیت و آموزش نیروی انسانی (کارکنان)

employee-employer relationship
رابطهٔ بین کارگر و کارفرما

employee handbook
راهنمای کارکنان؛ دفترچهٔ راهنمایی که شامل اطلاعاتی دربارهٔ سازمان، ضوابط شغلی، حقوقی و رفاهی کارکنان است

employee involvement
مشارکت کارمندان/کارکنان

☞ *employee participation*

employee orientation
برنامهٔ توجیه کارکنان؛ برنامه‌ای که اطلاعات لازم را در مورد شغل کارکنان جدیدالاستخدام در اختیار آنان قرار می‌دهد

employee-ownership plans
طرحهای مالکیت کارگران (در کارخانه‌ها)

employee participation
مشارکت کارمندان/کارکنان

employee performance appraisal
ارزشیابی عملکرد کارکنان

employee rating
طبقه بندی کارمندان؛ ارزیابی کارمندان

employee relations
روابط بین کارکنان و مدیران

employee's contributory negligence

employee stock ownership plans (ESOPs)
طرح‌ها/ برنامه‌های سهیم شدن کارکنان در مالکیت سازمان

employer
کارفرما

employer interference
اشکال تراشی کارفرما؛ دخالت کارفرما؛ دخالت ناروای کارفرما در روابط کار

employer rights
امتیازهای مدیریت؛ امتیاز مدیریت کارفرما در برابر کارکنان
☞ *management prerogatives*

employer's association
اتحادیهٔ کارفرمایان

employers federation
اتحادیهٔ کارفرمایان؛ فدراسیون کارفرمایان

employer's liability assurance
بیمهٔ حوادث کار؛ بیمهٔ مسؤولیت کارفرمایان

employer strike insurance
بیمهٔ اعتصاب کارفرمایی؛ بیمهٔ جبران خسارت وارده به کارفرما در اثر اعتصاب
→ *indemnity fund*

employment
استخدام؛ اشتغال؛ شغل؛ کار؛ حرفه؛ پیشه
☞ *unemployment*

تأثیر تصور کارگر در ایجاد سوانح؛ غرامت سهل انگاری کارگر، کاهش پرداخت خسارت به کارگر در صورتی که ثابت شود سانحه در اثر اهمال کارگر بوده است
☞ *employee's negligence*

employment act
قانون کار؛ قانون استخدامی

employment agency
آژانس استخدام؛ ادارهٔ کاریابی
☞ *employment exchange*
☞ *employment office*

Employment Appeals Tribunal (EAT)
دادگاه استیناف کار

employment bureau
ادارهٔ کارگزینی؛ دفتر کارگزینی؛ ادارهٔ استخدام

employment code of practice
آیین نامهٔ استخدامی

employment commission
کمیسیون استخدامی

employment exchange
ادارهٔ کاریابی؛ مؤسسهٔ کاریابی؛ مرکز کاریابی
☞ *employment agency*
☞ *employment office*

employment, full
اشتغال کامل

employment, full time
استخدام تمام وقت؛ کار تمام وقت

employment history
سوابق استخدامی

employment medical advisor
پزشک مشاور امور استخدامی کارکنان

Employment Medical Advisory Service
خدمات مشاورهٔ پزشکی استخدامی

employment office
مرکز کاریابی (دولتی)؛ ادارهٔ کاریابی

☞ *employment agency*
☞ *employment exchange*

employment on contract basis
استخدام قراردادی

employment, out of
بیکار؛ بدون شغل

employment, part-time
استخدام پاره وقت

employment, primary
شغل اصلی؛ اشتغال اصلی

Employment Protection Act
قانون حمایت استخدامی

Employment Protection Code of Practice
آیین نامهٔ حمایت استخدامی

→ *employment code of Practice*

employment protection law
قوانین استخدامی

employment rate
میزان اشتغال

employment, secondary
شغل دوم؛ اشتغال دوم / ثانویه

employment subsidy
یارانه / کمک دولت برای اشتغال در مناطق خاص؛ کمک مالی دولت به منظور ایجاد اشتغال در مناطق محروم و نیازمند

employment, temporary
کار موقت

employment test
آزمون استخدامی

emporium
مرکز تجاری؛ بازار

empower (var. impower)
اختیار دادن؛ اجازه دادن؛ قدرت دادن؛ وکالت دادن؛ وکیل کردن

EMS (European Monetary system)
نظام پولی اروپا

emulate
اقتباس و تقلید کردن (از یک سیستم)؛ رقابت کردن

enabling clause
مجوز قانونی؛ قید تفویض اختیار اجرای قانون به دولت یا مقامات اجرایی

enact a decree
مادهٔ قانونی وضع کردن

enaction
وضع (قانون)؛ تصویب؛ اجرا

enactment
قانونگذاری؛ تصویب قانون؛ قانون؛ مقررات؛ اجرا

enact (n. enactment)
گذراندن قانون؛ تصویب کردن قانون؛ وضع کردن قانون؛ به تصویب رساندن؛ اجرا کردن

enclose
ضمیمه کردن؛ به پیوست فرستادن

enclosed
منضم؛ ضمیمه شده؛ به پیوست؛ به ضمیمه
- *A copy of his letter is herewith enclosed.*
رونوشت نامه وی ضمیمه است.
☞ *attached*

enclosure
ضمیمه؛ پیوست

enclosure sale

فروش اموال گرویی / رهنی

encode

رمزدار کردن؛ به حالت رمز درآوردن؛ رمزی کردن؛ کد دار کردن

encode a message

پیامی را به صورت رمز نوشتن

encounter group

گروه مقابل در جلسه؛ اعضای شرکت کننده در برنامه‌های آموزش حساسیت

➔ *sensitivity training*

encroach (n. encroachment)

تعدی کردن یا تجاوز کردن (به حقوق یا اموال دیگری)؛ غصب کردن

encroachment

تجاوز؛ تخطی؛ غصب

encroachment upon someone's right

تجاوز به حقوق دیگران؛ به حق کسی تجاوز یا تخطی کردن

encryption techniques

فنون رمزی حفاظت داده‌ها

encumbered

مال دردسر آفرین؛ مال مورد ادعا؛ مالی که مدعی دارد؛ دارایی یا ملکی که به نام کسی است اما شخص دیگری نیز نسبت به آن ادعای مالکیت دارد

encumbered, prior (first)

رهن دست اول؛ رهن ممتاز

encumbrance (var.incumbrance)

همبستگی (برای تعیین روابط کار)؛ تعهد پرداخت

end activity

فعالیت نهایی

endent

درخواست رسمی؛ سفارشنامه؛ سند دو نسخه‌ای؛ پیمان نامه؛ قرارداد؛ گواهینامهٔ رسمی

end event

رویداد پایانی

end money

پول ذخیره؛ پول اندوخته

endogenous

ذاتی؛ ناشی از نظام اقتصادی

endorse a draft

حواله‌ای را ظهرنویسی کردن

endorsed

ظهرنویسی شده؛ پشت نویسی شده

endorsed bond

سند قرضهٔ پشت نویسی شده

endorsee (var. indorsee)

ذینفع؛ ذینفع ظهرنویسی

endorse (var. indorse)

ظهرنویسی کردن؛ تأیید کردن؛ تصدیق کردن؛ پشت نویسی کردن؛ امضا کردن؛ حمایت کردن

➔ *indorse*

endorsement after maturity

ظهرنویسی بعد از انقضای موعد

endorsement, blank

ظهرنویسی سفید (امضای تنها)؛ امضا یا ظهرنویسی برات بدون قید نام براتگیر

☞ *endorsement in blank*

☞ *blank indorsement*

endorsement in blank

(var.indorsement in blank)
امضا یا ظهرنویسی برات بدون قید نام براتگیر؛ ظهرنویسی سفید (امضای تنها)
☞ *general indorsement*
☞ *blank indorsement*

endorsement in full
ظهرنویسی کامل

endorsement of a bill of exchange
ظهرنویسی سفته

endorsement of production
ظهرنویسی توکیلی: در این قسمت ظهرنویس به حامل وکالت می‌دهد که وجه برات را اخذ و به خود ذینفع مسترد دارد.

endorsement (var.indorsement)
ظهر نویسی؛ امضای سند؛ امضای یک سند یا چک برای انتقال آن به دیگری
→ *indorsement*

endorser (var. indorser)
ظهرنویس؛ کسی که با پشت نویسی کردن اوراق تجارتی از قبیل سفته و چک و برات آن‌را به دیگری انتقال دهد؛ تصدیق‌کننده؛ تأییدکننده؛ امضاکننده
→ *indorser*

endow
بخشیدن به؛ اعطا کردن به؛ چیزی را وقف کردن؛ هزینهٔ چیزی را پرداختن یا تقبل کردن؛ به ودیعه گذاشتن

endowment assurance
بیمهٔ عمر

endowment insurance
بیمهٔ عمر

endowment policy
بیمه نامهٔ عمر برای تأمین سرمایه؛ بیمهٔ عمر قابل پرداخت در زمان حیات؛ بیمه (نامه) عمر مدت دار

endowment, public
وقف عام

endowments to the private individuals
اوقاف خاصه؛ وقف خاص

endowments to the public
اوقاف عامه؛ وقف عام

end price support
سیاست حمایت از بهای نهایی

end product
محصول نهایی؛ کالای نهایی؛ نتیجه نهایی/کار

end result of negotiations
نتیجهٔ نهایی مذاکرات

end user
مصرف کنندهٔ نهایی

enforceability of agreement
قابل اجرا بودن قرارداد

enforceable
قابل اجرا؛ لازم‌الاجرا

enforce discipline
انضباط برقرار کردن

enforce law
قانون را اجرا کردن

enforcement of law
تطبیق قانون؛ اعمال قانون؛ اجرای قانون

enforce (n. enforcement)
اجرا کردن؛ تنفیذ کردن؛ تقویت کردن؛ اعمال کردن؛ تحمیل کردن؛ وادار کردن؛ (کاری را) به

زور انجام دادن

enfranchise (var. infranchise)

آزاد کردن از تعهد؛ دادن حق رأی

engage

استخدام شدن؛ متعهد شدن؛ متعهد کردن؛ استخدام کردن؛ ضمانت کردن؛ تعهد کردن؛ قول دادن؛ شرکت کردن

engaged

ملزم؛ متعهد

engagement

تعهدات (مالی یا نقدی)؛ استخدام؛ تعهد

engagement, meet one's

به تعهد خود عمل کردن

Engel curve

منحنی انگل:
نموداری که رابطهٔ بین مقدار کالای خریداری شده توسط خانواده‌ها و درآمد آنها را در یک دورهٔ معین نشان می‌دهد.

Engel´s law

قانون انگل

engineering change note

فرم تغییرات مهندسی

→ *engineering query note*

engineering development

توسعهٔ مهندسی

engineering inspection

مهندسی بازرسی

engineering psychology

روان شناسی مهندسی

engineering query note

فرم بررسی مهندسی

→ *engineering change note*

engross (var. ingross)

تنظیم کردن متن نهایی سند یا لایحه قانونی؛ احتکار کردن؛ خرید به قصد انحصار

engrossment

تنظیم متن نهایی سند یا لایحهٔ قانونی؛ احتکار؛ خرید محصولات به مقدار خیلی زیاد به منظور انحصار و فروش آن به قیمت بالاتر

→ *ingrossment*

enjoin (n. enjoinment)

جلوگیری؛ منع کردن؛ فرمان ممانعت از اعتصاب کردن؛ ملزم کردن؛ قدغن کردن؛ دستور دادن؛ توصیه کردن؛ سفارش کردن؛ تحمیل کردن

enlarged jobs

مشاغل توسعه داده شده؛ مشاغل گسترش یافته

enlarged organization

سازمان توسعه داده شده؛ سازمان توسعه یافته؛ سازمان گسترش یافته

enlightened self-interest

منفعت طلبی آگاهانه؛ نفع طلبی روشن فکرانه

enlist a recruit

عضوگیری کردن

enlistment

نام نویسی؛ ثبت نام؛ ورود به خدمت ارتش

enpowerment

توانبخشی کاری / شغلی:
توانبخشی شغلی عبارت است از ایجاد قدرت سازگاری با شرایط محیط اطراف با استفاده از چهار عامل: ایجاد مهارت شغلی بالا، وجود الگوهای موفق شغلی، حمایتهای احساسی و ترغیب افراد برای مسؤولیت پذیری.

equire (var. inquire)

equiry (var. inquiry)

تحقیق؛ بازجویی؛ بازجویی کردن؛ رسیدگی کردن؛ تحقیق کردن؛ استعلام کردن؛ پرسیدن

equiry (var. inquiry)

پرسش؛ استعلام؛ بررسی؛ درخواست اطلاعات از حافظهٔ کامپیوتر؛ مهارت کاوشگری؛ مهارت در تدوین فرضیه، نظریه و آزمایش آن

enrol

ثبت نام کردن؛ به عضویت پذیرفتن؛ نام نویسی کردن؛ اسم نویسی کردن

enrolment

ثبت نام؛ نام نویسی؛ تعداد ثبت نام شدگان

enrol of a legal deed

به ثبت رساندن یک سند قانونی در دفتر اسناد رسمی

enroute

در راه

→ *in transit*

ensuite

ضمیمه؛ به ضمیمه؛ به پیوست؛ همراه

☞ *attached*
☞ *enclosed*

ensure

تضمین کردن؛ تأمین کردن؛ بدست آوردن؛ مطمئن ساختن؛ اطمینان حاصل کردن؛ فراهم کردن؛ در اختیار گذاشتن

- You must ensure the enforcement of the law.

باید اطمینان حاصل کنید که قانون اجرا شود.

entail

واگذاری مشروط ملک به دیگری تا آخر عمر؛ حبس ملک؛ حبس کردن ملک؛ ملک محبوس (بازداشت)

entailed

تفویض شده؛ جانشین شده؛ وقف شده

enter a bid

در مناقصه یا مزایده شرکت کردن؛ پیشنهاد خرید (به قیمت معین) دادن

☞ *bid*
☞ *make a bid*
☞ *tender a bid*

enter into (a contract)

منعقد کردن (قرارداد)؛ بستن (قرارداد)؛ عقد (قرارداد)

enter into an agreement

قراردادی را منعقد کردن

enter into an engagement

قبول تعهد کردن

enter into force

نافذ شدن؛ رسمیت یافتن؛ به مرحلهٔ اجرا در آمدن؛ قوت قانونی یافتن

enterpreneur role (of manager)

نقش پیشگامی (مدیر)

enterprise (var. enterprize)

سازمان؛ مؤسسهٔ تجاری؛ مؤسسهٔ پیشرو؛ بنگاه؛ شرکت؛ سازمان؛ داد و ستد؛ تجارت؛ کسب و کار؛ بازرگانی؛ طرح مهم؛ بخش (خصوصی یا دولتی)

→ *enterprize*

enterprise, free

اقتصاد آزاد؛ سرمایه‌داری

enterprise law

قانون شرکتها

enterprise, private

تجارت آزاد؛ بخش خصوصی

enterprise zone
منطقهٔ تجاری؛ منطقهٔ صنعتی و بازرگانی

enterprize
سازمان؛ مؤسسهٔ تجاری؛ مؤسسهٔ پیشرو؛ بنگاه؛ شرکت؛ سازمان؛ داد و ستد؛ تجارت؛ کسب و کار؛ بازرگانی؛ طرح مهم؛ بخش (خصوصی یا دولتی)
→ *enterprise*

entitle
حق دادن؛ مستحق دانستن؛ مجاز دانستن؛ اهلیت دادن؛ صلاحیت‌دار کردن؛ حق دادن به

entitled
مستحق؛ محق؛ مجاز؛ تحت عنوانِ؛ دارای عنوانِ

entitlement
حق؛ استحقاق؛ مالیات حقه؛ مالیات برای برابری و تعادل

entity
واحد؛ مؤسسه؛ نهاد؛ ماهیت؛ موجودیت
→ *corporation*

entrance fee
ورودیه؛ حق عضویت
☞ *entry fee*

entrenched rights
حقوق تضمین شده (توسط قانون)

entrepot trade
صدور مجدد کالاهای وارده

entrepreneur
کارفرما؛ رییس؛ کار آفرین؛ پیشرو؛ تاجر؛ بازرگان (فعال و مخاطره جو)؛ مؤسس شرکت؛ پیمانکار

entrepôt
مرکز تجارت؛ مرکز بازرگانی؛ انبار کالا؛ مرکز ترانزیت کالا؛ مرکز پخش کالا

entrust
سپردن؛ واگذار کردن؛ به امانت سپردن؛ محول کردن؛ به عهدهٔ کسی گذاشتن

entry
ثبت؛ ورودی به کامپیوتر؛ ثبت در دفتر حسابداری؛ ورود به یک رشته کار و کسب؛ طرح؛ ورود؛ فقره؛ قلم؛ ماده؛ تصرف؛ ضبط؛ اجازهٔ ورود؛ حق ورود

entry fee
حق عضویت؛ ورودیه
☞ *entrance fee*

entry, make an
ثبت کردن؛ وارد کردن

entry strategy
استراتژی ورود

enumeration test
آزمون شماره‌ای؛ آزمون فهرستی
☞ *listing test*

environmental selling
شبیه سازی محیط فروش

environmental uncertainty
میزان عدم اطمینان محیطی

environmental variables
عوامل محیطی

environment, organization and
سازمان و محیط

environments, new organizational
محیطهای جدید سازمانی

EOQ (economic order quality)
میزان اقتصادی سفارش؛ میزان سفارش مقرون به صرفه

ephemeralization
ساختن فرآورده‌های بی‌دوام و منسوخ؛ تولید محصول از مد افتاده

epistemology
معرفت شناسی؛ دانش شناسی

EPROM (earsable programmable read only memory)
حافظهٔ فقط خواندنی با قابلیت برنامه‌ریزی و پاک شدن (در کامپیوتر)

EPS (earning per share)
سود هر سهم

EPU (European Payments Union)
اتحادیهٔ پرداختهای اروپا

equality of rights
تساوی حقوق

equal opportunities in employment
فرصتهای مساوی در استخدام؛ ایجاد فرصتهای یکسان و بدون تبعیض در استخدام

equal pay
حقوق و پرداخت یکسان (برای مشاغل همانند)
☞ *EEO*

Equal Pay Act
قانون برابری حقوق؛ قانون پرداخت مساوی (مصوب ۱۹۷۰)

equal pay for equal work
حقوق یکسان برای کار یکسان

equal sacrifice theory
نظریهٔ تساوی در پرداخت مالیات؛ پرداخت مالیات متناسب با قدرت مالی افراد

equifinality
هم پایانی

equilibrium
توازن؛ تعادل؛ موازنه

equilibrium, dynamic
تعادل پویا
☛ *static equilibrium*

equilibrium interest rate
نرخ بهرهٔ تعادلی

equilibrium, market
تعادل بازار

equilibrium, neutral
تعادل خنثی / بی تفاوت

equilibrium-oriented behavior
رفتار متمایل به تعادل سازمانی:
در تئوریهای اولیه رفتار سازمانی، مسأله تعادل سازمانی به عنوان انگیزهٔ اصلی رفتار در سازمان مطرح گردیده و تصریح می‌کند کمکی که فرد به سازمان می‌کند باید حداقل مساوی با پاداشی باشد که از طرف سازمان به فرد داده می‌شود.

equilibrium price
قیمت تعادلی؛ برابری قیمت کالای آمادهٔ فروش با میزان تقاضای خریداران

equilibrium, social
تعادل اجتماعی

equilibrium, static
تعادل ایستا
☛ *dynamic equilibrium*

equipment trust cartificate

equitable conversion

اوراق بهادار خرید تجهیزات

equitable conversion

تبدیل دارایی غیر منقول به منقول؛ تبدیل معادل و هم‌تراز

equitable lien

گرو برداشتن اموال معین برای تأمین مطالبات یا مخارج

equitable mortgage

رهن انصافی؛ رهن ثبت نشده؛ رهن قهری؛ گرو حکمی

equitable ownership

مالکیت واقعی (در برابر مالکیت اسمی)؛ مالکیت منافع

☞ *beneficial interest*
☞ *beneficial ownership*
☞ *equitable interest*

equitable payment

پرداخت عادلانه

equitable solution

راه‌حل منطقی؛ راه‌کار معقول

equitable wage

دستمزد عادلانه

equity

دارایی خالص؛ سرمایه؛ توانینی که برای اجرای عدالت وضع شده است؛ حق صاحبان سهام؛ سهم مالکیت؛ عدالت؛ بی‌طرفی؛ بی‌غرضی؛ اصل مساوات:
«فایول» معتقد است که مدیران باید با برقراری عدالت و انصاف، حس وفاداری و از خود گذشتگی زیردستان را متجلی سازند.

equity capital

سرمایهٔ سهامداران؛ سرمایهٔ حاصل از صدور

سهام عادی

☞ *equity share capital*
☞ *junior capital*

equity dilution

کاهش قدرت سهام

equity financing

تأمین مالی از طریق فروش سهام؛ فروش سهام برای تهیه سرمایه و تأمین مالی یک مؤسسه

equity investment

مشارکت در سرمایه

equity law

قانون برابری

equity of a statute

(در تفسیر قانون) تسری حکم قانون به مواردی که در قانون تصریح نشده

equity of redemption

حق استرداد ملک گرویی؛ حق فک رهن؛ حق بستانکار راهن در باز خریدن ملک رهنی خود؛ حق پس گرفتن چیزی که در معاملهٔ رهنی بطور قانونی از دست رفته است مشروط به اینکه اصل و فرع رهن در مدت معینی که منصفانه باشد، پس داده شود

☞ *redeem*

equity rate

نرخ برابری؛ نرخ تعدیلی

equity receiver

امین اموال؛ کفیل؛ مأمور تصفیه که به درخواست بستانکاران مدیریت مؤسسه را برای تجدید سازمان یا انحلال به عهده می‌گیرد

equity shares

حق ناشی از سهام

☞ *ordinary shares*

equity stake

حق ناشی از سرمایه

equity theory

نظریهٔ برابری؛ تئوری انصاف

equity turnover

بازدهی سرمایه؛ برگشت سرمایه؛ نسبت بازدهی سرمایه

equivalent pension benefit

معادل مزایای بازنشستگی

erect

احداث کردن؛ بنا کردن؛ تشکیل دادن؛ تأسیس کردن؛ نصب کردن

ergonomics

مهندسی (عوامل) انسانی؛ مهندسی زیستی؛ ارگونومی؛ تکنولوژی زیستی؛ فن‌آوری زیستی؛ ادغام نیروی انسانی و تجهیزات به منظور افزایش کارآیی و تولید و بازدهی کیفی و کاهش کارآموزی و ایجاد شرایط مناسب‌تر برای کار؛ اقتصاد شرایط کار

☞ *human engineering*
☞ *human factors engineering*

ERG theory

نظریهٔ نیازهای زیستی، تعلق و رشد؛ در این نظریه نیازهای انسانی به سه دستهٔ کلی نیازهای زیستی، تعلق و رشد تقسیم می‌شود

☞ *existence, relatedness & growth theory*

errand

دستور؛ فرمان؛ مأموریت؛ کار

erratic fluctuations

نوسانات غیر منتظره

erratic groups

گروه‌های همبسته؛ گروه‌های سیار

erroneous report

گزارش خلاف واقع

error, probable

خطای احتمالی

error, rondom

خطای تصادفی

error, sampling

خطای نمونه‌گیری

errors and omissions (E & O)

اشتباهات و از قلم افتادگیها (معمولاً در پروفرماها و صورتحسابها عنوان می‌شود)

errors and ommisions excepted

اشتباهات قابل برگشت است؛ اشتباهات قابل جبران است؛ اشتباهات و از قلم افتادگیها مستثنا هستند

→ *E and OE*

error, standard

انحراف استاندارد؛ خطای معیار؛ اشتباه استاندارد؛ اشتباه معیار

Eruopean Trade Union Confederation (ETUC)

کنفدراسیون اتحادیه‌های کارگری اروپا

escalation clause

شرط افزایش بها؛ شرط افزایش دستمزد؛ قید یا شرط تعدیل قیمت

escape clause

شرط معافیت؛ شرط نقض؛ شرط گریز؛ شرط عدم رعایت برخی تعهدات؛ ماده‌ای در قرارداد که عدم رعایت تعهدی را در شرایط خاص، مجاز می‌داند

escape liability

فرار از مسؤولیت؛ از مسؤولیت شانه خالی کردن

escheat

ضبط مال بی‌وارث؛ حق ضبط دارایی شخص بدون وارث توسط دولت

escheat, right of

حق انتقال

escompte

تخفیف؛ تنزیل؛ تخفیف پیش از موعد از طرف طلبکار به بدهکار

☞ *discount*

escrow

قرارداد سپردهٔ امانی؛ سند امانی؛ سند امانی بامحتوای مشروط؛ سند رسمی که بدست شخص ثالثی سپرده شده و پس از انجام شرطی قابل اجرا یا قابل ابطال است؛ موافقت نامهٔ بین دو نفر که به امانت نزد شخص ثالثی سپرده شود و تا حصول شرایط خاصی از درجهٔ اعتبار ساقط باشد؛ سند سپرده شده به شخص ثالث که پس از تحقق شرایط معینی قابل اجرا یا ابطال است

☞ *escrow agreement*

escrow account

حساب امانی

escrow agent

کارگزار امانی

escrow agreement

قرارداد سپردهٔ امانی؛ موافقت نامهٔ امانی

☞ *escrow*

ESOP (employee stock ownership plans)

طرحها / برنامه‌های سهیم شدن کارکنان در مالکیت سازمان

esoteric

محرمانه؛ سری؛ خصوصی؛ مبهم؛ مدارک سری و محرمانه؛ جلسهٔ محرمانه

esprit de corps (Fr)

اصل اتحاد و مسؤولیت گروهی؛ روحیهٔ جمعی؛ روحیهٔ گروهی؛ احساس همبستگی؛ روح یگانگی و صمیمیت بین اعضای گروه؛ یکی از اصول چهارده‌گانهٔ هنری «فایول» دانشمند کلاسیک مدیریت که ضمن آن در روابط صمیمانه و حس همبستگی بین کارکنان و ایجاد وفاداری سازمانی تأکید می‌ورزد:

این اصل با اصل وحدت فرماندهی مرتبط بوده و مانند آن از اصولی است که مستقیماً از مدیریت نظامی اقتباس گردیده است.

essay method

روش ارزشیابی شرح عملکرد؛ یکی از روشهای ارزشیابی که ارزشیابی کننده خلاصه‌ای از نحوهٔ عملکرد کارمند رابصورت کتبی شرح می‌دهد

essay question items

سؤالهای تشریحی؛ سؤالهای انشایی

essay test

آزمون تشریحی؛ آزمون انشایی:

این آزمون برای ارزشیابی توانائیهای شرکت کنندگان در زمینهٔ سازماندهی و بیان افکار و آموخته‌هایشان استفاده می‌شود.

essence of the contract

شرط اساسی قرارداد (که اجرای قرارداد مستلزم رعایت کامل آن است)

essential industry

صنعت اساسی

essentials of production and

مـــالیات مـــاترک؛ مـــالیات بـــر ارث؛ مـــالیات املاک؛مالیات بر مستغلات

☞ *succesion tax*

☞ *death tax*

☞ *inheritance tax*

☞ *probate duty*

estate in severalty

ملک بدون شریک

estate intail

واگذاری مشروط ملک به دیگری تا آخر عمر

→ *entail*

estate tax

مالیات بر دارایی؛ مالیات مـاترک؛ مـالیات بـر املاک فرد متوفا؛ مالیات بر ارث

☞ *succesion tax*

☞ *death tax*

☞ *inheritance tax*

☞ *probate duty*

☞ *estate duty*

مـــالیات مـــاترک؛ مـــالیات بـــر ارث؛ مـــالیات املاک؛مالیات بر مستغلات

esteem needs

نیازهای قدر و منزلت؛ نیازهای مربوط به ارزش و احترام؛ نـیاز بـه حـرمت؛ در سـلسله مـراتب نیازهای «مازلو» به نیازهای سطح چهارم اطلاق می‌شود که در بر گیرندهٔ نیاز به حرمت و شأن و جایگاه انسان است:

نـیاز فـرد بـرای ارزش گـذاری، مـورد احـترام دیگران واقع شدن و نیز احساس عزت نفس بـه وسیلهٔ خود فرد.

estimate

برآورد؛ تـخمین؛ بـرآورد کـردن؛ تـخمین زدن؛

operations management

مبانی مدیریت عملیات و تولید

essential terms of the contract

شرایط اساسی قرارداد یا عقد

establish

احراز کردن؛ اثبات کردن؛ تأسیس کردن؛ تشکیل دادن؛ دایر کردن؛ تأیید کردن؛ منصوب کردن

establish discipline

برقراری انضباط

establashing good human relations

ایجاد روابط خوب انسانی

establishment

مؤسسه؛ بنگاه؛ کارخانه؛ تأسیس؛ تشکیل

establishment expence

هزینه تأسیس؛ هزینهٔ غیر مستقیم

☞ *indirect cost*

establishment of an organization

تأسیس سازمان

establish order

برقراری نظم

establish standards

تعیین استانداردها

establishment, the

صاحبان قـدرت؛ طـبقهٔ حـاکـم؛ نـظام حـاکـم؛ سردمداران

estate

مِلک؛ دارایی؛ ماترک؛ شهرت؛ مقام؛ منزلت

estate at will

حق مستأجر در ملک بر اساس توافق

estate duty

بـرآورد قـیمت کـردن؛ بـرآورد هـزینه کـردن؛ ارزیابی کردن؛ اظهارنظر کردن

estimated cost

هزینهٔ برآوردی؛ هزینهٔ تخمینی یک محصول

estimated work

زمان تخمینی انجام دادن کار؛ میزان کار تخمینی

estimating, analytical

برآورد تحلیلی

estimating, comparative

برآورد تطبیقی

estimating, statistical

برآورد آماری

estimation

تخمین؛ برآورد؛ ارزیابی

estimator

ارزیاب؛ قیمت گذار

estoppel

منع قانونی انکار پس از اقرار؛ عدم امکان انکار پس از اقرار؛ منع طرح ادعا

ETA (estimated time of arrival)

زمان تقریبی ورود؛ ساعت تقریبی ورود
☞ *ETD (estimated time of departure)*

et al

و دیگران؛ اختصار عبارت *et alii*
☞ *and others*

ETD (estimated time of departure)

زمان تقریبی خروج؛ ساعت تقریبی حرکت
☞ *ETA (estimated time of arrival)*

ethnicity

بازاریابی برای جلب نظر گروههای خاص

ethnocentrism

قوم مداری؛ نژاد گرایی؛ نژاد پرستی

ethod

ارزش اخلاقی سازمان

etiquette

تشریفات رسمی؛ تشریفات مرسوم در سیاست بین‌المللی

ETUC (European Trade Union Confederation)

کنفدراسیون اتحادیه‌های کارگری اروپا

eupsychian management

مدیریت روشنگرانه

Eureka

اورکا؛ اقدامهای پژوهشی و تحقیقاتی گروهی از کشورهای اروپایی که به گونه‌ای مسالمت آمیز در سـال ۱۹۸۶ بـرای مقابله با طـرح دفـاع استراتژیک آمریکا (جنگ ستارگان) انجام شده است

Euro

واحد پول اروپا

Eurobond

اوراق قرضهٔ اروپایی؛ اوراق بهادار و سهام بازار پولی اروپا

Euroclear

اتاق تهاتر اروپا

Eurocracy

مقامات و مدیریت بازار مشترک اروپا

Eurocrat

اروکرات؛ کارگزاران کمیسیون اروپا؛ نماینده یـا مأمور بازار مشترک اروپا

Eurocurrency
پول اروپایی

Eurodollars
دلار اروپایی؛ نوعی سند اعتباری؛ دلار آمریکایی که بین مؤسسات مالی اروپا در گردش است

Euromarket
بازار مشترک اروپا
☞ *ECM*

Euronet diane
شبکۀ اروپایی دستیابی مستقیم به اطلاعات
☞ *Direct Information Access Network for Europe*

European Association for Personnel Management (EAPM)
جامعۀ مدیریت منابع انسانی اروپا؛ انجمن مدیریت پرسنلی (کارگزینی) اروپا

European Communities
جوامع اروپایی

European Court
دادگاه اروپا؛ دادگاه جوامع اروپا

European Currency Unit (ECU)
واحد پول اروپا

European Economic Commission
کمیسیون اقتصادی اروپا

European Economic Community (EEC)
جامعۀ اقتصادی اروپا؛ بازار مشترک اروپا
☞ *Common Market*

☞ *European Community*

European Free Trade Area
منطقۀ آزاد تجاری اروپا

European Free Trade Association (EFTA)
اتحادیۀ تجارت آزاد اروپا (افتا)

European Investment Bank (EIB)
بانک سرمایه‌گذاری اروپا

European Monetary Agreement (EMA)
موافقت نامۀ پولی اروپا

European Monetary System (EMS)
نظام پولی اروپا

European Payments Union
اتحادیۀ پرداختهای اروپا

European Trade Union Confederation
کنفدراسیون اتحادیه‌های بازرگانی اروپا

evacuate
تخلیه کردن؛ باطل کردن؛ انتقال دادن

evacuation
تخلیه؛ باطل؛ اخراج؛ انتقال

evade
طفره رفتن؛ گریختن از مسؤولیت؛ شانه خالی کردن

evaluate
ارزشیابی کردن؛ ارزیابی کردن؛ تقویم کردن؛ برآورد کردن؛ سنجیدن

evaluate capability of inspection team

evaluate effectiveness 278 events of default

ارزشیابی قابلیت و توانایی تیم بازرسی

evaluate effectiveness of inspection team

ارزشیابی کارآیی تیم بازرسی

evaluate the environment

ارزیابی محیط

evaluating information

ارزیابی اطلاعات

evaluation

ارزشیابی؛ ارزشیابی شایستگی فرد برای تصدی یک شغل؛ (در بازاریابی) یکی از گامهای فرایند پذیرش که در آن برآورد مشتری نسبت به قیمت و کیفیت کالا یا خدمات ارزیابی می‌شود؛ تقویم؛ ارزیابی؛ برآورد:

ارزشیابی عبارت است از فرایند استفاده از اطلاعات جمع آوری شده جهت قضاوت یا تصمیم گیری در مورد ارزش، مناسب بودن عملیات یا برنامه و همچنین کیفیت یا ارزش عملکرد اشخاص

➔ *adoption process*

evaluation, employee

ارزشیابی کارکنان / کارمندان

evaluation fees

هزینهٔ ارزشیابی؛ کارمزد ارزیابی

evaluation interview

مصاحبهٔ ارزشیابی:

نوع خاصی از مصاحبه که طی آن سرپرست یک واحد به گفتگو با یکی از کارکنان تحت نظارت خود می‌نشیند و طی آن به شیوه‌های گوناگون وی را در جریان نتایج ارزشیابی کارش قرار می‌دهد.

evaluation, job

ارزشیابی شغل / مشاغل

evaluation method

روش ارزشیابی؛ شیوهٔ ارزیابی

evaluation of assets

ارزیابی اقلام دارایی

evaluation of purchasing performance

ارزشیابی عملکرد خرید

evaluation of the environment

ارزیابی محیط

evaluation of the possible courses of actions

ارزیابی اقدامات احتمالی

evaluation of the situation

ارزیابی موقعیت

evaluation, performance

ارزشیابی عملکرد / کارکرد

evaluation, program

ارزشیابی برنامه

evaulation of activities

ارزشیابی فعالیتها

evening shift

نوبت کار شبانه؛ شیفت شب

even lots

سهام صدتایی

➔ *board lots*

event

واقعه؛ رویداد؛ نقطه‌ای برای آغاز / پایان فعالیتی در برنامه‌ریزی شبکه

event, fortuitous

حادثهٔ قهری؛ حادثهٔ اتفاقی / تصادفی؛ رویداد ناگهانی

events of default

موارد قصور؛ موارد چشم پوشی

Everest syndrome

عارضهٔ اورست؛ عارضه‌ای در تحقیق که ناشی از تأکید و توجه بیش از حد بر روی تحقیق است، به طوری که اصل موضوع تحقیق تحت‌الشعاع روش تحقیق قرار گیرد

everincreasing inflation

تورم روز افزون

evict

اخراج کردن (به حکم قانون)؛ خلع ید کردن

☞ *eject*

eviction

خلع ید

➔ *writ of entry*

☞ *ejectment*

evidence

دلیل؛ مدرک؛ گواهی؛ شهادت؛ حقایق؛ ادله؛ شواهد

evidence of indebtedness

وثیقهٔ دین؛ سند وام

evidence of insurability

مدرک برای بیمه شدن

evidence, produce

مدرک ارائه دادن

evolution

تحول؛ تکامل تدریجی؛ استخراج جذر؛ ریشه گرفتن از عدد

EWS (exprienced worker standard)

استاندارد کارگر باتجربه (مجرب)

exact

مطالبه کردن؛ طلب کردن؛ نیاز داشتن؛ وادار کردن؛ تحمیل کردن؛ دقیق؛ صحیح؛ مصدق

exact copy

رونوشت مصدق

☞ *exact duplicate*

exact duplicate

رونوشت مصدق؛ رونوشت برابر با اصل

☞ *exact copy*

☞ *true copy*

exact reparations

غرامت خواستن؛ تاوان خواستن

examination

آزمون؛ امتحان؛ بررسی؛ مطالعه؛ بازرسی؛ بازبینی؛ وارسی؛ تحقیق؛ بازپرسی

examine

آزمون کردن؛ امتحان کردن؛ بررسی کردن؛ مطالعه کردن؛ بازرسی کردن؛ بازبینی کردن؛ وارسی کردن؛ تحقیق کردن؛ بازپرسی کردن

examiner, bank

بازرس بانک

examplary damages

جرایم تنبیهی؛ جریمه‌ای که دادگاه برای مجازات یک خلافکار و نشان دادن عمل خلاف و متنبه ساختن دیگران بدان حکم می‌کند

➔ *punitive damages*

ex bond

اوراق قرضهٔ بدون بهره

ex cathedra

طبق اختیارات محوله؛ به اعتبار سمت؛ از موضع قدرت؛ از مسند قدرت

exceed one's power

از حدود اختیارات خود تجاوز کردن

excepted provident fund (EPF)

exceptionable
صندوق احتياطى بازنشستگى

exceptionable
قابل اعتراض؛ مورد ايراد

exceptional cases
موارد استثنايى

exceptional items
اقلام فوق‌العاده؛ اقلام استثنايى
☞ *extraordinary items*

exception paragraph
گزارش مشروط

exception principle
اصل استثنا:
مطابق اين اصل مدير بايد كارهاى روزمره و عادى را كه نيازمند تصميم‌گيرى‌هاى تكرارى است به زيردستان محول كند و خودش به امور مهم و استثنايى بپردازد
→ *management by exception*

exception report
گزارش موارد استثنايى / خاص

exception to, take
اعتراض كردن به

excess
مبلغ قابل كسر؛ وجه اضافى؛ مبلغ قابل كاهش
☞ *deductible*

excess baggage
اضافه بار
☞ *excess luggage*

excess capacity
ظرفيت اضافه؛ ظرفيت زايد

excess condemnation
تصرف زايد؛ تصرف اضافى

excess coverage clause
قرارداد بيمهٔ اضافى / مازاد
→ *double insurance*

excess demand
تقاضاى اضافى؛ اضافه تقاضا

excess demand inflation
تورم ناشى از تقاضاى زيادى

excess fare
اضافه كرايه؛ كرايهٔ اضافى؛ مابه‌التفاوت كرايه

excess insurance
بيمهٔ مازاد؛ اضافه بيمه؛ بيمهٔ برات خطرات بيش از حد مقرر در بيمه نامه
→ *excess service*

excessive taxation
ماليات بندى زياد

excessive transportation costs
هزينه‌هاى اضافى حمل و نقل

excessive warehousing costs
هزينه‌هاى اضافى انباردارى

excess luggage
اضافه بار
☞ *excess baggage*

excess materials requisition
فرم اعلام نياز به مواد اضافى؛ فرم درخواست مواد / مصالح اضافى

excess of power
تجاوز از حدود اختيارات
☞ *excès de pouvoir*
☞ *ultra vires*

excess of privilege
سوء استفاده از امتياز

excess postage

excess profits tax 281 excise duty

کسر تمبر (مبلغی که دریافت کنندهٔ محمولهٔ پستی باید بابت کسر تمبر بپردازد)

excess profits tax

مالیات بر سود اضافی

excess supply

اضافه تولید؛ مازاد عرضه؛ عرضهٔ اضافی

exchange

مبادله؛ معاوضه؛ تسعیر؛ محل مبادلات ارزی؛ صرافی؛ تعویض؛ تبادل؛ بورس؛ معاوضه کردن؛ مبادله کردن؛ تسعیر کردن

exchange contract

قرارداد ارزی

exchange control

کنترل ارزی؛ کنترل مبادلات ارز؛ نظارت بر ارز

➔ *official reserves*

exchange control regulation

مقررات نظارت بر ارز

exchange conversion

تبدیل ارز

exchange depreciation

تنزل ارزش پول خارجی؛ تنزل قیمت ارز

exchange devaluation

کاهش قیمت ارز

exchange equalization account

حساب برابری نرخ ارز

exchange, first of

نسخهٔ اصلی برات

exchange losses

خسارتهای ناشی از مبادلات ارزی؛ خسارتهای ناشی از نوسانهای نرخ ارز

exchange of contract

مبادلهٔ قرارداد

exchange of full powers

مبادلهٔ اسناد مربوط به تفویض اختیارات تام

exchange of property for property

مبادلهٔ کالا با کالا

exchange of views

تبادل نظر

exchange parity

نرخ برابری ارز

exchange quota

سهمیهٔ ارزی

exchanger

صراف؛ تسعیر کننده

exchange rate

نرخ ارز؛ نرخ تبدیل ارز؛ نرخ تسعیر؛ نرخ مبادلهٔ ارز؛ نرخ برابری ارز

☞ *rate of exchange*

exchange rate fluctuations

نوسانات نرخ ارز

exchange reserves

ذخایر ارزی

exchange restrictions

محدودیتهای ارزی

exchanging the contract

تبادل قرارداد

exchequer

خزانه؛ خزانه‌داری

excise

مالیات؛ عوارض؛ (در انگلستان) ادارهٔ مالیات بر درآمد؛ مالیات کالای داخلی؛ مالیات غیر مستقیم؛ مالیات بستن

excise duty

مالیات کالاهای تولیدی داخلی؛ مالیات صدور گواهینامه و مجوز؛ مالیات بر مصرف؛ مالیات فروش؛ مالیات غیر مستقیم
☞ *excise tax*

excise licence
گواهی پرداخت مالیات صدور پروانه

excise licence duty
مالیات صدور پروانه یا مجوز؛ مالیات صدور گواهینامه؛ مالیات صدور مجوز تولید؛ مالیات صدور مجوز کسب

exciseman
مأمور وصول مالیات

excise tax
مالیات بر مصرف؛ مالیات یا عوارض دخانیات و مشروبات الکلی

exclude
مستثنا کردن؛ نادیده گرفتن؛ صرفنظر کردن؛ کنار گذاشتن؛ در برنگرفتن؛ شامل نشدن

exclusion
محدودیت؛ استثنا؛ (در بیمه) شرطی که بر اساس آن پاره‌ای مخاطرات از شمول بیمه مستثنا می‌شود

exclusion allowance
مبلغ معاف از مالیات؛ بخشی از پرداختهای سالانه که از درآمد مشمول مالیات مستثنا است

exclusion clause
شرط سلب مالکیت (در قرارداد)؛ شرط یا قید استثنا؛ شرط / قید عدم شمول
☞ *exclusionary provision*

exclusive
انحصاری؛ اختصاصی؛ گزارش اختصاصی؛ گزارش ویژه

exclusive agency
نمایندگی انحصاری

exclusive agency agreement
قرارداد نمایندگی انحصاری

exclusive agent
نمایندهٔ انحصاری

exclusive concession
امتیاز انحصاری

exclusive contract
قرارداد انحصاری

exclusive dealing
داد و ستد استثنایی؛ خرید و فروش استثنایی

exclusive distribution
توزیع انحصاری؛ پخش انحصاری

exclusive goods
کالاهای انحصاری

exclusive interview
مصاحبهٔ اختصاصی

exclusive licence
پروانهٔ حق امتیاز انحصاری

exclusive listing
قرارداد کارگزاری انحصاری برای فروش یا اجاره

exclusive ownership
مالکیت انحصاری

exclusive privileges
امتیازات ویژه

exclusive right of note issue
حق انحصاری انتشار اوراق بهادار

exclusivity
نمایندگی انحصاری
☞ *exclusive agency*

excès de pouvoir (Fr)
تجاوز از حدود اختیارات؛ سوء استفاده از قدرت
☞ excess of power
☞ ultra vires

exculpatory clause
شرط معافیت

excuse, good
عذر موجه

excuse, legitimate
عذر موجه؛ عذر قانونی؛ عذر مشروع

excussion
توقیف اموال برای وصول قرض

ex dividend
سهام بدون سود
☞ ex div (XD)
☞ ex stock dividend
→ without dividend

ex dock
در اسکله (قیمت کالا تا بندر مبدأ، بعلاوهٔ هزینهٔ تخلیه و عوارض گمرکی)؛ تحویل بار انداز
☞ ex quay
☞ ex wharf

exec (executive)
مدیر؛ رییس

executability
قابلیت اجرا

executability of the test
قابلیت اجرای آزمون

executable
قابل اجرا؛ اجرا کردنی

executant
مجری؛ اجرا کننده

execute
اجرا کردن؛ به مورد اجرا گذاشتن؛ امضا کردن؛ تشریفات لازم برای اعتبار بخشیدن به سندی (مانند تنظیم، امضا و مبادله)؛ عمل کردن به؛ رسمی کردن؛ قانونی کردن؛ صورت قانونی دادن؛ انجام دادن؛ جامهٔ عمل پوشاندن؛ اعدام کردن

executed contract
قرارداد اجرا شده؛ قرارداد انتقال مالکیت در حالتی که کلیهٔ حقوق متعلقهٔ آن را نیز شامل می‌شود

executed sale
فروش قطعی؛ بیع قطعی

execution
اجرا؛ ضبط اموال؛ اعدام؛ توقیف؛ امضا؛ انجام

execution, carry into
اجرا کردن

execution for debt
اقدام برای وصول طلب

execution functions of management (i.e coordinating, directing and controlling)
وظایف اجرایی مدیریت؛ وظایف مربوط به مرحلهٔ اجرای مدیریت (که عبارتند از هماهنگی، رهبری / هدایت و نظارت)

execution of a contract
اجرای قرارداد

execution of agreement
اجرای قرارداد؛ اجرای موافقت نامه

execution of law

اجرای قانون

execution of notarial documents

اجرای اسناد ثبتی

execution of official documents

اجرای اسناد رسمی

execution phase

مرحلهٔ اجرا

execution time

مدت اجرا؛ زمان اجرا

executive

مدیر اجرایی ؛ اجرایی؛ اداری؛ مدیر؛ مقام اجرایی؛ هیأت اجرایی؛ مجری؛ مأمور اجرا؛ اجرا کننده

executive ability

توانایی اجرایی

executive agreement

موافقت نامهٔ اجرایی

executive board

هیأت مدیره؛ هیأت اجرایی

executive by-law

آیین نامهٔ اجرایی

executive committee

هیأت رییسه؛ هیأت اجرایی؛ کمیتهٔ اجرایی

executive director

مدیر عامل؛ مدیر اجرایی؛ مدیر داخلی

executive-dominated strategy

استراتژی / راهبرد کنترلی؛ استراتژی مدیرمدار

executive emotional quotient (EQ)

ضریب عاطفی مدیر: تحقیقات به عمل آمده در زمینهٔ مدیریت نشان می‌دهد مدیرانی که از «ضریب عاطفی» بالایی برخوردارند، با مهارت بیشتر و سریعتر از دیگران به رفع تعارضها و ضعفهای گروهی و سازمانی می‌پردازند.

executive fallout

مدیر معزول؛ مدیر عزل شده

☞ *deposed executive / manager*

executive guarantee

ضمانت اجرایی

executive officer

مسؤول اجرایی

executive routine

برنامهٔ سرپرستی؛ برنامهٔ اجرایی

☞ *supervisory program*

executive skills

مهارتهای مدیر

executive subsystem

سیستم فرعی اجرایی؛ مجموعه‌ای از مشاغل که مخصوص امور اجرایی سازمان است

executor

مجری؛ اجرا کننده؛ عامل؛ نماینده؛ مأمور اجرا؛ موصی؛ وصی؛ قیم؛ فردی که به عنوان مأمور اجرای مفاد وصیت نامه تعیین شده است

☞ *guardian*

executor of estate

مدیر ماترک؛ وصی

executory contract

قرارداد مشروط؛ قراردادی که اجرای آن منوط به تحقق شرایط و زمان خاص است؛ قرارداد اجرایی؛ قرارداد در دست اجرا؛ عقد مؤجل

executory force (عقدی که تعهدات موضوع آن کاملاً ایفا نشـده باشد)؛ عقد تدریجی

executory force
قدرت اجرایی

executory lease
اجارهٔ مشروط

executory sale
بیع مؤجل

executrix
وصی و قیم مؤنث؛ زنی کـه بـه عـنوان مأمـور اجرای مفاد وصیت نامه تعیین شده است

exempli commodity
کالاهای معاف از مالیات؛ کالاهایی که در داخل کشور مبادله می‌شود و از مالیات معاف است

exempt
معاف کردن؛ مستثنا کـردن؛ بـخشیدن؛ مـعاف؛ مستثنا

exempt employees
کارکنان مستثنا شـده؛ کـارکنانی کـه تـابع نـظام ارشدیت نیستند

exemption
معافیت؛ معافیت گمرکی؛ مـعافیت (مـالیاتی)؛ بخشودگی

exemption clause
شرط معافیت؛ معافیت مالیاتی

exemption, customs
معافیت گمرکی

exemption from taxation
معافیت از مالیات

exemption from territorial jurisdiction
معافیت پیروی از نظام حقوقی یک کشور

exercise
اجرا کردن؛ اعمال کردن؛ استفاده کـردن؛ عـمل کردن؛ به کار بردن؛ اجرا؛ اعمال؛ استفاده
☞ *enjoy*
☞ *apply*
☞ *use*

exercise a leading role
نقش عمده‌ای ایفا کردن

exercise influence
اعمال نفوذ کردن

exercise one's right
از حق خود استفاده کردن؛ از حق خود بهره‌مند شدن

exert influence
اعمال نفوذ کردن

ex-factory
بـهای کـالای تـحویلی در کـارخانه؛ تـحویل کارخانه؛ قیمت کالا بر مبنای تحویل در کارخانه
☞ *ex-works*
☞ *ex-mill*

ex-factory price
قیمت تحویل در کارخانه

ex-gratia
رایگان؛ مجانی؛ بلاعوض؛ داوطلبانه

ex-gratia payment
پرداخت داوطلبانهٔ شرکت بیمه: پرداختی است که شـرکت بـیمه در مـورد آن مسؤولیتی ندارد اما به طور داوطلبانه آن را بـه بیمه شونده می‌پردازد

exhibit
نمایشگاه؛ اطلاعات ارائه شده در دادگاه؛ نمودار یا جدول؛ مـدرک؛ پـیوست؛ ضـمیمه؛ مستند؛

exhibitation center/hall

نشان دادن؛ ابراز کردن؛ عرضه کردن؛ ارائه کردن
☞ *documentary exhibits*

exhibitation center/hall

سالن نمایشگاه

exhibition

(در انگلستان) کمک هزینهٔ تحصیلی؛ نمایشگاه؛ نمایش؛ ارائه؛ عرضه؛ حقوق ماهیانه

eximbank

بانک صادرات و واردات آمریکا
☞ *Export-Import Bank of the U.S.A*

existing law, according to

برحسب مقررات موجود

existing laws

قوانین جاری؛ قوانین فعلی؛ قوانین موجود

existing use value

ارزش کاربردی فعلی دارایی؛ ارزش دارایی با فرض آنکه به صورت فعلی مورد استفاده قرار گیرد
☞ *current use value*

exit interview

مصاحبهٔ خروج؛ مصاحبه با افرادی که رابطهٔ استخدامی خود را با سازمان قطع کرده و از آن خارج شده‌اند. هدف از این مصاحبه اطلاع از علل ترک سازمان بوده و لذا انجام این گونه مصاحبه‌ها در برنامه‌ریزی نیروی انسانی بسیار مفید است

ex-mill

تحویل در کارخانه؛ تحویل کالا از کارخانه؛ بهای کالای تحویلی در کارخانه؛ قیمت کالا بر مبنای تحویل در کارخانه
☞ *ex works*

☞ *ex factory*

ex officio

امتیاز ناشی از مقام رسمی؛ امتیازی که به یک فرد به علت مقام رسمی او تعلق می‌گیرد. به عنوان مثال رییس یک شرکت به علت مقامش، رییس هیأت مدیره نیز می‌شود

exogenous

عامل بیرونی؛ عاملی که از محیط خارجی بر سیستم تأثیر می‌گذارد؛ عاملی که با الگوی به کار گرفته شده قابل پیش بینی نبوده است

expand

افزایش یافتن؛ افزایش دادن؛ توسعه دادن؛ گسترش دادن؛ گسترش یافتن

expansion

توسعه / گسترش (فعالیتهای اقتصادی و بازرگانی)

ex parte

به نفع یک طرف؛ یک جانبه؛ منحصراً برای یک طرف؛ از طرف؛ از سوی

expatriate capital

برگرداندن سرمایه به کشور اصلی

expectancy damages

خسارت عدم‌النفع ناشی از عدم اجرای قرارداد

expectancy management

مدیریت انتظاری

expectancy theory

نظریهٔ انتظار و احتمال: از نظریه‌های انگیزش که بر اساس آن انگیزهٔ فرد برای انجام دادن یک کار خاص وابسته به میزان انتظاری است که او برای دستیابی به آن هدف خاص دارد

expectation

expected crisis 287 experienced-worker standard

انتظار آماری

expected crisis

بحران مورد انتظار؛ بحران قابل پیش بینی

expected life

عمر مورد انتظار؛ عمر مورد انتظار ماشین‌آلات، تجهیزات و سایر منابع در دسترس

expected monetary value

ارزش پولی مورد انتظار

expected return

بازدهی مورد انتظار؛ سودی که پیش بینی می‌شود تا از یک کسب و کار خاص حاصل گردد

expected value

ارزش مورد انتظار

☞ *expected monetary value*

expel (n. expulsion)

اخراج کردن؛ بیرون کردن؛ خلع ید کردن

☞ *depose*

☞ *discharge*

☞ *eject*

expend

هزینه کردن؛ خرج کردن؛ مصرف کردن؛ صرف کردن

expendable fund

وجوه قابل مصرف؛ وجوه قابل هزینه؛ وجوهی که مدیریت می‌تواند از آن برای مصارف اختصاصی یا عمومی استفاده کند

expendables

کالاهای مصرفی

☞ *consumer goods*

☞ *consumables*

expenditure

مخارج؛ هزینه؛ خرج؛ مصرف ؛ در حسابداری به خرج نقدی در یک دوره اطلاق می‌شود؛ پرداخت نقد یا ایجاد تعهد برای پرداخت در آینده

expenditure per head

هزینهٔ سرانه

expenditure tax

مالیات غیر مستقیم؛ مالیات هزینه یا خرج؛ مالیاتی که نحوهٔ اثر آن بر اشخاص بستگی به نوع خرج کردن و عادتهای مصرفی آنان دارد

➔ *indirect tax*

expense

مخارج؛ هزینه

expense account

حساب مخارج؛ صورت مخارج

expense approach

روش حسابداری مخارج پیش پرداخت شده

expenses and duties

هزینه‌ها و عوارض و مالیاتها

expensive

گران؛ گران قیمت؛ پرهزینه

experience curve

منحنی تجربه؛ اثر تجربه

☞ *experience effect*

experienced personnel

کارکنان با تجربه؛ پرسنل مجرب

☛ *inexperienced personnel*

experienced-worker standard (EWS)

استاندارد کاری کارگر مجرب؛ میزان کمّی و کیفی نتایج قابل قبول کار یک کارگر مجرب در کار معین در طول یک دورهٔ زمانی مشخص

experience rating
نرخ گذاری تجربی در بیمه

experimental negotiations agreement
موافقت نامهٔ مذاکرات آزمایشی

experimental training
آموزش تجربی

expert
کارشناس؛ خبره؛ متخصص؛ کاردان؛ آگاه؛ باتجربه؛ مجرب
☞ *experienced*

expert advice
کارشناسی؛ نظر کارشناسی؛ نظر تخصصی
☞ *expert opinion*

expert arbitrator
داور کارشناس

expertise
گزارش کارشناس؛ تخصص؛ دانش فنی؛ نظر کارشناس

expert opinion
نظر کارشناسی
☞ *expert advice*

expert power
قدرت تخصصی

expert's fee
هزینهٔ کارشناسی

expert system
هوش مصنوعی (در رایانه)؛ سیستم خبره (در کنترل)
→ *artificial intelligence*

expert witness
شهادت کارشناس خبره؛ شهادت / گواهی کارشناس دادگستری

expiration
انقضای مدت؛ خاتمه

expiration of a contract
انقضای مدت قرارداد؛ خاتمهٔ قرارداد

expiration of time
پایان مهلت؛ انقضای مدت

expire
منقضی شدن؛ به پایان رسیدن؛ سپری شدن؛ تمام شدن اعتبار

expired
منقضی؛ سپری شده

expired cost
هزینه / ارزش از دست رفته

expire of option
انقضای (مدت) خیار

expiry date
تاریخ انقضا

expiry of the term
انقضای مهلت / مدت

explain
توضیح دادن؛ شرح دادن؛ تأویل و تفسیر کردن؛ توجیه کردن؛ علت چیزی را بیان کردن

explanation
شرح؛ تفسیر؛ توضیح؛ توجیه

explanatory theories
نظریه‌های تبیینی / تشریحی

explicit declaration
اعلام صریح؛ اظهار صریح؛ توضیح صریح

explicit forecast
پیش بینی تصریحی
☞ *implicit forecst*

exploit
بهره‌برداری کردن؛ بهره‌کشی کردن؛ استثمار کردن؛ سوء استفاده کردن

exploit a situation for one's own advantage
از موقعیت به نفع خود سوء استفاده کردن

exploitation
بهره‌کشی؛ بهره‌برداری؛ انتفاع؛ استثمار؛ سوء استفاده

exploitation of cheap labor
استفاده از نیروی کار ارزان

exploitation of labor
استثمار کارگر

exploitation of natural resources
استفاده از منابع طبیعی؛ بهره‌برداری از منابع طبیعی

exploitation of oil wells, full
بهره‌برداری کامل از چاههای نفت

exploitation, right of
حق انتفاع؛ حق بهره‌برداری

exploitation theory
نظریهٔ بهره‌برداری و استثمار

exploitative-authoritative leadership style
سبک آمرانه و سازمان مدار رهبری؛ سبک رهبری آمرانه و سازمان مدار

exploitative role of multinational companies
نقش استثماری شرکتهای چند ملیتی

exploit new markets
بازارهای جدیدی را مورد استفاده قرار دادن

exploratory development
توسعهٔ اکتشافی و ابداعی

exploratory forecast
پیش‌بینی رشد تکنولوژی؛ پیش‌بینی توسعهٔ فن‌آوری

explore
بازرسی کردن؛ کشف کردن؛ استخراج کردن؛ تحقیق کردن

explor solutions to the problem
بررسی و یافتن راه‌حلهایی برای حل مشکل

explosion
تجزیهٔ خط مونتاژ؛ خرد کردن فعالیتهای خط مونتاژ؛ افزایش سرسام آور؛ شورش؛ نا آرامی

explosion, population
افزایش / رشد سریع جمعیت

exponential distribution
توزیع نمایی

exponential smoothing
روش نمو هموار

export
صادر کردن؛ صادراتی؛ صدور؛ (در جمع) صادرات یا کالاهای صادراتی

export agent
نماینده / عامل مشترک کشور صادر کننده؛ کارگزار صادرات

export and import licences
پروانهٔ صادرات و واردات

exportations
صادرات؛ صدور؛ کالای صادراتی

export credit assurance
بیمهٔ اعتبار صادراتی

export credit guarantee

Export Credits Guarantee 290 **expropriate**

ضمانت اعتبار صادراتی

Export Credits Guarantee Department (ECGD)

سازمان تضمین اعتبارات صادراتی

export-driven economy

اقتصاد متکی به صادرات

exporter

صادر کننده

export house

مرکز صادرات؛ بنگاههای صدور کالا به خارج از کشور

exporting company

شرکت صادر کنندهٔ کالا به خارج از کشور

export leasing

اجارهٔ صادرات؛ اجارهٔ اقلام صادراتی

export licence

مجوز صادرات؛ مجوز صدور کالا؛ پروانهٔ صادرات؛ پروانهٔ صدور

export permit

پروانهٔ صدور؛ جواز صادرات

export subsidy

یارانه / کمک دولت به صادر کنندگان؛ سوبسید صادرات

export tax

مالیات بر صادرات

ex post facto law

قانون عطف به ماسبق

express acceptance

قبولی صریح

express agreement

توافق صریح

express appreciation

اظهار قدردانی کردن

express assumption

ادعای خسارت یا عدم‌النفع بابت قرارداد

express condition

شرط صریح

☞ *express stipulation*

express contract

عقد صریح

express one's views

اظهارنظر کردن

express sincere thanks

صمیمانه تشکر کردن

express special assumpsit

ادعای خسارت یا عدم‌النفع بابت قرارداد رسمی یا ضمنی

express stipulation

شرط صریح

☞ *express condition*

express term

شرط صریح

express warranty

تعهد یا قول صریح مندرج در قرارداد

exprience of age

تجربهٔ سنی

expromission

تبدیل تعهد؛ تقبل قرض یا بدهی دیگری و ابرای مقروض در مقابل طلبکار

☞ *novation*

☞ *subrogation*

expromissor

متعهد جدید (در تبدیل دین)

expropriate

expropriation — سلب مالکیت کردن؛ مصادره کردن؛ خلع ید کردن

expropriation — سلب مالکیت؛ مصادره؛ گرفتن ملک اشخاص برای کارهای عمومی یا دولتی؛ خلع ید
→ *confiscation*

expropriation order — حکم سلب مالکیت؛ حکم مصادره

expunge (n. expungement) — محو کردن (سابقه)؛ حذف کردن؛ باطل کردن

EXQ (ex-quay) — تحویل در بندر؛ تحویل در اسکله

ex-quay — در اسکله (قیمت کالا تا بندر مبدأ بعلاوهٔ هزینهٔ تخلیه و عوارض گمرکی)؛ تحویل کالا در بارانداز
☞ *ex dock*
☞ *ex wharf*

EXS (ex-ship) — تحویل روی کشتی؛ تحویل کالا از کشتی

ex-ship (EXS) — تحویل کالا از کشتی؛ تحویل روی کشتی

ex-stock dividend — سهم بدون سود
→ *ex - dividend*

extend — تمدید کردن؛ ادامه دادن؛ توسعه دادن؛ تعمیم دادن؛ بسط دادن؛ گسترش دادن؛ تقدیم کردن؛ تسلیم کردن؛ ارائه کردن

extendable — قابل تمدید؛ قابل گسترش

extended bond — سند قرضهٔ تمدید شده

extended coverage endorsement — پوشش بیمهٔ اضافی؛ توافق برای افزایش مواردی به قرارداد بیمهٔ آتش سوزی مانند بیمهٔ خسارتهای ناشی از طوفان، انفجار و شورش

extended coverage policy — بیمه نامهٔ گسترده؛ بیمه‌نامه‌ای که علاوه بر خطرهای اصلی موارد دیگری را نیز در بر می‌گیرد

extended term insurance — بیمه تمدید شده

extended time — زمان مبنا؛ مدت تمدید شده
☞ *basic time*

extend the life of the company — تمدید مدت شرکت

extension — تمدید؛ تمدید اعتبار ؛ تعمیم؛ ضمیمه؛ قسمت الحاقی؛ بسط؛ گسترش؛ اشاعه؛ ترویج؛ ارائه

extension for paying a debt — تمدید مهلت پرداخت بدهی؛ تمدید مهلت تأدیهٔ دین

extension of credit — تمدید اعتبار؛ اعطای اعتبار

extension of leave — تمدید مدت مرخصی

extension of the agreement — تمدید مدت قرارداد

extensive factors — عوامل خارجی؛ عوامل بیرونی
→ *extrinsic rewards*

extenuate

تخفیف دادن

external aids

کمکهای خارجی

external audit

حسابرسی خارجی؛ حسابرسی مستقل؛ حسابرسی سازمان توسط یک مؤسسهٔ حسابرسی خارج از سازمان

external communications program

برنامهٔ ارتباطات خارجی

☛ *internal communications program*

external coordination

هماهنگی خارجی

external currency market

بازار پول خارجی

external debt

بدهی خارجی؛ قرضهٔ خارجی

external deficit

کسری خارجی

external diseconomies

عوامل زیان آور خارجی

☛ *external economies*

external economies

عوامل سود آور خارجی؛ صرفه‌جوییهای خارجی

☛ *internal economies*

external environment

محیط خارجی

externalities

منافع / هزینه‌های فعالیتهای خارجی

☞ *spilovers*

external loan

وام خارجی:

وامهای خارجی از سوی دولتها یا کشورهای خارجی، سازمانهای مالی بین‌المللی، مؤسسات اقتصادی و شرکتهای خارجی که در اختیار یک دولت قرار می‌گیرد.

external storage

داده نگهدارهای خارجی؛ (در کامپیوتر) وسیله‌هایی که به کمک آنها اطلاعات رایانه‌ای در خارج از سیستم مرکزی نگهداری می‌شوند مانند دیسکت

external validity

اعتبار خارجی تحقیق

☛ *internal validity*

extinction

ابطال؛ نسخ؛ انهدام؛ تضعیف رفتار نامطلوب

extinction of obligations

اسقاط تعهدات؛ بطلان تعهدات

☞ *extinguishment of obligations*

extinct law

قانون منسوخ

extinguishing of national debt

تصفیهٔ دیون عمومی

extinguishment of obligations

اسقاط تعهدات

☞ *extinction of obligations*

extinguish (n. extinguishment)

باطل کردن؛ لغو کردن؛ ساقط کردن؛ محو کردن؛ کان لم یکن کردن (حق، تعهد، بدهی یا قرارداد)

extorsion

extorsion of title or signature
اخاذی؛ اجحاف؛ زورگویی؛ ارعاب؛ تهدید
☞ *corruption*
→ *duress*

extorsion of title or signature
اخذ سند یا امضا بزور و اجبار از کسی

extra
سود اضافی سهام؛ هزینه‌های اضافی؛ روزنامهٔ فوق‌العاده

extra charge
هزینهٔ اضافی؛ هزینهٔ فوق‌العاده

extractive industries
صنایع استخراجی

extra dating
تمدید مهلت پرداخت

extradition
استرداد مجرمین؛ تسلیم اوراق مضبوطه در دفتر محکمه؛ استرداد؛ تحویل

extra dividend
سود اضافی سهام

extra expense insurance
بیمه با مخارج اضافی

extra interest
بهرهٔ فوق‌العاده

extrajudicial settlement
رفع اختلاف بدون مراجعه به دادگاه

extralegal
خارج از حیطهٔ قانون؛ خارج از کنترل قانون

extralegal agencies
بنگاه‌ها یا مؤسسات غیر حقوقی

extraordinary general meeting (EGM)
مجمع عمومی فوق‌العاده؛ جلسهٔ عمومی

فوق‌العاده

extraordinary items
اقلام فوق‌العاده؛ اقلام استثنایی
→ *exceptional items*

extraordinary session
جلسهٔ فوق‌العاده

extra payment
حقوق یا دستمزد اضافه‌کار

extrapolate
استنباط کردن؛ نتیجه‌گیری کردن؛ نتیجه گرفتن؛ تخمین زدن؛ برآورد کردن؛ حدس زدن؛ ملاک قرار دادن

extrapolation
استنباط؛ نتیجه‌گیری؛ نتیجه؛ مقایسه؛ تخمین؛ برآورد؛ درک مجهولات از معلومات

extraversion
برون‌گرایی:
نوعی ویژگی شخصیتی که بر اساس آن فرد تمایل دارد با افراد دیگر معاشرت کند و رفتارهای اجتماعی خود را با آنان انطباق دهد.

extreme job specialization
تجزیهٔ بیش از حد شغل

extrinsic reward
پاداش خارجی:
پاداشی که طبق نظریهٔ «مازلو» منجر به ارضای انسان می‌شود.
☞ *intrinsic reward*
→ *extensive factors*
☞ *internal rewards*

extrude
اخراج کردن؛ منفصل کردن

ex-warehouse

EXW (ex-works) 294 eyeball control

تحویل کالا از انبار؛ تحویل در انبار فروشنده

EXW (ex-works)

تحویل کالا در محل تولید (کارخانه)؛ تحویل کالا از کارخانه؛ بهای کالای تحویلی در کارخانه؛ تحویل در کارگاه؛ قیمت کالا بر مبنای تحویل در کارخانه

ex-wharf

در اسکله (قیمت کالا تا بندر مبدأ بعلاوه هزینهٔ تخلیه و عوارض گمرکی)

☞ *ex-dock*

☞ *ex-quay*

ex-works

تحویل کالا از کارخانه؛ بهای کالای تحویلی در کارخانه؛ تحویل در کارگاه؛ قیمت کالا بر مبنای تحویل در کارخانه

☞ *ex-factory*

☞ *ex-mill*

eyeball control

نظارت مستقیم ؛نظارت عینی / حضوری؛ کنترل عینی؛ کنترل ازطریق مشاهده

F / f

fabricate

جعل کردن؛ سر هم کردن؛ مشابه ساختن

☞ *forge*

☞ *fake*

fabricated

جعلی؛ مجعول

fabricated report

گزارش جعلی / ساختگی؛ گزارش خلاف واقع

☞ *fabricated account*

fabrication

ساخت؛ تولید

face amount

وجه چک یا اوراق بهادار؛ مبلغ اسمی بدون احتساب بهره

face of instrument

نص سند

face of judgment

مبلغ حکم (بدون بهره)

face of record

تمام سوابق موجود در پرونده

face-to-face communication

ارتباط حضوری؛ ارتباط رو در رو؛ ارتباط رویاروی یا چهره به چهره

face-to-face talk

مذاکرهٔ حضوری؛ مذاکرهٔ رو در رو

face value

ارزش اسمی؛ مبلغ اسمی؛ ارزش ظاهری

☞ *nominal value*

facilitating

کار پردازی؛ ایجاد تسهیلات:

در مدیریت صنعتی این وظیفه از چهار بخش حمل و نقل، طرح ریزی، مقایسه و نیروی کار تشکیل که به عنوان عوامل تسهیل کنندهٔ تولید تلقی می‌شوند.

facilitating agency

مؤسسهٔ خدماتی

facilitator

تسهیل کننده:

(دربحث گروهی) منظور از تسهیل کننده آن است که رهبر گروه نقش خود را طوری ایفا کند که بیش از آنکه افراد گروه را راهنمایی و هدایت نماید، موجب تسهیل تلاشهای آنان جهت کسب بینش گردد.

facsimile

رونوشت برابر اصل؛ پست تصویری؛ دور نویس؛ فاکسی مایل؛ نمابر؛ فاکس / فکس؛ دور

F

نگار

facsimile signature

نمونهٔ امضا

facsimile transmission (FAX)

پست تصویری؛ فاکس / فکس؛ دور نگار:
ارسال اطلاعات و اسناد و مدارک از طریق نمابر یا دورنگار

FACT (factor analytic chart technique)

روش استفاده از نمودار تجزیه و تحلیل عوامل

fact-finding

تحقیق؛ کشف حقایق؛ حقیقت یابی؛ جستجوی حقایق

fact-finding body

هیأت تحقیق؛ کمیسیون تحقیق

fact-finding commission

کمیسیون تحقیق

fact-finding delegation

هیأت تحقیق؛ هیأت بررسی

fact-finding mission

مأموریت تحقیقی؛ مأموریتی برای بررسی و کشف حقایق؛ هیأت کشف حقایق

fact-finding report

گزارش تحقیقی (پیرامون موضوع یا مشکل خاصی)

factor

نمایندهٔ فروش؛ عامل فروش؛ عامل (تولید یا فروش)؛ واسطه؛ کارگزار؛ حق‌العمل‌کار؛ ناظر؛ مباشر؛ دلال؛ فاکتور؛ خریدار دین؛ اسناد بدهی را خریداری کردن

☞ *mercantile agent*

factorage

حق‌العمل‌کاری؛ عاملیت فروش؛ کارگزاری؛ حق‌العمل

factor analysis

تجزیه و تحلیل عوامل

factor analytic chart technique (FACT)

روش استفاده از نمودار تجزیه و تحلیل عوامل

factor comparison

مقایسهٔ عوامل (در رتبه بندی مشاغل)؛ طرح ارزشیابی شغل که در آن عواملی چون مهارتها و مسؤولیتهای مورد نیاز شغل مبنایی برای مقایسهٔ مشاغل می‌باشد

factor inputs

عوامل تولید

☞ *factor of production*

factor prices

بهای عامل تولید

factor rating

درجه‌بندی عوامل

➔ *job evaluation*

factor's lien

حق تصرف عامل؛ حق عامل فروش کالاهای بازرگانی با حفظ مالکیت کالا تا زمانی که طرف اصلی کل بدهیهای مدیون اولیه را جهت تسویه حساب بپردازد

factors of production

عوامل تولید

☞ *factor inputs*

factory agreement

قرارداد کارگاهی؛ پیمان کارگاهی

factory costs

هزینه‌های کارخانه؛ قیمت تمام شدهٔ کارخانه

factory management
مدیریت کارخانه

factory overhead
هزینه‌های اضافی؛ هزینهٔ بالاسری کارخانه

factory workers
کارگران کارخانه

factual background
سوابق امر؛ گردش کار؛ پیشینه

fail
قصور؛ کوتاهی؛ تخلف؛ اشتباه؛ کوتاهی کردن؛ قصور ورزیدن؛ ورشکست شدن؛ رد شدن؛ از عهدهٔ کاری بر نیامدن؛ شکست خوردن؛ محروم کردن؛ کفایت نکردن

failed attempt
تلاش بی‌ثمر؛ اقدام ناموفق

failing circumstances
اعسار؛ ورشکستگی

failing circumstances, in
معسر؛ ورشکسته؛ در شرف ورشکستگی

fail in one's engagement
از انجام تعهدات خود قصور ورزیدن یا تخلف کردن

failure
قصور؛ کوتاهی؛ ورشکستگی؛ اعسار؛ اسقاط حق در اثر مرور زمان؛ عدم موفقیت؛ ناتوانی؛ ناکامی؛ شکست؛ عدم حصول؛ کار بی‌نتیجه: در مقولهٔ شخصیت و سازمان، شکست به مرحله‌ای اطلاق می‌شود که شخص قادر به تعریف اهداف خاص خود در زمینهٔ نیازهای درونی نبوده و موانعی که بر سر راه او وجود دارد به قدری بزرگ است که غلبه بر آنها ممکن نیست و یا به قدری کوچک است که غلبه بر آنها موفقیت تلقی نمی‌شود.

failure risk
ریسک ورشکستگی

failure to comply with the regulations
عدم اجرای مقررات؛ تبعیت نکردن از قوانین و مقررات

failure to comply with the transaction
عدم ایفای تعهد

failure to perform
عدم ایفای تعهد؛ قصور / کوتاهی در انجام تعهد

fair arbitration
حکمیت عادلانه؛ داوری منصفانه

fair copy
نسخهٔ پاکنویس

fair deal
معاملهٔ منصفانه

fair dealing
معاملهٔ منصفانه (مبتنی بر حسن نیت)

fair market value
ارزش عادلانهٔ بازار

fair price
قیمت عادلانه؛ قیمت منصفانه

fair return
بهرهٔ عادلانه؛ سود منصفانه

fair stands
غرفه‌های نمایشگاه

fair trade
کسب و تجارت منصفانه؛ تجارت مشروع و قانونی

fair trade law

fair trade price

قانون کسب و تجارت منصفانه: قراردادی که بین سازنده یا تولیدکننده و فروشنده برای ثابت نگه‌داشتن قیمت و یا حداقل قیمت، منعقد می‌گردد

fair trade price

قیمت تجاری عادلانه

fair value

ارزش / بهای عادلانه

fake

جعلی؛ تقلبی؛ ساختگی؛ جعل کردن

faked

جعلی؛ مجعول؛ ساختگی؛ تقلبی

fake signature

امضای جعلی

fall

مشمول صلاحیت بودن؛ ذیربط بودن؛ مطرح شدن یا بودن؛ تنزل کردن؛ سقوط کردن

fallback pay

حداقل دستمزد؛ حقوق ایام بیکاری

☞ *dole*

fall due

لازم‌التأدیه شدن؛ فرا رسیدن موعد

fallency

استثنا (در قانون)؛ موردی که قانون اعمال نمی‌شود

fall flat

با شکست مواجه شدن

fall from favor

محبوبیت خود را از دست دادن

fall from grace

وجهه یا محبوبیت خود را از دست دادن؛ اعتبار خود را از دست دادن

fall into abeyance

بلاتکلیف ماندن؛ به حالت تعلیق درآمدن

fall into arrears

عدم توانایی پرداخت بدهی معوقه

fall on deaf ears

نادیده گرفته شدن؛ مورد توجه قرار نگرفتن

fall to the ground

شکست خوردن؛ با شکست مواجه شدن

false and tendentious account

گزارش خلاف واقع

false check

چک بی محل

☞ *bad cheque*
☞ *bounding check*
☞ *stumer check*
☞ *uncovered check*
☞ *NSF check*
☞ *dishonored check*

false document

سند ساختگی / جعلی؛ سند مخدوش؛ سند مجعول

false market

بازار مجازی؛ بازار ساختگی؛ بازار کاذب

false signature

امضای جعلی

falsification of accounts

حساب‌سازی

falsified

مجعول؛ مخدوش

falsified document

سند مخدوش؛ سند مجعول

falsify

family allowance

تحریف کردن؛ تکذیب کردن؛ تقلب کردن؛ مخدوش کردن سند؛ جعل کردن؛ باطل کردن؛ ابطال کردن؛ دستکاری کردن؛ دست بردن

family allowance
کمک هزینهٔ خانواده؛ حق عائله مندی؛ حق اولاد؛ حق همسر

family allowance plan
طرح (پاداش) عائله مندی

FAMIS (financial and management information system)
نظام/ سیستم اطلاعات مالی و مدیریتی

FAO (Food and Agricultural Organization)
فائو (سازمان خواربار و کشاورزی)

fare
کرایه؛ تعرفهٔ حمل و نقل؛ کرایهٔ مسافر

fare, bill of
هزینهٔ سفر

FAS (free alongside ship)
تحویل در کنار کشتی در نقطهٔ بارگیری

fat budget items
کالای پول ساز

father
مؤسس؛ بنیانگذار؛ ایجاد کردن

father of chapel
نمایندهٔ کارگران اتحادیه در صنعت چاپ

fatigue
فرسودگی؛ خستگی؛ کاهش توان جسمی یا روحی ناشی از فعالیت قبلی

fat work
کار پُر درآمد؛ کار آسان

→ lean work

fault
عیب؛ نقص؛ خطا؛ اشتباه؛ سهو؛ تخطی؛ تقصیر کردن؛ خطا کردن؛ اشتباه کردن؛ قصور ورزیدن

fault tree analysis
تحلیل درخت خطا:
یکی از شیوه‌های ارزنده و منحصر به فرد برای بررسی تعارض سازمانی، استفاده از تحلیل درخت خطا می‌باشد که اولین بار در سال ۱۹۷۰ توسط Stephens ارائه شد. در این روش احتمال موفقیت در هر نظام ارتباطی بر اساس بیشترین احتمال خطا و عدم موفقیت آن مورد بررسی قرار می‌گیرد. این روش به محقق اجازه می‌دهد تا به عوامل اساسی تعارض پی ببرد.

faulty goods
کالای معیوب

favorable balance of trade
تعادل مطلوب تجاری؛ تراز بازرگانی مطلوب؛ موازنهٔ مثبت تجاری؛ فزونی صادرات یک کشور از وارداتش

favorable opinion
نظر مساعد

favorable report
گزارش رضایت بخش / مطلوب

favorable trade balance
تراز بازرگانی مطلوب؛ تعادل مطلوب تجاری؛ موازنهٔ مثبت تجاری

favorably
بانظر مساعد؛ با نظر موافق؛ با موافقت؛ به طور مطلوب

favor (favour)
موافقت؛ مساعدت؛ درخواست؛ طرفداری؛

favoritism

حمایت؛ کمک؛ جانبداری؛ پشتیبانی؛ استثنا؛ سود / نفع؛ تأیید کردن؛ پشتیبانی کردن؛ موافق بودن؛ ترجیح دادن؛ استثنا قایل شدن؛ تشویق کردن؛ حمایت کردن؛ مساعدت کردن؛ طرفداری کردن

favoritism

جانبداری؛ پارتی بازی؛ طرفداری؛ استثنا
☞ *nepotism*

favor of, in

به نفع؛ طرفدار؛ به حساب؛ بر له

FAX (facsimile transmission)

پست تصویری؛ فاکس / فکس؛ دور نگار؛ ارسال اطلاعات و اسناد و مدارک از طریق نمابر یا دورنگار

Fayol, Henry

هنری فایول؛ یکی از نویسندگان مکتب کلاسیک مدیریت

feasance

اجرا؛ انجام (وظیفه)؛ ایفای شرط یا تعهد

feasibility report

گزارش توجیهی

feasibility study

مطالعۀ امکان پذیری؛ بررسی امکانات عملی بودن طرح؛ مطالعۀ مقدماتی یک طرح به منظور تعیین امکان تحقق اهداف آن

feasibility survey

تحقیق مقدماتی؛ بررسی مقدماتی

feasible plan

طرح عملی؛ نقشۀ عملی

featherbedding

شرایط مساعد؛ خاصه خرجی؛ شغل تراشی؛ استخدام بیش از حد مورد نیاز؛ شرایط سهل اقتصادی مانند کاهش مالیاتها که امکان سودآوری شرکتها را فراهم می‌کند

feckless

فاقد صلاحیت؛ بی‌مسؤولیت؛ نالایق؛ لاقید

Federal Crop Insurance Corporation (FCIC)

شرکت بیمۀ محصولات فدرال

Federal Reserve Bank

بانک فدرال (آمریکا)

Federal Reserve System

نظام بانکی فدرال (که در آمریکا شامل ۱۲ بانک می‌باشد)؛ بانک مرکزی ایالت متحدۀ آمریکا

Federal Savings and Loan Association

شرکت پس انداز و وام فدرال

federation

فدراسیون؛ اتحادیه

Federation International de Documentation (Fr)

اتحادیۀ بین‌المللی اسناد (در فرانسه)

fee

حق‌الزحمه؛ دستمزد؛ اجرت؛ هزینه؛ حق‌الوکاله؛ شهریه؛ حق عضویت؛ ورودیه؛ حق‌الزحمه یا دستمزد پرداخت کردن؛ استخدام کردن

feedback

بازخورد؛ پس خورد

feedback control

کنترل بازخورد

feedback sessions

جلسات بازخورد

feedback survey

بررسی بازخورد

fees for unlocking

سر قفلی

FEI (Financial Executive Institute)

(در آمریکا) مؤسسهٔ مدیران مالی

felt needs

نیازهای محسوس

feoff

نقل و انتقال دادن ملک؛ واگذار کردن ملک

feoffee

انتقال گیرنده

feoffor (var. feoffer)

انتقال دهنده؛ واگذار کننده

fiat

حکم؛ امریه؛ امر؛ پول بدون پشتوانه

fictitious assets

داراییهای فرضی

fictitious business name statement

اظهارنامهٔ ثبت نام فرضی تجارتی

fictitious payee

گیرندهٔ موهوم (چک)

fictitious person

گیرندهٔ صوری/ موهوم (چک)؛ شخص حقوقی (در حقوق انگلیس)

fictitious transaction

معاملهٔ صوری

fiducia

گرو؛ معامله با حق استرداد؛ فروش جنس با اعتماد به این که خریدار پس از مدت مقرر آنرا پس خواهد داد

fiduciary

امین؛ امانتدار؛ فرد، شرکت یا مؤسسه‌ای مانند بانک که اموال معینی را نزد آن به امانت می‌سپارند

fiduciary bond

(بیمه) تضمین صحت عمل

fiduciary contract

عقد امانی

fiduciary loan

وام شرافتی؛ وام بدون وثیقه؛ وام اعتباری

Fiedler´s model

الگوی فیدلر؛ الگوی رهبری ارائه شده توسط فیدلر

field allowance

فوق‌العادهٔ خارج از مرکز

☞ *out station allowance*

field demonstration

نمایش صحرایی‌او

؛ نمایشی که در شرایط واقعی کار انجام می‌شود

field experiment

تجربه در محل؛ آزمایش میدانی

field force

(در بازاریابی) گروه محققان محلی

field research

پژوهش در محل؛ تحقیق محلی؛ تحقیق میدانی

field review method

روش بازبینی در محل

field survey

بررسی در محل؛ پژوهش میدانی:

جمع آوری و کسب نظرها، نگرشها یا برخوردهای افراد در محل کار یا زندگی آنان

field test

field theory

آزمایش میدانی؛ آزمایش در محل؛ در محل آزمایش کردن

field theory

تئوری میدانی

field trip / tour

گردش یا بازدید علمی

field work

کار عملی؛ کار در محل؛ پژوهش میدانی

FIFO (first in, first out)

(در ارزیابی کالا) اولین صادره از اولین وارده؛ هزینهٔ اولین قلم کالای وارده برای قیمت گذاری کالاهای صادره

fifth generation computer

کامپیوتر نسل پنجم

figurehead role

نقش تشریفاتی مدیر/رییس

file

پرونده؛ سابقه؛ به ثبت رساندن؛ بایگانی کردن؛ دادخواست دادن؛ ضبط کردن؛ رسماً تقاضا کردن؛ گزارشی را مخابره کردن

file a complaint

شکایت کردن

file, active

بایگانی جاری

☞ *dead file*
☞ *inactive file*

file a lawsuit

اقامهٔ دعوا کردن

file an action

اقامه کردن دعوا؛ طرح کردن دعوا

file a petition

دادخواست دادن؛ عرضحال دادن

file, centralized

بایگانی متمرکز

file copy

نسخهٔ بایگانی

file, dead

پروندهٔ راکد؛ بایگانی راکد

☞ *dead file*
☞ *inactive file*
☞ *active file*

file, inactive

بایگانی راکد

file keeper

بایگان

file keeping

بایگانی

file, keep on

بایگانی کردن

file, negative

بایگانی منفی

filial

شعبهٔ هر مؤسسهٔ اقتصادی و انتفاعی و تجاری

filing, alphabetical

بایگانی به ترتیب الفبا

filing, centralized

بایگانی متمرکز

filing, decentralized

بایگانی غیر متمرکز

filing, subject

بایگانی موضوعی

fill

اشغال کردن (پست)؛ انجام وظیفه کردن؛ پر کردن؛ به قدر کفایت

fill a post
شغلی را به عهده گرفتن؛ شغلی را عهده‌دار شدن؛ پستی را اشغال کردن

fill in
پر کردن (فرم، پرسشنامه و غیره)؛ تکمیل کردن؛ کامل کردن؛ در جریان گذاشتن

FILO (first in, last out)
اولین صادره از آخرین وارده

FIMS (financial information management system)
سیستم مدیریت اطلاعات مالی

finable
محکوم به دادن جریمه؛ مشمول جریمه

final act
سند نهایی؛ قطعنامه

final award
حکم نهایی؛ حکم قطعی
☞ *final decree*
☞ *final decision*

final decision
رأی قطعی و نهایی

final decree
حکم نهایی؛ حکم قطعی
☞ *final award*
☞ *final decision*

final dividend
سود سهام پرداختی؛ سود سهام آخر سال

final installment
آخرین قسط؛ قسط نهایی

final instrument
سند نهایی

finalize
قطعی کردن؛ کامل کردن؛ تکمیل کردن

final judgment (judgement)
حکم نهایی

final order
دستور نهایی؛ دستور قطعی

final protocol
پروتکل نهایی؛ مقاوله نامهٔ نهایی؛ موافقت نامهٔ نهایی

final sales
فروش نهایی

final text
متن نهایی

final use of goods and services
مصارف نهایی کالاها و خدمات

finance
تأمین مالی کردن؛ تأمین بودجه کردن؛ منابع مالی لازم را فراهم کردن؛ سرمایه گذاری کردن؛ سرمایه لازم را تأمین کردن؛ مدیریت مالی؛ ادارهٔ امور مالی؛ بودجه؛ دارایی؛ تأمین سرمایه

Finance and Tax Acts
قوانین امور مالی و مالیاتی

finance house
مؤسسهٔ مالی

Finance, Ministry of
وزارت دارایی

financial advisor
مشاور مالی

financial affairs
امور مالی

financial assets
موجودی مالی

financial budget

financial claims

بودجه مالی

financial claims

مطالبات مالی

financial condition

وضعیت مالی

☞ *financial status/position*

financial controls

نظارتها/کنترلهای مالی

financial crisis

بحران مالی

financial innovations

نوآوریهای مالی

financial institutions

مؤسسات انتفاعی؛ مؤسسات مالی

financial liability

مسؤولیت مالی

financial management

مدیریت مالی

financial management theory

نظریهٔ مدیریت مالی

financial markets

بازار مالی؛ بازارهای پول و سرمایه

financial metropolis

مرکز بازرگانی؛ مرکز تجاری

financial models

الگوهای مالی؛ الگوهای کامپیوتری که برای فعالیتهای مالی شرکتها مورد استفاده قرار می‌گیرد

financial motivation

انگیزش مالی؛ تشویق پولی

financial planning

برنامه‌ریزی مالی

financial policy

سیاست مالی؛ سیاست اقتصادی

financial ratios

نسبتهای مالی؛ نسبتهایی برای مقایسهٔ اقلام ترازنامه یا صورتهای مالی یک شرکت

financial risk

ریسک مالی:

عبارت است از احتمال ایجاد تغییرات نامطلوب در جریان نقدی تأمین مالی از طریق استقراض با سود تضمین شده

financial secretary

مشاور مالی

financial statement

صورت وضعیت مالی (شامل ترازنامه و حساب سود و زیان)

financial status

وضع مالی

financial structure

زیربنای مالی

financial support

پشتیبانی / حمایت مالی

financial tribunal

دیوان محاسبات

financial year

سال مالی

☞ *fiscal year*

financier

کارشناس امور مالی؛ سرمایه‌گذار

financing company

شرکت تأمین مالی

finding

(در جمع) نتایج و یافته‌ها؛ تصمیم؛ رأی؛ حکم

fine
جریمه؛ غرامت؛ تاوان؛ جریمه کردن؛ جریمه گرفتن از؛ جریمه دادن؛ عوض دادن

fine rate
نرخ ممتاز؛ نرخ حداقل
☞ *blue chip rate*
☞ *prime rate*

fingerprint
انگشت نگاری

fingerprinted, to be
انگشت نگاری کردن

finished good
کالای ساخته شده؛ کالای آمادهٔ فروش / مصرف؛ کالای آمادهٔ تحویل

finished products
مصنوعات تمام شده؛ کالای آمادهٔ فروش یا مصرف؛ کالای آمادهٔ تحویل

fink
اعتصاب شکن؛ کارگر تکرو؛ کارگری که در اعتصاب کارگران شرکت نمی‌کند و به کار خود ادامه می‌دهد
☞ *scab*

FIO (free in and out)
بدون هزینه تخلیه و بارگیری

fire assurance / insurance
بیمهٔ آتش سوزی

firm
شرکت؛ مؤسسهٔ انتفاعی؛ بنگاه اقتصادی؛ مؤسسهٔ بازرگانی؛ قطعی؛ جدی؛ مصمم؛ مستند

firm contract
قرارداد شرکت / سازمان

firm offer
پیشنهاد قطعی؛ ایجاب الزام آور

firm policy
خط‌مشی شرکت؛ سیاست شرکت

firmware
نرم‌افزار ثابت؛ نرم‌افزار پایدار؛ کامپیوتر افزار

first-day premium
پرداخت در اولین روز؛ سودی که به دارندهٔ سهم در فاصلهٔ بین صدور سهم و شروع معاملات تعلق می‌گیرد

first deputy
معاون اول؛ قایم مقام

first in first out (FIFO)
اولین صادره از اولین وارده

first in last out (FILO)
اولین صادره از آخرین وارده

first instalment
پیش قسط؛ قسط اول

first line
خط مقدم؛ سرپرستان و مدیرانی که مستقیماً سرپرستی خط تولید را در یک کارگاه بر عهده دارند

first of exchange
نسخهٔ اصلی برات

first right
حق اولویت

first vice-president
معاون اول

fiscal
مالی؛ مالیاتی (در برخی از کشورهای اروپایی)

fiscal legislation
حقوق مالی؛ قوانین مالی

fiscal policy

سیاست مالی

fiscal year

سال مالی

☞ *financial year*

fit for the office

دارای صلاحیت شغلی

fitted

دارای صلاحیت؛ واجد شرایط؛ مناسب

five-year devolopment plan

طرح توسعهٔ پنج ساله

five-year plan

برنامهٔ پنج ساله

fix

اصلاح کردن؛ تعیین کردن؛ قطعی کردن؛ تصمیم گرفتن؛ انتخاب کردن؛ تصمیم گیرنده

fix a date

تاریخ تعیین کردن

fixed

ثابت؛ مقطوع؛ معین

fixed assets

داراییهای ثابت

☞ *capital assets*

☞ *permanent assets*

fixed budget

بودجهٔ ثابت

fixed capital

سرمایهٔ ثابت

fixed capital assets

داراییهای سرمایه‌ای ثابت

fixed charge

هزینهٔ ثابت

☞ *fixed expense*

☞ *fixed cost*

fixed charges

هزینه‌های ثابت

fixed cost

هزینهٔ ثابت

☞ *fixed expense*

☞ *fixed charge*

☛ *variable cost*

fixed deposit

سپردهٔ ثابت

fixed expense

هزینهٔ ثابت

☞ *fixed charge*

☞ *fixed cost*

fixed factors

عوامل ثابت تولید

fixed factors of production

عوامل ثابت تولید

fixed income

درآمد ثابت

fixed interest security

اوراق بهادار با بهرهٔ ثابت

fixed liability

☞ *long-term liability*

بدهی ثابت؛ بدهی یا وام دراز مدت

fixed maturity date

سررسید معین

fixed price

قیمت مقطوع

fixed shift system

نظام نوبت کاری ثابت؛ نظامی که در آن کارکنان همیشه در یک شیفت ثابت کار می‌کنند

fixed stock
مالک انحصاری سهام

fixed term bill of exchange
برات با سررسید معین (غیر قابل تمدید)

fixed term deposit
سپردۀ ثابت

fixed time
مدت و مهلت معین

flag of convenience
پرچم کشتی: صاحبان کشتی ها برای اجتناب از مالیات و برخی مقررات کشور خود، کشتی را به نام کشور دیگری ثبت می‌کنند و از پرچم آن کشور تحت این عنوان استفاده می‌نمایند.

flagrant violation
نقض صریح؛ نقض آشکار

flat
(کرایه، نرخ و غیره) ثابت؛ مقطوع؛ یکنواخت؛ کساد؛ بی رونق

flation
ثبات اقتصادی

flat organization
سازمان مسطح؛ ساختار سازمانی که ویژگی آن قلمرو نظارت گسترده و کوتاه بودن فاصله بین مدیران ارشد و سرپرستان خط اول است

flat rate
نرخ بهرۀ مسطح؛ نرخ بهره‌ای که بدون در نظر گرفتن کاهش اصل وام تعیین می‌شود

flat rate pension scheme
طرح بازنشستگی با نرخ مسطح؛ طرح پرداخت حقوق بازنشستگی با نرخ یکسان
→ *pension scheme*

flexibility
قابلیت انعطاف؛ انعطاف پذیری

flexibility, organizational
انعطاف پذیری سازمان

flexible manning
تأمین نیروی کار انعطاف پذیر؛ ترتیبهای گوناگون برای استفاده از نیروی کار در سازمان مانند ساعات کار شناور و گردش شغلی
☞ *flexible working practices*

flexible manufacturing system
نظام تولید انعطاف پذیر

flexible working hours
ساعات کار انعطاف پذیر؛ ساعات کار متغیر: در این نظام کارکنان می‌توانند ساعات کار روزانه خود را بر اساس ساعات کار سازمان تعیین کنند.
☞ *variable working hours*
☞ *flexitime*

flexible working practices
استفاده از نیروی کار انعطاف پذیر
☞ *flexible manning*

flexible working time
ساعت متغیر کار؛ ساعت کار انعطاف پذیر
☞ *flexible working hours*
☞ *variable working hours*

flexitime
ساعات کار انعطاف پذیر
☞ *flexible working hours*

flight of capital
خروج سرمایه؛ فرار سرمایه؛ خروج سرمایه از یک کشور به کشور دیگر به منظور اجتناب از زیان یا افزایش سود

flight of ideas

float

پرش افکار:
جریان مداوم و ناقص افکار، اندیشه‌ها و تصورات ذهنی بدون هرگونه ارتباط یا نتیجهٔ منطقی که به صورت کلامی بیان می‌شود.

float
شناور کردن؛ معلق نگه داشتن؛ پخش شدن (شایعه)؛ فروختن؛ عرضه کردن؛ مطرح کردن؛ تأسیس کردن (شرکت)؛ به راه انداختن؛ منتشر کردن (سهام / اوراق قرضه)

floatation
شناور کردن؛ اقدام به صدور سهام جدید؛ فرایند سرمایه‌گذاری در یک فعالیت بازرگانی

floating assets
دارایی‌های جاری
→ *current assets*

floating capital
سرمایهٔ در گردش

floating charge
هزینهٔ شناور؛ بدهی شناور

floating exchange rate
نرخ شناور ارز

floating labor
نیروی کار شناور؛ نیروی کار متغیر؛ بخشی از نیروی کار غیر ماهر

floating policy
بیمه نامهٔ متغیر / شناور

floating rate
نرخ شناور؛ قیمت شناور؛ نرخ متغیر
☞ *floating price*

floor traders
خرید و فروش و معاملهٔ دلال‌ها در بورس به حساب سود و زیان خود

floor walker
راهنمای فروشندگان / مشتریان

floppy disc
دیسک نرم (در کامپیوتر)؛ دیسک کوچک مغناطیسی؛ دیسکت
☞ *minifloppy*
☞ *discette*

FLOPS (floating point operations per second)
واحد سرعت و قدرت کامپیوتر

flow chart
گردش کار؛ نمودار جریان کار؛ نمودار مسیر کار؛ فلو چارت
☞ *flow diagram*

flow chart form of network
شبکهٔ نموداری
☞ *logic network*

flow diagram
نمودار مسیر کار؛ نمودار گردش کار
☞ *flow chart*

flow process chart
نمودار فرایند کامل

flow production
تولید پیوسته؛ تولید مداوم؛ تولید مستمر؛ تولید زنجیره‌ای
☞ *continuous production*

fluctuation of prices
نوسان قیمت‌ها

flyback timing
زمان‌بندی برگشتی؛ زمان‌سنجی با برگشت عقربه‌ها
☞ *snapback timing*

flyer
آگهی؛ اعلان؛ سفته بازی؛ ریسک

flying pickets
سیاهی لشکر برای اعتصابات

FME (foundation for management education)
بنیاد آموزش مدیریت

FOB (free on board)
فوب؛ تحویل کالا روی کشتی

Follet, Mary Parker
ماری پارکر فالت:
از پیشگامان دانش مدیریت که دیدگاههایش در زمینهٔ اختیار و رهبری دارای اهمیتی ویژه بوده و از نظریه‌های مشهور وی می‌توان به «قانون موقعیت»، «اختیار نهایی» و «تعارض سازمانی» اشاره کرد.

follow-up
پیگیری؛ ادامه؛ تکمیلی

follow-up control
نظارت از راه پیگیری

follow-up letter
نامهٔ پیروی؛ پیرو

follow-up procedure
روش پیگیری

for
از سوی؛ از طرف؛ به جای؛ به ازای؛ به علت؛ طرفدار؛ موافق؛ به مدت؛ با توجه به؛ برای اینکه؛ به مبلغ؛ به قیمت

forbar (var. forebar)
بستن؛ مسدود کردن؛ منع کردن؛ محروم کردن؛ ممانعت کردن

forbearance
مدارا با بدهکار (عدم مطالبهٔ طلب در موعد مقرر)؛ خویشتن داری؛ گذشت؛ چشم پوشی

for cause shown
با توجه به دلایل اقامه شده

force, bring into
اعمال کردن؛ به مورد اجرا گذاشتن

force, come into
اجرا شدن؛ به مرحله اجرا درآمدن

forced choice rating
سنجش انتخاب اجباری

forced distibution method
(در ارزیابی کارآیی کارکنان) روش توزیع اجباری

forced labor
بیگاری؛ کار اجباری

forced loan
وام اجباری

forced sale
فروش اجباری؛ فروش به حکم قانون
☞ *foreclosure sale*

forced saving
پس انداز اجباری

force, in
نافذ؛ معتبر؛ مجری؛ دارای قوت قانونی

force, legal
سندیت

force majeure
☞ *act of God*
☞ *inevitable accident*
☞ *vis divina*
☞ *vis major*

فورس ماژور؛ قوهٔ قهریه؛ قوهٔ قاهره؛ حادثهٔ

☞ *forced sale*

foredate

تاریخی مقدم بر تاریخ واقعی روی سند نوشتن (به قصد عطف به ماسبق کردن اعتبار سند از تاریخ قید شده)

☞ *antedate*

☞ *predate*

foreign aid

کمک خارجی

foreign claims

مطالبات خارجی

foreign corporation

شرکت خارجی

foreign currency

ارز

foreign deposit

سپردهٔ خارجی

foreign exchange

ارز؛ پول خارجی

foreign exchange broker

دلال / واسطهٔ ارز

foreign exchange fluctuation risk

ریسک نوسانات نرخ بهره

foreign exchange market

بازار ارز؛ بازار پول خارجی

foreign exchange transaction

معاملهٔ ارزی؛ نقل و انتقال ارزی

foreign income

درآمد خارجی

foreign investment

سرمایه‌گذاری خارجی

قهری؛ حادثهٔ غیر مترقبه؛ وضعیت اجتناب ناپذیر؛ هر گونه حادثه یا رویداد غیر قابل پیش بینی (در قرارداد)

force, put in

به مورد اجرا گذاشتن

force, remain in

به قوت خود باقی بودن

force, to enter into

به مرحله اجرا در آمدن؛ رسمیت یافتن؛ قوت قانونی یافتن؛ نافذ شدن

forecast

پیش بینی کردن؛ قبلاً طرح ریزی کردن؛ پیش بینی

forecasted data

اطلاعات پیش بینی شده

foreclose

سلب کلیهٔ حقوق راهن نسبت به عین مرهونه به دلیل عدم پرداخت دین؛ فروش عین مرهونه برای تصفیهٔ بدهی راهن؛ محروم کردن؛ ممانعت کردن؛ ضبط کردن؛ توقیف کردن (ملک رهنی)؛ سلب مالکیت کردن

foreclose a mortgage

به اجرا گذاشتن رهن

foreclosure

بازداشت وثیقه؛ ضبط؛ توقیف؛ سلب مالکیت

foreclosure decree

اجراییهٔ سند رهنی

☞ *nisi foreclosure*

foreclosure, nisi (Brit)

اجراییهٔ سند رهنی

foreclosure sale

فروش عین مرهونه

foreign investment committee
کمیتهٔ سرمایه گذاری خارجی؛ کمیتهٔ نظارت بر سرمایه گذاران خارجی

foreign loan
وام خارجی

foreign trade
تجارت / بازرگانی خارجی

foreign trade zones
مناطق آزاد تجاری
- ☞ *free zone*
- ☞ *free port*
- ☞ *free trade zone*
- ☞ *free trade area*

foreman
سرکارگر؛ سرپرست
- ☞ *charge hand*

foresee
پیش بینی کردن

foreshift
پیش نوبت کاری؛ (در نظام نوبت کاری) نوبت کاری صبح

forestall
احتکار کردن؛ پیش خرید کردن؛ سلف خریدن

forewarning
پیش آگهی (مثل پیش آگهی سفته)؛ اخطار قبلی

forfeiture of payment
قطع حقوق

FOR (free on railroad)
تحویل کالا روی واگن قطار

forge
جعل کردن؛ تقلب کردن
- ☞ *fake*

forge a document
سندی را جعل کردن

forge a signature
امضایی را جعل کردن

forged
جعلی؛ ساختگی؛ تقلبی؛ مجعول

forged documents
اسناد جعلی

forged signature
امضای جعلی

forger
جاعل؛ امضا ساز؛ جعل کننده

forgery
جعل؛ سند سازی؛ اسناد جعلی؛ امضای ساختگی

forgery of a signature
جعل امضا

forging signature
جعل امضا؛ امضا سازی

formal agreement
موافقت نامهٔ رسمی؛ قرارداد رسمی
- ☞ *covenant*

formal coordination
هماهنگی رسمی

formal evaluation
ارزشیابی رسمی

formal group
گروه رسمی:
گروهی که جنبهٔ رسمی داشته و با قصد و برنامهٔ قبلی برای دستیابی به هدف یا هدفهای خاصی تشکیل شده باشد. نقش گروه رسمی بیشتر در تأمین نیازهای اولیه (فیزیولوژیکی) است تا

formal inspection report

نیازهای روانی

☞ *informal group*

formal inspection report

گزارش بازرسی رسمی

formalization

سازماندهی؛ رسمی کردن امور از طریق مقررات و روشها؛ رسمیت؛ صورت رسمی

formal notice

ابلاغ رسمی؛ اطلاعیهٔ رسمی

formal organization

سازمان رسمی:

عبارت است از اجتماع افرادی که تحت رهبری سلسله مراتب اداری به منظور تحقق هدف معینی با یکدیگر همکاری می‌کنند. در سازمان رسمی مشاغل تعریف شده و اختیارات، مسؤولیتها و وظایف هر شغل با صراحت کامل تدوین می‌گردد.

☞ *informal organization*

formal organization chart

نمودار سازمان رسمی

formal report

گزارش رسمی

☞ *informal report*

form contract

قرارداد استاندارد (متحدالشکل)

form letter

نامهٔ آماده؛ نامهٔ فرم

forms of transportation

روشهای حمل و نقل

formula

طرح؛ راه‌حل؛ روش

formulate

تدوین کردن؛ طرح کردن؛ تعیین کردن؛ مشخص کردن؛ انشا کردن؛ تحریر کردن؛ تنظیم کردن؛ به صورت قاعده یا اصل در آوردن؛ ارائه کردن؛ عرضه کردن

formula translation

فرترن؛ زبان برنامه نویسی کامپیوتری

☞ *FORTRAN*

FIRM (financial information for resource management)

اطلاعات مالی مدیریت منابع

for the record

برای ثبت در پرونده

FORTRAN

فرترن؛ زبان برنامه‌نویسی کامپیوتری

☞ *formula translation*

fortuitous event

حادثهٔ غیر مترقبه؛ حادثهٔ غیر منتظره؛ حادثهٔ قهری

forum

دادگاه؛ محکمه؛ مرجع رسیدگی؛ تریبون؛ محل تبادل نظر؛ مناظره؛ گردهمایی؛ بحث و تبادل نظر

forum contractus

دادگاه محل انعقاد قرارداد

forum rei sitae

دادگاه محل مال مورد اختلاف

forum selection clause

قید انتخاب مرجع رسیدگی

forum state

کشور محل رسیدگی

forward

فرستادن؛ حمل کردن؛ ارسال کردن؛ سلف (بیع

forward buying
سلف)؛ موعد دار؛ مؤجل

forward buying
پیش خرید؛ سلف خری

forward contract
قرارداد سلف

forward cover
پیش خرید؛ سلف خری

forwarder
فرستندهٔ کالا؛ متصدی حمل و نقل؛ حمل کنندهٔ کالا؛ گاراژدار

forward exchange
معاملهٔ ارزی سلف / مدت دار

forward exchange dealing
معاملهٔ ارزی سلف یا وعده دار

forward exchange market
بازار سلف ارز

forwarding
حمل و نقل؛ ارسال

forwarding agent
شرکت حمل و نقل؛ کارگزار حمل و نقل؛ متصدی حمل و نقل؛ بنگاه باربری
☞ *freight forwarder*

forward integration
گسترش افقی
☞ *integration forward*

forward market
بازار سلف؛ بازار آتی؛ بازار آینده
→ *terminal market*

forward operation
معاملهٔ مؤجل (مدت دار)

forward price
قیمت سلف؛ بهای از پیش تعیین شده

forward purchase
معاملهٔ سلف؛ پیش خرید؛ خرید سلف

forward purchase, make a
سلف خریدن

forward purchaser
سلف خر

forward purchasing
سلف خری؛ پیش خرید؛ خرید سلف

forward rate
نرخ ارز سلف؛ نرخ از پیش تعیین شده

forward sale
بیع سلف؛ پیش فروشی؛ فروش سلف؛ سلف فروشی

foul bill of lading
بارنامهٔ مشروط؛ بارنامهٔ غیر منصفانه

found
تأسیس کردن؛ بنیاد نهادن؛ بنا کردن؛ بنیان گذاری کردن؛ ایجاد کردن

foundation
تأسیس؛ نهاد؛ مؤسسه؛ بنیاد؛ پایه؛ اساس

founder
بانی؛ بنیانگذار؛ مؤسس

founder member
عضو مؤسس

founder of a company
مؤسس شرکت

founders shares
سهام مؤسسان
☞ *deferred shares*

four corners
نص سند

fourth generation language

☞ *free on board*

franco domicile (Fr)

هزینهٔ حمل بر عهدهٔ فرستنده است؛ حمل رایگان

☞ *franco domicilium*

☞ *free delivered*

franco quay (Fr)

تحویل تا کنار کشتی (بهای کالا به علاوهٔ هزینهٔ حمل تا کنار کشتی)

☞ *free alongside ship*

franco wagon (Fr)

تحویل به راه‌آهن (بهای کالا به علاوه هزینهٔ حمل تا راه‌آهن)

☞ *free on rail (FOR)*

franked

بدون پرداخت هزینهٔ اضافی؛ ارسال رایگان

franked investment income

درآمد سرمایه‌گذاری معاف از پرداخت مالیات

fraudulent bankruptcy

ورشکستگی به تقلب

fraudulent conversion

غصب؛ سوء استفاده؛ خیانت در امانت؛ اختلاس

☞ *defalcation*

☞ *fraudulent alienation*

☞ *breach of trust*

fraudulent conveyance

اضرار دیان؛ انتقال مال به قصد فرار از دین؛ انتقال مال به قصد کلاهبرداری

☞ *defalcation*

☞ *fraudulent alienation*

fraudulent documents

زبان برنامه نویسی نسل چهارم کامپیوتر

fragile

شکستنی (علامت یا کلمه‌ای که روی کالاهایی که این ویژگی را دارند، نوشته می‌شود)

fragmentary account

گزارش ناقص

fragmentary report

گزارش ناقص

fragmentation of organizational effort

هماهنگ نبودن تلاش سازمان؛ ناهماهنگی تلاش سازمان

frame of reference

چارچوب داوری؛ چهارچوب مورد مراجعه:

زمینه‌ای کلی که شخص بر اساس آن حوادث، رویدادها و پدیده‌ها را تعبیر و تفسیر می‌کند و یا مورد قضاوت قرار می‌دهد.

framework of organization

چارچوب سازمان

franchise

امتیاز؛ حق مخصوص؛ فرانشیز؛ حق ویژهٔ فروش؛ حق رأی؛ پروانه؛ جواز؛ اجازه؛ نمایندگی فروش؛ معافیت؛ مصونیت؛ پروانه دادن؛ امتیاز دادن؛ نمایندگی دادن؛ واگذار کردن

franchise tax

مالیات بر امتیاز:

مالیاتی است که از یک حق ویژه که دولت برای یک واحد تولیدی در نظر گرفته است، اخذ می‌شود.

franco a'bord (Fr)

تحویل به کشتی (بهای کالا به علاوه هزینهٔ حمل تا داخل کشتی)

اسناد تقلبی

fraudulent misuse of funds

اختلاس دارایی

☞ *embezzlement*

☞ *misappropriation*

fredum

جریمهٔ دولتی

free alongside ship (FAS)

تحویل تا کنار کشتی (بهای کالا به اضافهٔ هزینهٔ حمل تا کنار کشتی)

☞ *franco quay*

free capital

سرمایه گذاری پول

free competition

رقابت آزاد

free delivered

هزینهٔ حمل بر عهده فرستنده است

☞ *franco domicile*

freedom of contract

آزادی قراردادها:

حقی که بر طبق آن شخص می‌تواند هر گونه قراردادی را که نفع شخصی وی اقتضا می‌کند منعقد نماید مشروط بر این که مخالف مقررات و قانون کشور نباشد.

freedom of entry

آزادی ورود؛ سهولت ورود فروشندگان جدید به یک بازار

freedom of private ownership

آزادی مالکیت خصوصی

free economics

اقتصاد آزاد؛ اقتصاد مبتنی بر عرضه و تقاضا

free enterprise

بازرگانی آزاد؛ تجارت و معاملهٔ آزاد

free enterprise system

نظام اقتصادی آزاد

free exchange of information

تبادل آزاد اطلاعات

free from taxation

معاف از پرداخت مالیات؛ معافیت مالیاتی

freely negotiable credit

اعتبار معاملهٔ آزاد

free of charge

رایگان؛ مجانی

free of duty import

واردات معاف از حقوق گمرکی

free of tax

معاف از پرداخت مالیات

free on board (FOB)

پرداخت هزینه حمل با کشتی توسط فروشنده؛ تحویل روی عرشهٔ کشتی (بهای کالا به علاوهٔ هزینهٔ حمل تا داخل کشتی)

☞ *franco a'bord*

free on rail (FOR)

پرداخت هزینهٔ حمل با ترن توسط فروشنده؛ تحویل روی واگن قطار (بهای کالا به علاوهٔ هزینهٔ حمل تا راه‌آهن)

☞ *franco wagon*

free on truck (FOT)

تحویل به کامیون (بهای کالا به علاوهٔ هزینهٔ حمل تا کامیون)

free on truck value

بهای تحویل کالا بر روی کامیون

free port

بندر آزاد

free trade

تجارت آزاد:

روشی در بازرگانی بین‌المللی که در آن عوارض، مالیاتها و موانع گمرکی حذف شده است

☞ *open trade*

free trade area

منطقهٔ آزاد تجاری

☞ *free trade zone*

☞ *free zone*

☞ *free port*

free trade zone

منطقهٔ آزاد تجاری

☞ *free trade area*

☞ *free zone*

☞ *free port*

free written report

گزارش کتبی آزاد

freeze

بلوکه کردن (داراییها و سپرده‌های بانکی کشور بیگانه)؛ مسدود کردن

freeze order

دستور انسداد

freight

کرایه؛ هزینهٔ حمل کالا با کشتی یا کامیون و غیره؛ محموله؛ کرایهٔ حمل و نقل؛ هزینهٔ حمل و نقل؛ حمل کردن؛ بار کشتی؛ باربری

freight agent

بنگاه باربری؛ شرکت حمل و نقل

☞ *forwarding agent*

freight assurance

بیمهٔ حمل و نقل؛ بیمهٔ کرایهٔ حمل؛ بیمهٔ باربری؛ بیمهٔ جبران خسارت وارده به محموله؛ بیمهٔ کرایه و بار کشتی

☞ *freight insurance*

freight collect

پسکرایه؛ پرداخت کرایه توسط گیرنده در مقصد

freight contract

قرارداد حمل کالا

freighter

کرایه کنندهٔ کشتی باری

freight forward

پسکرایه؛ پرداخت کرایه توسط گیرنده در مقصد

freight forwarder

متصدی حمل و نقل بار کشتی؛ شرکت حمل و نقل؛ کارگزار حمل و نقل

☞ *forwarding agent*

freight insurance

بیمهٔ باربری؛ بیمهٔ جبران خسارت وارده به محموله؛ بیمهٔ کرایه و بار کشتی؛ بیمهٔ حمل و نقل؛ بیمهٔ کرایهٔ حمل

☞ *freight assurance*

freight market

بازار برای کرایه کردن یا کرایه دادن کشتی برای حمل کالا

freight rate

هزینه/کرایهٔ حمل بار (محموله)؛ نرخ حمل کالا؛ نرخ کرایهٔ بار کشتی

freight traffic

حمل و نقل بار

frequency curve

منحنی فراوانی

frequency diagram

نمودار فراوانی

frequency distribution

frequency distribution table

توزیع فراوانی:
ابزار آماری برای طبقه بندی و نمایش اطلاعات

frequency distribution table

(در مدیریت آموزشی) جدول توزیع فراوانی

frequency function

تابع فراوانی

frequency of absences

فراوانی غیبتها

frequency of occurance

فرکانس تکرارها

frequency of ratio delay

روش تعدد تأخیر

fringe benefits

مزایا؛ مزایای شغلی؛ مزایای جنبی؛ مزایای غیر نقدی

front

شخص یا مؤسسهٔ به ظاهر آبرومندی که از آن برای پرده پوشی فعالیتهای نامشروع استفاده می‌شود؛ طرف صوری معامله یا سند (در انتقال اسناد مالکیت)؛ پوشش برای فعالیتهای غیر قانونی؛ سرپوش گذاشتن به فعالیتهای غیر قانونی

☞ *man of straw*
☞ *straw man*
☞ *straw party*
☞ *straw shoe*

front-line supervisor

مدیر خط اول؛ مدیر خط تولید

☞ *first-line supervisor*

front man (informal)

سرپرست؛ نماینده؛ رییس؛ مجری

front of a negotiable instrument or bill of lading

روی سند اوراق بهادار یا بارنامه

front organization

سازمانی که برای سرپوش گذاشتن به اعمال غیر قانونی تأسیس شده باشد

frozen

بلوکه؛ بلوکه شده؛ مسدود؛ مسدود شده

frozen asset

دارایی مسدود؛ دارایی بلوکه شده؛ دارایی غیر قابل تبدیل به نقد

frustrated contract

قراردادی که اجرای آن به دلیل دخالت وقایع غیر مترقبه غیر ممکن شده است؛ قرارداد عقیم مانده

frustration

انتفای قرار داد یا تعهد؛ شکست؛ ناکامی:
ناکامی در بحث شخصیت و سازمان، به مورد خاصی از تعارض گفته می‌شود. در واقع، ناکامی عبارت است از مشکل عدم توانایی در غلبه بر موانعی که در راه دستیابی به هدف خاصی وجود دارد. بنابراین اگر نیل به هدف ممکن نگردد، شخص هیجان زده و ناراحت می‌شود و علایم ناکامی را از خود نشان می‌دهد. در نتیجه این عواطف کل شخصیت فرد را تحت تأثیر قرار داده و کارآیی او را کاهش می‌دهد.

frustration of contract

عدم امکان اجرای قرار داد؛ انتفای قرارداد

fudge and mudge

طفره رفتن؛ از تفسیر و اظهار نظر خودداری کردن

fulfill (var. fulfil)

انجام دادن؛ اجرا کردن؛ عمل کردن؛ وفا کردن (به عهد و پیمان)؛ تحقق بخشیدن؛ احراز کردن

fulfill a contract
(شرایط)؛ برآورده نمودن؛ تکمیل کـردن؛ تـمام کردن؛ اطاعت کردن؛ پیروی کردن

fulfill a contract
قراردادی را اجرا کردن

fulfill an obligation
ایفا کردن تعهد؛ به تعهد عمل کردن

fulfill commitment
به تعهدات خود عمل کردن؛ پای بند بـودن بـه تعهدات

fulfill the terms of an agreement
شرایط قرارداد را انجام دادن / برآورده کردن

full cost
هزینهٔ کامل؛ هزینهٔ کلی
→ absorption costing

full-dress meeting
جلسهٔ رسمی

full-dress talks
مذاکرات رسمی

full employment
اشتغال کامل؛ شغل تمام وقت
☛ underemployment
☞ *full-time employment*

full-line strategy
استراتژی تولید انبوه
☞ *broad-line strategy*

full-paid share
سهم کاملاً پرداخت شده

full partner
شریک فعال؛ شریک تضامنی
☞ *active /acting partner*
☞ *general partner*

☞ *ordinary partner*
☞ *working partner*

full-time employment
استخدام تمام وقت؛ اشتغال کامل؛ شـغل تـمام وقت

full-time inspection
بازرسی تمام وقت

full value
ارزش کامل؛ قیمت عادلانهٔ بازار

function
کارکرد؛ وظیفه:
وظیفه عبارت است از بخشی از یک شغل که در جهت دستیابی بـه هـدف (objective) انجام می‌شود.

functional authority
اختیار مبتنی بر وظیفه

functional chart

functional costing
هزینه کردن بر مبنای کارکرد (وظیفه)

functional departmentation
گروه‌بندی مبتنی بر وظیفه

functional finance
سیاست مالی برای تثبیت اقتصاد: سر و سامان دادن به مخارج و هزینه‌های دولت، مالیات و وام به منظور تثبیت و توازن اقتصاد کشور

functional foremanship
سرپرستی تخصصی

functional grouping
گروه‌بندی وظایف؛ طبقه بندی مشاغل

functional inspection
بازرسی تخصصی

functionalism

عملیات تخصصی؛ وظیفه گرایی؛ تأکید بر منطبق کردن ساختار با وظیفه

functionalization

ایجاد واحدهای مبتنی بر وظیفه

functional manager

مدیر عملیاتی؛ مدیر تخصصی

functional organization

سازمان وظیفه‌ای؛ سازمان تخصصی

➔ *line management*

functional principle

اصل تفکیک وظایف

functional responsibilities

مسؤولیتهای عملی/عملیاتی؛ مسؤولیتهای تخصصی

functional supervision

سرپرستی تخصصی

function and activities of a unit

وظایف و فعالیتهای یگان / واحد

function, linear

تابع خطی

function, objective

تابع هدف

function of the inspection system

وظایف سیستم بازرسی

functions of management

وظایف مدیریت

functions of organizing

وظایف سازماندهی

functions of planning

وظایف برنامه‌ریزی

functions of the executive

وظایف مدیر

functions, organizing

وظایف سازماندهی

functions, staff

وظایف ستادی

functions, training

وظایف آموزشی

function, supply

تابع عرضه

functions, warehousing

وظایف انبارداری

- the basic functions of warehousing are (goods) movement, storage, and information transfer.

- وظایف اصلی انبارداری عبارتند از : جابجایی کالا، ذخیرهٔ کالا و انتقال اطلاعات

function, utility

تابع مطلوبیت

fund

سرمایه؛ وجه؛ پول نقد؛ تهیهٔ پول؛ تأمین وجوه؛ سرمایهٔ ثابت یا همیشگی؛ اندوختهٔ احتیاطی؛ موجودی؛ صندوق؛ تأمین کردن وجه یا سرمایه

fundamental accounting concepts

مفاهیم بنیادی حسابداری

fundamental disequilibrium

عدم تعادل بنیادی

fundamental reforms

اصلاحات اساسی؛ تغییرات اساسی

fundamentals of financial management

اصول / مبانی مدیریت مالی

fund, annuity

صندوق مستمری

fund, deposit administration

صندوق مدیریت سپرده‌ها

funded debt

بدهی دراز مدت و دارای پشتوانه: قرضه‌ای که براساس یک موافقت نامهٔ رسمی بین بدهکار و یک شخص امین از سوی طلبکاران صورت می‌گیرد و در این موافقت نامه بدهکار تعهد می‌کند که مبالغ مقرر را در زمان و محل معین پرداخت نماید تا بدهی مستهلک شود.

fund, expected provident

صندوق احتیاطی بازنشستگی

fund, expendable

وجوه قابل هزینه؛ وجوه قابل مصرف

fund-holder

دارندهٔ سهام قرضهٔ دولتی؛ سهامدار

funding

جلوگیری از ورشکست شدن و توقف مالی دولت به وسیله انتشار اوراق قرضه که خود دولت آنرا تضمین می‌کند؛ تأمین وجه از راه قرضه و غیره

funding statement

صورت حساب وجوه نقد

fund, insurance

صندوق بیمه

fund, pension

صندوق بازنشستگی

fund planning

برنامه‌ریزی پولی

funds

وجوه؛ پول؛ سرمایه؛ موجودی

funds-flow statement

صورت وضعیت گردش موجودی

fund, sinking

وجوه استهلاکی

fungible

هم تراز

fusion

ادغام؛ الحاق؛ اتحاد؛ ائتلاف؛ ائتلاف یک شرکت با شرکت دیگر به شکل ترکیب و امتزاج

future disputes clause

شرط ارجاع اختلافات به داوری در طول اعتبار قرارداد

futures

بیع سلف، پیش خرید؛ پیش فروش؛ معاملات سلف

futures contract

قرارداد بیع سلف؛ پیمان تحویل آتی

future shock

ضربهٔ آینده

futures market

بازار سلف؛ بازار آتی/آینده

→ *forward market*

futures trading

☞ *dealing in futures*

بیع سلف (پیش خرید؛ پیش فروش)؛ معاملات سلف

G / g

G-7 (Group of Seven)
گروه هفت؛ هفت کشور بزرگ صنعتی

G-8
گروه هشت؛ هشت کشور صنعتی؛ گروه هفت سابق که با پیوستن روسیه به این سازمان در سال ۱۹۹۷، گروه هشت نامیده شد

GA (general assembly)
مجمع عمومی

gain
سود بردن؛ افزایش؛ سود؛ نفع؛ امتیاز

gain promotion
ترفیع گرفتن

gain-sharing
تسهیم سود بین کارگر و کارفرما

gain sharing system
نظام سهیم شدن در سود؛ سیستم مشارکت در سود

gain the upper hand
تسلط یافتن؛ ابتکار عمل را در دست گرفتن؛ مسلط شدن؛ برتری کسب کردن

galloping inflation
تورم عنان گسیخته؛ تورم مهار نشدنی؛ تورم غیر قابل مهار

game, management
بازی مدیریت

game theory
نظریهٔ بازی؛ نظریه‌ای که برای نشان دادن موقعیتهای تضاد منافع بین طرفهای ذینفع به کار می‌رود

gamma distribution
توزیع گاما

gang-reporting
گزارش گروهی

Gantt chart
نمودار گانت:
نموداری که توسط هنری گانت (*H. Gantt*) معرفی شد و پیشرفت یک پروژه را در طول زمان از طریق مقایسهٔ برنامهٔ پیش بینی شده و اقدامهای انجام شده نشان می‌دهد

Gantt task and bonus payment system
نظام پرداخت مزایای گانت

GAO (general Accounting Office)
حسابرسی کل

gap analysis

garbage in, garbage out

تجزیه و تحلیل خلاء بازار؛ فنی در مدیریت استراتژیک جهت بررسی منظم موقعیت بازار و رقابت؛ (در مدیریت آموزشی) تجزیه و تحلیل اختلاف (بین عملکرد مطلوب و عملکرد واقعی):

فرایند کاملی که به منظور تعیین محتوای آموزشی مورد نیاز استفاده می‌شود. با انجام چنین تجزیه و تحلیلی مشخص می‌شود که آموزش روش مناسبی برای از بین بردن اختلاف بین عملکرد مطلوب و عملکرد واقعی می‌باشد یا خیر.

garbage in, garbage out (GIGO)

نهادهٔ بد - ستادهٔ بد؛ خروجی غلط در مقابل ورودی غلط:

منظور از عبارت فوق این است که یک رایانه توانایی اصلاح اشتباهات موجود در ورودیها را نداشته و لذا اثرات منفی چنین اشتباهاتی در خروجیها نیز منعکس می‌شود

garbled

تحریف شده؛ مخدوش؛ نامفهوم

garbled account

گزارش تحریف شده

garbled report

گزارش تحریف شده

garnish

توقیف اموال مدیون (نزد شخص ثالث)؛ اخطار یا احضار کردن

garnishee

توقیف اموال مدیون (نزد شخص ثالث)

garnishee order

حکم توقیف اموال مدیون

garnishment

حکم تأمین خواسته؛ حکم تأمین مدعی به؛ حکمی که دادگاه صادر می‌کند مبنی بر این که کارفرما باید تمام یا بخشی از دستمزد کارگر بدهکار را به نفع بستانکار به مأمور دادگاه پرداخت نماید

garnishment order

قرار توقیف اموال (نزد شخص ثالث)

GATB (General Aptitude Test Battery)

مجموعهٔ آزمون عمومی استعداد

gate keeper

دروازه‌بان؛ (در سازمان) به فردی گفته می‌شود که نقش رابط غیر رسمی را ایفا می‌کند

gateway

دروازه؛ تقابل اطلاعاتی؛ تجهیزات ارتباط از راه دور یا نرم‌افزاری که به منظور تقابل با اطلاعات یا شبکهٔ ارتباطی طراحی شده است

gathering

انجمن؛ اجتماع؛ مجمع؛ گردهمایی؛ جلسه

gathering data

جمع‌آوری اطلاعات

☞ *collecting information*

GATT (General Agreement on Tariffs and Trade)

گات؛ موافقت نامهٔ عمومی تعرفه و تجارت:

موافقت نامهٔ بین‌المللی که چهارچوبی برای تجارت جهانی است. در این موافقت نامه به ویژه بر حقوق و عوارض واردات و مقررات مبادلات بازرگانی تأکید شده است

Gaussian distribution

توزیع گوس؛ توزیع احتمالات «کارل فردریک

gavel

گوس» ریاضیدان آلمانی
→ *normal distribution*

gavel

باج؛ خراج؛ ربا؛ بهرهٔ غیر قانونی؛ چوب حراج

gavelage

باج؛ خراج؛ ربا؛ بهرهٔ غیر قانونی

gazette

روزنامهٔ رسمی؛ در روزنامهٔ رسمی چاپ کردن؛ منصوب کردن

GDP (gross domestic product)

تولید ناخالص داخلی

gearing

افزایش سرمایه از راه استقراض

☞ *leverage*

geld (var. gelt)

مالیات املاک پرداخت کردن؛ مالیات بستن بر املاک

general acceptance

قبولی بدون قید و شرط

general act

موافقت نامه؛ قرارداد عمومی

general agreement

موافقت نامهٔ عمومی؛ موافقت نامهٔ کلی

general and industrial management

مدیریت صنعتی و عمومی

General Aptitude Test Battery (GATB)

مجموعهٔ آزمون عمومی استعداد

general assembly

مجمع عمومی

general average contribution

سهم خسارت عمومی / عام

general average (g/a)

خسارت کلی؛ خسارت عام / عمومی

general average loss

کل خسارت عام؛ خسارت دریایی عمومی

general budgetary control

نظارت عمومی بودجه

general circulation

بخشنامهٔ عمومی

General Claims Tribunal

دیوان داوری دعاوی عمومی

General Commissioner

رییس کل مالیاتی؛ (در انگلستان) رییس کل امور مالیات بر درآمد

general comptroller and auditor

ممیز و حسابرس کل؛ رییس دیوان محاسبات

general counsel

رییس ادارهٔ حقوقی (شرکت)؛ مشاور کل

general creditor

طلبکار عادی در دعوای ورشکستگی (که بابت طلب خود تضمین یا وثیقه‌ای ندارد)

☞ *ordinary creditor*

☞ *unsecured creditor*

general crossing

انسداد عام (چک)

general damages

خسارت عمومی

☞ *ordinary damages*

☞ *substantial damages*

general, director

مدیر کل؛ رییس کل

general foreman

رییس سرکارگران

general index of retail prices

شاخص عمومی قیمتهای خرده فروشی

→ *retail price index*

general indorsement
(var. endorsement)

امضا یا ظهرنویسی برات بدون قید نام براتگیر

☞ *blank indorsement*

☞ *indorsement in blank*

General Inspectorate of Iran

سازمان بازرسی کل کشور

generalities

کلیات

generalize

حکم کلی صادر کردن؛ نتیجه کلی گرفتن؛ تسری دادن؛ تعمیم دادن؛ عمومی کردن؛ عمومیت دادن؛ تحت قانون کلی درآوردن؛ رواج دادن؛ در مورد کلیات صحبت کردن

general ledger

دفتر کل

general lien

حق بستانکار برای حبس اموال بدهکار

☞ *possessory lien*

☞ *particular lien*

general management

مدیریت عمومی

general management company

شرکت سرمایه‌گذاری آزاد: در این قبیل شرکتها مدیریت دارای اختیارات وسیعی جهت استفاده از منابع شرکت و تأمین منافع سرمایه‌گذاران می‌باشد.

general manager

مدیر کل

general manufacturing control

نظارت /کنترل عمومی تولید

general meeting

مجمع عمومی؛ جلسهٔ عمومی

- The general meeting shall be held when so required but at least once a year.

مجمع عمومی باید در مواقع ضروری و حداقل هر سال یک بار (سالانه) تشکیل شود.

- The general meeting shall be convened by the chairman of the workers' council, or, in his absence, by his deputy

جلسهٔ مجمع عمومی باید توسط رییس شورای کارگران و در غیاب وی توسط جانشین یا قایم مقام وی تشکیل شود (موادی از اساسنامهٔ شرکتها).

general meeting, annual

مجمع عمومی سالیانه

general meeting, extra ordinary

مجمع عمومی فوق‌العاده

general meeting of shareholders

مجمع عمومی سهامداران

general office

ادارهٔ مرکزی؛ دفتر مرکزی

general partner

شریک تضامنی؛ شریک فعال

☞ *acting partner*

☞ *active partner*

☞ *full partner*
☞ *ordinary partner*
☞ *working partner*

general partnership

شرکت تضامنی

☞ *ordinary partnership*

general power

اختیارات کلی به اعتبار سمت (مانند اختیارات وکیل، وصی، امین و مدیر تصفیه)

general power of attorney

وکالت نامهٔ عام

general problem solver

مشکل گشای کلی

general property tax

مالیات املاک؛ مالیات بر دارایی

general report

گزارش عمومی

general representative

نمایندهٔ تام

general service department

دایرهٔ خدمات عمومی

generalship

ریاست؛ تدبیر مدیریت / فرماندهی

general strike

اعتصاب عمومی؛ اعتصاب سراسری؛ اعتصاب همگانی

general superintendent

رییس کل نظارت

general tariff

تعرفهٔ عمومی

general union

اتحادیهٔ عمومی؛ اتحادیهٔ کارگری عمومی

generic competitive strategy

راهبرد رقابتی جامع

Geneva Uniform Law on Checks, 1931 (GULC)

قانون متحدالشکل ژنو در مورد چک (مصوب ۱۹۳۱)

gentlemen's agreement

موافقت غیر رسمی؛ توافق دوستانه؛ توافق شرافتی (توافقی که مستند به سند و قابل طرح در دادگاه نیست)

geometric mean

میانگین هندسی

Gestalt psycholog

روانشناسی گشتالت / هیأت:
یکی از مکاتب روانشناسی که روشی تحلیلی را برای تجربه و مشاهده رد می‌کند و تأکید آن بر کل است. پیروان این مکتب در مورد یادگیری به جای کوشش و خطا، نسبت به بینش (*Insight*) تأکید می‌کنند.

get out of debt

تمام بدهی خود را پرداختن؛ از شر بدهی خلاص شدن

get round the law

با کلاه شرعی از اجرای قانون طفره رفتن؛ کلاه شرعی سر چیزی گذاشتن

get the axe

اخراج شدن

get the sack

اخراج شدن

get the upper hand

تسلط یافتن؛ ابتکار عمل را در دست گرفتن؛ مسلط شدن

get through
به تصویب رساندن؛ به تصویب رسیدن

getting information
کسب اطلاعات؛ به دست آوردن اطلاعات
☞ *obtaining information*

get together
تشکیل جلسه دادن؛ توافق کردن؛ به توافق رسیدن

gift, deed of
هبه نامه

gift tax
مالیات بر نقل و انتقال بلاعوض

GIGO (garbage in, garbage out)
نهادهٔ بد - ستادهٔ بد؛ خروجی غلط در مقابل ورودی غلط: منظور از این عبارت این است که کامپیوتر نمی‌تواند اشتباهاتی را که در نهاده‌ها وجود دارد اصلاح کند و این اشتباه در ستاده‌ها نیز منعکس می‌شود

Gilberth, Frank and Lilian
فرانک گیلبرت و لیلیان گیلبرت؛ خانم و آقای گیلبرت نویسندگان آمریکایی رشتهٔ مدیریت

gilt-edged stock (gilts)
سهام با ارزش؛ سهام تضمین شده؛ سهام دولتی که پرداخت اصل و بهرهٔ آن توسط دولت تضمین شده است
→ *blue chip*

giro
جیرو؛ نظام نقل و انتقال اعتبار بین بانکها در اروپا؛ انتقال پول از یک حساب بانکی به حساب دیگر

giro check
چک جیرو

give a bribe to
رشوه دادن

give-and-take relations
روابط بده - بستان

give an undertaking
التزام دادن

give as a pledge
گرو گذاشتن

giveaway
کمک بلاعوض

give delivery
به قبض دادن

give effect to
تنفیذ کردن؛ قابل اجرا کردن؛ اعتبار بخشیدن؛ ترتیب اثر دادن

give efficacy to
ترتیب اثر یا اعتبار دادن به

give notice
اخطار دادن؛ اطلاع دادن؛ دادن آگهی یا ابلاغیه جهت پرداخت تعهدات (دیون)

given under my hand and seal
با مهر و امضای من ...

give order
دستور دادن

give out
اعلام کردن

give over
تسلیم کردن؛ تفویض کردن

give powers
وکالت دادن

give quittance to someone

به کسی مفاصا حساب دادن

give security for

تأمین دادن؛ ضمانت دادن

give somebody the push

کسی را اخراج کردن

give somebody the sack

اخراج کردن

give someone a rise

حقوق کسی را اضافه کردن؛ اضافه حقوق دادن

give someone power

وکالت دادن به کسی؛ به کسی اختیار دادن

give up

منصرف شدن؛ صرفنظر کردن؛ تسلیم کردن؛ واگذار کردن

give up one's property

املاک خود را واگذار کردن

give wide publicity

تبلیغات زیاد کردن

giving an order

صدور امر قانونی؛ دستور دادن

giving a respite

مهلت دادن

giving information

ارائهٔ اطلاعات

☛ *getting information*

global economic problems

مسائل اقتصاد جهانی

glut

عرضه بیش از تقاضا؛ اشباع کردن

GNP (gross national product)

تولید ناخالص ملی

goal

هدف؛ منظور؛ تتیجهٔ نهایی هدف

goal control standards

استانداردهای نظارت بر هدف؛ استانداردهای مربوط به کنترل هدف

goal-directed

هدفمند

go along

موافقت کردن؛ همکاری کردن

goal oriented

هدف گرا

goal seeking

هدف جو

goal setting

تعیین هدف

goals, imposed

اهداف / هدفهای تحمیلی

goals, long-term

اهداف / هدفهای بلند مدت

goals, measurable

اهداف قابل ارزیابی ؛ هدفهای قابل سنجش

goals, short-term

اهداف / هدفهای کوتاه مدت

go back on one's word

بد قولی کردن؛ عهد شکنی کردن

go bankrupt

ورشکست شدن

go-between

واسطه؛ دلال؛ رابط

go broke

ورشکست شدن

go by the book

مطابق مقررات عمل کردن

go for

پشتیبانی کردن؛ حمایت کردن؛ طرفداری کردن

go-go

فعال؛ پرتحرک

going concern

شرکت دایر؛ مؤسسهٔ فعال

going concern concept

مفهوم مؤسسهٔ دایر

going concern value

ارزش شرکت دایر و فعال

going-over

بررسی؛ بازبینی

going rate

نرخ رایج؛ نرخ معمول

go into

رسیدگی کردن؛ پیوستن؛ ملحق شدن

☞ *join*

☞ *examine*

☞ *investigate*

go in with

پیوستن با؛ ملحق شدن با؛ موافقت کردن با

golden handcuffs

دستبند طلایی؛ پولی که سازمان به منظور ترغیب یک کارمند با ارزش خود به ادامهٔ کار در سازمان، به وی پرداخت می‌کند

golden handshake

هدیهٔ خداحافظی؛ پولی که سازمان معمولاً در هنگام خاتمهٔ خدمت (اجباری) مدیران ارشد به آنان پرداخت می‌کند؛ پاداش پایان خدمت؛ غرامت اخراج از خدمت؛ جبران یا غرامتی که یک مؤسسهٔ اقتصادی به کارمند خود جهت از دست دادن کارش پرداخت می‌نماید

golden hello

هدیهٔ آغاز کار؛ پولی که شرکت به منظور جذب کارمند ممتاز به وی پرداخت می‌کند

golden parachute

مزایای طلایی

gold standard

پشتوانهٔ طلا؛ نظام پولی که در آن ارزش پول یک کشور در مقابل وزن معینی از طلا تعیین می‌شود

go/no-go gage

کنترل کنندهٔ کالا

good and sufficient bail

ضامن معتبر؛ ضمانت مناسب

good debt

بدهی قابل وصول؛ بدهی وصول شدنی

goodly-loan

وام قرض‌الحسنه؛ وام بدون بهره

☞ *interest-free loan*

good performance guarantee

ضمانت نامهٔ حسن انجام کار

good received note

سند دریافت کالا

good returned note

سند برگشت کالا

goods

جنس؛ کالا

goods and chattels

اموال و داراییهای منقول

goods, bonded

کالاهای رهن گمرک

goods, capital

کالاهای سرمایه ای

goods clearing agreement
قرارداد پایاپای کالا

goods, consumable
کالاهای مصرفی

goods, finished
کالاهای ساخته شده؛ کالای آماده تحویل

goods, inferior
کالاهای نامرغوب
☞ *superior goods*

goods in process
کالاهای در دست تهیه؛ کالاهای در دست ساخت
→ *work in progress*

goods, intermediate
کالاهای واسطه / واسطه‌ای

goods, nondurable
کالاهای بی دوام؛ کالاهای مصرفی

goods, perishable
کالاهای فاسد شدنی

goods received note
صورت/فهرست کالاهای دریافتی؛ رسید کالاهای دریافتی

goods returned note
فهرست کالاهای مرجوعی

goods, second hand
کالاهای دست دوم

goods, struck
کالاهای زمان اعتصاب

goods, substitute
کالاهای جانشین

goods, superior
کالاهای مرغوب؛ کالاهای ممتاز

☞ *inferior goods*

good will
حسن نیت؛ خوش حسابی؛ سرقفلی؛ حسن شهرت تجاری؛ اعتبار تجاری

go on record
رسماً اعلام کردن؛ رسماً اعلام شدن

go on strike
اعتصاب کردن؛ به اعتصاب ادامه دادن

go out
اعتصاب کردن؛ استعفا دادن؛ استعفا کردن؛ کناره‌گیری کردن

go-slow
کم‌کاری؛ کندکاری
→ *work-to-rule*

go through
مورد تأیید قرار گرفتن؛ به تصویب رسیدن؛ پذیرفته شدن؛ اجرا کردن

goverment budgeting
بودجه‌بندی دولتی

governing law
قانون حاکم

governing law and jurisdiction
قانون حاکم بر موافقت نامه و مراجع قضایی صلاحیتدار (شرطی در موافقت نامه‌های خارجی)

governmental agency
مؤسسه یا سازمان دولتی

governmental approval
تصویب یا موافقت دولتی

governmental licence
مجوز دولتی

government annuity

مستمری دولتی

government apparatus
دستگاه یا تشکیلات دولتی

government broker
دلال دولت؛ دلالی که برای معاملهٔ اسناد دولتی منصوب می‌شود

government deficit spending
کسر بودجهٔ دولت

government departments
دوایر دولتی

government official
مأمور دولت؛ مقام دولتی

government-owned agreement
قرارداد دولتی؛ موافقت نامهٔ دولتی

government securities
اوراق بهادار دولتی؛ اسناد دولتی؛ سهام دولتی
☞ *government stocks*

government spending
هزینه‌های دولتی

government treasury bonds
اوراق قرضهٔ ملی

Gozinto chart
نمودار گـُزینتو؛ نموداری کـه نشـان دهـندهٔ قسمتهای مختلف مونتاژ است
☞ *assembly chart*

grace period
ضرب‌الاجل عرفی یـا قـانونی بـرای پـرداخت برات، سفته یاحق بیمه (بعد از سررسید)

grade
پایهٔ (حقوق)؛ درجه؛ رتبه؛ کیفیت؛ ویژگی و استاندارد شناخته شده‌ای بـرای کـیفیت کـالا؛ طبقه بندی کردن؛ درجه بندی کردن؛ در پایه‌ای

قرار گرفتن
- of the same grade
هم رتبه

graded hourly rates
نرخ ساعتی بر اساس مرتبه؛ نظام پرداختی که در آن مـراتب شـایستگی کـارکنان در نـظر گرفته می‌شود

graded inheritance tax
مالیات بر ارث تصاعدی

grade method
روش طبقه بندی
☞ *classification method*

grade, salary
رتبه / پایه حقوق

graduate
درجه‌بندی کردن (مالیات)

graduated
تدریجی؛ طبقه بندی شده؛ درجـه بـندی شـده؛ تصاعدی

graduated personal-income tax
مالیات بر درآمد تصاعدی

graduated tax
مالیات تصاعدی

graft
رشوه‌خواری؛ فساد؛ ساخت و پـاخت؛ سـوء استفاده از مقام و موقعیت
☞ *abuse*
☞ *corruption*
☞ *bribery*

grant
کمک بلاعوض؛ اعانه؛ کمک هزینه (تحصیلی)؛ بورس، کمک دولتی؛ واگذاری (زمـین)؛ اعـطا؛

grant a period

واگذاری حق اختیار؛ واگذار کردن؛ اعطا کردن؛ واگذار کردن؛ بخشیدن؛ تخصیص دادن؛ موافـق بـودن؛ پذیرفتن؛ قبول کـردن؛ تصدیق کـردن؛ انتقال دادن؛ اعتبار

grant a period

مهلت دادن؛ ضرب الاجل تعیین کردن؛ تمهیل؛ امهال

grant a respite

مهلت دادن؛ با تمدید مهلت موافقت کـردن؛ تعلیق مجازات

grantee

انتقال گیرنده؛ منتقل‌الیه

☞ *assignee*

grant-in-aid

کمک مالی بلاعوض

grant in fee-simple

از کلیهٔ حقوق انتقال صرف‌نظر کردن

grant of representation

تنفیذ وصیت نامه؛ صدور گواهی انحصار وراثت؛ پذیرش جانشینی

grantor

انتقال دهنده؛ واگذار کننده

☞ *assignor*

grants, ad hoc

اعتبارات ویژه

graph

نمودار؛ منحنی؛ نمودار رسم کردن؛ با نمودار نشان دادن

graphic presentation method of evaluation

روش ارائه نموداری ارزشیابی

graphic rating scale

مقیاس رتبه بندی گرافیکی / ترسیمی:
در این روش ارزیاب با قرار دادن علامتی در طول یک مقیاس دو نوع عملکرد ضعیف و عالی کارکنان را ارزشیابی می‌نماید.

gratuitous contract

عقد بلاعوض ؛ عقد غیر معوض

gratuity

انعام؛ پاداش (پایان خدمت)؛ پاداش ایام بازنشستگی؛ حق سنوات خدمت؛ مبلغ مربوط به بازخرید؛ مبلغ خرید خدمت

☞ *tip*

graveyard shift

شب کاری؛ شیفت شب؛ نوبت کاری شبانه

great man theory of leadership

فرضیهٔ رهبری مرد بزرگ:
طرفداران این نظریه معتقدند که رهبران، رهبر متولد می‌شوند و مردان بزرگ هستند که تاریخ را می‌سازند

greenfield site

محل جدید کارخانه

green mail

تهدید ملایم

grey market

بازار نامعلوم

grid, distribution

شبکهٔ توزیع

grid, management

شبکهٔ مدیریت

grid organizational development

سازمان و مدیریت شبکه

→ *managerial grid*

grievance
شکایت شغلی

grievance arbitration
حل اختلافات کارگری

grievance committee
کمیسیون رسیدگی به شکایات

grievance interview
مصاحبهٔ مربوط به شکایات؛ بخشی از مراحل رسیدگی به شکایتها که به صورت مصاحبه انجام می‌شود

grievance procedure
رویهٔ رسیدگی به شکایات

groom
کسی را برای اشغال پستی آماده کردن

gross
غیر موجه؛ غیر قابل توجیه؛ ناخالص؛ ناویژه؛ فاحش

gross annual value
ارزش ناخالص سالانه

gross cash flow
جریان نقدینگی ناخالص

gross domestic product (GPD)
تولید ناخالص داخلی

gross fraud
غبن فاحش؛ ضرر و زیان آشکار و زیاد در خرید کالا

gross income
درآمد ناخالص

grossing up
محاسبهٔ درآمد ناخالص

gross interest
سود ناخالص

gross investment
سرمایه‌گذاری ناخالص

gross margin
سود ناویژه؛ سود ناخالص
→ *gross profit*

gross national product (GNP)
محصول ناخالص ملی

gross profit
سود ناخالص
→ *gross margin*

gross profit margin
نسبت سود ناخالص

gross weight
وزن ناخالص

gross working capital
سرمایهٔ ناخالص جاری

groundless report
گزارش بی‌اساس

groundless statement
اظهارات بی‌اساس

group
گروه؛ دسته؛ دسته بندی کردن؛ گروه بندی کردن: گروه عبارت است از تعداد نسبتاً محدودی انسان که فعالیتهایشان در جهت هدف یا دستیابی به هدفهایی مرتبط باشد. گروه ممکن است جنبهٔ رسمی و یا غیر رسمی داشته باشد.

group appraisal
ارزشیابی گروهی؛ ارزشیابی عملکرد کارکنان توسط گروهی از مدیران

group behavior
رفتار گروهی

گروه‌بندی وظایف (مرتبط به هم)

☞ *function grouping*

group insurance

بیمهٔ جمعی / گروهی

group, interest

group interview

مصاحبهٔ گروهی

group, minor

گروه اقلیت

group of ten

گروه دَه؛ نامی برای یازده کشور ثروتمند جهان و عضو صندوق بین‌المللی پول که عبارتند از: بلژیک، کانادا، فرانسه، ایتالیا، ژاپن، انگلستان، سوئد، سوییس، آمریکا، آلمان و هلند

group, opposing

گروه مخالف

group performance

عملکرد گروه

group, pressure

گروه بانفوذ؛ گروه فشار

group process

فرایند گروهی

group production

تولید گروهی

group relief

معافیت گروهی؛ معافیت مالیاتی گروهی:

طرح مالیاتی برای شرکتهایی که در یک گروه فعالیت می‌کنند. بر اساس این طرح تعهدهای مالیاتی بین اعضای گروه سرشکن می‌شود و در نتیجه شرکتهای سود ده مالیات بیشتری می‌پردازند و شرکتهای زیان ده از پرداخت مالیات معاف می‌شوند

group-decision method

روش تصمیم‌گیری گروهی (در مدیریت مشارکتی)

☞ *group-decision making*

☞ *group problem solving*

group discussion

بحث گروهی:

(در مدیریت آموزشی) عبارت است از تبادل شفاهی یا حضوری اطلاعات، نقطه نظرات، عقاید وادراکات بین مربی و دانشجویان به منظور روشن‌تر و پُربارتر نمودن محتوای آموزشی و درک آسانتر آن که در دورهٔ آموزش ارائه می‌شود.

group dynamics

پویایی گروه:

هر نوع تعامل و همهٔ تعاملهای جمعی که در داخل یک گروه به وقوع می‌پیوندد.

group dynamics

پویایی گروهی؛ تحرک گروهی

group dynamic trainings

آموزش پویایی گروهی

group, formal

گروه رسمی

group incentive payment

پرداخت تشویقی گروهی؛ پرداخت تشویقی بر مبنای عملکرد گروهی

→ *payment - by - results*

group income

درآمد گروهی

group, informal

گروه غیر رسمی

grouping of function

group research method
روش تحقیقات گروهی

group selection
گزینش گروه

group technology
تکنولوژی گروهی
☞ *group production*

groupthink
شور؛ مشاورهٔ گروهی؛ مشورت گروهی

group training
آموزش گروهی

group training scheme
طرح آموزش گروهی

growth
رشد؛ رشد اقتصادی؛ افزایش؛ ترقی؛ پیشرفت؛ رو به رشد / ترقی

growth, balanced
رشد متوازن / متعادل

growth company
شرکت در حال گسترش

growth, economic
رشد اقتصادی

growth, educational
رشد آموزشی

growth, integrative/compound
رشد مرکب

growth of commercial activities
رشد و توسعهٔ فعالیتهای تجاری

growth rate
نرخ رشد

growth stocks
سهام رو به رشد؛ سهام رو به ترقی

growth, sustainable
رشد پایدار

growth, unbalanced
رشد نامتعادل

grupu
گروههای صنعتی ژاپن
→ *zaibatsu*

guarantee (var. guaranty)
ضمانت نامه؛ تضمین؛ ضامن؛ ضمانت؛ تعهد؛ تعهد نامه؛ تضمین کردن؛ ضمانت کردن؛ وثیقه؛ وجه‌الضمان:
تعهد قانونی تولیدکننده مبنی بر این که اگر تا زمانی معین پس از خرید کالا نقصی در آن مشاهده شود، خریدار حق تعویض کالا را دارد
☞ *suretyship*

guarantee a contract
اجرای قراردادی را ضمانت کردن

guarantee against disturbance of possession
تضمین عدم تعرض به تصرف

guarantee company
شرکت تضامنی محدود:
شرکتی که سهامداران تعهد می‌کنند در صورت ورشکستگی شرکت تا میزان معینی از بدهیهای آن را بپردازند
☞ *company limited by guarantee*

guaranteed bill
برات تضمین شده (معمولاً توسط بانک یا مؤسسهٔ مالی)

guaranteed bond
سند قرضهٔ تضمینی؛ اوراق قرضهٔ تضمین شده

guaranteed stock
سهام تضمین شده؛ سهمی که پرداخت سود آن توسط سازمان دیگری (اغلب دولت) تضمین شده است

guaranteed week
کار هفتگی تضمینی؛ ساعات کار تضمین شده

guarantee fund
سپردهٔ تضمینی

guarantee of performance
ضمانت حسن انجام کار
☞ *performance bond*

guarantee society
شرکت تضامنی

guarantee, to call on
مطالبه کردن (وجه‌الضمان)

guarantor
ضامن؛ کفیل؛ متعهد

- *stand guarantor for a person*
ضامن کسی شدن

guaranty (var.guarantee)
ضمانت(نامه)؛ ضمان؛ تعهد(نامه)؛ وثیقه؛ سپرده؛ گرو؛ وجه‌الضمان؛ متعهدله؛ تضمین؛ ضمانت/تعهد کردن

guardian
قیم؛ سرپرست

guidance
هدایت؛ راهنمایی؛ رهبری

guide
هدایت کردن؛ راهنمایی کردن؛ ارشاد کردن؛ راهنما

guideline
رهنمود؛ راهنما؛ دستورالعمل؛ خط‌مشی؛ توصیه

gun down a motion
پیشنهادی را رد کردن

H / h

habits
عادات

hacker (infml)
واژهٔ محاوره‌ای برای فردی که در ایجاد اختلال و نفوذ و رخنه کردن در اطلاعات کامپیوتر و سیستم‌های اطلاعاتی متخصص است

Hague tribunal, the
دادگاه لاهه

halo effect
خطای هاله‌ای؛ تأثیر هاله‌ای؛ اثر هاله‌ای؛
☞ *horns effect*
پدیده‌ای است که در هنگام ارزشیابی عملکرد روی می‌دهد به این ترتیب که یکی از صفات شخصیتی ارزشیابی شونده ارزیاب را چنان تحت تأثیر قرار می‌دهد که دیگر ویژگیهای وی تحت‌الشعاع قرار می‌گیرد.

Halsey bonus system
سیستم پاداش هالسی؛ طرح دستمزد تشویقی که کارگر و کارفرما را در پاداش مربوط به اضافه تولید سهیم می‌کند

hame
موقعیت شغلی نامطلوب که در آن از استعدادهای اشخاص استفادهٔ کامل نشود

hammering
اطلاعیهٔ رسمی مبنی بر ناتوانی در پرداخت بدهی؛ چکش زدن؛ حراج کردن؛ چوب حراج زدن؛ اعلام ورشکستگی اعضای بازار بورس

hand
امضا؛ دستخط؛ خط؛ اختیار؛ قدرت؛ کمک؛ کمک کردن

hand, at
مورد بحث؛ مورد نظر؛ موجود؛ در دسترس

hand bill
آگهی دستی

hander
تحویل دهنده؛ انتقال دهنده؛ صادر کننده

hand, get the upper
ابتکار عمل را در دست گرفتن؛ مسلط شدن؛ برتری کسب کردن

hand, have a free
آزادی عمل داشتن

handicraft production
تولید صنایع دستی

hand, in
در دست اقدام؛ در جریان؛ در کنترل؛ در اختیار

handle

اداره کردن؛ کنترل کردن؛ رسیدگی کردن؛ خرید و فروش کردن؛ معامله کردن

handling a crisis

مقابله با بحران؛ نحوهٔ برخورد با بحران

handout

اطلاعیه؛ اعلامیه؛ بروشور؛ کاتالوگ؛ جزوه (آموزشی)

hand, out of

خارج از کنترل

hand over

واگذار کردن؛ تحویل دادن؛ تسلیم کردن؛ تفویض کردن

hand over the cargo

تسلیم و تحویل دادن محموله و بار

handsel

بیعانه؛ پیش پرداخت؛ پیش قسط؛ اولین فروش؛ بیعانه دادن

hands off

عدم مداخله

hands of, wash one's

مسؤولیت به عهده نگرفتن؛ خود را مسؤول ندانستن؛ سلب مسؤولیت کردن؛ کنار کشیدن

hands, sit on one's

دست روی دست گذاشتن؛ اقدام نکردن

hand-to-mouth purchasing

خرید مایحتاج فوری؛ خرید نیازهای فوری

hang by the wall

بلااستفاده ماندن؛ متروکه ماندن

hang up

به تعویق انداختن؛ معوق گذاشتن

- The talks were hung up for a month.

مذاکرات یک ماه به تعویق افتاد.

hanse

اتحادیهٔ بازرگانان؛ اتحادیهٔ بازرگانی ؛ مالیات صنفی؛ حق عضویت در اتحادیهٔ بازرگانان

harbor

بندر؛ لنگرگاه؛ پنهان کردن؛ مخفی کردن

hard copy

نسخهٔ چاپی؛ برونداد چاپی

hard-core unemployed

بیکاران جویای کار

hard currency

پول قوی؛ ارز معتبر

hard disc

(در رایانه) دیسک سخت؛ ابزار آلات؛ (در ارتش) تجهیزات

hardening

افزایش یافتن (قیمتها)؛ تثبیت شدن

hardening price

قیمت در حال افزایش

hard loan

وام مطمئن (قابل پرداخت با شرایط سخت)؛ وام خارجی که اغلب به کشورهایی که پول چندان معتبری ندارند پرداخت می‌شود و بازپرداخت آن فقط با ارز معتبر صورت می‌گیرد

hardware

سخت افزار

harmonic mean

میانگین توافقی / همساز

☛ *arithmetic mean*

harmonization

توافق؛ تطبیق؛ هماهنگی؛ سازگاری

harmony

H

هماهنگی؛ توافق؛ سازگاری؛ همنوایی

haulage

باربری؛ حمل و نقل؛ کرایهٔ بار

haulage contractor

متصدی حمل و نقل

☞ *freight forwarder*

☞ *forwarding agent*

hauler (var. haulier)

بنگاه باربری؛ شرکت حمل و نقل؛ مدیر شرکت حمل و نقل

☞ *forwarding agent*

☞ *freight agent*

have a vote

حق رأی داشتن

have voice in

حق اظهارنظر داشتن

having

دارایی؛ سرمایه؛ مایملک؛ مالکیت

hawker

حراج کردن کالا؛ فروش کالا به صورت حراج و مزایده؛ فروشندهٔ دوره‌گرد؛ دست فروش

Hawthorne effect

تأثیر هاوتورن

→ *Hawthorne experiments*

Hawthorne experiments

تجارب هاوتورن؛ مطالعات/ آزمایشهای هاوتورن؛ مجموعه مطالعاتی که به رهبری «التون مایو» دربارهٔ علوم رفتاری انجام شد و سبب پیدایش نهضت روابط انسانی گردید.

☞ *Hawthorne studies*

Haymarket Square riot

شورش میدان هی‌مارکت

hazard, occuptianal

خطرات شغلی

hazards of management by objectives applications

خطرات کاربرد مدیریت بر مبنای اهداف

head

رییس؛ مدیر؛ رأس؛ رهبر؛ عنوان؛ مرکزی؛ اصلی؛ رهبری کردن؛ هدایت کردن؛ ریاست؛ (در سازمان) فردی که در رأس هرم سازمانی قرار دارد

head hunter

شکارچی متخصصان؛ فردی که در جذب افراد متخصص و سطح بالا ماهر است

head hunting

مهارت در جذب متخصصان:

یکی از وظایف مدیر سازمانی پیدا کردن افراد برجسته و متخصص می‌باشد. یک سازمان پویا و موفق برای رقابت خود باید از انسانهای کارآمد و متخصص (head hunter) کمک بگیرد.

headman

رییس؛ رهبر؛ سرپرست

head of business firm

رییس مؤسسهٔ تجاری؛ رییس شرکت

head office

دفتر مرکزی (شرکت)

head office of a company

دفتر مرکزی شرکت

headquarters

ادارهٔ مرکزی؛ ادارهٔ کل؛ ستاد

Health and Safety Commission

کمیسیون بهداشت و ایمنی

health assurance

بیمهٔ سلامتی؛ بیمهٔ درمانی

☞ *health insurance*

health insurance

بیمهٔ سلامتی؛ بیمهٔ درمانی

☞ *health assurance*

health service

خدمات بهداشتی / درمانی

health services management

مدیریت خدمات بهداشتی

health services management inspection (HSMI)

بازرسی مدیریت خدمات بهداشتی

hearing conference

جلسهٔ رسیدگی

heat

رقابت؛ نشار؛ فعالیت به منظور حذف رقیب؛ تحمیل

heavy

(در تجارت) کلان؛ زیاد؛ عمده؛ فاحش

heavy industries

صنایع سنگین

hedge

جلوگیری از زیان؛ کاهش ریسک؛ خرید کالا یا ارز برای کاهش ریسک مربوط به نوسان قیمت در آینده

heir

☞ *inheritor*

وارث؛ میراث بر؛ ارث بر؛ موصی‌له

heir apparent

وارث مطلق؛ وارث مسلم؛ وارث بلافصل؛ وارث ظاهری؛ کسی که متصرف ماترک بوده و مسؤول معاملات خود نسبت به ماترک اشخاص دیگر است

heir-at-law

☞ *lawful heir/inheritor*

وارث قانونی

heir beneficiary

وارث اختیاری:

وارثی که می‌تواند ترکه را قبول و عهده‌دار دیون مورث بشود و یا از قبول ترکه خودداری نماید

hereby

بدین وسیله؛ به موجب این نامه؛ به موجب این حکم یا سند

herewith

به پیوست؛ ضمیمهٔ این نامه (یا ورقه یا پیمان یا سند)؛ همراه این نامه

Herzberg´s two factor theory

نظریهٔ دو عاملی هرزبرگ؛ نظریهٔ انگیزش که «فردریک هرزبرگ» روانشناس آمریکایی آن را مطرح کرده است

heterogeneous goods

کالاهای ناهمگون

heuristic

ابتکاری؛ اکتشافی

hiccup

افت؛ افت موقتی و کوتاه‌مدت در بازار بورس

hidden agenda

دستور جلسهٔ نامرئی؛ موارد پنهان در دستور جلسه

hidden inflation

تورم پنهان

hidden tax

مالیات پنهان:

مالیات غیر مستقیم که در قیمت کالاها و خدمات نهفته است و لذا شخص بدون اینکه آن را احساس کند می پردازد

hidden unemployment

بیکاری پنهان

hierarchy

سلسله مراتب

hierarchy, administrative

سلسله مراتب اداری

hierarchy, job

سلسله مراتب شغلی

hierarchy of claims

اعلام تصفیهٔ ورشکستگی؛ دستور پرداخت مطالبات غرماء تاجر ورشکسته (به ترتیب تقدم)

hierarchy of needs

سلسله مراتب نیازها:

یکی از رایج ترین و متداول ترین طبقه بندیهای نیازهای انسان که «آبراهام مازلو» روانشناس آمریکایی برای تشریح انگیزش انسان ارائه کرده است که عبارتند از:

۱- نیازهای فیزیولوژیکی مانند نیاز به غذا، آب، خواب و ...

۲- نیاز به امنیت مانند مسکن، تأمین، ثبات و ...

۳- نیاز به تعلق داشتن مثل عشق، محبت، خانواده، دوستی و ...

۴- نیاز به احترام، مقام و موقعیت مانند مورد توجه دیگران قرارگرفتن در خانواده یا درگروه و ...

۵- نیاز به خودیابی یا خویشتن شناسی که عبارت است از بهره گیری از استعدادها و رشد و توسعهٔ فردی

hierarchy of objectivs

سلسله مراتب اهداف

hierarchy, organizational

سلسله مراتب سازمانی

high aims

اهداف عالی

High Court

دیوان عالی

☞ **Supreme Court**

highest bidder

برندهٔ مزایده

highest bidder, be the

حایز حداکثر قیمت در مزایده شدن

high interest

بهرهٔ سنگین

high level

عالی رتبه؛ ردهٔ بالا؛ سطح بالا؛ بلند پایه

high level delegation

هیأت بلند پایه

high level language

زبان سطح بالا؛ زبان کامپیوتری که امکان برنامه ریزی برای کامپیوتر را به زبانی شبیه زبان انسان امکان پذیر می سازد مانند فورترن، الگول، کوبول، بیسیک، پاسکال و لوگو

high level talks

مذاکرات رسمی؛ مذاکرات مقامات سطح بالا؛ مذاکرات در سطح مقامات بلند پایه

high piece rate

میزان دستمزد بر مبنای تعداد قطعات ساخته شده (قطعه کاری)

high-ranking

عالی رتبه؛ عالی مقام؛ برجسته

high-ranking officials

high rate of interest

high rate of interest
مقامات عالی رتبه؛ مقامات بلند پایه؛ نرخ سنگین بهره

high sea(s)
آبهای بین المللی؛ دریای آزاد

hightime
حق‌الزحمهٔ کار در ارتفاع یا عمق؛ حق‌الزحمهٔ اضافی بابت کار در ارتفاع زیاد از سطح زمین یا در عمق زیاد در زیر زمین

high wage high task
دستمزد بالا در ازای کار برجسته

hire
کرایه؛ اجرت؛ دستمزد؛ کرایه دادن؛ کرایه کردن؛ اجاره کردن؛ استخدام کردن

hire purchase
فروش اقساطی؛ خرید اقساطی؛ اجاره به شرط تملیک؛ اجاره با حق خرید (برای اجاره‌کننده با پرداخت آخرین قسط)

hire purchase credit
اعتبار خرید اقساطی

hire purchase restriction
شرایط فروش به اقساط

hiring hall
سالن استخدام؛ محل استخدام

histogram
هیستوگرام؛ نمودار ستونی یا میله‌ای

historical cost
بهای واقعی؛ هزینهٔ تمام شد؛ واقعی

historical cost accounting
حسابداری بهای تمام شدهٔ تاریخی

historical cost accounts
حسابهای هزینهٔ واقعی؛ حسابهای بهای تمام

hold

شدهٔ تاریخی

history
سابقه؛ پیشینه؛ سوابق

history, employment
سوابق استخدامی

history, make
کار بی سابقه / تاریخی انجام دادن

hit the bricks
اعتصاب کردن؛ کم کاری کردن

hoard
احتکار کردن؛ اندوختن

hoarder
محتکر؛ احتکارچی

hoarding
احتکار:
انبار کردن مایحتاج مردم و فروش آن در مواقع کمیاب و گرانی؛ جنس یا مال احتکار شده

hock
گرو یا وثیقهٔ مال در مقابل قرضه
☞ *pawn*
☞ *pledge*

hock, in
در گرو؛ مقروض؛ زیر بار قرض

hold
برگزار کردن؛ تشکیل دادن؛ حفظ کردن؛ باز داشتن؛ مانع شدن؛ نظر یا رأی دادن؛ نتیجه گرفتن؛ قانوناً مالک بودن؛ به تصرف در آوردن؛ صدق کردن؛ دارا بودن؛ معتبر بودن؛ تسلط؛ کنترل؛ توقف؛ وقفه

- *He had no hold on him.*
قانون او را ملزم نمی‌کرد؛ الزامی به موجب قانون نداشت.

hold a meeting
جـلسه‌ای را تشکـیل دادن؛ جـلسه‌ای را بـرگزار کردن

hold an office
پستی را به عهده داشتن؛ پستی را عهده‌دار بودن

hold a session
جلسه تشکیل دادن؛ تشکیل جلسه دادن

hold back
به تعویق انداختن؛ دست نگهداشتن

holder
دارنده؛ متصرف؛ متصدی؛ دارندهٔ قـانونی چک یا برات؛ صاحب

holder for value
دارندهٔ براتی که کالای موضوع آن تحویل شـده باشد

holder in due course
دارندهٔ براتی که آن را با حسن نیت پذیرفته بدون آنکه از نکول یا منقضی شدن موعد آن آگاه باشد؛ دارندهٔ اوراق بهادار دارای سررسید

holder in good faith
دارندهٔ براتی که آن‌را با حسن نیت پذیرفته بـدون آنکه از نکول یا منقضی شدن موعد آن آگاه باشد

holder of a bill
حامل سند؛ دارندهٔ قبض و برات

holder of a bill of exchange
حامل برات

holder of a mortgage
مرتهن
☞ *mortgagee*

holder with good title
دارندهٔ سند آزاد یا بلامعارض

hold harmless agreement
قرارداد تضمین بدهی شخص دیگر

hold in
ممانعت کردن؛ محدود کردن؛ کنترل / بـررسی کردن

hold in abeyance
در حالت تعلیق نگهداشتن

holding company
شرکت مرکزی؛ شرکت صاحب سهم؛ شـرکت دارنده؛ شرکت سرمایه‌گذاری
→ *parent company*

holding company
شرکت مرکزی؛ شرکت کنترل کننده؛ شرکتی که مالک بیش از ۵۰ در صد سهام شرکت دیگری باشد؛ شرکت سـرمایه‌گـذاری؛ شـرکت دارنـدهٔ سهام

holding gain
افزایش ارزش دارایی

holding group
گروه مرکزی؛ شرکت دارنده

holding out
تظاهر به ادامهٔ عضویت / مشارکت

holding(s)
نظر؛ تصمیم؛ رأی؛ دارایی؛ مایملک (به صورت مستغلات و اوراق بهادار)؛ سهام

hold over
به تعویق انداختن

hold talks
مذاکره کردن

holiday pay
حقوق ایام تعطیل

holograph
سند دست نوشته؛ وصیت نامه یا سند دیگری

home bill 343 **horizontal coordination**

که همهٔ آن را خود وصیت کننده یا تعهد کننده به دست خود نوشته باشد؛ وصیت نامهٔ خود نوشت

home bill

برات داخلی (براتی که در داخل کشور صادر شده و در همانجا قابل پرداخت باشد)

☞ *inland bill*

home industry

صنایع داخلی

home investment

سرمایه‌گذاری داخلی

home market

بازار داخلی

home product

محصول ملی / داخلی

home trade

تجارت داخلی

homogeneous goods

کالاهای همگون

homologate

تأیید کردن؛ تصویب کردن؛ موافقت کردن؛ تصدیق کردن

homologation

تأیید؛ تصدیق؛ تصویب؛ موافقت

honcho (infml)

رییس:

واژه‌ای عامیانه برای رییس، مدیر یا کارمند ارشد

honor a draft

حواله‌ای را قبول کردن

honor an agreement

موافقت نامه‌ای را محترم شمردن

honorany president

رئیس افتخاری

honor a pact

پیمانی را محترم شمردن

honorarium

حق‌الزحمهٔ خدمات تخصصی

honorary member

عضو افتخاری

honor commitment

به تعهدات خود عمل کردن؛ پای‌بند بودن به تعهدات

honor policy

بیمه نامهٔ افتخاری

honor (var. honour)

ایفا کردن؛ پرداختن؛ ادا کردن؛ وفا کردن به عهد؛ محترم شمردن

→ *honour*

honour

ایفا کردن؛ پرداختن؛ ادا کردن؛ وفا کردن به عهد؛ محترم شمردن

→ *honor*

hooking

گیر انداختن؛ به دام انداختن یک کارگر و واداشتن وی به جاسوسی در محیط کار یا در سازمان کارگری

horizental job enlargement

گسترش افقی شغل:

افزایش وظایفی که بخشی از شغل یک کارمند را تشکیل می‌دهد.

horizontal coordination

هماهنگی افقی

☞ *internal coordination*

horizontal expansion
توسعهٔ افقی؛ گسترش افقی؛ بسط افقی
horizontal merger
ادغام افقی؛ ادغام دو یا چند شرکت که کالاها و خدمات مشابهی را تولید می‌کنند؛ توسعهٔ فعالیتهای یک سازمان با تولید فرآورده‌های مکمل
horizontal organization
سازمان افقی
horizontal promotion
ترفیع افقی
horns effect
اثر/ تأثیر هاله‌ای؛ خطای هاله‌ای
hosier (infml)
بی‌لیاقت؛ واژه‌ای عامیانه برای کارمند بی‌تجربه و بی‌لیاقت
hostage
گرو؛ گروگان؛ وثیقه؛ ضمانت
host computer
کامپیوتر میزبان
hostile takeover
به دست گرفتن کنترل شرکتها از طریق خرید قسمت اعظم سهام آنها
hot button
موضوع مهم؛ مسأله مهم
hot money
سرمایهٔ فرار؛ پول فرار؛ پول فعال
hour-for-hour plan
طرح پرداخت ساعتی
hourly rated workers
کارگران ساعتی؛ کارگران مشمول طرح پرداخت ساعتی:
کارکنانی که دستمزدشان بر مبنای تعداد ساعاتی که در هفته کار کرده‌اند پرداخت شود
Hours of Employment Act 1936
قانون ساعات کار
hours of work
ساعات کار
hour wage
دستمزد ساعتی
housage
حق انبارداری
House Budget Committee
کمیسیون بودجهٔ مجلس
house journal
خبرنامه؛ نشریهٔ داخلی؛ مجلهٔ داخلی
house mark
علامت تجارتی؛ نشان تجاری؛ هویت تجاری
house organs
نشریات داخلی (سازمانها)
house procurement loan
وام تهیهٔ مسکن
house style
سیمای سازمان
housing accomodations
امکانات تهیهٔ مسکن
how to choose a leadership pattern
نحوهٔ انتخاب سبک رهبری
hull assurance
بیمهٔ کشتی؛ بیمهٔ بدنهٔ کشتی
hull policies
بیمه‌نامه‌های وسائط نقلیهٔ آبی
human asset accounting

حسابداری منابع انسانی
☞ *human resource accounting*

human behavior at work
رفتار انسان در کار

human behavior school
مکتب رفتار انسانی

human effort
تلاش / فعالیت انسانی

human engineering
مهندسی انسانی؛ تلفیقی از علوم مهندسی و روانشناسی
→ *ergonomy*

human factors engineering
مهندسی عوامل انسانی
→ *ergonomy*

humanism
انسان‌گرایی؛ انسانیت؛ انسان دوستی؛ بشر دوستی

humanistic approach
رهیافت انسان گرایانه؛ روش انسان دوستانه

humanitarian
بشر دوست؛ بشر دوستانه؛ انسانی

humanitarian measures
اقدامات بشر دوستانه

human motive
انگیزهٔ انسانی:
حالتی از برانگیختگی که انسان را وادار به عمل می‌کند.

human needs
نیازهای انسانی:
طبقه بندی نیازهای انسان که توسط «مازلو» به عمل آمده است. او معتقد است نیازها به همان ترتیب تقدم و تأخری که وی عنوان کرده است، ظاهر می‌شوند. یعنی هر نیاز پس از آن که به طور کلی یا جزئی برطرف شد، جای خود را به نیاز برآورده نشدهٔ سطح بالاتر می‌دهد. این نیازها را می‌توان به نیازهای جسمانی (اولیه) و نیازهای روانی (ثانوی) تقسیم کرد.
☞ *Maslow´s needs hierarchy*

human needs in organizational settings
نیازهای انسانی در محیط‌های سازمانی

human organization
سازمان انسانی

human relation
روابط انسانی

human relations school
مکتب روابط انسانی

human relations school of management thinking
مکتب روابط انسانی در مدیریت

human relations theory
نظریهٔ روابط انسانی

human resource accounting
حسابداری منابع انسانی

human resource information system
نظام اطلاعاتی منابع انسانی

human resource management
مدیریت نیروی انسانی

human resource planning
برنامه‌ریزی منابع انسانی؛ برنامه‌ریزی نیروی

انسانی

human resource productivity

بهره‌وری نیروی انسانی

human resources administration

مدیریت منابع / نیروی انسانی

human skill

مهارت انسانی؛ توانایی همکاری با دیگران

hygiene management

مدیریت بهداشت (محیط کار)

hygiene factors

عوامل بهداشتی (محیط کار)

➔ *Herzberg´s two factor theory*

hyperinflation

تورم شدید؛ تورم حاد و غیر قابل مهار؛ افزایش سریع و بدون حد و مرز قیمتها:
وضعیتی است که تقاضای پول به سرعت افزایش می‌یابد و مردم در این اندیشه هستند که قیمتها باز هم بالاتر خواهد رفت و لذا می‌خواهند هرچه زودتر پول خود را به کالا تبدیل کنند که در نتیجه ارزش پول به سرعت و بیش از پیش کاهش می‌یابد.

hypothec

گرو؛ رهن

hypothecary

رهنی

hypothecary right

حق رهنی

hypothecate

گرو گذاشتن؛ وثیقه قرار دادن؛ به رهن گذاشتن؛ امانت گذاشتن دارایی برای دریافت وام؛ رهن دادن

hypothecation

گرو گذاری؛ رهن گذاری

hypothecator

رهن گذار؛ گرو گذار

I / i

IATA (International Air Transport Association)
سازمان بین‌المللی ترابری هوایی

IBEC (International Bank for Economic Cooperation)
بانک بین‌المللی همکاریهای اقتصادی

I beg to inform you
محترماً به استحضار می‌رساند

IBRD (International Bank For Reconstruction and Development)
بانک بین‌المللی نوسازی و توسعه

ICA (International Communication Association)
انجمن بین‌المللی ارتباطات

ICC (International Chamber of Commerce)
اتاق بازرگانی بین‌المللی

iceberg company
شرکتی که دو سوم عملکردش زیر نقطهٔ سر به سر است
→ *break even point*

iceberg principle
اصل کوه یخ

ICFTU (International Confederation of Free Trade Unions)
کنفدراسیون بین‌المللی اتحادیه‌های کارگری آزاد

icons
نشانه‌ها؛ تصاویر روی صفحهٔ نمایش

ICOR (incremental capital output ratio)
نسبت رشد بازده سرمایه؛ نرخ بازده تدریجی سرمایه

IDA (International Development Association)
انجمن بین‌المللی توسعه؛ انجمن بین‌المللی رشد

IDDE (Institute for the Promotion of Scientific Management)
(در اروگوئه) مؤسسهٔ ارتقای مدیریت علمی

IDD (international Direct Dialling in Telecommunications)
برقراری ارتباط بین‌المللی از راه دور

ideal capacity
ظرفیت مطلوب؛ ظرفیت ایده‌آل

idem sonans
سند حقوقی بدون تأکید بر درست نویسی اسامی

identification
شناسایی؛ اوراق شناسایی؛ تعیین هویت؛ تشخیص هویت

identification test
آزمون شناسایی (وسایل و علایم):
این آزمون برای سنجش توانایی‌های شرکت کنندگان در شناخت و یادآوری و تعیین اسامی صحیح ابزار، تجهیزات، علایم و غیره استفاده می‌شود.

identifier
تعیین کننده؛ مشخص کننده

identify
تعیین هویت کردن؛ احراز هویت کردن؛ شناسایی کردن؛ مشخص کردن؛ تشخیص هویت کردن؛ تشخیص دادن

identifying existing problems
شناسایی مشکلات موجود

identity
هویت؛ شخصیت؛ اوراق شناسایی

identity card
شناسنامه؛ کارت شناسایی
☞ *identification card*

identity of task
هویت کار؛ شناسایی کار؛ شناسایی وظیفه

identity paper
اسناد هویت

idle cash
پول راکد؛ پول سرگردان؛ پول بلااستفاده

idle money
پول بیکار؛ پول راکد؛ پول سرگردان؛ پول بلااستفاده

idleness
بیکاری؛ عدم اشتغال

idle reports
شایعات بی‌اساس

idle time
وقت تلف شده؛ زمان بی‌ثمر؛ زمان تلف شده که طی آن تولید نمی‌شود

IDORT (Institute of Management)
(در برزیل) مؤسسهٔ مدیریت

IFC (International Finance Corporation)
مؤسسه مالی بین‌المللی؛ شرکت مالی بین‌المللی

IKBS (intelligent knowledge based systems)
سیستمهای هوشمند مبتنی بر دانش / اطلاعات

ill-diverted
هدایت نادرست

illegal condition
شرط خلاف قانون؛ شرط نامشروع
☞ *illicit condition*

illegal contract
قرارداد غیر قانونی

illegal strike
اعتصاب غیر قانونی:
اعتصابی که بدون اجازهٔ اتحادیهٔ کارگری انجام شود
☞ *snap strike*

illegitimate dispossession

illegitimate government 349 immunity

سلب مالکیت غیر قانونی

illegitimate government

دولت غیر قانونی

illicit condition

شرط خلاف قانون؛ شرط نامشروع

☞ *illegal condition*

illth

کالاهای مصرفی زیان‌آور

illusage

سوء استعمال؛ سوء استفاده

illusory trust

امانت صوری

ILO (International Labor Organization)

سازمان بین‌المللی کار

image

تصویر ذهنی

imagination

پندار؛ تخیل

imban

تحریم کردن؛ منع کردن؛ قدغن کردن

imbarn

انبار کردن؛ ذخیره کردن؛ انباشتن

IMC (Institute of Management Consultants)

مؤسسهٔ مشاوران مدیریت

IMF (International Metal-Worker Federation)

فدراسیون بین‌المللی فلزکاران

IMF (International Monetary Fund)

صندوق بین‌المللی پول

IMI (Industrial Management Institute)

سازمان مدیریت صنعتی

IM (Institute of Marketting)

مؤسسهٔ بازاریابی

IMIS (integrated management information system)

نظام اطلاعات مدیریت منسجم (یکپارچه)

imitant

جنس تقلبی

immediate

بلافصل؛ بلاواسطه؛ مستقیم؛ بی‌واسطه

immediate annuity rate

نرخ بیمهٔ مقرری سالانه

immediate objectives

هدفهای فوری؛ هدفهای قابل حصول (بدون جذب منابع جدید یا تحقیقات اضافی)

immediate supervisor

سرپرست بلافصل؛ سرپرست مستقیم؛ سرپرست بلاواسطه

immerit

اشتباه؛ استحقاق نداشتن؛ مستحق نبودن؛ لیاقت و شایستگی نداشتن

immovable

غیر قابل انتقال؛ غیر منقول

immovable estate

دارایی غیر منقول

immovable property

اموال غیر منقول

immovables

اموال غیر منقول

immunity

مصونیت؛ معافیت؛ اجازه؛ بخشودگی؛ پروانه؛ جواز؛ مصونیت از پرداخت مالیات؛ آزادی؛ ایمنی؛ معافیت از عوارض یا جرایم معمول

immunity from taxation

معافیت مالیاتی؛ معافیت از مالیات

impact

تأثیر شدید؛ اصابت؛ برخورد؛ نفوذ:
شیوه‌ای که یک آگهی یا یک رسانه، بر مخاطبان خود اثر می‌گذارد

→ *motivational*

impact day

روز ارائهٔ سهام به عموم؛ روز عرضهٔ سهام

impact lag

فاصلهٔ اثر گذاری

impact testing

آزمون تأثیر (تبلیغات)

imparlance

بحث؛ مذاکره؛ کنفرانس

impart

منتقل کردن؛ رساندن؛ ابلاغ کردن؛ آشکار کردن

impartial chairman

رییس بی‌طرف؛ داور؛ داوری که از سوی اتحادیهٔ کارگری و کارفرما برای تصمیم‌گیری دربارهٔ نحوهٔ تفسیر یک قرارداد انتخاب می‌شود

impasse

بن‌بست؛ تنگنا:
در مذاکرات جمعی به وضعیتی اطلاق می‌شود که یکی از طرفین امکان پیشرفت مذاکره را غیر ممکن اعلام می‌کند

impawn

گرو گذاشتن؛ رهن گذاشتن؛ به رهن دادن

impedimenta

موانع قانونی

impediment, hindering

موانع قانونی؛ مورد بطلان

impediments

موانع قانونی

imperative

لازم‌الاجرا؛ اجباری؛ الزام‌آور؛ ضرورت؛ نیاز؛ دستور؛ فرمان؛ امر؛ وظیفه

imperative law

قانون لازم‌الاجرا

imperatively

آمرانه

imperative rules of law

مقررات الزامی؛ مقررات امری

imperfect

غیر عملی (از لحاظ حقوقی و قانونی)؛ ناقص؛ ناتمام؛ معیوب؛ غیر قابل اجرا؛ تصویب نشده؛ فاقد ضمانت اجرایی

imperfect competition

رقابت ناقص

imperfect market

بازار ناقص؛ بازار محدود

imperfect mortgage

رهن بدون ضمانت اجرایی

imperfect obligations

تعهدات اخلاقی (که ضمانت اجرای قانونی ندارد)؛ تعهدات بدون ضمانت اجرایی

imperfect ownership

مالکیت محدود

imperialistic exploitation

استثمار سرمایه‌داری

imperious

فوری؛ لازم‌الاجرا؛ مستبدانه؛ آمرانه؛ مقتدرانه

impersonal account

حساب غیر شخصی

impersonal and aggressive management

مدیریت غیر شخصی و تهاجمی:

مدیریتی که بر مبنای زور و اجبار کارکنان را به کار وا دارد

impersonality

غیر شخصی؛ ارتباط غیر شخصی و رسمی

impersonal passive management

مدیریت غیر شخصی و غیر فعال

impignorate

گرو گذاشته؛ رهن گذاشته؛ وثیقه گذارده؛ گرو گذاشتن؛ رهن گذاشتن؛ رهن دادن؛ متعهد شدن؛ گروی؛ رهنی؛ متعهد

implausible

غیر موجه؛ غیر قابل توجیه؛ غیر قابل قبول

implausible excuse

عذر غیر موجه

impledge

گرو گذاشتن؛ رهن گذاشتن؛ به رهن دادن

☞ *pawn*

☞ *pledge*

implement

اجرا کردن؛ انجام دادن؛ به مورد اجرا گذاشتن؛ تحقق بخشیدن

☞ *carry out*

☞ *accomplish*

implementation

اعمال؛ اجرا؛ انجام؛ تحقق:

یکی از ابعاد سه گانه برای بکارگیری علم مدیریت در سازمان که تصریح می‌کند مفاهیم و روشهایی که ضمن تکوین علم مدیریت در سازمان فراهم شده باید توسط مدیران در جهت حل مسائل مطروحه به کارگرفته شوند.

☞ *installation*

☞ *internalization*

implementation of a convention

اجرای موافقت نامه (قرارداد)

implicit forecost

پیش بینی تلویحی

☛ *explicit forecost*

implied acceptance

قبولی ضمنی؛ قبولی فرضی

implied assumpsit

تعهد ضمنی

implied condition

شرط ضمنی

implied contract

قرارداد ضمنی

implied notice

ابلاغ ضمنی؛ اخطار ضمنی

implied partnership

مشارکت ضمنی/ فرضی

implied waiver

انصراف ضمنی

implied warranty

تعهد یا قول ضمنی

import

وارد کردن؛ ورود؛ (در جمع) واردات

import and export

import duty
واردات و صادرات
عوارض واردات؛ حقوق گمرکی کالاهای وارداتی؛ مالیات کالاهای وارداتی؛ عوارض کالاهای وارداتی

import excise tax
مالیات غیر مستقیم بر واردات

import licence
جواز / مجوز واردات؛ پروانهٔ واردات
☞ *import permit*

import penetration
میزان جذب واردات

import permit
پروانه ورود؛ جواز واردات کالا؛ مجوز واردات
☞ *import licence*

import quota
سهمیهٔ واردات

import restriction
محدودیت واردات

impose
وضع کردن؛ تحمیل کردن؛ (مالیات) بستن؛ سوء استفاده کردن

impose an embargo
تحریم کردن

impose a quota
سهمیه تعیین کردن

impose a tax
مالیات بستن

imposed contract
قرارداد یک طرفه یا تحمیلی
☞ *one-sided contract*
☞ *onerous contract*

imposed date
تاریخ تحمیلی؛ زمان اجباری؛ (در برنامه‌ریزی شبکه‌ای) زمانی که طی آن یک فعالیت باید انجام بگیرد

imposition
مالیات گذاری؛ وضع مالیات

imposition of taxes
وضع مالیات؛ تحمیل مالیات

impossibility of performance
عدم امکان اجرای قرارداد یا ایفای تعهد؛ انتفای قرارداد یا تعهد
☞ *frustration*

impost
مالیات؛ مالیات واردات

impound (n. impoundment)
توقیف / ضبط مدارک یا اموال؛ مسدود کردن حساب؛ توقیف کردن؛ نگهداشتن؛ ضبط کردن

impower (var. empower)
اختیار دادن؛ اجازه دادن

impracticability
غیر عملی بودن؛ اجرا نشدنی

impress
مصادره کردن؛ ضبط کردن؛ مهر

impressed stamp
مهر برجسته

impress goods
مصادره کردن اموال

impress signature
مهر کردن؛ مهر و امضا کردن

imprest
تنخواه گردان؛ پیش پرداخت؛ قرض؛ مساعده؛ قرض داده شده؛ قرض دادن

☞ *imprest system*

imprest account

حساب تنخواه‌گردان

imprest fund

وجوه تنخواه‌گردان

imprest system

سیستم تنخواه‌گردان

→ *imprest*

imprimatur

پروانهٔ طبع و نشر؛ جواز انتشار کتاب و روزنامه؛ اجازهٔ چاپ و انتشار

improbate

تصویب نکردن؛ رد کردن؛ اجازه ندادن

improbation

رد؛ عدم تصویب؛ ابطال؛ تکذیب؛ ارائهٔ دلیل برای ابطال یک سند یا ادعا

impromptu conference

جلسهٔ فوری:
کنفرانس یا جلسه‌ای که بدون مقدمه و در اسرع وقت برگزار شود؛ جلسه‌ای که بدون برنامه‌ریزی قبلی تشکیل شود

improper placement

انتصاب نادرست

impropriate

اختصاص دادن؛ تصاحب کردن؛ از موقوفه خارج کردن

improshare

ایمپروشیر:
طرح پرداخت تشویقی که از ترکیب دو کلمهٔ «share» و «improve» به وجود آمده است. بر اساس این طرح سهم کارکنان در مقابل اصلاح عملکردشان افزایش می‌یابد

improve

بهبود بخشیدن؛ اصلاح کردن؛ تبدیل به احسن کردن؛ بالا بردن ارزش؛ بالا رفتن ارزش؛ آباد کردن

improved value

ارزش بازار پس از ترقی قیمتها

improvement curve

منحنی بهبود؛ منحنی اصلاح

→ *learning curve*

improvement of the decision making process

بهبود فرآیند تصمیم‌گیری

improving face-to-face relationships

بهبود روابط رو در رو؛ بهبود ارتباط حضوری

impulse purchase

خرید ناگهانی؛ خرید بدون برنامهٔ قبلی

imputed negligency

قصور غیر واقعی؛ قصور منتسب

in abeyance

معلق؛ در حالت تعلیق؛ متروک؛ مسکوت؛ بلاتکلیف

inaccurate information

اطلاعات نادرست / غلط

inact (enact)

تصویب کردن؛ گذراندن (قانون)

inactive account

حساب راکد

inactive file

بایگانی راکد

☞ *dead file*

inadequacy

عدم کفایت؛ ناشایستگی؛ بی‌کفایتی؛ بی‌لیاقتی

inadequate

فاقد صلاحیت؛ نالایق؛ بی‌کفایت؛ بی‌لیاقت

inadmissible

غیر قابل قبول یا طرح؛ غیر مجاز؛ بی‌اعتبار

inadmitted asset

دارایی کم ارزش؛ دارایی بی ارزش

inadvertent error

اشتباه غیر عمدی؛ اشتباه سهوی

in a given jurisdiction

در حدود صلاحیت تفویض شده

inalienable

غیر قابل انتقال؛ غیر قابل خرید و فروش؛ واگذار نشدنی؛ غیرقابل واگذاری؛ لاینفک؛ جدایی ناپذیر

☞ *non-assignable*

☞ *unalienable*

inalienable right

حق غیرقابل انتقال؛ حق مسلم

inapplicable

غیرقابل اجرا؛ اجرا نشدنی؛ غیرقابل اطلاق؛ غیر قابل تسری

- That rule is inapplicable to this case.

آن قانون در این مورد قابل اجرا نیست.

in arrears

☞ *overdue*

☞ *past-due*

عقب افتاده؛ معوق؛ معوقه؛ موعد گذشته؛ پس افتاده

inaugurate

(طی مراسمی مقامی را) معرفی کردن؛ افتتاح کردن؛ آغاز کردن

inauguration

(مراسم) افتتاح؛ مراسم معرفی و آغاز به کار یک مقام دولتی؛ شروع / آغاز رسمی فعالیت

inauguration ceremony

مراسم افتتاح؛ مراسم معرفی و آغاز به کار؛ جلسهٔ معارفه

inauthoritative

بی صلاحیت؛ غیر آمرانه؛ فاقد اعتبار؛ غیر موثق

in-basket exercise

تمرین نحوهٔ انجام کارهای ارجاعی؛ تمرینات کازیه؛ تمرین کارهای روزمره:

در این روش شرکت کنندگان باید بتوانند تحت شرایط زمانی محدود، به صورت فردی و بدون دریافت کمک و راهنمایی از دیگران، چندین کار اداری موجود در کازیهٔ مدیر عالی از جمله موارد تصمیم گیری، تعیین اولویت، تفویض اختیار به زیردستان و غیره را انجام دهند.

in-basket test

روش آموزش داخل کازیه؛ تمرین درون کازیه

☞ *in - tray exercise*

in-basket training

روش آموزش داخل کازیه:

روش آموزشی است که ضمن آن شرکت‌کنندگان با نامه‌ها، اسناد و مدارک، به صورتی که برای مدیران ارسال می‌شود آشنا شده و دربارهٔ آنها بررسی و اظهارنظر می‌کنند.

in blank

(برات) بدون قید نام ذینفع؛ (فرم / سند) تکمیل نشده

in bond

کالاهای انبار شده

in camera
محرمانه؛ غیر علنی

incapacious person
شخص فاقد اهلیت

incapacitate
سلب صلاحیت کردن؛ صلاحیت کسی را رد کردن

incapacitation
سلب صلاحیت؛ محرومیت از صلاحیت قانونی

incapacity
سلب صلاحیت؛ عدم صلاحیت؛ عدم اهلیت قانونی؛ عجز از انجام کاری؛ نا لایقی؛ بی لیاقتی

incentive
انگیزه؛ پاداش (مادی)؛ مشوق

incentive bonus
پاداش تشویقی
→ *payment- by -result*

incentive bonus sechemes
طرحهای پاداش تشویقی
☞ *bonus sechemes*

incentive, carreer
انگیزهٔ شغلی

incentive, financial
انگیزهٔ مالی

incentive pay
دستمزد تشویقی

incentive payment
پرداخت تشویقی
→ *payment- by -result*

incentive payment system
نظام پرداخت تشویقی

incentive plan
طرح تشویقی؛ طرح پرداخت حقوق بر مبنای عملکرد کارکنان
☞ *incentive secheme*

incentive secheme
طرح تشویقی
☞ *incentive plan*
→ *payment-by-result*

incentive system
نظام تشویق و انگیزش

incentive wage
دستمزد تشویقی

incentive wage system
سیستم دستمزد تشویقی:
سیستم پرداخت دستمزد که در برابر افزایش تولید کارگران که در نتیجه فعالیت بیشتر آنان حاصل می‌شود، به کارگران پاداش داده می‌شود.

incessible
غیر قابل انتقال؛ غیر قابل واگذاری

incestuous share dealing
معاملهٔ نامشروع سهام

inchoate
سند ناقص

incidence of taxation
مشمول مالیات

incidental damages
خسارات فرعی؛ خسارات جنبی

incidental expenses
هزینه‌های عارضی و اتفاقی؛ هزینه‌های متفرقه یا اتفاقی

incident process
فرایند رویداد:

روش آموزشی که در آن مربی شرح یک موقعیت بازرگانی را که حاکی از یک مشکل است بیان می‌نماید و فراگیران یا کارآموزان علاوه بر یادگیری مطالب در خصوص چنین مشکلی تصمیم‌گیری می‌کنند

inc (incorporated company)
شرکت سهامی رسمی

including
به انضمام؛ به ضمیمه؛ شامل؛ با احتساب؛ از جمله

income
درآمد؛ دخل

Income and Corporation Taxes Act (ICTA)
قانون مالیات بر درآمد و مالیات شرکتها

income and expenditure
دخل و خرج؛ درآمد و هزینه

income and expenditure account
حساب درآمد و هزینه

income and expenditure statement
صورت درآمد و هزینه

income and expense
درآمد و هزینه

income and expense statement
صورت سود و زیان
☞ *profit and loss statement*

income, annual
درآمد سالانه

income, anticipated
درآمد پیش بینی شده؛ درآمد برآورد شده

income averaging
تعیین میانگین درآمد؛ متوسط گیری درآمد
→ *averaging*

income bond
سند قرضهٔ درآمدی

income, distributable
درآمد قابل توزیع

income distribution
توزیع درآمد

income, earned
درآمد حاصله؛ درآمد تحصیل شده؛ درآمد کسب شده

income effect
اثر درآمد؛ تناسب خرید با درآمد

income elasticity of demand
کشش درآمدی تقاضا؛ حساسیت درآمدی تقاضا؛ انعطاف پذیری تقاضا به نسبت درآمد
→ *demand elasticity*

income, exempt
درآمد معاف از پرداخت مالیات

income, fixed
درآمد ثابت

income, foreign
درآمد خارجی

income, foreign currency
درآمد ارزی

income fund
صندوق درآمد

income, gross
درآمد ناخالص/ ناویژه

income levels
سطوح درآمد

income, money	درآمد پولی
income, national	درآمد ملی
income, net	درآمد خالص
income, net operating	درآمد عملیاتی خالص
income, net statutory	درآمد خالص مشمول مالیات
income, operating	درآمد عملیاتی
income, per capita	درآمد سرانه
income, realized	درآمد تحقق یافته
incomes policy	سیاست درآمدها
income statement	صورت درآمد
→ profit and loss account	
income tax	مالیات بر درآمد
income, taxable	درآمد مشمول مالیات
Income Tax Act	قانون مالیات بر درآمد
Income Tax Law	قانون مالیات بر درآمد
incoming correspondence	نامه‌های وارده
☞ incoming letters	
☞ outgoing correspondence	
incoming letters	نامه‌های وارده / رسیده
incoming shipment	محمولۀ ورودی
incommutable	غیر قابل تعویض / معاوضه؛ غیر قابل تبدیل؛ تخفیف ناپذیر
in-company training	آموزش درون سازمانی
incompatible to the accord	مغایر با قرارداد
incompetence	عدم صلاحیت؛ بی‌کفایتی؛ بی‌لیاقتی
incompetency	عدم صلاحیت؛ بی‌کفایتی؛ بی‌لیاقتی
incompetent	فاقد اهلیت؛ فاقد صلاحیت؛ بی‌کفایت؛ نالایق؛ غیر صالح
incompetent person	شخص فاقد اهلیت / صلاحیت
incompetent rules	مقررات ناقص؛ قوانین نارسا
incompliance	عدم موافقت؛ عدم قبول؛ عدم تطابق
inconditional	قطعی؛ بی قید و شرط؛ بدون چون و چرا؛ مطلق؛ منجز؛ بلا شرط
inconfutable	غیر قابل ابطال؛ غیر قابل تکذیب
inconsistence	عدم توافق؛ ناسازگاری؛ ناهماهنگی؛ تناقض

inconsistency
تناقض؛ ناسازگاری؛ عدم توافق؛ مغایرت؛ ضد و نقیض بودن؛ عدم هماهنگی؛ تضاد

inconsistent
متناقض؛ ضد و نقیض؛ در تضاد؛ مغایر

inconsistent remarks
اظهارات ضد و نقیض

inconsistent statements
گزارشهای متناقض؛ اظهارات ضد و نقیض

incontestable clause
شرط مسلم؛ شرط غیر قابل تردید؛ شرط غیر قابل اعتراض

inconvertible currency
ارز غیر قابل تبدیل

inconvertible money
پول غیر قابل تسعیر؛ پول رایج غیر قابل تبدیل به ارز

☞ *irredeemable money*
→ *fiat money*

incorporate
تشکیل شرکت دادن؛ تأسیس کردن؛ شخصیت حقوقی دادن؛ ثبت کردن (در دفتر ثبت شرکتها)؛ به ثبت رساندن؛ دارای شخصیت حقوقی کردن؛ ملحق کردن؛ ضمیمه کردن؛ ملحق شدن؛ ضمیمه شدن

incorporate by reference
سندی را جزو سند دیگر اعلام کردن

incorporated
الحاقی؛ شرکت ثبت شده؛ به ثبت رسیده

incorporated company
شرکت به ثبت رسیده؛ شرکت سهامی رسمی؛ شرکت ثبت شده

incorporation
شرکت؛ تشکیل شرکت؛ ایجاد شخصیت حقوقی برای شرکت؛ فرآیند تأسیس شرکت؛ الحاق؛ پیوستگی؛ شمول

incorporation charter
اساسنامهٔ شرکت

☞ *articles of incorporation*
☞ *certificate of incorporation*
☞ *corporate charter*

incorporator
مؤسس شرکت (سهامی)

incorporeal
غیر مادی؛ غیر محسوس

increased cost of living
گرانی هزینهٔ زندگی؛ افزایش هزینهٔ زندگی

increase in population
افزایش جمعیت

increase of capital
افزایش سرمایه:
یک شرکت وقتی می‌تواند سرمایهٔ خود را افزایش دهد که: مواد شرکت نامه یا اساسنامه این کار را مجاز بداند، حقوق تمبر اضافی قابل پرداخت باشد و به ثبت شرکتها اعلام گردد

increasing cost industry
صنعت با هزینه‌های فزاینده

increasing productivity
افزایش بهره‌وری

increment
افزایش؛ افزایش حقوق بر مبنای ارشدیت و عملکرد؛ اضافه حقوق؛ بهره؛ سود؛ رشد

incremental costs
هزینه‌های اضافی

incremental influence

نفوذ افزایشی؛ نفوذ فزاینده؛ نفوذی که رهبر علاوه بر آنچه به اعتبار مقام و موقعیت خویش دارد، بر پیروان خویش اعمال می‌کند

incrementalism

شیوهٔ تصمیم‌گیری در خصوص تغییرات جزئی و تدریجی

incremental payment system

سیستم پرداخت افزایشی

increment tax

مالیات افزایشی؛ مالیات تصاعدی

incumbency

تصدی؛ دورهٔ تصدی؛ حیطهٔ اختیار؛ مسؤولیت؛ وظیفه

incumbent

اجباری؛ الزام آور؛ متصدی؛ موظف؛ شاغل؛ مقام مسؤول

incumbrance (var. encumbrance)

رهن؛ گرو؛ بدهی؛ حق رهن یا حبس نسبت به مال غیر منقول؛ قرض ملک

incurably depreciated property

دارایی غیر قابل تعمیر؛ دارایی مستهلک شدهٔ غیر قابل ترمیم

incur damage

متضرر شدن؛ زیان دیدن؛ خسارت دیدن

incur loss

متضرر شدن؛ زیان دیدن؛ خسارت دیدن

incurrence of a debt

تعلق گرفتن وام

in-cycle work

کار در گردش

in debitatus assumpsit

ادعای خسارت یا عدم‌النفع ناشی از لغو قرارداد یا عقدی

indebt

بدهکار کردن؛ مقروض ساختن؛ متعهد ساختن؛ مقید کردن

indebted

بدهکار؛ مقروض؛ مدیون؛ مرهون

indebtedness

بدهکاری؛ بدهی؛ دین؛ مدیون بودن؛ بدهکار بودن

indebtment

بدهکاری؛ بدهی؛ دین؛ مرهونیت

in default of acceptance

در صورت عدم قبولی؛ در صورت نکول (برات)

indefeasible

غیر قابل لغو؛ غیر قابل فسخ

indefeasible title

مالکیت غیر قابل الغا

indefinite integral

انتگرال نامعین

indefinitely dated stock

سهم بی‌تاریخ؛ سهمی با بازپرداخت نامعین

indefinite tenure

دورهٔ تصدی نامعین

indemnification

پرداخت غرامت؛ جبران خسارت؛ تضمین خسارت؛ پرداخت جریمه

indemnify

تاوان چیزی را دادن؛ غرامت دادن به؛ غرامت پرداختن؛ تأمین مالی دادن به؛ جریمه دادن؛

indemnitee

جبران کردن خسارت؛ تضمین کردن

indemnitee

غرامت گیرنده؛ دریافت کنندۀ غرامت

indemnitor

پرداخت کنندۀ غرامت؛ غرامت دهنده؛ جبران خسارت دهنده؛ تاوان دهنده

indemnity

تاوان؛ غرامت؛ جبران؛ تضمین؛ جبران خسارت یا زیان؛ (قرارداد) تأمین خسارت؛ تعهد؛ بخشودگی؛ تعهد جبران خسارت؛ ضمانت در برابر خسارتهای احتمالی؛ پرداخت غرامت برای جبران خسارتها

indemnity bond

ضمانت نامه؛ سند تضمین خسارت

indemnity contract

قرارداد تأمین خسارت

indemnity for losses

جبران خسارت

indemnity insurance

بیمۀ خسارت

- *Insurance is a contract indemnity.*

بیمه عبارت است از قرارداد تأمین خسارت.

indent

سفارش وارداتی؛ سفارش کالا؛ درخواست رسمی؛ سفارش رسمی؛ سفارش دادن (کالا)؛ تنظیم فرم سفارش در دو یا سه نسخه؛ سفارش دادن کالای وارداتی

indent house

کارگزاری واردات

indenture

سند؛ قرارداد کتبی (در مورد تعهدات متقابل از قبیل رهن، وثیقه، کارآموزی)؛ قرارداد رسمی؛ قرارداد استخدامی؛ پیمان نامه؛ پیمان بستن؛ عهد بستن؛ با سند مقید کردن

→ *trust indenture*

indenture labor

کارگر قراردادی طویل‌المدت؛ کارگر قراردادی دراز مدت

independence

استقلال؛ عدم وابستگی؛ خود اتکایی؛ خودکفایی

independence, economic

استقلال اقتصادی

independent

مستقل؛ غیر وابسته؛ سازمانی که به مؤسسه یا شرکت دیگر وابسته نیست؛ نمایندۀ منفرد

independent accountand

حسابدار مستقل

independent audit

حسابرسی مستقل؛ ممیزی مستقل

independent auditor

حسابرس مستقل

independent bank

بانک مستقل

independent condition

شرط مستقل

independent contractor

پیمانکار مستقل

independent store

فروشگاه مستقل

independent treasury system

سیستم مستقل خزانه‌داری

independent union

indeposable
اتحادیهٔ کارگری مستقل

indeposable
غیر قابل عزل؛ عزل نشدنی؛ معزول نشدنی؛ خلع نکردنی؛ غیر قابل خلع

index
شاخص؛ فهرست؛ راهنما؛ شاخص تعیین کردن
☞ *exponent*

indexation
تعیین شاخص؛ شاخص بندی؛ ترمیم دستمزد

index, consumer price
شاخص قیمت مصرف کننده؛ شاخص قیمت کالاهای مصرفی

index, general
شاخص کلی

indexing of records
طبقه بندی اسناد

index, linked
شاخص زنجیره‌ای؛ شاخص به هم پیوسته

index, market
شاخص بازار

index number
رقم / عدد شاخص

index, price
شاخص قیمتها

index, profitability
شاخص سودآوری

index register
ثبت شاخص؛ ثبت نشانی

index, retail price (RPI)
شاخص قیمت خرده فروشی

index, wholesale price
شاخص قیمت عمده فروشی

indicative planning
برنامه‌ریزی ارشادی

indicator
شاخص؛ نشان دهنده؛ دستگاه ثبت فهرست

indictment
کیفرخواست؛ ادعانامه؛ اتهام؛ اعلام جرم؛ تنظیم ادعانامه؛ تنظیم کیفرخواست

indifference schedule
جدول بی‌تفاوتی؛ جدولی از ترکیبهای مختلف از دو نوع کالا یا خدمات که استفاده از آنها برای مصرف کننده، رضایت خاطر یکسان و همانندی را فراهم می‌آورد

indigitation
آگهی؛ اعلام؛ اظهار؛ اعلان

indirect business tax
مالیات غیر مستقیم مؤسسات و شرکتهای بازرگانی

indirect charges
هزینه‌های غیر مستقیم

indirect control
نظارت غیر مستقیم

indirect cost
هزینه‌های غیر مستقیم

indirect damages
خسارات غیر مستقیم؛ خسارات تبعی
☞ *consequential damages*

indirect demand
تقاضای غیر مستقیم: تقاضا برای کالا یا خدماتی که مستقیماً به مصرف نمی‌رسد ولی جزئی از کالا یا خدمات مصرف شدنی محسوب می‌شود
☞ *derived demand*

indirect expenses
هزینه‌های غیر مستقیم؛ مخارج غیر مستقیم؛ هزینه‌های عمومی
☞ *indirect costs*

indirect financial compensation
خسارت مالی غیر مستقیم؛ غرامت غیر مستقیم

indirect labor
کار غیر مستقیم

indirect labor costs
هزینه‌های کار غیر مستقیم

indirect liability
بدهی غیر مستقیم

indirect material
مصالح غیر مستقیم

indirect material costs
هزینه‌های مواد / مصالح غیر مستقیم : هزینه‌های موادی که مستقیماً در تولید کالا نقش ندارند

indirect production
تولید غیر مستقیم: تولید کالایی که برای ساختن کالاها و خدمات مورد نیاز و مصرفی انسانی ضرورت دارد

indirect rate
نرخ مستقیم (مبادلهٔ ارزها)
☞ *direct rate*

indirect tax
مالیات غیر مستقیم

indirect wages
هزینهٔ کار غیر مستقیم
☞ *indirect - labor cost*

indirect worker
کارگر غیر مستقیم

individual bargaining
چانه زنی فردی؛ چانه زنی انفرادی (در مقابل چانه زنی جمعی)؛ مذاکرهٔ فردی در مورد مفاد قرارداد کار
☞ *collective bargaining*

individual brand
نشانهٔ اختصاصی (کالا)؛ علامت تجاری انحصاری؛ نشان اختصاصی

individual characteristics
ویژگیهای فردی؛ خصوصیات فردی

individual contribution
مشارکت فردی؛ کمک فردی

individual demand
تقاضای انفرادی / فردی

individual demand schedule
جدول تقاضای انفرادی؛ جدول تقاضای فردی: صورت کالایی که یک فرد در طی یک مدت معین حاضر به خرید آنها باشد

individual freedom
آزادی فردی

individual income tax
مالیات بر درآمد فردی : مالیاتی که طبق قانون از درآمد افراد پس از وضع حداقل مبالغ معین و دیگر مبالغ قابل کسر و اخذ می‌شود.

individualism
فردگرایی؛ اصالت فردی؛ عملکرد فرد به صلاحدید شخص؛ (در اقتصاد) عدم مداخلهٔ دولت در امور اقتصادی و آزادی اقتصادی فردی

individual liability
مسؤولیت انفرادی؛ مسؤولیت فردی

individual needs

نیازهای فردی

individual proprietorship

مالکیت فردی

individual retirement accounts

حسابهای بازنشستگی انفرادی

individual-role conflict

تعارض نقش فردی

individual school

مکتب اصالت فرد؛ مکتب اقتصادی مبنی بر نظریهٔ اصالت فرد

individual training method

روش آموزشی انفرادی

indivisibility

تقسیم ناپذیری؛ تفکیک ناپذیری

indivisible

غیر قابل تفکیک؛ غیر قابل تقسیم؛ غیر قابل افراز

indivisible plant

کارخانهٔ غیر قابل تفکیک

indoctrination

القا؛ تعلیم؛ تلقین افکار؛ کوشش برای القای ارزشها، هدفها، خطمشی‌ها و سیاستهای مؤسسه به کارکنان تازه وارد

indorsation

ظهرنویسی؛ تصویب؛ تصدیق؛ توشیح

indorsed bond

سند قرضهٔ ظهرنویسی شده؛ سند قرضهٔ ضمانت شده؛ سند قرضهٔ تضمین شده

indorsee (var. endorsee)

ذینفع ظهرنویسی

indorse (var. endorse)

ظهرنویسی کردن؛ تصدیق کردن؛ تایید کردن؛ امضا کردن؛ پشت نویسی کردن

indorsement (var.endorsement)

ظهرنویسی؛ امضا؛ تصدیق؛ تایید؛ پشت نویسی

indorsement in blank

☞ *blank indorsement*

☞ *general indorsement*

امضا یا ظهرنویسی برات بدون قید نام براتگیر

indorser (var. endorser)

ظهرنویس؛ امضا کننده؛ تصدیق کننده؛ تأیید کننده

induced consumption

مصرف اضافی؛ مصرف تشویقی؛ خرید اضافی مصرف کننده به علت افزایش سرمایه‌گذاری

induced investment

سرمایه‌گذاری القایی؛ سرمایه‌گذاری تشویقی؛ تشکیل سرمایهٔ جدید ناشی از افزایش نرخ مصرف

inducement

ترغیب؛ اعطای امتیاز برای قانع کردن شخص یا مؤسسه در عقد قرارداد

induct

رهبری کردن؛ معرفی کردن؛ طبق قانون مصوبه کسی را در استخدام دولتی وارد کردن؛ منصوب کردن؛ به عضویت پذیرفتن؛ آشنا کردن

induction

آشنا سازی؛ توجیه؛ استقرا؛ آشنا کردن کارکنان جدید با ویژگیهای شغلی و سازمانی

induction course

دورهٔ آشناسازی (کارکنان جدید)؛ دورهٔ آموزش توجیهی

induction procedure

دورهٔ توجیهی

☞ *induction program*

induction training

آموزش توجیهی

inductive method

روش استدلال استقرایی

inductive statistics

آمار استدلالی

inductive thinking

تفکر استقرایی؛ ابداع مفاهیم

industrial action

اعتصاب کارگری؛ اقدامات کارگری (از قبیل اعتصاب،کم کاری و ...)

industrial advertising

تبلیغات صنعتی

Industrial Arbitration Board

هیأت داوری صنعتی

industrial arts

حرفه و فن

industrial bank

بانک صنعتی؛ بانک کارگران

➔ *labor banks*

industrial classification

طبقه بندی صنعتی

industrial clinical psycholog

روانشناسی صنعتیِ بالینی:

یکی از زمینه‌های نوپای روانشناسی صنعتی - سازمانی، که در آن تمرکز اصلی روانشناس معطوف کارکنانی می‌گردد که سطح عملکرد آنان به سطوح پایین‌تر از میزان قابل قبول افت پیدا کرده است.

industrial coding

کد گذاری صنعتی؛ شماره گذاری صنعتی

industrial complex

مجتمع صنعتی

industrial complex management

مدیریت مجتمع صنعتی

industrial concentration

تمرکز صنعتی؛ مرکزیت صنعتی

industrial court

دادگاه/ هیأت حل اختلافات کارگری؛ دادگاه صنعتی

☞ *industrial tribunal*

Industrial Courts Act (1919)

قانون دادگاههای صنعتی (مصوب ۱۹۷۱ انگلستان)

industrial data processing

پردازش داده‌های صنعتی؛ داده‌پردازی صنعتی

industrial democracy

دموکراسی صنعتی؛ آزادمنشی صنعتی؛ مردم سالاری صنعتی؛ افزایش نفوذ و مسؤولیت کارکنان در فرآیند تصمیم‌گیری و ادارهٔ امور واحد تولیدی:

این اصطلاح نخست به معنی اعمال روشهای دموکراتیک در درون اتحادیه‌های کارگری به کار می‌رفت لیکن مفهوم فعلی آن کنترل مطلق کارگران می‌باشد که با مشارکت داشتن کارگران در مدیریت، مالکیت سهام، داشتن حق رأی و سهیم بودن در سود کارخانه‌ها تحقق می‌یابد.

industrial development bank

بانک توسعهٔ صنعتی

industrial diseases

بیماریهای صنعتی؛ بیماریهای ناشی از محیط کار

industrial disputes

اختلافات صنعتی

industrial distributor

توزیع کنندهٔ صنعتی؛ واسطه / دلال کالاهای صنعتی؛ عمده فروشی که کلیهٔ خدمات مربوط به معرفی کالاهای صنعتی و فروش آنها را بر عهده دارد

industrial dynamics

پویایی صنعتی

industrial engineer

مهندس صنعتی؛ مهندس صنایع

industrial espionage

جاسوسی صنعتی؛ سرقت اطلاعات محرمانه یک شرکت توسط شرکت دیگر

industrial estate

منطقه / ناحیهٔ صنعتی؛ شهرک صنعتی

industrial goods

کالاهای صنعتی

industrial insurance

بیمهٔ صنعتی

industrialist

صاحب صنعت؛ اهل صنعت

industrialization

صنعتی شدن

industrial management

مدیریت صنعتی

Industrial Management Institute (IMI)

سازمان مدیریت صنعتی

industrial market

بازار صنعتی

☞ *producer market*

industrial marketing

بازاریابی صنعتی

industrial marketing management

مدیریت بازاریابی صنعتی

industrial market research

تحقیق بازار صنعتی؛ پژوهش در خصوص بازار کالاهای صنعتی

industrial migration

نقل مکان صنایع؛ انتقال یا جابجایی صنایع

industrial organization

اتحادیهٔ کارگری امریکا متشکل از صنعتگران، پیشه‌وران و مؤسسات صنعتی

industrial participation

مشارکت صنعتی

☞ *industrial partnership*

Industrial Participation Association

انجمن مشارکت صنعتی

industrial partnership

مشارکت صنعتی

☞ *industrial participation*

industrial-production complex

مجتمع تولیدی ـ صنعتی

industrial production index

شاخص تولید صنعتی

industrial property

علایم تجاری و حق اختراع

industrial psychology

روانشناس صنعتی؛

رشته‌ای از روانشناسی کاربردی که به ارتباطات انسانی در صنعت توجه دارد.
☞ *occupational psychology*

industrial relations
روابط صنعتی؛ روابط کارگری؛ روابط کـارگر و کارفرما
☞ *labor relations*

Industrial Relations Act (1971)
قانون روابط صنعتی (مصوب ۱۹۷۱ انگلستان)

Industrial Revolution
انقلاب صنعتی (اروپا)

industrial society
انجمن صنعتی؛ جامعهٔ صنعتی

industrial sociology
جامعه شناسی صنعتی

Industrial Training Act (1982)
قانون آموزش صنعتی (مصوب ۱۹۸۲ انگلستان)

industrial tribunal
دادگاه/ هیأت حل اختلافات کارگری
☞ *industrial court*

industrial union
اتحادیهٔ کارگری؛ اتحادیهٔ صنعتی
☞ *trade union*

industrial welfare
رفاه صنعتی؛ بهزیستی صنعتی

Industrial Workers of the World (IWW)
کارگران صنعتی جهان؛ اتحادیهٔ جهانی کـارگران صنعتی
→ *AFL*

industry
صنعت؛ صنایع؛ صاحبان صنایع

industry, home
صنعت داخلی

industry, infant
صنعت نوپا؛ صنعت تازه تأسیس

industry, key
صنعت اساسی؛ صنعت کلیدی/ مهم

industry, nationalized
صنعت ملی شده

industry, seasonal
صنعت فصلی

industry, sunrise
صنعت پیشرو

industry, sunset
صنعت رو به زوال

industrywide agreement
موافقت نامهٔ مشترک در سطح یک صنعت
→ *joint agreement*

industrywide bargaining
مذاکرات در سطح یک صنعت؛ چـانه زنی در قلمرو یک صنعت

in effect
نافذ؛ معتبر؛ مؤثر

ineffective
بدون تأثیر قانونی؛ بی‌نتیجه؛ بی‌کفایت؛ نالایق؛ ناتوان؛ شخص نالایق/ بی‌کفایت

inefficacy
بی‌کفایتی؛ عدم کفایت؛ عدم کاردانی

inefficiency
بی‌کفایتی؛ بی‌لیاقتی؛ عدم کارآیی؛ نارسایی

inefficient
بی‌بهره؛ بی‌کفایت؛ بی‌لیاقت؛ فاقد کارآیی
☞ *inept*

inelastic demand

تقاضای غیر قابل انعطاف؛ تقاضای انعطاف ناپذیر؛ تقاضای غیر قابل کشش:

تقاضا برای اجناسی که به علت گرانی بیش از حد فقط طبقهٔ خاصی قادر به خرید آنها هستند.

☞ *inelasticity*

inelasticity

انعطاف ناپذیری

inelastic supply

عرضهٔ انعطاف ناپذیر و غیر حساس

inept

نالایق؛ بی‌کفایت؛ بی‌لیاقت؛ فاقد کارآیی

inept manager

مدیر نالایق

inequality of incomes

نابرابری درآمدها

inequity

نابرابری؛ بی انصافی؛ بی عدالتی

inevitable accident

حادثه اجتناب ناپذیر؛ حادثه قهری؛ قوه قهریه؛ «فورس ماژور»

☞ *act of God*

☞ *force majeure*

☞ *vis divina*

☞ *vis majeure*

inexcusable

غیر موجه؛ غیر قابل توجیه؛ بدون بهانه

inexcusable act

عمل غیر قابل توجیه

inexecutable

اجرا نشدنی؛ غیر قابل اجرا؛ غیر عملی

inexpedience/inexpediency

عدم صلاحیت؛ عدم اقتضا؛ بی‌مصلحتی؛ بی‌احتیاطی؛ بی‌مبالاتی

inexperienced personnel

کارکنان بی تجربه؛ پرسنل کم تجربه

☛ *experienced personnel*

in failing circumstances

معسر؛ ورشکسته؛ در شرف ورشکستگی

infant industry

صنعت نوپا؛ صنعت نوبنیاد

in favor of

در وجه؛ به حواله کرد؛ به نفع

in-feeding

تغذیه از درون؛ عرضهٔ کالاها و خدمات از درون یک سازمان

inferior

بی‌کفایت؛ نالایق؛ نامناسب؛ مادون؛ پایین رتبه

inferior goods

کالاهای نامرغوب؛ کالاهای پست

☞ *poor man´s good*

☞ *given goods*

infirmity

بی‌اعتبار سازی؛ ابطال سند

in-firm training

آموزش درون سازمانی

☞ *in - plant raining*

inflation

تورم؛ تورم پول؛ افزایش حجم پول در بازار

➔ *deflation, flation*

inflation accounting

حسابداری تورمی

inflation accounts

حسابهای تورم

inflationary bias

گرایش تورمی

inflationary gap

شکاف تورمی؛ فاصلهٔ تورمی

inflationary spiral

مارپیچ تورمی؛ روند صعودی قیمتها در اثر افزایش دستمزد، حقوق، سود، اجاره و بهره

→ *pigou effect concept*

inflation, cost push

تورم ناشی از فشار هزینه

inflation, demand

تورم تقاضا

inflation, demand-pull

تورم ناشی از فشار تقاضا

inflation factor

عامل تورم

inflation guard endorsement

سند بیمهٔ محافظت شده در مقابل تورم

inflation pressure

فشار تورم

inflation rate

نرخ تورم

inflation risk

ریسک تورم

inflation, runaway

تورم مهار گسیخته؛ تورم عنان گسیخته

→ *galloping inflation*

inflation, structural

تورم ساختاری؛ تورم بنیادی

influence peddling

زد و بند؛ اعمال نفوذ؛ سوء استفاده از نفوذ و مقام دولتی؛ اهل زد و بند؛ کسی که از نفوذ و پست و مقام خود برای عقد قراردادهای دولتی و گرفتن امتیاز برای دیگران استفاده نماید.

influencer

نافذ؛ تأثیرگذار؛ با نفوذ؛ متنفذ

influence traffic

رشوه‌گیری جهت اعمال نفوذ

influence, use one's

اعمال نفوذ کردن

inflump

تورم و بیکاری

☞ *simultaneous inflation and unemployment*

info (information)

اطلاعات؛ اتهام؛ اعلام جرم

in force

نافذ؛ معتبر؛ مجری؛ داری قوت قانونی

informal communication

ارتباط غیر رسمی

informal communication channels

کانالهای ارتباطی غیر رسمی؛ مجاری ارتباطی غیر رسمی

informal communication media

رسانه‌های ارتباط جمعی غیر رسمی

informal conference

جلسهٔ غیر رسمی

informal coordination

هماهنگی غیر رسمی

informal evaluation

ارزشیابی غیر رسمی

informal group

informal investigation | information need product

informatics
انفورماتیک
→ *information science*

informatin assymmetrics risk
ریسک انحرافات اطلاعاتی

information
اطلاعات؛ اطلاع؛ اتهام؛ اعلام جرم

information aggregation
تراکم اطلاعات

information agreement
موافقت نامهٔ تبادل اطلاعات؛ موافقت نامهٔ خبری

informational roles
نقشهای اطلاعاتی؛ وظیفه‌های اطلاعاتی

information, asking for
استعلام

information, classified
اطلاعات طبقه بندی شده

information clerk
مسؤول اطلاعات

information costs
هزینه‌های اطلاعاتی

information department
ادارهٔ اطلاعات

information feedback
بازخورد اطلاعات

information flow
گردش اطلاعات

information management
مدیریت اطلاعات

information need product (INP)

گروه غیر رسمی:
گروهی که دارای ماهیت غیر رسمی است. به بیان دیگر افرادی بدون نیت و برنامهٔ قبلی و بدون اینکه نیل به هدف از پیش تعیین شده‌ای آنان را به دور یکدیگر جمع کرده باشد تماسها یا ارتباطاتی را با هم برقرار نمایند. نقش گروه غیر رسمی بیشتر در تأمین نیازهای روانی است تا مادی.

☛ *formal group*

informal investigation
تحقیق غیر رسمی

informal leader
رهبر غیر رسمی

☞ *father figure*

informal letter
نامهٔ غیر رسمی

informal organization
سازمان غیر رسمی:
عبارت است از روابط طبیعی، شخصی و غیر رسمی افراد که به منظور رسیدن به هدف خاصی صورت نمی‌گیرد، بلکه در اثر تکرار و استمرار و به علت تأثیر در طرز تفکر و عادات کار بر مبنای تمایلات روحی و شخصی تحت نظم و ترتیب محسوسی در می‌آید.

☛ *formal organization*

informal preliminary agreement for purchase of real property
قولنامه؛ مبایعه نامه

informal report
گزارش غیر رسمی

☛ *formal report*

اطلاعات مورد نیاز تولید / محصول

information oriented economy

اقتصاد مبتنی بر اطلاعات

information overload

بار اضافی اطلاعات؛ تراکم اطلاعاتی؛ زیادی حجم اطلاعات

information processing

داده پردازی؛ پردازش اطلاعات

☞ *data processing*

information processing explanation approach

(در مقولهٔ تعارض سازمانی و ارتباطات) دیدگاه مبتنی بر فرایند پردازش / تبیین اطلاعات

information quality

کیفیت اطلاعات

information quantity

میزان اطلاعات؛ کمیت اطلاعات

information recency

تازگی اطلاعات

information report

گزارش اطلاعات

information required for decision making

اطلاعات مورد نیاز برای تصمیم‌گیری

information resourse management (IRM)

مدیریت منابع اطلاعاتی

information retrieval

بازیابی اطلاعات

information science

اطلاع رسانی؛ انفورماتیک؛ علم اطلاعات

→ *informatics*

information services

خدمات اطلاعاتی

information sources

منابع اطلاعاتی

information specialist

متخصص/کارشناس اطلاعات

information strategies

راهبردهای اطلاعات؛ استراتژیهای اطلاعات

information systems

نظامهای اطلاعاتی؛ سیستمهای اطلاعاتی

information systems management

مدیریت سیستمهای اطلاعاتی

information technology

تکنولوژی اطلاعات؛ فن‌آوری اطلاعات

information theory

نظریهٔ اطلاعات

information timeliness

به موقع بودن اطلاعات

information transfer

انتقال اطلاعات

informed award

حکم مرضی‌الطرفین؛ حکم سازشی

☞ *agreed award*

☞ *fixed award*

☞ *rigged award*

infract

نقض کردن؛ تخلف کردن؛ تجاوز کردن؛ متجاوز؛ متخلف؛ غصب شده

infraction

نقض سیاستها؛ تخطی از خط‌مشی‌ها

infraction of a treaty or law

infractor
نقض عهدنامه یا قانون؛ تخلف از عهدنامه یا قانون

infractor
متخلف؛ متجاوز؛ ناقض؛ قانون شکن

infrangible
غیر قابل تخلف؛ غیر قابل نقض

infrastructure
زیر ساخت؛ زیربنا؛ شالوده

infringe
تخطی کردن؛ تخلف کردن؛ تجاوز کردن؛ نقض کردن؛ سلب کردن؛ قانون شکنی کردن

infringe a law
قانونی را نقض کردن

infringement
قانون شکنی؛ تخلف؛ نقض؛ تجاوز (به حقوق)؛ نقض تعهد؛ تعدی؛ تخطی؛ سلب آزادی؛ تقلید؛ جعل؛ سوء استفاده؛ تجاوز به حق دیگری؛ تخلف از حق ثبت؛ تخلف در استفاده از علامت تجاری

infringement of a patent
جعل پروانهٔ امتیاز

infringement of a treaty
نقض عهدنامه؛ تخلف از مواد عهدنامه

infringement upon employment rights
نقض حقوق استخدامی؛ تضییع حقوق استخدامی

infringe upon
تجاوز کردن به

in good order
سالم و بی عیب؛ در وضعیت خوب

ingress
اجازهٔ ورود؛ حق ورود؛ اذن دخول

ingross (var. engross)
تنظیم کردن متن نهایی سند یا لایحهٔ قانونی؛ احتکار کردن
☞ *hoard*

ingrossment (var. engrossment)
تنظیم متن نهایی سند یا لایحهٔ قانونی؛ احتکار
☞ *hoarding*

in hand
در دست اقدام؛ در جریان؛ در اختیار؛ تحت کنترل؛ موجود

inharmony
عدم توافق؛ مغایرت؛ عدم هماهنگی

inherent conservatism
محافظه کاری ذاتی

inherent vice
فساد ذاتی کالا؛ عیب ذاتی

inherit
به ارث بردن؛ وارث چیزی بودن

inheritance
ارث؛ میراث؛ وراثت

inheritance agreement
موافقت نامهٔ جانشینی

inheritance audience
مخاطبان دایمی؛ تماشاچیان همیشگی

inheritance tax
مالیات بر ارث
☞ *death tax*
☞ *estate tax*
☞ *probate duty*
☞ *succession tax*

in-house

داخلی؛ درون سازمانی

in-house advertising agencies

سازمان‌ها / آژانسهای تبلیغاتی داخلی

inhuman behavior

رفتار غیر انسانی

☞ ***inhuman treatment***

inhuman treatment

رفتار غیر انسانی

☞ ***inhuman behavior***

iniquity of bribery

فساد رشوه گیری؛ فساد ارتشا

initial

امضا کردن؛ پاراف کردن؛ مقدماتی؛ اولیه

initial distribution of wealth

توزیع اولیهٔ ثروت

initial mark-on

قیمت اولیهٔ کالا؛ نخستین قیمت گذاری کالا

initiate (n. initiation)

طرح کردن؛ معرفی کردن؛ آغاز کردن؛ آشنا کردن؛ پیشنهاد کردن

initiating structure

ساختار زمینه‌ای و توجیهی

initiative

ابتکار عمل؛ پیشنهاد (اصلاح قانون)؛ حق اصلاح؛ وضع قانون با رأی مستقیم مردم: *«فایول» معتقد است که ابتکار، ابداع یا نوآوری و اجرای طرحها یکی از نیازهای بسیار ظریف افراد باهوش است، لذا مدیران باید از خودخواهی پرهیز نموده و راه را برای ابتکار و نوآوری زیردستان هموار سازند.*

injustifiable

غیر موجه؛ ناحق؛ ناروا؛ بدون استحقاق؛ غیر

قابل توجیه

inland bill

سند داخلی؛ برات داخلی (براتی که در داخل کشور صادر شده و در همانجا قابل پرداخت باشد)

☞ ***home bill***

inland bill of lading

بارنامهٔ داخلی

inland duty

مالیات و عوارض داخلی کالاها

inland marine insurance

بیمهٔ دریایی داخلی؛ بیمهٔ باربری آبی درون مرزی؛ بیمهٔ دریایی کالاهای ترانزیت به استثنای کالاهای بیمه شده برای عبور از اقیانوسها

inland production

تولید داخلی

Inland Revenue

ادارهٔ مالیات بر درآمد؛ ادارهٔ درآمدهای مالیاتی؛ دریافتهای مالیاتی؛ درآمدهای مالیاتی

Inland Revenue Administration

ادارهٔ کل دریافتهای مالیاتی؛ ادارهٔ ماترک افراد بلا وارث

inland waterway bill of lading

بارنامهٔ آبراه داخلی

in-lieu

به جای؛ در عوض

inner reserve

ذخیرهٔ پنهانی

innocent purchaser

خریدار بی‌گناه؛ خریدار خوش نیت

innovation

نوآوری؛ ابداع؛ ابتکار

innovation-dominated strategy

استراتژی مبتنی بر نوآوری

innovation in marketing

نوآوری در بازاریابی

innovative managers

مدیران نوآور

innovative organization

سازمان نوآور

innovator

نوآور؛ مبتکر؛ خلاق؛ مبدع

inofficial

غیر رسمی

inofficious

غیر نافذ؛ بی‌اثر؛ بدون مراعات حقوق دیگران؛ بی اعتبار؛ فاقد قدرت اجرایی

in open assembly

در جلسه علنی یا عمومی

inoperative

غیر نافذ؛ بلا اثر؛ بلا اجرا

inoperative contract

عقد غیر نافذ؛ قرارداد غیر قابل اجرا

in order of precedence

به ترتیب اولویت

INP (information-need-product)

اطلاعات مورد نیاز تولید/محصول؛ اطلاعات ضروری تولید

in personam

رأی به تعهد مدعی علیه

in plant training

آموزش درون سازمانی؛ آموزش ضمن کار؛ آموزش در محل کارخانه / کارگاه؛ آموزش کارگاهی

☞ *in - firm training*

in process

در دست اقدام؛ در دست اجرا

in-progress inventory

کالاهای نیمه ساخته؛ کالاهای در حال ساخت یا تولید

in prospect

در دست بررسی؛ مد نظر

input

ورودی؛ درونداد؛ وارده؛ نهاده؛ منبع؛ وارد کردن (اطلاعات)

input block

بخش درونداد؛ بلوک درونداد

input data

داده‌های دروندادی؛ داده‌های ورودی

☞ *input*

input device

دستگاه دروندادی

input /output analysis

تحلیل درونداد / برونداد

input/output (I/O)

درونداد / برونداد؛ ورودی / خروجی

input-output matrix

ماتریس ورودی - خروجی؛ ماتریس داده-ستاده؛ ماتریس درونداد - برونداد

input tax

مالیات ارزش افزوده

☞ *value added tax*

inquest

رسیدگی؛ تحقیق؛ هیأت رسیدگی؛ هیأت تحقیق؛

رأی هیأت منصفه

inquest for fix damages

رسیدگی برای تعیین خسارت

inquire

تحقیق؛ بازجویی؛ بازجویی کردن؛ رسیدگی کردن؛ تحقیق کردن؛ استعلام کردن؛ پرسیدن

inquiry

پرسش؛ استعلام؛ بررسی؛ درخواست اطلاعات از حافظهٔ کامپیوتر؛ مهارت کاوشگری؛ مهارت در تدوین فرضیه، نظریه و آزمایش آن

inquiry office

(باجه / کیوسک) اطلاعات

inquiry test

آزمون تقاضا؛ آزمون استعلام

in rem

حکم قانونی در مورد داراییها

➔ *in personam*

inscribed stock

سهم ثبت شده؛ سهام بی‌نام

inscription

ثبت؛ ثبت و ضبط (در دفاتر و اسناد)؛ ثبت سهام قرضهٔ دولتی؛ نام نویسی کردن؛ وارد کردن

INSEAD (European Business Management Institute)

(در فرانسه) مؤسسهٔ مدیریت بازرگانی اروپا

inseparable cost

هزینهٔ غیر قابل تفکیک

insert

درج کردن؛ الحاق کردن؛ ضمیمه کردن؛ اضافه کردن؛ درج؛ الحاق؛ اضافه؛ ضمیمه؛ مدرک الحاقی؛ آگهی ضمیمه؛ بروشور تبلیغاتی

inserted

مندرج؛ درج شده؛ الحاق شده؛ اضافه شده

insertion

درج؛ اضافه؛ ضمیمه؛ آگهی (در روزنامه)

insertion order

سفارش درج آگهی

in-service training

آموزش ضمن خدمت

☞ *on-the-job training*

inside director

مدیر داخلی؛ مدیر اجرایی

☞ *excutive director*

inside-outside approach

رهیافت درون - برون سازمانی:

رهیافت / دیدگاهی راهبردی که بر مبنای آن مدیران سازمان ابتدا به وضعیت درونی سازمان و سپس به عوامل مربوط به محیط خارجی آن توجه می‌کنند.

insider

کارمند محرم؛ محرم اسرار؛ خودی

insider dealing

معامله با خودیها؛ استفادهٔ غیر قانونی از اطلاعات محرمانه در معاملات ارز

☞ *insider trading*

insider trading

معامله با خودیها؛ معامله با آشنایان؛ معامله با اعضای داخلی سازمان

☞ *insider dealing*

inside union

اتحادیه / سازمان کارگری کارگاهی؛ سازمان کارگری که مخصوص یک شرکت یا یک کارگاه است

☞ *company union*

insinuate
ثبت کردن؛ به ثبت رساندن

in solido / solidum
تضامنی؛ متضامناً؛ منفرداً و مشترکاً

insolvability
ورشکستگی؛ اعسار؛ عجز از پرداخت دیون؛ عدم امکان تأدیه تمام یا قسمتی از دیون

insolvable
ورشکسته؛ غیر قابل تبدیل به پول نقد؛ عاجز از پرداخت دیون؛ معسر؛ مفلس؛ لاینحل

insolvable problem
مسأله حل نشدنی؛ مسأله / موضوع لاینحل؛ ناتوانی در پرداخت بدهی؛ درماندگی

insolvency
درماندگی؛ اعسار؛ افلاس؛ ورشکستگی؛ عجز از پرداخت دیون؛ عدم تکافوی پرداخت دین (در مورد مال یا املاک)؛ ناتوانی از پرداخت دیون

insolvency of an estate
عدم تکافوی ملک برای پرداخت دیون

Insolvency Office
ادارۀ امور ورشکستگی

insolvent
ورشکسته؛ مفلس؛ عاجز از پرداخت دیون؛ کسی که نمی‌تواند بدهی خود را بپردازد

insolvent estate
املاک غیر کافی برای پرداخت دیون شخصی

inspect
بازرسی؛ بررسی؛ بازرسی کردن؛ وارسی کردن

inspected activities
(در ارتش) یگانهای بازرسی شده؛ واحدهای بازرسی شده؛ قسمتهای بازرسی شده
☞ *inspected units*

inspected units
واحدهای بازرسی شده
☞ *inspected activities*

inspection
بازرسی؛ بررسی؛ بازدید؛ وارسی؛ بررسی و آزمون کالا برای مقایسه با استانداردهای تعیین شده و کنترل کیفیت آن

inspection and certification fee
هزینۀ بازرسی و گواهی

inspection, centralized
بازرسی متمرکز

inspection chief
رییس بازرسی

inspection, curtailed
بازرسی کوتاه

inspection department
ادارۀ بازرسی

inspection diagram
نمودار بازرسی

inspection, final
بازرسی نهایی

inspection, functional
بازرسی عملیاتی

inspection functions
وظایف بازرسی

inspection guides and checklists
راهنماها و چک لیستهای بازرسی

inspection, health services management (HSMI)
بازرسی مدیریت خدمات بهداشتی

inspection, management

effectiveness
بازرسی کارآیی / اثر بخشی مدیریت

inspection of documents
بررسی اوراق (اسناد / وثیقه)؛ بازرسی اسناد و مدارک

inspection of title deeds of property
بررسی اسناد مالکیت

inspection, on-site
تحقیق محلی؛ تحقیق در محل حادثه

inspection, option of
خیار رؤیت

inspection organizations
سازمانهای بازرسی

inspection report
گزارش بازرسی

inspection, routine
بازرسی معمولی / عادی

inspection system
سیستم بازرسی

inspection team
تیم بازرسی؛ گروه بازرسی

inspection team chief
رییس تیم بازرسی

inspector
بازرس؛ بازدید کننده

inspectorate
هیأت بازرسان؛ حوزهٔ بازرسی؛ مقام بازرسی
- General Inspectorate of Iran
سازمان بازرسی کل کشور

inspector general
بازرس کل

inspector of taxes
ممیز مالیاتی

inspector qualifications
صلاحیتهای بازرس

inspeximus
ما بازرسی کردیم؛ (در حقوق انگلیس) امتیاز یا فرمانی که طی آن امضاکننده تصریح می‌نماید که قرارداد قبلی را مطالعه و مورد تأیید قرار داده و از مضمون آن مطلع است.

inspirational leadership
رهبری الهام بخش

inspirational stategy
استراتژی بصیرتی

instability
بی ثباتی

installation
استقرار؛ انتصاب؛ نصب؛ تأسیسات؛ محل انجام عملیات؛ کارگزاری؛ جایگاهی که تجهیزات در آن قرار داده می‌شود؛ قرار دادن و هماهنگ ساختن برنامه‌ها و نرم‌افزارها در کامپیوتر: یکی از سه بعدی که برای بکارگیری علم مدیریت در سازمان مطرح می‌باشد، استقرار است. بدین مفهوم که در علم مدیریت باید یک مدل کاملاً ریاضی بر مبنای داده‌ها پی‌ریزی گردد تا اطلاعات مورد نیاز برای تصمیم‌گیری تأمین شود.
☞ *implementation*
☞ *internalization*

installation expense
هزینهٔ نصب

installation manual
راهنمای نصب؛ دستورالعمل نصب

installation time
زمان نصب؛ مدت نصب

install (instal)
منصوب کردن؛ نصب کردن؛ مستقر کردن؛ کار گذاشتن

installment account
حساب اقساطی
→ *charge account*

installment bond
سند قرضهٔ قابل پرداخت به اقساط

installment buying
خرید اقساطی
☞ *installment trading*
☞ *installment purchase*

installment contract
قرارداد اقساطی

installment credit
اعتبار اقساطی

installment loan
وام اقساطی

installment of rent
اقساط مال‌الاجاره

installment plan
خرید اقساطی؛ فروش اقساطی؛ فروش قسطی

installment purchase method
روش خرید اقساطی

installments
تقسیط؛ قسط بندی؛ اقساط

installment sale
فروش اقساطی

installment sales contract
قرارداد فروش اقساطی

installment sales method
روش فروش اقساطی

installment system
فروش اقساطی؛ سیستم تقسیطی

installment transactions
معاملات اقساطی

installment (var. instalment)
قسط؛ پرداخت به اقساط

instance of, at the
به تقاضای؛ برحسب تقاضای

instances of service
موارد ابلاغ

instant (inst)
ماه جاری؛ واژهٔ تجاری که نشان‌دهندهٔ ماه جاری است

instant vesting
حق تغییر سازمان
→ *multiemployer pension plans*

instate
تعیین کردن؛ منصوب کردن؛ اعطا کردن؛ وقف کردن

instigate a strike
تحریک کردن به اعتصاب؛ اعتصاب راه انداختن

institute
مؤسسه؛ بنگاه؛ انجمن؛ شورا؛ اصل قانونی؛ مقررات؛ قانون؛ موازین؛ تأسیس کردن؛ برقرار کردن؛ منصوب کردن؛ گماشتن

institute an action
طرح کردن دعوا؛ اقامه کردن دعوا
☞ *institute proceedings*
☞ *institute a suit*

institute an inquiry

institute a suit
دستور بازرسی دادن

institute a suit
طرح کردن دعوا؛ اقامه کردن دعوا
☞ *institute proceedings*
☞ *institute an action*

Institute of Cost and Management Accountants
مؤسسۀ حسابداران مدیریت و هزینه

Institute of Management Consultants
مؤسسۀ مشاوران مدیریت

Institute of Management Science
مؤسسۀ علوم مدیریت

Institute of Marketing
مؤسسۀ بازاریابی

Institute of Marketing Research
مؤسسۀ تحقیق بازاریابی

Institute of Personnel Management (IPM)
انستیتوی مدیریت پرسنلی (انگلستان)؛ مؤسسۀ مدیریت پرسنلی؛ مؤسسۀ مدیریت امور کارکنان

institute proceedings
طرح کردن دعوا؛ اقامه کردن دعوا
☞ *institute an action*
☞ *institute a suit*

institutinal monopoly
انحصار سازمانی

institution
بنگاه؛ مؤسسه؛ نهاد؛ بنیاد؛ تأسیس؛ طرح؛ پایه‌گذاری؛ وضع

institutional
نهادی؛ سازمانی؛ بنیادی؛ اساسی

institutional advertising
تبلیغات تجاری سازمانی؛ تبلیغ برای مؤسسه

institutional arbitration
داوری توسط مراجع رسمی؛ داوری سازمانی

institutional decisions
تصمیمهای بنیادی؛ تصمیمهای اساسی

institutional environment
محیط سازمانی

institutional investor
سرمایه گذار سازمانی؛ سرمایه‌گذار نهادی

institutionalize
نهادی کردن؛ به سازمان تبدیل کردن؛ جا انداختن

institutional level
سطح سازمانی

institutional managers
مدیران سازمانی؛ مدیران نهادی؛ مدیران سطح عالی سازمان

institutional operations
عملیات بنیادی / اساسی

institution of an action
اقامۀ دعوا
☞ *institution of proceedings*
☞ *institution of a suit*

institution of collective investment
مؤسسۀ سرمایه گذاری جمعی / مشترک

Institution of Industrial

Managers

انجمن مدیران صنعتی

institutor

مؤسس؛ بنیانگذار؛ بانی

in stock

ذخیرهٔ انبار؛ موجودی (کالا)

in-store promotion

تبلیغ درون فروشگاهی؛ تبلیغ فروش در داخل فروشگاه

instruct

ابلاغ کردن؛ دستور دادن؛ امر کردن؛ اطلاع دادن؛ خبر دادن؛ تذکر دادن

instruction

دستور؛ فرمان؛ دستور کار

➔ *run book*

instruction

تحقیق؛ آموزش؛ تعلیم؛ دستور؛ (در جمع) دستورالعمل

instructional code

مقررات آموزشی

instructional methods

روشهای آموزشی

instructional planner

برنامه‌ریز آموزشی

instructional planner and designer

طراح و برنامه‌ریز آموزشی

instructional planning

برنامه‌ریزی آموزشی

instruction amendment

اصلاح دستور

instruction, issue

دستور صادر کردن

instrument

سند؛ مستند؛ وسیله؛ ابزار

instrumentalism

اصالت سودمندی

instrumentality

سازمان تابعه؛ دستگاه تابعه؛ تشکیلات؛ واسطه؛ عامل؛ ابزاری

instrumental leadership

رهبری مفید و سودمند

instrumental performance

عملکرد ابزاری؛ عملکرد طبیعی تولید

instrument of assignment

سند واگذاری

instrument of commerce

سند تجاری

instrument of transfer

سند انتقال (مالکیت)

instrument ready for enforcement

سند آمادهٔ اجرا

insufficient funds

موجودی غیر کافی؛ کسری موجودی

insufficient-reason criterion

ملاک عدم کفایت دلیل؛ میزان ناکافی بودن اطلاعات

insufficient stock

موجودی غیرکافی

insurable interest

بهرهٔ بیمه شدنی؛ منفعت قابل بیمه شدن

insurance

بیمه؛ بیمه نامه؛ حق بیمه؛ قرارداد بیمه؛

خسارت؛ عمل احتیاطی
☞ *assurance*
☞ *life insurance*

insurance, accident

بیمهٔ حوادث / تصادفات
☞ *casualty insurance*
☞ *collision insurance*

insurance agent

نمایندهٔ بیمه؛ کارگزار بیمه

insurance, blanket

بیمهٔ کلی

insurance broker

کارگزار بیمه؛ نمایندهٔ بیمه؛ دلال بیمه؛ واسطهٔ بیمه

insurance, burglary

بیمه دزدی / سرقت
☞ *theft insurance*

insurance certificate

گواهی بیمه

insurance company

شرکت بیمه

insurance contract

قرارداد بیمه

Insurance Corporation, Federal

شرکت بیمهٔ فدرال

insurance coverage

پوشش بیمه

insurance, disability

بیمهٔ از کار افتادگی

insurance document

سند بیمه

insurance, fire

بیمهٔ آتش سوزی

insurance, freight

بیمهٔ باربری

insurance frims

شرکتهای بیمه
☞ *insurance company*

insurance frims, mutual

شرکتهای بیمه تعاونی

insurance fund

صندوق بیمه و منابع بیمه‌ای

insurance, group

بیمهٔ همگانی ؛ بیمهٔ دسته جمعی

insurance guarantee fund

صندوق تضمین بیمه‌ای

insurance, industry

بیمهٔ صنعتی

insurance, liability

بیمهٔ مسؤولیت

insurance, life

بیمهٔ عمر

insurance of immortality

بیمهٔ ابدیت

insurance of movable assets

بیمهٔ اموال منقول

insurance of property

بیمهٔ املاک؛ بیمهٔ ملک

insurance, old-age and survivors'

بیمهٔ ایام پیری و بازماندگان

insurance policy

بیمه نامه

insurance premium
حق بیمه
→ *premium*

insurance, social
بیمهٔ اجتماعی

insurance, theft
بیمهٔ دزدی / سرقت
☞ *burgulary insurance*

insurance, third-party
بیمهٔ شخص ثالث

insurant, the
بیمه گذار؛ کسی که بیمه نامه بنام او صادر شده است

insure
بیمه کردن؛ ضمانت کردن؛ تضمین کردن؛ تأمین کردن؛ محافظت کردن
☞ *assure*

insured mail
کالاهای پستی بیمه شده؛ پست بیمه‌ای

insured, the
بیمه شده؛ بیمه گذار

insured value
ارزش بیمه

insure efficient operation of the system
حصول اطمینان از عملیات مؤثر سیستم

insurer
بیمه‌گر؛ بیمه کننده

insuring clause
شرط / مادهٔ قانونی در قرارداد بیمه

intangible asset
دارایی نامشهود؛ دارایی نامرئی؛ دارایی غیر ملموس؛ اموال دینی؛ دارایی دینی
→ *choses in action*

intangible property
دارایی غیر عینی؛ دارایی و اموال غیر ملموس؛ مالکیت غیر عینی؛ ملک نامشهود؛ مالکیت غیر ملموس

intangible reward
پاداش غیر عینی؛ پاداش غیر ملموس
☞ *psychic income*

intangible tax
مالیات نامرئی؛ مالیات نامشهود

integer programming
برنامه‌ریزی عدد صحیح

integral job evaluation
ارزشیابی یکپارچهٔ شغل؛ روش ارزشیابی شغل به عنوان یک کلیت واحد

integral part
جزء لازم؛ جزء مکمل؛ جزء لاینفک

integrate
تلفیق کردن؛ ترکیب کردن؛ یکپارچه کردن؛ هماهنگ کردن؛ متحد کردن؛ ادغام کردن؛ ادغام شدن؛ تکمیل کردن؛ نظام بخشیدن؛ یکی کردن

integrated
منسجم؛ هماهنگ؛ نظام یافته؛ یکپارچه؛ مجتمع

integrated commercial
آگهی تجارتی/بازرگانی همراه با برنامه؛ پخش آگهی بازرگانی به عنوان جزئی از برنامه‌های تفریحی و سرگرم کننده در رسانه‌های گروهی

integrated control
نظارت / کنترل یک پارچه

integrated data processing (IDP)

داده‌پردازی یکپارچه

integrated planning

طرح ریزی یکپارچه؛ برنامه‌ریزی یکپارچه

integration

ادغام؛ تلفیق؛ الحاق؛ اتحاد؛ هماهنگی؛ یکپارچگی؛ همبستگی؛ تمرکز قدرت در دست مدیران عالی و اجرایی؛ سازماندهی عملیات مختلف در تولید کالاهای اقتصادی تحت مدیریت واحد

integration forward

توسعهٔ عملیات به سوی مشتری؛ توسعهٔ محدودهٔ عملیات بازرگانی به گونه‌ای که کالاها در دسترس مصرف کنندهٔ نهایی قرار گیرد

☛ *vertical integration*

integration, horizontal

ادغام افقی؛ ادغام مؤسساتی که عملیات آنها مشابه و یکسان است

integrationist model

الگوی یکپارچه و متحد؛ الگوی هماهنگ؛ الگوی ترکیبی مدیریت؛ الگویی که در مدیریت دولتی به کار می‌رود

integration role of management

نقش ترکیبی مدیریت

→ *mismanagement*

integration role (of manager)

نقش ترکیبی (مدیر) :

«آدیزس» در کتاب «روش حل بحرانهای ناشی از سوء مدیریت»، چهار نقش مدیریتی را برای ادارهٔ مؤثر هر سازمان لازم می‌داند. این نقشها عبارتند از: نقش تولیدی، اجرایی، ابداعی و ترکیبی. مدیر در نقش ترکیبی، استراتژیهای فردی را به استراتژیهای گروهی، مخاطرات فردی را به مخاطرات گروهی و اهداف فردی را به اهداف گروهی، مبدل می‌سازد. بنابراین تحقق نقش ترکیبی به مدیری نیاز دارد که نسبت به نیازهای کارکنان حساس و خودآگاه باشد تا از این طریق بتواند کل سازمان را در دستیابی به اهداف و راهبردها متحد کند.

☞ *mismanagement*

integration, vertical

ادغام عمودی؛ ادغام چند شرکت در یک شرکت که در همهٔ زمینه‌های تولیدی فعالیت دارد

☛ *horizontal integration*

integrative growth

رشد مرکب؛ توسعهٔ عملیات مؤسسه از طریق کسب داراییهای تولیدکنندگان، مشتریان و رقبا

integrative variable

متغیر همبستگی؛ متغیر یکپارچگی؛ درجهٔ سازگاری هدفهای افراد و گروههای مختلف با یکدیگر

integrator

تلفیق کننده؛ ادغام کننده

intellectual property

مالکیت معنوی (علمی و هنری)؛ حق معنوی

intelligence

اطلاعات؛ ادارهٔ اطلاعات؛ هوش؛ فراست

intelligence quotient in leadership

ضریب هوشی در رهبری

intelligence quotient (IQ)

بهرهٔ هوشی؛ ضریب هوشی

intelligence test

آزمون هوش

intelligent knowledge-based system (IKBS)

سیستم هوشمند مبتنی بر دانش

INTELSAT (International Telecommunications Satellite Organization)

سازمان بین‌المللی ارتباطات ماهواره‌ای

intend

تصمیم داشتن؛ درنظر داشتن؛ درنظر گرفتن؛ اختصاص دادن؛ ادعا کردن؛ اقامهٔ دعوا کردن

intended audience

مخاطبان مورد نظر

intensive distribution

توزیع فشرده؛ توزیع در سطح گسترده

intent

قصد؛ منظور؛ هدف؛ معنی؛ مفهوم؛ قصد داشتن؛ تصمیم گرفتن؛ مصمم بودن؛ ادعا کردن

intention

قصد؛ منظور؛ عمد؛ تصمیم؛ معنی و مفهوم

intention of the formers of the treaty

قصد و نیت نویسندگان یک قرارداد

intent to discriminate

قصد اعمال تبعیض

interaction

تعامل؛ تبادل؛ عمل متقابل؛ فعل و انفعال؛ واکنش متقابل؛ کنش متقابل:

عبارت است از عکس‌العمل متقابلی که افراد یک گروه با یکدیگر ضمن دست زدن به فعالیت از خود بروز می‌دهند. کنش متقابل یا تعامل یکی از سه عنصر اصلی رفتار گروهی را تشکیل می‌دهد.

☞ *activity*

☞ *centiments*

interactional approach

(در ارتباطات و تعارض سازمانی) دیدگاه کنش متقابل

interaction analysis

تجزیه و تحلیل رفتارهای متقابل؛ تجزیه و تحلیل مراوده‌ای

➔ *managerial grid*

interaction requirements

الزامات روابط متقابل گروهی

interactive skills

مهارتهای ارتباطی

inter alia (Lat)

اصطلاح لاتین به معنی میان اشیای دیگر؛ ضمناً؛ از جمله؛ در میان سایر اقلام

☞ *among other things*

inter alios (Lat)

از جمله افراد؛ در میان اشخاص دیگر؛ بین سایرین؛ بین سایر اشخاص؛ بین اشخاص ناآشنا با موضوع مورد بحث

☞ *among other persons*

interbank deposit

سپردهٔ میان بانکی؛ سپرده‌های بانکها نزد یکدیگر

inter-bank loan

وام بین بانکها؛ وام بانک به بانک

interbank payments

پرداختهای میان بانکی؛ پرداختهای بانکها به یکدیگر

intercede

وساطت کردن؛ میانجیگری کردن؛ پا در میانی

interdependent commitments
تعهدات متقابل؛ تعهدات وابسته بهم
interdict
ممنوع کردن؛ محروم کردن؛ تحریم کردن؛ قرار منع؛ قرار اعادهٔ تصرف؛ قرار ارائهٔ حسابها؛ ممنوعیت
interest
حقوق؛ علاقه؛ منفعت؛ منافع؛ بهره؛ نفع؛ ربح؛ تنزیل؛ سود؛ سهم؛ مصلحت؛ صلاح
interest, compound
بهرهٔ مرکب؛ ربح مرکب
☞ *interest on interest*
interest damage
عدم‌النفع
interest due
بهرهٔ قابل پرداخت
interested party
ذینفع؛ شخص ذینفع
interested person
ذینفع؛ شخص ذینفع
interest-free
بدون بهره
interest-free banking transactions
عملیات بانکی بدون ربا
interest free grant
کمک بدون بهره
interest-free loan
وام قرض‌الحسنه؛ وام بدون بهره
☞ *goodly-loan*
interest-free loan fund
صندوق قرض‌الحسنه

کردن؛ واسطه شدن؛ به عهده گرفتن قرض دیگری
intercession
میانجیگری؛ وساطت؛ پا درمیانی
interchange
معاوضه؛ مبادله؛ تبادل؛ جابجایی؛ رد و بدل؛ مبادله کردن؛ جابجا کردن؛ تعویض کردن
interchangeability
معاوضه پذیری؛ قابلیت جابجایی / تعویض
interchangeable bond
اوراق قرضهٔ قابل معاوضه؛ سند قرضهٔ قابل تبدیل
intercompany comparison
مقایسهٔ شرکتها؛ تحلیل تطبیقی مؤسسات؛ بررسی تطبیقی شرکتهای مختلف با یکدیگر
☞ *inter - firm comparison*
interconvertible
قابل تبدیل؛ قابل مبادله؛ قابل معاوضه
intercorporate stockholding
سهامداری میان شرکتها
intercorrelation
همبستگی متقابل؛ همبستگی درونی
intercourse
مبادله؛ مذاکره؛ تبادل؛ داد و ستد
interdepartmental conflict
تعارض بین واحدها؛ تعارض / ناسازگاری بین دو یا چند واحد سازمانی
→ *conflict*
interdependence
وابستگی متقابل
interdependency
وابستگی درونی

interest groups
گروههای ذینفع: گروههایی که دارای منافع مشترک هستند

interest, insurable
بهرهٔ بیمه شدنی؛ بهرهٔ قابل بیمه شدن

interest inventory
فهرست امور مورد علاقه و توجه

interest, net
بهرهٔ خالص

interest on call
بهرهٔ عندالمطالبه

interest on capital
بهرهٔ سرمایه

interest on debt
بهرهٔ بدهی

interest on interest
ربح مرکب؛ ربح در ربح
☞ *compound interest*

interest, open
بهرهٔ آزاد

interest, ordinary
بهرهٔ عادی؛ بهرهٔ ساده

interest payable
بهرهٔ قابل پرداخت

interest, put out to
به بهره گذاشتن

interest rate
نرخ بهره
☞ *rate of interest*

interest rate per annum
نرخ بهرهٔ سالانه

interest rate risk
ریسک نوسانات نرخ بهره

interest receivable
بهرهٔ قابل دریافت

interest test
آزمون علاقه‌مندی؛ تست علاقه؛ آزمون علاقه

interest transfer
نقل و انتقال بهره

interface
دستگاه میانجی؛ واسطه؛ رابط؛ مرز مشترک بین سیستمهای داده‌پردازی خودکار با بخشهای مختلف یک سیستم واحد؛ مرز بین دو یا چند وظیفهٔ سازمانی

interface activity
فعالیت دو جانبه

interface event
رویداد دو جانبه؛ رویداد/واقعهٔ مشترک بین دو یا چند شبکهٔ برداری

interfere
دخالت کردن؛ مداخله کردن؛ مانع شدن؛ اختلال ایجاد کردن

interference
دخالت؛ مداخله؛ معارضه؛ تعارض؛ برخورد

interference pay
پرداخت تداخلی؛ پولی که در اثر توقف تعطیلی کار، به کارگر کارمزدی پرداخت می‌شود

inter-firm comparison
تحلیل تطبیقی مؤسسه‌ها؛ مقایسهٔ شرکتها
☞ *intercompany comparison*

intergovernmental expenditures
پرداختهای بین دولتها؛ کمکهای مالی به دیگر کشورها

intergovernmental revenue

intergrated plan 386 intermediate financial

روابط بین صنایع

interline

انتقال بین خطی؛ انتقال و حمل بار و تجهیزات از یک دستگاه باربری به دستگاه دیگر

➔ *gateway*

interlocking directorate

مدیریت مشترک

interlocutory decree

حکم اولیه؛ حکمی که قبل از صدور حکم نهایی صادر می‌شود

interlocutory injunction

قرار منع موقت

intermediacy

وساطت؛ میانجیگری؛ مداخله

intermediary

واسطه؛ وساطت کننده؛ داور؛ میانجی؛ دلال؛ فرد / سازمان توزیع کنندهٔ کالا که معامله‌ای را سامان دهد

☞ *middleman*

☞ *broker*

☞ *agent*

intermediate

میانجیگری کردن؛ وساطت کردن؛ میانجی؛ واسطه؛ (در متون حقوقی) در فاصله؛ بین؛ در ضمن؛ میان

intermediate bond

سند قرضهٔ واسطه‌ای

intermediate carrier

حمل و نقل در محدودهٔ داخلی

intermediate financial management

مدیریت مالی میانی

درآمدهای بین دولتها

intergrated plan

برنامهٔ یکپارچه

intergroup conflict

تعارض میان گروهی

inter-group cooperation

همکاری بین گروهها

inter-group opposition

مخالفت / ضدیت بین گروهها

inter-group relations

روابط بین گروهها

interim

موقتی؛ پست موقت؛ موقعیت شغلی موقتی؛ فی‌مابین؛ مشروط؛ اولیه؛ مقدماتی

➔ *incumbent*

interim assessment

ارزشیابی پیشرفت آموزش؛ ارزشیابی پیشرفت کار

interim bond

سند قرضهٔ موقت

interim certificate

گواهی نامه موقت؛ گواهی مقدماتی

interim dividend

سود سهام موقت؛ سودی که پیش از پایان سال مالی پرداخت شود

interim receiver

مدیر تصفیهٔ موقتی

interim report

گزارش اولیه

inter-industry competition

رقابت بین صنایع

inter-industry relations

intermediate goods

کالاهای واسطه (در تولید)

intermediate loan

وام میان مدت

intermediate-range planning

برنامه‌ریزی میان مدت؛ تعیین هدفهای فرعی و راهبردی جنبی بر اساس هدفهای بلند مدت و استراتژی کلی

intermediate-term bill

سند میان مدت

intermediate-term credit

اعتبار میان مدت

intermediate-term debt

وام میان مدت

intermediation

میانجی‌گری؛ واسطه‌گری

intermediator

میانجی؛ واسطه؛ دلال

intermittent production

تولید دسته‌ای / گروهی

☞ *batch production*

intermodalist

متصدی حمل و نقل کالا

intermodal shipment

محمولهٔ انتقالی:

محموله‌ای که از یک وسیلهٔ باربری به وسیلهٔ حمل و نقل دیگر منتقل می‌شود.

internal aids

کمکهای داخلی

internal audit

حسابرسی داخلی؛ ممیزی داخلی

➔ *look back*

internal auditing department

واحد حسابرسی داخلی

internal auditor

حسابرس داخلی

internal audit program

برنامهٔ حسابرسی داخلی

internal bill

برات داخلی

internal draft

internal bond

سند قرضهٔ داخلی

internal check

بررسی داخلی؛ رسیدگی داخلی؛ وارسی داخلی

internal commerce

تجارت داخلی

internal communications program

برنامهٔ ارتباطات داخلی

☛ *external communications program*

internal consistency

اصل تداوم داخلی (در طبقه‌بندی توانائیهای فردی)

internal control

نظارت داخلی؛ بازبینی داخلی

internal coordination

هماهنگی داخلی:

هماهنگی طرحها، فعالیتها، عقاید و اعضای سازمان با یکدیگر. هماهنگی داخلی دو نوع است: هماهنگی عمودی و هماهنگی افقی

internal debt

قرض داخلی؛ بدهی داخلی

internal draft
برات داخلی
internal bill

internal economies of scale
صرفه جویی در اثر افزایش تولید

internal financing
تامین هزینه‌ها از منابع داخلی

internal forecast
پیش بینی داخلی

internal instruction
دستورالعمل داخلی
☞ *internal manual*

internalization
نفوذ؛ رسوخ یافتن؛ ملکهٔ ذهن شدن : یکی از ابعاد سه‌گانه بـرای بکارگیری علم مدیریت در سازمان. این بعد تصریح می‌کند که مفاهیم و متدلوژی علم مدیریت بـاید در افکار مدیران عمیقاً نفوذ کرده و جا بیفتد.
☞ *installation*
☞ *implementation*

internal law
حقوق داخلی؛ قوانین داخلی
☞ *domestic law*
☞ *municipal law*
☞ *territorial law*

internal loan
وام داخلی :
وام‌های داخلی به صورت قرضهٔ مـلی از سـوی دولت مـنتشر مـی‌شود و در اخـتیار مـردم و مـؤسسات عـمومی و خصـوصی قـرار می‌گیرد. ممکن است دولت از نظام بانکی وام دریافت نماید و یا بطور غیر مستقیم و با اعلام

فروش سکـه، اتـومبیل و غـیره و یـا بـا ایجاد تسهیلاتی در خصوص حج و زیارت و ... مبالغی را از مردم دریافت کند.

internal manual
دستورالعمل داخلی
☞ *internal instruction*

internal memory
حافظهٔ داخلی

internal organization
تشکیلات داخلی

internal planning
برنامه‌ریزی داخلی

internal product
محصول داخلی

internal rate of return (IRR)
نرخ بازده داخلی
☞ *rate of return*
☞ *actuarial rate of return*

internal relativity
نسبت پرداخت درون سازمانی

internal revenue
درآمد داخلی؛ عواید داخلی

internal revenue service
ادارهٔ مالیات بر درآمد

internal revenue tax
مالیات مصرفی؛ مالیات بر درآمد داخـلی؛ (در آمریکا) ادارهٔ مالیاتهای داخلی

internal ruling
نظامنامهٔ داخلی

internal transactions
معـاملات داخـلی؛ (در حسـابداری) عـملیات داخلی

internal-voucher

سند داخلی

internal waters

آبهای داخلی

Internatioinal Trade Law Commission

کمیسیون حقوق تجارت بین‌الملل (سازمان ملل)

international accountant

حسابدار بین‌المللی؛ عضو انجمن حسابداران بین‌المللی

International Air Transport Association (IATA)

سازمان بین‌المللی ترابری هوایی

International Bank for Economic Cooperation (IBEC)

بانک بین‌المللی همکاریهای اقتصادی

International Bank of Reconstruction and Development (World Bank)

بانک بین‌المللی بازسازی و توسعه (بانک جهانی)

☞ *IBRD*

International Chamber of Commerce (ICC)

اتاق بازرگانی بین‌المللی:

یک سازمان بازرگانی بین‌المللی که در سال ۱۹۲۰ میلادی در پاریس تأسیس گردیده و در سال ۱۹۴۶ توسط شورای اقتصادی و اجتماعی سازمان ملل دارای اساسنامهٔ مشورتی شده است.

international channel

کانال بین‌المللی

International Civil Aviation Organization (ICAO)

سازمان بین‌المللی هواپیمایی کشوری (ایکائو)

International Clearing Union

اتحادیهٔ بین‌المللی تهاتر؛ اتحادیهٔ پایاپای بین‌المللی

international company

شرکت بین‌المللی؛ شرکت چند ملیتی

☞ *multinational company*

International Confederation of Free Trade Unions (ICFTU)

کنفدراسیون بین‌المللی اتحادیه‌های آزاد کارگری

international consensus

توافق بین‌المللی

international convention

کنوانسیون بین‌المللی؛ قرارداد بین‌المللی

International Cooperative Alliance

اتحادیهٔ بین‌المللی تعاونی

international corporation

شرکت بین‌المللی؛ شرکت چند ملیتی

☞ *international company*

International Council for Scientific Management (CIOS)

انجمن بین‌المللی مدیریت علمی (در فرانسه)

International Court of Justice

دیوان بین المللی دادگستری؛ دادگاه بین‌المللی؛ دادگاه داوری بین‌المللی

international custom

عرف بین‌المللی

international customary law
حقوق عرف بین‌الملل

International Development Association (IDA)
انجمن/اتحادیهٔ بین‌المللی توسعه

international economics
اقتصاد بین‌المللی

International Finance Corporation (IFC)
شرکت مالی بین‌المللی

International Labor Office
دفتر بین‌المللی کار (وابسته به سازمان بین‌المللی کار)

International Labor Organization (ILO)
سازمان بین‌المللی کار؛ سازمان جهانی که از نمایندگان کارگران، کارفرمایان و دولتها به طور سه جانبه در سال ۱۹۱۹ تشکیل شده و مقر آن در ژنو است

International Labor Review
نشریهٔ سازمان بین‌المللی کار

international law
حقوق بین‌الملل

International Law Commission
کمیسیون حقوق بین‌الملل (سازمان ملل متحد)

international law of the sea
حقوق بین‌الملل دریاها

international law, private
حقوق بین‌الملل خصوصی

international law, public
حقوق بین‌الملل عمومی

international legislation
قانون یا قوانین بین‌الملل

international loan
وامهای بین‌المللی

international marketing
بازاریابی بین‌المللی

International Monetary Fund (IMF)
صندوق بین‌المللی پول

international negotiations
مذاکرات بین‌المللی

international obligations
تعهدات بین‌المللی

international organization
سازمان بین‌المللی

International Organization for Standardization
سازمان بین‌المللی استاندارد
☞ **ISO**

International Organization of Employers (IOE)
سازمان بین‌المللی کارفرمایان

international representative
نمایندهٔ بین‌المللی

international reserves
اندوخته‌های بین‌المللی

international responsibility
مسؤولیت بین‌المللی

International Road Transport Union (IRTU)
اتحادیهٔ بین‌المللی حمل و نقل زمینی

international sale agreements
قراردادهای فروش بین‌المللی

international sale transactions
معاملات بیع بین‌المللی
international sanction
تحریم بین‌المللی
international settlement
تسویهٔ بین‌المللی
International Standard Classification of Occupations (ISCO)
استاندارد جهانی طبقه بندی مشاغل
International Standard Organization (ISO)
سازمان بین‌المللی استاندارد
International Telecommunication Union (ITU)
اتحادیهٔ بین‌المللی ارتباطات / مخابرات
international trade
تجارت بین‌المللی
international trade fair
نمایشگاه بازرگانی بین‌المللی
International Trade Organization
سازمان تجارت بین‌المللی
International Trade Secretariat
دبیرخانهٔ بین‌المللی اتحادیه‌های کارگری
International Trade Unions Federation
فدراسیون بین‌المللی اتحادیه‌های کارگری
international treaty
معاهدهٔ بین‌المللی
international treaty law
حقوق معاهدات بین‌المللی
international tribunal
دادگاه بین‌المللی
international union
اتحادیهٔ بین‌المللی
International Union of Aviation Insurance
اتحادیهٔ بین‌المللی بیمهٔ هوانوردی
International Union of Inland Navigation
اتحادیهٔ بین‌المللی کشتیرانی داخلی
International Union of Marine Insurance
اتحادیهٔ بین‌المللی بیمهٔ دریایی
International Union of Public Transport
اتحادیهٔ بین‌المللی حمل و نقل عمومی
International Union of Railways
اتحادیهٔ بین‌المللی راه‌آهن
internship
دورهٔ کارآموزی؛ دورهٔ آموزش عملی؛ دورهٔ انترنی
inter organizational conflict
تعارض درون سازمانی
inter organizational conflict, constructive role
نقش سازندهٔ تعارض درون سازمانی
inter partes
بین طرفین
inter partes papers
اسناد حاوی تعهدات و انتقالات متقابل طرفین

interpellation

اسقاط تعهد پس از انقضای مدت معین طبق شرایط مندرج در قرارداد؛ استیضاح

interpersonal ability

توانائیهای درون شخصی؛ مهارتهای درون شخصیتی (مدیران)

interpersonal conflict

برخورد میان فردی؛ تعارض بین کارکنان؛ عدم توافق و ناسازگاری بین کارکنان در مورد خط‌مشی‌ها، برنامه‌ها و عملیات سازمانی

interpersonal orientation

گرایشهای رفتاری افراد

➔ *managerial grid*

interpersonal relationship

روابط بین فردی:

در مقولهٔ ارتباطات و تعارض سازمانی، عقیده بر این است که میزان صمیمیت حاکم بر روابط بین افراد ممکن است رفتارهای کلامی و غیر کلامی آنها را که در طول تعارض از خود نشان می‌دهند، تحت تأثیر قرار دهد.

interpersonal skill

رشد مهارت رفتار میان فردی؛ عادت به شکیبایی در پذیرش تفاوتهای فردی به منظور ایجاد محیط و شرایط مطلوب کار توسط فهم اجتماعی و مهارت و توانایی افراد (نظریهٔ Z)

interpolate

دستکاری کردن؛ دخل و تصرف در سند؛ با عبارت تازه تحریف کردن؛ (به متن) اضافه کردن

interpolation

الحاق به سند یا درج در سند (دخل و تصرف در سند که موجب تحریف سند شود)؛ جای دادن عبارت یا کلمات در داخل متن؛ تحریف؛ دستکاری

interpretation of a treaty

تفسیر معاهده

interpretation of laws

تفسیر قوانین

interpreter

مفسر؛ مترجم؛ برنامهٔ کامپیوتری که دستورالعملهای یک زبان سطح بالا را به زبان قابل فهم ماشین بر می‌گرداند

interpreting test results

تفسیر نتایج آزمون

interrupt

نقض کردن؛ تخلف کردن از ؛ خلاف پیمان عمل کردن؛ متوقف کردن؛ دچار وقفه کردن؛ حرف کسی را قطع کردن؛ مانع یا مزاحم کار کسی شدن؛ جلوی کاری را گرفتن؛ تخلف کردن؛ تجاوز کردن؛ مسکوت گذاشتن

interruption

وقفه؛ تعطیل موقت

intervention

مداخلهٔ قانونی؛ وساطت؛ میانجیگری؛ دخالت؛ مداخله؛ پرداخت سفته یا سندی برای حفظ حیثیت خود یا دیگری؛ ممانعت

interventionism

سیستم مداخلهٔ دولت در امور اقتصادی؛ سیستم دخالت دولت و عدم وجود آزادی در تجارت؛ سیاست مداخله جویی

intervention on protest

مداخله در واخواست

intervention, payment by

پرداخت دین دیگری برای حفظ حیثیت او

intervert

به دیگری واگذار کردن؛ انتقال دادن؛ فروختن؛ سوء استفاده کردن از؛ اختلاس کردن؛ تصرف کردن؛ حیف و میل کردن؛ اختصاص دادن؛ تخصیص دادن

interview

مصاحبه؛ مصاحبه کردن؛ مصاحبهٔ مطبوعاتی کردن

interview, direct

مصاحبهٔ مستقیم

interviewee

مصاحبه شونده

interview, employment

مصاحبهٔ استخدامی

interviewer

مصاحبه کننده

interviewer bias

گرایش مصاحبه کننده

→ *halo effect*

interview, evaluation

مصاحبهٔ ارزشیابی

interview, structured

مصاحبهٔ منظم؛ مصاحبهٔ برنامه‌ریزی شده؛ مصاحبه سازماندهی شده؛ مصاحبه سازمان یافته

interview, unstuctured

مصاحبهٔ نامنظم؛ مصاحبهٔ بدون برنامه؛ مصاحبهٔ برنامه‌ریزی نشده

intestate

بدون وصیت نامه؛ فاقد وصیت نامه؛ وصیت نکرده

→ *escheat*

in the presence of a third party

در حضور شخص ثالث

in the red

در وضعیت بد

intimation

اعلام؛ آگهی؛ اخطار؛ بیانیه؛ اظهارنامه

intragroup conflict

تعارض درون گروهی؛ ناسازگاری و تعارض بین اعضای یک گروه

☞ *intergroup conflict*

intransferable

غیر قابل انتقال؛ غیر قابل واگذاری

intransgressible

غیر قابل تخلف؛ غیر قابل تجاوز؛ غیر قابل تخطی

in transit

در حال انتقال؛ اقلامی که در حال انتقال از مبدأ به سوی مقصد هستند

intrasender role conflict

تعارض درونی در نقش؛ انتظارات متناقض

intrastate carrier

واحد حمل و نقل داخلی

intrastate commerce

تجارت داخلی؛ تجارت درون ایالتی

intrastate traffic

حمل و نقل داخلی؛ حمل و نقل درون ایالتی

intrastore transfer

انتقال کالا در داخل یک فروشگاه

intra vires

در حیطهٔ اختیارات قانونی

in-tray exercise

تمرین درون کازیه

☞ *in - basket trainning*

intrinsic
درون زا؛ درونی؛ داخلی؛ ذاتی
intrinsic reward
پاداش درونی
☛ *extrinsic reward*
intrinsic value
ارزش ذاتی / اصلی
☞ *absolute value*
introduce
معرفی کردن؛ عرضه کردن؛ ارائه کردن
introduce law
انشای قانون
introduction
مقدمه؛ معارفه؛ معرفی؛ ارائه؛ عرضه؛ معرفی شرکت؛ قرار دادن یک شرکت سهامی در فهرست بورس اوراق بهادار
introjection
ذهنیت گرایی؛ عدم وجود عینیت در امری
intrude
غصب کردن؛ تجاوز کردن ؛تحمیل کُردن؛ سوء استفاده کردن؛ تخطی کردن ؛ مزاحم شدن
intruder
متخلف؛ مزاحم؛ متجاوز؛ غاصب
intrusion
غصب؛ تجاوز
intuitive pricing
قیمت گذاری نظری
inure (var. enure)
اجرا کردن؛ مرتکب شدن؛ قانوناً تعلق گرفتن؛ تسلیم کردن
invalid
بی‌اعتبار؛ باطل؛ غیر قانونی؛ غیر رسمی؛ از خدمت معاف کردن (به علت بیماری یا زخمی شدن)
invalidate
باطل کردن؛ بی اعتبار کردن؛ بی‌اثر کردن؛ منحل کردن؛ فسخ کردن؛ لغو کردن
invalidation
لغو؛ ابطال؛ بطلان؛ الغا؛ فسخ؛ انحلال
invalidation of company
انحلال شرکت
invalid contract
عقد غیر معتبر؛ عقد باطل؛ قرارداد غیر معتبر
invalidity
عدم اعتبار؛ بطلان؛ عدم صحت؛ بی‌اعتباری
invalid pension
مستمری از کار افتادگی
invalid sale
بیع فاسد
invent
جعل کردن؛ اختراع کردن؛ ابداع کردن
invention
جعل؛ اختراع؛ کذب
inventive
ساختگی؛ جعلی؛ اختراعی
inventive research
پژوهش نوآورانه؛ تحقیق ابداعی؛ پژوهش نوآور و خلاق
inventivness
حس ابداع / ابتکار
inventor
جعل کننده؛ جاعل؛ مخترع
inventory
موجودی انبار؛ سیاهه؛ صورت کالا؛ فهرست

موجودی؛ فهرست اموال؛ موجودی کالا؛ فهرست برداری از موجودی؛ تغییر در موجودی کالا

→ *book inventory*

→ *perpetual inventory*

inventory adjustment

تعدیل موجودی؛ تطبیق موجودی؛ تصحیح موجودی

inventory card

کارت انبار؛ کارت موجودی

inventory, composite

موجودی مرکب

→ *book inventory*

☞ *composite inventory*

inventory control

کنترل موجودی

→ *EOQ model*

inventory count

شمارش موجودی

inventory cutoff

پایان موجودی

inventory level

سطح / میزان موجودی

☞ *stock level*

inventory management

مدیریت موجودی (کالا)

inventory model

مدل موجودی

inventory, real-time processing

موجودی گیری زمان واقعی

inventory shortage

کاهش موجودی؛ کمبود موجودی؛ کسری موجودی

inventory shrinkage

کاهش موجودی؛ کمبود موجودی

inventory, to take

صورت برداری کردن؛ سیاهه برداری کردن

inventory turnover

گردش موجودی؛ جابجایی کالا

☞ *stock turnover*

inventory valuation method

روش ارزیابی موجودی

inventory value

ارزش موجودی

inverse demand pattern

الگوی تقاضای معکوس:

موقعیتی که در آن قیمت و حجم کالاها در یک جهت افزایش یا کاهش می‌یابند.

invest

اعطا یا تفویض کردن (اختیار)؛ منصوب کردن؛ واگذار کردن؛ سرمایه‌گذاری کردن؛ در سرمایه‌گذاری شرکت کردن؛ گرو گرفتن

invested authority

اختیارات تفویض شده

invested capital

سرمایه مالکانه؛ سرمایهٔ پرداخت شده

investigable

قابل تحقیق؛ قابل رسیدگی؛ قابل تفحص

investigate

تحقیق کردن؛ بررسی کردن؛ رسیدگی کردن

investigation

تحقیق؛ بررسی؛ رسیدگی

investigation committee

کمیسیون تحقیق؛ هیأت تحقیق / بررسی

investigation, field
تحقیقات محلی (در محل حادثه)
investigations, preliminary
تحقیقات اولیه؛ تحقیقات مقدماتی
investigations, sweeping
تحقیقات جامع
investitive
واگذار کننده؛ تفویض کننده؛ اعطا کننده؛ سرمایه‌گذار؛ اعطای منصب و مقام
investiture
تفویض اختیار؛ اعطای نشان؛ واگذاری؛ تعیین؛ تفویض؛ سرمایه‌گذاری؛ دادن امتیاز؛ مراسم اعطای (درجه، رتبه، مقام و ...)
investment
سرمایه‌گذاری؛ بهره‌برداری؛ استفاده
investment abroad
سرمایه‌گذاری خارجی
investment adjustment
تعدیل سرمایه‌گذاری
investment advisor
مشاور سرمایه‌گذاری
investment bank
بانک سرمایه‌گذاری
investment banker
بانکدار واسطه؛ بانک سرمایه‌گذار
investment center
مرکز سرمایه‌گذاری
→ cost center
→ profit center
investment company
شرکت سرمایه‌گذاری
investment counsel
مشاور سرمایه‌گذاری
investment credit
اعتبار سرمایه‌گذاری؛ وام سرمایه‌گذاری
investment decisions
تصمیمهای سرمایه‌گذاری
investment income
درآمد حاصل از سرمایه‌گذاری؛ درآمد ناشی از سرمایه‌گذاری
investment income surcharge
نرخ اضافی مالیات بر درآمد سرمایه‌گذاری
investment institution
مؤسسهٔ سرمایه‌گذاری
investment management
مدیریت سرمایه‌گذاری
investment market
بازار سرمایه‌گذاری
investment plan
طرح / برنامهٔ سرمایه‌گذاری
investment portfolio
سیاههٔ سرمایه‌گذاری؛ صورت اوراق بهادار (متعلق به بانک، فرد و یا یک شرکت بازرگانی)
investment project
پروژهٔ سرمایه‌گذاری
investment property
سرمایه‌گذاری ملکی
investment rate
نرخ سرمایه‌گذاری
investment schedule
جدول سرمایه‌گذاری
investment trust
شرکت سرمایه‌گذاری امانی
investor

سرمایه گذار

invest with power

اختیار دادن؛ قدرت دادن

in view of

نظر به اینکه؛ با توجه به؛ با در نظر گرفتن؛ به‌علت؛ با عنایت به

inviolable

غیر قابل نقض؛ تخطی ناپذیر

inviolate

نقض نشدنی؛ معتبر؛ نقض نشده؛ محترم / معتبر شمرده شده

inviolate law

قانون نقض نشدنی؛ قانون معتبر

invisible exports

صادرات نامرئی؛ خدمات شخصی یا مالی که مردم یک کشور برای بیگانگان انجام می‌دهند

invisible hand

دست نامرئی

invisible imports

واردات نامرئی؛ خدمات مالی یا شخصی که خارجیان برای مردم یک کشور انجام می‌دهند

invitation

دعوتنامه؛ دعوت؛ درخواست؛ تقاضا

invitation to treaty

دعوت به معامله

invite to tender

دعوت به مناقصه

invocation

احضاریه؛ حکم احضار؛ اجرا؛ استناد

invocation of treaty provisions

اجرای مقررات عهدنامه

invoice

صورت حساب؛ برگ فروش؛ فاکتور؛ تنظیم صورت حساب؛ فاکتور فروش؛ فاکتور نوشتن؛ فاکتور صادر کردن؛ صورت حساب صادر کردن

invoice of shipment

صورت حساب محموله ؛ صورتحساب حمل کالا

invoke sanctions against a country

خواستار مجازات (اقتصادی) کشوری شدن

involuntary alienation

واگذاری اجباری؛ فروش اجباری املاک و داراییهای غیر منقول

involuntary bankruptcy

ورشکستگی غیر ارادی؛ ورشکستگی ناخواسته؛ اعلام ورشکستگی به موجب تقاضای عده‌ای از طلبکاران

➔ *bankruptcy*

involuntary conversion

تغییر و تبدیل اجباری دارایی؛ تغییرهای ناخواسته؛ ضبط یا معدوم ساختن دارایی به علت محکومیت صاحب دارایی

involuntary investment

سرمایه‌گذاری غیر ارادی؛ سرمایه‌گذاری اجباری

involuntary lien

حق تصرف اجباری؛ حق تصرف ملک بدون رضایت صاحب ملک

☞ *lien in invitum*

involuntary resignation

استعفای اجباری؛ استعفای غیر ارادی

involuntary retirement

بازنشستگی اجباری؛ بازنشستگی غیر ارادی

involuntary saving
پس‌انداز اجباری

involuntary unemployment
بیکاری غیر ارادی

involvement
مشارکت؛ درگیری

involve subordinates in decision making
مشارکت دادن زیردستان در تصمیم‌گیری

inward manifest
اظهارنامهٔ ورود

in witness thereof
با تایید و تصدیق مراتب (فوق)

in writing
به صورت کتبی؛ مکتوب

IOE (International Organization of Employers)
سازمان بین‌المللی کارفرمایان

IOY (I owe you)
من به تو بدهکارم؛ رسید؛ اظهاریه یا رسید غیر رسمی که شخص در برابر وام به شخص دیگری تسلیم می‌کند

IPM (Institution of Personnel Management)
مؤسسهٔ مدیریت پرسنلی؛ مؤسسهٔ مدیریت امور کارکنان

IQ (intelligence quotient)
بهرهٔ هوشی؛ ضریب هوشی

IRA (individual retirement accounts)
حسابهای بازنشستگی انفرادی

Iran-US Claims Tribunal
دیوان دعاوی ایران و آمریکا

IRC (Industrial Reorganization Corporation)
شرکت نوسازی صنعتی؛ شرکت بازسازی صنعتی

IRGOM (International Research Groups on Management)
گروههای تحقیق بین‌المللی مدیریت

ironclad
استخدام به شرط عدم عضویت در اتحادیه
☞ *yellow - dog contract*

ironclad agreement
☞ *water-tight agreement*
قرارداد سفت و سخت؛ قرارداد غیر قابل تغییر

iron-handed rule
قانون جامع؛ قانون کلی

iron law of wages
قانون آهنین دستمزدها
→ *brazen law of wages*
→ *subsistence law of wages*

irrecoverable
وصول نشدنی؛ غیر قابل وصول؛ غیر قابل جبران؛ غیر قابل برگشت

irrecoverable debt
طلب غیر قابل وصول

irrecusable obligations
تعهدات ناشی از الزامات قانون
☞ *obligationes ex delicto*
☞ *obligation by operation of law*
☞ *tortious liability*

irredeemable
غیر قابل جبران؛ غیر قابل تبدیل؛ غیر قابل خرید؛ غیر قابل بازخرید؛ غیر قابل وصول
☞ redeemable

irredeemable bond
سند قرضهٔ غیر قابل بازخرید

irredeemable debenture
سهم قرضهٔ غیر قابل بازخرید

irredeemable money
پول غیر قابل تبدیل
☞ inconvertible money

irredeemable security
اوراق بهادار غیر قابل بازخرید

irredeemable stock
اوراق قرضهٔ بدون سررسید
☞ annuity bonds
☞ perpetual bonds
☞ undated bonds

irredeemable stock
سهم غیر قابل بازخرید

irregular endorsement
ظهرنویسی غیر معمول (غیر قانونی)

irregular routing
دعوت به فروش نامنظم
→ fixed routing

irregulars
اقلام دارای اشکال

irrelevant
خارج از موضوع؛ بی ربط؛ بی مناسبت

irrelevant question
سؤال خارج از موضوع؛ سؤال بی ربط

irremovable
غیر قابل عزل؛ غیر قابل انتقال؛ غیر منقول؛ اشیای غیر منقول

irreparable
غیر قابل جبران؛ جبران ناپذیر

irreparable damage
خسارت غیر قابل جبران

irreparable harm
خسارت جبران ناپذیر

irreparable injury
صدمه یا زیان غیر قابل جبران

irreparable loss
ضرر/ زیان/ خسارت غیر قابل جبران

irrepealable
غیر قابل الغا؛ باطل نشدنی؛ فسخ نکردنی

irrepealable law
قانون غیر قابل لغو/الغا

irreplaceable
عینی (در مقابل مثلی)؛ بدون عوض؛ غیر قابل تعویض؛ بدون جانشین؛ منحصر به فرد

irresolution
تردید رأی؛ تردید؛ دو دلی؛ بی تصمیمی؛ عدم قطعیت؛ بی عزمی

irresponsible
غیر مسؤول؛ بدون مسؤولیت؛ وظیفه نشناس؛ غیر مسؤولانه

irresposibility
بی مسؤولیتی؛ عدم مسؤولیت؛ وظیفه نشناسی

irretrievable
غیر قابل استرداد؛ جبران ناپذیر؛ غیر قابل برگشت

irrevocability
غیر قابل فسخ بودن؛ ابطال ناپذیری (در مورد

irrevocability of the credit
عقد)؛ لازم بودن عقد؛ غیر قابل رجوع بودن؛ قطعیت

irrevocability of the credit
قطعیت و جنبهٔ غیر قابل فسخ و ابطال بودن اعتبار

irrevocable
غیر قابل فسخ؛ غیر قابل برگشت؛ قطعی؛ لازم؛ بلا عزل

irrevocable attorneyship
وکالت بلا عزل

irrevocable contract
عقد لازم

irrevocable credit
اعتبار غیر قابل فسخ

irrevocable letter of credit
اعتبار اسنادی غیر قابل فسخ؛ اعتبار اسنادی غیر قابل برگشت

irrevocable sale
بیع قطعی

irrevocable trust
تراست غیر قابل انحلال؛ حق توکیل غیر قابل فسخ

irritancy
بطلان؛ ابطال

irritant
باطل؛ ملغا؛ فسخ؛ باطل کننده؛ فسخ کننده

irritate
باطل؛ فسخ؛ الغا؛ باطل کردن؛ فسخ کردن؛ لغو کردن؛ الغا کردن

ISCO (International Standard Classification of Occupations)
استاندارد جهانی طبقه بندی مشاغل

I-S curve
منحنی سرمایه‌گذاری و پس انداز

Islamic banking
بانکداری اسلامی

Islamic Development Bank
بانک توسعهٔ اسلامی

Islamic economics
اقتصاد اسلامی

Islamic management
مدیریت اسلامی

Islamic Republic of Iran Shipping Company
شرکت کشتیرانی جمهوری اسلامی ایران

island display
عرضهٔ کالا در فضای باز / معابر؛ بساط پهن کردن

island position
آگهی بین مطالب

ISO (International Standard Organization)
سازمان بین‌المللی استاندارد (ایزو)

ISO Catalog/Catalogue
کاتولوگ ایزو؛ فهرست استانداردهای بین‌المللی که ایزو منتشر کرده است

ISO Certificating Committee
کمیتهٔ تأیید و تطبیق سازمان بین‌المللی استاندارد (ایزو)

ISO Constitution and Rules of Procedures
قوانین و مقررات ایزو (سازمان بین‌المللی استاندارد)

ISO Consumption Policy
کمیتهٔ سیاستهای مصرفی سازمان بین‌المللی

استاندارد

ISO Developing Committee

کمیتهٔ گسترش سازمان بین‌المللی استاندارد

ISO Information Committee

کمیتهٔ اطلاعات سازمان بین‌المللی استاندارد

ISO Planning Committee

کمیتهٔ برنامه‌ریزی سازمان بین‌المللی استاندارد

isoquant

منحنی بی‌تفاوتی

ISO Standard Committee

کمیتهٔ استاندارد سازمان بین‌المللی استاندارد (ایزو)

ISO Technical Program

برنامهٔ فنی ایزو

issuance

صدور؛ انتشار

issuance of certificate of honesty

صدور آگهی عدم سوء پیشینه

issue

نشر؛ صدور (اوراق قرضه)؛ موضوع بحث؛ مسأله؛ موضوع دعوا؛ صادر کردن؛ صادر شدن؛ منتشر کردن؛ انتشار یافتن؛ پخش کردن؛ منجر شدن؛ منتهی شدن؛ نتیجه؛ شماره (نشریه)

issue a communique

اعلامیه صادر کردن

issue a statement

اعلامیه صادر کردن

issued capital

سرمایهٔ منتشر شده ؛ سهام منتشر شده

☞ *subscribed capital*

issued share capital

سهام سرمایه‌ای منتشر شده

issued shares

سهام منتشره؛ سهام صادر شده

issued stock

سهام نشر یافته؛ سهام صادره؛ سهام منتشر شده

issue instructions

دستور صادر کردن

issue, make an

مشکل / مسأله ایجاد کردن

issue of draft

صدور حواله یا برات

issue of fact

موضوع مورد اختلاف

issue proclamation

اعلامیه صادر کردن؛ اعلامیه دادن

issues, to join

موضوعات را توأماً مورد رسیدگی قرار دادن

issue, to reach

به موضوعی رسیدگی کردن

issuing bank

بانک صادر کننده؛ بانک باز کنندهٔ اعتبار؛ بانکی که گشایش اعتبار کرده است

ITB (Industrial Training Board)

هیأت آموزش صنعتی

item

قلم (کالا)؛ فقره؛ جزء؛ مورد؛ یک قلم از یک دسته اقلام

item, ban

کالای غیر مجاز؛ کالای ممنوع‌الورود

itemized appropriation

تخصیص جزء به جزء؛ برداشت جزء به جزء

itemized deductions

کاهشهای مجاز؛ تنظیم فهرستی از هزینه‌های مجاز که از درآمد مشمول مالیات کسر می‌شود

IT (Industrial Tribunal)

دادگاه / هیأت حل اختلافات کارگری؛ دادگاه صنعتی

☞ *industrial court*

itinerant worker

کارگر موقت؛ کارگر دوره‌گرد

IT (information technology)

فن‌آوری / تکنولوژی اطلاعات

ITS (International Trade Secretariat)

دبیرخانهٔ بین‌المللی اتحادیه‌های کارگری

ITU (International Telecommunication Union)

اتحادیهٔ بین‌المللی مخابرات / ارتباطات راه دور

IUC (international university contact for management education)

ارتباط دانشگاه‌های جهان در خصوص آموزش مدیریت

IWM (institution of works managers)

مؤسسه مدیران کارخانه‌ها

IWW (industrial workers of the world)

سازمان کارگران صنعتی جهان

J / j

jactitation

ادعای دروغ؛ ادعای واهی
☞ *false action*
☞ *frivolous actioin*
☞ *feigned action*

jacture

زیان؛ ضرر؛ خسارت

JIC (job Instruction and Communication)

دستورالعمل و ارتباط شغلی

JIT (job instruction training)

آموزش دستورالعمل شغلی؛ آموزش مربیان

JIT (just-in-time production)

تولید بدون انبار؛ تولید به موقع

JM (job methods)

روشهای شغلی؛ روشهای انجام کار

JMT (job method training)

آموزش روش انجام دادن کار؛ آموزش بهبود روشهای انجام کار

job

شغل؛ کار؛ کارگزاری؛ دلالی سهام؛ دلالی کردن؛ سوء استفاده از مقام برای نفع شخصی؛ استفادهٔ نامشروع از؛ پیمانکاری کردن؛ پیمانکاران فرعی واگذار کردن؛ اجاره دادن: ترکیبی از وظایف و مسؤولیتها که بطور منظم در کار، حرفه یا شغل شخص انجام می‌شود

job action

اعتراض به کار

job analysis

تجزیه و تحلیل شغلی: فرایند کاملی که به منظور تعیین محتوای آموزشی مورد نیاز انجام می‌شود. تجزیه و تحلیل شغلی مستلزم آن است که شغل به اجزا یا عناصر تشکیل دهندهٔ خود تقسیم شود. در این فرایند مشخص می‌شود که شغل از چه وظایفی تشکیل شده است

job, batch

کار دسته‌ای؛ برنامهٔ جداگانه؛ برنامهٔ مستقل

jobation

سرزنش؛ توبیخ؛ ملامت

jobber

کارگزار بورس؛ کارگزاری بورس؛ دلال (سهام)؛ سوء استفاده چی؛ اهل زد و بند؛ پیمانکار؛ مقاطعه‌کار؛ کارفرما؛ عمده فروش؛ کارگر کار مزد
☞ *stock jobber*

jobber´s turn

سود کارگزار بورس؛ نفع دلال بورس

jobbing

خرده کاری؛ تکه کاری

job card

کارت عملیات تولید یک جنس

job center

مرکز کاریابی؛ (در انگلستان) اداره کاریابی

☞ *employment office*

☞ *employment agency*

job classification

طبقه بندی مشاغل

➔ *point method rating*

job classification system

نظام / سیستم طبقه بندی مشاغل

job cluster

مجموعهٔ مشاغل

job content

محتوای شغل

job control

کنترل کار

job control statement

یکی از دستورهای کامپیوتری که به زبان کنترل کار *(LCL)* نوشته می‌شود و یکی از جنبه‌های کار کامپیوتری را تعیین می‌کند

job costing

هزینه‌یابی کار؛ سفارش کار؛ قیمت گذاری کار

➔ *unit cost*

job counselling

مشاورهٔ شغلی

job cycle

چرخهٔ کار؛ دور / سیکل کار

job description

شرح وظایف

job design

طرح شغل؛ طراحی شغل

job dilution

تقسیم وظایف شغل

job dynamics

پویایی شغل؛ عوامل محیطی مؤثر بر شغل

job elements / factors

عوامل / عناصر شغلی

job enlargement

توسعهٔ شغلی؛ توسعهٔ شغل؛ گسترش شغل

job enrichment

غنی سازی شغل؛ پربار کردن شغل؛ اغتنای شغلی:

یکی از محاسن کاربردی تئوریهای انگیزش به منظور لذت بخش کردن کار برای انجام دهندهٔ آن جهت تغییر ساختار شغل مورد نظر می‌باشد. در واقع روشی است برای انگیزش کارکنان که توسط «هرزبرگ» معرفی شده است. بدین مفهوم که شغل به نحوی طرح ریزی می‌شود که فرصتهای رشد روانی را برای کارمند به وجود آورد.

job evaluation

ارزشیابی شغل

job evaluation, analytic

روش تحلیلی ارزشیابی شغلی

job evaluation, dominant element

روش ارزشیابی مشاغل بر اساس عامل اصلی

job evaluation, integral

روش ارزشیابی شغلی به صورت یک کل

job evaluation methods

job evaluation report
روشهای ارزیابی مشاغل
گزارش ارزشیابی شغلی

job factor comparison
مقایسهٔ عوامل شغلی

job factors
عوامل شغلی

job families
مشاغل هم خانواده:
گروهی از مشاغل که نیازمند مهارتهای مشابه و یکسان هستند.

job grading
درجه‌بندی شغل؛ طبقه‌بندی شغل
☞ *job classification*

job group
گروه شغلی؛ رسته

job hazards
خطرات شغلی؛ مخاطرات شغلی

job hierarchy
سلسله مراتب شغلی

job holder
متصدی؛ شاغل؛ صاحب / دارندهٔ شغل:
فردی که برای انجام دادن وظایف خاصی به استخدام سازمان درآمده است.

job hopper
فردی که زیاد تغییر شغل می‌دهد
☞ *job shopper*

job identification section
شناسنامهٔ شرح شغل:
قسمتی از شرح شغل که حاوی عنوان، شماره و یا کد شغل است.
→ *job description*

job improvement plan
طرح اصلاح شغل؛ طرح بهبود شغل

job instruction
دستورالعمل شغلی

job instruction and communication (JIC)
دستورالعمل و ارتباط شغلی

job instruction training (JIT)
آموزش دستورالعمل شغل؛ آموزش مربیان

jobless
بیکار؛ بدون شغل
☞ *unemployed*

joblessness
بیکاری
☞ *unemployment*

job lot
مجموعه کالاهای متفرقه؛ قرارداد جزئی؛ کالاهای گوناگون که یکجا (به اصطلاح چکی) خریداری می‌شود

job management council
شورای مدیریت مشاغل

job market
بازار مشاغل؛ بازار کار

job method (JM)
روش کار؛ روش انجام دادن بخشی از یک کار

job method training (JMT)
آموزش بهبود روشهای کار؛ آموزش روشهای انجام کار

job mobility
تحرک و جابجایی شغلی
→ *labor mobility*

job order

دستور کار

job-order costing

تعیین هزینهٔ سفارش کار

➔ *process costing*

job orientation

توجیه شغلی؛ راهنمایی شغلی

job-oriented terminal

پایانهٔ ویژهٔ کار

job performance

عملکرد شغلی

job performance standards

استانداردهای عملکرد شغلی

job placement

انتصاب شغلی

job planning

برنامه‌ریزی شغلی

job posting

اعلام پستهای خالی

➔ *posting*

job pricing

قیمت گذاری شغل؛ تعیین ارزش شغل

job processing

کارپردازی

job progression ladder

مراتب پیشرفت شغلی؛ پیشرفت شغلی مرحله به مرحله

job protection

(نظریه) حمایت شغلی

job questionnaire

پرسشنامهٔ شغلی

job range

دامنهٔ کار

job ranking

روش رتبه بندی:
نوعی ارزشیابی شغلی که در آن مشاغل بر مبنای ارزشی که برای مؤسسه دارند رتبه بندی می‌شوند. در این روش مشاغل با یکدیگر سنجیده می‌شوند.

job rate

حداقل نرخ کار

job rating methods

روشهای ارزیابی شغلی؛ روشهای رتبه بندی شغلی

job rationalization

منطقی و معقول کردن شغل:
کاهش و ساده‌تر کردن کارها و وظایف انسان با استفاده از ماشین آلات پیشرفته

job relations

روابط شغلی

job relations training (JRT)

آموزش روابط کاری؛ آموزش روابط شغلی؛ برنامهٔ آموزش روابط انسانی در کار

job release scheme

طرح بازنشستگی زودرس

job requirements

شرایط احراز شغل؛ شرایط تصدی مشاغل؛ الزامات شغلی؛ نیازمندیهای شغلی

job responsibilities

مسؤولیتهای شغلی

job rotation

چرخش شغلی

job safety

حفاظت صنعتی؛ ایمنی شغلی؛ برنامهٔ آموزش ایمنی کار

job satisfaction
رضایت شغلی

job security
امنیت شغلی

jobs for the boys
رفیق بازی؛ دادن پست و مقام برای اطرافیان

job sharing
شغل مشارکتی؛ تقسیم نوبتی کار

job sheet
برگهٔ کار

job shopper
فردی که بسیار تغییر شغل می‌دهد
☞ *job hopper*

job specification
مشخصات شغل؛ شرح وظایف؛ مشخصات کار؛ شرح ویژگیهای شغل

job stabilization
تثبیت مشاغل؛ ثبات و استمرار فرصتهای اشتغال؛ فرآیند ایجاد و حفظ فرصتهای شغلی

job standardization
استاندارد کردن شغل

job stress
فشار روانی شغلی؛ فشار کاری

job ticket
کارت کار؛ برگهٔ کار
☞ *work ticket*

job title
عنوان شغل

job training
آموزش حرفه‌ای

Jo-Hari window
پنجرهٔ جو - هری:
یکی از الگوهای تجزیه و تحلیل ارتباطات متقابل بین فرد و دیگران «پنجرهٔ جو- هری» است که دو تن از صاحب نظران علوم رفتاری به نامهای «جوزف لوفت» و «هری اینگهام» (Joseph Luft & Harry Ingham) طراحی کرده‌اند و به همین علت آن را «پنجرهٔ جو- هری» می‌نامند

John family
زندگی روبراه، اشاره به فردی که دارای کار دایم و خانه و زندگی نسبتاً آرامی است

join
عضو شدن؛ الحاق کردن؛ پیوستن؛ ملحق شدن؛ شریک شدن؛ مشارکت کردن؛ همکاری کردن؛ شرکت کردن

joint
مشترک؛ توأم؛ مشاع؛ تضامنی

joint account
حساب مشترک

joint adventure
مشارکت؛ شرکت مختلط؛ تجارت مشترک؛ کسب و کار شریکی
☞ *joint venture*

joint agreement
موافقت نامهٔ مشترک
→ *industry-wide agreement*

joint and several
تضامنی؛ مشترکاً و منفرداً

joint and several account
حساب مشترک و چند نفره

joint and several bond
سند قرضهٔ دارای ضمانت مشترک و متعدد: سند قرضه‌ای که اصل و بهرهٔ آن به وسیلهٔ دو یا

joint and several co-debters 408 joint liability

چند بدهکار تضمین شده است.

joint and several co-debters

بدهکاران با ضمانت

joint and several debt

قرضی که بتوان از چند نفر یا یک نفر وصول کرد

joint and several guarantee

ضمانت تضامنی

joint and several liability

مسؤولیت تضامنی؛ بدهی با چند طرف حساب

joint and several obligation

تعهد تضامنی

☞ *obligation in solido*

☞ *solidary obligation*

joint and several policies

بیمهٔ اتکایی با تعهد مشترک و فردی

joint and several responsibility

مسؤولیت تضامنی؛ تضامن

joint assessment

ارزشیابی مشترک

joint claims commission

کمیسیون مشترک حل و فصل دعاوی (بین‌المللی)

joint committee

کمیسیون مشترک

joint communique

بیانیهٔ مشترک؛ اعلامیهٔ مشترک

joint consultation

گفتگوهای مشترک:

گفتگوهای مشترک بین کارکنان و مدیریت دربارهٔ آیندهٔ سازمان و اثرات برنامه‌های آتی آن بر کارکنان

joint consultative committee

کمیته / هیأت مشاورهٔ مشترک

joint costs

هزینه‌های مشترک

joint declaration

بیانیهٔ مشترک

joint demand

تقاضای مشترک

joint enjoyment

انتفاع مشترک

joint enterprise

مؤسسهٔ بازرگانی مشترک

joint estate

ملک مشترک؛ دارایی مشترک

joint guarantor

ضامن تضامنی؛ ضامن مشترک

joint guaranty bond

ضمانت‌نامه با مسؤولیت مشترک

joint hands

شریک شدن؛ تشریک مساعی

joint holder

شریک متصرف

joint industrial council (JIC)

شورای مشترک صنعتی؛ شورای صنعتی مشترک:

شورایی متشکل از نمایندگانِ کارفرمایان و کارکنان یک صنعت خاص که برای بررسی و تعیین شرایط و مقررات استخدامی ایجاد می‌شود.

joint insurance

بیمهٔ اشتراکی

joint liability

بدهی مشترک؛ تضامن

joint liability prescribed by law

همبستگی قانونی؛ اشتراک قانونی در مسؤولیت و تعهد

joint life insurance

بیمهٔ عمر مشترک

jointly

مشترکاً؛ مشاعاً؛ به طور مشترک؛ به صورت مشاع

jointly and severally

متضامناً؛ مشترکاً و منفرداً؛ مشترک و منفرد؛ مسؤولیت مشترک و فردی:

اصطلاحی که به هنگام عقد قرارداد وام به کار می رود و بر اساس آن امضا کنندگان قرارداد دریافت وام، به طور فردی و جمعی مسؤولیت پرداخت وام را به عهده می‌گیرند.

jointly owned property

مال مشترک

jointly responsible

متضامن

joint owner

مالک مشاع؛ شریک ملک

joint ownership

مالکیت مشاع؛ مالکیت مشترک

☞ *common ownership*

☞ *co-ownership*

☞ *ownership in common*

joint partnership, in

به شراکت

joint probability

احتمال مشترک

joint product

محصول مشترک

joint production costs

هزینه‌های مشترک تولید

➔ *joint costs*

joint product offer

عرضهٔ چند کالا به مشتری

joint profit maximization

انحصار برای به حداکثر رساندن سود؛ تبانی شرکتها برای انحصار چند کالا به منظور کسب حداکثر سود

joint request

درخواست مشترک

joint responsibility

مسؤولیت مشترک

joint stock

تضامنی؛ سرمایهٔ شراکتی و تضامنی

joint stock association

شرکت تضامنی

joint stock bank

بانک مشارکتی

➔ *commercial bank*

joint stock company

شرکت سهامی تضامنی؛ شرکت سهامی عام

joint stock partnership

شرکت مختلط سهامی؛ شرکت سهامی عام

joint stock venture

شرکت مختلط سهامی

joint study committee

کمیتهٔ بررسی مشترک

joint tenancy

مالکیت مشاع؛ مالکیت مشترک

joint tortfeasors

شریکان جرم

joint undertaking

تعهد مشترک؛ اقدام مشترک؛ اقدام تضامنی؛ مشارکت در امری

jointure

مسؤولیت تضامنی و مشترک

joint venture

فعالیت تجاری مشترک؛ مشارکت؛ شرکت مختلط؛ سرمایه‌گذاری مشترک:

فعالیت بازرگانی که به وسیلهٔ دو یا چند مؤسسه به طور مشترک انجام می‌گیرد.

☞ *joint adventure*

joint will

وصیت نامهٔ مشترک

joint works committee

کمیتهٔ مشترک کار؛ شورای مشترک کارخانه

journal

دفتر روزنامه؛ روزنامه؛ نشریهٔ ادواری؛ گزارش روزانه؛ خلاصهٔ مذاکرات

☞ *book of original entry*

→ *ledger*

journal entry

ثبت در دفتر روزنامه؛ اقلام ثبت شده در دفتر روزنامه

journeyman

کارگر ماهر؛ صنعتگر؛ کارگر روز مزد

☞ *skilled worker*

JRT (job relations training)

آموزش روابط کاری؛ آموزش روابط شغلی

JS (job safety)

حفاظت صنعتی؛ ایمنی شغلی

judgement by default

حکم غیابی؛ محاکمهٔ غیابی

judgement creditor

دریافت کنندهٔ دین / بدهی

judgement debt

دین حکمی

judgement debtor

پرداخت کنندهٔ دین / بدهی

judgement, even-handed

قضاوت بی طرفانه؛ قضاوت منصفانه

→ *even - handed judgement*

judgement in personam

حکم دربارهٔ فرد

judgement in rem

حکم دربارهٔ غیر شخص؛ حکم دادگاه در خصوص غیر شخص مانند یک حساب بانکی یا اموال فردی

→ *lien*

judgement note

سند حکمی

judgement rates

نرخهای قضاوتی؛ نرخهای نظری:

نرخهایی که کارگزار بیمه بدون بهره‌گیری از ضابطه های رسمی و بر اساس تجربه و مهارتهای حرفه‌ای خود تعیین می‌کند

judgement strategy

راهبرد نظری؛ تعیین استراتژی و نحوهٔ اجرای آن با استفاده از نظرات شخصی و تجربیات فردی

judgment by consent

حکم مرضی‌الطرفین؛ حکم سازشی

judicial review

حق تجدیدنظر (قضایی):

بررسی و تجدیدنظر احکام صادره در یک دادگاه دیگر

judicial sale

فروش قضایی؛ فروش به موجب حکم دادگاه یا با نظارت دادگاه

☞ *forced sale*

juice man

وام دهنده با نرخ بالا:

فردی که پولی را با بهرهٔ خیلی زیاد و غیر منطقی در اختیار قرار می‌دهد.

☞ *loan shark*

jumble-shop

مغازهٔ خرده فروشی؛ سمساری

jump

پرش؛ جهش؛ (در بورس اوراق بهادار) افزایش ناگهانی قیمت

☞ *branch*

junior

جزء؛ مادون؛ جدیدالاستخدام؛ دون پایه؛ نمایندهٔ جدید؛ زیردست؛ کارمند جزء

junior board

هیأت مدیرهٔ رده‌های میانی

کمیته‌ای مشترک از اعضای یک شرکت با رتبهٔ پایین تر از مدیریت عالی که همانند هیأت مدیره تشکیل جلسه می‌دهد و پیشرفت کار و طرحهای شرکت را ضمن بررسی به مدیریت عالی گزارش می‌کنند.

junior bond

اوراق قرضهٔ جزء

➔ *bond, junior*

junior capital

سرمایهٔ سهامداران

☞ *equity capital*

junior issue

سهم قرضهٔ درجهٔ دوم یا متأخر

junior partner

شریک جزء

junior subordinated debenture

اوراق قرضهٔ فرعی

➔ *subordinated debenture*

junk

اطلاعات ناقص و نامفهوم

junk bonds

اوراق قرضهٔ کم اعتبار

junta

هیأت؛ شورای اداری؛ شورای دولتی؛ مجلس مشورتی

juridical person

شخص حقوقی

juridical personality

شخصیت حقوقی

jurisdiction

صلاحیت؛ حدود اختیارات؛ حق قضاوت؛ صلاحیت قضایی (قلمرو مذاکرهٔ جمعی)

jurisdictional dispute center

مرکز حل اختلافات کارگری

jurisdictional issue

موضوع صلاحیتی؛ موضوع مربوط به صلاحیت

jurisdictional strike

اعتصاب مبتنی بر اختیار قانونی؛ اعتصاب یک اتحادیه به علت تعارض و اختلاف با اتحادیهٔ دیگر

jurisprudential inquiry

کاوشگری با شیوهٔ حقوقی؛ یادگیری مهارتهای

زندگی در شهر و در جمع

juristic person

شرکت یا تعداد افرادی که قانون آنها را به صورت «شخص حقوقی» می‌شناسد؛ شخصیت حقوقی؛ شخصیت فرضی حقوقی

jury

هیأت منصفه؛ هیأت داوران؛ هیأت ژوری؛ حکمیت کردن؛ داوری کردن؛ در هیأت منصفه عضویت داشتن

jury of executive opinion

نظر هیأت اجرایی

jus ad rem

حق مالکیت ناقص یا محدود

☞ *jus in re*

☞ *real right*

jus commercial

حقوق بازرگانی و معاملات و انعقاد قراردادها

jus gentium privatum

حقوق بین‌الملل خصوصی

☞ *private international law*

jus gentium publicum

حقوق بین‌الملل عمومی

☞ *public international law*

justa causa

دلیل موجه؛ معاملهٔ قانونی

just compensation

غرامت عادلانه

just damages

خسارت عادلانه

just determination

تصمیم درست و به موقع

justification, without

بدون مجوز

justificative document

سند مستند؛ اسناد موجه

justified

موجه؛ محق

justified price

قیمت مناسب و منصفانه

justify

موجه جلوه دادن؛ توجیه کردن؛ تبرئه کردن

just-in-time production (JIT)

تولید بدون انبار؛ تولید به موقع؛ تولید سر وقت: یکی از روشهای مدیریت *تولید* که در آن سعی می‌شود تا *موجودی انبار* در *حداقل* ممکن و پاسخگوی *نیاز* باشد.

just title

حق مالکیت معتبر و عادلانه؛ مالکیت بلامعارض؛ مالکیت مطلق؛ مالکیتی که در اثر مرور زمان برای متصرف ایجاد شود

☞ *clear title*

☞ *good title*

just-wage principle

اصل مزد عادلانه

juxtaposition, random

پیوند اتفاقی؛ کنار هم نهادن تصادفی

K / k

kaisha
کایشا؛ شرکتهای عظیم ژاپنی

kanban
کانبان؛ یکی از سیستمهای کنترل موجودی که «مؤسسهٔ تویوتا» در ژاپن ابداع کرده است

Kanter, Rosabeth Moss
کانتر روزابت ماس؛ مدیریت بازرگانی

KD (knocked down)
فروش بدون نصب؛ قیمت پایین آورده شده؛ قیمت تخفیف داده شده

keelage
حق بندر؛ هزینهٔ بندر

keep house
خانه‌نشینی؛ خانه‌نشین شدن از دست طلبکاران

keeping quality employees with a quality strategy
نگهداشتن کارمندان خوب در سازمان از طریق یک راهبرد (استراتژی) اثربخش

keep the law
قانون را رعایت کردن

keep under lock and key
مهر و موم کردن

Kennedy round
دور کِنِدی؛ مذاکرات مربوط به کاهش تعرفهٔ تجارت که در سال ۱۹۶۴ در زمان ریاست جمهوری «جان اف کِنِدی» در آمریکا صورت گرفت.

kentledge goods
کالاهای سنگین

Kepner-Tregoe method
روش کپنر-ترگو؛ یکی از روشهای بررسی و حل مشکل

keyboard
صفحه کلید؛ وسیله‌ای برای وارد کردن داده‌ها به کامپیوتر

key committee members
اعضای مهم کمیسیون

key factors
عوامل مهم؛ نکات کلیدی؛ عوامل کلیدی
☞ *key points*

key industry
صنعت کلیدی؛ صنعت عمده؛ صنعت اساسی

key jobs
کارهای حساس / مهم؛ مشاغل کلیدی؛ مشاغل مهم

key man
عضو کلیدی؛ عضو مؤثر؛ شخصیت مهم (شخصی که دارای موقعیت یا شغل حساس

است)

☞ *key worker*

key money

سرقفلی

Keynes, John Meynard

کینز، جان مینارد (۱۹۴۶ - ۱۸۸۳ میلادی)

key operation

عملیات مهم

key personnel

کادر / کارکنان کلیدی

key points

نکات کلیدی؛ عوامل کلیدی؛ عوامل مهم

☞ *key factors*

key punch

(در رایانه) دستگاه منگنه؛ ماشین منگنه

key question

پرسش کلیدی

key result area

بخش نتایج عمده

key results analysis

تحلیل نتایج / پیامدهای مهم

key subordinates

مرئوسان کلیدی

key task

وظیفهٔ کلیدی

key task analysis

تجزیه و تحلیل وظیفهٔ مهم

☞ *key result analysis*

key word

کلید واژه

kickback (kick-back)

رشوه؛ حق و حساب؛ باج سبیل

kicked upstairs

ترفیع نامطلوب؛ ترفیع اجباری

kick out (infml)

اخراج کردن

killing

تجارت سودآور

kilobytes

کیلوبایت

kinaesthetics

جنبش شناسی؛ جنبشی؛ بررسی حرکتهای انسانی در مطالعهٔ بررسی کار

kind

نوع؛ کفیت؛ جنس؛ جنسی؛ غیر نقدی

kind of activity

نوع فعالیت

kind of organization

نوع سازمان

kit

مجموعه قطعات و لوازم

kitchen adviser

مشاور خصوصی

kite

سند تضمینی

kite flying

سند پردازی

kiting

چک بازی

klupper

کارمند بی‌کفایت و کم‌کار

knights of labor

پیشتازان نهضت کارگری:

سازمان کارگری که در سال ۱۸۶۹ در فیلادلفیا

knocked down (KD)
در نتیجهٔ انقلاب مردمی به وجود آمد و زمینه ساز تشکیل فدراسیون کار آمریکا شد.

knocked down (KD)
فروش بدون نصب؛ قیمت پایین آورده شده؛ قیمت تخفیف داده شده

knocker
فروشندهٔ دوره‌گرد

knock-for-knock agreement
موافقت نامهٔ پرداخت خسارت خودی

knocking copy
آگهی اهانت آمیز

know-how
دانش؛ فن؛ کاردانی؛ مهارت

know-how-agreement
قرارداد انتقال دانش فنی

know-how licence
قرارداد انتقال دانش فنی
☞ *know-how agreement*

knowledge worker
کارورز دانشور؛ کارگر آگاه

Kotter, John
کاتر، جان:
استاد رفتار سازمانی و منابع انسانی دانشکدهٔ بازرگانی هاروارد که بارها به فقدان رهبری در بازرگانی آمریکا انتقاد کرده است. وی معتقد است که رهبران، ابتدا رهبر متولد می‌شوند و سپس با آموزش و تجربهٔ کار برای رهبری ساخته می‌شوند

K ratio
نسبت کا؛ معکوس سرعت گردش پول

KSA (knowledge, skill and attitude)
دانش (معلومات)؛ مهارت و نگرش

kurtosis
(در آمار) کشیدگی؛ میزان بلندی منحنی

L / l

label

برچسب؛ نشانه؛ برچسب زدن

labor agreement

موافقت نامهٔ کار

laboratory training

آموزش آزمایشگاهی؛ آموزش از طریق تجربه: نوعی آموزش که در آن بر آموزش شرکت کنندگان با استفاده از تجربه‌های خودشان تأکید می‌شود

☞ *group dynamic training*

labor audit

کارشناس امور کارگری

labor-augmenting technical change

تغییرات فنی افزایش بازدهی کار

→ *labor-saving equipment*
→ *resource-augmenting technical change*

labor banks

بانکهای اتحادیه‌های کارگری

labor class

طبقهٔ کارگر

Labor Code

قانون کار

labor cost

هزینهٔ کار/کارگر

Labor Day

روز کارگر (اول ماه مه، مطابق با یازدهم اردیبهشت ماه)

labor dispute

اختلاف در زمینهٔ مسایل کاری؛ اختلافات کارگری

→ *emergency dispute*

labor economics

اقتصاد کار

laborer

کارگر

labor exchange

ادارهٔ کاریابی

☞ *employment office*
☞ *employment agency*

Labor Federation

فدراسیون کار آمریکا: یکی از سازمانهای کارگری بزرگ آمریکا که کارکنان را بر مبنای حرفهٔ آنها متشکل کرده است.

labor flux

جابجایی نیروی کار

☞ *labor turnover*
☞ *manpower turnover*

labor force
نیروی کار

Labor High Council
شورای عالی کار

labor-intensive
کار محور؛ صنعت و تولیدی که بیشتر بر نیروی کار انسانی متکی است تا تکنولوژی و تجهیزات

labor (var. labour)
کار؛ کارگر؛ عامل کار در تولید؛ کار و عمل کردن؛ سعی و کوشش کردن

Labor Law
قانون کار

labor leaders
رهبران اتحادیه‌های کارگری

Labor Legislation
قانون کار

labor market
بازار کار؛ محیطی که در آن دستمزدها تعیین می‌شود

labor mobility
تحرک نیروی انسانی؛ جابجایی نیروی انسانی؛ جابجایی کارکنان از یک شغل به شغل دیگر

labor-only subcontracting
قرارداد استخدام پیمانی؛ قرارداد انجام کار تنها؛ قرارداد خرید خدمت

labor organization
اتحادیه کارگری؛ سازمان کارگری
☞ *trade union*
☞ *labor union*

labor piracy
جذب نیروی کار سازمانهای دیگر؛ تلاش برای جذب کارکنان مؤسسهٔ دیگر با پیشنهاد حقوق و مزایای بالاتر

labor pool
خزانهٔ نیروی کار

labor power
نیروی کار
☞ *manpower*

labor reform law
قانون اصلاحات کار

labor relations
روابط کار؛ روابط کارگری؛ روابط کارگر و کارفرما
☞ *industrial relations*

labor requirement index
شاخص نیروی کار مورد نیاز

labor-saving equipment
تجهیزات خودکار؛ تجهیزات صرفه‌جویی کننده در نیروی کار؛ تجهیزات کار اندوز
→ *redeployment*

labor shortage
کمبود کارگر؛ کمبود نیروی انسانی

labor skate
کارگر تمام وقت اتحادیه
☞ *pie - card*

labor stability index
شاخص ثبات نیروی کار؛ نسبت نیروی استخدام شده در طول یک سال نسبت به کل نیروی انسانی موجود در سازمان

labor strike
اعتصاب کارگری

labor supply

تأمین کارگر

labor theory of value

تئوری ارزش کار؛ نظریهٔ ارزش کار؛ نظریهٔ مبتنی بر ارزش کار:

نظریه‌ای که اساس ارزش یک کالا را میزان کاری می‌داند که در تولید آن صرف شده است.

labor turnover

میزان خروج از خدمت؛ جابجایی نیروی انسانی؛ ورود و خروج نیروی انسانی؛ جریان نیروی کار؛ گردش نیروی کار؛ تعداد کارکنان استخدام شده و کارکنانی که در یک دورهٔ معین، سازمان را به دلایل مختلف ترک گفته‌اند

☞ *manpower turnover*

labor union

اتحادیهٔ کارگری؛ اتحادیهٔ کارگران؛ اتحادیهٔ صنفی؛ اتحادیهٔ کارگری آمریکا متشکل از صنعتگران و پیشه‌وران

☞ *trade union*

laches

قصور در انجام دادن تعهد؛ انجام ندادن تعهد

lack of coordination

عدم هماهنگی

lack of jurisdiction

عدم صلاحیت؛ فقدان صلاحیت

☞ *nonjurisdiction*

☞ *want of jurisdicton*

lack of understanding

عدم تفاهم

ladder activities

فعالیتهای نردبانی؛ فعالیتهای متداخل و متعامل

lading

بارگیری؛ بارگیری کالا در کشتی یا وسایل حمل و نقل دیگر؛ بار کشتی؛ بار؛ محموله

lading, airwaybill of

بارنامهٔ هوایی

☞ *air bill of lading*

lading, bill of

بارنامه

lag

فاصلهٔ زمانی؛ تأخیر

lag indicators

شاخصهای تأخیر

laid down

مکتوب؛ مقرر شده

laisser-faire (Fr)

آزادی اقتصادی (سیاست عدم مداخله دولت در امور اقتصادی)؛ اقتصاد آزاد

☞ *laissez-faire*

laissez aller

آزادی عمل

laissez-faire

آزادی اقتصادی (سیاست عدم مداخله دولت در امور اقتصادی)؛ اقتصاد آزاد

☞ *laisser-faire*

laissez-faire economy

اقتصاد آزاد؛ اقتصاد بی بند و بار؛ سیستم اقتصادی که دولت در آن دخالت نداشته باشد

laissez-passer

پروانه؛ جواز

lamb

سوداگر و سفته باز بی‌تجربه

lame duck

سوداگر و سفته باز پاک باخته؛ سوداگر ورشکسته؛ سازمانی که در فعالیتهای خود بسیار

ضعیف عمل می‌کند و نیازمند کمک دولت است؛ شرکت ورشکسته؛ شخص یا سازمانی که دچار مشکلات متعددی است.

land certificate

سند مالکیت (زمین)

land clause act

قانون خلع تملک

land freeze

ممنوعیت فروش / انتقال زمین

land gavel

مالیات زمین؛ اجاره زمین؛ خراج و مالیات زمین

land grant

اعطای زمین

land-grant university

دانشگاه دولتی

land in abeyance

زمین بدون مالک؛ املاک بلا صاحب

landing-stage

بارانداز؛ سکوی شناور

landlord

مالک؛ موجر

Landlord and Tenant Act, the

قانون مالک و مستأجر

landlord s warrant

حکم تضمین برای صاحب ملک

land office

ادارهٔ ثبت اسناد و املاک

land office business

کسب و کار پر رونق

land patent

جواز زمین

land taxes

مالیات بر مستغلات؛ مالیات زمین؛ مالیات ارضی

land warrant

سند زمین دولتی

language, absolute

زبان مطلق؛ علامتها و نشانه‌هایی که دستورها و داده‌ها را به کامپیوتر می‌دهد

language, artificial

زبان مصنوعی؛ زبان ساختگی

language, common

زبان مشترک:

زبان برنامه‌نویسی کامپیوتری که برای دو یا چند کامپیوتر با زبانهای داخلی متفاوت، قابل درک باشد.

language of the contract

زبان قرارداد

language, program

زبان برنامه؛ زبان ماشین

☞ *machine language*

language translator

زبان برگردان؛ مترجم

Laplace criterion

معیار لاپلاس:

ضابطه‌ای در تصمیم‌گیری وقتی که مدیر احتمالهای یکسانی را به همهٔ شرایط محیطی ممکن‌الوقوع، نسبت می‌دهد.

☞ *Bayes criterion*

lapping

سوء استفاده از حساب مشتری؛ برداشت غیر قانونی از حساب یک مشتری

lapsable

انقضا شدنی؛ قابل انقضا؛ سلب شدنی؛ باطل شدنی

lapse

عدم پرداخت حق بیمه؛ اسقاط حق؛ قصور در پرداخت حق بیمه در زمان مقرر؛ اسقاط حق به علت انجام ندادن تعهد در زمان مقرر؛ سلب (ساقط یا ضایع) شدن حق؛ باطل شدن؛ مشمول مرور زمان شدن؛ سپری شدن؛ منقضی شدن؛ پایان یافتن؛ انقضا؛ خطا؛ سهو

lapsed

منقضی؛ ملغا؛ ساقط؛ باطل

lapse from duty

ترک وظیفه

lapsible

قابل انقضا؛ سلب شدنی؛ شامل مرور زمان

lapsing schedule

فرم ثبت داراییهای ثابت

lapsus calami

سهو قلم؛ اشتباه تحریری

laser printer

چاپگر لیزری؛ پرینتر لیزری

laser scanning

کنترل و تشخیص لیزری؛ اسکن لیزری؛ تقطیع لیزری

last-bag system

نظام آخرین بسته

➔ *two - bin system*

last in first out (LIFO)

اولین صادره از آخرین وارده:

ارزش مواد اولیهٔ بکار رفته در تهیهٔ کالا بدون توجه به قیمتی که در اثر تحولات تاریخی قیمت باید داشته باشد؛ برمبنای مظنهٔ بازار

☞ *last in, first out*

late charges

هزینه یا جریمهٔ تأخیر تأدیه

late delivery

تحویل با تأخیر

latent defect

عیب مخفی؛ نقص پنهان و نهفته (کالا)

latent production facilities

امکانات نهفتهٔ تولید

late payment

تأخیر در پرداخت؛ تأخیر تأدیه

lateral communication

ارتباطات موازی و هم سطح؛ ارتباطاتی که بین دوایر و افراد هم رده و هم سطح انجام می‌گیرد

lateral relationship

روابط موازی و هم سطح؛ روابط موازی بین واحدهای سازمانی

lateral thinking

تفکر افقی؛ تفکر گسترده؛ تفکر جانبی

late shift

آخرین نوبت کار؛ نوبت کار بعد از ظهر در نظام دو شیفتی؛ نوبت کار عصر یا شب در یک سیستم سه شیفتی

latest allowable date

آخرین تاریخ مجاز

☞ *latest event time*

latest event time

دیرترین زمان انجام یک فعالیت (در برنامه‌ریزی شبکه)

☞ *latest allowable time*

latest finish time of an activity

دیرترین زمان خاتمهٔ یک فعالیت

latest start time of an activity 421 lay days

☞ *latest finish date of an activity*

latest start time of an activity

دیرترین زمان آغاز یک فعالیت (در برنامه‌ریزی شبکه)

☞ *latest start date of an activity*

late tape

عقب افتادگی نوار شاخص معاملات (در بورس)

Latin square design

طرح تحقیق مقایسه‌ای؛ طرح تحقیقی مربع: *شیوه‌ای در طراحی تحقیقات که در آن فرضیه‌های تحقیق را با دو تجربهٔ متفاوت آزمایش می‌کنند و نتایج به دست آمده را با هم مقایسه می‌کنند.*

law-abiding

قانونمند؛ تابع قانون

lawbreaker

قانون شکن؛ متخلف

lawful contract

قرارداد معتبر از نظر قانون

lawful currency notes

اوراق بهادار با نرخ رسمی و قانونی

law merchant

حقوق بازرگانی

law of contracts

قانون قرار دادها؛ حقوق قراردادها

law of corporations

قانون شرکتها

law of deminishing return

قانون بازدهٔ نزولی

law of deminishing utility

قانون مصرف نزولی

law of increasing costs

قانون افزایش هزینه

Law of Nationalization of Banks

قانون ملی کردن بانکها

Law of Nationalization of Insurance Companies

قانون ملی کردن شرکتهای بیمه

law of situation

قانون موقعیت: *بر اساس این نظریه زمانی دستور مدیر مورد قبول است که زیردستان آن را در شرایط موجود منطقی بدانند.*

lawsuit

دادخواهی؛ دعوای حقوقی

law, transgression of a

نقض قانون؛ تخطی از قانون

lawyer

حقوقدان؛ وکیل دعاوی؛ مشاور حقوق

lay

رهن و گرو گذاردن؛ اقامه کردن؛ مطرح کردن؛ وضع کردن؛ وضع کردن مالیات

lay a heavy burden on somebody

وظیفه / مسؤولیت سنگینی را به عهدهٔ کسی گذاشتن

lay a tax on

مالیات بستن

layaway plan

طرح تعویق پرداخت

lay days

زمان مجاز برای توقف کشتی؛ روزهای بارانداری و بارگیری

lay down

اعلام کردن؛ دستور دادن؛ وضع کردن؛ مقرر داشتن؛ تصریح کردن ؛تسلیم کردن

lay down office

کناره‌گیری کردن؛ استعفا دادن

lay off

اخراج؛ انتظار خدمت موقت؛ تعطیلی موقتی؛ خروج موقت از خدمت ؛ ترخیص از خدمت؛ تعلیق؛ اخراج موقتی کارگران؛ دورهٔ کم‌کاری یا رکود که منجر به اخراج موقتی کارگران شود

lay-off agreement

قرارداد پرداخت حق ایام تعلیق

lay off pay

حقوق ایام تعلیق

layout

آرایش کارگاه؛ طرح؛ طرح کلی

LC (letter of credit)

اعتبار اسنادی

LCL (less than carload lot)

حمل کالا به صورت مجموعه (کمتر از ظرفیت کامیون) :

کالاهایی که حمل مجموعه‌ای از آنها در مقایسه با حمل تکی آنها، جای کمتری اشغال می‌کند.

LDC (less-developed countries)

کشورهای کمتر توسعه یافته؛ کشورهای توسعه نیافته

lead

رهبری کردن؛ هدایت کردن؛ وادار کردن؛ ریاست داشتن بر

leader

رهبر؛ راهنما؛ رییس؛ پیشرو

leader, autocratic

رهبر مستبد؛ رهبر خود رأی:

رهبری که می‌کوشد تا از طریق سلطه و فشار، بر دیگران نفوذ کند و رفتارهای آنان را جهت دهد

leader, bureaucratic

رهبر بوروکراتیک

leader, charismatic

رهبر فرهمند؛ رهبر کاریزما؛ رهبر متنفذ

leader, consultative

رهبر مشاوره‌ای

leader, democratic

رهبر آزادمنش

leader, emergent

رهبر برخاسته از گروه؛ رهبر منتخب

leader, informal

رهبر غیر رسمی

leaderless group discussion

بحث گروهی بدون سرپرستی / رهبری

leader, opinion

رهبر فکری

leader, participative

رهبر مشارکت جو

leadership

هدایت؛ رهبری:

عبارت است از نفوذ در افراد جهت هدایت تلاشهای آنان به منظور دستیابی به اهداف خاص و مورد نظر

leadership assignment

انتصاب رهبری

leadership effectiveness

کارآیی رهبری؛ اثربخشی رهبری

leadership styles
سبکهای رهبری؛ شیوه و روشی که رهبر برای نفوذ به کار می‌برد

leadership, substitutes for
(نظریهٔ) جانشینهای رهبری

leadership training
آموزش رهبری

leading
رهبری؛ هدایت؛ عمده؛ پیشرو؛ پیشقدم؛ پیشتاز

leading from strength
جهت‌گیری بر اساس نقاط قوت

leading indicator
شاخص مقدم

leading insurer
بیمه‌گر اصلی

leading light
شخص با نفوذ

leading role
نقش رهبری؛ نقش اول

leadman
سرپرست

lead rate
پاداش کارمند پیشرو؛ کارانه؛ حق کارآیی: پاداشی که به کارمند به خاطر قبول مسؤولیت سنگین، به کارگیری مهارت و تلاش زیاد پرداخت می‌شود.

lead time
زمان انتظار؛ برآورد زمان انتظار؛ زمان بین سفارش یک کالا و دریافت آن

leaflet
اعلامیه؛ آگهی؛ اعلامیه / آگهی پخش کردن

league
اتحادیه؛ مجمع؛ پیمان؛ انجمن؛ متحد شدن؛ هم‌پیمان شدن؛ عضو اتحادیه شدن؛ تشکیل اتحادیه یا انجمن دادن

leaguer
عضو اتحادیه

leakage
نشت؛ عامل بازدارنده در تشکیل سرمایه

lean production
تولید ناب

lean work
کار کم پاداش
→ *fat work*

learning curve
منحنی یادگیری؛ منحنی پیشرفت؛ میزان پیشرفت فرد یا سازمان در کسب مهارتها و توانایی‌های جدید
☞ *improvement curve*

lease
اجاره دادن؛ اجاره کردن؛ اجاره؛ مدت اجاره؛ اجاره‌نامه؛ مورد اجاره

leaseback
اجاره پس از فروش؛ اجاره کردن ملک فروخته شده توسط مالک قبلی

lease contract
قرارداد اجاره؛ اجاره‌نامه

leased
مورد اجاره؛ در اجاره

leased machines
ماشینهای مورد اجاره

lease for life
اجارهٔ مادام‌العمر

lease insurance

بیمهٔ اجاره

lease lend

وام و اجاره؛ وام براساس اجارهٔ ملک

least preferred coworker (LPC)

سبک سنج فیدلر:

روشی که فیدلر و همکارانش برای سنجش نوع رهبری در سازمان استفاده کردند.

least squares method

روش کمترین مجذورات:

تکنیکی ریاضی که در «تجزیه و تحلیل‌های رگرسیون» به کار می‌رود.

leave

اجازه؛ مرخصی

☞ *permit*

leave, absent without (AWOL)

غیبت غیر مجاز؛ غیبت غیر موجه

☞ *French leave*

leave, French

غیبت غیر مجاز؛ غیبت غیر موجه

☞ *absent without leave*

leave of absence

مرخصی؛ مرخصی طولانی؛ غیبت موجه؛ مرخصی استحقاقی

leave, on

در مرخصی

leave over

به وقت دیگر موکول کردن؛ معوق گذاشتن؛ به تعویق انداختن

leave, sick

مرخصی استعلاجی

leave, terminal

مرخصی قبل از بازنشستگی

leave the door open

باب مذاکره را باز گذاشتن

leave without pay

مرخصی بدون حقوق

leave with pay

مرخصی با حقوق

Leavit, Harold

هارولد لویت؛ روانشناس معروف آمریکایی که دارای تحقیقات و تألیفاتی در زمینهٔ مدیریت و ارتباطات است

lecture

سخنرانی؛ کنفرانس؛ سخنرانی کردن

lecture method

شیوه / روش سخنرانی

ledger

دفتر کل؛ دفتر حسابداری

legal

قانونی؛ حقوقی؛ مجاز؛ مشروع

legal access

حق ورود؛ حق دسترسی به اسناد و مدارک

☞ *access*

legal action

اقدام قانونی

legal administration

ادارهٔ حقوقی

☞ *legal department*

legal advice

مشاورهٔ حقوقی

legal advisor

مشاور حقوقی

legal asset

دارایی قانونی

legal capacity
اختیارات قانونی

legal charge (Brit)
رهن

legal deductions
کسور قانونی

legal department
ادارهٔ حقوقی

legal disputes
اختلافات حقوقی

legal document
سند رسمی؛ سند قانونی

legal entity
شخص حقوقی:
فرد یا سازمانی که طبق قانون می‌تواند طرف قرارداد باشد و قبول مسؤولیت کند
☞ *legal person*

legalese
زبان حقوقی؛ اصطلاحات حقوقی
☞ *legal parlance*

legal forms of transportation
روشهای قانونی حمل و نقل

legal fraud
حیلهٔ قانونی؛ کلاه شرعی؛ فریب قانونی؛ خدعهٔ قانونی
☞ *legal loophole*

legal guardian
قیم؛ ولی؛ سرپرست

legal guardianship
قیمومت؛ ولایت؛ سرپرستی؛ ولایت قانونی

legal impediment
منع قانونی

☞ *legal obstacle*

legal inspector
بازرس قانونی

legal interpretation
تفسیر قانونی

legality of purpose to contract
هدف قابل قبول و قانونی قرارداد

legalization
تصدیق (امضا)؛ صورت قانونی

legalize
مشروعیت بخشیدن؛ رسمیت دادن؛ قانونی کردن؛ اعتبار بخشیدن؛ تصدیق کردن؛ اعتبار قانون دادن؛ به رسمیت شناختن؛ مشروع شمردن

legalize a singnature
امضایی را تأیید و تصدیق کردن

legalized
مجاز؛ معتبر

legalized invoice
صورت حساب قانونی

legal liability
بدهی قانونی؛ مسؤولیت حقوقی

legal loophole
حیلهٔ قانونی (یا شرعی)؛ مفر قانونی (یا شرعی)
☞ *legal fraud*

legally binding
از نظر قانونی لازم‌الاجرا بودن

legally bound
مکلف و متعهد به موجب قانون

legal monopoly
انحصار قانونی

legal mortgage

legal obstacle
رهن قانونی (حق تصرف یا فروش عین مرهونه توسط مرتهن بدون نیاز به اخذ حکم از دادگاه)
☞ *tacit mortgage*

legal obstacle
منع قانونی
☞ *legal impediment*

legal parlance
اصطلاحات حقوقی؛ زبان حقوقی
☞ *legalese*

legal person
شخص حقوقی
☞ *legal entity*

legal personality
شخصیت حقوقی

legal possession
تصرف قانونی

legal proxy
قایم مقام قانونی؛ نمایندهٔ قانونی؛ وکیل

legal representative
نمایندهٔ حقوقی؛ نمایندهٔ قانونی؛ وکیل

legal reserve
ذخیرهٔ قانونی؛ اندوختهٔ قانونی

legal residence
اقامتگاه قانونی / حقوقی؛ محل اقامت دایم

legal sanctions
ضمانت اجرای قانون؛ ضمانت اجرا؛ تحریم؛ جریمه؛ مجازات

legal tender
پول قانونی؛ پول رایج

legal title
مالکیت قانونی

legal weight

اعتبار قانونی؛ سندیت

legatee
وارث؛ ارث بر؛ موصی له

legislate
قانون وضع کردن؛ قانون گذراندن

legislation
(وضع) قانون؛ تقنین؛ قانون گذاری؛ لایحهٔ قانونی؛ مصوبهٔ مجلس

legislation act
قانون مصوب مجلس

legislation, financial
حقوق مالی؛ قوانین مالی

legislation, fiscal
حقوق مالی؛ قوانین مالی

legislation in force
قوانین در دست اجرا؛ قوانین معتبر؛ قوانین نافذ

legislation, labor
قوانین کار

legislative
قانونی؛ قانونگذار؛ مقنن؛ (با *the*) قوهٔ مقننه
- The Legislative makes, the Executive executes, and the Judiciary construes the law.
قوهٔ مقننه قانون را وضع می‌کند؛ قوهٔ مجریه آن را اجرا می‌کند و قوهٔ قضائیه آنرا تفسیر می‌نماید.

legislative body
هیأت قانونگذاری؛ هیأت مقننه

legislative reforms
اصلاحات قانون گذاری

legislator
قانون گذار، عضو هیأت مقننه؛ وکیل؛ نمایندهٔ مجلس؛ عضو مجلس قانون گذاری؛ وضع کنندهٔ

قانون؛ شارع

legitimate advantage

منفعت مشروع؛ مزایای مشروع

legitimate house

اقامتگاه قانونی

legitimate management rights

حق مشروع مدیریت

legitimate power

قدرت قانونی؛ قدرت مشروع

legitimate reason

دلیل موجه؛ دلیل منطقی

lend

قرض دادن؛ وام دادن؛ عاریه دادن؛ اجاره دادن

lender

قرض دهنده؛ وام دهنده؛ عاریه دهنده

lender of last resort

وام دهندهٔ آخر

lending institution

بانک استقراضی؛ مؤسسهٔ استقراضی

lend lease

وام و اجاره

length of service

طول خدمت؛ دوران خدمت یک فرد در سازمان

leniency bias

گرایش ارفاقی

lent

قرض یا وام پرداخت شده؛ قرض؛ وام

lesion

غبن؛ خسارت؛ زیان؛ زیان ناشی از معامله یا عقد قرارداد؛ زیان ناشی از عدم اجرای موافقت‌نامه

less developed countries (LDC)

کشورهای توسعه نیافته؛ کشورهای کمتر توسعه یافته

☞ *underdeveloped countries*

lessee

مستأجر

lesson plan

برنامهٔ درس:

برنامهٔ درس یا برنامهٔ آموزش به عنوان راهنمایی توسط مربی استفاده می‌شود و شامل اهداف آموزشی، رئوس مطالب، روشهای آموزش، زمان تقریبی، منابع آموزش مورد نیاز، تکالیف دانشجویان و روش ارزشیابی می‌باشد.

lessor

موجر؛ مالک

less than carload lot (LCL)

حمل کالا به صورت مجموعه (کمتر از ظرفیت کامیون)؛ نرخ حمل کالا به صورت مجموعه

☞ *LCL*

let in

مغبون کردن؛ کلاه سر کسی گذاشتن؛ گول زدن؛ فریب دادن

letter

اجاره دهنده؛ کرایه دهنده؛ سند؛ نوشته؛ نامه؛ پاسخ به ادعانامه

letter, anonymous

نامهٔ بدون امضا

letter-box company

شرکت صندوق پستی

letter, circular

بخشنامه

letter dated, adverting to

عطف به نامهٔ مورخه ...

letter, dead
سند بی‌ارزش؛ سند بی‌اعتبار؛ مقررات منسوخ
letter de chancellerie (Fr)
نامهٔ رسمی
☞ *official letter*
letter, follow-up
پیرو؛ نامهٔ پیروی؛ پیرو نامهٔ قبلی
letter of administration
قیم نامه؛ سند مدیریت ترکه؛ حکم انتصاب امین ترکه؛ نامه‌ای که به موجب آن قیم اختیار دخل و تصرف در اموال متوفی را دارد؛ اختیار نامهٔ قیمومت
letter of advice
اطلاعیه برات کش به براتگیر (مبنی بر کشیدن برات)؛ اخطاریه؛ اطلاعیه؛ آگهی
letter of agreement
موافقت نامه؛ توافق نامه
letter of allotment
اعلامیهٔ تخصیص سهام؛ برگ تخصیص سهام
letter of application
تقاضای استخدام؛ درخواست؛ تقاضا نامه
letter of appointment
حکم استخدام؛ حکم انتصاب
letter of attorney
وکالت نامه
letter of commitment
قول‌نامه؛ تعهد نامه
☞ *letter of intent*
letter of confirmation
تأییدیه
letter of credit, confirmed
اعتبار اسنادی ضمانت شده؛ اعتبار اسنادی تأیید شده
letter of credit, deferred
اعتبار اسنادی مدت دار
letter of credit, irrevocable
اعتبار اسنادی غیر قابل فسخ
letter of credit (LC)
اعتبار اسنادی
letter of credit, revocabe
اعتبار اسنادی قابل فسخ
letter of credit, unconfirmed
اعتبار اسنادی تأیید نشده
letter of delegation
وکالت نامه؛ اختیار نامه
letter of guarantee
ضمانت نامه
letter of hypothecation
سند رهنی؛ رهن نامه
letter of identification
معرفی نامه
letter of intent
قول‌نامه؛ قصد نامه
letter of invitation
دعوت نامه
letter of law
نص صریح قانون
letter of license
مهلت نامه (برای پرداخت وام)
letter of lien (Brit)
سند رهنی؛ رهن نامه: وکالتی که بدهکار به طلبکار می‌دهد تا در صورت عدم پرداخت دین، طلبکار اموال بدهکار را که در ید شخص ثالث است برای وصول طلب

خود بفروشد.

☞ *letter of pledge*

☞ *letter of hypothecation*

letter of pledge

سند رهنی؛ رهن نامه

☞ *letter of lien*

☞ *letter of hypothecation*

letter of recommendation

توصیه نامه

letter of regret

پوزش نامه

letter of resignation

استعفا نامه

letter of settlement

تسویه نامه؛ تصفیه نامه

letter of trust

قرارداد خرید امانی

letter of understanding

یادداشت تفاهم؛ تفاهم نامه

letter, open

نامهٔ سرگشاده

letters credential

اعتبارنامه؛ توصیه‌نامه

letters missive

ابلاغیه؛ امریه

letter, testimonial

توصیه نامه؛ سفارش

☞ *recommendation letter*

letter writing

نامه‌نگاری

letting

کرایه کردن؛ اجاره کردن

levelling

تسطیح؛ تعدیل؛ میزان سازی (کار):
روشی در بررسی زمان و حرکات جهت *اندازه‌گیری و ارزیابی نتایج کار فرد*

➔ *time & motion study*

level of aspiration

سطح آرمان و آرزو؛ سطح درخواست

level of living

سطح زندگی

level payment mortgage

رهن پرداخت برابر؛ رهن با پرداختهای مساوی؛ وامی که اقساط آن به طور مساوی پرداخت می‌شود

☞ *direct - reduction mortgage*

☞ *static payment loan*

level premium insurance

بیمه با حق بیمهٔ ثابت

levels of authority

سطوح اختیار؛ طبقه‌ها و رده‌های سلسله مراتب سازمانی

levier

مالیات وصول کن؛ وضع کنندهٔ مالیات

levy

مالیات؛ عوارض؛ مالیات بندی؛ مالیات بستن؛ مالیات وضع کردن؛ مالیات وصول کردن؛ توقیف کردن (اموال)؛ مبلغ مالیات؛ توقیف و فروش مال (برای پرداخت دین یا محکوم به)؛ باج و خراج؛ مصادرهٔ اموال جهت بدهی پرداخت نشده

levy a tax on something

مالیات بستن بر چیزی

levy duties
حقوق گمرکی تعیین کردن؛ گمرک بستن

levy taxes
مالیات تعیین کردن؛ مالیات بستن؛ مالیات تحمیل کردن

levy, writ of
حکم مالیاتی؛ حکم برداشت و وصول؛ حق وصول و برداشت از دارایی فرد بر اساس قانون

Lewin, Kurt
کرت لوین:
محقق و نویسندهٔ مدیریت که مطالعات وی در زمینهٔ رهبری و رفتار سازمانی است

Lewin model of behavior
مدل رفتاری لوین

lex actus (Lat)
قانون حاکم بر معامله (در موارد تعارض قوانین)

lex loci celebrationis (Lat)
قانون محل انعقاد قرارداد

lex loci contractus (Lat)
قانون محل انعقاد قرارداد

lex loci (Lat)
قانون محل (انعقاد قرارداد)

lex loci solutionis (Lat)
قانون محل پرداخت دین، ایفای تعهد یا اجرای قرارداد

lex mercatoria (Lat)
روشهای معمول تجاری؛ قانون تجارت؛ حقوق بازرگانی؛ روشهای عرف تجاری
☞ *law merchant*

liabilities
التزامات؛ تعهدات؛ تعهدات مالی

liabilities and assets
بدهیها و داراییها

liabilities and responsibilities
تعهدات و مسؤولیتها

liabilities, contractual
ضمان عقدی

liabilities, current
تعهدات یا بدهیهای جاری

liabilities for damages
مسؤولیت پرداخت خسارات

liabilities, joint
تضامن؛ پشتیبانی؛ مسؤولیت مشترک

liabilities, long-term
بدهیهای بلند مدت

liabilities, medium-term
بدهیهای میان مدت

liabilities, noncurrent
بدهیهای غیر جاری

liabilities, short-term
بدهیهای کوتاه مدت

liabilities toward the third parties
بدهی به شخص ثالث

liability
مسؤولیت؛ تعهد؛ بدهی؛ بدهی تعهد شده؛ دین؛ استعداد؛ آمادگی

liability, aggregate
بدهی کل

liability company, limited
شرکت با مسؤولیت محدود

liability, current
بدهی جاری

liability, direct

liability, indirect 431 license

بدهی مستقیم

liability, indirect

بدهی غیر مستقیم

liability insurance

بیمهٔ مسؤولیت

liability, joint

بدهی مشترک

liability ledger

دفتر تعهدات؛ دفتر بدهیها

liable

متعهد؛ مسؤول؛ مشمول؛ مستعد؛ در معرض

liable for damages

مسؤول خسارت

liable to duty

مشمول گمرک

liable to fine

مشمول جریمه

liaison role

نقش رابط (مدیر):
نقش مدیر در ایجاد رابطه با خارج از سازمان به منظور کسب اطلاعات و حصول امتیازاتی برای سازمان

liasion role of manager

نقش رابط مدیر با همردیفان

liaison unit

واحد رابط و هماهنگ کننده:
واحدی در سازمان که مسؤول ایجاد هماهنگی و ارتباط بین دو یا چند واحد سازمان است.

liber

دفتر بایگانی؛ دفتر مخصوص ثبت اسناد وصایا و غیره

liberalize

آزاد کردن؛ آزادی دادن؛ لغو کردن محدودیتها

liberal return policy

رویهٔ قبول کالاهای برگشتی

liberation

برائت؛ ابراء؛ پرداخت دین؛ ادای قرض؛ معافیت از تعهد و التزام؛ معافیت از مالیات؛ انتفای تعهد قراردادی

liberty of action

آزادی عمل

liberty of contracts

آزادی قراردادها (اصل حاکمیت اراده در انعقاد قرارداد)

liberty of the globe

(بیمهٔ دریایی) آزادی پهلو گیری کشتیها در تمام نقاط جهان

licenced

دارندهٔ پروانه؛ صاحب جواز

licenced institution

مؤسسهٔ مجاز

licence (var. license)

جواز؛ پروانه؛ اجازه؛ گواهی نامه؛ آزادی عمل؛ اجازه دادن؛ جواز دادن؛ پروانه صادر کردن؛ مجوز صادر کردن / دادن

licencing agreement

موافقت نامهٔ امتیاز

licensed deposit taker

سپرده پذیر مجاز

licensee

دارندهٔ پروانه؛ دارندهٔ جواز؛ با مجوز؛ مجوز گیرنده

license (var. licence)

جواز؛ پروانه؛ گواهی نامه؛ مجوز؛ اجازه دادن؛

licensor

اجازه گرفتن؛ پروانه دادن؛ گواهی نامه دادن؛ مجوز صادر کردن / دادن؛ پروانه صادر کردن

licensor

مجوز دهنده

licentiate

دارندهٔ جواز یا پروانه و یا گواهی نامه

licit

مشروع؛ قانونی؛ مجاز؛ حراج؛ فروش از طریق مزایده

lien

حق وصول طلب؛ حق گرویی؛ حق تصرف؛ حق رهن؛ حق حبس مال بدهکار؛ حق تصرف مال یا ملک تا وقتی که بدهی مربوطه پرداخت شود؛ حق تملک نسبت به عین مرهونه یا وثیقه؛ حق رهن ملک بدهکار برای بستانکار؛ حق فروشنده نسبت به تصرف و در اختیار داشتن کالای فروخته شده تا دریافت پول آن

lien affidavit

گواهی نامهٔ حق گرویی؛ گواهی مبنی بر در گرو یا آزاد بودن اموال

lien, agent's

حق تصرف نماینده

lien, bailee's

حق تصرف امانت گذار

lienee

مرتهن؛ مرهون؛ وثیقه گذار؛ کسی که مال او در حبس دیگری است

☞ *pawnee*
☞ *mortgagee*

lien in invitum

حق تصرف گرویی بدون رضایت مالک

☞ *involuntary lien*

lien on goods

حق حبس کالا

lien on shares

حق تصرف سهام

lienor

راهن؛ وثیقه گیر؛ حبس کنندهٔ مال؛ صاحب حق حبس یا رهن؛ دارندهٔ حق تصرف و گرویی

☞ *pawner*
☞ *mortgagor*

lien, seller's

حق تصرف فروشنده

lien, vendor's

حق تصرف خریدار

lieu bonus

پرداخت جایگزین؛ مزایای جایگزین؛ پرداخت تشویقی جانشین/جایگزین

☞ *lieu payment*

lieu days

مرخصی به جای اضافه کاری

☞ *days off in lieu*

lieu payment

پرداخت جایگزین؛ مزایای جایگزین؛ پرداخت تشویقی

☞ *lieu bonus*

lieutenant

معاون؛ قایم مقام؛ نایب

life annuity

مستمری مادام العمر؛ مقرری سالانه مادام العمر: مقرری سالانه که با مرگ دریافت کنندهٔ آن قطع می شود.

life assurance

بیمهٔ عمر

☞ **life insurance**

life cycle

دورهٔ عمر محصول

☞ **production life cycle**

life cycle theory

نظریهٔ دورهٔ زندگی

life estate

دارایی و اموال زمان حیات

life insurance

بیمهٔ عمر

☞ **life assurance**

☞ **assurance**

☞ **insurance**

life interest

حق عمری؛ عمری

☞ **life estate**

life table

جدول عمر داراییها

life tenancy

حق انتفاع مادام‌العمر

life tenant

حق تصرف تا آخر عمر؛ حق استفاده در طول حیات

life tenure

تصدی مادام العمر یک پست

LIFO (last in first out)

اولین صادره از آخرین وارده؛ ارزش مواد اولیهٔ بکار رفته در تهیهٔ کالا بدون توجه به قیمتی که در اثر تحولات تاریخی قیمت باید داشته باشد؛ برمبنای مظنهٔ بازار

☞ **last in, first out**

lift

لغو کردن؛ ملغا کردن؛ رفع کردن؛ برداشتن؛ پرداختن؛ ارتقا دادن؛ خاتمه بخشیدن؛ ترفیع دادن

lift an embargo

تحریم را لغو کردن

lift a promissory note

پرداخت وجه سفته یا تبدیل مدارک دین

lift a quota

سهمیه‌بندی را لغو کردن

lift a tax

مالیات را لغو کردن

lifting the corporate veil (var. lifting the veil of corporate personality)

خرق حجاب شخصیت حقوقی (کشف هویت صاحبان اصلی شرکت)

lift the ban on

رفع توقیف کردن؛ رفع ممنوعیت

lift the seizure

رفع توقیف

lift the siege

پایان دادن به محاصره

lift the veil of corporate personality (var. lifting the corporate veil)

خرق حجاب شخصیت حقوقی؛ کشف هویت صاحبان اصلی شرکت

light pen tracking

ردیابی با قلم نوری؛ نشانه گذاری با قلم نوری

Likert, Rensis

رنسیس لیکرت:

نویسنده و محقق آمریکایی مدیریت که در زمینهٔ

رهبری و رفتارهای مدیریت دارای تحقیقات و نوشته‌های بسیار است.

Likert scales

مقیاس لیکرت:

مقیاس لیکرت که در بیشتر پژوهشهای مدیریت به کار می‌رود.

limitation

تحدید حدود؛ تعیین مرز؛ ناحیهٔ قلمرو؛ قلمرو؛ شرط؛ حد؛ مرور زمان؛ انقضا؛ حق اکتساب یا سقوط به مرور زمان؛ قید و بند؛ نقطهٔ ضعف

limitation clause

شرط محدود کردن مسؤولیت (در قرارداد)

limitations of the organization

محدودیتهای سازمان

limited company

شرکت سهامی با مسؤولیت محدود

limited jurisdiction

صلاحیت محدود

☞ *compulsory jurisdiction*

limited liability

مسؤولیت محدود

☞ *single liability*

limited liability company (LTD)

شرکت با مسؤولیتهای محدود:

شرکتی که سهامداران / شرکا به نسبت سرمایه و سهام خود دارای مسؤولیتهایی هستند.

limited line store

فروشگاه کوچک خرده‌فروشی

limited line strategy

استراتژی / راهبرد تغییرات محدود

limited order

سفارش با محدودیت؛ سفارش محدود

☛ *no limit order*

limited partner

شریک با مسؤولیت محدود

limited partnership

مضاربه؛ شرکت مختلط؛ شرکت غیر سهامی

☞ *special partnership*

limited pay life insurance

بیمهٔ عمر با پرداخت محدود

limited policy

بیمه‌نامهٔ محدود؛ قرارداد بیمه‌ای دارای محدودیت

limited tax bond

اوراق قرضه با مالیات محدود

limping standard

پایهٔ پولی منعطف؛ پایهٔ پولی طلا و نقره

Lincoln incentive management plan

طرح انگیزش لینکلن؛ طرحی برای سهیم شدن افراد سازمان در سود و دستمزد تشویقی

line

صف؛ واحدهایی که مستقیماً در اجرای هدف اصلی سازمان فعالیت می‌کنند؛ کارکنانی که در جهت وصول به هدفهای سازمان فعالیت می‌کنند

line and staff

صف و ستاد

line and staff organization

سازمان صف و ستاد:

سازمانی که به علت گستردگی و پیچیدگی عملیات، دارای واحدهای پشتیبانی و ستادی است.

linear

خطی

linear function

تابع خطی

linear programmed instruction

آموزش برنامه‌ای خطی

linear programming

برنامه‌ریزی خطی

linear regression analysis

تحلیل رگرسیون خطی

line authority

اقتدار سلسله مراتبی

line balancing

متعادل سازی خط تولید

line baul

نقل و انتقال مستقیم (کالا)

line, budget

خط بودجه

line, buttom

خط سود

line, credit

خط اعتباری

line layout

استقرار بر اساس خط تولید

☞ *production - line layout*

line management

مدیریت صف؛ مدیریتی که عهده‌دار مسؤولیت اجرایی در زمینهٔ اهداف اصلی سازمان است

line of balance diagram

نمودار خط توازن

line of balance (LOB)

خط توازن

line of balance network

شبکهٔ خط توازن

line of command

خط فرماندهی؛ سلسله مراتب فرماندهی

line of credit

حد اعتبار؛ سقف اعتبار؛ حداکثر مبلغ اعتباری که بانک در اختیار مشتری قرار می‌دهد

☞ *credit line*

line of discount

حد اعتبار بر اساس اسناد تنزیل شده

line of relationship

خط ارتباط سازمانی

line organization

سازمان صفی

line out

گروه کار

line pricing

قیمت گذاری خطی؛ قیمت گذاری یکسان

line, production

خط تولید

liner

وسیلهٔ حمل و نقل مسافر؛ خط هوایی یا دریایی (برای حمل و نقل مسافر)؛ (در حمل و نقل کالا) لایهٔ حفاظتی که پیرامون کالاها قرار می‌گیرد

line responsibility

مسؤولیت صفی

line sheet

تعرفهٔ حدود پرداخت خسارت شرکت بیمه

lines of responsibility

حدود مسؤولیت

link

خط اتصال؛ رابط؛ رابطه؛ ارتباط؛ خط ارتباطی

linkage
☞ *sequence arrow*
☞ *edge*

linkage
رابطه؛ ارتباط؛ اثر ارتباطی

link financing
تأمین مالی ارتباطی

linking pin organization
سازمان با گروه‌های متداخل؛ سازمان با زنجیره‌های اتصال

liquid
قابل نقد شدن؛ نقد؛ نقدی؛ دارای نقدینۀ قابل توجه؛ بی‌ثبات؛ ناپایدار؛ تحقق یافته؛ قطعی؛ حتمی

liquid asset
دارایی نقدی؛ دارایی جاری

liquidate
معین کردن مبلغ بدهی؛ محقق کردن مبلغ بدهی؛ تبدیل به نقد کردن دارایی؛ تصفیه کردن؛ منحل کردن؛ تبدیل کردن به نقد؛ تعیین یا تقویم کردن (میزان خسارت یا بدهی)؛ تسویه حساب کردن؛ نقد کردن؛ پرداخت کردن
☞ *wind up*

liquidated claim
طلب مسجل؛ طلب معین به حکم قانون

liquidated damages
خسارت تعیین شده طبق حکم دادگاه؛ خسارت مقطوعی که در قرارداد یا ضمانت‌نامه قید شده باشد؛ خسارات نقدی معین؛ وجه التزام

liquidating value
ارزش به هنگام انحلال؛ ارزش دارایی در زمان تصفیه؛ ارزش تصفیه

liquidation
انحلال؛ تسویه؛ تصفیه؛ انحلال مؤسسۀ ورشکسته و تبدیل دارایی‌های آن به نقد برای پرداخت دیون؛ پرداخت؛ واریز

liquidation, go into
حساب بدهی‌های خود را واریز کردن؛ ورشکست شدن

liquidation of assets
نقد کردن دارایی‌ها

liquidation of companies
تصفیۀ امور شرکتها

liquidation, to put into
منحل کردن؛ تصفیه کردن

liquidator
مدیر تسویه؛ مدیر تصفیه؛ مسؤول تسویه: شخصی که طبق قانون مسؤول تصفیه در سازمان مورد نظر است.

liquid capital
سرمایۀ در گردش؛ سرمایۀ جاری؛ سرمایه‌ای که پول نقد باشد
☞ *current capital*
☞ *working capital*

liquid debt
دین حال؛ دین قطعی؛ بدهی قطعی

liquidity
نقدینگی؛ توان تبدیل به نقد؛ توان تهیه پول نقد

liquidity preference
رجحان نقدینگی

liquidity problem
مشکل نقدینگی

liquidity risk
☞ *funding risk*
ریسک نقدینگی

liquidity trap
دام نقدینگی:
حالتی که نرخ بهره بسیار پایین است و سرمایه‌گذاران ترجیح می‌دهند پول خود را به صورت نقد نگهداری کنند.

liquidize
نقد کردن؛ به پول نقد تبدیل کردن

liquid proof of demand
دلیل قطعی برای تقاضایی

liquid ratio
نسبت نقدی؛ نسبت دارایی جاری به بدهی جاری

LISP (list processing)
زبان لیسپ؛ یکی از زبانهای سطح بالای کامپیوتر برای پردازش فهرستها

lis pendens (Lat)
ادعای معوق

list
صورت؛ فهرست؛ صورت کردن؛ در فهرست نوشتن؛ فهرست تهیه کردن؛ صورت برداشتن؛ ملکی را جهت فروش در اختیار بنگاه معاملات ملکی قرار دادن

listed company
شرکت پذیرفته شده در بورس؛ شرکت ثبت شده؛ شرکت معتبر

listed securities
اسناد و سهام پذیرفته شده در بورس؛ اوراق بهادار قابل معامله در بورس
☞ *listed stocks*

lister
کارگزار املاک

list, free
صورت کالاهای معاف از حقوق گمرکی

listing
قرارداد کارگزاری املاک

listing agreement
موافقت نامهٔ اعضای بورس اوراق بهادار
☞ *stock exchange listing agreement*

listing possible courses of action
تهیهٔ فهرستی از اقدامات احتمالی

listing possible solutions
تهیهٔ فهرستی از راه حلهای احتمالی

listing test
آزمون فهرستی:
در این آزمون از دانش پژوهان خواسته می‌شود تا فهرستی از اصطلاحات، قواعد یا حقایقی را که آموخته‌اند، ارائه کنند.
☞ *enumeration test*

list price
قیمت معین؛ بهای فهرست شده

literal contract
عقد یا قرارداد تحت‌اللفظی؛ عقد یا قرارداد غیر کتبی

literal interpretation
تفسیر تحت‌اللفظی؛ تفسیر براساس نص سند
☞ *textual interpretation*

literal meaning
نص؛ منطوق؛ معنی تحت‌اللفظی

literary property
حق تألیف؛ حق مالکیت ادبی؛ امتیاز چاپ

litigate
اقامهٔ دعوا کردن؛ طرح کردن دعوا؛ دادخواهی

livelihood

livelihood

درآمد؛ عایدی؛ ملک یا مالی که عایدی بیاورد؛ معاش؛ امرار معاش؛ وسیلهٔ امرار معاش؛ معیشت

lively market

بازار پر رونق

☞ *dead market*

livestock assurance

بیمهٔ حیوانات؛ بیمهٔ چهارپایان

☞ *livestock insurance*

livestock insurance

بیمهٔ دام؛ بیمهٔ حیوانات؛ بیمهٔ چهارپایان

☞ *livestock assurance*

living document doctrine

اصل مذاکرهٔ دایم: بخشی از قرارداد بین اتحادیه و سازمان با این شرط که اتحادیه می‌تواند مذاکره درخصوص دستمزدها را هر زمانی که مایل باشد، از سر گیرد.

living pledge

رهن ملکی در مقابل وصول مبلغی به طوری که طلب طلبکار در مقابل اجاره‌بهای وصول شده مستهلک گردد؛ رهن اجاره (مخالف آن *dead pledge* یا رهن ملک در مقابل دین است ولی عواید ملک به خود رهن‌گذار برمی‌گردد)

living(s)

املاک؛ مال؛ دارایی؛ درآمد؛ کار؛ شغل؛ معاش؛ معیشت؛ زندگی

living wage

دستمزد امرار معاش؛ حداقل دستمزد؛ دستمزد بخور و نمیر کردن

loan crowd

Lloyds

مؤسسهٔ بیمهٔ لویدز؛ قدیمی‌ترین مؤسسهٔ بیمه در انگلستان

load

بار؛ محموله؛ بارگیری کردن؛ (در کامپیوتر) اطلاعاتی را به رایانه دادن؛ وارد کردن اطلاعات (به رایانه)؛ افزایش حق بیمه

load chart

نمودار بارگیری؛ عامل بار؛ عامل بهره‌گیری

load factor pricing

قیمت‌گذاری بر اساس عامل فشار

loading

بارگیری؛ بار؛ محموله

loan

وام؛ قرضه؛ عاریه؛ قرض دادن؛ وام دادن

loan account

حساب دیون؛ حساب بدهی‌ها؛ حساب‌های وام

loan at interest

وام با بهره

loan at notice

وام مدت دار

loan bank

بانک استقراضی

loan capacity

ظرفیت استقراض

loan capital

سرمایهٔ استقراضی

☞ *debt capital*

loan ceiling

حداکثر وام؛ سقف وام

loan crowd

واسطه‌های سهام در بورس

loaned
به عاریه داده شده

loaned without interest, money
قرض‌الحسنه؛ وام بدون بهره

loanee
مقروض؛ وام گیرنده؛ قرض دار؛ عاریه گیرنده

loaner
قرض دهنده؛ وام دهنده؛ عاریه دهنده

loan, external
وام خارجی

loan fee
نرخ وام
☞ *loan origination fee*

loan fund, interest-free
صندوق قرض‌الحسنه

loan guarantee scheme
طرح تضمین وام

loan interest
بهرۀ وام

loan, interest-free
وام بدون بهره؛ (وام) قرض‌الحسنه

loan, internal
وام داخلی

loan, long-term
وام طویل‌المدت / بلند مدت

loan, mid-term
وام میان مدت

loan modification provision
شرط تعدیل وام

loan money on interest
نزول دادن؛ پول به منفعت دادن؛ ربا
☞ *usury*

loan monger
وامخواه؛ متقاضی وام

loan office
مؤسسۀ استقراضی؛ مؤسسۀ رهنی (مثل بانک استقراضی)؛ بانک رهنی

loan on collateral
وام با وثیقه؛ وام با ضمانت

loan on mortgage
وام رهنی

loan on overdraft
وام بدون وثیقه؛ وام بدون پشتوانه

loan on respondentia
وام به اعتبار محمولۀ کشتی (به شرط سالم رسیدن)

loan on stock
وام روی سهام (اوراق بهادار)

loan on trust
وام شرافتی

loan origination fee
نرخ دریافت وام
☞ *loan fee*

loan, permanent
قرضۀ دایمی

loan, renew a
وام را تمدید / تجدید کردن

loan shark
رباخوار؛ نزول خوار

loan, short-term
وام کوتاه مدت

loan stock
سهام دارای بهره؛ سهام با بهره

lobby

اعمال نفوذ؛ گروه فشار؛ گروه با نفوذ؛ افـراد یـا گروههایی که در تصویب یا عدم تصویب لوایح اعمال نفوذ می‌کنند؛ اعمال نفوذ کردن؛ با اعمال نفوذ آرای نمایندگان را تحت تأثیر قرار دادن

lobbying

اعمال نفوذ در تصویب لوایح

lobbyist

فرد با نفوذ؛ گروه با نفوذ؛ نمایندهٔ گروههای بـا نفوذ:

فرد یا گروهی که از راههای مختلف می‌کوشد تا بر تصمیمهای گروهی نفوذ کند.

LOB (line of balance)

lobster shift

نوبت کار نیمه شب

☞ *midnight shift*

local

(در آمریکا) شعبهٔ محلی یک اتحادیهٔ کارگری

local authority

سازمان محلی ؛ مقام محلی؛ مرجع صلاحیتدار محلی

localization of labor

تقسیم محلی کار

localized efficiency

کارآیی موضعی

local law

قانون محلی

local newspapers

روزنامه‌های محلی

local of event

محل حادثه

local option

حق تصمیم‌گیری محلی (در اجرای مقررات)

local paper

روزنامهٔ محلی

local trade customs

عرف تجارت محلی

☞ *local trade practice*

local trade practice

عرف تجارت محلی

☞ *local trade customs*

local union

اتـحادیهٔ کـارگری مـحلی؛ اتـحادیهٔ کـارگری منطقه‌ای

location

اجـاره؛ عـقد اجـاره؛ مـوقعیت؛ مکـان؛ مـحل؛ بخشی از حافظه کامپیوتر

location of industry

تعیین محل صنعت؛ تعیین محل کارخانه

locatio operis (Lat)

locatio rei (Lat)

اجارهٔ اشیاء

locator

موجر؛ اجاره دهنده

lock-away

قرضهٔ بلند مدت

locked in capital

سرمایهٔ محبوس

locker stocks

مـوجودی بـه صـورت یک مـحموله؛ کـالای صندوقی؛ کالاهای موجود در تفسهٔ انبار

Lockheed model

مدل / الگوی لاکهید (در زمینهٔ حیطهٔ نظارت)

lock-in

مقید؛ نداشتن آزادی عمل در معاملات

lockout (lock-out)
بستن کارخانه؛ تعطیل کردن کارخانه؛ جلوگیری از ورود کارگران به کارخانه توسط کارفرما (به منظور تحمیل نظریات خود به کارگران)؛ تعطیل کارخانه (توسط کارفرما به منظور تحمیل شرایط مورد نظر خود به کارگران)

lock-up
حبس کردن (سرمایه)؛ اعتصاب؛ اوراق قرضهٔ راکد

locum tenens (Lat)
قایم مقام؛ جانشین قانونی

locus contractus
محل انعقاد قرارداد

locus contractus regit actum
قانون محل انعقاد قرارداد حاکم بر معامله است

locus regit actum
اسناد تابع قوانین محل صدور است؛ قانون محل انعقاد قرارداد حاکم بر معامله است

locus solutionis
محل وقوع عقد؛ محل اجرا یا عقد قرارداد

lodge
ثبت کردن اختراع؛ سپردن چک؛ اقامه کردن دعوا؛ مطرح کردن؛ طرح کردن؛ اجاره کردن اطاق

lodging allowance
حق مسکن

logarithm
لگاریتم

logbook (log-book)
دفترچهٔ مالکیت (وسیلهٔ نقلیه)؛ کارت مالکیت؛ دفتر ثبت گزارشها

logic network
شبکهٔ نموداری؛ شبکهٔ فلوچارت
☞ *flow-chart form of network*

logistics
تدارکات؛ ساماندهی؛ (در ارتش) آماد و پشتیبانی

logistics management
مدیریت لجستیک؛ (در ارتش) مدیریت آماد و پشتیبانی

logistics management information
اطلاعات مدیریت لجستیکی

logistics manager
مدیر لجستیک؛ مدیر آماد و پشتیبانی

logistics support
پشتیبانی لجستیکی

log (logbook)
دفتر گزارش روزانه؛ گزارش؛ ثبت کردن (گزارش)؛ وارد دفتر کردن

log normal distribution
منحنی (توزیع) طبیعی لگاریتمی

LOGO
آرم مؤسسه یا شرکت؛ زبان لوگو : یکی از زبانهای سطح بالای کامپیوتری که دارای امکانات گرافیکی برای طراحی است.

logo-type
نشانه؛ نشانهٔ مشخصه؛ آرم

lonely pay
پرداخت خالی؛ پرداخت صرف

longevity pay (wage)
پرداخت با توجه به سابقه؛ افزایش حقوق بر اساس ارشدیت یا طول خدمت

long lease

اجارهٔ بلند مدت
☞ *long term lease*

long lived assets
داراییهای طویل‌المدت

long position
احتکار کالا؛ احتکار سهام؛ احتکار اوراق بهادار
☞ *bull position*

long range plan
طرح / برنامهٔ دراز مدت

long range planning
برنامه‌ریزی بلند مدت
☞ *long term planning*

long rate
نرخ بلند مدت؛ نرخ طولانی

long-run
دراز مدت؛ طولانی مدت

long-run investment
سرمایه‌گذاری بلند مدت

longs
اوراق قرضهٔ بلند مدت

long-term bill
سند دراز مدت

long-term bills and bonds
اوراق بهادار و اسناد قرضهٔ بلند مدت

long-term contract
قرارداد دراز مدت

long-term delivery contract
قرارداد تحویل بلند مدت

long-term development plan
طرح توسعهٔ بلند مدت

long-term liability
بدهی ثابت؛ بدهی یا وام دراز مدت

☞ *fixed liability*

long-term loan
وام بلند مدت؛ وام طویل‌المدت؛ وام دراز مدت

long-term objectives
اهداف دراز مدت؛ اهداف بلند مدت

long-term planning
برنامه‌ریزی درازمدت
☞ *long-range planning*

long-term policy
سیاست دراز مدت

long-term transaction
معاملهٔ دراز مدت

long writ
امریه؛ حکم

look at
مورد بررسی قرار دادن؛ مورد توجه قرار دادن

look back
گذشته نگری:
حسابرسی اسناد گذشته برای تعیین اشتباهاتی که واحد حسابرسی بانک مشخص کرده است.

look into
تحقیق کردن؛ بررسی کردن؛ رسیدگی کردن

look round
جوانب امر را در نظر گرفتن / سنجیدن؛ امکانات را مورد بررسی قرار دادن

look something through
به دقت بررسی کردن

loop
حلقه؛ دور؛ تسلسل (عملیات در کامپیوتر)

loophole, legal
حیلهٔ قانونی (یا شرعی)؛ مفر قانونی (یا شرعی)؛ کلاه شرعی؛ فریب قانونی؛ خدعهٔ قانونی

☞ *legal fraud*
☞ *legal loophole*

loophole, tax
مفر گریز از مالیات؛ راه فرار از پرداخت مالیات؛ راه گریز قانونی برای عدم پرداخت مالیات

loose
بری‌الذمه کردن؛ از قید توقیف آزاد ساختن

loose rate
نرخ ساده؛ نرخ زیاد و بی رویه (در مقابل نرخ کارمزد نازل)

☞ *loose time value*
→ *tight rate*

loose rein supervision
سرپرستی آزاد

☞ *laissez - faire*

loosing
برائت از دین؛ پرداختن وجه برای برائت ذمه

Lorenze curve
منحنی لارنز

lose
خسارت دیدن؛ متضرر شدن؛ ضرر کردن؛ از دست دادن

loss
ضرر؛ زیان؛ اتلاف؛ ضایعات؛ خسارت

loss adjuster
کارشناس تخمین خسارات؛ مشاور تعدیل و تنظیم حدود خسارت

loss assessor
ارزیاب خسارت

loss, capital
زیان سرمایه‌ای

loss constant
میزان زیان و خسارت ثابت

loss, contingent
زیان احتمالی

loss-control representative
نمایندهٔ کنترل خسارت

loss draft
طرح پرداخت خسارت به ملک رهنی

losses, material
خسارات مالی

loss expectancy
احتمال خسارت؛ تعیین ضایعات احتمالی برای موارد بیمه شده

loss, foreseeable
زیان قابل پیش بینی

loss, incur a
متضرر شدن؛ زیان دیدن؛ خسارت دیدن

☞ *to suffer a loss*

loss information service
خدمات اطلاعاتی در زمینهٔ خسارتهای ناشی از حریق

loss leader
کالای پیشرو ولی زیان آور

Loss must lie where it falls.
ضرر به عهدهٔ متضرر است.

loss of enjoyment
خسارت ناشی از عدم استیفای حقوق؛ عدم النفع

loss, partial
زیان جزئی

loss ratio
نسبت زیان به حق بیمه

loss, shock

زیان غیر مترقبه

loss, tax

زیان (قابل قبول) مالیاتی

loss, to suffer a

متضرر شدن؛ زیان دیدن؛ خسارت دیدن

☞ *to incure a loss*

lost cost

هزینهٔ از دست رفته

lost-time accident

حادثهٔ منجر به اتلاف وقت؛ اتلاف وقت ناشی از حوادث:

حادثه‌ای که منجر به آسیب دیدگی کارگر شده و در نتیجه، زمان از دست رفته‌ای را در جریان کار ایجاد می‌کند.

lot

بهره؛ بخش؛ قسمت؛ سهم؛ قرعه؛ دسته/ پارتی جنس

☞ *batch*

lot production

تولید دسته‌ای / گروهی

☞ *batch production*

lots, by drawing

با قرعه کشیدن؛ از طریق قرعه

lot, to draw

قرعه کشیدن

love needs

نیازهای محبت (در سلسله مراتب نیازهای مازلو)

low baller

مدیر متواضع

lower echelon managers

مدیران ردهٔ پایین

lower echelon staff

کادر/کارمندان ردهٔ پایین

lower of cost or market

به قیمت تمام شده یا بازار هر کدام که کمتر است

lower organizational level

رده‌های پایین‌تر سازمانی

lower rate

نرخ نازلتر

low grade

(کالای) نامرغوب

low income

کم درآمد

low-level

ردهٔ پایین

low-level language

(در رایانه) زبان سطح پایین

loyal services

خدمات صادقانه

loyalty of customer

وفاداری مشتری

loyal worker

کارگر وفادار

LP (linear programming)

برنامه‌ریزی خطی

Ltd (limited)

محدود؛ با مسؤولیت محدود

lucrative title

حق مالکیت سودآور

lucrative title to goods

تحصیل مالکیت اموالی به قیمت ناچیز یا به

مفت

lucrum cessans (Lat)

عدم‌النفع

☞ *profit lost*

luddite

لودیت (نهضت ضد ماشینی شدن صنایع)؛ مخالف تکنولوژی

lug

وسیلهٔ حمل و نقل مواد تازه

luggage assurance

بیمهٔ لوازم سفر؛ بیمهٔ وسایل مسافرت

lumber

رهن؛ گرو؛ پول اشیای مرهونه؛ انبار کالای رهنی

lumpen

لمپن؛ بریده از گروه

lumpiness of resources

یکپارچگی منابع

lump labor

مجموعهٔ نیروی کاری

lump sum

مبلغ کلی؛ مبلغ مقطوع؛ پول یکجا؛ پرداختِ کلی / یکجا

lump sum payment

پرداخت یکجا و نقدی

lump sum purchase

خرید کلی

lump sum settlement

مصالحهٔ دعوا با پرداخت مبلغ مقطوع

lump, the

قرارداد انجام کار تنها

☞ *labor only subcontracting*

luxuries

کالاهای لوکس و تجملی

luxury tax

مالیات بر اموال لوکس و تجملی؛ مالیات کالاهای تجملی

M / m

MacGregor, Douglas
مک گریگور داگلاس:
روانشناس و محقق آمریکایی و بنیانگذار نظریهٔ انگیزش بر اساس تئوری X و Y

machiavellian manager
مدیر ماکیاولیستی

machine
سازمان؛ تشکیلات؛ دستگاه؛ ماشین؛ طرح کردن

machine ancillary time
اوقات بلااستفادهٔ دستگاه؛ زمان بیکاری ماشین

machine bureaucracy
بوروکراسی ماشینی؛ دیوانسالاری ماشینی

machine code
برنامه به زبان ماشین

machine downtime
زمان بیکاری ماشین‌آلات

machine hour
ساعت کار ماشین

machine hour cost
هزینهٔ کار ماشین در ساعت

machine idle time
زمان تلف شدهٔ ماشین‌آلات؛ زمان بیکاری دستگاه

machine instruction
دستور به زبان ماشین؛ دستور به زبان دستگاه؛ دستورالعمل ماشین

machine instruction code
رمز دستورالعمل رایانه
☞ *computer instruction code*

machine language
زبان ماشین

machine loading
استفادهٔ مؤثر از ماشین آلات

machine, propaganda
سازمان تبلیغاتی

machinery
دستگاه؛ سازمان؛ تشکیلات؛ نظام

machinery management
دستگاه مدیریت

machinery of government
تشکیلات دولت

machine tool
ماشین ابزار

machine waiting time
زمان انتظار ماشین

macro economics
اقتصاد کلان

☛ *micro economics*

➔ *aggregate economics*

macro instruction

دستور کلان

macro-level approach

شیوهٔ برخورد در سطح کلان:

نگرش / رهیافتی که مجموعهٔ سازمان را در بر می‌گیرد.

☛ *micro - level approach*

macro-production program

برنامهٔ تولید کلان

macro view

کل نگری:

اغلب نویسندگان و دانشمندان، مدیریت اداری را شامل روشها و تکنیکهایی می‌دانند که مبتکران آن با شیوهٔ «کل نگری» به خلق آنها پرداخته‌اند.

MADCAP

مدکپ؛ زبان برنامه‌نویسی برای حل مسائل ریاضی و عملیاتی (در کامپیوتر)

made

جعلی؛ ساختگی؛ دارای حق رأی

MAD (mean absolute deviation)

انحراف میانگین مطلق

magisterial

آمرانه؛ مطلق؛ مستند؛ رسمی

magistrate court

دادگاه بخش

magnet board

تابلوی مغناطیسی

magnetic card

کارت مغناطیسی

magnetic character reader (MCR)

کاراکترخوان مغناطیسی

magnetic disk

دیسک مغناطیسی

magnetic ink character reader (MICR)

کاراکتر خوان جوهر مغناطیسی

magnetic tape

نوار مغناطیسی

mail

پست؛ نامهٔ پستی؛ محمولات پستی؛ خدمات پستی؛ نامه رسانی؛ مأمور پست؛ پست کردن؛ با پست فرستادن

mail, air

پست هوایی

mail, bulk

پست عادی

mail, electronic (e-mail)

پست الکترونیک

mail merge

پر کردن فرم نامه‌ها

mail order

سفارش پستی

mail, registered

پست سفارشی

mail transfer (MT)

انتقال پستی؛ حوالهٔ پستی

mainframe

کامپیوتر بزرگ

mainframe computer

کامپیوتر مرکزی؛ کامپیوتر اصلی

M

mainprise
ضمانت؛ کفالت؛ ضامن شدن؛ کفیل شدن

main purpose of the report
منظور اصلی گزارش

main storage
انبارهٔ اصلی؛ حافظهٔ اصلی

mainstream corporation tax (MCT)
مالیات اصلی شرکتها
→ *corporation tax*

maintain
ابقا کردن؛ حفظ کردن؛ اداره کردن؛ تأمین کردن؛ نگهداری کردن؛ متحمل هزینه شدن؛ به قوت خود باقی نگهداشتن؛ رسیدگی کردن به

maintain discipline
حفظ انضباط؛ تأمین انضباط

maintenance
تعمیر و نگهداری؛ حفظ؛ تأمین؛ حفاظت

maintenance department
قسمت نگهداری تجهیزات

maintenance engineering
مهندسی تعمیر و نگهداری

maintenance factor
عامل سلامت / بهداشت کار؛ عامل نگهداری
☞ *hygiene factor*

maintenance of membership
حمایت از عضویت

maintenance shift
نوبت / شیفت تعمیرات و نگهداری

majority, absolute
اکثریت مطلق (نصف آرا به اضافهٔ یک)

majority, full
اکثریت تام؛ اکثریت قریب به اتفاق

majority interest
سهام اکثریت؛ حقوق و علایق مالی اکثریت

majority of votes
اکثریت آرا

majority, relative

majority shareholders
صاحبان اکثریت سهام

majority, solid
اکثریت قریب به اتفاق

majority vote
رأی اکثریت

major operating officials
مسؤولان عالی رتبهٔ عملیات

major shareholder
سهامدار عمده

make
وضع کردن (قانون)؛ وضع کردن (مالیات)؛ منصوب کردن؛ ترفیع دادن؛ تثبیت کردن (قیمت)؛ تدوین کردن؛ تشکیل دادن؛ شرکت کردن؛ ترجمه کردن؛ تقدیم کردن؛ تأسیس کردن؛ تهیه کردن؛ طرح کردن؛ رسیدن به (بندر)

make a bid
در مناقصه یا مزایده شرکت کردن؛ پیشنهاد خرید (به قیمت معین)
☞ *tender a bid*
☞ *bid*
☞ *enter a bid*

make a clean sweep
تصفیه کردن؛ برکنار کردن عناصر نامطلوب؛ پیروزی قاطع به دست آوردن

make a draft for

make a loan
برات کردن؛ حواله کردن

make an error
وام دادن

مرتکب خطا یا اشتباه شدن

make a profit
سود بردن

make a proposal
پیشنهاد دادن؛ طرح دادن

make a provision
شرط کردن (چیزی)

make a suggestion
پیشنهاد دادن؛ اظهار نظر کردن

make a treaty
قرارداد امضا کردن؛ قرارداد بستن

make good
تاوان دادن؛ جبران کردن

make good a loss
جبران کردن خسارت یا ضرر

make-or-buy decision
تصمیم‌گیری برای ساخت یا خرید

make restitution
جبران کردن خسارت؛ پرداختن غرامت؛ باز گرداندن وضع پیشین زیان دیده؛ رد کردن مال به صاحب اصلی آن

maker (of a promissory note or check)
متعهد یا امضا کننده (سفته یا چک)

makeshift job
کار موقت؛ شغل موقت

make something over
انتقال مالکیت دادن

☞ *transfer the ownership of something*

make terms with someone
سازش کردن؛ توافق نمودن؛ به توافق رسیدن

make the cash
رسیدگی به موجودیها

make the whole of one's property to someone
همهٔ املاک خود را به کسی انتقال دادن و هبه کردن

make up
فیصله دادن؛ جبران کردن؛ تشکیل دادن؛ خاتمه دادن؛ جعل کردن؛ بازپرداخت کردن

make up for something
☞ *compensate*
جبران کردن

make-up pay
پرداخت جبرانی

make-up time
زمان جبرانی

make up to (a person)
خسارت کسی را جبران کردن

make-work
ایجاد کار

make-work fallacy
سفسطه ایجاد شغل

making, in the
در دست اقدام؛ در دست تهیه

making out a check
چک کشیدن
☞ *draw a check*

making over a debt

انتقال وام

making void

ابطال؛ باطل کردن

maladministration

سوء مدیریت؛ مدیریت غلط

male chauvinism

تعصب برتری مرد؛ مرد سالاری

maletolte (var. maltolt)

مالیات طاقت فرسا و سنگین

malfeasance

تخلف از قانون؛ سوء رفتار؛ تخلف اداری؛ کار یا عمل خلاف قانون

malfunction

سوء عمل؛ خرابی؛ سوء عمل یا انحراف دستگاه از عملکرد برنامه‌ریزی شدهٔ آن

☞ *dysfunction*

malinger

تمارض کردن؛ از زیر کار در رفتن؛ شانه خالی کردن؛ خود را به بیماری زدن

malpractice

تخلف؛ سوء استفاده؛ سهل‌انگاری؛ سوء اداره یا مدیریت (در مورد امین و متولی)؛ برخلاف شئون حرفه‌ای عمل کردن

Malthusian theory

تئوری مالتوس

malversation

اختلاس؛ حیف و میل؛ تقلب در کسب و پیشه خود؛ رشوه‌گیری؛ فساد اداری

☞ *extortion*

☞ *corruption*

☞ *embezzlement*

☞ *misappropriation*

malverse

اختلاس کردن؛ رشوه گرفتن

manage

اداره کردن؛ از عهده برآمدن؛ کاری را از پیش بردن؛ مطیع کردن؛ موفق شدن؛ راهنمایی کردن؛ کنترل کردن؛ مهار کردن؛ باصرفه جویی اداره کردن؛ تدبیر کردن؛ تحریف کردن؛ تقلب کردن؛ دستکاری کردن

managed costs

هزینه‌های قابل کنترل

managed exchange rates

نرخ ارز کنترل شده

managed funds

وجوه قابل کنترل

management

مدیریت؛ هیأت مدیره؛ مدیران؛ حیطهٔ مدیریت؛ روش مدیریت؛ حسن تدبیر

management access time

زمان دستیابی اطلاعات مدیریت

management accounting

حسابداری مدیریت

management, accounting

مدیریت حسابداری

management action

اقدام/کار مدیریتی؛ عمل مدیریت

management, administrative

مدیریت اداری

management assessment program

برنامهٔ ارزیابی مدیریت

management audit

حسابرسی مدیریت

management, authoritarian
مدیریت مستبدانه / آمرانه

management board
هیأت مدیره

management, bureaucratic
مدیریت دیوانسالاری

management buyout
خرید بنگاه توسط مدیران؛ خرید مؤسسه از سهامداران اولیه توسط مدیران

management by crisis
مدیریت بحران

management by exception
مدیریت بر مبنای استثنا:
به شیوه‌ای از مدیریت اطلاق می‌شود که در آن مدیران عالی فقط در موارد استثنایی و پیش‌بینی نشده در تصمیم‌گیریها دخالت می‌کنند و مسؤولیت تصمیم‌گیریهای روزمره را به زیردستان خود محول می‌نمایند.

management by group objectives (MBGO)
مدیریت بر مبنای هدف گروهی

management by objective (MBO)
مدیریت بر مبنای هدف
☞ *management by results*

management by results
مدیریت بر مبنای نتایج؛ تئوری مدیریت مشارکتی مبنی بر مشارکت مدیران و مجریان در ادارهٔ امور سازمان: تئوری مدیریت مشارکتی در عمل تکنیکهای مشهوری را در مدیریت نوین مطرح نموده که مهم‌ترین و مشهورترین آنها «مدیریت بر مبنای هدف» می‌باشد که آن را

مدیریت بر مبنای نتایج نیز می‌نامند. در این مدل، مدیران و مجریان به طور منظم و مداوم در سه مرحلهٔ اتخاذ، اجرا و ارزیابی تصمیمات اداری و سازمانی مشارکت و همکاری می‌نمایند.
☞ *management by objective*

management, communications
مدیریت ارتباطات

management company
شرکت مشاور سهام

management, comparative
مدیریت تطبیقی

management consultant
مشاور مدیریت

Management Consultants Association (MCA)
انجمن مشاوران مدیریت

management, consultative
مدیریت شورایی

management consulting
مشاورهٔ مدیریت

management crisis
بحران مدیریت

management, crisis
مدیریت بحران

management development
توسعهٔ مدیریت؛ بهسازی مدیریت

management education
آموزش مدیریت؛ تربیت مدیران

management effectiveness inspections (MEI)
بازرسیهای کارآیی/اثر بخشی مدیریت

management engineer

مهندس مدیریت

management error risk

ریسک اشتباهات مدیریتی

management fads

روشهای مد روز در مدیریت

management, functions of transportation

وظایف مدیریت حمل و نقل

management game

تمرین مدیریت؛ بازی مدیریت

management, general

مدیریت عمومی

management guide

راهنمای مدیریت؛ راهنمای مدیر

☞ *management job description*

management, human resource

مدیریت نیروی انسانی؛ مدیریت منابع انسانی

management, induistrial

مدیریت صنعتی

management, information

مدیریت اطلاعات

management information system

نظام مدیریت اطلاعات

management in private sector

مدیریت در بخش خصوصی

management in public sector

مدیریت در بخش دولتی

management job description

شرح شغل مدیریت؛ راهنمای مدیریت؛ راهنمای مدیر

☞ *management guide*

management, line

مدیریت صف

management, marketing

مدیریت بازاریابی

management, material

مدیریت مواد؛ (درنیروی هوای) مدیریت ماتریل

management, middle

مدیریت میانی؛ مدیریت سطوح میانی

management obgective

هدف مدیریت

management, office

مدیریت اداری

management of human resourses

مدیریت منابع انسانی:

ویژگیهای مدیریت منابع انسانی را می‌توان در دو نکتهٔ اساسی خلاصه نمود: اولاً این مدیریت به جای ویژگیهای شناختی و هنجاری روابط انسانی، رفتار توصیفی را مورد توجه قرار می‌دهد. ثانیاً نیازهای انسانی را مخصوصاً از سطوح بالاتر از نیازهای اجتماعی که مورد توجه خاص روابط انسانی است، به عنوان انگیزه‌های درون ذاتی رفتار مورد توجه و تحقیق قرار می‌دهد و تصریح می‌کند که انسان در سازمان به علت نیازهای عالی خود می‌تواند به منابعی بالقوه مفید و مؤثر سازمانی تبدیل شود.

management of industrial inventory

مدیریت موجودی کالاهای صنعتی

management of investment

مدیریت سرمایه‌گذاری

☞ investment management
management of resourses
مدیریت منابع
management of the public sector
مدیریت بخش دولتی
management, operation
مدیریت عملیات
management, participative
مدیریت مشارکتی
management, personnel
مدیریت پرسنلی؛ مدیریت کارگزینی؛ مدیریت کارکنان
management policy
خط‌مشی مدیریت
management, practice of
آموزش/کارورزی مدیریت؛ عمل مدیریت
management process
فرایند مدیریت؛ فراگرد مدیریت
management process school
مکتب فرایند مدیریت
management, program
مدیریت برنامه
management, project
مدیریت پروژه؛ مدیریت طرح
management ratios
شاخصهای مدیریت
management, record
مدیریت اسناد و مدارک
management report
گزارش مدیریت
management representative
نمایندهٔ مدیریت
management research groups (MRG)
گروههای تحقیق مدیریت
management review
بازنگری مدیریت
management rosponsibility
مسؤولیت مدیریت
management science
علم مدیریت؛ کاربرد روشهای کمی در حل مسائل مدیریت؛ دانش مدیریت
management, scientific
مدیریت علمی
management services
خدمات مدیریتی؛ خدمات مدیریت
management, site
مدیریت کارگاه
management styles
سبکهای مدیریت
management succession
جایگزینی مدیران
management systems
سیستمهای مدیریتی؛ نظامهای مدیریتی
management, systems
مدیریت سیستمها
management talent
استعداد مدیریت
management tasks and responsibilities
وظایف و مسؤولیتهای مدیریت
management, technical
مدیریت فنی

management, today
مديريت امروز

management, top
مديريت ارشد؛ مديريت عالى؛ مديران ردهٔ بالا؛ مديران طراز اول

management training
آموزش / كارآموزى مديريت

management union
اتحاديهٔ مديريت

manager
مدير؛ رييس؛ اداره كننده؛ سرپرست

manager, assistant
معاون

manager, division
مدير بخش

manager, employment
مدير استخدام

manager, financial
مدير مالى

manager, general
مدير كل

managerial accounting
حسابدارى مديريت

managerial actions
كارهاى مديريتى؛ اقدامات مديريتى

managerial approach
رهيافت مبتنى بر مديريت؛ رهيافت مديريت

managerial attitudes and performances
نگرشها و عملكردهاى مديريت

managerial duties
وظايف مديريت

managerial economics
اقتصاد مديريت

managerial effectiveness
اثربخشى مديريت؛ كارآيى مديريت

managerial grid
شبكهٔ مديريت: شبكه‌اى كه بوسيلهٔ «رابرت بليك» (R.Blake) و جين موتون (J.Mouton) طراحى شده و در آن ميزان درجهٔ توجه و علاقهٔ يك مدير نسبت به افراد تحت نظارت خود با ميزان درجهٔ توجه و علاقهٔ او نسبت به توليد با هم تركيب مى‌شوند و بدين ترتيب سبك رهبرى وى مشخص مى‌گردد.

managerialism
مديريت‌گرايى

managerial role in productivity
نقش مديريت در بهره‌ورى

managerial roles
نقشهاى مديريت

managerial set-up
سازمان / تشكيلات مديريت؛ ساختار مديريت

managerial staff
مديران؛ هيأت مديره

managerial structure
ساختار مديريتى؛ ساختار مديريت

managerial style
سبك / روش مديريت
☞ *management style*

manager, marketing
مدير بازاريابى

manager, official
مدير ادارى

manager, personnel
مدیر پرسنلی / کارگزینی
manager, production
مدیر تولید
manager, project
مدیر پروژه
manager, sales
مدیر فروش
manager's guide
راهنمای مدیریت؛ راهنمای مدیر
☞ *management guide*
manager´s superior
(شخص) مافوق مدیر
manager, staff
رییس کارگزینی / پرسنلی
manager, technical
مدیر فنی
manager, works
مدیر عملیات
managing
دارای اختیارات اجرایی و قانونی؛ عامل؛ اداره کننده
managing committee
هیأت مدیره؛ هیأت رییسه
managing culture
فرهنگ مدیریت؛ فرهنگ سازمانی
managing director assistants
معاونین مدیر عامل
managing director (MD)
مدیر عامل
managing editor
مدیر(روزنامه، مجله،انتشارات)؛ سردبیر

managing emergencies
مدیریت وضعیتهای اضطراری
managing for results
مدیریت برای نتایج
managing human resources
مدیریت نیروی انسانی
managing meeting problems
مدیریت مشکلات مربوط به نشستها
managing public organizations
مدیریت سازمانهای دولتی
managing system
سیستم هدایت کننده
mancipate
نقل و انتقال رسمی دادن؛ انتقال یافته (رسمی)؛ مطیع
mandamus
امریه؛ دستور دادگاه عالی به اجرایی جهت انجام وظایف قانونی خود
mandarin
مأمور عالی رتبه
mandatary (var. mandatory)
وکیل؛ قیم
mandate
نیابت؛ وکالت؛ مأموریت؛ نمایندگی؛ تفویض اختیار؛ اختیار؛ حکم؛ قیمومت؛ اجراییه؛ قرارداد عاملیت؛ وکالت نامه؛ امریه
☞ *contract of mandate*
☞ *mandatum*
mandatee
مکفول له؛ متعهد له
mandate to, give a
وکالت کردن؛ وکیل کردن

mandative

- The great distinction between a mandate and a deposit is that the former lies in feasance and the latter simply in custody.

تفاوت عمده بین کفالت و سپردهٔ ضمانت آن است که کفالت انجام عملی را از طرف مضمون له تعهد می‌کند، در صورتی که سپردهٔ ضمانت فقط تضمین پولی است.

mandative

امری؛ دستوری؛ آمرانه

mandator

موکل؛ آمر؛ دستور دهنده؛ کفیل

mandatory

الزامی؛ لازم‌الرعایه؛ لازم‌الاجرا؛ حکمی؛ اجباری؛ امری؛ قیم

mandatory conservation

صرفه جویی اجباری

mandatory meeting

جلسهٔ اجباری

man hour

کار فرد در هر ساعت؛ نفر ساعت

manifest

مانیفست؛ اظهارنامه؛ صورت محمولهٔ کشتی یا هواپیما که توسط ناخدا یا خلبان امضا شده و به مأموران گمرک ارائه می‌شود

manifesto

فرمان؛ اعلان؛ مرامنامه؛ بیانیه؛ قطعنامه؛ اعلامیه (صادر کردن)

manipulate

کنترل کردن؛ تحت تأثیر قرار دادن؛ دستکاری کردن؛ تقلب کردن؛ اعمال نفوذ کردن

manipulation

اعمال نفوذ؛ دستکاری؛ فریب؛ تقلب

manipulation of accounts

حساب سازی

man, key

شخصیت مهم؛ شخصی دارای موقعیت یا شغل حساس

manning table

جدول نیروی انسانی

manpower

نیروی انسانی؛ منابع انسانی

manpower analysis

تجزیه و تحلیل نیروی انسانی

manpower and productivity

نیروی انسانی و بهره‌وری

Manpower and Productivity Service

سازمان خدمات نیروی انسانی و بهره‌وری

manpower economics

اقتصاد نیروی انسانی

manpower input-output table

جدول داده - ستادهٔ نیروی انسانی

manpower inventory

موجودی نیروی انسانی

man power planning

برنامه‌ریزی نیروی انسانی

manpower ratios

شاخصهای نیروی انسانی

Manpower Service Commision (MSC)

کمیسیون خدمات نیروی انسانی

manpower training

آموزش نیروی انسانی

manpower turnover

جابجایی نیروی انسانی؛ جابجایی نیروی کار

man profile

مشخصاتِ نیروی کار؛ توانائیها و مهارتهای موجود در شخص جهت انجام کار مورد نظر

man to man comparison

ارزشیابی از طریق مقایسهٔ کارکنان با یکدیگر

man to man rating

ارزشیابی از طریق مقایسهٔ کارکنان با یکدیگر

manual dexterity

مهارت دستی

manual dexterity test

آزمون مهارت دستی

manual operation

عملیات دستی؛ عملیات غیر خودکار

manual skill

مهارت دستی

manual time

زمان کار دستی

manual worker

کارگر ساده

➔ ***blue collar worker***

manufacture

ساختن؛ تولید کردن؛ تولید؛ فرآورده

manufacturer

تولید کننده؛ سازنده؛ صاحب کارخانه

manufacture goods

کالاهای صنعتی؛ فرآوردهها / تولیدات صنعتی

manufacture's agent

نمایندهٔ کارخانهٔ سازنده

manufacturing

ساخت؛ تولید:

در مدیریت صنعتی، تولید و ساخت عبارت است از به خدمت گرفتن تجهیزات و ماشین آلات، راه‌اندازی و انجام عملیات مختلف، افزایش کارآیی و در نهایت استفاده از روشهای تولید

manufacturing automation

خودکار سازی تولید؛ اتوماسیون ساخت و تولید

manufacturing automation protocol (MAP)

پروتکل خودکار سازی تولید

manufacturing costs

هزینه‌های ساخت؛ هزینه‌های تولید

manufacturing management

مدیریت تولید

manufacturing overhead

هزینهٔ سربار ساخت

manufacturing resources planning (MRP)

برنامه‌ریزی منابع تولید

manufcturing budget

بودجهٔ ساخت مصنوعات؛ بودجهٔ تولید

manufcturing order

دستور ساخت / تولید

manufcturing process

فرآیند تولید

manuscript

دست نوشته؛ دست نویس؛ نسخهٔ خطی

MAP (main activity programming

برنامه‌ریزی فعالیت اصلی

➔ ***master activity programming***

MAP (manufacturing

automation protocol

پروتکل خودکار سازی تولید

margin

سود ناخالص؛ سود ناویژه؛ میزان سود سهام؛ حاشیه؛ تفاوت؛ تفاوت سود؛ سپردهٔ احتیاطی

marginal

افزایش جزء؛ افزایش نهایی؛ کم اهمیت؛ اکثریت ناچیز؛ حد نهایی

marginal analysis

تجزیه و تحلیل نهایی

marginal buyer

خریدار نهایی

marginal cost

هزینهٔ نهایی

marginal costing

روش هزینه‌یابی نهایی؛ هزینه‌یابی متغیر

☞ *direct costing*
☞ *incremental costing*
☞ *variable costing*

marginal cost pricing

روش قیمت گذاری هزینهٔ نهایی

☞ *marginal pricing*

marginal income ratio

نسبت سود و درآمد نهایی

marginal pricing

روش قیمت گذاری نهایی

☞ *marginal cost pricing*

marginal productivity wage theory

نظریهٔ بهره‌وری نهایی دستمزد

marginal profits

سود نهایی

marginal propensity to consume (MPC)

میل نهایی به مصرف

marginal propensity to invest (MPI)

میل نهایی به سرمایه‌گذاری

→ *liquidity preference*

marginal revenue

درآمد نهایی

marginal utility

مطلوبیت نهایی

marginal worker

کارگر نهایی

margin cost

هزینهٔ جنبی

margin efficiency of capital

بازده نهایی سرمایه

margin efficiency of investment

بازده نهایی سرمایه‌گذاری

margin of safety

حاشیهٔ ایمنی؛ حاشیهٔ امنیت

→ *break - even chart*

margin product

اضافه محصول؛ محصول جنبی

margin revenue

سهم درآمد از فروش

margin utility

حد مطلوبیت کالا

marine insurance

بیمهٔ دریایی؛ بیمهٔ کلی یا جزئی مربوط به دریانوردی

marine law

حقوق دریایی؛ قانون کشتی رانی؛ قوانین دریایی؛ قوانین مربوط به دریانوردی
☞ *maritime law*

marine, merchant
ناوگان تجاری؛ کشتی رانی تجاری

marine policy
بیمه‌نامهٔ دریایی

marital status
وضعیت تأهل

maritime assurance
بیمهٔ دریایی

maritime law
حقوق دریایی
☞ *marine law*

maritime survey
بازرسی دریایی

mark-down
کاهش قیمت؛ تخفیف؛ کاهش بها

marked check
چک تایید شده؛ چک تضمینی

market
بازار؛ داد و ستد؛ خرید و فروش؛ خرید کردن؛ خرید و فروش کردن؛ به بازار عرضه کردن؛ محل خرید و فروش /داد و ستد؛ (در حقوق انگلیس) جواز کسب یا پروانهٔ اشتغال در بازار عمومی

marketability
بازارپذیری

marketable loan
وام قابل انتقال؛ وام قابل واگذاری

marketable security
سهم قابل فروش؛ سهم معتبر

marketable title
مالکیت بلامعارض؛ مالکیت مطلق؛ سند (مالکیت) آزاد
☞ *clear title*
☞ *good title*
☞ *merchantable title*

market assessment
ارزیابی بازار

market, at the
به قیمت روز

market, black
بازار سیاه

market, bull
بازار سهام پررونق

market, capital
بازار سرمایه

market capitalization
ارزش کلی سهام شرکتها

market capitalization rate
نرخ سرمایه‌گذاری بازار

market, come on the
برای فروش عرضه شدن

market, common
بازار مشترک

market, dead
بازار کساد
☞ *dull market*

market economy
اقتصاد بازار

market, employment
بازار کار

market equilibrium

تعادل بازار

marketer

مدیر بازاریابی

☞ *marketing manager*

market, false

بازار ساختگی / کاذب

market, foreign exchange

بازار ارز

market, free

بازار آزاد

☞ *open market*

market, glut the

بازار را اشباع کردن

marketing

بازاریابی؛ داد و ستد؛ عرضه به بازار

marketing activities

فعالیتهای بازاریابی

marketing board

هیأت بازاریابی

marketing budget

بودجهٔ بازاریابی

marketing, conversional

بازاریابی تبدیلی

marketing cost analysis

تجزیه و تحلیل هزینهٔ بازاریابی

marketing, developmental

بازاریابی توسعه

marketing, differential

بازاریابی تفکیکی

marketing expence to sales ratio

نسبت هزینه‌های بازاریابی به فروش

marketing game

تمرین بازاریابی؛ نوعی آموزش بازاریابی

marketing, international

بازاریابی بین‌المللی

marketing management

مدیریت بازاریابی

marketing manager

مدیر بازاریابی

☞ *marketer*

marketing mix

ترکیب نسبی فعالیتهای بازاریابی

marketing, synchro

بازاریابی همزمان

market, labor

بازار کار

market letter

نشریهٔ اقتصادی

market management

مدیریت بازار

market, money

بازار پول

market, narrow

بازار محدود

market niche strategy

استراتژی جاگیری در بازار:
نوعی استراتژی بازاریابی که هدف آن شناسایی بخش کوچکی از بازار و عرضهٔ کالاها و خدمات مناسب برای آن بخش است.

market nil

معاملهٔ باطل شده

market nil at the start

معامله‌ای که از اول باطل و فسخ شده

market, open

بازار آزاد

☞ *free market*

market orientation

بازار محوری؛ بازار گرایی

market, outcry

بازار حراجی

market, play the

بورس بازی کردن

market position

موقعیت بازار

market price

قیمت بازار؛ قیمت روز

market, primary

بازار اولیه؛ بازار دست اول

market purchasing

خرید بازاری

market push

فشار بازار

market research

پژوهش در بازار؛ تحقیق در بازار

market, rig the

با احتکار اجناس و کارهای خلاف دیگر قیمتها را بالا و پایین بردن

market risk

ریسک بازار

market segment

بخشی از بازار

market segmentation

تفکیک بازار؛ تقسیم‌بندی بازار

market share

سهم بازار

market, spot

بازار نقدی

market strategy

استراتژی بازار

market target

هدف بازار

market, target

بازار هدف؛ بازار مورد نظر

market, terminal

بازار نهایی

market, unstable

بازار بی‌ثبات

market value

ارزش بازار

→ *reasonable value*

mark on

تفاوت قیمت؛ اختلاف بین قیمت عمده‌فروشی و قیمت خرده‌فروشی کالا

Markov chain

زنجیرهٔ مارکف

→ *Monte Carlo method*

mark up

افزایش قیمت

markup pricing

تعیین افزایش بها؛ قیمت‌گذاری بر مبنای افزایش بها

marshaling

صورت برداری از اموال ورشکسته توسط مدیر تصفیه

Marshal plan

برنامهٔ مارشال

mart

معامله؛ داد و ستد؛ مرکز بازرگانی؛ بازار؛ نمایشگاه کالا

masculinity

مرد سالاری (در مقابل زن سالاری)

Maslow´s hierarchy of needs

سلسله مراتب نیازهای مازلو

☞ *hierarchy of needs*

☞ *Maslow´s needs hierarchy*

Maslow´s needs hierarchy

سلسله مراتب نیازهای انسان که «آبراهام مازلو» آنها را طبقه بندی کرده و در واقع متداول‌ترین طبقه بندی از نیازهای انسان است که به عمل آمده است. این نیازها را می‌توان به نیازهای مادی (جسمانی) و نیازهای روانی تقسیم کرد.

mass communications

رسانه‌های ارتباط جمعی؛ رسانه‌های گروهی

☞ *mass media*

mass market product

محصول پرفروش

mass media

رسانه‌های گروهی؛ رسانه‌های ارتباط جمعی

☞ *mass communication*

mass participation

مشارکت عامهٔ مردم؛ مشارکت همگانی؛ شرکت گستردهٔ مردم

mass production

تولید انبوه

mass production of goods

تولید انبوه کالا

mass resignation

استعفای دسته جمعی

mass strike

اعتصاب سراسری؛ اعتصاب عمومی / همگانی

master

کارفرما؛ رییس؛ اصلی؛ استاد کار؛ مهار کردن؛ کنترل کردن؛ تسلط پیدا کردن

master activity programming (MAP)

برنامه‌ریزی فعالیت اصلی

☞ *main activity programming*

master budget

بودجهٔ کل؛ بودجهٔ اصلی

master card

کارت مادر؛ کارت اصلی

master clerical data (MCD)

داده‌های اداری پایه؛ سیستم اندازه‌گیری کار بر مبنای روش زمان سنجی

master learning

تسلط بر یادگیری؛ یادگیری متوالی یا مطلب به مطلب توسط دانش پژوه

Master of Business Administration (MBA)

کارشناسی ارشد مدیریت بازرگانی

master of ceremonies

رییس تشریفات

Master of Public Administration (MPA)

کارشناسی ارشد مدیریت دولتی

master production schedule (MPS)

برنامهٔ تولید اصلی؛ برنامهٔ اصلی زمان تولید

master route card

کارت اصلی تعیین مسیر

master schedule

master standard data (MSD) 463 mature

برنامهٔ مادر؛ برنامهٔ اصلی

master standard data (MSD)

داده‌های معیار اصلی

master workman

سرکارگر؛ استاد کار

matched orders

سفارشهای دوگانه؛ سفارشهای جور

matching test

آزمون تطبیقی؛ آزمون جور کردنی

material alteration

تغییر عمده؛ تغییر اساسی (در متن سند)

material breach

نقض اساسی (قرارداد)

material budget

بودجهٔ مواد

material control

کنترل مواد

material control schedule

برنامهٔ کنترل مواد

material defect

عیب عمده؛ عیب اساسی

material incentive

مشوق مادی؛ انگیزهٔ مادی

materiality

اصل اهمیت

material losses

ضایعات مالی

material man's lien

حق کارگر نسبت به مالی که روی آن کار کرده تا زمان دریافت اجرت خود

material requirements planning (MRP)

برنامه‌ریزی نیازمندیهای مواد

→ *manufacturing resources planning*

materials

مواد؛ مصالح

materials cost

هزینه مواد

materials handling

نقل و انتقال مصالح؛ جابجایی مواد

materials management

مدیریت مواد؛ مدیریت ماتریل

mathematical programming

برنامه‌ریزی ریاضی

matrix correlation

همبستگی دو بعدی؛ همبستگی جدولی؛ همبستگی ماتریسی

matrix departmentation

بخش بندی جدولی؛ بخش بندی دو بعدی؛ بخش بندی ماتریسی؛ گروه‌بندی ماتریسی

→ *departmentation*

matrix model

مدل ماتریسی

matrix organization

سازمان ماتریسی

matter of mutual concern

موضوع / مسألهٔ مورد علاقهٔ طرفین

matters, business

مسائل کسب و تجارت

matters, current

مسائل جاری

mature

فرارسیدن موعد پرداخت دین؛ لازم‌التأدیه

شدن؛ لازم‌التأدیه
matured
سررسید شده؛ مؤجل؛ مدت دار؛ وعده‌ای؛ وعده دار
mature, obligation
تعهد حال
maturity
سررسید؛ موعد پرداخت دین؛ انقضای مهلت
maturity curve
منحنی پرداخت
maturity value
ارزش سند در سررسید؛ مبلغی که در سررسید یک تعهد مالی یا قرارداد باید پرداخت شود
maximax
بیشترین بیشترین‌ها؛ بهترین نتیجهٔ ممکن
maximax criterion
معیار حداکثر حداکثرها:
مبنایی برای تصمیم‌گیری یک مدیر که به موجب آن، او بیشترین بازدهی را برای هر استراتژی ممکن تعیین و سپس مطلوب‌ترین آنها را انتخاب می‌نماید و بنابراین بهره را به بالاترین میزان می‌رساند
☞ *maximin criterion*
maximin criterion
معیار حداکثر حداقل‌ها
☞ *maximax criterion*
maximization
به حداکثر رساندن؛ بیشینه کردن
maximizing
به حداکثر رسانیدن؛ شیوه‌ای در تصمیم‌گیری که بر مبنای آن مدیر بهترین راه را از میان راه‌های ممکن انتخاب می‌کند

maximizing the impact of training
افزایش تأثیر آموزش
maximum/minimum control
کنترل حداکثر/ حداقل
maximum penalty
حداکثر جریمه
maximum working area
حداکثر فضای موجود برای انجام دادن کار
MBA (Master of Business Administration)
کارشناسی ارشد مدیریت بازرگانی
MBO (management by objective)
مدیریت بر مبنای هدف
MCA (Management Consultants Association)
انجمن مشاوران مدیریت
Mcclelland, David
دیوید مک‌کللند:
روانشناس آمریکایی و بنیانگذار نظریهٔ انگیزهٔ موفقیت
MCD (master clerical data)
داده‌های اداری پایه
MCSIB (management consulting information bureau)
دفتر / ادارهٔ اطلاعات مشاورهٔ مدیریت
MCT (mainstream corporation tax)
مالیات اصلی شرکت
MD (managing director)

مدیر عامل

MDW (measured daywork)

کار روزانهٔ اندازه‌گیری شده

meagement of occupational safety

مدیریت ایمنی شغلی

mean

میانگین؛ متوسط؛ معدل

mean absolute deviation

انحراف میانگین مطلق

mean audit date

زمان حسابرسی میانگین

mean deviation

انحراف میانگین

☞ *mean absolute deviation*

means

وسایل؛ اسباب؛ ثروت؛ دارایی؛ وسیلهٔ امرار معاش

means-end chain

زنجیرهٔ وسیله؛ زنجیرهٔ هدف؛ سلسله مراتب هدفها در سازمان

means of transport

وسائط نقلیه؛ وسایل حمل و نقل

measure

اقدام؛ لایحه؛ قانون؛ معیار؛ میزان

measured daywork (MDW)

کار روزانهٔ اندازه‌گیری شده؛ نظام پرداخت روزانه:

در این سیستم بر خلاف پرداخت بر مبنای بازده، به کارگران دستمزد ثابتی پرداخت می‌شود

☞ *controlled daywork*

measured work

کار اندازه گیری شده؛ کار سنجش شده

measure of compensation

معیار خسارت

measure of damages

(ضابطهٔ تعیین) میزان خسارت

measure of effectiveness of management systems

ارزیابی کارآیی سیستمهای مدیریت

measure of value

معیار ارزش؛ سنجش ارزش؛ وسیلهٔ سنجش و اندازه‌گیری ارزش؛ مقیاس ارزش

measures, adopt

تدابیری اتخاذ کردن؛ اقدام کردن

measures, take

اقدام کردن؛ تدابیری اتخاذ کردن

mechanical aptitude tests

آزمون استعداد مکانیکی؛ آزمونهای استخدام که برای تعیین سطح درک و توانایی کارهای مکانیکی فرد انجام می‌شود

☞ *mechanical coprehension tests*

mechanical comprehension tests

آزمون استعداد مکانیکی

☞ *mechanical aptitude tests*

mechanical organization

سازمان مکانیکی

mechanistic approach

دیدگاه مکانیکی (در مقولهٔ تعارض سازمانی و ارتباطات)

mechanistic management

مدیریت ماشینی

mechanization

ماشینی کردن؛ مکانیزاسیون؛ مکانیزه کردن

☞ *automation*

media analysis

تحلیل رسانه‌های همگانی / گروهی

media planning

برنامه‌ریزی برای انتخاب رسانهٔ ارتباط جمعی

media research

پژوهش در رسانه‌های همگانی؛ بررسی کانالهای مختلف وسایل ارتباط جمعی برای تبلیغات

mediate a settlement

با وساطت حل و فصل کردن؛ فیصله دادن

media testing

آزمایش رسانه‌های همگانی؛ آزمون رسانه‌های مختلف برای انجام تبلیغات

mediation board

هیأت حل اختلاف

mediation (v. mediate)

وساطت؛ میانجیگری؛ حل اختلاف با وساطت شخص ثالث

☞ *arbitration*

mediator

واسطه؛ میانجی

medical care

خدمات درمانی

medical facilities

خدمات درمانی؛ امکانات درمانی

Medical Services Organization (MSO)

سازمان خدمات درمانی

medium of communication

وسیلهٔ ارتباطی

medium-term development plan

طرح توسعهٔ میان مدت

medium-term liabilities

بدهیهای میان مدت

meet

شایسته؛ مقتضی؛ مناسب؛ واجد شرایط؛ جلسه؛ از عهده برآمدن؛ تحت پوشش گرفتن؛ پرداختن (هنگام سررسید)؛ سازش کردن؛ مطابقت دادن؛ تشکیل جلسه دادن؛ ملاقات کردن؛ تأمین کردن؛ برآورده کردن؛ پرداختن

meeting

جلسه؛ ملاقات؛ اجتماع؛ نشست

meeting, ad hoc

اجلاس ویژه؛ جلسهٔ ویژه

meeting, adjourn a

جلسه‌ای را موقتاً تعطیل کردن

meeting, annual

جلسه / اجلاس سالانه

meeting, annual general

مجمع عمومی سالانه

meeting, chair a

جلسه‌ای را اداره کردن؛ ریاست جلسه‌ای را به عهده داشتن

meeting, conduct a

جلسه‌ای را اداره کردن

meeting, extraordinary

جلسهٔ فوق‌العاده

meeting, extraordinary general

مجمع عمومی فوق‌العاده

meeting, general

مجمع عمومی

meeting, hold a

تشکیل جلسه دادن؛ جلسه برگزار کردن

meeting, off-the record

جلسهٔ غیر رسمی؛ جلسهٔ غیرعلنی

☛ *on-the record meeting*

meeting of minds

تفاهم طرفین (درخصوص موضوع و مفاد قرارداد)

meeting, on-the-record

جلسهٔ علنی؛ جلسهٔ رسمی

☛ *off-the record meeting*

meeting, plenary

جلسهٔ عمومی

meeting, public

جلسهٔ عمومی

meeting, put a resolution to a

در مورد پیشنهادی از اعضای جلسه رأی گیری کردن

meeting, put off a

جلسه را به وقت دیگر موکول کردن

meeting, semiannual

جلسهٔ شش ماهه (سالی دوبار)

meeting, statutory

مجمع عمومی قانونی

meeting, wind up a

خاتمه دادن به جلسه

meet one's engagements

به تعهدات خود عمل کردن

meet one's obligation

به تعهد خود عمل کردن؛ تعهد خود را انجام دادن

MEIU (management education information unit)

واحد اطلاعات آموزشی مدیریت

member

عضو؛ کارمند؛ شعبه

member, honorary

عضو افتخاری

member, nominated

عضو انتصابی

member, nonpermament

عضو علی‌البدل؛ عضو غیر دایم / موقت

member of staff

کارمند

membership

عضویت

members, key committee

اعضای مهم کمیسیون

members of the auditing committee

اعضای کمیتهٔ حسابرسی

members of the board of directors

اعضای هیأت مدیره

members of the consular staff

کارمندان سیاسی

members of the organization

اعضای سازمان

member, substitute

عضو علی‌البدل

memoir

گزارش علمی

memoirs

خلاصهٔ مذاکرات

memorandum (abbr. memo)

یادداشت؛ تذکاریه؛ نامهٔ غیر رسمی؛ گزارش

memorandum of agreement

یادداشت توافق؛ توافق نامه

memorandum of association

اساسنامهٔ شرکت

memorandum of satisfaction

مفاصا حساب

memorandum of understanding

یادداشت تفاهم؛ تفاهم نامه

memorandum sale

بیع مشروط

memory

حافظه

➔ *random access memory*

➔ *read only memory*

mental ability

تواناییهای فکری

mental ability test

آزمون هوش؛ آزمون توانایی ذهنی

mental health

سلامت روانی:

ویژگیهای سلامت روانی عبارتند از: استقلال در حد معقول، خود اتکایی، خود هدایتی (خود فرمانی)، توانایی انجام وظایف شغلی، توانایی قبول مسؤولیت و انجام فعالیتهای مورد نیاز، ثبات، پایداری و مداومت در کارها و توانایی کنار آمدن با دیگران

mental hygiene

بهداشت روانی

mental outlook

دید روانی

mental requirements

نیازهای روانی (کار)

menu-driven

نرم‌افزار فهرست نما؛ نرم‌افزار گزینه‌ای

mercanitle agent

☞ *factor*

عامل تولید یا فروش؛ واسطه؛ کارگزار؛ حق‌العمل‌کار

mercantile law

حقوق تجارت؛ مجموعه قوانین تجاری؛ حقوق بازرگانی

☞ *commercial law*

mercantile paper

اوراق تجاری

mercantilism

مرکانتیلیسم؛ سوداگری

mercantilist

بازرگان ؛ سوداگر

merchandise

مال‌التجاره؛ کالا؛ جنس؛ داد و ستد کردن؛ تجارت کردن؛ معامله کردن؛ خرید و فروش کردن؛ تبلیغ کردن

merchandise balance

تراز تجاری

merchandiser

تاجر؛ بازرگان

merchandising

عرضهٔ کالا؛ تبلیغات بازرگانی

merchant

بازرگان؛ تاجر؛ تجارتی

merchantable
قابل عرضه به بازار

merchantable quality
مرغوبیت تجاری

merchantable title
مالکیت بلامعارض؛ مالکیت مطلق؛ سند (مالکیت) آزاد
☞ *clear title*
☞ *good title*
☞ *marketable title*

merchant bank
بانک بازرگانی
☞ *commerical bank*

merchantile law
قانون تجارت
☞ *commercial law*

merchantilism
سیاست بازرگانی

merchant marine
ناوگان تجاری

merchant middleman
بازرگان واسطه

merchant navy
کشتیرانی تجاری

merge (n. merger)
ادغام کردن؛ ملحق یا منضم کردن / شدن

merger
ادغام / تلفیق بنگاهها

merit
شایستگی؛ لیاقت؛ استحقاق؛ شایستگی و لیاقت داشتن؛ سزاوار بودن

merit award
پاداش شایستگی
☞ *merit pay*

merit increase
افزایش حقوق بر مبنای شایستگی

merit pay
پرداخت بر مبنای شایستگی
☞ *merit award*

merit payment
پرداخت حقوق بر مبنای شایستگی

merit rating
ارزیابی شایستگی؛ درجه بندی شایستگی

merit system
نظام شایستگی؛ توجه به ضوابط در امور استخدامی؛ نظام ارتقا و استخدام برحسب ضوابط به جای روابط؛ ترفیع بر اساس شایستگی و حسن خدمت و نه به خاطر وابستگی به گروه یا حزب خاص

Merrick differential piece-rate system
سیستم کارمزدی متغیر مریک

message
پیام؛ سخنرانی رسمی؛ پیام دادن؛ مخابره کردن

message, decode a
پیامی را رمزگشایی کردن

message, encode a
پیامی را با رمز نوشتن

message in cipher
پیام رمز

metamarketing

method
روش:
روش خاصی که کلیهٔ فعالیتهای سازمان باید بر

مبنای آن انجام شود.

method department

دایرهٔ روشها

method engineer

مهندس روشها؛ مهندس روش سنجی

method engineering

مهندسی روشها؛ مطالعهٔ کار

☞ *work study*

method of drawing up

روش تنظیم (سند)

method of least squares

روش حداقل مجذورات

method of transferring money

نحوهٔ انتقال پول

methods time menasurement (MTM)

روش اندازه‌گیری زمان و حرکات

method study

مطالعهٔ روش کار؛ روش سنجی

metropolitan shift system

نظام نوبت کاری شهری

MICR (magnetic ink character reader)

کاراکتر خوان جوهر مغناطیسی

→ *magnetic character reader*

microcomputer

ریز کامپیوتر؛ میکرو کامپیوتر؛ ریز رایانه

microcopy

میکرو کپی

micro-economics

اقتصاد خرد

☛ *macro - economics*

microfiche

میکرو فیش

microfilm

میکرو فیلم

micro management

ریز مدیریت

micromotion analysis

تحلیل ریز حرکات، تحلیل حرکات ریز

microprocessor

ریز پردازنده؛ میکرو پروسسور

middle line

خط میانی

middleman

واسطه؛ دلال

☞ *dealer*

middle management

مدیریت میانی:

در سلسله مراتب سازمان رده‌ای از مدیریت است که مسؤول اجرای دستورهای مدیریت عالی می‌باشد.

middle manager

مدیر سطح میانی

middle rate

نرخ متوسط

middle-term loan

وام میان مدت

midnight shift

نوبت کاری نیمه شب

migrant worker

کارگر مهاجر

milestone event

رویداد حساس

milestone scheduling
برنامه‌ریزی فعالیتهای مهم

mindless conformity
اطاعت کورکورانه

minimax criterion
معیار حداقل حداکثر

minimum entitlement
حداقل دستمزد

☞ *minimum wage*

minimum lending rate (MLR)
حداقل نرخ وام

minimum list heading (MLH)
سرفصل حداقل

minimum manufacturing quantity (MMQ)
حداقل مقدار تولید

minimum movement
حداقل حرکات

minimum stock
حداقل موجودی

☞ *safety stock*

minimum time rate (MTR)
میزان پرداخت حداقل

minimum wage
حداقل دستمزد

☞ *union rate*
☞ *wage floor*

minimum wages board
هیأت تعیین حداقل دستمزد

minister
مدیر تصفیه؛ قاضی؛ وزیر؛ تصفیه کردن؛ توزیع کردن؛ خدمت کردن

☞ *minister plenipotentiary*

Ministry of Commerce
وزارت بازرگانی

Ministry of Economic Affairs and Finance
وزارت امور اقتصادی و دارایی

Ministry of Heavy Industeries
وزارت صنایع سنگین

Ministry of International Trade and Industry (MITI)
وزارت صنایع و بازرگانی بین‌المللی (ژاپن)

Ministry of Labor and Social Justice
وزارت کار و امور اجتماعی

Ministry of Post, Telegraph and Telephone
وزارت پست و تلگراف و تلفن

Ministry of Roads and Transportation
وزارت راه و ترابری

minority interests
سهام اقلیت؛ حقوق و علایق مالی اقلیت

mintage
(حق) ضرب سکه

minute
خلاصهٔ مذاکرات؛ پیش نویس؛ دستور کار؛ دستور جلسه؛ یادداشت؛ ثبت؛ ضبط؛ (در جمع) صورت جلسه؛ ثبت کردن؛ در صورت جلسه وارد کردن؛ نوشتن خلاصهٔ مذاکرات؛ ذکر کردن در صورت جلسه

minute book
دفتر صورت جلسه

minute down

یادداشت کردن؛ خلاصه برداری کردن

minute points

نکات فرعی یا جزئی

minutes

صورت جلسه؛ خلاصهٔ مذاکرات

minutes of a meeting

صورت جلسه

minutes of conference

صورت جلسهٔ کنفرانس

minutes, take

صورت جلسه تهیه کردن

misapplication

سوء استفاده (از وجوه یا اموال)؛ کاربرد غلط

☞ *extortion*

☞ *corruption*

☞ *embezzlement*

☞ *misappropriation*

misapplication of public funds

اختلاس دارایی عمومی؛ اختلاس اموال دولتی یا بیت‌المال

misappropriate

اختلاس کردن؛ سوء استفاده کردن از؛ حیف و میل کردن

misappropriation

اختلاس؛ سوء استفاده؛ حیف و میل

☞ *embezzlement*

☞ *extortion*

☞ *corruption*

misappropriation of public funds

حیف و میل بیت‌المال؛ اختلاس از صندوق دولت؛ اختلاس وجوه عمومی

misconduct

رفتار ناشایست؛ رفتار خلاف قانون؛ سوء رفتار؛ سوء اداره؛ خلافکاری؛ بد اداره کردن؛ سوء مدیریت نشان دادن

misconduct of office

سوء مدیریت؛ سوء استفاده از سمت

misconstruction

تفسیر نادرست؛ تعبیر غلط؛ سوء تفاهم

mise

قرارداد؛ توافق؛ معاهده؛ سازش؛ مالیات؛ خرج؛ هزینه

misfeasance (var. misfeazance)

سوء استفاده از اختیارات قانونی؛ انجام کار مشروع به شکل غیر قانونی؛ خطا؛ تقصیر؛ تخلف

misfeasance proceedings

رسیدگی به تخلفات

misfortune, certificate of

گواهی ورشکستگی بی‌تقصیر

misgovern

بد اداره کردن؛ بد حکومت کردن

misgovernment

سوء مدیریت؛ سوء تدبیر؛ سوء اداره

☞ *mismanagement*

misinterpret

بد تفسیر کردن؛ بد تعبیر کردن

mismanagement

مدیریت غلط؛ سوء مدیریت:

«آدیزِس»، برای ادارهٔ مؤثر هر سازمانی، چهار نقش مدیریتی یعنی مدیر تولیدی، *اجرایی*، *ابداعی* و ترکیبی *را لازم می‌داند*. به نظر وی

هرگاه فقط یکی از چهار نقش فوق در سازمانی ایفا شود، سبک معینی از مدیریت غلط را می‌توان مشاهده کرد. از سوی دیگر بحث اینکه هر مدیری باید بتواند همهٔ نقشها را خود ایفا نماید، صحیح به نظر نمی‌رسد. فرایند مدیریت برای ایفای نقشهای متضاد ولی مکمل هم، به چند نفر نیاز دارد. و لذا تنها نقشی که هر مدیر از ایفای آن ناگزیر است، نقش ترکیب «integration role» او است.

→ integration role of manager

mismanagement crisis
بحرانهای ناشی از سوء مدیریت

MIS (management information system)
سیستم اطلاعات مدیریت

mismanagement styles
سبکهای مدیریت غلط
☞ *mismanagement*

misobservance
عدم رعایت شرایط و قوانین

misrepresentation
قلب واقعیت؛ القای شبهه

missappropriation of public property
تصرف غیر قانونی در اموال عمومی

mission
هیأت؛ مأموریت؛ هیأت اعزامی؛ هیأت نمایندگی؛ دفتر هیأت نمایندگی

mission, accomplish a
مأموریتی را انجام دادن

mission accomplishment
انجام مأموریت

mission, ad hoc
مأموریت ویژه

mission, fact-finding
مأموریت تحقیقی (به منظور بررسی و پی بردن به حقایق امر)؛ هیأت حقیقت یابی

mission, trade
هیأت تجاری / بازرگانی

mission, troubleshooter
هیأت حل اختلاف؛ مأموریت حل اختلاف

missive
پیشنهاد رسمی و کتبی از طرف یک ذینفع قرارداد به ذینفع دیگر؛ نامهٔ رسمی؛ مأمور؛ نامه (رسمی)

miss the boat
سر نخ را گم کردن

mistake
اشتباه؛ سهو؛ خطا؛ اشتباه کردن؛ اشتباه فهمیدن

mistake in / of fact, doctrine of
نظریهٔ اشتباه موضوعی (اشتباه در موضوع عقد یا معامله)

mistaken party (in a contract)
اشتباه کننده در قرارداد

mitbestimmung (Ger)
(در آلمان) تصمیم‌گیری مشترک
→ *co - determination*

MITI (Ministry of Interantional Trade and Industry)
وزارت صنایع و بازرگانی بین‌المللی (ژاپن)

MITRA (Management Institute for Training and Research in Asia)

mixed arbitral tribunal
مؤسسهٔ مدیریت آموزش و پژوهش در آسیا

mixed arbitral tribunal
دیوان داوری مختلط

mixed benefit scheme
طرح مزایای مختلط

mixed capitalism
اقتصاد مختلط؛ سرمایه‌داری مختلط

mixed contract
عقد نابرابر؛ عقد محاباتی

mixed cost
هزینهٔ مختلط؛ هزینهٔ ترکیبی
→ *semi - variable cost*

mixed economy
اقتصاد مختلط

mixed integer
برنامه‌ریزی مختلط

MLH (minimum list heading)
سرفصل حداقل

MLR (minimum lending rate)
حداقل نرخ وام

MMQ (minimum manufactuing quantity)
حداقل مقدار تولید

MNC (multinational company)
شرکت چند ملیتی

mode
نما

model
مدل؛ الگو؛ نمونه

model, descriptive
الگوی توصیفی

model, need hierarchy
الگوی سلسله مراتب نیازها

model, three-dimensional leadership
الگوی رهبری سه بعدی

model, two-dimensional leadership
الگوی رهبری دو بعدی؛ الگویی که در آن به دو بعد وظیفه گرایی و رابطه گرایی رهبر توجه می‌شود

modem (modulator/demodulator)
مبدل؛ (در کامپیوتر) مودم

mode of participation
روش مشارکت

mode of production
روش / شیوهٔ تولید

moderator
رییس جلسه؛ میانجی؛ داور؛ مسؤول/گردانندهٔ میز گرد

modernization
مدرنیزاسیون؛ نوگرایی

modifications
اصلاحات

modify (n. modification)
اصلاح کردن؛ تغییر دادن؛ تعدیل کردن؛ کاهش دادن

modulator/demodulator
مبدل؛ مودم
→ *modem*

module training
آموزش بخشی

monadic product test

آزمون کالای واحد

monetarism

نظریهٔ اصالت پول؛ نظریه موجودی پول؛ سیاست تثبیت اقتصاد کشور از طریق کنترل میزان پول در گردش؛ پول محوری

monetarist

طرفدار اصالت پول؛ پول محور

Monetary and Credit Council of the Central Bank (MCCCB)

شورای پول و اعتبار بانک مرکزی

monetary convention

اتحاد پولی

monetary market

بازار سهام

monetary policy

سیاست پولی

☞ *fiscal policy*

monetary standard

پشتوانهٔ پولی

monetary union

اتحاد پولی

monetary unit

واحد پول

monetary wage

دستمزد پولی

monetary working capital

سرمایه در گردش پولی

money

پول؛ وجه نقد؛ ثروت؛ دستمزد؛ مزد

money, active

پول فعال؛ پول در گردش؛ پول در جریان

money at call

پول دیداری؛ پولی که به عنوان قرض یا وام نگهداری می‌شود و عندالمطالبه قابل پرداخت است

money broker

واسطهٔ پول

money, cheap

پول ارزان

money, dear

پول با ارزش

money, earnest

پول بیعانه؛ پیش پرداخت

money, idle

پول بلا استفاده / بیکار

money, inactive

پول غیر فعال

money income

درآمد پولی

money market

بازار بورس؛ بازار سهام

money order

حواله؛ حوالهٔ پستی

money shop

بانک مراکز خرید

money, stable

پول باثبات

money stock

حجم پول موجود

money supply

عرضهٔ پول

monitor

(در رایانه) مونیتور؛ نمایشگر؛ ناظر؛ راهنما؛ دستگاه کنترل؛ پایش؛ کنترل کردن؛ نظارت

monitored control system
کردن؛ مراقبت کردن

monitored control system
سیستم کنترل بسته
☞ *closed-loop control system*

monitored feedback
بازخورد کنترل شده

monitor program
برنامهٔ ناظر؛ برنامهٔ سرپرست؛ برنامهٔ کنترل
☞ *supervisory program*
☞ *supervisory routine*

monitor role (of manager)
نقش نظارت (مدیر)

monopolistic competition
رقابت انحصاری

monopolization
گرفتن امتیاز انحصاری چیزی

monopoly
انحصار؛ حق انحصار؛ امتیاز انحصاری؛ کالای انحصاری؛ خدمات انحصاری

monopoly, absolute
انحصار مطلق

monopoly, bilateral
انحصار دو جانبه / مضاعف

monopoly, buyer's
انحصار خریدار

monopoly, legal
انحصار قانونی

monopoly, partial
انحصار جزئی

monopoly, perfect
انحصار کامل

monopoly, strategic resource
انحصار منابع استراتژیک / راهبردی

monopsony
انحصار خرید

Montecarlo method
روش مونت کارلو

moonlighting
چند شغلی؛ دو شغلی
☞ *double employment*
☞ *secondary employment*

moral damage
زیان معنوی

morale
روحیه؛ میزان رضایت کارمند که به نظر وی از شرایط شغلی او ناشی شده است

morale buildings
(عوامل) احیای روحیه؛ ایجاد روحیه

morale depressant
(عوامل) تضعیف روحیه

morale problem, create
مشکل (تضعیف) روحیه ایجاد کردن

morale study
بررسی روحیهٔ کارکنان

morale survey
بررسی روحیهٔ کارکنان

moral obligation
تعهد اخلاقی

moratorium
استمهال؛ مهلت پرداخت بدهی؛ تمدید یا تعویق مهلت پرداخت دین یا ایفای تعهد؛ مهلت قانونی؛ اجازه دیرکرد (پرداخت)

morning shift
نوبت کاری صبح؛ شیفت صبح

morphological analysis
تحلیل سازه‌ای؛ تجزیه و تحلیل ریختی؛ روشی برای حل مشکلات

morphological research
پژوهش ریخت شناسی؛ پژوهش سازه‌ای؛ نوعی پژوهش بازاریابی که بر چگونگی تصمیم‌گیری تأکید دارد

mortality
مرگ و میر؛ استهلاک پذیری داراییها

mortality guarantee
ضمانت استهلاک زودرس

mortgage
رهن گذاشتن؛ به رهن گذاردن؛ رهن؛ وثیقه؛ مبلغ رهن؛ وام مسکن

mortgageable property
ملک قابل رهن

mortgage bond
وثیقهٔ ملکی برای وام

mortgage charge
هزینهٔ رهن؛ امتیاز رهن

mortgaged
رهنی؛ مرهون

mortgage debenture stock
سهام قرضه رهنی

mortgage deed
سند رهن

mortgaged property
عین مرهونه؛ مال‌الرهانه

mortgagee
مرتهن؛ رهن گیر
☞ *holder of a mortgage*

mortgage, junior
رهن مجدد؛ رهن دست دوم
☛ *first /prior mortgage*

mortgage, obtain a
رهن کردن

mortgage on real estate
رهن اموال غیر منقول

mortgage, prior/first
رهن دست اول؛ رهن ممتاز
☛ *junior mortgage*

mortgager debter
بدهکار راهن

mortgage, take on
رهن کردن

mortgagor
راهن؛ رهن گذار

mortgagor and mortgagee
راهن و مرتهن؛ رهن دهنده و رهن گیرنده

mortize
مستهلک کردن

mortmain
اموال موتوفه؛ وقف

most favoured nation status
(در تجارت بین‌المللی) وضعیت ملل کاملةالوداد؛ قراردادی بین دو کشور که بر اساس آن در مورد تعرفه‌های گمرکی و دیگر موانع تجاری امتیازهایی به یکدیگر داده می‌شود
☞ *General agreement on tariffs and trade (GATT)*

most likely time
مدت زمان محتمل

most optimistic time
مطلوب‌ترین مدت زمان؛ مطلوب‌ترین طول

مدت

☛ *most pessimistic time*

most pessimistic time

نامطلوب‌ترین طول مدت

☛ *most optimistic time*

motion

درخواست؛ پیشنهاد؛ پیشنهاد کردن؛ درخواست کردن؛ طرح دادن

motion and time study

مطالعه زمان و حرکت

☞ *work study*

motion study

مطالعهٔ حرکات؛ بررسی حرکات؛ حرکت سنجی

motivate

انگیزه ایجاد کردن؛ برانگیختن؛ ترغیب کردن؛ تشویق کردن

motivate subordinates to action

تشویق کردن زیردستان به کار و فعالیت

motivation

انگیزه؛ انگیزش:

بر اساس نظریهٔ «مازلو»، دلایل پیوستن فرد به گروه همان دلایل انگیزش انسان یا تأمین نیازهای مادی (اولیه) و نیازهای روانی (ثانوی) به استثنای خودیابی و خویشتن شناسی است.

motivation, achievement

انگیزهٔ موفقیت / دستاورد

motivation and organizational climate

انگیزش و جو/ فضای سازمانی

motivation and reward

انگیزش و پاداش

motivation force

نیروی انگیزش

motivation-hygiene theory

نظریه انگیزش و بهداشت کار

motivation of managers financially

تشویق مالی مدیران

motivation of personnel

انگیزش /تشویق کارکنان

motivation, physical

انگیزهٔ فیزیکی

motivation, psychic

انگیزهٔ روانی

motivation, social

انگیزهٔ اجتماعی

motivation theory

تئوری انگیزش

motivator

محرک؛ مشوق؛ انگیزه

motive

انگیزه؛ مضمون؛ محرک

motor skills

مهارتهای مکانیکی؛ مهارتهای جنبشی

mouse

(در کامپیوتر) ماوس؛ موش

Mouton, Jane

جین موتن؛ یکی از صاحب‌نظران رشتهٔ مدیریت که همراه «بلیک موتن» شبکهٔ مدیریت را تنظیم و ارائه نموده است

☞ *managerial grid*

movable(s)

اموال منقول؛ اموال و دارایی؛ قابل نقل و انتقال

movavle property

move
مال منقول

move
اقدام؛ درخواست دادن؛ پیشنهاد کردن؛ تقاضا دادن؛ انتقال دادن

move, make a
اقدام کردن

move order
دستور انتقال

move up
ارتقا یافتن؛ ترفیع گرفتن

moving average
میانگین متحرک

MPA (Master of Public Administration)
کارشناسی ارشد مدیریت دولتی

MPS (master production schedule)
برنامهٔ اصلی تولید

MRA (multiple regression analysis)
تحلیل رگرسیون چند متغیری

MRG (managment research groups)
گروه‌های تحقیق مدیریت

MRP (manufacturing resources planning)
برنامه‌ریزی منابع تولید

MSC (Manpower Service Commission)
کمیسیون خدمات نیروی انسانی

MSD (master standard data)
داده‌های معیار پایه

MSDOS (Microsoft Disk Operating System)
سیستم عامل مایکروسافت

MSX
ام.اس.ایکس؛ استانداردی است برای ریز کامپیوترها

MT (mail transfer)
انتقال پستی

MTM (methods-time measurement)
سنجش زمان و روش؛ روش اندازه‌گیری زمان و حرکات

MTR (minimum time rate)
حداقل نرخ پرداخت در واحد زمان

multi-employer bargaining
مذاکرهٔ چند کارفرما با کارگران

multi-factor incentive scheme
طرح پرداخت تشویقی چند عاملی

multilateral agreement
قرارداد / موافقت نامهٔ چند جانبه

multilateral treaty
قرارداد/ پیمان چند جانبه؛ قرارداد بین چند کشور

multi-media
چند رسانه‌ای

multi-media teaching aids
وسایل کمک آموزشی چند رسانه‌ای

multi-minute measurement
اندازه‌گیری کار با فاصله‌های کوتاه

multimodel transport
حمل و نقل به طرق مختلف (هوایی، دریایی و زمینی)

multinational company (MNC)
شرکت چند ملیتی
multinational corporation
شرکت چند ملیتی
multinational economic organization
سازمان اقتصادی چند ملیتی
multi-pack
بستهٔ مختلط
multipartite agreement
موافقت نامهٔ چند جانبه
multiple
مؤسسهٔ زنجیره‌ای؛ فروشگاه زنجیره‌ای
☞ *chain*
multiple-activity chart
نمودار چند فعالیتی
multiple banking
خدمات چندگانهٔ بانکی؛ ارائهٔ انواع خدمات بانکی به مشتریان یک بانک
→ *department store banking*
→ *full - service bank*
multiple branding
چند برچسبی؛ استفاده از چند نوع برچسب کالا
multiple-choice test
آزمون چند گزینه‌ای؛ آزمون چند جوابی
multiple exchange rate
نرخهای متفاوت ارز
multiple management
نظام چندگانهٔ مدیریت
multiple pricing
قیمت گذاری چندگانه
multiple regression analysis

(MRA)
تحلیل رگرسیون چند متغیری؛ تحلیل چند برگشتی
multiple supervision
سرپرستی چند جانبه
multiple time plan
طرح زمانی چند جانبه
☞ *measured daywork*
☞ *double daywork*
multiplexer
پیام رسان مضاعف؛ انتقال همزمان چند پیام مختلف از طریق یک کانال ارتباطی
multiplexing
پیام رسانی مضاعف؛ رسانه ای جهت ترکیب چند پیام برای انتقال همزمان از طریق یک کانال ارتباطی
multiplier
ضریب افزایش
multiplier effect
اثر ضریب افزایش؛ اصل تکاثر
☞ *multiplier principle*
multiplier principle
اصل ضریب افزایش
multiprocessing
چند پردازشی؛ پردازش چندگانه
multiprogramming
چند برنامه‌ای؛ برنامه نویسی چندگانه
multi-project scheduling
برنامه‌ریزی چند پروژه‌ای
multi-purpose building
ساختمان چند منظوره
multi unionism

multi-user system 481 mutual responsibility

نظام چند اتحادیه‌ای

multi-user system

سیستم چند کاربره

multivariate analysis, participation and structure (MAPS)

تجزیه و تحلیل ،مشارکت و ساختار چند متغیره

municipal charges

عوارض شهرداری

municipals

اوراق قرضه منتشر شده از سوی شهرداری

muniment

سند؛ مدرک؛ مستند؛ تصدیق نامه؛ سند مالکیت

must-know information

اطلاعات ضروری

mutual

متقابل؛ مشترک؛ دو جانبه؛ دو طرفه

mutual agreement

توافق دو جانبه؛ توافق طرفین قرارداد

mutual assistance

کمک متقابل؛ تعاون

mutual company

شرکت تعاونی

mutual condition

شرط متقابل

mutual debts

دیون مشترک

mutual fund

شرکت سرمایه‌گذاری

mutual goal setting

هدف‌گذاری متقابل سرپرست - زیردست

mutual guarantee

تضمین متقابل؛ ضمانت متقابل

mutual insurance

بیمهٔ مشترک

mutual insurance firms

شرکتهای بیمهٔ تعاونی

mutual interest contract

عقد معاوضی

mutual interests

منافع مشترک

mutually agreed to

مرضی‌الطرفین

mutual mistake

اشتباه مشترک (طرفین در ضمن انعقاد قرارداد)؛ اشتباه متقابل

mutual obligations

تعهدات متقابل

mutual respect among all members of the organization

احترام متقابل میان کلیهٔ اعضای سازمان

mutual responsibility

مسؤولیت مشترک

N / n

Nadarism

نیدریسم؛ نهضت حمایت از مصرف کننده

NAFTA (North American Free Trade Association)

پیمان نفتا؛ موافقت نامهٔ تجارت آزاد آمریکای شمالی

naked contract

عقد غیر معوض؛ عقد غیر معاوضی؛ قرارداد فاقد وجه التزام تخلف

☞ *bare contract*
☞ *nudum pactum*
☞ *nude contract*

naked debenture

قرضهٔ بدون تضمین؛ سند قرضهٔ ساده

naked ownership

☞ *bare ownership*

مالکیت عین (بدون منافع)

naked violation of ...

نقض صریح

name day

روز انتشار فهرست اسامی مشتریان سهام

☞ *ticket day*

named insured

بیمه شده به نام؛ فرد، شرکت و یا هر یک از اعضای یک شرکت که با ذکر نام تحت پوشش بیمه قرار گرفته است

named-peril insurance

بیمهٔ مخاطرات مشخص

named vote

رأی با نام

name-indexing of records

طبقه بندی بر حسب نام

name screening

ممیزی نام؛ نام گزینی

name slug

نشانه؛ امضا یا نشانهٔ آگهی دهنده

narrow market

بازار محدود؛ بازار حساس

national advertising

تبلیغ در سطح ملی؛ آگهی عمومی

National Association of British Manufacturers

انجمن ملی تولیدکنندگان بریتانیا

national bank

بانک ملی

National Board for Prices and Incomes (NBPI)

کمیتهٔ ملی قیمتها و درآمدها

national brand

نام تجاری ملی؛ نام تجارتی فراگیر

National Computing Center (NCC)

مرکز محاسبات ملی

National Confederation of Employers' Organizations

کنفدراسیون ملی سازمانهای کارفرمایان (انگلستان)

national debt

قرضهٔ ملی؛ بدهی ملی؛ دین ملی؛ قرض ملی

national defence contribution

مالیات سهم دفاع ملی

National Economic Development Council (NEDC)

شورای توسعهٔ اقتصاد ملی

National Economic Development Office (NEDO)

دفتر توسعهٔ اقتصاد ملی

national income

درآمد ملی:

عبارت است از مجموع ارزش کالاها و خدمات تولید شده در یک سال به صورت خالص

National Health Service

سازمان خدمات درمانی؛ خدمات درمانی همگانی

National Incomes Commission

کمیسیون درآمدهای ملی

national independence

استقلال ملی

National Industrial Relations Court

دادگاه روابط صنعتی ملی

National Institute of Economic and Social Research (NIESR)

مؤسسهٔ ملی تحقیقات اقتصادی و اجتماعی

national insurance

بیمهٔ تأمین اجتماعی؛ بیمهٔ اجتماعی؛ بیمهٔ همگانی

National Insurance and Security Acts

قوانین بیمهٔ ملی و تأمین اجتماعی

national interest

منافع ملی

National Investment Company of Iran (NICI)

شرکت سرمایه‌گذاری ملی ایران

National Iranian Copper Industries Company

شرکت ملی صنایع مس ایران

National Iranian Gas Company

شرکت ملی گاز ایران

National Iranian Oil Company (NIOC)

شرکت ملی نفت ایران

National Iranian Steel Company

شرکت ملی فولاد ایران

nationalization

ملی سازی؛ ملی کردن

nationalization of industreies

N

nationalize
ملی کردن صنایع؛ ملی کردن؛ تابعیت دادن

nationalized
ملی شده

nationalized industries
صنایع ملی شده

National Labor Relations Act 1935
قانون روابط کار مصوب ۱۹۳۵

national loans fund
صندوق وامهای ملی

national military strategy
استراتژی ملی نظامی

national objectives
اهداف ملی؛ هدفهای ملی

National Petrochemical Company of Iran
شرکت ملی پتروشیمی ایران

national product
محصول ملی؛ تولید ملی

national security strategy
استراتژی امنیت ملی

national strategy
استراتژی ملی:
عبارت است از علم و فن توسعه و استعمال قدرتهای سیاسی، اقتصادی، نظامی و فرهنگی یک کشور هنگام صلح و جنگ به منظور تأمین حداکثر پشتیبانی از سیاستهای ملی و افزایش احتمال پیروزی و کاهش احتمال شکست.

national strike
اعتصاب سراسری

national union
اتحادیهٔ ملی

National Union of Manufacturers
اتحادیهٔ ملی تولیدکنندگان

national wealth
ثروت ملی

nationwide strike
اعتصاب سراسری؛ اعتصاب عمومی
☞ *general strike*

natural capital
سرمایهٔ طبیعی

natural economy
اقتصاد طبیعی

natural financing
تأمین مالی به طور طبیعی

natural increase
افزایش طبیعی؛ ازدیاد جمعیت

natural monopoly
انحصار طبیعی

natural relations
روابط طبیعی؛ روابط عادی

natural resources
منابع طبیعی

natural wastage
افت عادی؛ کاهش طبیعی؛ کاهش تعداد کارمندان یک سازمان در اثر بازنشستگی، فوت، انتقال و استعفا

navicert
برگ عبور؛ گواهی معافیت از بازرسی

NCC (National Computing Center)

مرکز محاسبات ملی

NC (numerical control)

کنترل عددی

NDP (net domestic prodct)

تولید خالص داخلی

near cash

شبه نقد

near money

شبه پول؛ داراییهایی که قابلیت نقد شدن آنها زیاد است مانند سهام و اوراق بهادار دولتی

necessary action

اقدام لازم

necessary deposit

سپردهٔ قهری؛ امانت قهری

NEDC (National Economic Development Council)

شورای توسعهٔ اقتصادی ملی

NEDO (National Economic Development Office)

دفتر توسعهٔ اقتصادی ملی

need analysis

(در مدیریت آموزشی) تجزیه و تحلیل نیازها؛ روشی است اولاً برای تعیین اینکه وضعیت یا شرایط فعلی نیازمند تغییر می‌باشد یا نه، ثانیاً وضعیت موجود یا شرایط فعلی، آموزش را تحت تأثیر قرار می‌دهد یا خیر

need assessment

برآورد نیازها؛ ارزیابی نیازها

need for achievement

نیاز به کامیابی / موفقیت

need for affiliation

نیاز به وابستگی اجتماعی

need for power (power need)

نیاز به قدرت؛ نیاز قدرت

نیاز فرد نسبت به اعمال قدرت بر دیگران

need hierarchy model

الگوی سلسله مراتب نیازها

☞ *hierarchy of needs*

needless complication

پیچیدگی غیر لازم

need pull

کشش نیاز

need to achieve (var. achievement need)

نیاز به پیشرفت

negate

بی‌اثر کردن؛ رد کردن؛ انکار کردن؛ نفی کردن؛ باطل کردن؛ لغو کردن

negation

رد؛ انکار؛ نفی؛ سلب

negative elasticity

انعطاف منفی؛ کشش منفی؛ حساسیت منفی

negative equilibrium

موازنهٔ منفی

negative file

بایگانی منفی؛ فهرست حسابهای سیاه

☛ *positive file*

negative incentives

مشوقهای منفی

negative income tax

مالیات بر درآمد منفی

negative verification

تأیید ضمنی؛ تأیید در صورت عدم دریافت پاسخ

negativism

منفی گرایی؛ منفی کاری:
نوعی نگرش کلی شخص که از ویژگیهای آن مقاومت وی نسبت به پیشنهادات دیگران (منفی کاری غیر فعال) و تمایل او برای عمل کردن در جهت خلاف راهنماییها و دستورات (منفی کاری فعال) افراد دیگر می‌باشد.

neglect of duty

غفلت یا کوتاهی در انجام وظیفه

negligence

قصور؛ کوتاهی؛ تقصیر؛ مسامحه؛ غفلت؛ بی‌احتیاطی؛ بی‌توجهی؛ بی‌مبالاتی؛ تخطی

negligence, gross

اهمال فاحش

negociating exercise

تمرین مذاکره؛ روشی جهت توسعهٔ مهارتهای مدیریتی

negotiability

قابلیت نقل و انتقال (در مورد بروات)؛ قابلیت داد و ستد؛ قابلیت معامله

negotiable

قابل انتقال به وسیلهٔ پشت نویسی؛ قابل داد و ستد؛ قابل معامله

negotiable instrument

سند قابل انتقال؛ سند قابل تبدیل به پول نقد؛ سند قابل معامله

negotiable order of withdrawal

حساب جاری ممتاز

negotiable securities

سهام قابل انتقال

negotiable warehouse receipt

رسید انبارهای عمومی یا گمرک

☞ *bond warrant*

☞ *warehouse warrant*

☞ *warrant*

☞ *dock warrant*

negotiate

مذاکره کردن؛ معامله کردن؛ داد و ستد کردن؛ تنزیل کردن؛ انتقال دادن؛ نقد کردن؛ (در مورد چیزی) به توافق رسیدن

negotiate a contract

مذاکره کردن به منظور عقد قرارداد؛ در مورد شرایط قرارداد مذاکره کردن

negotiated price

قیمت مورد توافق؛ قیمت پذیرفته شده

negotiated settlement

رفع اختلاف با مذاکره

negotiating machinery

تشکیلات مذاکره

negotiation

مذاکره؛ داد و ستد؛ معامله؛ گفتگو؛ انتقال؛ توافق؛ مبادله

➔ *collective barginining*

➔ *arbitration*

negotiation credit

اعتبار قابل معامله

negotiation tactics

تاکتیکهای مذاکره

negotiator

مذاکره کننده؛ عمده فروش؛ بانکدار؛ طرف معامله؛ انتقال دهنده

negotiator role

نقش مذاکره کننده

negotiator role of manager

هزینهٔ خالص؛ ارزش خالص

net current assets

سرمایهٔ جاری خالص

net domestic product (NDP)

تولید خالص داخلی

net earnings

عواید خالص؛ درآمد خالص

net effective distribution

توزیع مؤثر خالص؛ توزیع مؤثر ویژه

net estate

ارزش خالص ملک

net export of goods & services

صادرات خالص کالاها و خدمات؛ مازاد صادرات کالاها و خدمات بر واردات آنها

net income

درآمد خالص

net interest

بهرهٔ خالص

☞ *pure interest*

net investment

سرمایه‌گذاری خالص (پس از کسر استهلاک)

net lease

اجاره بهای خالص؛ کرایهٔ خالص

net loss

زیان خالص؛ مازاد هزینه بر درآمد در یک دورهٔ مالی معین

net national product

تولید خالص ملی؛ محصول خالص ملی

net-net income

درآمد واقعاً خالص

net operating assets

داراییهای عملیاتی خالص

نقش مذاکره کنندهٔ مدیر

Nenko system

نظام ننکو؛ نظام مدیریت نیروی انسانی در سازمانهای بزرگ ژاپنی

neoclassical economics

اقتصاد نئوکلاسیک

Neo-Keynesian

پیروان نظریهٔ نوکینزی؛ پیروان نظریه‌ای که بر اساس آن تعدیل مالیاتها و مخارج دولت به عنوان عامل اساسی توسعهٔ اقتصادی تلقی می‌شود

nepotism

نپوتیسم؛ پارتی بازی؛ توجه به روابط (بجای ضوابط) در گزینش ها و انتصابات؛ انتصاب قوم و خویشان به مشاغل و پستهای مهم

net

خالص؛ ویژه

net annual value

اجاره بهای خالص سالانه

net assets

دارایی خالص

net asset value

ارزش دارایی خالص

net avail

ماندهٔ خالص؛ وام خالص پس از کسر بهره

net cash

معامله نقدی؛ معامله به نقد

net cash flow

گردش نقدینگی خالص

net change

تغییر خالص

net cost

net operationg income
درآمد خالص حاصل از عملیات؛ درآمد عملیاتی خالص
☞ *net operationg profit*

net operationg profit
سود عملیاتی خالص؛ سود خالص حاصل از عملیات
☞ *net operationg income*

net present value (NPV)
ارزش خالص فعلی؛ ارزش خالص حال

net price
قیمت خالص؛ قیمت ویژه

net profit
سود خالص؛ سود ویژه

net profit margin
درصد سود خالص؛ نسبت سود خالص به فروش

net purchase
خرید خالص

net rate
نرخ خالص

net realizable value
ارزش خالص واقعی فروش

net revenue
درآمد خالص
☞ *net income*

net sales
فروش خالص

net statutory income
درآمد خالص مشمول مالیات

net tax liability
بدهی خالص مالیاتی

net terminal value
ارزش خالص نهایی؛ مبلغ خالص نهایی

netting
خالص سازی؛ شبکه بندی

net weight
وزن خالص

network
شبکه

network, activity
شبکهٔ فعالیت
☞ *activity network*

network analog
قیاس شبکه‌ای

network analysis
تجزیه و تحلیل شبکه

net working capital
سرمایهٔ کار خالص؛ سرمایهٔ در گردش خالص

network planning
برنامه‌ریزی شبکه

network, project
شبکهٔ پروژه
☞ *project network*

net worth
ارزش خالص؛ ارزش ویژه؛ دارایی خالص

net yield
بازده خالص

never-outs
کالای تمام نشدنی

new business venture group
گروه پیشرو در فعالیتهای جدید تجاری

new concepts of development
مفاهیم جدید توسعه

new deal

برنامه‌های بهبود و توسعهٔ اقتصادی؛ نیودیل

new game

بازی تازه؛ بازی جدید

new organizational relations

روابط نوین سازمانی

new patterns of management

سبکها/ روشهای جدید مدیریت

new personnel

پرسنل جدید؛ کارکنان جدید؛ کارکنان کم تجربه

☞ *inexperienced personnel*

news conference

مصاحبهٔ مطبوعاتی

news media

رسانه‌های خبری

new technology agreement (NTA)

قرارداد مربوط به تکنولوژی/ فن‌آوری جدید

new ways of managing conflicts

شیوه‌های جدید برای مدیریت تعارض؛ روشهای تازه برای از بین بردن اختلاف نظرها

nexum

تعهدات و تکالیف طرفین عقد

nexus

رابطهٔ مالیات و مالیات دهنده؛ مالیات و مؤدّی

NGO (non-governmental organization)

سازمان غیر دولتی

NGT (nominal group technique)

روش / تکنیک گروه اسمی

NHS (National Health Service)

سازمان خدمات درمانی؛ خدمات درمانی همگانی

NIESR (National Institute of Economic and Social research)

مؤسسهٔ ملی تحقیقات اقتصادی و اجتماعی

NIGC (National Iranian Gas Company)

شرکت ملی گاز ایران

night differential

فوق‌العادهٔ شب کاری

night shift

نوبت شب کاری؛ شیفت شب

night work

کار شبانه؛ شب کاری

nihilistic delusion

هذیان نفی:

هذیانی که طی آن نظم عادی واقعیت از بین رفته است و شخص احساس می‌کند که همه چیز غیر واقعی می‌باشد.

NIIP tests

آزمونهای ان.آی.آی.پی؛ مجموعه آزمونهای روانشناسی و استعداد

nine-to-five job

کار تمام وقت

NIOC (National Iranian Oil Company)

شرکت ملی نفت ایران

NIRC (National Industrial Relations Court)

دادگاه ملی روابط صنعتی

NISC (National Iranian Steel Company)

شرکت ملی فولاد ایران

NNP (net national product)
تولید خالص ملی؛ محصول خالص ملی

no claim bonus
پاداش عدم مطالبه

node diagram
نمودار گرهی
→ *activity on node*

no-fault automobile insurance
بیمهٔ تصادف بدون توجه به مقصر؛ بیمهٔ بدنه
→ *broadened collision coverage*

no funds
عدم موجودی؛ پول نیست؛ موجودی ندارد

no-lien affidavit
گواهی آزاد بودن ملک

no limit order
سفارش نامحدود
☞ *limited order*
→ *market order*

no-lockout agreement
قرارداد عدم تعطیل کارخانه؛ پیمان منع تعطیل کارخانه

nominal
اسمی؛ صوری

nominal account
حساب اسمی

nominal assets
دارایی اسمی؛ دارایی صوری

nominal damages
خسارت اسمی یا سمبولیک

nominal group technique (NCT)
تکنیک گروه اسمی

☞ *contemptuous damages*

nominal partner
شریک صوری؛ شریک اسمی

nominal price
قیمت اسمی

nominal registration
ثبت اسمی

nominal shares capital
سرمایهٔ سهام با نام؛ مجموع کل ارزش سهام با نام یک مؤسسه
→ *authorized capital*

nominal value
ارزش اسمی؛ بهای اسمی؛ قیمت اسمی؛ مبلغ اسمی؛ ارزش سهم به هنگام صدور
☞ *face value*

nominal yield
بازده اسمی؛ حاصل اسمی

nominated
انتصابی؛ منصوب شده

nominate somebody
تعیین کردن؛ منصوب کردن؛ کسی را برای شغلی در نظر گرفتن؛ معرفی کردن؛ پیشنهاد کردن

nominate the managing director
تعیین مدیر عامل

nomination
تعیین؛ انتخاب؛ انتصاب؛ معرفی

nomination and revocation
نصب و عزل

nominee
نامزد؛ منصوب؛ ذینفع نماینده؛ کارگزار؛ امین؛ بیمه گذار (در بیمه عمر)؛ کسی که سهم به نام او

ثبت شده ولی در عمل صاحب سهم نیست؛
فردی که برای پست یا منصبی نامزد شده است

nominee shareholder

صاحب سهم اسمی؛ صاحب اسمی سهم

nomogram

نوموگرام؛ از نمودارهای محاسباتی

nonacceptance

نکول؛ عدم قبولی

nonaccounting style

روش غیر حسابداری (در گزارش بودجهٔ مدیریت)

nonaccrual asset

دارایی تعلق ناپذیر؛ نوعی دارایی که مشکوک‌الوصول تلقی می‌شود

nonadministered arbitration

داوری توسط مراجع موقتی و غیر رسمی

nonassessable stock

سهام غیر قابل تقویم

non-assignable

غیر قابل واگذاری؛ غیر قابل انتقال
☞ *inalienable*

non-assignable variables

متغیرهای غیر قابل واگذاری

non-attendence

عدم حضور؛ غیبت

non-broken service

خدمت بلا انقطاع؛ دورهٔ خدمت متوالی و ممتد

nonbusiness day

روز غیر اداری؛ روز تعطیل
☞ *nonworking day*

non-competent

فاقد اهلیت و صلاحیت

non-compliance

عدم رعایت؛ عدم موافقت؛ عدم قبول؛ عدم انجام

nonconcurrency

بیمهٔ چند پوششی
☞ *double insurance*

noncontribution clause

شرط عدم پرداخت

noncontributory

بیمهٔ غیر حصه‌ای؛ بیمهٔ یک سویه؛ نوعی طرح بیمه که بر اساس آن کلیهٔ هزینه‌های بیمه را کارفرما پرداخت می‌کند

noncontributory pension scheme

طرح بازنشستگی غیر حصه‌ای
→ *noncontributory retirement system*

noncontributory retirement system

نظام بازنشستگی غیر حصه‌ای
→ *noncontributory pension scheme*

noncontrollable costs

هزینه‌های غیر قابل کنترل

noncooperative equilibrium

تعادل یک طرفه؛ تعادل یک جانبه

noncumulative

غیر انباشته؛ نامتراکم؛ سهام ممتازی که سود آنها در صورت عدم پرداخت ذخیره نمی‌شود

noncumulative quantity discount

تخفیف کمّی غیر انباشته؛ تخفیفی که بر اساس

میزان هر سفارش در نظر گرفته می‌شود

noncurrent

غیر جاری

noncurrent accounts

حسابهای غیرجاری

noncurrent asset

دارایی غیر جاری

noncurrent liabilities

بدهیهای غیر جاری

nondegradable polutants

آلاینده‌های غیرقابل تجزیه

nondirective counselling

مشاورهٔ هدایت نشده؛ مشاورهٔ آزاد

☞ *directive counselling*

nondirective teaching

آموزش غیر تلقینی؛ کمک مربی به شاگرد در جهت ایفای نقش خود در زمینهٔ هدایت آموزشی و پرورشی خویش

nondurable goods

کالاهای بی‌دوام؛ کالاهای مصرفی

nonencumbrance, certificate of

مفاصاحساب؛ گواهی آزاد بودن مال

non-executive director

مدیر غیر موظف

nonexempt

غیر معاف؛ مشمول

nonfeasance

قصور؛ ترک فعل؛ قصور در انجام وظیفه یا تکلیف قانونی؛ کوتاهی در انجام دادن یک وظیفهٔ قانونی

☞ *malfeasance*

nonfinancial compensation

مزایای غیر مالی اعتبار

non-fulfilment

عدم اجرا

nongovernmental

غیر دولتی؛ خصوصی

nongovernmental organizations

سازمانهای غیر دولتی

noninstallment credit

اعتبار غیر اقساطی؛ وام غیر اقساطی

non-interest-bearing note

سفتهٔ بی‌بهره؛ سفته‌ای که امضا کننده یا صادر کنندهٔ آن مجبور به پرداخت بهره نیست

noninvestment property

مال غیر مولد؛ اموالی که درآمد زا نیست

non-issuable

غیرقابل انتشار و صدور

non-liability

عدم مسؤولیت

non-liability clause

قید عدم مسؤولیت

non-linear programming

برنامه‌ریزی غیر خطی

☞ *linear programming*

nonmanufacturing expenses

هزینه‌های غیر تولیدی

nonmarket production

تولید بیرون از بازار؛ فرآورده‌هایی که در خارج از بازار تولید می‌شوند

nonmonetary items

اقلام غیر پولی

non-negotiable

☞ *not negotiable*

غیر قابل انتقال؛ غیر قابل معامله؛ غیر قابل مذاکره

non-negotiable note

سفتهٔ غیر قابل تنزیل

non-negotiable title

حق مالکیت غیر قابل انتقال

non-observance of conditions

عدم رعایت شروط (مقید نبودن به شرایط)

non-ownership automobile insurance

بیمهٔ اتومبیل بدون توجه به مالک؛ بیمهٔ اتومبیل صرف نظر از حادثه آفرین

non-payment

عدم پرداخت؛ قصور در پرداخت (بدهی)

nonperformance

عدم اجرای قرارداد؛ قصور در عملکرد

nonpermanent member

عضو غیر دایم؛ عضو موقت؛ عضو علی‌البدل

nonpetroleum exports

صادرات غیر نفتی

nonprice competition

رقابت غیر قیمتی؛ رقابت جزء در قیمت

non-producing class

طبقهٔ غیر مولد (طبقهٔ مصرف کننده)

non-profit corporation

شرکت غیر انتفاعی

➔ *not - for - profit*

non-profit making

غیر انتفاعی

non-profit marketing

بازاریابی غیر انتفاعی

non-profit organization

سازمان یا مؤسسه غیر انتفاعی

nonprogrammed decision

تصمیم غیر برنامه‌ای؛ تصمیم برنامه‌ریزی نشده

nonrecurrent expenditures

هزینه‌های غیر مستمر؛ هزینه‌های اتفاقی

nonrecurring charge

هزینهٔ غیر عادی؛ هزینهٔ غیر مترقبه

nonregistered shares

سهام بی‌نام

nonrenewable natural resources

منابع طبیعی غیر قابل تجدید

nonresponsibility

عدم مسؤولیت

nonresponsibility, theory of

نظریهٔ عدم مسؤولیت (دولت)

nonroutine decisions

تصمیم‌های غیر روزانه؛ تصمیم‌های استثنایی

non-stock corporation

شرکت غیر سهامی

non-structured sensitivity training

آموزش بدون ترتیب حساسیت

non-subscriber

غیر عضو

☞ *non-member*

nontaxable income

درآمد معاف از مالیات

nontraceable costs

هزینه‌های بی‌نشان؛ هزینه‌های غیر قابل پیگیری

non-transferable

غیر قابل انتقال

non-union

عـدم عـضویت در اتـحادیه؛ جـدا از اتـحادیهٔ صـنفی؛ خـارج از اتحادیه‌های کـارگری؛ غـیر اتحادیه‌ای

nonverbal communication

ارتباط غیر کلامی

nonvoting share

سهم بدون حق رأی

nonworking day

روز غیر اداری؛ روز تعطیل

☞ *nonbusiness day*

no-par share

سهم بدون مبلغ اسمی

no-par-value

(سهام) فاقد ارزش اسمی

no-par-value stock

سهم بدون ارزش اسمی

no protest (NP)

بـدون اعتراض؛ سندی کـه در صورت عـدم پرداخت، قابل واخواهی نیست

norm

هنجار؛ روش؛ اصل قانونی؛ معیار

normal curve

منحنی نرمال؛ منحنی طبیعی

normal density function

تابع چگالی نرمال

normal distribution

توزیع نرمال؛ توزیع عادی

normal foreseeable loss

خسارت عادی غیر قابل پیش بینی

normal goods

کالاهای عادی؛ کالاهای مصرفی

☞ *superior goods*

normality of conflict

بهنجاری تعارض:
بسیاری از پژوهشگران وجود اختلاف را مـیان پدیده‌های اجتماعی امری طبیعی و از ویژگیهای برجسته هر پدیدهٔ اجتماعی می‌دانند. بر اساس این نظریه، تعارض و اختلاف هم می‌تواند برای سازمان ارزشمند و سازنده باشد و هم مـمکن است مخرب و بازدارندهٔ اهداف و خـواسـتهای سازمان تلقی شود که این امر کاملاً به مدیریت سازمان بستگی دارد.

normal price

قیمت متعارف؛ قیمت عادی؛ قیمت متعادل

normal profit

سود عادی؛ سود متعارف

normal return

بازده عادی

normal sale

فروش عادی

normal time

زمان عادی؛ زمان متعارف

normal value

ارزش عادی؛ ارزش متعارف؛ بهای یک کالا در بازار آزاد

normal working area

محل طبیعی کار

normative

اصولی؛ متکی بر معیار

normative decision making

تصمیم گیری اصولی (در مدیریت استراتژیک)

normative decision models

مـدلهای تـجویزی تـصمیم‌گیری؛ الگوهای تصمیم‌گیری هنجارگذار

normative economics

اقتصاد دستوری؛ اقتصاد تجویزی؛ اقتصاد هنجارگذار

➔ *positive economics*

North American Free Trade Agreement (NAFTA)

پیمان نفتا؛ موافقت نامهٔ تجارت آزاد آمریکای شمالی

no-sale final

فروش ناتمام؛ از سیاستهای سازمانی که بر اساس آن فروش زمانی کامل تلقی می‌شود که خریدار از جنس خریداری شده کاملاً راضی باشد

no-strike clause

شرط منع اعتصاب

nostro account

حساب ما؛ حساب خارجی در بانک داخلی

nostro overdraft

اعتبار ما اضافه بر موجودی

notarial deed

سند محضری

notarial document

سند محضری؛ سند ثبتی؛ سند لازم‌الاجرا

notarial lease agreement

اجاره‌نامهٔ رسمی؛ قرارداد رسمی

notarial protest certificate

اخطار نکول کردن

☞ *notice of dishonor*

notariate

دفتر اسناد رسمی

notarize (n. notarization)

رسماً تصدیق یا گواهی کردن (توسط سردفتر اسناد رسمی)

notary

سردفتر اسناد رسمی

notary public

سردفتر اسناد رسمی

notary public's office

محضر؛ دفترخانه؛ دفتر اسناد رسمی

note

نامهٔ غیر رسمی؛ تبصره؛ یادداشت؛ اسکناس؛ سفته

note, bond

سند تضمین معافیت گمرکی

note, credit

برگ بستانکار

note of hand (obs)

☞ *promissory note*

سفته؛ قبض عندالمطالبه

note payable

سند پرداختی؛ سند قابل پرداخت

note, promissory

سند بدهی؛ سفته؛ قبض عندالمطالبه

noter

ظهرنویسی برات و سفته؛ سفته یا برات نویس

note receivable

سند دریافتنی؛ سند قابل دریافت

note, treasury

اوراق قرضه

not-for-proflt

غیر انتفاعی

➔ *eleemosynary*

☞ *non-profit*

notice

اطلاعیه؛ ابلاغیه؛ اخطاریه؛ اعلامیه؛ اطلاع دادن؛ ابلاغ کردن؛ تذکر؛ مهلت

notice convening the meeting

دعوتنامه برای حضور در جلسه

notice for decree of heirship

آگهی انحصار وراثت

notice of abandonment

یادداشت کتبی بیمه‌گذار به بیمه‌گر جهت مطالبهٔ خسارت از بین رفتن کالا؛ اعلام رها کردن کشتی یا کالا؛ اعلام ترک دعوا

notice of call

آگهی دعوت

notice of dishonor

اخطار به نکول؛ اطلاعیه‌ای که در صورت نکول برات، براتگیر باید بلافاصله به برات کش و هریک از ظهرنویس ها بدهد

notice of dismissal

اخطاریهٔ اخراج

notice of non-payment

گواهی عدم پرداخت؛ اخطار/ آگهی عدم پرداخت

notice of payment

ابلاغیهٔ پرداخت؛ آگهی پرداخت

notice of protest

واخواست نامه؛ اعتراض نامه

notice put on the wall

آگهی الصاقی

notice, sale

اعلام فروش

☞ *sold notice*

notice, till further

تا اخطار ثانوی؛ تا اطلاع ثانوی

notice, to give

اخطار دادن؛ آگهی دادن

notice to quit

اخطار تخلیه

notice to remedy defects

اخطار رفع نقیصه

notice, written

اخطاریه (کتبی)

notification

ابلاغ؛ اطلاعیه؛ اخطاریه

notification of protest

ابلاغ واخواست

notify

اطلاع دادن؛ اخطار کردن

notify a judgement

حکمی را ابلاغ کردن

notify someone

به کسی ابلاغ کردن

not in my back yard (NIMBY)

اصطلاحی مبنی بر عدم تمایل شخص به اجرای تصمیم

not in my term in office (NIMTO)

"چنین تصمیمی در زمان تصدی من اتخاذ نشده است"

not negotiable

غیر قابل انتقال؛ غیر قابل معامله؛ غیر قابل مذاکره

☞ *non-negotiable*

not withstanding any provision to the contrary

به رغم کلیهٔ شرایط مغایر با قرارداد فعلی

novation
تبدیل دین، قرارداد یا تعهد؛ تبدیل تعهد قدیم به جدید؛ تبدیل داین یا مدیون
☞ *expromissio*

now account
حساب جاری بدون کارمزد
☞ *negotiable order of withdrawal account*

noxal
خسارت و زیان وارده از طرف شخصی به دیگری

NP (no protest)
بدون اعتراض؛ بدون واخواهی

NPV (net present value)
ارزش خالص حال

NSF check
چک بی‌محل؛ چک با موجودی غیر کافی
☞ *bad cheque*
☞ *bounding check*
☞ *stumer check*
☞ *uncovered check*
☞ *dishonored check*

NSF (not sufficiet funds)
موجودی غیر کافی؛ کسر موجودی

NTA (new technology agreement)
قرارداد مربوط به فن‌آوری/ تکنولوژی جدید

nucleus
(در کامپیوتر) هسته؛ قسمت برنامهٔ کنترل که همیشه در حافظهٔ اصلی قرار دارد

nude
بی‌اثر؛ غیر نافذ؛ باطل

nude contract
عقد غیر معوض؛ عقد غیر معاوضی؛ قرارداد بدون وجه التزام تخلف
☞ *bare contract*
☞ *naked contract*
☞ *nudum pactum*

nudum pactum
عقد غیر معوض؛ عقد غیر معاوضی؛ قرارداد فاقد وجه التزام تخلف
☞ *bare contract*
☞ *naked contract*

nuisance tax
مالیات مزاحم

nulify a law
لغو کردن قانون؛ منسوخ کردن قانون
☞ *revoke a law*

null
هیچ؛ پوچ؛ بی‌ارزش؛ بی‌اعتبار؛ صفر یا بدون اعتبار (در آمار)

null and void
بی ارزش؛ باطل و بی اثر؛ از درجه اعتبار ساقط؛ باطل؛ کان لم یکن؛ ملغا؛ فاقد اعتبار قانونی

null hypothesis
فرضیهٔ صفر

nullification
ابطال؛ الغا؛ لغو؛ فسخ

nullification of agreement
ابطال یا فسخ قرارداد
→ *repudiation*

nullification of treaty
فسخ قرارداد؛ لغو قرارداد

nullify

nullify a law
باطل کردن؛ لغو کردن؛ کان لم یکن کردن؛ بی‌اعتبار کردن؛ از درجهٔ اعتبار ساقط کردن

nullify a law
قانونی را لغو کردن / فسخ کردن

nullity expressly prescribed by law
بطلان صریح به موجب قانون

nullity of a contract
بطلان قرارداد

nullity of a deed
بطلان سند

number of stock turnover
گردش موجودی کالا

numerical control (NC)
کنترل عددی

numerical rating
رتبه بندی عددی
☞ *alphabetical rating*

numeric character
کاراکتر عددی

nunc pro tunc
عطف به ماسبق کردن (حکم)؛ حکم یا سند جدید که نسبت به گذشته تأثیر داشته باشد

nuncupative will
وصیت شفاهی

nursed account
حساب با پشتوانه

nursery units
واحدهای تولیدی کوچک

O / o

OA (open account)

حساب باز؛ حساب مفتوح

OA (operational analysis)

تحلیل عملیاتی

OAPEC (Organizition of Arab Petroleum Exporting Countries)

سازمان کشورهای عربی صادر کنندهٔ نفت

OAP (old-age pensioner)

مستمری بگیر

OASI (old-age and survivors' insurance)

بیمهٔ بازنشستگی و بازماندگان

objecctive must state results expected

هدف باید تشریح کنندهٔ نتایج مورد نظر باشد

objection to a referee

رد حکم داور

objective

هدف؛ مقصود؛ منظور؛ بی‌طرف؛ عینی؛ واقعی؛ خارجی:

(در اصطلاح آموزش) هدف عبارت است از دانش یا مهارتهایی که دانشجویان باید در پایان دورهٔ آموزش از آن برخوردار باشند

objective, accomplishment of

اجرای هدف

objective function

تابع هدف

objective, predetermined

هدف از پیش تعیین شده

objectives, advertising

اهداف تبلیغاتی

objectives, fundamental

اهداف بنیادی

objectives, immediate

هدفهای فوری

objectives, long-term

هدفهای دراز مدت؛ اهداف بلند مدت

objectives, measurablc

هدفهای قابل ارزیابی؛ اهداف قابل سنجش

objectives, national

اهداف ملی

objectives, short-term

اهداف کوتاه مدت

objective, stated

هدف تشریح شده

objectives, visionary

اهداف بعید؛ اهداف دور؛ اهداف غیر قابل

objective test
دستیابی

objective test
آزمـون عـینی؛ یکـی از روشـهای ارزیـابی شخصیت و سنجش تواناییهای فردی

objective value
ارزش عینی؛ ارزش کالا در بازار؛ نرخ بازار

objectivity (of the test)
عینیت (آزمون)

object of lease
عین مستأجره؛ مورد اجاره

object of sale
مبیع

object of transaction
مورد معامله

object, on
در اجاره

object program
برنامهٔ مورد نظر

object, put out on
اجاره دادن

objects clause
فلسفهٔ وجودی سازمان؛ بیانیهٔ هدف سازمان

object, take on
اجاره کردن

oblata
دیون معوقه

obligant
ملتزم؛ متعهد؛ بدهکار؛ مقروض؛ مدیون
☞ *obligor*

obligate
ملزم کردن؛ متعهد کردن؛ مکلف کردن
☞ *oblige*

obligation
تعهد؛ التزام؛ عهد؛ ذمه؛ وظیفه؛ تکـلیف؛ دیـن؛ مرهونیت؛ مسؤولیت قانونی بدهکار نسـبت بـه ادای دین در موعد مقرر و حق قانونی بستانکار در واداشتن بدهکار به پرداخت دین در صورت استنکاف وی از ادای دین

obligation, be under an
ملزم بودن؛ تعهد داشتن؛ مدیون بودن

obligation binding all parties
اسناد تضامنی

obligation bond
سهام قرضه؛ اوراق اعتباری

obligation by operation of law
☞ *irrecusable obligations*
☞ *tortious liability*

تعهد ناشی از الزامات قانون

obligationes ex delicto
ضمان قهری
☞ *irrecusable obligations*
☞ *tortious liability*

obligation, fulfil an
به تعهد خود عمل کردن

obligation in solido
تعهد تضامنی؛ مسؤولیت تضامنی
☞ *joint and several obligation*
☞ *solidary obligation*

obligation, lay somebody under an
کسی را متعهد کردن

obligation, meet one's
به تعهد خود عمل کردن

obligation, moral

obligation of a contract / 501 / **observe**

ملزم کردن؛ مقید کردن
☞ *obligate*

obligee
متعهدله؛ مضمون له؛ بستانکار؛ راهن

obligement
تعهد؛ اجبار؛ الزام

obligor (var. obliger)
متعهد؛ ضامن؛ بدهکار؛ مقروض؛ مدیون
☞ *obligant*

obliteration
امحا؛ محو؛ حک؛ نسخ؛ بطلان؛ ابطال

OB (ordinary business)
کار و کسب عادی (در بیمهٔ عمر)

OB (organizational behavior)
رفتار سازمانی

obscurantism
(سبک) نگارش مبهم و نامفهوم؛ مخالفت با روشنفکری؛ تاریک اندیشی

obscurantism, legal
کلمات و اصطلاحات مبهم حقوقی

obscurity
ابهام؛ عدم وضوح

observance
مراعات؛ اجرا؛ رعایت

observation
مشاهده؛ نظر؛ اظهار نظر

observational techique
تکنیک مشاهده‌ای؛ از روشهای تحقیقی که برای مشاهدهٔ رفتار مشتری به کار می‌رود

observation test
آزمون مشاهده

observe

تعهد اخلاقی
obligation of a contract
تعهد یا الزام قانونی برای اجرای قرارداد

obligation of a contract, impair
کاهش ارزش /اعتبار یا ضمانت اجرایی قرارداد

obligation, place somebody under
متعهد کردن؛ مدیون کردن

obligation, release somebody from an
کسی را از قید تعهد/ دین آزاد کردن

obligation, repay an
به تعهدی عمل کردن؛ بدهی یا دینی را پرداختن

obligations
تعهدات؛ الزامات

obligation solidaire (Fr)
مسؤولیت تضامنی
☞ *solidary obligation*

obligations, primary
تعهدات اولیه

obligative contract
عقد لازم

obligator writ
حکم واجب‌الاطاعه

obligatory
الزامی؛ الزام آور؛ اجباری؛ واجب؛ واجب‌الاطاعه

obligatory rules
قواعد و مقررات الزامی

oblige
مجبور کردن؛ وادار کردن؛ متعهد شدن؛ وثیقه گذاردن؛ طبق قانون مستوجب تنبیه دانستن؛

رعایت کردن؛ اجرا کردن؛ به جا آوردن؛ انجام دادن؛ برگزار کردن؛ اظهار کردن؛ حضور یافتن

observer

ناظر؛ مشاهده گر

obsolescence

کهنگی؛ منسوخ شدگی؛ خارج از رده بودن؛ نسیه

obsolescence

از کار افتادگی در اثر فرسودگی فنی

obsolescent

منسوخ ؛ فرسوده

obsolete

منسوخ؛ مهجور؛ متروکه؛ کهنه؛ از کار افتاده

obstinacy

تمرد؛ عناد؛ خود رأیی؛ لجاجت؛ خیره‌سری

obstriction

تعهد؛ الزام؛ در قید الزام؛ اجبار

obtain

احراز کردن؛ اعلام داشتن؛ تحصیل کردن؛ کسب کردن؛ خریدن

obtainable resources

منابع قابل حصول

obtaining of a deed by force

اخذ سند به عنف

obtaining of a signature by force

گرفتن امضا به عنف

obtaining property by deception

تحصیل مال غیر با توسل به خدعه و نیرنگ

occasional

اتفاقی؛ ضمنی

occasion, rise to the

از عهده برآمدن؛ شایستگی / صلاحیت لازم را برای کاری داشتن

occupation

شغل؛ حرفه؛ پیشه؛ اشتغال؛ اشغال؛ تصرف؛ تصرف مال بدون صاحب

occupational accident

رویداد شغل؛ سانحهٔ حرفه‌ای؛ حادثهٔ شغلی؛ حادثه‌ای که در هنگام انجام وظیفه روی می‌دهد

occupational pension schemes

طرح بازنشستگی

occupational role

نقش حرفه‌ای

occupational safety commission

کمیسیون ایمنی شغلی

occupational title

عنوان شغلی

occupational training

حرفه آموزی؛ آموزش حرفه‌ای؛ آموزش شغلی

occupation analysis

تجزیه و تحلیل حرفه‌ای / شغلی

occupation classification

طبقه بندی مشاغل؛ طبقه بندی حرفه‌ای

occupation disease

امراض شغلی؛ بیماری شغلی؛ بیماری حرفه‌ای

occupation health

بهداشت محیط کار؛ بهداشت حرفه‌ای

occupation mobility

جابجایی شغلی؛ تحرک حرفه‌ای؛ جابجایی حرفه‌ای

occupation profile

نمودار شغلی

occupation tax

مالیات اصناف؛ مالیات شغل /اشتغال / مشاغل

occupation test

آزمون حرفه‌ای؛ آزمون شغلی

occupy a position

سمت / پستی را اشغال کردن

odd-lot dealer

دلال معاملات جزئی؛ دلال جزء

odd pricing

قیمت گذاری زیرکانه؛ قیمت گذاری غیر عادی؛ قیمت گذاری روانی؛ قیمت گذاری خرده دار

☞ *psychological pricing*

odious debts

دیون منفور

OD (on duty)

حین انجام وظیفه؛ سر پست؛ سر خدمت

☛ *off-duty*

OD (organizational development)

توسعهٔ سازمانی؛ ارتقای کارآیی سازمان؛ بهبود سازمانی؛ بالندگی سازمانی

OECD (Organization for Economic Cooperation and Development)

سازمان توسعه و همکاری اقتصادی

OEEC (Organization for European Economic Cooperation)

سازمان همکاریهای اقتصادی اروپا

OE (organizational effectiveness)

اثربخشی سازمان؛ کارآیی سازمان

off-balance sheet

بدهیهای مخفی

off-duty

خارج از خدمت؛ بعد از ساعات اداری

☛ *on-duty*

offend against the law

از قانون تخلف کردن؛ تخطی کردن از قانون

offenders against this article

متخلفین از این ماده / قانون

offending party, the

طرف متخلف

offense against the law

خلاف قانون

offensive strategy

راهبرد تهاجمی؛ استراتژی تهاجمی

offer

پیشنهاد؛ عرضه؛ پیشنهاد کردن

offer a legal apology

عذر موجه ارائه دادن

offer and acceptance

ایجاب و قبول

offer and acceptance, letter of

تولنامه؛ نامه ایجاب و قبول

offer and demand

عرضه و تقاضا

offer by tender

مزایده؛ فروش به بالاترین قیمت پیشنهادی

offeree

خریدار؛ گیرندهٔ پیشنهاد؛ پیشنهاد گیرنده

offer for sale

عرضه برای فروش

offer of amends

پیشنهاد پرداخت غرامت

offer one's resignation

استعفای خود را تسلیم کردن؛ استعفا دادن

offeror

پیشنهاد دهنده؛ عرضه کننده

offer price

قیمت پیشنهادی

office

سمت؛ منصب؛ مقام؛ تصدی؛ وظیفه؛ مأموریت؛ اداره؛ دفتر کار؛ محل کار؛ دفتر؛ شغل اداری

office automation

اتوماسیون فعالیتهای دفتری؛ مکانیزه کردن کارهای اداری؛ رایانه‌ای کردن امور اداری؛ خودکار سازی کارهای اداری؛ به کارگیری فن‌آوریهای جدید در انجام دادن وظایف اداری

office copy

رونوشت مصدق

office, head

دفتر مرکزی؛ ادارهٔ مرکزی

office, lay down

کناره‌گیری کردن؛ استعفا دادن

office, resign one's

از پست خود استعفا دادن

office, spoils of

سوء استفاده از پست و مقام

office, suspend from

از کار معلق کردن

office, sweep out of

از کار برکنار کردن

office, tenure/term of

دورهٔ تصدی

official

رسمی؛ اداری؛ مأمور؛ تشریفاتی؛ مقام مسؤول

official action

عمل اداری؛ اقدام اداری

official correspondence(s)

مکاتبات رسمی

official deed

سند رسمی

official documents

اسناد رسمی

officialdom

مقامات اداری؛ سیستم / نظام اداری؛ دستگاه اداری؛ طبقهٔ کارمند

officialese

زبان اداری؛ اصطلاحات اداری؛ واژه و اصطلاحات رسمی و اداری

official exchange rate

نرخ رسمی ارز

official journal

روزنامهٔ رسمی

official language

زبان رسمی

official liquidator

مدیر تصفیه (در مورد تاجر ورشکسته)؛ نماینده امور تصفیه

official meeting

ملاقات رسمی؛ اجتماع رسمی؛ جلسهٔ رسمی

official message

پیام رسمی

official misconduct

تخلف اداری

official newsletter

خبرنامهٔ رسمی (رسانه/ وسیلهٔ ارتباطی رسمی)

official newspaper

روزنامهٔ رسمی

official notification

اظهارنامهٔ رسمی

official receiver

مأمور رسمی تصفیه؛ مأمور ادارهٔ امور ورشکستگی؛ مدیر تصفیه

official report

گزارش رسمی

official reserves

ذخایر رسمی

official stamp

مهر رسمی

official statement

صورت حساب رسمی؛ گزارش رسمی؛ بیانیهٔ رسمی

official strike

اعتصاب رسمی؛ اعتصابی که با تصویب اتحادیهٔ کارگری صورت گرفته و مورد حمایت آن است

officiate

رسماً انجام وظیفه کردن؛ به عنوان سر داور انجام وظیفه کردن؛ مراسمی را به جای آوردن؛ مقام رسمی را احراز کردن

officiate as a chairman

وظایف ریاست ... را به عهده گرفتن

off-line

ناپیوسته؛ سیستم ناپیوسته (در کامپیوتر)

offset

☞ *counterclaim*

☞ *cross action*

☞ *cross-claim*

☞ *recoup*

☞ *set-off*

تهاتر کردن ادعا؛ تهاتر؛ پایاپای؛ جبران؛ جبران کردن؛ طرف مقابل؛ متوازن؛ اجازهٔ برداشت

offset of one obligation against another

تهاتر حاصل شده بین دو تعهد یا دو دین

off-the-job training

آموزش در خارج از محل کار

☛ *on-the-job training (OJT)*

off type

ناجور؛ غیر عادی؛ غیر معمول؛ مغایر

off year

سال کسادی

ogive

نمودار قوسی

Ohmae, Kenichi

اوهما کنیچی ؛ از محققان ژاپنی در زمینهٔ مدیریت

oilflation

تورم ناشی از افزایش قیمت نفت

OJT program

برنامهٔ آموزش حین خدمت

okei

کارگر مهاجر

old-age and survivors' insurance

بیمهٔ ایام پیری (بازنشستگی) و بازماندگان

old-age assurance

بیمهٔ ایام پیری؛ بیمه دوران پیری

old-age pension

مستمری بازنشستگی؛ مستمری ایام پیری؛ حقوق بازنشستگی؛ مستمری از کار افتادگی

old-age pensioner (OAP)

(سالخورده) مستمری بگیر

old boy network

پارتی بازی؛ قوم و خویش بازی؛ واگذاری مشاغل به دوستان و خویشان

old game

بازی قدیمی؛ (در برنامه‌ریزی راهبردی) محیط رقابتی و تکنیکهای مربوطه

oligopoly

انحصار گروهی؛ انحصار چند فروشنده؛ انحصار فروش چند جانبه؛ فروش نیمه انحصاری: حالتی که فروشندگان کالا متعدد ولی معدودند

oligopoly price

قیمت انحصار گروهی؛ قیمت انحصار چندگانهٔ فروش

oligopsony

محدود سازی انحصاری تقاضا؛ انحصار چندگانهٔ خرید؛ خرید نیمه انحصاری؛ حالتی که عده کمی از خریداران می‌توانند در تقاضای یک کالا نفوذ داشته باشند

oligopsony price

قیمت انحصار چندگانهٔ خرید

ombudsman

ریش سفید؛ حَکَم؛ حلال مشکلات

omnibus agreement

موافقت نامهٔ جامع

omnibus clause

شرط شمول؛ پوشش فراگیر

O&M (organization and methods)

تشکیلات و روشها؛ سازمان و روشها

OMS (output per manshift)

بازده هر شیفت کاری؛ بازده نفر - نوبت کار

on account (O/A)

به حساب؛ علی‌الحساب؛ نسیه

on account payment

پیش پرداخت

on behalf of

از جانب؛ از طرف؛ وکالتاً

on behalf of himself (var. on his own behalf)

اصالتاً

on board bill of lading

بارنامهٔ تحویل کالا در کشتی؛ بارنامهٔ صادره بعد از بارگیری محموله در کشتی

☞ *shipped bill of lading*

on call

عندالمطالبه؛ آماده به خدمت

☞ *at call*

☞ *at sight*

☞ *on demand*

☞ *upon demand*

on consignment

به طور امانی؛ امانت فروشی

oncost

هزینهٔ اضافی؛ هزینهٔ غیر مستقیم

☞ *indirect cost*

on credit

نسیه

on demand

به محض تقاضا؛ عندالمطالبه

☞ *at call*

☞ *at sight*

☞ *on call*

☞ *upon demand*

on demand guarantee
ضمانت طبق درخواست؛ تضمین پرداخت خسارت بر حسب درخواست خریدار

on-duty
در حین خدمت؛ سر پست؛ در حین کار؛ در حین انجام وظیفه

☞ *off-duty*

one-point arbitrage
خرید و فروش در یکجا

one-price policy
سیاست قیمت واحد/ثابت

onerous contract
قرارداد تحمیلی؛ قرار داد یک طرفه؛ قرار داد ظالمانه

☞ *imposed contract*
☞ *one-sided contract*

one-sided account
گزارش غیر منصفانه؛ گزارش مغرضانه

one-sided contract
قرارداد یک طرفه یا تحمیلی

☞ *onerous contract*
☞ *imposed contract*

one-sided obligation
تعهد یک جانبه

one-stop banking
انجام امور بانکی در یک محل؛ وقتی که مشتریان بتوانند همهٔ نیازهای بانکی خود را فقط در یک بانک برآورد نمایند

one-stop shopping
خریدار اقلام مورد نیاز در یکجا

one-way communication
ارتباط یک طرفه

ongoing projects
پروژه‌های در دست اقدام

ongoing records
پرونده‌های در دست اقدام/جاری

on his own behalf (var. on behalf of himself)
اصالتاً

on-line
(در کامپیوتر) پیوسته

on-line consultation
مشاورهٔ مداوم؛ رایزنی پیوسته

on margin
خرید نقد و نسیه

on offer
آماده برای فروش

on order
تحت سفارش؛ کالای سفارش داده شده

on-pack give away
جایزهٔ خرید کالا؛ هدیهٔ روی کالا؛ هدیهٔ مجانی همراه با کالای خریداری شده

on-the-job performance
عملکرد ضمن کار

on-the-Job Training (OJT)
آموزش ضمن کار؛ (در ارتش) آموزش حین خدمت

on the rims
در مرز فقر

on-time delivery
تحویل به موقع

onus
بار مسؤولیت؛ محمولهٔ کشتی؛ بار

☞ *burden*

OOQ (optimum order quantity)

مقدار سفارش مطلوب

open account

حساب باز؛ حساب دایر

open and close meeting

افتتاح کردن و خاتمه دادن جلسه

open check

چک ظهرنویسی نشده در وجه حامل

open contract

عقد غیر رسمی

☞ *oral contract*
☞ *parol contract*
☞ *simple contract*
☞ *unwritten contract*

open door policy

سیاست درهای باز؛ از سیاستهای مدیریتی کـه بر اساس آن هر یک از کارکنان امکان دسترسی به سرپرست مستقیم خـود را در هـر زمـان از ساعات کاری دارد

open economy

اقتصاد باز

open-end agreement

قرارداد باز؛ قرارداد آزاد؛ توافق نامحدود

open-end bond

قرضهٔ باز؛ سند آزاد

open-end contract

قرارداد آزاد؛ قرارداد نامحدود؛ قراردادی که بـر اساس آن فروشنده متعهد می‌شود کلیهٔ نیازهای خریدار را در مورد یک کالای مشخص در یک زمان معین تأمین کند؛ قرار دادی کـه بـعضی از شرایط آن عمداً تصریح نشده باشد

open-ended

نامحدود؛ با حجم یا اندازه نامحدود

open-ended interview

مصاحبهٔ آزاد

open-ended payment system

سیستم پرداخت باز؛ نظام پرداخت آزاد؛ نـظام پرداخت دستمزد که بر مبنای آن حقوق کارکنان با نظر سرپرست آنها پرداخت می‌شود و در هر زمان امکان تغییر در آن وجود دارد

open-end mortgage

رهن آزاد

opening

افتتاح؛ جای خالی؛ پست خالی

opening meeting

جلسهٔ افتتاحیه

opening session

جلسهٔ افتتاحیه

opening stock

ارزش موجودی کالا و مواد خام در ابتدای دورهٔ مالی

open interest

بهرهٔ آزاد

open learning

آموزش آزاد

open letter of credit

اعتبار اسنادی بدون محدودیت

open listing

نام نویسی آزاد؛ فهرست باز

open loop

حلقهٔ باز؛ (در نظریهٔ کنترل) سیستمی کـه فـاقد مدار بازخورد برای نظارت و اصـلاح درونـداد است

open-loop control system
سیستم نظارت باز
☞ unmonitored control system

open market
بازار آزاد
☞ free market

open market operations
عملیات دولت در بازار آزاد: خرید و فروشهایی که دولت از طریق خزانه‌داری کل می‌کند

open meeting
جلسهٔ آزاد؛ جلسهٔ علنی؛ جلسه‌ای که همه می‌توانند در آن شرکت کنند

open order
سفارش باز؛ سفارش آزاد

open outcry
بازار حراجی آزاد
☞ outcry market

open policy
بیمه‌نامه‌ای که در آن قیمت کالای بیمه شده معین نشده و در وقت تلف شدن تعیین می‌شود

open position
پست بلاتصدی؛ پستی که هنوز خالی است و اشغال نشده

open rate
نرخ آزاد

open session
جلسهٔ علنی

open shop
استخدام باز؛ کارگاه باز؛ بنگاه یا مؤسسه‌ای که دارای سیستم استخدام آزاد می‌باشد

open system
سیستم باز؛ نظام باز

هر نوع نظام یا سیستمی که دارای قابلیت انعطاف باشد و بتوان آن را تغییر داد، اصلاح کرد و انطباق داد. در آموزش مدیریت تعارض، فرض بر این است که تا وقتی سازمان زنده است نظام باز محسوب می‌شود و برای دوام و بقای خود باید با محیط فراگیر خود هماهنگ باشد. لذا زمانی که سازمانی نتواند با محیط اطراف خود منطبق شود، چنین تلقی می‌شود که به نظامی بسته تبدیل شده که این امر مرگ نظام باز را به همراه دارد.
☞ closed system

open systems interconnection
ارتباط متقابل نظامهای باز

open tech
دانشکدهٔ فنی آزاد

open the kimono
افشای برنامه‌های آیندهٔ مؤسسه

open-to buy (OTB)
میزان کالای مجاز برای خرید

open trade
معاملهٔ آزاد؛ معاملهٔ باز

open union
سازمان کارگری باز؛ اتحادیهٔ آزاد

open university (OU)
دانشگاه آزاد

open violation of ...
نقض آشکار ...

operant conditioning
شرطی کردن عامل؛ نظریهٔ انگیزشی که بر رابطهٔ بین محرک، پاسخ و پاداش تأکید دارد

operant conditioning theory
نظریهٔ شرطی شدن عامل:

نوعی از شرطی کردن که طی آن یک پاسخ عامل تحت کنترل محرک قرار می‌گیرد. برای مثال، اگر مدیر یک واحد معتقد به بکارگیری خلاقیت کارکنان در محیط کار باشد و بر اساس آن، هر بار که یکی از کارکنان پیشنهاد جالبی را ارائه دهد، مـورد تشـویق قـرار می‌گیرد و از آن پس این کارمند مرتباً در فکر ابداع روشهای جدیدکار باشد، می‌گویند رفتار او با استفاده از روش «شرطی کردن عامل»، شرطی شده است.

operate
اداره کردن؛ از (حسابی) استفاده کردن؛ موجب شدن؛ بهره برداری کردن؛ عمل کـردن؛ مـعامله کردن؛ عملیات نظامی انجام دادن؛ احتکار کردن

operating assets
داراییهای فعال

operating budget
بودجهٔ عملیاتی

operating capacity
ظرفیت فعال

operating core
هستهٔ عملیاتی

operating cost
هزینهٔ عملیات؛ هزینهٔ بهره برداری
☞ *operating expenses*

operating cycle
دور عملیاتی؛ چرخهٔ عملیاتی؛ چرخهٔ عمل

operating depatments
قسمتهای عملیاتی

operating earnings before taxes
درآمد عملیاتی قبل از پرداخت مالیات

operating effectiveness
اثربخشی عملیاتی؛ کارآیی عملیاتی

operating expenses
هزینه‌های عملیات؛ هزینه‌های عملکرد

operating income
درآمد عملیاتی

operating leverage
قدرت نفوذ عملیاتی؛ نسبت هزینه‌های ثابت به هزینه‌های کلی
→ *leverage factor*

operating losses
زیانهای عملیاتی

operating profit
سود عملیاتی
→ *trading profit*

operating profit ratio
نسبت سود عملیاتی
→ *turnover ratio*

operating system
نظام عملیاتی؛ سیستم عامل

operation
اعمال قدرت؛ اعمال؛ عملیات؛ اجرا

operational analysis (OA)
تجزیه و تحلیل عملیاتی

operational approach in creativity

operational control
کنترل عملیاتی

operational decision making
(در مدیریت استراتژیک) تصمیم‌گیری عملیاتی

operational efficiency
کارآیی عملیاتی

operational mission
مأموریت عملیاتی

operational plan
طرح عملیاتی؛ برنامهٔ عملیاتی

operational research (OR)
تحقیق عملیاتی؛ پژوهش عملیاتی
☞ *operation research*

operational research society
انجمن تحقیقات عملیاتی

operational strategy
استراتژی عملیاتی؛ راهبرد عملیاتی

operation chart
نمودار عملیات
☞ *two handed process chart*

operation, labor
عملیات کارگری

operation leader
رهبر فکری؛ عضوی از سازمان که به سبب تواناییها، قدرت و امکان دسترسی به اطلاعات و یا دیگر ویژگیها بر روحیه، عقیده یا رفتار اطرافیان خود در سازمان نفوذ دارد

operation management
مدیریت عملیات

operation of law, by
به حکم قانون

operation order
دستور عملیات

operation process chart
نمودار فرایند عملیات
☞ *outline process chart*

operation research
تحقیق عملیاتی
☞ *operational research*

operations management
مدیریت عملیات

operation ticket
کارت عملیات

operation time-study
بررسی زمان عملیات

operative
مجری؛ واجد قوت قانونی؛ معتبر؛ دایر؛ عملی؛ کارگر؛ نافذ

operative inspection
بازرسی عملیاتی

operative laws
قوانین جاری

operative mistake (in a contract)
اشتباه مبطل عقد

operative part (of a document)
قسمت اصلی سند (حاوی شرح حقوق و تعهدات طرفین)؛ بخش مؤثر سند

operative personnel
کارکنان عملیاتی

operator
متصدی؛ عامل؛ گرداننده؛ اپراتور؛ کسی که واحد یا شرکت یا دستگاهی (نظیر کامپیوتر، تلکس، مرکز تلفن) را تصدی و اداره می‌کند؛ عمده فروش سهام؛ محتکر سهام و اوراق قرضه

operator performance
عملکرد عامل؛ عملکرد متصدی

opinion survey
بررسی عقاید

Opitz classification
طبقه بندی اپیتس

OPM (operation per minute)

عملیات در هر دقیقه؛ (در مدیریت مالی) پول دیگران

opportunity cost

بهای فرصت؛ هزینهٔ فرصت از دست رفته؛ هزینهٔ کالای تولیدی

☞ *shadow price*

opportunity, equal employment

موقعیت استخدامی مساوی؛ شانس استخدامی مساوی؛ فرصت استخدامی یکسان برای همه بدون اعمال هیچگونه تبعیض

oppressive tax

مالیات سنگین؛ مالیات کمر شکن؛ مالیات غیر قابل تحمل

oprating rate

نرخ بهره برداری؛ نرخ عملیاتی

oprrating statement

گزارش عملکرد؛ صورت عملکرد

optical character reader

نشانه خوان نوری

optical character recognition (OCR)

بازشناسی نوری نشانه‌ها

optical reader

نماد خوان نوری

optimal planning methods

روشهای برنامه‌ریزی بهینه؛ روشهای مطلوب برنامه‌ریزی

optimization

مطلوب سازی؛ بهینه سازی

optimize

مطلوب کردن؛ بهینه کردن؛ حصول یک موفقیت مطلوب؛ محاسبهٔ یک ارزش مطلوب

optimized production techniques

شیوه‌های تولید مطلوب؛ شیوه‌های تولید بهینه

optimum

بهینه؛ وضعیت مطلوب:

ارزش قابل دسترس که باعث ایجاد بالاترین سود برای مقصود مورد نظر شخص یا یک سازمان می‌گردد.

optimum capacity

ظرفیت مطلوب

optimum order quantity

مقدار سفارش مطلوب

☞ *economic order quantity*

option

اختیار؛ آزادی در انتخاب؛ جواز؛ حق؛ تمایل

option agreement

عقد خیاری

optional bond

سند قرضهٔ اختیاری

optional clause

شرط اختیاری

optional consumption

مصرف اختیاری

optional contract (var. option contract)

عقد خیاری

optional dividend

سود سهام اختیاری

optional right

حق خیار؛ خیار فسخ یا بستن عقدی

option clause

شرط خیار

option contract (var. optional contract)
قرارداد اختیاری

option forward
قرارداد اختیاری؛ عقد خیاری؛ حق انتخاب با حق خرید برای آینده

option money
بهای اختیار

option of condition
خیار شرط

option of deception
خیار غبن

option of fraud / trickery
خیار تدلیس

option of incorrect description
خیار تخلف وصف

option of inspection
خیار رؤیت

option of loss
خیار غبن

option of unfulfilled conditions
خیار تخلف شرط

option open, leave one's
حق انتخاب را (برای خود) حفظ کردن؛ تعهد نپذیرفتن

option, right of
حق انتخاب

options
راه‌کارها؛ گزینه‌ها؛ راه‌حلها

OPT (optimized production techniques)
شیوه‌های تولید مطلوب؛ روشهای تولید بهینه

oral communication
ارتباط کلامی / لفظی

oral contract
عقد لفظی؛ عقد غیر رسمی
☞ *open contract*
☞ *parol contact*
☞ *simple contract*
☞ *unwritten contract*

oral report
گزارش حضوری؛ گزارش شفاهی

oral test
آزمون شفاهی؛ امتحان شفاهی

oral will
وصیت شفاهی
→ *noncupative will*

order
سفارش؛ حواله؛ نظم؛ سبک؛ فرمان؛ حکم؛ قرار؛ دستور؛ برات؛ درخواست تحویل، فروش، دریافت یا خرید کالاها و خدمات؛ دستور دادن؛ امر کردن، مقرر داشتن؛ سفارش دادن؛ حواله دادن؛ نظم بخشیدن؛ اصل نظم: بر طبق این اصل، همهٔ کارکنان و تجهیزات سازمان باید به صورت معقول و منظمی کنار یکدیگر قرار بگیرند. نظم بر دو نوع است مادی و اجتماعی
☞ *injunction*
☞ *writ*

order, adjudication
اعلام ورشکستگی از سوی دادگاه

order, blanket
سفارش کلی

order book

order, insertion

سفارش درج آگهی

order, limited

سفارش محدود؛ سفارش با محدودیت

order, market

سفارش به قیمت روز/ بازار

order, money

حواله

order, no limit

سفارش نامحدود؛ سفارش بدون محدودیت

order of bankruptcy

حکم ورشکستگی

order of discharge

حکم تصفیه؛ حکم برائت ذمه

order of nonsuit

قرار منع تعقیب

order of the day

دستور کار؛ برنامهٔ کار/ روزانه؛ دستور جلسه

order of, to the

در وجه

order-payper

دستور جلسه

order picking

انتخاب فروش

order preparation

تهیه و تنظیم سفارش

order processing

پردازش سفارش؛ به جریان انداختن سفارش

order processing system

سیستم /نظام پردازش سفارش

order, purchase/ buy

سفارش خرید

دفتر ثبت سفارشات

order buying

خرید سفارش

order, cable

سفارش تلگرافی

order, carry out an

دستوری را اجرا کردن

order check

چک در وجه حواله کرد

order clause

شرط حق انتقال اعتبار با ظهرنویسی

order cycle

چرخهٔ سفارش (زمان لازم از تاریخ ارسال درخواست تا تحویل کالا)

order, day

سفارش روزانه؛ سفارش یک روزه

order, delivery

دستور تحویل کالا

ordered product

محصول سفارش شده

order entry

ثبت سفارش

order, factory

سفارش خرید

order filling

تکمیل سفارشها/ دستورهای خرید

order-filling cost

هزینهٔ تکمیل سفارش

order form

فرم / برگهٔ سفارش (کالا)

order-getting cost

هزینهٔ دریافت سفارش

order receipt
دریافت سفارش

orders of, under the
زیردست؛ تحت فرمان؛ تحت امر

order status
وضعیت سفارش

order to purchase
سفارش خرید

order to transfer
دستور انتقال

order transmittal
ارسال سفارش؛ فرستادن درخواست

order, work
دستور کار؛ حکم کار

ordinary annuity
پرداخت دوره‌ای

ordinary creditor
طلبکار بدون وثیقه (در دعوای ورشکستگی)
☞ *general creditor*
☞ *unsecured creditor*

ordinary damages (Brit)
خسارات عمومی
☞ *general damages*
☞ *substantial damages*

ordinary interest
بهرۀ عادی؛ بهرۀ ساده

ordinary life insurance
بیمۀ عادی

ordinary partner
شریک تضامنی؛ شریک فعال
☞ *acting partner*
☞ *active partner*
☞ *full partner*
☞ *general partner*
☞ *working partner*

ordinary partnership
شرکت تضامنی
☞ *general partnership*

ordinary resolution
مصوبۀ عادی

ordinary shareholder
سهامدار عادی؛ دارندۀ سهم عادی

ordinary shares
سهام عادی

organ
ارگان؛ نهاد؛ سازمان؛ نشریه

organic management
مدیریت زنده

organic structure
ساختار زنده؛ ساختار زیستی: ساختار سازمانی با سلسله مراتب غیر متمرکز، روش کاری انعطاف‌پذیر، رهبری دموکراتیک و نظام ارتباطی باز و غیر رسمی که پذیرای تغییر و تحول بوده و از آرا و نظرهای جدید استقبال می‌کند.

organization
سازمان؛ تشکیلات؛ سازماندهی

organizational analysis
تجزیه و تحلیل سازمانی

organizational analysis and planning
برنامه‌ریزی و تجزیه و تحلیل سازمانی

organizational behavior
رفتار سازمانی

organizational behavior fundamentals

اصول اولیه رفتار سازمانی

organizational cadre

کادر سازمانی

organizational change

تغییر سازمانی؛ تحول اداری؛ ساختار سازمانی: *عبارت است از تلاش آگاهانه مدیریت برای بهبود عملکرد کلی افراد، گروهها و سازمانها از راه اصلاح ساختار، رفتار و تکنولوژی / فن آوری سازمان.*

organizational chart

نمودار سازمانی؛ جدول / چارت سازمانی

organizational cirumstances

شرایط سازمانی ؛ کم و کیف سازمانی

organizational climate

حال و هوای سازمانی؛ فضای سازمانی؛ جو سازمانی: *منظور ماهیت محیط انسانی است که کارکنان یک سازمان در آن به انجام وظایف خود می‌پردازند. گاه منظور از جو سازمانی مجموعه نقطه نظرهایی می‌باشد که به طور مشترک و در رابطه با شیوه رفتار با کارکنان یک سازمان، وجود دارد.*

organizational communications

ارتباطات سازمانی

organizational conflict

تعارض سازمانی؛ اختلاف سازمانی

organizational culture

فرهنگ سازمانی

organizational development

توسعهٔ سازمانی؛ بهبود و بالندگی سازمانی

organizational development and change

تغییر و توسعهٔ سازمانی

organizational effectiveness

اثربخشی سازمانی؛ کارآیی سازمانی

organizational efficiency

ثمربخشی سازمانی؛ کارآیی سازمانی

organizational equilibrium

تعادل سازمانی

organizational goal

هدف سازمانی

☞ *organization objective*

organizational-industrial psychology

روانشناسی صنعتی - سازمانی: *شاخه‌ای از روانشناسی کاربردی که زمینه‌هایی نظیر روانشناسی سازمانی، روانشناسی نظامی، روانشناسی اقتصادی و روانشناسی امور استخدامی، سنجش، مطالعهٔ سازمانها و رفتار سازمانی، نحوهٔ رفتار، حقوق و دستمزد، کارآیی، رفتار مشتری و بررسیهای مربوط به آن، بازاریابی و تحقیقات مربوط به آن و غیره را در بر می‌گیرد.*

organizational information processing

پردازش اطلاعات سازمانی

organizational information system

نظام اطلاعات سازمانی

organizational innovation

نوآوری سازمانی

organizational level(s)

organizational mirror / ردهٔ سازمانی؛ سطوح سازمانی

organizational mirror / آینهٔ سازمانی

organizational modifications / اصلاحات سازمانی
☞ *organizational changes*

organizational planning / طراحی سازمان؛ برنامه‌ریزی سازمان:
طراحی سازمان عبارت است از:
۱- تقسیم کار به صورت افقی و عمودی و تخصیص آنها به واحدهای سازمانی که آن را طرح سازمانی می‌نامند.
۲- تعیین، شرح وظایف و طبقه‌بندی آنها بر حسب افراد یا واحدهای مختلف سازمان، تصریح و تشریح اختیارات و مسؤولیتها و ارتباطات مورد نیاز هر شغل که آن را طرح شغل می‌نامند.
۳- تلفیق منطقی کار، محل و ابزار مناسب هر شغل که طرح کار نامیده می‌شود.

organizational psychology / روانشناسی سازمانی:
شاخه‌ای از روانشناسی کاربردی که در آن موضوعهایی نظیر جوّ سازمانی، تعهد سازمانی، ارتباط سازمانی و نظایر آن مورد بررسی قرار می‌گیرد.

organizational relationship / رابطهٔ سازمانی؛ ارتباط سازمانی

organizational stability / ثبات پذیری سازمان؛ پایداری سازمان

organizational system / نظام سازمانی

organizational theories / نظریه‌های سازمانی

organization and methods (O&M) / سازمان و روشها؛ تشکیلات و روشها

organization chart / نمودار سازمانی

organization costs / هزینه‌های سازمانی
☞ *preliminary expenses*

organization design / طرح سازمان:
عبارت است از تقسیم کار (افقی و عمودی) و تخصیص آنها به واحدهای سازمانی.

organization development (OD) / بالندگی سازمانی؛ بهبود و توسعهٔ سازمانی

organization diagram / نمودار سازمانی

organization dynamics / پویایی سازمان

organization efficiency / کارآیی سازمانی؛ اثربخشی سازمان

organization, flat / سازمان مسطح

Organization for Economic Cooperation and Development (OECD) / سازمان توسعه و همکاری اقتصادی

Organization for European Economic Cooperation (OEEC) / سازمان همکاری اقتصادی اروپا

organization, formal

سازمان رسمی
☞ *informal organization*
Organization for Trade Cooperation
سازمان همکاریهای بازرگانی
organization, functional
سازمان تخصصی؛ سازمان مبتنی بر وظیفه
organization, grid
سازمان شبکه
organization head
رییس سازمان
organization, informal
سازمان غیر رسمی
☞ *formal organization*
organization, line
سازمان صفی / صف
organization, matrix
سازمان ماتریسی
organization meeting
جلسه هیأت مؤسسان (شرکت)
organization, military
سازمان نظامی
organization, multinational
سازمان اقتصادی چند ملیتی
Organization of American States (OAS)
سازمان کشورهای آمریکایی
Organization of Arab Petroleum Exporting Countries (OAPEC)
اوآپک؛ سازمان کشورهای عربی صادر کنندهٔ نفت

organization of information
سازماندهی اطلاعات
Organization of Petroleum Exporting Countries (OPEC)
اوپک؛ سازمان کشورهای صادر کنندهٔ نفت
organization person
افراد سازمانی
☞ *organization man*
organization planning
برنامه‌ریزی تشکیلاتی؛ برنامه‌ریزی سازمان
organization, production
سازمان تولیدی
organization, shadow
سازمان غیر رسمی
☞ *informal organization*
organization, staff
سازمان ستادی / ستاد
organization structure
ساختار سازمانی؛ تشکیلات سازمان؛ ساختار یا زیربنای سازمان
organization theory
نظریهٔ سازمانی
organize
تشکیل دادن؛ سازمان دادن؛ سازماندهی کردن؛ نظم بخشیدن؛ منظم / مرتب کردن
organized
سازمان یافته؛ منظم؛ متشکل
organized labor
کارگران عضو اتحادیه؛ اتحادیه‌های کارگری
organized research
تحقیقات برنامه‌ای؛ تحقیقات سازمان یافته
organizer

organizing committee 519 oust

مؤسس؛ بانی؛ بنیان گذار؛ سازمان دهنده؛ گرداننده؛ عامل اتحادیه

organizing committee

کمیتهٔ برگزار کننده

organizing function

وظیفهٔ سازمانی

organogram

سازمان نما؛ اورگانوگرام؛ نمودار مسؤولیتها

orgman (organization man)

فرد سازمانی

orientation fee

هزینهٔ به جریان اندازی

orientation program

برنامهٔ آموزش توجیهی

orientation training

دورهٔ توجیهی؛ آموزش توجیهی

original beneficiary

ذینفع اصلی؛ (برای مثال) کسی که به اسم او در بانک گشایش اعتبار شده است

original bill

براتی که قبل از ظهرنویسی تنزیل شده باشد

original copy

نسخهٔ اول؛ نسخهٔ اصلی

original document

سند اصلی؛ اصل سند؛ بنچاق

original invoice

نسخهٔ اصلی؛ صورت حساب اصلی؛ نسخهٔ اصلی صورت حساب

original letter

عین نامه؛ نامهٔ اصلی

origin and destination

مبدأ و مقصد

origin, certificate of

گواهی مبدأ

origin of property

اصل مالکیت؛ منشأ مالکیت

OR (operational research)

پژوهش عملیاتی؛ تحقیق در عملیات

OS/2

سیستم عامل او اس دو

oscillation

نوسان؛ حرکت نوسانی

OS&D (over, short and damaged)

بیشتر، کمتر، خسارت دیده

OS (operating system)

سیستم عامل

O/S (out of stock)

غیر موجود؛ کالای تمام شده

ostensible ownership

مالکیت صوری و ظاهری

ostensible partner

شریک اسمی؛ شریک ظاهری

☞ *nominal partner*

OTC (over-the-conuter)

روی پیشخوان؛ در پیشخوان

other-insurannce clause

شرط دیگر بیمه؛ دیگر مواد بیمه

OU (open university)

دانشگاه آزاد

oust

خلع ید کردن؛ برکنار کردن؛ اخراج کردن؛ محروم کردن؛ معزول کردن

☞ *eject*

ousted — output

☞ *expel*
☞ *depose*
☞ *diplace*
☞ *discharge*
☞ *decapitate*

ousted
مخلوع؛ برکنار شده
☞ *deposed*

ouster
خلع ید؛ اخراج؛ برکناری؛ تصرف عدوانی

ouster of the freehold
خلع ید اموال غیر منقول

ousting
برکناری؛ عزل؛ اخراب

out
اخراج کردن؛ اخراج شدن؛ در حال اعتصاب؛ اعتصاب؛ غیز مجاز؛ ممنوع؛ غیر متداول؛ فاش شده؛ افشا شده؛ علناً؛ از چاپ درآمده

outbid
پیشنهاد بالا دادن؛ بیشتر پیشنهاد کردن

outcry market
بازار حراجی

outdoor publicity
تبلیغات سطح شهر

outgoing administration
مدیریتی که کنار می‌رود

outgoing correspondence
نامه‌های صادره
☛ *incoming correspondence*

outlaw strike
اعتصاب غیر قانونی

outlay account
حساب تقسیم سود (بخشی از حساب سود و زیان)
☞ *appropriation account*

outlay tax
مالیات بر ارزش افزوده
☞ *expenditure tax*
☞ *indirect tax*

outline of the transaction
ترسیم حدود و خطوط معامله؛ شرح اختصاری نکات عمدهٔ معامله

out of court settlement
رفع اختلاف بدون مراجعه به دادگاه؛ سازش یا مصالحه خارج از دادگاه
☞ *extrajudicial settlement*

out of day
منسوخ

out of order
مخالف مقررات؛ (در مورد دستگاه) خراب یا غیر عملیاتی

out-of-pocket expense
هزینهٔ پرداختی از جیب (خود فرد)؛ به هزینهٔ شخصی

out of stock
فقدان موجودی؛ کالاهایی که در زمان سفارش مشتری در انبار موجود نیست

out-of-work benefits
حق بیکاری

outplace
کاریابی / جایابی برای فرد اخراجی

output
محصول؛ بازده؛ کارکرد؛ ظرفیت؛ برونداد؛ ستاده

output, best profit
حداکثر محصول؛ محصول واجد بهترین سود

output device
دستگاه برونداد

output gap
خلأ بازده؛ فاصلۀ ستاده؛ تفاضل بین بازده بالقوه و بازده بالفعل

output per manshift (OMS)
بازده یک شیفت؛ بازده یک نوبت کار

output tax
مالیات مخارج؛ مالیات غیر مستقیم
☞ *value added tax*

outright forward
قرارداد مدت دار

outside broker
دلال غیر رسمی

outside dimensions
ابعاد خارجی؛ اندازه‌های بیرونی

outside director
مدیر غیر شاغل؛ مدیر غیر اجرایی
☞ *non-executive director*

outsiders
خارجیها؛ غیر خودیها؛ افرادی که عضو اتحادیۀ کارگری نیستند

outside-inside approach
رهیافت بیرون - درون

outside market
بازار غیر رسمی

outside one's jurisdiction
خارج از صلاحیت

out-source
منبع خارجی

outstanding
معوق؛ واریز نشده؛ وصول نشده؛ پرداخت نشده؛ تصفیه نشده؛ در دست داد و ستد؛ پابرجا

outstanding claim
ادعای پابرجا؛ مطالبات معوقه

outstanding credit
اعتبار وصول نشده

outstanding debt
دین معوق؛ بدهی پرداخت یا وصول نشده

outstanding dues
دیون معوقه

outstanding stock
سهام در دست داد و ستد؛ سهام منتشر شده و بفروش رفته؛ سهام موجود نزد مالکان

outstation allowance
فوق‌العاده خارج از مرکز

outwork
کار برون سازمانی؛ کار خارج از سازمان

outworker
کارگر برون سازمانی

overage
هزینۀ اضافی؛ اضافه‌بار؛ کالای اضافی؛ سرک فرآورده‌های صنعتی

overambition
جاه طلبی زیاد؛ جاه طلبی بیش از حد

over, be bound
التزام دادن؛ ملتزم شدن

overcapitalize
سرمایه‌ای کردن افراطی؛ بیش از حد ارزیابی کردن ارزش داراییهای ثابت مؤسسه

overcapitalized
سرمایه اضافی

overcapity

ظرفیت بلا استفاده؛ اضافه ظرفیت

over, change

انتقال بانکی؛ تغییر رویه

overcharge

بار اضافی؛ اضافه قیمت؛ گران فروشی؛ گران فروختن

overdraft

دریافتی بیش از اعتبار؛ اضافه برداشت از حساب جاری

overdraw

اضافه برداشت کردن از حساب

overdue

منقضی؛ دیر رسیده؛ از سررسید گذشته؛ موعد گذشته؛ معوق؛ تأخیر ورود (کشتی یا هواپیما)

☞ *in arrears*

☞ *past-due*

overdue bill/check

برات یا چکی که در سر رسید مربوطه پرداخت نشده باشد؛ برات یا چک موعد گذشته

☞ *past-due bill*

overdue taxes

مالیاتهای معوقه

overestimate

برآورد زیادی؛ بیش از اندازهٔ واقعی برآورد یا ارزیابی کردن

over, give

تفویض کردن

over, handing

تفویض

overhaul

تعمیر اساسی؛ اورهال

overhead

هزینه‌های عمومی؛ هزینه‌های بالا سری

➔ *conversion costs*

overhead absorption

جذب هزینه‌های عمومی؛ سرشکن کردن هزینه‌های بالا سری

➔ *absorption costing*

overhead charges

هزینه‌های بالا سری؛ هزینه‌های اداری

☞ *overhead costs*

overhead costs

هزینه‌های بالا سری؛ هزینه‌های اداری

☞ *overhead charges*

☞ *overhead expenses*

overhead expenditure

هزینه‌های عمومی

overhead expense

هزینهٔ اداری

overhead rate

نرخ هزینه‌های عمومی

overhead structure

ساختار هزینه‌های عمومی؛ تشکیلات هزینه‌های بالا سری

overinsurance

بیمهٔ اضافی؛ اضافه بیمه کردن؛ بیمهٔ دارایی در مقابل خطر یا خسارات بیش از مقدار خطر یا خسارت احتمالی

overissue

اضافهٔ انتشار؛ صدور اسکناس بیش از نیاز؛ انتشار سهام بیش از میزان مقرر

overlap

تداخل

overlap of functions
تداخل وظایف

overlapping of responsibilities
تداخل مسؤولیتها

overleaf
در ظهر؛ در پشت ورقه

overload
اضافه بار؛ بار اضافی؛ اضافه بار کردن

overlying bond
سند قرضهٔ مؤجل

overlying mortgage
گروی مشترک؛ وثیقه و رهن تحت اختیار

overmake
تولید اضافی

overmanning
اضافه استخدام؛ تورم نیروی انسانی؛ کارکنان مازاد / زیادی

overordering
زیاده‌روی در سفارشها؛ بیش از نیاز سفارش دادن

overpay
دستمزد زیادی پرداخت کردن؛ زیادتر / اضافه پرداخت کردن؛ بیش از استحقاق پرداخت کردن

overpayment
دستمزد زیادی؛ اضافه پرداخت

overpersuade
تشویق اضافی؛ اصرار بی‌مورد

over-production
تولید زاید؛ تولید مازاد

overrate
بیش از ارزش واقعی ارزیابی کردن؛ زیاد تخمین زدن؛ اضافه برآورد کردن

override
رد کردن؛ لغو کردن؛ نسخ کردن؛ باطل کردن

overrule
رد کـردن؛ مـلغا کـردن؛ غـلبه کـردن؛ نـقض حکم‌کردن؛ غیر وارد دانستن (در مورد اعتراض یا ایراد)؛ رد کردن؛ کنار گذاشتن؛ لغـو کـردن؛ نسخ کردن

oversale
پیش فروش اضافی

oversaving
فزونی پس انداز

overseas company
شرکت برون مرزی

overseas sterling area
کشورهای تابع استرلینگ

overseas trade fair
نمایشگاه بین‌المللی بازرگانی

oversee
نظارت کردن؛ زیر نظر داشتن

overseer
ناظر؛ نظارت کننده

over, short and damaged (OS&D)
بیشتر، کمتر، خسارت دیده؛ تفاوت بین مقدار و مشخصات موجود در محموله با آنچه کـه در صورت حساب درج شده است

oversubscribe
مشتری اضافی

over, take
تحویل گرفتن

overtax
مالیات سنگین (بر کسی یا چیزی بستن)

over-the-counter
مبادله اوراق بهادار در خارج از بازار بورس

over-the countr securities (OTC)
سهام در روی پیشخوان؛ سهام خارج از بورس

overthrow of plan
شکست طرح

overtime
اضافه کار؛ اضافه‌کاری

overtime allowance
فوق‌العادهٔ اضافه‌کاری

overtime multiplier
ضریب اضافه‌کاری

overtime pay
دستمزد یا حقوق اضافه‌کاری

overtrading
فزون طلبی تجاری؛ تجارت افراطی؛ زیاده خواهی؛ زیاده طلبی

overtures
پیشنهاد؛ رابطه؛ تماس

overtures, make
مطرح کردن؛ پیشنهاد کردن

over, turn
احاله کردن؛ تفویض کردن

overvalue
بیش از ارزش واقعی ارزش گذاردن؛ قیمت بالا

overview
نظر اجمالی؛ برداشت کلی؛ شرح کلی؛ دید کلی

owe
بدهکار بودن؛ مدیون بودن؛ مرهون بودن

owing
لازم‌التأدیه؛ بدهکار؛ قابل پرداخت

own brand
نشان تجارتی مستقل/اختصاصی
☞ *own label*
☞ *private brand*

owner
مالک؛ صاحب؛ دارنده

owner of record
مالک رسمی؛ مالک به موجب سند

owner, rightful
صاحب حق؛ مالک قانونی

owner's equity
سهم مالک؛ سرمایه؛ ارزش ویژه

ownership
مالکیت؛ حق مالکیت؛ حق بهره‌گیری از مزایای مالکیت یک دارایی؛ ملکیت

ownership, absolute
مالکیت مطلق

ownership, collective
مالکیت اشتراکی / جمعی

ownership in common
اشاعه؛ مالکیت مشاع؛ مالکیت مشترک
☞ *common ownership*
☞ *co-ownership*
☞ *joint ownership*

ownership, industraial
مالکیت صنعتی

ownership, joint
مالکیت اشتراکی

ownership, legal
مالکیت قانونی

ownership, perfect
مالکیت کامل

ownership, perivate
مالکیت خصوصی

ownership, public
مالکیت عمومی

ownership, restricted
مالکیت محدود

ownership rights
حقوق مالکانه

ownership, state
مالکیت دولتی

owner, sole
مالک منحصر به فرد

own label
نشان تجارتی اختصاصی
☞ *own brand*

P / p

Paasche index
شاخص قیمت پاشه؛ شاخص قیمت گذاری که اقتصاددان آلمانی، «پاشه» ابداع کرده است و برای مقایسهٔ قیمت کالا به کار می‌رود

pacers
کارکنان فعال

pace-setter
کارگر نمونه؛ معیار گذار

pack
بسته، بسته‌بندی شدن؛ بسته‌بندی کردن؛ (در رایانه) ترکیب؛ فشرده کردن؛ حمل کردن

package
مجموعه؛ بسته؛ بسته‌بندی؛ بسته‌بندی کردن؛ معاملهٔ چکی / یکجا

package deal
معاملهٔ چکی؛ معاملهٔ یکجا

package engineering
مهندسی بسته‌بندی

package policies
بیمه‌نامهٔ مرکب

package, program
برنامهٔ مجموعه‌ای؛ برنامهٔ بسته‌ای

packaging
بسته‌بندی

packed
بسته‌بندی شده

packer
کارگر بسته‌بندی؛ ماشین بسته‌بندی

packing
عدل بندی؛ بسته‌بندی

packing design
طرح بسته‌بندی؛ طراحی بسته‌بندی

pack test
آزمون بسته‌بندی (کالا)؛ روشی در بازاریابی که بر مبنای آن بسته‌بندی یک کالا از نظر مشتریان بررسی می‌شود

pact
پیمان؛ قرارداد؛ توافق نامه؛ عهد؛ میثاق؛ توافق
☞ agreement

pact, scrap a
قراردادی را فسخ کردن

pact, trade
موافقت نامهٔ تجاری / بازرگانی

pact, tripartite
پیمان سه جانبه؛ قرارداد سه جانبه

pactum
قرارداد؛ پیمان؛ عهد؛ عقد

paid

پرداخت شده

paid-in capital (var. paid-up capital)

سرمایهٔ پرداخت شده

☞ *contributed capital*

paid-up insurance

بیمهٔ واریز شده؛ بیمهٔ پرداخت شده

painting the bus

تغییر ظاهری

paired comparison

مقایسهٔ زوجی

pallet

سکوی متحرک؛ پالت؛ سینی زیر بار؛ سکوی متحرکی که برای جابجایی کالاها به کار می‌رود

palletized

سیستم حمل و نقل توسط پالت

palm grease

رشوه؛ انعام

☞ *palm oil*

palm-greasing

رشوه‌خواری؛ ارتشا؛ رشوه دادن؛ رشوه گرفتن

palm oil

رشوه؛ انعام

pan chart

سند کتبی؛ سند نوشته

panel discussion

بحث میز گرد

panel interview method

روش مصاحبهٔ چند نفره

panel (v. impanel)

هیأت؛ اعضای هیأت منصفه؛ هیأت رییسه؛ میز گرد؛ شرکت کنندگان در میز گرد؛ هیأت منصفه؛

شعبه دادگاه؛ تابلوی فرمان؛ صفحهٔ کلیدها

panic

سراسیمگی؛ وحشت از بحران اقتصادی؛ ترس از ورشکستگی و رکود اقتصاد یا کسب و کار

panic buying

حرص برای خرید

paper

اوراق قرضه؛ قرارداد وام؛ روزنامه

paper agreement

توافق رسمی؛ توافق صوری

PA (per annum)

سالانه

paper, commonly read

روزنامه کثیرالانتشار

paper credit

اعتباری که بر اساس سفته و برات و غیره برای کسی داده می‌شود

paper curtain

کاغذ بازی؛ کارشکنی و ایجاد موانع

paper money

پول کاغذی؛ اسکناس

paper profit

سود صوری

papers

اسناد؛ مدارک؛ اوراق؛ اوراق هویت

papers, commercial

اسناد تجاری / بازرگانی

papers inter partes

اسناد حاوی تعهدات و انتقالات متقابل طرفین

papers, negotiable

اوراق بهادار؛ اوراق قابل انتقال/معامله

papers, send in one's

P

استعفا دادن

paper standard

پول استاندارد؛ پول کاغذی رایج؛ پول رایج مملکت

paper title

سند مالکیت کاغذی؛ مدرک حق مالکیت صوری

paper, widely circulated

روزنامهٔ کثیرالانتشار

paperwork

کار دفتری

papoose

کارگر غیر عضو اتحادیه

par

ارزش اسمی؛ قیمت رسمی؛ برابری؛ نرخ برابری؛ برابری نرخ اسمی و واقعی

☞ *par value*

☞ *face value*

paradox of thrift

تناقض صرفه جویی

parallel import

واردات موازی

parallel pricing

قیمت گذاری موازی

parallel standard

سیستم پولی دو فلزی موازی

paralysis by analysis

تجزیه و تحلیل دست و پاگیر

parameter

پارامتر؛ متغیر؛ عامل

paraph

پاراف؛ امضا؛ پاراف / امضا کردن

par, at

به بهای اسمی

parent company

شرکت اصلی؛ شرکت مادر

parent organization

سازمان اصلی

parent organization's objectives

اهداف سازمان اصلی

parent unit

واحد اصلی

Pareto optimality

وضع مطلوب پارتو

par exchange rate

نرخ برابری ارز

pari delicto

تقصیر مشترک

pari passu

متساویاً؛ بدون رجحان؛ بدون اولویت یا امتیاز؛ هم درجه؛ برابر؛ یکسان

parity

حقوق مساوی؛ دستمزد مساوی؛ برابری نرخ مبادله؛ برابری؛ در مبحث حقوق و دستمزد به برابری حقوق مشاغل هم‌طبقه اطلاق می‌شود

parity principle

اصل برابری

Parkinson's law

قانون پارکینسون

parks

مزایا؛ مداخل

☞ *perquisites*

➔ *fringe benefits*

parol contract

parol promise

قرار داد لفظی؛ قرارداد شفاهی؛ قرارداد غیر رسمی؛ قرارداد زبانی
- ☞ open contract
- ☞ oral contract
- ☞ simple contract
- ☞ unwritten contract

parol promise
قرارداد شفاهی

part
بهره؛ حصه؛ سهمیه؛ بخش؛ جزء؛ قسمت

partial loss
خسارت جزئی؛ زیان جزئی

partial monopoly
انحصار جزئی
- ☞ perfect monopoly
- ☞ pure monopoly

partial payment
علی‌الحساب

partial performance
اجرای قسمتی از مورد تعهد

partial substitution
جانشینی مصرف: حالتی که یکی از دو کالای مشابه عملاً جای دیگری را گرفته و بجای آن مصرف شود

participance
شرکت؛ مشارکت

participant
شریک؛ سهیم؛ مشترک

participate
شرکت کردن؛ سهیم شدن؛ مشارکت کردن

participate in loss
در زیان شریک شدن

participate in succession
در ماترک سهیم شدن

participating insurance
بیمهٔ مشارکتی

participating preferred stock
سهام ممتازی که در صورت تجاوز سود از یک مقدار معین، در سود سهیم می‌شوند

participation
شرکت؛ مشارکت

participation in profit
مشارکت در سود (نوعی پاداش برای کارگران صنعتی)

participation loan
وام مشارکت؛ وام سندیکایی

participation stock
سهامی که صاحب آن علاوه بر سود در مازاد نیز سهیم است

participation, voluntary
شرکت اختیاری

participative
مشارکتی:
اشاره به یکی از سبک‌های رهبری و مدیریت دارد که طی آن تصمیم‌گیری‌ها به صورت گروهی انجام می‌گیرد، به هر فرد فرصت داده می‌شود تا در کار خود از صلاحیت فردی استفاده کند و ازاین جهت در نقطهٔ مقابل «مدیریت خودمدار/ آمرانه» قرار می‌گیرد.

participative decision making (PDM)
تصمیم گیری مشارکتی

participative management
مدیریت مشارکتی

یکی از سبکهای مدیریت که طی آن تصمیم‌گیریها به صورت گروهی یعنی با مشارکت کارکنان سازمان انجام می‌گیرد

participatory approach

رهیافت / رویکرد مشارکتی

particular lien

حق گروکشی خاص

parties

اصحاب یا طرفین دعوا؛ طرفین قرار داد

parties concerned

طرفین ذینفع

parties, contracting

طرفین متعاهدین

parties to the contract

طرفین عقد یا قرارداد

parties to the treaty

طرفین قرارداد

parti-mortgage

رهن نسبی؛ رهن قسمتی از دارایی؛ رهن مشترک که شخص ثالثی به طور امانت آن را از طرف ذینفع نگاه می‌دارد (مثل سهام شرکتهای بزرگ خرید و فروش سهام)

partisan arbitrator

داور منصوب یک طرف؛ داور اختصاصی

☞ *party - appointed arbitrator*

partition, deed of

سند افراز؛ سند تفکیک

partitioned property

ملک مفروز؛ ملک تفکیک شده

☞ *divided property*

part method

روش آموزش بخشی؛ روش آموزشی که در آن فراگیران موضوعهای مورد نظر را به صورت بخشهای جدا از هم فرا می‌گیرند و سپس ترکیب آنها را می‌آموزند

partner

شریک؛ همدست؛ شریک جرم؛ شریک بودن؛ شریک کردن؛ شرکت دادن

☞ *co-partner*

partner, active/acting

شریک تضامنی؛ شریک فعال

☞ *full partner*

☞ *working partner*

partnership

شرکت مدنی؛ شرکت غیر سهامی؛ شرکت تضامنی؛ مشارکت؛ شرکت؛ همکاری؛ شراکت

☞ *unincorporated association*

partnership, civil

شرکت مدنی

partnership, compulsory

شرکت قهری

partnership contract

عقد یا قرارداد مشارکت

partnership, dormant

مضاربه

☞ *sleeping partner*

☛ *acting partner*

partnership, general

شرکت تضامنی

partnership, involuntary

شرکت قهری

partnership, joint-stock

شرکت سهامی

partnership, limited liability

partnership property 531 password

شرکت با مسؤولیت محدود

partnership property

اموال شراکتی

partnership, proportional liability

شرکت نسبی

partnership, sleeping

مضاربه

partnership with someone, enter into

با کسی شریک شدن یا شراکت کردن

partner, sleeping

☞ *dormant partner*

شریک غیر فعال

part owners

شرکا؛ افراد شریک‌المال

part performance

اجرای قسمتی از مورد تعهد یا کار

☞ *partial performance*

part, take

شرکت کردن؛ مشارکت نمودن

part-time

پاره وقت

part-time employment

کار پاره وقت؛ استخدام پاره وقت

party-appointed arbitrator

داور منصوب یک طرف؛ داور اختصاصی

☞ *partisan arbitrator*

party autonomy (in arbitrations)

اصل اختیار طرفین داوری در انتخاب قواعد و آیین داوری

party in interest

شریک در منافع

party in interest, real

ذینفع واقعی

party, working

گروه تحقیق

par value

ارزش اسمی

Pascal

پاسکال؛ یکی از زبانهای برنامه نویسی (در کامپیوتر)

pass

تصویب کردن؛ گذراندن؛ به جریان انداختن؛ عبور؛ جواز؛ گذرنامه؛ پروانه؛ مجوز

passage

تصویب؛ انقضا؛ حق عبور؛ پول بلیط (کشتی یا هواپیما)

pass a law

قانونی را وضع کردن

passbook

دفترچه حساب پس انداز؛ دفترچهٔ بانکی

☞ *bank-book*

passing off

فروش کالا با علامت تجاری مجعول / جعلی

passive debt

بدهی (بدون بهره)؛ قرض‌الحسنه

passive trade balance

توان تجاری منفی؛ فزونی واردات بر صادرات

pass the buck

مسؤولیت کاری را به گردن دیگری انداختن

password

اسم رمز

past-due

موعد گذشته؛ معوق؛ تأخیر ورود (کشتی یا هواپیما)؛ سررسیده؛ سپری شده

☞ *in arrears*
☞ *overdue*

past-due bill

براتی که رأس موعد پرداخت نشده باشد؛ برات موعد گذشته

☞ *overdue bill*

past-due check

چکی که رأس موعد پرداخت نشده باشد؛ چک موعد گذشته

☞ *overdue check /cheque*

past-due items

اقلام معوقه

patch

(در رایانه) برنامهٔ اصلاحی

patch up a law

قانونی را اصلاح کردن

patent

حق امتیاز؛ حق اختراع؛ حق انحصاری اختراع؛ حق ثبت؛ گواهی؛ اختراع ثبت شده؛ اختراع؛ سند واگذاری اراضی خالصه؛ پروانه ساخت یا بهره برداری؛ به ثبت رساندن (اختراع)

☞ *letters patent*

patent ambiguity

ابهام در ثبت

patent an invention

ثبت اختراع

patentee

صاحب حق اختراع؛ صاحب امتیاز

patent exchange

تبادل حق اختراع؛ قراردادی که بین دو مؤسسه در دو کشور مختلف منعقد می‌شود و بر اساس آن مؤسسات مذکور می‌توانند از حق اختراع یکدیگر استفاده کنند

patent infringement

تجاوز به حق اختراع

patent office

ادارهٔ ثبت اختراعات

patent pool

اشتراک در حق اختراع

patent right

حق اختراع؛ حق ثبت اختراع؛ حق انحصاری ثبت شده

paternalism

سبک پدرانه؛ پدر مآبی

patern bargaining

مذاکرهٔ جمعی نمونه

→ *multiemployer bargaining*

paternitis

تبعیت از مزد توافق شده؛ پیروی از دستمزد مورد توافق

Paterson method

روش پاترسون (در ارزشیابی مشاغل)

path

مسیر

path-goal approach

رهیافت مسیر - مقصد (در کارآیی یا اثر بخشی رهبری) این رهیافت / نظریه تصریح می‌کند که وظیفهٔ بنیادی رهبر روشن کردن و تشریح نمودن هدف به زیردستان است

path-goal theory

تئوری مسیر - هدف؛ نظریهٔ مسیر تا هدف؛ یکی

patronage / **payable to order**

از تئوریهای رهبری که وظیفهٔ رهبر را مشخص ساختن مسیر دستیابی به هدفهای سازمانی برای کارکنان و فراهم آوردن وسیله‌های رضـایت و توفیق آنان می‌داند

patronage
حمایت سیاسی

patronage motives
انگیزه‌ها / محرکهای خرید از یک محل خاص

pattern, behavioral
الگوی رفتاری

pattern, demand
الگوی تقاضا

pattern of communication, chain
الگوی ارتباطی زنجیره‌ای

pattern of communication, circle / circular
الگوی ارتباطی دایره‌ای

pattern of communication, wheel
الگوی ارتباطی چرخشی

pattern of development
الگوی رشد و توسعه

pattern recognition
شناسایی الگو

patterns of communication
الگوهای ارتباطی

pawn
گرو گذاشتن؛ رهن دادن؛ گرو؛ گرویی؛ رهن

pawn, at/in
در گرو

pawnbroker
صاحب بنگاه رهنی؛ صاحب بنگاه کـارگشایی؛ کارگشا؛ مرتهن

pawned stock
سند رهنی

pawnee
مرتهن؛ گرو گیرنده

pawnor
راهن؛ گرو دهنده

pawnshop
☞ *pawn broker's*
بنگاه رهنی؛ بنگاه کارگشایی

pax
ثبات و صلح بر اثر سلطه؛ سلطهٔ بین‌المللی

pay
پرداخت کردن؛ پرداختن؛ حقوق دادن؛ دستمزد دادن؛ تأدیه کردن؛ سودآور بودن؛ جبران کردن؛ مـزد دادن؛ پـرداخت؛ جبران؛ مـزد؛ پـاداش؛ حقوق؛ دستمزد

payable
قابل پرداخت

payable after sight
قابل پرداخت بعد از رؤیت

payable at maturity
قابل پرداخت در سررسید

payable at sight
بی‌وعده؛ قابل پرداخت به محض رؤیت

payable on demand
قابل پرداخت عندالمطالبه

payable to bearer
قابل پرداخت در وجه حامل

payable to order
به حواله کرد؛ قابل پرداخت در وجه

pay as you earn (PAYE)
پرداخت به میزان عایدی؛ پرداخت به نسبت درآمد؛ کسر مالیات هنگام پرداخت حقوق

pay-award
افزایش حقوق

pay back
جبران کردن؛ تلافی کردن

payback method
روش ارزیابی بازدهی

payback period
دورهٔ بازدهی
☞ *payoff period*

pay, base
حقوق پایه

pay-claim
تقاضای اضافه حقوق / دستمزد

pay-day
روز پرداخت حقوق

pay, dismissal
حقوق انفصال؛ حق اخراج از خدمت

pay down
نقد دادن

payee
دریافت کننده؛ گیرنده یا دریافت کنندهٔ وجه

PAYE (pay as you earn)
پرداخت به میزان عایدی؛ پرداخت به نسبت درآمد؛ کسر مالیات هنگام پرداخت حقوق

pay, equal
حقوق مساوی

payer
پرداخت کننده؛ مؤدی

payer, tax
مؤدّی مالیات

pay for
تاوان چیزی را دادن

pay grade
مشاغل هم رتبه از نظر پرداخت؛ رتبهٔ پرداخت / حقوقی

pay in advance
پیش قسط دادن

pay increase
افزایش حقوق

payload
ظرفیت درآمد زا؛ بار مفید

paymaster
مأمور پرداخت؛ رییس دایرهٔ پرداختها

payment
پرداخت؛ ادا؛ ایفا؛ کارسازی

payment, advance
پیش پرداخت ؛ مساعده

payment after delivery
پرداخت پس از تحویل

payment bill
برات پرداختی

payment by results (PBR)
پرداخت بر مبنای نتایج کار

payment by result systems
پرداخت بر اساس نظامهای مبتنی بر بازدهی (نتیجهٔ کار)

payment by time systems
پرداخت بر اساس نظامهای مبتنی بر زمان

payment countermanded
دستور عدم پرداخت (چک) به بانک توسط صادر کنندهٔ چک

☞ *payment stopped*

payment deficit

کسری پرداختها؛ فزونی ارزش واردات بر صادرات یک کشور

payment, direct

پرداخت مستقیم

payment, down

پیش پرداخت

☞ *advance payment*

payment, final

پرداخت نهایی

payment for honor

پرداخت برای حفظ اعتبار؛ پرداخت برات نکول شده توسط شخص ثالث به منظور حفظ اعتبار مدیون

☞ *payment supra protest*

payment in advance

پیش پرداخت؛ پرداخت وجه پیش از فرارسیدن موعد پرداخت

payment, incentive

پرداخت تشویقی

payment in due course

پرداخت در سررسید

payment, in part

علی‌الحساب

payment, interest

پرداخت بهره

payment of debt

ادای دین؛ پرداخت / ادای قرض؛ پرداخت بدهی

payment on invoice

پرداخت پس از دریافت صورت حساب

payments, balance of international

موازنهٔ پرداختهای بین‌المللی / خارجی

payment, stage

پرداخت مرحله‌ای / تدریجی؛ پرداخت قسطی

payment stopped

دستور عدم پرداخت (چک) به بانک توسط صادر کنندهٔ چک

☞ *payment countermanded*

payment supra protest

پرداخت برات نکول شده توسط شخص ثالث به منظور حفظ اعتبار مدیون

☞ *payment for honor*

payment surplus

مازاد پرداختها؛ فزونی ارزش صادرات بر واردات یک کشور

payment system

نظام پرداخت

☞ *pay plan*

payment under protest

پرداخت با حفظ حق اعتراض

pay no heed to a warning

توجه نکردن به اخطار

pay off

با دادن مزد کامل اخراج کردن؛ با دادن بدهی از شر طلبکاری خلاص شدن؛ رشوه دادن؛ باج سبیل دادن؛ حق و حساب دادن

pay-off

رشوه؛ باج سبیل؛ حق و حساب؛ حق سکوت؛ پاداش؛ اجر

pay off a debt

خود را از دین بری‌الذمه کردن

pay-off matrix

ماتریس نتایج

☞ *pay - off table*

payoff period

دورهٔ بازدهی

➔ *payback period*

pay-off table

جدول نتایج

☞ *pay - off matrix*

payola

رشوه؛ پول چای؛ حق و حساب

payout

پرداخت؛ هزینه

payout plan

طرح بازدهی برنامه

pay pause

دورهٔ عدم افزایش حقوقها؛ دوره‌ای که دولت از هر گونه افزایشی در حقوقها جلوگیری می‌کند

pay plan

طرح پرداختها؛ نظام پرداخت

☞ *payment system*

pay premium

دستمزد اضافی (در روزهای تعطیل)

pay range

دامنهٔ پرداخت؛ میزان پرداخت؛ میزان حداکثر و حداقل پرداختها در یک سازمان

pay, retired

حقوق بازنشستگی

payroll

فهرست حقوق؛ کل حقوق؛ فهرست اسامی حقوق بگیران یک سازمان؛ کل وجوه پرداختی یک مؤسسه به عنوان حقوق

payroll tax

مالیات حقوق

pay secrecy

محرمانه نگهداشتش پرداختها

pay, sick

حقوق ایام بیماری

payslip

فیش حقوق

pay, strike

حقوق ایام اعتصاب (که از طرف سندیکا به کارگران اعتصابی پرداخت می‌شود)

pay, take-home

دریافتی خالص؛ حقوق پس از پرداخت مالیات و کسور

PBR (payment by results)

پرداخت بر مبنای نتایج کار

PC (personal computer)

کامپیوتر شخصی

peaceful adjustment of disputes

حل مسالمت‌آمیز اختلافات

peaceful settlement of disputes

حل مسالمت‌آمیز اختلافات

peak

اوج؛ حداکثر؛ اوج فعالیتهای یک مؤسسه؛ به حداکثر رسیدن؛ به بالاترین حد خود رسیدن

peak season

فصل / دورهٔ اوج تقاضا

peculation

اختلاس؛ سوء استفاده؛ حیف و میل؛ حیف و میل اموال دولت؛ دستبرد در اموال دولت

☞ *embezzlement*

☞ *extortion*

peculation of public funds 537 pension

☞ *corruption*
➔ *defalcation*

peculation of public funds
حیف و میل دارایی عمومی / بیت المال

pecuniary damages
خسارت قابل تقویم به پول

pecuniary loss
زیان مالی

pecuniary panishment
جریمهٔ نقدی

pedagogy
آموزش اجباری؛ خردسال آموزی:
نگرش یا شیوهٔ خاصی از آموزش و یادگیری که طی آن گفته می‌شود یادگیرنده باید وادار به یادگیری شود، ارزیابی یادگیری باید توسط آموزنده انجام گیرد، مسؤولیت یادگیری و آموزش فرد به عهدهٔ آموزنده است. شیوهٔ مقابل آن بزرگسال آموزی (Andragogy) می‌باشد.

peddler
فروشندهٔ دوره‌گرد؛ فروشندهٔ سیار؛ دست فروش
☞ *pedlar*

peek
(در کامپیوتر) دسترسی به حافظه

peer goal-setting
هدف‌گذاری اعضای هم‌رده؛ تعیین هدف به وسیلهٔ اعضای هم رتبه در سازمان؛ تعیین هدف توسط همکاران

peg
تثبیت کردن؛ ثابت نگهداشتن قیمتها از راه کنترل بازار

pegboard
تابلوی سنجش مهارتهای حرکتی

pegging price
قیمت تثبیتی؛ قیمت ثابت نگهداشته شده

peg point
مزد پایه؛ حقوق پایه

penal bond
وثیقه (یا ضمانت نامه) پرداخت جریمه در صورت عدم انجام تعهد
☞ *penalty bond*

penal clause
شرط وجه التزام (در قرارداد)

penalty bond
وثیقه (یا ضمانت‌نامه) پرداخت جریمه در صورت عدم انجام تعهد
☞ *penal bond*

penalty clause
قید جریمه؛ قید وجه التزام (در قرارداد)؛ شرط غرامت

pencil pusher
کارمند اداری؛ اقدام کننده

pendent
معلق؛ معوق

penetration
تیز هوشی؛ ژرف اندیشی:
فیلیپ اسمیت در کتاب «ذهنیت فلسفی در مدیریت آموزشی» ژرف اندیشی را به عنوان یکی از ابعاد نظم عقلانی و ذهن فلسفی مدیران معرفی می‌کند

penetration pricing
قیمت گذاری نفوذی؛ روشی در بازاریابی که شرکت برای وارد شدن به بازار نرخ کالایی را پایین‌تر از حد معمول اعلام می‌کند

pension

حقوق بازنشستگی؛ حقوق تقاعد؛ مستمری؛ مقرری؛ بازنشسته کردن؛ مقرری / مستمری پرداخت کردن

pensionable

دارای حقوق بازنشستگی؛ مشمول حقوق بازنشستگی

pensionable age

سنِّ بازنشستگی

pensioned

مستمری بگیر؛ وظیفه بگیر؛ بازنشستگی بگیر

pensioner

بازنشسته؛ مستمری بگیر؛ وظیفه بگیر

pension fund

صندوق بازنشستگی؛ وجوه / کسور بازنشستگی

pension off

بازنشسته کردن

pension, old-age

حقوق بازنشستگی

pension plan

طرح بازنشستگی

pension, retirement

حقوق بازنشستگی؛ مستمری ایام پیری

pension scheme

طرح بازنشستگی

☞ *pension plan*

peon

کارگر ساده؛ کارگر غیر ماهر

peonage

کار برای پرداخت بدهی

people oriented

مردم گرا؛ توجه به نگرشهای مردم در مدیریت

people plucker

مدیریاب

☞ *head - hunter*

people's capitalism

سرمایه‌داری مردمی

PEP (Political and Economical Planning Organization)

سازمان برنامه‌ریزی سیاسی - اقتصادی

per annum

سالانه / سالیانه

☞ *yearly*

☞ *annually*

per capita

سرانه

per capita income

درآمد سرانه

☞ *income per head*

per capita tax

مالیات سرانه؛ عوارض سرانهٔ اتحادیه

perceived equitable rewards

پاداشهای منصفانه و مطلوب

percentage of sales method

روش درصد فروش

perceptual disturbance

اختلال ادراکی

per contra item

ماندهٔ موازنه با طرف دیگر حساب

per cuariam

به حکم دادگاه؛ حکم قطعی؛ حکم نهایی

per/diem

روزانه

☞ *daily*

peresttroika

بازسازی اقتصادی اجتماعی؛ برنامهٔ اصلاحات اقتصادی میخاییل گورباچف رهبر شوروی سابق

perfect competition

رقابت کامل

perfected instrument (var. perfect instrument)

سند ثبت شده

perfected security interest

وثیقهٔ بازرگانی ثبت شده (به منظور حفظ حق بستانکار دارای وثیقه در قبال سایر بستانکاران)

perfect instrument (var. perfected instrument)

سند ثبت شده

perfection of security interest

ثبت وثیقهٔ بازرگانی (به منظور حفظ حق بستانکار دارای وثیقه در قبال سایر بستانکاران)

perfect market

بازار کامل

perfect monopoly

انحصار کامل

☞ *pure monopoly*

perfect ownership

مالکیت مطلق؛ مالکیت کامل

☞ *absolute ownership*

☞ *complete ownership*

perfect (var. perfected)

کامل؛ امضا شده؛ قابل اجرا؛ بدون عیب و نقص

perfect title

مالکیت کامل؛ مالکیت مطلق و بلامعارض

perfidious

خائن؛ خیانتکار؛ پیمان شکن

perfidy

خیانت؛ پیمان شکنی؛ نقض عهد

perform

انجام دادن؛ اجرا کردن؛ ایفا کردن؛ برگزار کردن؛ عمل کردن

perform a contract

قراردادی را اجرا کردن

performa invoice

پرو فرما؛ پیش فاکتور

performance

عملکرد؛ ایفای تعهد؛ انجام (کار)؛ اجرا؛ نحوه اجرا یا ایفای تعهد

-Your performance for the first six months has been most satisfactory.

عملکرد شما در شش ماههٔ اول سال بسیار رضایت بخش بوده است.

performance appraisal

ارزیابی عملکرد؛ ارزشیابی عملکرد (شایستگی مبتنی بر کار و رفتار مدیران):

عبارت است از سنجش و اندازه‌گیری کار و نتایج به دست آمده از آن بر اساس مقیاس و شاخصی که بتوان کمیت و کیفیت مورد نظر را به دقت به گونه‌ای عینی و به دور از داوریهای شخصی و ضوابط مبهم، ارزشیابی نمود.

performance bond

ضمانت نامهٔ حسن انجام کار؛ سند اجرای کار

☞ *guarantee of performance*

performance budgeting

بودجه‌ریزی عملیاتی؛ بودجه‌بندی عملیاتی

performance control

نظارت بر عملکرد؛ کنترل عملکرد:

performance creditor
نظارت، بازبینی و پیگیری آن دسته از فعالیتهای شخص که به نحوی بر محیط اثر می‌گذارد.
بستانکار ممتاز؛ طلبکار ممتاز

performance criteria
معیارهای عملکرد؛ معیارهای کارکرد

performance evaluation by objective(s)
ارزشیابی عملکرد بر مبنای هدف / اهداف

performance gap
شکاف عملیاتی؛ فاصلهٔ عملیاتی

performance guarantee
ضمانت حسن انجام کار؛ ضمانت ایفا/اجرای تعهد

performance measure
مقیاس عملکرد

performance measurement
ارزیابی / سنجش عملکرد

performance objective
هدف عملکرد؛ (در مدیریت آموزشی) رفتاری که دانشجو باید بتواند تحت شرایط معینی از خود نشان دهد که چنین رفتاری قابل ارزشیابی می‌باشد. هدف عملکرد از سه قسمت عملکرد، شرایط و معیار (استاندارد) تشکیل شده است

performance of agreement
اجرای موافقت نامه / قرارداد

performance of a transaction
انجام معامله

performance of obligations
اجرای تعهدات

performance of the contract
اجرای قرارداد

performance report
گزارش عملکرد

performance review
بازنگری عملکرد

performance standard
معیار عملکرد؛ استاندارد عملکرد

performance test
آزمون عملکرد

performer
مجری؛ اجرا کننده

perform, failure to
عدم ایفای تعهد

perform the assigned missions
مأموریتهای محوله را انجام دادن

peril
خطر؛ مخاطره؛ حادثهٔ زیانبار؛ حادثه‌ای که موجب خسارت و زیان می‌شود؛ حادثه‌ای که تحت پوشش بیمه قرار دارد؛ به مخاطره / خطر انداختن

peril point
نقطهٔ مخاطره و زیان

period, accounting
دورهٔ عمل حسابداری؛ دوره حسابداری

period, appropriation
دورهٔ تخصیص

period, base
دورهٔ مبنا؛ دورهٔ اولیهٔ استخدام

period bill
حواله یا سفتهٔ مدت دار؛ برات مدت دار
☞ *bill of usance*
☞ *date bill*
☞ *term bill*

period, cooling-off   541   **Permanent Court of**

☞ *time bill*

period, cooling-off

دورهٔ رفع اختلاف؛ دورهٔ آرامش موقت برای حل مسالمت آمیز اختلافات

period, fiscal/financial

دورهٔ مالی

periodical

نشریهٔ ادواری؛ مجلهٔ علمی؛ ماهنامه؛ فصلنامه

periodical evaluations

ارزیابیهای دوره‌ای:
هرگونه ارزیابی که در دوره‌های معینی از زمان در زمینهٔ جوّ سازمانی، روحیه یا نگرش کارکنان، میزان کارآیی افراد و به ویژه در رابطه با «نحوهٔ کارکرد» یا «عملکرد کارکنان» یک سازمان انجام گیرد.

periodical notice

آگهی نوبتی

periodic review system

نظام بازنگری دوره‌ای؛ سیستم بازنگری ادواری

periodic tenancy

اجارهٔ دوره‌ای؛ اجارهٔ ماه به ماه بدون اجاره نامهٔ کتبی

☞ *tenancy at will*

period, maintenance

دورهٔ نگهداری

period of account

دورهٔ حساب

period of grace

مهلت؛ ضرب‌الاجل

period of hire

مدت اجاره

period of obligatory work in rural areas

مدت کار اجباری در مناطق روستایی

period of office

دورهٔ تصدی

period, payback

دورهٔ برگشت سرمایه / پول؛ دورهٔ بازدهی؛ دورهٔ باز پرداخت

period, probationary

دورهٔ آزمایشی؛ دورهٔ کارآموزی

period, production

دورهٔ تولید

period, refresher

دورهٔ بازآموزی

period, retention

دورهٔ نگهداری

peripheral equipment

تجهیزات جانبی؛ دستگاههای پیرامونی / جنبی

perishable goods

کالاهای فاسد شدنی

☞ *perishables*

perjury

گواهی نادرست؛ شهادت کذب

perks (abbr. of perquisites)

مزایا؛ پاداش؛ مزایای جنبی

permanent accounts

حسابهای همیشگی / دایمی؛ حسابهای حقیقی؛ حسابهای انتقالی

permanent assets

دارایی ثابت

☞ *capital assets*

☞ *fixed assets*

Permanent Court of

permanent disability benefits — perquisites

Arbitration
دیوان دایمی داوری

permanent disability benefits
حقوق و مزایای دایم از کار افتادگی

permanent employment
استخدام رسمی؛ استخدام ثابت

permanent injunction
قرار منع دایم

permanent loan
قرضه دایمی:
وام بلند مدتی که برای زمانی بیش از دَه سال منتشر می‌شود و به صورت «قرضهٔ دایـمی» در اختیار خریداران قرار می‌گیرد که بهره یا سود آن نیز هر چند وقت یکبار پرداخت می‌شود.

permanent night shift
شب کار دایم؛ نوبت کار دایم شبانه

permanent prohibition
تحریم ابدی

permanent resolution of problems
راه‌حل دایمی مشکلات

permanent seat
عضویت دایمی

permanent secretary
(در انگلستان) معاون وزیر

per mensem
ماهانه / ماهیانه

permissibility
مجاز بودن؛ مسموع بودن؛ قابلیت طرح

permissible
مجاز؛ جایز؛ موجه

permission
اجازه؛ پروانه؛ مجوز

permissive leadership
رهبری آزادمنش؛ نوعی رهبری که مرئوسان را به تصمیم‌گیریهای کاری مستقل تشویق می‌کند
→ *democratic leadership*

permit, goods covered by the
کالای موضوع پروانه

permit holder
صاحب جواز

permit mail
نامه با مجوز ارسال بدون تمبر

permutation
جابجایی

permute
مقدم و مؤخر کردن؛ پس و پیش کردن؛ معاوضه کردن؛ تعویض کردن؛ تحریف کردن

perpetual bonds
اوراق قرضه بدون سررسید
☞ *annuity bonds*
☞ *irredeemable stock*
☞ *undated bonds*

perpetual debenture
سند قرضهٔ دایم

perpetual improvement
اصلاح دایم

perpetual inventory
موجودی‌گیری دایم؛ فهرست اموال موجود

perpetual lease
اجارهٔ مادام‌العمر

perpetual loan
قرض دائم

perquisites

مزایا؛ مزایای جنبی؛ پاداش؛ عایدی اکتسابی؛ ملک اکتسابی (در مقابل ملک موروثی)

☞ *perks*

persistence

پیگیری؛ پافشاری؛ پشتکار

persona ficta

شخصیت حقوقی؛ شخصیت فرضی (مثل شرکتها)

personal allowance

معافیت (مالیاتی) شخصی؛ بخشودگی مالیاتی؛ کمک مالیاتی

☞ *personal relief*

personal check

چک شخصی

personal computer (PC)

کامپیوتر شخصی

personal consumption budget

بودجهٔ مصارف شخصی

personal consumption expenditure

هزینهٔ مصرف شخصی

personal contact

ارتباط شخصی (رسانهٔ ارتباط غیر رسمی)

personal control

نظارت شخصی

personal data sheet

پرسشنامهٔ اطلاعات شخصی

personal estate

اموال منقول؛ دارایی منقول

☞ *personal property*

personal income

درآمد شخصی؛ درآمد سرانه

personal injury protection (PIP)

پوشش حوادث شخصی

personal installment loan

وام اقساطی فردی

personality abilities

تواناییهای شخصیتی

personality of the law

شخصیت حقوقی

personality promotion

تبلیغ به کمک شخصیتهای معروف؛ تبلیغات از طریق شخصیتهای مهم

personality rating

آزمون سنجش شخصیت؛ آزمون شخصیت

☞ *personality test*

personality test

تست شخصیت؛ آزمون شخصیت

☞ *personality rating*

personality trait rating

رتبه بندی ویژگیهای شخصیتی:

در این روش، ارزیاب با استفاده از فرم مخصوصی کیفیات شخصیت فرد از جمله گرایش، ابتکار، خلاقیت، قضاوت، مقبولیت اجتماعی و غیره را ارزیابی می‌کنند.

personal liability

مسؤولیت شخصی؛ مسؤولیت نامحدود شریک بابت دیون شرکت

personal philosophy

فلسفهٔ شخصی:

(در نظریه‌های رفتار فردی در سازمان) فلسفهٔ شخصی عبارت است از کم و کیف چگونگی زندگی کردن در اشخاص که خود از سه عامل

اساسی اعتقادات، برداشتها یا نگرشها و ارزشهای شخصی تشکیل می‌شود.

personal property

مال شخصی منقول؛ اموال منقول؛ دارایی منقول

☞ *personalty*

→ *real property*

personal relations

روابط شخصی

personal relief

معافیت (مالیاتی) شخصی؛ بخشودگی مالیاتی؛ کمک مالیاتی

☞ *personal allowance*

personal representative

مدیر ترکه؛ امین ترکه

personal security

ضمانت شخصی

personal selling

فروش شخصی

personal skills

مهارتهای شخصی/اشخاص

personal space

فضای شخصی

Personal Status Registration Department

ادارهٔ ثبت احوال

personal stock

سهام بانام

☞ *registered stock*

personal tax

مالیات شخصی

personalty

مال شخصی منقول؛ اموال شخصی؛ ؛ اموال منقول؛ دارایی منقول

☞ *personal property*

personal warranty

ضمانت شخصی

persona moralis

شخصیت حقوقی؛ شخصیت صوری

personation

خود را بجای دیگری معرفی کردن؛ اختیار کردن سمت مجعول؛ با نام و مشخصات دیگری رأی دادن

personnel

پرسنل ادارهٔ کارگزینی؛ کارکنان؛ کارگزینی

personnel administration

ادارهٔ امور پرسنلی؛ مدیریت پرسنلی

personnel administrator

مدیر کارگزینی

personnel agency (US)

مؤسسهٔ کاریابی؛ آژانس کاریابی

☞ *employment agency*

personnel audit

ارزیابی پرسنلی؛ ارزیابی فعالیتهای پرسنلی در سازمان

personnel audit analysis

تجزیه و تحلیل نیازهای پرسنلی

personnel department

ادارهٔ کارگزینی؛ واحد کارگزینی؛ بخش پرسنلی؛ قسمت کارگزینی؛ دایرهٔ پرسنلی؛ پرسنلی

personnel development

توسعهٔ نیروی انسانی

personnel management

مدیریت امور کارکنان؛ مدیریت امور پرسنلی؛ مدیریت کارگزینی / پرسنلی

personnel manager

مدیر کارگزینی؛ رییس کارگزینی؛ مدیر پرسنلی

personnel officer

مدیر کارگزینی؛ رییس کارگزینی؛ افسر کارگزینی؛ مدیر پرسنلی

personnel oriented

متوجه کارکنان؛ کارمند گرا:

به یکی از شیوه‌های رهبری و مدیریت اشاره دارد که در آن رهبر گروه نسبت به مسائل افراد تحت نظارت خود بیش از تولید واحد تحت نظارت خود توجه دارد.

personnel planning

برنامه‌ریزی پرسنلی

personnel policies

خط‌مشی‌های کارگزینی

personnel problems

مشکلات پرسنلی؛ مشکلات یا مسائل مربوط به کارکنان

personnel psychology

روانشناسی پرسنلی

personnel records

سوابق پرسنلی

persons concerned

افراد ذینفع

persuasion

ترغیب؛ تشویق

PERT cost

پرت هزینه

PERT (program evaluation & review technique)

شبکهٔ پرت؛ فن بازبینی و ارزشیابی برنامه؛ فن ارزیابی و بازنگری برنامهٔ (پرت): روشی است جهت برنامه ریزی، هدایت و نظارت پروژه‌ها و همچنین ابزاری برای آگاهی از چگونگی پیشرفت کار و مشکلات اجرای این پروژه‌ها

Peter principle

اصل پیتر؛ اصلی است که بر اساس آن هر کارمندی در سلسله مراتب سازمانی تا آنجا ارتقا پیدا می‌کند که به حد بی‌کفایتی خود برسد

petition

دادخواهی کردن؛ عرضحال دادن؛ درخواست دادن؛ تقاضا دادن؛ درخواست کردن؛ دادخواهی؛ دادخواست؛ عرضحال؛ عریضه؛ تقاضا؛ درخواست

petitioner

خواهان؛ شاکی؛ دادخواست دهنده؛ دادخواه؛ عارض؛ عرضحال دهنده؛ متظلم؛ متقاضی

petition in bankruptcy (var. bankruptcy petition)

☞ *receiving order*

تقاضا یا اعلام ورشکستگی

petitioning creditor

بستانکار مُطالب؛ طلبکاری که به دادگاه اعلام می‌کند که ممکن است مدیون ورشکسته باشد

petitor

متقاضی؛ عرضحال دهنده

petrodollars

دلارهای نفتی

petty cash

صندوق نقدی؛ پول نقد جزئی؛ تنخواه اندک؛ تنخواه جزئی برای مخارج ناچیز و کم

☞ *imprest fund*

phalanstery

روابط اجتماعی اشتراکی و تعاونی؛ جامعهٔ

اشتراکی

phantom freight

هزینهٔ حمل غیر واقعی

phantom stock plan

طرح مزایا بر اساس افزایش فرضی بهای سهام در آینده

phase

مرحله؛ دوره؛ زمان بندی کردن؛ مرحله به مرحله اجرا کردن

phased retirement

بازنشستگی تدریجی یا مرحله‌ای

phase zero

مرحلهٔ صفر؛ مرحلهٔ بررسی مقدماتی و ارزیابی پروژه قبل از آنکه مرحلهٔ اجرای آن آغاز شده باشد

Phillips curve

منحنی فیلیپس : روش آماری که رابطهٔ بین تغییر نرخ دستمزدها و نرخ بیکاری را به صورت منحنی نشان می‌دهد.

philosophy of management

فلسفهٔ مدیریت:

به نظر«شُلدن» وجود فلسفه‌ای که به نحوی نیروهای جامعه را در جهت انجام کارهای اداری و در راستای رشد و توسعهٔ انسانی هدایت کند، ضروری است. او معتقد است که علل چنین رشد و توسعه‌ای نیز باید برای افراد جامعه کاملاً واضح و روشن باشد.

photocopy

فتوکپی، رو گرفت؛ تصویر؛ فتوکپی گرفتن؛ فتوکپی کردن

physical ability

تواناییهای جسمی

physical delivery

تحویل عینی؛ تحویل حضوری

physical distribution

توزیع فیزیکی؛ توزیع کالاهای ساخته شده از تولید کننده به مصرف کننده

physical inventory

موجودی گیری واقعی و عینی؛ صورت برداری از موجودی انبار

physical needs

نیازهای فیزیکی (مانند غذا،هوا،آب)

physical property

اموال عینی

☞ *tangible property*

physical quantity budget

بودجهٔ مقادیر مادی و غیر پولی

physical resources

منابع فیزیکی (مادی)

physical variables

عوامل فیزیکی

physical working conditions

شرایط فیزیکی کار؛ شرایط کار

physiological needs

نیازهای فیزیولوژیکی؛ نیازهای مادی (اولیه)؛ نیازهای جسمانی:

آن دسته از نیازهای موجود زنده که لازمهٔ حیات فرد می‌باشد.

☞ *human needs*

☞ *Maslow´s need hierarchy*

physiological variables

عوامل فیزیولوژیکی

pick and place unit

جابه جا کنندهٔ خودکار

picket

مراقب اعتصاب؛ پیش قراول اعتصاب (کارگر یا کارگران عضو اتحادیه که در مواقع اعتصاب از ورود کارگران غیر عضو به کارخانه جلوگیری می‌کنند)؛ پیش قراول اعتصاب شدن؛ از ورود کارگران به کارخانه جلوگیری کردن؛ فرد اعتصابی؛ اعتصاب کننده؛ آگاه ساختن مردم از اعتصاب؛ اعتصاب کردن

picketing

پاسداری یا مراقبت از اعتصاب؛ تحریک به اعتصاب؛ واداشتن به اعتصاب

picketings

اعضای اتحادیهٔ کارگری که در حال اعتصاب خارج از محل کار خود جمع می‌شوند تا دیگران را نیز به اعتصاب وادار نمایند و نیز خریداران را از خرید منصرف کنند

picket line

صف اعتصابیون؛ صف پیش قراولان اعتصاب

pictogram

نمودار تصویری؛ نمودار شکلی

pie-card

نامی طنزآمیز برای کارگر تمام وقت عضو اتحادیه

piece rate

نرخ واحد کار؛ نرخ عددی؛ دستمزدی که در سیستم قطعه کاری پرداخت می‌شود

☞ *riecework wage rate*

piecework

قطعه‌کاری؛ پارچه‌کاری

piecework plan

طرح تکه‌کاری؛ کار مزدی

piece work system

سیستم قطعه‌کاری:

سیستمی است که در آن کار به ازای تولید هر قطعه بیشتر از مقدار معین، دستمزد تشویقی یا پاداش اضافه تولید پرداخت می‌شود.

piecework wage rate

پرداخت دستمزد و حقوق بر اساس قطعات تولید شده؛ پرداخت حقوق بر مبنای قطعه‌کاری

pie chart

نمودار دایره‌ای

piercing corporate veil

خرق حجاب شخصیت حقوقی

pigeonhole

بایگانی کردن؛ طبقه بندی کردن؛ داخل قفسه نهادن؛ کنار گذاشتن؛ به دست فراموشی سپردن؛ خانهٔ یک قفسه

piggyback

یدک کشی؛ حمل یک وسیله با وسیلهٔ نقلیهٔ دیگر

pignorate

رهن کردن؛ رهن شده؛ وثیقه گذاردن

pignoration

وثیقه؛ رهن؛ (در حقوق عرفی انگلستان) جبران خسارت

pignorative

رهنی؛ وثیقه‌ای

Pigou effect concept

نظریهٔ اثر پیگو؛ نظریه‌ای مبنی بر اینکه کاهش در سطح قیمتها موجب افزایش مصرف می‌شود

pilot plant scale production

تولید آزمایشی؛ تولید راهنما؛ تولید یک کالا در مقیاس محدود به منظور آزمایش روش تولید و کیفیت کالای تولید شده

☛ *mass production*

pilot scheme
طرح آزمایشی

pinch
وضعیت سخت؛ ترقی غیر منتظرهٔ قیمت‌ها

pink slip
کارگر اخراجی

pink tea picketing
اعلام اعتصاب به وسیلهٔ یک گروه کوچک

pin up
الصاق آگهی

pioneering stage
مرحلهٔ پیشاهنگ

PI (programmed instruction)
آموزش برنامه‌ریزی شده

PIPS (paperless item processing system)
سیستم انتقال وجه کامپیوتری

piracy
استفادهٔ غیر مجاز از امتیاز؛ استفادهٔ غیر مجاز از حق اختراع، تولید یا تحقیق دیگری؛ تکثیر غیر مجاز؛ بهره برداری غیر مجاز؛ سرقت ادبی

pirate
قاچاقچی؛ نشریه / رسانهٔ غیر مجاز؛ فردی که رعایت حق امتیاز را نمی‌کند؛ دزد ادبی

pit
محوطهٔ سالن بورس؛ صحنهٔ بورس
☞ *ring*

PITI (principal, interest, taxes, insurance)
اصل پول، بهره، مالیات و حق بیمه

Pittler cllasification
طبقه بندی پیتلر

pivotal group norm
هنجار اصلی گروه

placard
نوشته یا سند رسمی؛ پروانهٔ رسمی؛ ابلاغیه رسمی؛ پلاکارد؛ اعلان به در و دیوار نصب کردن

place
منصوب کردن؛ سرمایه گذاری کردن؛ پست؛ مقام؛ وظیفه (اداری)؛ کار؛ شغل

place an embargo
تحریم کردن

place an order
سفارش دادن (کالا یا خدمات)

placement
کاریابی؛ کارآموزی؛ جایگزینی؛ انتصاب؛ در فهرست فروش قرار گرفتن؛ انتشار اوراق بهادار؛ طبقه بندی

placement test
آزمون انتصاب

place of arbitration
مقر یا محل داوری
☞ *situs of arbitration*
☞ *venue of arbitration*

place utility
مطلوبیت مکانی؛ مطلوبیت محل

placing
نشر و فروش اوراق قرضه

plain bond
سند قرضهٔ سفید

plaintiff
مدعی؛ خواهان؛ شاکی

plan

برنامه؛ طرح؛ طرح ریزی کردن؛ برنامه ریزی کردن

Plan and Budget Organization (PBO)

سازمان برنامه و بودجه

plan, contingency

طرح اضطراری

plan, development

طرح توسعه

plan for developing technology

برنامهٔ توسعهٔ تکنولوژی / فن آوری

plan for organization of production

برنامهٔ سازماندهی تولید

plan for utilizing production capacities

برنامهٔ استفاده از ظرفیتهای تولیدی

planholder

سهامدار طرح بازنشستگی

planless economy

اقتصاد نسنجیده؛ اقتصاد بی‌برنامه

plan, long-range

طرح دراز مدت

planned absolescence

تولید کالای از مد افتاده / منسوخ

planned actions

اقدامات برنامه‌ریزی شده

planned change

تغییر برنامه‌ریزی شده

planned economy

اقتصاد دولتی؛ اقتصاد سنجیده؛ اقتصاد برنامه‌ریزی شده

planned gap

شکاف برنامه‌ای

planned inspection

بازرسی برنامه‌ریزی شده

planned location of industry

تعیین محل صنعت بر اساس برنامه

planned maintenance

(در مدیریت صنعتی) تعمیر و نگهداری برنامه‌ای؛ نگهداری و تعمیرات برنامه‌ریزی شده:

در این روشِ نگهداری، کارکنان و متخصصان نگهداری طبق برنامهٔ تنظیم شده به دستگاهها سر زده، عملیات نگهداری و در صورت لزوم تعمیرات و تعویضهای لازم را انجام می‌دهند.

planned management

مدیریت برنامه‌ای / برنامه‌ریزی شده

planner

طراح؛ برنامه‌ریز

planning

برنامه‌ریزی؛ طرح ریزی؛ طرح نقشه؛ طراحی:

طرح ریزی عبارت است از اتخاذ تصمیم، تعیین هدف، تنظیم خط مشی و تخصیص فعالیتها به واحدهای سازمانی (R.C.Davis آمریکایی یکی از دانشمندان علم مدیریت).

planning assignments

امور برنامه‌ریزی؛ تکالیف برنامه‌ریزی

planning blight

کاهش ارزش ناشی از برنامه‌ریزی

planning body

هیأت برنامه‌ریزی

planning, business

برنامه‌ریزی بازرگانی

planning, centralized	برنامه‌ریزی متمرکز
planning, contingency	برنامه‌ریزی اقتضایی
planning, corporate	برنامه‌ریزی شرکت
planning department	دایرهٔ طرح و برنامه
planning, economic	برنامه‌ریزی اقتصادی
planning, educational	برنامه‌ریزی آموزشی
planning, facility	برنامه‌ریزی تسهیلات و امکانات
planning for crisis	برنامه‌ریزی برای بحران
planning, general	برنامه‌ریزی کلی
planning horizon	افق برنامه‌ریزی
planning, human resource	برنامه‌ریزی نیروی انسانی
planning, internal	برنامه‌ریزی داخلی
planning, job	برنامه‌ریزی شغلی
planning, long-range	برنامه‌ریزی دراز مدت
planning, manpower	برنامه‌ریزی نیروی انسانی
☞ *human resource planning*	
planning, material requirement	برنامه‌ریزی نیازمندیهای مواد
planning, network	برنامه‌ریزی شبکه
planning, office	برنامه‌ریزی اداری
planning, on the spot	برنامه‌ریزی موضعی؛ برنامه‌ریزی محلی
planning permission	پروانهٔ ساختمان؛ جواز ساخت
planning phase	مرحلهٔ برنامه‌ریزی
planning, production	برنامه‌ریزی تولید
planning, production resource	برنامه‌ریزی منابع تولید
planning-programming and budgeting system (PPBS)	سیستم طرح ریزی، برنامه‌ریزی و بودجه بندی؛ نظام بودجه‌بندی، طرح و برنامه؛ تکنیکی در خصوص تئوری مدیریت بر مبنای هدف
planning, project	برنامه‌ریزی پروژه
planning, research	برنامه‌ریزی پژوهش / تحقیق
planning, short-term	برنامه‌ریزی کوتاه مدت
planning, state	برنامه‌ریزی دولتی
planning, strategic	برنامه‌ریزی استراتژیک / راهبردی
planning the operation	طرح‌ریزی عملیات؛ برنامه‌ریزی عملیات

plans, prefabricated
طرحهای حاضر و آماده

plans, thwarted
طرحهای شکست خورده؛ نقش بر آب شده

plant
کارخانه؛ کارگاه؛ ماشین آلات؛ دستگاه؛ تأمین کردن؛ مستقر کردن

plant engineering
مهندسی کارخانه

plan, tentative
طرح آزمایشی

plant management
مدیریت مهندسی کارخانه

plant superintendent
سرپرست کارخانه؛ مدیر کارخانه

plant turnover ratio
نسبت برگشت سرمایهٔ کارخانه

plantwide incentive payment
پرداخت تشویقی به کل واحد؛ پاداش همگانی

platform car
واگن بی‌لبه؛ سکوی اتومبیل؛ کفی اتومبیل

play around
دنبال کار گشتن

play, come into
روی کار آمدن

play on/upon
سوء استفاده کردن از؛ بهره‌برداری کردن

PLC (product life cycle)
چرخهٔ عمر محصول

PLC (public limited company)
شرکت سهامی عام با مسؤولیت محدود

pledge
رهن دادن؛ گرو گذاشتن؛ گرو گذاشتن مالی به عنوان وثیقهٔ پرداخت دین؛ وثیقه سپردن؛ قول دادن؛ وعده دادن؛ التزام دادن؛ متعهد شدن؛ گرو؛ وثیقه؛ التزام؛ تعهد؛ قول؛ وعده

pledge contract
عقد ضمان

pledged
گرو؛ عین مرهونه؛ مال مورد وثیقه

pledgee
مرتهن؛ گرو گیرنده؛ وثیقه گیرنده

pledge, give as a
گرو گذاشتن

pledge of movables
رهن اموال منقول

pledge one's honor
قول شرف دادن

pledge one's word
قول دادن

pledge, put in
گرو گذاشتن

pledger (var. pledgor)
راهن؛ گرو گذار؛ ملتزم؛ متعهد؛ وثیقه دهنده

pledge securities
اوراق بهادار را به رهن گذاشتن؛ اسناد را به رهن گذاشتن

pledge, take out of
از گرو در آوردن

pledgor (var. pledger)
گرو گذار؛ راهن؛ ملتزم؛ متعهد؛ وثیقه دهنده

plenary meeting
جلسهٔ عمومی؛ جلسه‌ای با حضور تمام اعضا

plenary session

جلسه‌ای با حضور تمام اعضا؛ جلسهٔ عمومی

plenipotentiary

نمایندهٔ تام‌الاختیار؛ دارای اختیار تام/ مطلق؛ تام‌الاختیار

plight

متعهد شدن؛ تعهد دادن؛ گرو گذاشتن

plot

نمودار کشیدن؛ رسم کردن؛ ترسیم کردن؛ تقسیم کردن؛ تفکیک کردن

plow back

سرمایه‌گذاری مجدد منابع

☞ *plough back*

☞ *self - financing*

PL/1 (procedure-oriented language)

زبان پی.ال.وان؛ یکی از زبانهای برنامه‌نویسی کامپیوتر که ویژگیهای زبان کوبول و فورترن را دارد و برای کاربردهای عمومی طراحی شده است

P&L (profit and loss)

سود و زیان

PL (programmed learning)

آموزش برنامه‌ریزی شده

☞ *programmed instruction*

plug

آگهی؛ تبلیغ؛ آگهی کردن؛ تبلیغ کردن؛ سخت کار کردن

plug-compatible

دارای اتصال سازگار

plural executive

هیأت؛ کمیتهٔ اجرایی؛ گروه اجرایی

pluralism

کثرت گرایی؛ جامعهٔ مرکب؛ توافق در تصمیم‌گیری و مدیریت

☞ *deconglomeration*

plutocracy

حکومت اغنیا

PMTS (predetermined motion-time system)

نظام حرکت و زمان تعیین شده؛ سیستم حرکت و زمان

pocket judgement

سند قطعی لازم الاجرا: سند دینی که پس از سررسید بدون هیچ تشریفاتی قابل اجرا یا قابل وصول است

point

امتیاز؛ ممیز؛ نقطه؛ یک واحد تغییر؛ یک واحد تغییر در بهای سهم

point method rating

روش امتیازی

☞ *point rating*

☞ *point system*

point of equilibrium

نقطهٔ تعادل؛ نقطه‌ای که در آن عرضه برابر تقاضا می‌باشد

point of ideal proportion

نقطهٔ نسبت ایده‌آل

point of indifference

نقطهٔ بی‌تفاوتی

point of information

نکتهٔ اطلاعاتی؛ نکتهٔ آگاهی

point of loading

نقطهٔ بارگیری

point of purchase

point of sale | محل / نقطهٔ خرید؛ مکان خرید
☞ point of sale

point of sale | محل / نقطهٔ فروش؛ محل فروش
☞ point of purchase

point-of-sale advertising | تبلیغ در محل فروش

point of unloading | نقطهٔ تخلیه؛ محل تخلیه

point rating | روش امتیازی

points ranking | روش امتیازی برای وظایف مختلف یک شغل

point system | نظام امتیازی؛ روش امتیازی
☞ point rating

Poisson distribution | توزیع پوآسون

policy | خط‌مشی؛ قرارداد بیمه؛ بیمه‌نامه؛ سیاست؛ رویه؛ طرح؛ تدبیر

policy analysis | تجزیه و تحلیل خط‌مشی

policy, commericial | سیاست بازرگانی

policy, fiscal | سیاست مالی

policy formulation | تدوین خط مشی‌ها

policy holder | بیمه گذار؛ بیمه شده؛ طرف قرارداد بیمه
☞ insured

policy, laissez-faire economic | سیاست اقتصاد آزاد

policy loan | وام بیمه‌نامه

policy-maker | سیاست گذار؛ تعیین‌کنندهٔ خط مشی؛ وضع کنندهٔ خط مشی

policy-making | خط مشی گذاری؛ سیاست گذاری؛ تعیین و وضع خط مشی

policym, blanket | بیمه‌نامهٔ مرکب؛ بیمه‌نامهٔ مجموعهٔ اقلام

policy, monetary | سیاست پولی

policy, one-price | سیاست قیمت واحد

policy, open | بیمه‌نامهٔ آزاد

policy, pricing | سیاست قیمت گذاری

policy, stabilization | سیاست تثبیت

policy value | ارزش پولی بیمه‌نامه

Political and Economic Planning Organization (PEP) | سازمان برنامه‌ریزی اقتصادی و سیاسی

political participation | مشارکت سیاسی

political risk | ریسک سیاسی

poll

رأی با ورقه؛ رأی گیری؛ شرکت در انتخابات؛ رأی دادن؛ شمارش آرا؛ تعداد آرا؛ محل اخذ رأی؛ انتخابات؛ نظر سنجی

poll money

مالیات سرانه

poll tax

مالیات سرانه

polyarchy

ساختار بدون سلسله مراتب؛ همه سالاری؛ ساختار سازمانی که در آن رییس و مرئوس وجود ندارد و همه در یک سطح قرار دارند

polyspecialist

چند تخصصی

POM (production and operations management)

مدیریت عملیات و تولید

pontage

مالیات یا عوارضی که برای مرمت و نگهداری پلها وصول می‌شود

pool

اتحاد؛ ائتلاف؛ ترکیب؛ گروه‌بندی؛ سرمایه‌ای که از سود چند شرکت فراهم می‌شود

pooled interdependence

روابط واحدهای مکمل در تولید

pooling of risk

تقسیم خطر میان خود

poor performance

عملکرد ضعیف

pop advertising

آگهی در محل خرید

PO (Post Office)

ادارهٔ پست

popularity

محبوبیت؛ وجههٔ ملی؛ مورد قبول عامه بودن؛ نزد مردم وجهه و اعتبار داشتن

population

جمعیت؛ جامعه؛ مجموعهٔ مورد بررسی

population density

تراکم جمعیت؛ انبوهی جمعیت

population explosion

انفجار جمعیت؛ رشد و افزایش سریع جمعیت

population projection

پیش بینی جمعیت؛ پیش بینی جمعیت یک کشور یا جامعه بر اساس روشهای موجود

population pyramid

هرم جمعیت

pork-barrel

بودجهٔ خاص

porrect

(حقوق دریایی) ارائه دادن برای بازرسی (صورت حساب و فاکتور و غیره)

port

بندر؛ درگاه؛ ورودی یا خروجی کامپیوتر

portable

قابل حمل؛ قابل انتقال؛ دستگاه قابل حمل

portable pension

بازنشستگی قابل انتقال؛ طرحهای بازنشستگی که به کارمند امکان می‌دهد تا اعتبار حاصل از پرداختهای بازنشستگی خود را از یک سازمان به سازمان دیگر منتقل سازد

portal-to-portal pay

پرداخت برای زمان رسیدن به محل کار

port authority

مقامات بندر

Porter-Lowler model

مدل پورتر - لولر

Porter, Michael

مایکل پورتر

portfolio

سمت؛ پست؛ پست وزارت؛ وظایف؛ تمام سهام و سرمایه‌گذاریهای یک فرد؛ مجموع دارایی به صورت اوراق بهادار؛ مجموعه اوراق بهادار و سهام یک مؤسسه؛ فهرست اوراق بهادار

portfolio investment

سرمایه‌گذاری در اوراق بهادار

port of discharging

بندر مقصد یا تخلیه

port of loading

بندر بارگیری

port risk insurance

بیمهٔ محموله در بندر

Ports and Shipping Organization (PSO)

سازمان بنادر و کشتیرانی

POSDCoRB

پوسدکورب: هفت وظیفهٔ مدیر؛ این واژهٔ بدون معنی از حروف اول هفت وظیفهٔ مدیر به دست آمده است:

«ارویک» و «لوترگولیک» وظایف مدیر را با بکارگیری واژهٔ فوق خلاصه کرده‌اند. این اصطلاح یا واژه دارای معنی خاصی نیست، لیکن هر یک از حروف آن نشان دهنده وظیفهٔ خاص مدیریت به شرح زیر می‌باشد:

Planning برنامه‌ریزی

Organizing سازماندهی

Staffing تأمین نیروی انسانی

Directing هدایت و رهبری

Coordinating هماهنگی

Reporting ارائهٔ گزارش

Budgeting تخصیص بودجه

position

پست؛ موقعیت شغلی؛ منصب؛ مجموعه‌ای از وظایف سازمان که انجام دادن آنها مستلزم خدمات یک فرد است؛ مقام؛ جایگاه؛ موقعیت؛ سمت؛ موضع؛ شغل؛ مرتبه؛ مستقر کردن؛ موقعیت چیزی را مشخص کردن

positional power

قدرت شغلی؛ قدرتی که ناشی از موقعیت رسمی فرد در شغل او است

position analysis questionnaire (PAQ)

پرسشنامهٔ تجزیه و تحلیل مشاغل؛ پرسشنامهٔ درجه‌بندی مشاغل

position, appointive

پست انتصابی

position-based influence

نفوذ ناشی از پست

position classification

طبقه بندی شغلی

☞ *jop classification*

position description

شرح شغل / شغلی

position, elective

پست انتخابی؛ پستی که متصدی آن با رأی مردم انتخاب می‌شود

positioning

ظاهر آرایی؛ طراحی یک کالا به طوری که در ظاهر شبیه کالای مطلوب باشد

position of authority

پست دارای اختیار

position of importance, wind oneself into a

پست مهمی را (با زرنگی) اشغال کردن

position, open

پست بلاتصدی؛ پستی که هنوز اشغال نشده

position, prominent

مقام برجسته؛ شغل مهم

position, responsible

مقام پر مسؤولیت؛ مقام مسؤول

position, sensitive

شغل حساس

position statement

صورت وضعیت؛ ترازنامه

☞ *balance sheet*

position, vacant/vacated

پست خالی (شده)؛ پست بلاتصدی

positive economics

بررسی تحصلی اقتصاد؛ اقتصاد اثباتی

→ *normative economics*

positive forecastion

پیش بینی تجویزی؛ پیش بینی هنجاری؛ پیش بینی هنجارگذار

positive reinforcement

روش تقویت مثبت (جهت ایجاد انگیزه): «اسکینر» معتقد است که با ایجاد محیط مناسب برای کار و تشویق عملکرد درست می‌توان در افراد ایجاد انگیزه نمود، در حالی که تنبیه برای عملکرد ضعیف پیامدهای منفی در بر خواهد داشت.

positivism

پوزیتیویسم؛ مکتب تحصلی/اثباتی

possessing the necessary qualifications

واجد شرایط لازم

possession, to take

تصرف کردن؛ تحویل گرفتن؛ تصاحب کردن

post

پست؛ شغل؛ سمت؛ مقام؛ منصب؛ محل خدمت؛ محل مأموریت؛ صندوق پست؛ نامه‌ها و محموله‌های پستی؛ پست کردن؛ با پست فرستادن؛ نصب کردن؛ منصوب کردن؛ اعلام کردن؛ اعلان کردن؛ مأموریت دادن؛ نقل کردن؛ ثبت کردن؛ وارد کردن داده‌ها؛ منتقل کردن از دفتر روزنامه به دفترکل

☞ *postion*

postage

هزینهٔ پست

postage-due mail

نامهٔ دارای کسر تمبر

postal chek

چک پستی

postal order

حوالهٔ پستی

post audit

حسابرسی نهایی؛ نظارت پس از خرج

post away

(به جای دیگر) منتقل کردن

post-balance sheet event

رویداد بعد از تنظیم ترازنامه

post-date

تاریخ بعد گذاشتن؛ درج تاریخی در یک سند پس از تاریخی که آن سند نوشته شده است

postdated check
چک مدت دار؛ چک وعده دار؛ چک به تاریخ آینده

post dating an instrument
تاریخ مقدمی را در سند قید کردن

post diem
بعد از روز موعود

post-entry closed shop
کارگاه طرفدار اتحادیه؛ استخدام مشروط به قبول عضویت اتحادیه؛ عضویت اجباری پس از استخدام در اتحادیه
→ *union shop*

post, fill a
پستی را به عهده گرفتن

post-industrial society
جامعه بعد از عصر صنعت؛ جامعهٔ فراسرمایه‌داری

posting
اعلام پستهای خالی و امکان ارتقا

postmortem
نوشداروی پس از مرگ؛ (در مدیریت) تجزیه و تحلیل حادثه‌ای پس از وقوع آن

postpone (n. postponement)
به تعویق انداختن؛ به بعد موکول کردن؛ به تأخیر انداختن؛ معوق گذاشتن

post-service education
آموزش پس از استخدام

post-test
پس آزمون؛ تست / آزمون بعد
☞ *pre - test*

postulate
تقاضا؛ درخواست؛ ادعا؛ تصریح کردن؛ بدیهی

شمردن

potential assessment
ارزیابی توانایی‌های بالقوهٔ کارکنان؛ ارزشیابی توانایی‌های بالقوه
☞ *potential review*

potential demand
تقاضای بالقوه

potential market saturation
حداکثر خریداران بالقوه

potential review
ارزیابی توانایی‌های بالقوهٔ کارکنان؛ ارزشیابی توانایی‌های بالقوه
☞ *potential assessment*

pound-cost averaging
کاهش قیمت میانگین / متوسط سهام

pourparler
بحث یا مذاکره مقدماتی (اولیه) به ویژه قبل از عقد قرارداد؛ جلسهٔ مذاکره غیر رسمی تشکیل دادن

poverty index
شاخص فقر

power
توانایی؛ اختیار؛ اختیارات؛ حدود اختیارات؛ نفوذ؛ سلطه؛ قدرت:
منظور از قدرت میزان کنترلی است که یک شخص یا یک گروه بر اشخاص یا افراد دیگر اعمال می‌کنند.

power, abdicate
از قدرت کناره‌گیری کردن؛ تفویض اختیار کردن

power base
پایگاه قدرت

power broker

power distance
فاصلهٔ قدرت

power, full
اختیارات تام

power game
مبارزهٔ قدرت؛ جنگ قدرت

power of attorney
وکالت‌نامه؛ وکالت
☞ *letter of attorney*
☞ *warrant*

power of choice
حق خیار فسخ؛ حق انتخاب

power of sale
حق فروش؛ اختیار فروش؛ حـق فـروش امـوال بدهکار توسط طلبکار (مانند فروش عین مرهونه توسط مرتهن)

power politics
سیاست قدرت

power position
پست دارای قدرت و اقتدار

power pyramid
هرم قدرت؛ سلسله مراتب

powers, delegate
اختیارات دادن؛ تفویض کردن اختیارات

powers, emergency
اختیارات فوق‌العاده

power-sharing
تقسیم قدرت؛ سهیم شدن در قدرت

power structure
ساختار قدرت؛ شبکهٔ قدرت و نفوذ در سازمان که در برگیرندهٔ منابع قدرت رسمی و غیر رسمی

صاحب قدرت؛ متنفذ

است؛ چگونگی توزیع قدرت در سازمان

PPBS (planning-programming budgeting system)
سیستم بـودجه‌بندی، طـرح و بـرنامه؛ نظام برنامه‌ریزی، طرح‌ریزی و بودجه‌بندی

practical capacity
ظرفیت عملی؛ ظرفیت واقعی

practical solution (to a problem)
راه‌حل عملی (مشکل)
☞ *workable solution*

practical test
آزمون علمی

practice of management
عمل مدیریت

practice, put in
اجرا کردن

practice theories
نظریه های علمی / عملی

practicing manager (var. practising manager)
مدیر شاغل

pragmatic solution
راه‌حل عملی

pragmatism
عمل گرایی؛ پراگماتیسم

preamble
مقدمه (سند)؛ مقدمه نوشتن

preamble of a statute
مقدمهٔ قانون

preamble of treaty
مقدمهٔ معاهده / قطعنامه

preapproach
مرحلۀ قبل از تماس با مشتری
→ *territory screening*

pre audit
حسابرسی پیش از پرداخت

preauthorized payment
پرداخت با اجازۀ قبلی

precanceled stamps
تمبرهای از پیش باطل شده

precarious loan
وام عندالمطالبه (بدون مدت)؛ وام مشکوک الوصول

precautionary demand for money
تقاضای احتیاطی برای پول

precautionary imprisonment
توقیف احتیاطی

precautionary measure
اقدام احتیاطی

precautionary motive
انگیزۀ احتیاطی؛ انگیزۀ نگهداری بخشی از دارایی به صورت نقد برای رفع نیازهای غیر منتظره

precedence
اولویت؛ تقدم؛ حق تقدم؛ رجحان
☞ *preference*
☞ *priority*

preceding year basis
مالیات بندی بر اساس درآمد سال قبل

precedures required to accomplish a task
مراحل/ روشهایی که برای انجام وظیفه مورد نیاز است

preclusive purchasing
خرید جلوگیری کننده؛ خرید کالاها با این هدف که رقیبان از آنها استفاده نکنند

precontractual position
وضعیت موجود قبل از قرارداد

predate
تاریخی مقدم بر تاریخ واقعی روی سند نوشتن (به قصد عطف به ماسبق کردن اعتبار سند از تاریخ قید شده)؛ تاریخ سند را جلوتر از تاریخ واقعی آن نوشتن
☞ *antedate*
☞ *foredate*

predatory pricing
قیمت گذاری شکاری

predetermined cost
هزینۀ پیش بینی شده

predetermined motion-time system (PMTS)
سیستم زمان و حرکت از قبل تعیین شده؛ نظام زمان و حرکت پیش بینی شده؛ نظامهای نمونه گیری و حرکت سنجی از پیش تعیین شده

predetermined objective
هدف از پیش تعیین شده

predictive reserch
پژوهش پیش بین

predictive validity
اعتبار پیش بین

pre-employment enquiries
تحقیقات قبل از استخدامی

preemployment training
آموزش پیش از استخدام؛ کارآموزی پیش از

خدمت

pre-emption

شفعه؛ حق شفعه؛ حق تقدم خرید

pre-emptive right

(حق) شفعه؛ حق تقدم (سهامداران یک شرکت در خریدن سهام جدید الانتشار شرکت متناسب با تعداد سهامی که در دست دارند)؛ حق دارندهٔ سهام برای خرید سهام جدید به نسبت سهام قبلی خود

☞ *pre-emption*

pre-entry closed shop

عضویت اجباری قبل از استخدام (در اتحادیه)

☛ *post entry closed shop*

pre-execution functions of management (i.e planning and organizing)

وظایف اولیهٔ مدیریت (که عبارتند از برنامه‌ریزی و سازماندهی)

☞ *preparatory steps*

prefabricate

پیش ساخته؛ از قبل ساختن؛ تولید قطعات استاندارد

preference bond

سند قرضهٔ ممتاز؛ سند قرضهٔ مقدم

preference dividend

سود سهام ممتاز

☞ *preferred dividend*

preference item

اولویت مصرف کننده نسبت به یک جنس خاص

preference share

سهم ممتاز (در مقابل سهم عادی)؛ سهم دارای حق تقدم

☛ *ordinary share*

☞ *preferred stock*

preference share capital

سرمایهٔ سهام ممتاز

preference shareholder

دارنده/ صاحب سهام ممتاز

☞ *preferred shareholder*

preferential claims

مطالبات ممتاز

preferential creditor (var. preferred creditor)

طلبکار ممتاز (در دعوای ورشکستگی)

preferential debts

دیون ممتاز (در مورد ورشکستگی)

preferential mail

پست مقدم؛ پست ممتاز

preferential payments

وجوهی که به طلبکاران ممتاز پرداخت می‌شود

preferential rehiring

حق تقدم در استخدام مجدد

preferential shop

کارخانه با حق تقدم استخدام برای اعضای اتحادیه؛ مؤسسه دارای فرصتهای استخدامی ممتاز

→ *union shop*

preferred creditor (var. preferential creditor)

طلبکار ممتاز (در دعوای ورشکستگی)

preferred dividend

سود سهام ممتاز

☞ *preference dividend*

preferred ordinary share

سهم عادی ممتاز

preferred stock

سهم ممتاز

☞ *preference share*

preferred stockholder

دارنده/ صاحب سهام ممتاز

☞ *preference shareholder*

prehearing conference

جلسهٔ استماع مقدماتی

prehension

قبض؛ اخذ؛ گرفتن؛ تسلیم؛ تحویل

prejudge (n. prejudgment)

پیش داوری کردن؛ پیش داوری و قضاوت نادرست کردن دربارهٔ یک موضوع

prejudice

پیش داوری؛ تعصب؛ تبعیض؛ طرفداری؛ جانبداری؛ نظر منفی

preliminary agreement

قولنامه

preliminary expenses

مخارج مقدماتی؛ مخارج تأسیس؛ مخارج اولیه برای تأسیس یک شرکت

preliminary hearing

(جلسه) استماع مقدماتی؛ رسیدگی مقدماتی

preliminary negotiations

مذاکرات مقدماتی

premature decision

تصمیم عجولانه

premise / premiss

مقدمه؛ مراتب پیش گفته؛ شرح مقدماتی سند؛ عرصه و اعیان

premises

مندرجات اصلی سند؛ شرح قرارداد؛ عرصه و اعیان یک قطعه زمین

premium

حق بیمه؛ تفاوت ارزش واقعی و ارزش اسمی سهم؛ تفاوت قیمت؛ ممتاز؛ جایزه؛ پاداش؛ انعام؛ جایزه خرید کالا؛ حق تقدم؛ پرداختی مشتری به شرکت بیمه برای پوشش بیمه؛ تفاوت ارزش بهای اسمی و بهای بازار یک نوع سهام یا کالا؛ پرداخت مبلغی برای کسب حق تقدم در دریافت کالا یا خدماتی که تقاضا برای آن بیش از عرضه است؛ مبلغی که به عنوان جایزه پرداخت می‌شود

premium bonds

اوراق قرضهٔ با جایزه

premium bonus scheme

طرح مزایای پاداشی؛ طرح افزایش پرداخت تشویقی؛ طرح پرداختهای تشویقی بر مبنای نتایج کار که در آن مزایایی به صورت پاداش برای کار انجام شده در سطح بالاتر از استاندارد پرداخت می‌شود

premium, insurance

حق بیمه

premium loan

وام با جایزه دیرکرد؛ وام در مقابل حق بیمه

premium package

بسته بندی ممتاز؛ بسته بندی یک کالا به طوری که ظرف آن نیز قابل استفاده باشد

premium percentage

درصد اضافه پرداخت

premium pricing

قیمت گذاری تجملی؛ قیمت گذاری بالا؛ قیمت

خواهد داد

pre-preferential debt

بدهی / دین ممتاز مقدم

pre-process stocks

موجودی مواد خام

pre-production

فعالیتهای مقدماتی تولید جدید؛ مرحلهٔ پیش از تولید

prerequisite

شرط لازم؛ لازمه؛ پیش شرط

preretailing

قیمت گذاری به هنگام سفارش

prerogative

حق قانونی؛ حق ویژه؛ امتیاز ویژه؛ امتیاز مخصوص؛ اختیارات انحصاری؛ حق تقدم؛ حق انحصاری

prescientific management

دوران قبل از مدیریت علمی

prescription

توصیه؛ تجویز؛ رهنمود؛ احراز حق در اثر مرور زمان

prescriptive

تجویزی؛ هنجاری؛ ناشی از مرور زمان

prescriptive right

حق ناشی از مرور زمان

prescriptive theory

تئوری تجویزی / هنجاری

present

معرفی کردن؛ ارائه دادن؛ عرضه کردن؛ تقدیم کردن؛ تسلیم کردن؛ نمایش دادن

present a proposal

پیشنهاد دادن؛ طرح دادن

گذاری گران

☞ *prestige pricing*

premium, shift

حق شیفت

premium standard work unit

اضافه پرداخت واحدهای استاندارد کار

prepack

از قبل بسته‌بندی کردن

☞ *prepackaging*

prepackaging

از قبل بسته بندی کردن

☞ *prepack*

prepaid

قبلاً پرداخت شده؛ از پیش پرداخت شده

prepaid expense

هزینه پیش‌پرداخت شده

preparation of a strategic plan

تهیهٔ طرح استراتژیک / راهبردی

preparation of materials

تهیهٔ مطالب درسی؛ تهیهٔ مصالح / مواد

preparing and maintaining inspection guides and checklists

تهیه و نگهداری راهنماها(دستورالعملها) و چک‌لیستهای بازرسی

preparing inspection programs

تهیهٔ برنامه‌های بازرسی

prepayment

پیش پرداخت؛ پرداخت قبلی

preposterior evaluation

ارزشیابی شرایط آتی / آینده؛ ارزیابی شرایطی که پیش بینی می‌شود پس از وقوع یک حادثه رخ

presentation
ارائه؛ عرضه؛ نحوهٔ ارائه؛ معرفی؛ نمایش

presentation of materials
ارائهٔ مطالب (درسی)

present debt
دین حال

presents, these
سند حاضر

present value (PV)
ارزش کنونی؛ ارزش حال

pre-service education
آموزش پیش از استخدام

preside
ریاست کردن؛ اداره کردن؛ نظارت و سرپرستی کردن؛ ریاست جلسه‌ای را به عهده داشتن؛ رییس جلسه بودن؛ مسؤولیت چیزی را به عهده داشتن

presidency
ریاست؛ زمان ریاست؛ مقام ریاست؛ ریاست جمهوری؛ ریاست؛ مقام ریاست جمهوری؛ دورهٔ ریاست جمهوری

president
مدیر عامل؛ رییس؛ رییس جلسه؛ رییس کل یک سازمان؛ رییس جمهور یک کشور

president, honorary
رئیس افتخاری

presidentship
ریاست؛ مقام ریاست

president, vice
نایب رئیس

preside over
ریاست (جلسه‌ای) را به عهده داشتن

presiding arbitrator
سر داور؛ رئیس داوران

presiding member
عضو هیأت رییسه

press
مطبوعات؛ جراید؛ پی گیری کردن؛ تعقیب کردن؛ مجبور کردن؛ تحت فشار قرار دادن؛ تأکید کردن

press agency
آژانس مطبوعاتی؛ مؤسسهٔ تبلیغاتی؛ خبرگزاری

press agent (PA)
نمایندهٔ مطبوعاتی؛ مأمور آگهی و تبلیغ؛ متصدی یا مسؤول تبلیغات

Press Association (PA)
جامعهٔ روزنامه‌نگاران؛ جامعهٔ مطبوعاتی

press conference
کنفرانس مطبوعاتی

press cutting
بریدهٔ جراید

press interview
مصاحبهٔ مطبوعاتی

press kit
جزوهٔ خبری در کنفرانس مطبوعاتی

press law
قانون مطبوعات

press office
دفتر مطبوعاتی

press officer
سخنگوی مطبوعاتی

press one's opinion on
نظر خود را تحمیل کردن

press one's suit

press release 564 price, bottom

اصرار در درخواست خود؛ پافشاری کردن در تقاضای خود

press release

اطلاعیهٔ رسمی؛ خبر یا گزارش تبلیغاتی (که برای انتشار در اختیار رسانه‌ها / مطبوعات قرار داده شود)

prestate

انجام دادن؛ طبق تعهدی رفتار کردن؛ به عهده گرفتن؛ متعهد شدن؛ تضمین کردن؛ از عهده خسارت برآمدن

prestation

انجام تعهد؛ وفای به عهد

prestige pricing

قیمت گذاری بالا؛ قیمت گذاری تجملی؛ قیمت گذاری گران

☞ *premium pricing*

presumption

پیش‌فرض؛ پیش انگار

pre-test

پیش آزمون

☛ *post - test*

prevailing law

قانون حاکم

preventing conflicts between sections of an organization

پیشگیری از تضاد و برخوردهای قسمتهای مختلف یک سازمان

preventive actions

اقدامات احتیاطی؛ اقدامات تأمینی

☞ *preventive measures*

preventive activities

فعالیتهای پیشگیری

preventive engineering

(در مدیریت صنعتی) مهندس پیشگیری: *برای راه‌اندازی خط تولید، مسائل و مشکلات بسیاری باید حل شود تا عواملی را که منجر به بروز چنین مشکلاتی می‌شوند، حذف نمود که مهندسی پیشگیری این وظیفه را به عهده دارد.*

preventive inspection

بازرسی پیشگیری

preventive maintenance (PM)

(در مدیریت صنعتی) نگهداری پیشگیری؛ تعمیرات پیشگیری کننده

→ *planned maintenance*

preventive measures

اقدامات احتیاطی؛ اقدامات تأمینی

☞ *preventive actions*

preventive technique

روش پیشگیری

previous notice

پیش آگهی

prewrap

بسته بندی قبلی

price

قیمت؛ مبلغ؛ ارزش؛ بها؛ قیمت‌گذاری کردن؛ قیمت کردن؛ برچسب قیمت زدن؛ برآورد قیمت کردن؛ نرخ ارزش پولی کالا

price and pay code

دستورالعمل تعیین قیمت و دستمزد

price association

اتحادیهٔ قیمت گذاری؛ اتحاد در تعیین قیمت

☞ *price ring*

price, bottom

حداقل قیمت؛ کمترین قیمت

price ceiling
سقف قیمت؛ تثبیت قیمت؛ حداکثر قیمت تعیین شده

price code
دستورالعمل قیمت‌گذاری

price commission
کمیسیون نظارت بر قیمتها؛ کمیسیون قیمت‌گذاری

price control
کنترل قیمتها؛ تثبیت قیمتها

price cutting
کاهش قیمت

price discretion
تغییر قیمت

price discrimination
تبعیض در قیمت؛ تفاوت/اختلاف قیمت

price-earning ratio (P/E ratio)
نسبت قیمت سهام به درآمد آنها؛ نسبت قیمت سهم به سود سهم

price elasticity
نرمش قیمت؛ انعطاف قیمت

price, fair
قیمت منصفانه / عادلانه

price, fixed
قیمت مقطوع

price fixing
تعیین قیمت؛ تثبیت قیمت؛ اعمال قیمت واحد

price freezing
تثبیت قیمتها
☞ *price fixing*

price index
شاخص قیمت: معدل یا شاخص قیمت کالاها با

مقایسهٔ قیمت آنها در سال قبل

price inelasticity
عدم حساسیت قیمت؛ عدم انعطاف قیمت

price leader
پیشرو در تغییر قیمت؛ قیمت شکن

price level
سطح قیمت

price lining
هم‌ترازی قیمت؛ قیمت‌گذاری واحد

price-list
فهرست قیمتها

price, list
بهای فهرست شده

price loco
قیمت در محل خرید

price maker
قیمت‌گذار

price mechanism
مکانیسم قیمت

price out of the market
قیمت مردود در بازار

price plateau
سطح قابل قبول قیمت؛ حداکثر قیمت قابل قبول

price, quoted
بهای اعلام شده؛ بهای مظنه شده

price, real
بهای واقعی

price, reasonable
قیمت عادله؛ قیمت منطقی / عادلانه

price, retail
بهای خرده فروشی

price rigidity

انعطاف ناپذیری قیمت

price ring

تبانی فروشندگان یا تولیدکنندگان در قیمت گذاری؛ اتحاد در تعیین قیمت

price sensitivity

حساسیت قیمت

price specie flow theory

نظریهٔ جریان پول مسکوک

price stabilization

تثبیت قیمت؛ تثبیت کردن قیمتها

price support

سوبسید؛ یارانه؛ حمایت / کمک مالی دولت به تولید کنندگان کالاهای خاص به منظور جلوگیری از کاهش قیمت آن کالاها

price tag

اتیکت قیمت؛ برچسب قیمت

price takers

مؤسسه‌های کوچک و کم اثر در بازار؛ مؤسسات غیر مؤثر در قیمت بازار

price, unit

بهای هر واحد

price war

جنگ قیمتها؛ رقابت شدید در کاهش قیمتها

price, wholesale

بهای عمده فروشی

pricing

قیمت‌گذاری

pricing policy

خط‌مشی قیمت‌گذاری؛ سیاست قیمت‌گذاری

prima facie

آنچه مشهود است؛ در نظر اول؛ در وهلهٔ اول؛ محکمه پسند

→ *at first view*

primary data

اطلاعات اصلی؛ اطلاعات اولیه

primary deposit

سپردهٔ اولیه؛ سپردهٔ اصلی

primary distribution

توزیع اولیه؛ توزیع اصلی

primary employment

اشتغال اصلی

primary evidence

نسخهٔ اصلی مدارک

☞ *best evidence*

primary labor market

بازار نیروی کار اولیه

primary liability

مسئولیت مستقیم؛ مسئولیت درجهٔ اول

primary market

بازار دست اول؛ بازار بی واسطه

primary mission

مأموریت اصلی

primary offering

عرضهٔ اولیه و اصلی

☞ *primary distribution*

primary of planning

اصل بودن برنامه‌ریزی؛ اولویت برنامه‌ریزی؛ مقدم بودن برنامه‌ریزی

primary organization

سازمان اولیه؛ سازمان دوستانه؛ محیط صمیمی

primary producing country

کشور تولیدکنندهٔ مواد اولیه

primary product

محصول اولیه

primary production

تولید مواد اولیه

primary reserves

ذخایر اصلی

primary sector

بخش مواد اولیه

primary standard data (PSD)

اطلاعات استاندارد اولیه؛ اطلاعات استاندارد شده از قبل

prime costs

هزینهٔ اولیه؛ هزینه‌های متغیر؛ هزینه عملیات؛ هزینهٔ کارگر و مصالح مستقیم

☞ *avoidable costs*

☞ *direct costs*

☞ *recurring costs*

☞ *variable costs*

prime rate

نرخ ممتاز؛ نرخ ویژه؛ نرخ بهرهٔ پایه؛ نرخ حداقل

☞ *prime interest*

☞ *blue chip rate*

☞ *fine rate*

primogeniture

حق ارشدیت؛ حق نخست زادگی؛ حق فرزند ارشد در برخورداری از ارث

principal

ذینفع؛ موکل؛ اصل ؛ اصل مبلغ؛ اصل وام یا سرمایه (در برابر بهره)؛ اصلی؛ اساسی

principal and agent

وکیل و موکل؛ آمر و عامل

principal creditor

بستانکار اصلی

principal debtor

بدهکار اصلی؛ مدیون اصلی

principal domicile

محل اقامت اصلی

principal of consistency

اصل همسانی؛ اصل ثبات و هماهنگی

principal of disclosure

اصل آشکاری؛ اصل افشا

principal office

ادارهٔ مرکزی؛ ادارهٔ اصلی

principal sum

اصل مبلغ؛ مبلغ مورد بیمه؛ مبلغ اصلی معین شده در بیمه‌نامهٔ حوادث

principle

اصل؛ اصول اخلاقی؛ ضوابط اخلاقی

principle, agreement in

موافقت اصولی

principle of conservatism

اصل محافظه کاری

principles, learning

اصول یادگیری

principles of humanity

اصول انسانی

principles of organization

اصول سازمان

principles of scientific management

اصول مدیریت علمی

printer

(در کامپیوتر) چاپگر

printout

بروانداد چاپی؛ اوراق چاپ شده؛ نسخهٔ چاپی

prior claim

طلب برتر؛ طلب در اولویت

priority task

وظیفهٔ مقدم

prior lien

وام تقدمی رهنی؛ وام رهنی مقدم

prior-lien bond

سند قرضهٔ تقدمی؛ سند قرضهٔ دارای تقدم

prior mortgage

رهن دست اول؛ رهن ممتاز

prior notice

اخطار قبلی

prior-period adjustments

تصحیحهای مربوط به دورهٔ قبل

prior prefrred stock

سهم ممتاز؛ سهم مقدم

prior-year adjustment

تعدیل حسابهای سال قبل

PRISM (program reporting and information system for management)

سیستمهای اطلاعات و گزارش برنامهٔ مدیریت

privacy

محرمانه بودن؛ مطلب یا موضوع محرمانه؛ امور شخصی

private

خصوصی؛ شخصی؛ اختصاصی؛ محرمانه؛ غیر دولتی

private agreement

قرارداد خصوصی

private bill

مادهٔ واحده

private brand

نشان تجاری اختصاصی

private carriage

بنگاه باربری خصوصی؛ شرکت حمل و نقل خصوصی

private company

شرکت خصوصی؛ شرکت سهامی خاص

private corporation

شرکت خصوصی

private deed

سند خصوصی

private enterprise

سازمان خصوصی

private hearing

جلسهٔ محرمانه؛ جلسهٔ غیر علنی

private joint-stock company

شرکت سهامی خاص

private label

نشان تجاری اختصاصی

private limited company

شرکت سهامی خاص با مسؤولیت محدود

private ownership

مالکیت خصوصی

private placement agencies

مؤسسه‌های کار یابی خصوصی

➔ *search firms*

private placing

فروش خصوصی؛ عرضهٔ خصوصی سهام

☞ *private placement*

private property

مالکیت خصوصی

private rate of return
نرخ خصوصی بازده

private sector
بخش خصوصی
→ *public sector*

private-sector planning
برنامه‌ریزی بخش خصوصی (در مقابل برنامه‌ریزی بخش دولتی)
☞ *public - sector planning*

private session
جلسهٔ خصوصی؛ جلسهٔ غیر علنی

private treaty
پیمان خصوصی

private warehouse
انبار خصوصی
☞ *public warehouse*

privatim
محرمانه؛ خصوصی

privative intercession
قبول یا تعهد دین مدیون از طرف شخص ثالث؛ تبدیل تعهد؛ ضمانت پرداخت دین مدیون توسط شخص ثالث

privatizatin
خصوصی سازی؛ واگذاری به بخش خصوصی

privatize
خصوصی کردن؛ به بخش خصوصی واگذار کردن؛ به مالکیت خصوصی تبدیل کردن

privatized
خصوصی شده؛ واگذار شده به بخش خصوصی

privatizer
طرفدار خصوصی کردن صنایع

privileged creditor
بستانکاری که نسبت به سایر بستانکاران در وصول طلب خود تقدم دارد

privileged share
سهم ممتاز

privileged shareholder
سهامدار ممتاز

privileged subscription
حق تقدم خرید سهام جدید

privilege issue
سهم / قرضهٔ ممتاز

privileges, reciprocal
امتیازات متقابل

privity
حق مشترک؛ حق مشاع؛ موضوع محرمانه

privity of contract
اصل نسبی بودن قرارداد
☞ *res inter alios acta alteri nocere non debet*

privy
شریک؛ ذینفع؛ خصوصی؛ محرمانه

prize
توقیف اموال برای وصول مالیات؛ انعام؛ جایزه

pro
بر له؛ ذینفع؛ له؛ موافق؛ دلایل له و علیه

proactive
پیش کنشی؛ فعال؛ پیش گیرانه

proactive inhibition
بازدارندگی فعال؛ بازدارندگی مؤثر

proactive management
مدیریت آینده ساز
→ *reactive*

probabilistic system

نظام احتمالی

probability

احتمالات؛ احتمال

probability chain

زنجیره و رابط غیر رسمی؛ زنجیرهٔ احتمالات

probability density function

تابع چگالی احتمال

probability distribution

توزیع احتمال

probability function

تابع احتمال

probability sampling

نمونه‌گیری احتمالی

probability theory

نظریهٔ احتمال

probable behavior

رفتار احتمالی

probable maximum loss (PML)

حداکثر زیان محتمل

probablistic model

الگو/ مدل احتمالی

probate duty

مالیات بر ارث

☞ *death tax*

☞ *estate tax*

☞ *inheritance tax*

probation

آزمایش؛ سنجش؛ خدمت آزمایشی؛ مرحلهٔ آزمایشی؛ کارآموزی

probationary employee

کارمند آزمایشی

probationary period

دورهٔ آزمایشی

problematic question

موضوع مسأله ساز

problem diagnosis

تشخیص مسأله / مشکل

problem oriented

مسأله گرا

problem-oriented language

زبان همسو با مسأله؛ زبان حل مسأله

problem oriented training systems

نظامهای آموزشی مسأله‌گرا

problem recognition

شناسایی مسأله / مشکل

problem solving

حل مشکل ؛ حل مسأله

problem-solving process

فرایند حل مشکل/ مسأله

problem solving report

گزارش مربوط به حل مسأله / مشکل

problem solving technique

تکنیک حل مسأله؛ روش حل مسأله/مشکل

procedural history

سوابق امر؛ گردش کار؛ جریان رسیدگی

procedure

روش کار؛ شیوه؛ طرز عمل؛ رویه

procedure agreement

موافقت نامهٔ نحوهٔ رسیدگی به اختلافات

procedure manual

دستورالعمل نحوهٔ انجام کار

procedure, rules of

نظامنامهٔ داخلی

proceedings
سوابق امر؛ گردش کار؛ جریان رسیدگی؛ جریان دادرسی؛ خلاصه مذاکرات؛ صورت مجلس؛ صورت جلسه

process
فرایند؛ مراحل پیوستهٔ کار؛ داده پردازی؛ جریان دعوا؛ آماده سازی چیزی طی مراحل بهم پیوسته

process capability study
بررسی قابلیت عملیات

process chart
نمودار فرایند؛ نمودار عملیات

process charting
ترسیم نمودار عملیات

process chart-product analysis
نمودار فعالیت برای تحلیل فرایند تولید

process consultancy
مشاورهٔ فرایند عملیات

process control
نظارت بر فرایند تولید؛ کنترل فرایند تولید

process-control system
نظام کنترل فرایند

process costing
هزینه یابی مرحله ای؛ هزینه یابی برای واحد تولید
☞ *unit costing*

process departmentalization
تقسیم ادارات بر مبنای فرآیند/ جریان عملیات؛ سازماندهی بر مبنای فرایند
☞ *purpose departmentalization*

process design
طراحی عملیات/ فرآیند

process engineering
مهندسی فرایند تولید؛ مهندسی مراحل عملیات؛ برنامه ریزی تولید
☞ *production planning*

process evaluation
ارزشیابی فرآیند (آموزش، تولید و ...)

process flow sheet
برگ جریان عملیات

process industry
صنعت آماده سازی

processing tax
مالیات ساخت؛ مالیاتی که بر ساخت و تولید بعضی کالاها وضع می شود؛ مالیات بر ارزش افزوده

process loyout
نحوهٔ استقرار بر اساس فرایند؛ نحوهٔ استقرار تجهیزات و ماشین آلات تولید بر اساس نوع کاری که انجام می دهند

processor
پردازشگر؛ واحد پردازش مرکزی؛ پروسسور
☞ *control processing unit*

process planning
برنامه ریزی فرایند تولید؛ برنامه ریزی تولید

process variation
تغییرات فرآیند تولید

proclaim
ابلاغ کردن؛ اعلام کردن؛ اعلامیه صادر کردن؛ منتشر کردن؛ انتشار دادن؛ به رسمیت شناختن

proclamation
اعلامیه؛ اعلان؛ آگهی؛ ابلاغ؛ بیانیه

procès-verbal (Fr)
صورت مجلس؛ صورت جلسه؛ گزارش کتبی

proctor
وکیل قانونی؛ ناظر؛ نایب؛ مباشر؛ نماینده؛ نظارت کردن؛ بازرسی کردن؛ سرپرستی کردن؛ به وکالت عمل کردن

proctorial regulations
مقررات مربوط به بازرسی و سرپرستی

proctorization
نظارت؛ وکالت؛ تولیت

proctorize
تحت سرپرستی یا نظارت قرار دادن؛ وکالت کردن؛ نظارت کردن

procuration
وکالت

procuration, commercial
قائم مقام بازرگانی

procuration fee/money
حق دلالی برای تحصیل قرضه یا وثیقه گذاری سهام؛ حق دلالی در معاملات استقراضی یا رهنی؛ حق تحریر اسناد رسمی

procuratorate
وکالت؛ نمایندگی؛ نظارت بر هزینه؛ تصدی امور مالی

procurement
تهیه؛ تدارک؛ خرید؛ دلالی

procurement planning
برنامه‌ریزی خرید

produce
محصول؛ فرآورده؛ تولید کردن؛ ساختن

producer goods
کالاهای سرمایه‌ای؛ کالاهای صنعتی؛ کالاهای مولد
☞ *industrial goods*

producer market
بازار مولد؛ بازار صنعتی
☞ *industrial market*

producer price
قیمت تولیدکننده

producers' cooperative
تعاونی تولیدکنندگان

producers cooperative company
شرکت تعاونی تولید (کنندگان)

product
محصول؛ بازده

product departmentalization
تقسیم ادارات بر مبنای محصول؛ سازماندهی بر مبنای تولید

product development
توسعهٔ محصول؛ بهبود محصول

product differentiation
ایجاد تنوع در تولید؛ ایجاد تمایز در تولید

product, gross domestic (GDP)
تولید ناخالص داخلی

product, gross national (GNP)
تولید ناخالص ملی

production
تقدیم؛ تسلیم؛ ارائه؛ استخراج؛ تولید؛ تولیدی؛ فرایند تولید؛ محصول
☞ *output*

production and manufacturing
تولید و ساخت

production and planning committee
کمیتهٔ تولید و برنامه‌ریزی

production bonus

جایزهٔ تولید؛ پاداش تولید

production centers

مراکز تولید

production complex

مجتمع تولیدی

production control

کنترل تولید؛ نظارت بر تولید

production cost

هزینهٔ تولید

production department

بخش تولید

production efficiency

قابلیت تولید؛ توانایی تولید؛ کارآیی/بازدهی تولید

☛ *production inefficiency*

production executive

مدیر تولید

production facilities

امکانات تولید

production fit

سازگاری تولید؛ قابلیت تطبیق تولید

production line

خط تولید

production management

مدیریت تولید

production of documents

ارائه اسناد؛ تهیهٔ اسناد

production oriented

تولیدگرا:

به یکی از شیوه‌های رهبری و مدیریت اشاره دارد که طی آن رهبر گروه بیش از عوامل دیگر، نسبت به تولید واحد تحت نظارت خود توجه دارد و عوامل انسانی محیط کار را در درجهٔ دوم اهمیت قرار می‌دهد.

production planning

برنامه‌ریزی تولید

production process evaluation

ارزشیابی فرایند تولید

production sharing

مشارکت در تولید

production shop

کارگاه تولیدی

production transfer

انتقال کارگر تولیدی

productive labor

کار مولد؛ کار مفید؛ کار تولیدی

productive units

واحدهای تولیدی

productive work

کار مولد؛ کار تولیدی

productivity

قدرت تولید؛ بهره‌وری:

در روانشناسی صنعتی منظور از بهره‌وری، اندازه یا معیاری است که برای نشان دادن راندمان (ستاده) اثربخش یک نظام به کار گرفته می‌شود.

productivity ageement

قرارداد بهره‌وری؛ موافقت نامهٔ بهره‌وری:

منظور از قرارداد بهره‌وری، تشویق اتحادیه‌های کارگری به کنار گذاشتن روشهای بدون بازده در مقابل افزایش دستمزد است

productivity association

انجمن بهره‌وری

productivity bargaining

Productivity (DEP), 574 professional manager

پیمان جمعی بهره‌وری؛ مذاکره جمعی بهره‌وری

Productivity (DEP), Department of Employment and

سازمان امور استخدامی و بهره‌وری

productivity efficiency

تأثیر بهره‌وری؛ کارآیی بهره‌وری

productivity incentive

انگیزهٔ بهره‌وری

productivity measurement

سنجش بهره‌وری

productivity report

گزارش بهره‌وری

product layout

نحوهٔ استقرار بر اساس نوع تولید

product liability laws

قوانین مسؤولیت ناشی از تولید

product life cycle (PLC)

چرخهٔ عمر محصول

product manager

مدیر تولید

product market

بازار محصول

product mix

نمونه محصولات، ترکیبی از محصولات؛ مجموعه کالاهای انتخابی شرکت جهت عرضه به بازار

product, net domestic (NDP)

تولید خالص داخلی

product, net national (NNP)

تولید خالص ملی

product obsolescence

از رده خارج شدن محصول؛ منسوخ شدن محصول؛ از مد افتادن کالایی به علت عرضهٔ محصول جدید به بازار

product pattern

الگوی تولید؛ الگوی سازمانی بر مبنای تولید

product planning

برنامه‌ریزی تولید

product positioning

جایگاه خاص به محصول دادن؛ هم سنجی فرآورده‌ها

product reliability

قابلیت اطمینان محصول

products, domestic

محصولات داخلی

products, home

تولیدات داخلی

products market equilibrium

تعادل بازار برای محصولات / فرآورده‌ها

products, nonpetroleum

فرآورده‌های غیر نفتی

profession

حرفهٔ تخصصی؛ کار تخصصی

professional attitude

(در مدیریت آموزش) نگرش / تفکر حرفه‌ای

professional institute

مؤسسهٔ حرفه‌ای؛ انستیتوی تخصصی

professional liability insurance

بیمهٔ تعهدات شغلی

professional management

مدیریت تخصصی

professional manager

مدیر حرفه‌ای

professional partnership
شرکت غیر تجاری (متشکل از افراد متخصص در یک حرفه)؛ شرکت تخصصی

professional recruitment
جذب نیروی انسانی متخصص؛ تأمین نیروی انسانی فنی و حرفه‌ای

proficiency test
آزمون مهارت

profiling systems
روش نیمرخ عوامل خاص در شغل

profit
سود؛ منفعت؛ نفع؛ فایده؛ بهره؛ بهره بردن

profitability
(قابلیت سودآوری)؛ سوددهی

profitability index
شاخص سوددهی

profitable
سودآور؛ پر منفعت؛ سودمند

profit and loss
سود و زیان

profit and loss account
حساب سود و زیان

profit and loss statement
صورت حساب سود و زیان

profit center
مرکز سود؛ واحد مستقل سودآور

profit-conscious style
(در گزارش بودجهٔ مدیریت) شیوه / روش سودآوری

profiteering
سودجویی؛ گرانفروشی

profit, gross
سود ناخالص / ناویژه

profiting
انتفاع

profit margin
حاشیهٔ سود؛ نسبت سود به درآمدها

profit maximization
بیشینه کردن سود؛ به حداکثر رساندن سود

profit, net
سود خالص / ویژه

profit, operating
سود عملیاتی

profit organizations
سازمانهای انتفاعی

profit plan
طرح سود

profit planning
برنامه‌ریزی سود

profit, retained
سود تقسیم نشده

profit sharing
مشارکت در سود؛ سهیم کردن کارگران در سود

profit-sharing plans
طرح‌های سهیم شدن کارگران در سود (کارخانه‌ها)

profit squeeze
فشردگی سود

profit tax
مالیات منافع

profit, trading
سود بازرگانی؛ سود حاصل از تجارت

profit, undistributed
سود تقسیم نشده؛ سود توزیع نشده

profit, unrealized

سود تحقق نیافته

profit volume chart

نمودار حجم سود

profit, windfall

سود بادآورده؛ سود غیر مترقبه

profit, year-end

سود پایان سال مالی؛ سود پایان دوره

pro-forma

پیش فاکتور؛ فاکتور اولیه؛ پروفرما

pro forma invoice

صورت حساب اولیه؛ پرو فرما؛ صورت کالا همراه قیمت پیشنهادی؛ صورت اعلام بها؛ پیش فاکتور

program (var. programme)

برنامه؛ برنامهٔ کامپیوتر؛ برنامه‌نویسی؛ برنامه نوشتن

program change

تغییر برنامه

programme (var. program)

برنامه؛ طرح؛ برنامه‌ریزی کردن

program evaluation and review technique (PERT)

فن ارزیابی و بازنگری برنامه

☞ *PERT*

program flow chart

نمودار مسیر برنامه؛ نمودار عملیات

☞ *flow chart*

program logic controller (PLC)

کنترل کنندهٔ برنامه‌های تولید

programme budgeting

بودجه‌بندی برنامه‌ای

programmed decision

تصمیم برنامه‌ریزی شده

☞ *non-programmed decision*

programmed instruction (PI)

آموزش برنامه‌ریزی شده؛ آموزش برنامه‌ای

☞ *programmed learning*

programmed learning (PL)

یادگیری برنامه‌ریزی شده؛ فراگیری برنامه‌ای؛ یادگیری برنامه‌ای

☞ *programmed instruction*

programmed methods

روشهای برنامه‌نویسی شده

programmed safety inspection

بازرسی برنامه‌ریزی شدهٔ ایمنی

Programme for Research and Development in Information Technology

برنامهٔ استراتژیک اروپا برای پژوهش و تکنولوژی اطلاعاتی

programmer

برنامه‌نویس (کامپیوتر)

programming, integer

برنامه‌ریزی عدد صحیح

programming language

زبان برنامه‌نویسی

programming, linear

برنامه‌ریزی خطی

programming, mixed integer

برنامه‌ریزی مختلط

programming, non-linear

برنامه‌ریزی غیر خطی

programming problem

program of work

مشکل تخصیص منابع
☞ allocation problem

program of work
صورت کارها؛ برنامهٔ کار

progress chaser
پیگیر؛ دنبال کنندهٔ پیشرفت کار

progress chasing
پیگیری پیشرفت کار

progressive
در حال پیشرفت؛ مترقی؛ تدریجی؛ تصاعدی

progressive income tax
مالیات بر درآمد تصاعدی (مالیاتی که با افزایش درآمد نرخ آن نیز بالا میرود)

progressive tax
مالیات تصاعدی

progress payments
پرداختهای تدریجی

prohibited
ممنوعه؛ تحریم شده

prohibitive tax
مالیات بازدارنده (مالیات سنگین که امر صادرات و واردات کالا را مشکل میسازد)

prohibit (n. prohibition)
منع کردن؛ تحریم کردن؛ نهی کردن؛ قدغن کردن

project
طرح؛ پروژه

project buyer
خریدار پروژه

project finance
تأمین مالی پروژه:
در صورتی که کشور میزبان بخواهد بهای سرمایهگذاری را پس از بهرهبرداری و به صورت

ارز پرداخت نماید، میتواند از روش «تأمین مالی پروژه» استفاده کند. در این روش سعی میشود در زمینههایی سرمایهگذاری به عمل آید که کالای تولید شده حتماً صادر شود و در خارج از کشور نیز بازار خوبی داشته باشد تا بدین طریق از محل آن نیازهای ارزی سرمایهگذار طبق قرارداد تأمین گردد.

project management
مدیریت طرح؛ مدیریت پروژه؛ مدیریتی که مسؤولیت برنامهریزی، اجرا و کنترل یک پروژه را عهدهدار است

project management techniques
روشهای مدیریت پروژهای

PROLOG
زبان پرولوگ؛ یکی از زبانهای سطح بالای کامپیوتر

prolongation of treaty
تمدید مدت معاهده

prominent position
مقام/موقعیت برجسته؛ شغل/پست مهم

promise, break one's
پیمان شکنی کردن

promisee
متعهدله

promiser
متعهد

promise, written
قولنامه

promisor
متعهد؛ قول دهنده

PROMIS (project management information system)

promissory note
نظام اطلاعات مدیریت پروژه/ طرح

promissory note
سفته؛ سند وعده‌دار؛ سند التزامی
☞ *note of hand*

promissory note, to lift
پرداخت وجه سفته یا تبدیل مدرک دین

promo
آگهی تبلیغاتی؛ فعالیت تبلیغاتی؛ تبلیغاتی

promote mutual understanding and respect among members
افزایش درک و احترام متقابل بین اعضاء (سازمان)

promotion
ترفیع؛ ارتقاء؛ پیشرفت؛ پیشبرد؛ ترقی؛ تبلیغ تجاری؛ تبلیغ فروش؛ آگهی تبلیغاتی؛ تبلیغات

promotional mix
برنامهٔ تبلیغاتی؛ ترکیب روشهای تبلیغ فروش
☞ *communications mix*

promotion, earn
ترفیع گرفتن

promotion, gain
ترفیع گرفتن

promotion, horizontal
ترفیع افقی

promotion money
دستمزدی که به مؤسسین شرکت در ازای خدماتشان پرداخت می‌شود

promotion, sales
تبلیغ برای فروش؛ افزایش فروش

promotion, vertical
ترفیع عمودی

promotion, win
ترفیع گرفتن

promulgate
منتشر کردن؛ انتشار دادن قانون؛ (قانون جدید یا حکمی را) رسماً اعلام کردن؛ اشاعه دادن؛ ترویج کردن

promulgation
اعلان؛ اعلام؛ انتشار رسمی؛ ترویج؛ صدور؛ اعلامیهٔ رسمی

promulgation of treaty
اعلام مفاد معاهده

proof of loss
دلیل و مدرک اثبات خسارت

proof of ownership
اثبات مالکیت

proof of title
سند مالکیت

propaganda
تبلیغ؛ تبلیغات

propaganda, calculated
تبلیغات حساب شده یا سنجیده

propaganda line
سیاست/ روش تبلیغاتی

propaganda system
نظام تبلیغاتی؛ سازمان تبلیغات

propaganda, vehicle of
وسیلهٔ تبلیغات

propagandist
مسؤول تبلیغات؛ مبلّغ

propagandize
تبلیغ کردن؛ تبلیغات کردن

propagate
تبلیغ کردن؛ اشاعه دادن؛ ترویج کردن

propagation	تبلیغ؛ اشاعه؛ ترویج
proper price	قیمت عادله / عادلانه
proper storage methods	روشهای صحیح انبارداری
property	دارایی؛ ملک؛ مال
property, intangible	دارایی غیر مادی؛ دارایی غیر ملموس
property, public	اموال عمومی؛ اموال دولتی؛ بیت‌المال
property, tangible	دارایی مادی؛ دارایی ملموس
property tax	مالیات بر مستغلات
proponent	طرفدار؛ پیشنهاد دهنده
proportional liability partnership	شرکت نسبی
proportional tax	مالیات نسبی
proportional value analysis	تحلیل ارزش نسبی
☞ usage - value classification	
proposal	پیشنهاد؛ طرح؛ طرح پیشنهادی
proposal, raise a	پیشنهادی را مطرح کردن
proposal, sweeping	پیشنهاد جامع
proposal, table a	پیشنهادی را برای بحث و بررسی ارائه دادن؛ پیشنهادی را مسکوت گذاشتن
proposal to the council, put a	پیشنهادی را جهت بررسی به شورا دادن
proposal to the vote, put a	پیشنهاد / طرحی را به رأی گذاشتن؛ در مورد پیشنهادی رأی مخالف دادن
proposal, vote down a	پیشنهاد / طرحی را رد کردن؛ به طرح یا پیشنهادی رأی مخالف دادن
proposal, vote for a	به طرح یا پیشنهادی رأی موافق دادن؛ پیشنهاد یا طرحی را پذیرفتن
Proposal was unanimously adopted.	پیشنهاد / طرح باتفاق آراء تصویب شد.
propose a motion	پیشنهاد کردن
proposition	پیشنهاد؛ طرح (پیشنهادی)؛ موضوع
propound	مطرح کردن؛ طرح کردن؛ ارائه کردن؛ پیشنهاد کردن
propounded	مطرح؛ طرح شده؛ مطروحه
propounder	پیشنهاد دهنده؛ مطرح کننده؛ طرح کننده
PRO (Public Relations Officer)	مسؤول روابط عمومی
pro rata alatinu	بر حسب نرخ

☞ **according to the rate**

prorogate

به تعویق انداختن؛ تمدید کردن مهلت؛ خاتمه بخشیدن

prorogation

تمدید؛ تعطیل؛ منحل کردن؛ منحل شدن

prorogue

به طور موقت تعطیل کردن؛ تعطیل کردن

proscribe (n. proscription)

منع کردن؛ تحریم کردن؛ ممنوع کردن؛ غیر قانونی اعلام کردن

prospect, in

در دست بررسی

prospectus

آگهی عرضهٔ سهام؛ اطلاعیهٔ عرضه برای فروش؛ بروشور؛ اطلاعیهٔ عمومی؛ آگهی؛ انتشار سهام

prosperity

رفاه؛ رونق

protect

حمایت کردن؛ محافظت کردن؛ بیمه کردن

protect a bill

(پرداخت) وجه براتی را تأمین کردن

protect home industry

حمایت از صنایع داخلی (از طریق وضع حقوق گمرکی سنگین بر واردات)

protection

حمایت (از محصولات داخلی)؛ محافظت؛ پشتیبانی؛ تأمین؛ پوشش (بیمه)

protection, equal

برخورداری مساوی از حمایت قانون

protectionism

حمایت از صنایع؛ سیاست حمایت از تولیدات داخلی؛ مکتب حمایت اقتصادی؛ سیستم حمایت از صنایع داخلی

protectionist

طرفدار حمایت از صنایع داخلی

protective duty

تعرفهٔ حمایتی؛ حقوق گمرکی حمایتی

☞ **protective tariff**

protective practice

اقدام حمایتی

☞ **restrictive practice**

protective tariff

تعرفهٔ گمرکی سنگین (برای واردات کالا به منظور حمایت از صنایع داخلی)؛ تعرفهٔ حمایتی:

تعرفه گمرکی که هدف از وضع آن حمایت از محصولات داخلی و جلوگیری از ورود کالاهای خارجی است.

☞ **protective duty**

protector

سرپرست؛ حامی؛ مدافع؛ طرفدار

protectorship

قیمومت؛ سرپرستی

protest

واخواست کردن؛ نکول کردن؛ اعتراض کردن؛ تظاهرات کردن؛ اعتراض؛ ایراد؛ واخواست؛ واخواهی؛ واخواست سفته؛ نکول برات؛ اعتراضیه

protestation

اعتراض؛ واخواهی؛ انکار ادعای طرف

protest for non-acceptance

اعتراض نکول

protest jacket

protocol | 581 | provisions of the agreement

اظهاریهٔ عدم صلاحیت
☞ *notice of dishonor*

protocol
تشریفات؛ پروتکل؛ تفاهم نامه؛ یادداشت تفاهم؛ توافق نامه؛ (پیش نویس) معاهده؛ موافقت نامه؛ مقاوله نامه؛ صورت جلسهٔ کنفرانس؛ خلاصهٔ مذاکرات؛ ثبت اسناد در دفتر اسناد رسمی؛ صورت جلسه تهیه کردن؛ تهیه کردن پیش نویس قرارداد

protocol department
ادارهٔ تشریفات

protocol, final
موافقت نامه نهایی؛ مقاوله نامه

protocolist
تهیه کنندهٔ مقاوله نامه؛ تهیه کنندهٔ صورت جلسه

protocol of signature
مقاوله‌نامهٔ امضا: سندی است که در آن امضای معاهده و نیز آنچه که در آن مورد نظر بوده از قبیل تضمین و الزامات هر یک از طرفین به طور مختصر ذکر می‌شود لیکن هیچ مطلبی اضافه بر محتوای اصلی معاهده در آن درج نمی‌شود

protract
تمدید کردن ؛ به تأخیر انداختن؛ طولانی کردن

provide
ذکر کردن؛ قید کردن؛ پیش بینی کردن؛ منظور کردن؛ تصریح کردن؛ در نظر گرفتن؛ تهیه کردن؛ آماده کردن

provided (that)
مشروط به این که؛ به شرطی که؛ به شرط این که

provide for
(در قانون) پیش بینی کردن؛ زمینهٔ قانونی برای اقدام بعدی را فراهم کردن

provide for in the budget
در بودجه پیش بینی کردن

provident fund
صندوق احتیاط

proving
محقق کردن؛ ارزش چیزی را اثبات کردن

provisional
موقت؛ مشروط

provisional agreement
موافقت (نامه) مشروط

provisional assignee
مدیر تصفیهٔ موقت (در مورد ورشکسته)

provisional contract
قرارداد موقت

provisional execution
اجرای موقت

provisional liquidator
مدیر تصفیهٔ موقت

provisional scrip
تصدیق موقت سهام

provision of contract
مفاد قرارداد؛ مواد قرارداد

provision of the law
نص قانون؛ مقتضیات قانون؛ مفاد قانون؛ منطوق قانون

provision(s)
مفاد؛ قید؛ شرط؛ مقررات؛ ماده؛ مواد؛ پیش‌بینی؛ تأمین

provisions governing contract
شرایط حاکم بر قرارداد

provisions of the agreement
مفاد موافقت نامه / قرارداد

proviso
شرط؛ قید؛ شرط ضمن عقد؛ شرط مندرج در سند

proximate damages
خسارت مستقیم

proximo
در ماه آینده

☞ *prox*

proxy
وکیل؛ وکالت؛ وکالت نامه؛ قایم مقام؛ نماینده؛ نمایندگی؛ نایب؛ نیابت

proxy, appoint as one's
به کسی وکالت دادن

proxy statement
نیابت نامه (برای حضور و دادن رأی در مجمع عمومی شرکت)

PR (public relations)
روابط عمومی

PSBR (public sector borrowing requirement)
نیازهای استقراضی بخش عمومی/ دولتی

PSD (primary standard data)
اطلاعات استاندارد اولیه

psychological inventory
بررسی روانی

psychological needs
نیازهای روانی: نیازهای انسان بر اساس طبقه بندی «مازلو» که آنها را به نیازهای روانی و نیازهای مادی تقسیم کرده است.

psychological price
بها/ قیمت مبتنی بر روان شناختی

☞ *charm price*

psychological pricing
قیمت گذاری روانی؛ قیمت گذاری روانشناختی

psychological success
موفقیت روانی: موفقیت روانی در مقایسه با شکست و ناکامی، زمانی بروز می‌کند که شخص بتواند تلاش و نیروی خود را در جهت هدف معینی که دستیابی به آن نیازهای درونی وی را ارضا می‌کند، هدایت نماید.

☞ *regression, failure*

psychological test
آزمون روانی

psychological testing
انجام آزمون روانی

psychomotor skills
مهارتهای روانی - حرکتی

public
عمومی؛ دولتی؛ ملی؛ عام؛ علنی

public administration
مدیریت دولتی؛ ادارۀ امور عمومی؛ ادارۀ امور دولتی

publication, controlled circulation
نشریه با شمارگان یا تیراژ محدود؛ ارسال نشریه برای گروهی خاص؛

public auction
مزایدۀ علنی

public authorities
مقامات دولتی؛ مراجع عمومی؛ مقامات اداری

public bodies
مؤسسات عمومی

public company 583 public relations committee

public company

شرکت عام؛ شرکت سهامی عام

public corporation

شرکت دولتی؛ شرکت سهامی عام؛ شرکت عمومی

public debts

بدهی دولت؛ دیون عمومی

public documents

اسناد دولتی؛ اسناد رسمی دولتی؛ اسناد غیر محرمانه؛ اسناد عادی

public domain

املاک دولتی؛ اموال عمومی

public endowment

وقف عام

public enterprise

مالکیت دولتی/ عمومی

public executives

مدیران دولتی

public finance

مالیهٔ عمومی

public funds

بیت‌المال؛ وجوه عمومی؛ خزانهٔ دولت

public interest

مصلحت عامه؛ منافع عموم

publicist

آژانس تبلیغاتی؛ متصدی تبلیغات؛ مدیر یا مسؤول تبلیغات؛ روزنامه نگار؛ نمایندهٔ مطبوعاتی

publicity

فعالیت تبلیغاتی؛ تبلیغات؛ تبلیغ؛ علنی بودن

publicity agent

نمایندهٔ مطبوعاتی؛ مسؤول تبلیغات؛ مدیر تبلیغات

publicity department

بخش تبلیغات

publicity machine

سازمان تبلیغاتی؛ فعالیتهای تبلیغاتی

public joint-stock company

شرکت سهامی عام

public liability

مسؤولیت مدنی و عمومی

public liability insurance

بیمهٔ تعهدات عمومی

public limited company

شرکت سهامی عام با مسؤولیت محدود

public loan

استقراض عمومی

public meeting

جلسهٔ عمومی

public offer

عرضهٔ عمومی سهام

public office

مقام دولتی؛ پست دولتی؛ سمت دولتی

public officer

مأمور دولت؛ کارمند دولت

public ownership

مالکیت دولتی

public policy

خط‌مشی عمومی

public print

نشریات؛ روزنامه‌ها

public property

اموال عمومی؛ اموال دولتی؛ بیت‌المال

public relations committee

public relations department 584 punctation

کمیتهٔ روابط عمومی

public relations department

ادارهٔ روابط عمومی

public relations officer

مدیر روابط عمومی؛ رئیس قسمت روابط عمومی؛ رئیس قسمت امور مطبوعاتی

public relations (PR)

روابط عمومی؛ تبلیغات:

روابط عمومی از اعمال مدیریت تلقی می‌شود که مستلزم ارزیابی و سنجش رفتار عامه مردم بوده و بر اساس همین سنجش باید خط مشی‌ها و برنامه‌های خود را طرح و تنظیم نماید. در واقع، روابط عمومی باید نهایت سعی و تلاش خود را در خصوص ایجاد حُسن تفاهم برای پذیرش افراد جامعه متمرکز نماید.

public responsibility

مسؤولیت اجتماعی

public sector

بخش عمومی؛ بخش دولتی

public sector borrowing requirement (PSBR)

نیاز استقراضی بخش دولتی

public servant

کارمند دولت

public service(s)

خدمت دولت؛ خدمات عمومی

public service (utility) corporation

شرکت خدمات عام‌المنفعه

public utilities

خدمات عام‌المنفعه؛ تسهیلات عمومی؛ خدمات شهری (از قبیل آب، برق، گاز، تلفن و غیره)؛

خدمات عمومی

public warehouse

انبار عمومی؛ انبار دولتی

☛ *private warehouse*

public welfare

رفاه عمومی

public works

تأسیسات دولتی؛ تأسیسات عام‌المنفعه

publish

اعلام کردن؛ به اطلاع مردم/ عموم رساندن؛ منتشرکردن؛ پخش کردن؛ انتشار دادن

pull

پارتی؛ نفوذ؛ پارتی بازی کردن؛ اعمال نفوذ کردن

pull-down menu

پنجرهٔ کشویی گزینه‌ها؛ لیست انتخاب بازشو (کشویی)

pull rank

اعمال نفوذ کردن؛ برای به دست آوردن چیزی از مقام و موقعیت استفاده کردن

pull the strings

پارتی بازی کردن؛ اعمال نفوذ کردن؛ پشت پرده رشته امور را در دست داشتن

pull the wires

پارتی بازی کردن؛ اعمال نفوذ کردن؛ پشت پرده رشته امور را در دست داشتن

pull, use

پارتی بازی کردن

punch card

(در کامپیوتر) کارت پانچ؛ کارت منگنه

punctation

پیش نویس مواد قرارداد

punctuality in one's engagement
دقت در اجرای به موقع تعهدات؛ عدم تخلف در انجام تعهدات

punishment
تنبیه؛ مجازات

punitive measures
اقدامات تنبیهی

purchase
خرید؛ خریداری کردن؛ ابتیاع نمودن

purchase, basket
خرید کلی بدون محاسبهٔ جزئیات

purchase by a deed
با سند خریدن

purchase contract
قرارداد خرید کالا

purchased material
مواد خریداری شده؛ مصالح خریداری شده

purchase order
سفارش خرید؛ برگ سفارش خرید؛ درخواست خرید

purchase price
قیمت خرید

purchaser
مشتری؛ خریدار؛ منتقل الیه
☞ *buyer*
☞ *vendee*

purchase requisitions
درخواستهای خرید

purchase requisitions on hand
درخواستهای خرید در دست اقدام

purchase tax
مالیات خرید (در مقابل مالیات فروش)
☞ *sale tax*

purchasing activities
امور خرید؛ فعالیتهای خرید

purchasing activities, management of
مدیریت امور خرید

purchasing agent
عامل خرید

purchasing deparrtment
قسمت خرید؛ دایرهٔ خرید
☞ *sales department*

purchasing, forward
پیش‌خرید؛ سلف خری
☞ *forward buying*

purchasing , just-in-time
خرید به موقع (اقلام مورد نیاز)

purchasing negotiation
مذاکرات خرید

purchasing performance
عملکرد خرید

purchasing performance measurement
ارزیابی عملکرد خرید
☞ *evaluation of purchasing performance*

purchasing power
قدرت خرید

purchasing power parity
نرخ نسبی مبادله (در مورد اسناد قابل مبادله)

purchasing power risk
ریسک قدرت خرید

Purdue tests

آزمونهای پردیو؛ مجموعه آزمونهای روانی که در ایالات متحده تهیه شده است

pure competition

رقابت کامل

pure interest

سود خالص؛ سود ویژه

pure line

(در سازمان) صف مطلق

pure monopoly

انحصار کامل

☞ *perfect monopoly*

pure profit

سود خالص

pure rent

کرایهٔ ابزار تولید

pure strategy

راهبرد ساده؛ استراتژی خالص؛ استراتژی مطلق

purge

پاک سازی؛ تصفیه؛ پاک سازی یا تصفیه کردن مخالفان

purpose

مقصود؛ منظور؛ هدف؛ مفاد

purpose departmentalization

تقسیم ادارات بر مبنای هدف/اهداف

☞ *process departmentalization*

purposeful

هدفمند؛ آرمان گرا

purpose of a contract

موضوع قرارداد

purpose of inspection

هدف بازرسی؛ منظور بازرسی

pursuant to

پیرو؛ طبق؛ به موجب؛ بر اساس؛ متعاقب

purview

حیطهٔ شمول (قانون)؛ متن اصلی (قانون) ؛ حیطهٔ کنترل

purview of the law

مواد اساسی قانون

push a pan

امور دفتری

push button factory

کارخانجات خودکار (الکترونیکی)

push, give somebody the

کسی را اخراج کردن

push money

پاداش تشویقی؛ پاداش کوشش زیاد

put and call

بیع خیاری

put an embargo

تحریم کردن

put a proposal to the vote

پیشنهادی را به رأی گذاشتن؛ در مورد پیشنهادی رأی گیری کردن

put a question to the vote

موضوعی را به رأی گذاشتن

put back

به تعویق انداختن؛ به عقب انداختن

put before

(طرحی را) برای بررسی ارائه دادن؛ اولویت قایل شدن؛ مقدم داشتن

put forward

پیشنهاد دادن؛ پیشنهاد کردن؛ مطرح کردن

put forward a proposal

پیشنهاد دادن؛ طرح دادن

put in an execution

به اجرا گذاشتن؛ توقیف کردن

put in pledge

گرو گذاشتن

put in the picture

در جریان گذاشتن؛ مطلع کردن

put into effect

اجرا کردن؛ به مورد اجرا گذاردن

put into force

به مورد اجرا گذاشتن؛ اجرا کردن

put into liquidation

تصفیه کردن؛ منحل کردن

put off

به وقت دیگر موکول کردن؛ به تعویق انداختن

put off a meeting

جلسه‌ای را به وقت دیگر موکول کردن

put one's foot down

قاطعانه عمل کردن

put one's signature to a letter

نامه‌ای را امضا کردن

put on ice

بلاتکلیف گذاشتن؛ معوق گذاشتن

put option

اختیار فروش

put out

صادر کردن؛ منتشر کردن؛ پخش کردن (از رادیو یا تلویزیون)

put out for public tender

مناقصه را اعلام کردن

put the law into force

قانون را اجرا کردن

put the seal of approval

تأیید کردن؛ تصدیق کردن؛ مهر تأیید زدن؛ صحه گذاردن

put through

تصویب کردن؛ به تصویب رساندن قانون یا لایحه؛ گذراندن

put to rights

سر و سامان دادن

☞ *set to rights*

put to the vote

با اخذ رأی تصمیم‌گیری کردن؛ رأی‌گیری کردن؛ به رأی گذاشتن

put up (for)

در نظر گرفتن؛ پیشنهاد کردن؛ (برای پُستی) نامزد شدن؛ کاندید شدن

put up for sale

به معرض فروش گذاشتن

PV (present value)

ارزش کنونی

pyramidal structure

ساختار هرمی (در مورد سازمانها)

pyramid of knowledge

هرم دانش

pyramid selling

فروش هرمی

Q / q

QA (quality assurance)

تضمین کیفیت؛ تضمین کیفی

QB (Queen's Bench)

(در انگلستان) دادگاه عالی؛ دیوان عالی

QC (quality control)

کنترل کیفیت؛ کنترل کیفی

QC (Queen's Counsel)

(در انگلستان) وکیل مدافع؛ وکیل دعاوی

Q-sort

مجموعهٔ اطلاعات شخصیتی

quadratic function

تابع درجهٔ دوم

quadratic programming

برنامه‌نویسی درجهٔ دوم

quadruple agreement

قرارداد چهار جانبه

quadruple pact

پیمان چهار جانبه

qualification, possessing the necessary

واجد شرایط لازم بودن

qualification(s)

شرایط احراز (شغل و غیره)؛ صلاحیت؛ شرایط لازم

qualification shares

سهام ضمانت

qualified

واجد شرایط؛ واجد صلاحیت؛ صاحب صلاحیت؛ واجد اهلیت؛ مشروط؛ مقید؛ محدود

qualified acceptance

تبولی مشروط

qualified-circulation journal

روزنامه با تیتراژ محدود؛ روزنامه با شمارگان کنترل شده

☞ ***controlled-circulation journal***

qualified endorsement

ظهرنویسی مشروط

qualified prospect

مشتری واجد شرایط

qualified worker

کارگر واجد شرایط

qualify

واجد شرایط بودن/ شدن؛ واجد شرایط کردن؛ محق بودن؛ استحقاق پیدا کردن؛ حق دادن؛ دورهٔ آموزش را با موفقیت گذراندن؛ آموزش دیدن؛ فارغ‌التحصیل شدن؛ تعدیل کردن؛ اصلاح کردن؛ محدود کردن

Q

qualifying exam

آزمون صلاحیت

qualifying period

زمان احراز

➔ *waiting period*

qualitative factor

عامل کیفی؛ متغیر کیفی

qualitative objectives

اهداف کیفی

☛ *quantitive objectives*

quality

کیفیت

quality assurance (QA)

تضمین کیفیت؛ تضمین کیفی

quality circles

گروههای کنترل کیفیت ؛ حلقه‌های کیفیت؛ گروههای کارشناسی

☞ *quality control circles*

quality control chart

نمودار کنترل کیفیت

quality control circles

گروههای کنترل کیفیت

☞ *quality circles*

quality control engineering technology

تکنولوژی مهندسی کنترل کیفیت (تولید)

quality control (QC)

کنترل کیفیت؛ کنترل کیفی؛ نظارت بر کیفیت

quality control report

گزارش کنترل کیفیت

quality manual

نظامنامهٔ کیفیت

quality market

بازار کیفی

quality of information flow

کیفیت گردش اطلاعات

quality of work

کیفیت کار

quality of worklife

کیفیت زندگی کاری؛ کیفیت شغلی

quality planning

برنامه‌ریزی کیفیت

quality system

نظام کیفیت

quango

سازمان غیر دولتی نیمه مستقل

quantitative factor

عامل کمی؛ متغیر کمی

quantitative objectives

اهداف کمی

☛ *qualitative objectives*

quantitative school

مکتب کمی؛ مکتب جدید اندیشه‌های مدیریت که در آن تئوریهای مدیریت به صورت فرآیندها و الگوهای ریاضی ارائه می‌شوند

quantity discount

تخفیف قیمت برای خرید کلی

quantity theory

نظریهٔ مقداری پول

➔ *liquidity trap*

➔ *marginal propensity to invest*

quantum meruit (Lat)

به اندازهٔ استحقاق

☞ *as much as merited*

quantum of damages
میزان خسارت
☞ *quantum damnificatus*

quartile
چارک؛ چهاریک

quartile deviation
انحراف چارک

quash
نقض کردن؛ باطل کردن؛ لغو کردن؛ رد کردن

quasi-contract
شبه عقد؛ شبه قرارداد؛ تعهدی که بدون عقد قرارداد ایجاد می‌شود؛ اقدام کاملاً ارادی شخصی که در مقابل شخص دیگری متعهد می‌شود مانند استیفای حقوق دیگران

quasi-loan
شبه وام

quasi pablic company
شرکت شبه دولتی

quasi-professional organization
سازمان شبه تخصصی؛ سازمان شبه حرفه‌ای

quasi-public institution
مؤسسه نیمه دولتی؛ سازمان نیمه خصوصی

Queen's Bench (QB)
(در انگلستان) دادگاه عالی؛ دیوان عالی

Queen's Counsel (QC)
(در انگلستان) وکیل مدافع؛ وکیل دعاوی

question
سؤال؛ موضوع؛ مسأله؛ پرسش؛ تحقیق کردن؛ پرسش کردن؛ مورد تردید قرار دادن؛ سؤال کردن؛ اعتراض کردن

question, crucial
مسأله مهم

questionnaire
پرسشنامه؛ نامه‌ای که خواهان کسب اطلاع پیرامون موضوعی باشد

question the validity of a contract
اعتبار قانونی قراردادی را مورد تردید قرار دادن

queud access method
روش دستیابی صفی؛ روش دستیابی نوبتی

queue
صف انتظار
☞ *waiting line*

queueing theory
نظریهٔ صف انتظار

queueing time
زمان انتظار؛ مدت زمان انتظار در یک صف

qui aprobat non reprobat
نکول بعد از قبول مسموع نیست (در اسناد تجاری)

quick asset
دارایی سیال؛ دارایی قابل نقد شدن؛ دارایی قابل نقدینگی؛ داراییهایی که می‌توان آنها را در کوتاه مدت به پول نقد تبدیل کرد
→ *liquidity*

quick fix
راه‌حل مقطعی

quick ratio
نسبت سریع؛ نسبت قدرت پرداخت؛ نسبت داراییهای نقدی به بدهیهای جاری
☞ *acid-test ratio*

quieseing
توقف دستگاه

quiet enjoyment, covenant of

quietly effective behavior 591 quoted price

شرط مندرج در اجاره نامه یا سند انتقال مبنی بر تضمین استفاده بلامعارض و بدون مزاحمت از ملک؛ واگذاری مطلق

quietly effective behavior

رفتار آرام و مؤثر

quiet title

مالکیت بی دردسر؛ مالکیت قانونی

quinary

کد عددی

→ *binary*

quit

دست از کار کشیدن؛ رها کردن کار؛ تسویه کردن؛ ترک کردن؛ استعفا دادن

quit premises

تخلیه کردن مورد اجاره

quittance

مفاصا حساب

☞ *acqittance*

quorum

حد نصاب اعضای حاضر؛ اعضای ثابت کمیته

quota

سهمیه؛ سهم

→ *sales quota*

quota, import

سهمیه واردات

quota, impose a

سهمیه تعیین کردن

quota, lift a

سهمیه‌بندی را لغو کردن

quota restriction

محدودیت سهمیه

quota, sales

سهمیهٔ فروش

☞ *sales quota*

quota sampling

نمونه‌گیری سهمیه‌ای؛ نمونه‌گیری طبقه‌ای

quota system

سیستم/نظام سهمیه‌بندی

quotation

فهرست بها؛ استعلام بها؛ مظنه؛ برآورد؛ نرخ خدمات؛ قیمت سهام یک شرکت که در بورس سهام پذیرفته شده است

quote

قیمت دادن؛ مظنه دادن/کردن؛ اعلام بها کردن؛ استعلام کردن

→ *quotation*

quoted

مظنه شده؛ فهرست شده

quoted company

شرکت ثبت شده در بورس

☞ *listed company*

quoted price

بهای اعلام شده؛ بهای مظنه شده

R / r

rabble hypothesis
فرضیهٔ گروه بی‌نظم:
نظریهٔ انگیزش که بر اساس آن رفتار هـر یک از اعضای گروه بر علیه نفع شخصی آنان قرار داشته و به این ترتیب نظم گروه به صورت یک جمع بی‌نظم در می‌آید. این نظریه با بیشتر اندیشه‌های جامعه شناسی که رفتار فرد در گروه را متأثر از منافع اعضای دیگر می‌دانند در تضاد است.

rack jobber
عمده فروش امانی

rack jobbing
عمده فروشی امانی

rack rent
اجارهٔ سنگین؛ اجارهٔ گزاف

rackteering
اخاذی؛ باج‌گیری

radical changes
تغییرات اساسی؛ تغییرات کلی

radio interview
مصاحبهٔ رادیویی

rag business /trade
تجارت کالای تابع مد

raid
هجوم در بازار اوراق بهادار؛ تهاجم عضوگیری؛
تهاجم استخدامی

raiding
تهاجم استخدامی

rail strike
اعتصاب کارکنان راه‌آهن

raise
ترفیع دادن؛ افزایش دادن؛ افزایش حقوق یـا دستمزد؛ افزایش ارزش اسمی اوراق بهادار

raise a mortgage
رهن کردن؛ ابتیاع کردن

raise an embargo
تحریم را لغو کردن
☞ *remove an embargo*

raise a proposal
پیشنهادی را مطرح کردن

raise funds
پول تهیه کردن

rake-off
رشوه؛ حق و حساب؛ پول غیر مجاز

rally
جلسهٔ عمومی؛ تجدید سازمان کردن

RAM (random access memory)
حافظه با دستیابی تصادفی/دلخواه

random acces

random access memory (در کامپیوتر) دستیابی تصادفی؛ دستیابی مستقیم

random access memory (RAM)
حافظه با دستیابی تصادفی / دلخواه

random access storage
انباره با دستیابی دلخواه
☞ *random access memory*

random demand
تقاضای تصادفی

random numbers
اعداد تصادفی

random sample
نمونهٔ تصادفی

random sampling
نمونه‌برداری تصادفی؛ نمونه‌گیری تصادفی

rank
رتبه؛ درجه؛ مقام؛ مرتبه؛ درجه‌بندی کردن؛ طبقه بندی کردن؛ (در حقوق اسکاتلند) در فهرست دعاوی ورشکسته به ترتیب اسم نوشتن

rank a claim
ادعای خود را در فهرست طلبکاران تاجر ورشکسته وارد کردن

rank a mortgage
مرتبهٔ رهن

rank and file
کارکنان سازمان، افراد غیر مدیر؛ افراد عادی / ساده

rank as creditor in the estate of bankrupt
داخل در غرمه شدن

ranking
رتبه‌بندی؛ درجه‌بندی؛ ارشد؛ مقام؛ موقعیت

ranking method
روش رتبه‌بندی؛ روش درجه‌بندی؛ روشی در ارزشیابی شغل که بر اساس آن مشاغلی را که باید ارزیابی شوند، بر اساس نظامی ثابت درجه بندی می‌کنند

rank, pull
اعمال نفوذ کردن؛ از مقام و موقعیت استفاده کردن

rank worker
کارگر عادی؛ کارگر ساده

rapid appraisal
ارزیابی سریع

rapidly rotating shift system
نظام نوبت کاری چرخشی سریع

rapport
رابطهٔ فروشنده و مشتری؛ رابطهٔ نزدیک

RA (relaxation allowance)
زمان مجاز برای استراحت

ratable
قابل ارزیابی؛ قابل تقویم؛ مشمول مالیات

rate
نرخ گذاشتن؛ ارزیابی مالیاتی کردن؛ مشمول مالیات قرار دادن؛ درجه‌بندی کردن؛ طبقه بندی کردن؛ نرخ؛ تعرفه؛ میزان؛ هزینه؛ قیمت؛ بها؛ (در بیمه) هزینهٔ یک واحد ؛ (در جمع) عوارض شهرداری؛ (در انگلستان) مالیات بر مستغلات

rate, bank
نرخ بهرهٔ بانکی

rate, base
نرخ پایه

rate, birth
ضریب افزایش جمعیت؛ نرخ رشد (جمعیت)

rate-buster	نرخ شکن
rate card	تعرفهٔ آگهی
rate cutting	کاهش مأخذ/مبنای دستمزد
rate, depreciation	نرخ استهلاک
rate discrimination	تبعیض نرخ؛ ارائهٔ خدمات یکسان با قیمتهای مختلف
☞ price discrimination	
rate, exchange	نرخ ارز؛ نرخ مبادلهٔ ارز
rate-fixer	نرخ گذار
rate-fixing	نرخ گذاری؛ تعیین نرخ
rate-for-age scale	مقیاس نرخ بر مبنای سن
rate, hourly	نرخ ساعتی (کار)
rate of basic compensation	نرخ پایهٔ دستمزد
rate of exchange (var. exchange rate)	نرخ برابری ارز؛ نرخ مبادلهٔ ارز
rate, official exchange	نرخ رسمی ارز
rate of interest (var. interest rate)	نرخ بهره
rate of return	نرخ بازده؛ میزان بازده؛ میزان سود سرمایه‌گذاری نسبت به هزینه‌های انجام شده برای آن
rate of tax (var. tax rate)	نرخ مالیات
rate, par exchange	نرخ برابری ارز
rate payer	مالیات دهنده
rate, piece	نرخ واحد کار؛ قطعه کاری
rate setting	نرخ گذاری؛ تعیین نرخ؛ تعیین مأخذ دستمزد
☞ rate fixing	
rate, spot	نرخ روز؛ نرخ نقدی
rate, standard	نرخ متعارف؛ نرخ استاندارد
rate, tax	نرخ مالیاتی
rate variance	انحراف نرخ؛ تفاوت نرخ
rate, wage	نرخ دستمزد
rate war	جنگ قیمتها؛ رقابت منفی فروشندگان به منظور بیرون کردن رقیبان خود
ratification	تصویب؛ تصدیق؛ تأیید؛ عقدنامه؛ قرارداد
ratification, instruments of	اسناد دال بر تصدیق و تصویب (در زمینهٔ

ratifications معاهده و قرار داد و ...)

ratifications مصوبات

ratify
تأیید کردن؛ تصویب کردن؛ تصدیق کردن؛ صورت قانونی دادن به؛ تحقق بخشیدن به

rating
درجه‌بندی؛ رتبه‌بندی؛ تعیین درجه؛ ارزیابی؛ درجه؛ مقام؛ جایگاه؛ ظرفیت؛ نرخ عوارض شهرداری

rating, alphabetical
رتبه‌بندی الفبایی

rating, numerical
رتبه‌بندی عددی

rating, personality trait
رتبه‌بندی ویژگیهای شخصیتی

rating scale
مقیاس رتبه‌بندی؛ مقیاس درجه‌بندی؛ مقیاس ارزشیابی

ratio
نسبت؛ ضریب

ratio analysis
تحلیل نسبتها

ratiocination
استدلال منطقی؛ بحث منطقی؛ اثبات؛ قوهٔ استدلال

ratio-delay study
مطالعهٔ نسبت تأخیر؛ بررسی نسبت تأخیر

ration
سهمیه؛ جیره؛ جیره‌بندی کردن؛ سهمیه‌بندی کردن؛ سهمیه دادن؛ جیره دادن

rational choice theory
نظریهٔ انتخاب عقلایی

rationality
تعقل؛ تصمیم‌گیری عقلایی

rationalization
عقلایی کردن تولید؛ بهینه سازی

rational-legal authority
اختیار عقلایی - قانونی

rational management
مدیریت منطقی؛ مدیریت عقلایی: شیوه‌ای از مدیریت که از فنون کمی برای بهینه کردن نسبتهای ستاده به داده استفاده می‌کند.

rational man vs emotional man
تئوری انسان عقلایی در برابر انسان عاطفی: طرفداران این نظریه معتقدند که انسان فطرتاً قادر است اطلاعات مورد نیاز خود را به طور منظم جمع آوری و به دقت آنها را مورد تجزیه و تحلیل منطقی قرار دهد و از میان راه‌کارهای مختلف، راه‌کاری را که به نظرش عقلایی‌تر است با دقت انتخاب و از آن استفاده کند. در مقابل این نظریه، تئوری عاطفی انسان مطرح می‌شود مبنی بر اینکه افراد به شدت تابع عواطف خود که اغلب غیر قابل کنترل و ناخودآگاه است، می‌باشند.

ration book
دفترچهٔ جیره بندی ارزاق؛ دفترچه سهمیه‌بندی مواد غذایی؛ دفترچه بسیج اقتصادی

rationing
جیره‌بندی؛ سهمیه‌بندی قانونی؛ سهمیه؛ جیره

rat race
رقابت کور؛ مال اندوزی

rattening
محروم کردن کارگر فنی از ابزار کارش به منظور

Raven's progressive matrices
قالبهای پیش رونده ریون؛ ماتریسهای پیش رونده ریون

raw data
اطلاعات / داده‌های خام

raw materials
مواد اولیه؛ مواد خام؛ مصالح نخستین

raw score
نمرهٔ خام

R & D (Research and development)
تحقیق و توسعه؛ پژوهش و توسعه؛ در تدوین طرحهای استراتژیک (راهبردی)، تشکیل مراکز تحقیق و توسعه و سرمایه‌گذاری کلان در این زمینه و جذب متخصصان و محققان و ارج گذاشتن به مقام علم و تحقیق و پژوهشگران از ابزار اولیه و حیاتی طرحهای استراتژیک در صنعت می‌باشد.

reach a decision
تصمیم گرفتن؛ تصمیمی را اتخاذ کردن

reach an issue
به موضوعی رسیدگی کردن

reach a settlement
به توافق رسیدن؛ دست یافتن به توافق

reactive maintenance
روش تعمیر و نگهداری واکنشی (در مقابل نگهداری پیشگیری)؛ روشی که در آن تعمیر و سرویس بخشهای گوناگون کارخانه پس از وقوع خرابی انجام می‌گیرد
☞ *preventive meintenance*

reactive management
مدیریت واکنشی

read
بازیابی؛ خواندن؛ (در رایانه) دریافت اطلاعات

read only memary (ROM)
حافظهٔ تنها خواندنی

real accounts
حسابهای دایمی؛ حسابهای واقعی؛ حسابهایی در ترازنامه که در پایان دورهٔ مالی بسته نمی‌شوند
☞ *permanent accounts*

real estate
اموال / دارایی غیر منقول؛ مستغلات؛ معاملات املاک

real estate tax
مالیات بر مستغلات

realignment
سازماندهی جدید؛ تجدید سازمان؛ تجدید ساختار

real income
درآمد واقعی؛ درآمد قابل مصرف

real investment
سرمایه‌گذاری واقعی

realism
واقع‌گرایی؛ رئالیسم

realization
نقد کردن؛ تبدیل کردن به پول؛ نقدینه کردن؛ کسب منفعت؛ تبدیل دارایی به پول نقد

realize
تبدیل کردن به پول نقد؛ سود بردن (از سرمایه گذاری)؛ فروش رفتن (به مبلغ معین)؛ تحقق بخشیدن به؛ جامهٔ عمل پوشاندن؛ به دست

realized profit / آوردن

سود کسب شده؛ سود بدست آمده؛ سود حاصل شده؛ سود تحقق یافته

reallocation

تخصیص مجدد؛ تخصیص هزینه

☞ *reapportionment*

real money

پول واقعی؛ سکه

real party in interest

ذینفع واقعی

real price

بهای واقعی؛ قیمت واقعی

real profit

سود واقعی

real property

مستغلات؛ اموال غیر منقول؛ ملک

☞ *real estate*
☞ *immovable property*

real representative

قائم مقام حقیقی یا واقعی (از قبیل وارث متوفی یا مدیر ترکه نسبت به اموال غیر منقول متوفی)

real share

سهم عینی؛ سهم واقعی

real time

زمان واقعی

realty

دارایی غیر منقول؛ اموال غیر منقول؛ مستغلات

☞ *real estate*
☞ *real property*

real valaue of money

ارزش واقعی پول

real wages

دستمزد واقعی

reapportionment

تخصیص مجدد؛ تخصیص هزینه

☞ *reallocation*

reasonable price

بها یا قیمت عادلانه

reasonable profit

سود منطقی / عادلانه

reassess

مورد ارزیابی مجدد قرار دادن؛ بازنگری کردن

reassessment

ارزیابی مجدد؛ بازنگری

reassurance policy

قرارداد بیمهٔ اتکایی

rebate

بازپرداخت؛ برگشت وجه؛ استرداد وجه؛ تخفیف دادن؛ برگرداندن (مقداری از بهای پرداختی)؛ تنزیل؛ کسری؛ تخفیف؛ کاهش

rebut

رد کردن؛ مخالفت کردن؛ اعتراض کردن؛ تکذیب کردن

rebuttal

رد؛ تکذیب؛ ابطال؛ انکار؛ مخالفت؛ اعتراض

rebuttal evidence

سند یا مدرک معارض

recalcitrance

نافرمانی؛ لغو دستور؛ تمرد؛ سرپیچی

recalcitrant

نافرمان؛ متمرد

recall

مـعزول کـردن؛ لغـو کـردن؛ فـرا خـوانـدن؛ احضارکردن؛ فراخوانی؛ احضار؛ لغو مأموریت؛ عزل؛ دعوت مجدد به اشتغال

recant

اظهارات خود را تکـذیب کـردن یـا رسـماً پس گرفتن؛ انکار کردن؛ ترک کردن؛ مـنکر تـصمیم قبلی خود شدن؛ لغو کردن؛ فسخ کـردن؛ اظـهار ندامت کردن

recantation

انکار؛ تکذیب؛ اظهار ندامت

recapitalization

سرمایه گذاری مجدد؛ تغییر عـمده در سـاختار سرمایه

receipt

رسید؛ وصول؛ دریافت؛ وصولی؛ دریافتی؛ اخذ؛ قبض رسید؛ رسید دادن

receipt in full discharge

رسید برائت ذمه؛ مفاصاحساب

receivable

مطالبه؛ دریافتنی؛ قابل دریافت؛ قابل وصول

receivables

مطالبات

☞ *account receivable*

receive

دریافت کردن؛ وصول کردن؛ پذیرفتن؛ استقبال کردن

receive a bribe

اخذ رشوه؛ گرفتن رشوه

receiver

مدیر تصفیه؛ امین منصوب دادگاه؛ خـزانـه‌دار؛ گیرنده؛ دریافت کننده

receiver in bankruptcy

مأمور تصفیه امور ورشکسته

receivership

وضعیت شخص یا شرکت ورشکسته‌ای که برای آن مدیر تصفیه تعیین شده؛ جریان تعیین مدیر تصفیه

receiving a loan

استقراض؛ وام گرفتن

receiving order

حکم مـدیریت تـصفیه؛ حکـم انـتصاب مـدیر تصفیه؛ تقاضا یا اعلام ورشکستگی

☞ *petition in bankruptcy*

☞ *bankruptcy petition*

reception

پذیرش؛ دریافت؛ وصول

recess

تـعطیلی مـوقت (مـجلس، جـلسه یـا دادگـاه)؛ تنفس؛ تنفس دادن؛ به طور موقت تعطیل کردن

recession

کسادی؛ رکود اقتصادی

recipe

دستورالعمل؛ روش کار؛ نحوهٔ اجرا؛ طرز تهیه

recipient

دریافت کننده؛ گیرنده

reciprocal

متقابل؛ معوض؛ دو جانبه؛ دو طرفه

reciprocal agreement

توافق دو جانبه؛ قرارداد دو جانبه / دو طرفه

reciprocal buying

خرید متقابل

reciprocal contract

عقد معاوضی (عقد ملزم طرفین)

☞ *bilateral contract*

reciprocal obligation
تعهدات متقابل؛ تعهدات طرفین

reciprocal privilege
امتیاز متقابل

reciprocal trade
توافق دو جانبه برای از بین بردن موانع گمرکی از قبیل تعرفه و حقوق گمرکی

reciprocal trading
تجارت دو جانبه

reciprocal treaty
پیمان متقابل؛ معاملهٔ متقابل

reciprocal understanding
تفاهم متقابل

reciprocated
متقابل؛ دو طرفه

reciprocity
تقابل؛ معامله به مثل (امتیازاتی که دو دولت متقابلاً برای اتباع یکدیگر قایل می‌شوند)؛ عمل متقابل؛ رابطهٔ متقابل؛ خرید متقابل؛ خرید دو جانبه؛ دو سویه‌گی

recital(s)
گزارش، شرح؛ مطالب مقدماتی سند یا لایحه؛ توضیحات مقدماتی سند؛ تعریف یا نقل موضوع سند در آغاز آن؛ ذکر علت معامله یا عمل

reckon
حساب کردن؛ به حساب آوردن؛ تصفیه حساب کردن

reclaim
استرداد و پس گرفتن؛ اصلاح کردن؛ مطالبه کردن؛ باز پس خواستن؛ پس گرفتن؛ تقاضای اعادهٔ اموال متعلق به اتباع خود

reclaimable
قابل استرداد

reclaim tax
پس گرفتن مالیات پرداخت شده

reclamation
احیا؛ بازیافت؛ مطالبه؛ استرداد؛ پس گیری

reclassification
طبقه بندی مجدد

recognition
شناخت؛ تقدیر؛ شناسایی؛ به رسمیت شناختن؛ قدردانی

recognition test
آزمون بازشناسی: این آزمون معمولاً به صورت یک سؤال و چند گزینه ارائه می‌شود که آموزش گیرنده صرفاً باید گزینهٔ صحیح را تشخیص داده و علامت‌گذاری کند.

recognizance (recognisance)
التزام (نامه)؛ تعهدنامه؛ وجه‌الضمان؛ وجه التزام (جهت پرداخت بدهی)

recognize an obligation
تعهدی را قبول کردن؛ اعتراف کردن به تعهدی

recognized bank
بانک مجاز

recognizing the problem
شناسایی مشکل

recommend
توصیه کردن؛ پیشنهاد کردن؛ سفارش کردن؛ معرفی کردن

recommendation
معرفی؛ معرفی‌نامه؛ سفارش؛ توصیه؛ پیشنهاد

recommendation, give somebody a

recommendation, letter of 600 **reconveyance**

به کسی توصیه‌نامه دادن

recommendation, letter of

توصیه‌نامه

recommendatory note

پی نوشت

recommend corrective action

پیشنهاد اقدام اصلاحی کردن

recommended actions

اقدامات پیشنهادی

recommended alternatives

راه‌کارهای پیشنهادی

recommended corrective actions

اقدامات اصلاحی پیشنهاد شده

recommended retail price (RRP)

قیمت پیشنهادی خرده فروشی؛ مظنهٔ توصیه شده؛ بهای پیشنهادی

recompensation

جبران؛ عوض؛ غرامت

recompense

غرامت؛ خسارت؛ تلافی کردن؛ جبران کردن؛ عوض دادن

recompense, without

بلاعوض؛ غیر معوض

reconcile

تلفیق کردن؛ تطبیق دادن؛ سازش دادن؛ فیصله دادن؛ خاتمه دادن؛ هم آهنگ کردن؛ حل یا رفع کردن اختلاف؛ رفع و رجوع کردن

reconcile differences of opinion

اختلاف‌نظرها را رفع کردن

reconeiliation of accounts

تطبیق حسابها؛ رفع اختلاف از حسابها

reconciliation of two parties

مصالحهٔ دو طرف با هم؛ رفع اختلاف طرفین

reconcillation

تطبیق حساب؛ رفع اختلاف؛ آشتی؛ توافق؛ سازش؛ (در حسابداری) رسیدگی به اختلاف بین دو حساب و رفع اختلاف حسابها؛ (در روابط کار) رفع اختلاف و بهبود روابط کارگران و مدیران

reconsider (n. reconsideration)

تجدید نظر کردن؛ رسیدگی مجدد کردن؛ مورد تجدید نظر قرار دادن؛ دوباره بررسی کردن

reconstitute

بازسازی کردن ؛از نو سازماندهی کردن؛ تجدید سازمان نمودن؛ تغییر ساختار دادن

reconstituted

بازسازی شده؛ با سازماندهی جدید؛ با ساختار جدید

reconstitution

سازماندهی جدید؛ ساختار جدید

reconstruct

بازسازی کردن؛ تجدید سازمان نمودن؛ تغییر دادن

reconstruction

بازسازی؛ تجدید سازمان (شرکت یا مؤسسه)؛ اصلاحات سازمانی؛ نوسازی تشکیلاتی؛ (در قانون شرکتها) انحلال یک شرکت توأم با انتقال فعالیت بازرگانی و اقتصادی آن به شرکتی دیگر

reconvene

دوباره/ مجدداً تشکیل جلسه دادن

reconveyance

سند فک رهن

record

سابقه؛ پرونده؛ پیشینه؛ سند یا مدرک ثبت شده؛ گزارش؛ مجموعهٔ اطلاعات؛ ثبت؛ در دفتر بایگانی کردن؛ ثبت کردن؛ ضبط کردن؛ بایگانی کردن

record, bad

سوء پیشینه؛ سوء سابقه (کیفری)

record, clean

حسن سابقه؛ پیشینهٔ خوب

record, conveyance with

انتقال تهری

recorder

مسؤول ثبت اسناد؛ ثبّات؛ بایگان

recorder of mortgage

مسؤول امور رهنی

record of evidence

صورت مجلس

record of service

سابقهٔ خدمت

records

مدارک و اسناد

recoup a person for loss

خسارت کسی را جبران کردن

recoupment

خودداری از پرداخت دین به دلیل وجود علت قانونی (مانند تهاتر)؛ جبران؛ تلافی؛ تهاتر

recoup (var. recoupe)

کسر کردن؛ نگاه داشتن یا کسر کردن بخشی از بدهی (توسط بدهکار)؛ جبران کردن؛ تلافی کردن؛ تهاتر کردن؛ تهاتر ادعا؛ مستهلک کردن (بدهی یا هزینه)

☞ *counterclaim*

☞ *cross action*

☞ *cross-claim*

☞ *offset*

☞ *set-off*

recourse

رجوع به ضامن؛ حق تحصیل طلب از ضامن

recourse to arbitration

توسل به داوری

recourse, with

با حق مراجعه

recourse, without

بدون حق مراجعه (در مورد عدم پرداخت سفته یا برات) که در اسناد رسمی جهت سلب حق مطالبه خسارت از یکی از طرفین سند نوشته می‌شود

☞ *sans recours*

recover

دریافت کردن (خسارت)؛ وصول کردن؛ جبران کردن؛ اعادهٔ تصرف کردن؛ پس گرفتن

recoverable

قابل وصول؛ قابل جبران؛ قابل استرداد

recoverable amount

مبلغ قابل برگشت؛ مبلغ قابل جبران

recovery

جبران؛ جبران خسارت؛ دریافت خسارت مبلغ حکم؛ اعادهٔ تصرف؛ اعادهٔ حق؛ وصول؛ بازیافت؛ استرداد؛ بهبود؛ بهبود وضع؛ دریافت خسارت؛ (در بیمه) پول دریافتی یک شرکت بیمه از یک بیمه‌گر اتکایی؛ (در بورس سهام) افزایش قیمت سهام پس از دورهٔ کاهش قیمت

recovery, to seek

مطالبه کردن خسارت

recruit
کارمند جدید استخدام کردن؛ عضو جدید گرفتن؛ ثبت نام کردن عضو جدید؛ فراخواندن؛ بسیج کردن؛ تجدید قوا کردن؛ کارمند جدید الاستخدام

recruitment
استخدام؛ عضوگیری؛ کارمند یابی؛ جذب کارکنان؛ اقدام در جهت جذب افراد مناسب برای سازمان

recruitment advertising
انتشار آگهی برای استخدام

rectification
تصفیه؛ تصحیح سند بر اساس قصد واقعی طرفین؛ اصلاح؛ تصحیح؛ ترمیم

rectification of error
تصحیح خطا یا اشتباه

rectify (n. rectification)
اصلاح کردن؛ تصحیح کردن؛ ترمیم کردن؛ رفع کردن اشتباه
☞ *correct*
☞ *reform*

recuperate
جبران (خسارت) کردن

recuperation
جبران خسارت؛ رفع خسارت؛ استرداد

recur
دوباره مطرح شدن؛ مجدداً مطرح کردن

recurring costs (var. recurrent costs)
هزینه‌های متغیر؛ هزینهٔ عملیات
☞ *avoidable costs*
☞ *direct costs*

☞ *prime costs*
☞ *variable costs*

recusable obligations
تعهدات ناشی از ارادهٔ منعاملین

recycling
استفاده مجدد؛ بازیافت

red-circle rates
حقوق و دستمزد نامناسب

red clause credit
اعتبار دارای شرط قرمز؛ اعتبار ویژه؛ طبق این شرط که در اعتبارات اسنادی قید می‌شود به فروشنده اختیار داده می‌شود تا هر وقت مایل به برداشت از اعتبار باشد، صد در صد اعتبار را حتی قبل از ارسال کالا و بدون ارائه مدارک ارسال به بانک، دریافت کند. این اعتبار ناشی از اطمینان خریدار نسبت به درستکاری فروشنده و «اعتمادی» که لازمهٔ امور بازرگانی است می‌باشد

redeemable
قابل بازخرید؛ قابل ابتیاع؛ قابل نقد شدن؛ از گرو درآوردنی؛ آزاد شدنی

redeemable bond
اوراق قرضهٔ قابل بازخرید
☞ *callable bonds*

redeemable preference share
سهم ممتاز قابل بازخرید

redeemable share
سهم قابل بازخرید؛ سهم باز خریدنی

redeemable stock
سهم باز خریدنی؛ سهم قابل بازخرید

redeem a security
وثیقه‌ای را فک کردن

redeem mortgaged land
زمین رهنی را از گرو درآوردن

redeem (n. redemption)
بازخرید کردن؛ از رهن در آوردن؛ فک رهن کردن؛ مستهلک کردن وام؛ فروش سهام و اوراق بهادار؛ آزاد کردن؛ پرداختن یا پس دادن (قرض)؛ جبران کردن؛ از گرو درآوردن؛ وفا کردن به (عهد)
☞ *equity of redemption*

redeem of pledge
فک رهن

redeem one's promise
وفای به عهد کردن؛ به قول خود عمل کردن / وفا کردن

redefinition
تعریف مجدد

redemption
بازخرید؛ آزاد سازی؛ بیرون آوردن از رهن؛ فک رهن؛ خارج کردن دارایی از رهن پس از بازپرداخت وام؛ استرداد؛ تصاحب مجدد مال مرهونه پس از پرداخت دین خود؛ از گرو درآوری؛ پرداخت مالیات اراضی

redemption, equity of
حق فک رهن
☞ *redeem*

redemption of a loan
ادای دین؛ رهن

redemption of collateral
آزاد کردن وثیقه؛ فک رهن

redemption premium
جایزهٔ بازخرید؛ اضافه پرداختی جهت بازخرید

redemption yield
بازده کل

redeployment
باز به کارگیری؛ به کارگیری مجدد؛ نقل و انتقال شغلی؛ انتقال کارکنان از شغلی به شغل دیگر و ارائهٔ آموزش به آنان به دلیل تغییرهای تکنولوژیکی یا نیاز به مهارتهای جدید؛ تغییر محل خدمت؛ توزیع مجدد

red-green-blue monitor
صفحه نمایش رنگی
☞ *RGB monitor*

redhibition
خیار عیب؛ حق فسخ معامله از طرف خریدار

red ink
کسر بودجه؛ ضرر یا زیان

rediscount
تخفیف مجدد؛ تنزیل مجدد

red-lining
مستثنا کردن؛ با خط قرمز مجزا کردن

red-one
روز پر رونق؛ روز موفق؛ (در تجارت) روزی که از نظر فروش پر رونق است

re-draft
برات رجوعی

redress
جبران کردن؛ اصلاح کردن؛ ترمیم کردن؛ رفع کردن؛ رسیدگی کردن؛ تصحیح کردن؛ غرامت پرداختن؛ جبران؛ غرامت؛ جبران خسارت

redress for one's losses
جبران خسارت یا زیان کسی را کردن

red-ringing
نشاندار کردن؛ با علامت قرمز مشخص کردن؛ علامت قرمز کشیدن

red-tape
کاغذ بازی؛ تشریفات اداری به حد افراط؛ توجه بیش از حد به مقررات و تشریفات اداری؛ کندی؛ تأخیر؛ کندی و تأخیر در انجام دادن کار به دلیل کاربرد روشهای غیر مؤثر

red tapism
کاغذبازی؛ بوروکراسی؛ رعایت تشریفات اداری به حد افراط

red tapist
شخص مقرراتی؛ فردی که بیش از حد مقید به رعایت تشریفات اداری است

reduce
تقلیل دادن؛ تنزل دادن؛ کاهش دادن؛ تخفیف دادن؛ تبدیل یا تحویل کردن؛ تنزیل درجه کردن

reduced price
قیمت با تخفیف

reduce taxation
کاهش دادن مالیات

reduce to obedience
مطیع کردن

reduce to the ranks
تنزیل درجه کردن

reduce to writing
روی کاغذ آوردن؛ مکتوب نمودن

reduce unemployment
کاهش دادن نرخ بیکاری

reducing balance method
روش ماندهٔ نزولی

reducing subordinate motivation
کاهش انگیزهٔ زیردستان

reduction
کمبود؛ کاهش؛ نقصان؛ نقص؛ تخفیف؛ تبدیل؛ استحاله؛ تقلیل؛ جرح و تعدیل؛ تعویض

reduction of budget
کاهش بودجه

reduction of capital
کاهش سرمایه

redundancy
فزونی؛ مازاد؛ اضافی؛ زاید بودن؛ اضافی / مازاد بودن؛ وضعیتی که مؤسسه به دلیل شرایط اقتصادی و یا تغییرهای تکنولوژیکی، کارگران مازاد خود را اخراج می‌کند

redundancy payment
حقوق کارکنان مازاد بر احتیاج:
سازمانها طبق «قانون حمایت استخدامی» ملزم به تأمین حداقل امکانات برای کارمندان مازاد بر نیاز خود هستند.

☞ *Employment Protection Act*

redundancy payment (Brit)
وجوه پرداختی بابت انفصال از خدمت؛ حق سنوات خدمت

☞ *severance pay*

redundant
مازاد بر احتیاج (کارمند و کارگر و ...)؛ زاید؛ زیادی

re-endorsement
ظهرنویسی مجدد؛ پشت نویسی مجدد

re-entry
تملک مجدد؛ واگذاری مجدد؛ ثبت مجدد اقلامی در دفاتر حسابداری؛ اعادهٔ تصرف

re-exchange
برات رجوعی؛ مبلغی که دارنده برات ارزی نکول شده حق دارد از برات کش یا ظهرنویس

آن دریافت نماید؛ مبادله/تهاتر مجدد

refer

ارجاع کردن؛ رجوع کردن؛ مراجعه کردن؛ اشاره کردن؛ عطف کردن؛ استناد کردن

referable

قابل ارجاع؛ قابل اسناد؛ قابل مراجعه

referee

داور؛ حَکَم؛ کارشناس منصوب دادگاه؛ داوری کردن؛ قضاوت کردن

referee in bankruptcy

مدیر تصفیه (منصوب دادگاه)

reference

رجوع؛ مراجعه؛ ارجاع؛ عطف؛ شماره نامه؛ معرفی نامه؛ معرف؛ مرجع؛ مأخذ؛ شرط ارجاع به داوری (در قراردادها)؛ ارجاع به داوری؛ بازگشت دادن؛ ارجاع دادن؛ محول کردن؛ توصیه دادن؛ قابل ارجاع

reference group

گروه مرجع

reference-sending

ارجاع دادن؛ محول نمودن

reference to, with

عطف به؛ با اشاره به؛ با توجه به

referent power

قدرت مرجع

referred brief

وکالت انتخابی

refer to drawer

«رجوع شود به صادر کننده چک» (اعلامیه یا یادداشت بانک در موارد غیرقابل پرداخت بودن چک)

refinance

تأمین مالی مجدد کردن؛ با استقراض مجدد پرداخت کردن

refinance credit

اعتبار تأمین مالی مجدد

refinancing

تأمین مالی مجدد؛ استقراض مجدد

reflate

افزایش قدرت خرید

reflation

ایجاد تورم کنترل شده؛ تورم آفرینی مهار شده

reform, administrative

اصلاحات اداری؛ انقلاب اداری

reformatory measures

اقدامات اصلاحی

reformist

اصلاح طلب

reform (n. reformation)

اصلاح کردن؛ تصحیح کردن؛ رفع کردن اشتباه؛اصلاح؛ (در جمع) اصلاحات؛ رفرم

☞ *correct*

☞ *rectify*

refresher course

دورهٔ بازآموزی؛ کلاس بازآموزی

refresher training

بازآموزی

☞ *booster training*

refund

بازپرداخت کردن؛ رد کردن؛ پس دادن؛ مسترد کردن؛ کمک مالی مجدد کردن؛ رد؛ استرداد؛ استرداد وجه؛ باز پرداخت

☞ *repayment*

refundable

قابل بازپرداخت؛ قابل استرداد؛ قابل برگشت؛ پس دادنی؛ مسترد کردنی؛

refunding
کمک مالی مجدد؛ بازپرداخت وام؛ استرداد وجه

refusal
امتناع؛ سرپیچی؛ استنکاف؛ عدم قبول؛ نکول (اسناد تجاری)؛ خودداری؛ رد

refusal to accept a bill
امتناع از قبولی نوشتن برات (سند)؛ نکول (اسناد تجاری)

refuse
رد کردن؛ امتناع یا استنکاف کردن؛ قبول نکردن؛ نپذیرفتن؛ خودداری کردن؛ صرفنظر کردن؛ سرپیچی کردن

refuse acceptance
نکول کردن (برات)؛ عدم قبولی (برات)
☞ *dishonor*

refutable
قابل تکذیب؛ رد کردنی؛ تکذیب کردنی

refutation
رد؛ تکذیب؛ نقض؛ ابطال؛ انکار

refute (n. refutation)
تکذیب کردن؛ رد کردن؛ انکار کردن؛ رد؛ تکذیب؛ انکار

regarding
در خصوص؛ در باره؛ در ارتباط با؛ با توجه به؛ در پاسخ؛ راجع به

regardless of
بدون توجه به؛ بدون در نظر گرفتن؛ قطع نظر از؛ به رغم

regard the rights of others
حقوق دیگران را محترم شمردن

regent
عضو هیأت امنا؛ عضو هیأت مدیره؛ عضو هیأت حاکمه

regime
طرز اداره؛ رژیم

regime, communist
رژیم کمونیستی

regiment
رهبری؛ قانون و مقررات؛ قاعده؛ سازمان دادن؛ تحت کنترل شدید قرار دادن؛ مجبور به اطاعت کردن؛ اداره کردن

region
منطقه؛ ناحیه؛ قلمرو؛ حیطه؛ حوزه

regional
منطقه‌ای؛ ناحیه‌ای؛ محلی

regional cooperation for development
همکاری عمران منطقه‌ای

regional development
توسعهٔ منطقه‌ای؛ توسعهٔ ناحیه‌ای

regional development grant
کمک برای توسعهٔ منطقه‌ای

regional management center
مرکز مدیریت منطقه‌ای

regional organization
سازمان منطقه‌ای

register
دفتر ثبت سوابق؛ صورت اسامی؛ ثبت؛ ثبت کردن؛ در دفتر وارد کردن؛ دفتر ثبت؛ نام نویسی کردن؛ ثبت نام کردن؛ به ثبت رساندن؛ سفارشی کردن؛ سفارشی فرستادن

registered

ثبت شده؛ ثبت نام شده؛ به ثبت رسیده؛ سفارشی؛ ثبتی؛ محضری؛ مجاز؛ دارای مجوز

registered accountant

حسابدار مجاز؛ حسابدار رسمی

registered bond

سند قرضهٔ ثبت شده

registered by a notary public

ثبتی؛ محضری

registered company

شرکت به ثبت رسیده؛ شرکت قانونی؛ شرکت ثبت شده

registered letter

نامهٔ سفارشی

registered mail

پست سفارشی

registered office

دفتر مرکزی؛ نشانی قانونی؛ نشانی ثبت شده

registered office (of a company)

اقامتگاه قانونی شرکت؛ دفتر مرکزی (شرکت)

registered post

پست سفارشی

registered security

سهم تضمینی

registered share

سهم ثبت شده

registered shares transferable by endorsement

سهام قابل انتقال (با ظهرنویسی)

registered stock

سهام با نام؛ سهام ثبت شده

☞ *personal stock*

registered trade-mark

علامت تجارتی ثبت شده؛ نشان تجارتی ثبت شده

registered user

استفاده کنندهٔ مجاز

register of members

دفتر اسامی اعضا

registrar

واحد ثبت؛ ثبات؛ مدیر / مسؤول ثبت؛ مأمور ثبت احوال؛ دفتردار؛ محضردار؛ مدیر امور آموزشی؛ رییس ادارهٔ آموزش

Registrar of Companies

رییس سازمان ثبت شرکتها

Registrar of Restrictive Trading Agreements

مدیر ثبت موافقت نامه‌های تجارت محدود

registration

ثبت؛ ثبت نام؛ نام نویسی

registration book

دفتر ثبت

registration declaration

اظهارنامهٔ ثبت

registration fees

هزینهٔ ثبت؛ حق‌الثبت

Registration of Documents and Lands

ادارهٔ ثبت اسناد و املاک

registry

دفتر ثبت؛ ادارهٔ ثبت؛ دفترخانه؛ دفتر ثبت اسناد؛ محضر رسمی؛ بایگانی

Registry Office of Civil Status

ادارهٔ ثبت احوال؛ محضر؛ دفترخانه

reglementation
وضع مقررات؛ نظم و ترتیب؛ مقررات

regle (reigle)
مقررات؛ قاعده و قانون؛ اداره؛ قاعده

regression
کاهش کارآیی (روانی)؛ بازگشت: منظور از بازگشت، مرحله‌ای است که شخص به علت ناکامی یا عدم موفقیت به حالت کودکانه و ابتدایی‌تری بر می‌گردد که در چنین حالتی کارآیی او خیلی کمتر است.

regression analysis
تحلیل برگشت؛ تجزیه و تحلیل رگرسیون
☞ *correlation analysis*

regression line
خط واپس روی؛ خط رگرسیون

regressive tax
مالیات نزولی؛ مالیات بر درآمدی که نرخ آن با افزایش درآمد کاهش می‌یابد

regroup
(در نیروهای مسلح) از نو سازماندهی کردن؛ از نو سازمان دادن؛ از نو سازماندهی شدن

regrouping
(در نیروهای مسلح) تجدید سازمان؛ سازماندهی مجدد

regular
رسمی؛ منظم؛ مقرر؛ مطابق قانون و قاعده؛ قانونی؛ تابع مقررات؛ دایمی؛ عضو ثابت

regular general meeting
مجمع عمومی عادی

regular procedure
روند جاری؛ جریان عادی؛ روش / رویهٔ معمول؛ اقدام معمول؛ اقدام قانونی

regulate
سر و سامان دادن؛ کنترل کردن؛ نظم و ترتیب دادن؛ اداره کردن؛ تنظیم کردن

regulating system
نظام کنترل کننده؛ سیستم تنظیم کننده

regulation, disciplinary
مقررات انضباطی

regulation of affair
سر و سامان دادن به امور

regulation(s)
نظارت؛ کنترل (در جمع)؛ مقررات؛ قواعد؛ آیین نامه

regulations, abide by
مقررات را رعایت کردن؛ از قوانین تبعیت کردن

regulation(s), according to
طبق مقررات؛ مطابق مقررات

regulations, baffling
مقررات دست و پاگیر

regulations, contrary to
خلاف مقررات

rehabilitate
اعادهٔ اعتبار کردن؛ تجدید کردن؛ اعادهٔ حیثیت کردن؛ اعاده وضع کردن؛ ترمیم کردن؛ بازسازی کردن؛ دارای امتیازات اولیه کردن
☞ *reinstate*

rehabilitation
اعادهٔ حیثیت؛ اعادهٔ اعتبار؛ اعادهٔ وضع؛ نوسازی؛ تعمیر؛ ترمیم

reimbursement credit
اعتبار تأمین مالی مجدد
☞ *refinance credit*

reimburse (n. reimbursement)

بازپرداختن؛ مسترد داشتن؛ جبران کردن

reimbursment of money

استرداد وجه؛ باز پرداخت پول

reinforcement ratio

ضریب تقویت

reinforcement theory

نظریهٔ تقویت:

نظریهٔ انگیزشی که دوبرین (Dubrin) در سال ۱۹۷۶ ارائه کرد. بر اساس این نظریه، مدیر عواملی را که در فرد ایجاد انگیزه می‌کند و نیز رفتار سازنده‌ای را که باید تقویت شود شناسایی می‌کند.

reins

وسیلهٔ کنترل؛ کنترل کردن

reins of power, hand over the

زمام قدرت را به دیگری واگذار کردن

reins, take

زمام امور را به دست گرفتن

reinstatement

اعاده به خدمت؛ ابقا؛ انتصاب مجدد

☞ *rehabilitation*

reinstate (n. reinstatement)

اعاده کردن حیثیت یا اعتبار؛ باز گرداندن به سمت، شغل، مقام یا وضع سابق؛ تجدید کردن؛ انتصاب یا استخدام کردن مجدد شخص برکنار شده یا کارگر اخراج شده؛ ابقا کردن؛ درج کردن مطلب از قلم افتاده

reinsurance

بیمهٔ اتکایی

reinsure

دو باره بیمه کردن؛ بیمهٔ اتکایی کردن

reinvest

سرمایه‌گذاری مجدد کردن؛ مجدداً سرمایه‌گذاری کردن؛ دوباره تأمین اعتبار / سرمایه کردن

reinvestment risk

ریسک تجدید سرمایه گذاری؛ ریسک سرمایه گذاری مجدد

reissuable notes

اوراق بهادار در وجه حامل که پس از یک بار پرداخت، مجدداً قابل استفاده می‌باشد

reissue

چاپ مجدد؛ چاپ جدید؛ صدور مجدد؛ دوباره منتشر کردن؛ تجدید چاپ کردن

reject

رد؛ عدم پذیرش؛ نپذیرفتن؛ رد کردن

reject an opinion

نظری را رد کردن

reject categorically

صریحاً رد کردن؛ به طور صریح / قاطع رد کردن

related company

شرکت وابسته؛ شرکتی که اکثریت سهم آن (بیش از ۱۵٪) در مالکیت شرکت دیگری است

relation

رابطه؛ (در جمع) روابط؛ مناسبات:

رابطه‌ای مادی و معنوی بین نیروهای موجود در سازمان.

relation analysis

تجزیه و تحلیل روابط

relations between manager and his subordinates

روابط بین مدیر و زیردستانش

relations, business

روابط تجاری / بازرگانی

relations, employee
روابط کارمندان
relations, employee-employer
روابط کارگر و کارفرما؛ روابط صنعتی؛ روابط انسانی در مؤسسات اقتصادی و تولیدی
relations, establish
روابط برقرار کردن؛ مناسبات برقرار کردن
relationship of the parties
رابطهٔ طرفین
relations, industrial
روابط کار؛ روابط صنعتی
relations, international
روابط بین‌المللی؛ مناسبات بین‌المللی
relations, mutual
روابط متقابل؛ روابط دو جانبه
relations, public
روابط عمومی؛ تبلیغات
relative majority
اکثریت نسبی
relativity
نسبت پرداخت؛ تفاوت پرداخت
☞ *pay relativity*
relaxation allowance (RA)
زمان مجاز برای استراحت
release
آزاد کردن؛ بری‌الذمه کردن؛ آزادی؛ ترخیص؛ واگذاری؛ رهایی؛ خلاصی؛ پرداخت دین؛ تجدید اجاره
☞ *remise*
release a report
گزارش دادن؛ گزارش منتشر کردن
release a statement
اعلامیه صادر کردن
release from an obligation
ابراء تعهد؛ ابراء دین؛ ابراء ذمه متعهد
release from duty
(از خدمت) مرخص کردن
release goods from the customs
ترخیص کردن کالاها از گمرک
releasing (from a custom house)
حد ترخیص (مقدار کالایی که هر مسافر حق دارد بدون پرداخت حقوق گمرکی وارد کند)
relegate
محول کردن؛ ارجاع کردن؛ تنزل دادن؛ منتقل کردن
relegation
انتصاب؛ انتقال؛ تنزل؛ سقوط
relevance analysis
تجزیه و تحلیل مربوط بودن؛ تجزیه و تحلیل درجهٔ اهمیت؛ فن ارزشیابی میزان تناسب و ارتباط یک یا چند پروژهٔ تحقیق و توسعه با برنامه‌های کلی سازمانی
relevant law
قانون مربوط
relevant time
موعد مقرر
reliability
ثبات؛ قابلیت اعتماد؛ قابلیت اطمینان؛ پایایی
reliability of a test
قابلیت اطمینان آزمون
reliance
وابستگی ؛ اتکا
relief

جبران خسارت؛ ابراء از تعهد؛ مستمری؛ اعانه؛ کمک؛ معافیت؛ بخشودگی مالیاتی؛ جانشین؛ عوض

religious commitment

تعهد شرعی

relinquish (n. relinquishment)

صرف‌نظر کردن؛ ترک کردن؛ اعراض کردن؛ واگذار کردن؛ حقی را از خود سلب کردن؛ تسلیم کردن؛ دست کشیدن

☞ *abandon*

relinquish one's rights

چشم پوشی کردن از حق خود؛ از حق خود گذشتن

remain in effect

به قوت خود باقی ماندن

remark

(در جمع) اظهارات؛ اظهار نظر؛ تفسیر؛ تذکر؛ اظهار داشتن؛ متذکر شدن

remedial

اصلاحی؛ ترمیمی؛ جبرانی

remedial law

قانون اصلاحی

remedial statute

قانون اصلاحی

remedy

جبران کردن؛ اصلاح کردن؛ چاره‌جویی کردن؛ ترمیم کردن؛ (وسایل) جبران خسارت؛ جلوگیری از تضییع حق؛ اصلاح؛ رفع؛ ترمیم

remedy grievances

رسیدگی کردن به شکایات

remise

گذشت کردن؛ صرف‌نظر کردن؛ اغماض کردن؛

مبرا نمودن؛ بخشیدن؛ انتقال دادن؛ تسلیم کردن

☞ *release*

remiss

واگذار کردن؛ انتقال دادن؛ صرف‌نظر کردن؛ گذشت کردن؛ عفو کردن؛ بخشیدن؛ اهمال کار؛ مسامحه‌کار

remission

عفو؛ اغماض؛ بخشودگی؛ معافیت؛ اسقاط دین؛ ابراء دین؛ عفو کردن؛ بخشیدن؛ لغو کردن؛ فرستادن پول؛ برگرداندن چک

remit

معاف کردن؛ تخفیف دادن؛ ارجاع کردن؛ احاله کردن؛ ارسال کردن پول؛ حواله کردن پول؛ فرستادن پول؛ حیطهٔ اختیار

remittance

حواله؛ وجه؛ وجه ارسالی؛ نقل و انتقال پول

remittee

گیرندهٔ وجه یا حواله

☞ *remitter*

remitter

فرستندهٔ وجه؛ حواله کننده

☞ *remittee*

remitting bank

بانک فرستنده؛ بانک حواله دهنده

remorate

ممانعت کردن؛ مانع شدن؛ جلوگیری کردن؛ به تعویق انداختن

remote damages

ضرر و زیان غیر مستقیم؛ خسارت غیر عادی؛ خسارت غیر محتمل

removable

قابل انتقال؛ قابل عزل

removal
برداشت؛ عزل؛ نقل مکان؛ جابجایی؛ انتقال

removal from office
برکناری؛ عزل

remove
عزل کردن؛ معزول کردن؛ برطرف کردن؛ برداشتن مُهر

remove an embargo
تحریم را لغو کردن
☞ *raise an embargo*

remove difficulties
مشکلات را برطرف کردن
☞ *remove problems*

remove problems
مشکلات / مسائل را برطرف کردن

remunerate
تلافی کردن؛ جبران کردن؛ تاوان دادن؛ پاداش دادن؛ عوض دادن؛ اجرت دادن؛ دستمزد دادن

remuneration
پاداش؛ تلافی؛ جبران؛ تاوان؛ عوض؛ حق‌الزحمه؛ اجرت‌المثل؛ کارانه؛ دستمزد؛ مزد؛ اجرت

remunuration of personnel
اصل پاداش پرسنل:
طبق این اصل، نظام پرداختهای مادی و غیر مادی به کارمندان باید به صورتی باشد که حداکثر رضایت آنان را فراهم نموده و سبب عملکرد بهتر کارکنان شود.

render (n. rendition)
صادر کردن؛ تسلیم کردن؛ تحویل دادن؛ واگذار کردن؛ انجام دادن؛ اتخاذ کردن؛ پرداختن؛ ترجمه کردن؛ بازگرداندن

renewal
تجدید؛ تمدید؛ شروع مجدد؛ از سرگیری

renewal of contract
تجدید قرارداد

renewal of contract by tacit acceptance
تجدید قرارداد با قبول ضمنی

renewal of lease
تمدید اجاره

renewal of negotiations
از سرگیری مذاکرات؛ آغاز مجدد مذاکرات

renewal of the convention
تجدید پیمان؛ تجدید عهدنامه

renewed bill
برات تمدید شده

renounce
چشم پوشی کردن؛ کناره‌گیری کردن؛ انکار کردن؛ ترک کردن؛ دست کشیدن؛ سلب کردن حق از خود؛ صرفنظر یا اعراض کردن (از حق)

renounce a claim
از ادعایی چشم پوشی کردن

renovate
نوسازی کردن؛ تعمیرات اساسی کردن

renovation
نوسازی؛ تعمیرات اساسی

rent
اجاره کردن؛ اجاره دادن؛ اجاره؛ مال‌الاجاره

rental
اجاره؛ اجاره‌بها؛ مال‌الاجاره

rental, monthly
اجاره‌بهای ماهانه

rental tax

مالیات مستغلات؛ مالیات اجاره‌بها

rent assurance

بیمهٔ اجاره

rent, back

کرایهٔ عقب افتاده؛ کرایهٔ معوقه

renter

موجر؛ اجاره دهنده

rentier

دارندهٔ درآمد ثابت؛ شخصی که درآمدش از راه اخذ اجاره‌بها، سود سهام و غیره تأمین می‌شود

rent in arrears

اجارهٔ معوقه؛ اجارهٔ عقب افتاده

renunce

چشم پوشی کردن؛ ترک کردن؛ کناره‌گیری کردن؛ رد کردن؛ صرفنظر کردن؛ محکوم کردن

renunciate

چشم پوشی کردن؛ ترک کردن؛ کناره‌گیری کردن؛ صرفنظر کردن

renunciation

چشم پوشی؛ کناره‌گیری؛ رد؛ انکار؛ صرفنظر؛ چشم پوشی از حق یا ادعا بدون تعیین هیچ شرطی

reorder

تجدید سفارش؛ درخواست مجدد؛ سفارش جدید؛ از نو درخواست کردن؛ دو باره سفارش دادن

reorder cycle

چرخهٔ سفارش کالا؛ (در کنترل موجودی) فاصلهٔ زمانی بین دو سفارش کالا

reorder level system

روش حفظ موجودی در حد معین

reorder point (ROP)

نقطهٔ سفارش کالا؛ نقطهٔ تجدید سفارش؛ (در انبارداری) سطحی از موجودی کالا که در آن باید سفارش مجدد داده شود تا در طول زمانی که کالای جدید تحویل انبار می‌شود،کمبودی وجود نداشته باشد

reorder quantity

مقدار تجدید سفارش؛ حجم کالای درخواست شده

reorganization

سازماندهی مجدد؛ تجدید سازمان؛ بازسازی

reorganization of international company

تجدید سازمان شرکت بین‌المللی

reorganize

سازماندهی مجدد کردن؛ تجدید سازمان کردن؛ بازسازی کردن

repair

تعمیر کردن؛ مرمت کردن؛ اصلاح کردن؛ جبران‌کردن؛ تعمیر؛ مرمت

repairable

قابل تعمیر؛ قابل مرمت؛ قابل‌اصلاح

repair bill

صورت حساب تعمیرگاه

repairer

تعمیرکار

repairing covenant

شرط یا تعهد تعمیر (در قرارداد اجاره)

reparation(s)

غرامت؛ جبران خسارت؛ ترمیم؛ تاوان؛ جبران؛ اصلاح؛ مرمت

repayment

بازپرداخت؛ باز گرداندن وجه دریافتی

repayment guarantee
ضمانت بازپرداخت؛ تضمین بازپرداخت

repayment instalments
اقساط بازپرداخت

repeal
لغو یا نسخ کردن (قانون)؛ الغاء؛ نسخ؛ فسخ
☞ *rescind*
☞ *revoke*

repeal a law
قانونی را لغو کردن

repealed
منسوخ؛ ملغا؛ باطل

repeat business
کار اضافی؛ ارائهٔ خدمات اضافی به مشتریان به دلیل رضایت از عملکرد گذشتهٔ آنها

repeat demand
تقاضای تکراری؛ تقاضای مصرف کننده برای کالاهایی که به طور منظم خریداری می‌شود

replace
جابجاکردن؛ جایگزین کردن؛ تعویض کردن

replaceable
قابل تعویض

replacement
جابجایی؛ تغییر؛ جایگزینی؛ جابجایی / تعویض کارکنان

replacement analysis
تجزیه و تحلیل جایگزینی؛ روش تحقیق عملیاتی که برای پیش بینی عمر مفید قطعات کارگاهها به کار می‌رود

replacement chart
نمودار جایگزینی

replacement cost
هزینهٔ جایگزینی

replacement demand
تقاضای تعویض؛ تقاضای جایگزینی

replacement system
روش جایگزینی کالا؛ روش سفارش مجدد کالا
☞ *reorder cycle*
☞ *reorder point*
☞ *reorder quantity*

replenish (n. replenishment)
ترمیم کردن موجودی (حساب یا جنس)

replica
المثنی؛ رونوشت؛ نسخهٔ عین

reply to report of
بررسی پاسخ ارائه شده به گزارش بازرسی

report
گزارش؛ گزارش دادن؛ گزارش کردن؛ پاسخگو بودن

report, annual
گزارش سالانه

report, audit
گزارش حسابرسی

report back
گزارش دادن

report, budget
گزارش بودجه

report, confidential
گزارش خیلی محرمانه

report, confirm
گزارشی را تأیید کردن

report, confirmed
گزارش تأیید شده

report, controlled-written

گزارش کتبی کنترل شده

report, erroneous

گزارش خلاف واقع

report, evaluation

گزارش ارزشیابی

report, fabricated

گزارش جعلی

report, fragmentary

گزارش ناقص

report, free-written

گزارش کتبی آزاد

report, garbled

گزارش تحریف شده

report, groundless

گزارش بی‌اساس

reporting by responsibility

گزارش دهی بر مبنای مسؤولیت

reporting pay

دستمزد حضور در محل خدمت؛ حقوق حضور در محل خدمت؛ حقوق ایام انتظار خدمت

report, inspection

گزارش بازرسی

report on/upon

گزارش تهیه کردن

report, oral

گزارش حضوری / شفاهی

report progress

کارهای انجام شده را گزارش کردن؛ پیشرفت را گزارش کردن

report, release a

گزارش دادن؛ گزارش منتشر کردن

report, safety

گزارش ایمنی

reports and notices

گزارشها و اطلاعیه‌ها

report, submit a

گزارش دادن؛ ارائه گزارش؛ تقدیم گزارش؛ گزارشی را تسلیم کردن

report, unconfirmed

گزارش تأیید نشده

repossess (n. repossession)

پس گرفتن جنس از خریداری که بها یا اقساط آن را در موعد مقرر نپرداخته باشد

Rep. (report; reporter)

گزارش؛ گزارشگر

represent

نمایندهٔ کسی / سازمانی بودن؛ نمایندگی داشتن؛ نمایندگی کردن؛ ارائه دادن؛ اعلام کردن؛ ادعا کردن؛ اظهار داشتن

representant

نماینده؛ وکیل

representation

نمایندگی؛ وکالت؛ وکیل؛ عرضه؛ ارائه؛ اعلام؛ ادعا؛ اظهار؛ (به صورت جمع) شکایت؛ اعتراض

representational right

حق نمایندگی

representative

نماینده؛ قایم مقام؛ منتخب

representative office

دفتر نمایندگی

representative, sole

نمایندهٔ انحصاری

represented by

representing
به نمایندگی از؛ به نمایندگی

reprobate
مردود دانستن؛ رد کردن؛ نپذیرفتن؛ مردود

reproduction
نسخه برداری؛ کپی برداری؛ تکثیر؛ کپی؛ نسخهٔ بدل

reprography
رونوشت برداری؛ کپی برداری؛ تکثیر

repudiate
انکار کردن؛ امتناع کردن؛ تکذیب کردن؛ مردود شمردن؛ کان لم یکن کردن؛ باطل اعلام کردن؛ نکول کردن؛ ادا نکردن دین؛ اعراض کردن از حق؛ انکار کردن (دین، تعهد یا وظیفه)

repudiate a contract
لغو یا رد کردن قرارداد

repudiated
فسخ شده؛ بی‌اعتبار / باطل اعلام شده

repudiation
رد؛ تکذیب؛ انکار؛ امتناع؛ اعراض؛ عدم پذیرش

repugnance
تناقض (به ویژه در الفاظ و عبارات یک سند)؛ مغایرت؛ عدم تطابق

repugnant
مغایر

repulse
امتناع کردن؛ بی‌اعتنایی کردن؛ قبول نکردن؛ نپذیرفتن؛ امتناع؛ رد؛ عدم پذیرش

repurchase
بازخرید

reputable newspaper
روزنامهٔ معتبر

request
درخواست کردن؛ تقاضا کردن؛ مطالبه کردن؛ درخواست؛ تقاضا

request a delay
مهلت خواستن؛ درخواست تمدید مهلت کردن؛ استمهال

request a respite
مهلت خواستن؛ درخواست تمدید مهلت کردن؛ استمهال

request for discharge
تقاضای برکناری؛ درخواست برکناری

request for extradition
تقاضا برای استرداد؛ درخواست استرداد مجرم
☞ *requisition*

request of, at the
بر حسب تقاضایِ؛ به درخواستِ؛ به تقاضایِ

required action
اقدام مقتضی؛ اقدام لازم / مورد نیاز

requirement of a contract
مقتضی عقد

requirement of contract, condition contrary to the
شرط خلاف مقتضای عقد

requirements of inspection
نیازمندیهای بازرسی

requisition
تقاضا؛ درخواست؛ تقاضانامه؛ درخواست نامه؛ تقاضا کردن؛ درخواست کتبی؛ درخواست خرید؛ درخواست کردن؛ درخواست استرداد مجرم؛ مصادره یا ضبط مال توسط دولت

reregulation

resale price maintenance
تجدید مقررات؛ تجدید نظر در مقررات

resale price maintenance
تعیین قیمت فروش مجدد؛ تعیین قیمت یکنواخت برای خرده فروشی

rescind
لغو کردن؛ فسخ کردن؛ باطل کردن؛ کان‌لم‌یکن کردن (قرارداد)

☞ *repeal*
☞ *revoke*

rescindable
قابل ابطال

rescind a law
قانونی را بلا اثر کردن؛ قانونی را باطل کردن

rescinded
منفسخ؛ ابطال شده؛ فسخ شده

rescinded contract
قرارداد فسخ شده

rescindment
فسخ؛ الغاء؛ انصراف

rescissio
لغو؛ فسخ؛ ابطال

rescission
ابطال؛ نقض؛ لغو؛ اقاله؛ فسخ

rescission of a contract
فسخ قرارداد

rescription
حواله؛ برات؛ دستور و اجازهٔ کتبی برای اخذ وجه؛ رونوشت؛ المثنی

research
تحقیق؛ پژوهش؛ تحقیق کردن؛ پژوهش کردن؛ تحقیقاتی

research and development
(R&D)
تحقیق و توسعه؛ پژوهش و توسعه

research associations
اتحادیه‌های پژوهشی؛ مؤسسات تحقیقاتی

research councils
شوراهای پژوهشی / تحقیقاتی

research instrument
ابزار پژوهش:
جهت بررسی و اندازه‌گیری تعارض سازمانی با استفاده از این روش و با مقایسهٔ رفتارهای واقعی و شرایط تعارض یا ستیزگونه، تفاوتها را می‌توان ارزیابی کرد.

research, market
تحقیق در بازار

research, operational
تحقیق عملیاتی؛ پژوهش عملیاتی

research, production
تحقیق در زمینهٔ تولید

research, segmentation
تحقیق در زمینهٔ تفکیک بازار

research team
گروه تحقیقاتی

reservation of cabotage
جلوگیری از حمل و نقل کالا با کشتیهای خارجی در آبهای ساحلی یک کشور؛ جلوگیری از سوار یا پیاده کردن مسافر یا بارگیری و تخلیه بار توسط هواپیماهای بیگانه در فرودگاههای یک کشور

reservations and guaranties
شرایط و ضمانتها

reservation stipulated in a contract

شرط مندرج در قرارداد

reserve

قیمت حداقل؛ قیمت قطعی؛ قیمت پایه؛ (در حراج) آخرین بها؛ قیمت نهایی؛ بهای قطعی

→ *upset price*

reserve assets

داراییهای ذخیره؛ ذخایر دولتی؛ ذخایر رسمی

☞ *official reserves*

☞ *exchange reserves*

reserve clause

شرط یا قید استثناء

reserve currency

ذخیره ارزی؛ ذخایر پولی

reserve fund

اندوختهٔ احتیاطی؛ وجوه احتیاطی؛ سرمایه احتیاطی

reserve, hybrid

ذخیره چند منظوره

reserve, inner

ذخیره پنهانی

reserve, legal

ذخیره قانونی

reserve liability

بدهی ذخیره

reserve, pension

اندوختهٔ بازنشستگی؛ ذخیرهٔ بازنشستگی

reserve price

ذخیره کردن؛ رزرو کردن؛ مسکوت گذاشتن؛ به تعویق انداختن؛ نگه داشتن؛ حداقل قیمت؛ قیمت قطعی؛ قیمت پایه؛ ذخیره؛ اندوخته

reserve requirement

مقدار ودیعهٔ مالی که هر بانک باید در بانک مرکزی داشته باشد

reserves

ذخایر؛ اندوخته‌ها

reserves, exchange

ذخایر ارزی

reserves, official

ذخایر رسمی

reserves, primary

ذخایر اصلی؛ ذخایر اولیه

reserve, valuation

ذخیره ارزشیابی

reshipment

انتقال محموله از یک وسیله نقلیه به وسیله نقلیه دیگر

☞ *transshipment*

residual error

خطای باقیمانده؛ خطای پیش بینی نتایج

resign

از کار کناره‌گیری کردن؛ واگذار کردن؛ استعفا دادن؛ خلع ید کردن

resignation

استعفا؛ استعفانامه؛ کناره‌گیری؛ واگذاری؛ تسلیم

resignation, mass

استعفای دسته جمعی

resignation, submit one's

استعفا دادن؛ استعفای خود را تسلیم کردن

resigned

مستعفی

resign en masse

دسته جمعی استعفا دادن

resign one's office

از پست خود استعفا دادن

resign one's right
از حق خود گذشتن

resile from an agreement
از قراردادی عدول کردن

resilement
فسخ؛ الغاء؛ ابطال؛ عدول؛ ارتجاع

resiliation
ابطال؛ فسخ؛ الغاء؛ عدول

resolution
رأی؛ حل و فصل؛ فیصله؛ تصمیم؛ قطعنامه؛ اظهار نظر رسمی

resolution, adopt a
قطعنامه‌ای را تصویب کردن

resolution, amicably
راه‌حل مرضی‌الطرفین

resolution, draft
پیش نویس قطعنامه

resolution, draft a
پیش نویس قطعنامه‌ای را تهیه کردن

resolution of a problem
راه‌حل مشکل

resolution of disputes
حل اختلافات

resolution, pass a
تصمیم گرفتن؛ قطعنامه صادر کردن

resolution passed at the general meeting
تصمیمی که توسط مجمع عمومی اتخاذ شده؛ قطعنامه‌ای که توسط مجمع عمومی صادر شده

resolution, unanimous
قطعنامه‌ای که به اتفاق آرا تصویب شده است

resolutive

موجب فسخ؛ الغایی؛ فسخی؛ تفکیک کننده

resolutory
بی‌اعتبار کننده؛ فسخ کننده

resolutory clause
شرط الغایی قرار داد

resolutory condition
شرط فاسخ
☞ *condition subsequent*
☞ *dissolving condition*

resolve
تصمیم؛ حل و فصل یا رفع کردن (اختلاف)؛ فیصله دادن؛ تصمیم گرفتن؛ تصویب کردن؛ مقرر کردن؛ برطرف کردن

resolve a dispute
اختلاف را رفع کردن؛ حل و فصل کردن اختلاف

resolve a proplem
مشکلی را برطرف کردن؛ مشکلی را حل کردن

resolve doubts
ابهامات را رفع کردن؛ شک و تردید را برطرف کردن

resource
منابع؛ ذخایر؛ منبع؛ وسیلهٔ کار؛ عواملی از قبیل دارایی‌ها، زمین، ساختمان، تجهیزات، مواد اولیه، پول و نیروی انسانی که فرد یا شرکت برای دستیابی به هدفهای خود در اختیار دارد

resource aggregation
جمع بندی منابع

resource allocating role (of manager)
نقش تخصیص منابع (مدیر)

resource allocation

تخصیص منابع

resource constraint

محدودیت منابع

resource planning

برنامه‌ریزی منابع

resources, economic

منابع اقتصادی

resources, human

منابع انسانی؛ نیروی انسانی

resource smoothing

بهره‌گیری متعادل از منابع

resources, natural

منابع طبیعی

resourses required for a plan

منابع مورد نیاز یک طرح

respect

مهلت دادن؛ به تعویق انداختن؛ به تأخیر انداختن؛ صرفنظر کردن؛ ملاحظه کردن؛ رعایت کردن؛ احترام گذاشتن؛ محترم شمردن

respectable income

درآمد قابل توجه

respect to laws

احترام به قوانین / مقررات

respect to, with

عطف به؛ با توجه به؛ با در نظر گرفتن؛ در موردِ

respite

مهلت دادن؛ به بعد موکول کردن؛ مهلت؛ استمهال؛ قرارداد ارفاقی؛ تمدید مهلت پرداخت بدهی؛ مهلت دادن؛ به بعد موکول کردن

☞ *composition*

☞ *deed of arrangement*

☞ *scheme of arrangement*

respite, to grant

مهلت دادن؛ با تمدید مهلت موافقت کردن

respondeat superior

مسؤولیت کارفرما

☞ *vicarious liability*

respondentia

وامی که صاحب کالا از یک بانک و غیره بابت کالای حمل شده در کشتی در یافت می‌کند؛ وام در برابر اسناد حمل کشتی

respond (n. response)

پاسخ دادن؛ مسؤول بودن؛ پاسخگو بودن؛ مکاتبه کردن

responsal

شخص پاسخگو؛ شخص مسؤول؛ ضامن؛ کفیل

response

پاسخ؛ جواب ؛ واکنش

response plan

برنامهٔ پاسخگویی

response time

زمان پاسخ

➔ *turnaround time*

➔ *word time*

responsibilities assigned by commander

مسؤولیتهای محول شده توسط فرمانده

responsibility

مسؤولیت؛ تعهد؛ تصدی؛ وظیفه:

مسؤولیت عبارت است از انجام دادن کامل وظایفی که به یک شغل معین مربوط می‌شود.

responsibility accounting

حسابداری مسؤولیت

responsibility, collective

responsibility, individual
مسؤولیت جمعی

responsibility, individual
مسؤولیت فردی

responsibility, joint and several
تضامن؛ مسؤولیت تضامنی

responsibility, legal
مسؤولیت حقوقی

responsible
مسؤول؛ پاسخگو؛ متعهد؛ متصدی؛ عهده‌دار؛ وظیفه شناس

responsible job
شغل پر مسؤولیت

responsible official
مقام مسؤول

restaur
حق مراجعه شرکتهای بیمه به یکدیگر برحسب تاریخ وقوع بیمه؛ حق بیمهٔ اتکایی

rest cure
استراحت پزشکی

restitutio in integrium
اعاده به وضع سابق؛ باز گرداندن وضع پیشین زیان دیده

restitution
اعادهٔ مال (به صاحب اصلی)؛ غرامت؛ جبران خسارت؛ اعادهٔ تصرف؛ جبران؛ تاوان

restitution, to make
جبران کردن خسارت؛ پرداختن غرامت؛ باز گرداندن وضع پیشین زیان دیده؛ رد کردن مال به صاحب اصلی آن

restoration
برقراری مجدد؛ استقرار مجدد؛ بازسازی؛ اعاده؛ ابقا

restore someone to his old post
کسی را در پست / سمت قبلی خود ابقا کردن

rest period
زمان استراحت؛ زمان فراغت (از کار)

restraint
کنترل؛ خودداری؛ خویشتن‌داری

restraint of trade
منع تجارت؛ تحدید تجارت

restricted
محرمانه؛ انحصاری؛ محدود؛ تحت کنترل؛ تحت نظارت

restricted shares
سهام مشروط؛ سهام عادی شرکت که تعلق سود به آنها موکول به شرایط خاص است

restriction
محدودیت؛ ممنوعیت؛ منع؛ انحصار

restrictive covenant
قید یا شرط محدودیت (در سند مالکیت، مشارکت یا استخدام)

restrictive endorsement
ظهرنویسی محدود؛ ظهرنویسی مشروط؛ پشت نویسی مقید

restrictive practices
اقدامهای محدود کننده

Restrictive Practices Court (UK)
دادگاه عملیات محدود (در انگلستان)

restrictive trade practice
عملیات تجاری محدود

restrictive trading agreement
موافقت‌نامهٔ تجاری محدود

resultant

result of a deal

نتیجه؛ برایند؛
نتیجه یا حاصل یک فعالیت، کار، تفکر و نظایر آن

result of a deal

نتیجهٔ یک معامله

result oriented schemes

روشهای مبتنی بر نتیجه؛
در این روشها که به نوعی به روش مدیریت بـر مبنای هدف مربوط می‌شوند، ارزیاب عـملکرد کارکنان را در مقابل هدفها و نتایج از پیش تعیین شده، مورد ارزشیابی قرار می‌دهد.

results guide

راهنمای نتایج / پیامدها؛ راهنمای مدیریت
☞ *management guide*

resume

سوابق؛ سوابق شغلی

resumption

برقراری مجدد؛ احراز مجدد

resumption of negotiations

از سرگیری مذاکرات

retail

خـرده‌فروشی؛ بــه صــورت خــرده‌فروشی؛ خرده‌فروشی کردن
☞ *wholesale*

retail audit

ارزیابی خرده فروشی

retail banking

بانکداری شعبه‌ای (در مقابل بانکداری عمده)
☞ *wholesale banking*

retailing

خرده فروشی

retail multiple

خرده فروشی با شعبه‌های زیاد

retail price

قیمت خرده فروشی؛ قیمت برای مصرف کننده

retail price index

شاخص قیمت خرده فروشی
☞ *whole - sale price index*

retail salesperson

خرده فروش

retain (n. retention)

ابقا کردن؛ حفظ کـردن؛ پیش پرداخت کـردن حق‌الوکاله

retainage

ودیعه؛ سپردهٔ حسن انجام کار

retained earnings

سود تقسیم نشده؛ منافع / سود توزیع نشده

retained income

درآمد توزیع نشده
☞ *retained earnings*

retained profits

سود توزیع نشده؛ عواید توزیع نشده
☞ *retained earnings*

retardation

دیرکرد؛ تأخیر؛ تعویق

retention

حفظ؛ ابقا

retention money

سپردهٔ حسن انجام کار؛ وجه‌الضمان

retire

بازنشسته کردن؛ بـازنشسته شـدن؛ کـناره‌گیری کردن؛ از گرو خارج کردن یک سهم

retired

بازنشسته

retired pay

حقوق بازنشستگی

retirement

بازنشستگی؛ کناره‌گیری

retirement age

سن بازنشستگی

retirement benefit

مزایای بازنشستگی

retirement counselling

مشاورهٔ بازنشستگی

retiring pension

حقوق بازنشستگی

retour sans frais

اعادهٔ بدون اعتراض (برات)؛ تذکری توسط ظهرنویس سفته یا برات ارزی مبنی بر این که سفته یا برات در صورت عدم پرداخت، بدون اعتراض اعاده شود

retract

پس گرفتن (قول یا اتهام)؛ لغو کردن؛ تکذیب کردن؛ از موضع خود عدول کردن؛ وفای به عهد نکردن

retraction

انصراف؛ عدول؛ تکذیب

retraining

آموزش مهارت جدید؛ بازآموزی

retrench

صرفه‌جویی کردن؛ هزینه‌ها را کاهش دادن

retrenchment

صرفه‌جویی؛ کاهش هزینه‌ها؛ کاهش دادن؛ کسر کردن؛ حذف کردن

retroaction

عطف به گذشته؛ عطف به ماسبق

retroactive

عطف به ماسبق؛ شامل گذشته

retroactive law

قانون عطف به ماسبق

retrogressive consumer

ارزان خر؛ کالای نازل

return

بازده سرمایه؛ گزارش مالی؛ سود حاصل از یک فعالیت مالی؛ بهره؛ بلیط رفت و برگشت؛ گزارش رسمی؛ انتخاب مجدد نماینده؛ پاسخ دادن؛ جبران کردن؛ تلافی کردن؛ اعلام کردن؛ نماینده‌ای را مجدداً انتخاب کردن؛ استرداد؛ نتایج؛ کالاهای مرجوعی؛ کالاهای برگشت داده شده؛ بازده سرمایه‌گذاری؛ اظهارنامه (مالیاتی)؛ گزارش دادن؛ انتخاب کردن (به نمایندگی)

return account

حساب بازگشت: صورت حسابی که به برات رجوعی ضمیمه می‌شود

return, decreasing

بازدهٔ نزولی

return, diminishing

بازده نزولی

returning

اعاده؛ استرداد

return, normal

بازدهٔ عادی

return on assets managed (ROAM)

بازده دارایی مشخص

return on capital employed (ROCE)

بازده سرمایه به کار رفته

return on investment (ROI)
نرخ بازده سرمایه‌گذاری
☞ *rate of return*

returns
نتایج؛ بازده؛ سود؛ بهره

revalidate
تمدید اعتبار نمودن

revaluation
ارزیابی مجدد؛ ارزیابی مجدد دارایی‌ها؛ ارزش گذاری مجدد؛ افزایش نرخ ارز؛ ترقی نرخ برابری یک ارز نسبت به ارزهای دیگر

revenue
درآمد؛ (در جمع) عواید؛ عواید دولتی؛ ادارهٔ مالیات

revenue account
حساب درآمد؛ حساب سود و زیان
☞ *profit and loss account*

revenue agent
مأمور جمع‌آوری مالیات؛ تحصیلدار مالیاتی

revenue, drop in
کاهش درآمد

revenue duty
عواید مالیاتی دولت

revenue expenditure
مخارج جاری

revenue, inland (GB)
(درانگلستان) عواید داخلی

revenue, internal (US)
(در آمریکا) عواید داخلی

revenue law
قانون مالیات

revenues, tax
عواید فروش؛ درآمدهای مالیاتی

reverse
باطل کردن؛ نقض کردن؛ لغو کردن

reverse a policy
سیاست / خط مشی خود را عوض کردن

reverse bid
پیشنهاد ادغام معکوس
☞ *reverse take-over bid*

reversed
الغاء شده؛ خلع شده؛ ملغا شده

reverse take-over
ادغام معکوس؛ ادغام وارونه

reversion
حق انتفاع مجدد

review
بررسی کردن؛ مرور کردن؛ تجدید نظر کردن؛ بررسی؛ تجدید نظر

review and analysis of plans, continual
بررسی و تجزیه و تحلیل مداوم طرحها

review board, test
هیأت بررسی آزمون

review body on top salaries
هیأت تجدید نظر در حقوقهای بالا

review, under
تحت بررسی

revise (n. revision)
تجدید نظر کردن؛ اصلاح کردن؛ ویراستن؛ تجدید نظر؛ اصلاح؛ چاپ یا تجدید نظر و اصلاح

revision
تجدید نظر؛ چاپ جدید؛ اصلاح؛ نسخهٔ تجدید

نظر شده

revocable

قابل فسخ؛ قابل برگشت؛ قابل لغو

revocable contract

عقد جایز؛ عقد قابل فسخ

☞ *voidable contract*

revocable letter of credit

اعتبار اسنادی قابل فسخ؛ اعتبار اسنادی قابل برگشت

revocable sale

بیع شرط

revocation

لغو؛ الغاء؛ فسخ حکم؛ ابطال قرارداد؛ عزل

revoke

فسخ کردن؛ باطل کردن؛ لغو کردن

☞ *repeal*

☞ *rescind*

revoke a law

منسوخ کردن قانون؛ لغو کردن قانون

☞ *nulify a law*

revoke an order

دستوری را لغو کردن

revoke somebody's decision

لغو کردن تصمیم یا دستور کسی

revolving credit

اعتبار گردان؛ اعتبار در گردش؛ اعتبار قابل تجدید؛ اعتبار تجدید شدنی

revolving fund

تنخواه‌گردان

revolving letter of credit

اعتبار اسنادی در گردش

revolving loan (continuous credit)

اعتبار چرخشی؛ اعتبار تجدید شدنی؛ اعتبار قابل تجدید

reward

جبران خدمت؛ اجرت؛ پرداخت فوق‌العاده؛ پاداش؛ انعام؛ جایزه؛ مزد

Reward applied creativity instead of mindless conformity.

به جای اطاعت کورکورانهٔ کارمندان، به خلاقیت کاربردی آنان پاداش دهید.

Reward decisive action instead of paralysis by analysis.

به جای فلج کردن کارها با تجزیه و تحلیل (غیر معقول)، به اقدام قاطع کارمندان پاداش دهید

Reward effective behavior instead of squeaking joints

به جای سر و صدا راه انداختن‌ها، به رفتار مؤثر کارمندان پاداش دهید.

Reward loyalty instead of turnover.

به جای تهدید به جابجایی کارمندان، به وفاداری آنان نسبت به سازمان پاداش دهید.

reward power

قدرت پاداش دهی

Reward quality work instead of fast work.

به جای سرعت کار، به کیفیت کار پاداش دهید.

Reward risk taking instead of risk avoiding.

به جای اجتناب از ریسک، به خطر پذیری

کارمندان پاداش دهید.

Reward simplification instead of needles complication.

به جای پیچیده‌تر کردن غیر ضروری امور، به ساده کردن کارها پاداش دهید.

Reward smart work instead of busywork

به جای نمایش کار، به کار برجستهٔ کارمندان پاداش دهید.

reward solid solutions instead of quick fixes

به جای راه حلهای مقطعی، به راه حلهای اساسی پاداش دهید

reward system

نظام پاداش

Reward working together

به جای کار انفرادی به کار گروهی پاداش دهید.

rework

کار مجدد؛ اصلاح کار

RGB monitor (red-green-blue monitor)

نمایشگر رنگی؛ صفحه نمایش رنگی؛ مونیتور رنگی

rider

الحاقیه (قانون یا سند)؛ مادهٔ الحاقی؛ مادهٔ اصلاحی (که به لایحه یا سند اضافه شود)

☞ *allonge*

rig

احتکار؛ ایجاد بازار ساختگی / کاذب؛ احتکار کردن؛ تقلب کردن؛ دستکاری کردن

rigged

ساختگی؛ کاذب؛ تقلبی؛ دستکاری شده

rigged award

حکم مرضی‌الطرفین؛ حکم سازشی

☞ *agreed award*

☞ *fixed award*

☞ *informed award*

rigged market

بازار احتکاری

rigging the market

احتکار در بازار؛ سفته بازی؛ معاملهٔ صوری سهام به منظور افزایش تصنعی بهای آنها

right

حق؛ استحقاق؛ اصلاح کردن؛ جبران کردن

right, exercise one's

از حق خود استفاده کردن

right involved in the contract

حقوق ناشی از قرارداد

right, legal/legitimate

حق مشروع؛ حق قانونی

right of access

حق ورود (کشتی به بندر)

right of benefit

حق انتفاع

right of coinage

آزادی مسکوک؛ حق ضرب سکه

right of creditors

حق بستانکاران

right of easement

حق ارتفاق

right of escheat

حق انتقال (واگذاری)

right of exploitation

حق انتفاع

right of habitation
حق مسکن/سکونت؛ حق سکنی

right of legation
حق نمایندگی

right of lien
حق تصرف وثیقه؛ حق گروکشی ملک در برابر وثیقه

right of making decision
حق تصمیم گیری

right of notice
حق اخطار

right of option
حق انتخاب

right of ownership
حق مالکیت

right of priority
حق تقدم؛ حق اولویت

right of recourse
حق رجوع به ضامن؛ حق شخص برای دریافت طلب مشکوک‌الوصول

right of recover
حق استرداد؛ حق وصول

right of recovery under an insurance policy
حق جبران خسارت به موجب قرارداد بیمه یا بیمه‌نامه

right of redemption
حق بازخرید؛ حق آزاد کردن دارایی از گرو با پرداخت نمودن بدهی آن

right of rescission
حق خیار

right of user

حق انتفاع؛ حق تصرف

right of way
حق عبور؛ حق گذر؛ حق راه

right person for righet job
(اصل) کار را به دست کاردان سپردن

rights issue
حق تقدم خرید سهام

rights, vindication of
احقاق حق؛ استیفای حقوق

right to rescind
حق فسخ یا ابطال قرارداد

right to strike
حق اعتصاب

right to take action
حق انجام کار؛ مجوز اقدام

right to take decision
حق تصمیم‌گیری

right to terminate
حق فسخ

right to vote
حق رأی

right to work
حق اشتغال

rig the market
با احتکار و کارهای خلاف دیگر قیمتها را بالا و پایین بردن

ring
ائتلاف؛ دسته بندی؛ ائتلاف شرکت کنندگان

riparian rights
حق استفاده از آب؛ حق آبه

rise/increase in population
افزایش جمعیت

rise in rank

ترفیع درجه؛ ترفیع مقام؛ بالا رفتن مقام

rise in wages

افزایش دستمزدها

risk

خطر؛ مخاطره؛ خطرات بیمه؛ خطری که مشمول قرارداد بیمه شود؛ به مخاطره انداختن؛ احتمال خطر؛ احتمال خسارت؛ مورد بیمه؛ مبلغ بیمه؛ ریسک:
ریسک عبارت است از هر چیزی که حال یا آیندهٔ دارایی یا توان کسب درآمد شرکت، مؤسسه یا سازمانی را تهدید می‌نماید.

☞ *imperil*
☞ *peril*
☞ *serious danger*

risk analysis

تحلیل احتمال خطر؛ تجزیه و تحلیل ریسک

risk, at one's own

با مسؤولیت خود

risk, at owner's

معامله یا حمل کالا به شرط مسؤولیت صاحب کالا

risk avoiding

اجتناب از ریسک / خطر

risk capital

سرمایه‌گذاری مخاطره آمیز؛ سرمایهٔ همراه با خطر

risk, credit

ریسک اعتبار

risk decision alternatives

راه‌کارهای مخاطره آمیز

risk decisions

تصمیمهای با احتمال خطر؛ تصمیم‌گیری در شرایط ریسک

risk, default

ریسک قصور (در پرداخت بدهی)

risk, failure

ریسک ورشکستگی

risk, financial

ریسک مالی

risk, foreign exchange fluctuation

ریسک نوسانات نرخ ارز

risk-free rate of interest

نرخ بهرهٔ بی‌خطر

risk, interest rate

ریسک نرخ بهره

risk, liquidity

ریسک نقدینگی

risk management

مدیریت خطرات احتمالی؛ مدیریت ریسک: عبارت است از فرایند شناسایی، ارزیابی و کنترل اقتصادی ریسک‌هایی که حال یا آیندهٔ داراییها یا توانایی کسب درآمد یک شرکت یا سازمانی را تهدید می‌کند.

risk, management error

ریسک اشتباهات مدیریتی

risk manager

کارشناس تعیین خطر؛ متخصص تعیین ریسک

risk money

کسر صندوق

risk, reinvestment

ریسک سرمایه‌گذاری مجدد

risk shift

risk taking 629 role-playing

تغییرجهت مخاطره آمیز:
عبارت است از بررسی هر چه بیشتر راه‌کارهای مخاطره‌آمیز توسط گروه در تصمیم گیری گروهی

risk taking

ریسک پذیری؛ پذیرش خطر؛ خطر جویی:
یکی از ابعاد فرضی شخصیت و نشان دهندهٔ میزان تمایل فرد برای انجام اعمالی است که لازمهٔ آن قبول خطر به میزان معنی دار می‌باشد.

risk, war

بیمه در مقابل حوادث ناشی از جنگ

risky job

شغل مخاطره‌آمیز؛ شغل پرخطر

risky undertaking

مسؤولیت پرمخاطره

road bill

بارنامه

ROAM (return on assets managed)

بازده دارایی مشخص

robot

ربات؛ ماشین / دستگاه خودکار

robotics

ربات شناسی؛ ربات سازی

ROCE (return on capital employed)

بازده سرمایهٔ به کار رفته

Rogers, Everett

اورت راجرز

ROI (return on investment)

نرخ بازگشت سرمایه

role

نقش؛ وظیفه؛ الگوی رفتاری یک شخص

role ambiguity

ابهام نقش؛ یأس ناشی از عدم شناخت وظیفه

role analysis team building

تحلیل نقش اعضای گروه؛ گروه‌بندی بر مبنای تحلیل نقش؛ فرایندی که هدف آن مشخص کردن وظیفه‌ها و مسؤولیتهای اعضای یک گروه است

role conflict

تضاد نقش

role, decision-making

نقش تصمیم گیری

role, informational

نقش اطلاعاتی

role, liaison

نقش رابط

role, managerial

نقش مدیریتی

role, negotiator

نقش مذاکره کننده

role perception

تعیین نقش؛ ادراک نقش

role play

اجرای نقش؛ ایفای نقش؛ نقش آفرینی؛ ایفای نقش کردن؛ نقش آفرینی کردن؛ روش آموزشی که در آن آموزش گیرنده به منظور یادگیری، در یک سناریوی مشخص به ایفای نقش می‌پردازد

role-playing

نقش آفرینی (ایفای نقش):
در این روش آموزشی اطلاعاتی در مورد وضعیتی به دانشجویان داده می‌شود و از آنها خواسته می‌شود تا همانطور که کار را در شرایط واقعی انجام می‌دهند با نقش آفرینی انجام دهند.

نقش آفرینی یکی از ساده‌ترین روشهای آموزش به روش شبیه‌سازی می‌باشد.

role reversal

تعویض نقش

role rotation

چرخش در نقشها

role, spokeperson

نقش سخنگو

roll book

دفتر حضور و غیاب

roll call

حضور و غیاب؛ وقت حضور و غیاب

roll, call the

حضور و غیاب کردن

rolling plan

برنامهٔ ادواری؛ برنامهٔ انعطاف‌پذیر

roll over

تمدید مهلت پرداخت وام

ROM (read only memory)

(در کامپیوتر) حافظهٔ فقط خواندنی

ROP

نقطهٔ سفارش مجدد؛ نقطهٔ تجدید سفارش

☞ *reorder point*

roping

جاسوسی مدیریت

Rorschach test

آزمون رورشاخ؛ آزمون فرانکنی؛ از روشهای سنجش شخصیت است که هرمان رورشاخ، روانشناس اتریشی ارائه کرده است

rotating shift

نوبت کاری گردشی؛ شیفت چرخشی

rotating shift system

نظام نوبت کاری چرخشی/گردشی؛ شیفت در گردش

☞ *three-shift system*

roundabout process

فرایند تولید غیر مستقیم

rounding error

خطای روند کردن اعداد؛ خطای سر راست کردن اعداد؛ خطای به عدد صحیح درآوردن

round robin

درخواست کتبی؛ تقاضانامهٔ کتبی؛ واخواست کتبی؛ نامه یا عریضهٔ دسته جمعی؛ طومار

round table

میزگرد؛ جلسهٔ بحث

round-table conference

میزگرد؛ کنفرانس غیر رسمی

round-table discussion

(بحث) میزگرد؛ بحث آزاد و غیر رسمی

☞ *panel discussion*

round turn

چرخش دو سویه

route card

کارت مسیر کار

☞ *route sheet*

route sheet

کارت مسیر کار

routine

روزمره؛ کار روزمره؛ کار تکراری؛ معمول؛ عادی؛ تمام یا بخشی از یک برنامه

routine decisions

تصمیم‌گیریهای روزمره و عادی

routine duties

وظایف عادی اداری

routine inspection

routine inspection
بازرسی عادی

routing
تعیین مسیر؛ مسیر یک سفارش

Rowan incentive payment system
سیستم/نظام پرداخت تشویقی روان؛ سیستمی که جیمز روان ارائه کرده و بر مبنای آن در ازای زمان صرفه‌جویی شده در کار، به کارگر پاداش داده می‌شود

royalties
حق مالکیت

royalty
حق بهره‌برداری؛ حق امتیاز؛ حق اختراع؛ حق طبع؛ حق تألیف؛ حق تصنیف

RPI (retail price index)
شاخص قیمت خرده فروشی

RRP (recommended retail price)
قیمت خرده فروشی پیشنهادی؛ مظنهٔ توصیه شده

rubber check
چک بی محل؛ چک بدون موجودی
☞ *bad cheque*
☞ *bounding check*
☞ *stumer check*
☞ *uncovered check*
☞ *dishonored check*

rubber-stamp
مهر زدن؛ پیشنهادی را بدون داشتن اطلاع کافی و حق مخالف تأیید یا تصویب کردن؛ مهر لاستیکی؛ ماشین امضا (در مورد اشخاص گفته می‌شود)؛ شخص یا سازمانی که نقش تشریفاتی داشته باشد؛ تأیید یا امضای چیزی (بدون داشتن اطلاع کافی از آن)

rubber-stamping role
نقش تشریفاتی

rubricated account
حساب خاص

Rucker plan
طرح راکر؛ طرح سهم تولید راکر
☞ *Rucker share of production plan*

ruin
ورشکست کردن؛ محروم کردن؛ ضرر زدن؛ صدمه وارد کردن

rule
قانون؛ مقررات؛ قاعده؛ دستور؛ اصل (حقوقی)؛ حکومت؛ سلطه؛ حکومت کردن؛ تصمیم گرفتن؛ حکم کردن؛ مسلط بودن؛ سلطه داشتن

rule no longer in operation
قانون منسوخ

rule-of-court clause
شرط انتخاب مرجع رسیدگی خاصی در قرارداد برای حل اختلاف (مشروط بر این که قرارداد در همان مرجع به ثبت برسد)

rule off
انسداد حساب؛ بستن حساب؛ ته حساب را بستن

rule of great generality
قانون کلی

rule of law
اصل حاکمیت قانون؛ حکومت قانون
☞ *supremacy of law*

rules, abide by the

rules, according to
مقررات را رعایت کردن؛ طبق مقررات

rules, against
بر خلاف مقررات

rules and regulation
مقررات و آیین‌نامه‌ها

rules, break the
قانون شکنی کردن؛ مقررات را رعایت نکردن

rules, comply with the
اطاعت کردن از قوانین؛ قوانین را مراعات کردن

rules, kick against the
بی‌اعتنا بودن نسبت به مقررات

rules of employment
مقررات استخدامی

rules of law
حکومت قانون

rules of procedure
آیین‌نامۀ داخلی؛ نظامنامۀ داخلی؛ روش جاری

rules, open disregard of
بی‌توجهی علنی به قوانین و مقررات

rule, under the
طبق قاعده؛ طبق دستور

ruling
حکم؛ تصمیم؛ رأی؛ نظر؛ جاری؛ متداول

run
دور گردش کار؛ اداره کردن؛ کار کردن؛ به کار انداختن؛ کاندید شدن؛ کاندید کردن؛ نامزد شدن؛ نامزد کردن؛ رقابت کردن؛ طی کردن؛ گذراندن؛ چاپ کردن؛ منتشر کردن؛ پخش شدن

run against
مخالف بودن

run a risk
مواجه شدن با خطر؛ ریسک کردن؛ خطر کردن

runaway
افزایش تولید بیش از حد

run counter to the law
بر خلاف قانون رفتار کردن

run-down
گزارش

runner
کالای پرفروش؛ قاچاقچی

running account
حساب جاری
☞ checking account
☞ drawing account

running cost
هزینۀ متغیر؛ هزینۀ جاری

running days
روزهای هفته؛ روزهای متوالی

running maintenance
تعمیر و نگهداری به هنگام کار دستگاه

running repairs
تعمیرات جاری

running yield
درآمد جاری؛ سود جاری؛ بازده جاری

run sizes
اقلام تولید شده در یک زمان

rush orders
سفارشهای فوری

S / s

sabbaticals
مرخصی تشویقی بلند مدت

sabotage
خرابکاری؛ خرابکاری کردن؛ کارشکنی کردن؛ اخلال کردن

sabotage, industrial
خرابکاری صنعتی؛ کارشکنی در کارخانه

sack
اخراج؛ اخراج کردن؛ بیرون کردن؛ غارت کردن؛ چپاول کردن

sacrifice
فدا کردن سود برای نقدینگی؛ از خود گذشتگی

saddle point
نقطهٔ تعادل

safe custody
گاو صندوق

safe deposit box
گاو صندوق سپرده‌ها

safe deposit company
شرکت امانت‌پذیر

safety department
دایرهٔ ایمنی

safety factor
عامل اطمینان

safety margin
سود امن؛ فروش فراتر از نقطهٔ سر به سر

safety needs
نیازهای ایمنی:
از جمله نیازهای اساسی آدمی نیازهای ایمنی است که طی آن فرد می‌کوشد به جستجوی امنیت بپردازد و در مقابل تهدید از خود حمایت کند.

safety officer
مسؤول ایمنی ؛ افسر ایمنی؛ مأمور حفاظت صنعتی

safety psychologist
روانشناس ایمنی:
یکی از زمینه‌های روانشناسی صنعتی - سازمانی است که در اصل با پیشگیری سر و کار دارد و در آن نسبت به جلوگیری از پیشامد سوانح و حوادث تأکید می‌شود. روانشناس ایمنی می‌کوشد با پاسخ دادن به اینکه چرا و چگونه سوانح و حوادث پیش می‌آیند، راه‌های مناسبی را برای پیشگیری از وقوع سوانح و حوادث پیدا کند.

safety psychology
روانشناسی ایمنی:
روانشناسی ایمنی یکی از زمینه‌های روانشناسی

صنعتی - سازمانی می‌باشد که در آن توجه اصلی روانشناس معطوف پیشگیری می‌گردد.

safety stock

حداقل مطمئن موجودی انبار؛ حد نصاب موجودی

salable

قابل فروش، پرفروش، فروختنی، قابل معامله

salaried class

طبقهٔ حقوق بگیر

salaried director

مدیر موظف

salary

حقوق (ماهیانه یا سالانه)؛ اجرت

salary administration

مدیریت حقوق و دستمزد

salary and allowance

حقوق و مزایا

salary compression

محدود نگهداشتن حقوق

salary determination

تعیین حقوق

salary review

بررسی حقوق و دستمزد

salary schedule, adjust

اصلاح جدول حقوق؛ ترمیم جدول حقوق

salary standardization

یکسان سازی حقوق و دستمزد؛ استاندارد کردن حقوق و دستمزد

salary structure

ساختار حقوق

salary tax

مالیات حقوق

sale

فروش، بیع، حراج

sale and leaseback

فروش و اجاره

sale, bill of

بیع نامه؛ سند فروش

sale by auction

فروش از طریق حراج

sale by private treaty

فروش با تراضی طرفین

sale by public auction

فروش به وسیله مزایدهٔ علنی

sale, cash

فروش نقدی

sale, conditional

فروش مشروط

sale, credit

نسیه فروختن، فروش نسیه، فروش اعتباری؛ فروش غیر نقدی

sale, deed of

سند فروش

sale, forward

فروش سلف؛ پیش فروش

sale, irrevocable

بیع قطعی

sale, object of

مثمن؛ مبیع

sale of coins against other coins

بیع صرف

sale on approval

فروش به شرط قبول / پذیرش ؛ فروش به شرط

مورد پسند بودن مشتری ظرف مدت معین

sale or return

فروش یا مرجوع

sale price

قیمت فروش

sale, revocable

بیع شرط؛ بیع غیر قطعی

☛ *irrevocable salee*

sales allowance

کاهش قیمت کالای فروخته شده؛ کاهش قیمت فروش

sales budget

بودجهٔ فروش

sales contract

قرارداد فروش

sales department

قسمت فروش؛ دایرهٔ فروش؛ دفتر فروش

☛ *purchasing department*

sales discount

تخفیف فروش

sales engineer

مهندس فروش

sales forcast

برآورد فروش؛ پیش بینی فروش

sales force

نیروی فروش؛ کادر فروش

sale short

پیش فروش کردن؛ معامله سلف کردن

salesman

فروشنده؛ نمایندهٔ فروش؛ بازاریاب

☞ *salesperson*

sales management

مدیریت فروش

sales manager

مدیر فروش

sales mix

مجموعه کالاهای فروشی

salesperson

فروشنده؛ نمایندهٔ فروش؛ بازاریاب

☞ *salesman*

sales pitch

تبلیغ فروش؛ فن فروش

sales promotion

تبلیغ فروش

sales quota

سهمیهٔ فروش

sales representative

نمایندهٔ فروش

sales revenue

درآمد فروش

sales slip

رسید؛ قبض؛ برگهٔ فروش

sales talk

تبلیغات فروش

sales tax

مالیات فروش؛ مالیات خرید

sale with option of redemption

فروش با حق خیار در خرید شیء فروخته شده

salvage

اسقاط؛ اشیاء خسارت دیده؛ کالای بازیافتی

salvage sale

فروش اضطراری؛ فروش اموال در حال تفویت یا از دست دادن

salvage value

ارزش اسقاط

salvo

شرط یا عبارتی در سند که راه گریزی برای شخص باقی گذارد

sample

نمونه؛ نمونهٔ رایگان؛ مسطوره؛ نمونه‌گیری‌کردن؛ توزیع نمونه‌های رایگان

sample distribution

توزیع نمونه

sample mean

میانگین نمونه

☞ *mean*

sample space

مقدار نمونه

sample survey

بررسی نمونه

sample variance

واریانس نمونه

☞ *variance*

sampling

نمونه‌گیری؛ نمونه برداری:

عبارت است از بررسی بخشی از نتایج یا بازده یک پروژه.

sampling, acceptance

نمونه‌گیری قابل قبول

sampling, activity

نمونه‌گیری کار؛ نمونه برداری فعالیت

sampling, cluster

نمونه‌گیری خوشه‌ای

sampling, differential

نمونه‌گیری تفاضلی/افتراقی؛ نمونه‌گیری تغییر پذیر

sampling error

خطای نمونه‌گیری

sampling frame

چارچوب نمونه‌گیری

sampling map

نقشهٔ سن بورن؛ (در بیمهٔ عمر) نقشه‌ای که موضع خطرات را در شهرهای بزرگ با شرایط قبول بیمه در نقاط مختلف تعیین کرده است

sampling procedure

روش نمونه‌گیری

sampling, quota

نمونه‌گیری سهمیه‌ای؛ نمونه‌گیری طبقه‌ای

sampling, random

نمونه‌گیری‌تصادفی؛ نمونه‌گیری‌اتفاقی

sampling, work

نمونه‌گیری کار؛ نمونه برداری فعالیت

sanction

تصدیق کردن؛ تأیید کردن؛ تصویب کردن؛ تجویز کردن؛ جریمه؛ مجازات؛ اقدام تنبیهی در مقابل کشوری که از قراردادهای بین‌المللی تخطی کرده است؛ ضمانت اجرا؛ تحریم؛ تصدیق؛ تأیید؛ تصویب؛ تجویز

sanctionary

دارای ضمانت اجرایی؛ دارای جواز

sanction, civil

ضمانت اجرای حقوقی

sanction, economic

تحریم اقتصادی

sanction of the law

تأیید قانونی

sanction, remuneratory

ضمانت اجرای تشویقی (قانون یا فرمانی که بر

sandwich courses

اساس آن هرکسی که خدمات خاصی را انجام می‌دهد مستحق دریافت جایزه یا پاداش باشد)

sandwich courses

دوره‌های آموزشی فشرده؛ دوره‌های آموزشی متناوب؛ دوره‌های میانی؛ دورهٔ آموزش توأم با کار

sanitary engineering

مهندسی بهداشت

sanitary inspectorate

بازرسی بهداشتی

sans frais

بدون تقبل هزینه

sans protest (Fr)

اعاده بدون اعتراض (برات)؛ تذکری است توسط ظهرنویس سفته یا برات ارزی مبنی بر اینکه سفته یا برات در صورت عدم پرداخت بدون اعتراض اعاده شود

sans recours (Fr)

بدون حق مراجعه (در مورد عدم پرداخت سفته یا برات)

☞ *without recourse*

satisfaction

جبران؛ ایفا؛ ادا؛ عوض؛ تأدیه؛ خسارت

satisfaction of claim

ایفای تعهد مورد ادعا؛ پرداخت وجه مورد مطالبه

satisfaction of debt

تأدیه دین؛ ادای دین؛ پرداخت بدهی

satisfaction of needs

ارضای نیازها؛ برآورد نیازها

satisfactory wage

دستمزد رضایت‌بخش

satisfiers

راضی کنندهها؛ رضایت آفرین‌ها؛ در تئوری هرزبرگ عواملی هستند که برای فرد در سازمان رضایت ایجاد می‌کنند، مانند نحوهٔ سرپرستی

satisfy

ایفا کردن؛ پرداختن؛ جبران کردن؛ ادا کردن؛ رفع کردن؛ برآوردن؛ متقاعد کردن؛ قانع کردن؛ راضی کردن

satisfy a condition

شرطی را احراز کردن یا واجد بودن

satisfy requirements

برآوردن نیازها

saturation

اشباع؛ جذب محصول یا فرآورده‌ای در یک بازار یا منطقهٔ خاص

save

ذخیره کردن؛ رفع نیاز کردن؛ صرفه جویی کردن؛ پس انداز کردن

saving

پس انداز؛ صرفه‌جویی؛ خودداری از مصرف وجوه (در مورد مشتری)؛ عدم تقسیم منافع و افزودن آن به سرمایه (در مورد تاجر و شرکتهای تجاری)

saving clause

شرط استثنا (شرط مندرج در قانون مبنی بر اینکه اگر بعضی از مقررات یا مواد آن ملغا شود، بقیه مقررات یا مواد به اعتبار خود باقی خواهد ماند)

☞ *separability clause*
☞ *severability clause*
☞ *severable statute*

savings account

savings and loan association 638 schedule

حساب پس انداز

savings and loan association

بانک مسکن

savings bank

بانک پس‌انداز؛ صندوق پس‌انداز

scab

اعتصاب شکن؛ کارگر تکرو؛ کارگری که در اعتصاب به کار ادامه می‌دهد؛ کارگری که از پیوستن به اعتصاب خودداری می‌کند

scalar chain

اصل سلسله مراتب:

«فایول» معتقد است که بین مدیران سازمان از بالاترین تا پایین‌ترین رده باید سلسله مراتب فرماندهی وجود داشته باشد تا مسیر تفویض اختیارات و واگذاری مسؤولیتها کاملاً واضح و صریح باشد.

scalar chain principle

اصل زنجیرهٔ فرماندهی؛ اصل وحدت فرماندهی؛ اصل سلسله مراتب

☞ *scalar principle*

scalar organization

سازمان خطی

scalar principle

اصل وحدت فرماندهی

scale down wages

دستمزدها را کاهش دادن

scale, rating

مقیاس ارزشیابی؛ مقیاس رتبه بندی

scale, social

موقعیت اجتماعی

scale, wage

مقیاس دستمزد

scan

بررسی؛ پیمایش؛ تقطیع؛ کنکاش؛ اسکن؛بررسی اطلاعات ذخیره شده برای منظوری خاص

Scanlon-plan

طرح پاداش اسکانلون؛ طرح اسکانلون؛ طرح انگیزشی در پرداخت که *Joseph Scalnon* ابداع کرده است:

کمیتهٔ تصمیم‌گیری در امور رفاهی و اجتماعی سازمان که در کشورهای صنعتی غرب رایج بوده و در شمول مدیریت کمیته قرار دارد.

Scanlon way to improve productivity

طرح (پاداش) اسکانلون برای افزایش بهره‌وری

scanner

(در رایانه) اسکنر

scarce purchasing

خرید کالاهای کمیاب؛ خرید کالاها به منظور احتکار

scarcity value

ارزش کمیابی؛ ارزش کالاهای کمیاب؛ افزایش قیمت یک کالا به علت کمیاب شدن آن

scattergram

نمودار پراکندگی

scavenger sale

فروش داراییهای ضبط شده؛ فروش داراییهایی که به علت عدم پرداخت مالیات، از سوی دولت ضبط شده است

schedulded purchasing

خرید برنامه‌ای

schedule

متمم؛ برنامهٔ زمان بندی شده؛ برنامهٔ مالیاتی؛

schedule, accumulation / scrap

برنامه سازی؛ تهیه کردن برنامه؛ منظور کردن مطلبی در یک متمم یا برنامه؛ زمان بندی کردن جدول؛ برنامه؛ فهرست؛ صورت

schedule, accumulation
جدول اندوخته

scheduled territories
مناطق مشمول قانون ارز

schedule, indifference
جدول بی تفاوتی

schedule, individual demand
جدول تقاضای انفرادی

schedule, investment
جدول سرمایه گذاری

schedule, pay
جدول حقوقی

schedule, step rate
جدول نرخ مرحله‌ای؛ جدول نرخ پایه

schedule, tariff
جدول تعرفه

scheduling
تنظیم برنامهٔ زمان کار؛ طرح‌ریزی؛ برنامه‌ریزی

scheduling conferences
زمان بندی کردن کنفرانسها؛ تهیهٔ جدول زمان بندی شدهٔ کنفرانسها

scheme of arrangement
قرارداد ارفاقی (میان ورشکسته یا بدهکار با بستانکاران)

☞ composition
☞ deed of arrangement
☞ respite

schlock (shlock)
اجناس یا خدمات کم ارزش

science park
مجتمع تحقیقات علمی

scientific management
مدیریت علمی (تیلور)

scientific methods
روشهای علمی

scientific society
انجمن علمی

scientific thinking
روش تفکر علمی؛ تفکر در مفاهیم بنیادی رشته‌های علمی

scientilla of evidence
مدرک جزئی

scoop
سود سرشار؛ خبر دست اول

scope of application
دامنهٔ شمول

scope of authority
حیطه یا حدود اختیار

scope of operations
چهارچوب عملیات؛ حدود فعالیت؛ حدود عملیات

scope of work
حدود فعالیت؛ میزان فعالیت

scot
باج؛ خراج؛ مالیات؛ مالیات بستن

scouting
جذب بهترین افراد حائز شرایط

scrambled merchandising
فروش کالاهای درهم؛ فروش اجناس ناجور؛ فروش اجناس گوناگون

scrap

تأیید کردن؛ تصدیق امضا کردن؛ با مهر و امضا تصویب کردن

sea law

حقوق دریایی؛ حقوق بحری

seal documents

اسناد رسمی

sealed

ممهور؛ مهر شده؛ مهر و موم شده

seal up

لاک و مهر کردن

seal up with wax

مهر و موم کردن

search

جستجو کردن؛ بررسی کردن؛ (در رایانه) جستجوی اطلاعات ذخیره شده؛ (در مدیریت) جستجو برای یافتن کارکنان با استعداد؛ تجسس کردن؛ بازرسی کردن؛ (در جمع) بررسی خریدار ملک جهت اطلاع از اشکالات احتمالی مربوط به مبیع؛ تجسس؛ بازرسی؛ هیأت بازرسی

search firms

بنگاههای کاریابی تخصصی؛ مؤسسات خصوصی که برای یافتن تخصصهای نایاب، مدیران را یاری می‌دهند

☞ *private placement agencies*

seasonal discount

تخفیف فصلی؛ کاهش قیمت کالاهایی که فصل مصرف آنها سپری شده است

seasonal employee

کارگر فصلی

☞ *seasonal worker*

seasonal fluctuations

نوسانهای فصلی؛ تغییرات فصلی (در فعالیتهای

اسقاطی؛ بریدهٔ روزنامه

scrap value

ارزش اسقاطی

screen

تحقیق کردن در سوابق و پیشینه سیاسی کسی که داوطلب احراز پستی است؛ تحقیق و مصاحبه یا آزمایش قبل از گزینش و استخدام کسی؛ بررسی کردن؛ بازرسی کردن

scrip

گواهی (موقت) سهام؛ رسید موقت (سهام و غیره)؛ گواهی استحقاق؛ کوپن؛ بن؛ نسخهٔ چاپ شده؛ رونوشت برداشتن

scrip dividend

قبض سود سهام؛ سود سهام؛ سود غیر نقدی سهام

scrip issue

انتشار سهام جایزه؛ صدور / نشر گواهی سهم

script

سند؛ متن سند؛ وصیت نامه؛ دستخط؛ دست نویس؛ نسخه

scrivener's error

اشتباه/ خطای تحریری؛ خطای نوشتاری/کتبی

scruff

امرار معاش در حداقل

scuffle

جان کندن؛ کار ملال آور انجام دادن

SDR (special drawing right)

حق برداشت ویژه

SD (standard deviation)

انحراف استاندارد

seal

مهر؛ لاک و مهر شده؛ دارای مهر معتبر و رسمی؛ تصدیق شده؛ مهر و موم کردن؛ رسماً تصدیق و

بازرگانی)

seasonal forecast

پیش بینی فصلی

seasonal index

شاخص فصلی

seasonal industry

صنعت فصلی؛ صنعتی که در یک دورهٔ معین از سال پررونق و در دورهٔ دیگر راکد است

seasonality

دگرگونی فصلی؛ تغییر فصلی؛ نوسان فصلی

☞ *seasonal movement*

☞ *seasonal variation*

seasonal unemployment

بیکاری موسمی؛ بیکاری فصلی

seasonal worker

کارگر فصلی

☞ *seasonal employee*

seasoned

مجرب؛ با تجربه؛ کهنه کار؛ خبره

seat of the pants decision making

تصمیم گیری مبتنی بر قضاوت و شعور شخصی

seat on the exchange

کرسی بورس؛ عضویت در بورس

sea transport, incidental

حمل و نقل اتفاقی از طریق دریا

seaworthiness

ارزشها و قابلیتهای یک کشتی در نخستین سفر؛ ویژگیهای مختلف یک کشتی از نظر تجهیزات، مدیریت، سوخت و ... در نخستین سفر

second

تأیید کردن؛ منتقل کردن؛ پشتیبانی کردن؛ حمایت کردن؛ اضافی؛ دوم

secondary action

اقدام ثانوی؛ اقدام تبعی

secondary boycott

تحریم ثانوی؛ تحریم دست دوم

secondary data

اطلاعات دست دوم

secondary distribution

توزیع ثانوی؛ توزیع دست دوم

secondary employment

اشتغال دوم؛ شغل دوم

secondary liability

مسؤولیت درجه دوم؛ مسؤولیت غیر مستقیم

secondary market

بازار ثانوی

secondary obligations

تعهدات ثانویه؛ تعهدات تبعی

secondary picket

اعتصاب ثانوی

secondary strike

اعتصاب ثانوی؛ اعتصاب برای همدردی

☞ *secondary picket*

☞ *sympathic strike*

secondary worker

کارگر پاره وقت

☞ *part-time worker*

second ballot

رأی گیری دور دوم (انتخابات)

second beneficiary

ذینفع دوم

second hand

دست دوم

second hand market value
(در مدیریت مالی) ارزشیابی (داراییهای شرکت) در بازار دست دوم

second mortgage
رهن دست دوم؛ رهن ثانی

second vice president
معاون دوم

secrecy agreement
قرارداد انتقال دانش فنی
☞ *know-how agreement*

Secretary of Finance
وزیر دارایی

SEC (Securities and Exchange Commision)
کمیسیون اوراق بهادار و بورس

section (of a law /contract)
فصل (قانون یا قرارداد)

sector (economic)
بخش (اقتصادی)

sector, goverment
بخش دولتی
☞ *public sector*

sector, personnel
بخش پرسنلی / کارکنان؛ قسمت کارگزینی
☞ *personnel department*

sector, private
بخش خصوصی
☛ *public sector*

sector, public
بخش عمومی؛ بخش دولتی
☞ *government sector*

secular inflation
تورم عمده؛ تورم طولانی و شدید
☞ *cyclical inflation*

secular stagnation
رکود طولانی؛ رکود اقتصادی در یک دورهٔ زمانی بلند و طولانی

secular trend
گرایش قرنی؛ روند طولانی

secure
تضمین کردن؛ تأمین کردن؛ به دست آوردن؛ محفوظ داشتن؛ ایمن؛ بی‌خطر؛ مطمئن؛ محکم و با ثبات

secure a claim
تضمین کردن ادعا یا طلب

secured
تضمین شده؛ با وثیقه؛ تأمین شده

secured bond
اوراق قرضهٔ وثیقه‌دار

secured creditor
طلبکار وثیقه‌دار؛ بستانکار با وثیقه

secured debt
دین وثیقه‌دار؛ بدهی وثیقه‌دار

secured loan
وام وثیقه‌دار

secured transaction
معامله با وثیقه

securities
اوراق بهادار

Securities and Exchange Commission (SEC)
کمیسیون بورس و اوراق بهادار

securities held in pledge
سهام حبس شده به عنوان رهن

securities in pawn

اسناد گرویی

securities market

بازار اوراق بهادار

securities, pledge

اوراق بهادار را به رهن گذاردن

security

وثیقه؛ تأمین؛ ضامن؛ گرو؛ امنیت؛ تأمین شغلی؛ امنیت شغلی؛ ضمانت؛ تضمین؛ بیمهٔ خطر؛ گواهی سهم؛ اوراق بهادار؛ سند

security benefits

مزایای مربوط به رفاه و تأمین اجتماعی

security department

(اداره) حراست؛ حفاظت

security need

نیاز امنیت؛ نیاز تأمین؛ در سلسله مراتب نیازهای «مازلو» به نیاز امنیت گفته می‌شود

☞ *Maslow hierarchical needs*

security of tenure

امنیت شغلی

security, personal

ضمانت شخصی

security, redeem a

وثیقه‌ای را فک کردن

seek recourse (to arbitration/ courts)

متوسل شدن یا رجوع کردن (به داوری یا دادگاه)

seek recovery

مطالبه کردن خسارت

segmentation research

تحقیقات در زمینهٔ تفکیک بازار

segregate

تفکیک کردن؛ جداکردن؛ مجزا کردن

segregation

تفکیک؛ جدا شدن شرکتهای فرعی از شرکت مادر / اصلی

seignorage

حق‌الضرب (سکه)

→ *brassage*

seisin (seizin)

تصرف قانونی؛ حق مالکیت

select a method of communicating

انتخاب کردن روش ارتباطی

selected operation time

زمان انتخابی عملیات

selecting a wage payment system

انتخاب نظام پرداخت دستمزد

selecting final solution

انتخاب راه‌حل نهایی

selecting the best courses of actions

انتخاب بهترین اقدامات ممکن

selection

انتخاب؛ گزینش

selection board

هیأت گزینش

☞ *selection committee*

selection by objective(s)

انتخاب بر مبنای هدف /اهداف

selection committee

هیأت گزینش

selection interview 644 self-discipline

☞ *selection board*

selection interview

مصاحبهٔ گزینش استخدامی؛ مصاحبهٔ استخدامی

selection procedures

مراحل گزینش

selection ratio

نسبت انتخاب؛ بهرهٔ گزینش

selection-recruitment interview

مصاحبهٔ گزینش (پرسنل)

selective

انتخابی؛ منتخب؛ گزینشی؛ اختصاصی؛ ویژه

selective blockade

تحریم ورود یا صدور بعضی کالاها

selective noticing process

فرایند توجه دلخواه / انتخابی (فرد):
فرایندی که شخص به طور دلخواه یا انتخابی جنبه‌های خاصی از سازمان را مورد توجه قرار می‌دهد.

self-actualization

خود شکوفایی؛ خویشتن آزمایی؛ خودیابی:
طرفداران این نظریهٔ رفتار فردی در سازمان مانند «مازلو» اظهار می‌کنند که: «حتی اگر نیازهای سطوح پایین و اولیهٔ انسان ارضا گردد، گهگاه احساس بیهودگی انسان را فرا خواهد گرفت، مگر آنکه فرد آنچه را که برای خود مناسب و برازنده می‌داند، انجام دهد. بنابراین مشکل اصلی سازمانها این است که بتوانند شرایط و زمینه‌ها را برای ایجاد یک فرصت مناسب برای خویشتن آزمایی، خودیابی و ارضای خود فراهم آورند.

☞ *Maslow hierarchical needs*

self-actualization need

نیاز خود شکوفایی:
نیازی که برای نشان دادن آن «انگیزهٔ فرد جهت تشخیص همهٔ تواناییهای بالقوهٔ خود به کار گرفته می‌شود.»

self-adapting

خود سازگاری؛ توانایی یک سیستم در سازگاری با محیط

self-advertisement

تبلیغ شخصی؛ تبلیغ برای خود

self-appraisal

خود ارزشیابی؛ ارزیابی از خویش؛ روش ارزیابی که بر اساس آن کارکنان در فرایند ارزیابی خود سهیم می‌شوند و کار خود را ارزیابی می‌کنند

self-assessment

خود ارزشیابی؛ شناخت خویش؛ سنجش خویش

self-concept theory

نظریهٔ خود پنداره؛ نظریهٔ خود انگاره؛ نظریهٔ مفهوم خویشتن

self-confidence

اعتماد به نفس

self-control

خویشتن داری؛ مدیریت بر رفتار خود، محیط اجتماعی و رفتارهایی که دارای بیشترین بازده فردی و اجتماعی باشند

self-directedness

خود فرمانی

self-direction

خود هدایتی

self-discipline

تبلیغ شخصی؛ تبلیغ برای خود

self-realization

خودیابی؛ شناخت شخصیت خویش

self-regulating feature

ویژگی تنظیم خودکار

self-reliance

اتکا به نفس؛ خوداتکایی؛ استقلال

self-reliant

متکی به خود؛ خوداتکا؛ مستقل؛ روی پای خود

self-respect

احترام به خود؛ عزت نفس

self-selection selling

فروش بر اساس انتخاب مشتری

self-service

سلف سرویس؛ خویش خدمت

self-serving attitude

گرایش در جهت تأمین منافع شخصی

self-sufficiency

خوداتکایی؛ خودکفایی؛ استقلال؛ خودبسندگی

self-sufficient

خودکفا؛ مستقل؛ خودبسنده؛ متکی به خود؛ خوداتکا؛ روی پای خود

self-supporting

خوداتکا؛ خودکفا؛ مستقل؛ متکی به خود

self-training manual

راهنمای خودآموز

sell

فروختن؛ به فروش رساندن؛ به فروش رفتن

sell by auction

از طریق مزایده فروختن

seller

فروشنده؛ بایع

انضباط شخصی؛ انضباط فردی

self-employed

خویش فرما؛ دارای شغل آزاد؛ خود اشتغال

self-employment

خویش فرمایی؛ شغل آزاد؛ خود اشتغالی

self-esteem

عزت نفس:

میزان درجه‌ای که شخص برای خود ارزش و احترام قایل است.

self-evaluation

خود ارزشیابی؛ خودنگری؛ ارزشیابی خود

self-governing

خود گردان؛ مستقل

self-help

خودیاری

self-insurance

بیمهٔ خویش فرما

self-interest

نفع شخصی؛ سود شخصی؛ منافع شخصی

self-liquidating loan

وام خود پرداخت

self-liquidating premium

کالای جایزه‌ای با بهای هزینهٔ تولید؛ کالای جایزه‌ای به قیمت تمام شده

self-mailer

کاغذ پستیِ پاکت سرخود

self-management

خود مدیریتی

self-optimizing control system

نظام خودگردان مطلوب؛ نظام کنترل انطباقی

☞ *adaptive control system*

self-promotion

نسیه فروختن

sell out

فروختن؛ معامله کردن

sell short

سلف فروشی

sell up

اموال خود را برای تأدیهٔ قرض خود فروختن

sell up a debtor

دارایی بدهکاری را گرو گرفتن و فروختن

semi-finished goods

کالاهای نیمه ساخته شده

semi-fixed cost

هزینهٔ نیمه ثابت؛ هزینهٔ نیمه متغیر

☞ *semi-variable cost*

semi-govermental

نیمه دولتی

semi-manufactures

کالای نیمه ساخته

seminar

سمینار؛ همایش؛ کنفرانس:

سمینار عبارت است از جلسهٔ گروهی از افراد که دور هم جمع می‌شوند تا موضوعی را تحت رهبری یک کارشناس یا محقق مورد بررسی و مطالعه قرار دهند. در چنین جلسه‌ای یک مشکل خاص شناسایی شده و مورد بحث قرار می‌گیرد و بحث و نتایج بدست آمده معمولاً بر اساس یافته‌های تحقیق می‌باشد.

semi-skilled

نیمه ماهر

semi-skilled labor

کارگر نیمه ماهر

semi-skilled work

☞ *vendor*

sellers credit

اعتبارات فروشندگان:

این نوع اعتبارات، مخصوص کشورهای اروپای غرب می‌باشد که در قراردادها و مبادلات بین این کشورها مورد استفاده قرار می‌گیرد.

seller's lien

حق گرو نگهداشتن فروشنده

sellers market

بازار فروشندگان

seller's option

خیار بایع / فروشنده

seller's seven sale

فروش با تأخیر هفت روزه

sell for cash

نقد فروختن

selling

فروش؛ فروشندگی

☛ *buying*

selling agent

عامل فروش

selling cost

هزینهٔ فروش

selling expenses

مخارج فروش

selling price

قیمت فروش

selling style

سبک فروش

sell-off

واگذاری به بخش خصوصی

sell on credit

کار نیمه ماهرانه

semi-skilled worker

کارگر نیمه ماهر

semi-variable costs

هزینه‌های نیمه متغیر

☞ *semi-fixed costs*

senior

ارشد؛ بالادست؛ مافوق؛ ردهٔ بالا؛ عالی

seniority

ارشدیت؛ سابقهٔ خدمت

seniority rule

قاعدهٔ ارشدیت

senior managers

مدیران ارشد

sense of duty

احساس وظیفه

sense of responsibility

احساس مسؤولیت

sensitive market

بازار حساس؛ بازاری که قیمتهای آن با اعلام اخبار خوب یا بد دستخوش نوسانهای شدید می‌شود

sensitivity analysis

تجزیه و تحلیل حساسیت

sensitivity training

آموزش حساسیت (برای روابط انسانی)؛ تجربه‌ای آموزشی که در گروههای کوچک انجام می‌گیرد و ضمن آن تلاش می‌شود تا شرکت‌کنندگان هر چه بیشتر در مورد نقاط قوت و ضعف خود آگاهی یابند

sensor

ابزار حساس؛ ابزار داده خوان؛ ابزاری که می‌تواند اطلاعات قابل اندازه‌گیری را به اطلاعات معنی‌دار برای رایانه تبدیل کند؛ حساسه

sentence

حکم؛ رأی؛ حکم دادن؛ رأی دادن؛ حکم صادر کردن؛ محکوم کردن؛ مجازات کردن؛ محکومیت؛ مجازات

sentence, arbitration

رأی حکمیت؛ رأی داوری

sentenced

محکوم

sentence in absence

حکم غیابی (به علت عدم حضور متهم)

sentence of the court

رأی دادگاه؛ حکم دادگاه

sentence, pass a

حکم دادن؛ حکم صادر کردن

sentence, serve a

به حکم دادگاه زندانی شدن؛ دورهٔ محکومیت را طی کردن

sentiments

عواطف؛ احساسات:

عبارت است از کلیهٔ احساسات، برداشتها و انگیزه‌هایی که در درون افراد گروه، ضمن فعالیت و واکنشها، نسبت به یکدیگر به وجود می‌آید و یکی از عناصر اصلی رفتار گروهی محسوب می‌شود.

☞ *activity*

☞ *interaction*

separability clause

شرط استثنا (شرط مندرج در قرارداد یا قانون، مبنی بر آنکه اگر بعضی از شروط یا مقررات آن

separability doctrine 648 service

ملغا شود، بقیه شروط یا مقررات به اعتبار خود باقی خواهد ماند)

☞ *saving clause*

☞ *severable statute*

☞ *severability clause*

separability doctrine

نظریهٔ قابلیت تفکیک قید داوری از بقیه قیود قرارداد (که به موجب آن قید داوری توافقی مستقل از خود قرارداد محسوب می‌شود)

separable contract

قرار داد قابل تفکیک (به چند تعهد مجزا و مستقل)

☞ *severable contract*

separable programming

برنامه‌نویسی قابل تفکیک؛ برنامه‌نویسی تفکیک پذیر

separate property

دارایی انفرادی؛ دارایی فردی

separation

انفصال؛ انفصال خدمت؛ برکناری از خدمت به طور موقت

separation rate

نرخ انفصال خدمت؛ میزان استعفا و برکناری از خدمت؛ درصد افرادی که در طول یکسال از فهرست حقوق بگیران مؤسسه حذف شده‌اند

sequence

ترتیب انجام عملیات؛ مرتب کردن؛ در توالی قرار دادن

sequence arrow

پیکان توالی؛ پیکان فعالیتهای وابسته

☞ *dependency arrow*

sequential access storage

حافظه با دستیابی پیاپی؛ حافظهٔ دستیابی متوالی

sequestration

توقیف؛ ضبط؛ مصادره؛ تأمین خواسته؛ تأمین محکوم به

serial bond

سند قرضهٔ مسلسل

serial organization

سازمان خطی؛ سازمان با واحدهای کاری مستقل

serious danger

خطر جدی؛ مخاطره؛ بیم زیان

☞ *imperil*

☞ *peril*

☞ *risk*

servant, civil

کارمند دولت

serve

خدمت کردن؛ انجام وظیفه کردن؛ کار کردن؛ ابلاغ کردن؛ تأمین کردن؛ سرویس دادن؛ مشتری راه انداختن

serve a notice on someone

اخطار برای کسی فرستادن

serve as advisor

به عنوان مشاور انجام وظیفه نمودن؛ در سمت مشاور خدمت کردن

serve notice on

اخطار کتبی دادن به؛ اخطارکردن

serve someone with a notice

ابلاغ کردن؛ اخطار قانونی کردن

serve under somebody

زیردست کسی خدمت کردن

service

خدمات؛ خدمت؛ سازمان؛ اداره؛ کادر؛ استخدام؛ ابلاغ؛ سرویس ماشین آلات؛ تعمیر و نگهداری؛ پرداخت بهره؛ بهره پرداخت کردن؛ سرویس کردن؛ تأمین کردن

service at domicile / residence

ابلاغ در محل اقامت

service by mail

ابلاغ پستی

service by publication

ابلاغ از طریق نشر در جراید؛ ابلاغ از طریق آگهی عمومی

service centers

مراکز سرویس

service contract

قرارداد خدمات

service department

بخش خدمات؛ واحد خدمات

Service Law, Civil

قانون استخدام کشوری

service life

عمر دارایی؛ عمر کاری؛ عمر مفید پیش بینی شده برای دارایی

service, military

خدمت سربازی؛ نظام وظیفه؛ خدمت نظام وظیفه

service, national

(در انگلستان) خدمت سربازی

services, accessorial

خدمات جانبی؛ خدمات ضمنی

services, administrative

خدمات اداری

services, after-sales

خدمات پس از فروش

service sector

بخش خدمات

services, executive

خدمات اجرایی

services, governmental

خدمات دولتی

services, personnel

خدمات پرسنلی

services, social

خدمات اجتماعی

services, technical

خدمات فنی

servomechanism

مکانیسم کنترل خودکار (حرکت، سرعت یا شتاب)

sess

مالیات

session

جلسه؛ نشست؛ اجلاس

session, briefing

جلسهٔ توجیهی؛ جلسهٔ بریفینگ

SE (Stock Exchange)

بورس معاملات ارزی

set

مجموعه؛ دستگاه؛ تنظیم کردن؛ بکار انداختن

setback

شکست؛ عدم موفقیت؛ ناکامی؛ وقفه؛ مانع

عقب نشینی؛ تنزل و کاهش

set forth for discussion

مطرح / طرح کردن

set free

آزاد کردن

set off

تهاتر کردن (ادعا یا دین)

set-off

تهاتر؛ (ادعای) تهاتری؛ پایاپای؛ ادعای متقابل؛ جبران؛ عوض

☞ *counterclaim*

☞ *cross action*

☞ *cross-claim*

☞ *offset*

☞ *recoup*

set one's hand on (a document)

امضا کردن (سند)

sets of bill

نسخ ثانی و ثالث و ... برات که در آنها به اصل اشاره و ذکر می‌شود که هر یک تا زمانی قابلیت پرداخت دارند که توسط دیگری پرداخت نشده باشد

set task

وظیفهٔ تعیین شده

setting deadline

تعیین ضرب‌العجل

setting measurable objectives

تعیین اهداف قابل ارزشیابی

setting operational objecctives

تعیین اهداف عملیاتی

settle

تصفیه کردن حساب؛ حل و فصل کردن؛ تسویه کردن؛ مصالحه کردن؛ فیصله دادن؛ رفع کردن؛ سازش کردن؛ به توافق رسیدن؛ واریز کردن؛ پرداختن؛ واگذار کردن؛ مقیم شدن؛ مستقر کردن

settle disputes/differences

اختلافات را رفع کردن؛ حل و فصل کردن اختلافات

settlement

مصالحه؛ حل و فصل؛ فیصله؛ سازش؛ رفع اختلاف؛ تصفیه حساب؛ تسویه حساب؛ پرداخت؛ واریز؛ واگذاری؛ استقرار؛ اسکان

settlement agreement

مصالحه‌نامه؛ موافقت نامهٔ حل و فصل

settlement, amicable

سازش؛ مصالحه؛ صلح؛ حل اختلاف به صورت مسالمت‌آمیز

settlement bargain

معاملهٔ مدت دار (بورس)

settlement, compromise

راه‌حل مورد توافق؛ مصالحه

settlement day

روز واریزی؛ روز قطعی شدن معامله؛ روز تسویه حساب

☞ *account day*

settlement discount

تخفیف تسویه حساب؛ تخفیف پرداخت نقدی

☞ *cash discount*

settlement, letter of

تسویه نامه

settlement, mediate a

با وساطت حل و فصل کردن

settlement, negotiated

رفع اختلاف با مذاکره

settlement of an inheritance

تصفیهٔ ترکه

settling day

روز تسویه حساب؛ روز واریز کردن؛ روز

severable statute

قانونی که علیرغم ملغا شدن بعضی از مقررات یا مواد آن، بقیه مقررات یا مواد آن به اعتبار خود باقی می‌ماند

☞ *saving clause*

☞ *separability clause*

☞ *severability clause*

several liability

مسؤولیت انفرادی

severalty

دارایی فردی؛ دارایی شخصی

severance pay

پرداخت حقوق فرد برکنار شده؛ پرداخت حقوق فرد اخراجی

☞ *dismissal pay*

☞ *severance wage*

☞ *redundancy payment*

وجوه پرداختی بابت انفصال از خدمت؛ وجه بازخرید خدمت

severity rate

نسبت روزهای تلف شده؛ نرخ روزهای تلف شده

sex differential

تبعیض جنسی؛ تبعیض بر اساس جنسیت

Sex Discrimination Act

قانون رفع تبعیض جنسی؛ قانون رفع تبعیض (نابرابری) مردان و زنان (مصوب ۱۹۷۵)

shading

کاهش جزئی قیمت

shadow price

شبه ارزش؛ ارزش خیالی

shake-out

پرداخت

☞ *account day*

settlor

داور تصفیه

set up a credit

تأسیس کردن اعتبار؛ افتتاح حساب جاری

set-up

سازمان؛ تشکیلات؛ ساختار؛ پرونده‌سازی

set up

تشکیل دادن؛ تأسیس کردن؛ تولید کردن؛ برپایی؛ آماده سازی؛ نصب کردن؛ آماده ساختن تجهیزات برای تولید

set-up cost

هزینهٔ آماده‌سازی تجهیزات

set-up time

زمان نصب و آماده‌سازی؛ زمان برپایی

seven-point plan

طرح هفت ماده‌ای؛ طبقه بندی می‌شود و برای ارزشیابی و استخدام افراد در سازمان به کار می‌رود

severability clause

شرط استثنا (شرط مندرج در قانون، مبنی بر این که اگر بعضی از مقررات یا مواد آن ملغا شود، بقیه مقررات یا مواد آن به اعتبار خود باقی خواهد ماند)

☞ *saving clause*

☞ *separability clause*

☞ *severable statute*

severable contract

قرارداد قابل تفکیک (به چند تعهد مجزا و مستقل)

☞ *separable contract*

رکود؛ تنزل؛ سازماندهی مجدد (که منجر به اخراج کارکنان شود)؛ تغییر و تحول؛ کاهش کارکنان؛ تغییر سازمان؛ اخراج؛ ضربهٔ شدید؛ سقوط؛ افت

shake-up

تغییر کامل و ناگهانی؛ اصلاح اداری؛ تغییر و تحول؛ تغییر سازمان

share

شرکت کردن؛ شریک شدن؛ شریک بودن؛ سهیم بودن؛ تسهیم کردن؛ سهم

share capital

سرمایهٔ سهام؛ سرمایهٔ مشترک

share capital account

حساب سرمایهٔ سهام

share certificate

گواهی مالکیت سهم؛ گواهی سهام

shareholder

سهامدار؛ دارندهٔ سهم؛ صاحب سهم؛ (در جمع) سهامداران؛ صاحبان سهام

shareholder of record

سهامدار رسمی

shareholder, ordinary

سهامدار عادی

shareholder, privileged

سهامدار ممتاز

shareholding

سهامداری

share in cash

سهم نقدی

share index

شاخص سهام

share in loss

شرکت در زیان

share in profit

شرکت در سود

share of inheritance

سهم‌الارث

share-of production plan

طرح پاداش بر اساس تولید کل

share option

حق داشتن سهم؛ اختیار خرید سهم

share pledged as security for money advanced

سند گروی به عنوان وثیقهٔ وام

share premium

سود صدور سهام؛ جایزهٔ سهام

share registry

ثبت سهام

shares, bonus

سهام جایزه

shares, deferred

سهام متأخر

shares, ordinary

سهام عادی

shares, voting

سهام دارای حق رأی

share-the-work

تقسیم کار بین کارکنان

share views

هم عقیده بودن؛ نظرات مشترک داشتن

share warrant

گواهی‌نامهٔ سهم؛ قبض تعهد سهم؛ رسید مالکیت سهم

shelf-sitters

مدیران ماندگار

shell company

شرکت رسمی؛ شرکت راکد

shift

نوبت کاری؛ شیفت؛ انتقال مالیات؛ رفع مسؤولیت پرداخت مالیات از خود و تفویض آن به فرد دیگر؛ تغییر؛ جا به جایی؛ جا به جا کردن؛ منتقل کردن؛ جا به جا شدن؛ منتقل شدن

shift, afternoon

شیفت/ نوبت کاری بعد از ظهر

shift, morning

شیفت/ نوبت کاری صبح

shift, night

شیفت/نوبت کاری شب

shift premium

حق شیفت

☞ *shift allowance*

☞ *shift bonus*

☞ *shift differential*

shift, swing

شیفت/ نوبت کاری چرخشی

shift work

کار نوبتی؛ کار شیفتی

shinplaster

پول غیر رایج؛ پول بی‌ارزش

ship broker

واسطهٔ کشتی؛ کارگزار کشتی

shipment

کالا؛ ارسال؛ حمل؛ محموله (دریایی)؛ ارسال کالای حمل شده به وسیله کشتی

shipment document

بارنامه؛ اسناد حمل کالا؛ مدارک حمل محموله

ship papers

اسناد کشتی

shipped bill of lading

بارنامهٔ صادره بعد از بارگیری محموله در کشتی

☞ *on board bill of lading*

shipper

شرکت حمل و نقل (دریایی)؛ مؤسسهٔ باربری؛ فرستندهٔ کالا با کشتی؛ حمل کننده

☞ *shipping agent*

shipping

حمل و نقل؛ کشتیرانی؛ هزینهٔ حمل با کشتی

shipping agent

نمایندهٔ شرکت کشتیرانی؛ کارگزار بارگیری کشتی؛ حق‌العمل کار بارگیری کشتی

shipping company

شرکت کشتیرانی

shipping documents

اسناد مربوط به بارگیری و حمل کالا با کشتی؛ اسناد حمل کالا؛ مدارک ارسال محموله/ کالا

shipping industry

صنعت حمل و نقل (از طریق دریا)

shipping note

صورت محموله؛ پروانهٔ بارگیری کشتی

ship's arrival declaration

اظهارنامهٔ ورود کشتی

shock loss

زیان غیر مترقبه

shop

کارگاه؛ فروشگاه؛ نمایندگی تبلیغاتی

shop around

استعلام بها کردن

shop committee

کمیتهٔ کارگاه

shop floor

قسمت تولید کارخانه؛ محیط کارگاه؛ صحن کارگاه؛ نیروی کار تولید؛ کارگران (کارخانه)

shop lifting

سرقت جنس (به وسیلهٔ مشتریان) از مغازه

shop load

بار کارگاه

shop management

مدیریت کارگاه

shop order

دستورالعمل ساخت

shopping goods

کالاهای گرانبها؛ کالاهای مصرفی گرانبها؛ خرید کالا

shopping hall

مرکز خرید

☞ *shopping center*

shop steward

نمایندهٔ اتحادیهٔ کارگری

shortage

کمبود؛ نقصان؛ کسری

shortage, manpower

کمبود نیروی انسانی

short-answer test

آزمون پاسخ کوتاه

short bill

برات دیداری؛ برات عندالمطالبه

☞ *demand bill*

☞ *sight bill*

shorter work week

هفتهٔ کاری کوتاه مدت

short exchange

برات کوتاه مدت که سررسید آن کمتر از سی روز باشد

short fall

تفاوت پیش پرداخت

short gilts

اوراق قرضهٔ دولتی کوتاه مدت

shorthand

شورت هند؛ تندنویسی

short interval scheduling (SIS)

برنامه‌ریزی منقطع کار

short position

وضعیت فروش بدون موجودی

☞ *open position*

☞ *bear position*

short-run operations

عملیات کوتاه مدت

shorts

سهام سلف؛ سهام کوتاه‌مدت

short sale

پیش فروشی؛ معامله سلف

short-tail

کارگری که در اتحادیه عضویت ندارد

short-term

کوتاه مدت

☛ *long-term*

short-term financing

تأمین مالی کوتاه مدت

short-term loan

وام کوتاه مدت

short-term planning

short-time (working) 655 sign

برنامه‌ریزی کوتاه مدت

short-time (working)

شیفت کوتاه مدت؛ نوبت کاری کوتاه مدت؛ ساعت کاری کمتر از حد معمول

short ton

تن سبک؛ برابر با ۲۰۰۰ پوند یا ۹۰۷/۱۸۴ کیلوگرم

☞ *long ton*

shotgun approach

شیوهٔ «تیری در تاریکی»

shot projects

پروژه‌ها/طرحهای مقطعی

shoulder a responsibility

مسؤولیتی را به عهده گرفتن / قبول کردن

should-know information

اطلاعات مورد نیاز

shrinkage

افت؛ نقصان؛ کاهش

shrink wrapping

بسته‌بندی یکپارچه؛ پوشش قالبی

shuffler

کارگر بیکار

shutdown

توقف تولید

shutdown maintenance

تعمیرات اساسی؛ تعمیر عمده؛ تعمیرهای اساسی که مستلزم متوقف شدن و کار نکردن تجهیزات است

shyster

گوش بر؛ نادرست؛ کسی که دست به اعمال غیر اخلاقی می‌زند؛ آدم حقه‌باز

sick leave

مرخصی استعلاجی؛ مرخصی ایام بیماری

sick note

گواهی پزشکی

sickness assurance

بیمهٔ بیماری

sickness benifit

حقوق ایام بیماری

sick pay

حقوق ایام بیماری

SICS (standard industrial classification system)

سیستم طبقه بندی صنعتی استاندارد

sift

به طور دقیق رسیدگی کردن؛ بررسی کردن؛ وارسی کردن؛ بررسی؛ رسیدگی

sight bill

برات دیداری؛ برات عندالمطالبه

☞ *sight draft*

☞ *demand bill*

☞ *short bill*

sight draft

برات دیداری؛ برات عندالمطالبه

☞ *sight bill*

☞ *demand bill*

☞ *short bill*

sight guarantee

ضمان حال

sight, payable after

به وعده (در برات)

sight, payable at

به رؤیت (در برات)

sign

امضا کردن؛ اعلان؛ آگهی

sign a document

سندی را امضا کردن

sign a form

فرمی را امضا کردن

sign an agrement to do a job

قراردادی را جهت انجام کاری امضا کردن

signatories to the treaty

امضا کنندگان قرارداد / عهدنامه

signatory

امضا کننده؛ صاحب امضا

signature

امضا

signature of the manager

امضای مدیر

signature to, put one's

امضا کردن

signed

امضا شده

signed, to have

به امضا رساندن

significance level

سطح معنی‌دار بودن

significance, statistcal

معنی دار بودن آماری

signification

مفاد؛ ابلاغ؛ ابلاغ رسمی

sign in

کارت ورود را امضا کردن

sign off

دستور خاتمهٔ عملیات؛ پایان ارتباط

sign on

دستور آغاز عملیات؛ آغاز ارتباط

sign on the dotted line

سندی را امضا کردن

sign on/up

قرار داد استخدامی کسی را امضا کردن؛ استخدام شدن؛ استخدام کردن

sign something over

مالکیت چیزی را با امضای سندی به کسی انتقال دادن

- *I, the undersigned*

این جانب امضا کنندهٔ زیر

sign under compulsion

تحت فشار امضا کردن؛ با اکراه و اجبار امضا کردن

silent partner

شریک غیر فعال

☞ *sleeping partner*

Simo chart

نمودار سیمو؛ نمودار چرخهٔ حرکات همزمان؛ نمودار توالی حرکات همزمان

Simon, Herbert

هربرت سایمون؛ کارشناس اقتصاد و مدیریت که در سال ۱۹۷۸ برندهٔ جایزهٔ نوبل در اقتصاد شد

simple contract

قرار داد غیر رسمی (کتبی یا شفاهی)؛ قرارداد ساده

☞ *open contract*
☞ *oral contract*
☞ *parol contract*
☞ *unwritten contract*

simple debenture

سند غیر رسمی؛ سند عرفی؛ قولنامه

simple debt

دین ناشی از قرارداد عادی و شفاهی

simple discount

تنزیل ساده

simple interest

ربح ساده؛ بهرهٔ ساده

☛ *compound interest*

simple regression analysis

تحلیل رگرسیون ساده

simple structure

ساختار ساده

simulation

شبیه سازی؛ همانند سازی؛ معاملهٔ صوری (برای فرار از دین)؛ وانمود سازی؛ ظاهر سازی

simulcast

برنامهٔ رادیویی و تلویزیونی همزمان

simultaneous motion cycle chart

نمودار چرخهٔ حرکات همزمان

☞ *Simo chart*

simultaneous processing

پردازش همزمان

☞ *multiprocessing*

sin die

تا اطلاع ثانوی

☞ *until further notice*

sinecure

شغل کم مسؤولیت؛ شغل بدون مسؤولیت؛ شغل تشریفاتی

sine qua non

شرط لازم؛ شرط اساسی

single arbitor

داور واحد

single arbitration

داوری واحد

single bond

سند قرضهٔ یک طرفه

☛ *double bond*

single caluse bill

مادهٔ واحده

single-concept film

فیلم تک موضوعی

☞ *film loop*

single entry

حسابداری یک طرفه؛ حسابداری ساده

☞ *double entry*

single liability

مسؤولیت محدود

☞ *limited liability*

single status

مقام و موقعیت یکسان

single strand

ارتباطات تک رشته‌ای

single tax

مالیات واحد

single-use plan

برنامهٔ اختصاصی؛ برنامهٔ خاص؛ برنامهٔ یک بار مصرف

singuli in solidum

هر یک از شرکا مسؤول پرداخت تمام دیون است

sinking fund

وجوه استهلاکی

☞ *amortize*

sin tax

مالیات استعمال دخانیات و امثال آن

SIS (short-interval scheduling)

برنامه‌ریزی منقطع

SI (statutory instrument)

سند قانونی

sit back

اقدام نکردن؛ دست روی دست گذاشتن

sit-down strike

اعتصاب نشسته

sitting by nellie

آموزش مشاهده‌ای؛ آموزش کنار دست؛ کارآموزی از طریق مشاهده

situational analysis

تجزیه و تحلیل وضعی

situational approach

رهیافت وضعیتی؛ رویکرد / شیوهٔ موقعیتی؛ روشی که طی آن در هنگام انتخاب و بکارگیری روشهای مدیریتی، شرایط و موقعیت نیز در نظر گرفته می‌شود

→ *contingency approach*

situationality

وضعیت مداری

situational management

مدیریت موقعیتی

situational theory

نظریهٔ موقعیتی:
یکی از رویکردهای سبک رهبری که طی آن گفته می‌شود «مناسب بودن رفتار رهبری بستگی به موقعیتی دارد که به دلیل بالندگی مرئوسان (در رابطه با کار خود) ایجاد می‌شود.»

situational theory of leadership

نظریهٔ رهبری موقعیتی؛ تئوری وضعی رهبری

situational type test

آزمون موقعیتی

situation law

قانون موقعیت

situation theory

نظریهٔ لزوم شرایط خاص:
طرفداران این نظریه، فرضیهٔ رهبری مردان بزرگ را رد کرده و معتقد به ایجاد شرایط خاص در رهبری هستند. آنها همچنین معتقدند که همهٔ افراد بشر توانایی رهبر شدن را دارند به شرطی که در شرایط خاص و مطلوب قرار گیرند. به نظر فیدلر (Fidler) سه متغیر در این شرایط دخالت دارند که عبارتند از:

۱- روابط میان اعضا

۲- ساختار وظیفه و مأموریت

۳- قدرت و موقعیت شغلی

situs of arbitration

مقر یا محل داوری

☞ *place of arbitration*

☞ *venue of arbitration*

six-tenths rule

قاعدهٔ شش دهم

skill

مهارت

skill analysis

تجزیه و تحلیل مهارت

skill, conceptual

مهارت ادراکی

skilled

متخصص؛ ماهر و با تجربه؛ مجرب

skilled work	کار تخصصی؛ کار ماهرانه
skilled worker	کارگر ماهر؛ کارگر صنعتگر؛ استاد کار
skill, human	مهارت انسانی
skill, leadership	مهارت رهبری
skill, management	مهارت مدیریتی
skill, manual	مهارت دستی
skill, physical	مهارت جسمی / فیزیکی
skill, psychomotor	مهارت روانی - حرکتی
skills inventory	فهرست مهارتها
skill, technical	مهارت فنی
skill tests	آزمونهای مهارت
skimming price	بهای گزاف؛ قیمت گران
skippy strike	اعتصاب پرشی؛ نادیده گرفتن برخی از وظیفه‌ها
slack	فرجه؛ اختلاف زمان رویداد؛ راکد؛ رکود؛ کساد
slander of goods	تبلیغ سوء راجع به کالا
slave computer	رایانهٔ کمکی؛ رایانهٔ یدک؛ رایانهٔ وابسته
slip	برگ تعهد خطرات بیمه؛ خطا؛ اشتباه؛ افت؛ تنزل؛ اشتباه کردن
slip of the pen	سهو قلم
slippage	زمان تلف شده؛ عقب افتادگی
slogan	شعار
slowdown	کاهش کار؛ کم کاری
slump	کسادی موقت
smart-partnership	مشارکت آگاهانه؛ مشارکت هوشمندانه
smoothing	همسازی
smoothing constant	رقم ثابت همسازی
smoothing style	سبک همسازی؛ سبک هموارسازی؛ سبک یکسان سازی
smuggled goods	کالای قاچاق
smuggler	قاچاقچی
smuggling	قاچاق؛ قاچاق فروشی؛ قاچاق کالا
snap strike	اعتصاب بی‌خبر
soak	به رهن گذاشتن؛ به گرو گذاشتن؛ تا خرخره زیر

بار قرض یا مسؤولیت رفتن

soaring premium

حق بیمهٔ سنگین

social

اجتماعی

social and economic organization

سازمان اقتصادی و اجتماعی

social assurance

بیمهٔ اجتماعی

social benefits

مزایای اجتماعی

social contract

میثاق اجتماعی

social insurance fund

صندوق بیمه‌های اجتماعی

social interaction

کنش متقابل اجتماعی

socialization

همسازی با سازمان؛ جامعه پذیری

socialology

جامعه شناسی

social prestige

اعتبار اجتماعی

social psychology of organizing

روان شناسی اجتماعی سازماندهی

social reality

واقعیت اجتماعی

social responsibility

مسؤولیت اجتماعی:

یکی از مباحث جالب «شلدن» در زمینهٔ مدیریت نوین سازمانهای انتفاعی غرب، مربوط به مدیریت، اجتماع و مسؤولیتهای اجتماعی مدیریت است.

social responsibility (of managers)

مسؤولیت اجتماعی (مدیران):

عبارت است از مجموعهٔ وظایف و تعهداتی که مدیران سازمان باید در جهت حفظ و مراقبت و کمک به جامعه‌ای که در آن فعالیت می‌کنند، انجام دهند.

social responsiveness approach

شیوهٔ تعهد اجتماعی

social security

تأمین اجتماعی؛ بیمه‌های اجتماعی

Social Security Act

قانون تأمین اجتماعی

social security benefits

مزایای تأمین اجتماعی

social security taxes

حق بیمه

social service(s)

خدمات اجتماعی؛ کارهای عام‌المنفعه؛ امور خیریه

social status

مقام و منزلت اجتماعی

social system school

مکتب نظامهای اجتماعی

societe anonyme (SA) (Fr)

(در فرانسه) شرکت بی نام؛ شرکت سهامی

society

انجمن؛ جامعه؛ شرکت؛ کمیته؛ اجتماع

Society of Company and Commercial Accountants

انجمن حسابداران شرکتی و بازرگانی

socio-economic factors

عوامل اقتصادی - اجتماعی

socio-economic status

وضعیت اقتصادی - اجتماعی

sociogram

جامعه نگار؛ نگارهٔ گروهی؛ نمودار روابط افراد جامعه

☞ *sociometric testing*

sociometric testing

آزمایش جامعه سنجی؛ آزمون روابط افراد جامعه؛ آزمایش گروه سنجی

☞ *sociometry*

sociometry

گروه سنجی؛ سنجش روابط افراد جامعه؛ سنجش افکار اجتماعی؛ جامعه سنجی

sociotechnical system

نظام / سیستم اجتماعی - فنی

soft currency

پول کاغذی؛ پول ضعیف

softening price

قیمت رو به کاهش

soft goods

کالاهای بی‌دوام

☞ *soft merchandise*

☞ *nondurable goods*

soft loan

وام بدون بهره؛ قرض‌الحسنه

soft market

بازار ضعیف

soft money

پول ضعیف؛ پول کاغذی

soft orientation

شیوهٔ ملایم؛ روش برخورد ملایم

soft sale promotion

تبلیغ آرام برای فروش

software

نرم‌افزار؛ دستور کار

software piracy

دزدی نرم‌افزار؛ سرقت برنامه‌های نرم‌افزاری

SOH (stock on hand)

موجودی انبار

sola

برات تک نسخه‌ای ؛ سُلا

sole agent

نمایندهٔ انحصاری (یک شرکت)

☞ *sole representative*

sole arbitrator

داور واحد

sole corporation

شرکت انفرادی

sole jurisdiction

صلاحیت انحصاری

sole licence

پروانهٔ انفرادی؛ پروانهٔ انحصاری

solemn

رسمی؛ معتبر

solemn agreement

توافق رسمی

solemnity

تشریفات؛ رسمیت؛ مراسم؛ تشریفات قانونی مربوط به اعتبار بخشیدن به قرارداد، توافق و نظایر آن

sole proprietorship

مالکیت انفرادی

sole representative

نمایندهٔ انحصاری (یک شرکت)

☞ *sole agent*

sole selling rights

حقوق فروش انحصاری

sole trader

تاجر / سوداگر منحصر به فرد

solicit

درخواست؛ تقاضا؛ درخواست کردن؛ تقاضا کردن؛ به دنبال مشتری بودن

solicitation

در خواست؛ تقاضا

solicitor

مشاور حقوقی؛ وکیل

solidarity

همبستگی؛ یکپارچگی؛ تضامن؛ اتفاق نظر؛ اشتراک منافع و مسؤولیت؛ دارای اشتراک منافع؛ همکاری و اشتراک مساعی؛ منافع مشترک

solidarize

مسؤولیت مشترک داشتن

solidary obligation

تعهد تضامنی

☞ *joint and several obligation*

☞ *obligation in solido*

solid modelling

الگوسازی سه بعدی

solid solution

راه‌حل قطعی

solid state computer

رایانهٔ ترانزیستوری

solus position

وضعیت تنها

solution

راه‌حل؛ فسخ؛ انحلال؛ پرداخت؛ تأدیه؛ پرداخت وام؛ تسویه

solution of problem

حل مشکل

solution, peaceful

راه‌حل مسالمت‌آمیز

solution, pragmatic

راه‌حل عملی

solution, stop-gap

راه‌حل موقتی

solvable

قادر به پرداخت دیون

solvence

توانایی / قدرت پرداخت بدهی؛ عدم اعسار؛ توانایی یک مؤسسه برای پرداخت دیون خود

solvency

استطاعت؛ توانایی پرداخت دین

solvent

مستطیع؛ قادر به پرداخت دیون

solvent merchant

تاجری که قادر به پرداخت دیون خود باشد

solvent surety

تضمین معتبر (متمکن)

solving organizational conflicts

حل تعارضهای سازمانی

SOP (sales order processing)

پردازش سفارشهای فروش

sore-thumbing

ارزشیابی گروههای نامتجانس

sort

مرتب کردن؛ جور کردن؛ دسته بندی کردن؛ تفکیک کردن

sound a note of warning

اخطار دادن؛ هشدار دادن؛ اعلام خطر کردن

sound currency

پول سالم و قوی

☞ **sound money**

sound value

ارزش معتبر

source code

زبان مبدأ؛ زبان برنامهٔ مبدأ

source document

سند منبع؛ سند مادر

source of supply

منبع تهیه یا تولید (کالا)

source program

برنامهٔ مبدأ؛ برنامهٔ منبع

sovereignty of consumer

اقتدار و سیادت مصرف کننده

sovereignty of the people

حاکمیت مردم

space

جا؛ فضا؛ فاصله؛ (در رایانه) محل ذخیرهٔ داده‌ها

space buyer

خریدار جا

span

حیطه

span of attention

حیطهٔ توجه

span of authority

حوزهٔ اختیار؛ حیطهٔ نظارت

☞ *span of control*

span of control

گسترهٔ نظارت؛ حیطهٔ نظارت؛ قلمرو نظارت

☞ *span of authority*

☞ *span of management*

span of management

حیطهٔ نظارت؛ حیطهٔ مدیریت؛ حوزهٔ مدیریت

☞ *span of control*

☞ *span of supervision*

span of supervision

حیطهٔ نظارت؛ حیطهٔ مدیریت

☞ *span of control*

☞ *span of management*

spare-time job

کار اضافه

SPC (statistical process control)

کنترل فرایند آماری

special acceptance

قبولی مشروط برات (با قید تاریخ، محل و نحوهٔ پرداخت)

special agent

نمایندهٔ ویژه

special agreement

قرارداد ویژه

special assessment

ارزیابی ویژه

special assessment bond

سند قرضهٔ مالیات ویژه

special audit

حسابرسی ویژه

special bid

special commissioner
تقاضای خاص؛ پیشنهاد ویژه

special commissioner
(در انگلستان) مأمور ویژهٔ رسیدگی به مالیات

special contract
عقد تشریفاتی؛ عقد رسمی؛ عقد شکلی
☞ *contract by deed*
☞ *specialty contract*
☞ *contract under seal*

special crossing
انسداد خاص (چک)
☞ *general crossing*

special damages
خسارت خاص کـه مستلزم مـطالبه ضـمن دادخواست است

special deposit
سپردهٔ ویژه

special development area
منطقهٔ خاص توسعه

Special Drawing Right (SDR) (from International Monetary Fund)
حق برداشت ویژه (از صندوق بین‌المللی پول)

special endorsement
ظهرنویسی ویژه؛ پشت نویسی ویژه

special events recruiting
استخدام ویژه

special indorsement
ظهرنویسی ویژه؛ پشت نویسی ویژه

special interest account
حساب بهرهٔ ویژه

special-interest group
گروه‌های ذینفع؛ گروه‌هایی کـه مـنافع مشترک دارند

special issues
سهام ویژه

specialist
متخصص؛ کارشناس؛ کارگزار متخصص

speciality contract
عقد رسمی؛ قرارداد رسمی عقد تشریفاتی؛ عقد شکلی
☞ *contract by deed*
☞ *contract under seal*
☞ *special contract*

specialization
تخصص؛ تخصصی کردن؛ تخصصی شـدن؛ زمینهٔ تخصصی؛ تقسیم کار به اجزای اختصاصی

specialize
تخصصی کردن؛ متخصص شـدن؛ اخـتصاصی کردن؛ تخصص یافتن

specialized
تخصصی

specialized bank
بانک تخصصی

specialized experience
تجربهٔ تخصصی

specialized industries
صنایع تخصصی

specialized staff
ستاد تخصصی

specialized training
آموزش تخصصی

special lien
حق تصرف خاص
☞ *particular lien*

special notice
تذکر ویژه

special offering
عرضهٔ ویژه؛ پیشنهاد خاص

special order
سفارش ویژه

special partnership
شرکت مختلط؛ شرکت غیر سهامی
☞ *limited partnership*

special power of attorney
وکالت نامهٔ خاص

special property
مالکیت خاص

special-purpose computer
رایانه برای هدفهای خاص؛ رایانهٔ اختصاصی؛ رایانهٔ ویژه

special-purpose funds
صندوق خاص؛ وجوه ویژه

special resolution
رأی گیری ویژه؛ تصمیم ویژه

specialty advertising
آگهی کالای ویژه

specialty contract
عقد تشریفاتی؛ عقد رسمی؛ عقد شکلی
☞ *contract by deed*
☞ *contract under seal*
☞ *special contract*

specialty debt
تعهدات مستند به اسناد رسمی؛ دین مستند به سند رسمی

specialty shop
فروشگاه کالاهای خاص / ویژه

specialty stores
فروشگاههای کالاهای اختصاصی

specialty (var. speciality)
تخصص؛ رشتهٔ تخصصی؛ کار تخصصی؛ فرآورده‌های خاص

specie
پول فلزی؛ پول مسکوک

specification(s)
مشخصات؛ توضیحات؛ تصریح؛ تعیین

specifications, technical
مشخصات فنی

specific commodity sales tax
مالیات فروش کالاهای ویژه

specific duty
عوارض گمرکی ویژه
☞ *specific tariff*

specific performance
اجرای عین تعهد؛ اجرای مستقیم تعهد
☞ *in specie performance*

specific tariff
تعرفهٔ خاص

specific tax
مالیات خاص؛ مالیات مشخص

specified
مصرح؛ تصریح شده؛ معین

specify (n. specification)
تصریح کردن؛ مشخص کردن؛ معین کردن

specimen signature
نمونهٔ امضا

speculate
سوداگری کردن؛ سفته بازی کردن؛ احتکار کردن

speculation

split

تسهیم کردن؛ تقسیم کردن؛ قسمت کردن

split-capital investment trust

تراست سرمایه‌گذاری دوگانه

☞ *dual purpose trust*

split-capital trust

تراست با سرمایه مجزا؛ تراست سرمایه‌گذاری دوگانه

☞ *split-capital investment trust*

split commission

حق‌العمل / کارمزد مشترک

split-level investment trust

تراست سرمایه‌گذاری تفکیک شده؛ مؤسسهٔ سرمایه‌گذاری منقسم؛ تراست سرمایه گذاری دوگانه؛ تراست سرمایه‌گذاری در سطوح مجزا

☞ *split capital investment trust*

split load

محمولهٔ تفکیکی؛ محمولهٔ تقسیمی؛ بار چند بخشی؛ محمولهٔ کشتی که به بیش از یک مقصد ارسال شود

split-off point

نقطهٔ تفکیک

split shift

نوبت کاری تفکیکی؛ نوبت کاری دوگانه؛ شیفت دوگانه

split up

نشر سهام خرد شده

spoils

سوء استفادهٔ سیاسی؛ غنایم جنگی

spoils of office

سوء استفاده از پست و مقام

spoils system

سوداگری ؛ سفته بازی؛ احتکار؛ تحقیقات نظری

speculative

پیش‌بینی احتمال ضرر؛ معاملهٔ تماری

speculative damages

خسارت پیش‌بینی شده

speculative demand for money

تقاضای سوداگرانه برای پول

speculative purchasing

خرید احتکاری

speculator

سوداگر ؛ سفته باز؛ محتکر؛ احتکارچی

☞ *hoarder*

speech processing

پردازش گفتار؛ گفتار پردازی؛ سخن پردازی

speech techniques

فنون سخنوری / سخنرانی

speed of information flow

سرعت گردش اطلاعات

speed test

آزمون سرعت

speed-up

تسریع کار

spendable earnings

درآمد قابل مصرف؛ درآمد مصرف کردنی

spend thrift trust

هیأت امنا یا اشخاص امینی که برای ادارهٔ مالی تعیین می‌شوند

spiciality goods

کالاهای ویژه

spin-off

توزیع سهام

spokesperson role 667 spreadsheet

نظام باندبازی؛ نظام تاراج؛ نظام جانبداری حزبی؛ نظام فاسد؛ حاکم بودن روابط به جای ضوابط در امور استخدامی

spokesperson role

نقش سخنگویی

spoliation

غارت؛ چپاول؛ تاراج؛ امحای اسناد؛ مخدوش کردن اسناد؛ تغییر دادن اسناد؛ ضبط/ توقیف کشتیهای بی‌طرف توسط دول متخاصم در زمان جنگ

spoliation of documents

امحای اسناد؛ مخدوش کردن اسناد؛ تغییر دادن اسناد

sponduliks

پول فیزیکی

sponsion

ضمانت؛ تعهد؛ کفالت؛ (در حقوق روم) عقد ضمانت

sponsor

حامی؛ ضامن؛ پشتیبان؛ کفیل؛ پیشنهاد دهنده؛ متقبل شدن؛ ضمانت کردن؛تعهد کردن؛ سازمان دادن؛ مسؤولیت به عهده گرفتن؛ حمایت کردن؛ متعهد؛ ضامن؛ کفیل؛ تأمین کنندهٔ مالی

sponsored

پیشنهاد شده‌از سوی؛ سازمان داد شده از سوی؛ حمایت شده از طرف؛ مورد حمایت

sponsorial

تقلبی؛ ضمانتی؛ تعهدی

sponsorship

ضمانت؛ تکفل؛ بر عهده‌گیری؛ حمایت مالی؛ پشتیبانی مالی؛ تأمین هزینه

spot

خرید نقد؛ نقدی؛ موجودی در دسترس؛ فی‌المجلس؛ (در تجارت) تحویل کالا فی‌المجلس؛ قیمت نقدی یک کالا؛ زمان پخش آگهی؛ کشف کردن؛ پی بردن؛ تشخیص دادن

spot announcement

تبلیغ کوتاه؛ تبلیغ لحظه‌ای

spot-checks

کنترلهای موردی

spot delivery

تحویل فوری

spot market

بازار نقدی؛ بازار فوری

spot order

سفارش جنس موجود

spot price

قیمت جنس موجود؛ قیمت نقدی؛ قیمت روز؛ قیمت فروش کالاهای موجود؛ قیمت در بازار برای تحویل فوری؛ بهای جنس در معاملهٔ نقدی

spot trading

معاملهٔ نقد؛ فروش نقدی برای تحویل فوری کالا (در مقابل تحویل کالا در آینده)

☛ *future trading*

spout

گرو؛ گروگذاری؛ گروگیری

spouter

رهن گذار؛ راهن؛ مرتهن؛ مال مورد رهن؛ مال مرهونه

spread

پخش کردن؛ پخش شدن؛ منتشر کردن؛ اشاعه دادن؛ تفاوت قیمت؛ پخش؛ انتشار؛ اشاعه

spreadsheet

کاربرگ ستونی؛ صفحه گسترده

spring
انگیزه؛ عامل

spring, main
انگیزهٔ اصلی

SPSS (statistical package for social sciences)
مجموعه برنامهٔ آماری علوم اجتماعی؛ بستهٔ نرم افزاری علوم اجتماعی

SQA (supplier quality assurance)
بیمهٔ کیفیت فروشنده

SQC (statistical quality control)
کنترل کیفی آماری

square
رشوه دادن؛ تسویه کردن؛ تسویه شده؛ به حساب کسی رسیدگی کردن؛ منطبق کردن؛ تطبیق دادن

square deal
معاملهٔ منصفانه

square peg
شخصی که مناسب شغل و مقامش نیست

squeaking joints
جار و جنجال گروهی

SRDS (Standard Rate & Data Service inc)
مؤسسهٔ خدمات نرخها و داده‌های استاندارد

SROs (self-regulatory organizations)
سازمانهای خود تنظیم

S (section)
بخش؛ قسمت؛ فصل (قانون)

stability
ثبات؛ پایداری؛ دوام

stability, economic
ثبات اقتصادی

stability, financial
ثبات مالی

stability/neurosis syndrome
نشانه‌های ثبات و اختلال عصبی؛ نشانه‌های ثبات یا تزلزل عصبی؛ آزمون روانی که برای سنجش شخصیت به کار می‌رود

stability-tenur of personnel
اصل ثبات تصدی مشاغل
«فایول» معتقد است که عدم ثبات در دورهٔ تصدی مشاغل توسط افراد سازمان و بالا بودن میزان غیبت، کناره‌گیری، اخراج و غیره در واقع علت و معلول مدیریت ناصحیح می‌باشد و برای سازمان خطرناک است.

stabilization
تثبیت؛ استقرار؛ ثبات

stabilization policy
سیاست تثبیت؛ تلاش دولت جهت از بین بردن تورم و بیکاری از طریق سیاستهای مالی و پولی
☞ *wage stabilization*

stabilize
تثبیت کردن؛ تثبیت شدن؛ متعادل نگهداشتن؛ ثابت نگهداشتن

stable environment
محیط باثبات

stable money
پول باثبات

staff
کارکنان؛ کارمندان؛ اعضا؛ پرسنل؛ (در ارتش) ستاد؛ کادر اداری؛ افرادی که در یک سازمان

کارمی‌کنند؛ کارمند تأمین کردن؛ کارمند گرفتن

staff action

اقدام ستادی

staff association

انجمن کارکنان

staff authority

مقام ستادی

staff, auxiliary

ستاد کمکی

staff, coordinative

ستاد هماهنگ کننده

staff department

واحد ستادی

staffers

کارکنان؛ کارمندان؛ پرسنل

staff functions

وظایف ستادی

staff, general

ستاد کل

staffing

تأمین نیروی انسانی؛ جذب پرسنل؛ کارکنان؛ کارمندان؛ اعضا؛ پرسنل؛ پرسنلی؛ مربوط به کارمندان؛ کارمندی؛ کارگری

staffing method

روش تأمین پرسنل؛ شیوهٔ تأمین نیروی انسانی

staffing strategy

استراتژی تأمین نیروی انسانی

staff manager

رییس پرسنلی؛ رییس کارگزینی

staff organization

سازمان ستادی؛ سازمان ستاد

staff, personal

ستاد شخصی

staff positions

مشاغل ستادی

staff relationship

رابطهٔ کارکنان

staff selection

گزینش نیروی انسانی

staff, special

ستاد خصوصی

staff specialist

کارشناس امور ستادی

staff, specialized

ستاد تخصصی

staff status

وضعیت ستادی؛ موقعیت ستادی

staff table

جدول کارکنان؛ جدول کارگزینی؛ فهرستی از پستهای موجود برای هر یک از مشاغل

staff, technical

ستاد فنی

stag

دلال بورس اوراق بهادار

stage

مرحله؛ مرحلهٔ کارآموزی؛ نمایش دادن

stage fright

ترس از ظاهر شدن در برابر دیگران یا ترس از صحنه (که یکی از علایم اضطراب تلقی می‌شود)؛ صحنه هراسی

stage payments

پرداختهای مرحله‌ای؛ پرداختهای تدریجی

☞ *progress payments*

stagflation

رکود؛ تورم؛ تورم همراه با رکود اقتصادی

stake

مبلغ سرمایه‌گذاری شده؛ به خطر انداختن سرمایه؛ در معرض خطر قرار دادن؛ منافع؛ علاقه؛ گرو؛ شرط؛ بخش؛ سهمیه

stakeholders

سهامداران؛ صاحبان سهام؛ افراد ذینفع

stale check

چک گذشته

Stalker George

جورج استاکر:

یکی از نویسندگان اثر مهم «مدیریت و نوآوری» در سال ۱۹۶۱. تئوری وی و همکارش «تام برنز» بر اساس پژوهشهایی است که در صنایع الکترونیک اسکاتلند انجام شده است.

stall

به اقساط پرداختن؛ به تأخیر انداختن

stall a debt

قرضی را به اقساط پرداختن

stamina building

مهارت آفرینی؛ کارآموزی فشرده

stamp

مهر؛ تمبر؛ تمبر یا مهر زدن؛ اثر/تأثیر گذاشتن

stamp duty

حق تمبر؛ مالیات تمبر؛ هزینهٔ تمبر

stamped

تمبر خورده؛ ممهور

stamped, insufficiently

کسر تمبر

stamped, under

کسر تمبر

stamp of approval

مهر تأیید

stamp tax

مالیات تمبر؛ حق تمبر؛ هزینهٔ تمبر؛ مالیاتی که به صورت چسباندن تمبر روی اسناد و مدارک وصول می‌شود

☞ *stamp duty*

standard

میزان؛ معیار؛ استاندارد؛ ضابطه؛ پایه:

(در مدیریت آموزش) استاندارد عبارت است از آن بخش از هدف عملکرد که نحوهٔ انجام کار یا سطح مهارتی را که توسط یک وظیفه باید انجام شود، تشریح می‌کند. استاندارد همچنین میزان عملکرد، معیار یا استاندارد کار نیز نامیده می‌شود.

standard arbitration clause

قید داوری متحدالشکل (مورد توصیه یکی از مراجع داوری رسمی برای منظور کردن در قرارداد)

standard cost

هزینهٔ استاندارد؛ هزینهٔ معیار

standard cost, basic

قیمت استاندارد؛ قیمت پایه

standard costing

هزینه‌یابی معیار

standard data

اطلاعات استاندارد

☞ *synthetic data*

standard deviation

انحراف معیار؛ انحراف استاندارد

standard error

خطای معیار؛ اشتباه معیار؛ انحراف معیار از یک توزیع فراوانی

standard form
فرم استاندارد؛ فرم نمونه

standard form contract
قرارداد مطابق نمونه و معیار قانونی

standard hour
ساعت معیار / استاندارد

standard- hour payment system
نظام پرداخت بر مبنای زمان معیار
☞ *standard-time payment system*
☞ *stanard-hour plan*

standard hour plan
طرح ساعت معیار

standard industrial classification (SIC)
طبقه‌بندی صنعتی استاندارد

standardization
مطابقت با استاندارد؛ استاندارد کـردن؛ تـعیین استاندارد / معیار؛ معیار گذاری:
(در مدیریت تولید) مشخص کـردن مـعیارها و استانداردهای مربوط به اندازه، کیفیت، وزن و...

standardization of sale terms
یکنواخت کردن (شرایط خرید و فروش)

standardize
استاندارد کردن؛ با نمونه یا معیار قانونی مطابق کردن

standardized
استاندارد؛ استاندارد شده؛ مطابق با استاندارد

standardized time
زمان مبنا؛ زمان پایه
☞ *basic time*

standard machine time
زمان معیار ماشین؛ زمان استاندارد دستگاه

standard minute (SM)
دقیقهٔ معیار

standard of living
سطح زندگی؛ استاندارد زندگی

standard operator performance
عملکرد معیار اپراتور؛ عملکرد معیار کارورز

standard performance
معیار عملکرد؛ استاندارد عملکرد

standard program
برنامهٔ معیار؛ برنامهٔ استاندارد

standard rate
نرخ معیار؛ نرخ پایه؛ نرخ استاندارد

standard rating
نرخ بندی معیار

standard score
امتیاز استاندارد

standard staffing method
روش استاندارد تأمین پرسنل

standard time
زمان معیار / استاندارد

standard-time payment system
نظام پرداخت بر مبنای زمان معیار
☞ *standard-time plan*

standard work unit
واحد استاندارد کار

stand bail for
ضمانت کسی را کردن؛ ضامن کسی شدن
☞ *go bail for*

standby letter of credit
اعتبارنامهٔ اتکایی؛ ضمانت‌نامهٔ اعتبار؛ اعتبارنامهٔ احتیاطی؛ اعتبارنامهٔ تضمینی

standby pay

standing commission

حقوق ایام انتظار خدمت

standing commission

کمیسیون دایمی

Standing Commission for Pay Comparisons

کمیسیون دایمی بررسیهای تطبیقی پرداخت

standing committee

کمیتهٔ دایمی؛ کمیسیون دایمی

standing order

سفارش جاری و مستمر (دارای اعتبار تا اطلاع ثانوی)؛ دستور پرداخت دایمی؛ دستور جاری؛ آیین نامه داخلی؛ مقررات جاری؛ نظامنامه

☞ *banker's order*

standing plans

طرحهای دایمی؛ برنامه‌های ثابت

standing rules

مقررات جاری

standing surety for each other

تضامن

stand-off

بن‌بست (در مذاکرات و غیره)

stand out for something

مخالفت کردن؛ ایستادگی جهت عقد قرارداد و پافشاری جهت بدست آوردن امتیازات بیشتر

stand over

معوق ماندن؛ به تعویق افتادن

stand security for someone

ضامن شدن برای کسی

standstill strike

اعتصاب کامل

stand surety for someone

ضامن کسی شدن؛ ضمانت کسی را کردن

stand to one's duty

وظیفهٔ خود را انجام دادن

staple

کالای عمده؛ محصول عمده؛ عمده؛ اساسی؛ مرکز بازرگانی عمده؛ مرکز عمده فروشی؛ بازار

staple goods

کالاهای اساسی؛ کالاهای ضروری

stars

ستارگان؛ افراد برجسته؛ افراد فعالی که با نشان دادن رفتارهای خاصی، نقش مؤثری را در گروه ایفا می‌نمایند

start event

رویداد سرآغاز؛ رویداد آغازگر شبکه

☞ *network-beginning event*

starting date of inspection

تاریخ شروع بازرسی

start out

اقدام کردن

start-stop time

زمان آغاز و توقف (کار دستگاه)

start-up

آغاز؛ شروع؛ کار جدیدی را شروع کردن

start-up-cost

هزینهٔ شروع؛ هزینهٔ اولیه

starving wages

دستمزد / حقوق بخور و نمیر

state agency

دستگاه دولتی؛ سازمان یا مؤسسهٔ دولتی

state apparatus

دستگاه دولتی؛ تشکیلات دولتی

state appraisal commssion

کمیسیون ارزیابی دولتی

State Audit Office
دیوان محاسبات دولتی

state-bank
بانک دولتی؛ بانک ایالتی

state-bonds
اوراق قرضهٔ دولتی

state-capitalism
سرمایه‌داری دولتی

state disability plan
طرح دولتی از کار افتادگی

stated objective
هدف تشریح شده

stated value
ارزش اسمی

state-graduated pension
مستمری تدریجی / تصاعدی دولتی

state-loan bonds
اوراق قرضهٔ دولتی

State Management Training Center
مرکز آموزش مدیریت دولتی (ایران)

statement
اعلامیه؛ بیانیه؛ گزارش؛ (در جمع) بیانات و اظهارات؛ صورت حساب؛ صورت وضعیت
☞ *statement of accounts*

statement, amended
صورت حساب اصلاحی

statement, bank
صورت حساب بانکی

statement, financial
صورت حساب مالی

statement, funding
صورت حساب وجوه نقد

statement, income
صورت حساب درآمد

statement, income and expenditure
صورت درآمد و هزینه

statement, interim
صورت حساب میان دوره‌ای؛ صورت حساب موقت

statement, issue a
اعلامیه صادر کردن
☞ *release a statement*

statement, joint
اعلامیهٔ مشترک

statement, mandatory
بیانیهٔ لازم‌الاجرا

statement of account
صورت حساب؛ صورت وضعیت

statement of affairs
صورت مطالبات و دیون و اموال تاجر ورشکسته؛ صورت وضعیت و دارایی؛ صورت وضعیت مالی

statement of claim
دادخواست؛ ادعانامه؛ عرضحال

statement of counterclaim
دادخواست متقابل؛ ادعای تقابل

statement, official
گزارش رسمی؛ صورت حساب رسمی

statement of law
راه‌حل قانونی

statement of operational objectives

تشریح اهداف عملیاتی

statement, profit and loss

صورت حساب سود و زیان

state of being cheated (in a business)

مغبون (در معامله)؛ شخص زیان دیده؛ فردی که در معامله سرش کلاه رفته

state of nature

حالت / وضعیت طبیعی

state of the art

حد اعلای پیشرفت

state of the forum

کشور مقر دادگاه یا مرجع رسیدگی

☞ *forum state*

State Organization for Administration and Employment

سازمان امور اداری و استخدامی کشور

state-owned

دولتی؛ در مالکیت دولت

state-owned company

شرکت دولتی

state-owned industry

صنایع دولتی

state ownership

مالکیت دولتی

state planning

برنامه‌ریزی دولتی

state property

اموال دولتی؛ اموال عمومی؛ بیت‌المال

stateroom

تالار تشریفات

state-run companies

شرکتهای دولتی

state subsidy

سوبسید دولتی؛ یارانهٔ دولتی

state- trading

بازرگانی دولتی

state trading corporation (STC)

شرکت بازرگانی دولتی

statical control method of evaluation

روش کنترل آماری ارزشیابی

static analysis

تحلیل ایستا

static budgeting

بودجه‌بندی ایستا

static equilibrium

تعادل ایستا

static model

الگوی ایستا

static system

نظام ایستا (در مقابل نظام پویا)

☛ *dynamic system*

station

ایستگاه؛ (در بورس اوراق بهادار) مکانی که کارگزار به معامله سفارشها می‌پردازد؛ (در حمل و نقل) محلی که وسیلهٔ نقلیه برای پیاده کردن مسافر و تخلیهٔ بار در آنجا متوقف می‌شود؛ (در مدیریت) پست یا محل کار یک کارگر

statism

اقتصاد دولتی

☞ *controlled economy*

statistical decision theory techniques

روشهای نظریهٔ تصمیم آماری

statistical inference

استنتاج آماری

statistical package for social science (SPSS)

بسته نرم افزاری برای علوم اجتماعی؛ مجموعه برنامهٔ آماری علوم اجتماعی

statistical process control (SPC)

کنترل فرایند آماری

statistical quality control (SQC)

کنترل کیفیت آماری

statistic methods

روشهای آماری

statistics

آمار؛ علم آمار؛ اطلاعات آماری

statum

قانون موضوعه

status

وضعیت؛ موقعیت؛ منزلت؛ مقام؛ رتبه؛ اعتبار؛ مقام / منزلت اجتماعی؛ وضع قانونی

status benefits

مزایای مربوط به مقام و منزلت (مانند استفاده از اتومبیل سازمان، امکانات تفریحی و سرگرمی، مسافرت به خارج از کشور و پرداخت آبونمان تلفن)

status consensus

توافق وضعیت:

توافق اعضای گروه در مورد وضعیت و موقعیت نسبی اعضا در گروه.

status consequence

توافق وضعیت؛ پیامد وضعیت

➔ *status consensus*

status, legal

وضع مقررات قانونی

status of operational readiness

وضعیت آمادگی عملیاتی

status, personal

وضعیت شخصی

status quo

وضع موجود

statute

قانون موضوعه؛ قانون؛ قانون مجلس؛ حکم؛ دستور؛ اساسنامه؛ قانون مدون

statute-barred

دارای منع قانونی

statute book

مجموعهٔ قوانین؛ کتاب قانون؛ مجموعهٔ مصوبات معتبر و قابل اجرا

statute fair

نمایشگاه قانونی

statute labor

بیگاری؛ کار اجباری؛ ساعات کار بر طبق قانون

statute law

مجموعهٔ قوانین مصوب

statute of limitatin

☞ *limitation of action*

قانون مرور زمان؛ مشمول مرور زمان

statute real

قوانین مالی

statutes

اساسنامه؛ مقررات؛ سندی که به قرارداد بین‌المللی ضمیمه می‌شود

statutorily

طبق قانون؛ بر اساس قانون

statutory

قانونی؛ طبق قانون؛ مقرر؛ کیفری؛ جزایی

statutory arbitration

داوری براساس مقررات قانون

statutory audit

حسابرسی قانونی

statutory authorization

مجوز قانونی

statutory company

شرکتی که اساسنامه آن به تصویب قوهٔ مقننه رسیده باشد؛ شرکت دولتی که به موجب قانون مجلس تأسیس شود

statutory construction

تفسیر قانون

statutory corporation

شرکت دولتی که به موجب قانون مجلس تأسیس شود؛ شرکتی که اساسنامه آن به تصویب قوهٔ مقننه رسیده باشد

statutory deposit

سپردهٔ قانونی

statutory duty

وظیفهٔ قانونی

statutory exception

استثنای قانونی

statutory guardian

قیم قانونی

statutory instrument(s)

سند / اسناد قانونی

statutory interpretation

تفسیر قانون موضوعه

statutory meeting

مجمع قانونی؛ جلسهٔ قانونی

statutory minimum wage

حداقل دستمزد قانونی: حداقل دستمزدی که کارفرما باید طبق قانون به کارکنان خود بپردازد.

statutory mortgage

رهن قانونی

statutory provisions

مقررات قانونی

statutory provisions and regulations

قوانین و مقررات قانونی

statutory receipt

رسید قانونی

statutory restriction

محدودیت قانونی

statutory rights (Brit)

حق قانونی خریدار برای پس دادن کالای معیوب (از مصادیق خیار عیب)

statutory undertaker

پیمانکار قانونی

statutory warrant

مجوز قانونی

stay

توقیف کردن؛ متوقف ساختن؛ به تعویق انداختن؛ به تأخیر انداختن؛ به حالت تعلیق در آوردن؛ توقیف؛ توقف؛ تعلیق؛ تأخیر

stay-in-strike

اعتصاب در محل کار

stay of arbitration
توقیف (یا تعلیق) داوری به حکم دادگاه

stay of execution
دستور توقف؛ تعویق اجرای حکم دادگاه

stay out
اعتصاب کردن؛ ادامه دادن به اعتصاب؛ در اعتصاب بودن

steady job
شغل ثابت

steel strike
اعتصاب کارگران ذوب آهن / فولادسازی

steering committee
کمیتهٔ تدارکاتی؛ کمیتهٔ سازماندهی

steering controls
کنترلهای هادی / هدایت؛ کنترلهای فرمان

steering group
کمیتهٔ تدارکاتی؛ کمیتهٔ سازماندهی

stellionate
فروش مال غیر به عنوان مال شخصی؛ کلاهبرداری؛ انتقال یا رهن مال غیر؛ فروش ملکی که در رهن است

stent
مالیات؛ ارزش؛ میزان؛ مالیات تعیین کردن؛ انتشار / گسترش دادن

step
گام؛ قدم؛ پایه؛ رتبه؛ درجه؛ رده

step aside
کناره‌گیری کردن؛ کنار رفتن؛ جای خود را به دیگری دادن

step down
به نفع کسی کنار رفتن؛ استعفا دادن

step out
(از پست و مقام) کناره‌گیری کردن

stepped costs
هزینه‌های افزایش عملیات

stereotype
یکنواخت سازی با غرض شخصی؛ یکسان انگاری با نظر شخصی و ذهنی؛ کلیشه سازی

sterling area
منطقهٔ تحت پوشش استرلینگ

sterling (stg)
استرلینگ؛ واحد پول انگلستان؛ خالص؛ تمام عیار

steward
وکیل خرج؛ مباشر؛ ناظر خرج؛ مأمور خرید؛ کارگزار؛ کارپرداز؛ ناظر هزینه
→ *shop steward*

stewardship
نظارت؛ سرپرستی؛ اداره؛ مباشرت

stewardship accounting
حسابداری نظارتی

St.Ex (Stock Exchange)
بورس معاملات ارزی

stg (sterling)
استرلینگ؛ واحد پول انگلستان

stick
الصاق کردن؛ مجبور به پرداخت کردن؛ کلاه سر کسی گذاشتن؛ روی موضوعی پافشاری کردن؛ اصرار ورزیدن؛ تحمیل کردن؛ ایستادگی کردن

sticker
کارمند ثابت قدم؛ کارمند محافظه کار؛ کارمند بی‌تحرک

stilling tests
آزمون تشخیص کور رنگی

stimulate
تحریک کردن؛ برانگیختن؛ به فعالیت واداشتن

stimulus
محرک؛ انگیزه؛ مشوق؛ انگیزاننده

stimulus-response
کنش-واکنش؛ محرک-پاسخ

stipend
حقوق؛ دستمزد؛ مقرری؛ مستمری؛ پرداخت مقرری؛ حقوق معین کردن؛ فوق‌العاده دادن

stipendiary
حقوق بگیر؛ مزد بگیر

stipulate
شرط کردن؛ قید کردن؛ تصریح کردن؛ منوط یا مشروط کردن (به چیزی)

stipulate a guarantee
شرط ضمانت کردن

stipulated
مصرح؛ مشروط؛ تصریح شده؛ قید شده

stipulated guarantee
ضمانت مشروط

stipulated in contract, amount
مبلغ تصریح شده در قرارداد

stipulation of a contract
مفاد قرارداد

stipulation subject to contract
شرط مسبوق بر قرارداد

stipulator
قید کننده؛ تصریح کننده؛ طرف قرارداد؛ طرف عقد

stipulatory broker
دلال بورس؛ دلال معاملات ارزی؛ دلال سهام

stipulatory dividends
سود سهام؛ جایزه

stipulatory holder
سهامدار؛ صاحب سهم

stipulatory-in-trade
رأس‌المال

stipulatory jobber
سفته‌باز؛ دلال سهام؛ محتکر سهام

stipulatory jobbery
سفته‌بازی

stipulatory obligations
الزامات قراردادی

stipulatory owner
سهامدار

stipulatory power
وکالت نامه

stochastic
تصادفی؛ اتفاقی

stochastic discision tree
درخت تصمیم تصادفی

stochastic game
بازی تصادفی

stochastic PERT
پرت تصادفی:
حالتی از تکنیک ارزیابی و بررسی برنامه که عامل‌های تصادفی را نیز در بر می‌گیرد.
☞ *PERT*

stochastic variable
متغیر تصادفی
☞ *random variable*

stock
سهام؛ موجودی؛ ذخیره؛ سرمایه؛ انبار کردن؛ ذخیره کردن؛ سرمایه‌گذاری کردن؛ در انبار؛

stock audit 679 stock market

وابسته به کالا؛ وابسته به شرکت سهامی / سهام

☞ *capital stock*

stock audit

حسابرسی کالاها؛ حسابرسی موجودی کالا

stock book

دفتر ذخیرهٔ کالا؛ دفتر موجودی کالا

stockbroker

کارگزار بورس؛ دلال بورس؛ واسطهٔ سهام؛ دلال

stockbroking

کارگزاری بورس؛ دلالی بورس

stock, capital

سهام سرمایه

stock certificate

گواهی سهم؛ سند مالکیت سهام؛ ورقهٔ سهم

stock, common

سهام عادی

stock company

شرکت سهامی عام

stock control

کنترل موجودی

stock controller

انباردار

stock dividend

سود سهام سرمایه

stock exchange

بورس سهام و اوراق بهادار

stock exchange daily official list

فهرست روزانهٔ رسمی بازار بورس

stock exchange index

شاخص بررسی اوراق بهادار

stock exchange listing agreement

موافقت نامهٔ اعضای بورس سهام

stock, guaranteed

سهام تضمین شده

stockholder

سهامدار

stockholders' equity

سرمایهٔ شرکا؛ جمع کل سرمایه و عواید آنها در شرکت

☞ *owner'equity*

stockholding cost

هزینهٔ انبارداری؛ هزینهٔ نگهداری موجودی کالا

stock, inscribed

سهام ثبت شده

stock interest

سود سهام

stock-in-trade

موجودی کالا؛ کالاهای آمادهٔ فروش؛ مال‌التجاره؛ میزان سهام موجود در مؤسسه

stock, issued

سهام منتشر شده؛ سهام صادر شده

stockist

انباردار؛ سهامدار؛ نمایندهٔ انحصاری و توزیع کنندهٔ کالا؛ فروشنده؛ فروشگاه

stock jobber

سفته باز؛ محتکر سهام؛ دلال بازار بورس؛ کارگزار عمدهٔ سهام

stock-keeping unit

واحد انبارداری

stock levels

میزان موجودی (کالا)؛ سطح موجودی (کالا)

stock market

بورس سهام و ارز؛ بازار بورس اوراق بهادار؛

☞ *stock exchange*

stock, no par value

سهام بدون ارزش اسمی

stock on hand

کالای موجود

stock option

حق داشتن سهم

stock order

سفارش تأمین موجودی

stock-out

فقدان موجودی؛ عدم موجودی؛ اتمام موجودی؛ تخلیهٔ موجودی

stock, preferred

سهام ممتاز

stock purchasing

خرید موجودی؛ خرید مواد

stock record card

کارت ثبت کالا؛ کارت انبار

stock shortage

کمبود موجودی؛ کسری موجودی

stock split

تقسیم سهام؛ خرد کردن سهام

stock subscription

پذیره‌نویسی سهام؛ خرید سهام جدید

stocktaking

صورت برداری از موجودی کالا

stock transfer book

دفتر انتقال سهام؛ دفتر خرید و فروش سهام

stock transfer tax

مالیات فروش سهام؛ مالیات انتقال سهام

stock turnover

گردش موجودی کالا؛ نسبت موجودی کالا

☞ *stock-turn rate*

stock-turn rate

نرخ گردش موجودی؛ گردش موجودی انبار

☞ *stock turnover*

stock unit

واحد سهم

stock watering

انتشار افراطی سهام

☞ *watered stock*

stolen goods

کالای مسروقه؛ اموال مسروقه

stolen goods, handling

خرید و فروش اموال مسروقه

stool-pigeon

جاسوس شرکت

stoop labor

کار خمیده؛ خمیده کاری

stop-gap

راه‌حل موقتی

stop-go

ایست و حرکت.
اصطلاح سیاست مالی که برای سیاستهای انبساطی و انقباضی اعتبار بکار می‌رود.

☞ *go stop*

stop order

دستور توقیف

stoppage

وقفه؛ تعطیلی (کار در اثر اعتصاب)؛ توقف کار؛ اعتصاب؛ دست از کار کشیدن؛ کسور

stoppage in transit

عدم تحویل کالای در حال حمل توسط فروشنده در صورت عدم توانایی خریدار به

پرداخت بهای کالا

stoppage in transit, right of
حق امتناع از تسلیم مال‌التجاره در حال حمل برای فروشنده

stop payment
دستور عدم پرداخت چک به بانک

stop payment order
دستور عدم پرداخت

storage
ذخیره‌سازی؛ مخزن؛ انبار؛ ذخیره؛ هزینهٔ انبارداری؛ حافظهٔ کامپیوتر

storage capacity
ظرفیت ذخیره‌سازی

storage, external
مخزن خارجی؛ انبار بیرونی
☞ *external storage*

store
انبار؛ فروشگاه؛ ذخیره؛ محل ذخیرهٔ اطلاعات؛ انبار کردن؛ ذخیره کردن
☞ *depot*
☞ *warehouse*

store accounting
حسابداری موجودی؛ حسابداری ذخیرهٔ انبار
☞ *store book keeping*

store, chain
فروشگاه زنجیره‌ای

store -door delivery
تحویل کالا در انبار

stored program computer
کامپیوتر با برنامهٔ ذخیره شده

storehouse
انبار؛ مخزن

storeroom
انبار کالا؛ انباری

storyboard
متن آگهی تلویزیونی

stowage
انبار کالا؛ حق انبارداری؛ انبار کردن کالا درکشتی

stowage manifest
صورت انبار؛ صورت بارگیری

stradle
سفته‌بازی مختلط

straight bill of lading
بارنامهٔ غیر قابل فسخ؛ بارنامهٔ غیر قابل انتقال؛ بارنامه با قید نام گیرنده

straight dealing
معاملهٔ صادقانه؛ معاملهٔ بی غل و غش

straight investment
سرمایه‌گذاری مستقیم

straight lease
اجارهٔ صریح

straight letter of credit
اعتبار اسنادی غیر قابل فسخ تضمین شده

straight life insurance
بیمهٔ مادام‌العمر

straight life insurance plan
طرح بیمهٔ مادام‌العمر

straight-line depreciation
استهلاک ثابت؛ استهلاک سرراست؛ استهلاک به خط مستقیم

straight line method
روش مستقیم

straight piecework plan

straight yield

طرح تکه‌کاری مستقیم

straight yield

بازده مستقیم؛ بازده جاری

☞ *running yield*

stranger group

گروه ناآشنا:
در روش آموزش گروهی وضعیتی است که در آن اعضای گروه یکدیگر را نمی شناسند

strategic

استراتژیک؛ راهبردی؛ حیاتی؛ مهم؛ اساسی

strategic business unit

واحد کاری مستقل؛ واحد کاری راهبردی

strategic decision making

(در مدیریت استراتژیک) تصمیم‌گیری راهبردی؛ تصمیم‌گیری استراتژیک

strategic decisions

تصمیمات راهبردی؛ تدابیر استراتژیک

strategic financial management

مدیریت مالی استراتژیک / راهبردی

strategic goals

اهداف استراتژیک؛ اهداف راهبردی

☞ *strategic obgectives*

strategic groups

گروههای راهبردی؛ گروههای استراتژیک

strategic leadership

رهبری استراتژیک

strategic management group (SMG)

گروه مدیریت استراتژیک (راهبردی)

strategic management in transportation and distribution

مدیریت استراتژیک در حمل و نقل و توزیع

کالا

strategic objectives

اهداف استراتژیک؛ اهداف راهبردی

☞ *strategic goals*

strategic plan

طرح استراتژیک؛ طرح راهبردی

strategic planning

برنامه‌ریزی استراتژیک؛ طرح ریزی کاربردی

strategic planning for non-profit organizations

برنامه‌ریزی راهبردی / استراتژیک برای سازمانهای غیر انتفاعی

strategic planning gap

شکاف برنامه‌ریزی راهبردی؛ فاصلهٔ برنامهٔ استراتژیک

strategic policy making

(در مدیریت استراتژیک) سیاست‌گذاری استراتژیک / راهبردی

strategic posture

وضعیت استراتژیک؛ حالت استراتژیک؛ وضعیت راهبردی

strategic resorce monopoly

انحصار منابع استراتژیک / راهبردی

strategic risk

ریسک استراتژیک:
ریسکهایی که از تغییرات محیط کلان اقتصادی یا صنعت ناشی می‌شوند که به علت برون سازمانی بودن، خارج از کنترل مدیریت هستند. مانند ریسک تغییرات نرخ ارز و قیمت مواد اولیه یا قیمت محصولات در بازار

strategic visionary

آینده‌نگری استراتژیک / راهبردی

strategy

استراتژی؛ راهبرد:
عبارت است از عملیات، طرحها و خط مشی‌ها جهت ایجاد موازنه در قدرتهای سیاسی، اجتماعی، اقتصادی، فرهنگی و نظامی که امروزه تحت عنوان مدیریت استراتژیک و استراتژی مدیریت در ادارۀ امور عمومی به کار برده می‌شود.

strategy, broad-line
استراتژی تنوع محصول؛ راهبرد فرآورده‌های متنوع

strategy, competitive
راهبرد رقابتی؛ استراتژی رقابتی

strategy, corporate
راهبرد شرکت؛ استراتژی شرکت

strategy, entry
استراتژی ورود

strategy, executive dominated
استراتژی مدیرمدار؛ راهبرد مدیر محور

strategy, innovation dominated
استراتژی مبتنی بر نوآوری

strategy, market
راهبرد بازار؛ استراتژی بازار

strategy, offensive
راهبرد تهاجمی؛ استراتژی تهاجمی

strategy of management
استراتژی مدیریت؛ راهبرد مدیریت

strategy, pure
راهبرد ساده؛ استراتژی ساده

strategy, unilateral
راهبرد / استراتژی یک جانبه

stratification
قشربندی

stratified sampling
نمونه‌گیری نسبی

stratum
قشر؛ طبقۀ اجتماعی

straw
بی‌ارزش؛ غیر واقعی؛ غیر حقیقی

straw boss
مباشر کارگران

straw party
طرف صوری معامله یا سند (در انتقال اسناد مالکیت)
☞ *front*
☞ *man of straw*

straw poll
نظرخواهی؛ نظرسنجی

street
خیابان (وال استریت):
ناحیۀ وال استریت در بخش مانهاتان شهر نیویورک که مرکز امور تجاری و مالی است.

street broker
کارگزار دوره‌گرد؛ دلال خیابان گرد

street value
(قاچاق)ارزش مصرفی؛ قیمت بازار سیاه

strenght of, on the
به استناد

stress interview
مصاحبۀ توأم با ایجاد فشار عصبی

stretch-out
کار افزوده؛ بسط کار

stricti juris
طبق نص قانون

strict law

نص صریح قانونی؛ قانون صریح

strict liability (Brit)

مسؤولیت حادثه؛ مسؤولیت تولید کننده یا فروشنده در قبال هر گونه خسارت وارده به خریدار یا مصرف کننده در اثر عیب و نقص کالا

☞ *absolute liability*

strictly

به طور صریح؛ منحصراً؛ صرفاً؛ دقیق؛ کاملاً؛ به معنی اخص؛ به طور انحصاری

strictness

سختگیری؛ انضباط؛ جدیت

strict time-limit

مهلت قانونی

strike

اعتصاب؛ اعتصاب کردن

strike benefits

مزایای اعتصاب؛ حق اعتصاب

strikebreaker

اعتصاب شکن

strike-breaking

اعتصاب شکنی

strike, general

اعتصاب عمومی / سراسری

strike, illegal

اعتصاب غیر قانونی

strike, labor

اعتصاب کارگری

strike leader

رهبر اعتصابیون

strike manual

راهنمای اعتصاب؛ دستورالعمل اعتصاب

strike notice

آگهی اعتصاب؛ اخطار اعتصاب

strike, official

اعتصاب رسمی؛ اعتصاب با هماهنگی سندیکای مربوطه

strike off the roll

از فهرست حذف کردن؛ از عضویت محروم کردن

☞ *debar*

☞ *disbar*

strike-pay

حقوق ایام اعتصاب که از طرف سندیکاهای کارگری به کارگران پرداخت می‌شود؛ حقوق زمان اعتصاب

☞ *dispute benifits*

striker

اعتصاب کننده؛ اعتصابی

strike, sit-down

اعتصاب نشسته

strike, slow-down

اعتصاب کم‌کاری

strike, sympathetic

اعتصاب همدردی؛ اعتصاب برای ابراز همدردی

strike, unofficial

اعتصاب غیر رسمی

striking

در حال اعتصاب؛ اعتصابی

striking out

حذف؛ الغا؛ ابطال

string

(در کامپیوتر) رشته؛ شرط؛ قید

string diagram
نمودار رشته‌ای؛ نمودار نخی؛ نخ نگاره

stringe
شرایط معامله یا قرارداد؛ شرایط منضمات

stringency
کسادی؛ کمی عرضهٔ پول؛ سختگیری

stringency of the law
قاطعیت قانون؛ حاکم بودن قانون؛ صراحت قانون؛ خشونت قانون

stringent laws
مقررات اکید؛ مقررات سفت و سخت؛ قوانین / مقررات لازم الاجرا

stringent rules
مقررات شدید

string pulling
پارتی بازی؛ اعمال نفوذ

strong market
بازار پررونق؛ بازار قوی

struck goods
کالای زمان اعتصاب؛ کالاهای تولید شده در حالت اعتصاب (توسط اعتصاب شکنها)

structural changes
تغییرات ساختاری

structural determinants
عوامل تعیین کنندهٔ ساختاری

structural intervention
دخالت بنیادی؛ مداخلهٔ ساختاری

structural principles
اصول ساختاری؛ اصول بنیادی

structural unemployment
بیکاری بنیادی/ ساختاری

structure, board
ساختار هیأت مدیره

structure, capital
ساختار سرمایه

structured interview
مصاحبهٔ سازمان یافته؛ مصاحبهٔ منظم
☞ *directive interview*

structure, formal
ساختار رسمی

structure, organizational
ساختار سازمانی

structure, overhead
ساختار هزینه‌های عمومی

structure, power
ساختار قدرت

structure, social
ساختار اجتماعی

structure, tall pyramid
ساختار هرمی شکل

structure, task
ساختار شغلی

stub shift
شیفت کوتاه، نوبت کاری کوتاه مدت؛ نوبت کاری با ساعت کار کمتر

student-centred learning
یادگیری شاگرد محوری

student's T- distribution
توزیع تی دانشجو
☞ *T- distribution*

study group
گروه بررسی؛ گروه تحقیق
☞ *T-group*

stuff

ماده؛ کالا؛ جنس؛ متاع؛ شیوهٔ رفتار؛ مال فروشی؛ فروش کالاهای مسروقه

stumer check

چک بی‌محل

☞ *bad cheque*

☞ *bounding check*

☞ *rubber check*

☞ *uncovered check*

☞ *dishonored check*

style, leadership

سبک رهبری

style of management

سبک مدیریت؛ روش مدیریت

subagent

وکیل در توکیل

sub-assembly

زیر گروه؛ زیر مجموعه؛ مونتاژ فرعی

subcommission

کمیسیون فرعی

subcommittee

کمیتهٔ فرعی؛ کمیسیون فرعی

subcontract

قرارداد فرعی؛ قرارداد ثانوی؛ عقد قرارداد فرعی؛ پیمانکاری فرعی؛ پیمانکاری دست دوم

subcontracting

پیمانکاری فرعی؛ پیمانکاری دست دوم

subcontractor

پیمانکار فرعی؛ پیمانکار جزء؛ پیمانکار دست دوم

subexecutives

مدیران جزء

subject

مطیع؛ تابع؛ موضوع؛ پیرو؛ تحت سلطه؛ مطیع ساختن؛ تحت سلطه در آوردن؛ موجب؛ علت

subject matter

موضوع درس؛ محتوا؛ مضمون

subject of hire

مورد اجارهٔ؛ عین مستأجره

subject of negotiations

موضوع مذاکرات

subject of transaction

موضوع مورد معامله

subject to

موکول به؛ مشروط به؛ مشمول؛ تابع

subject to export licence

به شرط تحصیل مجوز صادرات

subject to law

تابع و مطیع قانون؛ مشمول قانون

subject to legal prohibition

مشمول ممنوعیت قانونی

subject to review

مشمول تجدیدنظر

sub judice

در دست رسیدگی؛ تحت محاکمه؛ مطروح در دادگاه

subliminal advertising

آگهی تبلیغاتی ناخودآگاه؛ تبلیغ سربسته؛ تبلیغات نا هشیارانه

submarginal

پایین‌تر از میزان مقرر؛ زیر حد نهایی؛ زیر حاشیه

submission

تسلیم؛ پیشنهاد؛ نظر؛ عقیده؛ فرمانبرداری؛ اطاعت

submission agreement (in arbitration)
موافقت نامهٔ ارجاع اختلاف به داوری

submissive
فرمانبردار؛ مطیع

submissiveness
فرمانبرداری؛ اطاعت

submit
تسلیم کردن؛ عرضه یا ارائه کردن؛ ارجاع کردن؛ پیشنهاد کردن؛ اطاعت کردن؛ اظهار داشتن؛ نظر یا عقیده‌ای را پذیرفتن؛ تن در دادن

submit a proposal
پیشنهاد دادن؛ طرح دادن

submit a report
گزارش ارائه دادن؛ گزارش تسلیم کردن

submit one's resignation
استعفای خود را تسلیم کردن؛ استعفا دادن

suboptimization
پایین آمدن حد مطلوب بازدهی؛ زیر حد مطلوب رسانی

suboptimize
ناکامی در دستیابی به وضعیت مطلوب؛ در حد کمتر از وضعیت مطلوب انجام دادن

subordinate
زیردست؛ مرئوس؛ شخص زیردست؛ فرمانبردار؛ مطیع؛ تابع؛ تابعه؛ زیردست قرار دادن؛ مطیع ساختن؛ تابع کردن؛ پیرو ساختن
☞ superior
- Subordinate is accountable to his superior.
- زیردست در مقابل بالادست خود پاسخگو/مسؤول است.

subordinate goals
هدفهای ثانوی

subordinate's immediate supervisor
سرپرست مستقیم و بلافصل زیردست

subordinate's training
آموزش زیردستان

subordinate unit
واحد زیردست؛ یگان تابعه

subordinating individual interest to general interest
اصل تقدم منافع عمومی بر منافع فردی: به موجب این اصل، مدیران باید در صورت تضاد منافع فرد و منافع عمومی به شکل مناسب به حل آن پرداخته و منافع عموم را بر منافع فردی ترجیح دهند.

subordinating individual
مرئوس؛ شخص / فرد زیردست

sub-program
زیر برنامه؛ برنامهٔ جزئی / فرعی

subpurchaser
خریدار دست دوم

subrogate
تعویض کردن؛ وکیل کردن؛ قایم مقام تعیین کردن

subrogation
جانشینی؛ قایم مقامی (طلبکار)؛ حق جانشینی طلبکار؛ به عهده گرفتن تعهد به جای فرد دیگر؛ (در بیمه) اصل حق مراجعه به مسؤول خسارتها
☞ expromissio
☞ novation

subrogation act

سند کفالت

subrogation clause

شرط کفالت؛ شرط نیابت

subrogation, letter of

وکالت نامه

subroutine

رویهٔ فرعی؛ زیر روال

subscribe

پذیره‌نویسی کردن سهام؛ ذیل سندی را امضا کردن؛ صحت سندی را تصدیق کردن؛ مشترک شدن؛ آبونه شدن؛ پذیرفتن؛ کمک مالی کردن؛ تعهد مالی کردن؛ موافقت کردن؛ تقبل کردن

subscribed capital (var. subscriber capital)

سرمایهٔ تعهد شده

☞ *issued capital*

subscriber

پذیره‌نویس؛ مشترک؛ متعهد

subscriber of shares

پذیره‌نویس سهام

subscription

اشتراک؛ تعهد پرداخت؛ تقبل؛ حق اشتراک؛ آبونمان؛ پذیره نویسی؛ امضا

subscription card

کارت پذیره‌نویسی

subscription certificate

گواهی خرید سهام

subscription contract

قرارداد پذیره‌نویسی

subsection (of an article/ provision)

مادهٔ فرعی؛ جزء / بند ماده

subservient

مطیع؛ فرمانبردار؛ سرسپرده؛ حاضر به خدمت

☞ *obedient*

subsidiarity

اختیار تصمیم‌گیری (فردی)

subsidiary

شرکت وابسته؛ شرکت فرعی؛ شرکت تابعه؛ یارانه‌ای؛ مکمل؛ تابع؛ وابسته؛ فرعی

subsidiary company

شرکت وابسته؛ شرکت تابعه؛ شرکت فرعی

subsidium

کمک هزینه؛ اعانه و کمک

subsidize

سوبسید دادن؛ یارانه دادن؛ کمک مالی دادن؛ کمک مالی کردن؛ از بودجه عمومی کمک دادن

subsidized

یارانه دار؛ سوبسید دار؛ یارانه‌ای

subsidized industries

صنایعی که از سوبسید (یارانه) استفاده می‌کنند

subsidy

سوبسید؛ اعانه نقدی؛ کمک مالی دولت؛ یارانه؛ کمک هزینه؛ کمک مالی دولت برای مردم یا سازمانی جهت انجام کارهای عام‌المنفعه؛ اعانه؛ مالیات فوق‌العاده‌ای که در مواقع اضطراری و برای امور مهم و غیر مترقبه مملکتی اخذ می‌شود؛ حقوق گمرکی اشیای صادراتی و وارداتی؛ معافیت مالیاتی تولیدکنندگان به منظور پایین نگهداشتن قیمتها

subsistence law of wages

قانون دستمزد بر اساس هزینهٔ زندگی

→ *iron law of wages*

subsistence theory of wages
نظریهٔ دستمزد بر اساس هزینهٔ زندگی

substandard rate
نرخ پایین‌تر از حد معمول؛ نرخ زیر استاندارد

substantial damages
خسارت قابل ملاحظه؛ خسارت عمومی
☞ *general damages*
☞ *ordinary damages*

substantial performance
اجرای قسمت عمده و اساسی تعهد

substantiate
به اثبات رساندن؛ اثبات کردن؛ ارائه دادن دلیل یا مدرک مستند؛ مستند کردن؛ تأیید کردن

substentive agreement
موافقت اصولی؛ موافقت اساسی؛ قرارداد اصولی / اساسی

substitute
جانشین کردن (شدن)؛ جایگزین کردن؛ جانشین؛ قایم مقام؛ علی‌البدل

substitute goods
کالاهای جانشین؛ کالاهای بدل

substitute member
عضو علی‌البدل

substitutes for leadership
جانشینهای رهبری

substitutes for leadership theory
نظریهٔ جانشینهای رهبری:
یکی از نظریه‌های رهبری که طی آن گفته می‌شود ویژگیهایی (مثل کار، عوامل سازمانی یا مرئوسان) باعث می‌شوند اعمال رهبری غیر ممکن یا غیر ضروری گردد.

substitution
جانشینی؛ قایم مقامی؛ تعیین نماینده؛ نیابت
☞ *subrogation*

substitution, attorney with right of
وکیل در توکیل

substitution effect
اثر جانشینی

substitution law
قانون جانشینی

substitution method
روش جایگزینی

substitution of a different obligation
تبدیل تعهد

SUB (Supplemental Unemployment Benefits)
مزایای اضافی بیکاری

subsystem
نظام فرعی؛ سیستم فرعی؛ سیستم جزء؛ زیر سیستم؛ دستگاه فرعی

subtenant
مستأجر جزء؛ مستأجر دست دوم

subvention
کمک مالی؛ اعانهٔ دولتی؛ تخصیص اعانه

successful bidder
برندهٔ مناقصه یا مزایده

succession duties
مالیات بر ارث

succession plan
طرح جانشینی

succession planning

successive approximations
برنامه‌ریزی جانشینی؛ تخمین متوالی

sue for damages
عرضحال خسارت دادن؛ دادخواست خسارت دادن؛ از طریق حقوقی ادعای خسارت نمودن

suffer
متضرر شدن؛ متحمل شدن؛ مجازات شدن

suffer damage/loss
متضرر شدن؛ زیان دیدن؛ خسارت دیدن

suffer/sustain heavy losses
متحمل تلفات و خسارات سنگین شدن

sufficiency
کفایت؛ شایستگی

sufficient
کافی؛ شایسته؛ صلاحیت‌دار

suggestion box
صندوق پیشنهادها

suggestion of alternative courses of action
پیشنهاد اقدامات مختلف؛ ارائهٔ راه‌کارها؛ یافتن راه حلهای مختلف

suggestion of alternatives
ارائهٔ راه‌کارها؛ یافتن راه حلهای مختلف

suggestion programs
برنامه‌های پیشنهادی

suggestions scheme
طرح پیشنهادها؛ طرح پاداش برای پیشنهادهای کارکنان

suggestive selling
فروش پیشنهادی

suit
درخواست؛ تقاضا؛ دعوی (حقوقی / جزایی)؛ اقامهٔ دعوا؛ دادخواهی؛ ارائه اسناد در ادعانامه

suitable action
اقدام مناسب؛ اقدام مقتضی

suitable employment
اشتغال مناسب

summary account
گزارش مختصر

summary action
اقدام فوری

summary powers
قدرت آنی و سریع

summon
فراخواندن؛ احضار کردن؛ دستور دادن؛ دعوت کردن؛ اخطار دادن؛ متمرکز کردن

summons
خواست برگ؛ احضاریه؛ احضار؛ فرمان؛ دستور؛ احضاریه فرستادن؛ احضار کردن

summons to do something
اخطار به انجام تعهد

sum of the year's digit
ارقام مجموع سنوات

sumptuary laws
قوانین محدود کنندهٔ مصرف

sums due
وجوه قابل پرداخت

sunk cost
هزینهٔ اولیه

sunlighting
تمدید خدمت؛ ادامهٔ اشتغال؛ ابقا در شغل پس از بازنشستگی رسمی یا خاتمهٔ خدمت

sunlighting

sunrise industry 691 **supervisor**

دارا بودن شغل تمام وقت در زمان بازنشستگی

sunrise industry

صنعت پیشرو

sunset industry

صنعت رو به زوال؛ صنعت در حال رکود؛ صنعت تهقرایی

superannuated

مستمری بازنشستگی دادن؛ بازنشسته شدن

superannuated

بازنشسته

superannuation

پرداخت بازنشستگی؛ حق بازنشستگی

superintend

ریاست یا نظارت کردن؛ تحت سرپرستی خود قرار دادن؛ اداره کردن

superintendence

ریاست؛ مدیریت؛ مباشرت؛ نظارت؛ سرپرستی؛ تولیت؛ اداره

superintendence of a pious foundation

تولیت؛ عهده‌داری امور املاک موتونه

superintendent

رییس؛ مدیر؛ مباشر؛ ناظر؛ بازرس

superior

مافوق؛ مقام مافوق؛ رییس؛ برتر؛ عالی رتبه؛ ارشد؛ بالادست (در مقابل مرئوس یا زیردست)

☛ *subordinate*

☛ *preparatory steps*

superior goods

کالاهای ممتاز؛ کالاهای تجملی

superior order

دستور مافوق

supermacy of knowledge

برتری / توفق دانش

superordinate

رییس؛ مقام مافوق؛ هدفهای والا

☞ *superior*

superordinate goals

اهداف عالی

super-profits

سود مازاد

supersede (n. supersedure)

نسخ کردن؛ لغو کردن؛ جایگزین شدن؛ متوقف کردن؛ به حالت تعلیق در آوردن؛ کنار گذاشتن؛ از دور خارج کردن؛ جانشین (کسی یا چیزی) شدن؛ جانشین (کسی یا چیزی) کردن

supersession

الغا؛ لغو سازی؛ جانشینی؛ لغو شدگی

superstore

فروشگاه بزرگ

supertax

مالیات بر درآمد اضافی / فوق‌العاده؛ اضافه مالیات بر درآمد

supervise

نظارت کردن؛ سرپرستی کردن؛ اداره کردن

supervision

نظارت؛ سرپرستی؛ مباشرت؛ اداره

supervision council

انجمن نظارت؛ شورای نظارت

supervision of educational programs

نظارت و سرپرستی برنامه‌های آموزشی

supervisor

ناظر؛ مباشر؛ سرپرست

supervisor, direct

سرپرست مستقیم

supervisor, first line

سرپرست خط اول

supervisor, immediate

سرپرست بلافصل؛ سرپرست مستقیم

supervisory board

هیأت سرپرستی؛ هیأت نظارت

supervisory index

شاخص سرپرستی

supervisory management

مدیریت نظارتی

supervisory program

برنامهٔ سرپرستی

supplement

ضمیمه ؛ مکمل؛ تکمله؛ الحاقیه؛ متمم؛ آگهی ضمیمه؛ مطالب ضمیمه؛ ضمیمه کردن؛ تکمیل کردن؛ ملحق کردن

☞ *insert*

supplemental monthly budget

بودجهٔ متمم ماهانه:

روش بودجه‌بندی که برمبنای آن ، شرکت حداقل بودجهٔ عملیاتی را تعیین می‌کند و قبل از آغاز هر ماه بودجهٔ متمم را در اختیار واحدها قرار می‌دهد.

supplementary

مکمل؛ الحاقی؛ تکمیلی؛ اضافی

supplementary agreements

موافقت‌نامه‌های تکمیلی یا الحاقی

supplementary benefit

مدد معاش؛ کمک هزینهٔ زندگی

supplementary documents

اسناد و مدارک مکمل یا تکمیلی

supplementary law

قانون متمم؛ قانون الحاقی

supplementary question

سؤال شفاهی (که در خاتمه جلسات پس از پایان سؤالهای کتبی و به منظور تحت فشار قرار دادن پاسخ دهنده مطرح می‌شود)

supplication

درخواست؛ تقاضا

supplier

فروشنده (کالا)؛ عرضه کننده؛ تأمین کننده

☞ *vendor*

supplier of goods

فروشندهٔ کالا

supplier quality assurance (SQA)

اطمینان از کیفیت عرضه کننده؛ تضمین کیفیت

supply

تأمین کردن؛ تهیه کردن؛ تحویل دادن؛ تکمیل کردن؛ عرضه کردن؛ موجودی؛ ذخیره؛ عرضه؛ کالای قابل فروش/عرضه؛ تدارک؛ (در جمع) تدارکات؛ ملزومات؛ لوازم؛ مقرری

supply and demand

عرضه و تقاضا

supply curve

منحنی عرضه (کالا)

supply department

کار پردازی؛ تدارکات

supply schedule

فهرست کالاهای عرضه شده

support

پشتیبانی؛ حمایت؛ طرفداری؛ حامی؛ پشتیبان؛

پشتیبانی کردن؛ حمایت کردن؛ طرفداری کردن؛ تأمین کردن؛ تأیید کردن؛ اثبات کردن

support buying

خرید حمایتی

support for innovation (SFI)

حمایت از نوآوری؛ پشتیبانی از نوآوری / ابتکار؛ پشتیبانی از ابداعات

supporting and supplying

آماد و پشتیبانی

supportive

حامی؛ پشتیبان

supportive approach to supervision

رویکرد حمایتی در سرپرستی؛ رهیافت / روش حمایتی در سرپرستی

supportive leadership

رهبری حمایتی

support point

نرخ غیر طبیعی ارز

support staff

ستاد پشتیبانی

support the expense

تأمین کردن هزینه

suppress a check

چکی را باطل کردن

suppression of documents

کتمان سازی اسناد

Supreme Economic Council

شورای عالی اقتصاد

surcharge

اضافه بار کردن؛ مالیات یا هزینهٔ اضافی؛ هزینهٔ معطلی کشتی در بندر؛ از قلم افتادگی در حساب که باید به بستانکار همان حساب منظور شود؛ جریمه کسر تمبر؛ اضافه‌بار؛ جریمه متعلق به امین (با مسؤول شناختن امین) بابت تخلف از وظایف محوله؛ نرخ اضافی؛ اضافه بها؛ افزایش تیمت

surcharge and falsify

الحاق و حذف (در دفاتر تجاری یا صورت حساب و بیلان شرکت)

surety

متعهد؛ ضامن؛ وثیقه؛ تضمین

☞ *guarantor*

☞ *guarantee*

surety bond

ضمانت‌نامه؛ بیمه یا تضمین صحت عمل شخص ثالث

suretyship

تضمین؛ ضمان

☞ *guarantee*

surface bargaining

مذاکرهٔ سطحی؛ توافق سطحی؛ مذاکره ظاهری؛ چانه زنی صوری

surface change

تغییر سطحی

surface chart

نمودار سطح

surplus

مازاد؛ اندوخته

surplus, budget

مازاد بودجه

surplus, buyer's

مازاد خریدار

surplus, capital

مازاد سرمایه

surplus labor and value theory

نظریهٔ کار و ارزش اضافی

surplus, paid-in

مازاد پرداخت شده

surplus, payments

مازاد پرداختها

surplus production

تولید اضافی

surplus, tax

مازاد مالیاتی

surplus value

ارزش افزوده؛ ارزش اضافی

surprise

غیر مترقبه؛ حادثه / رویداد غیر مترقبه؛ غیر منتظره

surprise visit

دیدار غیر منتظره

surrender

اعراض کردن؛ واگذار کردن؛ مسترد کردن؛ تسلیم کردن؛ صرفنظر کردن؛ تسلیم؛ پذیرش؛ واگذاری

surrender value

ارزش بازخرید

surrogate

قایم مقام؛ جانشین؛ عضو علی‌البدل؛ وکیل؛ نماینده؛ وکیل قانونی خود کردن؛ کسی را جانشین شخصی دیگری کردن

surtax

اضافه مالیات؛ مالیات بر درآمد زاید بر مقدار معین؛ مالیات بر درآمد فوق‌العاده

surveillance

نظارت؛ مراقبت؛ تجسس؛ تحت نظر داشتن

survey

مطالعه؛ بررسی؛ نظرخواهی؛ ارزیابی؛ اندازه‌گیری؛ بررسی کردن؛ نظرخواهی کردن؛ ارزیابی کردن؛ ممیزی کردن

surveyer of taxes

ممیز مالیاتی؛ ارزیاب مالیاتی

survey-feedback activities

فعالیتهای بررسی بازخورد

survey questionnaire

پرسشنامهٔ تحقیقی

survey report

گزارش بازرسی

survey the situation

موقعیت را سنجیدن؛ وضعیت را بررسی کردن

survivorship annuity

مستمری بازماندگی

suspended sentence

حکم مجازات تعلیقی

suspend from office

از کار معلق کردن

suspend from service

معلق کردن از خدمت

suspend (n. suspension)

معلق کردن؛ متوقف کردن؛ از خدمت معلق کردن؛ معوق گذاشتن؛ به حال تعلیق در آوردن؛ بلاتکلیف گذاشتن؛ مسکوت گذاشتن؛ موقتاً تعطیل کردن؛ موقتاً از حقی محروم کردن

suspense

تعلیق؛ بلاتکلیفی؛ توقیف

suspense account

حساب معلق

suspension

suspension of payment

مرحلهٔ تعلیق حکم؛ تعلیق؛ توقف؛ تعطیلی؛ بلاتکلیفی؛ وقفه

suspension of payment

معلق گذاشتن پرداخت و تأخیر در آن

suspension of proceedings

تعلیق رسیدگی

suspension without pay

تعلیق از خدمت بدون پرداخت حقوق؛ منتظر خدمت بدون حقوق

sustainable growth

رشد مداوم؛ رشد پایدار؛ رشد قابل تداوم

sustain casualty

متحمل خسارت شدن

sustain damage

زیان دیدن؛ متضرر شدن

sustained effort

تلاش مداوم/بی وقفه

sustain loss

زیان دیدن؛ متضرر شدن

swap

معاوضه؛ مبادله؛ معاملهٔ پایاپای ارز

swap arrangement

قرارداد معاملهٔ پایای ارز

sweated industries

صنایع با کار دشوار؛ صنایعی که در آنها سطح دستمزد پایین و ساعات کار بیشتر است

sweatshop

محل کار پر زحمت

sweep out of office

برکنار کردن از شغل/مقام

sweetheart agreement

توافق خائنانه؛ قرارداد با رشوه

sweet (infml)

(عامیانه) کار آسان؛ مأموریت ساده

SWIFT (Society for Worldwide Interbank Financial Telecommunication)

انجمن ارتباطات راه دور بین بانکها

swindle

تقلب کردن؛ کلاه سر کسی گذاشتن؛ کلاهبرداری کردن؛ فروختن سهام کم ارزش توسط نمایندگی تقلبی

swindling

تقلب؛ کلاهبرداری؛ فروش سهام کم ارزش توسط نمایندگی تقلبی

swing shift

شیفت چرخشی؛ نوبت کاری گردشی

switching

تبادل؛ جابجایی؛ تغییر

switch selling

جابجایی فروش؛ فروش از طریق انحراف توجهٔ مشتری:

از روشهای فروش که بر اساس آن فروشنده خریدار را به خرید جنس یا مدلی گران‌تر از آنچه که درخواست کرده تشویق می‌کند.

SWOT (strengths, weaknesses, opportunities, threats)

سوات:

از تکنیکهای تجزیه و تحلیل استراتژی است که به عوامل چهارگانهٔ داخلی و خارجی سازمان تأکید دارد. این عوامل عبارتند از: نقاط قوت و ضعف سازمانی، فرصتها و تهدیدات محیطی

syllabus

طرح درس؛ رئوس مطالب؛ خلاصه و رئوس

مطالب درسی

symboleography

فن تدوین اسناد حقوقی

symbolic modles

الگوهای نمادین

symbolic pricing

قیمت گذاری نمادین

sympathy strike

اعتصاب همدردی : اعتصاب به طرفداری از کارگران اعتصابی کارخانه‌های دیگر

symposium

سمپوزیوم؛ همایش؛ گردهمایی

synallagmatic contract

عقد معاوضی (عقد ملزم طرفین)؛ قرارداد متضمن تعهدات متقابل

☞ *reciprocal contract*

☞ *bilateral contract*

synallagmation (synallagmatic)

دارای تعهدات متقابل؛ دارای الزامات متقابل یا دو طرفه

synchronizing efforts

هماهنگ کردن تلاشها

syndic

نماینده یا وکیل یک شرکت یا سندیکا؛ نمایندهٔ صنفی

syndical

مشارکتی؛ سندیکایی

syndical loan

وام مشارکتی؛ وام سندیکایی

syndicate

سندیکا؛ شرکت؛ اتحادیه؛ شورا؛ گروه

syndicated loan

وام سندیکایی (وامی که دو یا چند مؤسسه اعتباری به وام‌گیرنده می‌دهند)

synectics

بدیعه پردازی؛ تلفیق نا متجانسها؛ استفاده از چشم‌اندازهای جدید در حل مشکلات:
از روشهای حل مسأله که گوردون ارائه کرده و شباهت زیادی به روش تحرک مغزی دارد با این تفاوت که در این روش باید نظر مشخص و دقیقی در بارهٔ مسألهٔ مورد بحث ارائه شود.

synergy

همیاری؛ کار توأم؛ هم کوشی؛ هم افزایی:
فعالیت مشترک توأم با همکاری توسط دو نفر یا دو سازمان که در نهایت بسیار با ارزش تر از فعالیتهای فردی و مستقل است.

synthesis

ساخت؛ تولید؛ تولید مصنوعی؛ ساخت مصنوعی؛ ترکیب؛ تلفیق؛ سنتز

synthetic data

اطلاعات ترکیبی؛ داده‌های ترکیبی

synthetics

ترکیب؛ روش ترکیبی

system

سیستم؛ نظام؛ رویه؛ قاعده؛ دستگاه؛ سازمان

system analyst

تحلیل‌گر سیستم

systematic

نظاممند؛ سیستماتیک؛ منظم؛ طراحی شده؛ برنامه‌ریزی شده

systematic and unsystematic risk

ریسک سیستماتیک و غیر سیستماتیک؛ ریسک نظاممند و غیر نظاممند

systematic management
مدیریت اصولی / نظام‌مند
systematic methods
روشهای اصولی / نظام‌مند
systematic sampling
نمونه‌گیری منظم / نظام‌مند
systematize
سازمان دادن؛ سامان بخشیدن؛ منظم کردن
system, budgeting
نظام بودجه‌بندی
system chart
نمودار سیستم
☞ data flow chart
system, data-base management
نظام مدیریت پایگاه داده‌ها
system designer
طراح سیستم
system, distribution
نظام توزیع؛ سیستم توزیع
system, fixed shift
نظام نوبت کاری ثابت
system flow chart
نمودار سیستم؛ فلوچارت اطلاعات
☞ data flow chart
system four
سیستم چهار؛ چهار نظام مدیریت: از سبکهای مدیریتی که لیکرت ارائه کرده و بر رهبری مشارکتی، ارتباط باز و تصمیم‌گیری گروهی تأکید دارد.
system free enterprise
نظام اقتصاد آزاد؛ نظام سرمایه‌داری

system, human resourse information
نظام اطلاعاتی منابع انسانی
system, hybrid
سیستم پیوندی
system, incentive payment
نظام پرداخت تشویقی
system, information
نظام اطلاعاتی
system, merit
نظام شایستگی
system, organizational
نظام سازمانی
system, payment
نظام پرداخت
system, point
نظام امتیازی
system programmer
برنامه‌ریز سیستم
systems analysis
تجزیه و تحلیل سیستمها
systems approach
رهیافت سیستمها؛ مکتب سیستمی؛ مکتب نظام گرا
systems management
مدیریت سیستمها
systems selling
فروش سیستمی
systems theory
نظریهٔ سیستمها

T / t

systems-type leadership
رهبری سبک سیستمی

system, task and bonus
نظام دستمزد و پاداش

table, conversion
جدول تبدیل

table, decision
جدول تصمیم

table, frequency
جدول فراوانی؛ جدول نیروی انسانی

table of organization
جدول سازمانی

table of specifications
جدول مشخصات

table, put on the
برای بحث و بررسی ارائه دادن

table, round
میزگرد؛ گروهی که به طور غیر رسمی بحث و مذاکره کنند

table, staffing
جدول کارگزینی؛ جدول کارکنان

table talk
مذاکرهٔ غیر رسمی

table, time

جدول عمر داراییها

taboo
حکم تحریم؛ ممنوع؛ تحریم شده؛ منع شده؛ تحریم کردن؛ منع کردن؛ قدغن کردن

tabulate
جدول بندی کردن؛ به صورت فهرست در آوردن

tabulating equipment
تجهیزات مرتب کننده

tachistoscope
دستگاه نمایش لحظه‌ای

tacit
ضمنی؛ مفروض؛ مقبول؛ تلویحی

tacit acceptance
قبولی ضمنی

tacit agreement
قرارداد ضمنی؛ موافقت ضمنی

tacit approval
تأیید ضمنی؛ موافقت ضمنی

tacit mortgage
رهن قانونی (حق تصرف یا فروش عین مرهونه توسط مرتهن بدون نیاز به تحصیل حکم از دادگاه)
☞ *legal mortgage*

tack

به مرحله اجرا درآمدن؛ قطعیت یافتن؛ قابل اجرا شدن

take-home pay

دریافتی خالص؛ حقوق پس از پرداخت مالیات و کسور؛ خالص پرداختی

take inventory

صورت برداری کردن؛ سیاهه برداری کردن

take necessary correction action

انجام اقدامات اصلاحی مورد نیاز

taken strike

اعتصاب تهدیدی / آزمایشی

take on

عهده‌دار شدن؛ به عهده گرفتن(مسؤولیت یا تعهد)؛ استخدام کردن؛ طرف شدن؛ تعهد کردن

take on a heavy responsibility

مسؤولیت سنگینی را به عهده گرفتن

take on mortgage

رهن کردن

take out loan

وام ثابت؛ وام تدریجی

take out of pledge

از گرو در آوردن

take over

تعهد کردن؛ تقبل کردن؛ عهده‌دار شدن؛ تحویل گرفتن؛ کنترل کردن؛ تصرف کردن؛ خریدن سهام یک شرکت

takeover bid

پیشنهاد خرید و تملک

take over of real estate for a public purpose

سلب تملک به منظور منافع عمومی

takeover time

خط‌مشی؛ سیاست؛ روش؛ رویه؛ تغییر جهت و روش دادن؛ ضمیمه کردن؛ حق اجاره؛ اجاره‌نامه؛ مدت اجاره

tackle the palm

رشوه دادن؛ انعام دان؛ دَم کسی را دیدن

tactical

تاکتیکی؛ ماهرانه

tactical decision making

(در مدیریت استراتژیک) تصمیم‌گیری تاکتیکی؛ برنامه‌ریزی تاکتیکی

tactical solution

راه‌حل تاکتیکی

tactics

تاکتیک؛ تدبیر

tail

مالیات بندی؛ مالیات؛ مالیات وضع کردن؛ مالیات بستن؛ محدود کردن؛ محدود؛ محدودیت

take

منفعت؛ سود؛ دریافتی

take a bath

(عامیانه) زیان هنگفت

take a decision

اتخاذ تصمیم کردن

take advantage

سوء استفاده کردن از استیفا

take charge of

مسؤولیتی را به عهده گرفتن؛ مسؤولیتی را پذیرفتن

take delivery of

تحویل گرفتن؛ قبض کردن

take effect

T

زمان جایگزینی

take part

سهیم شدن؛ سهیم بودن؛ مشارکت کردن

take possession of

تصرف کردن؛ تحویل گرفتن؛ تصاحب کردن

take stock

دسترسی به موجودی

take the floor

در جلسه صحبت کردن

take the responsibility of

عهده‌دار شدن؛ تعهد کردن؛ به گردن گرفتن

take up

عهده‌دار شدن؛ رسیدگی کردن؛ پرداخت کردن سفته یا برات

take upon oneself

تعهد یا وظیفه‌ای را به عهده گرفتن

talk

مذاکره؛ گفتگو؛ کنفرانس؛ سخنرانی غیر رسمی؛ شورا؛ شایعه؛ بحث کردن؛ اطلاعات دادن؛ قانع کردن؛ موضوع صحبت

☞ *negotiation*

talk-in

جلسهٔ بحث و سخنرانی؛ کنفرانس

tallager

مأمور جمع آوری مالیات و عوارض

tall organization structure

ساختار سازمانی بلند

tall pyramid structure

ساختار هرمی شکل عمودی

tally

صورت محموله؛ شمارش و ثبت کردن آرا یا امتیازات؛ تطبیق کردن؛ مطابقت داشتن؛ تطبیق دادن / کردن

☞ *cargo list*

tally man

قسطی فروش

tally trade

داد و ستد اقساطی؛ خرید و فروش اقساطی

talon

برگ در خواست کوپن سود سهام

tamper (with)

رشوه دادن؛ تطمیع کردن؛ ساخت و پاخت کردن

tamper with a document

دست بردن در یک سند؛ در سندی دست بردن

tangible assets

داراییهای آشکار؛ داراییهای مشهود / ملموس

tangible property

دارایی ملموس

tap

اوراق بهادار همیشه موجود

tapered increase

افزایش تدریجی

tape streamer

نوار ذخیره‌سازی اطلاعات کامپیوتری

tare

وزن طرف؛ وزن بسته

tare and tret

وزن بسته یا جعبه و مقدار کمبود وزنی که در نتیجهٔ حمل و نقل در محموله ایجاد می‌شود و قابل قبول است

target

هدف؛ مورد نظر؛ هدف قرار دادن؛ درنظر گرفتن

target market

بازار مورد نظر؛ بازار هدف

target marketing
بازاریابی با هدف مشخص

target oriented
هدف گرا؛ وظیفه گرا

target population
جمعیت مورد نظر

target price
قیمت مورد نظر؛ قیمت هدف

tariff
تعرفه؛ عوارض / حقوق گمرکی؛ نرخ‌ها؛ نرخ عوارض گمرکی بر صادرات و واردات؛ نرخ تعیین کردن؛ نرخ بندی کردن

tariff barrier
عوارض گمرکی برای محدود ساختن واردات

tariff classification
نرخ بندی

tariffication
نرخ بندی

tariff, prohibitive
تعرفۀ ممانعتی

tariff, protective
تعرفۀ حمایتی؛ تعرفۀ گمرکی سنگین (برای واردات کالاها به منظور حمایت از صنایع داخلی)

tariff reform
اصلاح تعرفه‌ها؛ کاهش عوارض گمرکی

tariff regulations
مقررات تعرفه بندی

tariffs, customs
تعرفه‌های گمرکی

tariff, specific
تعرفۀ خاص / ویژه

tariff wall
مانع گمرکی؛ تعرفۀ گمرکی

tariff, zero
تجارت آزاد؛ تجارت بدون تعرفۀ گمرکی

tarrif, railway
تعرفۀ راه‌آهن

tarrif war
جنگ تعرفه؛ رقابت بین کشورها که منجر به برقراری تعرفه‌های مختلف می‌شود

task
وظیفه یا مسؤولیت سنگین؛ کار مشکل؛ تکلیف سخت؛ تحت فشار گذاشتن؛ به کار واداشتن؛ وظیفه جزء یا بخش جداگانه‌ای از کار یا شغل می‌باشد که توسط شخص انجام می‌شود. وظیفه دارای آغاز، پایان و محدودیت زمانی برای انجام آن می‌باشد.

task accomplishment activities
فعالیتهای مربوط به دستیابی به هدف

task analysis
تجزیه و تحلیل وظایف؛ فرایندی است که به منظور درک بهتر وظایف شغل انجام می‌شود. چنین تجزیه و تحلیلی مستلزم آن است که اولاً وظایف تشکیل دهندۀ شغل به اجزا یا مراحل متوالی تقسیم شده و ثانیاً اهمیت نسبی هر وظیفه در رابطه با انجام کار مشخص شود

task and bouns system
نظام دستمزد و پاداش

task-based appraisal
ارزشیابی بر مبنای وظیفه؛ ارزشیابی سرپرست از زیردست بر اساس نتایج اجرای وظایفی که عهده‌دار بوده است

task-based participation

مشارکت کارگران براساس وظیفه؛ مشارکت کارگران با استفاده از تجزیه و تحلیل وظایف و مشاوره در خصوص طرح شغل

task behavior

رفتار شغلی

task dependency

وابستگی شغلی

task design

طرح شغل (وظیفه):

عبارت است از تعیین وظایف، شرح وظایف و طبقه بندی آنها بر حسب افراد یا واحدهای مختلف سازمان، تصریح و تشریح اختیارات و مسؤولیتها و ارتباطات مربوط به هر شغل.

task environment

عوامل محیط شغلی

task force

گروه کار؛ واحد ضربتی؛ گروه ضربت

task group

گروه کار

task identity

هویت شغلی

task interdependency

وابستگی شغلی؛ وابستگی کار

task orientation

وظیفه‌گرایی؛ توجیه شغلی

task rate

میزان انجام وظیفه

task structure

ساختار شغلی

task time

زمان انجام وظیفه

task uncertainty

عدم اطمینان شغلی

task-work

کار مزدی

tax

مالیات؛ مالیات بستن؛ بازخواست کردن؛ انتقاد کردن؛ متهم کردن؛ تحت فشار گذاشتن؛ (گران) حساب کردن؛ مالیات وضع کردن؛ مالیات گرفتن

taxable

مشمول مالیات (مال یا فعالیت تجاری)

tax, ad valorem

مالیات بر ارزش افزوده

tax, advance corporation

مالیات پیش پرداختی شرکت

tax assessment

(برگ) تشخیص مالیاتی؛ تعیین و مطالبه مالیات متعلقه

tax assessor

مأمور تشخیص مالیات

taxation

وضع مالیات

tax auditor

ممیز مالیاتی؛ مالیات بندی؛ مالیات

tax avoidance

اجتناب از پرداخت مالیات با استفاده از طرق قانونی؛ خودداری از پرداخت مالیات

tax, back

مالیات معوقه؛ مالیات پرداخت نشده

tax base

مأخذ مالیات؛ مبنای مالیات؛ موضوع مالیات

tax, basis of

مأخذ مالیات

tax, capital gains

tax collector 703 tax lien

مالیات بر سود سرمایه

tax collector

تحصیلدار مالیاتی

tax concession

تخفیف مالیاتی

tax credit

اعتبار مالیاتی

tax declaration

اظهارنامهٔ مالیاتی

☞ *tax return*

tax-deductible

قابل کسر از مالیات

tax deductions

کسور مالیاتی (از حقوق)

tax deed

سند مالیات

tax, deliquent

مالیاتهای پرداخت نشده

tax deposit certificate

گواهی سپردهٔ مالیاتی

tax, direct

مالیات مستقیم

tax dodge

فریب مالیاتی؛ حقه / حیلهٔ مالیاتی

taxes in kind

مالیات جنسی

Taxes Managemant Act 1970

قانون مدیریت مالیاتها مصوب ۱۹۷۰ (بریتانیا)

tax, estate

مالیات بر مستغلات؛ مالیات بر ارث

tax evasion

فرار از پرداخت مالیات؛ تخلف مالیاتی؛ عدم پرداخت مالیات کافی؛ فرار / طفره رفتن از پرداخت مالیات

☞ *tax dodging*

tax exempt corporation

مؤسسهٔ معاف از پرداخت مالیات

tax-exemption

بخشودگی مالیاتی؛ معافیت مالیاتی

taxflation

تورم ناشی از افزایش مالیاتها

tax-free

معاف از پرداخت مالیات؛ بخشوده از مالیات

tax, graduated personal-income

مالیات بر درآمد تصاعدی

tax haven

بهشت مالیاتی؛ پناهگاه مالیاتی

tax holiday

معافیت موقت مالیاتی (که به بعضی از مؤسسات صنعتی یا تولیدی اعطا می‌شود)؛ دورهٔ معافیت مالیاتی

tax, impose a

مالیات بستن؛ مالیات تحمیل کردن

tax, income

مالیات بر درآمد

tax, indirect

مالیات غیر مستقیم

tax, inheritance

مالیات بر ارث

tax inspector

ممیز مالیاتی

tax, land

مالیات مستغلات

tax lien

حق حبس اموال مؤدی به علت عدم پرداخت مالیات

tax, lift a

مالیات را لغو کردن

tax limit

سقف مالیاتی

tax loophole

راه گریز قانونی برای پرداخت نکردن مالیات

tax, luxury

مالیات کالاهای لوکس و تجملی

tax on..., levy a

☞ *lay a tax on ...*

مالیات بر چیزی بستن

tax, overdue

مالیات معوقه؛ مالیات عقب افتاده

taxpayer

مؤدی مالیات؛ مالیات دهنده

taxpaying

پرداخت مالیات

tax, payroll

مالیات حقوق و دستمزد

tax, per capita

مالیات سرانه

tax, personal income

مالیات بر درآمد شخصی

tax point

سررسید مالیات

tax, progressive

مالیات تصاعدی

tax, progressive income

مالیات بر درآمد تصاعدی (که با افزایش درآمد، نرخ آن بالا می‌رود)

tax, prohibitive

مالیات بازدارنده (مالیات سنگینی که صادرات و واردات کالایی را مشکل سازد)

tax, property

☞ *real estate tax*

مالیات بر مستغلات

tax, proportional

مالیات نسبی

tax rate

نرخ مالیات

tax, real estate

مالیات مستغلات

tax reforms

اصلاح امور مالیاتی

tax, refuse to pay

خودداری کردن از پرداخت مالیات

tax, regressive

مالیات نزولی (که با افزایش سرمایه نرخ آن کاهش یابد)

tax relief

تخفیف مالیاتی

tax, rental

مالیات بر اجاره‌بها

tax reserve certificate

گواهینامهٔ ذخیرهٔ مالیات

tax return

اظهارنامهٔ مالیاتی

☞ *tax declaration*

tax revenues

درآمدهای مالیاتی

tax, sales

مالیات فروش

tax schedule
برنامهٔ مالیاتی؛ جدول مالیاتی
tax, sin
مالیات دخانیات و غیره
tax, social security
حق بیمه
tax, stamp
مالیات تمبر؛ مالیاتی که به صورت باطل کردن تمبر وصول می‌شود
tax, stock transfer
مالیات انتقال / فروش سهام
tax, succession
مالیات بر ارث
tax, uncollected
مالیات وصول نشده
tax, use
عوارض (عوارض بزرگراه‌ها و غیره که از استفاده‌کنندگان از خدمات معینی دریافت می‌شود)
tax, value added
مالیات بر ارزش افزوده
tax, war
مالیات زمان جنگ
tax year
سال مالیاتی
Taylor differential piece-rate payment scheme
طرح نرخ کارمزدی تفاضلی تیلور
Taylor, Fredrick Winslow
فردریک وینسلو تیلور: یکی از پیشگامان دانش مدیریت و نظریه پرداز مدیریت علمی است که دیدگاه‌های وی مخصوصاً در مورد پرداخت بر

مبنای نتایج، قطعه کاری و مطالعه کار در بسیاری از سازمانهای صنعتی مورد استفاده می‌باشد
Taylorism
تیلوریسم؛ پیروی از مکتب مدیریت علمی تیلور
TC (time charter)
اجاره دربست برای مدت معین
T-distribution
توزیع تی: نوعی توزیع نمونهٔ آماری که در آزمون نمونه بکار می‌رود
TDS (training development services)
خدمات توسعهٔ آموزشی
teachable moments
فرصتهای آموزشی
teaching aids
وسایل کمک آموزشی
teaching machine
ماشین آموزشی
team building
فرهنگ کار گروهی؛ ایجاد گروه کار
team work
کار گروهی
tear sheet
بریدهٔ آگهی؛ نمونهٔ آگهی
tear up
(سندی را) پاره کردن؛ از بین بردن؛ باطل اعلام کردن
technical assistance agreement (TAA)
قرارداد اعطای کمکهای فنی

technical managers
مديران فنى

technical report
گزارش فنى

technical skill
مهارت فنى

technical specifications
مشخصات فنى

technical terms
اصطلاحات فنى (حقوقى)
☞ *legal terms*

technological assessment
ارزشيابى تكنولوژيكى

technological change
تغيير تكنولوژيكى

technological unemployment
بيكارى تكنولوژيكى؛ بيكارى ناشى از كاربرد فن آوريهاى جديد در سازمانها كه نياز به نيروى انسانى را كاهش مى‌دهد

technology
فن آورى؛ تكنولوژى

technology agreement
موافقت نامهٔ تكنولوژيكى / فن‌آورى

technology application
كاربرد تكنولوژى

technology push
فشار تكنولوژيكى

technology transfer
انتقال تكنولوژى؛ انتقال فن آورى

teleconferencing
كنفرانس از راه دور

telefax
انتقال تصوير از راه دور؛ پست تصويرى؛ تله فاكس

telegraphic transfer (TT)
انتقال تلگرافى؛ حوالهٔ تلگرافى

telemarketing
بازاريابى تلفنى؛ فروش تلفنى

telephone selling
فروش تلفنى

telephone tapping
كنترل تلفن؛ استراق سمع تلفنى

telephony
ارتباط تلفنى

teletype
تله تايپ؛ تايپ از راه دور

televised interview
مصاحبهٔ تلويزيونى

tele working
كار كردن از راه دور

telex
تلكس؛ تلكس زدن

temporary bond
اوراق قرضهٔ موقتى؛ قرضهٔ موقت

temporary disability benefits
مزاياى از كار افتادگى موقت

temporary employees
كارمندان غير ثابت؛ كاركنان موقت

temporary employment
استخدام غير رسمى؛ استخدام موقت

temporary job
شغل موقت؛ كار موقت

tenancy
اجاره‌دارى؛ استيجارى

tenancy at will

سکونت با اجازه مالک

tenancy in common

مالکیت مشاع؛ مالکیت مشترک؛ اجاره داری مشترک

☞ *joint tenancy*

tender

پیشنهاد مناقصه دادن؛ در مناقصه یا مزایده شرکت کردن؛ پیشنهاد دادن؛ تسلیم کردن (اسناد)؛ عرضه کردن؛ ارائه دادن؛ مناقصه؛ مزایده؛ پیشنهاد مناقصه

tender a bid

در مناقصه یا مزایده شرکت کردن؛ پیشنهاد خرید (به قیمت معین) دادن

☞ *bid*

☞ *enter a bid*

☞ *make a bid*

tender bond

ضمانت‌نامهٔ شرکت در مزایده یا مناقصه

tenderer

مناقصه گذار؛ پیشنهاد دهنده (در مزایده یا مناقصه)؛ شرکت کننده در مناقصه یا مزایده

tender guarantee

ضمانت‌نامهٔ شرکت در مناقصه یا مزایده

tender, high

مزایده

☞ *high bids*

tender, low

☞ *low bid*

مناقصه

tender notice

آگهی دعوت به مناقصه

tender of performance

پیشنهاد انجام کار یا ایفای تعهد

tender resignation

استعفا دادن؛ استعفای خود را تسلیم کردن

tenders, to call for

به مناقصه گذاردن

tenders, to invite

به مناقصه دعوت کردن؛ اعلان مناقصه یا مزایده دادن

tenor

فاصله بین زمان استقراض و تاریخ باز پرداخت؛ دوره؛ فاصله

tenor of a deed

مدلول و مفاد سند

tentative plan

طرح آزمایشی

tenure

شرایط اجاره؛ تصدی؛ اشتغال به کار؛ دورهٔ تصدی؛ حق و مدت و نحوهٔ تصرف یا تمتع؛ استخدام دایمی

tenure, life

تصدی مادام‌العمر یک پست

tenure of office

دورهٔ تصدی؛ زمامداری؛ دورهٔ زمامداری

tenure, security of

امنیت شغلی

☞ *job security*

term

قید؛ شرط؛ مدت؛ دوره؛ مهلت؛ اصطلاح؛ عبارت؛ مدت تصدی؛ دورهٔ زمامداری

term and conditions of employment

شرایط استخدام

term assurance/insurance

بیمهٔ عمر

term bill

برات مدت‌دار

☞ *bill of usance*

☞ *date bill*

☞ *period bill*

☞ *time bill*

☞ *usance bill*

☞ *term draft*

terminable

قابل فسخ؛ فسخ پذیر

terminal

پایانه؛ ایستگاه؛ ترمینال؛ نهایی

terminal leave

مرخصی قبل از بازنشستگی یا اخراج

terminal market

بازار نهایی؛ بازار آتی

terminal positions

مشاغل نهایی

terminal qualification

شرایط احراز نهایی:
شرایطی که در پایان یک دورهٔ آموزشی کسب می‌شود

terminal value

ارزش نهایی؛ ارزش پایانه

terminate

فسخ کردن؛ مختومه اعلام کردن؛ خاتمه دادن؛ خاتمه یافتن؛ منقضی شدن؛ به خدمت کسی خاتمه دادن

terminate an agreement

قراردادی را فسخ کردن

termination

خاتمه؛ فسخ؛ انقضا؛ خاتمه خدمت

termination, bring to a

خاتمه دادن؛ به پایان رساندن

termination of an agreement

فسخ قرارداد؛ انقضای قرارداد

termination of a treaty

فسخ قرارداد؛ خاتمه قرارداد؛ انقضای قرارداد؛ انقضای مدت معاهده؛ فسخ معاهده

termination of contract

فسخ قرارداد

termination of obligation

اسقاط تعهدات؛ پایان یافتن تعهدات

termination of the contract, losses due to the

خسارات ناشی از فسخ قرارداد

termination pay

پاداش پایان خدمت؛ باز خرید

☞ *dismissal pay*

term loan

وام مدت دار

☞ *time loan*

term of office

دورهٔ تصدی؛ دورهٔ ریاست؛ زمامداری؛ دورهٔ زمامداری

terms

شرایط؛ مفاد؛ ضوابط؛ شرایط قرارداد؛ روابط؛ مناسبات

terms and conditions

ضوابط و شرایط؛ قیود و شرایط

terms and obligations

شرایط و تعهدات

terms, bring to

به توافق رسیدن؛ سازش کردن

terms control

مقررات اجارهٔ کالا

term shares

سهام مدت دار

terms implied in fact

شرایط ضمنی موضوعی؛ شرایط ضمنی که قرارداد بر مبنای آن منعقد می‌شود

terms implied in law

شرایط ضمنی قانونی؛ شرایط حاکم بر قرارداد ناشی از قانون

terms of an agreement, fufill the

شرایط قراردادی را انجام دادن

terms of ..., meet the

با شرایط ... موافقت کردن

terms of reference

حدود وظایف؛ حیطهٔ اختیارات

terms of the agreement, under

طبق شرایط قرارداد

terms of trade

شرایط تجاری؛ شرایط مبادله؛ نسبت مبادله؛ رابطهٔ مبادله

terotechnology

شرایط استفاده از تکنولوژی

territorial departmentation

گروه‌بندی جغرافیایی؛ گروه‌بندی واحدهای سازمانی بر اساس منطقهٔ جغرافیایی

territorial rights

حق مالکیت؛ حقوق ارضی

terse speech

سخنرانی کوتاه و مختصر

test

سنجیدن؛ آزمودن؛ آزمایش کردن؛ معیار؛ ضابطه؛ آزمایش؛ آزمون؛ سنجش

test, ability

آزمون شایستگی؛ آزمون لیاقت

test, aptitude

آزمون استعداد

tested telex

تلکس تأیید شده

test, educational

آزمون تحصیلی

test, employment

آزمون استخدامی

test, experimental

آزمون تجربی

testify

سوگند خوردن؛ تصدیق کردن؛ اثبات کردن؛ شهادت دادن؛ گواهی دادن

☞ *bear witness*

☞ *give evidence*

testimonial

توصیه‌نامه؛ تقدیرنامه؛ پاداش؛ گواهی نامه

testimonium clause

عبارات نهایی سند یا قرارداد (حاوی تاریخ، امضا و نام امضا کنندگان و شهود آن)

testimony, according to the

طبق اظهارات

testimony, produce

مدرک ارائه دادن

testing

testing possible solutions 710 theory, human relation

T-group

گروه تی؛ گروه آزمایشی؛ گروه کارآموزان

theft assurance

بیمهٔ دزدی

thematic apprehension test

آزمون درک موضوع

thematic planning

برنامه‌ریزی موضوعی

theory

نظریه؛ تئوری

theory, administrative management

نظریهٔ اداری مدیریت

theory, adoption

نظریهٔ پذیرش

theory, classical decision

نظریهٔ کلاسیک تصمیم‌گیری

theory, classical organization

نظریهٔ کلاسیک سازمان

theory, contigency

نظریهٔ اقتضایی، نظریهٔ موقعیت

theory, costing

نظریهٔ هزینه‌یابی

theory, data processing

نظریهٔ داده‌پردازی؛ سیستم پردازش اطلاعات

theory, decision

نظریهٔ تصمیم‌گیری

theory, equity

نظریهٔ برابری

theory, expectancy

نظریهٔ انتظار

theory, human relation

آزمون؛ آزمون استخدامی

testing possible solutions

ارزیابی / بررسی راه‌حلهای احتمالی

test, intelligence

آزمون هوش

test, interest

تستها / آزمونهای علاقه

test marketing

بازاریابی آزمایشی

test, objective

آزمون عینی

test, occupational

آزمون شغلی؛ آزمون حرفه‌ای

test-operation-test-exit (TOTE)

مدل ارائه شده جهت نشان دادن ترتیب توالی اعمال الگوهای رفتاری

test, performance

آزمون کارکرد؛ آزمون عملکرد

test, personality

تستها / آزمونهای شخصیت

test, proficiency

آزمون مهارت

test, skill

آزمون مهارت

test, speed

آزمون سرعت

text of a contract

متن قرارداد

textual interpretation

تفسیر تحت‌اللفظی؛ تفسیر براساس نص سند

☞ *literal interpretation*

theory, leadership نظریهٔ روابط انسانی؛ نظریهٔ رهبری

theory of conformity نظریهٔ تطابق

theory of games نظریهٔ بازیها
☞ *game theory*

theory of nonresponsibility نظریهٔ عدم مسؤولیت (دولت)

theory of queues صف انتظار؛ نظریهٔ صف انتظار
☞ *queuing theory*

theory of social and economic organization تئوری/نظریهٔ سازمان اقتصادی و اجتماعی

theory, organization نظریهٔ سازمان

theory, path-goal نظریهٔ مسیر تا هدف

theory, systems نظریهٔ سیستمها

theory -to-practice تئوری تا عمل

theory - X
تئوری x؛ مفروضات x طرفداران این نظریه معتقدند که یک انسان طبیعی، فطرتاً کار را دوست ندارد و تا حد امکان از آن اجتناب می‌کند و لذا به علت این ویژگی گریز از کار، اغلب کارکنان سازمان مستحق زور، فشار، هدایت و تهدید به تنبیه هستند تا بدین وسیله تلاش و کوشش بیشتری را جهت تحقق اهداف سازمان از خود نشان دهند.

theory X and theory Y نظریهٔ دو جنبه‌ای؛ تئوری ایکس و تئوری وای

theory - Y
تئوری Y؛ مفروضات Y طرفداران این نظریه معتقدند که استفاده از قوای فکری و جسمانی برای انسان از قبیل تفریح و استراحت عادی و طبیعی است. بنابراین نه تنها انسان ذاتاً به کار بی‌علاقه نیست، بلکه در شرایط قابل اطمینان ممکن است کار برای انسان منبع پاداش باشد و پذیرای داوطلبانهٔ کار گردد.

theory Z
تئوری زد؛ نظریهٔ زد یکی از استراتژیهای مدیریت که بر پایهٔ سه اصل بنا شده است که عبارتند از:
۱- اخلاق کار گروهی، یعنی هر فرد در گروه کار به منافع جمع می‌اندیشد
۲- وفاداری به همکاران
۳- وجود اعتماد بین کارکنان

therblig
ثربلیگ (تربلیگ): فن حرکات که لیلیان و فرانک گیلبرث به منظور افزایش بهره‌وری کارگران ابداع کرده‌اند. عنوان تربلیگ، حالت معکوس نام خانوادگی این دو محقق می‌باشد.

therblig chart نمودار حرکات بدنی؛ نمودار تربلیگ

these presents سند حاضر

thing in possession حق عینی؛ مال مورد تصرف

think factory مرکز تحقیقات

think tank
سازمان پژوهشی؛ سازمانی که به منظور بررسی و تحقیق مسائل و مشکلات مربوط به جامعه، علوم، فن‌آوری و بازرگانی ایجاد می‌شود

third arbitrator
سر داور؛ داور ثالث

third generation computers
کامپیوترهای نسل سوم

third party
شخص ثالث

third-party insurance
بیمهٔ شخص ثالث

thirds
کالاهای درجهٔ سه؛ کالاهای نامرغوب

third shift
نوبت کاری سوم؛ نوبت کاری شب؛ شیفت شب
☞ *midnight shift*

thought concentration
تمرکز فکری:
متمرکز ساختن همهٔ افکار شخص بر یک موضوع خاص

thought disorder
اختلال فکر:
اصطلاحی کلی که برای نشان دادن هرگونه پریشانی در سخن گفتن، ارتباط برقرار کردن، فکر دادن و نظایر آن به کار می‌رود.

thought-out decision
تصمیم سنجیده و منطقی

thought-out project
طرح حساب شده

three-bin system
روش انبارداری سه بخشی

three-dimensional leadership model
الگوی رهبری سه بعدی؛ الگوی رهبری که در آن به سه عامل وظیفه‌گرایی، رابطه‌گرایی و اثربخشی رهبر تاکید می‌شود.

three-dimension theory
نظریهٔ سه بعدی مدیریت

three-D theory
نظریهٔ سه بعدی مدیریت

three-shift system
نظام نوبت کاری سه‌گانه؛ نظام سه شیفتی؛ سیستم کار سه شیفتی

threshold agreement
توافق نامهٔ شروع کار؛ قرارداد جبران کسری درآمد

threshold limit value (TLV)
سطح مجاز؛ سطح آستانه؛ سطح مجاز یک عامل محیطی در محل کار

threshold price
قیمت ورود به بازار

threshold worker
کارگر بی‌تجربه

throughput
فرایند عملیات تولید یک کالا؛ ظرفیت پذیرش

through-the-wall banking
عملیات بانکی خودکار

ticket
رسید خرید سهام؛ برگ جریمه

tied loan
وام محدود؛ استقراض مقید/ مشروط

tie-in sales
فروش به صورت بسته بندی؛ فروش مقید

tie-it off
توقف کار؛ تعطیلی کار

tie-it up
اتمام کار؛ پایان کار

tight credit
اعتبار مشکل / سخت؛ استقراض با نرخ بهرهٔ سنگین

☞ *tight money*

tight money
وام مشکل / سخت؛ استقراض با نرخ بهرهٔ سنگین

☞ *tight credit*

tight rate
حد دشوار کار؛ میزان تعیین شده برای قطعه کاری که انجام آن برای کارگر مشکل است

tight time value
مدت زمان کم و فشرده؛ (در اندازه‌گیری کار) مدت زمانی که برای انجام دادن یک کار بطور دقیق اندازه‌گیری شده و در عمل باید افزایش یابد

☞ *tight rate*

till further notice
تا اطلاع ثانوی

time-and-a-half pay
دستمزد یک برابر و نیم

time-and-duty study
بررسی نسبت میان زمان و کار

time- and motion engineering
مهندسی زمان و حرکت

☞ *work study*

time and motion study
مطالعهٔ حرکات و زمان

time bargain
قرارداد فروش سلف سهام

time bill
برات مدت دار

☞ *date bill*
☞ *period bill*
☞ *term bill*
☞ *usance bill*
☞ *time draft*

time card
کارت حضور و غیاب

☞ *clock card*

time clock
ساعت ثبت ورود و خروج؛ ساعت حضور و غیاب؛ ساعت کارت زنی

time deposits
مطالبهٔ نقدی مؤجل از بانک؛ سپردهٔ مدت دار

time loan
وام مدت دار

☞ *term loan*

time log
جدول گزارش زمانی؛ جدول استفاده از وقت

time management
مدیریت زمان

time measurement unit (TMU)
واحد سنجش زمان

time off
مرخصی دادن، معافیت از کار

time out
ساعت غیبت کارگر؛ وقفه

time policy

بیمه‌نامهٔ دریایی با مدت محدود

time rate
نرخ پرداخت بر مبنای زمان

time saved
زمان صرفه‌جویی شده

time-saved bonus scheme
طرح افزایش پرداخت تشویقی؛ طرح افزایش پرداخت زمان صرفه‌جویی شده
☞ *premium bonus scheme*
☞ *premium bouns system*

time-scale
مقیاس زمان؛ طول مدت برنامه

time selling
فروش به اقساط

time sereies
سری زمانی

time series forecasting
پیش‌بینی توالی زمانی؛ پیش‌بینی سری‌های زمانی
☞ *casual forecasting*

time share
حق استفادهٔ نوبتی

time sharing
اشتراک زمانی؛ استفادهٔ نوبتی از یک ماشین

time sheet
کارت حضور و غیاب؛ فرم ثبت فعالیت‌ها

time span analysis
تجزیه و تحلیل دامنهٔ زمانی

time span of discretion
دورهٔ اختیاری؛ مدت زمانی که به یک فرد اجازه داده می‌شود تا مسؤولیت انجام عملیاتی را عهده‌دار شود

time standard
مدت زمان استاندارد
☞ *normal time*

time study
بررسی و مطالعهٔ زمانی (در تجزیه و تحلیل شغلی)؛ زمان سنجی
☞ *work study*
☞ *work measurement*

timetable
جدول زمانی؛ جدول یا برنامهٔ ساعات کار؛ برنامه؛ برنامهٔ زمان‌بندی شده؛ برنامهٔ ملاقات؛ تنظیم برنامه؛ زمان بندی کردن؛ زمان برگزاری چیزی را تعیین کردن

timetable, conference
برنامهٔ کنفرانس؛ فهرست سخنرانان کنفرانس

timetabling
تنظیم جدول زمانی؛ زمان بندی؛ تعیین وقت

time ticket
کارت مدت وقوع کار

timework
کار ساعتی
☞ *daywork*

timeworker
کارگر ساعتی
☞ *dayworker*

timework rate
نرخ ساعتی؛ نرخ پرداخت بر مبنای زمان
☞ *time rate*

TIMS (The Institute of Management Sciences)
مؤسسهٔ علوم مدیریتی

tip

انعام؛ راهنمایی؛ انعام دادن
☞ gratuity

tip-off
اطلاعات محرمانه؛ گزارش؛ خبر؛ اطلاعات محرمانه دادن؛ گزارش دادن؛ خبر دادن

TIR (transport international routier)
خطوط حمل و نقل بین‌المللی

tithe
عشریه

tithe proctor
مأمور وصول عشریه؛ دریافت کنندهٔ عشریه

title
استحقاق؛ شایستگی؛ سند؛ مدرک قانونی جهت تملک؛ عنوان مالکیت؛ حق مالکیت؛ سند مالکیت (زمین)؛ عنوان قانون؛ سمت

titled
دارای استحقاق؛ ذی‌حق؛ مالک؛ دارای سند مالکیت

title insurance
بیمهٔ سند مالکیت؛ بیمهٔ مالکیت

title of position
عنوان شغل یا پست

titulus
حق؛ استحقاق

TLV (threshold limit value)
سطح مجاز

TMU (time measurement unit)
واحد سنجش زمان

TNC (transnational corporation)
شرکت فراملیتی / فراملی

toe the line
پیروی کردن از مقررات؛ اطاعت کردن از دستورات؛ پیروی کردن از خط‌مشی حزب یا گروه
☞ toe the mark

toe-to-toe talks
مذاکرات رو در رو

token appointment
انتصاب / انتخاب اسمی و صوری

token payment
بیعانه
☞ deposit
☞ depositum
☞ earnest money

token strike
اعتصاب تهدیدی؛ اعتصاب آزمایشی

tolerance
دقت کار؛ خطای مجاز

toll
عوارض عبور؛ عوارض بزرگراه؛ حق عبور

toll thorough
عوارضی که بابت عبور از شاهراه‌ها یا معابر عمومی دیگر پرداخت می‌شود

tommy system
سیستم پرداخت دستمزد جنسی

tontine
شرکت مدنی؛ شرکتی که اعضای آن از منافع حق‌السهم خود استفاده می‌کنند و در موقع فوت شریکی سهمش بین اعضای باقی‌مانده تقسیم می‌شود

tool
ابزار؛ لوازم

tooling
ابزار جنبی ماشین

top credit
اعتبار درجهٔ یک؛ با اعتبار بالا
☞ *ready credit*

top-down
(تصمیم‌گیری) از بالادست به پایین دست؛ از بالا به پایین (در مقابل از پایین به بالا)؛ روشی در توزیع پیام که بر اساس آن معمولا اطلاعات از بالاترین ردهٔ سازمان به پایین‌ترین ردهٔ سازمانی ارسال می‌شود
☞ *bottom up*

top-down authority
تفویض اختیار از ردهٔ بالاتر به پایین‌تر
☞ *bottom - up authority*

top-echelon
سطح بالا؛ ردهٔ بالا

top-echelon administrators
مدیران ردهٔ بالا

top-echelon executives
مدیران ردهٔ بالا

top executives
مدیران عالی؛ مسؤولان عالی اجرایی

top hat pension scheme
طرح بازنشستگی مدیران ارشد

top-heavy
نامتعادل؛ (سازمان) دارای مدیران ارشد مازاد

top-level
سطح بالا؛ ردهٔ بالا

top-level management
مدیریت سطوح بالا؛ مدیریت ردهٔ بالا

top management
مدیریت عالی؛ مدیریت ارشد

top out
اجرا کردن؛ تمام کردن

top secret
بکلی سری؛ کاملاً سری

topsman
رییس؛ ناظر؛ ضابط

TOPS (training opportunities scheme)
طرح فرصتهای آموزشی

tort
خلاف؛ تخلف؛ شبه جرم؛ خسارت

TO (table of organization)
جدول سازمانی

total cost
هزینهٔ کل

total cost approch to distribution
روش محاسبهٔ کل هزینهٔ توزیع

total float
زمان مجاز برای انحراف از شبکه

total income
درآمد کل
☞ *net statutory income*

total loss
خسارت کامل؛ از بین رفتن تمامی کالا (در بیمه)

total operation time
زمان کل عملیات

total productive maintenance (TPM)
(در مدیریت صنعتی) تعمیرات و نگهداری بهره‌ور فراگیر:

total quality control (TQC)

در این سیستم واحد نگهداری و تعمیرات، کار پیاده‌سازی و برنامه‌ریزی سیستم نگهداری پیشگیری را به عهده دارد و برای هماهنگ ساختن عملیات نگهداری و تعمیرات با عملیات تولید هدفهای زیر را دنبال می‌کند:
- کاهش تغییرپذیری عمر قطعات
- افزایش دوام قطعات
- تعمیر قطعات از کار افتاده به صورت دوره‌ای
- پیش‌بینی طول عمر قطعات

total quality control (TQC)
کنترل کیفیت در کل فرایند؛ کنترل جامع یا فراگیر

total quality environmental management (TQEM)
مدیریت محیط با کیفیت فراگیر
☞ total quality menagement (TQM)

total quality management (TQM)
مدیریت کیفیت فراگیر؛ مدیریت کیفیت جامع در مدیریت صنعتی؛ روشی جهت بهبود فرایند تولید که ابزار قدرتمندی را برای ارائهٔ خدمات و کالاهای بهتر در اختیار مدیران قرار می‌دهد

total revenue
درآمد کل؛ قیمت کل فروش (کالا)

total variable costs
هزینه‌های متغیر کل

to the order of
در وجه

touch screen
(در کامپیوتر) صفحه تماس

tour of duty
مدت مأموریت؛ مدت زمان کار؛ دورهٔ انجام وظیفه

Town, Henry
هنری تاون: یکی از پیشگامان مدیریت علمی

TQC (total quality control)
کنترل جامع؛ کنترل فراگیر؛ کنترل کیفیت در کل فرایند

track record
سابقه (کار)

track sycle
دور تجاری؛ چرخه / دور بازرگانی
☞ business cycle

track system
نظام پرداخت بر مبنای سالهای خدمت

tradable
قابل داد و ستد؛ قابل خرید و فروش

trade
مبادله کردن؛ داد و ستد کردن؛ داد و ستد؛ تجارت؛ بازرگانی

trade acceptance
پذیرش تجاری / بازرگانی؛ برات فروش

trade agreement
موافقت‌نامهٔ بازرگانی؛ موافقت‌نامهٔ تجاری

trade allowance
حق‌العمل؛ دلالی

trade association
انجمن صنفی؛ اتحادیهٔ بازرگانی

trade balance
موازنهٔ تجاری

trade barrier
موانع تجاری / بازرگانی (از قبیل تعرفه، حقوق گمرکی و امثال آن)

trade, bilateral

بازرگانی دو جانبه

trade bill

برات تجاری

trade board

هیأت بازرگانی

trade control

کنترل بازرگانی

trade credit

اعتبار بازرگانی

trade creditor

بستانکار تجاری

trade debtor

بدهکار تجاری

trade description

اوصاف مال‌التجاره (مثل وزن و تعداد و غیره)

Trade Descriptions Act 1968

قانون مشخصات کالای بازرگانی مصوب ۱۹۶۸ (بریتانیا)

trade discount

تخفیف تجاری

trade dispute

اختلاف بازرگانی؛ موارد اختلاف کارگر و کارفرما؛ اختلاف بین کارگران و کارفرما در مورد چگونگی انجام کار

trade, domestic

تجارت داخلی

☞ *home trade*

trade drive

انگیزه بازرگانی / تجاری

trade effluent

فضولات صنعتی

trade embargo

تحریم اقتصادی؛ تحریم تجاری؛ تحریم بازرگانی

trade estate

شهرک صنعتی؛ ناحیهٔ صنعتی؛ منطقهٔ صنعتی

trade fair

نمایشگاه بازرگانی؛ نمایشگاه کالاهای صنعتی

trade figures

ترازنامهٔ بازرگانی

trade follows the flag

تجارت کشورهای مشترک‌المنافع با کشور انگلستان

trade, foreign

تجارت خارجی

trade, free

تجارت آزاد

☞ *open trade*

trade gap

کسری موازنهٔ تجاری؛ عدم موازنهٔ بازرگانی؛ اختلاف بین ارزش صادرات و واردات یک کشور

trade in

مبادله؛ معاوضهٔ کالا؛ مبادلهٔ کالا؛ مبادلهٔ کالایی با کالای دیگر به گونه‌ای که دریافت کالای جدید مستلزم پرداخت مبلغی اضافی باشد

trade in for

معامله کردن

trade-in offer

پیشنهاد معاوضهٔ کالا

trade, internal

بازرگانی / تجارت داخلی

☞ *domestic trade*

☞ *home trade*	
trade investment	سرمایه‌گذاری بازرگانی؛ خرید سهام یک شرکت توسط شرکت دیگر به منظور کنترل آن
trade liberalization	آزاد سازی تجاری
trade mark	علامت تجارتی
trade mission	هیأت بازرگانی / تجاری
trade name	نام تجارتی
trade-off	مبادله؛ جبران
trade on/up	سوء استفاده کردن از؛ از نفوذ کسی استفاده کردن
trade partner	طرف معامله؛ شریک تجاری
trade press	نشریات تجاری
trade price	قیمت بازرگانی؛ بهای عمده فروشی
trader	بازرگان؛ تاجر
trade, reciprocal	توافق دو جانبه؛ توافق برای از بین بردن موانع گمرکی
trade refernce	تأیید تجاری
trade register	دفتر ثبت بازرگانی
trade, restraint of	منع تجارت
trade restrictions	محدودیتهای تجاری: جلوگیری از ورود کالاهای خارجی به کشور از طریق وضع قوانین گمرکی و سود بازرگانی
trade school	هنرستان فنی و حرفه‌ای
tradesfolk	کسبه؛ مغازه‌داران؛ دکانداران
tradesman	کاسب؛ مغازه‌دار؛ دکاندار
trades, the	نشریات تجاری - بازرگانی
trade surplus	مازاد تجاری
trade, triangular	بازرگانی سه جانبه
trade union	اتحادیهٔ صنفی؛ اتحادیهٔ کارگری؛ اتحادیهٔ بازرگانی
☞ *labor union*	
Trade Union Congress (TUC)	فدراسیون اتحادیه‌های کارگری؛ کنگرهٔ اتحادیه‌های صنفی
trade unionist	عضو فعال اتحادیهٔ کارگری؛ عضو اتحادیه‌های کارگری؛ طرفدار اتحادیه‌های کارگری
trade usage	عرف تجاری
trade war	رقابت شدید تجاری / اقتصادی

trading
معامله؛ داد و ستد؛ معاوضه

trading account
حساب تجاری؛ حساب عملکرد بازرگانی؛ حساب دخل و خرج؛ حساب سود ناخالص

trading company
شرکت تجاری

trading down
کاهش قیمت؛ ارزان فروشی؛ فروش کالاهای ارزان
☛ *trading up*

trading floor
محل معامله

trading post system
محل خرید و فروش سهام

trading profit
سود حاصل از تجارت

trading stamp
کوپن قابل معامله

trading up
گران فروشی؛ فروش کالای گران
☛ *trading down*

traditional management
مدیریت سنتی:
مدیریتی است به صورت ارثی که از گذشتگان به آیندگان به ارث می‌رسد و لذا پیروی از سنتهای مدیران گذشته به عنوان راهنمای مدیران آینده تلقی می‌شود.

traditional society stage
مرحلهٔ جامعهٔ سنتی

traffic
تجارت قاچاق؛ قاچاق فروشی؛ معاملات غیر مجاز و قاچاق؛ قاچاق کردن؛ حمل و نقل؛ نقل و انتقال؛ داد و ستد؛ تجارت هدایت شده

trafficking
قاچاق؛ خرید و فروش غیر قانونی

traffic management
مدیریت حمل و نقل کالا / مسافر؛ مدیریت باربری

train
آموزش دادن؛ آموزش دیدن

trained
آموزش دیده؛ تعلیم یافته

trained personnel
پرسنل آموزش دیده

trained-worker standard
معیار کارگر ماهر

trainee
کارآموز؛ آموزش گیرنده؛ دانش پژوه؛ فراگیر

trainer
آموزش دهنده؛ مربی آموزش

training
آموزش؛ کارآموزی؛ آموزش شغلی

training aids
وسایل کمک آموزشی؛ رسانه‌های کمک آموزشی

training and visit (T & V)
آموزش و دیدار

training approach
رهیافت آموزشی

training board
هیأت آموزش

training by objective (s)
آموزش بر مبنای هدف / اهداف

هزینهٔ آموزشی

training, management

آموزش مدیریت

training manual

دستورالعمل آموزشی

training materials

مطالب آموزشی

training, on-the-job (OJT)

آموزش ضمن کار؛ (در ارتش) آموزش حین خدمت

Training Opportunities Scheme (TOPS)

طرح فرصتهای آموزش شغلی

training, out of country

آموزش خارج از کشور

training, personnel

آموزش کارکنان / پرسنل

training plans

طرحهای آموزشی

training, pre-service

آموزش قبل از خدمت

training program

برنامهٔ آموزشی

training, programmed

آموزش برنامه‌ریزی شده

training scheme

طرح آموزشی

training, sensitivity

آموزش حساسیت

training, specialized

آموزش تخصصی

training specification

training, compulsory

آموزش اجباری

training equipment

تجهیزات آموزشی

training, experiment

آموزش تجربی

training facilities

تسهیلات آموزشی

training films

فیلمهای آموزشی

training function

وظیفهٔ آموزش

training, group

آموزش گروهی

training human resources in organizations

آموزش نیروی انسانی در سازمانها

training, in-company

آموزش درون سازمانی

training, in plant

آموزش در محل؛ آموزش درون کارخانه

training, in-service

آموزش ضمن خدمت

training, instructor

آموزش مربیان

training, job relations

آموزش روابط انسانی درکار

training laboratory

کارگاه آموزشی؛ لابراتوار آموزشی

training, leadership

آموزش رهبری

training levy

شرح دورهٔ آموزشی؛ طرح دورهٔ آموزشی

training support materials

مطالب پشتیبانی آموزش

training system

نظام آموزش

training, vocational

آموزش حرفه‌ای

training within industry (TWI)

آموزش سرپرستی صنعتی

trait theory leadership

نظریهٔ ویژگیهای رهبری

trait theory of management

فرضیهٔ ویژگی مدیریت:

این فرضیه رهبری موفق را از دیدگاه ویژگیهای شخصی فرد مورد توجه قرار می‌دهد.

trample somebody's rights

حقوق کسی را پایمال کردن

transact

معامله کردن؛ داد و ستد کردن؛ مذاکره کردن

transactio

مصالحهٔ اختلاف بدون مراجعه به داوری یا مراجع قضایی

transaction

معامله؛ مبادله؛ داد و ستد؛ عملیات حسابداری یا بانکی؛ مذاکره

transaction, business

معاملهٔ تجاری / بازرگانی

transaction cost

هزینهٔ معامله؛ هزینهٔ انجام معامله

transaction, external

معاملهٔ خارجی؛ داد و ستد خارجی

transaction, foreign exchange

معاملهٔ ارزی؛ نقل و انتقال ارزی

transaction in order to avoid liability

معامله به قصد فرار از دین

transaction, installment

معاملهٔ اقساطی

transaction, internal

معاملهٔ داخلی؛ داد و ستد داخلی

transaction, long-term

معاملهٔ دراز مدت

transaction on joint account

معامله با مشارکت دیگران؛ معاملهٔ اشتراکی

transactions

خلاصه مذاکرات؛ صورت جلسهٔ سخنرانیها؛ صورت جلسهٔ کنفرانسهای علمی

transactions, interest-free banking

عملیات بانکی بدون ربا

transcribe

رونویسی کردن؛ رونوشت برداشتن؛ تهیهٔ سواد مذاکرات

transcription

نسخه؛ رونوشت؛ رونویسی؛ رونوشت برداری؛ نسخه برداری؛ تهیهٔ سواد مذاکرات

transfer

انتقال دادن؛ منتقل کردن؛ منتقل شدن؛ واگذار کردن؛ انتقال (حق یا مالکیت)؛ واگذاری؛ سند انتقال؛ برگهٔ انتقال؛ انتقالی

transferable

قابل انتقال؛ قابل واگذاری

transferable commercial instrument

اوراق تجاری قابل انتقال

transferable property

ملکیت قابل انتقال

transferable securities

اوراق بهادار قابل انتقال

transfer, bank credit

انتقال اعتبار بانکی

transfer, cable

انتقال تلگرافی

transfer clause

ماده / شرط نقل و انتقال شاغل در قرارداد؛ عبارتی در قرارداد استخدامی که طبق آن اگر متقاضی استخدام شرایط قرارداد را رعایت نکند به خدمتش خاتمه داده می‌شود.

transfer, deed of

سند انتقال

transfer-deed of a property

سند انتقال ملکیت

transferee

محال علیه؛ منتقل الیه؛ انتقال گیرنده

transferement

انتقال؛ واگذاری؛ انتقال مأموریت؛ انتقال مال و ملک؛ انتقال از جایی به جایی دیگر یا از شخصی به شخص دیگر

transference

انتقال؛ واگذاری؛ نقل؛ تحویل؛ حواله

transfer, horizontal

انتقال افقی

transfer line

خط انتقال

transfer machines

ماشینهای انتقال

transfer of lease

انتقال اجاره‌نامه

transfer of obligation

حوالهٔ مدنی؛ انتقال تعهدات

transferor

محیل؛ انتقال دهنده؛ واگذار کننده

transfer possession (of)

انتقال مالکیت

transfer price

قیمت انتقال کالا

transfer pricing

قیمت‌گذاری انتقالی

transfer rights to somebody

واگذاری حقوق به دیگری

transfer risk

خطرات ناشی از انتقال کالا

transfer, technology

انتقال فن‌آوری؛ انتقال تکنولوژی

transfer, vertical

انتقال عمودی

transgress

تخلف کردن؛ سرپیچی کردن (از قانون)؛ تعدی کردن؛ تجاوز کردن؛ تخطی کردن؛ خطا کردن؛ اشتباه کردن؛ رعایت نکردن؛ زیر پا گذاشتن

transgression

تخلف؛ تجاوز؛ خطا؛ تخطی

transgression

تخلف؛ سرپیچی (از قانون)؛ تخطی؛ خطا

transgression of law

تخطی از قانون؛ تجاوز به قانون؛ نقض قانون؛ عدم رعایت قانون؛ قانون غیر مدون

☞ *infringement of law*

☞ *violation of law*

transire

برگ ترخیص کالا (از گمرک)؛ اجازهٔ عبور کالا

transit

ترانزیت؛ عبور؛ انتقال؛ حمل و نقل؛ ترابری

transit duty

حق ترانزیت؛ حق عبور

transit good

کالای ترانزیت

transitional relief

معافیت مالیاتی موقت

transit permit

اجازهٔ عبور کالا

transitus

عبور کالا یا شخص از محلی به محل دیگر

translating routine

برنامهٔ مترجم

☞ *compiler*

translation in due form

☞ *official translation*

ترجمهٔ رسمی

translatory

قابل انتقال؛ انتقال دهنده؛ انتقالی

transmissable rights

حقوق قابل انتقال

transmission techniques

فنون انتقالی:

در نظریهٔ خبر، فنونی که برای انتقال یک پیام از منبع خبر (انتقال دهنده) و به وسیلهٔ یک واسطه (مجرای ارتباط) و به منظور رسانیدن آن به گیرندهٔ پیام، به کار گرفته می‌شود.

transnational

چند ملیتی؛ فرا ملی

transnational corporation

شرکت فراکشوری؛ شرکت چند ملیتی

transport

حمل و نقل؛ وسیلهٔ حمل و نقل؛ شبکهٔ حمل و نقل؛ حمل کردن؛ وسیلهٔ نقلیه

transportation

حمل و نقل؛ انتقال؛ تبعید

transportation costs

هزینه‌های حمل و نقل

transportation expenses

هزینهٔ سفر

☞ *travelling expenses*

transportation industry

صنعت حمل و نقل

transportation management

مدیریت حمل و نقل

transportation problem

مسأله حمل و نقل؛ مشکل حمل و نقل

transportation regulations

مقررات حمل و نقل

transportation service

خدمات حمل و نقل

transportation system

نظام / سیستم حمل و نقل

transport-charges

کرایه؛ هزینهٔ حمل و نقل

transporter

وسیلهٔ حمل و نقل؛ وسیلهٔ نقلیهٔ بزرگ

transporters

شرکت حمل و نقل؛ باربری

transport modes

روشهای حمل و نقل:
که عبارتند از: زمینی، دریایی، هوایی، راه آهن و خطوط لوله

transshipment

انتقال محموله از یک وسیلهٔ نقلیه به وسیلهٔ نقلیهٔ دیگر

☞ *reshipment*

traveller's check / cheque

چک مسافرتی

travelling expenses

هزینهٔ سفر

☞ *transportation expenses*

treasury

خزانه؛ خزانه‌داری

treasury bills

اسناد خزانهٔ کوتاه مدت؛ اوراق قرضهٔ کوتاه مدت

treasury bonds

اسناد خزانهٔ بلند مدت؛ اوراق قرضهٔ دراز مدت

treasury man

بازرس دارایی؛ مأمور دارایی

treasury notes

اوراق قرضه

treasury securities

اسناد خزانه

treasury stock

سهام خزانه

Treasury,the

(در انگلستان) وزارت دارایی

treater

طرف معامله؛ مذاکره کننده

treat (n. treatment)

رفتار؛ معامله؛ نحوهٔ برخورد

treaty

معاهده؛ پیمان؛ پیمان‌نامه؛ قرارداد؛ میثاق؛ عهدنامه؛ مذاکره؛ توافق

treaty, bilateral

قرارداد دو جانبه؛ معاهدهٔ دو جانبه

treaty, binding

قرارداد لازم‌الاجرا

treaty, breach of a

نقض قرارداد؛ تخلف از شرایط قرارداد

treaty, break a

قراردادی را نقض کردن؛ پیمان شکنی کردن

treaty commitments

تعهدات ناشی از معاهده

treaty, comply with a

طبق قرارداد عمل کردن

treaty, denunciation of

نقض معاهده

treaty, draft a

پیش نویس قراردادی را تهیه کردن

treaty, in

مشغول مذاکره و عقد پیمان

treaty, make a

قرارداد بستن

treaty, multilateral

قرارداد چند جانبه

treaty obligations

تعهدات ناشی از عهدنامه؛ تعهدات قراردادی

treaty, termination of a

فسخ قرارداد؛ خاتمهٔ قرارداد

treaty terms

اصطلاحات یا شرایط مندرج در عهدنامه

treaty, unilateral repudiation of
فسخ قرارداد؛ خاتمهٔ قرارداد

tree
نمودار درختی

trend
گرایش؛ روند؛ جهت؛ گرایش داشتن

trespass
تجاوز؛ تخلف؛ تجاوز کردن از؛ سودجویی کردن؛ (بدون مجوز) وارد ملک دیگری شدن؛ ورود غیر مجاز به ملک غیر

trespass against
تخلف کردن از؛ خطا کردن نسبت به

trespasser
متجاوز؛ متعدی؛ متخلف

triadic product test
(در بازاریابی) آزمون کالاهای سه گانه

trial and error
آزمایش و خطا؛ آزمون و خطا

trial and error pricing
قیمت گذاری بر مبنای آزمون و خطا

trial balance
تراز آزمایشی

trial run
اجرای آزمایشی

triangular trade
بازرگانی سه جانبه

tribulation
در گرو؛ در رهن

tribunal, administrative
دادگاه اداری؛ محکمهٔ اداری

tribunal of arbitration
دیوان داوری

tribute and contribution
باج و خراج

trickery, option of
خیار تدلیس

trickle-down
تزریق تدریجی پول به اقتصاد

trigger a strike
سبب اعتصاب شدن؛ تحریک به اعتصاب کردن

trilateral
سه جانبه

tripartite
سه جانبه

tripartite treaty
قرارداد سه جانبه

Trist, Eric
اریک تریست:
یکی از نویسندگان جامعه شناسی صنعتی

troke
مذاکرات تجاری کردن؛ تهاتر کردن؛ معامله؛ مبادله

troubleshooting
عیب یابی؛ مشکل گشایی؛ حل اختلاف

troubleshooting mission
هیأت حل اختلاف

truck
مبادله (به ویژه دادن کالا به جای دستمزد به کارگران)؛ معامله؛ مبادله کردن؛ معامله کردن؛ کامیون؛ با کامیون حمل کردن

truckage
مبادلهٔ جنسی؛ معامله؛ مبادله

trucking
باربری؛ حمل و نقل با کامیون

truckle
مبادلهٔ جنسی کردن

true copy
رونوشت مطابق اصل؛ رونوشت مصدق
☞ *conformed copy*

true discount
کاهش حقیقی
☞ *compound discount*

true-false test
آزمون صحیح و غلط

true value
ارزش بازار؛ ارزش حقیقی

trumped-up
غیر موجه؛ بی‌مورد؛ جعلی؛ ساختگی؛ ناروا

trumped-up excuse
عذر غیر موجه

trust
موقوفه؛ تراست؛ امانت؛ ترتیبات امانی؛ مال امانتی؛ وقف؛ تولیت؛ امانی؛ امانت گذاری؛ ائتلاف شرکتها

trust certificate
گواهی امانی؛ رسید اموال امانی؛ گواهی / رسید سهام در تراست
☞ *trust receipt*

trust company
شرکت امانی

trust deed (var. deed of trust)
☞ *trust instrument*
امانت نامه؛ سند رهن؛ سند تولیت؛ سند توکیل رأی؛ قرارداد امانی؛ وقف نامه

trustee
مدیر تصفیه؛ امین؛ قیم؛ وصی؛ متولی؛ امانتدار؛ عضو هیأت امنا

trustee company
شرکت امانی

trustee in bankruptcy
امین ورشکستگی؛ امین تصفیه؛ مدیر تصفیه

trusteeship
امانت؛ قیمومت؛ سرپرستی؛ مدیریت تصفیه

trusteeship, department of
ادارهٔ سرپرستی؛ ادارهٔ قیمومت

trust fund
صندوق امانی؛ صندوق تولیت؛ وجوه امانی؛ وجوه سپرده؛ سپردهٔ امانی

trust instrument
امانت نامه؛ سند رهن؛ سند تولیت؛ قرارداد امانی؛ وقف نامه
☞ *deed of trust*
☞ *trust deed*

trust investment
سرمایه‌گذاری امانی

trust man
امین؛ امین ترکه

trust money
پول امانی؛ وجوه امانی

trust officer
امین؛ امین ترکه

trust receipt
گواهی امانی؛ رسید اموال امانی؛ تحویل اسناد، سهام و اوراق بهادار از طرف بانک به امین که در صورت فروش وجه آنرا به حساب بانک منظور می‌کنند؛ تحویل امانی سهام و اوراق قرضه؛ (در تجارت) رسیدی که بدهکار برابر مبلغی که از بانک برای کالای وارداتی خود دریافت کرده

است می‌دهد که به موجب رسید مزبور بانک می‌تواند در صورت عدم وصول وجه خود کالا را تحویل گرفته و به فروش برساند

☞ *trust certificate*

truthful report

گزارش واقعی؛ گزارش صحیح

T-score

نمره ***T***

T-test

آزمون ***T***: آزمون آماری که با استفاده از توزیع ***T***، ضریب همبستگی متغیرها را اندازه‌گیری می‌کند

TT (telegraphic transfer)

انتقال تلگرافی

TUC (Trade Union Congress)

فدراسیون اتحادیه‌های کارگری

tune

هماهنگی؛ توافق؛ سازگاری

tunnage

حقوق گمرکی که از کشتیها به نسبت وزن بارشان دریافت می‌شود؛ ظرفیت کشتی

turn down a proposal

پیشنهادی را رد کردن؛ پیشنهادی را قبول و تصویب نکردن

turning around negative attitude

مقابله با گرایشهای منفی؛ مقابله با منفی گرایی: *گاهی سازمانها با افزایش یک گرایش منفی روبرو می‌شوند که چنین گرایشی ممکن است ناشی از تغییرات ناگهانی در سازمانها باشد. مدیران در افزایش یا کاهش منفی گرایی نقش مهمی داشته و با اقدامات مستمر خود از جمله اقدامات زیر می‌توانند از افزایش این گونه بدبینی‌ها جلوگیری نمایند:*

- □ *بر اساس الگوی مثبت سازمانی رفتار نمایند*
- □ *منفی گرایی را بپذیرند*
- □ *از افراد قدردانی به عمل آورند*
- □ *در هر موقعیتی به دنبال جنبه‌های مثبت باشند و این جنبه‌ها را شناسایی کنند*
- □ *از سازش کردن با منفی گرایی بپرهیزند*
- □ *نشست/جلسه‌ای برای برنامه‌ریزی راهبردی برگزار کنند و در آن به آیندهٔ مثبت توجه داشته باشند*

turn-key contract

قرارداد آمادهٔ بهره‌برداری؛ قرارداد تکمیل پروژه؛ قرارداد انجام کامل کار

turn off

مرخص کردن؛ اخراج کردن

turnout

اعتصاب؛ کارگر اعتصابی؛ تعداد شرکت کنندگان؛ تعداد حاضرین؛ تعداد رأی دهندگان

turn over

احاله کردن؛ تفویض کردن

turnover

گردش سرمایه؛ گردش موجودی؛ گردش کالا؛ نقل و انتقال کارکنان؛ جابجا شدن نیروی کار؛ چرخش کادر؛ جابجایی کارمندان در بخشهای مختلف کار؛ ترک خدمت؛ درآمد فروش

turnover, asset

گردش دارایی

turnover, capital

گردش سرمایه

turnover, inventory

گردش موجودی

turnover, stock
گردش موجودی کالا

turnover tax
مالیات نقل و انتقال؛ مالیات فروش

turnover value
ارزش سود حاصل از فعالیت بازرگانی

turn somebody out
اخراج کردن؛ بیرون راندن/کردن

turpis contractus
قرارداد غیر مشروع

tutelage
قیمومت؛ سرپرستی؛ مدت قیمومت؛ وصایت

tutelage, dative
قیمومت انتصابی (از سوی دادگاه)

tutelar authority
اختیار قیمومت

tutor
قیم؛ سرپرستی؛ قیمومت کردن

tutorage
سرپرستی؛ قیمومت
☞ *tutorhood, tutorship*

tutorer
قیم

tutorhood
قیمومت؛ سرپرستی؛ تحت سرپرستی
☞ *tutorship*

tutorial system
نظام آموزشی با استفاده از معلم

tutorship
قیمومت؛ سرپرستی
☞ *tutorhood*

TU (Trade Union)
اتحادیهٔ کارگری

twilight shift
نوبت کاری عصر؛ نوبت کاری غروب

two-bin system
نظام انبارداری دوگانه

two-dimensional leadership model
الگوی رهبری دو بعدی؛ الگویی که در آن به دو بعد وظیفه گرایی و رابطه گرایی رهبر توجه می‌شود

two faces of power
دو روی قدرت

two factor theory
نظریه/تئوری دو عاملی
☞ *Herzberg's two factor theory*

two-handed process chart
نمودار جریانی دو دستی؛ نمودار فرایند دو دستی

two-level management
مدیریت دو سطحی

two-person game
بازی دو نفره؛ نوعی تمرین در نظریهٔ بازیهای مدیریت

two-person zero-sum game
بازی دو نفره با نتیجهٔ صفر

two-shift system
نظام نوبت کاری دوگانه؛ نظام نوبت کاری دو شیفتی؛ سیستم دو شیفتی

two-tier board
هیأت مدیرهٔ دوگانه

two-tier monetary system
نظام پولی دو نرخی

two-way communication
ارتباط دو طرفه؛ ارتباط دو سویه

tycon
سرمایه‌دار؛ فرد با نفوذ

typesetting
حروفچینی

types of organization
انواع سازمان؛ گونه‌های سازمان

U / u

U (union)
اتحادیه؛ اتحادیۀ کارگری؛ اتحاد؛ وحدت؛ توافق؛ سازش

uberrimae fidei (Lat)
با حسن نیت و صداقت کامل؛ صراحت کامل (از شرایط صحت قراردادهایی مانند بیمه و وکالت است، بدین مفهوم که کتمان حقایق موجب بطلان قرارداد می‌شود)

ultimate consumer
مصرف کنندۀ نهایی

ultimate control
کنترل نهایی

ultracrepidarian
خارج از حدود صلاحیت شخص

ultra vires
خارج از اختیار؛ خارج از صلاحیت؛ خارج از حدود اختیارات قانونی (شخص یا شرکت)؛ خارج از اختیارات
☞ excess of power
☞ exces de pouvoir

umbrella case
پروندۀ فراگیر

umpirage
رأی یا اختیار سر داور؛ حکمیت؛ داوری؛ سر داوری

umpire
داور؛ حکم؛ سر داور؛ داور در اختلافات کارگری؛ داوری کردن؛ به عنوان سر داور عمل کردن

unabsorbed cost
هزینۀ جذب نشده؛ هزینۀ ترمیم نشده

unaided-recall method
روش یادآوری آگهی‌ها:
فنی در ارزیابی میزان تأثیر آگهی‌های تبلیغاتی که مصاحبه‌کننده از فرد می‌خواهد آگهی‌هایی را که دیده یا شنیده به خاطر آورده و بیان کند.

unalienable
غیر قابل انتقال؛ غیر قابل واگذاری

unamortized costs
هزینه‌های مستهلک نشده

unanswerable
غیر قابل اعتراض؛ غیر قابل تردید؛ محرز؛ بی‌چون و چرا؛ بدون پاسخ؛ غیر قابل گفتگو

unappropriated profit
سود تخصیص نیافته

unattended time
زمان بیکاری ماشین

unauthorized

غیر مجاز؛ غیر قانونی؛ بدون مجوز

unauthorized contract

عقد فضولی

unauthorized strike

اعتصاب غیر مجاز

☞ *illegal strike*

☞ *snap strike*

unauthorized transactions

معاملات فضولی

unavoidable accident

حادثهٔ اجتناب ناپذیر

unbalanced growth

رشد نامتعادل؛ رشد نامتوازن

unban

ممنوعیت را لغو کردن؛ قانونی کردن؛ تحریم را برداشتن

unbilled revenue

درآمد پرداخت نشده؛ درآمد قطعیت نیافته

uncalled capital

سرمایهٔ مطالبه نشده

uncanonical

غیر قانونی؛ مخالف قوانین

uncertain

غیر مسلم؛ غیر قطعی؛ مردد؛ فاقد قدرت تصمیم‌گیری؛ بی‌ثبات؛ ناپایدار

uncertainty avoidance

پرهیز از عدم اطمینان یا اجتناب از ریسک

uncertainty theory

نظریهٔ عدم اطمینان؛ نظریهٔ تحقق سود از روشهای نامطمئن

unclean bill of lading

بارنامه با قید معیوب بودن کالا یا بسته بندی آن

uncollected taxes

مالیاتهای وصول نشده

uncommitted

تعهد نشده؛ تقبل نشده؛ بدون تعهد؛ مستقل

unconditional contract

عقد منجز

unconfirmed

تأیید نشده

unconfirmed credit

اعتبار تأیید نشده

unconfirmed letter of credit

اعتبار اسنادی تأیید نشده

unconfirmed report

گزارش تأیید نشده

unconrollable variable

متغیر مهار نشدنی؛ متغیر غیرقابل مهار / کنترل

unconscionable bargain

معاملهٔ نامعقول

unconscionable contract

قرارداد یک طرفه؛ قرارداد تحمیلی؛ قرارداد غیر عادلانه

uncontrollable

غیر قابل نظارت؛ غیر قابل کنترل؛ غیرقابل مهار

uncontrollable cost

هزینهٔ مهار نشدنی

☛ *controllable cost*

uncontrolled work

کار اندازه‌گیری نشده؛ کار بررسی نشده؛ کار کنترل نشده؛ کار بدون نظارت

unconventional

غیر رسمی؛ غیر قراردادی؛ غیر پیمانی

uncovered

بی‌محل

uncovered check

چک بی‌محل

☞ *bad cheque*

☞ *bounding check*

☞ *stumer check*

☞ *rubber check*

☞ *dishonored check*

UNCSAT (United Nations Conference on Science and Technology)

کنفرانس علمی و فنی سازمان ملل

UNCTAD (United Nations Conference on Trade and Development)

کنفرانس تجارت و توسعهٔ سازمان ملل

undated bonds

اوراق قرضهٔ بدون سررسید

☞ *annuity bonds*

☞ *perpetual bonds*

☞ *irredeemable stock*

underapplied overhead

هزینهٔ بالا سری پیش بینی نشده

undercharge

مطالبهٔ کمتر از میزان قانونی

underclass

طبقهٔ فقیر

underconsumption theory

نظریهٔ مصرف کمتر از تولید

underdeveloped countries

کشورهای توسعه نیافته؛ کشورهای جهان سوم

☞ *less developed countries*

underemployed

کم مشغله؛ نیمه‌بیکار

underemployment

اشتغال ناقص؛ اشتغال ناکافی

underinsure

بیمه کردن به زیر قیمت؛ بیمه کردن چیزی به کمتر از قیمت واقعی آن

underlying company

شرکت وابسته؛ شرکت اقماری

☞ *subsidiary*

undermanning

تعیین نیروی کار کمتر از حد نیاز

underpayment

دستمزد کم / کمتر؛ کمی دستمزد

under protest

(پرداخت وجه) با حفظ حق اعتراض

underrecovery

در حال بهبود شرایط

under review

تحت بررسی

under-secretary

معاون (وزیر)

undersell

ارزانتر فروختن؛ زیر قیمت فروختن

underselling

فروش به قیمت نازلتر

undersigned, the

امضا کننده یا امضا کنندگان زیر

understanding, letter of

تفاهم‌نامه

understanding, mutual

تفاهم متقابل

☞ *reciprocal understanding*
understanding, reach an
به تفاهم رسیدن؛ به توافق رسیدن

under state control
تحت نظارت دولت؛ دولتی

undertake
به عهده گرفتن؛ متعهد شدن؛ تعهد دادن؛ التزام دادن ؛ قبول کردن؛ تضمین کردن؛ متقبل شدن؛ تعهد کردن؛ عهده‌دار شدن؛ قول دادن؛ اقدام کردن

undertaking
تعهد؛ التزام؛ قول؛ تضمین؛ مسؤولیت؛ وظیفه؛ تکلیف؛ اقدام خطیر

undertaking, give an
التزام دادن؛ قول دادن؛ تعهد دادن؛ تضمین دادن

undertaking to purchase
تعهد به خرید

under the charge of...
به مسؤولیت ...؛ تحت تصدی ...

under-the-counter
غیر مجاز؛ غیر قانونی؛ (خرید و فروش) قاچاق؛ قاچاقی

under the law of
به موجب قانون؛ مطابق قانون؛ طبق قانون؛ به استناد قانون

under the new rules
طبق مقررات جدید

under the seal
مهر شده؛ تأیید شده؛ رسمی

under the supervision of
تحت نظارت؛ تحت نظر

under-the-table
غیر مجاز؛ غیر قانونی؛ (خرید و فروش) قاچاق؛ قاچاقی

under the terms of the treaty
طبق شرایط قرارداد

undertrading
بهره‌برداری زیر ظرفیت؛ بهره‌برداری کمتر از ظرفیت

underutilization
کم بهره‌گیری؛ استفاده از تعداد کارگر کمتر برای پرداخت حق بیمهٔ کمتر

underwrite
تعهد کردن؛ تضمین کردن؛ تعهد خرید کردن؛ تعهد مالی کردن؛ متقبل هزینه شدن؛ تضمین خسارت کردن؛ بیمه کردن؛ تضمین خرید اوراق بهادار؛ پذیره‌نویسی کردن؛ هزینه (چیزی را) تأمین کردن

underwriter
بیمه‌گر؛ مشاور یا متخصص بیمه؛ متعهد پرداخت؛ متعهد خرید؛ ضامن اوراق بهادار؛ پذیره‌نویس؛ متعهد مالی

underwriting commission
حق‌العمل تعهد خرید

undischarged
(بار) تخلیه نشده؛ (قرض) پرداخت نشده

undiscounted gross benefit cost ratio
نسبت سود به هزینهٔ ناویژه؛ نسبت سود زیان ناویژهٔ بدون کاهش یا تنزیل

undiscounted net benefit cost ratio
نسبت سود به هزینهٔ ویژه؛ نسبت سود زیان ویژهٔ بدون کاهش یا تنزیل

undistributed benefits

سود توزیع نشده

☞ *retained earnings*

undivided right

حق مالکیت مشاع

undivided shares

سهام مشاع یا تفکیک شده

undoing

فسخ یا متوقف کردن؛ بی اثر کردن؛ باطل کردن؛ شکست

UNDP (United Nations Development Program)

طرح توسعهٔ سازمان ملل

undue

موعد نرسیده؛ سررسید نشده

undue debt

بدهی موعد نرسیده

unearned income

درآمد بدون دسترنج؛ درآمد باد آورده

unearned increment

افزایش بها بدون دسترنج

unearned premium

حق بیمهٔ حاصل نشده؛ درآمد تحقق نیافته

UNEDA (United Nation Economic Development Administration)

برنامهٔ توسعهٔ اقتصادی سازمان ملل

unemployable

فاقد شرایط استخدام؛ ناتوان از کار؛ غیر قابل استخدام

unemployed

بیکار؛ غیر فعال؛ استفاده نشده؛ پول راکد

unemployment

بیکاری؛ عدم اشتغال

unemployment assurance

بیمهٔ بیکاری

☞ *unemployment insurance*

unemployment benefit

حقوق زمان بیکاری؛ کمک هزینهٔ بیکاری؛ حقوق ایام بیکاری؛ مستمری بیکاری

☞ *unemployment compensation*

☞ *dole*

unemployment compensation

حقوق زمان بیکاری؛ کمک هزینهٔ بیکاری؛ حقوق ایام بیکاری؛ مستمری بیکاری؛ بیمهٔ بیکاری

☞ *unemployment benefit*

unemployment, cyclical

بیکاری دوره‌ای / ادواری

unemployment fund

صندوق تأمین بیکاری

unemployment, hidden

بیکاری پنهان

unemployment insurance

بیمهٔ بیکاری

unemployment, involuntry

بیکاری غیر ارادی / ناخواسته

unemployment pay

حقوق زمان بیکاری؛ کمک هزینهٔ بیکاری

unemployment, seasonal

بیکاری فصلی / موسمی

unemployment, structural

بیکاری بنیادی

unenforceable

unified tax system

نظام مالیات متحدالشکل

Uniform Arbitration Act (US)

قانون متحدالشکل داوری (ایالات متحده)

uniform cash flows

گردش نقدینگی یکسان

Uniform Costoms and Practice for Documentary Credits

مقررات متحدالشکل اعتبارات اسنادی

uniformed services

کارکنان دولت؛ یکدست پوشان

Uniform Law on Checks (ULC)

قانون متحدالشکل ژنو در مورد چک (مصوب ۱۹۳۱)

unifunctionalism

تمرکز وظیفه‌ها؛ متمرکز نمودن وظایف وابسته

☞ *centeralization*

unify efforts between organizations

هماهنگ نمودن تلاشهای بین سازمانها (با یکدیگر)؛ هماهنگ نمودن تلاشهای داخل سازمانها

unilateral

یک جانبه؛ یک طرفه

unilateral arbitration

داوری یکسویه؛ قضاوت جانبدارانه

unilateral contract

عقد ملزم یک طرف؛ قرارداد یک جانبه

unilateral obligation

تعهد یک جانبه

unilateral repudiation of a

غیر قابل اجرا

unexpected crisis

بحران غیر منتظره؛ بحران غیر قابل پیش بینی

unexpected inflation

تورم پیش بینی نشده / غیر منتظره

unexpired cost

هزینهٔ مداوم؛ هزینهٔ خاتمه نیافته؛ هزینهٔ سرمایه‌ای سالهای آتی

unfair competition

رقابت غیر منصفانه؛ رقابت غیر عادلانه

unfair dismissal

اخراج غیر عادلانه

unfair labor practice

اعمال صنعتی غیر منصفانه

unfavorable balance of trade

توازن نامطلوب تجاری (حالتی که واردات بیش از صادرات باشد)

unforeseen event

رویداد یا حادثه پیش بینی نشده

unfulfilled

اجرا نشده؛ انجام نشده

unfulfilled conditions, option of

خیار تخلف شرط

unfunded debt

وام سررسید دار

☞ *term loan*

unicorporated association

شرکت غیر سهامی

UNIDO (United Nations Industrial Development Organization)

سازمان توسعهٔ صنعتی ملل متحد (یونیدو)

unilateral strategy 737 unique selling proposition

treaty

فسخ یک جانبه قرارداد

unilateral strategy

راهبرد یک جانبه؛ استراتژی یکسویه

unilateral transfer

نقل و انتقال یکسویهٔ منابع

unilimited company

شرکت تضامنی؛ شرکت با مسؤولیت نامحدود

unincorporated

(شرکت) به ثبت نرسیده

uninsured portions

قسمتهای بیمه نشده

union

انجمن؛ اتحادیه؛ اتحادیهٔ کارگری

union, craft

اتحادیهٔ پیشه‌وران؛ اتحادیهٔ صنعتگران

union, credit

اتحادیهٔ اعتباری

union, customs

اتحادیهٔ گمرکی

☞ *tariff union*

union delegation

نمایندگان اتحادیه

union, economic

اتحادیهٔ اقتصادی

union, industrial

اتحادیهٔ صنعتی

union, international

اتحادیهٔ بین‌المللی

unionist

عضو اتحادیهٔ کارگری؛ طرفدار اتحادیه

unionize

اتحادیه تشکیل دادن؛ تشکیل اتحادیه دادن

unionized

سازمان یافته به صورت اتحادیهٔ کارگری

union, labor

اتحادیهٔ کارگری

Union of International Engineering Organizations

اتحادیهٔ سازمانهای بین‌المللی مهندسی

Union of International Fairs

اتحادیهٔ نمایشگاههای بین‌المللی

union, open

اتحادیهٔ آزاد

union rate

نرخ دستمزد اتحادیه

union shop

قرارداد عضویت در اتحادیه:
یکی از اصول سیستم سندیکایی که به موجب آن کارگرانی که عضو اتحادیه نیستند، می‌توانند استخدام شوند ولی باید پس از استخدام به عضویت اتحادیه درآیند؛ کارخانه یا شرکتی که فقط کارگران عضو اتحادیهٔ کارگری را استخدام می‌کند

☞ *post entry closed shop*

union, tariff

اتحادیهٔ گمرکی

☞ *costoms union*

union, trade

اتحادیهٔ تجاری / صنفی

unique selling point

ویژگی / خصیصهٔ انحصاری در فروش

☞ *unique selling proposition*

unique selling proposition

ویژگی/ خصیصهٔ انحصاری در فروش
☞ *unique selling point*

unissued capital

سرمایهٔ عرضه نشده برای فروش

unit

واحد؛ پایه؛ بخش؛ دستگاه؛ سهم سرمایه‌گذاری

UNITAR (United Nations Institute for Training and Research)

مؤسسه آموزش و پژوهش سازمان ملل

unitary elasticity

کشش پذیری پیوسته

unitary system

نظام واحد

unit cost

هزینهٔ واحد تولید؛ هزینهٔ واحد توزیع (کالا)

unit costing

هزینه‌یابی بخشی
☞ *process costing*

United Nations Center on Trade and Development (UNCTAD)

مرکز تجارت و توسعهٔ سازمان ملل

United Nations Conference on Science and Technology (UNCSAT)

کنفرانس علمی و فنی سازمان ملل

United Nations Conference on Trade and Development (UNCTAD)

کنفرانس تجارت و توسعهٔ ملل متحد

United Nations Development Program

برنامهٔ توسعهٔ سازمان ملل

United Nations Economic Development Administration (UNEDA)

برنامهٔ توسعهٔ اقتصادی سازمان ملل

United Nations Educational, Scientific and Cultural Organization (UNESCO)

سازمان فرهنگی، علمی و آموزشی ملل متحد (یونسکو)

United Nations Industrial Development Organization (UNIDO)

سازمان توسعهٔ صنعتی ملل متحد (یونیدو)

United Nations Institute for Training and Research (UNITAR)

مؤسسهٔ آموزش و پژوهش سازمان ملل

United Nations Relief and Works Agency (UNRWA)

آژانس کار و رفاه سازمان ملل

unit labor cost

هزینهٔ واحد کار

unit mission

مأموریت یگان

unit objecctives

اهداف یگان

unit of account

واحد حساب؛ واحد محاسبه؛ واحد پول

unit price

قیمت هر واحد؛ بهای هر واحد

unit pricing
قیمت‌گذاری برای هر واحد

unit production
تولید به صورت تکی؛ تولید واحدی

units of production methods
روشهای واحدهای تولیدی

unit times
زمانهای واحد

unit trust
صندوق مشترک؛ صندوق واحد؛ شرکت سرمایه‌گذاری در سهام

unity of command
وحدت فرماندهی؛ اصل وحدت فرماندهی: بدین مفهوم که زیردست باید صرفاً از یک بالادست دستور بگیرد و نتیجهٔ کار را به او گزارش دهد.

unity of direction
وحدت رهبری؛ وحدت مدیریت؛ اصل وحدت مدیریت:
به موجب این اصل، هر گروه از واحدهای سازمان که دارای هدف و منظور خاصی است باید پیرو یک طرح مشترک باشد. اصل وحدت فرماندهی در مورد یک نفر، لیکن اصل وحدت مدیریت در خصوص یک گروه یا یک واحد سازمانی به کار می‌رود.
☞ *unity of management*

unity of interests
منافع مشترک

unity of management
وحدت مدیریت
☞ *unity of direction*

universal agent
وکیل تام‌الاختیار؛ وکیل مطلق‌الوکاله

universal design theory
نظریهٔ طراحی فراگیر؛ نظریهٔ طراحی همگانی؛ نظریهٔ بهترین روش طراحی یک سازمان

Universal Postal Union (UPU)
اتحادیهٔ جهانی پست

universitas juris
مجموعهٔ حقوق، امتیازات و دیون شخص

unlaw
تخطی از قانون؛ نقض مقررات؛ از حمایت قانون محروم کردن؛ لغو کردن؛ غیر مشروع کردن؛ از شکل قانون خارج کردن

unlawful
غیر قانونی؛ خلاف قانون؛ نامشروع

unlicensed
غیر مجاز؛ بدون پروانه؛ بدون جواز

unlimited liability
مسؤولیت نامحدود

unlimited liability company
شرکت تضامنی؛ شرکت تضامنی با مسؤولیت نامحدود؛ شرکت با مسؤولیت نامحدود

unliquidated
تصفیه نشده؛ تقویم نشده؛ نامعین؛ مبلغ نامعلوم؛ تبدیل به نقد نشده؛ (شرکت) دایر و فعال

unliquidated damages
خسارت تصفیه نشده؛ خسارتی که تعیین میزان آن به دادگاه واگذار شده باشد؛ خسارت تقویم نشده؛ خسارت محاسبه نشده
☞ *damages at large*
☞ *liquidated damages*

unlisted company

unload / **Unsitral Arbitration Rules**

شرکت ثبت نشده در بورس
☞ *unquoted company*

unload

تخلیه کردن؛ خالی کردن؛ بار تخلیه/ خالی کردن؛ پیاده کردن

unloading

تخلیه کردن بار؛ خالی کردن بار؛ تخلیه کردن ؛ سبک کردن؛ کاهش دادن کالا از طریق فروش

unmanned manufacturing

نظام تولید خودکار

unmonitored control system

نظام کنترل هدایت نشده

unofficial

غیر رسمی؛ غیر مجاز؛ غیر مستند

unofficial strike

اعتصاب غیر رسمی

unpaid

پرداخت نشده؛ بازپرداخت نشده؛ تأدیه نشده؛ بدون حقوق / دستمزد؛ مجانی؛ رایگان

unpaid devidend

سود پرداخت نشدهٔ سهام

unpaid labor

بیگاری

unpaid rentals

اجور معوقه؛ اجاره بهای پرداخت نشده

unplanned

برنامه‌ریزی نشده؛ بدون طرح قبلی

unpredictable

غیر قابل پیش بینی

unproductive time

زمان غیر مولد؛ زمان غیر کارآ؛ زمان فوت شده

unqualified

فاقد شرایط لازم؛ فاقد صلاحیت؛ غیر مجاز؛ بدون مجوز؛ نامحدود؛ بی قید و شرط؛ غیر صالح؛ نا شایسته

unqualified acceptance

قبولی بدون قید و شرط (برات)

unquoted company

شرکت غیر عضو در بازار بورس ؛ شرکت ثبت نشده در بورس
☞ *unlisted company*

unrealized profits

سود تحقق نیافته

unrecoverable

غیر قابل استرداد؛ غیر قابل وصول؛ غیر قابل جبران

unredeemed

در گرو؛ در رهن؛ از رهن درنیامده؛ بازخرید نشده

unseat

خلع کردن؛ برکنار کردن

unsecured creditor

طلبکار بدون وثیقه (در دعوای ورشکستگی)؛ بستانکار بدون وثیقه
☞ *general creditor*
☞ *ordinary creditor*

unsecured debt

بدهی تضمین نشده

unsecured loan

وام تضمین نشده

unsecured loan stock

سهام بدون بهره تضمین شده

Unsitral Arbitration Rules

مقررات/ قواعد داوری آنسیترال

unskilled work
کار بدون مهارت؛ کار ساده؛ کار غیر فنی

unskilled worker
کارگر ساده؛ کارگر غیر ماهر؛ کارگر غیر متخصص

unsocial hours
اضافه کاری؛ ساعات کار اضافی؛ کار در ساعات غیر اداری / غیر موظف

unsolicited goods
کالاهای ناخواسته؛ کالاهای سفارش داده نشده

unspecified contracts
عقود نامعین

unstable market
بازار بی‌ثبات؛ بازار ناپایدار

unstructured
بی سازمان؛ سازمان نیافته؛ غیر رسمی

unsupported
بدون سند و مدرک؛ بی پایه و اساس؛ بی‌سرپرست؛ (در ارتش) بدون پشتیبانی

until further notice
تا اطلاع ثانوی

unwarrant
ضمانت نکردن؛ تعهد نکردن

unwarrantable
غیر قابل ضمانت

unwarranted
غیر مجاز؛ بدون دلیل؛ تضمین / ضمانت نشده

unwarranted demand
مطالبهٔ غیر مجاز

unwritten
غیر مدون؛ غیر کتبی؛ شفاهی؛ لفظی

unwritten contract
عقد شفاهی
☞ *open contract*
☞ *oral contract*
☞ *parol contract*
☞ *simple contract*

unwritten law
قانون عرفی؛ موافقت / توافق شفاهی؛ قوانین غیر موضوعه؛ قانون غیر مدون (از قبیل عرف و رویهٔ قضایی)
☞ *statuary law*
☞ *written law*

update
اصلاح کردن؛ تجدیدنظر کردن؛ مطابق روز کردن؛ به هنگام کردن؛ به روز کردن

updating training
بازآموزی

upgrade
ترفیع دادن؛ درجه دادن؛ رتبه دادن؛ پیشرفت؛ بهبود؛ افزایش

upgrading
ارتقا؛ ترفیع؛ بهبود وضعیت

uphold
حمایت کردن؛ تأیید کردن؛ حفظ کردن؛ ابرام کردن

upland conservation
حفظ منابع طبیعی

upmire
داور؛ قاضی
☞ *arbitrator*

upon demand
عندالمطالبه
☞ *at call*

upset price

☞ *at sight*
☞ *on call*
☞ *on demand*

upset price

قیمت حداقل

☞ *reserve price*

uptime

زمان در دسترس؛ مقدار زمانی که رایانه جهت اجرای برنامه در دسترس است

UPU (Universal Postal Union)

اتحادیهٔ جهانی پست

upward communication

ارتباط از پایین به بالا

Urwick, Lyndall

لیندال ارویک:
یکی از پیشگامان نظریهٔ مدیریت که نوشته‌های وی تأثیر گرفته از از نظریات هنری فایول است. این نویسنده نظریهٔ «وظایف مدیر» را در چارچوب نظریه‌های فایول مورد بحث قرار داده و بر اصول «تخصص، صف و ستاد» در زمینهٔ سازماندهی بسیار تأکید می‌کند. ارویک معتقد است که قلمرو نظارت مدیر نباید بیش از پنج نفر باشد و علاوه بر بحثهای ساختاری، نظریاتی را نیز در خصوص رهبری سازمانی ارائه کرده است. نظریه‌های ارویک در کتابهای او یعنی «عناصر اداره»، «علمی کردن مدیریت» و «بررسی اجمالی مدیریت صنعتی» ارائه شده است.

usage classification

طبقه‌بندی اقلام بر مبنای ارزش آنها

usage value

عمر مفید؛ ارزش کاربردی

usage-value classification

طبقه‌بندی ارزش کاربری

usance

یوزانس؛ وعده؛ مدت؛ مهلت پرداخت؛ مهلت متعارف برای پرداخت بروات ارزی؛ بهره؛ درآمد؛ بکارگیری:
مهلت قانونی یا عرفی که برای پرداخت برات، سفته و یا اعتبارات اسنادی مدت دار در نظر گرفته می‌شود. به بیان دیگر شخصی که خریدار کالایی است، تعهد می‌کند که در سر رسید معین مبلغی را که شامل قیمت کالا و بهرهٔ متعلقه می‌باشد، یکجا به طرف دیگر پرداخت نماید. بهرهٔ مربوط به نرخ یوزانس توسط بانک مرکزی تعیین و ابلاغ می‌شود.

usance bill

برات مدت‌دار

☞ *bill of usance*
☞ *date bill*
☞ *period bill*
☞ *term bill*
☞ *time bill*

usance rate

نرخ یوزانس

☞ *usance*

useful life of machine

عمر مفید یک دستگاه

usehold

مالکیت براساس تصرف و استفاده از عین مال

useless quality

کیفیت بیش از اندازه

use of equipment, facilities and

personal skills
استفاده از تجهیزات؛ تسهیلات (امکانات) و مهارتهای شخصی (افراد)

use pull
از نفوذ پارتی استفاده کردن؛ پارتی بازی کردن

use tax
عوارض (مانند عوارض اتوبان و غیره)

utilities
خدمات عام‌المنفعه؛ خدمات رفاهی؛ وسایل رفاهی؛ خدمات شهری (از قبیل آب و برق و گاز و تلفن)؛ تأسیسات عمومی

utility
سودمندی؛ مطلوبیت؛ مفید بودن؛ نفع؛ منفعت؛ سودمندی؛ فایده؛ (در جمع) خدمات عام‌المنفعه؛ خدمات رفاهی؛ وسایل رفاهی؛ تأسیسات عمومی؛ خدمات شهری

utility program
برنامهٔ کمکی؛ برنامه با کاربرد بیشتر؛ نرم‌افزار سودمند

utility theory
نظریهٔ مطلوبیت

utilization
انتفاع؛ بهره‌گیری؛ کاربرد؛ بهره‌وری

uttering
ترویج سکهٔ تقلبی یا اسناد مجعول؛ به جریان انداختن پول تقلبی

V / v

vacancy

پست بلاتصدی؛ پست خالی؛ پست اشغال نشده؛ محل بلاتصدی

vacancy factor

ضریب خالی بودن (خانه)؛ ضریب عدم سکونت

vacancy ratio

نسبت ساختمانهای مسکونی خالی / بلااستفاده

vacant

بلاتصدی؛ خالی

vacant position

پست بلاتصدی؛ پست خالی

☞ *vacant post*

vacant possession

ملک تصرف نشده؛ ملک بدون مستأجر؛ انتفاع مستقیم و بلافاصله

vacant post

پست بلاتصدی؛ پست خالی/اشغال نشده

☞ *vacant position*

vacant succession

بدون جانشین

vacate (n. vacation)

رد کردن؛ فسخ کردن؛ نقض کردن؛ لغو کردن؛ باطل کردن؛ تخلیه کردن؛ خالی کردن؛ ترک کردن؛ کناره‌گیری کردن؛ رها کردن (پست یا مقام)؛ بلاتصدی ماندن

vacation

کناره‌گیری؛ بلاتصدی گذاشتن پست؛ تخلیهٔ ملک؛ الغا؛ ابطال؛ فاصله بین دو اجلاس؛ مرخصی؛ تعطیلی؛ تنفس بین دو جلسهٔ دادگاه

vacation pay

حقوق ایام تعطیل؛ حقوق ایام مرخصی؛ دستمزد کار در تعطیلات

vadium

گروی؛ سپرده؛ ضمانت

valence

ترجیح؛ اولویت؛ ارزش؛ مطلوبیت؛ جاذبه

valid

معتبر؛ نافذ؛ صحیح؛ قانونی؛ موجه؛ مجاز؛ قابل اطمینان؛ ارزشمند

validate (n. validation)

تنفیذ کردن؛ اعتبار بخشیدن؛ قوت قانونی بخشیدن؛ تأیید کردن؛ تصدیق کردن

validation

اعتبار بخشیدن؛ معتبر ساختن؛ ارزشمند سازی

valid contract

عقد صحیح؛ قرارداد معتبر

valid grounds

validitation / **value engineering** — 745

validitation
دلایل معتبر

تأیید و تصدیق:
(در مدیریت آموزشی) فرایندی است که به منظور تعیین مفید و مؤثر بودن مطالب یا محتوای آموزش انجام می‌شود. تأیید و تصدیق مستلزم آن است که مطالب آموزشی به دانشجویان مورد نظر ارائه شده و اطلاعاتی در مورد استفادهٔ آنها جمع‌آوری شود. سپس بر اساس نتایج بدست آمده از این اطلاعات و در صورتی که لازم باشد، در محتوا و برنامهٔ آموزش تجدید نظر به عمل آمده و مؤثر بودن آن تأیید گردد. این روش به منظور تأیید وظایف یا صلاحیتهای تعیین شده برای یک برنامهٔ آموزشی مورد استفاده قرار می‌گیرد.

validity
اعتبار؛ ارزشمندی

validity check
کنترل اعتبار؛ وارسی ارزشمندی

validity of agreement
اعتبار موافقت‌نامه

validity of a test
اعتبار آزمون

valorization
تثبیت قیمت اجناس؛ قیمت گذاری دولتی؛ قیمت گذاری کالاها توسط دولت

valuable
معتبر؛ دارای ارزش قانونی؛ گرانبها

valuable consideration
عوضی که دارای ارزش مالی باشد

valuate (n. valuation)
تقویم کردن؛ ارزیابی کردن؛ ارزشیابی کردن

valuation
ارزیابی، ارزشیابی؛ تقویم؛ ارزش گذاری؛ برآورد ارزش؛ قیمت‌گذاری

valuation reserve
ذخیرهٔ ارزشیابی

value
ارزش؛ بها؛ قیمت؛ مقدار؛ قیمت‌گذاری کردن؛ بها دادن؛ ارزش قائل شدن

value added
ارزش افزوده؛ قیمت یا ارزش افزوده شده

value added tax (VAT)
مالیات بر ارزش افزوده؛ مالیات بر کالا و خدمات

value analysis
تجزیه و تحلیل ارزش؛ ارزش سنجی

value approach
شیوهٔ ارزشی؛ رهیافت ارزشی

value, assured
ارزش بیمه

value, average
ارزش متوسط

value, book
ارزش دفتری

value, current
ارزش جاری

value date
تاریخ پرداخت، تاریخ اجرا

valued policy
بیمه نامهٔ مطلوب؛ بیمه نامهٔ ارزش گذاری شده؛ بیمه‌نامه (دریایی) که در آن مبلغ بیمه دقیقاً تعیین و ذکر شده باشد

value engineering

مهندسی ارزش؛ تعیین فعالیتهای انجام شده در تولید کالا و ارزش گذاری کالا بر اساس آن

value envelope

محدودهٔ ارزش؛ منحنی ارزش؛ منحنی ارزش کار

value, estimated

ارزش تقریبی

value, expected

ارزش مورد انتظار

value, expected monetary

ارزش پولی مورد انتظار؛ عبارت است از حاصل ضرب احتمال وقوع یک گزینه در نتیجهٔ حاصل از آن

☞ *expected payoff*
☞ *expected value*
☞ *EMV*

value, face

بهای اسمی؛ ارزش اسمی

value, insured

ارزش بیمه

value in use

ارزش در مصرف

value, market

ارزش بازار

value, maturity

ارزش سند در سررسید؛ ارزش سر رسید

value, nominal

بهای اسمی؛ ارزش اسمی

value, normal

ارزش متعارف

value, objective

ارزش عینی

value of money

ارزش پول؛ قدرت خرید پول

value of service principle

اصل ارزش خدمت

value, present

ارزش فعلی /کنونی

valuer

ارزیاب

value setting

تحکیم ارزشها

value to the business

ارزش از نظر بازرگانی

variable

متغیر؛ بی‌ثبات؛ (عامل) متغیر

variable annuity

مستمری متغیر

variable budget

بودجهٔ قابل انعطاف؛ بودجهٔ متغیر

variable cost

هزینهٔ متغیر؛ هزینهٔ مستقیم

☞ *variable expense*
☞ *direct cost*
☞ *prime cost*
☞ *operating cost*
☞ *running cost*
☞ *avoidable cost*
☞ *recurring costs*
☞ *fixed costs*

variable costing

هزینه یابی متغیر

☞ *marginal costing*

variable, dependent

متغیر وابسته

variable direct expense

هزینهٔ مستقیم متغیر

variable expenses

هزینه‌های متغیر؛ مخارج متغیر

variable factor programming

برنامه‌ریزی عامل متغیر

variable, independent

متغیر مستقل

variable inspection

بازرسی متغیر

variable life insurance

بیمهٔ عمر متغیر

variable working hours

☞ *flexible working hours*

ساعات کار متغیر

variance

پراکنش؛ واریانس؛ مغایرتها؛ پراش؛ مجذور انحراف استاندارد؛ پراکندگی از میانگین در یک توزیع آماری

variance analysis

تحلیل واریانس

variance ratio

نسبت واریانس

variate

متغیر تصادفی

☞ *random variable*

variety of skill

تنوع مهارت

variety store

فروشگاه بزرگ؛ فروشگاه اجناس متنوع؛ فروشگاه اجناس گوناگون

various levels of management

سطوح مختلف مدیریتی؛ رده‌های مختلف مدیریت

VAT (value added tax)

مالیات بر ارزش افزوده

vault

گاوصندوق؛ محل خزانه نقد و صندوقهای سپرده

VDU (visual display unit)

نمایشگر؛ صفحهٔ نمایش رایانه؛ مونیتور

veep

معاون؛ نایب؛ معاون رییس جمهور

☞ *vice - president*

veil of money theory

نظریهٔ پردهٔ پول؛ نظریهٔ پول به عنوان حایل

velocity of circulation

سرعت گردش پول

velvet

درآمد و سود بدون زحمت / دسترنج

venality

رشوه‌خواری؛ اخاذی

venalize

رشوه دادن

vend

فروختن

vendee

خریدار؛ مشتری

☞ *buyer*

vendor reliability

قابلیت اعتماد فروشنده

vendor (var.vender)

فروشنده؛ بایع

☞ **seller**

vendue
حراج عمومی؛ مزایدۀ عمومی؛ فروش

venture
کسب و کار؛ فعالیت تجاری مخاطره آمیز؛ به مخاطره انداختن؛ مشارکت؛ اقدام خطیر؛ سرمایه‌گذاری؛ ریسک؛ خطر کردن

venture capital
سرمایه‌گذاری مخاطره آمیز؛ سرمایۀ مواجه با خطر

venue
محل برگزاری؛ منطقۀ دادگاه؛ حوزۀ دادگاه

venue of a conference
محل برگزاری کنفرانس

venue of a meeting
محل برگزاری جلسه؛ محل تشکیل جلسه

venue of arbitration
مقر یا محل داوری
☞ *place of arbitration*
☞ *situs of arbitration*

verbal
لفظی؛ شفاهی

verbal agreement
توافق شفاهی؛ عقد لفظی؛ موافقت شفاهی

verbal communication
ارتباط لفظی؛ ارتباط کلامی

verbal contract
توافق شفاهی؛ عقد لفظی؛ موافقت شفاهی

verbal message
پیام شفاهی

verbal report
گزارش شفاهی

verbal thinking
تفکر کلامی

verbatim report
گزارش دقیق؛ گزارش کامل؛ گزارش تفصیلی؛ گزارش کلمه به کلمه

verdict
تصمیم هیأت منصفه؛ رأی دادگاه؛ حکم دادگاه و هیأت منصفه

verge-punched card
کارت پانچ؛ کارت منگنه
☞ *puuched card*

verifiable
قابل رسیدگی؛ قابل اثبات

verification
رسیدگی؛ تحقیق؛ ممیزی؛ اثبات؛ تصدیق؛ تأیید؛ رسیدگی به صحت امری؛ بازجویی؛ وارسی؛ تطبیق

verification of debt
تشخیص مطالبات

verify
تأیید صحت؛ تحقیق کردن؛ اثبات کردن؛ تأیید کردن؛ ممیزی کردن

verify a statement
صحت و سقم گزارشی را مشخص کردن

vertical coordination
هماهنگی عمودی
☞ *internal coordination*

vertical equity
عدالت مستقیم و موزون

vertical expansion
توسعۀ عمودی؛ توسعه در صنعت از طریق کنترل تمامی مراحل از تولید تا فروش

در یک صنعت یا گروه صنایع باشد

vessel policies

بیمه‌نامه‌های وسائط نقلیهٔ آبی

vest

تفویض کردن؛ محول کردن؛ واگذار کردن (حق یا مال)؛ واگذار شدن؛ محول شدن؛ رسمیت یافتن؛ تعلق گرفتن

vested interests

حقوق مسلم؛ گروه یا اشخاصی که دارای علایق و منافع مشترک باشند؛ صاحبان منافع؛ افراد ذینفع

vested rights

حقوق مکتسبه

vestibule training

آموزش دهلیزی

vesting

حق کارمند برای وجوه بازنشستگی

veto

حق وتو؛ وتوکردن؛ رد کردن؛ اجازه ندادن

vetting

تحقیق؛ بررسی؛ بازرسی

viability

قابلیت دوام و بقا؛ توانایی پرداخت بهای واردات؛ قدرت پرداخت بهای کالاهای وارداتی

viable

قابل اجرا؛ عملی؛ کارآمد؛ خودکفا

viable economy

اقتصاد قوی؛ اقتصاد کارآمد/ خودکفا

viatico (Lat)

هزینهٔ سفر

☞ *bill of fare*

☞ *travelling expenses*

vertical job enlargement

گسترش عمودی شغل؛ غنی‌تر کردن عمودی شغل:

افزایش مسؤولیت کارگزار در خصوص برنامه‌ریزی، کنترل و غیره.

vertically

بصورت عمودی؛ بصورت سلسله مراتب سازمانی

vertical merger

ادغام عمودی؛ ادغام مؤسسه‌ای با یکی از عرضه کنندگان مواد آن

☞ *vertical integration*

vertical mobility

تحرک عمودی نیروی کار؛ تحرک نیروی کار به علت کسب مهارت و دانش جدید

☞ *labor mobility*

vertical organization

سازمان عمودی

vertical promotion

ترفیع عمودی؛ ارتقای فردی در سلسله مراتب سازمانی

vertical specialization

تقسیم کار عمودی؛ تقسیم کار بر اساس میزان قدرت، نفوذ و اختیار تصمیم‌گیری در سلسله مراتب سازمانی

☛ *horizontal specialization*

vertical strain

فشار و رقابت عمودی؛ رقابت بین سطوح مختلف در سلسله مراتب سازمانی

vertical union

اتحادیهٔ عمودی؛ اتحادیهٔ صنعتی؛ اتحادیهٔ صنعتی که معرف همهٔ کارگران در تمام سطوح

vicar

جانشین؛ قایم مقام

vicarian

نماینده؛ وکیل؛ نایب و قایم مقام

vicarious

نایب؛ کفیل؛ جانشین؛ قایم مقام؛ نیابتی؛ توکیلی

vicarious liability

تعهد و مسؤولیت نیابتی؛ تعهد و مسؤولیت کارفرما نسبت به اعمال کارکنان در زمانی که تحت نظارت او هستند

☞ *respondeat superior*

vice

قایم مقام؛ جانشین؛ معاون؛ بجای؛ نایب

vice-chairman

نایب رییس

vice-president

نایب رییس؛ معاون رییس جمهور

videodex

ویدئو دکس؛ مؤسسهٔ تحقیقاتی که لیست برنامه‌های تلویزیونی مورد علاقهٔ مردم را تهیه می‌کند

view

نظر؛ عقیده؛ رأی؛ معرض دید؛ مورد بررسی قرار دادن؛ مطالعه کردن؛ در نظر گرفتن

view favorably

نظر مساعد داشتن؛ با نظر مساعد بررسی کردن

views, exchange of

تبادل نظر

views, express

اظهارنظر کردن

vindicate (n. vindication)

استیفا کردن؛ احقاق حق کردن؛ دفاع کردن؛ توجیه کردن؛ تأیید کردن؛ اثبات کردن؛ رفع کردن ابهام یا سوء ظن

vindication

دفاع؛ اثبات؛ استیفا؛ توجیه

vindication of right(s)

استیفای حق؛ احقاق حق

violate (n. violation)

تخطی کردن؛ تخلف کردن؛ تجاوز کردن؛ تعدی کردن؛ نقض کردن

violate the law

قانون را نقض کردن؛ قانون را رعایت نکردن؛ قانون را زیر پا گذاشتن؛ تخطی کردن از قانون

violation

تخلف؛ تجاوز؛ تخطی؛ پیمان شکنی؛ نقض؛ نقض عهد؛ غصب

violation of a treaty

نقض قرارداد

violation of international regulations

نقض مقررات بین‌المللی

virtual organization

سازمان / تشکیلات مجازی

virtue of, by

به موجب؛ براساس؛ به دلیل؛ با استناد به

visa

کارت اعتباری؛ ویزا؛ روادید

vis divina

حادثهٔ غیر مترقبه؛ حادثهٔ قهری؛ حادثهٔ طبیعی؛ فورس ماژور

☞ *act of God*

☞ *force majeure*

☞ *inevitable accident*

حق بازرسی و تفتیش

vis major

حادثهٔ غیر مترقبه؛ حادثهٔ تهری؛ حادثهٔ طبیعی؛ فورس ماژور؛ خواست پروردگار

☞ *act of God*

☞ *force majeure*

☞ *inevitable accident*

visual display unit (VDU)

نمایشگر؛ صفحه نمایش رایانه؛ مونیتور

vitalist theory

نظریهٔ اساسی؛ نظریهٔ برنامه‌ریزی از کل به جزء در سیستمهای اقتصادی

vital statistics

آمارهای حیاتی؛ آمارهای اساسی

vocabulary

واژگان؛ فهرست دستورهای رایانه‌ای

vocation

احساس وظیفه؛ انجام وظیفه؛ خدمت؛ شغل؛ کار؛ حرفه؛ پیشه؛ کسب

vocational

حرفه‌ای؛ شغلی

vocational guidance

راهنمایی شغلی

vocational tests

آزمونهای حرفه‌ای؛ آزمونهای شغلی

vocational training

آموزش حرفه‌ای

voice of duty

حس وظیفه؛ احساس وظیفه

void

باطل کردن؛ از درجهٔ اعتبار ساقط کردن؛ تخلیه کردن؛ بدون تصدی؛ باطل؛ بی‌اثر؛ کان لم یکن

visible

معاملهٔ مرئی؛ داد و ستد مرئی؛ فروش کالا از تبعهٔ یک کشور به یک غیر تبعه

☞ *visible transaction*

visible exports

صادرات مرئی؛ صادرات بین کشورها

visible imports

واردات مرئی

visible trade

تجارت مرئی؛ تجارت کالا

visible transaction

داد و ستد مرئی؛ معاملهٔ مرئی

☞ *visible*

visionary objectives

هدفهای ذهنی؛ هدفهای بعید و دور؛ هدفهایی که نمی‌توان برای دستیابی به آنها زمان خاصی را در نظر گرفت

vision building

دیدگاه سازی

visitation

بازرسی؛ بازدید رسمی؛ ادارهٔ بازرسی و نظارت بر کار شرکتها

visiting-card

کارت ویزیت

visiting delegate

هیأت اعزامی

visitor

بازرس و ناظر شرکتها (که در انگلستان مقام رسمی و دولتی است)

visitors'book

دفتر بازدید کنندگان؛ دفتر مراجعه کنندگان

visit, right of

voidable

جایز؛ قابل فسخ؛ قابل ابطال؛ قابل نقض

voidable contract

عقد جایز؛ عقد قابل فسخ؛ قرارداد قابل الغا؛ قرارداد قابل ابطال

☞ *revocable contract*

void contract

قرارداد الغا شده؛ قرارداد بی‌اعتبار؛ عقد باطل

volatile memory

حافظهٔ ناپایدار (رایانه)

volenti non fit injuria

اصل سلب حق ادعای خسارت؛ اصل مسؤولیت نسبت به عمل ارادی

☞ *voluntary assumption of risk*

volume discount

تخفیف بابت خرید عمده

volume of output

حجم تولید

volume of trade

حجم بازرگانی

voluntary alienation

انتقال اختیاری؛ انتقال ارادی

voluntary arbitration

داوری به تراضی؛ داوری قراردادی

voluntary assignment

انتقال ارادی؛ واگذاری اختیاری

voluntary assumption of risk

اصل سلب حق ادعای خسارت

☞ *volenti non fit injuria*

voluntary bankruptcy

ورشکستگی ارادی؛ اعلام ورشکستگی از طرف خود ورشکسته

voluntary group

گروه داوطلب؛ گروه فروشندگان داوطلب

voluntary issue

موضوع اختیاری؛ مسأله‌ای که در مذاکرات جمعی مطرح می‌شود اما هیچیک از طرفین مجبور به بحث دربارهٔ آن نیستند

voluntary liquidation

انحلال ارادی؛ انحلال داوطلبانه (در مقابل انحلال اجباری)

☛ *compulsory liquidation*
☞ *voluntary winding up*

voluntary partnership

شرکت اختیاری

voluntary winding up

انحلال ارادی؛ انحلال داوطلبانه

☞ *voluntary liquidation*

vorstand

هیأت مدیره

☞ *board of directors*

vostro account (Italy)

حساب داخلی در بانک خارجی؛ حساب شما

vote

رأی؛ حق رأی؛ رأی‌گیری؛ ورقهٔ رأی؛ رأی دادن؛ انتخاب کردن؛ اختصاص دادن؛ تخصیص دادن

vote of censure

رأی عدم اعتماد

vote of confidence

رأی اعتماد

vote off

برکنار کردن

vote of no confidence

رأی عدم اعتماد

vote of thanks

پیشنهاد تشویق؛ اظهار تشکر

vote out (of)

برکنار کردن

voter

رأی دهنده

voting

رأی‌گیری

voting right

حق رأی (سهامداران در جلسات شرکت)

voting shares

سهام واجد حق رأی

voting stocks

سهام دارای حق رأی

voting trust

واگذاری حق رأی؛ توکیل رأی

voting trustee

وکیل دارندهٔ حق رأی

voucher

سند هزینه؛ سند ابرا؛ سند خرج؛ مدرک؛ بن؛ رسید؛ حواله؛ ضامن؛ گواه؛ تصدیق کردن

voucher audit

رسیدگی به اسناد؛ ممیزی

voucher check

چک مشروط؛ چک سند دار

voucher copy

رسید کنترل ؛ نسخهٔ بازبینی

☞ *checking copy*

voucher register

دفتر اسناد هزینه

voucher trading

خرید با ارائهٔ بن

vouch for

ضمانت کسی را کردن

voyage policy

بیمهٔ کشتی در تمام مدت یک سفر (سفر خاصی که در بیمه نامه قید و تشریح می‌شود)؛ بیمه‌نامهٔ سفر

Vroom, Victor

ویکتور روم:
روانشناس صنعتی که در زمینهٔ انگیزش دارای تحقیقات متعددی است.

Vroom-Yetton model

مدل روم-یتون؛ الگوی رهبری روم-یتون: یکی از نظریه‌های اقتضایی رهبری به شمار می‌رود که در این مدل پنج سبک رهبری از رهبری «کاملاً مشارکت جویانه» تا رهبری «کاملاً آمرانه» تعیین شده و با شمایی شبیه درخت تصمیم‌گیری و یا پرسشهایی از چگونگی تصمیم‌گیری، مدیر، سبک مناسب رهبری را مشخص می‌سازد.

W / w

wage
مزد؛ دستمزد؛ اجرت؛ کارمزد؛ درآمد؛ ضمانت حسن انجام کار؛ پرداختن؛ دست زدن به؛ اقدام کردن؛ تعهد کردن

wage administration
مدیریت دستمزدها

wage and salary administration
مدیریت حقوق و دستمزد

wage and salary administration systems
نظامهای مدیریت حقوق و دستمزد

wage audit
ممیزی دستمزد

wage bracket
حداقل و حداکثر دستمزد؛ گسترهٔ تغییرات حقوق
☞ *wage range*

wage ceiling
سقف دستمزدها؛ حداکثر دستمزد
☜ *wage floor*

wage claim
تقاضای افزایش حقوق؛ درخواست افزایش دستمزد

wage compression
کاهش فاصلهٔ دستمزد

wage control
کنترل دستمزد

wage curve
منحنی دستمزد

wage drift
افزایش دستمزدها؛ تفاوت / اختلاف دستمزد؛ تفاوت بین درآمد واقعی و درآمد مقرر
☞ *wage increase*

wage earner
حقوق‌بگیر؛ مزدبگیر

wage floor
حداقل دستمزد
☜ *wage ceiling*
☞ *minimum wage*

wage freeze
تثبیت دستمزدها؛ ثابت نگه داشتن دستمزدها
☞ *wage stabilization*

wage hike
افزایش دستمزدها
☞ *wage increase*

wage incentive plan

wage index 755 waiver of premium

ساختار دستمزدها

waiting line

صف انتظار

☞ *queuing line*

waiting-line theory

نظریهٔ صف انتظار

☞ *queuing theory*

waiting list

لیست انتظار؛ فهرست انتظار (برای کار و غیره)

waiting period

دورهٔ انتظار؛ زمان انتظار

wait state

حالت انتظار؛ وضعیت انتظار

waive

اعراض کردن؛ صرفنظر کردن؛ ترک کردن؛ اسقاط کردن؛ گذشت کردن از؛ چشم پوشی کردن؛ منصرف شدن؛ لغو کردن

waiver

چشم پوشی؛ فسخ؛ ابطال؛ لغو؛ اعراض یا انصراف از حق؛ اسقاط حق؛ سند ابطال یا اعراض از حق؛ صرفنظر

waiver clause

شرط و قید انصراف و ابطال

waiver, implied

انصراف ضمنی

waiver of a condition

اسقاط شرط

waiver of all options

اسقاط کافهٔ خیارات

waiver of all rights

اسقاط کافهٔ خیارات

waiver of premium

طرح تشویقی دستمزد

☞ *incentive pay*

wage index

شاخص دستمزد

wage, minimum

حداقل دستمزد

☞ *wage floor*

wage-price spiral

دستمزد مبتنی بر تورم؛ حرکت مارپیچی مزد و قیمت

wage-push inflation

تورم ناشی از افزایش دستمزد

wager

گرو؛ وثیقه؛ شرط؛ شرط بستن

wage range

حداقل و حداکثر دستمزد

wage rate

نرخ دستمزد؛ میزان دستمزد

wage rate, jack up

بالا بردن سطح دستمزدها

wage scale

نرخ دستمزد؛ میزان دستمزد

wages, rise in

افزایش دستمزدها

wages, scale down

دستمزدها را کاهش دادن

wage stabilization

تثبیت دستمزد

☞ *wage freeze*

wage stop

رعایت سقف حقوق بیکاری

wage structure

W

waiver of protest 756 warehouse company

فسخ حق بیمه؛ صرفنظر کردن از دریافت حق بیمه

waiver of protest

فسخ اعتراض

waiver of restoration premium

فسخ تجدیدنظر در حق بیمه

waiver of right

اسقاط حق

waiver of set-off

چشم پوشی از ادعای متقابل

walking delegate

نمایندهٔ اتحادیه

☞ *business agent*

walking papers

حکم اخراج

walk-ins

مراجعه کنندگان؛ جویندگان کار

walk out

جلسه را به عنوان اعتراض ترک کردن؛ اعتصاب کردن

walkout

اعتصاب؛ اعتراض؛ ترک جلسه به عنوان اعتراض؛ اعتصاب کارگری

walk-through

بررسی اولیه؛ بازبینی همهٔ مراحل

wall street

وال استریت؛ بازار بورس نیویورک

want

خواسته؛ میل؛ نیاز؛ نیاز داشتن؛ احتیاج داشتن

want ads

آگهی استخدام؛ نیازمندیها

wanted

تحت تعقیب؛ مورد نیاز

want of consideration

بلاعوض یا مجانی بودن

want of jurisdiction

عدم صلاحیت؛ فقدان صلاحیت؛ تجاوز از حدود اختیارات

☞ *lack of jurisdiction*

☞ *nonjurisdiction*

WAN (wide area network)

شبکهٔ گستردهٔ رایانه‌ای

warden

سرپرست؛ رییس؛ مسؤول؛ ولی؛ ناظر؛ رییس زندان؛ نظارت / سرپرستی کردن؛ خدمت کردن؛ بازرسی کردن

ward, in

تحت تولیت؛ تحت حمایت و سرپرستی

wardship

ریاست؛ سرپرستی؛ قیمومت؛ ولایت

☞ *guardianship*

warehouse

انبار؛ در انبار نگهداشتن

☞ *depot*

☞ *store(s)*

warehouse, bonded

انبار گمرکی

warehouse club

فروشگاه تعاونی

warehouse, commodity

انبار کالا

warehouse, company

انبار؛ انبار شرکت

warehouse company

warehouse-keeper's certificate
مؤسسهٔ انبارداری

warehouse-keeper's certificate
رسید انبار؛ قبض انبار
☞ *warehouse receipt*

warehouse keeper's receipt
رسید انبار گمرک

warehouse, private
انبار خصوصی؛ انبار شخصی

warehouse, public
انبار عمومی

warehouse receipt
رسید انبار (گمرک)؛ قبض انبار؛ رسید انبارهای عمومی یا گمرک
☞ *warehouse-keeper's certificate*

warehouse stock
کالای انباری

warehouse warrant
رسید انبارهای عمومی/گمرک
☞ *bond warrant*
☞ *dock warrant*
☞ *negotiable warehouse reciept*
☞ *warrant*

warehousing
انبارداری

warehousing operations
عملیات انبارداری

warehousing system
روش / سیستم انبارداری؛ روشی که به موجب آن کالاهای وارداتی بدون پرداخت حقوق و عوارض گمرکی به کشور وارد و انبار می‌شود و این عوارض در هنگام عرضهٔ کالاها برای فروش اخذ می‌گردد

wares
کالای فروشی؛ اشیای فروشی؛ اجناس فروشی؛ کالا؛ جنس

warn
اخطار دادن ؛ اخطار کردن؛ توجه دادن؛ آگاهی دادن؛ هشدار دادن؛ مطلع کردن

warning
اخطار؛ اخطاریه؛ توجه؛ آگاهی

warning notice
اخطاریه؛ اخطار رسمی
☞ *caveat*

warning, oral
اخطار / تذکر شفاهی

warning, written
اخطار کتبی؛ تذکر کتبی

warrant
گواهی؛ حکم؛ حواله؛ مجوز؛ رسید انبار؛ رسید انبار عمومی؛ اجازه؛ سند ذمه؛ سند عندالمطالبه؛ اجازه پرداخت؛ قرار توقیف اموال؛ حکم انتصاب؛ دادن تعهد ضمانت ضمانت کردن؛ تعهد کردن
☞ *bond warrant*
☞ *dock warrant*
☞ *negotiable warehouse receipt*
☞ *warehouse warrant*

warrantee
متعهدله؛ ضمانت گیرنده

warranties and undertakings
الزامات و تعهدات

warrant of attachment
قرار توقیف (مال یا شخص)

☞ *attachment*
☞ *judicial attachment*
☞ *writ of attachment*

warrant of attorney
وکالت نامه

warrantor
متعهد؛ تعهد کننده؛ ضمانت کننده؛ ضامن؛ کفیل؛ ملزم

warrant, search
حکم تحقیق و بررسی

warrant, share
گواهینامهٔ سهام؛ برگهٔ سهام؛ گواهی مالکیت سهم
☞ *share certificate*

warranty
تعهدنامه؛ ضمانت‌نامه؛ تعهد؛ الزام؛ التزام؛ قول؛ تضمین کالا از نظر بی‌عیب و نقص بودن آن؛ گرونامه؛ وثیقه؛ مجوز؛ صلاحیت؛ اختیار

warranty deed
تعهدنامه

warranty, expressed
ضمانت صریح

warranty, implied
ضمانت ضمنی

warranty of quite enjoyment
ضمانت انتفاع کامل

warranty price
قیمت عادلانه؛ بهای منصفانه

wash ones hands of
مسؤولیت احساس نکردن؛ خود را کنار کشیدن و از مسؤولیت شانه خالی کردن

wash sale
فروش صوری؛ بازار گرمی

wastage
ضایعات؛ اتلاف
☞ *natural wastage*

waste circulation
آگهی بیهوده؛ تبلیغات بی‌ثمر

wasting assets
داراییهای نقصان پذیر؛ داراییهای تمام شدنی؛ دارایی کاهش پذیر

wasting trust
امانت مصرف شده؛ امانت استفاده شده

watchdog body
هیأت نظارت

watered stocks
سهام با ارزش صوری

watermark
مهر زمینهٔ کاغذ؛ علامت روی کاغذ

waybill
بارنامه (در حمل و نقل داخلی)؛ بارنامه صادر کردن
☞ *consignment note*

waybill, air
بارنامهٔ هوایی

ways and means
امکانات مالی؛ روشهای ایجاد درآمد برای هزینه‌های دولت

way station
ایستگاه بین راه

WCL (World Confederation of Labor)
کنفدراسیون جهانی کار

weakest-link theory
نظریهٔ وابستگی به عنصر ضعیف‌تر

weak market
بازار سست؛ بازار ناپایدار

weak-minded manager
مدیر بی‌اراده

wealth tax
مالیات بر ثروت

Weber, Max
ماکس وبر:
جامعه شناس مشهور آلمانی (۱۹۲۰-۱۸۶۴) که در زمینهٔ جامعه شناسی و تاریخ ادیان تحقیقات زیادی را انجام داده است. نظریهٔ ساختار در خصوص اختیار و منشأهای آن از او است.

weekly compensation
پرداخت هفتگی
☞ *average weekly benefit*

weekly conference
کمیسیون هفتگی

weighted arithmetic mean
میانگین حسابی وزن دار

weighted average
میانگین وزنی؛ میانگین موزون؛ متوسط موزون

weighted checklist
فرم ارزشیابی با نمره‌های متفاوت

weighted factor
ضریب توزین؛ عامل توزین

weighted mean
میانگین حسابی وزن دار

weight, gross
وزن ناخالص

weighting
کمک هزینهٔ زندگی

weight, net
وزن خالص؛ وزن ویژه

weight, tare
وزن ظرف

welfare
رفـاه؛ آسـایش؛ کـمک؛ خـدمات اجـتماعی؛ کمکهای اجتماعی؛ بهزیستی؛ هزینهٔ بهزیستی

welfare
خدمات بهزیستی

welfare fund
صندوق رفاه

well-designed scheme
طرح کاملاً حساب شده

well-established
معتبر؛ مسلم؛ محرز؛ متقن

well-oiled machine
سازمان کارآمد؛ نظام کارآمد

well-paid
دارای حقوق مکفی؛ با حقوق / دستمزد بالا

well-run
خوب اداره شده؛ با مدیریت خوب

well-thought out scheme
طرح سنجیده و دقیق

well-warranted
ضمانت شده؛ تضمین شده

welsh
به تعهد خود عمل نکردن؛ زیر قول خود زدن؛ از پرداخت وجه شانه خالی کردن

welsh mortgage
رهن مطلق؛ رهن بدون مدت (رهنی که راهن هر وقت بخواهد می‌تواند با پرداخت بـدهی / دین آنرا فک کند)

wet goods

کالای پول شدنی؛ کالای قابل تبدیل به پول

wet lease

کرایهٔ کامل؛ اجارهٔ کامل

wet money

فوق‌العادهٔ سختی کار

WFTU (World Federation of Trade Unions)

فدراسیون جهانی اتحادیه‌های کارگری

wharf

بارانداز؛ اسکله؛ انبار کردن در بارانداز یا لنگرگاه کشتی؛ پهلو گرفتن کشتی

wheel of retailing

چرخهٔ جزئی فروشی؛ دور / چرخهٔ خرده‌فروشی؛ نظریه‌ای که بر اساس آن در بازار خرده‌فروشی ابتدا کالا با قیمتهای پایین عرضه می‌شود، لیکن با گذشت زمان قیمتها افزایش می‌یابد تا این که ورود رقیبان تازه به بازار موجب کاهش قیمت شود

wheel pattern of communication

الگوی ارتباطی چرخشی

while on duty

حین انجام وظیفه

whipsawed

زیان دو جانبه؛ خسارت از دو طرف؛ (در معاملات سهام) فردی که هم در خرید و هم در فروش سهام زیان قابل ملاحظه‌ای را متحمل شود

white-collar

کارمند؛ مستخدم غیر کارگر؛ اداری؛ دفتری؛ کارمندی؛ کارمندان اداری / دفتری

white-collar job

شغل اداری؛ کار دفتری

white-collar workers

کارمندان اداری؛ طبقهٔ کارمندان؛ کارگران یقه سفید؛ اصطلاحی که برای کارکنان اداری و پشت میز نشین به کار می‌رود. همچنین به افرادی که در کارخانه کار می‌کنند اصطلاح کارگران یقه آبی اطلاق می‌شود

☛ *blue collar workers*

white goods

کالاهای پر زرق و برق

white knight

قهرمان سپید پوش؛ ناجی؛ این اصطلاح به شرکت یا فردی اطلاق می‌شود که با ارائهٔ پیشنهادی مناسب به شرکتی که سهام آن در معرض خطر قرار گرفته کمک کند تا سرمایه‌اش را به بهترین وجه کنترل کند

white paper

گزارش دولتی

whole coverage

(در بیمه) تأمین کلیهٔ خسارتها

whole-job ranking

طبقه‌بندی کلی مشاغل

whole life

بیمهٔ عمر

whole-life assurance

بیمهٔ تمام عمر

wholesale

عمده‌فروشی؛ به قیمت عمده‌فروشی

wholesale banking

خدمات گستردهٔ بانکی؛ بانکداری عمده

wholesale dealer

عمده‌فروش

☞ *wholesaler*

wholesale price

بهای عمده فروشی؛ قیمت عمده فروشی

wholesale price index

شاخص قیمت عمده فروشی

☞ *retail price index*

wholesaler

عمده فروش

☞ *wholesale dealer*

whole system approach

(در مدیریت استراتژیک) رهیافت کل‌نگری

wholly owned subsidiary

شرکت فرعی کاملاً تصاحب شده

wide area network

شبکهٔ گستردهٔ رایانه‌ای

widely circulated papers

روزنامه‌های کثیرالانتشار

wide opening

شروع پر رونق (سهام بازار بورس)

wider environment

محیط بزرگتر

wider span of control

حیطهٔ نظارت گسترده‌تر

wildcat strike

اعتصاب غیر منتظره؛ اعتصاب بدون پشتوانه؛ اعتصاب غیر رسمی؛ اعتصاب بدون موافقت اتحادیهٔ کارگران

will

وصیت نامه؛ قصد؛ اراده؛ وصیت کردن؛ با وصیت واگذار کردن

WIMP (windows, icons, mouse, pull-down menus)

نرم افزار با زبان علامتها و نشانه‌ها

win a bid

برنده شدن در مناقصه یا مزایده

windfall profit

سود باد آورده

winding up

انحلال؛ تصفیه

winding up of a company

انحلال شرکت

winding-up order

حکم انحلال

window dressing

ظاهر سازی؛ نمایش در ویترین

wind up

تسویه حساب؛ تصفیه؛ انحلال؛ منحل کردن؛ تصفیه کردن؛ خاتمه دادن

☞ *liquidate*

wind up a meeting

خاتمه دادن به جلسه

wink

لحظه؛ در مطالعهٔ کار به زمان سه صدم ثانیه کار گفته می‌شود

wink counter

لحظه شمار

win promotion

ترفیع گرفتن

☞ *earn promotion*

win-win situation

موقعیت ممتاز مساوی

wipsaw

تسلسل اعتصاب برای افزایش دستمزد

WIP (work in process)

کسر کردن

withholding tax

مالیات بر درآمد؛ مالیات تکلیفی (کسر مالیات قبل از پرداخت حقوق و دستمزد)؛ مالیات کسر شده از حقوق

withhold payment

عدم پرداخت؛ امتناع از پرداخت

without recourse

بدون حق مراجعه (در مورد عدم پرداخت سفته یا برات)؛ بدون درخواست غرامت

☞ *sans recours*

with recourse

با درخواست غرامت

witness thereof, in

با تایید و تصدیق مراتب (فوق)

wolf

محتکر؛ احتکار کننده

Woodward, Joan

جوآن وودوارد:

نویسنده و نظریه پرداز انگلیسی که دارای تحقیقاتی در زمینهٔ تکنولوژی و مدیریت است.

word

واژه؛ (در رایانه) واحد داده‌ها

word length

طول واژه

word processing

واژه پردازی؛ پردازش کلمات

word processor

واژه پرداز

word, send

پیام دادن / فرستادن

work

کالای در حال ساخت؛ کار در جریان؛ کار تمام نشده؛ کار در دست اقدام

☞ *work in progress*

☞ *good in process*

wire house

شرکت با شبکهٔ ارتباطی گسترده؛ (در بازار بورس) شرکتی که دارای شبکهٔ ارتباطی گسترده‌ای با دفاتر شرکتهای طرف معامله می‌باشد

wirepull

پارتی بازی کردن؛ از طریق پارتی بازی به مقام بالاتر رسیدن

wirepulling

پارتی بازی

with all faults

با همهٔ عیوب؛ آنچه که هست؛ ظاهر و باطن

with costs

با هزینه دادرسی؛ بعلاوهٔ هزینه دادرسی

withdrawal

کناره‌گیری؛ انصراف

withdrawal from an office

کناره‌گیری از شغل

withdrawal from membership

از عضویت خارج شدن

withdraw interdiction

رفع ممنوعیت

withdraw (n. withdrawal)

مسترد کردن؛ ترک کردن؛ اعراض کردن؛ صرفنظر کردن؛ برداشت کردن؛ کناره‌گیری کردن؛ منصرف شدن؛ عقب کشیدن؛ پس گرفتن

withhold

خودداری کردن (از تحویل)؛ مضایقه کردن؛

workable action 763 work-in

کار؛ فعالیت؛ شغل؛ کار کردن؛ بکار انداختن؛ اداره کردن؛ کنترل کردن؛ عملی بودن؛ اثربخش بودن

workable action

اقدام مؤثر

workable solution

راه‌حل عملی

☞ *practical solution*

workaholic

تشنهٔ کار؛ عاشق کار

work and motivation

کار و انگیزه

work audit

ممیزی کار

☞ *desk audit*

work benefits

مزایای شغلی

work, by

کار غیر مقرر؛ کار غیر موظف

work, casual

کار غیر دایمی؛ کار موقت

work center

مرکز کار

work content

محتوای شغل

work council

شورای کار

work cycle

دورهٔ کار؛ چرخهٔ کار

work, day

کار روزانه

workday

روز کار؛ روز غیر تعطیل؛ مدت کار روزانه

worker, casual

کارگر موقت

worker, day

کارگر روز کار؛ کارگر روز مزد

worker, manual

کارگر ساده

worker, migratory

کارگر مهاجر

workers' control

مدیریت توسط کارکنان

worker, skilled

کارگر ماهر

worker's surplus

اضافه درآمد کارگر

worker, threshold

کارگر تازه کار / بی‌تجربه

work ethics

اخلاق کاری؛ اخلاق کار؛ وجدان کار

work-factor system

نظام بررسی عوامل کار؛ سیستم مطالعهٔ عوامل کار

work, fat

کار آسان؛ کار پر درآمد

work flow

گردش کار

work force

نیروی کار

☞ *labor force*

work group

گروه کار

work-in

تصدی و ادارهٔ کارگاه توسط کارکنان

working capital

سرمایهٔ در گردش؛ سرمایهٔ جاری

☞ *liquid capital*

☞ *current capital*

working capital cycle

چرخهٔ سرمایهٔ در گردش

working capital ratio

نسبت سرمایهٔ در گردش

working capital turnover

نسبت سرمایهٔ در گردش

working conditions

شرایط محیط کار

working control

کنترل عملی شرکت

working day

روز اداری؛ روز کار؛ روز غیر تعطیل

working group

گروه تحقیق

☞ *working party*

working partner

شریک تضامنی؛ شریک فعال

☞ *acting partner*

☞ *avtive partner*

☞ *full partner*

☞ *general partner*

☞ *ordinary partner*

working party

گروه تحقیق

☞ *working group*

working poor

کارگران کم درآمد

working practice

عملیات کار

working relationship

روابط کاری؛ روابط شغلی؛ مناسبات کاری

working smart

هوشمندانه کار کردن

working storage

انبارهٔ فعال (در رایانه)

working week

هفتهٔ کاری؛ ساعت کار در هفته؛ روزهای کاری هفته

work in hand

کار در دست اقدام

work-in-process inventory

موجودی کالای در حال ساخت

work-in progress (WIP)

☞ *work-in process*

کالای در حال ساخت؛ کار در جریان؛ کار در دست اجرا؛ کالای در دست ساخت

☞ *work in process*

☞ *good in process*

work instruction

دستورالعمل کار؛ دستور کار

workload

حجم کار

workmanship

کار؛ ساخت؛ کیفیت ساخت

work manual

دستورالعمل کار؛ دستور کار

work measurement

اندازه‌گیری کار؛ کار سنجی؛ سنجش کار؛ زمان سنجی کار

workmen's compensation
غرامت خسارت جانی یا از کار افتادگی؛ غرامت حادثهٔ ناشی از کار؛ جبران صدمات وارده به کارگران

work, night
کار شبانه

work one's way up
ارتقا یافتن؛ به مقامات بالاتر رسیدن

work out
طرح کردن؛ حل کردن؛ محاسبه کردن

workout loan
وام برای گرفتاری و مشکلات

work overload
بیش از ظرفیت بار کردن؛ کار بیش از توان
☞ **work underload**

work permit
جواز کار

workplace
محل کار

workplace bargaining
مذاکره در محل کار

workplace politics
سیاستهای محل کار

work progress report
گزارش پیشرفت کار

work rotation
گردش کار؛ چرخش کاری

work rules
مقررات کار

works
کارها؛ کارخانه

work sampling
نمونه‌گیری کار؛ نمونه‌گیری فعالیت
☞ *activity sampling*

works council
شورای کارگران

work, seasonal
کار فصلی

work sharing
تقسیم کار؛ اشتراک شغل؛ اشتراک کار

worksheet
برگهٔ پیشرفت کار؛ ورقهٔ گزارش کار؛ کاربرگه؛ فرم؛ ورقهٔ تمرین

workshop
کارگاه:
محلی که گروهی از مردم با داشتن علاقه یا مشکل مشترک که اغلب مربوطه به شغل آنها می‌باشد، برای مدت زمان معینی دور هم جمع می‌شوند تا مهارت یا دانش خود را ارتقا دهند

work simplification
ساده کردن کار؛ ساده سازی کار

works manager
مدیر عملیات (در کارخانه)

works pension scheme
طرح بازنشستگی کار

work station
محل کار؛ مرکز کار

work stoppages
تعطیلی کار؛ توقف کار

work study
مطالعهٔ کار؛ بررسی پیشرفت کار؛ کار سنجی

work ticket
فهرست عملیات شغل

work title

عنوان کار؛ عنوان شغل

work-to-rule

کم کاری قانونی (طفره رفتن از کار در چارچوب مقررات بعنوان اعتراض به شرایط کار)؛ کار در حد مقررات

work under

تحت نظر کسی کار کردن؛ زیر نظر کسی کار کردن

work underload

کار کمتر از توان

☛ *work overload*

work unit

واحد کار

work, unskilled

کار ساده؛ کار بدون نیاز به مهارت

workup support

جلب حمایت کردن؛ پشتیبانی مردم را جلب کردن

workweek

ساعت کار در هفته؛ روزهای کاری هفته

World Bank

بانک جهانی (بانک بین‌المللی بازسازی و توسعه)

☞ *International Bank of Reconstruction and Development*

World Confederation of Labor (WCL)

کنفدراسیون جهانی کار

World Confederation of Productivity Science

کنفدراسیون جهانی دانش بهره‌وری

World Federation of Trade Unions (WFTU)

فدراسیون جهانی اتحادیه‌های بازرگانی (کارگری)

worldwide coverage

طرح بیمهٔ جهانی

worldwide product division

بخش تولید با مسؤولیت بین‌المللی

worth

ارزش؛ قیمت مبادله‌ای

worth, net

ارزش خالص

wound up

منحل شده؛ منحله

wound-up company

شرکت منحل شده

wrapper

لفافه بست بندی؛ پوشش

wrap-up

مشتری خوب؛ مشتری که به آسانی خرید می‌کند؛ نتیجه؛ خلاصه

wreck

خسارت وارد کردن (به کشتی)

writ

فرمان؛ حکم؛ سند قانونی

write down

کاهش ارزش دارایی؛ مستهلک کردن؛ ثبت کردن؛ تنزل کردن بهای اسمی سهام

write off

حذف حساب؛ حذف کردن؛ قلم زدن؛ از دفتر خارج کردن؛ انتقال مانده حساب دارایی (به دلیل غیر قابل وصول بودن یا فاقد ارزش شدن

آن) به حساب هزینه یا سود و زیان؛ لغو کردن پروژه یا برنامه؛ حذف بدهی مشکوک‌الوصول از دفتر حساب؛ بدهی مشکوک‌الوصول

write-up

افزایش صوری ارزش دارایی

writing-down allowance

مبلغ استهلاک

writing obligatory

اسناد تعهدآور؛ تعهد به موجب سند رسمی

writ of capias

حکم جلب؛ حکم توقیف دارایی یا شخص

☞ *capias*

writ of distraint

فرمان توقیف اموال بدهکار (به طور موقت برای تأمین مطالبات)؛ حکم توقیف اموال شخصی

writ of distress

فرمان توقیف و فروش اموال بدهکار

writ of entry

حکم تملک مجدد

writ of expropriation

حکم مصادره؛ حکم سلب مالکیت؛ حکم لغو مالکیت

writ of fieri facias

فرمان توقیف اموال؛ قرار توقیف و فروش اموال مدیون جهت تأمین محکوم‌به

written agreement

موافقت‌نامه؛ پیمان‌نامه

written application

تقاضانامه؛ برگ درخواست؛ درخواست نامه

written contract

قرارداد کتبی

written-down historic cost

(در مدیریت مالی) ارزشیابی (داراییهای شرکت) به روش ارزش دفتری

written-down replacement cost

(در مدیریت مالی) ارزشیابی (داراییهای شرکت) به بهای تمام شده جایگزینی

written down value

ارزش پس از کسر استهلاک؛ ارزش نهایی

written instructions

دستورات کتبی

written instrument

سند / مدرک کتبی؛ هر گونه سند یا مدرک کتبی از قبیل قرارداد یا موافقت‌نامه

written notice

اخطاریه؛ اخطار کتبی

written order

امریه؛ حکم کتبی

written permission

اجازه‌نامه؛ اجازهٔ کتبی؛ مجوز کتبی

written test

آزمون کتبی؛ امتحان کتبی

written undertaking

تعهدنامه

wrongful dismissal

اخراج / انفصال ناروا؛ اخراج غیر قانونی

X / x

X-theory

تئوری x ؛ مفروضات x

طرفداران این نظریه معتقدند که یک انسان طبیعی، فطرتاً کار را دوست ندارد و تا حد امکان از آن اجتناب می‌کند و لذا به علت این ویژگی گریز از کار، اغلب کارکنان سازمان مستحق زور، فشار، هدایت و تهدید به تنبیه هستند تا بدین وسیله تلاش و کوشش بیشتری را جهت تحقق اهداف سازمان از خود نشان دهند.

☞ *Y-theory*

X-axis

محور x؛ محور طول؛ محور افقی در یک نمودار

XD (ex-dividend)

سهم بدون سود

xerography

عکسبرداری؛ تکثیر؛ فتوکپی؛ (تکثیر)بصورت زیراکس

xerox

زیراکس؛ زیراکس کردن؛ تکثیرکردن

XL (extra large)

ایکس لارج؛ اندازه / سایز خیلی بزرگ

Y/y

Yankee bond
اوراق آمریکایی

yard
بارانداز راه‌آهن؛ میدان کارخانه؛ یارد

yardman
متصدی بارانداز

yardmaster
رییس بارانداز

Y-axis
محور Y؛ محور عرض‌ها؛ محور عمدی در یک نمودار

year-end adjustment
تعدیل پایان دوره؛ تعدیل پایان سال مالی

year-end dividend
سود پایان دوره؛ سود پایان سال مالی؛ سود سهام پایان سال

year-end profit
سود پایان سال

yearling
یک ساله؛ سهم یک ساله

yearly allowance
مقرری سالیانه

yearly instalments
اقساط سالیانه

year of assessment
سال ارزشیابی

yellow dog contract
قرارداد استخدام مشروط به عدم عضویت در اتحادیه؛ قرارداد استخدام بدون عضویت در اتحادیه؛ استخدام به شرط عضو نشدن در اتحادیه؛ قراردادی که بین کارگر و کارفرما منعقد می‌شود و کارگر ضمن اقرار به اینکه عضو اتحادیه نیست تعهد و تضمین می‌کند که هرگز به اتحادیه‌های کارگری ملحق نشود؛ قرارداد تحمیلی

yes-man
فرد بله قربان گو؛ کارمند متملق؛ آدم سر به راه

yield
تسلیم کردن؛ اعراض کردن از حق یا اختیار؛ حاصل دادن؛ بهره دادن؛ تسلیم شدن؛ سود سرمایه‌گذاری؛ بازده عواید مالیاتی؛ واگذار کردن؛ بازده؛ محصول؛ نرخ بازده سرمایه‌گذاری
☞ return
☞ rate of return

yieldance
واگذاری؛ تفویض؛ اعطا؛ امتیاز

yield, bond

yield, dividend 770 yuppie

بازده اوراق قرضه

yield, dividend

بازده سود سهام

yield, net

بازده خالص

yield, nominal

بازده اسمی

yield variance

اختلاف بازده؛ اختلاف میزان واقعی بازده با میزان برآورد شدهٔ آن

youth opportunities program (YOP)

برنامهٔ فرصتهای کارآموزی و استخدامی جوانان

youth training scheme (YTS)

طرح کارآموزی جوانان

yo-yo-stock

سهام متزلزل؛ سهام بی‌ثبات

Y-pattern of communication

الگوی ارتباطی زنجیره‌ای

Y-theory

تئوری *Y* ؛ مفروضات *Y*

طرفداران این نظریه معتقدند که استفاده از قوای فکری و جسمانی برای انسان از قبیل تفریح و استراحت، عادی و طبیعی است. بنابراین نه تنها انسان ذاتاً به کار بی‌علاقه نیست، بلکه در شرایط قابل اطمینان ممکن است کار برای انسان منبع پاداش باشد و پذیرای داوطلبانهٔ کار گردد.

☛ *X-theory*

YTS (youth training scheme)

طرح کارآموزی جوانان

yuppie

تازه به دوران رسیده؛ جاه‌طلب؛ نوکیسه؛ مقام طلبی

Z / z

zaibastu
زایباستو؛ گروهی از مؤسسات مالی و صنعتی ژاپن که با یکدیگر روابط تجاری و همکاری متقابل دارند

ZBB (zero-base budgetting)
بودجه‌بندی بر مبنای صفر

Z-chart
نمودار Z؛ نقشهٔ z

zero-base budgetting
بودجه‌بندی بر مبنای صفر

zero coupon bond
کوپن اوراق صفر

zero defects
بدون خطا؛ خطای صفر؛ تولید بدون نقص؛ طرح تولید بدون خطا

zero defects policy
سیاست تولید بدون عیب و نقص؛ سیاست خطای صفر؛ تولید بدون نقص

zero-inflation
تورم صفر درصد؛ تورم صفر

zero-population growth
رشد جمعیت صفر

zero-rated
نرخ صفر درصد؛ معاف از مالیات بر ارزش افزوده

zero-sum
مجموع صفر

zero tariff
تجارت آزاد؛ تجارت بدون تعرفه؛ تجارت بدون حقوق گمرکی

zero time activity
فعالیت زمان صفر

zip code
کد پستی
☞ *post code*

Zipf's law
قانون زیف؛ قانون اصل حداقل تلاش

zipper clause
شرط ممنوعیت مذاکره؛ شرط مانع

zone circles
حلقه‌های همکاری؛ گروه‌های منطقه‌ای

zone curve chart
نمودار منحنی منطقه‌ای

zone, free
منطقهٔ آزاد؛ منطقهٔ آزاد تجاری؛ بندر آزاد
☞ *free trade area*
☞ *free trade zone*
☞ *foreign trade zone*

☞ *duty free zone*
zone freight rate
نرخ کرایهٔ منطقه‌ای
zone of indifference
(در اصل تفویض اختیار) منطقهٔ بی‌تفاوتی
zoning
منطقه‌بندی
zoning ordinance
فرمان ناحیه‌ای؛ حکم منطقه‌ای؛ حکم منطقه‌بندی
zoning pricing
قیمت گذاری ناحیه‌ای

شکل (۱) : وظایف مدیریت (Management Functions)

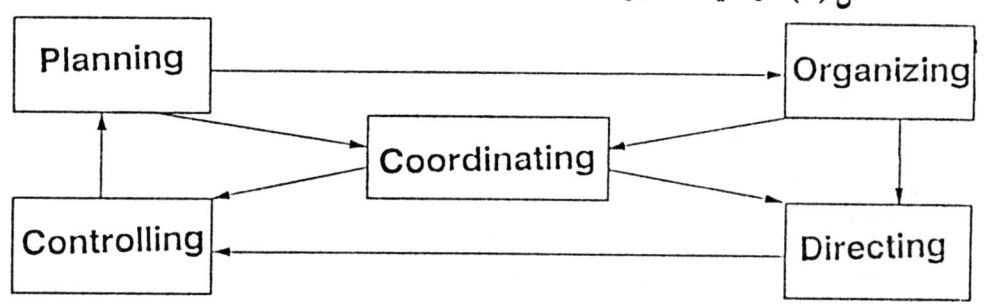

```
┌──────────┐                    ┌──────────┐
│ Planning │───────────────────▶│Organizing│
└──────────┘                    └──────────┘
     ▲    ╲        ┌────────────┐      ╱  │
     │     ╲       │Coordinating│◀────    │
     │      ────▶  └────────────┘   ╲     │
     │           ╱              ╲    ╲    ▼
┌───────────┐◀──                 ──▶┌──────────┐
│Controlling│◀──────────────────────│ Directing│
└───────────┘                       └──────────┘
```

شکل (۲) : تفویض اختیار (Delegation of Authority)

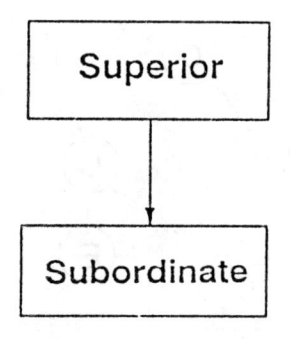

```
┌──────────┐
│ Superior │
└──────────┘
     │
     ▼
┌────────────┐
│Subordinate │
└────────────┘
```

شکل (۳) : پاسخگویی (Accountability)

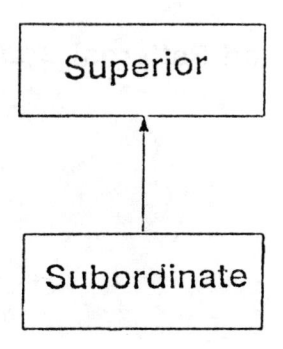

```
┌──────────┐
│ Superior │
└──────────┘
     ▲
     │
┌────────────┐
│Subordinate │
└────────────┘
```

شکل (۴) : الگوهای ارتباطی (Communications Patterns)

| All Channel | Circle | Chain | "Y" | Wheel |

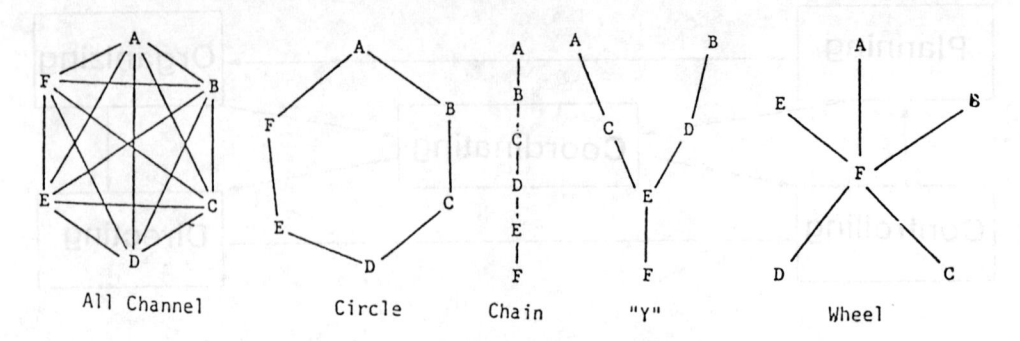

شکل (۵) : الگوهای متمرکز (Centralized Patterns)

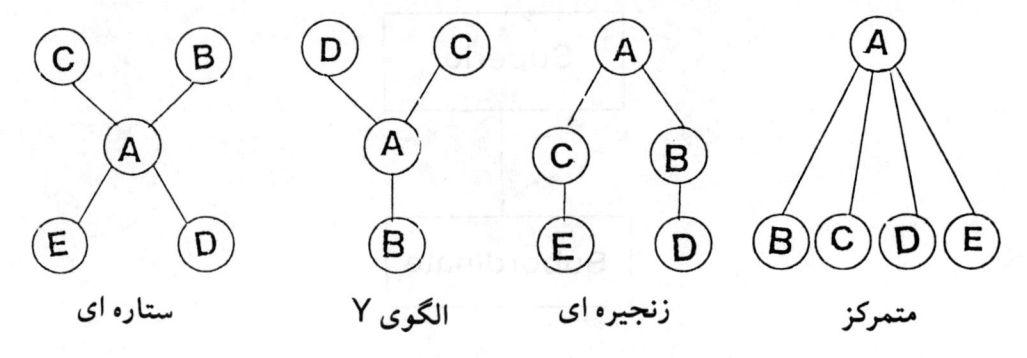

ستاره ای   الگوی Y   زنجیره ای   متمرکز

شکل (۶) : الگوهای غیرمتمرکز (Decentralized Patterns)

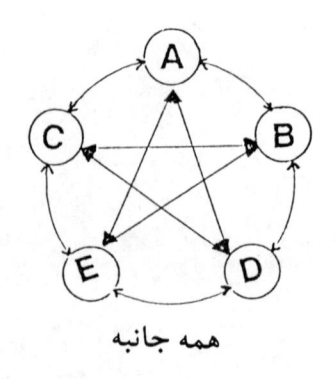

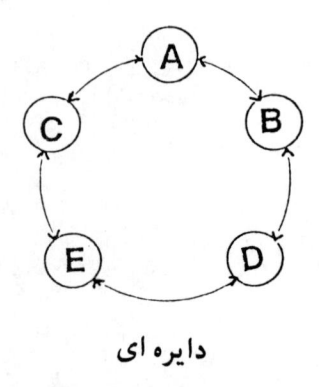

همه جانبه   دایره ای

ب - منابع و ماخذ انگلیسی

BIBLIOGRAPHY

1. Behling, Orland, and Charles F.Rauch, JR. "A Functional Perspective on Improving Leadership Effectiveness". Organizational Dynamics 13, no 4 (Spring 1985).

2. Bovet, D. "Logistics Strategies for Europe in the 90s" planning Review 19, no. 4 (July/August 1991).

3. Bowersox, Donald J.M. Bixby Coopers, Douglas M.Lambert, and Donald A.Taylor. "Management in Marketing Channels". New York: McGraw-Hill, 1980.

4. David C.Shanks, "Strategic Planning for Global Competition", The Journal of Business strategy 5, no.3 (Winter 1985).

5. Drucker, Peter F."Management: Tasks, Responsibilities, Practices". New York: Harper and Row, 1974.

6. "Europe 1992: A Special Report". Transportation & Distribution 31. no. 2 (Feb 1990).

7. Haimann, Theo and William G.Scott: "Management in the Modern Organization". Boston: Houghton Mifflin, 1970.

8. Hornby A.S, Oxford Advanced Learner's Dictionary of Current English, Fifth ed. Oxford University Press 1998.

9. Humble, John. "Management by Objectives in Action". New York: McGraw-Hill, 1970.

10. Knootz, Harold and O'Donnell, Cyril." Principles of Management". New York: McGraw-Hill, 1972.

11. Mallen, Bruce. "Principles of Marketing Channel Management". Lexington, Mass: Lexington Books, 1977.

12. Maslow, Abraham."Eupsychian Management": A.Journal. New York: Richard D.Irwin inc. and The Dorothy Press, 1975.

13. Maslow, Abraham."The Farther Reaches of Human Nature". London: Penguin, 1978.

14. McGregor, Douglas." Leadership and Motivation". New York: McGraw Hill, 1964.

15. Samiee, Saeed, and Kendall Roth. "The Influence of Global Marketing Standardization on Performance, ". Journal of Marketing 1 no. 2 (April 1992).

16. Stern, Louis W. and Adel I.El - Ansary. "Marketing Channels", 2nd ed. Englewood Cliffs, N.J: Prentice Hall, 1982.

17. Terry, George R. "Principles of Management". 6th ed. Homewood: R.D. Irwin, 1972.

18. Thomas A.Foster,"Freight Forwarders: The Export Experts". Distribution 79, no. 3 (March 1980).

19. US Air Force. AFM 25-1, "USAF Management Process", 15 OCT. 1964, with change 1, 30 OCT. 1964.

20. US Army, "Army Management". US Army Management School. no date.

21. US Air Force, Functions of Management, Air University. no date.

Vroom, Victor H. and Deci, E.L (Eds). "Management and Motivation". London: Penguin, 1970.

22. Warren J.Keegan, "Multinational Marketing Management", 3rd ed. Englewood Cliffs, N.J.Prentice Hall, 1989.

23. Webster's Third New International Dictionary of the English Language, G.&C. Meriam Company 1966.

سالهای ۷۷-۱۳۷۵
۲۰- کیا، منوچهر، تئوریهای مدیریت و مدلهای سازمان، مرکز آموزش مدیریت دولتی، ۱۳۷۳
۲۱- ماهنامه علمی - آموزشی تدبیر، سازمان مدیریت صنعتی، شماره های مختلف
۲۲- مجلهٔ علمی - کاربردی مدیریت دولتی، مرکز آموزش مدیریت دولتی، سازمان امور اداری و استخدامی کشور، شماره‌های مختلف
۲۳- معین، محمد، فرهنگ فارسی شش جلدی معین، مؤسسهٔ انتشارات امیرکبیر ۱۳۶۲
۲۴- یزدی، عباس، راهنمای ارزشیابی آموزش، انتشارات دانشگاه هوایی، ۱۳۷۸
۲۵- یزدی، عباس، طراحی و برنامه‌ریزی آموزشی، انتشارات دانشگاه هوایی، ۱۳۷۸
۲۶- یزدی، عباس، فرهنگ حقوقی، انتشارات رهنما، چاپ اول، بهار ۱۳۷۸
۲۷- یزدی، عباس، واژه‌نامهٔ سیاسی، انتشارات سالکان، چاپ اول، بهار ۱۳۷۳

فهرست منابع و مآخذ

الف- منابع و مآخذ فارسی

۱- آریانپور، عباس، فرهنگ پنج جلدی انگلیسی، مؤسسهٔ انتشارات امیرکبیر ۱۳۶۹

۲- ابطهی، سید حسن، فرهنگ لغات و اصطلاحات مدیریت، نشر قومس، چاپ دوم ۱۳۷۶

۳- اقتداری، علی محمد، سازمان و مدیریت، انتشارات مولوی، چاپ هیجدهم، بهار ۱۳۶۶

۴- ایران نژاد پاریزی، مهدی، اندیشه‌های بزرگ در مدیریت، مؤسسهٔ بانکداری ایران، بانک جمهوری اسلامی ایران، ۱۳۷۰

۵- ایران نژاد پاریزی، مهدی، بزرگترین اصل مدیریت در دنیا، چاپ اول، ۱۳۷۰

۶- باطنی، محمدرضا، فرهنگ معاصر ویراست دوم، واحد پژوهش فرهنگ معاصر، چاپ دوم ۱۳۷۷

۷- بهرامی، علی، تجارت بین‌الملل، انتشارات رهنما، چاپ اول، زمستان ۱۳۷۴

۸- بیان، حسام‌الدین، شکیبامقدم، محمد، شیوه‌های نو در آموزش، مرکز آموزش مدیریت دولتی، ۱۳۷۲

۹- حقیقی، محمدعلی، هادیزاده، اکرم، فرهنگ و اصطلاحات مدیریت و حسابداری، انتشارات ترمه، ۱۳۷۷

۱۰- ذوالفقاری اصل، محمدعلی، مدیریت بحران، مؤسسهٔ چاپ و انتشارات حدیث، چاپ اول ۱۳۷۲

۱۱- رضائیان، علی، اصول مدیریت بازرگانی، سازمان مطالعه و تدوین کتب علوم انسانی دانشگاهی (سمت) چاپ اول، پاییز ۱۳۶۹

۱۲- زاهدی، شمس السادات، الوانی، سید مهدی، فقیهی، ابوالحسن، فرهنگ جامع مدیریت، انتشارات دانشگاه علامه طباطبایی، ۱۳۷۶

۱۳- ساعتچی، محمود، روانشناسی کاربردی برای مدیران، مؤسسهٔ نشر ویرایش، چاپ اول، اردیبهشت ۱۳۷۴

۱۴- صائبی، محمد، فرهنگ مدیریت، مرکز آموزش مدیریت دولتی، چاپ سوم، ۱۳۷۷

۱۵- صائبی، محمد، مدیریت نظامهای حقوق و دستمزد، مرکز آموزش مدیریت دولتی، چاپ دوم، ۱۳۷۲

۱۶- صائمیان، صدیقه، فرهنگ مدیریت، انتشارات وثقی، ۱۳۷۵

۱۷- عمید، حسن، فرهنگ فارسی سه جلدی عمید، مؤسسهٔ انتشارات امیرکبیر ۱۳۷۸

۱۸- فصلنامهٔ علمی پژوهشی، اقتصاد و مدیریت، دانشگاه آزاد اسلامی، شماره‌های مختلف

۱۹- فصلنامه علمی پژوهشی کنترولر، ستاد مشترک ارتش جمهوری اسلامی ایران، شماره‌های ۶-۱

ی

یادداشت اطلاعاتی، ۳۷
یادداشت تفاهم، ۴۲۹، ۴۶۸، ۵۸۱
یادداشت توافق، ۴۶۸
یادداشت کتبی بیمه‌گذار به بیمه‌گر جهت مطالبهٔ خسارت از بین رفتن کالا، ۱۵
یادگیری از راه دور، ۲۴۲
یادگیری برنامه‌ریزی شده، ۵۷۶
یادگیری شاگرد محوری، ۶۸۵
یادگیری عملی، ۲۹
یادگیری مهارتهای زندگی در شهر و در جمع، ۴۱۲
یارانه، ۲۶۵، ۲۹۰، ۵۶۶، ۶۸۸
یارانه‌ای، ۶۸۸
یارانه دار، ۶۸۸
یارانه /کمک دولت برای اشتغال در مناطق خاص، ۲۶۵
یارانه /کمک دولت به صادر کنندگان، ۲۹۰

یاری کردن، ۱۸۸
یافتن راه حلهای مختلف، ۲۳۲، ۶۹۰
یأس ناشی از عدم شناخت وظیفه، ۶۲۹
یکپارچگی منابع، ۴۴۵
یک جانبه، ۵۴، ۲۲۷، ۲۸۶، ۴۹۱
یکدست پوشان، ۷۳۶
یکسان انگاری با نظر شخصی و ذهنی، ۶۷۷
یکسان سازی حقوق و دستمزد، ۶۳۴
یک قلم از یک دسته اقلام، ۴۰۱
یکنواخت سازی با غرض شخصی، ۶۷۷
یکنواخت کردن (شرایط خرید و فروش)، ۶۷۱
یک واحد تغییر در بهای سهم، ۵۵۲
یکی کردن متون حقوقی، ۱۷۶
یگان تابعه، ۶۸۷
یگانهای بازرسی شده، ۳۷۵
یوزانس، ۷۴۲

هیأت مدیره، ۳۹، ۴۸، ۶۲، ۹۲، ۹۳، ۱۳۵، ۲۰۳، ۲۳۵، ۲۳۶، ۲۸۴، ۲۸۶، ۴۵۰، ۴۵۱، ۴۵۴، ۴۵۵، ۶۸۵، ۷۵۲
هیأت مدیرهٔ دوگانه، ۷۲۹
هیأت مدیرهٔ رده‌های میانی، ۴۱۱
هیأت مدیرهٔ یک مؤسسه، ۲۰۳
هیأت مرکزی داوری، ۱۳۲
هیأت منتخب، ۲۶۰
هیأت منصفه، ۹۲، ۴۱۲، ۵۲۷، ۷۴۸
هیأت نظار، ۹۲
هیأت نظارت، ۹۲، ۹۳، ۶۹۲، ۷۵۸
هیأت نمایندگی، ۲۲۲
هیأت وزیران، ۱۱۶
هیأت یا مراجع داوری، ۵۴

همکاریهای دو جانبه ۲۸۸ هیأت مدیران سطوح میانی

مجریه، ۱۸۹
همکاریهای دو جانبه، ۸۵
همکاریهای متقابل، ۸۵
همه سالاری، ۵۵۴
هنجار اصلی گروه، ۵۴۸
هنجارها و نگرشهایی که یک سازماناجتماعی به آنها متکی است و رفتار اعضای آن را شکل می‌دهد، ۲۰۳
هوش مصنوعی، ۲۸۸
هوشمندانه کار کردن، ۷۶۴
هویت شرکت، ۱۹۰
هویت شغلی، ۷۰۲
هیأت آموزش، ۷۲۰
هیأت آموزش صنعتی، ۴۰۱
هیأت آموزشی، ۹۳
هیأت اجرایی، ۳۳، ۹۲، ۱۵۷، ۲۸۴
هیأت اعزامی، ۴۷۳، ۷۵۱
هیأت امنا، ۹۳، ۶۶۶
هیأت انتخابی، ۲۶۰
هیأت انضباطی، ۲۳۷
هیأت بازاریابی، ۹۲، ۴۶۰
هیأت بازرسان، ۳۷۶
هیأت بازرسی، ۱۵۸، ۶۴۰
هیأت بازرگانی / تجاری، ۹۲، ۹۹، ۷۱۸، ۷۱۹
هیأت بازرگانی خارجی انگلستان، ۱۰۶
هیأت بررسی، ۲۹۶
هیأت بررسی آزمون، ۶۲۴
هیأت برنامه‌ریزی، ۵۴۹
هیأت بلند پایه، ۳۴۰

هیأت تجاری / بازرگانی، ۹۲، ۹۹، ۴۷۳، ۷۱۸، ۷۱۹
هیأت تجدید نظر در حقوقهای بالا، ۶۲۴
هیأت تحریریه، ۲۵۸
هیأت تحقیق، ۱۵۸، ۲۹۶
هیأت تحقیق / بررسی، ۳۹۵
هیأت تصفیهٔ امور ورشکستگی، ۵۸
هیأت تطبیق، ۳۲، ۹۲
هیأت تعیین حداقل دستمزد، ۴۷۱
هیأت حقیقت یابی، ۴۷۳
هیأت حل اختلاف، ۹۲، ۴۶۶، ۴۷۳، ۷۲۶
هیأت داوران، ۴۱۲
هیأت داوری، ۵۴، ۹۲
هیأت داوری صنعتی، ۳۶۴
هیأت / دستگاه هماهنگ کننده، ۱۸۹
هیأت دولت، ۱۱۶
هیأت رسیدگی به مسائل کارگری وکارفرمایی، ۳۲، ۹۲
هیأت رییسه، ۹۲، ۱۵۷، ۲۸۴، ۴۵۵، ۵۲۷، ۵۶۳
هیأت ژوری، ۴۱۲
هیأت سرپرستی، ۶۲، ۹۳، ۶۹۲
هیأت صدور سهام سرمایه، ۱۲۲
هیأت عالی رتبهٔ سازمان، ۹۲
هیأت عمومی (قضات)، ۷۳
هیأت قانونگذاری، ۴۲۶
هیأت قضایی، ۱۹۷
هیأت کارشناسان، ۱۵۴
هیأت گزینش، ۶۴۳
هیأت مدیران سطوح میانی، ۹۲

هزینه یابی کار، ۴۰۴
هزینه یابی متغیر، ۱۹۴، ۴۵۸، ۷۴۶
هزینه یابی محصول نهایی، ۱۹۴
هزینه یابی مرحله‌ای، ۵۷۱
هزینه یابی مستقیم، ۱۹۴
هزینه یابی معیار، ۶۷۰
هزینه یابی نهایی، ۱۹۴
هزینه یابی یک کاسه، ۱۹، ۱۹۳
هزینه یا جریمهٔ تأخیر تأدیه، ۴۲۰
هشت کشور صنعتی، ۳۲۱
هشدار امضا کننده، ۱۳۰
هشدار به خریدار، ۱۳۰
هفت کشور بزرگ صنعتی، ۳۲۱
هفت وظیفهٔ مدیر، ۵۵۵
هفتهٔ کاری، ۷۶۴
هفتهٔ کاری کوتاه مدت، ۶۵۴
هم افزایی، ۶۹۶
هم امضا، ۱۹۳
هماهنگ کردن، ۱۸۹، ۳۸۱
هماهنگ کردن تلاشها، ۶۹۶
هماهنگ کننده، ۱۳۷
هماهنگ نبودن تلاش سازمان، ۳۱۴
هماهنگ نمودن تلاشهای بین سازمانها، ۷۳۶
هماهنگی افقی، ۳۴۳
هماهنگی ایجاد کردن، ۱۸۹
هماهنگی پیچیده، ۱۶۴
هماهنگی تلفنی، ۱۸۹
هماهنگی خارجی، ۲۹۲
هماهنگی داخلی، ۳۸۷

هماهنگی رسمی، ۳۱۱
هماهنگی عمودی، ۷۴۸
هماهنگی غیر رسمی، ۳۶۸
هماهنگی محلی، ۱۸۹
هماهنگی مقامات دولتی، ۱۸۹
هماهنگی وزارتخانه‌های دولتی، ۱۸۹
همبستگی (برای تعیین روابط کار)، ۲۶۶
همبستگی جدولی، ۴۶۳
همبستگی دو بعدی، ۴۶۳
همبستگی قانونی، ۴۰۹
همبستگی ماتریسی، ۴۶۳
همبستگی متقابل، ۳۸۴
هم پراکنش، ۱۹۷
هم ترازی قیمت، ۵۶۵
همسازی با سازمان، ۶۶۰
هم سنجی فرآورده‌ها، ۵۷۴
هم عقیده بودن، ۶۵۲
همکاری اجباری، ۴۹
همکاری بین گروهها، ۳۸۶
همکاری تطمیعی جذب عاملهای مخالف در تصمیم گیری، ۱۸۹
همکاری تقابلی، ۴۹
همکاری دو جانبه، ۸۵
همکاری عمران منطقه‌ای، ۶۰۶
همکاری عناصر سازمان، ۱۸۸
همکاری قسمتهای مختلف سازمان بایکدیگر، ۱۸۸
همکاری کردن، ۱۵۰، ۱۵۲، ۱۸۸، ۳۲۷، ۴۰۷
همکاری مسؤولان و مقامات قوهٔ

هزینهٔ نیمه ثابت، 646
هزینهٔ نیمه متغیر، 646
هزینهٔ واحد، 65
هزینهٔ واحد توزیع (کالا)، 738
هزینهٔ واحد تولید، 738
هزینهٔ واحد کار، 738
هزینه‌ها را کاهش دادن، 623
هزینه‌ها و عوارض و مالیاتها، 287
هزینه‌های اتفاقی، 493
هزینه‌های اداری، 522
هزینه‌های اضافی، 280، 293، 297، 358
هزینه‌های اضافی انبارداری، 280
هزینه‌های اضافی حمل و نقل، 280
هزینه‌های اطلاعاتی، 369
هزینه‌های افزایش عملیات، 677
هزینه‌های بالا سری، 522
هزینه‌های بانکی، 137
هزینه‌های پیش بینی شده‌ای که هنوز زمان پرداختشان نرسیده، 220
هزینه‌های تأسیساتی، 122
هزینه‌های تولید، 19، 103، 194، 255، 457
هزینه‌های ثابت، 306
هزینه‌های جنبی، 152، 242
هزینه‌های حمل (کالا)، 125، 724
هزینه‌های دفتری، 148
هزینه‌های دولتی، 330
هزینه‌های رقابتی، 163
هزینه‌های ساخت، 457
هزینه‌های سازمانی، 517
هزینه‌های عارضی و اتفاقی، 355
هزینه‌های عملیات، 510

هزینه‌های عمومی، 362، 522
هزینه‌های غیر تولیدی، 492
هزینه‌های غیر قابل پیگیری، 493
هزینه‌های غیر قابل کنترل، 491
هزینه‌های غیر مستقیم، 361، 362
هزینه‌های غیر مستمر، 493
هزینه‌های قابل اجتناب، 66
هزینه‌های قابل کنترل، 450
هزینه‌های کارخانه، 296
هزینه‌های کار غیر مستقیم، 362
هزینه‌های کلی، 510
هزینه‌های متغیر، 602، 747
هزینه‌های متغیر کل، 717
هزینه‌های متفرقه یا اتفاقی، 355
هزینه‌های مستقیم، 234
هزینه‌های مستهلک شده، 45
هزینه‌های مستهلک نشده، 731
هزینه‌های مشترک، 408
هزینه‌های مشترک تولید، 409
هزینه‌های مشترک و عمومی، 158
هزینه‌های معوقه، 219
هزینه‌های مواد / مصالح غیر مستقیم، 362
هزینه‌های نیمه متغیر، 647
هزینه‌های وابسته / مربوط، 58
هزینه یابی، 193
هزینه یابی استاندارد، 194
هزینه یابی بخشی، 738
هزینه یابی برای واحد تولید، 571
هزینه یابی جذبی، 19، 193
هزینه یابی دسته‌ای، 79، 193
هزینه یابی سفارش کار، 194

هزینهٔ کار/کارگر، ۴۱۶	هزینهٔ دادرسی، ۱۹۴، ۱۹۵، ۱۹۷
هزینهٔ کارگر و مصالح مستقیم، ۵۶۷	هزینه داشتن، ۱۹۳
هزینهٔ کار ماشین در ساعت، ۴۴۶	هزینهٔ درآمدهای آتی، ۲۲۰
هزینهٔ کالای تولیدی، ۵۱۲	هزینهٔ دریافت سفارش، ۵۱۴
هزینهٔ /کرایهٔ حمل بار (محموله)، ۳۱۶	هزینهٔ دفتری، ۳۳
هزینه کردن بر مبنای کارکرد (وظیفه)، ۳۱۸	هزینه دیرکرد، ۱۸۰، ۲۰۷
	هزینهٔ رهن، ۴۷۷
هزینهٔ کل، ۷۱۶	هزینهٔ زندگی، ۱۹۴، ۲۱۲
هزینهٔ متعلقه، ۲۵	هزینهٔ ساختمانهای نیمه تمام، ۱۷۷
هزینهٔ متغیر، ۶۳۲، ۷۴۶	هزینهٔ سالانه، ۴۸
هزینهٔ متوسط متغیر، ۱۹۳	هزینهٔ سالانهٔ سرمایه، ۴۷
هزینهٔ مختلط، ۴۷۴	هزینهٔ سرانه، ۲۸۷
هزینهٔ مداوم، ۷۳۶	هزینهٔ سربار، ۱۱۱، ۴۵۷
هزینهٔ مستقیم، ۲۳۵، ۷۴۶	هزینهٔ سرمایه، ۱۹۴
هزینهٔ مستقیم متغیر، ۷۴۷	هزینهٔ سرمایه‌ای، ۱۲۱، ۱۲۲
هزینهٔ مستقیم مواد، ۲۳۵	هزینهٔ سرمایه‌ای سالهای آتی، ۷۳۶
هزینه مسکوک نمودن شمش، ۱۰۲	هزینهٔ سفر، ۴۳، ۲۹۹، ۷۲۴، ۷۲۵، ۷۴۹
هزینهٔ مصرف شخصی، ۵۴۳	هزینهٔ شناور، ۳۰۸
هزینهٔ معامله، ۷۲۲	هزینهٔ عملیات، ۱۹۳، ۵۱۰، ۵۶۷، ۶۰۲
هزینهٔ معطلی کشتی در بندر، ۶۹۳	هزینهٔ عمومی، ۱۱۱
هزینهٔ معوّق، ۲۵، ۲۶	هزینهٔ غیر قابل تفکیک، ۳۷۴
هزینهٔ معیار، ۶۷۰	هزینهٔ غیر مترقبه، ۴۹۳
هزینه مواد، ۴۶۳	هزینهٔ غیر مستقیم، ۱۱۱، ۲۷۵، ۵۰۶
هزینهٔ مهار نشدنی، ۷۳۲	هزینهٔ فرصت از دست رفته، ۵۱۲
هزینهٔ میانگین، ۶۵	هزینهٔ فروش، ۱۹۴، ۶۴۶
هزینهٔ نزولی، ۲۱۷	هزینهٔ فوق‌العاده، ۲۹۳
هزینهٔ نصب، ۳۷۶	هزینهٔ قابل کنترل، ۱۸۵
هزینهٔ نگهداری موجودی کالا، ۶۷۹	هزینهٔ قابل نظارت، ۱۸۵
هزینهٔ نگهداری و تعمیر، ۱۹۴	هزینهٔ قطعی، ۲۹
هزینهٔ نوسازی و ترمیم، ۱۹۴	هزینه / قیمت واقعی، ۲۹
هزینهٔ نهایی، ۴۵۸	هزینهٔ کارشناسی، ۲۸۸
هزینهٔ نیروی کار مستقیم، ۲۳۵، ۲۳۶	هزینهٔ کار غیر مستقیم، ۳۶۲

هزینهٔ آموزشی، ۷۲۱
هزینهٔ اداری، ۳۳، ۵۲۲
هزینه/ارزش از دست رفته، ۲۸۸
هزینهٔ ارزشیابی، ۲۷۸
هزینهٔ استاندارد، ۲۰۴، ۶۷۰
هزینهٔ استهلاک، ۲۳۰
هزینهٔ اضافی، ۲۹۳، ۳۱۴، ۵۰۶، ۵۲۱
هزینهٔ انبارداری، ۶۷۹
هزینهٔ انجام معامله، ۷۲۲
هزینهٔ اولین قلم کالای وارده برای قیمت‌گذاری کالاهای صادره، ۳۰۲
هزینهٔ اولیه، ۵۶۷، ۶۷۲، ۶۹۰
هزینهٔ اولیهٔ ناشی از سرمایه‌گذاری، ۱۲۸
هزینهٔ بازرسی و گواهی، ۳۷۵
هزینهٔ بازسازی، ۱۹۴
هزینهٔ بالا سری پیش بینی نشده، ۷۳۳
هزینهٔ بالاسری کارخانه، ۲۹۷
هزینهٔ بحران، ۱۹۴
هزینهٔ برآوردی، ۲۷۶
هزینه بر اساس هر هزار نفر، ۱۹۵، ۱۹۸
هزینهٔ بندر، ۴۱۳
هزینه بندی افتراقی، ۲۳۴
هزینهٔ بودجه بندی شده، ۱۰۸
هزینهٔ به جریان اندازی، ۵۱۹
هزینهٔ بهره برداری، ۵۱۰
هزینهٔ بهزیستی، ۷۵۹
هزینهٔ پرداختی از جیب (خود فرد)، ۵۲۰
هزینهٔ پیش بینی شده، ۵۵۹
هزینه پیش پرداخت شده، ۵۶۲
هزینه تأسیس، ۲۷۵
هزینهٔ تبدیل، ۱۸۷
هزینهٔ تبلیغ، ۲۵۳

هزینهٔ تخمینی یک محصول، ۲۷۶
هزینهٔ ترکیبی، ۴۷۴
هزینهٔ ترمیم نشده، ۷۳۱
هزینهٔ تعدیل فروش، ۱۹۳
هزینهٔ تعهد شده، ۱۵۷
هزینهٔ تکمیل سفارش، ۵۱۴
هزینهٔ تمام شدهٔ واقعی، ۳۴۱
هزینه تملک یا نگهداری اموال، ۱۲۵
هزینهٔ تولید، ۲۰، ۱۱۹، ۱۹۴، ۱۹۵، ۵۷۳
هزینهٔ تولید در ظرفیت کامل (کارخانه)، ۱۱۹
هزینهٔ ثابت، ۳۸، ۴۵، ۶۶، ۱۷۶، ۳۰۶
هزینهٔ ثبت، ۶۰۷
هزینهٔ جاری، ۶۳۲
هزینهٔ جاری تعمیرات و نگهداری، ۲۰۴
هزینهٔ جایگزینی، ۶۱۴
هزینهٔ جذب نشده، ۷۳۱
هزینهٔ جنبی، ۴۵۸
هزینهٔ چیزی را پرداختن یا تقبل کردن، ۲۶۷
هزینهٔ حمل، ۱۳۵، ۱۴۲، ۳۱۴، ۳۱۵، ۳۱۶
هزینهٔ حمل بر عهده فرستنده است، ۳۱۵
هزینهٔ حمل غیر واقعی، ۵۴۶
هزینهٔ حمل کالاهای صادراتی، ۱۲۵
هزینهٔ حمل کالاهای وارداتی، ۱۲۴
هزینهٔ حمل و نقل، ۱۲۵، ۱۳۵، ۱۳۸، ۳۱۶، ۷۲۴
هزینهٔ حمل و نقل پرداخت شده (کالا)، ۱۲۵
هزینهٔ خاتمه نیافته، ۷۳۶
هزینهٔ خالص، ۸۳، ۴۸۷
هزینهٔ خدمات بانکی، ۷۵

ه

هبهٔ مشروط، ۱۷۰
هبه نامه، ۳۲۶
هجوم در بازار اوراق بهادار، ۵۹۲
هدایت عملیات، ۱۷۰
هدایت کـردن، ۱۷۰، ۲۳۴، ۳۳۵، ۳۳۸،۴۲۲
هدایت نادرست، ۳۴۸
هدف از پیش تعیین شده، ۴۹۹، ۵۵۹
هدف بازار، ۴۶۱
هدف بازرسی، ۵۸۶
هدف تجاری، ۱۵۶
هدف تشریح شده، ۴۹۹، ۶۷۳
هدف جمعی، ۱۹۰، ۱۹۱
هدف جو، ۳۲۷
هدف سازمانی، ۱۹۰، ۱۹۱، ۵۱۶
هدف شرکت، ۱۹۰، ۱۹۱
هدف عملکرد، ۵۴۰
هدف قابل قبول و قانونی قرارداد، ۴۲۵
هدف‌گذاری اعضای همرده، ۵۳۷
هـدف‌گذاری مـتقابل سرپرست - زیردست، ۴۸۱
هدف گرا، ۳۲۷
هدف / منظور مشترک، ۱۵۸
هدفهای بعید و دور، ۷۵۱
هدفهای تبلیغاتی، ۳۶
هدفهای ثانوی، ۶۸۷
هدفهای دراز مدت، ۴۹۹
هدفهای ذهنی، ۷۵۱
هدفهای فوری، ۳۴۹، ۴۹۹
هدفهای قابل ارزیابی، ۴۹۹
هدفهای قابل سنجش، ۳۲۷
هدفهای ملی، ۴۸۴
هدفهای والا، ۶۹۱
هدیهٔ آغازکار، ۳۲۸
هدیهٔ مجانی همراه با کالای خریداری شده، ۵۰۷
هذیان محرومیت، ۲۲۴
هذیان نفوذ، ۲۲۴
هذیان نفی، ۴۸۹
هرم دانش، ۵۸۷
هرم قدرت، ۵۵۸
هزینهٔ آماده‌سازی تجهیزات، ۶۵۱

وظیفه نشناس، ۳۹۹
وظیفه نشناسی، ۳۹۹
وظیفه‌های اطلاعاتی، ۳۶۹
وظیفهٔ هدایت و رهبری مدیریت، ۲۳۵
وظیفه یا مسؤولیت سنگین، ۷۰۱
وعده دار، ۲۴۹
وفاداری مشتری، ۱۷۹، ۲۰۵، ۴۴۴
وفاداری مصرف کننده، ۱۷۹
وفاداری نسبت به یک کالا یا خدمت خاص، ۱۰۲
وفاداری نسبت به یک مارک یا نشان تجاری، ۱۰۲
وفاداری و خرید مداوم یک کالای خاص توسط مشتری، ۱۰۲
وفای به عهد کردن، ۶۰۳
وفای به عهد نکردن، ۶۲۳
وقت از دست رفته، ۲۴۸
وقت تلف شده، ۲۴۸، ۳۴۸
وقت حضور و غیاب، ۶۳۰
وقت فوت شده، ۲۱۱
وقف خاص، ۲۶۷
وقف عام، ۲۶۷، ۵۸۳
وقف کردن، ۵۱، ۲۱۷، ۲۲۵، ۲۳۳، ۳۷۷
وقف نامه، ۲۱۷، ۲۱۸، ۷۲۷
وکالت انتخابی، ۱۰۵، ۶۰۵
وکالت بلا عزل، ۴۰۰
وکالت دادن، ۶۱، ۲۳۰، ۲۶۵، ۳۲۶، ۳۲۷
وکالت داشتن، ۶۱
وکالت کردن، ۲۷، ۴۵۵، ۵۷۲
وکالت نامه، ۶۱، ۲۱۸، ۴۲۸، ۴۵۵، ۵۸۲، ۶۷۸، ۶۸۸
وکالت نامهٔ خاص، ۶۶۵
وکالت نامه عام، ۳۲۵
وکیل تام‌الاختیار، ۷۳۹
وکیل خرج، ۶۷۷
وکیل خصوصی، ۶۱
وکیل دارندهٔ حق رأی، ۷۵۳
وکیل در توکیل، ۳۹، ۶۱، ۶۸۶، ۶۸۹
وکیل دعاوی، ۴۲۱، ۵۸۸، ۵۹۰
وکیل رسمی پرونده، ۶۱
وکیل عمومی، ۶۱
وکیل قانونی، ۵۷۲
وکیل قانونی خود کردن، ۶۹۴
وکیل کردن، ۲۶۵، ۶۸۷
وکیل مدافع، ۳۷، ۵۸۸، ۵۹۰
وکیل مدافع شدن، ۶۱
وکیل مشاور، ۱۷۷
وکیل مطلق‌الوکاله، ۷۳۹
وکیل و موکل، ۵۶۷
ولایت قانونی، ۴۲۵
ویدئو دکس، ۷۵۰
ویژگی تنظیم خودکار، ۶۴۵
ویژگی / خصیصهٔ انحصاری در فروش، ۷۳۷، ۷۳۸
ویژگی و استاندارد شناخته شده‌ای برای کیفیت کالا، ۳۳۰
ویژگیهای توسعه نیافتگی، ۱۳۷
ویژگیهای حرکات آسان، ۱۳۷
ویژگیهای خارق‌العادهٔ خدادادی، ۱۳۸
ویژگیهای فردی، ۳۶۲

وضع مالی | ۲۸۱ | وظیفهٔ مقدم

وضع مالی، ۳۰۴
وضع مالیات، ۵۷، ۳۵۲، ۷۰۲
وضع مطلوب پارتو، ۵۲۸
وضع مقررات، ۶۰۸
وضع مقررات قانونی، ۶۷۵
وضع موجود، ۶۷۵
وضعیت آمادگی عملیاتی، ۶۷۵
وضعیت اجتناب ناپذیر، ۳۱۰
وضعیت استراتژیک، ۶۸۲
وضعیت اقتصادی - اجتماعی، ۶۶۱
وضعیت تولید و پردازش دسته‌ای، ۷۹
وضعیت را بررسی کردن، ۶۹۴
وضعیت راهبردی، ۶۸۲
وضعیت ستادی، ۶۶۹
وضعیت سخت، ۵۴۸
وضعیت سفارش، ۵۱۵
وضعیت شخصی، ۶۷۵
وضعیت فروش بدون موجودی، ۶۵۴
وضعیت فروشنده در مقابل تنزیل قیمت، ۸۰
وضعیت کنترل شده، ۱۸۶
وضعیت مالی، ۳۰۴
وضعیت مداری، ۶۵۸
وضعیت ملل کاملةالوداد، ۴۷۷
وظایف آموزشی، ۳۱۹
وظایف اجرایی، ۲۵۰
وظایف اجرایی مدیریت، ۲۸۳
وظایف اداری، ۳۳
وظایف اصلی مدیریت، ۷۸
وظایف انبارداری، ۳۱۹
وظایف اولیهٔ مدیریت، ۵۶۰
وظایف بازرسی، ۳۷۵

وظایف برنامه‌ریزی، ۳۱۹
وظایف ریاست ... را به عهده گرفتن، ۵۰۵
وظایف سازماندهی، ۳۱۹
وظایف سازمانی، ۳۳
وظایف ستادی، ۳۱۹، ۶۶۹
وظایف سیستم بازرسی، ۳۱۹
وظایف عادی اداری، ۶۳۰
وظایف محول شده توسط فرماندهان، ۲۵۰
وظایف محوله، ۶۹۳
وظایف مدیر، ۳۱۹
وظایف مدیریت، ۳۱۹، ۴۵۴
وظایف مدیریت حمل و نقل، ۴۵۲
وظایف و تکالیف قراردادی، ۱۸۴
وظایف و فعالیتهای یگان / واحد، ۳۱۹
وظایف و مسؤولیتهای مدیریت، ۴۵۳
وظیفهٔ آموزش، ۷۲۱
وظیفهٔ اداری، ۲۵۱
وظیفه‌ای را انجام دادن، ۲۲
وظیفه بگیر، ۴۸، ۵۳۸
وظیفهٔ تعیین شده، ۶۵۰
وظیفهٔ خود را انجام دادن، ۶۷۲
وظیفهٔ سازمانی، ۳۸۵، ۵۱۹
وظیفهٔ قانونی، ۶۷۶
وظیفهٔ کارکنان، ۲۵۱
وظیفهٔ کلیدی، ۴۱۴
وظیفهٔ کنترل و نظارت مدیریت، ۱۸۶
وظیفه گرایی، ۷۰۲
وظیفه / مسؤولیت سنگینی را به عهدهٔ کسی گذاشتن، ۴۲۱
وظیفهٔ مقدم، ۵۶۸

ورقهٔ استقراضی، ۲۱۲
ورقهٔ بستانکار، ۲۰۰
ورقهٔ رأی، ۷۵۲
ورقهٔ سهم، ۶۷۹
ورقهٔ گزارش کار، ۷۶۵
ورود غیر مجاز به ملک غیر، ۷۲۶
ورود و خروج نیروی انسانی، ۴۱۸
وزارت امور اقتصادی و دارایی، ۴۷۱
وزارت بازرگانی، ۲۲۷، ۲۲۸، ۲۴۴، ۴۷۱
وزارت پست و تلگراف و تلفن، ۴۷۱
وزارت دارایی، ۳۰۳، ۷۲۵
وزارت راه و ترابری، ۲۲۸، ۲۴۷، ۴۷۱
وزارت صنایع، ۲۲۷
وزارت صنایع سنگین، ۴۷۱
وزارت صنایع و بازرگانی بین‌المللی (ژاپن)، ۴۷۱، ۴۷۳
وزارت کار، ۲۲۸
وزارت کار و امور اجتماعی، ۴۷۱
وزن خالص وسیلهٔ حمل و نقل، ۲۱۱
وزن ناخالص، ۳۳۲
وزن وسیلهٔ نقلیه بدون بار، ۲۱۱
وزیر بازرگانی، ۱۵۵
وزیر خزانه‌داری، ۱۳۶
وزیر دارایی انگلستان، ۱۳۶
وساطت کردن، ۳۸۶
وساطت کننده، ۳۸۶
وسائط نقلیه، ۴۶۵
وسایل ارتباطی، ۱۵۹، ۱۶۰
وسایل حمل و نقل، ۴۶۵
وسایل کمک آموزشی، ۷۰۵، ۷۲۰
وسایل کمک آموزشی چند رسانه‌ای، ۴۷۹

وسیلهٔ ارتباطی، ۴۶۶
وسیلهٔ امرار معاش، ۴۳۸، ۴۶۵
وسیلهٔ انتقال قدرت خرید (مثل اسکناس و چک و غیره)، ۱۴۳
وسیلهٔ تبلیغات، ۵۷۸
وسیلهٔ حمل و نقل، ۷۲۴
وسیلهٔ حمل و نقل مواد تازه، ۴۴۵
وسیلهٔ سنجش و اندازه‌گیری ارزش، ۴۶۵
وسیلهٔ کنترل، ۶۰۹
وسیلهٔ نقلیه، ۱۳۹، ۱۸۸، ۷۲۴
وسیلهٔ نقلیهٔ بزرگ، ۷۲۴
وصول از محل سرمایه، ۱۲۲
وصول بدهی، ۲۱۳
وصول کردن، ۱۲۷، ۱۵۳، ۴۲۹، ۵۹۸، ۶۰۱
وصول کردن خسارت، ۲۰۷
وصول کنندهٔ بدهی، ۲۱۳
وصول مدارک در مقابل پذیرش، ۲۰۷
وصول مطالبات، ۶۵، ۱۵۳، ۲۱۴
وصول مطالبات مشکوک الوصول/ سوخت شده، ۷۰
وصول نشدنی، ۲۱۳، ۳۹۸
وصول وجه در موقع تحویل کالا، ۱۲۸، ۱۵۱، ۲۲۳
وصیت شفاهی، ۴۹۸، ۵۱۳
وصیت نامهٔ مشترک، ۴۱۰
وضع قوانین، ۱۵۱
وضع کردن قانون، ۱۵۱، ۲۶۵
وضع کردن (قانون)، ۴۴۸
وضع کردن مالیات، ۴۲۱، ۴۴۸
وضع کنندهٔ خط مشی، ۵۵۳
وضع کنندهٔ مالیات، ۴۲۹

وثیقهٔ انجام تعهد، 152
وثیقه‌ای را فک کردن، 602، 643
وثیقهٔ بازرگانی ثبت شده، 539
وثیقهٔ بی‌ارزش، 211
وثیقهٔ تجاری / بازرگانی، 156
وثیقه سپردن، 59، 551
وثیقه گذاشتن، 228، 501، 547
وثیقهٔ ملکی برای وام، 477
وثیقهٔ نقدی، 128
وثیقه و رهن تحت اختیار، 523
وثیقه (یا ضمانت نامه) پرداخت جریمه در صورت عدم انجام تعهد، 537
وجدان کار، 763
وجوه احتیاطی، 180، 181، 618
وجوه اختصاصی، 43
وجوه استهلاکی، 45، 320، 657
وجوه امانی، 727
وجوه پرداختی بابت انفصال از خدمت، 604، 651
وجوه تنخواه گردان، 353
وجوه عمومی، 583
وجوه قابل پرداخت، 690
وجوه قابل کنترل، 450
وجوه قابل مصرف، 287، 320
وجوه قابل هزینه، 287
وجوه / کسور بازنشستگی، 538
وجوه ویژه، 665
وجه ارسالی، 611
وجه اضافی، 280
وجه التزام، 70، 146، 152، 436، 497، 599
وجه‌الضمان، 46، 70، 94، 130، 228،229، 335، 599، 622
وجه‌الکفاله، 46
وجه امانی، 229
وجه بازخرید خدمت، 651
وجه براتی را تأمین کردن، 580
وجه تخصیصی، 43
وجه چک یا اوراق بهادار، 295
وجه لازم برای تراز، 71
وجه نقد، 128، 204، 475
وحدت رهبری، 739
وحدت فرماندهی، 739
وحدت مدیریت، 739
ودیعهٔ بانکی، 73
ودیعه گذاری، 175
ودیعه گیرنده، 229
ورشکست شدن، 113، 198، 297، 327، 436
ورشکست کردن، 631
ورشکستگی، 28، 29، 32، 58، 74، 75، 133، 134، 152، 225، 297، 336، 340، 375، 513، 527
ورشکستگی ارادی، 75، 752
ورشکستگی بانکی، 73
ورشکستگی به تقصیر، 203
ورشکستگی به تقلب، 75، 314
ورشکستگی غیر ارادی، 75، 397
ورشکستگی ناخواسته، 397
ورشکستگی ناگهانی، 198
ورشکسته، 74، 297، 340، 367، 375
ورشکسته اعلام شدن (به حکم دادگاه)، 216
ورشکستهٔ بی تقصیر، 133

وام با اقساط جزئی، ۷۲
وام با بهره، ۴۳۸
وام با جایزه دیرکرد، ۵۶۱
وام با ضمانت، ۴۳۹
وام با وثیقه، ۱۵۲، ۴۳۹
وام بدون بهره، ۳۲۸، ۳۸۴، ۴۳۹، ۶۶۱
وام بدون پشتوانه، ۴۳۹
وام بدون وثیقه، ۴۳۹
وام براساس اجارهٔ ملک، ۴۲۴
وام برای گرفتاری و مشکلات، ۷۶۵
وام بلند مدت، ۴۴۲
وام به اعتبار محمولهٔ کشتی، ۹۹، ۴۳۹
وام بیمه نامه، ۵۵۳
وام بین بانکها، ۳۸۳
وام تبدیلی، ۱۸۷
وام تخصیص یافته، ۵۰
وام تدریجی، ۶۹۹
وام تضمین نشده، ۷۴۰
وام تقدمی رهنی، ۵۶۸
وام تهیهٔ مسکن، ۳۴۴
وام ثابت، ۶۹۹
وام خارجی، ۲۹۲، ۳۱۱
وام خالص پس از کسر بهره، ۴۸۷
وام خود پرداخت، ۶۴۵
وام داخلی، ۳۸۸، ۴۳۹
وام دادن، ۴۴۹
وام دراز مدت، ۴۴۲
وام درخواستی، ۵۰
وام در مقابل حق بیمه، ۵۶۱
وام دهندهٔ آخر، ۴۲۷
وام دهنده با نرخ بالا، ۴۱۱
وام دیداری، ۱۱۷

وام را تمدید / تجدید کردن، ۴۳۹
وام روی سهام (اوراق بهادار)، ۴۳۹
وام رهنی، ۷۲، ۹۹، ۴۳۹
وام رهنی مقدم، ۵۶۸
وام سررسید دار، ۷۳۶
وام سرمایه گذاری، ۳۹۶
وام سندیکایی، ۵۲۹، ۶۹۶
وام شرافتی، ۲۱۴، ۳۰۱، ۴۳۹
وام ضروری، ۲۶۲
وام طویل‌المدت / بلند مدت، ۴۴۲، ۴۳۹
وام عندالمطالبه، ۱۱۷، ۲۲۵، ۵۵۹
وام غیر اقساطی، ۴۹۲
وام غیر تولیدی، ۲۱۱
وام قابل انتقال، ۴۵۹
وام قابل واگذاری، ۴۵۹
وام قرض‌الحسنه، ۳۲۸، ۳۸۴
وام کوتاه مدت، ۴۳۹، ۶۵۴
وام گرفتن، ۹۸، ۵۹۸
وام گیرنده، ۹۹
وام محدود، ۷۱۲
وام مدت دار، ۷۰۸، ۷۱۳
وام مستهلک شده، ۴۵
وام مشارکت، ۵۲۹
وام مشارکتی، ۶۹۶
وام مشکل / سخت، ۷۱۳
وام مصرفی، ۱۷۹
وام مطمئن (قابل پرداخت با شرایط سخت)، ۳۳۷
وام میان مدت، ۳۸۷، ۴۳۹، ۴۷۰
وام وثیقه‌دار، ۶۴۲
وامهای بین‌المللی، ۳۹۰
وثیقهٔ اضافی سند، ۱۵۲

واحد معامله در بازار بورس، ۹۲
واحدهای بازرسی شده، ۳۷۵
واحدهای تولیدی، ۵۷۳
واحدهای تولیدی کوچک، ۴۹۸
واحد هزینه، ۱۹۵
واحد هزینه‌زا، ۱۹۳
اخواست کردن، ۵۸۰
اخواست نامه، ۴۹۶
وادار کردن، ۲۶۷، ۴۲۲، ۵۰۱، ۵۹۶
وادار کردن به اعتصاب، ۱۰۵، ۵۴۷
وادار کردن به توافق، ۱۰۵
وارث اختیاری، ۳۳۹
وارث قانونی، ۳۳۹
واردات مرئی، ۷۵۱
واردات معاف از حقوق گمرکی، ۳۱۵
واردات موازی، ۵۲۸
واردات نامرئی، ۳۹۷
واردات و صادرات، ۳۵۲
وارد کردن داده‌ها، ۵۵۶
وارسی ارزشمندی، ۷۴۵
وارسی داخلی، ۳۸۷
واریز کردن، ۱۴۷، ۲۲۸، ۶۵۰
واژه پرداز، ۷۶۲
واسطهٔ ارزی، ۵۳
واسطهٔ بیمه، ۵۹، ۳۸۰
واسطهٔ پول، ۴۷۵
واسطه / دلال کالاهای صنعتی، ۳۶۵
واسطهٔ سهام، ۶۷۹
واسطهٔ قرارداد، ۱۸۲
واسطهٔ کالا، ۱۵۸
واسطهٔ کشتی، ۶۵۳
واسطه‌گری، ۳۸۷

واسطهٔ وام‌گیری، ۳۹
واسطه‌های سهام در بورس، ۴۳۸
واقعیت اجتماعی، ۶۶۰
واکنش تسکینی، ۱۷
واکنش رهایی، ۱۷
واکنش سازگار، ۳۲
واکنش عاطفی، ۳۸
واگذار شده به بخش خصوصی، ۵۶۹
واگذار کردن، ۱۵، ۱۶، ۴۲، ۵۱، ۵۸، ۶۱، ۶۶، ۱۳۱، ۱۵۶، ۱۶۶، ۱۶۷، ۱۷۵، ۱۸۸، ۲۱۷، ۲۲۳، ۲۲۵، ۲۳۰، ۲۳۳، ۲۷۰، ۳۲۷، ۳۳۱، ۳۳۷، ۳۹۵، ۶۱۱، ۶۱۲، ۶۱۸، ۶۵۰، ۶۹۴، ۷۲۲، ۷۴۹، ۷۶۹
واگذار کردن ملک، ۳۰۱
واگذار کننده، ۴۲، ۵۸، ۱۳۱، ۱۸۸، ۳۰۱، ۳۳۱، ۳۹۶، ۷۲۳
واگذاری اجباری، ۳۹۷
واگذاری اختیاری، ۷۵۲
واگذاری اموال شخصی در وصیت‌نامه، ۸۳
واگذاری به بخش خصوصی، ۵۶۹، ۶۴۶
واگذاری حق رأی، ۷۵۳
واگذاری حقوق به دیگری، ۷۲۳
واگذاری دین به دیگری، ۱۳۱
واگذاری مال، ۱۵
واگذاری مسؤولیت، ۵۸
واگذاری مشروط ملک به دیگری تا آخر عمر، ۲۶۹، ۲۷۵
وام اجباری، ۳۰۹
وام اضطراری، ۲۶۲
وام اقساطی، ۳۷۷
وام اقساطی فردی، ۵۴۳

و

وابستگی درونی، ۳۸۴
وابستگی شغلی، ۷۰۲
وابستگی کار، ۷۰۲
وابستگی متقابل، ۳۸۴
وابسته به حکومت اکثریت، ۲۲۶
وابسته به شرکت سهامی / سهام، ۶۷۹
وابسته به کالا، ۶۷۹
واجد شرایط، ۳۰۶
واجد شرایط استخدام، ۲۶۳
واجد شرایط بودن / شدن، ۵۸۸
واجد شرایط کردن، ۵۸۸
واجد شرایط لازم، ۵۵۶، ۵۸۸
واجد صلاحیت، ۱۶۳، ۵۸۸
واجد قوت قانونی، ۵۱۱
واحد استاندارد کار، ۶۷۱
واحد اصلی، ۵۲۸
واحد اطلاعات آموزشی مدیریت، ۴۶۷
واحد اقتصادی غیر انتفاعی، ۵۸
واحد انبارداری، ۶۷۹
واحد بندی، ۲۲۷
واحد پردازش مرکزی، ۱۹۸
واحد پول اروپا، ۲۵۸
واحد تصمیم‌گیری، ۲۱۵
واحد حسابرسی داخلی، ۳۸۷
واحد حمل و نقل داخلی، ۳۹۳
واحد خدمات، ۶۴۹
واحد ذیحسابی، ۲۳
واحد رابط و هماهنگ کننده، ۴۳۱
واحد زیردست، ۶۸۷
واحد سازی، ۲۲۷
واحد ستادی، ۶۶۹
واحد سرعت و قدرت کامپیوتر، ۳۰۸
واحد سنجش زمان، ۷۱۳
واحد سهم، ۶۸۰
واحد ضربتی، ۷۰۲
واحد کار، ۷۳۸، ۷۶۶
واحد کارگزینی، ۵۴۴
واحد کاری راهبردی، ۶۸۲
واحد کاری مستقل، ۶۸۲
واحد کنترل، ۱۸۶
واحد مستقل سودآور، ۵۷۵
واحد مسؤول / پاسخگو، ۲۳

نوسان قیمتها، ۳۰۸
نوسانهای فصلی، ۶۴۰
نوشته یا سند رسمی، ۵۴۸
نوع سازمان، ۴۱۴
نوع فعالیت، ۴۱۴
نوموگرام، ۴۹۱
نهادهٔ بد - ستادهٔ بد، ۳۲۲، ۳۲۶
نهادی کردن، ۳۷۸
نهضت حمایت از مصرف کننده، ۴۸۲
نیابت نامه، ۵۸۲
نیاز استقراضی بخش دولتی، ۵۸۴
نیاز امنیت، ۶۴۳
نیاز به پذیرش، ۲۰
نیاز به پیشرفت، ۴۸۵
نیاز به قدرت، ۴۸۵
نیاز به کامیابی / موفقیت، ۴۸۵
نیاز به وابستگی اجتماعی، ۴۸۵
نیاز خود شکوفایی، ۶۴۴
نیازمندیهای بازرسی، ۶۱۶
نیازمندیهای شغلی، ۴۰۶
نیازها و انتظارهای مشتریان بالقوه در یک بازار، ۲۶۳
نیازهای اساسی، ۷۸
نیازهای استقراضی بخش عمومی / دولتی، ۵۸۲
نیازهای انسانی، ۳۴۵
نیازهای انسانی در محیطهای سازمانی، ۳۴۵
نیازهای ایمنی، ۶۳۳
نیازهای جسمانی، ۳۴۵، ۵۴۶
نیازهای روانی (کار)، ۴۶۸، ۵۸۲
نیازهای فردی، ۳۶۳
نیازهای فیزیکی، ۵۴۶
نیازهای قدر و منزلت، ۲۷۵
نیازهای محبت، ۴۴۴
نیازهای محسوس، ۳۰۱
نیازهای مشتری، ۲۰۵
نیدریسم، ۴۸۲
نیروی انسانی، ۴۵۶، ۶۲۰
نیروی انسانی و بهره‌وری، ۴۵۶
نیروی انگیزش، ۴۷۸
نیروی سرپرستی مناسب، ۳۱
نیروی فروش، ۶۳۵
نیروی کار، ۴۱۷، ۷۲۸، ۷۳۳، ۷۴۹، ۷۶۳
نیروی کار تولید، ۶۵۴
نیروی کار شناور، ۳۰۸
نیروی کار فعال، ۲۸
نیروی کار متغیر، ۳۰۸
نیروی کار مستقیم، ۲۳۵
نیل به اهداف، ۲۲، ۲۶
نیل به اهداف سازمانی، ۶۰
نیمه دولتی، ۶۴۶
نیمه ماهر، ۶۴۶

نمودار گردش داده‌ها، ۲۰۸
نمودار گردش کار، ۱۳۹، ۱۴۰، ۳۰۸
نمودار گرهی، ۴۹۰
نمودار مسؤولیتها، ۵۱۹
نمودار مسیر برنامه، ۵۷۶
نمودار مسیر کار، ۳۰۸
نمودار منحنی منطقه‌ای، ۷۷۱
نمودار نقطهٔ سر به سر، ۱۰۳، ۱۳۹
نمودار نواری، ۷۲
نمودار وظایف، ۱۳۹
نمونهٔ آگهی، ۷۰۵
نمونهٔ امضا، ۲۹۶، ۶۶۵
نمونه برداری فعالیت، ۲۹، ۶۳۶
نمونهٔ تصادفی، ۵۹۳
نمونهٔ درخواست، ۵۰
نمونهٔ رایگان، ۶۳۶
نمونه گیری، ۶۳۶
نمونه گیری اتفاقی، ۶۳۶
نمونه گیری افتراقی، ۲۳۴
نمونه گیری برای پذیرش، ۲۱
نمونه گیری برای سنجش کیفیت، ۲۱
نمونه گیری تصادفی، ۵۹۳، ۶۳۶
نمونه گیری تغییر پذیر، ۶۳۶
نمونه گیری تفاضلی / افتراقی، ۶۳۶
نمونه گیری خوشه‌ای، ۵۴، ۱۵۰، ۶۳۶
نمونه گیری سهمیه‌ای، ۶۳۶
نمونه گیری طبقه‌ای، ۵۹۱، ۶۳۶
نمونه گیری غیر تصادفی و جهت‌دار، ۸۴
نمونه گیری فعالیت / فعالیتها، ۲۹، ۷۶۵
نمونه گیری قابل قبول، ۲۱، ۶۳۶
نمونه گیری کار، ۶۳۶، ۷۶۵
نمونه گیری گروهی، ۱۵۰

نمونه گیری منطقه‌ای، ۵۴
نمونه گیری منظم / نظام‌مند، ۶۹۷
نمونه گیری نسبی، ۶۸۳
نمونه محصولات، ۵۷۴
نوآوری در بازاریابی، ۳۷۳
نوآوری سازمانی، ۵۱۶
نوآوری ناشی از نیاز، ۲۲۵
نوآوریهای مالی، ۳۰۴
نوار مغناطیسی، ۴۴۷
نوبت شب کاری، ۴۸۹
نوبت / شیفت تعمیرات و نگهداری، ۴۴۸
نوبت کار دایم شبانه، ۵۴۲
نوبت کار شبانه، ۲۷۸
نوبت کاری، ۶۵۳
نوبت کاری با ساعت کار کمتر، ۶۸۵
نوبت کاری بعد از ظهر، ۳۸، ۶۹
نوبت کاری پیوسته، ۱۸۱
نوبت کاری تفکیکی، ۶۶۶
نوبت کاری سوم، ۷۱۲
نوبت کاری شب، ۶۵۳، ۷۱۲
نوبت کاری صبح، ۲۰۹، ۲۴۸، ۲۵۲، ۴۷۶
نوبت کاری عصر، ۶۹، ۷۲۹
نوبت کاری غروب، ۷۲۹
نوبت کاری کوتاه مدت، ۶۸۵
نوبت کاری گردشی، ۶۳۰، ۶۹۵
نوبت کاری متغیر، ۴۴
نوبت کاری نیمه شب، ۴۷۰
نوسازی تشکیلاتی، ۶۰۰
نوسازی کردن، ۶۱۲
نوسانات غیر منتظره، ۲۷۳
نوسانات نرخ ارز، ۲۸۱
نوسان اقتصادی، ۲۵۵

نمایندهٔ جدید، ۴۱۱
نمایندهٔ حقوقی، ۳۹، ۴۲۶
نمایندهٔ شرکت کشتیرانی، ۶۵۳
نمایندهٔ صنفی، ۶۹۶
نماینده/ عامل مشترک کشور صادر کننده، ۲۸۹
نمایندهٔ فروش، ۲۹۶، ۶۳۵
نمایندهٔ قانونی، ۴۲۶
نمایندهٔ کارخانهٔ سازنده، ۴۵۷
نمایندهٔ کارگران اتحادیه در صنعت چاپ، ۲۹۹
نمایندهٔ کسی / سازمانی بودن، ۶۱۵
نمایندهٔ کنترل خسارت، ۴۴۳
نمایندهٔ گروههای با نفوذ، ۴۴۰
نمایندهٔ مجاز، ۲۵، ۶۴
نمایندهٔ مدیریت، ۴۵۳
نمایندهٔ مطبوعاتی، ۵۶۳، ۵۸۳
نمایندهٔ معتمد، ۲۲۲
نمایندهٔ ویژه، ۶۶۳
نماینده یا وکیل یک شرکت یا سندیکا، ۶۹۶
نمودار بارگیری، ۴۳۸
نمودار بازرسی، ۳۷۵
نمودار پراکندگی، ۶۳۸
نمودار پرسنلی /کارگزینی، ۱۳۹
نمودار پیشرفت کار، ۱۳۹
نمودار پیکانی، ۵۵
نمودار تربیلیگ، ۷۱۱
نمودار تقسیم کار، ۱۴۰
نمودار جایگزینی، ۶۱۴
نمودار جریان داده‌ها، ۲۰۸
نمودار جریان کار، ۱۴۰، ۳۰۸

نمودار جریانی دو دستی، ۷۲۹
نمودار چرخهٔ حرکات همزمان، ۶۵۶، ۶۵۷
نمودار چند فعالیتی، ۴۸۰
نمودار حجم سود، ۵۷۶
نمودار حرکات بدنی، ۷۱۱
نمودار خط توازن، ۴۳۵
نمودار خط مونتاژ / تولید، ۵۶، ۱۳۸
نمودار رشته‌ای، ۶۸۵
نمودار سازمان رسمی، ۳۱۲
نمودار سازمانی، ۱۳۹، ۵۱۶، ۵۱۷
نمودار ستونی ترکیبی، ۱۶۵
نمودار ستونی / میله‌ای، ۷۵، ۱۵۴، ۳۴۱
نمودار سطح، ۶۹۳
نمودار سیستم، ۶۹۷
نمودار سیمو، ۶۵۶
نمودار شبکهٔ اطلاعات، ۱۳۹
نمودار شغلی، ۵۰۲
نمودار علت و معلول، ۱۳۰
نمودار علّی، ۱۳۰
نمودار عملیات، ۵۱۱، ۵۷۱، ۵۷۶
نمودار فراوانی، ۳۱۶
نمودار فرایند عملیات، ۵۱۱
نمودار فرایند کامل، ۳۰۸
نمودار فعالیت، ۲۹، ۱۳۸
نمودار فعالیت برای تحلیل فرایند تولید، ۵۷۱
نمودار قوسی، ۵۰۵
نمودار کلی، ۹۰
نمودار کنترل، ۱۸۵، ۵۸۹
نمودار کنترل کیفیت، ۱۴۰
نمودار گانت، ۳۲۱

نقطهٔ قطع برنامه، ۱۰۴
نقطهٔ مبدأ برای قیمت، ۷۸
نقطهٔ مخاطره و زیان، ۵۴۰
نقطهٔ نسبت ایده‌آل، ۵۵۲
نقل از صفحهٔ قبل، ۱۰۷
نقل مکان، ۶۱۲
نقل مکان صنایع، ۳۶۵
نقل و انتقال ارزی، ۳۱۰، ۷۲۲
نقل و انتقال بهره، ۳۸۵
نقل و انتقال پول، ۶۱۱
نقل و انتقال دادن ملک، ۳۰۱
نقل و انتقال شغلی، ۶۰۳
نقل و انتقال مستقیم (کالا)، ۴۳۵
نقل و انتقال مصالح، ۴۶۳
نقل و انتقال یکسویهٔ منابع، ۷۳۷
نکات کلیدی، ۴۱۳، ۴۱۴
نکتهٔ اطلاعاتی، ۵۵۲
نکول برات، ۲۱، ۴۹۶، ۵۸۰
نکول کردن، ۵۸۰، ۶۱۶
نکول کردن (برات)، ۲۳۹، ۶۰۶
نگارش اسناد انتقالی (واگذاری)، ۱۸۸
نگارش مبهم و نامفهوم، ۵۰۱
نگارشهای رسمی، ۱۹۲
نگارشهای غیر رسمی، ۱۹۲
نگرش / تفکر حرفه‌ای، ۵۷۴
نگرشها و عملکردهای مدیریت، ۴۵۴
نگهداری پیشگیری، ۵۷۰
نگهداری کالا در انبار تا رسیدن زمان مناسب، ۴۹
نگهداری و تعمیرات برنامه‌ریزی شده، ۵۴۹
نگهداشتن کارمندان خوب در سازمان

ازطریق یک راهبرد اثربخش، ۴۱۳
نمابر، ۲۹۵، ۳۰۰
نمایش در ویترین، ۷۶۱
نمایشگاه، ۲۸۵، ۲۸۶
نمایشگاه بازرگانی، ۷۱۸
نمایشگاه بازرگانی بین‌المللی، ۳۹۱، ۵۲۳
نمایشگاه قانونی، ۶۷۵
نمایشگاه کالا، ۴۶۲
نمایشگاه کالاهای صنعتی، ۷۱۸
نمایندگان اتحادیه، ۷۳۷
نمایندگی، ۲۷، ۳۹، ۱۵۶، ۲۲۲، ۲۳۰، ۴۵۵، ۵۷۲، ۵۸۲، ۶۵۳
نمایندگی انحصاری، ۲۸۲
نمایندگی به عهده گرفتن، ۲۳۰
نمایندگی داشتن، ۶۱۵
نمایندگی کردن، ۶۱۵
نمایندگی یک شرکت، ۳۹
نمایندهٔ اتحادیه، ۷۵۶
نمایندهٔ اتحادیهٔ کارگری، ۱۱۱، ۶۵۴
نمایندهٔ امور تصفیه، ۵۰۴
نمایندهٔ امور قراردادها، ۱۸۳
نمایندهٔ انحصاری، ۳۹، ۲۸۲، ۶۱۵، ۶۶۱، ۶۶۲
نمایندهٔ انحصاری و توزیع کنندهٔ کالا، ۶۷۹
نمایندهٔ بازرگانی، ۱۵۵، ۱۶۱
نماینده برگزیدن، ۲۲۲
نمایندهٔ بیمه، ۵۹، ۳۸۰
نمایندهٔ بین‌المللی، ۳۹۰
نمایندهٔ تام، ۱۲۴، ۳۲۵
نمایندهٔ تام‌الاختیار، ۵۵۲
نمایندهٔ تجاری، ۱۵۵، ۱۵۶

نقض حقوق استخدامی، 371	نقش حاشیه‌ای، 100
نقض سیاستها، 370	نقش حرفه‌ای، 502
نقض صریح، 307، 482	نقش رابط، 322، 431، 629
نقض عهد، 102، 103، 219، 371، 539	نقش رابط مدیر با همردیفان، 431
نقض عهد کردن، 104	نقش رهبری، 423
نقض عهدنامه یا قانون، 371	نقش سازندهٔ تضاد / تعارض درون سازمانی، 177
نقض قانون، 102، 103، 723	نقش سازندهٔ تعارض درون سازمانی، 391
نقض قرارداد، 102، 103، 104، 183، 725، 750	نقش سخنگو، 630
نقض قراردادی را رسماً اعلام کردن، 227	نقش سخنگویی، 667
نقض قوانین بین‌المللی، 103	نقش عمده‌ای ایفا کردن، 285
نقض کردن، 102، 196، 221، 237، 370، 371، 392، 590، 624، 744، 750	نقش مدیریت در بهره‌وری، 454
نقض معاهده، 227، 725	نقش مدیریتی، 629
نقض مفاد عهدنامه، 103	نقش مذاکره‌کننده، 486، 629
نقض مفاد قرارداد، 103	نقش مذاکره‌کنندهٔ مدیر، 487
نقض مقررات، 103، 739	نقش نظارت (مدیر)، 476
نقض مقررات بین‌المللی، 750	نقشهای اطلاعاتی، 369
نقض نشدنی، 397	نقشه‌ای که به منظور ارائهٔ اطلاعات به مدیریت جهت تصمیم‌گیری تنظیم می‌شود، 126
نقطهٔ ایست، 104	نقشهای مدیریت، 454
نقطهٔ بارگیری، 299، 552	نقشهٔ سن بورن، 636
نقطهٔ برابری، 103	نقشهٔ عملی، 300
نقطهٔ بی‌تفاوتی، 552	نقص پنهان و نهفته (کالا)، 420
نقطهٔ تجدید سفارش، 613، 630	نقص فرضی قرارداد، 49
نقطهٔ تخلیه، 553	نقض آشکار....، 307، 509
نقطهٔ تعادل، 552، 633	نقض اساسی (قرارداد)، 463
نقطهٔ تفکیک، 666	نقض پیش از موعد قرارداد، 49
نقطهٔ توازن دخل و خرج، 103	نقض پیمان، 103
نقطهٔ توقف، 104	نقض تعهد، 102، 371
نقطهٔ سر به سر، 103	نقض تعهدات عهدنامه، 103
نقطهٔ سفارش کالا، 613	
نقطهٔ عطف، 103	

نظریهٔ شرطی شدن عامل، ۵۰۹
نظریهٔ صف انتظار، ۵۹۰، ۷۱۱، ۷۵۵
نظریهٔ طراحی فراگیر، ۷۳۹
نظریهٔ عدم اطمینان، ۷۳۲
نظریهٔ عدم امکان ایفای تعهد، ۲۴۵
نظریهٔ عدم مسؤولیت (دولت)، ۴۹۳، ۷۱۱
نظریهٔ عواقب قابل اجتناب، ۶۶، ۲۴۴
نظریهٔ عواقب یا پیامدهای قابل اجتناب، ۱۷۴
نظریهٔ قانون مرکز اصلی قرار داد، ۱۳۱
نظریهٔ قبول، ۳۵
نظریهٔ قدرت پرداخت، ۱۷
نظریهٔ کار و ارزش اضافی، ۶۹۴
نظریهٔ کلاسیک تصمیم‌گیری، ۱۴۵، ۷۱۰
نظریهٔ کلاسیک سازمان، ۱۴۵، ۷۱۰
نظریهٔ کلاسیک سازماندهی (طراحی سازمان)، ۱۴۵
نظریهٔ لزوم شرایط خاص، ۶۵۸
نظریهٔ مبتنی بر ارزش کار، ۴۱۸
نظریهٔ مدیریت مالی، ۳۰۴
نظریهٔ مسیر تا هدف، ۵۳۲، ۷۱۱
نظریهٔ مصرف کمتر از تولید، ۷۳۳
نظریهٔ مطلوبیت، ۷۴۳
نظریهٔ مفهوم خویشتن، ۶۴۴
نظریهٔ مقداری پول، ۵۸۹
نظریه موجودی پول، ۴۷۵
نظریهٔ موقعیت، ۱۸۰، ۷۱۰
نظریهٔ موقعیتی، ۶۵۸
نظریهٔ نیازهای زیستی، ۲۷۳
نظریهٔ وابستگی به عنصر ضعیف‌تر، ۷۵۸
نظریهٔ واحدهای تشکیل دهندهٔ سازمان، ۷۶
نظریهٔ ویژگیهای رهبری، ۷۲۲
نظریه‌های تبیینی / تشریحی، ۲۸۸
نظریه های علمی / عملی، ۵۵۸
نظریه‌های کاربردی، ۵۱
نظریهٔ هزینه‌یابی، ۷۱۰
نظم جلسه را مجدداً برقرار کردن، ۱۰۵
نظم و ترتیب، ۶۰۸
نظم و ترتیب دادن، ۶۰۸
نفر ساعت، ۴۵۶
نفع دلال بورس، ۴۰۴
نفع شخصی، ۶۴۵
نفع طلبی روشن فکرانه، ۲۶۸
نفوذ افزایشی، ۳۵۹
نفوذ ناشی از پست، ۵۵۵
نفی کردن، ۱۸۴، ۲۱۹، ۴۸۵
نقد خریدن، ۱۱۴
نقد فروختن، ۶۴۶
نقد کردن، ۱۲۷، ۲۰۲، ۴۳۶، ۴۳۷، ۴۸۶، ۵۹۶
نقش آفرینی، ۶۲۹
نقش استثماری شرکتهای چند ملیتی، ۲۸۹
نقش اشاعه دهندهٔ (مدیر)، ۲۴۱
نقش اطلاعاتی، ۶۲۹
نقش پیشگامی (مدیر)، ۲۶۹
نقش تخصیص منابع (مدیر)، ۶۱۹
نقش ترکیبی مدیریت، ۳۸۲
نقش تشریفاتی، ۱۳۳، ۶۳۱
نقش تشریفاتی مدیر / رییس، ۳۰۲
نقش تشنج زدایی (مدیر)، ۲۴۳
نقش تصمیم گیری، ۶۲۹

نظرسنجی، ۶۸۳
نظر کارشناسی، ۲۸۸
نظر مساعد داشتن، ۷۵۰
نظر مشورتی، ۳۷
نظر هیأت اجرایی، ۴۱۲
نظر یا عقیده‌ای را پذیرفتن، ۶۸۷
نظری را رد کردن، ۶۰۹
نظریهٔ اثر پیگو، ۵۴۷
نظریهٔ اداری، ۳۴
نظریهٔ اداری مدیریت، ۷۱۰
نظریهٔ ارزش کار، ۴۱۸
نظریهٔ اساسی، ۷۵۱
نظریهٔ اشتباه موضوعی (اشتباه در موضوع عقد یا معامله)، ۲۴۵، ۴۷۳
نظریهٔ اصالت پول، ۴۷۵
نظریهٔ اطلاعات، ۳۷۰
نظریهٔ اقتضایی، ۱۸۰، ۷۱۰
نظریهٔ اقدام گروهی، ۱۵۳
نظریهٔ امساک، ۱۹
نظریهٔ انتخاب عقلایی، ۵۹۵
نظریهٔ انتظار، ۷۱۰
نظریهٔ انتظار و احتمال، ۲۸۶
نظریهٔ انتفای تعهد، ۲۴۵
نظریهٔ انسان اقتصادی (تیلور)، ۲۵۷
نظریهٔ انگیزش «فردریک هرزبرگ»، ۳۳۹
نظریه انگیزش و بهداشت کار، ۴۷۸
نظریهٔ بازیها، ۷۱۱
نظریهٔ برابری، ۲۷۳، ۷۱۰
نظریهٔ بهترین روش طراحی یک سازمان، ۷۳۹
نظریهٔ بهره بر پایهٔ امساک، ۱۹
نظریهٔ بهره برداری و استثمار، ۲۸۹

نظریهٔ بهرهٔ چشم پوشی، ۱۹
نظریهٔ بهره‌وری نهایی دستمزد، ۴۵۸
نظریهٔ پذیرش، ۲۱، ۳۵، ۷۱۰
نظریهٔ پردهٔ پول، ۷۴۷
نظریهٔ پول به عنوان حایل، ۷۴۷
نظریهٔ تحقق سود از روشهای نامطمئن، ۷۳۲
نظریهٔ تساوی در پرداخت مالیات، ۲۷۱
نظریهٔ تصمیم‌گیری، ۲۱۶، ۷۱۰
نظریهٔ تطابق، ۷۱۱
نظریهٔ تقویت، ۶۰۹
نظریه / تئوری دو عاملی، ۷۲۹
نظریهٔ جانشینهای رهبری، ۴۲۳، ۶۸۹
نظریهٔ جریان پول مسکوک، ۵۶۶
نظریهٔ خود انگاره، ۶۴۴
نظریهٔ خود پنداره، ۶۴۴
نظریهٔ داده پردازی، ۷۱۰
نظریهٔ دستمزد بر اساس هزینهٔ زندگی، ۶۸۹
نظریهٔ دو جنبه‌ای، ۷۱۱
نظریهٔ دورهٔ زندگی، ۴۳۳
نظریهٔ دو عاملی «هرزبرگ»، ۳۳۹
نظریهٔ رانش، ۲۴۹
نظریهٔ روابط انسانی، ۳۴۵، ۷۱۱
نظریهٔ رهبری، ۶۵۸، ۷۱۱
نظریهٔ رهبری فرهی، ۱۳۸
نظریهٔ رهبری موقعیتی، ۶۵۸
نظریهٔ سازمان، ۷۱۱
نظریهٔ سازمانی، ۵۱۸
نظریهٔ سائق، ۲۴۹
نظریهٔ سه بعدی مدیریت، ۷۱۲
نظریهٔ سیستمها، ۶۹۷، ۷۱۱

نظام تبلیغاتی، ۵۷۸
نظام تشویق و انگیزش، ۳۵۵
نظام تعرفهٔ مستقل، ۶۵
نظام تعلق پذیری، ۲۵
نظام توزیع، ۶۹۷
نظام تولید انعطاف پذیر، ۳۰۷
نظام تولید خودکار، ۷۴۰
نظام جانبداری حزبی، ۶۶۷
نظام چند اتحادیه‌ای، ۴۸۱
نظام چندگانهٔ مدیریت، ۴۸۰
نظام خودگردان مطلوب، ۶۴۵
نظام داده پردازی، ۲۰۹
نظام دستمزد و پاداش، ۶۹۸، ۷۰۱
نظام سازمانی، ۵۱۷، ۶۹۷
نظام سرمایه داری، ۱۲۱، ۱۲۲، ۶۹۷
نظام سهیم شدن در سود، ۳۲۱
نظام / سیستم اجتماعی - فنی، ۶۶۱
نظام / سیستم اطلاعات مالی و مدیریتی، ۲۹۹
نظام / سیستم حمل و نقل، ۷۲۴
نظام / سیستم طبقه بندی مشاغل، ۴۰۴
نظام شایستگی، ۴۶۹، ۶۹۷
نظام عملیاتی، ۵۱۰
نظام فرعی، ۶۸۹
نظام کارآمد، ۷۵۹
نظام کار دو نوبتی، ۴۴
نظام کلی، ۴۰
نظام کنترل انطباقی، ۳۰، ۶۴۵
نظام کنترل فرایند، ۵۷۱
نظام کنترل کننده، ۶۰۸
نظام کنترل هدایت نشده، ۷۴۰
نظام کیفیت، ۵۸۹

نظام گره‌های فعالیت، ۲۹
نظام مالیات متحدالشکل، ۷۳۶
نظام متمرکز، ۱۳۲
نظام مدیریت اطلاعات، ۲۰۸، ۲۱۰، ۴۵۲
نظام مدیریت پایگاه داده‌ها، ۲۰۸، ۲۱۰، ۶۹۷
نظام مدیریت نیروی انسانی در سازمانهای بزرگ ژاپنی، ۴۸۷
نظامنامهٔ داخلی، ۳۸۸، ۵۷۰، ۶۳۲
نظامنامهٔ کیفیت، ۵۸۹
نظام نقل و انتقال اعتبار بین بانکها در اروپا، ۳۲۶
نظام ننکو، ۴۸۷
نظام نوبت کاری اروپایی، ۱۸۰
نظام نوبت کاری ثابت، ۳۰۶، ۶۹۷
نظام نوبت کاری چرخشی سریع، ۵۹۳
نظام نوبت کاری چرخشی / گردشی، ۶۳۰
نظام نوبت کاری دوگانه، ۷۲۹
نظام نوبت کاری سه گانه، ۷۱۲
نظام نوبت کاری شهری، ۴۷۰
نظام واحد، ۷۳۸
نظامهای آموزشی مسأله‌گرا، ۵۷۰
نظامهای اطلاعاتی، ۳۷۰
نظامهای مدیریت حقوق و دستمزد، ۷۵۴
نظام هزینه‌یابی، ۱۹۴
نظامی که در آن کارکنان همیشه در یک شیفت ثابت کار می‌کنند، ۳۰۶
نظرات مشترک داشتن، ۶۵۲
نظرخواهی، ۶۸۳
نظرخواهی کردن، ۶۹۴
نظر خود را تحمیل کردن، ۵۶۳

نظارت عمومی بودجه، ۳۲۳
نظارت عینی / حضوری، ۲۹۴
نظارت غیر مستقیم، ۳۶۱
نظـارت کـردن، ۳۲، ۱۸۵، ۴۷۵، ۵۲۳، ۵۷۲، ۶۹۱
نظارت /کنترل عمومی تولید، ۳۲۴
نظارت /کنترل یک پارچه، ۳۸۱
نظارت متمرکز، ۱۳۲
نظارت مستقیم، ۲۹۴
نظـارت و سرپرستی برنامه‌های آموزشی، ۶۹۱
نظارتها /کنترلهای مالی، ۳۰۴
نظام آخرین بسته، ۴۲۰
نظام آموزش، ۷۲۲
نظام آموزشی با استفاده از معلم، ۷۲۹
نظام آموزشی کارآمد، ۲۵۹
نظام احتمالی، ۵۷۰
نظام اداری، ۳۴، ۱۴۴
نظام ارتقا و استخدام برحسب ضوابط به‌جای روابط، ۴۶۹
نظام اطلاعات سازمانی، ۵۱۶
نظام اطلاعات مدیریت پروژه / طرح، ۵۷۸
نظـام اطلاعات مدیریت منسجم (یکپارچه)، ۳۴۹
نظام اطلاعاتی، ۶۹۷
نظام اطلاعاتی منابع انسانی، ۳۴۵، ۶۹۷
نظام اقتصاد آزاد، ۶۹۷
نظام امتیازی، ۵۵۳، ۶۹۷
نظام انبارداری دوگانه، ۷۲۹
نظام ایستا (در مقابل نظام پویا)، ۶۷۴
نظام بازنشستگی غیر حصه‌ای، ۴۹۱

نظام بازنگری دوره‌ای، ۵۴۱
نظام باند بازی، ۶۶۷
نظام بانکداری، ۷۴
نظام بانکی فدرال، ۳۰۰
نظام بانکی وابسته، ۱۹۲
نظام بررسی عوامل کار، ۷۶۳
نظـام برنامه‌ریزی، طرح‌ریزی و بودجه‌بندی، ۵۵۸
نظام بسته، ۱۴۹
نظام بودجه‌بندی، ۶۹۷
نظام بودجه‌بندی، طرح و برنامه، ۵۵۰
نظام پاداش، ۹۷، ۶۲۶
نظام پایاپای، ۱۴۸
نظـام پـرداخت، ۳۵۵، ۵۳۵، ۵۳۶، ۶۴۳،۶۹۷
نظام پرداخت آزاد، ۵۰۸
نظام پرداخت بر مبنای زمان معیار، ۶۷۱
نظـام پـرداخت بـر مبنای سالهای خدمت،۷۱۷
نظام پرداخت تشویقی، ۳۵۵، ۶۹۷
نظام پرداخت تشویقی افزایشی، ۲۰
نظام پرداخت روزانه، ۴۶۵
نظام پرداخت مزایای گانت، ۳۲۱
نظـام پـرداختی کـه در آن مراتب شایستگی‌کارکنان در نظر گرفته می‌شود، ۳۳۰
نظام پولی اروپا، ۲۷۷
نظام پولی دو نرخی، ۷۲۹
نظام پولی که در آن ارزش پول یک کشور در مقابل وزن معینی از طلا تعیین می‌شود،۳۲۸
نظام پویا، ۲۵۱

نسبت مبادله، ۷۰۹
نسبت موجودی کالا، ۶۸۰
نسبت نقدی، ۴۳۷
نسبت نیروی استخدام شده در طول یک سال نسبت به کل نیروی انسانی موجود در سازمان، ۴۱۷
نسبت واریانس، ۷۴۷
نسبتهای مالی، ۷۲، ۳۰۴
نسبتهایی برای مقایسهٔ اقلام ترازنامه یا صورتهای مالی یک شرکت، ۳۰۴
نسبت هزینه‌های بازاریابی به فروش، ۴۶۰
نسبت هزینه‌های ثابت به هزینه‌های کلی، ۵۱۰
نسبت یا ضریب بازرگانی، ۱۱۳
نسخهٔ اصلی برات، ۳۰۵
نسخهٔ اصلی صورت حساب، ۵۱۹
نسخهٔ اصلی مدارک، ۸۳، ۵۶۶
نسخهٔ بازبینی، ۱۴۰، ۷۵۳
نسخهٔ بایگانی، ۳۰۲
نسخهٔ بدل، ۶۱۶
نسخه برداری، ۶۱۶
نسخه برداشتن، ۱۸۹
نسخهٔ تایید شده، ۱۳۴
نسخهٔ دوم، ۲۵۰
نسخهٔ عین، ۶۱۴
نسیه فروختن، ۲۰۱، ۶۳۴، ۶۴۶
نشان تجارتی اختصاصی، ۵۲۵
نشان تجارتی ثبت شده، ۶۰۷
نشان تجارتی مستقل /اختصاصی، ۵۲۴
نشان تجاری، ۱۰۱، ۳۴۴
نشان تجاری اختصاصی، ۵۶۸

نشان / مارک پیشاهنگ، ۱۰۲
نشانهٔ مارک، ۱۰۲
نشانه‌های ثبات و اختلال عصبی، ۶۶۸
نشانی ثبت شده، ۶۰۷
نشانی قانونی، ۶۰۷
نشانی قراردادی، ۵۳
نشر سهام خرد شده، ۶۶۶
نشر و فروش اوراق قرضه، ۵۴۸
نشریات تجاری، ۷۱۹
نشریات تجاری - بازرگانی، ۷۱۹
نشریات داخلی (سازمانها)، ۳۴۴
نشریهٔ ادواری، ۴۱۰، ۵۴۱
نشریهٔ اقتصادی، ۴۶۰
نشریه با شمارگان / تیراژ محدود، ۱۸۶
نشریه / رسانهٔ غیر مجاز، ۵۴۸
نشریهٔ سازمان بین‌المللی کار، ۳۹۰
نصب و عزل، ۴۹۰
نص سند، ۲۹۵، ۳۱۳
نص صریح قانون، ۴۲۸
نص صریح قانونی، ۶۸۴
نص قانون، ۵۸۱
نظارت از راه پیگیری، ۳۰۹
نظارت بر عملیات، ۱۸۶
نظارت بر فرایند تولید، ۵۷۱
نظارت بر کیفیت، ۵۸۹
نظارت بر منابع، ۱۸۶
نظارت بر هزینه، ۵۷۲
نظارت بودجه‌ای، ۱۰۷
نظارت پس از خرج، ۵۵۶
نظارت داخلی، ۳۸۷
نظارت شخصی، ۵۴۳
نظارت عددی مستقیم، ۲۴۲

نرخهای متفاوت ارز، ۴۸۰
نرخهای نظری، ۴۱۰
نرخ هزینه‌های عمومی، ۵۲۲
نرخ یوزانس، ۷۴۲
نرم‌افزار پایدار، ۳۰۵
نرم‌افزار ثابت، ۳۰۵
نرم‌افزار فهرست نما، ۴۶۸
نرم‌افزار گزینه‌ای، ۴۶۸
نرمش قیمت، ۵۶۵
نزاع تفکیک حدود، ۲۲۵
نزول خوار، ۴۳۹
نزول دادن، ۴۳۹
نژادگرایی، ۲۷۶
نسبت ارزش افزوده به سرمایهٔ به کار گرفته شده، ۱۲۲
نسبت انتخاب، ۶۴۴
نسبت انحراف معیار به میانگین، ۱۵۲
نسبت بازدهی سرمایه، ۲۷۳
نسبت بدهی، ۲۱۴
نسبت بدهی به درآمد ملی، ۲۱۳
نسبت پرداخت، ۶۱۰
نسبت پرداخت درون سازمانی، ۳۸۸
نسبت پول نقد، ۱۲۸
نسبت تمرکز، ۱۶۷
نسبت تنزیلی سود و هزینه ناخالص، ۲۳۸
نسبت جاری، ۲۰۴
نسبت حسابداری، ۲۴
نسبت دارایی جاری به بدهی جاری، ۴۳۷
نسبت دارایی موجود به بدهی موجود (با در نظر گرفتن تحرک و تحول هر دو)، ۲۰۴
نسبت داراییهای جاری به بدهیهای جاری، ۲۰۴
نسبت داراییهای نقدی به بدهیهای جاری، ۵۹۰
نسبت رشد بازده سرمایه، ۳۴۷
نسبت روزهای تلف شده، ۶۵۱
نسبت زیان به حق بیمه، ۴۴۳
نسبت ساختمانهای مسکونی خالی یا بلااستفاده، ۷۴۴
نسبت سرمایه به تولید، ۱۲۲
نسبت سرمایهٔ در گردش، ۷۶۴
نسبت سفارشات قبول شده به سفارشات‌انجام شده، ۹۷
نسبت سود به درآمدها، ۵۷۵
نسبت سود به سود سهام پرداختی، ۲۵۳
نسبت سود به هزینهٔ ناویژه، ۷۳۴
نسبت سود به هزینهٔ ویژه، ۷۳۴
نسبت سود خالص به فروش، ۴۸۸
نسبت سود زیان ویژهٔ بدون کاهش یا تنزیل، ۷۳۴
نسبت سود عملیاتی، ۵۱۰
نسبت سود ناخالص، ۳۳۲
نسبت سود و درآمد نهایی، ۴۵۸
نسبت سود ـ هزینه، ۸۳
نسبت سود و هزینهٔ خالص تنزیلی، ۸۳
نسبت سود و هزینه ناخالص تنزیلی، ۸۳
نسبت فعالیت، ۲۹
نسبت قدرت پرداخت، ۵۹۰
نسبت قیمت سهام به درآمد آنها، ۵۶۵
نسبت قیمت سهم به سود سهم، ۵۶۵
نسبت کارآیی / بازدهی، ۲۵۹

نرخ تبدیل، ۱۸۷
نرخ تبدیل ارز، ۲۸۱
نرخ تسعیر، ۱۸۷، ۲۸۱
نرخ تعدیلی، ۲۷۲
نرخ تعیین کردن، ۷۰۱
نرخ تنزیل، ۲۳۸
نرخ تورم، ۳۶۸
نرخ حداقل، ۳۰۵، ۵۶۷
نرخ حمل کالا، ۳۱۶
نرخ حمل کالا به صورت مجموعه، ۴۲۷
نرخ خالص، ۴۸۸
نرخ خصوصی بازده، ۵۶۹
نرخ دریافت وام، ۴۳۹
نرخ دستمزد، ۵۹۴، ۷۵۵
نرخ دستمزد اتحادیه، ۷۳۷
نرخ رایج، ۳۲۸
نرخ رسمی ارز، ۵۰۴، ۵۹۴
نرخ رشد (جمعیت)، ۳۳۴، ۵۹۳
نرخ روز، ۵۹۴
نرخ روزانه، ۲۰۹
نرخ روزهای تلف شده، ۶۵۱
نرخ زود پرداخت، ۴۹
نرخ زیاد و بی رویه (در مقابل نرخ کارمزدنازل)، ۴۴۳
نرخ زیر استاندارد، ۶۸۹
نرخ ساعتی بر اساس مرتبه، ۳۳۰
نرخ ساعتی (کار)، ۵۹۴، ۷۱۴
نرخ سالانهٔ بهره‌ای که به سهم تعلق می‌گیرد، ۱۹۷
نرخ سرمایه‌گذاری، ۱۲۲، ۳۹۶، ۴۵۹
نرخ شناور، ۳۰۸
نرخ شناور ارز، ۳۰۸

نرخ طولانی، ۴۴۲
نرخ عوارض گمرکی بر صادرات و واردات، ۷۰۱
نرخ غیبت، ۱۸
نرخ غیر طبیعی ارز، ۶۹۳
نرخ فراگیر، ۴۲
نرخ فراوانی حادثه، ۲۲
نرخ قانونی، ۵۸
نرخ کرایهٔ بار کشتی، ۳۱۶
نرخ کرایهٔ منطقه‌ای، ۷۷۲
نرخ کوپن، ۱۹۷
نرخ گذاری تجربی در بیمه، ۲۸۸
نرخ گردش موجودی، ۶۸۰
نرخ مالیات، ۵۹۴، ۷۰۴
نرخ مالیاتی، ۵۹۴
نرخ مبادلهٔ ارز، ۵۹۴
نرخ متعارف، ۵۹۴
نرخ متغیر، ۳۰۸
نرخ متقابل یا برابری غیر مستقیم ارز، ۲۰۳
نرخ متوسط، ۴۷۰
نرخ متوسط بازده، ۶۶
نرخ مستقیم، ۲۳۶، ۳۶۲
نرخ معمول، ۳۲۸
نرخ معیار، ۶۷۱
نرخ ممتاز، ۳۰۵، ۵۶۷
نرخ مورد توافق، ۴۰
نرخ نازلتر، ۴۴۴
نرخ نسبی مبادله، ۵۸۵
نرخ واحد کار، ۵۴۷، ۵۹۴
نرخ وام، ۴۳۹
نرخهای قضاوتی، ۴۱۰

نایب رییس، ۷۵۰
نایب رییس شرکت، ۱۶۱
نپذیرفتن شرط، ۱۸۲
نپوتیسم، ۴۸۷
نتایج پیش بینی شده، ۴۹
نتایج مورد انتظار، ۴۹
نتیجهٔ کار، ۲۰۶، ۷۳۹
نتیجه گیری کردن، ۱۶۸، ۲۹۳
نتیجه / نتایج مطلوب، ۲۳۱
نتیجه نهایی / کار، ۲۶۷
نتیجهٔ نهایی مذاکرات، ۲۶۷
نتیجهٔ نهایی هدف، ۳۲۷
نتیجهٔ یک معامله، ۶۲۲
نحوهٔ استقرار بر اساس نوع تولید، ۵۷۴
نحوهٔ انتخاب سبک رهبری، ۳۴۴
نحوهٔ انتقال پول، ۴۷۰
نحوهٔ برخورد، ۷۲۵
نحوهٔ طبقه بندی، ۱۴۵
نخستین قیمت گذاری کالا، ۳۷۲
نداشتن آزادی عمل در معاملات، ۴۴۰
نداشتن پیشینه بد، ۱۴۶
نرخ آزاد، ۵۰۹
نرخ ارز / پول، ۲۰۴، ۵۹۴
نرخ ارز پیش تعیین شده، ۳۱۳
نرخ ارز خزنده، ۱۹۹
نرخ ارز سلف، ۳۱۳
نرخ ارزش پولی کالا، ۵۶۴
نرخ ارز کنترل شده، ۴۵۰
نرخ استاندارد، ۵۹۴، ۶۷۱
نرخ استهلاک، ۵۹۴
نرخ اضافی مالیات بر درآمد سرمایه گذاری، ۳۹۶

نرخ انفصال خدمت، ۶۴۸
نرخ بازار، ۵۰۰
نرخ بازار سیاه، ۸۹
نرخ بازده، ۵۹۴
نرخ بازده تدریجی سرمایه، ۳۴۷
نرخ بازده حسابداری، ۲۴
نرخ بازده داخلی، ۳۸۸
نرخ بازده سرمایه گذاری، ۶۲۴، ۷۶۹
نرخ بازده سرمایه‌گذاری در خرید سهام، ۲۴۴
نرخ بازگشت سرمایه، ۶۲۹
نرخ برآوری، ۴۹
نرخ برابری ارز، ۲۸۱، ۵۲۸، ۵۹۴
نرخ بلند مدت، ۴۴۲
نرخ بندی، ۷۰۱
نرخ بندی معیار، ۶۷۱
نرخ بهره، ۳۸۵، ۵۹۴
نرخ بهره‌ای که بدون در نظر گرفتن کاهش اصل وام تعیین می‌شود، ۳۰۷
نرخ بهرهٔ بانکی، ۷۴، ۵۹۳
نرخ بهره برداری، ۵۱۲
نرخ بهرهٔ بی خطر، ۶۲۸
نرخ بهرهٔ پایه، ۵۶۷
نرخ بهرهٔ تعادلی، ۲۷۱
نرخ بهرهٔ سالانه، ۴۸، ۵۳، ۳۸۵
نرخ بهرهٔ مسطح، ۳۰۷
نرخ بیمهٔ مقرری سالانه، ۳۴۹
نرخ پایه، ۵۹۳، ۶۷۱
نرخ پایهٔ بهره، ۷۷
نرخ پایهٔ دستمزد، ۷۷، ۷۸، ۵۹۴
نرخ پایین تر از حد معمول، ۶۸۹
نرخ پرداخت بر مبنای زمان، ۷۱۴

ن

نابرابری اقتصادی، ۲۵۵
نابرابری درآمدها، ۳۶۷
نابهنجاری، ۱۷
ناتوانی از پرداخت دیون، ۳۷۵
ناحیهٔ صنعتی، ۳۶۵، ۷۱۸
نادیده گرفتن برخی از وظیفه‌ها، ۶۵۹
ناسازگاری ادراکی، ۱۵۲
ناسازگاری و تعارض بین اعضای یک گروه، ۳۹۳
ناشی از نظام اقتصادی، ۲۶۶
ناظر خرج، ۶۷۷
ناظر هزینه، ۶۷۷
نافذ شدن، ۳۱۰
نافرمانی کردن، ۱۶۵، ۲۲۱
ناکامی در دستیابی به وضعیت مطلوب، ۶۸۷
نام تجارتی، ۱۰۲، ۷۱۹
نام تجاری ملی، ۴۸۳
نامطلوب‌ترین طول مدت، ۴۷۸
نام گزینی، ۴۸۲
نام نویسی آزاد، ۵۰۸

نام نویسی کردن، ۶۰۶
نامهٔ آماده، ۳۱۲
نامه‌ای را امضا کردن، ۵۸۷
نامهٔ با مجوز ارسال بدون تمبر، ۵۴۲
نامهٔ بدون امضا، ۴۹، ۴۲۷
نامهٔ بی‌اعتبار، ۲۱۰
نامهٔ پیروی، ۳۰۹، ۴۲۸
نامهٔ توضیحی، ۱۹۸
نامهٔ دارای کسر تمبر، ۵۵۶
نامهٔ رسمی، ۱۰۴، ۳۲۰، ۴۲۸، ۴۷۳
نامهٔ سرگردان، ۲۱۰
نامهٔ سرگشاده، ۴۲۹
نامهٔ سفارشی، ۶۰۷
نامهٔ غیر رسمی، ۳۶۹، ۴۶۸
نامهٔ فرم، ۳۱۲
نامه نگاری، ۱۹۲، ۴۲۹
نامه نگاری کردن، ۱۹۲
نامه‌های صادره، ۵۲۰
نامه‌های وارده / رسیده، ۳۵۷
ناوگان تجاری، ۴۵۹، ۴۶۹
ناهماهنگی تلاش سازمان، ۳۱۴

میزان سهام موجود در مؤسسه، ۶۷۹
میزان عدم اطمینان محیطی، ۲۷۰
میزان کالای مجاز برای خرید، ۵۰۹
میزان / مقدار سفارش مقرون به صرفه، ۲۵۶
میزان مقرون به صرفهٔ تولیدات دسته‌ای، ۲۵۶
میزان موجودی (کالا)، ۶۷۹
میزان موجودی مقرون به صرفه، ۲۶۱
میزان ناکافی بودن اطلاعات، ۳۷۹
میزان نیاز به وام، ۹۹
میزگرد اعضای شورا، ۱۹۶
میکرو پروسسور، ۴۷۰
میکرو فیش، ۴۷۰
میکرو فیلم، ۴۷۰
میکرو کپی، ۴۷۰
میل نهایی به سرمایه‌گذاری، ۴۵۸
میل نهایی به مصرف، ۴۵۸

مهلت واریز، ۲۰۹
مهلتی که طبق قانون به بدهکار داده می‌شود تا بدهی خود را بپردازد، ۲۰۹
مهندس پیشگیری، ۵۶۴
مهندس روش سنجی، ۴۷۰
مهندس صنعتی، ۳۶۵
مهندس فروش، ۶۳۵
مهندس مدیریت، ۴۵۲
مهندسی ارزش، ۷۴۶
مهندسی انسانی، ۳۴۵
مهندسی بازرسی، ۲۶۸
مهندسی بسته‌بندی، ۵۲۶
مهندسی تعمیر و نگهداری، ۴۴۸
مهندسی روش‌ها، ۴۷۰
مهندسی عوامل انسانی، ۳۴۵
مهندسی فرایند تولید، ۵۷۱
مهندسی کارخانه، ۵۵۱
مهندسی مراحل عملیات، ۵۷۱
میانجی‌گری، ۳۸۷
میانجیگری کردن، ۱۶۸، ۳۸۳، ۳۸۶
میانگین انحراف مطلق، ۶۵
میانگین توافقی / همساز، ۳۳۷
میانگین حسابی، ۵۴
میانگین حسابی وزن دار، ۷۵۹
میانگین فاصله‌های تماس با مشتری، ۱۱۷
میانگین کیفیت کالای نهایی، ۵۰
میانگین کیفیت محصول، ۵۰، ۶۶
میانگین / متوسط هزینه، ۶۵
میانگین مدت وصول، ۶۵
میانگین مصرف ماهانه، ۶۶
میانگین نمونه، ۶۳۶

میانگین هزینه، ۶۵
میانگین هزینهٔ ثابت، ۳۸، ۶۶
میانگین هزینهٔ کل، ۶۰، ۶۶
میانگین هزینهٔ متغیر، ۶۵، ۶۶
میانگین هندسی، ۳۲۵
میثاق اجتماعی، ۶۶۰
میدان کارخانه، ۷۶۹
میز ارائهٔ خدمات اضافی (به مشتریان)، ۲۲
میزان استعفا و برکناری از خدمت، ۶۴۸
میزان اشتغال، ۲۶۵
میزان اطلاعات، ۳۷۰
میزان افزایش در ارزش، ۲۱
میزان اقتصادی تولید، ۲۵۴
میزان اقتصادی تولیدات دسته‌ای، ۲۵۵
میزان اقتصادی سفارش، ۲۷۱
میزان انجام وظیفه، ۷۰۲
میزان بازده، ۵۹۴
میزان بلندی منحنی، ۴۱۵
میزان پرداخت، ۵۳۶
میزان پرداخت حداقل، ۴۷۱
میزان تماس، ۱۱۸
میزان جذب واردات، ۳۵۲
میزان خروج از خدمت، ۴۱۸
میزان خسارت، ۵۹۰
میزان دستمزد، ۷۵۵
میزان دستمزد بر مبنای تعداد قطعات ساخته شده (قطعه کاری)، ۳۴۰
میزان زیان و خسارت ثابت، ۴۴۳
میزان سفارش مقرون به صرفه، ۲۷۱
میزان سفارش مقرون به صرفه، ۲۵۶
میزان سود سهام، ۴۵۸

موضوع محرمانه، ۵۶۸، ۵۶۹
موضوع مذاکرات، ۶۸۶
موضوع مربوط به صلاحیت، ۴۱۱
موضوع مسأله ساز، ۵۷۰
موضوع / مسألهٔ مورد علاقهٔ طرفین، ۴۶۳
موضوع مورد اختلاف، ۱۸۰، ۴۰۱
موضوع مورد معامله، ۶۸۶
موضوع مهم، ۳۴۴
موضوعی را به رأی گذاشتن، ۵۸۶
موضوعی را مطرح کردن، ۱۰۵
موعد پرداخت، ۲۰۹، ۲۴۹، ۵۳۵
موعد پرداخت دین، ۴۶۴
موعد دار، ۳۱۳
موعد سند، ۲۰۴
موعد گذشته، ۵۵، ۳۵۴، ۵۲۲، ۵۳۲
موعد مقرر، ۴۰، ۴۹، ۹۷، ۲۱۰، ۶۱۰
موفقیت روانی، ۵۸۲
موفقیت سریع و کامل کسب کردن، ۱۲۵
موقعیت استخدامی مساوی، ۵۱۲
موقعیت بازار، ۴۶۱
موقعیت را سنجیدن، ۶۹۴
موقعیت ستادی، ۶۶۹
موقعیت شغلی، ۳۳۶، ۳۸۶، ۵۵۵، ۶۵۸
موقعیت شغلی موقتی، ۳۸۶
موقعیت ممتاز مساوی، ۷۶۱
مونتاژ فرعی، ۶۸۶
مهارت آفرینی، ۶۷۰
مهارت ادراکی، ۶۵۸
مهارت انسانی، ۶۵۹
مهارت جسمی / فیزیکی، ۶۵۹
مهارت در جذب متخصصان، ۳۳۸
مهارت دستی، ۴۵۷، ۶۵۹

مهارت روانی - حرکتی، ۶۵۹
مهارت رهبری، ۶۵۹
مهارت طرح / طراحی، ۲۳۱
مهارت فنی، ۶۵۹، ۷۰۶
مهارت مدیریتی، ۶۵۹
مهارت و نگرش، ۴۱۵
مهارتها / تواناییهای درون شخصیتی، ۱۶
مهارتهای ارتباطی، ۳۸۳
مهارتهای درون شخصیتی (مدیران)، ۳۹۲
مهارتهای روانی - حرکتی، ۵۸۲
مهارتهای شخصی / اشخاص، ۵۴۴
مهارتهای مدیر، ۸۲، ۲۳۲، ۲۸۴
مهارتهای مکانیکی، ۴۷۸
مهار کردن، ۱۷۹، ۱۸۵، ۲۰۳
مهار کردن تورم، ۲۰۴، ۲۲۱
مهر ابطال، ۱۱۸
مهر برجسته، ۳۵۲
مهر رسمی، ۱۴۲، ۵۰۵
مهر زدن، ۱۵۱، ۶۳۱، ۶۷۰
مهر و امضا کردن، ۳۵۲
مهر و موم شده، ۶۴۰
مهر و موم کردن، ۳۸، ۴۱۳، ۶۴۰
مهلت پرداخت، ۲۰۹، ۷۴۲
مهلت پرداخت بدهی، ۴۷۶
مهلت خواستن، ۶۱۶
مهلت دادن، ۳۲۷، ۶۲۰
مهلت قانونی، ۴۷۶، ۶۸۴
مهلت مجاز برای پرداخت برات یا سفته از تاریخ سررسید، ۲۱۰
مهلت مقرر، ۹۷، ۲۱۰
مهلت نامه (برای پرداخت وام)، ۴۲۸

مؤسسهٔ اطلاعات اعتباری، ۲۰۰
مؤسسهٔ اعتباری، ۱۹۹، ۲۰۰
مؤسسهٔ اقتصادی، ۱۱۲
مؤسسهٔ انبارداری، ۷۵۷
مؤسسهٔ انتفاعی، ۱۱۲، ۱۴۴، ۳۰۵
مؤسسهٔ باربری، ۶۵۳
مؤسسهٔ بازاریابی، ۳۴۹، ۳۷۸
مؤسسهٔ بازرگانی، ۱۰۲، ۱۱۱، ۱۱۲، ۳۰۵
مؤسسهٔ بازرگانی مشترک، ۴۰۸
مؤسسهٔ پیشرو، ۲۶۹، ۲۷۰
مؤسسهٔ تجاری، ۱۱۲، ۲۶۹، ۲۷۰، ۳۳۸
مؤسسهٔ تحقیق بازاریابی، ۳۷۸
مؤسسهٔ تنزیل، ۲۳۸
مؤسسهٔ تهیهٔ مسکن، ۱۰۹
مؤسسهٔ حرفه‌ای، ۵۷۴
مؤسسهٔ حسابداران مدیریت و هزینه، ۳۷۸
مؤسسهٔ حق‌العمل‌کاری، ۱۵۷
مؤسسهٔ حمل و نقل عمومی، ۱۵۸
مؤسسهٔ خدمات نرخها و داده‌های استاندارد، ۶۶۸
مؤسسهٔ خدماتی، ۲۹۵
مؤسسه دارای فرصتهای استخدامی ممتاز، ۵۶۰
مؤسسهٔ زنجیره‌ای، ۴۸۰
مؤسسهٔ سرمایه‌گذاری، ۳۹۶
مؤسسهٔ سرمایه‌گذاری جمعی / اشتراکی /مشترک، ۱۴۳، ۱۵۳، ۳۷۸
مؤسسهٔ سرمایه‌گذاری منقسم، ۶۶۶
مؤسسهٔ علوم مدیریت، ۳۷۸
مؤسسهٔ علوم مدیریتی، ۷۱۴
مؤسسهٔ فعال، ۳۲۸

مؤسسهٔ کاریابی، ۲۶۴، ۵۴۴
مؤسسهٔ مالی، ۳۰۳
مؤسسهٔ مالی بین‌المللی، ۳۴۸
مؤسسهٔ مجاز، ۴۳۱
مؤسسهٔ مدیران صنعتی، ۴۱
مؤسسهٔ مدیران کارخانه‌ها، ۴۰۲
مؤسسهٔ مدیران مالی، ۳۰۱
مؤسسهٔ مدیریت آموزش و پژوهش در آسیا، ۴۷۴
مؤسسهٔ مدیریت امور کارکنان، ۳۷۸، ۳۹۸
مؤسسهٔ مدیریت انگلستان، ۱۰۵
مؤسسهٔ مدیریت بازرگانی اروپا، ۳۷۴
مؤسسهٔ مدیریت پرسنلی، ۳۹۸
مؤسسهٔ مشاوران مدیریت، ۳۴۹، ۳۷۸
مؤسسهٔ معاف از پرداخت مالیات، ۷۰۳
مؤسسهٔ ملی تحقیقات اقتصادی و اجتماعی، ۴۸۳، ۴۸۹
مؤسسهٔ نیمه دولتی، ۵۹۰
مؤسسه‌های کاریابی خصوصی، ۵۶۸
مؤسسه یا سازمان آگهی کننده، ۳۶
مؤسسه یا سازمان دولتی، ۳۲۹
موضوعات را توأماً مورد رسیدگی قرار دادن، ۴۰۱
موضوع اختیاری، ۷۵۲
موضوع بحث انگیز، ۱۸۶، ۱۸۷
موضوع ترافعی، ۱۸۰
موضوع جنجال برانگیز، ۱۸۷
موضوع درس، ۶۸۶
موضوع صلاحیتی، ۴۱۱
موضوع قرارداد، ۵۸۶
موضوع مالیات، ۷۰۲

موافقت نامهٔ فروش مشروط، ۱۷۰
موافقت نامهٔ کار، ۴۰، ۴۱۶
موافقت نامهٔ مذاکرات آزمایشی، ۲۸۸
موافقت نامهٔ مذهبی، ۱۶۹
موافقت نامهٔ مشترک، ۴۰، ۴۰۷
موافقت نامهٔ مشترک در سطح یک صنعت، ۳۶۶
موافقت (نامه) مشروط، ۵۸۱
موافقت نامهٔ نحوهٔ رسیدگی به اختلافات، ۵۷۰
موافقت نامهٔ نهایی، ۳۰۳، ۵۸۱
موافقت‌نامه‌های تکمیلی یا الحاقی، ۶۹۲
موافقت نسبت به دریافت حق عضویت، ۱۴۱
موانع ارتباطی، ۷۷
موانع انجام مأموریت، ۲۲
موانع تجاری / بازرگانی، ۷۷، ۷۱۷
موانع تغییر، ۷۷
موانع قانونی، ۳۵۰
موانع گمرکی، ۷۷
موانع ورود به بازار، ۷۷
موجب خسارت شدن، ۱۳۰
موجب فسخ، ۶۱۹
موجود بودن اعتبار، ۶۵
موجودی آزاد، ۶۵
موجودی انبار، ۳۹۴، ۶۳۴، ۶۶۱
موجودی به صورت یک محموله، ۴۴۰
موجودی در دسترس، ۶۵، ۶۶۷
موجودی راکد، ۲۱۱
موجودی غیر کافی، ۱۴۰، ۳۷۹، ۴۹۷
موجودی کالا، ۳۹۵، ۶۷۹
موجودی کالای در حال ساخت، ۷۶۴

موجودی گیری دایم، ۵۴۲
موجودی گیری زمان واقعی، ۳۹۵
موجودی گیری واقعی و عینی، ۵۴۶
موجودی مالی، ۳۰۳
موجودی متوازن، ۷۱
موجودی مرکب، ۳۹۵
موجودی مواد خام، ۱۵۰، ۵۶۲
موجودی نیروی انسانی، ۴۵۶
مؤدی مالیات، ۵۳۴، ۷۰۴
مورد اجاره، ۴۲۳، ۵۰۰، ۵۹۱، ۶۸۶
مورد بحث قرار دادن، ۲۳۹
مورد بررسی قرار دادن، ۴۴۲
مورد بطلان، ۳۵۰
مورد پژوهی، ۱۲۶
مورد تأیید قرار گرفتن، ۱۴۷، ۳۲۹
مورد توافق طرفین، ۴۰، ۱۶۶
مورد توجه قرار دادن، ۴۴۲
مورد سکوت قانون، ۱۲۹
مورد معامله، ۷۵، ۵۰۰
مؤسسات ادغام شده، ۴۴
مؤسسات انتفاعی، ۳۰۴
مؤسسات تحقیقاتی، ۶۱۷
مؤسسات عمومی، ۵۸۲
مؤسسات غیر مؤثر در قیمت بازار، ۵۶۶
مؤسسات مالی، ۳۰۴
مؤسسات یا شرکتهای مختلط، ۴۴
مؤسس شرکت، ۱۶۱، ۲۷۰، ۳۱۳، ۳۵۸
مؤسسهٔ آموزش و پژوهش سازمان ملل، ۷۳۸
مؤسسهٔ استاندارد انگلستان، ۱۰۶، ۱۰۷
مؤسسهٔ استاندارد ملی آمریکا، ۴۵
مؤسسهٔ استقراضی، ۴۲۷، ۴۳۹

موارد اختلاف کارگر و کارفرما، ۷۱۸
موارد پیش بینی نشده در قانون، ۱۲۹
موارد چشم پوشی، ۲۷۹
موارد قصور، ۲۷۹
موازنه برقرار کردن، ۷۱
موازنهٔ پرداخت / پرداختها، ۷۱، ۹۸
موازنهٔ پرداختهای بین‌المللی / خارجی، ۷۱، ۵۳۵
موازنهٔ تجاری، ۷۱۷
موازنهٔ تجاری نامساعد و کسری دار، ۳۶
موازنهٔ جبرانی، ۱۶۲
موازنهٔ مثبت تجاری، ۲۹۹
موازنهٔ منفی، ۴۸۵
موازنهٔ نزولی، ۲۳۴
موافقت اصولی، ۴۰، ۴۱، ۵۶۷، ۶۸۹
موافقت برای پرداخت بدهی، ۱۷۶
موافقت برای فروش، ۱۸۳
موافقت / توافق شفاهی، ۷۴۱
موافقت شفاهی، ۷۴۸
موافقت ضمنی، ۶۹۸
موافقت غیر رسمی، ۳۲۵
موافقت کردن، ۴۰، ۵۲، ۵۳، ۵۶، ۱۵۵، ۱۶۴، ۱۷۴، ۳۲۷، ۳۲۸، ۳۴۳، ۶۸۸، ۷۰۹
موافقت کلی، ۲۲، ۴۰، ۸۹
موافقت مشروط، ۱۶۹، ۱۷۰
موافقت نامه، ۱۶، ۴۰، ۶۷، ۷۷، ۸۷، ۱۰۴، ۱۳۶، ۱۴۷، ۱۵۹، ۱۶۰، ۱۶۵، ۱۶۹، ۱۸۷، ۱۹۶، ۲۰۰، ۲۰۱، ۲۵۷، ۲۷۴، ۳۲۰، ۳۲۲، ۳۲۳، ۳۲۹، ۴۲۸، ۵۸۱
موافقت نامهٔ اجرایی، ۲۸۴
موافقت نامهٔ ارجاع اختلاف به داوری، ۶۸۷
موافقت نامهٔ اعضای بورس اوراق بهادار، ۴۳۷
موافقت نامهٔ اعضای بورس سهام، ۴۱، ۶۷۹
موافقت نامهٔ امانی، ۲۷۴
موافقت نامهٔ امتیاز، ۴۳۱
موافقت نامه‌ای را محترم شمردن، ۳۴۳
موافقت نامهٔ بازرگانی، ۷۱۷
موافقت نامهٔ برتن وودز، ۱۰۴
موافقت نامهٔ بهره‌وری، ۵۷۳
موافقت نامهٔ پرداخت خسارت خودی، ۴۱۵
موافقت نامهٔ پولی اروپا، ۲۷۷
موافقت نامهٔ تبادل اطلاعات، ۳۶۹
موافقت نامهٔ تجارت آزاد آمریکای شمالی، ۴۸۲، ۴۹۵
موافقت نامهٔ تجاری / بازرگانی، ۵۲۶، ۷۱۷
موافقت‌نامهٔ تجاری محدود، ۶۲۱
موافقت نامهٔ تکنولوژیکی / فن آوری، ۷۰۶
موافقت نامهٔ تهاتری، ۷۷، ۱۴۷
موافقت نامهٔ جامع، ۵۰۶
موافقت نامهٔ جانشینی، ۳۷۱
موافقت نامهٔ چند جانبه، ۴۸۰
موافقت نامهٔ حل و فصل، ۶۵۰
موافقت نامهٔ خبری، ۳۶۹
موافقت نامهٔ داوری، ۴۱، ۵۴، ۱۶۶
موافقت نامهٔ دو جانبه، ۴۰، ۸۵
موافقت نامهٔ دولتی، ۳۳۰
موافقت نامهٔ رسمی، ۳۱۱

منحنی بی‌تفاوتی، ۴۰۱	منطقهٔ خاص توسعه، ۶۶۴
منحنی پرداخت، ۴۶۴	منطقهٔ دادگاه، ۷۴۸
منحنی توزیع، ۲۴۲	منطقهٔ صنعتی، ۷۱۸
منحنی (توزیع) طبیعی لگاریتمی، ۴۴۱	منطقهٔ صنعتی و بازرگانی، ۲۷۰
منحنی دستمزد، ۷۵۴	منطقی و معقول کردن شغل، ۴۰۶
منحنی سررسید، ۱۲۴	منطوق قانون، ۵۸۱
منحنی سرمایه‌گذاری و پس‌انداز، ۴۰۰	منظور اصلی گزارش، ۴۴۸
منحنی عرضه (کالا)، ۶۹۲	منظور بازرسی، ۵۸۶
منحنی فراوانی، ۳۱۶	منع تجارت، ۶۲۱، ۷۱۹
منحنی فیلیپس، ۵۴۶	منع طرح ادعا، ۲۷۶
منحنی لارنز، ۴۴۳	منع قانونی، ۲۷۶، ۴۲۵، ۴۲۶
منحنی نرمال، ۴۹۴	منع قانونی انکار پس از اقرار، ۲۷۶
منحنی یادگیری، ۴۲۳	منع کردن، ۳۰۹، ۳۴۹
مندرجات اصلی سند، ۵۶۱	منع / ممنوعیت استخدام مازاد بر نیاز، ۴۹
مندرجات سند، ۱۸۰	
منسوخ کردن، ۱۷	منفصل کردن، ۲۳۹، ۲۹۳
منسوخ کردن قانون، ۴۹۷، ۶۲۵	منفصل کردن از خدمت، ۲۱۲، ۲۳۷
منسوخ کردن قرارداد، ۱۷	منفعت طلبی آگاهانه، ۲۶۸
منسوخ کننده، ۱۷	منفعت قابل بیمه شدن، ۳۷۹
منصوب کـردن، ۵۱، ۵۸، ۱۷۴، ۱۷۶، ۲۳۱، ۲۷۵، ۳۲۳، ۳۶۳، ۳۷۷، ۳۹۵، ۴۴۸، ۴۹۰، ۵۴۸، ۵۵۶	منفعت مشروع، ۴۲۷
	منفی کاری، ۴۸۶
	منقضی شدن، ۸۲، ۲۸۸، ۴۲۰، ۷۰۸
منصوب کردن داور واحد، ۵۱	منکر تصمیم قبلی خود شدن، ۵۹۸
منطقهٔ آزاد تـجاری، ۲۵۰، ۳۱۱، ۳۱۶، ۷۷۱	منکر شدن، ۲۲۷
	منوط یا مشروط کردن (به چیزی)، ۶۷۸
منطقهٔ آزاد تجاری اروپا، ۲۷۷	مواجه شدن / مواجهه با خطر، ۶۰، ۶۳۲
منطقه بندی، ۱۱۰	مؤاخذه کردن، ۱۱۸
منطقهٔ بی‌تفاوتی، ۷۷۲	مواد اساسی قانون، ۵۸۶
منطقهٔ تـجارت آزاد بـین کشورهای حوزهٔ کارائیب، ۱۲۴	مواد خریداری شده، ۵۸۵
	مواد قرارداد، ۱۸۳، ۵۸۱
منطقهٔ تجاری، ۲۷۰	موارد ابلاغ، ۳۷۷
منطقهٔ تحت پوشش استرلینگ، ۶۷۷	موارد اختلاف، ۵۴

ملک مفروز، ۲۴۳، ۵۳۰
ملک نامشهود، ۳۸۱
ملکیت قابل انتقال، ۷۲۳
ملی کردن، ۴۲۱، ۴۸۳، ۴۸۴
ملی کردن صنایع، ۴۸۴
ممانعت کردن، ۳۰۹، ۳۱۰، ۳۴۲، ۶۱۱
ممنوع اعلام کردن، ۲۶۲
ممنوع کردن، ۷۲، ۳۸۴، ۵۸۰
ممنوعیت را لغو کردن، ۷۳۲
ممنوعیت فروش / انتقال زمین، ۴۱۹
ممیز کل، ۶۲، ۱۸۶
ممیز مالیاتی، ۵۷، ۳۷۶، ۶۹۴، ۷۰۲، ۷۰۳
ممیز و حسابرس کل، ۳۲۳
ممیزی دستمزد، ۷۵۴
ممیزی کار، ۷۶۳
ممیزی کردن، ۶۲، ۶۹۴، ۷۴۸
ممیزی مستقل، ۳۶۰
ممیزی نام، ۴۸۲
منابع اطلاعاتی، ۳۷۰
منابع اقتصادی، ۶۲۰
منابع انسانی، ۴۵۶، ۶۲۰
منابع طبیعی، ۴۸۴، ۶۲۰
منابع طبیعی غیر قابل تجدید، ۴۹۳
منابع فیزیکی، ۵۴۶
منابع قابل حصول، ۵۰۲
منابع مالی بودجه، ۱۰۸
منابع مالی لازم را فراهم کردن، ۳۰۳
منابع موجود، ۶۵
منابع مورد نیاز یک طرح، ۶۲۰
مناسبات برقرار کردن، ۶۱۰
مناسبات بین‌المللی، ۶۱۰
مناسبات کاری، ۷۶۴

مناسبات گذشتهٔ طرفین معامله، ۱۹۷
مناطق آزاد تجاری، ۲۵۰، ۳۱۱، ۳۱۶، ۷۷۱
مناطق پرجمعیت، ۲۲۷
مناطق مشمول قانون ارز، ۶۳۹
منافع / سود توزیع نشده، ۶۲۲
منافع شخصی، ۶۴۵
منافع عموم، ۵۸۳
منافع محفوظ سود توزیع نشده، ۲۵۳
منافع مشترک، ۴۸۱، ۶۶۲، ۶۶۴، ۷۳۹
منافع ملی، ۴۸۳
منافع / هزینه‌های فعالیتهای خارجی، ۲۹۲
مناقصه را اعلام کردن، ۵۸۷
مناقصه گذار، ۷۰۷
منبع تهیه یا تولید، ۶۶۳
منتظر خدمت بدون حقوق، ۶۹۵
منتقل کردن، ۱۸۸، ۲۱۷، ۲۳۳، ۲۴۸، ۳۵۰، ۵۵۶، ۶۱۰، ۶۴۱، ۷۲۲
منتقل کردن از دفتر روزنامه به دفترکل، ۵۵۶
منتقل کردن ملک، ۱۵
منتقل کننده، ۱۸۸
منحل شدن، ۲۳۷، ۵۸۰
منحل شده، ۲۳۷
منحل کردن، ۱۰۴، ۲۳۷، ۲۴۰، ۲۴۲، ۳۹۴، ۴۳۶، ۵۸۰، ۵۸۷، ۷۶۱
منحنی ارزش، ۷۴۶
منحنی ارزش کار، ۷۴۶
منحنی اصلاح، ۳۵۳
منحنی انگل، ۲۶۸
منحنی بهبود، ۳۵۳

مقررات ناقص، ۳۵۷	مکتب حمایت اقتصادی، ۵۸۰
مقررات نظارت بر ارز، ۲۸۱	مکتب رفتار انسانی، ۳۴۵
مقررات و آیین‌نامه‌ها، ۶۳۲	مکتب رفتاری، ۸۱
مقرر کردن، ۶۱۹	مکتب روابط انسانی، ۳۴۵
مقرری سالانه، ۴۷، ۴۸، ۱۳۱، ۲۱۹	مکتب روابط انسانی در مدیریت، ۳۴۵
مقرری سالانهٔ مادام‌العمر، ۴۳۲	مکتب سیستمی، ۶۹۷
مقرری / مستمری پرداخت کردن، ۵۳۸	مکتب فرایند مدیریت، ۴۵۳
مقروض ساختن، ۳۵۹	مکتب کلاسیک مدیریت، ۱۴۵
مقرون به صرفه، ۲۵۵	مکتب کمی، ۵۸۹
مقر یا محل داوری، ۵۴۸، ۶۵۸، ۷۴۸	مکتب نظام‌گرا، ۶۹۷
مقیاس ارزش، ۴۶۵	مکتب نظامهای اجتماعی، ۶۶۰
مقیاس ارزشیابی، ۵۹۵	مک گریگور داگلاس، ۴۴۶
مقیاس ارزیابی بر اساس رفتارهای خاص، ۸۱	مکلف کردن، ۵۰۰
	مکلف و متعهد به موجب قانون، ۴۲۵
مقیاس دستمزد، ۶۳۸	ملاحظه کردن، ۶۲۰
مقیاس رتبه بندی، ۵۹۵، ۶۳۸	ملاقات رسمی، ۵۰۴
مقیاس رتبه بندی گرافیکی / ترسیمی، ۳۳۱	ملاقات کردن، ۴۶۶
	ملاک عدم کفایت دلیل، ۳۷۹
مقیاس عملکرد، ۵۴۰	ملحق شدن، ۴۰۷
مقیاس لیکرت، ۴۳۴	ملحق و منضم کردن، ۵۰، ۴۶۹
مقیاس نرخ بر مبنای سن، ۵۹۴	ملزم بودن، ۸۴، ۵۰۰
مقید کردن، ۳۵۹، ۳۶۰، ۵۰۱	ملزم کردن، ۸۷، ۱۳۷، ۱۷۶، ۲۶۸، ۵۰۰، ۵۰۱
مقیم شدن، ۶۵۰	
مکاتبات رسمی، ۱۹۲، ۵۰۴	ملزم کردن شخص به تودیع وجه‌الضمان یا معرفی کفیل، ۸۸
مکاتبات غیر رسمی، ۱۹۲	
مکاتبه کردن، ۱۵۹، ۱۹۲، ۶۲۰	ملغا شده، ۶۲۴
مکاتبه کننده، ۱۹۲	ملک بدون شریک، ۲۷۵
مکان خرید، ۵۵۳	ملک بدون مستأجر، ۷۴۴
مکانیزه کردن کارهای اداری، ۵۰۴	ملک تصرف نشده، ۷۴۴
مکانیسم قیمت، ۵۶۵	ملک تفکیک شده، ۲۴۳، ۵۳۰
مکانیسمهای دفاعی، ۲۱۹	ملک قابل رهن، ۴۷۷
مکتب تئوری تصمیم‌گیری، ۲۱۶	ملک مشترک، ۴۰۸

مقام برجسته، ۵۵۶	مقدار یا میزان مصرف، ۱۷۹
مقام پر مسؤولیت، ۵۵۶	مقدم بودن برنامه‌ریزی، ۵۶۶
مقام تشریفاتی، ۱۳۳	مقدم داشتن، ۵۸۶
مقام تصویب کننده، ۵۳	مقدمهٔ قانون، ۵۵۸
مقام دولتی، ۳۳۰، ۵۸۳	مقدمهٔ معاهده / قطعنامه، ۵۵۸
مقام ستادی، ۶۶۹	مقررات آموزشی، ۳۷۹
مقام طلبی، ۷۷۰	مقررات اجارهٔ کالا، ۷۰۹
مقام محلی، ۴۴۰	مقررات اداری، ۳۳
مقام مسؤول، ۵۰، ۳۵۹، ۵۰۴، ۵۵۶، ۶۲۱	مقررات استخدامی، ۶۳۲
مقام منصوب کننده، ۵۱	مقررات اکید، ۶۸۵
مقام / موقعیت برجسته، ۵۷۷	مقررات الزامی، ۳۵۰
مقام و منزلت اجتماعی، ۶۶۰	مقررات امری، ۳۵۰
مقام و موقعیت یکسان، ۶۵۷	مقررات انضباطی، ۶۰۸
مقام یا وضع سابق، ۶۰۹	مقررات تعرفه بندی، ۷۰۱
مقاوله نامه، ۵۸۱	مقررات جاری، ۲۰۴، ۶۷۲
مقاوله نامهٔ امضا، ۵۸۱	مقررات حمل و نقل، ۷۲۴
مقاوله نامهٔ نهایی، ۳۰۳	مقررات داخلی، ۱۱۵
مقایسهٔ زوجی، ۵۲۷	مقررات دست و پاگیر، ۲۰۳، ۶۰۸
مقایسهٔ شرکتها، ۳۸۴، ۳۸۵	مقررات را رعایت کردن، ۱۶، ۶۰۸، ۶۳۲
مقایسهٔ عوامل (در رتبه بندی مشاغل)، ۲۹۶	مقررات را رعایت نکردن، ۶۳۲
مقایسهٔ عوامل شغلی، ۴۰۵	مقررات را زیر پاگذاشتن، ۱۰۴
مقایسهٔ نتایج واقعی در برابر استانداردها، ۱۶۲	مقررات سفت و سخت، ۶۸۵
مقتضیات قانون، ۵۸۱	مقررات شدید، ۶۸۵
مقتضی عقد، ۶۱۶	مقررات قانونی، ۶۷۶
مقدار اقتصادی موجودی، ۲۶۱	مقررات / قواعد داوری آنسیترال، ۷۴۰
مقدار بدهکاری، ۲۱۳	مقررات کار، ۷۶۵
مقدار تجدید سفارش، ۶۱۳	مقررات گمرکی، ۲۰۶
مقدار سفارش مطلوب، ۵۰۸، ۵۱۲	مقررات متحدالشکل اعتبارات اسنادی، ۷۳۶
مقدار ودیعهٔ مالی که هر بانک باید در بانک مرکزی داشته باشد، ۶۱۸	مقررات مربوط به بازرسی و سرپرستی، ۵۷۲
	مقررات منسوخ، ۲۱۰، ۴۲۸

معاون مدیر، ۵۸، ۲۳۰	مغایر بودن، ۱۸۴
معاون مدیر عامل، ۵۸، ۲۳۰	مغبون کردن، ۴۲۷
معاونین مدیر عامل، ۴۵۵	مفاد سند، ۱۸۰
معاهدهٔ بازرگانی، ۱۵۶	مفاد قانون، ۵۸۱
معاهدهٔ بین‌المللی، ۳۹۱	مفاد قرارداد، ۵۸۱، ۶۷۸
معاهدهٔ تجاری، ۱۵۶	مفاد موافقت نامه / قرارداد، ۵۸۱
معاهدهٔ دو جانبه، ۸۶، ۷۲۵	مفاصا حساب، ۲۵، ۲۷، ۱۳۳، ۴۶۸، ۴۹۲، ۵۹۸، ۵۹۱
معتبر ساختن، ۷۴۴	مفاصا نامه، ۱۳۳
معترض آگاه، ۱۷۳	مفاصای تأیید شده، ۲۵
معرفی کردن، ۳۹۴	مفاهیم بنیادی حسابداری، ۳۱۹
معرفی نامه، ۱۵۵، ۱۹۹، ۴۲۸، ۶۰۵	مفاهیم جدید توسعه، ۴۸۸
معزول کردن، ۲۴۰، ۵۹۸، ۶۱۲	مفر قانونی (یا شرعی)، ۴۲۵، ۴۴۲
معلق کردن از خدمت، ۶۹۴	مفر گریز از مالیات، ۴۴۳
معلق گذاشتن پرداخت و تأخیر در آن، ۶۹۵	مفهوم مؤسسهٔ دایر، ۳۲۸
	مقابله با گرایشهای منفی، ۷۲۸
معنی تحت‌اللفظی، ۴۳۷	مقابله با منفی گرایی، ۷۲۸
معنی دار بودن آماری، ۶۵۶	مقاطعه کار، ۱۸۱، ۱۸۳، ۴۰۳
معوق گذاشتن، ۳۳۷، ۴۲۴، ۵۵۷، ۵۸۷،۶۹۴	مقالهٔ مالی یا تجاری، ۱۴۴
	مقامات اداری، ۳۴، ۱۱۱، ۵۸۲
معوق گذاشته شدن، ۱۶	مقامات بلند پایه، ۳۴۱
معوق ماندن، ۶۷۲	مقامات بندر، ۱۳۳، ۵۵۴
معیار ارزش، ۴۶۵	مقامات دولتی، ۵۸۲
معیار حداقل حداکثر، ۴۷۱	مقامات ذیصلاح، ۱۶۳
معیار حداکثر حداقل‌ها، ۴۶۴	مقامات صلاحیتدار، ۱۶۳
معیار حداکثر حداکثرها، ۴۶۴	مقامات عالی رتبه، ۳۴۱
معیار خسارت، ۴۶۵	مقامات مسؤول، ۶۳
معیار عملکرد، ۵۴۰، ۶۷۱	مقامات و مدیریت بازار مشترک اروپا، ۲۷۶
معیار کارگر ماهر، ۷۲۰	
معیار لاپلاس، ۴۱۹	مقام اداری، ۱۱۱
معیارهای عملکرد، ۵۴۰	مقام انتخابی، ۲۶۱
مغازهٔ خرده فروشی، ۴۱۱	مقام بازرسی، ۳۷۶
مغایر با قرارداد، ۲۲، ۳۵۷	

معاملات سه‌گانهٔ همزمان سه سفارش آتی در یک یا چند بازار، ۱۱۳
معاملات عادی/مستقل، ۵۴
معاملات غیر مجاز و قاچاق، ۷۲۰
معاملات فضولی، ۷۳۲
معاملهٔ آزاد، ۳۱۵، ۵۰۹
معاملهٔ ارزی، ۳۱۰، ۷۲۲
معاملهٔ ارزی سلف / مدت دار، ۳۱۳
معامله از روی حسن نیت، ۹۳
معاملهٔ اشتراکی، ۷۲۲
معاملهٔ اقساطی، ۷۲۲
معامله‌ای در خصوص بورس اوراق بهادار، ۲۴
معامله‌ای که از اول باطل و فسخ شده، ۴۶۰
معامله با حق استرداد، ۳۰۱
معامله با خودیها، ۳۷۴
معاملهٔ باز، ۵۰۹
معاملهٔ بازرگانی، ۱۵۶
معاملهٔ باطل شده، ۴۶۰
معامله با مشارکت دیگران، ۷۲۲
معامله با وثیقه، ۶۴۲
معامله به قصد فرار از دین، ۷۲۲
معامله به وعده یا مدت دار، ۱۸۳
معاملهٔ بی غل و غش، ۶۸۱
معاملهٔ پایاپای، ۷۷
معاملهٔ پایاپای ارز، ۶۹۵
معاملهٔ تقلبی، ۹۳
معاملهٔ تهاتری، ۱۴۲
معاملهٔ جاری، ۲۰۴
معاملهٔ خارجی، ۷۲۲
معاملهٔ داخلی، ۷۲۲

معاملهٔ دراز مدت، ۴۴۲، ۷۲۲
معاملهٔ دو طرفه، ۱۸۱
معاملهٔ سرمایه، ۱۲۳
معاملهٔ سلف، ۲۱۱، ۳۱۳، ۶۳۵، ۶۵۴
معاملهٔ سلف کردن، ۲۱۱
معاملهٔ صادقانه، ۶۸۱
معاملهٔ صوری، ۳۰۱، ۶۵۷
معاملهٔ صوری سهام به منظور افزایش تصنعی بهای آنها، ۶۲۶
معاملهٔ غیر نقدی، ۲۰۱
معاملهٔ قانونی، ۴۱۲
معاملهٔ قطعی و تمام شده، ۱۶۴
معاملهٔ قماری، ۶۶۶
معامله کردن، ۷۵، ۱۳۵، ۱۵۵، ۱۹۳، ۱۹۷، ۲۱۱، ۴۶۸، ۴۸۶، ۵۱۰، ۶۴۶، ۷۱۸، ۷۲۲، ۷۲۶
معاملهٔ متقابل، ۵۹۹
معاملهٔ مدت دار (بورس)، ۶۵۰
معاملهٔ مرئی، ۷۵۱
معاملهٔ منصفانه، ۲۹۷، ۶۶۸
معاملهٔ مؤجل (مدت دار)، ۳۱۳
معاملهٔ نامشروع سهام، ۳۵۵
معاملهٔ نامعقول، ۷۳۲
معاملهٔ نسیه، ۲۰۱
معاملهٔ نقدی، ۱۲۸، ۴۸۷، ۶۶۷
معامله یا حمل کالا به شرط مسؤولیت صاحب کالا، ۶۲۸
معاوضهٔ یک قرض با قرض دیگر، ۱۸۷
معاون، ۴۵۴
معاون اداری، ۳۲، ۳۴
معاون اول، ۳۰۵
معاون رییس جمهور، ۷۵۰

مطابق معمول، ۲۳
مطابق مقررات، ۶۰۸
مطابق مقررات عمل کردن، ۱۶۵، ۳۲۸
مطالب آموزشی، ۷۲۱، ۷۴۵
مطالبات خارجی، ۳۱۰
مطالبات مالی، ۳۰۴
مطالبات معوقه، ۲۱۹، ۵۲۱
مطالبات ممتاز، ۵۶۰
مطالب پشتیبانی آموزش، ۷۲۲
مطالب سمعی - بصری، ۶۲
مطالب مقدماتی سند یا لایحه، ۵۹۹
مطالبهٔ غیر مجاز، ۷۴۱
مطالبه کردن، ۵۶، ۱۱۷، ۱۳۷، ۱۴۴، ۲۲۴، ۳۳۵، ۵۹۹، ۶۱۶
مطالبه کردن خسارت، ۶۰۱، ۶۴۳
مطالبهٔ کمتر از میزان قانونی، ۷۳۳
مطالبهٔ نقدی مؤجل از بانک، ۷۱۳
مطالعات / آزمایشهای هاوتورن، ۳۳۸
مطالعات بازرگانی، ۱۱۳
مطالعات پیشرفته، ۳۵
مطالعهٔ امکان پذیری، ۳۰۰
مطالعهٔ روش کار، ۴۷۰
مطالعهٔ کار، ۴۷۰، ۷۰۵، ۷۶۱، ۷۶۵
مطالعهٔ مقدماتی یک طرح به منظور تعیین امکان تحقق اهداف آن، ۳۰۰
مطالعهٔ موردی، ۱۲۶
مطالعهٔ نسبت تأخیر، ۵۹۵
مطرح شدن، ۱۵۴، ۲۹۸
مطرح / طرح کردن، ۶۴۹
مطرح کردن، ۵۷۹، ۵۸۶
مطروح در دادگاه، ۶۸۶
مطلوبیت محل، ۵۴۸

مطلوبیت نهایی، ۴۵۸
مطیع ساختن، ۶۸۶، ۶۸۷
مطیع کردن، ۶۰۴
مظنهٔ توصیه شده، ۶۰۰، ۶۳۱
معادل مزایای بازنشستگی، ۲۷۳
معارض قانون شدن، ۱۸۵
معاف از پرداخت عوارض گمرکی، ۲۵۰
معاف از پرداخت مالیات، ۲۵۰، ۳۱۴، ۳۱۵، ۷۰۳
معاف کردن، ۲۳۴، ۲۸۵، ۶۱۱
معافیت از کار، ۷۱۳
معافیت از مالیات، ۲۸۵، ۳۵۰، ۴۳۱
معافیت پیروی از نظام حقوقی یک کشور، ۲۸۵
معافیت تجهیزات سرمایه‌ای، ۱۲۰
معافیت (قانونی)، ۲۴۰
معافیت گروهی، ۳۳۳
معافیت گمرکی، ۹۶، ۲۰۶، ۲۸۵
معافیت مالی، ۷۲
معافیت مالیاتی، ۹۶، ۳۱۵، ۳۵۰، ۶۸۸، ۷۰۳
معافیت مالیاتی گروهی، ۳۳۳
معافیت مالیاتی موقت، ۷۲۴
معافیت موقت مالیاتی، ۷۰۳
معاملات آزاد، ۵۴
معاملات اقساطی، ۳۷۷
معاملات بیع بین‌المللی، ۳۹۱
معاملات پشت پرده و سری، ۶۹
معاملات داخل کشور، ۲۴۶
معاملات داخلی، ۳۸۸
معاملات سری، ۶۸
معاملات سلف، ۳۲۰

مصاحبهٔ اختصاصی، ۲۸۲
مصاحبهٔ ارزشیابی، ۵۲، ۲۷۸، ۳۹۳
مصاحبهٔ استخدامی، ۳۹۳، ۶۴۴
مصاحبهٔ بدون برنامه، ۳۹۳
مصاحبهٔ برنامه‌ریزی شده، ۳۹۳
مصاحبهٔ برنامه‌ریزی نشده، ۳۹۳
مصاحبهٔ تلویزیونی، ۷۰۶
مصاحبهٔ توأم با ایجاد فشار عصبی، ۶۸۳
مصاحبهٔ خروج، ۲۸۶
مصاحبهٔ رادیویی، ۵۹۲
مصاحبه سازماندهی شده، ۳۹۳
مصاحبهٔ سازمان یافته، ۶۸۵
مصاحبه شونده، ۳۹۳
مصاحبهٔ عمقی، ۲۳۰
مصاحبه کردن، ۳۹۳
مصاحبه کننده، ۳۹۳
مصاحبهٔ گروهی، ۳۳۳
مصاحبهٔ گزینش استخدامی، ۶۴۴
مصاحبهٔ مربوط به شکایات، ۳۳۲
مصاحبهٔ مستقیم، ۲۳۵، ۳۹۳
مصاحبهٔ مطبوعاتی، ۳۹۳، ۴۸۹، ۵۶۳
مصاحبهٔ مطبوعاتی کردن، ۳۹۳
مصاحبهٔ منظم، ۲۳۵، ۳۹۳، ۶۸۵
مصاحبهٔ نامنظم، ۳۹۳
مصادرهٔ کالاهای قاچاق، ۱۷۲
مصادره کردن، ۴۲، ۱۷۲، ۲۴۱، ۲۹۱، ۳۵۲
مصادره کردن اموال، ۳۵۲
مصادره کردن اموال خصوصی به نفع عامه، ۱۶۹
مصادره یا ضبط مال توسط دولت، ۶۱۶
مصارف نهایی کالاها و خدمات، ۳۰۳

مصالح خریداری شده، ۵۸۵
مصالح غیر مستقیم، ۳۶۲
مصالحهٔ اختلاف بدون مراجعه به داوری یا مراجع قضایی، ۷۲۲
مصالحه در مورد ادعای بیمه، ۳۲
مصالحهٔ دعوا با پرداخت مبلغ مقطوع، ۴۴۵
مصالحهٔ دو طرف با هم، ۶۰۰
مصالحه کردن، ۶۵۰
مصداق پیدا کردن، ۵۰
مصرف اختیاری، ۵۱۲
مصرف اضافی، ۳۶۳
مصرف تجملی، ۱۷۶
مصرف تشویقی، ۳۶۳
مصرف عامه / عمومی، ۱۷۹
مصرف کننده، ۱۰۲، ۱۱۴، ۱۲۳، ۱۳۷، ۱۷۸
مصرف کنندهٔ نهایی، ۲۶۷، ۷۳۱
مصرف گرایی، ۱۷۸
مصلحت عامه، ۵۸۳
مصنوعات تمام شده، ۳۰۵
مصوبهٔ عادی، ۵۱۵
مصوبهٔ مجلس، ۴۲۶
مضاربه، ۷۰، ۱۵۵، ۲۴۷، ۴۳۴، ۵۳۰، ۵۳۱
مضایقه کردن، ۷۶۲
مضمون له، ۵۰۱
مطابقت با استاندارد، ۶۷۱
مطابقت با مشخصات، ۱۵۵
مطابقت دادن، ۴۶۶
مطابق قانون، ۲۲، ۷۳۴
مطابق قانون و قاعده، ۶۰۸

مشاور، ۳۷
مشاور اداری، ۳۲، ۳۷
مشاور تعدیل و تنظیم حدود خسارت، ۴۴۳
مشاور حقوقی، ۳۷، ۱۷۸، ۴۲۴، ۶۶۲
مشاور خصوصی، ۴۱۴
مشاور سرمایه‌گذاری، ۳۹۶
مشاور کل، ۳۲۳
مشاور مالی، ۳۷، ۳۰۳، ۳۰۴
مشاور مدیریت، ۴۵۱
مشاورهٔ آزاد، ۴۹۲
مشاورهٔ بازنشستگی، ۶۲۳
مشاورهٔ حقوقی یا تخصصی، ۳۷، ۴۲۴
مشاورهٔ شغلی، ۴۰۴
مشاورهٔ فرایند عملیات، ۵۷۱
مشاورهٔ مداوم، ۵۰۷
مشاوره و مباحثهٔ تلفنی که همزمان بین چند نفر برگزار می‌شود، ۱۷۱
مشترکاً و منفرداً، ۴۰۷، ۴۰۹
مشتری ارزان طلب، ۷۶
مشتری اضافی، ۵۲۳
مشتری خوب، ۷۶۶
مشتری واجد شرایط، ۵۸۸
مشتری‌یابی، ۱۵۲
مشخصات پرسنلی، ۲۰۵
مشخصات شغل، ۴۰۷
مشخصات فردی، ۲۰۵
مشخصات فنی، ۶۶۵، ۷۰۶
مشخصات کار، ۴۰۷
مشخصات نیروی کار، ۴۵۷
مشخص کردن هزینهٔ عملیات، ۱۹۳
مشغول مذاکره و عقد پیمان، ۷۲۵

مشکلات پرسنلی، ۵۴۵
مشکلات را برطرف کردن، ۶۱۲
مشکلات / مسائل را برطرف کردن، ۶۱۲
مشکلات مؤثر در انجام مأموریت، ۲۲
مشکلات یا مسائل مربوط به کارکنان، ۵۴۵
مشکل تخصیص، ۴۳، ۵۸
مشکل تخصیص منابع، ۴۳، ۵۷۷
مشکل / مسأله ایجاد کردن، ۴۰۱
مشکل / مسألهٔ تضییف روحیه ایجاد کردن، ۱۹۹، ۴۷۶
مشکل نقدینگی، ۴۳۶
مشکلی را برطرف کردن، ۶۱۹
مشکلی را حل کردن، ۶۱۹
مشمول تجدیدنظر، ۶۸۶
مشمول جریمه، ۳۰۳، ۴۳۱
مشمول حقوق بازنشستگی، ۵۳۸
مشمول حقوق گمرکی، ۲۵۰
مشمول صلاحیت بودن، ۲۹۸
مشمول قانون، ۵۰، ۶۸۶
مشمول گذشته کردن، ۶۸
مشمول گمرک، ۲۵۰، ۴۳۱
مشمول مالیات، ۱۳۷، ۳۵۵، ۵۹۳، ۷۰۲
مشمول مالیات قرار دادن، ۵۹۳
مشمول مرور زمان، ۷۶، ۴۲۰، ۶۷۵
مشمول ممنوعیت قانونی، ۶۸۶
مشورت کردن، ۱۷۱، ۱۷۷
مشورت یا نظر قضایی، ۳۷
مشوق مادی، ۴۶۳
مشوق‌های منفی، ۴۸۵
مشی عادی تجارت، ۱۹۷
مصاحبهٔ آزاد، ۵۰۸

مسؤولیت درجه دوم، ۶۴۱
مسؤولیت دسته جمعی، ۱۵۳
مسؤولیت سنگینی را به عهده گرفتن، ۶۹۹
مسؤولیت شخصی، ۵۴۳
مسؤولیت صفی، ۴۳۵
مسؤولیت فردی، ۳۶۲، ۶۲۱
مسؤولیت قراردادی، ۲۷، ۱۸۴
مسؤولیت کارفرما، ۶۲۰
مسؤولیت کاری را به گردن دیگری انداختن، ۵۳۱
مسؤولیت کاری را پذیرفتن / تقبل کردن، ۵۹
مسؤولیت کیفری، ۲۰۱
مسؤولیت گروهی، ۱۵۳، ۲۷۴
مسؤولیت مالی، ۳۰۴
مسؤولیت محدود، ۴۳۴، ۶۵۷
مسؤولیت مدنی، ۶۶، ۱۴۴
مسؤولیت مدنی و عمومی، ۵۸۳
مسؤولیت مدیریت، ۴۵۳
مسؤولیت مستقیم، ۵۶۶
مسؤولیت مشترک، ۱۶۹، ۱۹۱، ۲۰۳، ۴۰۹، ۴۳۰، ۴۸۱
مسؤولیت مشترک داشتن، ۶۶۲
مسؤولیت مشترک و فردی، ۴۰۹
مسؤولیت مورد تضمین، ۵۹
مسؤولیت نامحدود، ۷۳۷، ۷۳۹
مسؤولیت نامحدود شریک بابت دیون‌شرکت، ۵۴۳
مسؤولیتهای تخصصی، ۳۱۹
مسؤولیتهای شغلی، ۴۰۶
مسؤولیتهای عملی / عملیاتی، ۳۱۹

مسؤولیتهای محول شده توسط فرمانده، ۶۲۰
مسؤولیت یا تعهد مطلق، ۱۸
مسؤولیتی را به عهده گرفتن، ۶۵۵، ۶۹۹
مسیر بحرانی، ۱۹۸، ۲۰۲
مسیر شغلی، ۱۲۴
مسیر یک سفارش، ۶۳۱
مشابه بودن، ۱۹۲
مشارکت آگاهانه، ۶۵۹
مشارکت دادن زیردستان در تصمیم‌گیری، ۳۹۸
مشارکت در امری، ۴۱۰
مشارکت در تولید، ۵۷۳
مشارکت در سرمایه، ۲۷۲
مشارکت در سود، ۳۲۱، ۵۲۹، ۵۷۵
مشارکت سیاسی، ۵۵۳
مشارکت صنعتی، ۳۶۵
مشارکت ضمنی / فرضی، ۳۵۱
مشارکت عامهٔ مردم، ۴۶۲
مشارکت فردی، ۳۶۲
مشارکت کارگران براساس وظیفه، ۷۰۲
مشارکت کارمندان / کارکنان، ۲۶۳
مشارکت کردن، ۱۸۸، ۴۰۷، ۵۲۹، ۷۰۰
مشارکت همگانی، ۴۶۲
مشاغل بن بست، ۹۰
مشاغل توسعه داده شده، ۲۶۸
مشاغل راکد، ۹۰
مشاغل ستادی، ۶۶۹
مشاغل کلیدی، ۴۱۳
مشاغل مهم، ۴۱۳
مشاغل هم خانواده، ۴۰۵
مشاغل هم رتبه از نظر پرداخت، ۵۳۴

۶۷۳

مستمری خاص، ۴۸

مستمری دولتی، ۳۳۰

مستمری سالانه، ۴۸

مستمری فوت ناشی از کار، ۲۲

مستمری مادام‌العمر، ۴۳۲

مستمری متغیر، ۷۴۶

مستمری مشخص، ۴۸

مستمری معوقه، ۲۱۹

مستند کردن، ۶۸۹

مستهلک کردن، ۴۵، ۲۲۹، ۴۷۷، ۶۰۱، ۷۶۶

مستهلک کردن وام، ۶۰۳

مسدود کردن، ۹۰، ۳۰۹، ۳۱۶

مسدود کردن حساب، ۲۳، ۳۵۲

مسکوت، ۱۶، ۲۴۹

مسکوت گذاشتن، ۱۶، ۳۹۲، ۵۷۹، ۶۱۸، ۶۹۴

مسکوت ماندن، ۱۶

مسموع، ۳۴

مسموع بودن، ۵۴۲

مسؤول اجرایی، ۲۸۴

مسؤول اداری، ۳۴

مسؤول اطلاعات، ۳۶۹

مسؤول امری بودن، ۸۰

مسؤول امور رهنی، ۶۰۱

مسؤول امور مالیاتی و حقوق گمرکی، ۱۵۷

مسؤولان اداری، ۳۴

مسؤولان عالی اجرایی، ۷۱۶

مسؤولان عالی رتبهٔ عملیات، ۴۴۸

مسؤول ایمنی، ۶۳۳

مسؤول بودن، ۶۲۰

مسؤول تبلیغات، ۳۶، ۵۶۳، ۵۷۸، ۵۸۳

مسؤول تسویه، ۴۳۶

مسؤول ثبت اسناد، ۶۰۱

مسؤول حساب، ۲۳، ۲۴

مسؤول خسارت، ۴۳۱

مسؤول در برابر قانون، ۴۴

مسؤول روابط عمومی، ۵۷۹

مسؤول کل امور مالی، ۱۴۱

مسؤول کنترل اعتبار، ۲۰۰

مسؤول/گردانندهٔ میز گرد، ۴۷۴

مسؤولیت اجتماعی، ۵۸۴، ۶۶۰

مسؤولیت احساس نکردن، ۷۵۸

مسؤولیت اداری، ۳۴

مسؤولیت انفرادی، ۶۵۱

مسؤولیت بین‌المللی، ۳۹۰

مسؤولیت پذیری، ۲۱، ۲۳

مسؤولیت پرداخت خسارات، ۴۳۰

مسؤولیت پرمخاطره، ۶۲۹

مسؤولیت تضامنی، ۴۰۸، ۵۰۱، ۶۲۱

مسؤولیت تضامنی و مشترک، ۴۱۰

مسؤولیت تولید کننده یا فروشنده در قبال هر گونه خسارت وارده به خریدار یا مصرف‌کننده در اثر عیب و نقص کالا، ۶۸۴

مسؤولیت جمعی

مسؤولیت جمعی / گروهی، ۱۵۴، ۱۹۱، ۶۲۱

مسؤولیت چیزی را به عهده نگرفتن، ۲۱۶

مسؤولیت چیزی را قبول کردن، ۵۹

مسؤولیت حادثه، ۱۸، ۶۸۴

مسؤولیت حقوقی، ۴۲۵، ۶۲۱

مرکز مدیریت اروپا، ۱۳۱
مرکز مدیریت منطقه‌ای، ۶۰۶
مرکز هزینه، ۱۹۳
مرکزیت صنعتی، ۳۶۴
مرمت کردن، ۶۱۳
مرئوسان کلیدی، ۴۱۴
مزاحم شدن، ۳۹۴
مزایای اجتماعی، ۶۶۰
مزایای از کار افتادگی موقت، ۷۰۶
مزایای اضافی بیکاری، ۶۸۹
مزایای اعتصاب، ۶۸۴
مزایای بازنشستگی، ۸۳، ۶۲۳
مزایای تأمین اجتماعی، ۶۶۰
مزایای جایگزین، ۴۳۲
مزایای جنبی، ۳۱۷، ۵۴۳
مزایای خدمت، ۸۳
مزایای شغلی، ۸۳، ۲۶۳، ۷۶۳
مزایای طلایی، ۳۲۸
مزایای غیر مالی اعتبار، ۴۹۲
مزایای کارکنان، ۲۶۳
مزایای کارمندی، ۸۳، ۲۶۳
مزایای مربوط به رفاه و تأمین اجتماعی، ۶۴۳
مزایای مرتبط با درآمد، ۲۵۳
مزایدهٔ علنی، ۵۸۲
مزایدهٔ عمومی، ۷۴۸
مزد بگیر، ۶۷۸
مسابقه برای مصرف کنندگان، ۱۷۸
مساعده، ۳۵، ۳۶، ۳۵۲، ۵۳۴
مساعدهٔ بانک، ۷۳
مساعدهٔ بدون بهره، ۳۵
مساعده بر اساس قرارداد، ۳۵

مساعده بر اساس واگذاری /تحویل کالاها، ۳۵
مساعده به اعتبار اسناد، ۳۵
مساعده به اعتبار اوراق بهادار/ سهام، ۳۶
مساعده به اعتبار سهام، ۳۶
مساعده دادن، ۳۵
مساعده در مقابل (تحویل) کالا، ۳۵
مسامحه، ۱۸، ۴۸۶
مسامحه‌کار، ۶۱۱
مسائل اقتصاد جهانی، ۳۲۷
مسائل جاری، ۴۶۳
مسائل کسب و تجارت، ۴۶۳
مسألهٔ اصلی یا اساسی، ۱۹۰
مسأله بحث انگیز، ۱۸۶
مسأله حمل و نقل، ۷۲۴
مسألهٔ مهم، ۱۹۰، ۳۴۴، ۵۹۰
مستأجر دایمی، ۲۰۵
مستأجر دست دوم، ۶۸۹
مستثنا کردن، ۲۸۲، ۲۸۵، ۶۰۳
مستخدم غیر کارگر، ۷۶۰
مسترد کردن، ۶۰۹، ۶۹۴، ۷۶۲
مسترد کردنی، ۶۰۶
مستشار، ۳۷
مستقر کردن، ۶۵۰
مستمری از کار افتادگی، ۸۳، ۲۳۶، ۳۹۴، ۵۰۵
مستمری ایام پیری، ۵۰۵، ۵۳۸
مستمری بازماندگان، ۸۳، ۶۹۴
مستمری بازنشستگی، ۵۰۵
مستمری بگیر، ۴۸، ۴۹۹، ۵۰۶، ۵۳۸
مستمری بیکاری، ۷۳۵
مستمری تدریجی / تصاعدی دولتی،

مرجع صلاحیتدار محلی، ۴۴۰
مرحلهٔ آزمایشی، ۵۷۰
مرحلهٔ اجرا، ۲۵۹، ۲۶۹، ۲۸۳، ۲۸۴
مرحلهٔ برنامه‌ریزی، ۵۵۰
مرحله به مرحله اجرا کردن، ۵۴۶
مرحلهٔ پیش از تولید، ۵۶۲
مرحلهٔ پیشاهنگ، ۵۴۸
مرحلهٔ تعلیق حکم، ۶۹۵
مرحلهٔ جامعهٔ سنتی، ۷۲۰
مرحلهٔ صفر، ۵۴۶
مرحلهٔ قبل از تماس با مشتری، ۵۵۹
مرحلهٔ کارآموزی، ۶۶۹
مرخصی آموزشی با استفاده از حقوق، ۹۱
مرخصی استعلاجی، ۴۲۴، ۶۵۵
مرخصی ایام بیماری، ۶۵۵
مرخصی با حقوق، ۴۲۴
مرخصی بدون حقوق، ۴۲۴
مرخصی به جای اضافه کاری، ۴۳۲
مرخصی تحصیلی، ۲۱۰
مرخصی تشویقی بلند مدت، ۶۳۳
مرخصی جایگزین، ۲۱۰
مرخصی جبرانی، ۲۱۰
مرخصی دادن، ۷۱۳
مرخصی روزانه، ۲۱۰
مرخصی قبل از بازنشستگی، ۴۲۴، ۷۰۸
مرخصی موجه، ۱۸
مرد سالاری (در مقابل زن سالاری)، ۴۶۲
مردم سالاری، ۲۲۵
مردم سالاری صنعتی، ۳۶۴
مردم گرا، ۵۳۸
مردود دانستن، ۶۱۶

مردود شمردن، ۶۱۶
مردود شناختن، ۲۳۷
مرز بین دو یا چند وظیفهٔ سازمانی، ۳۸۵
مرز مشترک بین سیستمهای داده پردازی خودکار با بخشهای مختلف یک سیستم واحد، ۳۸۵
مرغوبیت تجاری، ۴۶۹
مرکز آموزش مدیریت دولتی (ایران)، ۶۷۳
مرکز ارزیابی، ۵۷
مرکز بازرگانی، ۲۷۰، ۳۰۴، ۴۶۲
مرکز بازرگانی عمده، ۶۷۲
مرکز بودجه، ۱۰۸
مرکز پخش کالا، ۲۷۰
مرکز پردازش اطلاعات، ۲۰۹
مرکز تجارت، ۲۷۰
مرکز تجارت و توسعهٔ سازمان ملل، ۷۳۸
مرکز تجاری، ۲۶۵، ۳۰۴
مرکز تحقیقات، ۷۱۱
مرکز ترانزیت کالا، ۲۷۰
مرکز تهاتر، ۱۴۷
مرکز حل اختلافات کارگری، ۴۱۱
مرکز خرید، ۶۵۴
مرکز سرمایه گذاری، ۳۹۶
مرکز سود، ۵۷۵
مرکز عمده فروشی، ۶۷۲
مرکز عمده فروشی نقدی، ۱۲۷
مرکز عملیات، ۱۳۱
مرکز کار، ۷۶۳، ۷۶۵
مرکز کاریابی، ۲۶۴، ۴۰۴
مرکز کامپیوتری، ۱۶۷
مرکز محاسبات ملی، ۴۸۳، ۴۸۵

مذاکرات بین‌المللی، ۳۹۰
مذاکرات پشت پرده، ۶۹، ۸۲
مذاکرات تجاری کردن، ۷۲۶
مذاکرات جمعی، ۷۶، ۱۵۳، ۱۶۱، ۲۴۶
مذاکرات جهت بدست آوردن مزایای بیشتر، ۱۵۳
مذاکرات خرید، ۵۸۵
مذاکرات در سطح یک صنعت، ۳۶۶
مذاکرات دوستانه، ۴۵
مذاکرات رسمی، ۳۱۸
مذاکرات رو در رو، ۷۱۵
مذاکرات مبتنی بر توزیع، ۲۴۳
مذاکرات محرمانه، ۶۹، ۸۲
مذاکرات مربوط به قرارداد، ۱۸۴
مذاکرات مستقل، ۶۵
مذاکرات مقدماتی، ۵۶۱
مذاکرهٔ جمعی، ۷۵
مذاکرهٔ جمعی برای تعیین میزان کار، ۲۶۰
مذاکره جمعی بهره‌وری، ۵۷۴
مذاکرهٔ جمعی نمونه، ۷۶، ۵۳۲
مذاکرهٔ چند کارفرما با دیگران، ۷۶
مذاکرهٔ چند کارفرما با کارگران، ۴۷۹
مذاکرهٔ حضوری، ۲۹۵
مذاکره در خصوص بحران، ۲۰۱
مذاکره در محل کار، ۷۶، ۷۶۵
مذاکره در محل کارگاه، ۷۶، ۷۶۵
مذاکرهٔ رو در رو، ۲۹۵
مذاکرهٔ سطحی، ۶۹۳
مذاکرهٔ غیر رسمی، ۱۸۷، ۶۹۸
مذاکرهٔ فردی در مورد مفاد قرارداد کار، ۳۶۲

مذاکره کردن، ۱۷۱، ۱۸۷، ۲۱۲، ۳۴۲، ۴۸۶، ۷۲۲
مذاکره کردن به منظور عقد قرارداد، ۴۸۶
مذاکره کننده، ۷۲۵
مذاکرهٔ محرمانه یا خصوصی، ۱۸۷
مذاکرهٔ مستقل، ۷۶
مراتب پیشرفت شغلی، ۴۰۶
مراجع عمومی، ۵۸۲
مراحل بودجه، ۱۰۸
مراحل پذیرش، ۳۵
مراحل / روشهایی که برای انجام وظیفه مورد نیاز است، ۵۵۹
مراحل گزینش، ۶۴۴
مراحل مورد توافق، ۴۰
مراسم افتتاح، ۱۳۳، ۳۵۴
مراسم معرفی و آغاز به کار
مراسم معرفی و آغاز به کار، ۱۳۳، ۳۵۴
مراسم معرفی و آغاز به کار یک مقام دولتی، ۳۵۴
مراقب اعتصاب، ۵۴۷
مراکز تولید، ۵۷۳
مراکز سرویس، ۶۴۹
مرام اشتراکی، ۱۶۰
مربوط بودن، ۱۹۲
مربوط یا متعلق به شرکت، ۱۹۰
مرتب کردن، ۶۴۸
مرتبهٔ رهن، ۵۹۳
مرتشی، ۱۰۴
مرتکب خطا یا اشتباه شدن، ۴۴۹
مرتکب شدن، ۱۵۷، ۳۹۴
مرجع رسیدگی، ۳۱۲
مرجع رسیدگی مرضی‌الطرفین، ۱۷۴

مدیریت عقلایی، ۵۹۵	مدیریت مرکز توزیع / پخش، ۲۴۲
مدیریت علمی (تیلور)، ۱۴۳، ۱۴۵، ۳۴۷، ۳۸۹، ۴۵۳، ۶۳۹	مدیریت مرکزی، ۱۳۱
مدیریت عملیات، ۴۵۳، ۵۱۱	مدیریت مستبدانه، ۱۱۶، ۲۲۶
مدیریت عملیات و تولید، ۵۵۴	مدیریت مستبدانه / آمرانه، ۴۵۱
مدیریت عمومی، ۳۲۴، ۴۵۲	مدیریت مشارکتی، ۳۳۳، ۴۵۳، ۵۲۹
مدیریت غلط، ۴۵۰، ۴۷۲	مدیریت مشترک، ۳۸۶
مدیریت غیر شخصی و تهاجمی، ۳۵۱	مدیریت مشکلات مربوط به نشستها، ۴۵۵
مدیریت غیر شخصی و غیر فعال، ۳۵۱	مدیریت مطلقه / مستبدانه، ۶۳
مدیریت فروش، ۶۳۵	مدیریت مکاتبات، ۱۹۲
مدیریت فنی، ۴۵۳	مدیریت منابع، ۴۵۳
مدیریت کارآمد / کارساز، ۲۵۹	مدیریت منابع اطلاعاتی، ۳۷۰
مدیریت کارخانه، ۲۹۷	مدیریت منابع انسانی، ۲۵۲، ۲۷۷، ۳۴۶، ۴۵۲
مدیریت کارکنان، ۴۵۳	مدیریت مواد، ۴۵۲، ۴۶۳
مدیریت کارگاه، ۴۵۳، ۶۵۴	مدیریت موجودی، ۳۹۵
مدیریت کارگزینی، ۴۵۳، ۵۴۴	مدیریت موجودی کالاهای صنعتی، ۴۵۲
مدیریت کاریزماتیک، ۱۳۸	مدیریت موقعیتی، ۶۵۸
مدیریت کیفیت جامع در مدیریت صنعتی، ۷۱۷	مدیریت مهندسی کارخانه، ۵۵۱
مدیریت کیفیت فراگیر، ۷۱۷	مدیریت میانی، ۴۷۰
مدیریت گرایی، ۴۵۴	مدیریت نظارتی، ۶۹۲
مدیریت لجستیک، ۴۴۱	مدیریت نیروی انسانی، ۲۵۲، ۲۷۷، ۳۴۵، ۳۴۶، ۴۵۲، ۴۵۵
مدیریت ماتریل، ۴۶۳	مدیریت واکنشی، ۵۹۶
مدیریت ماشینی، ۴۶۶	مدیریت وضعیتهای اضطراری، ۴۵۵
مدیریت مالی، ۳۰۳، ۳۰۴	مدیریت و مباشرت امور دیگری، ۳۴
مدیریت مالی استراتژیک / راهبردی، ۶۸۲	مدیریت همساز، ۳۰
	مدیریتی که کنار می‌رود، ۵۲۰
مدیریت مالی میانی، ۳۸۶	مدیون اصلی، ۵۶۷
مدیریت متمرکز، ۱۳۲	مدیون بودن، ۸۴، ۳۵۹، ۵۰۰، ۵۲۴
مدیریت مجتمع صنعتی، ۳۶۴	مدیون کردن، ۵۰۱
مدیریت محیط با کیفیت فراگیر، ۷۱۷	مذاکرات برای بهبود شرایط کار، ۱۵۳
مدیریت مردم سالارانه، ۲۲۶	

مدیریت خطوط هواپیمایی، 42	مدیریت بر مبنای نتایج، 451، 455
مدیریت خود مدار (اقتدار طلب)، 63، 116	مدیریت بر مبنای هدف، 235، 451، 464
مدیریت داراییها، 57	مدیریت بر مبنای هدف گروهی، 451
مدیریت در بخش خصوصی، 452	مدیریت برنامه، 453
مدیریت در بخش دولتی، 452	مدیریت برنامه‌ای / برنامه‌ریزی شده، 549
مدیریت دستمزدها، 754	
مدیریت دو سطحی، 729	مدیریت بوراکراتیک، 111
مدیریت دولتی، 582	مدیریت بهداشت (محیط کار)، 346
مدیریت دولتی تطبیقی، 162	مدیریت پایگاه اطلاعات، 208
مدیریت دیوانسالارانه، 111	مدیریت پایگاه داده‌ها، 208
مدیریت دیوانسالاری، 451	مدیریت پایگاههای اطلاعاتی، 208
مدیریت ردهٔ بالا، 716	مدیریت پخش / توزیع، 243
مدیریت روزنامه، 258	مدیریت پرسنل /کارکنان، 33
مدیریت روشنگرانه، 276	مدیریت پرسنلی، 51، 277، 378، 398،453، 544
مدیریت ریسک، 628	
مدیریت زمان، 713	مدیریت پروژه، 453، 577
مدیریت زنده، 515	مدیریت تخصصی، 574
مدیریت سازمانهای دولتی، 455	مدیریت تطبیقی، 162، 451
مدیریت سرمایه گذاری، 396، 452	مدیریت تعارض، 173
مدیریت سزار گونه، 116	مدیریت تعدیل پذیر، 30
مدیریت سطوح بالا، 716	مدیریت توسط کارکنان، 763
مدیریت سنتی، 720	مدیریت تولید، 47، 167، 412، 457،573
مدیریت سیستمها، 370، 453، 697	
مدیریت سیستمهای اطلاعاتی، 370	مدیریت تولید کامپیوتری، 167
مدیریت شرکت، 135، 191	مدیریت حسابداری، 24، 450
مدیریت شورایی، 177، 451	مدیریت حقوق و دستمزد، 634، 754
مدیریت صف، 435، 452	مدیریت حمل و نقل، 724
مدیریت صنعتی، 295، 349، 365، 452	مدیریت حمل و نقل کالا / مسافر، 720
مدیریت صنعتی و عمومی، 323	مدیریت خدمات بهداشتی، 339
مدیریت طرح، 453، 577	مدیریت خدمات مشتریان، 205
مدیریت عالی، 716	مدیریت خطرات احتمالی، 628

مدیر عامل، ۵۸، ۱۳۲، ۱۴۱، ۲۳۵، ۲۳۶، ۲۸۴، ۴۵۵، ۴۶۵، ۵۶۳
مدیر عزل شده، ۲۸۴
مدیر علی‌البدل، ۲۳۵
مدیر عملیات، ۴۵۵، ۷۶۵
مدیر عملیاتی، ۳۱۹
مدیر غیر اجرایی، ۵۲۱
مدیر غیر موظف، ۴۹۲
مدیر فروش، ۴۵۵، ۶۳۵
مدیر فنی، ۴۵۵
مدیر قایم مقام، ۴۴
مدیر قسمت / شعبه، ۱۰۱، ۲۴۴
مدیر کارآمد، ۲۵۹
مدیر کارخانه، ۵۵۱
مدیر کارگزینی، ۵۴۴، ۵۴۵
مدیر کل، ۱۴۱، ۲۳۶، ۳۲۳، ۳۲۴، ۴۵۴
مدیر کل آموزش، ۲۳۶
مدیر کل بازرگانی، ۲۳۶
مدیر لایق، ۱۱۹، ۲۵۹، ۲۶۰
مدیر لجستیک، ۴۴۱
مدیر ماترک، ۲۸۴
مدیر ماکیاولیستی، ۴۴۶
مدیر مالی، ۴۵۴
مدیر متواضع، ۴۴۴
مدیر مستبد، ۶۳
مدیر مسؤول تبلیغات، ۳۶
مدیر / مسؤول ثبت، ۶۰۷
مدیر معزول، ۲۸۴
مدیر موظف، ۶۳۴
مدیر نالایق، ۳۶۷
مدیره، ۳۴، ۱۳۵
مدیریاب، ۵۳۸

مدیر یا مسؤول تبلیغات، ۵۸۳
مدیریت، ۳۲
مدیریت آمرانه، ۶۳، ۶۴
مدیریت آینده ساز، ۵۶۹
مدیریت اثربخش، ۲۵۹
مدیریت اجرایی، ۳۹
مدیریت اداری، ۳۳، ۳۴، ۴۴۷، ۴۵۰، ۴۵۲
مدیریت ارتباطات، ۴۵۱
مدیریت ارشد، ۴۵۴، ۷۱۶
مدیریت استبدادی، ۶۳
مدیریت استراتژیک در حمل و نقل و توزیع کالا، ۶۸۲
مدیریت اسلامی، ۴۰۰
مدیریت اسناد و مدارک، ۴۵۳
مدیریت اصولی / نظام‌مند، ۶۹۷
مدیریت اطلاعات، ۲۰۸، ۳۰۳، ۳۶۹، ۴۵۲
مدیریت اقتضایی، ۱۸۰
مدیریت امروز، ۴۵۴
مدیریت امور خرید، ۵۸۵
مدیریت امور کارکنان، ۳۷۸، ۳۹۸، ۵۴۴
مدیریت انتظاری، ۲۸۶
مدیریت ایمنی شغلی، ۴۶۵
مدیریت باربری، ۷۲۰
مدیریت بازار، ۴۶۰
مدیریت بازاریابی، ۳۶۵، ۴۵۲، ۴۶۰
مدیریت بازاریابی صنعتی، ۳۶۵
مدیریت بازرگانی، ۱۱۱، ۴۱۳
مدیریت بحران، ۲۰۱، ۴۵۱
مدیریت بخش دولتی، ۴۵۳
مدیریت بر مبنای استثنا، ۴۵۱

مدل قیاسی، 46
مدل ماتریسی، 463
مدل موجودی، 395
مدلول و مفاد سند، 707
مدلهای تجویزی تصمیم‌گیری، 494
مد نظر داشتن، 22
مدیر، 34
مدیر آماد و پشتیبانی، 441
مدیر اجرایی، 235، 284، 374
مدیر اداری، 454
مدیر ارشد مالی یک شرکت، 166
مدیر استخدام، 454
مدیر اطلاعات / داده‌ها، 208
مدیر امور آموزشی، 607
مدیران اجرایی اصلی، 102
مدیران ارشد، 647
مدیران جزء، 686
مدیران دولتی، 583
مدیران ردهٔ بالا، 454، 716
مدیران ردهٔ پایین، 444
مدیران سطح عالی سازمان، 378
مدیران عالی، 716
مدیران عضو اتاق بازرگانی، 92
مدیران فنی، 706
مدیران قدرتمند، 102
مدیران ماندگار، 653
مدیران نوآور، 373
مدیران نهادی، 378
مدیر بازاریابی، 454، 460
مدیر بازاریابی که مسؤول یک کالا یا فرآورده معین می‌باشد، 102
مدیر بازاریابی یک مارک خاص، 102

مدیر باکفایت، 119، 259
مدیر بخش، 227، 244، 454
مدیر بودجه، 108
مدیر بی‌اراده، 759
مدیر پرسنلی/کارگزینی، 455
مدیر پرکار، 113
مدیر پر مشغله، 113
مدیر پروژه، 455
مدیر تبلیغات، 36، 583
مدیر تخصصی، 319
مدیر ترکه، 544
مدیر تصفیه، 34، 436، 471، 504، 505، 598، 605، 727
مدیر تصفیهٔ موقت، 581
مدیر تصفیهٔ موقتی، 386
مدیر تولید، 102، 455، 573، 574
مدیر ثبت موافقت نامه‌های تجارت محدود، 607
مدیر حرفه‌ای، 574
مدیر حفاظت، 236
مدیر خرید، 114
مدیر خط اول، 317
مدیر خط تولید، 317
مدیر خود مدار، 63
مدیر داخلی، 284، 374
مدیر(روزنامه، مجله، انتشارات)، 258، 455
مدیر سطح میانی، 470
مدیر شاغل، 558
مدیر شایسته، 142، 163
مدیر شرکت صنعتی بزرگ، 123
مدیر شعبه / قسمت، 101، 244

مخالف قانون، ۱۸۴
مخالف قوانین، ۷۳۲
مخالف مقررات، ۳۱۵، ۵۲۰
مخبرین جراید، ۱۹۲
مخدوش، ۴۴، ۱۸۳، ۲۰۳، ۲۹۸، ۳۲۲
مخدوش کردن، ۱۹۲
مخدوش کردن
مخدوش کردن سند / اسناد، ۲۹۹، ۶۶۷
مخزن پنهانی، ۱۶
مخزن خارجی، ۶۸۱
مداخله در واخواست، ۳۹۲
مداخلهٔ ساختاری، ۶۸۵
مداخلهٔ قانونی، ۳۹۲
مداخله کردن، ۳۸۵
مدارا با بدهکار (عدم مطالبهٔ طلب در موعد مقرر)، ۳۰۹
مدارک حسابداری، ۲۴
مدارک صحیح ارسال کالا، ۱۹۲
مدارک قابل استناد، ۱۶۳
مدارک قیمت تمام شده، ۱۹۵
مدارک کتبی، ۲۴۵
مدارک و اسناد، ۶۰۱
مدت اجاره، ۴۲۳، ۵۴۱، ۶۹۹
مدت اجرا، ۲۸۴
مدت اعتبار، ۵۲، ۲۵۰
مدت تمدید شده، ۲۹۱
مدت زمان استاندارد، ۷۱۴
مدت زمان اضافی برای بازپرداخت وام، ۲۱۰
مدت / زمان بودجه، ۱۰۹
مدت زمان کم و فشرده، ۷۱۳
مدت زمان محتمل، ۴۷۷

مدت زمانی که حضور همهٔ کارکنان در محل کار الزامی است (در نظام ساعات کارشناور)، ۱۹۰
مدت زمانی که کارگر برای آماده شدن‌مقدمات کار منتظر می‌ماند (در سیستمهای کارمزدی)، ۲۱۱
مدت قانونی، ۲۵۰
مدت قرارداد، ۱۸۳
مدت کار اجباری در مناطق روستایی، ۵۴۱
مدت کار روزانه، ۷۶۳
مدت مأموریت، ۷۱۷
مدت و مهلت معین، ۳۰۷
مدرک ارائه دادن، ۲۷۹، ۷۰۹
مدرک برای بیمه شدن، ۲۷۹
مدرک تأییدیه، ۲۴۵
مدرک تعهد، ۲۰۰
مدرک تعیین ارزش، ۱۹۵
مدرک حق مالکیت صوری، ۵۲۸
مدرک قانونی جهت تملک، ۷۱۵
مدرک‌گرایی، ۲۳۴
مدرک مستند، ۲۴۵
مدرک و اسناد صحیح و مطابق قرارداد، ۱۹۱
مدل / الگوی لاک‌هید (در زمینهٔ حیطهٔ‌نظارت)، ۴۴۰
مدل پورتر - لولر، ۵۵۵
مدل رفتار شناسان در مقابل مدل پدیدارشناسان، ۸۱
مدل رفتاری لوین، ۴۳۰
مدل روم - یتون، ۷۵۳
مدل سازی رفتار، ۸۲

محکوم غیابی شدن، ۸۱
محکوم کردن، ۶۱۳، ۶۴۷
محل اجرا یا عقد قرارداد، ۴۴۱
محل استخدام، ۳۴۱
محل اقامت دایم، ۴۲۶
محل انتقال و خرید و فروش اوراق بهادار و سهام، ۱۰۱
محل انعقاد قرارداد، ۴۴۱
محل برگزاری جلسه، ۷۴۸
محل برگزاری کنفرانس، ۱۷۱، ۷۴۸
محل پرداخت، ۱۲۷
محل تبادل نظر، ۳۱۲
محل تخلیه، ۵۵۳
محل تشکیل جلسه، ۷۴۸
محل جدید کارخانه، ۳۳۱
محل حادثه، ۴۴۰
محل خرید و فروش / داد و ستد، ۴۵۹
محل خرید و فروش سهام، ۷۲۰
محل خزانهٔ نقد و صندوقهای سپرده، ۷۴۷
محل ذخیرهٔ اطلاعات، ۶۸۱
محل طبیعی کار، ۴۹۴
محل فروش، ۵۵۳
محل کار، ۷۱۲، ۷۶۵
محل کار پر زحمت، ۶۹۵
محل کار کارگر، ۸۲
محل مأموریت، ۵۵۶
محل معامله، ۷۲۰
محل وقوع عقد، ۴۴۱
محمولهٔ انتقالی، ۳۸۷
محمولهای را فرستادن، ۱۷۵
محمولهٔ تفکیکی، ۶۶۶
محمولهٔ عمده، ۱۱۰
محمولهٔ هوایی، ۴۱، ۴۲
محوطهٔ سالن بورس، ۵۴۸
محول کردن، ۴۲، ۵۸، ۱۵۷، ۱۷۵، ۲۲۲، ۲۳۰، ۲۳۳، ۲۷۰، ۶۰۵، ۶۱۰، ۷۴۹
محول کردن اجزای مختلف یک کار به کارکنان مختلف، ۲۴۴
محول کردن مسؤولیت به شخص دیگر، ۵۸
محیط باثبات، ۶۶۸
محیط بزرگتر، ۷۶۱
محیط سازمانی، ۳۷۸
محیط صمیمی، ۵۶۶
محیط کارگاه، ۶۵۴
محیطهای جدید سازمانی، ۲۷۰
مخابره کردن، ۴۶۹
مخارج اداری، ۳۳
مخارج تأسیس، ۵۶۱
مخارج جاری، ۶۲۴
مخارج غیر مستقیم، ۳۶۲
مخارج فروش، ۶۴۶
مخارج متغیر، ۷۴۷
مخارج مقدماتی، ۵۶۱
مخاطبان دایمی، ۳۷۱
مخاطبان مورد نظر، ۳۸۳
مخاطرات شغلی، ۴۰۵
مخالف بودن، ۲۳۷، ۶۳۲
مخالفت صریح، ۲۳۵
مخالفت / ضدیت بین گروهها، ۳۸۶
مخالفت علنی کردن، ۱۵۵
مخالفت کردن، ۱۵۵، ۱۶۹، ۱۸۴، ۱۸۷، ۲۳۷، ۵۹۷، ۶۷۲

محاصره را شکستن، ۱۰۴	محدودیتهای سازمان، ۴۳۴
محافظت کردن، ۳۸۱	محرکهای گروهی، ۲۳۹
محافظه کاری ذاتی، ۳۷۱	محرمانه اعلام کردن، ۱۴۶
محاکمهٔ غیابی، ۴۱۰	محرمانه نگهداشتش پرداختها، ۵۳۶
محال علیه، ۵۸، ۲۲۲، ۲۴۸	محروم کردن، ۱۶، ۲۴۱، ۲۶۱، ۲۹۷، ۳۰۹، ۳۱۰، ۳۸۴، ۵۱۹، ۶۳۱، ۶۹۴، ۷۳۹
محبوبیت خود را از دست دادن، ۲۹۸	
محترماً به استحضار می‌رساند، ۳۴۷	محرومیت از حق رأی، ۲۳۹
محترم شمردن، ۶۲۰	محرومیت از حقوق مدنی، ۱۴۴
محتکر سهام، ۶۷۸، ۶۷۹	محرومیت از صلاحیت قانونی، ۳۵۵
محتکر سهام و اوراق قرضه، ۵۱۱	محرومیت کامل، ۱۸
محتوای تفکر، ۱۸۰	محصولات اساسی تحت حمایت دولت، ۷۷
محتوای شغل، ۴۰۴، ۷۶۳	
محتوای شغل مبتنی بر صلاحدید شخصی، ۲۳۹	محصولات داخلی، ۵۷۴
	محصولات مکمل، ۱۶۴
محتوای طرح / برنامه، ۱۸۰	محصول اولیه، ۵۶۷
محتویات پرونده، ۱۸۰	محصول پایه، ۷۸
محدود سازی انحصاری تقاضا، ۵۰۶	محصول پرفروش، ۴۶۲
محدود کردن، ۳۴۲	محصول جنبی، ۱۱۵، ۴۵۸
محدود نگهداشتن حقوق، ۶۳۴	محصول خالص ملی، ۴۸۷، ۴۹۰
محدودهٔ ارزش، ۷۴۶	محصول داخلی، ۳۸۸
محدوده‌های اطمینان، ۱۷۱	محصول سفارش شده، ۵۱۴
محدوده‌های تصمیم‌گیری، ۲۱۵	محصول عمده، ۶۷۲
محدودیت اعتبار، ۲۰۱	محصول مشترک، ۴۰۹
محدودیت انتخاب، ۱۰۰	محصول ملی / داخلی، ۳۴۳، ۴۸۴
محدودیت سهمیه، ۵۹۱	محصول ناخالص ملی، ۳۳۲
محدودیت قانونی، ۶۷۶	محصول نهایی، ۲۶۷
محدودیت منابع، ۶۲۰	محصول واجد بهترین سود، ۵۲۱
محدودیت واردات، ۳۵۲	محضر، ۴۹۵
محدودیتها/ تنگناهای مربوط به ظرفیت، ۱۱۹	محضر رسمی، ۶۰۷
	محقق کردن، ۵۸۱
محدودیتهای ارزی، ۲۸۱	محکمهٔ اداری، ۷۲۶
محدودیتهای تجاری، ۷۱۹	محکوم به دادن جریمه، ۳۰۳

مجدداً مطرح کردن، 602
مجلس قانون‌گذاری، 173
مجلس مشورتی، 411
مجمع / انجمن مشورتی، 37
مجمع عمومی، 323، 324، 467
مجمع عمومی سالانه / سالیانه، 40، 48، 324، 466
مجمع عمومی سهامداران، 324
مجمع عمومی عادی، 608
مجمع عمومی فوق‌العاده، 293، 324، 466
مجمع عمومی قانونی، 467
مجمع قانونی، 676
مجموعۀ ارزش سهام و اوراق قرضۀ شرکت، 122
مجموع دارایی به صورت اوراق بهادار، 555
مجموع عرضه، 40
مجموعۀ آزمون عمومی استعداد، 322، 323
مجموعه آزمون‌های روانشناسی و استعداد، 489
مجموعۀ ارزش‌ها، 203
مجموعۀ اطلاعات شخصیتی، 588
مجموعه‌ای از تکنیک‌های نرم‌افزاری برای کاهش حجم اطلاعات بدون کاستن از ارزش و کیفیت آنها، 208
مجموعه برنامۀ آماری علوم اجتماعی، 675
مجموعۀ تجاری یا بازرگانی، 191
مجموعه تقاضا، 40
مجموعۀ جور، 59

مجموعۀ حقوق، امتیازات و دیون شخص، 739
مجموعۀ قانون تهیه کردن، 151
مجموعۀ قراردادها، 164
مجموعۀ قطعات و لوازم، 414
مجموعۀ قوانین، 55، 119، 151، 156، 468، 675
مجموعه قوانین ادغام شرکت‌ها، 144
مجموعه قوانین شرعی یا حقوقی، 119
مجموعه قوانین مصوب، 675
مجموعه کالاهای فروشی، 635
مجموعه کالاهای متفرقه، 405
مجموعۀ مشاغل، 404
مجموعۀ مصوبات معتبر و قابل اجرا، 675
مجموعۀ مورد بررسی، 554
مجموعۀ نیروی کاری، 445
مجوز اقدام، 627
مجوز پرداخت، 63
مجوز پرداخت سود سهام، 243
مجوز خروج کشتی، 147
مجوز دولتی، 329
مجوز دهنده، 432
مجوز قانونی، 265، 676
مجوز کتبی، 767
مجوز واردات، 352
مجوز ورود کشتی، 147
محاسبۀ درآمد ناخالص، 332
محاسبۀ سررسید برات، 147
محاصرۀ اقتصادی، 90، 257
محاصرۀ تجاری، 90
محاصرۀ دریایی، 90

متخصص / مسؤول بایگانی، ۵۴
متخلفین از این ماده / قانون، ۵۰۳
متذکر شدن، ۶۱۱
متروک شدن (قانون)، ۲۳۲
متروکه اعلام کردن، ۱۶۹
متروکه ماندن، ۳۳۷
متصدی، ۴۰۵
متصدی آجودانی، ۳۴
متصدی ادای توضیحات، ۲۳۲
متصدی امور مالیاتی، ۱۵۷
متصدی تبلیغات، ۵۸۳
متصدی حمل و نقل، ۳۱۳، ۳۳۸
متصدی حمل و نقل کالا، ۳۸۷
متصدی حمل و نقل مرکب، ۱۵۴
متضرر شدن، ۲۰۸، ۳۵۹، ۴۴۳، ۴۴۴، ۶۹۰، ۶۹۵
متعادل سازی خط تولید، ۴۳۵
متعادل سازی زمانی، ۷۲
متعهد جدید (در تبدیل دین)، ۲۹۰
متعهد شدن، ۸۷، ۲۶۸، ۳۵۱، ۵۰۱، ۵۵۱، ۵۵۲، ۵۶۴، ۷۳۴
متعهد کردن، ۸۷، ۱۳۷، ۱۵۷، ۲۱۲، ۲۶۸، ۵۰۰، ۵۰۱
متعهدله، ۸۳، ۱۹۸، ۳۳۵، ۵۰۱، ۵۷۷، ۷۵۷
متعهد مالی، ۷۳۴
متعهد مشترک، ۱۸۸
متعهد یا امضا کننده (سفته یا چک)، ۴۴۹
متغیر تصادفی، ۶۷۸، ۷۴۷
متغیر قابل کنترل، ۱۸۵
متغیر کمی، ۵۸۹

متغیر کیفی، ۵۸۹
متغیر مستقل، ۷۴۷
متغیر مهار نشدنی، ۷۳۲
متغیر وابسته، ۷۴۷
متغیرهای تصادفی، ۱۲۹
متغیرهای غیر قابل واگذاری، ۴۹۱
متقاضی وام، ۴۳۹
متقبل هزینه شدن، ۷۳۴
متمرکز نمودن وظایف وابسته، ۷۳۶
متن آگهی تلویزیونی، ۶۸۱
متن قرارداد، ۷۱۰
متوسط افزایش سالانه، ۶۵
متوسط بازده خالص، ۶۶
متوسط پرداختها، ۶۶
متوسط جمعیت، ۶۶
متوسط حسابی، ۵۴
متوسط دورهٔ وصول مالیات، ۶۵
متوسط گیری درآمد، ۳۵۶
متوقف ساختن، ۶۷۶
متوقف کردن، ۳۹۲
مجاری ارتباطی غیر رسمی، ۳۶۸
مجاری توزیع، ۱۳۷
مجازات اقتصادی، ۲۵۷
مجازات کردن، ۶۴۷
مجبور به اطاعت کردن، ۶۰۶
مجبور به پرداخت کردن، ۶۷۷
مجبور کردن، ۵۰۱
مجتمع تحقیقات علمی، ۶۳۹
مجتمع تولیدی، ۵۷۳
مجتمع تولیدی - صنعتی، ۳۶۵
مجتمع صنعتی، ۱۶۴، ۳۶۴
مجدداً سرمایه گذاری کردن، ۶۰۹

مبادلات بازرگانی که از طریق اینترنت صورت می‌گیرد، ۲۶۱
مبادلهٔ اسناد مربوط به تفویض اختیارات تام، ۲۸۱
مبادله اوراق بهادار در خارج از بازار بورس، ۵۲۴
مبادلهٔ جنسی، ۷۲۶، ۷۲۷
مبادلهٔ قرارداد، ۲۸۱
مبادلهٔ کالا با کالا، ۲۸۱
مبادله کردن، ۷۱۷، ۷۲۶
مبارزهٔ قدرت، ۵۵۸
مباشر کارگران، ۶۸۳
مباشره، ۳۴
مبانی مدیریت، ۷۸، ۳۱۹
مبانی مدیریت عملیات و تولید، ۲۷۵
مبایعه، ۱۶۹
مبتنی بر دموکراسی، ۲۲۶
مبرا شدن از تعهد، ۲۴۰
مبرا نمودن، ۶۱۱
مبلغ استهلاک، ۷۶۷
مبلغ اسمی، ۲۹۵، ۴۹۰
مبلغ اسمی بدون احتساب بهره، ۲۹۵
مبلغ به هزینه گرفته شده، ۴۶
مبلغ بیمه، ۵۹، ۱۹۸، ۶۲۸، ۷۴۵
مبلغ پایاپای شده، ۱۴۸
مبلغ پیشنهادی خریدار برای خرید سهام، ۸۴
مبلغ پیشنهادی شرکت کننده در مناقصه، ۸۴
مبلغ تخفیف، ۴۶
مبلغ تصریح شده در قرارداد، ۴۶، ۶۷۸
مبلغ حکم (بدون بهره)، ۲۹۵

مبلغ خالص نهایی، ۴۸۸
مبلغ سالانه، ۴۸
مبلغ سالیانهٔ عوارض، ۱۳۱
مبلغ سرمایه‌گذاری شده، ۶۷۰
مبلغ قابل برگشت، ۶۰۱
مبلغ قابل جبران، ۶۰۱
مبلغ قابل کاهش، ۲۸۰
مبلغ قابل کسر، ۲۸۰
مبلغ کلی، ۴۴۵
مبلغ لازم‌التأدیه، ۴۶
مبلغ مشروط یا مندرج در قرارداد، ۴۶
مبلغ معاف از مالیات، ۲۸۲
مبلغ مقطوع، ۴۴۵
مبلغ مورد بیمه، ۵۶۷
مبلغ نقض شده مورد تعهد، ۲۱۷
مبلغ وام، ۴۶
مبلغی را به حساب بستانکار کسی گذاشتن، ۱۹۹، ۲۰۱
مبلغی که در سررسید یک تعهد مالی یا قرارداد باید پرداخت شود، ۴۶۴
مبنای تعهدی، ۲۵
مبنای حسابداری، ۲۴
مبنای حقوق، ۷۷
مبنای مالیات، ۷۰۲
مبنای نقدی، ۱۲۷
مبیع، ۱۳۰، ۱۸۰، ۲۴۹، ۵۰۰، ۶۳۴، ۶۴۰
متحمل تلفات و خسارات سنگین شدن، ۶۹۰
متحمل خسارت شدن، ۶۹۵
متخصص تعیین ریسک، ۶۲۸
متخصص/کارشناس اطلاعات، ۳۷۰
متخصص/کارشناس سهام، ۱۳۹

مالیات و عوارض داخلی کالاها، ۳۷۲
مالیات و مؤدّی، ۴۸۹
مالیاتهای پرداخت نشده، ۷۰۳
مالیاتهای معوقه، ۵۲۲
مالیاتهای وصول نشده، ۷۳۲
مالیات هزینه یا خرج، ۲۸۷
مالیات یا عوارض دخانیات و مشروبات‌الکلی، ۲۸۲
مالیات یا عوارضی که برای مرمت ونگهداری پلها وصول می‌شود، ۵۵۴
مالیات یا هزینهٔ اضافی، ۶۹۳
مالی که مدعی دارد، ۲۶۶
مالیهٔ عمومی، ۵۸۳
ماندهٔ حساب، ۲۳
ماندهٔ حساب بانکی، ۷۳
ماندهٔ حساب پس‌انداز، ۱۲۷
ماندهٔ حساب در موجودی، ۷۱
ماندهٔ خالص، ۲۳، ۴۸۷
ماندهٔ موازنه با طرف دیگر حساب، ۵۳۸
مانع شدن، ۳۸۵، ۶۱۱
مانع گمرکی، ۷۰۱
مانع یا مزاحم کارکسی شدن، ۳۹۲
مانیفست یا بارنامهٔ هواپیما، ۴۱
مأخذ ارزیابی مالیاتی، ۷۸، ۷۹
مأخذ مالیات، ۷۹، ۷۰۲
مأمور آگهی و تبلیغ، ۵۶۳
مأمور ابلاغ، ۷۰، ۱۵۹
مأمور اخذ مالیات، ۱۲۹
مأمور بیمه، ۳۰
مأمور بی‌واسطه، ۳۹
مأمور پرداخت، ۵۳۴
مأمور تشخیص مالیات، ۵۷، ۷۰۲

مأمور تصفیه امور ورشکسته، ۵۹۸
مأمور ثبت احوال، ۶۰۷
مأمور جمع آوری حق عضویت، ۱۲۳
مأمور جمع آوری مالیات، ۶۲۴
مأمور جمع آوری مالیات و عوارض، ۷۰۰
مأمور حفاظت صنعتی، ۶۳۳
مأمور خرید، ۶۷۷
مأمور دارایی، ۷۲۵
مأمور دولت، ۵۸۳
مأمور دولتی، ۱۱۱
مأمور رسمی تصفیه، ۵۰۵
مأمور عالی رتبه، ۱۴۱، ۴۵۵
مأمور عالی رتبهٔ دولتی، ۱۵۷
مأمور کنترل، ۱۴۰
مأمور گمرک، ۲۰۵، ۲۰۶
مأمور وصول درآمدهای داخلی، ۱۵۷
مأمور وصول عشریه، ۷۱۵
مأمور وصول مالیات، ۱۵۴، ۲۸۲
مأمور ویژهٔ رسیدگی به مالیات، ۶۶۴
مأموریت آموزشی چند روزه، ۹۱
مأموریت آموزشی کوتاه مدت، ۲۱۰
مأموریت آموزشی یک روزه، ۲۱۰
مأموریت اصلی، ۵۶۶
مأموریت تحقیقی، ۲۹۶، ۴۷۳
مأموریت حل اختلاف، ۴۷۳
مأموریت ساده، ۶۹۵
مأموریت عملیاتی، ۵۱۰
مأموریت ویژه، ۳۱، ۴۷۳
مأموریتی را انجام دادن، ۲۲، ۴۷۳
مأموریتی را محول کردن، ۵۸
مأموریت یگان، ۷۳۸

مالیات جنسی ، ۷۰۳
مالیات حقوق، ۵۳۶، ۶۳۴
مالیات حقوق و دستمزد، ۷۰۴
مالیات خاص، ۶۶۵
مالیات خرید، ۵۸۵، ۶۳۵
مالیات دخانیات و غیره، ۷۰۵
مالیات دهنده، ۵۹۴، ۷۰۴
مالیات را لغو کردن، ۴۳۳، ۷۰۴
مالیات زمان جنگ، ۷۰۵
مالیات زمین، ۴۱۹
مالیات ساخت، ۵۷۱
مالیات سرانه، ۱۲۳، ۱۳۱، ۵۳۸، ۵۵۴، ۷۰۴
مالیات سرمایه، ۱۲۱
مالیات سنگین، ۵۱۲
مالیات سنگین (بر کسی یا چیزی بستن)، ۵۲۳
مالیات سهم دفاع ملی، ۴۸۳
مالیات شخصی، ۵۴۴
مالیات شرکت، ۱۹۱
مالیات شغل / اشتغال / مشاغل، ۵۰۲
مالیات صدور پروانه یا مجوز، ۲۸۲
مالیات صدور گواهینامه، ۲۸۲
مالیات صدور گواهینامه و مجوز، ۲۸۲
مالیات صدور مجوز تولید، ۲۸۲
مالیات صدور مجوز کسب، ۲۸۲
مالیات طاقت فرسا و سنگین، ۴۵۰
مالیات طبقه بندی شده، ۱۴۶
مالیات عقب افتاده، ۷۰۴
مالیات غیر مستقیم، ۲۸۱، ۲۸۲، ۲۸۷، ۳۶۲، ۵۲۱، ۷۰۳
مالیات غیر مستقیم بر واردات، ۳۵۲

مالیات غیر مستقیم مؤسسات و شرکتهای بازرگانی، ۳۶۱
مالیات فروش، ۲۸۲، ۶۳۵، ۶۶۵، ۶۸۰، ۷۰۴، ۷۲۹
مالیات فروش سهام، ۶۸۰، ۷۰۵
مالیات فروش کالاهای ویژه، ۶۶۵
مالیات کالاهای تجملی، ۴۴۵
مالیات کالاهای تولیدی داخلی، ۲۸۲
مالیات کالاهای لوکس و تجملی، ۷۰۴
مالیات کالاهای وارداتی، ۳۵۲
مالیات کالای داخلی، ۲۸۱
مالیات گذاری، ۳۵۲
مالیات گیر، ۱۲۹
مالیات ماترک، ۲۱۲، ۲۷۵
مالیات مخارج، ۵۲۱
مالیات مزاحم، ۴۹۷
مالیات مستغلات، ۶۱۳، ۷۰۳، ۷۰۴
مالیات مستقیم، ۲۳۴، ۲۳۶، ۷۰۳
مالیات مستقیم و غیر مستقیم، ۲۳۴
مالیات مصرفی، ۳۸۸
مالیات معوقه، ۵۵، ۶۸، ۶۹، ۲۲۰، ۲۲۳، ۷۰۲، ۷۰۴
مالیات منافع، ۵۷۵
مالیات نامشهود، ۳۸۱
مالیات نزولی، ۶۰۸، ۷۰۴
مالیات نسبی، ۵۷۹، ۷۰۴
مالیات نفوس، ۱۲۳
مالیات نقل و انتقال، ۷۲۹
مالیات واحد، ۶۵۷
مالیات واردات، ۳۵۲
مالیات وصول کن، ۴۲۹
مالیات وصول نشده، ۷۰۵

مالیات املاک پرداخت کردن، ۳۲۳
مالیات انتقال سرمایه، ۱۲۳، ۲۰۳
مالیات انتقال سهام، ۶۸۰
مالیات انتقال / فروش سهام، ۶۸۰، ۷۰۵
مالیات بازدارنده، ۵۷۷، ۷۰۴
مالیات بر اجاره‌بها، ۷۰۴
مالیات بر ارث، ۲۱۲، ۲۷۵، ۳۳۰، ۳۷۱، ۵۷۰، ۶۸۹، ۷۰۳، ۷۰۵
مالیات بر ارث تصاعدی، ۳۳۰
مالیات بر ارزش افزوده، ۳۵، ۵۲۰، ۷۰۲، ۷۴۵، ۷۴۷
مالیات بر اساس ارزش، ۳۵
مالیات بر اموال لوکس و تجملی، ۴۴۵
مالیات بر ثروت، ۷۵۹
مالیات بر چیزی بستن، ۷۰۴
مالیات بر دارایی، ۱۴۶، ۲۷۵، ۳۲۵
مالیات بر دارایی طبقه بندی شده، ۱۴۶
مالیات بر درآمد، ۳۵۷، ۶۹۱، ۷۰۳، ۷۶۲
مالیات بر درآمد اضافی / فوق‌العاده، ۶۹۱
مالیات بر درآمد تصاعدی، ۳۳۰، ۵۷۷، ۷۰۳، ۷۰۴
مالیات بر درآمد داخلی، ۳۸۸
مالیات بر درآمد زاید بر مقدار معین، ۶۹۴
مالیات بر درآمد سرمایه، ۱۳۵
مالیات بر درآمد شرکت، ۱۹۱
مالیات بر درآمد فردی، ۳۶۲
مالیات بر درآمد فوق‌العاده، ۶۹۴
مالیات بر درآمد منفی، ۴۸۵
مالیات بر درآمدی که نرخ آن با افزایش درآمد کاهش می‌یابد، ۶۰۸

مالیات بر سرمایه، ۱۲۲، ۱۲۳
مالیات بر سود اضافی، ۲۸۱
مالیات بر سود سرمایه، ۷۰۳
مالیات بر صادرات، ۲۹۰
مالیات بر کالا و خدمات، ۷۴۵
مالیات بر مستغلات، ۲۷۵، ۴۱۹، ۵۷۹، ۵۹۳، ۵۹۶، ۷۰۳، ۷۰۴
مالیات بر مصرف، ۲۸۲
مالیات بر نقل و انتقال بلاعوض، ۳۲۶
مالیات بر هر فرد، ۱۲۳
مالیات بستن، ۵۶، ۱۳۴، ۲۸۱، ۳۲۳، ۳۵۲، ۴۲۱، ۴۲۹، ۴۳۰، ۶۳۹، ۶۹۹، ۷۰۲، ۷۰۳
مالیات بندی، ۲۵۷، ۴۲۹، ۶۹۹، ۷۰۲
مالیات بندی بر اساس درآمد سال قبل، ۵۵۹
مالیات بندی زیاد، ۲۸۰
مالیات بندی شرکت، ۱۶۲
مالیات بندی مستقیم، ۲۳۶
مالیات بندی مضاعف، ۲۴۷
مالیات پذیر، ۱۳۷
مالیات پرداخت نشده، ۷۰۲
مالیات پیش پرداختی شرکت، ۲۷، ۳۵، ۱۹۱، ۷۰۲
مالیات تحمیل کردن، ۷۰۳
مالیات تصاعدی، ۲۲۱، ۳۳۰، ۳۵۹، ۵۷۷، ۷۰۴
مالیات تعیین کردن، ۴۳۰، ۶۷۷
مالیات تکلیفی، ۷۶۲
مالیات تمبر، ۶۷۰، ۷۰۵
مالیات توزیعی، ۵۱
مالیات تولیدات داخلی، ۲۵۱

مال شخصی منقول، ۵۴۴	مالکیت فردی، ۳۶۳
مال غیر مولد، ۴۹۲	مالکیت قانونی، ۴۲۶، ۵۲۴، ۵۹۱
مال فروشی، ۶۸۶	مالکیت کامل، ۱۶۴، ۵۲۴، ۵۳۹
مالک اصلی، ۸۳	مالکیت محدود، ۳۵۰، ۵۲۵
مالک انحصاری سهام، ۳۰۷	مالکیت مشاع، ۱۵۹، ۱۶۰، ۱۸۹، ۴۰۹، ۵۲۴، ۷۰۷
مالک به موجب سند، ۵۲۴	
مالک رسمی، ۵۲۴	مالکیت مشترک، ۱۵۹، ۱۶۰، ۱۸۹، ۴۰۹، ۵۲۴، ۷۰۷
مالک قانونی، ۵۲۴	
مالک مشاع، ۴۰۹	مالکیت مطلق، ۱۸، ۱۶۴، ۴۱۲، ۴۵۹، ۴۶۹، ۵۲۴، ۵۳۹
مالک منحصر به فرد، ۵۲۵	
مالکیت اشتراکی / جمعی، ۱۵۴، ۵۲۴	مالکیت مطلق و بلامعارض، ۵۳۹
مالکیت انحصاری، ۲۸۲	مالکیت معنوی، ۳۸۲
مالکیت انفرادی، ۶۶۲	مالکیت منافع، ۲۷۲
مالکیت براساس تصرف و استفاده از عین مال، ۷۴۲	مالکیت وابسته، ۵۰
	مالکیت واقعی، ۲۷۲
مالکیت بلامعارض، ۴۱۲، ۴۵۹، ۴۶۹	مالکیتی که در اثر مرور زمان برای متصرف ایجاد شود، ۴۱۲
مالکیت بی دردسر، ۵۹۱	
مالکیت جمعی، ۱۵۴، ۵۲۴	مال گرویی، ۱۵۲
مالکیت چیزی را با امضای سندی به کسی انتقال دادن، ۶۵۶	مال مشاع، ۱۵۹
	مال مشترک، ۴۰۹
مالکیت خاص، ۶۶۵	مال مورد ادعا، ۲۶۶
مالکیت خصوصی، ۳۱۵، ۵۲۵، ۵۶۸	مال مورد تصرف، ۷۱۱
مالکیت دولتی / عمومی، ۵۲۵، ۵۸۳، ۶۷۴	مال مورد وثیقه، ۵۵۱
	مالیات اتومبیل / خودرو، ۱۲۵
مالکیت صنعتی، ۵۲۴	مالیات اجاره بها، ۶۱۳
مالکیت صوری و ظاهری، ۵۱۹	مالیات ارزش افزوده، ۳۷۳
مالکیت عمومی / دولتی، ۵۲۵، ۵۸۳، ۶۷۴	مالیات استعمال دخانیات و امثال آن، ۶۵۸
مالکیت عین (بدون منافع)، ۴۸۲	مالیات اصلی شرکتها، ۴۴۸، ۴۶۴
مالکیت غیر عینی، ۳۸۱	مالیات اصناف، ۵۰۲
مالکیت غیر قابل الغا، ۳۵۹	مالیات اضافی، ۳۱
مالکیت غیر ملموس، ۳۸۱	مالیات املاک، ۱۵۷، ۲۷۵، ۳۲۳، ۳۲۵

م

مابه‌التفاوت درآمد فروش و هزینه، ۱۸۵
ماتریس نتایج، ۵۳۶
ماتریس ورودی - خروجی، ۳۷۳
ماتریسهای پیش روندهٔ ریون، ۵۹۶
ماتریل کنترل، ۱۸۶
مادهٔ اصلاحی
مادهٔ اصلاحی (قانون و لایحه)، ۴۵، ۶۲۶
مادهٔ الحاقی، ۶۲۶
ماده / شرط نقل و انتقال شاغل در قرارداد، ۷۲۳
مادهٔ فرعی، ۶۸۸
مادهٔ قانونی وضع کردن، ۲۶۵
مادهٔ واحده، ۵۶۸، ۶۵۷
مارپیچ تورمی، ۳۶۸
مارک پیشاهنگ، ۱۰۲
مارک پیشرو، ۱۰۲
مارک پیشرو، ۱۰۲
مارک مشهور، ۱۰۲
ماری پارکر فالت، ۳۰۹
مازاد ارزشیابی (در بیمه)، ۵۲
مازاد بودجه، ۱۰۹، ۶۹۳
مازاد پرداخت شده، ۶۹۴
مازاد پرداختها، ۵۳۵، ۶۹۴
مازاد تجاری، ۷۱۹
مازاد تخصیص داده شده، ۵۲
مازاد خرید، ۱۱۴، ۶۹۳
مازاد سرمایه، ۶۹۴
مازاد مالیاتی، ۶۹۴
مازاد مصرف کننده، ۱۷۹
ماشین‌آلات کشاورزی (در برابر احشام)، ۲۱۱
ماشین آموزشی، ۷۰۵
ماشین ابزار، ۴۴۶
ماشین / دستگاه خودکار، ۶۲۹
ماشینهای مورد اجاره، ۴۲۳
ماشینی شدن صنعت، ۶۵
مافوق مدیر، ۴۵۵
مال‌الاجارهٔ سالیانهٔ اجارهٔ طویل‌المدت، ۱۱۹
ما لا نص فیه، ۱۲۹
مال بدون مدعی، ۹۴
مال دردسر آفرین، ۲۶۶

م
ن

ل

لابراتوار آموزشی، ۷۲۱
لازم‌التادیه، ۴۶، ۲۴۹، ۲۹۸، ۵۲۴
لازم‌التأدیه شدن، ۲۴۹، ۴۶۳
لاک و مهر کردن، ۶۴۰
لایحهٔ اصلاحی، ۴۵
لایحه‌ای را به مجلس بردن، ۱۰۵
لایحهٔ بودجه، ۱۰۸
لایحهٔ تخصیص بودجه، ۵۲
لایحهٔ توجیهی، ۲۴۷
لایحهٔ قانونی، ۸۶، ۴۲۶
لایحهٔ قانونی را اصلاح کردن، ۴۵
لجستیک صنعتی، ۱۱۲
لغو قرارداد، ۱۷، ۴۸، ۴۹، ۴۹۷
لغو کردن، ۱۵، ۱۷، ۴۸، ۶۶، ۱۱۸، ۱۲۸، ۱۹۶، ۲۳۷، ۲۴۲، ۲۹۲، ۳۹۴، ۴۰۰، ۴۳۱، ۴۳۳، ۴۸۵، ۴۹۸، ۵۲۳، ۵۹۰، ۵۹۸، ۶۱۱، ۶۱۷، ۶۲۳، ۶۲۴، ۶۲۵، ۶۹۱، ۷۳۹، ۷۴۴، ۷۵۵
لغو کردن پروژه یا برنامه، ۷۶۷
لغو کردن تصمیم یا دستور کسی، ۶۲۵
لغو کردن قانون، ۴۹۷، ۶۲۵
لغو مأموریت، ۵۹۸
لغو محاصره، ۹۰
لغو یا رد کردن قرارداد، ۶۱۶
لغو یا نسخ کردن (قانون)، ۶۱۴
لفافه بست بندی، ۷۶۶
لوح افتخار، ۹۲
لودیت (نهضت ضد ماشینی شدن صنایع)، ۴۴۵
لیست انتظار، ۷۵۵
لیست حذف شدگان، ۲۴۹
لیست سیاه، ۸۸

گواهی نامهٔ حق گرویی، ۴۳۲
گواهی نامهٔ دورهٔ مطالعات مدیریت، ۲۴۴
گواهی نامهٔ ذخیرهٔ مالیات، ۷۰۴
گواهی نامهٔ رسمی، ۲۶۶
گواهی نامهٔ سهام، ۷۵۸
گواهی نامهٔ سهم، ۶۵۲
گواهی نامهٔ صلاحیت کار، ۱۳۴
گواهی نامهٔ گمرکی، ۲۱۲
گواهی نامهٔ مطالعات مدیریت، ۱۳۳

گواهی نامهٔ مطالعات مدیریت، ۱۵۰
گواهی نامهٔ موقت، ۳۸۶
گواهی نویس، ۲۲۸
گواهی ورشکستگی بی‌تقصیر، ۱۳۳، ۴۷۲
گیرندهٔ برات یا حواله، ۲۴۸
گیرندهٔ صوری / موهوم (چک)، ۳۰۱
گیرندهٔ وجه یا حواله، ۶۱۱

گزارش هیأت مدیره، ۲۳۶
گزارشی را تأیید کردن، ۱۷۲، ۶۱۴
گزارشی را تسلیم کردن، ۶۱۵
گزارشی را مخابره کردن، ۳۰۲
گزینش گروه، ۳۳۴
گزینش نیروی انسانی، ۶۶۹
گسترش افقی، ۳۱۳
گسترش افقی شغل، ۳۴۳
گسترش دادن، ۲۸۶، ۲۹۱
گسترش شغل، ۴۰۴
گسترش عمودی شغل، ۷۴۹
گسترهٔ تغییرات حقوق، ۷۵۴
گفتگو کردن، ۷۵، ۱۸۷، ۲۳۸
گفتگوهای مشترک، ۴۰۸
گفتگوی دو جانبه، ۱۵۴
گمرک بستن، ۲۵۰، ۴۳۰
گواهی آزاد بودن مال، ۱۳۳، ۴۹۲
گواهی آزاد بودن ملک، ۴۹۰
گواهی ارزش معامله، ۱۳۴
گواهی استحقاق، ۶۴۰
گواهی امانی، ۷۲۷
گواهی امضا، ۶۱
گواهی انتقال سهام، ۱۳۴
گواهی انجام تعهد، ۱۳۴
گواهی انحصار وراثت، ۱۳۳
گواهی بازرسی، ۱۳۳
گواهی بهداشت / سلامت، ۱۳۳
گواهی بیمه، ۱۳۳، ۳۸۰
گواهی پایان کار ساختمان، ۱۳۳
گواهی پرداخت عوارض گمرکی، ۱۵۱
گواهی پرداخت مالیات صدور پروانه، ۲۸۲

گواهی پزشکی، ۶۵۵
گواهی پول سپرده، ۱۳۱
گواهی ترخیص صادره توسط گمرک برای‌کشتی جهت تخلیه بار یا ترک بندر، ۱۴۷
گواهی ترخیص کشتی از گمرک، ۱۴۷
گواهی ثبت، ۱۳۴
گواهی ثبت شرکت، ۱۳۳
گواهی حمل مشترک، ۱۵۴
گواهی خرید سهام، ۶۸۸
گواهی دادن، ۷۰۹
گواهی / رسید سهام در تراست، ۷۲۷
گواهی ساخت / تولید، ۱۳۳
گواهی سپردهٔ پول، ۱۳۳
گواهی سپردهٔ مالیاتی، ۷۰۳
گواهی سهام، ۶۵۲، ۶۷۹
گواهی شایستگی و لیاقت، ۳۸
گواهی صادر کردن، ۱۵۱
گواهی صحت ارزش واقعی کالا، ۱۳۴
گواهی عدم پرداخت، ۴۹۶
گواهی عدم سوء پیشینه / سابقه، ۱۳۳
گواهی کردن، ۶۱، ۴۹۵
گواهی مالکیت سهام، ۱۳۴، ۶۵۲، ۷۵۸
گواهی مأمور ابلاغ در ذیل اخطاریه و احضاریه به نفع یک از طرفین، ۱۷۶
گواهی مبدأ، ۱۳۳، ۵۱۹
گواهی مشارکت، ۱۳۴
گواهی معافیت از بازرسی، ۴۸۴
گواهی مقدماتی، ۳۸۶
گواهی نادرست، ۵۴۱
گواهی نامه، ۲۲۹، ۴۳۱، ۴۳۲، ۷۰۹
گواهی نامهٔ انتقال، ۱۳۴

گزارش بی‌اساس، ۳۳۲، ۶۱۵
گزارش پیشرفت کار، ۷۶۵
گزارش تأیید شده، ۶۱۴
گزارش تأیید نشده، ۶۱۵، ۷۳۲
گزارش تحریف شده، ۶۱۵
گزارش تحقیقی، ۲۹۶
گزارش تسلیم کردن، ۶۸۷
گزارش تفصیلی، ۷۴۸
گزارش توجیهی، ۳۰۰
گزارش تهیه کردن، ۶۱۵
گزارش جعلی، ۲۹۵، ۶۱۵
گزارش حسابرس، ۶۲
گزارش حسابرسی، ۶۲، ۶۱۴
گزارش حضوری، ۵۱۳
گزارش حضوری / شفاهی، ۶۱۵
گزارش خلاف واقع، ۲۷۳، ۲۹۵، ۲۹۸، ۶۱۵
گزارش خواستن از، ۲۱۳
گزارش خیلی محرمانه، ۱۷۱، ۶۱۴
گزارش دادن، ۶۱۰، ۶۱۴، ۶۱۵، ۷۱۵
گزارش درآمد، ۲۵۳
گزارش دقیق، ۷۴۸
گزارش دولتی، ۷۶۰
گزارش دهی بر مبنای مسؤولیت، ۶۱۵
گزارش رسمی، ۱۱۰، ۳۱۲، ۵۰۵، ۶۲۳، ۶۷۳
گزارش رضایت بخش / مطلوب، ۲۹۹
گزارش روزانه، ۴۱۰
گزارش سالانه، ۴۸، ۶۱۴
گزارش شفاهی، ۵۱۳، ۷۴۸
گزارش صحیح، ۷۲۸
گزارش عملکرد، ۵۱۲، ۵۴۰

گزارش عمومی، ۳۲۵
گزارش غیر رسمی، ۳۶۹
گزارش غیر منصفانه، ۵۰۷
گزارش فنی، ۷۰۶
گزارش کامل، ۷۴۸
گزارش کتبی، ۱۸۶، ۵۷۱
گزارش کتبی آزاد، ۳۱۶، ۶۱۵
گزارش کتبی کنترل شده، ۱۸۶، ۶۱۵
گزارش کردن، ۶۱۴
گزارش کلمه به کلمه، ۷۴۸
گزارش کنترل کیفیت، ۵۸۹
گزارش کوتاه از حادثه، ۱۰۵
گزارشگر، ۱۵۵
گزارش گروهی، ۳۲۱
گزارش مالی، ۶۲۳
گزارش مالی سالانه، ۴۸
گزارش مبهم، ۴۴
گزارش مختصر، ۶۹۰
گزارش مدیریت، ۴۵۳
گزارش مربوط به حل مسأله / مشکل، ۵۷۰
گزارش مشروط، ۲۸۰
گزارش مغرضانه، ۵۰۷
گزارش منتشر کردن، ۶۱۰، ۶۱۵
گزارش موارد استثنایی / خاص، ۲۸۰
گزارش ناقص، ۳۱۴، ۶۱۵
گزارش واقعی، ۷۲۸
گزارشها و اطلاعیه‌ها، ۶۱۵
گزارشهای تأیید شده، ۱۷۲
گزارشهای مالی تلفیقی، ۱۷۵
گزارشهای متناقض، ۳۵۸
گزارشهای مصرف کنندگان، ۱۷۹

گرونامه، ۹۶
گروه اجرایی، ۵۵۲
گروه اصلی، ۱۹۰
گروه اقلیت، ۳۳۳
گروه بازرسی، ۳۷۶
گروه بانفوذ، ۳۳۳، ۴۴۰
گروه بررسی، ۶۸۵
گروه‌بندی بر مبنای تحلیل نقش، ۶۲۹
گروه‌بندی جغرافیایی، ۷۰۹
گروه‌بندی ماتریسی، ۴۶۳
گروه‌بندی مبتنی بر وظیفه، ۳۱۸
گروه‌بندی نرخهای مختلف پرداخت، ۷۲
گروه‌بندی وظایف (مرتبط به هم)، ۳۳۳
گروه پیشرو در فعالیتهای جدید تجاری، ۴۸۸
گروه تحقیق، ۵۳۱، ۶۸۵، ۷۶۴
گروه تحقیقاتی، ۶۱۷
گروه داوطلب، ۷۵۲
گروه رسمی، ۳۱۱، ۳۳۳
گروه سازمانی، ۱۳۱
گروه شغلی، ۱۳۰، ۴۰۵
گروه غیر رسمی، ۳۳۳، ۳۶۹
گروه فروشندگان داوطلب، ۷۵۲
گروه فشار، ۳۳۳، ۴۴۰
گروه کار، ۴۳۵، ۷۰۲، ۷۰۵، ۷۱۱، ۷۶۳
گروه کارآموزان، ۷۱۰
گروه کارگران موفق، ۹۱
گروه محققان محلی، ۳۰۱
گروه مخالف، ۳۳۳
گروه مدیریت استراتژیک (راهبردی)، ۶۸۲
گروه مرجع، ۶۰۵

گروه مرکزی، ۱۹۰، ۳۴۲
گروه مقابل در جلسه، ۲۶۶
گروه ناآشنا، ۶۸۲
گروههای استراتژیک، ۶۸۲
گروههای تحقیق بین‌المللی مدیریت، ۳۹۸
گروههای تحقیق مدیریت، ۴۵۳، ۴۷۹
گروههای ذینفع، ۳۸۵، ۶۶۴
گروههای راهبردی، ۶۸۲
گروههای سیار، ۲۷۳
گروههای کارشناسی، ۵۸۹
گروههای کاری مستقل، ۶۵
گروههای کنترل کیفیت، ۵۸۹
گروههای منطقه‌ای، ۷۷۱
گروههای همبسته، ۲۷۳
گروهی از کارکنان که کادر ثابت سازمان را تشکیل می‌دهند، ۱۹۰
گرو یا وثیقهٔ مال در مقابل قرضه، ۳۴۱
گروی مشترک، ۵۲۳
گریختن از مسؤولیت، ۲۷۷
گزارش اختصاصی، ۲۸۲
گزارش ارائه دادن، ۶۸۷
گزارش ارزیابی شغلی، ۴۰۵
گزارش ارزیابی / ارزشیابی، ۵۲، ۶۱۵
گزارش اطلاعات، ۳۷۰
گزارش ایمنی، ۶۱۵
گزارش بازرسی، ۳۷۶، ۶۱۵، ۶۹۴
گزارش بازرسی رسمی، ۳۱۲
گزارش بلوک، ۱۱۰
گزارش بودجه، ۵۷۵، ۶۱۴
گزارش بولتن، ۹۳
گزارش بهره‌وری، ۵۷۴

گ

گاو صندوق سپرده‌ها، ۶۳۳
گذراندن قانون، ۳۵۳، ۲۶۵
گذشت کردن، ۶۱۱، ۷۵۵
گذشته نگری، ۶۸، ۴۴۲
گرانی هزینهٔ زندگی، ۳۵۸
گرایش ارفاقی، ۴۲۷
گرایش به یک مارک خاص، ۱۰۲
گرایش تورمی، ۳۶۸
گرایش در جهت تأمین منافع شخصی، ۶۴۵
گرایش شخص به یک مارک خاص که به گونه‌ای گسترده تبلیغ شده است، ۱۰۲
گرایش مصاحبه کننده، ۳۹۳
گرایشهای رفتاری افراد، ۳۹۲
گردش اطلاعات، ۳۶۹
گردش بودجه، ۱۰۸
گردش پول، ۱۴۳
گردش دارایی، ۵۷، ۷۲۸
گردش سرمایه، ۱۲۳، ۷۲۸
گردش کار، ۱۳۹، ۱۴۰، ۲۹۷، ۳۰۸، ۵۷۰، ۵۷۱، ۷۶۳، ۷۶۵
گردش کالا، ۷۲۸
گردش موجودی، ۳۹۵، ۶۸۰، ۷۲۸
گردش موجودی انبار، ۶۸۰
گردش موجودی کالا، ۴۹۸، ۶۸۰، ۷۲۹
گردش نقدینگی خالص، ۴۸۷
گردش نقدینگی یکسان، ۷۳۶
گردش نیروی کار، ۴۱۸
گردش یا بازدید علمی، ۳۰۲
گرد کردن، ۱۰۳
گردهمایی نمایندگان، ۲۲۲
گرفتن امتیاز انحصاری چیزی، ۴۷۶
گرفتن امضا به عنف، ۵۰۲
گرفتن رشوه، ۵۹۸
گرو برداشتن اموال معین برای تأمین مطالبات یا مخارج، ۲۷۲
گرو حکمی، ۲۷۲
گروگذار، ۳۴۶
گروگذاری، ۳۴۶
گروگذاشتن، ۳۲۶، ۳۴۶، ۳۵۰، ۳۵۱، ۵۳۳، ۵۵۱، ۵۵۲، ۵۸۷، ۶۵۹
گرو گرفتن، ۳۹۵

۷۳۸
کنفرانس غیر رسمی، ۱۷۱، ۶۳۰
کنفرانس مطبوعاتی، ۵۶۳
کنگرهٔ اتحادیه‌های صنفی، ۷۱۹
کنگرهٔ سازمانهای صنعتی، ۳۸، ۱۴۳، ۱۷۳
کنوانسیون بین‌المللی، ۳۸۹
کنوانسیون پیشگیری از جعل ارز، ۱۸۷
کنوانسیونهای دو جانبه و چند جانبه، ۸۵
کوپن قابل معامله، ۷۲۰
کوتاه کردن مهلت اجرا، ۱۹
کوتاهی در انجام تعهد، ۲۹۷
کوتاهی در انجام وظیفه، ۲۵۱
کوتاهی کردن، ۲۹۷
کودات (طبقه‌بندی مشاغل و راهنمای عناوین شغلی)، ۱۵۱
کیفیت اطلاعات، ۳۷۰
کیفیت بیش از اندازه، ۷۴۲
کیفیت زندگی کاری، ۵۸۹
کیفیت سنجی، ۲۱
کیفیت شغلی، ۵۸۹
کیفیت کار، ۵۸۹
کیفیت گردش اطلاعات، ۵۸۹

کنترل رایانه‌ای، ۱۵۰، ۱۶۷
کنترلر (کنت)، ۱۶۶
کنترل عددی، ۴۸۵، ۴۹۸
کنترل عددی مستقیم، ۲۳۵، ۲۴۴
کنترل عملکرد، ۵۳۹
کنترل عملیات، ۱۸۶
کنترل عملیاتی، ۵۱۰
کنترل عملی شرکت، ۷۶۴
کنترل عینی، ۲۹۴
کنترل فراگیر، ۷۱۷
کنترل فرایند آماری، ۱۸۶، ۶۶۳، ۶۷۵
کنترل فرایند تولید، ۵۷۱
کنترل قیمتها، ۵۶۵
کنترل کار، ۴۰۴
کنترل کامپیوتری، ۱۵۰، ۱۶۷
کنترل کردن، ۱۷۹، ۱۸۵، ۲۰۳، ۲۴۷، ۳۳۷، ۴۵۶، ۴۷۵، ۶۰۸، ۶۰۹، ۶۹۹، ۷۶۳
کنترل کنندهٔ برنامه‌های تولید، ۵۷۶
کنترل کنندهٔ کالا، ۳۲۸
کنترل کیفیت، ۱۴۰، ۱۶۲، ۱۸۵، ۱۸۶،۵۸۸، ۵۸۹
کنترل کیفیت آماری، ۶۷۵
کنترل کیفیت در سطح کشور، ۱۶۲
کنترل کیفیت در کل فرایند، ۷۱۷
کنترل کیفی / مرغوبیت، ۱۸۶
کنترل مبادلات ارز، ۲۸۱
کنترل منابع، ۱۸۶
کنترل مواد، ۱۸۶، ۴۶۳
کنترل موجودی، ۱۵، ۷۱، ۷۷، ۸۷، ۱۴۵، ۱۶۷، ۱۸۵، ۳۹۵، ۶۷۹
کنترل نهایی، ۷۳۱

کنترلهای فرمان، ۶۷۷
کنترلهای موردی، ۶۶۷
کنترلهای هادی / هدایت، ۶۷۷
کنترل همساز، ۳۰
کنسرسیوم، ۱۷۶
کنسرسیوم بانکی، ۱۷۶
کنش متقابل، ۳۸۳
کنش متقابل اجتماعی، ۶۶۰
کنفدراسیون اتحادیه‌های بازرگانی اروپا،۲۷۷
کنفدراسیون اتحادیه‌های تجاری اروپا، ۱۷۱
کنفدراسیون اتحادیه‌های کارگری اروپا، ۲۷۳، ۲۷۶
کنفدراسیون بین‌المللی اتحادیه‌های آزادکارگری، ۳۴۷، ۳۸۹
کنفدراسیون جهانی دانش بهره‌وری، ۷۶۶
کنفدراسیون جهانی کار، ۷۵۸، ۷۶۶
کنفدراسیون صنایع انگلستان، ۱۷۱
کنفدراسیون صنایع ایرلند، ۱۷۱
کنفدراسیون کارفرمایان انگلستان، ۱۰۵
کنفدراسیون ملی سازمانهای کارفرمایان(انگلستان)، ۴۸۳
کنفرانس از راه دور، ۷۰۶
کنفرانس بی‌ثمر، ۲۱۰
کنفرانس بی‌نتیجه، ۲۱۰
کنفرانس تجارت و توسعهٔ سازمان ملل، ۷۳۳
کنفرانس تجارت و توسعهٔ ملل متحد، ۷۳۸
کنفرانس تلفنی، ۳۱
کنفرانس علمی و فنی سازمان ملل، ۷۳۳،

کمیسیون استخدامی، ۲۶۴
کمیسیون اعطای عضویت، ۶۷
کمیسیون اقتصادی، ۲۵۵
کمیسیون اقتصادی آسیا و خاور دور، ۲۵۴، ۲۵۵
کمیسیون اقتصادی آفریقا، ۲۵۴
کمیسیون اقتصادی آمریکای لاتین، ۲۵۴
کمیسیون اقتصادی اروپا، ۲۷۷
کمیسیون اوراق بهادار و بورس، ۶۴۲
کمیسیون ایمنی شغلی، ۵۰۲
کمیسیون بودجه، ۱۰۸
کمیسیون بودجهٔ مجلس، ۳۴۴
کمیسیون بورس و اوراق بهادار، ۶۴۲
کمیسیون بهداشت و ایمنی، ۳۳۸
کمیسیون تحقیق، ۱۵۷، ۲۹۶، ۳۹۵
کمیسیون توافق، ۱۵۷
کمیسیون جوامع اروپایی، ۱۵۷
کمیسیون حقوق بین‌الملل (سازمان ملل متحد)، ۳۹۰
کمیسیون حقوق تجارت بین‌الملل (سازمان ملل)، ۱۵۷، ۳۸۹
کمیسیون حل اختلاف، ۱۵۷، ۱۶۸
کمیسیون خدمات نیروی انسانی، ۴۵۶، ۴۷۹
کمیسیون دایمی، ۶۷۲
کمیسیون دایمی بررسیهای تطبیقی پرداخت، ۶۷۲
کمیسیون درآمدهای ملی، ۴۸۳
کمیسیون رسیدگی به شکایات، ۱۵۸، ۳۳۲
کمیسیون روابط صنعتی، ۱۴۳، ۱۵۷
کمیسیون فرعی، ۶۸۶

کمیسیون/کمیتهٔ درآمد داخلی، ۹۲
کمیسیون مرکزی، ۱۵۸
کمیسیون مشترک، ۱۵۸، ۴۰۸
کمیسیون مشترک حل و فصل دعاوی (بین‌المللی)، ۴۰۸
کمیسیون مشورتی، ۱۷۱
کمیسیون نظارت بر قیمتها، ۱۵۷، ۵۶۵
کمیسیون هفتگی، ۷۵۹
کمی عرضهٔ پول، ۶۸۵
کنار آمدن، ۱۶۵، ۲۱۱
کنار رفتن، ۲۴۹، ۶۷۷
کناره‌گیری از شغل، ۷۶۲
کناره‌گیری کردن، ۱۵، ۱۶، ۳۲۹، ۴۲۲، ۵۰۴، ۶۱۲، ۶۱۳، ۶۲۲، ۶۷۷، ۷۴۴، ۷۶۲
کناره‌گیری کردن از قدرت، ۱۶
کنار هم نهادن تصادفی، ۴۱۲
کنترل ارز، ۱۸۵، ۲۸۱
کنترل اعتبار، ۱۹۹، ۷۴۵
کنترل بازخورد، ۱۸۵، ۳۰۰
کنترل بازرگانی، ۷۱۸
کنترل/بررسی، ۳۴۲
کنترل بودجه، ۱۰۷
کنترل بودجه‌ای، ۱۸۵
کنترل بهینه‌ساز، ۳۰
کنترل تلفن، ۷۰۶
کنترل تولید، ۱۶۷، ۵۷۳
کنترل جامع، ۷۱۷
کنترل جامع یا فراگیر، ۷۱۷
کنترل حداکثر/حداقل، ۴۶۴
کنترل دایره‌ای بسته، ۱۴۹
کنترل دستمزد، ۱۸۶، ۷۵۴

کمک مالی دولت به منظور ایجاد اشتغال
در مناطق محروم و نیازمند، ۲۶۵
کمک مالی مجدد، ۶۰۵، ۶۰۶
کمک متقابل، ۵۸
کمکهای اجتماعی، ۷۵۹
کمکهای داخلی، ۳۸۷
کمکهای دو جانبه، ۸۵
کمکهای مالی به دیگر کشورها، ۳۸۵
کمک هزینهٔ بیکاری، ۲۴۶، ۷۳۵
کمک هزینهٔ تحصیلی، ۲۸۶
کمک هزینهٔ خانواده، ۲۹۹
کمک هزینهٔ دولت، ۱۰۱
کمک هزینهٔ زندگی، ۶۹۲، ۷۵۹
کمک هزینه / وام برای توسعهٔ صنعت یا صادرات، ۱۰۱
کمیابی ساختگی، ۱۸۵
کمیابی مصنوعی، ۱۸۵
کمیت اطلاعات، ۳۷۰
کمیتهٔ اجرایی، ۱۵۸، ۲۸۴، ۵۵۲
کمیتهٔ ادارهٔ امور گمرکات و مالیاتهای غیرمستقیم، ۹۲
کمیتهٔ استاندارد سازمان بین‌المللی استاندارد (ایزو)، ۴۰۱
کمیتهٔ استانداردهای حسابداری، ۲۵
کمیتهٔ اطلاعات سازمان بین‌المللی استاندارد، ۴۰۱
کمیتهٔ ایمنی، ۱۵۸
کمیتهٔ بازرسی، ۱۵۸
کمیتهٔ بررسی مشترک، ۴۰۹
کمیتهٔ برگزار کننده، ۱۵۸، ۵۱۹
کمیتهٔ برنامه‌ریزی سازمان بین‌المللی استاندارد، ۴۰۱

کمیتهٔ بودجه، ۱۰۸
کمیتهٔ تأیید و تطبیق سازمان بین‌المللی استاندارد (ایزو)، ۴۰۰
کمیتهٔ تحقیق، ۱۵۸
کمیتهٔ تخصیص بودجه، ۵۲
کمیتهٔ تدارکاتی، ۶۷۷
کمیتهٔ توسعهٔ اقتصادی، ۲۵۵
کمیتهٔ تولید و برنامه‌ریزی، ۵۷۲
کمیتهٔ حسابرسی، ۱۵۷
کمیتهٔ داوری، ۵۴
کمیتهٔ دایمی، ۶۷۲
کمیتهٔ روابط عمومی، ۵۸۴
کمیتهٔ رهبری، ۱۵۸
کمیتهٔ سازماندهی، ۶۷۷
کمیتهٔ سرمایه گذاری خارجی، ۳۱۱
کمیتهٔ صدور سهام سرمایه، ۱۲۲
کمیتهٔ فرعی، ۶۸۶
کمیتهٔ کارگاه، ۶۵۴
کمیته / کمیسیون ویژه، ۳۱
کمیتهٔ گسترش سازمان بین‌المللی استاندارد، ۴۰۱
کمیتهٔ مرکزی داوری، ۱۳۲
کمیتهٔ مشترک کار، ۴۱۰
کمیتهٔ مشورتی، ۳۷، ۱۵۷
کمیتهٔ مشورتی کارشناسان، ۳۷
کمیتهٔ ملی قیمتها و درآمدها، ۴۸۲
کمیتهٔ نظارت بر سرمایه گذاران خارجی، ۳۱۱
کمیتهٔ ویژه، ۱۵۷
کمیته / هیأت مشاورهٔ مشترک، ۴۰۸
کمی دستمزد، ۷۳۳
کمیسیون ارزیابی دولتی، ۶۷۲

کشتیرانی ساحلی، ۱۱۶، ۱۵۰	کلاس بازآموزی، ۶۰۵
کشش‌پذیری پیوسته، ۷۳۸	کلاه سر کسی گذاشتن، ۶۷۷
کشش تقاضا، ۲۲۴	کلاه شرعی، ۳۲۵، ۴۲۵، ۴۴۲
کشش درآمدی تقاضا، ۳۵۶	کلمات و اصطلاحات مبهم حقوقی، ۵۰۱
کشش منفی، ۴۸۵	کل وجوه پرداختی یک مؤسسه به عنوان حقوق، ۵۳۶
کشش نیاز، ۴۸۵	کلی خریدن، ۱۱۰
کشف حقایق، ۲۹۶	کلید واژه، ۴۱۴
کشف رمز، ۱۵۱	کلیشه سازی، ۶۷۷
کشف رمز کردن، ۲۱۶	کلی / یکجا، ۴۴۵
کشور تولید کنندهٔ مواد اولیه، ۵۶۶	کمبود سرمایه، ۷۰، ۲۲۰
کشور مبدأ، ۱۳۳، ۱۹۷	کمبود کارگر، ۴۱۷
کشور محل رسیدگی، ۳۱۲	کمبود موجودی، ۳۹۵، ۶۸۰
کشور مقر دادگاه یا مرجع رسیدگی، ۶۷۴	کمبود نیروی انسانی، ۴۱۷، ۶۵۴
کشورهای تابع استرلینگ، ۵۲۳	کم بهره‌گیری، ۷۳۴
کشورهای توسعه نیافته، ۷۳۳	کمتر از بهای اسمی، ۸۲
کشورهای توسعه‌یافته / پیشرفته، ۱۹۷،۲۳۲	کمتر از مقدار متعارف، ۸۲
کشورهای جهان سوم، ۱۹۷، ۷۳۳	کمترین قیمت، ۵۶۴
کشورهای در حال توسعه / رو به رشد، ۱۹۷	کم کاری، ۶۵۹
کشورهای در حال رشد، ۲۳۲	کم کاری قانونی، ۷۶۶
کشورهای غنی / ثروتمند، ۱۹۷	کم کاری کردن، ۳۴۱
کشورهای کمتر توسعه یافته، ۴۲۲، ۴۲۷	کمک اضطراری، ۲۶۲
کشیدن برات یا چک، ۲۴۸	کمک اقتصادی دولت جهت، ۱۰۱
کفالت کردن، ۲۷	کمک بدون بهره، ۳۸۴
کفالت نامه، ۱۳۰	کمک برای توسعهٔ منطقه‌ای، ۶۰۶
کفالت یا ضمانت کسی را کردن، ۷۱	کمک بلاعوض، ۳۲۶
کفایت اقدامات انجام شده، ۳۱	کمک به یادآوری، ۴۱
کفیل، ۲۷، ۷۰، ۷۱، ۸۸، ۹۴، ۹۶، ۲۷۲،۳۳۵، ۴۵۶، ۶۶۷، ۷۵۰	کمک خارجی، ۴۱، ۳۱۰
	کمک کردن، ۱۸۸، ۳۳۶
کفیل اداره، ۲۷	کمک مالیاتی، ۵۴۳، ۵۴۴
کفیل مدیر، ۲۷	کمک مالی بلاعوض، ۳۳۱
	کمک مالی دولت، ۶۸۸

کاهشهای مجاز، ۴۰۲	کسر پول از یک حساب، ۲۱۲
کاهش هزینه‌ها، ۶۲۳	کسر تمبر، ۲۸۱
کاهش یافتن، ۱۵، ۲۲۹، ۲۴۹	کسر درآمد، ۲۱۷
کپی برداری، ۶۱۶	کسر صندوق، ۱۲۷، ۶۲۸
کتاب قانون، ۶۷۵	کسر کردن، ۶۰۱، ۶۲۳
کتمان سازی اسناد، ۶۹۳	کسر کردن اقلام (واگذار شده) از موجودی، ۲۱۷
کثرت گرایی، ۵۵۲	
کد دار کردن، ۲۶۶	کسر مالیات هنگام پرداخت حقوق، ۵۳۴
کد / رمز حساب، ۲۳	کسر موجودی، ۴۹۷
کدگذاری، ۱۰۵، ۱۵۱	کسری پرداختها، ۵۳۵
کدگذاری صنعتی، ۳۶۴	کسری خارجی، ۲۹۲
کدگذاری کردن، ۱۵۱	کسری موازنهٔ تجاری، ۷۱۸
کرایهٔ ابزار تولید، ۵۸۶	کسری موجودی، ۳۷۹، ۶۸۰
کرایهٔ حمل، ۳۵، ۶۸، ۱۲۴، ۳۱۶	کسور قانونی، ۴۲۵
کرایهٔ عقب افتاده، ۶۱۳	کسور مالیاتی، ۷۰۳
کرایهٔ کامل، ۷۶۰	کسی را اخراج کردن، ۳۲۷، ۵۸۶
کرایه کردن، ۱۳۹، ۳۱۶، ۳۴۱، ۴۲۹	کسی را برای اشغال پستی آماده کردن، ۳۳۲
کرایه کنندهٔ کشتی باری، ۳۱۶	
کرایهٔ معطلی کشتی، ۲۲۶	کسی را جانشین شخصی دیگری کردن، ۶۹۴
کرایهٔ معوقه، ۶۱۳	
کرایه و اجاره کردن کشتی، ۱۳۹	کسی را در پست / سمت قبلی خود ابقا کردن، ۶۲۱
کسادی بازار، ۲۴۹	
کسادی موقت، ۶۵۹	کسی که با پشت نویسی کردن اوراق تجارتی از قبیل سفته و چک و برات آنرا بهدیگری انتقال دهد، ۲۶۷
کسب اطلاعات از یک منبع، ۲۱	
کسب منافع به طور انحصاری و سریع، ۱۴۷	
	کسی که با دیگری متفقاً چیزی را امضا کند، ۱۹۳
کسب منافع قابل ملاحظه و سریع، ۱۴۷	
کسب و تجارت منصفانه، ۲۹۷	کسی که بیمه نامه بنام او صادر شده است، ۳۸۱
کسب و کار پر رونق، ۴۱۹	
کسب و کار شریکی، ۴۰۷	کشتی درجهٔ یک، ۱۵
کسر بودجه، ۱۰۸، ۲۲۰، ۶۰۳	کشتی را دربست اجاره کردن، ۱۳۹
کسر بودجهٔ دولت، ۳۳۰	کشتیرانی تجاری، ۴۵۹، ۴۶۹

کالای نهایی، ۵۰، ۶۶، ۲۶۷
کالای نیمه ساخته، ۶۴۶
کالای ویژهٔ تبلیغاتی، ۳۶
کالایی که به صورت دستی فروشی عرضه می‌شود، ۱۴۹
کامپیوتر افزار، ۳۰۵
کامپیوتر با برنامهٔ ذخیره شده، ۶۸۱
کامپیوتر بزرگ، ۴۴۷
کامپیوتر کارگاهی، ۹۱
کامپیوتر مرکزی، ۴۴۷
کامپیوتر میزبان، ۳۴۴
کامپیوتر نسل پنجم، ۳۰۲
کامپیوترهای نسل سوم، ۷۱۲
کاملاً سری، ۷۱۶
کامل کردن، ۳۰۳
کانال بین‌المللی، ۳۸۹
کانالهای اداری، ۳۳
کانالهای ارتباطی، ۱۳۷، ۱۶۰
کانالهای ارتباطی غیر رسمی، ۳۶۸
کانالهای توزیع، ۱۳۷، ۲۴۳
کانال‌های توزیع، ۲۴۲
کانتر روزابت ماس، ۴۱۳
کان لم یکن کردن (قرارداد)، ۴۸، ۱۲۸، ۲۱۹، ۲۹۲، ۴۹۸، ۶۱۶، ۶۱۷
کانون بودجه، ۱۰۸
کاوشگری با شیوهٔ حقوقی، ۴۱۱
کاهش اختیارات دولت مرکزی، ۲۱۴
کاهش ارزش / اعتبار یا ضمانت اجرایی قرارداد، ۵۰۱
کاهش ارزش پول، ۲۰۴، ۲۲۹
کاهش ارزش دارایی، ۷۶۶
کاهش ارزش ناشی از برنامه‌ریزی، ۵۴۹

کاهش اعتبارات و پول در گردش، ۲۲۱
کاهش انگیزهٔ زیردستان، ۶۰۴
کاهش بودجه، ۱۰۹، ۶۰۴
کاهش بها، ۴۵۹
کاهش تعداد سهام و اوراق قرضهٔ دولتی توسط یک بانک تجاری، ۲۲۶
کاهش جزئی قیمت، ۶۵۱
کاهش حقیقی، ۷۲۷
کاهش دادن، ۲۰۶، ۶۰۴
کاهش دادن کالا از طریق فروش، ۷۴۰
کاهش دادن مالیات، ۶۰۴
کاهش دادن نرخ بیکاری، ۶۰۴
کاهش درآمد، ۲۴۹، ۶۲۴
کاهش سرمایه، ۶۰۴
کاهش طبیعی، ۴۸۴
کاهش عوارض گمرکی، ۷۰۱
کاهش فاصلهٔ دستمزد، ۷۵۴
کاهش قدرت سهام، ۲۷۲
کاهش قیمت، ۸۰، ۱۰۷، ۲۲۹، ۴۵۹، ۵۶۵، ۵۶۶، ۷۲۰
کاهش قیمت ارز، ۲۸۱
کاهش قیمت فروش، ۶۳۵
کاهش قیمت کالای فروخته شده، ۶۳۵
کاهش قیمت متوسط، ۶۶
کاهش قیمت میانگین / متوسط سهام، ۵۵۷
کاهش قیمتها، ۸۰، ۲۱۶، ۲۲۱
کاهش کار، ۶۵۲، ۶۵۹
کاهش کارآیی (روانی)، ۶۰۸
کاهش مأخذ / مبنای دستمزد، ۵۹۴
کاهش منابع طبیعی، ۲۲۸
کاهش موجودی، ۳۹۵

کالاهای مرجوعی ۲۱۳ کالای نامرغوب

کالاهای مرجوعی، ۶۲۳
کالاهای مرغوب، ۳۲۹
کالاهای مصرفی، ۱۲۱، ۱۵۸، ۱۷۸، ۱۷۹، ۳۲۹، ۳۴۹، ۳۶۱، ۴۹۲، ۴۹۴
کالاهای مصرفی بادوام، ۱۷۸
کالاهای مصرفی بی‌دوام، ۱۷۹
کالاهای مصرفی کم دوام، ۱۷۸
کالاهای مصرفی گرانبها، ۶۵۴
کالاهای معاف از مالیات، ۲۸۵
کالاهای مکمل، ۱۶۴
کالاهای ممتاز، ۳۲۹، ۶۹۱
کالاهای موجود در قفسهٔ انبار، ۴۴۰
کالاهای مولد، ۵۷۲
کالاهای ناخواسته، ۷۴۱
کالاهای نامرغوب، ۳۲۹، ۳۶۷، ۷۱۲
کالاهای ناهمگون، ۳۳۹
کالاهای نیمه ساخته، ۳۷۳، ۶۴۶
کالاهای واسطه (در تولید)، ۳۸۷
کالاهای واسطه / واسطه‌ای، ۳۲۹
کالاهای ویژه، ۶۶۵، ۶۶۶
کالاهای همگون، ۳۴۳
کالای آمادهٔ تحویل، ۳۰۵، ۳۲۹
کالای آمادهٔ فروش / مصرف، ۳۰۵
کالای ارزان، ۲۵۴
کالای اساسی، ۷۸
کالای اضافی، ۵۲۱
کالای اقتصادی، ۱۵۸، ۲۵۶
کالای انباری، ۷۵۷
کالای بازیافتی، ۶۳۵
کالای پایه / مبنا، ۷۷
کالای پرفروش، ۶۳۲
کالای پول ساز، ۲۹۹

کالای پول شدنی، ۷۶۰
کالای پیشرو، ۱۰۲
کالای پیشرو ولی زیان آور، ۴۴۳
کالای ترانزیت، ۷۲۴
کالای تمام شده، ۵۱۹
کالای تمام نشدنی، ۴۸۸
کالای جایزه‌ای با بهای هزینهٔ تولید، ۶۴۵
کالای جایزه‌ای به قیمت تمام شده، ۶۴۵
کالای در حال ساخت، ۷۶۲، ۷۶۴
کالای در دست ساخت، ۷۶۴
کالای ذخیرهٔ ارسالی، ۱۷۵
کالای زمان اعتصاب، ۶۸۵
کالای ساخته شده، ۳۰۵
کالای سفارش داده شده، ۱۴۲، ۲۰۵، ۵۰۷
کالای صندوقی، ۴۴۰
کالای عمده، ۶۷۲
کالای غیر قابل فروش، ۲۱۱
کالای غیر مجاز، ۷۳، ۴۰۱
کالای فروشی، ۷۵۷
کالای قابل تبدیل به پول، ۷۶۰
کالای قاچاق، ۱۸۱، ۶۵۹
کالای متروکه، ۱۵
کالای مسروقه، ۶۸۰
کالای مصرف شدنی، ۱۷۸
کالای معیوب، ۲۹۹
کالای ممنوع الورود، ۷۳
کالای ممنوع‌الورود، ۴۰۱
کالای موجود، ۶۸۰
کالای موضوع پروانه، ۵۴۲
کالای نازل، ۶۲۳
کالای نامرغوب، ۲۵۴

کار موقت / موقتی، ۱۲۹، ۲۶۵، ۴۴۹،۷۰۶، ۷۶۳
کار نوبتی، ۶۵۳
کار نوبتی بعد از ظهر، ۳۸
کار نوبتی منقطع، ۱۰۶
کار نوبتی ناپیوسته، ۲۳۸
کار نیمه ماهرانه، ۶۴۷
کار و انگیزه، ۷۶۳
کارورز دانشور، ۴۱۵
کار و عمل کردن، ۴۱۷
کار و کسب عادی، ۵۰۱
کارهای اداری، ۳۲، ۳۳، ۵۰۴
کارهای اضافی، ۳۱
کارهای انجام شده را گزارش کردن، ۶۱۵
کارهای حساس / مهم، ۴۱۳
کارهای روزمره، ۱۴۲، ۲۸۰
کارهای عام‌المنفعه، ۶۶۰، ۶۸۸
کارهای مدیریتی، ۴۵۴
کاریابی / جایابی برای فرد اخراجی، ۵۲۰
کاری که به صورت دوره‌ای انجام می‌شود، ۲۰۶
کاری که در طول ساعات روز انجام می‌شود، ۲۱۰
کاغذ بازی، ۱۱۱، ۵۲۷، ۶۰۴
کالا / محصول مصرفی، ۱۷۹
کالا و اجناس از بین رفتنی در اثر مصرف، ۱۷۸
کــالاها و خدمات، ۴۰، ۱۰۲، ۱۱۴، ۱۵۸،۲۳۵، ۳۶۲
کالاهای آمادهٔ فروش، ۶۷۹
کالاهای اساسی، ۶۷۲

کالاهای انبار شده، ۳۵۴
کالاهای انحصاری، ۲۸۲
کالاهای بادوام، ۱۷۸، ۲۵۰
کالاهای بدل، ۶۸۹
کالاهای بی‌دوام، ۴۹۲، ۶۶۱
کالاهای پر زرق و برق، ۷۶۰
کالاهای پستی بیمه شده، ۳۸۱
کالاهای تجملی، ۶۹۱
کــالاهای تـولید شـده در حـالت اعتصاب (توسط اعتصاب شکنها)، ۶۸۵
کالاهای جانشین، ۳۲۹، ۶۸۹
کالاهای در دست تهیه، ۳۲۹
کالاهای در دست ساخت، ۳۲۹
کالاهای دست دوم، ۳۲۹
کالاهای رقابتی، ۱۶۴
کالاهای رهن گمرک، ۹۵، ۳۲۸
کالاهای زمان اعتصاب، ۳۲۹
کالاهای ساخته شده، ۳۲۹
کالاهای سرمایه‌ای، ۴۰، ۶۵، ۱۲۱، ۳۲۸، ۵۷۲
کالاهای سفارش داده نشده، ۷۴۱
کالاهای سنگین، ۴۱۳
کالاهای سهل‌الوصول، ۱۸۷
کالاهای صنعتی، ۳۶۵، ۴۵۲، ۵۷۲
کالاهای صوتی، ۱۰۷
کالاهای ضبط شده توسط گمرک، ۹۵
کالاهای ضبطی گمرک، ۹۵
کالاهای عادی، ۴۹۴
کالاهای فاسد شدنی، ۳۲۹، ۵۴۱
کــالاهای گـوناگون کـه یکجا (بـه اصطلاح چکی) خریداری می‌شود، ۴۰۵
کالاهای لوکس و تجملی، ۴۴۵

کارگر قراردادی، ۱۸۲	کارگزاری بورس، ۴۰۳، ۶۷۹
کارگر قراردادی طویل‌المدت، ۳۶۰	کارگزاری واردات، ۳۶۰
کارگر ماهر، ۱۹۸، ۴۱۰، ۶۵۹، ۷۶۳	کار مجدد، ۶۲۶
کارگر مستقیم، ۲۳۶	کار محور، ۴۱۷
کارگر موقت، ۱۲۹، ۲۱۰، ۴۰۲، ۷۶۳	کارمزد ارزیابی، ۲۷۸
کارگر مهاجر، ۴۷۰، ۵۰۵، ۷۶۳	کارمزد بانک، ۷۵
کارگر نمونه، ۵۲۶	کارمزد بانکی، ۷۳
کارگر نهایی، ۴۵۸	کارمزد فروش، ۱۵۷
کارگر نیمه ماهر، ۶۴۶، ۶۴۷	کار مزدی، ۷۰۲
کارگر واجد شرایط، ۵۸۸	کار ملال آور انجام دادن، ۶۴۰
کارگر وفادار، ۴۴۴	کارمند آزمایشی، ۵۷۰
کار گروهی، ۷۰۵	کارمند اداری، ۵۳۷
کارگری که در اتحادیه عضویت ندارد، ۶۵۴	کارمندان اداری، ۷۶۰
	کارمندان اداری / دفتری، ۷۶۰
کارگری که در اعتصاب کارگران شرکت نمی‌کند و به کار خود ادامه می‌دهد، ۳۰۵	کارمندان ثابت، ۱۲۴
	کارمندان دفتری، ۱۴۸
	کارمندان دولت، ۱۴۴
کارگری که شغل دایمی ندارد، ۱۲۹	کارمندان سیاسی، ۴۶۷
کارگزار امانی، ۲۷۴	کارمندان غیر ثابت، ۷۰۶
کارگزار املاک، ۴۳۷	کارمند بی تحرک، ۶۷۷
کارگزاران کمیسیون اروپا، ۲۷۶	کارمند بی‌کفایت و کم‌کار، ۴۱۴
کارگزار اوراق بهادار، ۱۰۶	کارمند ثابت قدم، ۶۷۷
کارگزار بارگیری کشتی، ۶۵۳	کارمند جدید استخدام کردن، ۶۰۲
کارگزار بورس، ۴۰۳، ۶۷۹	کارمند حسابداری، ۲۴
کارگزار بیمه، ۵۹، ۱۰۶، ۳۸۰	کارمند دفتری، ۱۴۸
کارگزار ترخیص، ۱۴۷	کارمند دولت، ۱۴۴، ۵۸۳، ۵۸۴، ۶۴۸
کارگزار حمل و نقل، ۳۱۳	کارمند گرا، ۵۴۵
کارگزار دوره گرد، ۶۸۳	کارمند گرفتن، ۶۶۹
کارگزار عمدهٔ سهام، ۶۷۹	کارمند متملق، ۷۶۹
کارگزار کشتی، ۶۵۳	کارمند محافظه کار، ۶۷۷
کارگزار متخصص، ۶۶۴	کارمند محرم، ۳۷۴
کارگزاری، ۳۹، ۱۰۶، ۲۹۶، ۳۷۶	کارمند یا مأمور عالی رتبه، ۱۴۱

کارشناس تعیین خطر، ۶۲۸
کارشناس / متخصص امور شرکتها، ۱۶۱
کارشناس منصوب دادگاه، ۶۰۵
کارشناسی ارشد مدیریت بازرگانی، ۴۶۲،۴۶۴
کارشناسی ارشد مدیریت دولتی، ۴۶۲، ۴۷۹
کار شیفتی، ۶۵۳
کار عقب افتاده، ۶۹
کار عملی، ۳۰۲
کار غیر دایمی، ۱۲۹، ۷۶۳
کار غیر فنی، ۷۴۱
کار غیر مستقیم، ۳۶۲
کار غیر موظف، ۷۶۳
کار فرعی، ۱۱۵
کارفرما، ۲۶۴
کار فصلی، ۷۶۵
کار کردن از راه دور، ۷۰۶
کار کم پاداش، ۴۲۳
کار کمتر از توان، ۷۶۶
کارکنان با تجربه، ۲۸۷
کارکنان بی تجربه، ۳۶۷
کارکنان دولت، ۷۳۶
کارکنان سازمان، ۵۹۳، ۷۱۱
کارکنان عملیاتی، ۵۱۱
کارکنان فعال، ۵۲۶
کارکنان کم تجربه، ۴۸۹
کارکنان مازاد / زیادی، ۵۲۳
کارکنان مستثنا شده، ۲۸۵
کارکنان موقت، ۷۰۶
کارگاه آموزشی، ۷۲۱
کارگاه باز، ۵۰۹

کارگاه تولیدی، ۵۷۳
کارگاه طرفدار اتحادیه، ۵۵۷
کارگر آگاه، ۴۱۵
کارگر اتفاقی، ۱۲۹
کارگر اخراجی، ۵۴۸
کارگر اعتصابی، ۷۲۸
کارگران ساعتی، ۳۴۴
کارگران صنعتی جهان، ۳۶۶
کارگران عضو اتحادیه، ۱۴۹، ۵۱۸
کارگران کارخانه، ۲۹۷
کارگران کم درآمد، ۷۶۴
کارگران مشمول طرح پرداخت ساعتی، ۳۴۴
کارگران یقه سفید، ۷۶۰
کارگر برون سازمانی، ۵۲۱
کارگر بسته‌بندی، ۵۲۶
کارگر بی تجربه، ۷۱۲
کارگر بیکار، ۶۵۵
کارگر پاره وقت، ۶۴۱
کارگر پیمانی، ۱۸۲، ۱۸۴
کارگر تازه کار / بی تجربه، ۷۶۳
کارگر تک رو، ۸۸، ۳۰۵، ۶۳۸
کارگر تمام وقت اتحادیه، ۴۱۷
کارگر روز کار، ۲۱۰، ۷۶۳
کارگر روز مزد، ۲۰۹، ۲۱۰، ۴۱۰، ۷۶۳
کارگر ساده، ۴۵۷، ۵۳۸، ۵۹۳، ۷۴۱، ۷۶۳
کارگر ساعتی، ۷۱۴
کارگر غیر دایم، ۱۲۹
کارگر غیر عضو اتحادیه، ۵۲۸
کارگر غیر متخصص، ۷۴۱
کارگر غیر مستقیم، ۳۶۲
کارگر فصلی، ۶۴۰، ۶۴۱

کارت اصلی، ۴۶۲
کارت اصلی تعیین مسیر، ۴۶۲
کارت اعتباری، ۱۲۳، ۱۳۷، ۱۹۹، ۷۵۰
کارت انبار، ۳۹۵، ۶۸۰
کارت پذیره‌نویسی، ۶۸۸
کارت ثبت ساعت ورود و خروج کارکنان، ۱۴۸
کارت ثبت کالا، ۶۸۰
کارت حضور و غیاب، ۷۱۳، ۷۱۴
کارت تخصصی، ۵۷۴، ۶۵۹، ۶۶۵
کارت رأی، ۱۲۳
کارت شناسایی، ۳۴۸
کارت شناسایی بانکی، ۱۴۰
کارت عضویت اتحادیه، ۱۲۳
کارت عملیات، ۴۰۴، ۵۱۱
کارت عملیات تولید یک جنس، ۴۰۴
کارت کار، ۴۰۷
کارت کنترل موجودی، ۸۷
کارت مادر، ۴۶۲
کارت مالکیت، ۴۴۱
کار تمام وقت، ۲۶۴، ۴۸۹
کارت مدت وقوع کار، ۷۱۴
کارت مسیر کار، ۶۳۰
کارت مشخصات کالا، ۸۷
کارت معاملات کارگزاران، ۱۰۶
کارت مغناطیسی، ۴۴۷
کارت موجودی، ۳۹۵
کارت ورود را امضا کردن، ۶۵۶
کارت وقت نگار، ۱۴۸
کار تولیدی، ۷۲، ۵۷۳
کارت ویزیت، ۷۵۱
کارخانجات خودکار (الکترونیکی)، ۵۸۶

کارخانه با حق تقدم استخدام برای اعضای اتحادیه، ۵۶۰
کارخانهٔ غیر قابل تفکیک، ۳۶۳
کارخانه و ساختمان، ۲۱۱
کار خمیده، ۶۸۰
کار در جریان، ۷۶۲، ۷۶۴
کار در حد مقررات، ۷۶۶
کار در دست اقدام، ۷۶۲، ۷۶۴
کار در گردش، ۳۵۹
کار در محل، ۳۰۲
کار دسته‌ای، ۴۰۳
کار دفتری، ۵۲۸، ۷۶۰
کار روزانه، ۷۳، ۲۰۷، ۲۱۰، ۷۶۳
کار روزانهٔ اندازه‌گیری شده، ۴۶۵
کار روزمره، ۶۳۰
کار روز مزدی، ۲۰۹
کار زیاد کشیدن، ۱۹
کار ساده، ۷۴۱، ۷۶۶
کار ساعتی، ۷۱۴
کار سنجش شده، ۴۶۵
کار سنجی، ۷۶۴، ۷۶۵
کار شبانه، ۲۷۸، ۴۸۹، ۷۶۵
کارشکنی در کارخانه، ۶۳۳
کارشکنی کردن، ۶۳۳
کارشکنی و ایجاد موانع، ۵۲۷
کارشناس امور ستادی، ۶۶۹
کارشناس امور کارگری، ۴۱۶
کارشناس امور مالی، ۳۰۴
کارشناس برآورد هزینه، ۶۵
کارشناس بیمه، ۶۵
کارشناس بیمهٔ عمر، ۳۰
کارشناس تخمین خسارات، ۴۴۳

ک

کابوتاژ، ۱۱۶
کاتولوگ ایزو، ۴۰۰
کادر رهبری، ۱۱۶
کادر سازمانی، ۵۱۶
کادر فروش، ۶۳۵
کادر / کارکنان کلیدی، ۴۱۴
کادر / کارمندان اداری، ۳۴
کادر / کارمندان ردهٔ پایین، ۴۴۴
کارآفرینان اقتصادی، ۱۱۲
کارآموزی از طریق مشاهده، ۶۵۸
کارآموزی فشرده، ۶۷۰
کارآیی / اثربخشیِ هزینه در نظامهای پرداخت، ۱۹۳
کارآیی اقتصادی، ۲۵۵، ۲۵۹
کارآیی / بازدهی تولید، ۵۷۳
کارآیی بهره‌وری، ۵۷۴
کارآیی رهبری، ۴۲۲
کارآیی سازمان، ۲۵۹، ۵۰۳، ۵۱۶، ۵۱۷
کارآیی صنعتی، ۲۵۹
کارآیی عملیاتی، ۵۱۰
کارآیی مدیریت، ۴۵۴

کارآیی مطلق، ۱۸
کارآیی موضعی، ۴۴۰
کار اجباری، ۳۰۹
کار ادواری، ۲۰۶
کار اضافی، ۶۱۴
کارافزایی، ۹۸
کار افزوده، ۶۸۳
کار اندازه گیری شده، ۴۶۵
کارانه، ۴۲۳
کار بدون مهارت، ۷۴۱
کار بدون نظارت، ۷۳۲
کار بدون نیاز به مهارت، ۷۶۶
کار برای پرداخت بدهی، ۵۳۸
کاربرد تکنولوژی، ۷۰۶
کاربرگ ستونی، ۶۶۷
کار برون سازمانی، ۵۲۱
کار بی سابقه / تاریخی انجام دادن، ۳۴۱
کار بیش از توان، ۷۶۵
کار پاره وقت، ۵۳۱
کار پردازی، ۲۹۵
کار پر درآمد، ۷۶۳

قیمت نهایی، ۶۱۸
قیمت واحد، ۱۹۵
قیمت واقعی، ۵۹۷، ۷۳۳
قیمت ورود به بازار، ۷۱۲
قیمت ورودی کالا، ۵۵

قیمت یا ارزش افزوده شده، ۷۴۵
قیم قانونی، ۶۷۶
قیم نامه، ۴۲۸
قیمومت انتصابی، ۷۲۹
قیود و شرایط، ۷۰۸

قیمت عمده فروشی، ۷۶۱
قیمت فروش، ۶۳۵
قیمت فروش کالاهای موجود، ۶۶۷
قیمت فریب دهنده، ۱۳۸
قیمت فسخ، ۲۱۹
قیمت قطعی، ۶۱۸
قیمت کالا بر مبنای تحویل در کارخانه، ۲۸۵، ۲۹۴
قیمت کالا به اضافهٔ (حق) بیمه، ۱۴۲، ۱۴۳
قیمت کالا به اضافهٔ حق بیمه، هزینهٔ حمل و دلالی، ۱۴۲
قیمت کالا به اضافهٔ هزینهٔ حمل، ۱۳۵
قیمت کالا به اضافهٔ هزینهٔ حمل و بیمه، ۱۳۵
قیمت کالا و بهای حمل و نقل، ۱۹۳
قیمت کل فروش، ۷۱۷
قیمت گذاری، ۱۹۳، ۵۶۵، ۷۴۵
قیمت گذاری انتقالی، ۷۲۳
قیمت گذاری بالاتر از هزینه، ۱۹۵
قیمت گذاری برای هر واحد، ۷۳۹
قیمت گذاری بر پایهٔ متوسط هزینه، ۶۵
قیمت گذاری بر مبنای آزمون و خطا، ۷۲۶
قیمت گذاری بر مبنای افزایش بها، ۴۶۱
قیمت گذاری به هنگام سفارش، ۵۶۲
قیمت گذاری تجملی، ۵۶۱، ۵۶۴
قیمت گذاری چندگانه، ۴۸۰
قیمت گذاری خرده دار، ۵۰۳
قیمت گذاری خطی، ۴۳۵

قیمت گذاری در نقطهٔ سر به سر، ۱۰۳
قیمت گذاری روانشناختی، ۵۸۲
قیمت گذاری روانی، ۵۰۳، ۵۸۲
قیمت گذاری زیرکانه، ۵۰۳
قیمت گذاری شغل، ۴۰۶
قیمت گذاری شکاری، ۵۵۹
قیمت گذاری غیر عادی، ۵۰۳
قیمت گذاری کار، ۴۰۴
قیمت گذاری کردن، ۱۹۳
قیمت گذاری موازی، ۵۲۸
قیمت گذاری ناحیه‌ای، ۷۷۲
قیمت گذاری نظری، ۳۹۴
قیمت گذاری نفوذی، ۵۳۷
قیمت گذاری نمادین، ۶۹۶
قیمت گذاری واحد، ۵۶۵
قیمت گذاری یکسان، ۴۳۵
قیمت مبادله‌ای، ۷۶۶
قیمت متعارف، ۴۹۴
قیمت محاسبه شده، ۱۶۷
قیمت مردود در بازار، ۵۶۵
قیمت معین، ۴۳۷
قیمت مقطوع، ۳۰۶، ۵۶۵
قیمت مناسب و منصفانه، ۴۱۲
قیمت منصفانه / عادلانه، ۲۹۷، ۵۶۵
قیمت منطقی / عادلانه، ۵۶۵
قیمت مورد تقاضا، ۲۲۵
قیمت مورد توافق، ۴۰، ۴۸۶
قیمت مورد نظر، ۷۰۱
قیمت نقدی، ۱۲۸، ۶۶۷
قیمت نقدی یک کالا، ۶۶۷

قید عدم مسؤولیت، ۴۹۲
قید کردن، ۶۷۸
قید کننده، ۶۷۸
قید و شرط ابطال، ۱۱۸
قید یا شرط محدودیت (در سند مالکیت، مشارکت یا استخدام)، ۶۲۱
قیمت اختیاری، ۵۴
قیمت استاندارد، ۷۸، ۶۷۰
قیمت استعلام شده، ۵۶
قیمت اسمی، ۴۹۰
قیمت اعلام شده، ۲۱۶
قیمت انتقال کالا، ۷۲۳
قیمت انحصار چندگانهٔ خرید، ۵۰۶
قیمت انحصار گروهی، ۵۰۶
قیمت اولیهٔ کالا، ۳۷۲
قیمت با تخفیف، ۶۰۴
قیمت بازار، ۴۶۱
قیمت بازار سیاه، ۸۸
قیمت بازرگانی، ۷۱۹
قیمت (برای) مصرف کننده، ۱۷۹
قیمت / بهای چشمگیر، ۱۳۸
قیمت پایه، ۷۷، ۷۸، ۶۱۸، ۶۷۰
قیمت پایین آورده شده، ۴۱۳، ۴۱۵
قیمت پیشنهاد خرید، ۸۴
قیمت پیشنهادی، ۵۶، ۲۵۰، ۵۰۳، ۵۰۴
قیمت پیشنهادی خرده فروشی، ۶۰۰
قیمت پیشنهادی فروشنده، ۵۶
قیمت تثبیتی، ۵۳۷
قیمت تجاری عادلانه، ۲۹۸
قیمت تحویل در کارخانه، ۲۸۵
قیمت تخفیف داده شده، ۴۱۳، ۴۱۵
قیمت تعادلی، ۲۷۱

قیمت تمام شده، ۷۹، ۱۹۳، ۱۹۴، ۱۹۵
قیمت تمام شدهٔ کارخانه، ۲۹۶
قیمت تمام شدهٔ کالا، ۷۹
قیمت تمام شدهٔ کالا در مقصد، ۱۴۳
قیمت تمام شدهٔ کالای تولید شده، ۱۹۴
قیمت تمام شدهٔ کالای خریداری شده، ۱۹۴
قیمت تمام شدهٔ واقعی، ۳۰
قیمت تولید کننده، ۵۷۲
قیمت ثابت، ۱۷۶
قیمت جاری، ۱۳۱، ۱۶۴
قیمت جنس موجود، ۶۶۷
قیمت حداقل، ۶۱۸، ۷۴۲
قیمت خالص، ۴۸۸
قیمت خرده فروشی، ۶۲۲
قیمت خرده فروشی پیشنهادی، ۶۳۱
قیمت خرید، ۵۸۵
قیمت خرید سهام، ۸۴
قیمت خرید یک سند بهادار در بازار بورس، ۸۴
قیمت در حال افزایش، ۳۳۷
قیمت درخواستی، ۲۲۵
قیمت در محل خرید، ۵۶۵
قیمت رقابتی، ۱۶۴
قیمت رو به کاهش، ۶۶۱
قیمت روز، ۴۶۱
قیمت سلف، ۳۱۳
قیمت شکن، ۵۶۵
قیمت شناور، ۳۰۸
قیمت عادلانه، ۲۹۷، ۷۵۸
قیمت عادلانهٔ بازار، ۳۱۸
قیمت عادله / عادلانه، ۵۶۵، ۵۷۹

قطعنامه‌ای را تصویب کردن، ۱۲۵، ۶۱۹
قطعنامه‌ای که به اتفاق آرا تصویب شده‌است، ۶۱۹
قطعنامه‌ای که توسط مجمع عمومی صادرشده، ۶۱۹
قطعنامه صادر کردن، ۶۱۹
قطعه کاری، ۵۴۷، ۵۹۴
قطعیت و جنبهٔ غیر قابل فسخ و ابطال بودن اعتبار، ۴۰۰
قطعیت یافتن، ۶۹۹
قطعی کردن، ۳۰۶، ۳۰۳
قلب واقعیت، ۴۷۳
قلم خورده، ۴۴، ۱۱۸، ۲۰۳
قلمرو تبلیغ، ۳۶
قلم زدن، ۴۴، ۷۶۶
قواره و ساختار سازمانی یک مؤسسه، ۱۷۲
قواعد و مقررات الزامی، ۵۰۱
قوانین استخدامی، ۲۶۵
قوانین امور مالی و مالیاتی، ۳۰۳
قوانین بیمهٔ ملی و تأمین اجتماعی، ۴۸۳
قوانین تصمیم‌گیری، ۲۱۵
قوانین جاری، ۲۰۴، ۲۸۶، ۵۱۱
قوانین جلوگیری کننده از سوء استفاده در بورس، ۹۲
قوانین داخلی، ۳۸۸
قوانین در دست اجرا، ۴۲۶
قوانین دریایی، ۴۵۹
قوانین را مراعات کردن، ۶۳۲
قوانین غیر موضوعه، ۷۴۱
قوانین فعلی، ۲۸۶
قوانین کار، ۴۲۶

قوانین کار کودکان یا افراد نابالغ، ۱۴۱، ۱۴۲
قوانین مالی، ۳۰۵، ۴۲۶، ۶۷۵
قوانین محدود کنندهٔ مصرف، ۶۹۰
قوانین مربوط به دریانوردی، ۴۵۹
قوانین مسؤولیت ناشی از تولید، ۵۷۴
قوانین معتبر، ۴۲۶
قوانین موجود، ۲۸۶
قوانین نارسا، ۳۵۷
قوانین و مقررات ایزو (سازمان بین‌المللی‌استاندارد)، ۴۰۰
قوانین و مقررات قانونی، ۶۷۶
قوانین و مقررات مالیات‌بندی، ۱۱۹
قوت قانونی یافتن، ۲۶۹، ۳۱۰
قول رشوه دادن، ۱۰۴
قول شرف دادن، ۵۵۱
قولنامه، ۳۶۹، ۴۲۸، ۶۵۷
قولنامه کردن، ۸۶
قوم مداری، ۲۷۶
قوهٔ قاهره، ۳۰۹
قوهٔ قهریه، ۲۹، ۳۰۹، ۳۶۷
قهرمان سپید پوش، ۷۶۰
قیاس شبکه‌ای، ۴۸۸
قید انتخاب مرجع رسیدگی، ۳۱۲
قید تفویض اختیار اجرای قانون به دولت یا مقامات اجرایی، ۲۶۵
قید تقسیط، ۵۱
قید جریمه، ۵۳۷
قید حال شدن دین، ۲۰
قید داوری، ۱۴۶
قید داوری متحدالشکل، ۶۷۰
قید شده، ۶۷۸

قسمت اصلی سند، ۵۱۱	قرارداد یک جانبه، ۷۳۶
قسمت حراج، ۷۶	قـرارداد یـک طـرفه / تـحمیلی، ۳۵۲، ۵۰۷، ۷۳۲
قسمت خرید، ۵۸۵	قراردادی که اجرای آن به دلیل دخالت وقایع غیر مترقبه غیر ممکن شده است، ۳۱۷
قسمت فروش، ۶۳۵	
قسمت کارگزینی، ۵۴۴، ۶۴۲	
قسمت نگهداری تجهیزات، ۴۴۸	قرار ملاقات، ۵۱
قسمتهای بیمه نشده، ۷۳۷	قرار (ملاقات) گذاشتن، ۲۰۹
قسمتهای عملیاتی، ۵۱۰	قرار منع تعقیب، ۵۱۴
قشر حقوق بگیر، ۹۱	قرار منع دایم، ۵۴۲
قصد اعمال تبعیض، ۳۸۳	قرار منع موقت، ۳۸۶
قصد و نیت نویسندگان یک قرارداد، ۳۸۳	قرض داخلی، ۳۸۷
قصور در انجام دادن تعهد، ۴۱۸	قرض دائم، ۵۴۲
قصور در انجام وظیفه، ۲۳۰، ۴۹۲	قرض گرفتن، ۹۸
قصور در پرداخت (بدهی)، ۲۱۸، ۴۹۳	قرض گیرنده، ۹۹
قصور در پرداخت حق بیمه در زمان مقرر، ۴۲۰	قرض ملی، ۴۸۳
	قرضۀ باز، ۵۰۸
قصور عمدی در انجام وظیفه، ۲۵۰	قرضۀ بدون تضمین، ۹۴، ۲۱۲، ۴۸۲
قصور غیر واقعی، ۳۵۳	قرضۀ بلند مدت، ۴۴۰
قصور /کوتاهی (در انجام وظیفه)، ۲۳۰	قرضۀ خارجی، ۲۹۲
قصور منتسب، ۳۵۳	قرضۀ دایمی، ۴۳۹، ۵۴۲
قصور و تأخیر در تـعمیر مـاشین‌آلات و غیره، ۲۲۰	قرضۀ موقت، ۷۰۶
	قرض یا وام پرداخت شده، ۴۲۷
قصور ورزیدن، ۲۹۷، ۲۹۹	قرضی را به اقساط پرداختن، ۶۷۰
قضاوت بی طرفانه، ۴۱۰	قرضی را وصول کردن، ۱۵۳
قضاوت جانبدارانه، ۷۳۶	قرضی که بتوان از چند نفر یـا یک نـفر وصول کرد، ۴۰۸
قضاوت عادلانه، ۲۱۵	
قضاوت کردن، ۶۰۵	قرعه کشیدن، ۴۴۴
قضاوت منصفانه، ۴۱۰	قسط اول، ۳۰۵
قضاوت یک طرفه، ۲۱۵	قسط نهایی، ۳۰۳
قضیۀ مورد اختلاف، ۱۲۷	قسطی خریدن، ۱۱۵
قطع حقوق، ۳۱۱	قسمت اداری، ۳۳
قطع رابطۀ تجاری، ۱۰۱	

قرارداد عقیم شده، ۱۸۲
قرارداد عمومی، ۳۲۳
قرار داد غیر رسمی، ۶۵۶
قرارداد غیر عادلانه، ۷۳۲
قرارداد غیر قابل اجرا، ۳۷۳
قرارداد غیر قابل تغییر، ۳۹۸
قرارداد غیر قانونی، ۳۴۸
قرارداد غیر مشروع، ۷۲۹
قرارداد غیر معتبر، ۳۹۴
قرارداد فرعی، ۶۸۶
قرارداد فروش، ۱۱۴، ۱۶۹، ۱۸۳، ۶۳۵
قرارداد فروش اقساطی، ۳۷۷
قرارداد فروش سلف سهام، ۷۱۳
قرارداد فسخ شده، ۶۱۷
قرارداد قابل ابطال، ۷۵۲
قرارداد قابل الغا، ۷۵۲
قرارداد قابل تفکیک، ۶۵۱
قرارداد کارگاهی، ۲۹۶
قرارداد کارگزاری املاک، ۴۳۷
قرارداد کارگزاری انحصاری برای فروش یا اجاره، ۲۸۲
قرارداد کالا، ۱۵۸
قرارداد کامل بیمهٔ تصادف، ۱۰۶
قرارداد کتبی، ۳۶۰، ۷۶۷
قرارداد کلی بیمه، ۹۱
قرارداد گروگذاری کشتی، ۹۹
قرارداد لازم‌الاجرا، ۸۷، ۷۲۵
قرارداد لفظی، ۵۲۹
قرارداد مبادلهٔ کالا، ۱۴۷
قرارداد متضمن تعهدات متقابل، ۶۹۶
قرارداد مدت دار، ۵۲۱
قرارداد مربوط به تکنولوژی فن‌آوری جدید، ۴۸۹
قرارداد مربوط به فن‌آوری / تکنولوژی جدید، ۴۹۷
قرارداد مشارکت، ۵۵
قرارداد مشروط، ۲۸۴
قرارداد مطابق نمونه و معیار قانونی، ۶۷۱
قرارداد معافیت از پرداخت مالیات مضاعف، ۲۴۷
قرارداد معاملهٔ پایای ارز، ۶۹۵
قرارداد معتبر، ۷۴۴
قرارداد معتبر از نظر قانون، ۴۲۱
قرارداد منعقد کردن، ۱۸۲
قرارداد / موافقت نامهٔ چند جانبه، ۴۷۹
قرارداد موقت، ۸۷، ۱۸۳، ۵۸۱
قرارداد نامحدود، ۵۰۸
قرارداد نمایندگی، ۳۹، ۴۰
قرارداد نمایندگی انحصاری، ۲۸۲
قرار دادن یک شرکت سهامی در فهرست بورس اوراق بهادار، ۳۹۴
قرارداد وام، ۴۰۹، ۵۲۷
قراردادهای فروش بین‌المللی، ۳۹۰
قرارداد یا موافقت نامهٔ داوری، ۴۱
قراردادی را اجرا کردن، ۳۱۸، ۵۳۹
قراردادی را تجدید کردن، ۱۸۳
قراردادی را جهت انجام کاری امضا کردن، ۶۵۶
قراردادی را فسخ کردن، ۵۲۶، ۷۰۸
قراردادی را لغو و باطل کردن، ۱۱۸
قراردادی را منعقد / امضا کردن، ۴۰، ۴۱، ۲۶۹
قراردادی را نقض کردن، ۱۰۳، ۷۲۵
قراردادی را واگذار کردن، ۶۶

قرارداد بیمهٔ اتکایی، ۵۹۷
قرارداد بیمهٔ اضافی / مازاد، ۲۸۰
قرارداد بیمه‌ای دارای محدودیت، ۴۳۴
قرارداد بین‌المللی، ۳۸۹
قرارداد بین کارگر و کارفرما، ۵۵
قرارداد پاداش و جریمه، ۹۷
قرارداد پایاپای، ۷۷، ۱۴۷، ۳۲۹
قرارداد پذیره‌نویسی، ۶۸۸
قرارداد پرداخت حق ایام تعلیق، ۴۲۲
قرارداد پرداخت دو جانبه، ۸۵
قرارداد / پیمان چند جانبه، ۴۷۹
قرارداد تأمین خسارت، ۳۶۰
قرارداد تحمیلی، ۵۰۷، ۷۳۲، ۷۶۹
قرارداد تحویل بلند مدت، ۴۴۲
قرارداد تصفیهٔ امور ورشکسته، ۱۶۹
قرارداد تضمین بدهی شخص دیگر، ۳۴۲
قرارداد تفاهم، ۹۳
قرارداد تکمیل پروژه، ۷۲۸
قرارداد ثانوی، ۶۸۶
قرارداد ثبت شده، ۱۸۳
قرارداد جزئی، ۴۰۵
قرارداد جمعی، ۴۸، ۱۵۳
قرارداد جنبی، ۱۵۲
قرارداد چند جانبه، ۱۸۲، ۷۲۵
قرارداد چهار جانبه، ۵۸۸
قرارداد حاوی قید داوری، ۱۷۹
قرارداد حسن نیت، ۹۳
قرارداد حق‌العمل کاری، ۱۰۶
قرارداد حق امتیاز، ۱۶۸
قرارداد حمل کالا، ۳۱۶
قرارداد حمل و نقل، ۱۲۴، ۱۸۲
قرارداد خدمت / خدمات، ۱۸۲، ۶۴۹

قرارداد خرید امانی، ۴۲۹
قرارداد خرید خدمت، ۴۱۷
قرارداد خرید کالا، ۵۸۵
قرارداد خصوصی، ۴۱، ۵۶۸
قرارداد داخلی، ۲۴۶
قرارداد دراز مدت، ۴۴۲
قرارداد دربستی، ۱۳۹
قرارداد در دست اجرا، ۲۸۴
قرارداد دسته جمعی، ۷۶
قرارداد دلالی، ۱۵۷
قرارداد دو جانبه
قرارداد دو جانبه / دو طرفه، ۸۵، ۸۶، ۱۸۱، ۵۹۸، ۷۲۵
قرارداد دولتی، ۳۳۰
قرارداد رسمی، ۲۹۰، ۳۱۱، ۳۶۰، ۴۹۵،۶۶۴
قرارداد ساده، ۶۵۶
قرارداد سازش با طلبکاران منعقد نمودن، ۱۶۵
قرارداد سپردهٔ امانی، ۲۷۴
قرارداد سفت و سخت، ۳۹۸
قرارداد سلف، ۳۱۳
قرارداد سه جانبه، ۵۲۶، ۷۲۶
قرارداد شرکت / سازمان، ۵۸، ۳۰۵
قرارداد شفاهی، ۱۷۴، ۵۲۹
قرارداد ضمنی، ۳۵۱، ۶۹۸
قرارداد ظالمانه، ۵۰۷
قرارداد عدم اخذ مالیات مضاعف، ۲۴۷
قرارداد عدم تعطیل کارخانه، ۴۹۰
قرارداد عضویت در اتحادیه، ۷۳۷
قرارداد / عقدی را باطل یا فسخ کردن، ۴۸

قدرت تولید، ۵۷۳
قدرت / حق دستور دهی، ۶۳
قدرت خرید، ۵۸۵، ۷۴۶
قدرت دادن، ۲۶۵، ۳۹۷
قدرت درک احساسات، ۲۶۳
قدرت درک رفتار مشتری، ۲۶۳
قدرت شغلی، ۵۵۵
قدرت فرهمندی، ۱۳۸
قدرت قانونی، ۶۳، ۴۲۷
قدرت کسب درآمد، ۲۵۳
قدرت نفوذ عملیاتی، ۵۱۰
قدغن کردن، ۳۴۹
قرار ارائهٔ حسابها، ۳۸۴
قرار اعادهٔ تصرف، ۳۸۴
قرار توقیف، ۶۰، ۲۴۲، ۷۵۷
قرار توقیف مال / اموال (نزد شخص ثالث)، ۱۳۸، ۳۲۲، ۷۵۷
قرار توقیف و فروش اموال مدیون جهت تأمین محکوم به، ۷۶۷
قرارداد آزاد، ۵۰۸
قرارداد آمادهٔ بهره‌برداری، ۷۲۸
قرارداد اجاره، ۴۲۳
قرارداد اجارهٔ کشتی، ۳۸، ۱۳۸، ۱۳۹
قرارداد اجرا شده، ۲۸۳
قرارداد اختیاری، ۵۱۳
قرارداد ارزی، ۲۸۱
قرارداد ارفاقی، ۱۶۵، ۲۱۷، ۶۲۰، ۶۳۹
قرارداد ارفاقی با طلبکاران منعقد کردن، ۱۶۵
قرارداد استاندارد (متحدالشکل)، ۳۱۲
قرارداد استخدام پیمانی، ۴۱۷
قرارداد استخدامی، ۱۸۲، ۷۲۳

قرار داد استخدامی کسی را امضا کردن، ۶۵۶
قرارداد اصولی / اساسی، ۶۸۹
قرارداد اعتبار برای مصرف کننده، ۱۷۸
قرارداد اعطای کمکهای فنی، ۷۰۵
قرارداد اقساطی، ۳۷۷
قرارداد الزام آور، ۸۷، ۹۴
قرارداد الغا شده، ۷۵۲
قرارداد امانی، ۱۹۵، ۲۱۸، ۷۲۷
قرارداد امتیاز، ۱۶۸
قرارداد امضا کردن، ۴۴۹
قرارداد انتشار اسناد قرضه، ۹۵
قرارداد انتقال دانش فنی، ۴۱۵، ۶۴۲
قرارداد انجام کار تنها، ۴۱۷، ۴۴۵
قرارداد انجام کامل کار، ۷۲۸
قرارداد انحصاری، ۲۸۲
قرارداد با توافق و تراضی طرفین، ۱۸۲
قرارداد با رشوه، ۶۹۵
قرارداد باز، ۴۱، ۵۰۸
قرارداد بازخرید، ۴۰، ۱۱۴
قرارداد باطل / غیر معتبر، ۱۸۲
قرارداد بای بک، ۴۰
قرارداد بر مبنای قیمت تمام شده، ۱۹۵،۱۹۸
قرارداد بستن، ۴۰، ۴۱، ۱۶۸، ۱۸۱، ۱۹۸، ۴۴۹، ۷۲۵
قرارداد بنلوکس، ۸۳
قرارداد بهره‌وری، ۵۷۳
قرارداد بی‌اعتبار، ۷۵۲
قرارداد بیع سلف، ۳۲۰
قرارداد بیمه، ۴۳، ۵۹، ۱۵۰، ۱۸۳، ۳۸۰، ۵۵۳

| قانون منسوخ | ۱۹۹ | قدرت تصمیم‌گیری |

قانون منسوخ، ۲۱۰، ۲۱۱، ۲۹۲، ۶۳۱
قانون موضوعه، ۶۷۵
قانون موقعیت، ۳۰۹، ۴۲۱، ۶۵۸
قانون نافذ، ۵۰
قانون نقض نشدنی، ۳۹۷
قانون ورشکستگی، ۲۹، ۷۴
قانون وضع کردن، ۴۲۶
قانون یا قوانین بین‌الملل، ۳۹۰
قانونی را اصلاح کردن، ۵۳۲
قانونی را باطل / بلا اثر کردن، ۶۱۷
قانونی را لغو کردن، ۶۱۴
قانونی را نقض کردن، ۳۷۱
قانونی را وضع کردن، ۵۳۱
قانونی کردن، ۶۴۸، ۷۳۲
قایم مقام، ۳۰۵
قائم مقام بازرگانی، ۵۷۲
قایم مقام تجاری، ۱۵۶
قایم مقام تعیین کردن، ۶۸۷
قائم مقام حقیقی یا واقعی، ۵۹۷
قایم مقام قانونی، ۴۲۶
قباله نویس، ۱۸۸
قباله نویسی، ۱۸۸
قبض انبار، ۷۵۷
قبض انبار بارانداز، ۲۴۴
قبض بدهی، ۲۱۳
قبض تعهد سهم، ۶۵۲
قبض سود سهام، ۶۴۰
قبض عندالمطالبه، ۴۹۵
قبض یا رسید ارسال کالا از طریق هوا، ۴۱
قبل از موعد پرداختن، ۴۹
قبلاً طرح ریزی کردن، ۳۱۰
قبول تعهد کردن، ۲۶۹

قبول عضویت، ۳۱
قبول کردن (برات)، ۲۰
قبول کردن شرط، ۱۸۲
قبول کردن مسؤولیت، ۱۵۴
قبول مسؤولیت، ۲۱
قبول نکردن، ۲۳۷، ۶۰۶، ۶۱۶
قبول و پرداخت سفته واخواست شده، ۲۹
قبول یا تعهد دین مدیون از طرف شخص ثالث، ۵۶۹
قبولی بدون قید و شرط (برات)، ۱۴۶، ۳۲۳
قبولی برات نکول شده توسط شخص ثالث (به منظور حفظ اعتبار براتگیر)، ۲۰
قبولی برات نکول شده توسط شخص ثالث در مقابل دریافت حق‌العمل، ۲۱
قبولی بعد از رؤیت، ۲۰
قبولی حواله، ۲۰، ۲۱
قبولی شرط، ۱۸۲
قبولی صریح، ۲۹۰
قبولی ضمنی، ۲۱، ۳۵۱، ۶۹۸
قبولی فرضی، ۳۵۱
قبولی قولی، ۲۰
قبولی مشروط، ۵۸۸
قبولی مشروط برات، ۶۶۳
قدرت آنی و سریع، ۶۹۰
قدرت اتخاذ تصمیم، ۵۴
قدرت پاداش دهی، ۶۲۵
قدرت پرداخت بهای کالاهای وارداتی، ۷۴۹
قدرت تخصصی، ۲۸۸
قدرت تصمیم‌گیری، ۲۱۵

قانون حمایت استخدامی، ۲۶۵
قانون خلع تملک، ۴۱۹
قانون دستمزد بر اساس هزینهٔ زندگی، ۶۸۸
قانون را اجرا کردن، ۲۶۷، ۵۸۷
قانون را رعایت کردن، ۴۱۳
قانون را نقض کردن، ۷۵۰
قانون رفع تبعیض (جنسی)، ۶۵۱
قانون روابط صنعتی، ۱۵۱، ۳۶۶
قانون روابط کار مصوب ۱۹۳۵، ۴۸۴
قانون زیف، ۷۷۱
قانون شرکتها، ۱۶۱، ۲۶۹، ۴۲۱، ۶۰۰
قانون شرکتهای تجاری، ۱۶۱
قانون شرکتهای سهامی، ۱۶۱
قانون شکنی، ۱۰۳، ۳۷۱، ۶۳۲
قانون شکنی کردن، ۱۰۴
قانون صریح، ۶۸۴
قانون عرفی، ۷۴۱
قانون عطف به ماسبق، ۲۹۰، ۶۲۳
قانون غیر قابل لغو / الغا، ۳۹۹
قانون غیر مدون، ۱۵۹، ۷۲۳، ۷۴۱
قانون قابل اجرا، ۵۰، ۱۶۳
قانون قراردادها، ۴۲۱
قانون کار، ۲۶۴، ۴۱۶، ۴۱۷
قانون کسب و تجارت منصفانه، ۲۹۸
قانون کشتی رانی، ۴۵۹
قانون کلی، ۳۹۸، ۶۳۱
قانون گذاری، ۶۳، ۴۲۶
قانون گذاری تفویض شده، ۲۲۲
قانون لازم‌الاجرا، ۳۵۰
قانون مالک و مستأجر، ۴۱۹
قانون مالیات، ۶۲۴

قانون مالیات بر درآمد، ۳۵۶، ۳۵۷
قانون مالیات بر درآمد و مالیات شرکتها، ۳۵۶
قانون متحدالشکل داوری (ایالات متحده)، ۷۳۶
قانون متحدالشکل ژنو در مورد چک (مصوب ۱۹۳۱)، ۳۲۵، ۷۳۶
قانون متروک، ۲۳۲
قانون متمم، ۶۹۲
قانون مجلس، ۶۷۵
قانون محدودیت کار در روزهای تعطیل آخر هفته، ۹۲
قانون محل انعقاد قرارداد، ۴۳۰، ۴۴۱
قانون محل پرداخت دین، ایفای تعهد یا اجرای قرارداد، ۴۳۰
قانون محلی، ۴۴۰
قانون مدنی، ۱۴۴
قانون مدون، ۶۷۵
قانون مدیریت مالیاتهای مصوب ۱۹۷۰ (بریتانیا)، ۷۰۳
قانون مربوط، ۶۱۰
قانون مربوط به کار کودکان، ۱۴۱، ۱۴۲
قانون مرور زمان، ۶۷۵
قانون مشخصات کالای بازرگانی مصوب ۱۹۶۸ (بریتانیا)، ۷۱۸
قانون مصرف نزولی، ۴۲۱
قانون مصوب مجلس، ۴۲۶
قانون مطبوعات، ۵۶۳
قانون معتبر، ۳۹۷
قانون ملی کردن بانکها، ۴۲۱
قانون ملی کردن شرکتهای بیمه، ۴۲۱
قانون مناسبات صنعتی، ۱۵۱

قابل مرمت، ۶۱۳
قابل نقد شدن، ۵۹۰، ۶۰۲
قابل واگذاری، ۴۲، ۵۸، ۷۲۲
قابل وصول، ۲۶، ۶۰، ۱۵۳، ۵۹۸، ۶۰۱
قابلیت اجرای آزمون، ۲۸۳
قابلیت ارجاع موضوع به داوری، ۵۳
قابلیت اطمینان، ۶۱۰
قابلیت اطمینان آزمون، ۶۱۰
قابلیت اطمینان محصول، ۵۷۴
قابلیت اعتماد، ۲۲۸، ۶۱۰
قابلیت اعتماد فروشنده، ۷۴۷
قابلیت اعمال، ۵۰
قابلیت انطباق پذیری، ۳۰
قابلیت انطباق کارمندان، ۳۰
قابلیت انعطاف، ۳۰۷
قابلیت تبدیل، ۱۸۷
قابلیت تسعیر، ۱۸۷
قابلیت تطبیق، ۳۰
قابلیت تطبیق تولید، ۵۷۳
قابلیت تولید، ۵۷۳
قابلیت داد و ستد، ۴۸۶
قابلیت درک (آزمون)، ۱۶۵
قابلیت دوام و بقا، ۷۴۹
قابلیت سودآوری، ۵۷۵
قابلیت نقل و انتقال (در مورد بروات)، ۴۸۶
قاچاق کالا، ۹۸، ۶۵۹
قادر به پرداخت دیون، ۶۶۲
قاطعیت قانون، ۶۸۵
قاطعیت قدرت تصمیم‌گیری، ۲۲۰
قاعدهٔ ارشدیت، ۶۴۷
قاعده و قانون، ۶۰۸

قالب مفهومی، ۱۶۷
قالبهای پیش روندهٔ ریون، ۵۹۶
قانون آموزش صنعتی، ۳۶۶
قانون آهنین دستمزدها، ۳۹۸
قانون آهنین مزدها، ۱۰۲
قانون ارث، ۱۱۹
قانون اساسی، ۱۷۶
قانون استخدام کشوری، ۶۴۹
قانون استخدامی، ۲۶۴
قانون اصلاحات کار، ۴۱۷
قانون اصلاحی، ۲۰۳، ۶۱۱
قانون اصل حداقل تلاش، ۷۷۱
قانون اعتبار مصرفی، ۱۷۸
قانون افزایش هزینه، ۴۲۱
قانون الحاقی، ۶۹۲
قانون انگل، ۲۶۸
قانوناً تعلق گرفتن، ۳۹۴
قانون بازدهٔ نزولی، ۴۲۱
قانون برابری، ۲۷۲
قانون برابری حقوق، ۲۷۱
قانون برات، ۸۶
قانون پارکینسون، ۵۲۸
قانون تأمین اجتماعی، ۶۶۰
قانون تجارت، ۵۸، ۱۵۶، ۴۳۰، ۴۶۹
قانون تخفیف مالیاتی، ۱۲۰
قانون ترکیبی، ۱۷۶
قانون تعهدات، ۱۵۱
قانون تقسیم ارث، ۱۱۹
قانون ثبت شرکتهای سهامی، ۲۹
قانون جامع، ۳۹۸
قانون جانشینی، ۶۸۹
قانون حاکم، ۵۰، ۱۶۳، ۳۲۹، ۴۳۰، ۵۶۴

ق

قابل ابتیاع، ۶۰۲
قابل ابطال، ۶۱۷، ۷۵۲
قابل اجرا بودن قرارداد، ۲۶۷
قابل اجرا شدن، ۱۵۴، ۱۵۵، ۶۹۹
قابل اجرا کردن، ۳۲۶
قابل ارزیابی، ۵۹۳
قابل استرداد، ۵۹۹
قابل اسناد، ۶۰۵
قابل اصلاح، ۶۱۳
قابل انتقال، ۴۲، ۵۸، ۱۳۴، ۱۵۹، ۱۸۷، ۲۳۰، ۲۴۰، ۵۵۴، ۶۱۱، ۷۲۲، ۷۲۴
قابل انتقال به وسیلهٔ پشت نویسی، ۴۸۶
قابل بازپرداخت، ۱۳۷، ۶۰۶
قابل بازخرید، ۱۱۷، ۶۰۲
قابل پرداخت، ۲۵، ۲۶، ۴۸، ۸۷، ۹۴، ۱۰۶، ۱۱۷، ۱۳۷، ۲۲۰، ۲۳۷، ۲۴۹، ۵۲۴، ۵۳۳
قابل پرداخت بعد از رؤیت، ۵۳۳
قابل پرداخت به محض رؤیت، ۵۳۳
قابل پرداخت در سررسید، ۵۳۳
قابل پرداخت در وجه، ۵۳۳
قابل پرداخت در وجه حامل، ۵۳۳
قابل پرداخت عندالمطالبه، ۵۳۳
قابل تبدیل، ۹۴، ۹۵، ۱۸۷، ۳۱۷، ۳۸۴
قابل تحقیق، ۳۹۵
قابل تسری، ۵۰
قابل تطبیق، ۳۰
قابل تعمیر، ۶۱۳
قابل تعویض، ۶۱۴
قابل تقویم، ۵۹۳
قابل تکذیب، ۶۰۶
قابل توصیه و سفارش، ۱۵۵
قابل خرید و فروش، ۷۱۷
قابل داد و ستد، ۴۸۶، ۷۱۷
قابل رسیدگی، ۵۳، ۳۹۵
قابل عرضه به بازار، ۴۶۹
قابل عزل، ۶۱۱
قابل فسخ، ۶۶، ۱۸۳، ۲۱۹، ۲۳۲، ۴۰۰، ۶۲۵، ۷۰۸، ۷۵۲
قابل قبول و مسموع بودن مدارک، ۱۶۳
قابل کسر از مالیات، ۷۰۳
قابل مراجعه، ۶۰۵

فلسفهٔ مدیریت، ۵۴۶	فهرست اموال موجود، ۵۴۲
فلسفهٔ وجودی سازمان، ۵۰۰	فهرست امور مورد علاقه و توجه، ۳۸۵
فلوچارت اطلاعات، ۶۹۷	فهرست انتظار، ۷۵۵
فن‌آوری اطلاعات، ۳۷۰	فهرست باز، ۱۴۰، ۵۰۸
فن‌آوری پیشرفتهٔ تولید، ۴۶	فهرست بازبینی، ۱۴۰
فن‌آوری / تکنولوژی اطلاعات، ۴۰۲	فهرست برداری از موجودی، ۳۹۵
فن‌آوری زیستی، ۲۷۳	فهرست بها، ۵۹۱
فن‌آوری غیر آلاینده، ۹۲	فهرست حسابهای سیاه، ۴۸۵
فن ارزشیابی میزان تناسب و ارتباط یک یا چند پروژهٔ تحقیق و توسعه با برنامه‌های کلی سازمانی، ۶۱۰	فهرست حقوق، ۵۳۶
	فهرست دستورهای رایانه‌ای، ۷۵۱
	فهرست روزانهٔ رسمی بازار بورس، ۶۷۹
فن ارزیابی و بازنگری برنامه، ۵۷۶	فهرست سخنرانان کنفرانس، ۷۱۴
فن تدوین اسناد حقوقی، ۶۹۶	فهرست سیاه، ۸۸
فنون انتقالی، ۷۲۴	فهرست عملیات شغل، ۷۶۵
فنون رمزی حفاظت داده‌ها، ۲۶۶	فهرست قیمتها، ۵۶۵
فنون سخنوری / سخنرانی، ۶۶۶	فهرست کارکنان اخراجی، ۲۴۹
فورس ماژور، ۲۹، ۱۲۹، ۳۰۹، ۳۶۷، ۷۵۰، ۷۵۱	فهرست کالاهای مرجوعی، ۳۲۹
	فهرست کردن، ۶۱، ۱۲۹
فوق‌العادهٔ اضافه‌کاری، ۵۲۴	فهرست کردن ویژگیها، ۶۱
فوق‌العادهٔ خارج از مرکز، ۳۰۱، ۵۲۱	فهرست مواد، ۸۶
فوق‌العاده دادن، ۶۷۸	فهرست موجودی، ۳۹۵
فوق‌العادهٔ سختی کار، ۷۶۰	فهرست مهارتها، ۶۵۹
فوق‌العادهٔ شب کاری، ۴۸۹	فهرست ویژگیهای کالا، ۳۷
فهرست اسامی حقوق بگیران یک سازمان، ۵۳۶	فهرستی از مواد و قطعات یک کالا، ۸۶
	فیش بستانکار، ۲۰۱
فهرست استانداردهای بین‌المللی که ایزومنتشر کرده است، ۴۰۰	فیش حقوق، ۵۳۶
	فیصله دادن، ۴۶۶، ۶۰۰، ۶۱۹، ۶۵۰
فهرست امضا، ۱۰۱، ۲۴۶	فیلمهای آموزشی، ۷۲۱
فهرست اموال، ۳۹۵	

فسخ شده، 616، 617
فسخ قرارداد، 17، 28، 237، 497، 617، 708، 725، 726
فسخ قرارداد به توافق طرفین، 118
فسخ کردن، 17، 48، 118، 237، 242،244، 394، 400، 498، 598، 617، 625، 708، 744
فسخ کننده، 619
فسخ معامله، 94، 118، 253
فسخ معاهده، 708
فسخ نکردنی، 399
فسخ یا متوقف کردن، 735
فسخ یک جانبه قرارداد، 737
فشار بازار، 461
فشار تکنولوژیکی، 706
فشار تورم، 368
فشار روانی شغلی، 407
فشار کاری، 407
فشار ناشی از گرانی مواد اولیه، 195
فشار و رقابت عمودی، 749
فشارهای اقتصادی، 256
فشردگی سود، 575
فشرده کردن داده‌ها، 208
فصل / دورۀ اوج تقاضا، 536
فضای سازمانی، 478، 516
فضای شخصی، 544
فضولات صنعتی، 718
فعالیت بازرگانی / تجاری، 29
فعالیت به منظور حذف رقیب، 339
فعالیت پیچیده، 164
فعالیت پیکانی، 29
فعالیت تبلیغاتی، 578، 583

فعالیت تجاری مخاطره آمیز، 748
فعالیت تجاری مشترک، 410
فعالیت حسابداری، 23، 24
فعالیت در جهت هدف، 29
فعالیت دو جانبه، 385
فعالیت زمان صفر، 771
فعالیت فکری، 29
فعالیت گره‌ای، 29
فعالیت مَجازی، 250
فعالیت معلق، 208
فعالیت منفرد، 208
فعالیت نهایی، 266
فعالیتهای ارزیابی / ارزشیابی، 51
فعالیتهای بازاریابی، 460
فعالیتهای بررسی بازخورد، 694
فعالیتهای پیشگیری، 564
فعالیتهای تأییدی، 20
فعالیتهای تبلیغاتی، 583
فعالیتهای تجاری / بازرگانی، 155
فعالیتهای خرید، 585
فعالیتهای متداخل و متعامل، 418
فعالیتهای مربوط به دستیابی به هدف، 701
فعالیتهای مشمول بازرسی، 29
فعالیتهای مقدماتی تولید جدید، 562
فعالیتهای نردبانی، 418
فعالیت هدف گرا، 29
فقدان صلاحیت، 418، 756
فقدان موجودی، 520، 680
فک رهن، 603
فک رهن کردن، 603
فلسفۀ شخصی، 543

فروش قطعی، ۲۸۳
فروش کار، ۹۰
فروش کالا از تبعهٔ یک کشور به یک غیر تبعه، ۷۵۱
فروش کالا با علامت تجاری مجعول /جعلی، ۵۳۱
فروش کالا به صورت حراج و مزایده، ۳۳۸
فروش کالاهای ارزان، ۷۲۰
فروش کالاهای درهم، ۶۳۹
فروش کالاهای مسروقه، ۶۸۶
فروش کالای گران، ۷۲۰
فروشگاه اجناس گوناگون، ۷۴۷
فروشگاه بزرگ، ۶۹۱، ۷۴۷
فروشگاه تعاونی، ۷۵۶
فروشگاه زنجیره‌ای، ۱۳۵، ۶۸۱
فروشگاه کالاهای خاص / ویژه، ۶۶۵
فروشگاه کوچک خرده‌فروشی، ۴۳۴
فروشگاه محلی، ۷۵
فروشگاه مستقل، ۳۶۰
فروشگاههای کالاهای اختصاصی، ۶۶۵
فروش مال غیر به عنوان مال شخصی، ۶۷۷
فروش مستقیم، ۲۳۶
فروش مستقیم از طریق پُست، ۲۳۵
فروش مشروط، ۶۳۴
فروش مقید، ۷۱۲
فروش ملکی که در رهن است، ۶۷۷
فروش ناتمام، ۴۹۵
فروشندگان جادویی، ۷۶
فروشندگان ماهر و فن شناس، ۷۶
فروشندهٔ دوره‌گرد، ۴۱۵

فروشندهٔ سیار، ۵۳۷
فروشندهٔ کالا، ۶۹۲
فروش نسیه، ۲۰۰، ۲۰۱، ۶۳۴
فروش نقد پس از تحویل کالا، ۱۲۸، ۲۲۳
فروش نقدی، ۱۲۷، ۱۲۸، ۲۲۳، ۶۳۴، ۶۶۷
فروش نهایی، ۳۰۳
فروش نیمه انحصاری، ۵۰۶
فروش و اجاره، ۶۳۴
فروش هرمی، ۵۸۷
فروش یا مرجوع، ۶۳۵
فرهنگ سازمانی، ۴۵۵، ۵۱۶
فرهنگ کار گروهی، ۷۰۵
فرهنگ مدیریت، ۴۵۵
فریب قانونی، ۴۲۵، ۴۴۲
فریب مالیاتی، ۷۰۳
فزون طلبی تجاری، ۵۲۴
فزون طلبی سازمان، ۲۶۳
فزونی ارزش واردات بر صادرات یک کشور، ۵۳۵
فزونی پس انداز، ۵۲۳
فزونی صادرات بر واردات، ۲۸
فزونی واردات بر صادرات، ۵۳۱
فساد اداری، ۳۳، ۴۵۰
فساد ارتشا، ۳۷۲
فساد ذاتی کالا، ۳۷۱
فساد رشوه گیری، ۳۷۲
فساد سیاسی، ۱۹۳
فسخ اعتراض، ۷۵۶
فسخ پذیر، ۷۰۸
فسخ تجدیدنظر در حق بیمه، ۷۵۶
فسخ حق بیمه، ۷۵۶

فرمان یا حکم دولتی، ۱۰۴
فرم بررسی مهندسی، ۲۶۸
فرم تغییرات مهندسی، ۲۶۸
فرم ثبت داراییهای ثابت، ۴۲۰
فرم ثبت فعالیتها، ۷۱۴
فرم درخواست مواد / مصالح اضافی، ۲۸۰
فرم سپرده‌گذاری، ۲۲۹
فرم مطالبه، ۱۴۴
فرم واریز پول به حساب، ۲۰۱
فرمول تجزیه و تحلیل میزان تغییرات استخدام، ۲۱
فرمی را امضا کردن، ۶۵۶
فروختن سهام کم ارزش توسط نمایندگی تقلبی، ۶۹۵
فروختن کالا به قیمت خیلی گران‌تر از نرخ معمول، ۲۰۹
فروش اجباری، ۳۰۹
فروش اجباری املاک و داراییهای غیرمنقول، ۳۹۷
فروش اجناس گوناگون، ۶۳۹
فروش از طریق انحراف توجه مشتری، ۶۹۵
فروش از طریق حراج، ۶۳۴
فروش اضطراری، ۶۳۵
فروش اعتباری، ۲۰۱، ۶۳۴
فروش اقساطی، ۲۰۱، ۲۲۰، ۳۴۱، ۳۷۷
فروش اموال گرویی / رهنی، ۲۶۶
فروش با تأخیر هفت روزه، ۶۴۶
فروش با تراضی طرفین، ۶۳۴
فروش با حق خیار در خرید شیء فروخته‌شده، ۶۳۵

فروش بدون نصب، ۴۱۳، ۴۱۵
فروش بر اساس انتخاب مشتری، ۶۴۵
فروش بر اساس صورت اجناس، ۱۲۹
فروش بسته‌ای، ۷۲
فروش به اقساط، ۷۱۴
فروش به حکم قانون، ۳۰۹
فروش به شرط قبول / پذیرش، ۶۳۴
فروش به صورت بسته بندی، ۷۱۲
فروش به قیمت نازل‌تر، ۷۳۳
فروش به موجب حکم دادگاه یا با نظارت دادگاه، ۴۱۱
فروش به وسیلهٔ مزایدهٔ علنی، ۶۳۴
فروش بی‌واسطه، ۲۳۶
فروش تلفنی، ۷۰۶
فروش خالص، ۴۸۸
فروش خصوصی، ۵۶۸
فروش داخلی، ۲۴۶
فروش داراییهای ضبط شده، ۶۳۸
فروش سلف، ۳۱۳، ۶۳۴
فروش سهام کم ارزش توسط نمایندگی تقلبی، ۶۹۵
فروش سهام و اوراق بهادار، ۶۰۳
فروش سیستمی، ۶۹۷
فروش شخصی، ۵۴۴
فروش صوری، ۷۵۸
فروش عادی، ۴۹۴
فروش عین مرهونه، ۳۱۰
فروش عین مرهونه برای تصفیهٔ بدهی راهن، ۳۱۰
فروش غیر نقدی، ۲۰۱، ۶۳۴
فروش فراتر از نقطهٔ سر به سر، ۶۳۳
فروش قضایی، ۳۲، ۴۱۱

فرار از پرداخت مالیات ۱۹۱ فرمان ناحیه‌ای

فرار از پرداخت مالیات، ۷۰۳
فرار از مسؤولیت، ۱۰۷، ۲۷۴
فرار از مسؤولیت در تصمیم‌گیری، ۱۰۷
فرار سرمایه، ۱۲۱، ۳۰۷
فرا رسیدن موعد، ۲۴۹
فرارسیدن موعد پرداخت دین، ۴۶۳
فرار / طفره رفتن از پرداخت مالیات، ۷۰۳
فراگرد مدیریت، ۴۵۳
فراگیری برنامه‌ای، ۵۷۶
فراگیری عملی، ۲۹
فرانک گیلبرت و لیلیان گیلبرت، ۳۲۶
فراوانی غیبتها، ۳۱۷
فرایند ایجاد نگهداری و به کارگیری مجموعه‌ای از داده‌ها یا اطلاعات، ۲۰۸
فرایند پویایی تغییر، ۲۳۳
فرایند تصمیم‌گیری، ۱۷۷، ۲۱۵
فرایند تغییر، ۱۳۶
فرایند توجه دلخواه / انتخابی (فرد)، ۶۴۴
فرایند تولید غیر مستقیم، ۶۳۰
فرایند حل مشکل / مسأله، ۵۷۰
فرایند رویداد، ۳۵۵
فرایند سرمایه‌گذاری در یک فعالیت بازرگانی، ۳۰۸
فرایند عملیات تولید یک کالا، ۷۱۲
فرایند گروهی، ۳۳۳
فرایند مدیریت، ۴۵۳
فرایند مقایسهٔ بازده احتمالی پروژه‌های سرمایه‌گذاری، ۱۲۱
فرجام خواستن، ۵۰
فرد اخراج شده از شغل، ۷۰
فرد با نفوذ، ۴۴۰
فرد بله قربان گو، ۷۶۹
فرد بیمه شده، ۵۹
فرد / سازمان توزیع کنندهٔ کالا که معامله‌ای را سامان دهد، ۳۸۶
فرد سازمانی، ۵۱۹
فردی که بسیار / زیاد تغییر شغل می‌دهد، ۴۰۵، ۴۰۷
فرستادن، ۳۱۲
فرستادن پول، ۶۱۱
فرستادن درخواست، ۵۱۵
فرستادن صورت حساب، ۱۳۷
فرستندهٔ کالا، ۳۱۳
فرستندهٔ کالا با کشتی، ۶۵۳
فرستندهٔ وجه، ۶۱۱
فرصتهای آموزشی، ۷۰۵
فرصتهای مساوی در استخدام، ۲۷۱
فرضیهٔ رهبری مرد بزرگ، ۳۳۱
فرضیهٔ صفر، ۴۹۷
فرضیهٔ گروه بی‌نظم، ۵۹۲
فرضیهٔ ویژگی مدیریت، ۷۲۲
فرکانس تکرارها، ۳۱۷
فرم ارزشیابی با نمره‌های متفاوت، ۷۵۹
فرم استاندارد، ۶۷۱
فرم اطلاعات بیمهٔ اتکایی، ۹۸
فرم اعلام نیاز به مواد اضافی، ۲۸۰
فرمان توقیف اموال (بدهکار)، ۷۶۷
فرمان توقیف و فروش اموال بدهکار، ۷۶۷
فرمان دادن، ۱۵۵، ۲۱۷
فرمان ناحیه‌ای، ۷۷۲

ف
ق

ف

فاصلهٔ اثر گذاری، ۳۵۰
فاصلهٔ برنامهٔ استراتژیک، ۶۸۲
فاصله بین زمان استقراض و تاریخ بازپرداخت، ۷۰۷
فاصلهٔ تورمی، ۳۶۸
فاصلهٔ ستاده، ۵۲۱
فاصلهٔ عملیاتی، ۵۴۰
فاصلهٔ قدرت، ۵۵۸
فاقد ارزش اسمی، ۴۹۴
فاقد اهلیت قانونی کردن، ۲۳۷
فاقد شرایط استنخدام، ۷۳۵
فاقد شرایط لازم، ۷۴۰
فاقد صلاحیت، ۲۴۱، ۳۰۰، ۳۵۴، ۷۴۰،۳۵۷
فاقد کارآیی، ۳۶۶، ۳۶۷
فاقد وصیت نامه، ۳۹۳
فاکتور اولیه، ۵۷۶
فاکتور صادر کردن، ۳۹۷
فاکتور ضمیمه، ۲۲
فاکتور فروش، ۳۹۷
فاکتور نوشتن، ۳۹۷
فاکسی مایل، ۲۹۵
فتوکپی گرفتن، ۱۸۹، ۵۴۶
فداکردن سود برای نقدینگی، ۶۳۳
فدراسیون اتحادیه‌های کارگری، ۷۱۹، ۷۲۸
فدراسیون بین‌المللی اتحادیه‌های کارگری، ۳۹۱
فدراسیون بین‌المللی فلزکاران، ۳۴۹
فدراسیون جهانی اتحادیه‌های بازرگانی،۷۶۶
فدراسیون جهانی اتحادیه‌های کارگری، ۷۶۰
فدراسیون کار آمریکا، ۴۵، ۴۱۶
فدراسیون کارفرمایان، ۲۶۴
فرآورده‌های غیر نفتی، ۵۷۴
فرآیند ایجاد و حفظ فرصتهای شغلی، ۴۰۷
فرآیند پذیرش (در بازاریابی و نوآوری)، ۳۵
فرآیند تولید، ۴۵۷
فرا خواندن، ۱۸۷، ۱۸۸، ۲۴۸، ۵۹۸

غیرقابل انتشار و صدور، ۴۹۲
غیر قابل انتقال، ۲۱۰، ۳۴۹، ۳۵۴، ۳۵۵، ۳۹۳، ۳۹۹، ۴۹۱، ۴۹۳، ۴۹۶
غیر قابل بازخرید، ۳۹۹
غیر قابل برگشت، ۳۹۸، ۳۹۹، ۴۰۰
غیر قابل پیش بینی، ۱۲۹، ۷۴۰
غیر قابل تبدیل، ۳۹۹
غیر قابل تجاوز، ۳۹۳
غیر قابل تخطی، ۳۹۳
غیر قابل تخلف، ۳۹۳
غیر قابل توجیه، ۳۵۱
غیر قابل جبران، ۳۹۸، ۳۹۹
غیر قابل خرید، ۳۹۹
غیر قابل ضمانت، ۷۴۱
غیر قابل فسخ، ۴۰۰
غیر قابل فسخ بودن، ۳۹۹
غیر قابل قبول یا طرح، ۳۵۴
غیر قابل مذاکره، ۴۹۳
غیر قابل معامله، ۴۹۳، ۴۹۶
غیر قابل نقض، ۳۹۷
غیر قابل واگذاری، ۳۵۵، ۴۹۱
غیر قابل وصول، ۳۹۸، ۳۹۹
غیر قانونی، ۳۹، ۳۹۴
غیر مشروط، ۱۸
غیر منقول، ۳۴۹
غیر نافذ، ۳۷۳، ۴۹۷

غ

غرامت اخراج از خدمت، ۳۲۸
غرامت حادثهٔ ناشی از کار، ۷۶۵
غرامت خسارت جانی یا از کار افتادگی، ۷۶۵
غرامت دادن، ۳۵۹
غرامت دو برابر، ۲۴۷
غرامت سهل انگاری کارگر، ۲۶۴
غرامت سهل انگاری کارمند، ۱۸۵
غرامت عادلانه، ۴۱۲
غرامت غیر مستقیم، ۳۶۲
غرامت کل، ۴۰
غرامت گیرنده، ۳۶۰
غرامت مضاعف، ۲۴۷
غرامت یا خسارت کسی را جبران کردن، ۱۶۲
غرفه‌های نمایشگاه، ۲۹۷
غصب کردن، ۲۶۶، ۳۹۴
غفلت یا کوتاهی در انجام وظیفه، ۴۸۶
غلط تایپی، ۱۴۸
غنی‌تر کردن عمودی شغل، ۷۴۹
غنی سازی شغل، ۴۰۴

غیبت ارادی، ۱۸
غیبت از کار، ۱۸
غیبت با اطلاع قبلی، ۱۷، ۱۸
غیبت بر حسب عادت، ۱۸
غیبت تصادفی / اتفاقی، ۱۸
غیبت دایم / مداوم / مزمن، ۱۸
غیبت عادت شده / عمدی، ۱۸
غیبت غیر مجاز / موجه، ۱۸، ۶۷، ۴۲۴
غیبت کردن، ۱۸
غیبت مداوم، ۱۸
غیبت مداوم غیر موجه، ۱۸
غیبت موجه، ۱۷، ۱۸، ۴۲۴
غیر انتفاعی، ۵۸، ۲۶۱، ۴۹۳، ۴۹۵
غیر جاری، ۴۹۲
غیر دولتی کردن، ۲۲۶
غیر رسمی، ۶۸، ۳۹۴
غیر عضو، ۴۹۳
غیر عملی بودن، ۳۵۲
غیر قابل استرداد، ۳۹۹، ۷۴۰
غیر قابل اعتراض، ۷۳۱
غیر قابل الغا، ۳۹۹

عوامل ناراضی کننده، 241	ساختن واردات، 701
عواید توزیع نشده، 622	عوارض گمرکی برای محدود کردن واردات، 77
عواید خالص، 487	عوارض گمرکی ویژه، 665
عواید داخلی، 388، 624	عوامل اقتصادی – اجتماعی، 661
عواید دولتی، 624	عوامل بهداشتی (محیط کار)، 346
عواید فروش، 624	عوامل بیرونی، 291
عواید قبل از پرداخت بهره و مالیات، 253، 254	عوامل تعیین کنندهٔ ساختاری، 685
عواید مالیاتی دولت، 624	عوامل تولید، 99، 121، 296
عوض دادن، 305	عوامل ثابت تولید، 306
عوضی که دارای ارزش مالی باشد، 745	عوامل زیان آور خارجی، 292
عهد شکنی، 103	عوامل سود آور خارجی، 292
عهد شکنی کردن، 327	عوامل شغلی، 405
عهده دار شدن، 699، 700، 734	عوامل / عناصر سازمان، 261
عهده داری امور املاک موقوفه، 691	عوامل / عناصر شغلی، 404
عیب اساسی، 463	عوامل فیزیکی، 546
عیب عمده، 463	عوامل فیزیولوژیکی، 546
عیب مخفی، 420	عوامل کلیدی، 413، 414
عین مرهونه، 152، 153، 432، 477، 551، 558	عوامل محرک رقابت، 164
	عوامل محیط شغلی، 702
عین مستأجره، 500، 686	عوامل محیطی، 270
عینیت (آزمون)، 500	عوامل محیطی مؤثر بر شغل، 404
	عوامل مهم، 413، 414

علم مدیریت در سازمان، 388
علنی کردن، 47، 155، 216
علوم رفتاری، 81
عمده خریدن، 110
عمده فروش امانی، 592
عمده فروش سهام، 511
عمده فروشی، 127
عمده فروشی امانی، 592
عمر اقتصادی، 256
عمر دارایی، 649
عمر مفید پیش بینی شده برای دارایی، 649
عمر مفید مورد انتظار، 49
عمر مفید یک دستگاه، 742
عمر مورد انتظار، 287
عمل اداری، 33، 504
عمل غیر قابل توجیه، 367
عملکرد ابزاری، 379
عملکرد بودجه، 108
عملکرد خرید، 585
عملکرد شغلی، 406
عملکرد ضعیف، 211، 331، 554، 556
عملکرد ضمن کار، 507
عملکرد طبیعی تولید، 379
عملکرد عامل، 511
عملکرد گروه، 333
عملکرد متصدی، 511
عملکرد مطلوب، 231، 322
عملکرد معیار کارورز، 671
عملکرد واقعی، 30، 322
عمل گرایی، 558
عمل مدیریت، 450، 453، 558

عملیات انبارداری، 757
عملیات بانکی، 74، 712
عملیات بانکی بدون ربا، 384، 722
عملیات بنیادی / اساسی، 378
عملیات تجاری محدود، 621
عملیات حسابداری یا بانکی، 722
عملیات در هر دقیقه، 512
عملیات دستی، 457
عملیات دولت در بازار آزاد، 509
عملیات غیر خودکار، 457
عملیات غیر متمرکز، 214
عملیات کار، 764
عملیات کارگری، 511
عملیات کوتاه مدت، 654
عملیات مؤثر / مفید، 260
عملیات مهم، 414
عندالمطالبه، 60، 86، 94، 117، 213، 224، 225، 229، 495، 506، 655
عنوان امضاکنندهٔ نامه، 63
عنوان حساب، 24
عنوان / سربرگ ترازنامه، 72
عنوان شغل، 407، 766
عنوان شغل / پست، 502، 715
عوارض بزرگراه، 715
عوارض پرداخت شده، 251
عوارض جبرانی، 197
عوارض / حقوق گمرکی، 701
عوارض سرانهٔ اتحادیه، 538
عوارض شهرداری، 481، 593
عوارض گمرکی، 59، 77، 95، 96، 124، 133، 151، 205، 294
عوارض گمرکی برای محدود

عقد لفظی، 513، 748	عقد تبرعی، 83
عقد محاباتی، 474	عقد تبعی، 21
عقد مشروط، 170، 182	عقد تشریفاتی، 182، 183، 184، 664،665
عقد معاوضی (عقد ملزم طرفین)، 85، 160، 481، 598، 696	عقد تصویبی، 184
عقد معتبر، 184	عقد / تعهد یا عمل حقوقی که بطور ضمنی یا صریح عقد نافذی را تنفیذ نماید، 172
عقد معلق، 170، 182	
عقد ملزم یک طرف، 736	عقد جایز، 64، 183، 625، 752
عقد منجز، 18، 184، 220، 732	عقد جعاله، 183
عقد مؤجل، 284	عقد خیاری، 183، 512، 513
عقد نابرابر، 474	عقد رسمی، 182، 183، 184، 664، 665
عقد وکالت، 183	عقد رضایی، 174
عقد یا امضای قرارداد، 168	عقد شرافتی، 181، 182
عقد یا تعهد دو جانبه، 45	عقد شفاهی، 741
عقد یا قرارداد تحت‌اللفظی، 437	عقد شکلی، 182، 183، 184، 664، 665
عقد یا قرارداد مشارکت، 530	عقد صحیح، 744
عقدی که به موجب آن شخصی بدهی فرددیگری را به عهده می‌گیرد، 130	عقد صریح، 290
	عقد ضمان، 130، 183، 551
عقلایی کردن تولید، 595	عقد غیر خیاری، 18
عقلایی محدود، 100	عقد غیر رسمی، 508، 513
عقل سلیم، 159	عقد غیر قابل فسخ، 182
عقود نامعین، 741	عقد غیر معاوضی، 75، 482، 497
عکس‌العمل دفاعی، 219	عقد غیر معتبر، 394
علامت تجارتی، 101، 344، 719	عقد غیر معوض، 75، 482، 497
علامت تجارتی ثبت شده، 607	عقد غیر نافذ، 182، 373
علامت تجاری، 101	عقد فضولی، 184، 732
علامت تجاری انحصاری، 362	عقد قابل فسخ، 183، 625، 752
علامت مرزی، 100	عقد قرارداد بازرگانی، 169
علامت / نشان تأیید، 134	عقد قرارداد حمل کالا، 168
علایم تجاری و حق اختراع، 365	عقد قرارداد فرعی، 686
علم آمار، 675	عقد لازم، 18، 87، 182، 400، 501
علم مدیریت، 453	

عرضهٔ کلی	عقد بیع

عضو مؤثر، ۴۱۳	۵۶۲، ۶۹۲، ۷۰۷
عضو مؤسس، ۳۱۳	عرضهٔ کلی، ۴۰، ۹۱
عضو مؤسسهٔ مدیران صنعتی، ۴۱	عرضهٔ واقعی، ۳۰
عضو مؤسسهٔ مدیران و مسؤولان رسمی، ۴۱	عرضه و تقاضا، ۷۶، ۲۲۵، ۵۰۳، ۶۹۲
عضو موقت، ۴۹۳	عرضهٔ ویژه، ۶۶۵
عضو وابسته، ۳۸	عرضه یا ارائه کردن، ۶۸۷
عضو هیأت امنا، ۶۰۶، ۷۲۷	عرف بین‌المللی، ۳۸۹
عضو هیأت حاکمه، ۶۰۶	عرف تجارت محلی، ۴۴۰
عضو هیأت مدیره، ۶۰۶	عرف تجاری، ۷۱۹
عضویت اجباری اتحادیه، ۱۴۹	عرف و رویهٔ تجاری، ۱۵۶
عضویت اجباری پس از استخدام در اتحادیه، ۱۴۹، ۵۵۷	عزت نفس، ۶۴۵
عضویت اجباری پیش از استخدام، ۱۴۹	عزل شده، ۲۴۰
عضویت اجباری در اتحادیه، ۱۴۹	عزل کردن، ۲۲۸، ۲۳۲، ۲۳۹، ۲۴۰، ۲۶۰، ۶۱۲
عضویت اجباری قبل از استخدام (در اتحادیه)، ۱۴۹، ۵۶۰	عضو اتحادیه شدن، ۴۲۳
عضویت دایم، ۲۲۱	عضو اتحادیهٔ کارگری، ۷۳۷
عضویت دایمی، ۵۴۲	عضو اتحادیه‌های کارگری، ۷۱۹
عضویت در بورس، ۶۴۱	عضو افتخاری، ۳۴۳، ۴۶۷
عضویت رسمی، ۲۲۱	عضو انتصابی، ۴۶۷
عطف به ماسبق، ۶۲۳	عضو انجمن بازاریابی، ۵۸
عطف به ماسبق کردن، ۴۹، ۶۸، ۴۹۸	عضو انجمن حسابداران بین‌المللی، ۳۸۹
عفو کردن، ۶۱۱	عضو انجمن مدیران صنعتی، ۵۸
عقب افتادگی نوار شاخص معاملات (دربورس)، ۴۲۱	عضو ثابت، ۱۱۶، ۶۰۸
عقب ماندگی فرهنگی، ۲۰۳	عضو شدن، ۴۰۷
عقد اجاره، ۱۸۲، ۴۴۰	عضو شرکت، ۱۹۱
عقد احسانی، ۸۳	عضو علی‌البدل، ۴۴، ۲۶۱، ۴۶۷، ۴۹۳، ۶۸۹، ۶۹۴
عقد باطل، ۱۸۲، ۱۸۴، ۳۹۴، ۷۵۲	عضو غیر دایم / موقت، ۴۶۷، ۴۹۳
عقد به صورت رهن، ۹۹	عضو فعال اتحادیهٔ کارگری، ۷۱۹
عقد بیع، ۱۸۳	عضو کلیدی، ۴۱۳
	عضو کمیسیون، ۱۵۷
	عضوگیری کردن، ۲۶۸

عدم پذیرش ۱۸۳ عرضه کردن

۵۴۰
عدم پذیرش، ۲۲۶، ۶۰۹، ۶۱۶
عدم پرداخت، ۱۹۶، ۲۱۸، ۴۲۰، ۴۴۳، ۴۹۱، ۴۹۳، ۴۹۴، ۶۳۷، ۶۸۱، ۷۶۲
عدم پرداخت حق بیمه، ۴۲۰
عدم پرداخت دین در سررسید، ۲۱۸
عدم پرداخت مالیات کافی، ۷۰۳
عدم تأیید، ۲۳۷
عدم تحویل کالای در حال حمل توسط فروشنده در صورت عدم توانایی خریدار به پرداخت بهای کالا، ۶۸۱
عدم تخلف در انجام تعهدات، ۵۸۵
عدم تصویب، ۲۳۷، ۳۵۳
عدم تطابق، ۶۱۶
عدم تعادل بنیادی، ۳۱۹
عدم تعقیب، ۱۵
عدم تکافوی پرداخت دین، ۳۷۵
عدم تکافوی ملک برای پرداخت دیون، ۳۷۵
عدم توافق، ۳۳، ۲۲۵، ۲۳۷، ۲۳۸، ۲۳۹، ۳۵۷، ۳۵۸، ۳۷۱
عدم توافق طرفین دعوا در انتخاب داور، ۳۳
عدم توافق و ناسازگاری بین کارکنان در مورد خط‌مشی‌ها، برنامه‌ها و عملیات سازمانی، ۳۹۲
عدم توانایی در انجام تعهدات، ۲۳۶
عدم حساسیت قیمت، ۵۶۵
عدم حضور، ۱۷، ۱۸، ۴۹۱
عدم رعایت شرایط و قوانین، ۴۷۳
عدم رعایت شروط (مقید نبودن به شرایط)، ۴۹۳
عدم رعایت قانون، ۷۲۳
عدم سازماندهی، ۲۴۰
عدم سوء سابقه، ۱۴۶
عدم صلاحیت، ۷۵۶
عدم صلاحیت مراجعه به مراجع قانونی، ۲۴۱
عدم عضویت در اتحادیه، ۳۹۸، ۴۹۴
عدم قبولی، ۲۱، ۲۱۸، ۳۵۹، ۴۹۱، ۶۰۶
عدم کفایت، ۳۵۴
عدم مداخله، ۳۳۷
عدم مسؤولیت، ۳۹۹، ۴۹۲، ۴۹۳
عدم موازنهٔ بازرگانی، ۷۱۸
عدم موجودی، ۴۹۰، ۶۸۰
عدم وجود عینیت در امری، ۳۹۴
عدول کردن، ۱۶۶، ۲۳۰
عذر غیر موجه، ۳۵۱
عذر موجه، ۱۸، ۲۸۳
عرضحال خسارت دادن، ۶۹۰
عرضحال دادن، ۱۰۵، ۳۰۲، ۵۴۵
عرضهٔ اضافی، ۲۸۱
عرضهٔ انعطاف ناپذیر و غیر حساس، ۳۶۷
عرضهٔ اولیه و اصلی، ۵۶۶
عرضه بیش از تقاضا، ۳۲۷
عرضهٔ چند کالا به مشتری، ۴۰۹
عرضهٔ خصوصی سهام، ۵۶۸
عرضهٔ عمده، ۹۱
عرضهٔ عمومی سهام، ۵۸۳
عرضهٔ کالا، ۴۶۸
عرضهٔ کالا در فضای باز / معابر، ۴۰۰
عرضهٔ کالاها و خدمات از درون یک سازمان، ۳۶۷
عرضه کردن، ۱۲۵، ۲۸۶، ۳۹۴،

ع غ

ع

عاجز از پرداخت دیون، ۳۷۵
عاشق کار، ۷۶۳
عالی‌ترین مقام مدیریت شرکت، ۱۳۵
عامل آشنایی، ۲۶
عامل اتحادیه، ۵۱۹
عامل اطمینان، ۶۳۳
عاملان تولید، ۳۹
عامل ایجاد تغییر، ۱۳۶
عامل بازدارنده در تشکیل سرمایه، ۴۲۳
عامل پیشرفت یا بهبود سالانه، ۴۸
عامل تورم، ۳۶۸
عامل تولید یا فروش، ۴۶۸
عامل خرید، ۵۸۵
عامل خرید و فروش اوراق بهادار و ارز، ۵۳
عامل سلامت / بهداشت کار، ۴۴۸
عامل فروش، ۲۹۶، ۶۴۶
عامل کار در تولید، ۴۱۷
عامل کیفی، ۵۸۹
عامل یا نمایندهٔ وصول، ۱۵۳
عاملیت فروش، ۲۹۶
عایدات شرکت سهامی، ۱۹۱
عایدی اکتسابی، ۵۴۳
عبارات نهایی سند یا قرارداد، ۷۰۹
عبور کالا یا شخص از محلی به محل دیگر، ۷۲۴
عدالت مستقیم و موزون، ۷۴۸
عدم اجرا، ۲۸۶، ۴۲۷، ۴۹۲
عدم اجرای تعهد یک طرف قرارداد، ۱۰۳
عدم اجرای قرارداد، ۴۹۳
عدم اجرای مقررات، ۲۹۷
عدم اطمینان شغلی، ۷۰۲
عدم اعتبار، ۳۹۴
عدم اعسار، ۶۶۲
عدم امکان اجرای قرارداد / ایفای تعهد، ۳۱۷، ۳۵۲
عدم امکان انکار پس از اقرار، ۲۷۶
عدم انجام وظیفه، ۱۰۳، ۲۲۳
عدم انعطاف قیمت، ۵۶۵
عدم ایفا یا نقض شرط (مندرج در قرارداد)، ۱۰۳
عدم ایفای تعهد، ۴۹، ۲۱۸، ۲۲۳، ۲۹۷،

ظ

ظاهر آرایی، ۵۵۵
ظرفیت استقراض، ۴۳۸
ظرفیت اضافه / اضافی، ۱۱۹، ۲۸۰
ظرفیت درآمد زا، ۵۳۴
ظرفیت ذخیره سازی، ۱۲۰، ۶۸۱
ظرفیت عملی، ۱۲۰، ۵۵۸
ظرفیت فعال، ۱۱۹، ۵۱۰
ظرفیت کامل، ۱۱۹
ظرفیت مطلوب، ۱۱۹، ۱۲۰، ۳۴۸، ۵۱۲
ظرفیت واقعی، ۱۲۰، ۵۵۸
ظهر نویسی، ۲۶۷
ظهرنویسی برات و سفته، ۶۵، ۴۹۵
ظهرنویسی بعد از انقضای موعد، ۲۶۶
ظهرنویسی توکیلی، ۲۶۷

ظهرنویسی سفته، ۲۶۷
ظهرنویسی سفید (امضای تنها)، ۲۶۶، ۲۶۷
ظهرنویسی شده، ۲۶۶
ظهرنویسی شرافتی، ۲۱
ظهرنویسی غیر معمول (غیر قانونی)، ۳۹۹
ظهرنویسی کامل، ۲۶۷
ظهرنویسی کردن، ۶۸، ۱۹۶، ۲۴۴، ۲۶۶، ۳۶۳
ظهرنویسی کردن (برات)، ۶۸
ظهرنویسی محدود، ۶۲۱
ظهرنویسی مشروط، ۱۷۰، ۵۸۸، ۶۲۱
ظهرنویسی ویژه، ۶۶۴

طرح هفت ماده‌ای، 651	530،481
طرفدار اتحادیه، 737	طرفین قرارداد، 530
طرفدار اتحادیه‌های کارگری، 719	طرفین متعاهدین، 530
طرفدار اصالت پول، 475	طرفین معامله، 183
طرفدار خصوصی کردن صنایع، 569	طعمه و تغییر، 71
طرفدار دموکراسی، 225	طفره رفتن، 261، 277، 317
طرفدار مردم سالاری، 226	طلب در اولویت، 568
طرفدار نظام سرمایه داری، 122	طلب سوخته شده، 70
طرفداری کردن، 328	طلب غیر قابل وصول، 70، 398
طرف ذینفع، 167	طلبکار بدون وثیقه (در دعوای ورشکستگی)، 515، 740
طرف صوری معامله یا سند (در انتقال اسناد مالکیت)، 683	طلبکار عادی در دعوای ورشکستگی، 323
طرف عقد، 678	طلبکار ممتاز، 540، 560
طرف قرارداد، 678	طلبکار مؤخر، 219
طرف متخلف، 218، 503	طلبکار وثیقه‌دار، 200، 642
طرف معامله، 719، 725	طلبکاری که رهینه در دست دارد، 200
طرف مکاتبه، 192	طلب مسجل، 436
طرفهای داوری، 54	طوفان اندیشه، 101
طرفین ذینفع، 530	طول خدمت، 427
طرفین عقد یا قرارداد، 530	طول مدت برنامه، 714
طرفین قرارداد، 136، 182، 183،	

طرحهای مالکیت کارگران

طرح تفصیلی، ۹۲
طرح تکه‌کاری مستقیم، ۶۸۲
طرح توسعه، ۲۳۳، ۵۴۹
طرح توسعهٔ بلند مدت، ۴۴۲
طرح توسعهٔ پنج ساله، ۳۰۶
طرح توسعهٔ سازمان ملل، ۷۳۵
طرح توسعهٔ میان مدت، ۴۶۶
طرح جانشینی، ۶۸۹
طرح جایگزین، ۴۴
طرح حساب شده، ۷۱۲
طرح دادن، ۴۴۹، ۶۸۷
طرح دراز مدت، ۵۴۹
طرح درس، ۶۹۵
طرح دستمزد تشویقی، ۲۳۳
طرح دستمزد تشویقی که کارگر و کارفرما را در پاداش مربوط به اضافه تولید سهیم می‌کند، ۳۳۶
طرح دورهٔ آموزشی، ۷۲۲
طرح دولتی از کار افتادگی، ۶۷۳
طرح دیمر، ۲۳۳
طرح راکر، ۶۳۱
طرح راهبردی، ۶۸۲
طرح ریزی عملیات، ۵۵۰
طرح ریزی کاربردی، ۶۸۲
طرح ریزی کردن، ۲۳۱
طرح ریزی کسب و کار، ۱۱۳
طرح ریزی یکپارچه، ۳۸۲
طرح زمانی چند جانبه، ۴۸۰
طرح سازمان، ۵۱۷
طرح ساعت معیار، ۶۷۱
طرح سنجیده و دقیق، ۷۵۹
طرح سود، ۵۷۵

طرح سهم تولید راکر، ۶۳۱
طرح شغل، ۴۰۴، ۷۰۲
طرح ضربتی، ۱۹۸
طرح عملی، ۳۰۰
طرح عملیاتی، ۵۱۱
طرح فرصتهای آموزش شغلی، ۷۲۱
طرح فرصتهای آموزشی، ۷۱۶
طرح قطعه کاری، ۷۸
طرح کارآموزی جوانان، ۷۷۰
طرح کاملاً حساب شده، ۷۵۹
طرح کاهش هزینه، ۱۹۵
طرح کردن ادعای متقابل، ۲۱۸
طرح کردن دعوا، ۱۰۵، ۱۲۶، ۱۵۵، ۱۸۷، ۳۰۲، ۳۷۷، ۳۷۸، ۴۳۷
طرح مزایا بر اساس افزایش فرضی بهای سهام در آینده، ۵۴۶
طرح مزایای پاداشی، ۵۶۱
طرح مزایای مختلط، ۴۷۴
طرح مقدماتی، ۲۴۸
طرح نرخ کارمزدی تفاضلی تیلور، ۷۰۵
طرحها / برنامه‌های سهیم شدن کارکنان در مالکیت سازمان، ۲۶۴، ۲۷۴
طرحهای آموزشی، ۷۲۱
طرحهای پاداش، ۹۷
طرحهای پاداش تشویقی، ۳۵۵
طرحهای حاضر و آماده، ۵۵۱
طرحهای دایمی، ۶۷۲
طرحهای سهیم شدن کارگران در سود (کارخانه‌ها)، ۵۷۵
طرحهای شکست خورده، ۵۵۱
طرحهای مالکیت کارگران (در کارخانه‌ها)، ۲۶۳

طبقهٔ متوسط، ۱۰۱
طبقهٔ مزد بگیر، ۹۱
طبقه‌ها و رده‌های سلسله مراتب سازمانی، ۴۲۹
طراح سیستم، ۶۹۷
طراح و برنامه‌ریز آموزشی، ۳۷۹
طراحی بخشی، ۸۸
طراحی بسته‌بندی، ۵۲۶
طراحی سازمان، ۱۴۵، ۵۱۷
طراحی شغل، ۴۰۴
طراحی عملیات / فرآیند، ۵۷۱
طرح آزمایشی، ۵۴۸، ۵۵۱، ۷۰۷
طرح آموزش گروهی، ۳۳۴
طرح آموزشی، ۷۲۱
طرح آیین نامه، ۲۴۸
طرح استراتژیک، ۶۸۲
طرح اصلاح شغل، ۴۰۵
طرح اضطراری، ۱۸۰، ۲۶۲، ۵۴۹
طرح افزایش پرداخت تشویقی، ۷۱۴
طرح افزایش پرداخت زمان صرفه‌جویی‌شده، ۷۱۴
طرح انگیزش لینکلن، ۴۳۴
طرح بازدهی برنامه، ۵۳۶
طرح بازنشستگی، ۱۸۵، ۳۰۷، ۴۰۶، ۵۰۲، ۵۳۸
طرح بازنشستگی با نرخ مسطح، ۳۰۷
طرح بازنشستگی بر اساس مزایا، ۸۳
طرح بازنشستگی زودرس، ۴۰۶
طرح بازنشستگی غیر حصه‌ای، ۴۹۱
طرح بازنشستگی کار، ۷۶۵
طرح بازنشستگی مدیران ارشد، ۷۱۶
طرح بازنشستگی مشارکتی، ۱۸۵

طرح / برنامهٔ اقتضایی، ۱۸۰
طرح / برنامهٔ دراز مدت، ۴۴۲
طرح / برنامهٔ سرمایه‌گذاری، ۳۹۶
طرح بهبود شغل، ۴۰۵
طرح بیمهٔ جهانی، ۷۶۶
طرح بیمهٔ مادام‌العمر، ۶۸۱
طرح پاداش اسکانلون، ۶۳۸
طرح پاداش بر اساس تولید کل، ۶۵۲
طرح پاداش برای پیشنهادهای کارکنان، ۶۹۰
طرح پاداش کاهنده، ۲۱۴
طرح پرداخت تشویقی افزایشی، ۲۰
طرح پرداخت تشویقی چند عاملی، ۴۷۹
طرح پرداخت حقوق بازنشستگی با نرخ یکسان، ۳۰۷
طرح پرداخت حقوق بر مبنای عملکرد کارکنان، ۳۵۵
طرح پرداخت خسارت به ملک رهنی، ۴۴۳
طرح پرداخت ساعتی، ۳۴۴
طرح پرداختها، ۵۳۶
طرح پرداختهای نقدی، ۱۲۸
طرح پیشنهادها، ۶۹۰
طرح پیشنهادی، ۵۷۹
طرح تحقیق مقایسه‌ای، ۴۲۱
طرح تحقیقی مربع، ۴۲۱
طرح تشویقی، ۷۸، ۳۵۵
طرح تشویقی بیگلو، ۸۵
طرح تشویقی دستمزد، ۷۵۵
طرح تضمین وام، ۴۳۹
طرح تطبیقی / انطباقی، ۳۰
طرح تعویق پرداخت، ۴۲۱

ط

طالب پست و مقام، ۵۶
طبق اظهارات، ۷۰۹
طبق شرایط قرارداد، ۷۰۹، ۷۳۴
طبق قانون، ۶۷۵، ۶۷۶، ۷۳۴
طبق قرارداد عمل کردن، ۱۶، ۱۶۵، ۷۲۵
طبق مقررات، ۲۲، ۶۰۸، ۶۳۲، ۷۳۴
طبق نص قانون، ۶۸۳
طــبقه‌بندی، ۹۴، ۱۰۵، ۱۳۱، ۱۳۲، ۱۴۵،۱۴۶، ۱۵۴، ۳۴۵، ۵۰۲، ۵۴۷، ۵۹۳، ۵۹۹
طبقه‌بندی اپیتس، ۵۱۱
طبقه‌بندی ارزش کاربری، ۷۴۲
طبقه‌بندی اسناد، ۱۴۵، ۳۶۱
طبقه‌بندی اسناد بر حسب تاریخ، ۲۰۸
طبقه‌بندی اقلام بر مبنای ارزش آنها، ۷۴۲
طبقه‌بندی بر حسب نام، ۴۸۲
طبقه‌بندی بریش، ۱۰۵
طبقه‌بندی بودجه، ۱۴۵
طبقه‌بندی پیتلر، ۵۴۸
طبقه‌بندی تاریخی اسناد، ۱۴۲

طبقه‌بندی حرفه‌ای، ۵۰۲
طبقه‌بندی حرفه‌ای / شغلی، ۱۴۵
طبقه‌بندی شده، ۱۴۵، ۱۴۶، ۲۱۶، ۳۳۰
طبقه‌بندی شغل، ۴۰۵
طبقه‌بندی شغلی، ۵۵۵
طبقه‌بندی صنعتی، ۱۴۵، ۳۶۴
طبقه‌بندی صنعتی استاندارد، ۶۷۱
طبقه‌بندی فعالیتها، ۲۹
طبقه‌بندی کارمندان، ۲۶۳
طبقه‌بندی کردن، ۱۳۰، ۱۴۶، ۳۳۰
طبقه‌بندی کلی مشاغل، ۷۶۰
طبقه‌بندی مشاغل، ۱۴۵، ۳۱۸، ۴۰۴
طبقه‌بندی مشاغل و راهنمای عناوین شغلی (کودات)، ۱۴۵
طبقهٔ جنسهای ارزان، ۷۵
طبقهٔ حقوق بگیر، ۶۳۴
طبقهٔ غیر مولد (طبقهٔ مصرف کننده)، ۴۹۳
طبقهٔ فقیر، ۷۳۳
طبقهٔ کارگر، ۹۱، ۱۴۶، ۱۵۰، ۴۱۶
طبقهٔ کارمند، ۵۰۴، ۷۶۰

ضریب شتاب، ۲۰، ۱۵۱
ضریب عاطفی مدیر، ۲۸۴
ضریب / عامل مشترک، ۱۵۱
ضریب کارآیی نسبی سازمان، ۱۵۲
ضریب مدیریت، ۱۱۳
ضریب هزینهٔ نسبی تولید، ۱۵۲
ضریب همبستگی، ۱۵۲، ۱۹۲
ضریب هوشی، ۲۶۳، ۳۸۲، ۳۹۸
ضریب هوشی در رهبری، ۳۸۲
ضمانت اجرای تشویقی، ۶۳۶
ضمانت اجرای حقوقی، ۶۳۶
ضمانت اجرای قانون، ۴۲۶
ضمانت اجرایی، ۲۸۴، ۳۵۰
ضمانت استهلاک زودرس، ۴۷۷
ضمانت انتفاع کامل، ۷۵۸
ضمانت ایفا / اجرای تعهد، ۵۴۰
ضمانت بازپرداخت، ۶۱۴
ضمانت پرداخت دین مدیون توسط شخص ثالث، ۵۶۹
ضمانت تضامنی، ۴۰۸
ضمانت حسن انجام کار، ۳۳۵، ۵۴۰، ۷۵۴
ضمانت خلاف قاعده، ۷۰
ضمانت دادن، ۳۲۷
ضمانت شخصی، ۵۴۴، ۶۴۳
ضمانت صریح، ۷۵۸
ضمانت ضمنی، ۷۵۸
ضمانت طبق درخواست، ۵۰۷
ضمانت قرارداد، ۱۸۲
ضمانت کردن، ۲۷، ۷۰، ۲۶۸، ۳۳۴، ۳۸۱، ۶۶۷
ضمانت کسی را کردن، ۶۷۱، ۶۷۲، ۷۵۳

ضمانت گیرنده، ۷۵۷
ضمانت متقابل، ۴۸۱
ضمانت مشترک، ۱۹۵
ضمانت مشروط، ۶۷۸
ضمانت مناسب، ۳۲۸
ضمانت نامه، ۸۶، ۹۴، ۱۳۰، ۱۹۶، ۳۶۰، ۴۲۸
ضمانت نامهٔ اعتبار، ۶۷۱
ضمانت نامهٔ انجام تعهدات، ۹۶
ضمانت نامه با مسؤولیت مشترک، ۴۰۸
ضمانت نامهٔ بانکی، ۷۳
ضمانت نامهٔ حسن انجام کار، ۳۲۸، ۵۳۹
ضمانت نامهٔ شرکت در مزایده یا مناقصه، ۷۰۷
ضمانت نامهٔ شرکت در مناقصه یا مزایده، ۸۴
ضمانت نامهٔ شرکت در مناقصه یا مزایده، ۷۰۷
ضمانت نکردن، ۷۴۱
ضمان حال، ۶۵۵
ضمان عقدی، ۱۸۳، ۱۸۴، ۴۳۰
ضمان قهری، ۶۴، ۵۰۰
ضمان مؤجل، ۲۲۲
ضمیمهٔ این نامه (یا ورقه یا پیمان یا سند)، ۳۳۹
ضمیمه شده، ۲۶۵
ضمیمه کردن، ۳۸، ۴۷، ۵۰، ۶۰، ۲۶۵، ۳۵۸، ۳۷۴، ۶۹۲، ۶۹۹
ضوابط اخلاقی، ۵۶۷
ضوابط شغلی، ۲۶۳
ضوابط و شرایط، ۷۰۸

ض

ضابطهٔ بیز، ۷۹
ضامن، ۷۰، ۷۱، ۹۴، ۹۶، ۳۳۵، ۵۰۱، ۶۴۳، ۶۶۷، ۶۹۳، ۷۵۳، ۷۵۸
ضامن اوراق بهادار، ۷۳۴
ضامن برات، ۲۲
ضامن تضامنی، ۴۰۸
ضامن شدن، ۴۴۸
ضامن شدن برای کسی، ۶۷۲
ضامن کسی شدن، ۶۷۱، ۶۷۲
ضامن مشترک، ۱۹۵
ضامن معتبر، ۳۲۸
ضامن ورشکسته، ۷۵
ضایعات مالی، ۴۶۳
ضبط اموال، ۲۴۲
ضبط کردن، ۳۰۲، ۳۱۰
ضبط مال بی‌وارث، ۲۷۴
ضبط یا معدوم ساختن دارایی به علت محکومیت صاحب دارایی، ۳۹۷
ضد تراست، ۴۹
ضد دمپینگ، ۴۹، ۹۸
ضد رقابت مکارانه، ۴۹، ۹۸
ضرب الاجل تعیین کردن، ۳۳۱
ضرب‌الاجل عرفی یا قانونی برای پرداخت برات، سفته یاحق بیمه (بعد از سر رسید)، ۳۳۰
ضرب‌العجل را تمدید کردن، ۲۱۱
ضربهٔ آینده، ۳۲۰
ضرر زدن، ۶۳۱
ضرر / زیان / خسارت غیر قابل جبران، ۳۹۹
ضرر کردن، ۴۴۳
ضرر مسلم، ۲۰۸
ضرر و زیان غیر مستقیم، ۶۱۱
ضرر هنگفت، ۹۱
ضرر یا زیان، ۶۰۳
ضریب اضافه کاری، ۵۲۴
ضریب افزایش، ۴۸۰
ضریب افزایش جمعیت، ۵۹۳
ضریب تشخیص / تعیین، ۱۵۲
ضریب تقویت. ۶۰۹
ضریب رشد سالانه، ۴۸
ضریب سرمایه گذاری، ۱۲۲

ض
ط

صورت حساب وجوه نقد، ۳۲۰، ۶۷۳
صورت حسابهای مالی یک مؤسسه، ۹۷
صورت حسابی که قبلاً پرداخت شده، ۲۵
صورت درآمد، ۳۵۷
صورت درآمد و هزینه، ۳۵۶، ۶۷۳
صورت سود و زیان، ۱۷، ۳۵۶
صورت ضبط اموال، ۵۲
صورت عملکرد، ۵۱۲
صورت / فهرست جزئیات، ۸۶
صورت / فهرست کالاهای دریافتی، ۳۲۹
صورت قانونی دادن، ۲۸۳
صورت کارها، ۵۷۷
صورت کالاهای معاف از حقوق گمرکی، ۴۳۷
صورت کالا همراه قیمت پیشنهادی، ۵۷۶
صورت کالای ارسالی، ۴۵
صورت کالای صادره با مهر و امضای کنسولگری کشور مقصد، ۱۷۷
صورت محموله، ۱۲۴، ۴۵۶، ۶۵۳، ۷۰۰
صورت مطالبات و دیون و اموال تاجر ورشکسته، ۶۷۳
صورت مواد، ۸۶
صورت وضعیت، ۲۳، ۲۴، ۷۱، ۳۲۰، ۵۵۶، ۶۷۳
صورت وضعیت مالی، ۶۷۳
صورت وضعیت مالی (شامل ترازنامه وحساب سود و زیان)، ۳۰۴
صورت وضعیت و دارایی، ۶۷۳

صندوق تضمین بیمه‌ای، ۳۸۰
صندوق تعاون، ۴۱
صندوق تولیت، ۷۲۷
صندوق حساب کل، ۱۷۶
صندوق خاص، ۶۶۵
صندوق درآمد، ۳۵۶
صندوق رفاه، ۷۵۹
صندوق قرض‌الحسنه، ۳۸۴، ۴۳۹
صندوق مدیریت سپرده‌ها، ۲۲۹، ۳۲۰
صندوق مستمری، ۴۸، ۳۲۰
صندوق مشترک، ۱۷۶، ۷۳۹
صندوق نقدی، ۵۴۵
صندوق وامهای ملی، ۴۸۴
صنعت آماده سازی، ۵۷۱
صنعت اساسی، ۲۷۴، ۳۶۶، ۴۱۳
صنعت با هزینه‌های فزاینده، ۳۵۸
صنعت پیشرو، ۳۶۶، ۶۹۱
صنعت تازه تأسیس، ۳۶۶
صنعت حمل و نقل، ۶۵۳، ۷۲۴
صنعت داخلی، ۳۶۶
صنعت در حل رکود، ۶۹۱
صنعت رو به زوال، ۳۶۶، ۶۹۱
صنعت عمده، ۴۱۳
صنعت فصلی، ۳۶۶، ۶۴۱
صنعت قهرایی، ۶۹۱
صنعت کلیدی، ۴۱۳
صنعت کلیدی / مهم، ۳۶۶
صنعت ملی شده، ۳۶۶
صنعت نوبنیاد، ۳۶۷
صنعت و تولیدی که بیشتر بر نیروی کارانسانی متکی است تا تکنولوژی وتجهیزات، ۴۱۷

صورت اسامی، ۶۰۶
صورت انبار، ۶۸۱
صورت اوراق بهادار (متعلق به بانک، فرد و یا یک شرکت بازرگانی)، ۳۹۶
صورت بارگیری، ۶۸۱
صورت برداری از اموال ورشکسته توسط مدیر تصفیه، ۴۶۱
صورت برداری از موجودی انبار، ۵۴۶
صورت برداری از موجودی کالا، ۶۸۰
صورت برداری کردن، ۳۹۵، ۶۹۹
صورت جلسه، ۴۷۱، ۴۷۲، ۵۷۱، ۵۸۱
صورت جلسهٔ سخنرانیها، ۷۲۲
صورت جلسهٔ کنفرانس، ۴۷۲
صورت جلسهٔ کنفرانسهای علمی، ۷۲۲
صورت حساب، ۳۹۷، ۶۷۳، ۶۹۳
صورت حساب اصلاحی، ۴۵، ۶۷۳
صورت حساب اصلی، ۵۱۹
صورت حساب بانکی، ۶۷۳
صورت حساب پیش از موعد، ۳۵
صورت حساب پیوست، ۲۲
صورت حساب تعمیرگاه، ۶۱۳
صورت حساب درآمد، ۶۷۳
صورت حساب رسمی، ۵۰۵، ۶۷۳
صورت حساب سود و زیان، ۵۷۵، ۶۷۴
صورت حساب صادر کردن، ۳۹۷
صورت حساب قانونی، ۴۲۵
صورت حساب کلی، ۲۵
صورت حساب گردش نقدی، ۱۲۸
صورت حساب مالی، ۶۷۳
صورت حساب محموله، ۳۹۷
صورت حساب موقت، ۶۷۳
صورت حساب میان دوره‌ای، ۶۷۳

صدور گواهی انحصار وراثت، ۳۳۱
صدور مجدد، ۶۰۹
صدور مجدد کالاهای وارده، ۲۷۰
صدور / نشر گواهی سهم، ۶۴۰
صراحت قانون، ۶۸۵
صرافی رسمی، ۲۱
صرف‌نظر از ادعا، ۱۵
صرف‌نظر از حق، ۱۵
صرف‌نظر از یک ملک رهنی، ۱۵
صرف‌نظر کردن، ۱۵، ۱۶، ۲۸۲، ۳۲۷، ۳۳۱، ۶۰۶، ۶۱۱، ۶۱۳، ۶۲۰، ۶۹۴، ۷۵۵، ۷۶۲
صرف‌نظر کردن از دریافت حق بیمه، ۷۵۶
صرف‌نظر یا اعراض کردن (از حق)، ۶۱۲
صرفه‌جویی، ۶۲۳، ۶۳۱، ۶۳۷
صرفه جویی اجباری، ۴۵۶
صرفه جویی در اثر افزایش تولید، ۳۸۸
صرفه جویی در هزینه، ۱۹۵
صرفه جویی کردن، ۱۷۴، ۶۳۷
صرفه‌جویی ناشی از افزایش تولید، ۲۵۷
صرفه‌جویی ناشی از تنوع تولید، ۲۵۷
صرفه‌جویی‌های خارجی، ۲۹۲
صریحاً رد کردن، ۶۰۹
صف، ۴۳۴
صف اعتصابیون، ۵۴۷
صف انتظار، ۷۱۱، ۷۵۵
صفحه نمایش رایانه، ۷۴۷، ۷۵۱
صفحه نمایش رنگی، ۶۰۳
صف مطلق، ۵۸۶
صف و ستاد، ۴۳۴
صلاحیت اقامهٔ دعوا، ۱۲۰
صلاحیت انحصاری، ۶۶۱

صلاحیت / اهلیت اجرای تعهدات، ۱۲۰
صلاحیت دادگاه‌ها، ۱۶۳
صلاحیت قانونی، ۱۱۹
صلاحیت قرارداد بستن، ۱۲۰
صلاحیت قضایی قلمرو مذاکرهٔ جمعی، ۴۱۱
صلاحیت کسی را رد کردن، ۳۵۵
صلاحیت محدود، ۴۳۴
صلاحیت‌های بازرس، ۳۷۶
صلح‌نامه، ۱۸۸
صمیمانه تشکر کردن، ۲۹۰
صنایع استخراجی، ۲۹۳
صنایع انگلستان، ۱۰۵
صنایع با کار دشوار، ۶۹۵
صنایع تخصصی، ۶۶۴
صنایع داخلی، ۳۴۳
صنایع دولتی، ۶۷۴
صنایع سنگین، ۳۳۹
صنایع کامپیوتری / رایانه‌ای، ۱۶۷
صنایع ملی شده، ۴۸۴
صندوق احتیاط، ۵۸۱
صندوق احتیاطی بازنشستگی، ۲۸۰، ۳۲۰
صندوق امانی، ۷۲۷
صندوق بازنشستگی، ۳۲۰، ۵۳۸
صندوق بیمه، ۳۲۰
صندوق بیمه و منابع بیمه‌ای، ۳۸۰
صندوق بیمه‌های اجتماعی، ۶۶۰
صندوق بین‌المللی پول، ۳۴۹، ۳۹۰
صندوق پس‌انداز، ۶۳۸
صندوق پیشنهادها، ۶۹۰
صندوق تأمین بیکاری، ۷۳۵

ص

صاحب اسمی سهم، ۴۹۱
صاحب امتیاز، ۱۳۹، ۱۶۸، ۵۳۲
صاحب امضا، ۶۵۶
صاحبان اکثریت سهام، ۴۴۸
صاحبان سهام، ۶۵۲، ۶۷۰
صاحبان صنایع، ۲۰۰، ۳۶۶
صاحب اوراق قرضه، ۹۵، ۲۱۲
صاحب بنگاه رهنی، ۵۳۳
صاحب جواز، ۴۳۱، ۵۴۲
صاحب حق، ۴۳۲، ۵۲۴
صاحب حق اختراع، ۵۳۲
صاحب سهم، ۶۷۸
صاحب سهم مشترک، ۱۵۹
صاحب صنعت، ۳۶۵
صاحب کارخانه، ۸۸، ۲۱۲، ۴۵۷
صادرات بین کشورها، ۷۵۱
صادرات خالص کالاها و خدمات، ۴۸۷
صادرات غیر نفتی، ۴۹۳
صادرات مرئی، ۷۵۱
صادرات نامرئی، ۳۹۷
صادر کردن، ۵۸۷، ۶۱۲، ۶۴۷

صادر کنندهٔ برات، ۲۱، ۲۴۸
صادر کنندهٔ چک، ۲۴۸
صحت اطلاعات، ۱۵۹
صحت رأیی را مورد تردید قرار دادن، ۱۳۵
صحت سندی را تأیید کردن، ۶۲
صحت سندی را تصدیق کردن، ۶۸۸
صحت و اعتبار (سند یا چیزی)، ۶۳
صحت و سقم گزارشی را مشخص کردن، ۷۴۸
صحنه هراسی، ۶۶۹
صحه گذاردن، ۵۸۷
صدمه زدن، ۲۰۷، ۲۰۸
صدمه یا خسارتی که به کالا وارد می‌شود، ۲۰۷
صدمه یا زیان غیر قابل جبران، ۳۹۹
صدور آگهی عدم سوء پیشینه، ۴۰۱
صدور امر قانونی، ۳۲۷
صدور حواله یا برات، ۴۰۱
صدور سهام، ۱۱۷، ۱۲۲، ۱۲۳
صدور سهام اضافی (جایزه)، ۹۷

شیفت کوتاه، ۶۸۵
شیفت کوتاه مدت، ۶۵۵
شیفت گردشی، ۴۴
شیفت / نوبت کاری بعد از ظهر، ۶۵۳
شیفت / نوبت کاری چرخشی، ۶۵۳
شیفت / نوبت کاری شب، ۶۵۳
شیفت / نوبت کاری صبح، ۶۵۳
شیوهٔ آموزش از طریق همکاران، ۱۰۷
شیوهٔ ارزشی، ۷۴۵
شیوهٔ ارزیابی، ۲۷۸
شیوهٔ برخورد در سطح کلان، ۴۴۷
شیوهٔ تأمین نیروی انسانی، ۶۶۹
شیوهٔ تصمیم‌گیری در خصوص

تغییرات جزئی و تدریجی، ۳۵۹
شیوهٔ تعهد اجتماعی، ۶۶۰
شیوهٔ «تیری در تاریکی»، ۶۵۵
شیوهٔ رفتار، ۶۸۶
شیوه / روش سخنرانی، ۴۲۴
شیوه / روش سودآوری، ۵۷۵
شیوهٔ مدیریت فرهمندی، ۱۳۸
شیوهٔ مسیر بحرانی:، ۲۰۲
شیوهٔ موقعیتی، ۶۵۸
شیوه‌های تولید بهینه، ۵۱۲
شیوه‌های تولید مطلوب، ۵۱۳
شیوه‌های جدید برای مدیریت تعارض، ۴۸۹

شماره حساب، 25
شماره‌گذاری صنعتی، 364
شناخت خویش، 644
شناخت شخصیت خویش، 645
شناسایی الگو، 533
شناسایی راه‌کارها / راه‌حلها، 44
شناسایی ریشهٔ مشکلات، 232
شناسایی مسأله / مشکل، 570
شناسایی مشکل، 599
شناسایی مشکلات موجود، 348
شناسنامهٔ شرح شغل، 405
شناور کردن، 308
شوراهای پژوهشی / تحقیقاتی، 617
شورای آموزش بازرگانی، 80، 112
شورای اجرایی، 195
شورای اداری، 33، 195، 411
شورای اروپا، 196
شورای اقتصادی - اجتماعی (سازمان ملل)، 258
شورای برنامه‌ریزی، 196
شورای بهره‌وری انگلستان، 106
شورای بین‌المللی مدیریت علمی (درفرانسه)، 143
شورای پول و اعتبار، 204
شورای پول و اعتبار بانک مرکزی، 475
شورای پیشرفت بین‌المللی مدیریت (در آمریکا)، 195
شورای تنزیل، 21
شورای توسعه، 232
شورای توسعهٔ اقتصاد ملی، 483، 485
شورای حکمیت، 168
شورای دولتی، 411

شورای صنعتی مشترک، 408
شورای عالی اقتصاد، 256، 693
شورای عالی کار، 417
شورای فرمانداران / استانداران، 92
شورای قیمت، بهره‌وری و درآمدها، 196
شورای کار، 763
شورای کارخانه / کار، 196
شورای کار / کارگری، 195
شورای کارگران، 765
شورای مدیران، 92
شورای مدیریت مشاغل، 405
شورای مشترک صنعتی، 195، 408
شورای مشترک کارخانه، 410
شورای مشورتی، 37
شورای نظارت، 691
شورای وزیران، 196
شورای همکاریهای متقابل اقتصادی بلوک‌شرق، 154
شورای همکاریهای / همیاریهای متقابل اقتصادی، 154، 195
شهادت دادن، 61، 709
شهادت کارشناس خبره، 288
شهادت کذب، 541
شهادت / گواهی کارشناس دادگستری، 288
شهرک صنعتی، 365، 718
شیفت بعد از ظهر، 38، 69
شیفت چرخشی، 630، 695
شیفت در گردش، 630
شیفت دوگانه، 666
شیفت شب، 278، 331، 489، 712
شیفت صبح، 209، 248، 252، 476

شرکتی که مالک بیش از ۵۰ در صد سهام‌شرکت دیگری باشد، ۳۴۲
شروط و قیود متحدالشکل، ۹۳
شروع پر رونق، ۷۶۱
شریک اسمی، ۴۹۰، ۵۱۹
شریکان جرم، ۴۱۰
شریک با مسؤولیت محدود، ۴۳۴
شریک تجاری، ۷۱۹
شریک تضامنی، ۲۷، ۲۸، ۳۱۸، ۳۲۴،۵۱۵، ۵۳۰، ۷۶۴
شریک تطبیق کارمندان، ۳۰
شریک جزء، ۴۱۱
شریک در امضا، ۱۹۳
شریک در مسؤولیت، ۱۸۵
شریک در منافع، ۵۳۱
شریک شدن، ۴۰۷، ۴۰۸
شریک صوری، ۴۹۰
شریک ظاهری، ۵۱۹
شریک غیر فعال، ۲۴۶، ۵۳۱، ۶۵۶
شریک فعال، ۲۸، ۳۱۸، ۳۲۴، ۵۱۵، ۵۳۰، ۷۶۴
شریک متصرف، ۴۰۸
شریک ملک، ۴۰۹
شریک ورشکسته، ۷۵
شستشوی مغزی، ۱۰۱
شعبهٔ شرکت، ۱۰۱
شعبهٔ هر مؤسسهٔ اقتصادی و انتفاعی و تجاری، ۳۰۲
شعور عاطفی در رهبری، ۲۶۲
شغل آزاد، ۶۴۵
شغل اداری، ۷۶۰
شغل اصلی، ۲۶۵

شغل بدون مسؤولیت، ۶۵۷
شغل پرخطر، ۶۲۹
شغل پر مسؤولیت، ۶۲۱
شغل / پست مهم، ۵۷۷
شغل پیچیده، ۱۶۴
شغل تراشی، ۳۰۰
شغل تمام وقت، ۳۱۸
شغل ثابت، ۶۷۷
شغل حساس، ۴۵۶، ۵۵۶
شغل دایمی، ۱۲۴
شغل دوم، ۲۶۵، ۶۴۱
شغل مشارکتی، ۴۰۷
شغل موقت، ۴۴۹، ۷۰۶
شغل مهم، ۵۵۶
شغلی را به عهده گرفتن، ۳۰۳
شغلی را عهده‌دار شدن، ۳۰۳
شکاف برنامه‌ای، ۵۴۹
شکاف برنامه‌ریزی راهبردی، ۶۸۲
شکاف تورمی، ۳۶۸
شکاف عملیاتی، ۵۴۰
شکایت شغلی، ۳۳۲
شکایت کردن، ۳۰۲
شکست طرح، ۵۲۴
شکست کامل در دستیابی به توافق یا حل و فصل اختلاف، ۲۱۱
شکست مذاکرات، ۱۵۲
شک و تردید را برطرف کردن، ۶۱۹
شکوفایی اقتصادی، ۲۵۵
شمارش موجودی، ۳۹۵
شمارش و ثبت کردن آرا یا امتیازات، ۷۰۰
شمارهٔ ثبت شدهٔ گمرکی، ۲۰۶

شرکت عام، ۵۸۳
شرکت عامل، ۲۷
شرکت غیر انتفاعی، ۵۸، ۱۹۱، ۴۹۳
شرکت غیر تجاری، ۵۷۵
شرکت غیر رسمی، ۲۱۸
شرکت غیر سهامی، ۴۳۴، ۴۹۳، ۵۳۰، ۶۶۵، ۷۳۶
شرکت غیر عضو در بازار بورس، ۷۴۰
شرکت فراکشوری، ۷۲۴
شرکت فراملیتی / فراملی، ۷۱۵
شرکت فرعی، ۶۸۸
شرکت فرعی کاملاً تصاحب شده، ۷۶۱
شرکت قابل انحلال، ۱۵۲
شرکت قانونی، ۲۲۱، ۶۰۷
شرکت قلابی، ۱۰۷
شرکت قلابی یا صوری، ۲۵۰
شرکت قهری، ۱۶۶، ۵۳۰
شرکت کاذب، ۱۰۷
شرکت کردن، ۴۰۷
شرکت کشتیرانی، ۶۵۳
شرکت کشتیرانی جمهوری اسلامی ایران، ۴۰۰
شرکت کنترل کننده، ۱۸۶، ۳۴۲
شرکت کننده در مزایده یا مناقصه، ۸۴
شرکت گستردهٔ مردم، ۴۶۲
شرکت مادر / اصلی، ۱۶۱، ۱۸۶، ۵۲۸
شرکت مالی بین‌المللی، ۳۴۸، ۳۹۰
شرکت مجاز، ۶۴، ۱۳۹
شرکت محدود، ۱۴۸، ۱۴۹
شرکت مختلط، ۴۰۷، ۴۱۰، ۶۶۵
شرکت مختلط سهامی، ۴۰۹
شرکت مدنی، ۵۵، ۱۴۴، ۵۳۰، ۷۱۵

شرکت مذهبی، ۲۵۴
شرکت مرکب، ۱۷۳
شرکت (مرکب از چند نفر یا متعلق به چند نفر)، ۱۹۱
شرکت معتبر و سودآور، ۹۱
شرکت ملی پتروشیمی ایران، ۴۸۴
شرکت ملی صنایع مس ایران، ۴۸۳
شرکت ملی فولاد ایران، ۴۸۳، ۴۸۹
شرکت ملی گاز ایران، ۴۸۳، ۴۸۹
شرکت ملی نفت ایران، ۴۸۳، ۴۸۹
شرکت منحل شده، ۷۶۶
شرکت منحله، ۲۲۱
شرکت نامه، ۵۵، ۵۸، ۲۱۸
شرکت نسبی، ۵۳۱، ۵۷۹
شرکت نوسازی صنعتی، ۳۹۸
شرکت وابسته، ۳۸، ۴۲، ۵۸، ۱۶۱، ۱۷۶، ۶۰۹، ۶۸۸، ۷۳۳
شرکت ورشکسته، ۷۵، ۴۱۹
شرکتها / مؤسسات انتفاعی، ۱۱۲
شرکتهای بیمه، ۳۸۰
شرکتهای بیمهٔ تعاونی، ۳۸۰، ۴۸۱
شرکتهای دولتی، ۶۷۴
شرکتهای عظیم ژاپنی، ۴۱۳
شرکت یا تعداد افرادی که قانون آنها را به‌صورت «شخص حقوقی» می‌شناسد، ۴۱۲
شرکتی که اساسنامهٔ آن به تصویب قوهٔ مقننه رسیده باشد، ۶۷۶
شرکتی که اکثریت سهم آن (بیش از ۱۵٪) در مالکیت شرکت دیگری است، ۶۰۹
شرکتی که دو سوم عملکردش زیر نقطهٔ سر به سر است، ۳۴۷

۴۳۷

شرکت پس انداز و وام فدرال، ۳۰۰

شرکت تابع، ۴۲

شرکت تابعه، ۶۸۸

شرکت تأمین مالی، ۳۰۴

شرکت تجاری، ۱۱۲، ۷۲۰

شرکت تحت کنترل / نظارت، ۱۸۶

شرکت تخصصی، ۵۷۵

شرکت تضامنی، ۱۲۳، ۱۶۱، ۳۲۵، ۳۳۵، ۴۰۹، ۵۱۵، ۵۳۰، ۷۳۷، ۷۳۹

شرکت تضامنی محدود، ۳۳۴

شرکت تعاونی، ۱۸۹، ۴۸۱

شرکت تعاونی اعتبار، ۲۰۰

شرکت تعاونی تولید، ۵۷۲

شرکت تعاونی مصرف، ۱۶۱، ۱۷۹

شرکت ثبت شده، ۱۶۱، ۳۵۸، ۴۳۷، ۶۰۷

شرکت ثبت شده در بورس، ۵۹۱

شرکت ثبت نشده در بورس، ۷۴۰

شرکت چند ملیتی، ۱۹۱، ۳۸۹، ۴۷۴، ۴۸۰

شرکت حمل و نقل، ۱۲۵، ۱۶۱، ۱۸۸، ۳۱۳، ۳۱۶، ۳۳۸، ۶۵۳، ۷۲۴

شرکت حمل و نقل خصوصی، ۵۶۸

شرکت حمل و نقل عمومی، ۱۵۸

شرکت حمل و نقل هوایی، ۴۱

شرکت خارجی، ۴۲، ۳۱۰

شرکت خدمات عام‌المنفعه، ۵۸۴

شرکت خرید و فروش، ۱۷۶

شرکت خصوصی، ۱۴۹، ۱۶۱، ۱۹۱، ۵۶۸

شرکت داخلی، ۲۴۶

شرکت دارای اساسنامه و مجاز به فعالیت، ۱۳۹

شرکت دارندهٔ سهام، ۳۴۲

شرکت دایر، ۳۲۸

شرکت در حال گسترش، ۳۳۴

شرکت در حال ورشکستگی، ۱۵۲

شرکت در خرید، ۱۵۰

شرکت در زیان، ۶۵۲

شرکت در سود، ۶۵۲

شرکت دولتی، ۱۹۱، ۵۸۳، ۶۷۴

شرکت دولتی که به موجب قانون مجلس تأسیس شود، ۶۷۶

شرکت رسمی، ۲۲۱، ۶۵۳

شرکت سرمایه، ۱۲۱، ۱۴۹، ۳۴۲

شرکت سرمایه‌گذاری، ۱۶۱، ۳۲۴، ۳۴۲، ۳۹۶، ۴۸۱، ۴۸۳، ۷۳۹

شرکت سرمایه‌گذاری آزاد، ۳۲۴

شرکت سرمایه‌گذاری امانی، ۳۹۶

شرکت سهامی، ۱۶۱، ۱۹۱، ۵۳۰، ۶۶۰

شرکت سهامی با مسؤولیت محدود، ۱۶۱، ۴۳۴

شرکت سهامی تضامنی، ۴۰۹

شرکت سهامی خاص، ۵۶۸

شرکت سهامی رسمی، ۳۵۶، ۳۵۸

شرکت سهامی عام، ۱۶۱، ۴۰۹، ۵۸۳، ۶۷۹

شرکت سهامی عام با مسؤولیت محدود، ۵۵۱، ۵۸۳

شرکت سهامی غیر انتفاعی، ۲۶۱

شرکت شبه دولتی، ۵۹۰

شرکت صاحب امتیاز، ۱۳۹

شرکت صاحب سهم، ۱۶۱، ۳۴۲

شرکت صادرکنندهٔ کالا به خارج از کشور، ۲۹۰

شرط عدم رعایت برخی تعهدات   ۱۶۵   شرکت پذیرفته شده در بورس

شرط عدم رعایت برخی تعهدات، ۲۷۳	شرط یا تعهد تعمیر (در قرارداد اجاره)، ۶۱۳
شرط غرامت، ۵۳۷	شرط یا قید استثنا، ۲۸۲
شرط غیر قابل اعتراض، ۳۵۸	شرط یا قید استثناء، ۶۱۸
شرط فاسخ، ۲۴۲، ۶۱۹	شرط یا قید الزام‌آور، ۸۷
شرط فسخ، ۶۶، ۱۱۸، ۱۷۰	شرطی کردن عامل، ۵۰۹، ۵۱۰
شرط قانونی، ۱۹۸	شرکت اختیاری، ۵۲۹، ۷۵۲
شرط قرارداد، ۴۰	شرکت اصلی / مادر، ۱۶۱، ۵۲۸
شرط / قید تسریع در پرداخت، ۲۰	شرکت اعتبار بازرگانی، ۱۵۶
شرط کردن، ۶۷۸	شرکت اقماری، ۷۳۳
شرط کفالت، ۶۸۸	شرکت امانت‌پذیر، ۶۳۳
شرط لازم‌الاجرا، ۸۷	شرکت امانی، ۱۶۲، ۷۲۷
شرط / مادهٔ قانونی در قرارداد بیمه، ۳۸۱	شرکت انتفاعی، ۱۴۴
شرط مانع، ۷۷۱	شرکت انفرادی، ۱۹۱، ۶۶۱
شرط متأخر، ۱۷۰	شرکت بازرگانی، ۱۱۲، ۱۵۶
شرط متعارف در هر قرارداد، ۱۸۲	شرکت بازرگانی دولتی، ۶۷۴
شرط متقابل، ۴۸۱	شرکت بازسازی صنعتی، ۳۹۸
شرط متقدم، ۱۷۰	شرکت با سرمایهٔ ثابت، ۱۴۹
شرط محدود کردن مسؤولیت (در قرارداد)، ۱۴۶، ۴۳۴	شرکت با شبکهٔ ارتباطی گسترده، ۷۶۲
شرط مسبوق بر قرارداد / عقد، ۱۷۰، ۶۷۸	شرکت با مسؤولیت محدود، ۱۵۵، ۱۶۱، ۴۳۰، ۵۳۱
شرط مستقل، ۳۶۰	شرکت با مسؤولیت نامحدود، ۷۳۷، ۷۳۹
شرط معافیت، ۲۷۳، ۲۸۳، ۲۸۵	شرکت با مسؤولیتهای محدود، ۴۳۴
شرط ممنوعیت مذاکره، ۷۷۱	شرکت برون مرزی، ۵۲۳
شرط مندرج در سند، ۵۸۲	شرکت به ثبت رسیده، ۱۶۱، ۳۵۸، ۶۰۷
شرط مندرج در قرارداد، ۶۱۸	شرکت بیمه، ۵۹، ۱۶۱، ۳۸۰
شرط منع اعتصاب، ۴۹۵	شرکت بیمهٔ فدرال، ۳۸۰
شرط موافق با مقتضای ذات عقد، ۱۷۵	شرکت بیمهٔ محصولات فدرال، ۳۰۰
شرط نامشروع، ۳۴۸، ۳۴۹	شرکت بین‌المللی، ۳۸۹
شرط نیابت، ۶۸۸	شرکت بی‌نام (شرکتی که بنام هیچ یک از شرکا نباشد)، ۴۹، ۶۶۰
شرط وجه التزام (در قرارداد)، ۱۴۶، ۵۳۷	شرکت پذیرفته شده در بورس، ۱۶۱،
شرط و قید انصراف و ابطال، ۷۵۵	

شرایط تجاری، ۷۰۹
شرایط تحویل، ۲۲۴
شرایط تصدی مشاغل، ۴۰۶
شرایط حاکم بر قرارداد، ۵۸۱، ۷۰۹
شرایط سازمانی، ۵۱۶
شرایط ضمنی قانونی، ۷۰۹
شرایط ضمنی که قرارداد بر مبنای آن منعقد می‌شود، ۷۰۹
شرایط ضمنی موضوعی، ۷۰۹
شرایط فروش به اقساط، ۳۴۱
شرایط فیزیکی کار، ۵۴۶
شرایط قرارداد، ۱۰۳، ۱۸۳، ۳۱۸، ۷۰۹، ۷۰۸، ۷۲۳، ۷۲۵
شرایط قرارداد را نادیده گرفتن، ۱۰۳
شرایط کار، ۱۵۳، ۲۷۳، ۵۴۶، ۷۶۶
شرایط مبادله، ۷۰۹
شرایط متقدم، ۱۷۰
شرایط محیط کار، ۷۶۴
شرایط مداری، ۱۷۰
شرایط معامله یا قرارداد، ۶۸۵
شرایط منضمات، ۶۸۵
شرایط و تعهدات، ۷۰۹
شرایط و ضمانتها، ۶۱۷
شرح اختصاری نکات عمدهٔ معامله، ۵۲۰
شرح دورهٔ آموزشی، ۷۲۲
شرح شغل / شغلی، ۵۵۵
شرح شغل مدیریت، ۴۵۲
شرح قرارداد، ۵۶۱
شرح مقدماتی سند، ۵۶۱
شرح وظایف، ۴۰۴، ۴۰۷
شرح ویژگیهای شغل، ۴۰۷
شرط ابطال، ۱۱۸، ۱۴۶، ۲۱۹

شرط اجرای کار، ۱۶۹
شرط اختیاری، ۵۱۲
شرط ارجاع اختلافات به داوری در طول اعتبار قرارداد، ۳۲۰
شرط اساسی، ۶۵۷
شرط اساسی قرارداد، ۲۷۴
شرط استثنا، ۶۳۷، ۶۴۷، ۶۵۱
شرط افزایش بها، ۲۷۳
شرط افزایش دستمزد، ۲۷۳
شرط الزام‌آور در مورد تخلف، ۲۲۷
شرط الزامی، ۱۶۶
شرط الغایی قرار داد، ۶۱۹
شرط انتخاب قانون حاکم، ۱۴۲
شرط انتخاب مرجع رسیدگی خاصی در قرارداد برای حل اختلاف، ۶۳۱
شرط بسیط داوری، ۱۰۶
شرط تعدیل وام، ۴۳۹
شرط حق انتقال اعتبار با ظهرنویسی، ۵۱۴
شرط حکمیت، ۵۴، ۱۶۶
شرط خلاف قانون، ۳۴۸، ۳۴۹
شرط خلاف مقتضای عقد، ۱۸۴، ۶۱۶
شرط خیار، ۱۷۰، ۵۱۲
شرط داوری، ۵۴، ۱۴۶
شرط سلب مالکیت (در قرارداد)، ۲۸۲
شرط شمول، ۵۰۶
شرط صریح، ۲۹۰
شرط صلاحیت و شایستگی، ۱۷۰
شرط ضمانت کردن، ۶۷۸
شرط ضمن عقد، ۵۸۲
شرط ضمنی، ۳۵۱
شرط عدم پرداخت، ۴۹۱

شایستگی داشتن، ۱۷
شایستگی / صلاحیت لازم را برای کاری‌داشتن، ۵۰۲
شایستگی و لیاقت داشتن، ۴۶۹
شایعات بی‌اساس، ۳۴۸
شب کار دایم، ۵۴۲
شب کاری، ۳۳۱، ۴۸۹
شبکهٔ آبشاری، ۱۲۶
شبکهٔ اروپایی دستیابی مستقیم به اطلاعات، ۲۷۷
شبکهٔ اطلاعاتی، ۱۶۰
شبکهٔ انشعابی، ۱۰۱، ۱۲۶
شبکهٔ پرت، ۵۴۵
شبکهٔ پروژه، ۴۸۸
شبکهٔ پیکانهای فعالیت، ۲۹
شبکهٔ توزیع (کالا)، ۲۴۳، ۳۳۱
شبکهٔ خط توازن، ۴۳۵
شبکهٔ فعالیت، ۴۸۸
شبکهٔ فعالیتها، ۲۹
شبکهٔ فلوچارت، ۴۴۱
شبکهٔ گره‌های فعالیت، ۲۹
شبکهٔ گستردهٔ رایانه‌ای، ۷۵۶، ۷۶۱
شبکهٔ مدیریت، ۸۹، ۳۳۱، ۴۵۴
شبکهٔ نموداری، ۳۰۸، ۴۴۱
شبه ارزش، ۶۵۱
شبه پول، ۴۸۵
شبه قرارداد، ۵۹۰
شبه نقد، ۴۸۵
شبه وام، ۵۹۰
شبیه سازی محیط فروش، ۲۷۰
شخص پاسخگو، ۶۲۰
شخص ثالث، ۶۹۳، ۷۱۲

شخص حقوقی، ۱۹۰، ۳۰۱، ۴۱۱، ۴۲۵، ۴۲۶
شخص زیردست، ۶۸۷
شخص فاقد اهلیت، ۳۵۵، ۳۵۷
شخص مسؤول، ۶۲۰
شخص معتبر، ۲۰۰
شخص مقرراتی، ۶۰۴
شخص یا مؤسسهٔ به ظاهر آبرومندی که از آن برای پرده پوشی فعالیتهای نامشروع استفاده می‌شود، ۳۱۷
شخصیت بارز، ۵۰
شخصیت حقوقی، ۱۹۰، ۳۵۸، ۴۱۱، ۴۱۲، ۴۲۶، ۵۴۳، ۵۴۴
شخصیت حقوقی شرکت، ۱۹۰، ۱۹۱
شخصیت صوری، ۵۴۴
شخصیت فرضی، ۴۱۲، ۵۴۳
شخصیت فرضی حقوقی، ۴۱۲
شخصی را به پست یا سمَتی گماردن، ۵۱
شخصی که درآمدش از راه اخذ اجاره‌بها، سود سهام و غیره تأمین می‌شود، ۶۱۳
شخصی که مناسب شغل و مقامش نیست، ۶۶۸
شدت حادثه، ۲۲
شرایط ابطال یا الغا، ۲۱۹
شرایط احراز شغل، ۴۰۶
شرایط احراز (شغل و غیره)، ۵۸۸
شرایط احراز نهایی، ۷۰۸
شرایط اساسی قرارداد یا عقد، ۲۷۵
شرایط اساسی معامله، ۱۷۰
شرایط استخدام، ۷۰۸
شرایط استفاده از تکنولوژی، ۷۰۹

ش

شاخص اقتصادی، ۲۵۶
شاخص بازار، ۳۶۱
شاخص بررسی اوراق بهادار، ۶۷۹
شاخص تولید صنعتی، ۳۶۵
شاخص ثبات نیروی کار، ۴۱۷
شاخص دستمزد، ۷۵۵
شاخص زنجیره‌ای، ۳۶۱
شاخص سرپرستی، ۶۹۲
شاخص سنجش وضعیت بازار یا اقتصاد، ۷۶
شاخص سودآوری، ۳۶۱
شاخص سوددهی، ۵۷۵
شاخص عمومی قیمتهای خرده فروشی، ۳۲۴
شاخص فصلی، ۶۴۱
شاخص فقر، ۵۵۷
شاخص قیمت، ۱۷۹، ۲۴۷، ۳۶۱، ۵۲۶، ۵۶۵، ۶۲۲
شاخص قیمت پاشه، ۵۲۶
شاخص قیمت خرده فروشی، ۳۶۱، ۶۳۱
شاخص قیمت عمده فروشی، ۳۶۱، ۷۶۱

شاخص قیمت کالاهای مصرفی، ۱۷۹، ۳۶۱
شاخص قیمت مصرف کننده، ۳۶۱
شاخص قیمتها، ۳۶۱
شاخص قیمتهای عمده فروشی کالا، ۱۵۸
شاخص کلی، ۳۶۱
شاخص مجموعهٔ ارزها، ۷۹
شاخص مجموعهٔ کالاها، ۴۲
شاخص مقدم، ۴۲۳
شاخص میزان فعالیتهای اقتصادی، ۱۱۳
شاخص نیروی کار مورد نیاز، ۴۱۷
شاخصهای تأخیر، ۴۱۸
شاخصهای عملکرد بازرگانی، ۱۱۲
شاخصهای مدیریت، ۴۵۳
شاخصهای نیروی انسانی، ۴۵۶
شاخص هزینهٔ زندگی، ۱۹۴
شانس استخدامی مساوی، ۵۱۲
شانه خالی کردن، ۴۵۰
شاهد غایب، ۲۱۸
شایستگی، ۱۶، ۱۱۹، ۱۶۳، ۱۶۹، ۲۷۸، ۳۴۹، ۶۹۰، ۷۰۹، ۷۱۵

سیستم پولی دو فلزی موازی، ۵۲۸
سیستم پیوندی، ۶۹۷
سیستم تسویه حساب بین بانکی، ۱۴۸
سیستم تعرفهٔ مستقل، ۶۵
سیستم تعلق پذیری، ۲۵
سیستم تعهدی، ۲۵
سیستم تنخواه گردان، ۳۵۳
سیستم تنظیم کننده، ۶۰۸
سیستم توزیع، ۶۹۷
سیستم چند کاربره، ۴۸۱
سیستم چهار، ۶۹۷
سیستم حسابداری، ۲۵
سیستم حمایت از صنایع داخلی، ۵۸۰
سیستم حمل و نقل توسط پالت، ۵۲۷
سیستم دخالت دولت و عدم وجود آزادی در تجارت، ۳۹۲
سیستم دستمزد تشویقی، ۳۵۵
سیستم دو شیفتی، ۷۲۹
سیستم دو نوبتی، ۲۴۷
سیستم سفارش برای مصارف آتی، ۱۱۷
سیستم طبقه بندی صنعتی استاندارد، ۶۵۵
سیستم طرح ریزی، برنامه‌ریزی و بودجه‌بندی، ۵۵۰
سیستم فرعی، ۶۸۹
سیستم قطعه کاری، ۵۴۷
سیستم کار دو شیفتی، ۲۴۷
سیستم کار سه شیفتی، ۷۱۲
سیستم کارمزدی متغیر مریک، ۴۶۹
سیستم کنترل، ۱۸۶، ۴۷۶
سیستم کنترل دایره‌ای بسته، ۱۴۹
سیستم مالیات طبقه‌بندی شده، ۱۴۶
سیستم مبدأ ثابت، ۷۹

سیستم متمرکز، ۱۳۲
سیستم مداخلهٔ دولت در امور اقتصادی، ۳۹۲
سیستم مدیریت اطلاعات مالی، ۳۰۳
سیستم مستقل خزانه‌داری، ۳۶۰
سیستم مشارکت در سود، ۳۲۱
سیستم مطالعهٔ عوامل کار، ۷۶۳
سیستم معین، ۶۹
سیستم نظارت باز، ۵۰۹
سیستم نظارت / کنترل بسته، ۱۴۹
سیستم / نظام اداری، ۵۰۴
سیستم / نظام بودجه‌بندی، ۱۰۸
سیستم / نظام پرداخت تشویقی روان، ۶۳۱
سیستم / نظام پردازش سفارش، ۵۱۴
سیستم / نظام سهمیه‌بند، ۵۹۱
سیستمهای اطلاعات و گزارش برنامهٔ مدیریت، ۵۶۸
سیستمهای اطلاعاتی، ۳۷۰
سیستمهای الکترونیک زمان سنجی، ۲۶۱
سیستمهای پشتیبانی تصمیم‌گیری، ۲۱۶
سیستمهای رایانه‌ای در اطلاعات مدیریت و نظارت، ۱۹۳
سیستمهای زمان سنجی الکترونیک، ۲۶۱
سیستمهای کامپیوتری در مدیریت اطلاعات و نظارت، ۱۶۷
سیستمهای مدیریتی، ۴۵۳
سیستمهای هوشمند مبتنی بر دانش یا اطلاعات، ۳۴۸
سیستم هدایت کننده، ۴۵۵
سیستم هوشمند مبتنی بر دانش، ۳۸۳
سیمای سازمان، ۳۴۴

بازار، 315
سهیم کردن کارگران در سود، 575
سیاست اعمال قدرت، 85
سیاست اقتصاد آزاد، 553
سیاست اقتصادی، 304
سیاست بازرگانی، 156، 469، 553
سیاست پولی، 104، 132، 475، 553
سیاست تثبیت، 475، 553، 668
سیاست تحدید اعتبار، 201
سیاست تولید بدون عیب و نقص، 771
سیاست حمایت از بهای نهایی، 267
سیاست حمایت از تولیدات داخلی، 580
سیاست خطای صفر، 771
سیاست / خط مشی خود را عوض کردن،624
سیاست درآمدها، 357
سیاست دراز مدت، 442
سیاست درهای باز، 508
سیاست / روش تبلیغاتی، 578
سیاست شرکت، 305
سیاست فقیر کردن کشور همسایه، 81
سیاست قدرت، 558
سیاست قیمت گذاری، 553، 566
سیاست قیمت واحد، 553
سیاست قیمت واحد / ثابت، 507
سیاست مالی، 304، 306، 553
سیاست مالی برای تثبیت اقتصاد، 318
سیاست محدود کردن اعتبار، 201
سیاستهای اجرایی، 34
سیاستهای مالی تثبیت کنندهٔ خودکار یا درونی، 109
سیاستهای مالی ترمیمی، 163
سیاستهای محل کار، 765

سیاستی را اتخاذ کردن، 34
سیال سازی ذهن، 101
سیاههٔ اصلاح شده، 45
سیاهه برداری کردن، 395، 699
سیاههٔ سرمایه گذاری، 396
سیاهی لشکر برای اعتصابات، 309
سیتم اطلاعات رایانه‌ای، 167
سیتم انتزاعی، 19
سیستم اتکینسون، 60
سیستم اطلاعات مدیریت، 473
سیستم افتراقی قطعه کاری، 234
سیستم الکترونیکی انتقال وجوه، 261
سیستم انتقال وجه / وجوه الکترونیکی،261
سیستم اندازه‌گیری کار بر مبنای روش زمان سنجی، 462
سیستم ایمنی، 169
سیستم بازرسی، 319، 376
سیستم بازنشستگی بر مبنای میانگین حقوق، 66
سیستم بازنگری ادواری، 541
سیستم بدو، 81
سیستم بسته، 149
سیستم بودجه‌بندی، 558
سیستم پاداش هالسی، 336
سیستم پرداخت بارث، 77
سیستم پرداخت باز، 508
سیستم پرداخت بر مبنای بازده، 77
سیستم پرداخت دستمزد جنسی، 715
سیستم پرداخت مزد بر مبنای کار روزانه، 210
سیستم پردازش اطلاعات، 209
سیستم پشتیبان، 69

سهام قرضهٔ رهنی، ۴۷۷
سهام کوتاه‌مدت، ۶۵۴
سهام متأخر، ۶۵۲
سهام متزلزل، ۷۷۰
سهام مدت‌دار، ۷۰۹
سهام مشاع یا تفکیک شده، ۷۳۵
سهام مشروط، ۶۲۱
سهام ممتاز، ۶۸۰
سهام منتشر شده، ۴۰۱، ۶۷۹
سهام منتشره، ۴۰۱
سهام مؤخر، ۲۲۰
سهام مؤسسان، ۳۱۳
سهام نشر یافته، ۴۰۱
سهام واجد حق رأی، ۷۵۳
سهام ویژه، ۶۶۴
سهل‌انگاری، ۱۸، ۲۰۳، ۴۵۰
سهم‌الارث، ۶۵۲
سهم‌الشرکه، ۱۲۱، ۱۸۵
سهم‌الشرکهٔ غیر نقدی، ۱۸۵
سهم بازار، ۱۰۲، ۴۶۱
سهم باز خریدنی، ۶۰۲
سهم بدون ارزش اسمی، ۴۹۴
سهم بدون حق رأی، ۴۹۴
سهم بدون سود، ۷۶۸
سهم بدون مبلغ اسمی، ۴۹۴
سهم بی‌تاریخ، ۳۵۹
سهم بی‌نام، ۸۰
سهم تخفیف‌دار، ۹۶
سهم تضمینی، ۶۰۷
سهم ثبت شده، ۳۷۴، ۶۰۷
سهم خسارت عمومی / عام، ۳۲۳
سهم درآمد از فروش، ۴۵۸
سهم سرمایه، ۱۲۱

سهم سرمایه‌گذاری، ۷۳۸
سهم عادی ممتاز، ۵۶۱
سهم عینی، ۵۹۷
سهم غیر قابل بازخرید، ۳۹۹
سهم قابل بازخرید، ۶۰۲
سهم قابل تبدیل، ۱۸۸
سهم قابل فروش، ۴۵۹
سهم قرضه، ۲۱۲
سهم قرضهٔ درجهٔ دوم یا متأخر، ۴۱۱
سهم قرضهٔ غیر قابل بازخرید، ۳۹۹
سهم / قرضهٔ ممتاز، ۵۶۹
سهم کاملاً پرداخت شده، ۳۱۸
سهم مالک، ۵۲۴
سهم معتبر، ۴۵۹
سهم ممتاز، ۵۶۰، ۵۶۱، ۵۶۸، ۵۶۹
سهم ممتاز اندوخته، ۲۰۳
سهم ممتاز قابل بازخرید، ۶۰۲
سهم مورد قبول، ۵۶
سهم نقدی، ۶۵۲
سهم واقعی، ۵۹۷
سهم یک ساله، ۷۶۹
سهمی که پرداخت سود آن توسط سازمان دیگری (اغلب دولت) تضمین شده است، ۳۳۵
سهمیهٔ ارزی، ۲۸۱
سهمیه‌بندی را لغو کردن، ۴۳۳، ۵۹۱
سهمیه‌بندی قانونی، ۵۹۵
سهمیه‌بندی کردن، ۵۹۵
سهمیهٔ بودجه، ۱۰۹
سهمیهٔ تعیین کردن، ۳۵۲، ۵۹۱
سهمیهٔ فروش، ۵۹۱، ۶۳۵
سهمیهٔ واردات، ۳۵۲، ۵۹۱
سهولت ورود فروشندگان جدید به یک

سوء عمل، ۴۵۰
سوگند خوردن، ۷۰۹
سوگندنامه، ۳۸
سوء مدیریت، ۴۵۰، ۴۷۲
سوء مدیریت نشان دادن، ۴۷۲
سهام اقلیت، ۴۷۱
سهام اکثریت، ۴۴۸
سهام «ای»، ۵۶
سهام با ارزش، ۳۲۶
سهام با ارزش صوری، ۷۵۸
سهام با بهره، ۴۳۹
سهام بانام، ۴۳، ۵۴۴، ۶۰۷
سهام بدون ارزش اسمی، ۶۸۰
سهام بدون بهره تضمین شده، ۷۴۰
سهام بدون سود، ۲۸۳
سهام بی ثبات، ۷۷۰
سهام بی‌نام، ۸۰، ۳۷۴، ۴۹۳
سهام پایان سال، ۷۶۹
سهام تشکیل دهندهٔ سرمایه، ۱۲۳
سهام تضمین شده، ۳۲۶، ۳۳۵، ۶۷۹
سهام تعیین کننده، ۱۸۶
سهام ثبت شده، ۶۴، ۶۰۷، ۶۷۹
سهام جایزه، ۹۷، ۶۵۲
سهام حبس شده به عنوان رهن، ۶۴۲
سهام خارج از بورس، ۵۲۴
سهام خزانه، ۷۲۵
سهامدار اختصاصی، ۴۳
سهام دارای بهره، ۴۳۹
سهام دارای حق رأی، ۶۵۲، ۷۵۳
سهامدار رسمی، ۶۵۲
سهامدار سهام مشترک، ۱۵۹
سهامدار طرح بازنشستگی، ۵۴۹

سهامدار عادی، ۵۱۵، ۶۵۲
سهامدار عمده، ۴۴۸
سهامدار ممتاز، ۵۶۹، ۶۵۲
سهامداری میان شرکتها، ۳۸۴
سهام در دست داد و ستد، ۵۲۱
سهام در روی پیشخوان، ۵۲۴
سهام دولتی که پرداخت اصل و بهرهٔ آن توسط دولت تضمین شده است، ۳۲۶
سهام رایگان، ۹۷
سهام رو به ترقی، ۳۳۴
سهام رو به رشد، ۳۳۴
سهام سرمایه، ۱۲۲، ۱۲۳، ۶۷۹
سهام سرمایه‌ای منتشر شده، ۴۰۱
سهام سلف، ۶۵۴
سهام شرکت، ۵۷، ۱۹۰، ۱۹۱
سهام شرکت تضامنی، ۱۲۳
سهام صادر شده، ۴۰۱، ۶۷۹
سهام صادره، ۴۰۱
سهام صدتایی، ۲۷۸
سهام عادی، ۱۵۹، ۲۷۲، ۵۱۵، ۶۵۲، ۶۷۹
سهام عادی شرکت که تعلق سود به آنها موکول به شرایط خاصی است، ۶۲۱
سهام عادی یک شرکت (در مقابل سهام ممتاز)، ۱۵۹
سهام غیر قابل تقویم، ۴۹۱
سهام فعال، ۴۴
سهام قابل انتقال (با ظهرنویسی)، ۴۸۶، ۶۰۷
سهام قرضه، ۹۴، ۹۶، ۲۱۲، ۳۲۰، ۳۷۴، ۵۰۰
سهام قرضهٔ بدون مدت، ۱۷۵
سهام قرضهٔ ثبت نشده، ۹۶

سود تحقق نیافته، ۵۷۶، ۷۴۰
سود تخصیص داده شده، ۵۲
سود تخصیص نیافته، ۷۳۱
سود تقسیم نشده، ۵۷۵، ۶۲۲
سود توزیع شده، ۲۴۲
سود توزیع نشده، ۵۷۵، ۶۲۲، ۷۳۵
سود جاری، ۶۳۲
سودجویی کردن، ۷۲۶
سود حاصل از تجارت، ۵۷۵، ۷۲۰
سود حاصل از یک فعالیت مالی، ۶۲۳
سود حاصل شده، ۵۹۷
سود خالص، ۲۴، ۱۴۶، ۲۵۳، ۲۵۶، ۴۸۸، ۵۸۶
سود خالص حاصل از عملیات، ۴۸۸
سود خالص / ویژه، ۵۷۵
سود سرشار، ۶۳۹
سود سرمایه، ۱۲۱، ۱۲۲، ۷۶۹
سود سرمایه‌ای، ۱۲۱
سود سهام، ۹۶، ۱۲۰، ۲۲۰، ۲۴۳، ۲۴۴، ۶۷۸، ۶۷۹
سود سهام آخر سال، ۳۰۳
سود سهام اختیاری، ۵۱۲
سود سهام اعلام شده، ۲۴۳
سود سهام پرداخت نشده، ۲۴۴
سود سهام پرداختی، ۳۰۳
سود سهامداران عادی، ۲۵۳
سود سهام سرمایه، ۶۷۹
سود سهام عقب افتاده، ۲۴۴
سود سهام ممتاز، ۵۶۰
سود سهام موقت، ۳۸۶
سود سهام نقدی، ۱۲۷
سود شخصی، ۶۴۵

سود صدور سهام، ۶۵۲
سود صوری، ۵۲۷
سود عقب افتاده و فعلی سهام ممتاز، ۲۰۳
سود عملیاتی، ۲۵۳، ۲۵۴، ۵۱۰، ۵۷۵
سود عملیاتی خالص، ۴۸۸
سود غیر مترقبه، ۵۷۶
سود غیر نقدی سهام، ۶۴۰
سود قابل توزیع، ۱۲۷، ۲۴۳
سود قرضه، ۹۶
سود کارگزار بورس، ۴۰۴
سود متعارف، ۴۹۴
سود مشمول مالیات، ۱۳۷
سود منصفانه، ۲۹۷
سود منطقی / عادلانه، ۵۹۷
سود ناخالص، ۳۳۲، ۴۵۸
سود ناخالص / ناویژه، ۵۷۵
سود ناویژه، ۳۳۲، ۴۵۸
سود نقدی، ۱۲۷
سود نقدی سهام، ۲۴۳
سود نهایی، ۴۵۸
سود واقعی، ۵۹۷
سود و زیان، ۱۷، ۲۵، ۵۵۲، ۵۷۵
سود و منفعت احتمالی، ۱۸۱
سود ویژه، ۵۸۶
سود هر سهم، ۲۵۳، ۲۷۱
سودی که به دارندهٔ سهم در فاصلهٔ بین صدور سهم و شروع معاملات تعلق می‌گیرد، ۳۰۵
سودی که پیش از پایان سال مالی پرداخت شود، ۳۸۶
سوء سابقه، ۷۰، ۶۰۱

کند، ۱۳۴
سوابق استخدامی، ۲۶۴، ۳۴۱
سوابق امر، ۲۹۷، ۵۷۰، ۵۷۱
سوابق پرسنلی، ۵۴۵
سوابق تحصیلی، ۲۰۵
سوابق شغلی، ۲۰۵، ۶۲۲
سوات، ۶۹۵
سوء اداره یا مدیریت (در مورد امین ومتولی)، ۴۵۰
سوار کردن قطعات، ۵۶
سوء استعمال، ۳۴۹
سوء استفاده، ۱۹، ۹۲، ۱۹۲، ۲۶۲، ۲۸۹، ۳۱۴، ۳۳۰، ۳۴۹، ۳۷۱، ۴۵۰، ۴۷۲،۵۳۶
سوء استفاده از اختیارات قانونی، ۴۷۲
سوء استفاده از امتیاز، ۲۸۰
سوء استفاده از بیت‌المال، ۲۶۲
سوء استفاده از پست و مقام، ۵۰۴، ۶۶۶
سوء استفاده از پستهای دولتی، ۱۹۳
سوء استفاده از حساب مشتری، ۴۱۹
سوء استفاده از حق، ۱۹
سوء استفاده از قدرت یا اختیارات، ۱۹،۲۸۳
سوء استفاده از مقام برای نفع شخصی، ۴۰۳
سوء استفاده چی، ۴۰۳
سوء استفادهٔ سیاسی، ۶۶۶
سوء استفاده کردن، ۱۲۷، ۳۵۲، ۳۹۴
سوء استفاده کردن از، ۳۹۳، ۵۵۱، ۶۹۹،۷۱۹
سوء استفاده کردن از استیفا، ۶۹۹
سؤال خارج از موضوع، ۳۹۹
سؤال شفاهی، ۶۹۲

سؤالهای انشایی، ۲۷۴
سؤالهای تشریحی، ۱۷۶، ۲۷۴
سؤالهای توانایی / عدم توانایی انجام کار، ۱۱۹
سؤالهای موافق / مخالف، ۴۰
سؤالی را مطرح کردن، ۱۰۵
سوبسید، ۲۹۰، ۵۶۶، ۶۸۸
سوبسید دار، ۶۸۸
سوبسید دولتی، ۶۷۴
سوء پیشینه، ۷۰، ۶۰۱
سوء تفاهم، ۲۰۳، ۴۷۲
سود، ۶۵
سودآور بودن، ۲۵۲، ۵۳۳
سود اتفاقی، ۱۲۹
سود اختصاص داده شده، ۵۲
سود اضافی سهام، ۲۹۳
سود اقتصادی، ۲۵۶
سوداگران و کاسبکاران، ۱۰۱
سوداگر و سفته باز بی تجربه، ۴۱۸
سوداگر و سفته باز پاک باخته، ۴۱۸
سوداگری، ۶۶۵، ۶۶۶
سوداگری مرکب، ۱۶۵
سود امن، ۶۳۳
سود بادآورده، ۵۷۶
سود باد آورده، ۷۶۱
سود بازرگانی، ۵۷۵
سود بانکی، ۷۴
سود بردن، ۸۳، ۳۲۱، ۴۴۹، ۵۹۶
سود پایان دوره، ۲۴۴، ۵۷۶، ۷۶۹
سود پایان سال مالی، ۲۴۴، ۵۷۶، ۷۶۹
سود پرداخت شده، ۲۴۳
سود پرداخت نشدهٔ سهام، ۷۴۰

سند قرضهٔ ساده، ۴۸۲
سند قرضهٔ سفید، ۵۴۸
سند قرضهٔ ضمانت شده، ۹۴، ۳۶۳
سند قرضهٔ ظهرنویسی شده، ۹۵، ۳۶۳
سند قرضهٔ غیر قابل بازخرید، ۳۹۹
سند قرضهٔ قابل پرداخت به اقساط، ۳۷۷
سند قرضهٔ قابل تبدیل، ۹۵، ۳۸۴
سند قرضهٔ مالیات ویژه، ۶۶۳
سند قرضهٔ مسلسل، ۶۴۸
سند قرضهٔ مقدم / ممتاز، ۹۶
سند قرضهٔ ممتاز، ۵۶۰
سند قرضهٔ مؤجل، ۵۲۳
سند قرضهٔ موقت، ۳۸۶
سند قرضهٔ واسطه‌ای، ۳۸۶
سند قرضهٔ یک طرفه، ۶۵۷
سند قطعی لازم الاجرا، ۵۵۲
سند کتبی، ۵۲۷
سند کفالت، ۶۸۸
سند گرویی به عنوان وثیقهٔ وام، ۶۵۲
سند لازم‌الاجرا، ۴۹۵
سند مادر، ۶۶۳
سند مالکیت، ۵۷۸، ۷۱۵
سند (مالکیت) آزاد، ۴۶۹
سند مالکیت (زمین)، ۴۱۹
سند مالکیت سهام، ۶۷۹
سند مالکیت کاغذی، ۵۲۸
سند مالکیت کالا (از قبیل بارنامه یا رسیدانبار)، ۲۴۵
سند مالیات، ۷۰۳
سند محضری، ۴۹۵
سند مخدوش، ۲۹۸
سند / مدرک کتبی، ۷۶۷

سند مدیریت ترکه، ۴۲۸
سند مستند، ۲۴۵، ۴۱۲
سند معافیت موقت از عوارض گمرکی، ۱۲۴
سند معتبر، ۱۹۶، ۲۴۵
سند ممهور، ۲۱۸
سند منسوخ، ۲۱۰
سند موقت بیمه، ۸۷
سند میان مدت، ۳۸۷
سند ناقص، ۳۵۵
سند نهایی، ۳۰۳
سند واگذاری، ۳۷۹
سند وام، ۲۷۹
سند وعده‌دار، ۵۷۸
سند هبه، ۲۱۷
سند یا مدرک ثبت شده، ۶۰۱
سند یا مدرک معارض، ۵۹۷
سند یا مدرکی را جعل کردن، ۲۴۵
سندیت، ۶۲، ۶۳، ۸۷، ۴۲۶
سندیت یا رسمیت دادن، ۶۲
سندی را امضا کردن، ۶۵۶، ۶۸۸
سندی را تنظیم کردن، ۲۴۸
سندی را جزو سند دیگر اعلام کردن، ۳۵۸
سندی را جعل کردن، ۳۱۱
سندیکا، ۶۹۶
سند یک طرفه، ۲۱۸
سندی که به قرارداد بین‌المللی ضمیمه می‌شود، ۶۷۶
سندی که رونوشت سند دیگری است، ۱۹۶
سندی که موجب رهن (ملک) را ثابت

سند تضمینی، 95، 414	سند عرفی، 657
سند تعهد دو جانبه، 95، 247	سند عندالمطالبه، 757
سند تعیین متولی یا امین، 95	سند غیر رسمی، 657
سند تفکیک، 218، 530	سند غیر مصدق، 218
سند تنظیم کردن، 245	سند فروش، 86، 218، 634
سند تولیت، 727	سند فک رهن، 600
سند ثبت شده، 539	سند قابل انتقال، 245، 486
سند ثبت شرکت، 133	سند قابل پرداخت، 495
سند ثبتی، 495	سند قابل تبدیل به پول نقد، 486
سند جعلی، 245	سند قابل دریافت، 495
سند حاضر، 563، 711	سند قانونی، 658، 766
سند حقوقی بدون تأکید بر درست نویسی اسامی، 348	سند قرارداد، 94، 182
سند حکمی، 410	سند قرضه، 59، 68، 80، 94، 95، 117، 212
سند حمل و نقل مرکب، 154	سند قرضهٔ اختیاری، 96، 512
سند خصوصی، 568	سند قرضهٔ بدون تضمین، 94
سند داخلی، 372، 389	سند قرضهٔ بدون شرط، 94
سند دراز مدت، 442	سند قرضهٔ بدون نام، 80، 94
سند در وجه حامل، 80، 245	سند قرضه برای سازماندهی مجدد، 94
سند دریافت کالا، 328	سند قرضهٔ پشت نویسی شده، 266
سند دریافتنی، 495	سند قرضهٔ تضمین شده، 59، 363
سند دست نوشته، 342	سند قرضهٔ تقدمی، 568
سند دو نسخه‌ای، 266	سند قرضهٔ تمدید شده، 291
سند رسمی، 217، 218، 223، 274، 425، 504	سند قرضهٔ ثبت شده، 607
سند رهن، 212، 218، 477، 727	سند قرضهٔ داخلی، 96، 387
سند رهنی، 310، 428، 429، 533	سند قرضهٔ دارای تقدم، 568
سند رهنی غیر آزاد، 149	سند قرضهٔ دارای حق تقدم، 96
سند زمین دولتی، 419	سند قرضهٔ دارای ضمانت مشترک و متعدد، 407
سند سازی، 311	سند قرضهٔ دایم، 542
سند ضمانت حضور، 94	سند قرضهٔ درآمدی، 94، 356
سند عادی، 183، 218، 245	سند قرضهٔ دو طرفه، 247

سلب مسؤولیت کردن	سند تضمین معافیت گمرکی

۱۵۳

۲۹۱، ۳۱۰	سند اجرای کار، ۹۶، ۵۳۹
سلب مسؤولیت کردن، ۱۶، ۳۳۷	سند / اسناد قانونی، ۶۷۶
سلب مطلق، ۱۸	سند اصلی، ۹۵، ۵۱۹
سلسله مراتب، ۳۴۰	سند اعتباری، ۲۰۰
سلسله مراتب اداری، ۳۳، ۳۴۰	سند افراز، ۲۱۸، ۵۳۰
سلسله مراتب اهداف، ۳۴۰	سند التزامی، ۵۷۸
سلسله مراتب سازمانی، ۳۴۰	سند امانی بامحتوای مشروط، ۲۷۴
سلسله مراتب شغلی، ۳۴۰، ۴۰۵	سند انتقال، ۷۲۳
سلسله مراتب فرماندهی، ۱۳۵، ۱۵۵	سند انتقال حقوق قانونی (مربوط به کالا) به غیر، ۲۴۵
سلسله مراتب نیازها، ۳۴۰	سند انتقال (مال غیر منقول)، ۱۸۸
سلسله مراتب نیازهای مازلو، ۴۶۲	سند انتقال (مالکیت)، ۳۷۹
سلسله مراتب هدفها در سازمان، ۴۶۵	سند انتقال ملکیت، ۷۲۳
سلطهٔ اقتصادی، ۲۵۵، ۲۵۶	سند انتقال (واگذاری ملک)، ۱۸۸، ۲۱۷، ۲۱۸
سلطهٔ بین‌المللی، ۵۳۳	
سلطه جویی اقتصادی، ۲۵۶	سند بدون رونوشت، ۲۱۸
سلف خر، ۳۱۳	سند بدهی، ۷۲، ۲۰۰، ۲۴۹، ۴۹۵
سلف خری، ۳۱۳	سند برگشت کالا، ۳۲۸
سلف خریدن، ۳۱۱، ۳۱۳	سند بی‌ارزش، ۲۱۰، ۴۲۸
سلف سرویس، ۶۴۵	سند بی‌اعتبار، ۲۱۰، ۴۲۸
سلف فروشی، ۸۰، ۳۱۳، ۶۴۶	سند بیمه، ۳۸۰
سمت / پستی را اشغال کردن، ۵۰۳	سند بیمهٔ محافظت شده در مقابل تورم، ۳۶۸
سمت دولتی، ۵۸۳	
سن بازنشستگی، ۳۹، ۵۳۸، ۶۲۳	سند پرداخت خسارت، ۹۵
سنجش ارزش، ۴۶۵	سند پرداختی، ۴۹۵
سنجش انتخاب اجباری، ۳۰۹	سند پردازی، ۴۱۴
سنجش بهره‌وری، ۵۷۴	سند تأمین اوراق قرضه، ۲۱۲
سنجش خویش، ۶۴۴	سند تجاری، ۱۵۶، ۳۷۹
سند آتا، ۵۹	سند ترخیص (کالا)، ۲۲۳
سند آزاد، ۳۴۲، ۵۰۸	سند تضمین خسارت، ۳۶۰
سند آمادهٔ اجرا، ۳۷۹	سند تضمین قرارداد، ۱۸۲
سند ابطال یا اعراض از حق، ۷۵۵	سند تضمین معافیت گمرکی، ۹۶، ۴۹۵
سند اجاره، ۲۱۸	

سطوح مختلف مدیریتی، ۷۴۷
سعی و کوشش کردن، ۴۱۷
سفارش آزاد، ۵۰۹
سفارش انجام نشده، ۶۹
سفارش باز، ۸۹، ۵۰۹
سفارش برای مصارف آتی، ۱۱۷
سفارش به قیمت روز/ بازار، ۵۱۴
سفارش پستی، ۴۴۷
سفارش تلگرافی، ۱۱۶، ۵۱۴
سفارش جاری و مستمر، ۶۷۲
سفارش جدید، ۶۱۳
سفارش جنس موجود، ۶۶۷
سفارش خرید، ۱۱۵، ۵۱۴، ۵۱۵، ۵۸۵
سفارش خرید کلی، ۸۹
سفارش دادن، ۳۷، ۹۷، ۳۶۰، ۵۱۳، ۵۲۳، ۵۴۸
سفارش درج آگهی، ۳۷۴، ۵۱۴
سفارش روزانه، ۲۰۹، ۵۱۴
سفارش کار، ۴۰۴
سفارش کردن، ۵۹۹
سفارش کلی، ۸۹، ۵۱۳
سفارش محدود، ۴۳۴، ۵۱۴
سفارش مشتری، ۲۰۵
سفارش نامحدود، ۴۹۰، ۵۱۴
سفارش نقدی، ۱۲۸، ۲۰۶
سفارش وارداتی، ۳۶۰
سفارش ویژه، ۶۶۵
سفارشهای جور، ۴۶۳
سفارشهای دوگانه، ۴۶۳
سفارشهای فوری، ۶۳۲
سفارشی فرستادن، ۶۰۶
سفارشی کردن، ۶۰۶

سفارش یک روزه، ۲۰۹، ۵۱۴
سفته، ۲۹، ۳۷، ۶۵، ۸۰، ۸۷، ۱۵۳، ۲۱۰، ۲۳۹، ۲۶۷، ۳۳۰، ۳۹۲، ۴۱۸، ۴۳۳، ۴۴۹، ۴۹۲، ۴۹۵، ۵۸۰، ۶۳۷، ۶۶۶
سفته باز، ۶۶۶، ۶۷۸، ۶۷۹
سفته باز ارزی، ۵۳
سفته بازی، ۶۲۶، ۶۷۸
سفته بازی کردن، ۶۶۵
سفته بازی مختلط، ۶۸۱
سفتهٔ بی‌بهره، ۴۹۲
سفتهٔ عندالمطالبه، ۲۲۵
سفتهٔ غیر قابل تنزیل، ۴۹۳
سفته یا براتی را نزول کردن، ۲۳۸
سفسطهٔ ایجاد شغل، ۴۴۹
سقف اعتبار، ۱۹۹، ۴۳۵
سقف خدمت، ۱۲۴
سقف دستمزدها، ۷۵۴
سقف قیمت، ۱۳۱، ۵۶۵
سقف مالیاتی، ۷۰۴
سقف وام، ۹۹، ۴۳۸
سقوط قیمتها، ۲۱۶
سقوط کردن، ۱۹۸، ۲۴۹، ۲۹۸
سقوط ناگهانی (تجارت و غیره)، ۱۹۸
سکونت با اجازه مالک، ۷۰۷
سکوی متحرک، ۵۲۷
سلامت روانی، ۴۶۸
سلب تملک به منظور منافع عمومی، ۶۹۹
سلب صلاحیت کردن، ۲۴۱، ۳۵۵
سلب کلیهٔ حقوق راهن نسبت به عین مرهونه به دلیل عدم پرداخت دین، ۳۱۰
سلب مالکیت غیر قانونی، ۳۴۹
سلب مالکیت کردن، ۲۳۷، ۲۴۱،

سرمایه گذاری پول، ۳۱۵
سرمایه گذاری تشویقی، ۳۶۳
سرمایه گذاری ثابت، ۱۲۱
سرمایه گذاری جدید در ازای هر کارگر، ۱۲۱
سرمایه گذاری چندجانبه، ۲۴۳
سرمایه گذاری خارجی، ۳۱۰، ۳۹۶
سرمایه گذاری خالص (پس از کسر استهلاک)، ۴۸۷
سرمایه گذاری داخلی، ۳۴۳
سرمایه گذاری در اوراق بهادار، ۵۵۵
سرمایه گذاری در دارایی ثابت، ۱۲۱
سرمایه گذاری غیر ارادی، ۳۹۷
سرمایه گذاری قابل قبول، ۲۶۱
سرمایه گذاری کردن، ۱۲۲، ۳۹۵، ۶۷۸
سرمایه گذاری کردن، ۳۰۳، ۵۴۸
سرمایه گذاری مجدد، ۵۹۸
سرمایه گذاری مجدد کردن، ۶۰۹
سرمایه گذاری مجدد منابع، ۵۵۲
سرمایه گذاری مخاطره آمیز، ۶۲۸، ۷۴۸
سرمایه گذاری مستقل، ۶۵
سرمایه گذاری مستقیم، ۶۸۱
سرمایه گذاری مشترک، ۴۱۰
سرمایه گذاری مطمئن، ۹۱
سرمایه گذاری ملکی، ۳۹۶
سرمایه گذاری ناخالص، ۳۳۲
سرمایه گذاری واقعی، ۵۹۶
سرمایهٔ لازم را تأمین کردن، ۳۰۳
سرمایهٔ مالکانه، ۳۹۵
سرمایهٔ محبوس، ۴۴۰
سرمایهٔ مشترک، ۶۵۲
سرمایهٔ مصرفی، ۱۷۸

سرمایهٔ مطالبه نشده، ۷۳۲
سرمایه معوق، ۲۱۹
سرمایهٔ منتشر شده، ۴۰۱
سرمایهٔ مواجه با خطر، ۷۴۸
سرمایهٔ مؤخر، ۲۱۹
سرمایهٔ مورد نیاز، ۱۲۲
سرمایهٔ ناخالص جاری، ۳۳۲
سرمایهٔ نقدی، ۱۲۱
سرمایهٔ همراه با خطر، ۶۲۸
سرمیزکل، ۶۲
سر و سامان دادن به امور، ۵۸۷، ۶۰۸
سرویس اطلاعاتی پستی، ۲۰۸
سرویس اطلاعاتی تلفنی یا تلگرافی، ۲۰۹
سرویس خلاصه نویسی، ۱۹
سزاوار بودن، ۴۶۹
سطح پیشرفته، ۳۵
سطح درخواست، ۴۲۹
سطح زندگی، ۴۲۹، ۶۷۱
سطح سازمانی، ۳۷۸
سطح قابل قبول قیمت، ۵۶۵
سطح قیمت، ۵۶۵
سطح کیفیت مورد قبول، ۲۰، ۲۱، ۵۳
سطح مجاز، ۷۱۲، ۷۱۵
سطح مجاز یک عامل محیطی در محل کار، ۷۱۲
سطح معنی‌دار بودن، ۶۵۶
سطح موجودی (کالا)، ۶۷۹
سطح / میزان موجودی، ۳۹۵
سطوح اختیار، ۴۲۹
سطوح درآمد، ۳۵۶
سطوح سازمانی، ۵۱۷

سر شکن کردن هزینه، ۱۹۳
سرشکن کردن هزینه‌های بالا سری، ۵۲۲
سرشماری، ۱۳۱
سرشماری مالیاتی، ۱۲۳
سرعت پذیرش، ۳۵
سرعت گردش اطلاعات، ۶۶۶
سرعت گردش پول، ۷۴۷
سرفصل ترازنامه، ۷۲
سرفصل حداقل، ۴۷۱، ۴۷۴
سرفصل حساب، ۲۴
سرقت اموال یا وجوه دولتی از سوی کارمند دولت، ۱۶۹
سرقت جنس (به وسیلهٔ مشتریان) از مغازه، ۶۵۴
سرمایه احتیاطی، ۶۱۸
سرمایهٔ استفاده نشده و راکد، ۲۱۱
سرمایهٔ استقراضی، ۲۱۳، ۴۳۸
سرمایهٔ اضافی، ۱۲۱، ۵۲۱
سرمایهٔ اعلام شده، ۲۱۶
سرمایهٔ اولیهٔ مؤسسان شرکت، ۱۲۳
سرمایه‌ای کردن افراطی، ۵۲۱
سرمایه‌ای که از صدور سهام عاید شود، ۱۲۳
سرمایهٔ بازیافته، ۱۲۱
سرمایه‌بری، ۱۲۱
سرمایهٔ به کار گرفته شده، ۱۲۱
سرمایهٔ پرداخت شده، ۱۲۲، ۱۸۵، ۳۹۵، ۵۲۷
سرمایهٔ تعهد شده، ۱۱۷، ۶۸۸
سرمایهٔ ثابت، ۳۰۶
سرمایهٔ ثابت یا همیشگی، ۳۱۹
سرمایهٔ ثبت شده، ۶۴

سرمایهٔ جاری، ۱۴۳، ۲۰۴، ۴۳۶، ۴۸۷، ۷۶۴
سرمایهٔ حاصل از اوراق قرضه، ۲۱۲
سرمایهٔ حاصل از صدور سهام عادی، ۲۷۲
سرمایه‌داری، ۲۵۷
سرمایه‌داری دولتی، ۶۷۳
سرمایه‌داری مختلط، ۴۷۴
سرمایه‌داری مردمی، ۵۳۸
سرمایهٔ در گردش، ۱۴۳، ۲۰۴، ۳۰۸، ۴۳۶، ۴۷۵، ۷۶۴
سرمایهٔ در گردش خالص، ۴۸۸
سرمایه سازی، ۱۲۲، ۱۲۳
سرمایهٔ سهام، ۶۵۲
سرمایهٔ سهام با نام، ۴۹۰
سرمایهٔ سهامداران، ۲۷۲، ۴۱۱
سرمایهٔ سهام ممتاز، ۵۶۰
سرمایهٔ شراکتی و تضامنی، ۴۰۹
سرمایهٔ شرکا، ۶۷۹
سرمایهٔ طبیعی، ۴۸۴
سرمایهٔ طلب، ۱۲۱
سرمایهٔ عرضه نشده برای فروش، ۷۳۸
سرمایهٔ کار خالص، ۴۸۸
سرمایهٔ کمکی، ۶۵
سرمایه گذار، ۳۰۴، ۳۹۷
سرمایه گذار سازمانی، ۳۷۸
سرمایه گذار نهادی، ۳۷۸
سرمایه گذاری، ۳۹۶
سرمایه گذاری القایی، ۳۶۳
سرمایه گذاری امانی، ۷۲۷
سرمایه گذاری بازرگانی، ۷۱۹
سرمایه گذاری بلند مدت، ۴۴۲

سخنرانی کردن، ۲۳۸، ۴۲۴	سپردهٔ بانک، ۲۲۹
سخنرانی کوتاه و مختصر، ۷۰۹	سپردهٔ بانکی، ۷۳
سخنرانی وزیر امور اقتصاد و دارایی، ۱۰۹	سپردهٔ بین بانکها، ۲۲۹
	سپرده پذیر مجاز، ۴۳۱
سخنگوی مطبوعاتی، ۵۶۳	سپردهٔ ثابت، ۳۰۶، ۳۰۷
سراسیمگی بانکی، ۷۴	سپردهٔ جاری، ۲۲۴، ۲۲۹
سرپرستان و مدیرانی که مستقیماً سرپرستی خط تولید را در یک کارگاه بر عهده دارند، ۳۰۵	سپردهٔ حسن انجام کار، ۶۲۲
	سپردهٔ خارجی، ۳۱۰
	سپردهٔ دیداری، ۱۱۷، ۲۲۴، ۲۲۹
سرپرست بلافصل، ۶۹۲	سپردهٔ شرکت در مناقصه یا مزایده، ۸۴
سرپرست خط اول، ۶۹۲	سپردهٔ قانونی، ۶۷۶
سرپرست کارخانه، ۵۵۱	سپردهٔ قهری، ۴۸۵
سرپرست مستقیم، ۶۹۲	سپردهٔ کوتاه مدت، ۲۲۹
سرپرست مستقیم و بلافصل زیردست، ۶۸۷	سپردهٔ مدت دار، ۲۲۹، ۷۱۳
	سپردهٔ میان بانکی، ۲۲۹، ۳۸۳
سرپرستی آزاد، ۴۴۳	سپردهٔ ویژه، ۶۶۴
سرپرستی تخصصی، ۳۱۸، ۳۱۹	ستاد پشتیبانی، ۶۹۳
سرپرستی چند جانبه، ۴۸۰	ستاد تخصصی، ۶۶۴، ۶۶۹
سرپوش گذاشتن به فعالیتهای غیر قانونی، ۳۱۷	ستاد خصوصی، ۶۶۹
	ستاد شخصی، ۶۶۹
سرپیچی کردن، ۱۶۵، ۲۲۱، ۶۰۶، ۷۲۳	ستاد فنی، ۶۶۹
سرحسابرس کل، ۶۲	ستاد کل، ۶۶۹
سر خدمت، ۲۵۱، ۵۰۳	ستاد کمکی، ۶۶۹
سر خدمت نبودن، ۸۳	ستاد مشورتی، ۳۷
سردبیر، ۴۵۵	ستاد هماهنگ کننده، ۶۶۹
سردفتر اسناد رسمی، ۴۹۵	ستون آگهی روزنامه، ۳۶
سررسید شده، ۴۶۴	ستون بدهکار دفتر روزنامه، ۲۱۴
سررسید مالیات، ۷۰۴	ستون بستانکار، ۱۹۹، ۲۰۰، ۲۰۱
سررسید معین، ۳۰۶	ستونهای کنترل پیشرفت، ۱۴۰
سرسختی و پایداری در بهترین پیشنهاد، ۱۰۰	سخن پردازی، ۶۶۶
	سخنرانی رسمی، ۴۶۹
سرشکن کردن، ۴۳، ۵۱	سخنرانی غیر رسمی، ۷۰۰

سازمان همکاریهای اقتصادی، ۲۵۵
سازمان همکاریهای اقتصادی اروپا، ۵۰۳، ۵۱۷
سازمان همکاریهای بازرگانی، ۵۱۸
سازمان یا دستگاه اداری، ۳۳
سازمان یافته به صورت اتحادیهٔ کارگری، ۷۳۷
سازمان یا مؤسسهٔ دولتی، ۶۷۲
سازمان یا مؤسسه غیر انتفاعی، ۴۹۳
سازمانی بر اساس منطقهٔ جغرافیایی، ۷۰۹
سازمانی که برای سرپوش گذاشتن به اعمال غیر قانونی تأسیس شده باشد، ۳۱۷
ساعات اضافی، ۳۰، ۳۱
ساعات کار، ۳۸، ۶۴، ۷۲، ۱۱۲، ۲۵۷، ۲۶۰، ۳۳۵، ۳۴۴
ساعات کار اضافی، ۷۴۱
ساعات کار انعطاف پذیر، ۳۰۷
ساعات کار بر طبق قانون، ۶۷۵
ساعات کار متغیر، ۳۰۷، ۷۴۷
ساعات مقرر کار روزانه (تصریح شده در قرارداد استخدامی شخص)، ۲۰۷
ساعات موظف کار روزانه، ۲۰۷
ساعات واقعی، ۳۰
ساعت ثبت ورود و خروج، ۷۱۳
ساعت حضور و غیاب، ۷۱۳
ساعت غیبت کارگر، ۷۱۳
ساعت کار انعطاف پذیر، ۳۰۷
ساعت کارت زنی، ۷۱۳
ساعت کار در هفته، ۷۶۴، ۷۶۶
ساعت کار ماشین، ۴۴۶

ساعت متغیر کار، ۳۰۷
ساعت معیار / استاندارد، ۶۷۱
ساقط شدن، ۸۲
ساقط شدن حق به مرور زمان، ۸۰
سال ارزشیابی، ۷۶۹
سال کسادی، ۵۰۵
سال مالی، ۳۰۴، ۳۰۶
سال مالیاتی، ۷۰۵
سالن کنفرانس، ۶۲
سالن نمایشگاه، ۲۸۶
سایش، ۱۷، ۶۱
سبب اعتصاب شدن، ۷۲۶
سبد اجناس درهم، ۲۵۰
سبک آمرانه و سازمان مدار رهبری، ۲۸۹
سبک تفویض، ۲۲۲
سبک / روش مدیریت، ۴۵۴
سبک رهبری، ۶۸۶
سبک رهبری آمرانه و سازمان مدار، ۲۸۹
سبک رهبری استبدادی خیرخواهانه، ۸۳
سبک سنج فیدلر، ۴۲۴
سبک فروش، ۶۴۶
سبک مدیریت، ۶۸۶
سبکها / روشهای جدید مدیریت، ۴۸۹
سبکهای رهبری، ۶۳، ۴۲۳
سبکهای مدیریت، ۴۵۳
سبکهای مدیریت غلط، ۴۷۳
سبک همسازی، ۶۵۹
سپردن چک، ۴۴۱
سپردهٔ احتیاطی، ۴۵۸
سپردهٔ اصلی، ۵۶۶
سپردهٔ امانی، ۷۲۷
سپردهٔ اولیه / اصلی، ۲۲۹

سازماندهی بر مبنای فرایند، ۵۷۱
سازماندهی جدید، ۵۹۶، ۶۰۰
سازماندهی عملیات مختلف در تولیدکالاهای اقتصادی تحت مدیریت واحد، ۳۸۲
سازماندهی کردن، ۵۱۸
سازماندهی مجدد، ۶۱۳
سازماندهی مجدد کردن، ۶۱۳
سازمان رسمی، ۳۱۲، ۵۱۸
سازمان ستادی / ستاد، ۵۱۸، ۶۶۹
سازمان شبکه، ۵۱۸
سازمان شبه تخصصی، ۵۹۰
سازمان شبه حرفه‌ای، ۵۹۰
سازمان صف و ستاد، ۴۳۴
سازمان صفی / صف، ۴۳۵، ۵۱۸
سازمان عمودی، ۷۴۹
سازمان غیر دولتی، ۴۸۹
سازمان غیر دولتی نیمه مستقل، ۵۸۹
سازمان غیر رسمی، ۳۶۹، ۵۱۸
سازمان فرهنگی، علمی و آموزشی ملل متحد (یونسکو)، ۷۳۸
سازمان قابل تطبیق، ۳۰
سازمان کارآمد، ۷۵۹
سازمان کارگران صنعتی جهان، ۴۰۲
سازمان کارگری، ۳۸، ۴۰، ۵۸، ۱۴۹، ۱۵۳، ۱۷۴، ۳۴۳، ۳۷۴، ۴۱۴، ۴۱۷
سازمان کارگری باز، ۵۰۹
سازمان کارگزاری اوراق قرضه، ۹۵
سازمان کشورهای آمریکایی، ۵۱۸
سازمان کشورهای صادر کنندهٔ نفت، ۵۱۸
سازمان کشورهای عربی صادر کنندهٔ نفت
سازمان کشورهای عربی صادر کنندهٔ

نفت (آاوپک)، ۵۰، ۴۹۹، ۵۱۸
سازمان گسترش یافته، ۲۶۸
سازمان ماتریسی، ۴۶۳، ۵۱۸
سازمان مبتنی بر وظیفه، ۵۱۸
سازمان محلی، ۴۴۰
سازمان مدیریت صنعتی، ۳۴۹، ۳۶۵
سازمان مدیریتی، ۲۳۵
سازمان مسطح، ۳۰۷، ۵۱۷
سازمان مشترک، ۱۵۲
سازمان مکانیکی، ۴۶۵
سازمان منطقه‌ای، ۶۰۶
سازمان نظامی، ۵۱۸
سازمان نما، ۵۱۹
سازمان نوآور، ۱۹۹، ۳۷۳
سازمان نیمه خصوصی، ۵۹۰
سازمان و روشها، ۵۰۶، ۵۱۷
سازمان وظیفه‌ای، ۳۱۹
سازمان و محیط، ۲۷۰
سازمان و مدیریت شبکه، ۳۳۱
سازمان‌ها / آژانسهای تبلیغاتی داخلی، ۳۷۲
سازمانهای اداری، ۳۳
سازمانهای ارائه کننده خدمات اضطراری (مانند پلیس، آتش نشانی و غیره)، ۲۶۲
سازمانهای انتفاعی، ۵۷۵
سازمانهای بازرسی، ۳۷۶
سازمانهای خود تنظیم، ۶۶۸
سازمانهای خیریه، ۲۶۱
سازمانهای دولتی، ۳۳، ۱۴۴
سازمانهای غیر انتفاعی، ۲۶۱
سازمانهای غیر دولتی، ۴۹۲

سازمان افقی، ۳۴۴
سازمان اقتصادی چند ملیتی، ۴۸۰، ۵۱۸
سازمان اقتصادی و اجتماعی، ۶۶۰
سازمان امور اداری و استخدامی کشور، ۶۷۴
سازمان امور استخدامی، ۲۲۷
سازمان امور استخدامی و بهره‌وری، ۲۲۷، ۲۲۸، ۵۷۴
سازمان انسانی، ۳۴۵
سازمان انطباق پذیر یا سازگار، ۳۰
سازمان اولیه، ۵۶۶
سازمان بازرسی کل کشور، ۳۲۴، ۳۷۶
سازمان با گروه‌های متداخل، ۴۳۶
سازمان با واحدهای کاری مستقل، ۶۴۸
سازمان بر محور ارباب رجوع، ۱۴۸
سازمان برنامه‌ریزی اقتصادی و سیاسی، ۵۵۳، ۵۳۸
سازمان برنامه و بودجه، ۵۴۹
سازمان بین‌المللی، ۳۹۰
سازمان بین‌المللی ارتباطات ماهواره‌ای، ۳۸۳
سازمان بین‌المللی استاندارد (ایزو)، ۳۹۰، ۳۹۱، ۴۰۰
سازمان بین‌المللی ترابری هوایی، ۳۴۷، ۳۸۹
سازمان بین‌المللی کار، ۳۴۹، ۳۹۰
سازمان بین‌المللی کارفرمایان، ۳۹۰، ۳۹۸
سازمان بین‌المللی هواپیمایی کشوری(ایکائو)، ۳۸۹
سازمان پژوهشی، ۷۱۲
سازمان تابعه، ۳۷۹
سازمان تبلیغات، ۵۷۸

سازمان تبلیغاتی، ۳۶، ۴۴۶، ۵۸۳
سازمان تجارت بین‌المللی، ۳۹۱
سازمان تخصصی، ۳۱۹، ۵۱۸
سازمان / تشکیلات مجازی، ۷۵۰
سازمان / تشکیلات مدیریت، ۴۵۴
سازمان تضمین اعتبارات صادراتی، ۲۵۴، ۲۹۰
سازمان تعیین قیمت‌ها و حمایت از مصرف‌کننده، ۱۷۹، ۲۲۸
سازمان توسعهٔ صنعتی ملل متحد (یونیدو)، ۷۳۶، ۷۳۸
سازمان توسعه و همکاری اقتصادی، ۵۰۳، ۵۱۷
سازمان تولیدی، ۵۱۸
سازمان تهیهٔ مسکن، ۱۰۹
سازمان ثبت شرکت‌ها، ۱۶۱
سازمان خدمات درمانی، ۴۶۶، ۴۸۹
سازمان خدمات مشاوره، سازش و داوری، ۳۷
سازمان خدمات مشورتی و حل اختلاف، ۱۶۸
سازمان خدمات نیروی انسانی و بهره‌وری، ۴۵۶
سازمان خصوصی، ۵۶۸
سازمان خطی، ۶۳۸، ۶۴۸
سازمان خلاق، ۱۹۹
سازمان داد شده، ۶۶۷
سازمان دادن، ۶۶۷، ۶۹۷
سازمان داوری، ۵۴
سازماندهی اطلاعات، ۵۱۸
سازماندهی بر مبنای تولید، ۵۷۲

س

سابقهٔ خدمت، ۶۰۱، ۶۴۷
سابقهٔ خوب، ۱۴۷
سابقهٔ کیفری، ۲۰۱
سابقهٔ متناقض، ۱۸۴
ساختار اجتماعی، ۶۸۵
ساختار بدون سلسله مراتب، ۵۵۴
ساختار جدید، ۶۰۰
ساختار حقوق، ۶۳۴
ساختار دستمزدها، ۷۵۵
ساختار رسمی، ۶۸۵
ساختار زمینه‌ای و توجیهی، ۳۷۲
ساختار زنده، ۵۱۵
ساختار سازمانی، ۹۳، ۱۷۲، ۳۰۷، ۵۱۵، ۵۱۶، ۵۱۸، ۶۸۵
ساختار سازمانی بلند، ۷۰۰
ساختار سازمانی که ویژگی آن قلمرو نظارت گسترده و کوتاه بودن فاصله بین مدیران‌ارشد و سرپرستان خط اول است، ۳۰۷
ساختار سرمایه، ۶۸۵
ساختار سرمایه‌ای، ۱۲۳

ساختار شغلی، ۶۸۵، ۷۰۲
ساختار قدرت، ۵۵۸، ۶۸۵
ساختار مدیریت، ۴۵۴
ساختار هرمی شکل، ۵۸۷، ۶۸۵
ساختار هرمی شکل عمودی، ۷۰۰
ساختار هزینه‌های عمومی، ۵۲۲، ۶۸۵
ساختار هیأت مدیره، ۹۳، ۶۸۵
ساخت سرمایه‌ای، ۱۲۳
ساختمان چند منظوره، ۴۸۰
ساختن فرآورده‌های بی‌دوام و مـنسوخ، ۲۷۱
ساخت و پاخت، ۲۱۱
ساخت و پاخت کردن، ۷۰۰
ساده کردن کار، ۷۶۵
سازش کـردن، ۲۲، ۱۶۵، ۱۶۶، ۴۴۹، ۴۶۶، ۶۵۰، ۷۰۹
سازش و داوری، ۱۹
سازش یا مصالحه خارج از دادگاه، ۵۲۰
سازگاری تولید، ۵۷۳
سازمان اداری، ۳۴
سازمان اصلی، ۵۲۸

198

زیانهای عملیاتی، ۵۱۰

زیانهای مالی، ۱۷۴

زیان یا جریمهٔ دیرکرد، ۲۲۲

زیان یا خسارت وارد کردن، ۲۰۸

زیر بار قرض، ۳۴۱

زیربنای مالی، ۳۰۴

زیر حاشیه، ۶۸۶

زیر حد مطلوب رسانی، ۶۸۷

زیر حد نهایی، ۶۸۶

زیردست قرار دادن، ۶۸۷

زیردست کسی خدمت کردن، ۶۴۸

زیر قیمت رسمی، ۸۲

زیر قیمت فروختن، ۲۵۰، ۷۳۳

زیرکار در رو، ۱۴۸

زیر نظر کسی کار کردن، ۷۶۶

ژرف اندیشی، ۵۳۷

زمان تبدیل شده / زیانهای تأمین شده بوسیلهٔ بیمه نامه

زمان تبدیل شده، ۱۸۷
زمان تخمینی انجام دادن کار، ۲۷۶
زمان تقریبی خروج (حرکت)، ۲۲۸، ۲۷۶
زمان تقریبی ورود، ۲۷۶
زمان تلف شده، ۶۵۹
زمان تلف شدهٔ ماشین‌آلات، ۴۴۶
زمان جایگزینی، ۷۰۰
زمان جبرانی، ۴۴۹
زمان حسابرسی میانگین، ۴۶۵
زمان حضور (در سر کار)، ۶۰
زمان دسترسی، ۲۱
زمان دستیابی اطلاعات مدیریت، ۴۵۰
زمان دستیابی (به اطلاعات)، ۲۱
زمان رونق بازار، ۱۰۶
زمان سنجی با برگشت عقربه‌ها، ۳۰۸
زمان سنجی پیوستهٔ کار، ۱۸۱، ۲۰۳
زمان صرفه‌جویی شده، ۷۱۴
زمان عادی، ۴۹۴
زمان غیر مولد، ۷۴۰
زمان فراغت (از کار)، ۶۲۱
زمان قابل قبول، ۴۳
زمان کار دستی، ۴۵۷
زمان کل عملیات، ۷۱۶
زمان کل کار روزانه، ۷۳
زمان مأخذ برای ارزیابی مالیاتی، ۷۹
زمان مبنا، ۷۸، ۲۹۱
زمان متعارف، ۴۹۴
زمان مجاز انجام کار، ۴۳
زمان مجاز برای استراحت، ۵۹۳، ۶۱۰
زمان مجاز برای انحراف از شبکه، ۷۱۶
زمان مجاز برای توقف کشتی، ۴۲۲
زمان مجاز جهت انجام یک کار

استاندارد، ۴۳
زمان مضاعف، ۲۴۷
زمان معیار / استاندارد، ۶۷۱
زمان مهلت، ۲۱۰
زمان نصب و آماده‌سازی، ۶۵۱
زمان واقعی، ۵۹۷
زمان واقعی انجام کار، ۳۰
زمانهای واحد، ۷۳۹
زمین رهنی را از گرو درآوردن، ۶۰۳
زمینهٔ تخصصی، ۶۶۴
زنجیرهٔ فرماندهی، ۱۳۵
زنجیرهٔ مارکف، ۴۶۱
زنجیرهٔ وسیله، ۴۶۵
زنجیرهٔ هدف، ۴۶۵
زندگی روبراه، ۴۰۷
زودترین زمان آغاز، ۲۵۲
زودترین زمان اجرا، ۲۵۲
زیادی خریدار، ۱۱۴
زیان احتمالی، ۴۴۳
زیان اقتصادی، ۲۵۶
زیان جزئی، ۴۴۳، ۵۲۹
زیان خالص، ۴۸۷
زیان دو جانبه، ۷۶۰
زیان دیدن، ۲۰۸، ۳۵۹، ۴۴۳، ۴۴۴، ۶۹۰
زیان سرمایه‌ای، ۴۴۳
زیان غیر مترقبه، ۴۴۴، ۶۵۳
زیان قابل پیش بینی، ۴۴۳
زیان (قابل قبول) مالیاتی، ۴۴۴
زیان مالی، ۵۳۷
زیان ناشی از عدم اجرای موافقت‌نامه، ۴۲۷
زیانهای تأمین شده بوسیلهٔ بیمه نامه،

ز-ژ

زایباستو، ۷۷۱
زبان اداری، ۵۰۴
زبان برنامه‌نویسی برای حل مسائل ریاضی و عملیاتی (در کامپیوتر)، ۴۴۷
زبان برنامه نویسی کامپیوتری، ۳۱۲
زبان برنامه نویسی نسل چهارم کامپیوتر، ۳۱۴
زبان حقوقی، ۴۲۵، ۴۲۶
زبان حل مسأله، ۵۷۰
زبان سطح پایین، ۴۴۴
زبان قرارداد، ۴۱۹
زبان کوبول، ۱۵۰
زبان ماشین، ۴۴۶
زبان محاسبهٔ عددی مشترک، ۱۵۴
زبان محاوره‌ای مدیران، ۱۱۵
زمام امور را به دست گرفتن، ۵۹، ۶۰۹
زمام قدرت را به دیگری واگذار کردن، ۶۰۹
زمان احراز، ۵۸۹
زمان اخذ وام، ۹۹
زمان ارفاقی، ۲۱۰

زمان از دست رفته، ۲۱۱
زمان استراحت، ۶۲۱
زمان اشتغال ماشین، ۶۰
زمان اصلی، ۱۹۰
زمان انتخابی عملیات، ۶۴۳
زمان انتظار، ۴۲۳، ۷۵۵
زمان انتظار (در بازار)، ۱۸۸
زمان انتظار ماشین، ۴۴۶
زمان انجام وظیفه، ۷۰۲
زمان باز بینی، ۱۴۱
زمان بازپرسی، ۱۴۱
زمان بازدید، ۱۴۱
زمان برپایی، ۶۵۱
زمان بندی برگشتی، ۳۰۸
زمان بندی کردن، ۵۴۶، ۷۱۴
زمان بندی کردن جدول، ۶۳۹
زمان بندی کردن کنفرانسها، ۶۳۹
زمان بیکاری دستگاه، ۴۴۶
زمان بیکاری ماشین آلات، ۴۴۶، ۷۳۱
زمان پاسخ، ۶۲۰
زمان پایه، ۷۷، ۶۷۱

ریسک کردن، ۶۳۲
ریسک مالی، ۳۰۴، ۶۲۸
ریسک نرخ بهره، ۶۲۸
ریسک نقدینگی، ۴۳۶، ۶۲۸
ریسک نوسانات نرخ ارز، ۶۲۸
ریسک نوسانات نرخ بهره، ۳۱۰، ۳۸۵
ریسک ورشکستگی، ۲۹۷، ۶۲۸
رئوس مطالب، ۶۹۵
رییس ادارۀ آموزش، ۶۰۷
رییس ادارۀ حقوقی (شرکت)، ۳۲۳
رییس افتخاری، ۳۴۳، ۵۶۳
رییس بارانداز، ۷۶۹
رییس بازرسی، ۳۷۵
رییس بانک، ۷۴
رییس بخش، ۲۲۷
رییس پرسنلی، ۶۶۹
رییس تشریفات، ۱۳۳، ۱۴۱، ۴۶۲
رییس تیم بازرسی، ۳۷۶
رییس جلسه، ۱۳۵، ۴۷۴، ۵۶۳
رییس جلسه بودن، ۵۶۳
رییس حسابداری، ۲۳
رییس دایرۀ پرداختها، ۵۳۴

رییس دایمی کمیته یا هیأت مدیرۀ شرکت، ۱۳۵
رییس (در مقابل مرئوس)، ۹۹
رییس دیوان محاسبات، ۳۲۳
رییس سازمان، ۵۱۸
رییس سازمان ثبت شرکتها، ۶۰۷
رییس ستاد، ۱۴۱
رییس سرکارگران، ۳۲۴
رییس قسمت امور مطبوعاتی، ۵۸۴
رییس قسمت روابط عمومی، ۵۸۴
رییس کارگزینی / پرسنلی، ۴۵۵، ۵۴۵، ۶۶۹
رییس کشور، ۱۴۱
رییس کل امور مالیات بر درآمد، ۳۲۳
رییس کل مالیاتی، ۳۲۳
رییس کل نظارت، ۳۲۵
رییس کل یک سازمان، ۵۶۳
رییس کمیسیون، ۱۳۵
رییس کمیسیون برنامه‌ریزی، ۱۳۵
رییس محاسبات، ۲۳
رییس هیأت تحریریه، ۲۵۸
رییس هیأت مدیره، ۱۳۵

رهن اموال منقول، ۵۵۱
رهن انصافی، ۲۷۲
رهن با پرداختهای مساوی، ۴۲۹
رهن بدون مدت، ۷۵۹
رهن ثبت نشده، ۲۷۲
رهن دادن، ۳۴۶، ۳۵۱
رهن دست اول، ۲۶۶، ۴۷۷
رهن دست دوم، ۶۴۲
رهن قانونی، ۱۳۷، ۴۲۶، ۶۷۶، ۶۹۸
رهن قسمتی از دارایی، ۵۳۰
رهن قهری، ۲۷۲
رهن کردن، ۵۹۲
رهن کلی، ۸۹
رهن گذار، ۳۴۶
رهن گذاری، ۳۴۶
رهـــن گــذاشتن، ۳۴۶، ۳۵۰، ۳۵۱، ۴۷۷،۶۵۹
رهن مجدد، ۴۷۷
رهن مطلق، ۷۵۹
رهن ممتاز، ۲۶۶، ۴۷۷، ۵۶۸
رهنمون حسابرسی، ۶۲
رهن نامه، ۴۲۸، ۴۲۹
رهن نسبی، ۵۳۰
رهن و بیع شرط، ۲۶۳
رهیافت آموزشی، ۷۲۰
رهیافت ارزشی، ۷۴۵
رهیافت انسان گرایانه، ۳۴۵
رهیافت بیرون - درون، ۵۲۱
رهیافت درون - برون سازمانی، ۳۷۴
رهیافت / روش حمایتی در سرپرستی، ۶۹۳
رهیافت / رویکرد مشارکتی، ۵۳۰

رهیافت سیستمها، ۶۹۷
رهیافت کل‌نگری، ۷۶۱
رهیافت مبتنی بر مدیریت، ۴۵۴
رهیافت مدیریت، ۴۵۴
رهیافت مسیر - مقصد، ۵۳۲
ریاست جلسه‌ای را به عهده داشتن، ۱۳۵، ۴۶۶
ریاست جلسه را به عهده داشتن، ۱۳۵، ۱۷۰
ریاست کردن، ۹۹، ۱۳۵، ۵۶۳
ریاست یا نظارت کردن، ۶۹۱
ریز پردازنده، ۴۷۰
ریز مدیریت، ۴۷۰
ریسک استراتژیک، ۶۸۲
ریسک اشتباهات مدیریتی، ۴۵۲، ۶۲۸
ریسک اعتبار، ۲۰۰، ۶۲۸
ریسک انحرافات اطلاعاتی، ۳۶۹
ریسک بازار، ۴۶۱
ریسک بازرگانی / تجاری، ۱۵۶
ریسک پذیری، ۶۲۹
ریسک تجاری، ۱۰۹، ۱۱۳
ریسک تجدید سرمایه گذاری، ۶۰۹
ریسک تورم، ۳۶۸
ریسک سرمایه گذاری مجدد، ۶۰۹
ریسک سرمایه گذاری مجدد، ۶۲۸
ریسک سیاسی، ۵۵۳
ریسک ســـیستماتیک و غــیر سیستماتیک، ۶۹۶
ریسک قدرت خرید، ۵۸۵
ریسک قصور/ اهمال (در پرداخت بدهی)، ۲۱۹
ریسک قصور (در پرداخت بدهی)، ۶۲۸

رهایی موقتی از دین، ۲۱	رونق اقتصادی چشمگیر، ۹۸
رهبر آزادمنش، ۴۲۲	رونوشت برابر با اصل، ۱۷۳، ۲۷۹، ۲۹۵
رهبر اعتصابیون، ۶۸۴	رونوشت برداری، ۶۱۶، ۷۲۲
رهبران اتحادیه‌های کارگری، ۴۱۷	رونوشت برداشتن، ۱۹۰، ۲۵۰، ۷۲۲
رهبر با نفوذ، ۱۳۸	رونوشت تهیه کردن، ۱۸۹
رهبر برخاسته از گروه، ۲۶۲	رونوشت مصدق، ۶۱، ۶۲، ۱۳۴، ۱۹۰، ۲۷۹، ۵۰۴، ۷۲۷
رهبر بوروکراتیک، ۱۱۱، ۴۲۲	رونوشت مطابق اصل، ۷۲۷
رهبر بوروکراتیک / دیوانسالار، ۱۱۱	رویداد بحرانی، ۲۰۲
رهبر غیر رسمی، ۳۶۹، ۴۲۲	رویداد بعد از تنظیم ترازنامه، ۵۵۶
رهبر فرهمند، ۱۳۸، ۴۲۲	رویداد پایانی، ۲۶۶
رهبر فکری، ۴۲۲، ۵۱۱	رویداد تصادفی، ۱۳۶
رهبر مشارکت جو، ۴۲۲	رویداد حساس، ۲۰۲، ۴۷۰
رهبر مشاوره‌ای، ۴۲۲	رویداد دو جانبه، ۳۸۵
رهبر منتخب، ۲۶۲، ۴۲۲	رویداد غیر قابل پیشگیری، ۲۹
رهبر منتخب گروه، ۲۶۲	رویداد / واقعهٔ مشترک بین دو یا چند شبکهٔ برداری، ۳۸۵
رهبری آزادمنش، ۵۴۲	رویداد یا حادثه پیش بینی نشده، ۷۳۶
رهبری استراتژیک، ۶۸۲	رویداد یا وضعیت تصریح شده در عهدنامه یا قرارداد، ۱۲۹
رهبری الهام بخش، ۳۷۶	روی سند اوراق بهادار یا بارنامه، ۳۱۷
رهبری پویا، ۲۵۱	روی کار آمدن، ۱۵۴، ۵۵۱
رهبری جهت دهنده، ۲۳۵	روی کاغذ آوردن، ۶۰۴
رهبری حمایتی، ۶۹۳	رویکرد حمایتی در سرپرستی، ۶۹۳
رهبری دموکراتیک، ۲۲۶	روی موضوعی پافشاری کردن، ۶۷۷
رهبری سبک سیستمی، ۶۹۸	رویهٔ رسیدگی به شکایات، ۳۳۲
رهبری کردن، ۱۷۰، ۳۳۸، ۳۶۳، ۴۲۲	رویهٔ فرعی، ۶۸۸
رهبری مبتنی بر رفتار، ۲۶، ۲۸	رویهٔ قبول کالاهای برگشتی، ۴۳۱
رهبری مردم سالارانه، ۲۲۶	رویهٔ معمول داد و ستد، ۱۹۷
رهبری مردمی، ۲۲۶	رویه‌های اختلاف، ۲۴۱
رهبری مستبدانه، ۶۴	رها کردن کار، ۵۹۱
رهبری مفید و سودمند، ۳۷۹	رهایی از خدمت، ۲۲۵، ۲۳۹
رهبری هزینه، ۱۹۴	
رهن آزاد، ۵۰۸	
رهن اموال غیر منقول، ۴۷۷	

روش / شیوهٔ تولید، ۴۷۴
روش / شیوهٔ کنفرانس، ۱۷۱
روش طبقه بندی، ۱۴۵، ۳۳۰
روش طبقه بندی کالا، ۱۴۵
روش غیر حسابداری (در گزارش بودجهٔ مدیریت)، ۴۹۱
روش فروش اقساطی، ۳۷۷
روش قیمت گذاری نهایی، ۴۵۸
روش قیمت گذاری هزینهٔ نهایی، ۴۵۸
روش کنترل آماری ارزشیابی، ۶۷۴
روش کنترل همساز، ۳۰
روش ماندهٔ نزولی، ۶۰۴
روش مبتنی بر ردهٔ تصمیم‌گیری، ۲۱۵
روش محاسبهٔ جریان نقدی کاهشی، ۲۳۸
روش محاسبهٔ کل هزینهٔ توزیع، ۷۱۶
روش مدیریت، ۴۵۰، ۴۵۴، ۶۸۶
روش مستقیم، ۶۸۱
روش مسیر بحرانی، ۱۹۸، ۲۰۲
روش مسیر حساس، ۲۰۲
روش مشارکت، ۴۷۴
روش مصاحبهٔ چند نفره، ۵۲۷
روش مقایسهٔ عوامل در ارزشیابی شغل، ۲۴۶
روش نقدی، ۱۲۷
روش نمایش (در ارائهٔ مطالب آموزشی)، ۲۲۶
روش نمونه گیری، ۶۳۶
روش نمو هموار، ۲۸۹
روش نیمرخ عوامل خاص در شغل، ۵۷۵
روش وقایعِ بحرانی، ۲۰۲
روشهای آماری، ۶۷۵
روشهای آموزشی، ۳۷۹

روشهای ابلاغ / ارتباط، ۱۶۰
روشهای ارزیابی شغلی، ۴۰۶
روشهای ارزیابی مشاغل، ۴۰۵
روشهای اصولی / نظاممند، ۶۹۷
روشهای ایجاد درآمد برای هزینه‌های دولت، ۷۵۸
روشهای برقراری ارتباط، ۱۳۷
روشهای برنامه‌ریزی بهینه، ۵۱۲
روشهای برنامه‌نویسی شده، ۵۷۶
روشهای توزیع، ۲۴۳
روشهای تولید بهینه، ۵۱۳
روشهای حسابداری، ۲۴
روشهای حمل و نقل، ۳۱۲، ۷۲۵
روشهای رتبه بندی شغلی، ۴۰۶
روشهای شخصی، ۴۰۳
روشهای صحیح انبارداری، ۵۷۹
روشهای عرف تجاری، ۴۳۰
روشهای قانونی حمل و نقل، ۴۲۵
روشهای مبتنی بر نتیجه، ۶۲۲
روشهای مختلط تبلیغی، ۱۶۰
روشهای مد روز در مدیریت، ۴۵۲
روشهای مدیریت پروژه‌ای، ۵۷۷
روشهای معمول تجاری، ۴۳۰
روشهای نظریهٔ تصمیم آماری، ۶۷۵
روشهای واحدهای تولیدی، ۷۳۹
روش هزینه‌یابی نهایی، ۴۵۸
روش همبستگی، ۱۹۲
روشی آماری که در پیش بینی استفاده می‌شود، ۱۰۱
روش یادآوری آگهی‌ها، ۷۳۱
روند جاری، ۶۰۸
رونق اقتصادی، ۲۵۵، ۲۵۷

روش انسان دوستانه، ۳۴۵
روش بازبینی در محل، ۳۰۱
روش باکس - جنکینز، ۱۰۱
روش برخورد ملایم، ۶۶۱
روش بودجهٔ تحمیلی، ۱۰۸
روش پاترسون (در ارزشیابی مشاغل)، ۵۳۲
روش پیشگیری، ۵۶۴
روش پیگیری، ۳۰۹
روش تأخیر کل روزانه، ۴۲
روش تأمین پرسنل، ۶۶۹
روش تجربی، ۲۶۳
روش تجزیه و تحلیل بیز، ۷۹
روش تحقیقات گروهی، ۳۳۴
روش تحقیق عملیاتی که برای پیش بینی عمر مفید قطعات کارگاهها به کار می‌رود، ۶۱۴
روش تحلیلی ارزشیابی مشاغل / شغلی، ۴۷، ۴۰۴
روش تخصیص بودجه، ۱۰۷
روش ترکیبی، ۶۹۶
روش تصمیم‌گیری گروهی (در مدیریت مشارکتی)، ۳۳۳
روش تعدد تأخیر، ۳۱۷
روش تعمیر و نگهداری واکنشی، ۵۹۶
روش تعیین میزان مقرون به صرفه تولید یا فروش، ۲۵۶
روش تفکیک، ۲۳۶
روش تقویت مثبت، ۵۵۶
روش / تکنیک گروه اسمی، ۴۸۹
روش تنزیل نقدینه، ۲۱۰، ۲۳۸
روش تنظیم (سند)، ۴۷۰

روش ثبت وقایع روزانه، ۲۳۳
روش ثبت و گروه بندی کالا در کنترل موجودی، ۱۴۵
روش جاری، ۶۳۲
روش جایگزینی، ۶۸۹
روش جایگزینی کالا، ۶۱۴
روش جیرو، ۲۰۱
روش حداقل مجذورات، ۴۷۰
روش حداقل موجودی پایه، ۷۷
روش حسابداری، ۲۴، ۲۸۷
روش حسابداری بودجه‌ای، ۱۰۷
روش حسابداری نقدی، ۱۲۸
روش حفظ موجودی در حد معین، ۶۱۳
روش حل مسأله / مشکل، ۵۷۰
روش خرید اقساطی، ۳۷۷
روش درصد فروش، ۵۳۸
روش دسترسی، ۲۱
روش دستیابی (به اطلاعات)، ۲۱
روش دلفی، ۲۲۴
روش رتبه بندی، ۴۰۶، ۵۹۳
روش / رویهٔ معمول، ۶۰۸
روش / رهیافت تصمیم‌گیری از پایین به بالا (در مقابل رهیافت از بالا به پایین)، ۹۹
روش سطح تصمیم‌گیری، ۲۱۵
روش سفارش مجدد کالا، ۶۱۴
روش سنجی، ۴۷۰
روش / سیستم انبارداری، ۷۵۷
روش / سیستم سفارش برای مصارف آینده، ۱۱۷
روش شناخت مبتنی بر تجربه و آزمایش، ۲۶۳

روحیهٔ رقابتی، ۱۶۴
روز اداری، ۷۶۴
روز ارائهٔ سهام به عموم، ۳۵۰
روز انتشار فهرست اسامی مشتریان سهام، ۴۸۲
روز بانکی، ۱۱۲
روز بزرگ بورس لندن، ۸۵
روز پرداخت، ۶۵۱
روز پرداخت حقوق، ۵۳۴
روز تسویه، ۱۸۰
روز تسویه حساب، ۶۵۰
روز تصفیه حساب، ۲۳
روز تعطیل، ۴۹۱، ۴۹۴
روز تهی، ۲۳۳
روز سرآغاز محاسبه، ۱۸۱
روز عرضهٔ سهام، ۳۵۰
روز غیر اداری، ۴۹۱، ۴۹۴
روز غیر تعطیل، ۷۶۳، ۷۶۴
روز قطعی شدن معامله، ۶۵۰
روز کار، ۷۶۳، ۷۶۴
روزنامه با تیتراژ محدود، ۵۸۸
روزنامهٔ رسمی، ۳۲۳، ۵۰۴، ۵۰۵
روزنامهٔ کثیرالانتشار، ۱۵۹، ۵۲۷، ۵۲۸
روزنامهٔ محلی، ۴۴۰
روزنامهٔ معتبر، ۶۱۶
روزنامه‌های کثیرالانتشار، ۷۶۱
روزنامه‌های محلی، ۴۴۰
روز واریز کردن، ۶۵۰
روز واریزی، ۶۵۰
روزهای باراندازی و بارگیری، ۴۲۲
روزهای کاری هفته، ۷۶۴، ۷۶۶
روزهایی که در ازای اضافه‌کاری به کارگر مرخصی داده می‌شود، ۲۱۰

روش آموزش بخشی، ۵۳۰
روش آموزش داخل کازیه، ۳۵۴
روش آموزش مهارتهای رهبری، ۲۶
روش آموزشی انفرادی، ۳۶۳
روش آموزشی بررسی یا مطالعهٔ موردی، ۱۲۶
روش ارائه نموداری ارزشیابی، ۳۳۱
روش ارزش نزولی، ۲۱۶
روش ارزشیابی، ۵۲، ۱۴۵، ۲۷۸، ۴۲۷
روش ارزشیابی تطبیقی، ۱۶۲
روش ارزشیابی شرح عملکرد، ۲۷۴
روش ارزشیابی شغل به عنوان یک کلیت واحد، ۳۸۱
روش ارزشیابی شغلی به صورت یک کل، ۴۰۴
روش ارزشیابی مشاغل بر اساس عامل اصلی، ۴۰۴
روش ارزیابی اثربخشی تبلیغ، ۴۱
روش ارزیابی بازدهی، ۵۳۴
روش ارزیابی موجودی، ۳۹۵
روش استاندارد تأمین پرسنل، ۶۷۱
روش استدلال استقرایی، ۳۶۴
روش استفاده از نمودار تجزیه و تحلیل عوامل، ۲۹۶
روش اصلاحی، ۱۹۲
روش امتیازی، ۵۵۲، ۵۵۳
روش امتیازی برای وظایف مختلف یک شغل، ۵۵۳
روش انبارداری سه بخشی، ۷۱۲
روش انجام دادن بخشی از یک کار، ۴۰۵
روش اندازه‌گیری زمان و حرکات، ۴۷۰

رقابت بین صنایع، ۱۶۳، ۳۸۶
رقابت تبلیغات بازرگانی، ۳۶
رقابت جزء در قیمت، ۴۹۳
رقابت شدید تجاری / اقتصادی، ۷۱۹
رقابت شدید در کاهش قیمتها، ۵۶۶
رقابت غیر عادلانه / غیر منصفانه، ۱۶۴، ۷۳۶
رقابت کامل، ۱۶۴، ۵۳۹، ۵۸۶
رقابت کردن، ۱۶۳، ۶۳۲
رقابت کور، ۵۹۵
رقابت ناقص، ۱۶۳، ۳۵۰
رقم ثابت همسازی، ۶۵۹
رقم / عدد شاخص، ۳۶۱
رقم کنترل کننده، ۱۴۰
رکود اقتصادی، ۲۵۵، ۲۵۷، ۵۹۸، ۶۴۲
رکود طولانی، ۶۴۲
رمزدار کردن، ۲۶۶
رمز دستورالعمل رایانه، ۴۴۶
رمز ستونی، ۷۵
رمز گذاری، ۱۵۱
رمزی کردن، ۲۶۶
روابط اجتماعی اشتراکی و تعاونی، ۵۴۵
روابط انسانی، ۳۴۵
روابط انسانی در مؤسسات اقتصادی و تولیدی، ۶۱۰
روابط بازرگانی، ۱۵۶
روابط بده - بستان، ۳۲۶
روابط برقرار کردن، ۶۱۰
روابط بین افراد، ۳۹۲
روابط بین المللی، ۶۱۰
روابط بین صنایع، ۳۸۶
روابط بین کارکنان و مدیران، ۲۶۳

روابط بین گروهها، ۳۸۶
روابط بین مدیر و زیردستان، ۶۰۹
روابط تجاری / بازرگانی، ۶۰۹
روابط دو جانبه، ۸۵، ۶۱۰
روابط شخصی، ۵۴۴
روابط شغلی، ۴۰۶
روابط صنعتی، ۴۳، ۸۸، ۸۹، ۱۰۰، ۱۳۶، ۳۶۶، ۶۱۰
روابط طبیعی، ۳۶۹، ۴۸۴
روابط عمومی، ۵۷۹، ۵۸۲، ۵۸۴، ۶۱۰
روابط کار، ۴۱۷، ۶۰۰، ۶۱۰
روابط کارگر و کارفرما، ۳۶۶، ۴۱۷، ۶۱۰
روابط کارگری، ۳۶۶، ۴۱۷
روابط کارمندان، ۶۱۰
روابط کاری، ۷۶۴
روابط متقابل، ۸۵، ۶۱۰
روابط نوین سازمانی، ۴۸۹
روابط واحدهای مکمل در تولید، ۵۵۴
روانشناس ایمنی، ۶۳۳
روانشناس صنعتی، ۳۶۵
روانشناسی اجتماعی سازماندهی، ۶۶۰
روانشناسی ایمنی، ۶۳۳
روانشناسی پرسنلی، ۵۴۵
روانشناسی سازمانی، ۵۱۷
روانشناسی صنعتی بالینی، ۳۶۴
روانشناسی صنعتی - سازمانی، ۵۱۶
روانشناسی کاربردی در مدیریت پرسنلی، ۵۱
روانشناسی گشتالت / هیأت، ۳۲۵
روان شناسی مهندسی، ۲۶۸
رو به رشد / ترقی، ۳۳۴
روحیه را تقویت کردن، ۹۸

رشوه خواری، ۱۰۴، ۱۹۲، ۱۹۳، ۷۴۷
رشوه دادن، ۱۰۴، ۱۱۵، ۱۹۲، ۳۲۶، ۵۲۷، ۵۳۵، ۶۶۸، ۶۹۹، ۷۰۰، ۷۴۷
رشوه دهنده، ۱۰۴
رشوه گرفتن، ۱۰۴، ۴۵۰، ۵۲۷
رشوه گیرنده، ۱۰۴
رشوه‌گیری جهت اعمال نفوذ، ۳۶۸
رضایت آفرین‌ها، ۶۳۷
رضایت شغلی، ۴۰۷
رعایت تشریفات اداری به حد افراط، ۶۰۴
رعایت تشریفات قانونی، ۲۴۹
رعایت سقف حقوق بیکاری، ۷۵۵
رعایت کردن، ۶۲۰
رعایت نکردن، ۲۶۲
رفاه اقتصادی، ۲۵۷
رفاه صنعتی، ۳۶۶
رفاه عمومی، ۵۸۴
رفتار آرام و مؤثر، ۵۹۱
رفتار احتمالی، ۵۷۰
رفتار اداری، ۳۳، ۸۱
رفتار اقتصادی، ۸۲
رفتار انحصاری، ۸۲
رفتار انسان در کار، ۳۴۵
رفتار با کارمندان عصبانی، ۲۱۱
رفتار جمعی/گروهی، ۸۲
رفتار خریدار، ۱۱۴
رفتار خلاف قانون، ۴۷۲
رفتار در حال تکوین، ۲۶۲
رفتار سازمانی، ۸۲، ۲۳۳، ۴۱۵، ۵۰۱، ۵۱۵
رفتار شغلی، ۸۲، ۷۰۲

رفتار غیر انسانی، ۳۷۲
رفتار قابل مشاهده، ۸۲
رفتار گروهی، ۳۳۲
رفتار متمایل به تعادل سازمانی، ۲۷۱
رفتار مخرب، ۲۵۱
رفتار مخل، ۲۵۱
رفتار مشتری/خریدار، ۸۲
رفتار مصرف کننده، ۱۱۴، ۱۷۸
رفتار مطلوب، ۳۰، ۸۲، ۲۳۱
رفتار واقعی، ۲۹
رفع اختلاف از حسابها، ۶۰۰
رفع اختلاف با مذاکره، ۴۸۶، ۶۵۰
رفع اختلاف بدون مراجعه به دادگاه، ۲۹۳، ۵۲۰
رفع اختلاف طرفین، ۶۰۰
رفع اختلاف نمودن، ۱۶۸
رفع توقیف کردن، ۴۳۳
رفع خسارت، ۴۷، ۶۰۲
رفع عیب کردن، ۲۱۴
رفع کردن، ۶۵۰
رفع کردن ابهام یا سوء ظن، ۷۵۰
رفع کردن اشتباه، ۱۹۱، ۶۰۲، ۶۰۵
رفع محدودیت کردن، ۲۳۰
رفع مغایرت بانکها با مؤسسات، ۷۴
رفع ممنوعیت، ۴۳۳، ۷۶۲
رفیق بازی، ۴۰۷
رفیق بازی در سیاست و واگذاری امتیازات و مشاغل، ۲۰۲
رقابت، ۳۱۵
رقابت انحصاری، ۱۶۳، ۴۷۶
رقابت بین سطوح مختلف در سلسله مراتب سازمانی، ۷۴۹

۱۳۳ رشد هماهنگ در کلیهٔ بخشهای اقتصادی

رد کردن مال به صاحب اصلی آن

۴۸۵، ۵۲۳، ۵۹۰، ۵۹۷، ۶۰۵، ۶۰۶،
۶۰۹، ۶۱۳، ۶۱۶، ۷۴۴، ۷۴۹
رد کردن مال به صاحب اصلی آن، ۶۲۱
رده‌بندی کردن، ۱۴۶
ردهٔ پایین، ۴۴۴
ردهٔ سازمانی، ۵۱۷
رده‌های پایین‌تر سازمانی، ۴۴۴
رده‌های مختلف مدیریت، ۷۴۷
رزرو کردن، ۶۱۸
رسانه‌های ارتباط جمعی، ۳۶۸، ۴۶۲
رسانه‌های ارتباط جمعی غیر رسمی،
۳۶۸
رسانه‌های تبلیغاتی، ۳۶
رسانه‌های خبری، ۴۸۹
رسانه‌های کمک آموزشی، ۷۲۰
رسانه‌های گروهی، ۴۶۲
رسماً اعلام شدن، ۳۲۹
رسماً اعلام کردن، ۳۲۹
رسماً انجام وظیفه کردن، ۵۰۵
رسماً تقاضا کردن، ۳۰۲
رسماً گواهی کردن، ۶۱
رسمیت دادن، ۶۲، ۱۷۶، ۴۲۵
رسمیت یافتن، ۳۱۰
رسمی کردن امور از طریق مقررات و
روشها، ۳۱۲
رسید اعتبارات، ۵۲
رسید اموال امانی، ۷۲۷
رسید انبار، ۷۵۷
رسید انبار گمرک، ۷۵۷
رسید انبارهای عمومی یا گمرک، ۹۶،
۲۴۴، ۴۸۶، ۷۵۷
رسید بدهکار، ۲۱۳

رسید خرید سهام، ۷۱۲
رسید طلبکار، ۲۰۰
رسید غیر مصدق، ۱۸۳
رسید قانونی، ۶۷۶
رسید کالاهای دریافتی، ۳۲۹
رسید کنترل، ۷۵۳
رسیدگی برای تعیین خسارت، ۳۷۴
رسیدگی به اسناد، ۷۵۳
رسیدگی به تخلفات، ۴۷۲
رسیدگی داخلی، ۳۸۷
رسیدگی کردن، ۳۹۵، ۴۴۲
رسیدگی کردن به شکایات، ۶۱۱
رسیدگی مجدد، ۱۲۶، ۶۰۰
رسیدگی مقدماتی، ۵۶۱
رسید مالکیت سهم، ۶۵۲
رشتهٔ تخصصی، ۶۶۵
رشد آموزشی، ۳۳۴
رشد اقتصادی، ۲۵۵، ۲۵۶، ۳۳۴
رشد پایدار، ۳۳۴، ۶۹۵
رشد متوازن، ۷۱
رشد متوازن اقتصادی، ۷۱
رشد متوازن/ متعادل، ۳۳۴
رشد مداوم، ۶۹۵
رشد مرکب، ۳۳۴، ۳۸۲
رشد موزون، ۷۱
رشد مهارت رفتار میان فردی، ۳۹۲
رشد نامتعادل، ۳۳۴، ۷۳۲
رشد نامتوازن، ۷۳۲
رشد و افزایش سریع جمعیت، ۵۵۴
رشد و توسعهٔ فعالیتهای تجاری، ۳۳۴
رشد هماهنگ در کلیهٔ بخشهای اقتصادی،
۷۱

راه‌کار معقول، ۲۷۲
راه‌کارهای پیشنهادی، ۶۰۰
راه‌کارهای مخاطره آمیز، ۶۲۸
راه گریز قانونی برای عدم پرداخت مالیات، ۴۴۳، ۷۰۴
راهنماها و چک لیستهای بازرسی، ۳۷۵
راهنمای اعتصاب، ۶۸۴
راهنمای خودآموز، ۶۴۵
راهنمای عناوین شغلی، ۱۵۱، ۲۳۶
راهنمای فروشندگان / مشتریان، ۳۰۸
راهنمای کارکنان، ۲۶۳
راهنمای مدیر، ۴۵۲، ۴۵۵
راهنمای مدیریت، ۴۵۲، ۶۲۲
راهنمای نتایج / پیامدها، ۶۲۲
راهنمایی شغلی، ۴۰۶، ۷۵۱
راهن و مرتهن، ۴۷۷
راههای تخلیهٔ هیجانی، ۱۷
راههای مجاز، ۵۳
راههای واکنش تسکینی، ۱۷
رایانه‌ای کردن امور اداری، ۵۰۴
رایانهٔ قیاسی، ۴۶
رایزنی پیوسته، ۵۰۷
رأس‌المال، ۶۷۸
رأی اعتماد، ۷۵۲
رأی اکثریت، ۴۴۸
رأی با نام، ۴۸۲
رأی با ورقه، ۵۵۴
رأی به تعهد مدعی علیه، ۳۷۳
رأی تأیید کننده، ۱۲۹
رأی حکمیت، ۶۴۷
رأی دادگاه، ۶۴۷
رأی داوری، ۵۳، ۵۴، ۶۴۷

رأی دهنده، ۷۵۳
رأی عدم اعتماد، ۷۵۲، ۷۵۳
رأی قضایی دادن، ۲۱۷
رأی قطعی و نهایی، ۳۰۳
رأی کتبی، ۷۲
رأی گیری دور دوم، ۶۴۱
رأی‌گیری کردن، ۵۸۷
رأی گیری ویژه، ۶۶۵
رأی مخفی، ۷۲
رأی مشورتی، ۳۷
رأی مغرضانه، ۲۱۵
رأی موافق، ۶۷
رأی یا اختیار سر داور، ۷۳۱
رأی یکجا، ۹۱، ۱۲۳
ربح در ربح، ۳۸۵
ربح ساده، ۶۵۷
ربح مرکب، ۱۶۵، ۳۸۵
رتبه بندی الفبایی، ۴۳، ۵۹۵
رتبه بندی عددی، ۴۹۸
رتبه بندی عددی، ۵۹۵
رتبه بندی ویژگیهای شخصیتی، ۵۴۳، ۵۹۵
رتبه / پایه حقوق، ۳۳۰
رتبهٔ پرداخت / حقوقی، ۵۳۴
رجحان سابقه، ۶۹، ۱۱۰
رجحان نقدینگی، ۴۳۶
رجوع به داوری، ۵۰
رجوع به ضامن، ۶۰۱
رد حکم داور، ۴۹۹
رد کردن، ۵۶، ۹۷، ۹۸، ۱۴۷، ۱۸۴، ۱۸۷، ۲۰۷، ۲۱۹، ۲۲۷، ۲۳۷، ۲۴۱، ۲۴۴، ۲۷۵، ۲۷۷، ۲۹۳، ۳۵۳، ۴۷۱،

ر

رابطهٔ بین دو یا چند متغیر (در آمار)، ۱۹۲
رابطهٔ بین کارگر و کارفرما، ۲۶۳
رابطهٔ خصمانه، ۳۶
رابطهٔ سازمانی، ۵۱۷
رابطهٔ طرفین، ۶۱۰
رابطهٔ فروشنده و مشتری، ۵۹۳
رابطهٔ قراردادی، ۱۸۴
رابطهٔ کارکنان، ۶۶۹
رابطهٔ مالیات و مالیات دهنده، ۴۸۹
رابطهٔ مبادله، ۷۰۹
راشی، ۱۰۴
راه‌اندازی شدن، ۱۵۴
راهبرد / استراتژی تغییر، ۱۳۶
راهبرد / استراتژی یک جانبه، ۶۸۳
راهبرد بازار، ۶۸۳
راهبرد تهاجمی، ۵۰۳، ۶۸۳
راهبرد رقابتی، ۱۶۳، ۶۸۳
راهبرد رقابتی جامع، ۳۲۵
راهبرد ساده، ۵۸۶، ۶۸۳
راهبرد شرکت، ۱۹۱، ۶۸۳

راهبرد عملیاتی، ۵۱۱
راهبرد فرآورده‌های متنوع، ۶۸۳
راهبرد مدیر محور، ۶۸۳
راهبرد مدیریت، ۶۸۳
راهبرد نظری، ۴۱۰
راهبردهای اطلاعات، ۳۷۰
راهبرد یک جانبه، ۷۳۷
راه‌حل تاکتیکی، ۶۹۹
راه‌حل دایمی مشکلات، ۵۴۲
راه‌حل عملی، ۵۵۸، ۶۶۲، ۷۶۳
راه‌حل قانونی، ۶۷۳
راه‌حل قطعی، ۶۶۲
راه‌حل مرضی‌الطرفین، ۴۵، ۶۱۹
راه‌حل مسالمت آمیز، ۴۵
راه‌حل مسالمت‌آمیز، ۶۶۲
راه‌حل مشکل، ۶۱۹
راه‌حل مقطعی، ۵۹۰
راه‌حل منطقی، ۲۷۲
راه‌حل مورد توافق، ۶۵۰
راه‌حل موقتی، ۶۶۲، ۶۸۰
راه فرار از پرداخت مالیات، ۴۴۳

ذ

ذخایر ارزی، ۲۸۱، ۶۱۸
ذخایر اصلی، ۵۶۷، ۶۱۸
ذخایر اولیه، ۶۱۸
ذخایر پولی، ۶۱۸
ذخایر دولتی، ۶۱۸
ذخایر رسمی، ۵۰۵، ۶۱۸
ذخایر نقدی، ۱۲۸
ذخیرهٔ اتکایی، ۱۰۹
ذخیرهٔ احتیاطی، ۱۰۹
ذخیرهٔ ارزشیابی، ۶۱۸، ۷۴۵
ذخیرهٔ ارزی، ۶۱۸
ذخیرهٔ استهلاک، ۴۳
ذخیرهٔ استهلاکی، ۲۳۰
ذخیرهٔ انبار، ۳۷۹
ذخیرهٔ ایمنی، ۱۰۹
ذخیرهٔ بازخرید / سرمایه، ۱۲۲
ذخیرهٔ بازنشستگی، ۶۱۸

ذخیرهٔ پنهانی، ۳۷۲، ۶۱۸
ذخیرهٔ چند منظوره، ۶۱۸
ذخیرهٔ سرمایه، ۱۲۳
ذخیرهٔ قانونی، ۴۲۶، ۶۱۸
ذخیرهٔ کاهنده، ۲۲۸
ذخیره کردن، ۳۴۹، ۶۱۸، ۶۳۷، ۶۷۸، ۶۸۱
ذخیرهٔ مطالبات غیر قابل وصول، ۴۳
ذهن انگیزی، ۱۰۱
ذهنیت گرایی، ۳۹۴
ذیحسابی کل، ۱۶۶
ذینفع اصلی، ۵۱۹
ذینفع دوم، ۶۴۱
ذینفع ظهرنویسی، ۲۶۶، ۳۶۳
ذینفع واقعی، ۵۳۱، ۵۹۷
ذینفع یا سهیم در یک قرارداد، ۵۷

دیوان داوری مختلط، ۴۷۴	کردن، ۱۱۸
دیوان دایمی داوری، ۵۴۲	دین حال، ۲۱۴، ۴۳۶
دیوانسالاری ماشینی، ۴۴۶	دین حکمی، ۴۱۰
دیوان عالی، ۳۴۰، ۵۸۸، ۵۹۰	دین شرافتی، ۲۱۴
دیوان عالی کشور، ۱۹۷	دین قانونی، ۲۱۴
دیوان عدالت اداری، ۳۳	دین مستند به سند رسمی، ۶۶۵
دیوان کشور، ۱۹۷	دین معوق، ۵۲۱
دیوان محاسبات، ۲۵، ۶۲، ۳۰۴	دین معوقه یا عقب افتاده، ۲۱۳
دیوان محاسبات دولتی، ۶۷۳	دین مؤجل، ۲۱۳
دیون احتمالی، ۱۸۱	دین ناشی از قرارداد عادی و شفاهی، ۶۵۷
دیون طویل‌المدت، ۱۲۲	
دیون عمومی، ۱۷۵	دین وثیقه‌دار، ۶۴۲
دیون مشترک، ۴۸۱	دیوان اداری، ۳۳، ۳۴
دیون معوقه، ۵۵، ۵۰۰، ۵۲۱	دیوان استیناف امور استخدامی، ۲۵۴
دیون ممتاز، ۲۱۴، ۵۶۰	دیوان بین‌المللی دادگستری، ۳۸۹
دیون منفور، ۵۰۳	دیوان تمیز، ۱۹۷
دیون و مطالبات، ۱۴۷، ۲۱۳	دیوان داوری، ۲۱، ۵۳، ۵۴، ۱۹۷، ۷۲۶
	دیوان داوری دعاوی عمومی، ۳۲۳

دور نویس، ۲۹۵
دورهٔ آزمایشی، ۵۴۱، ۵۷۰
دورهٔ آماده سازی مدیران، ۱۰۶
دورهٔ آموزش عملی، ۳۹۱
دورهٔ (آموزش) مکاتبه‌ای، ۱۹۲
دورهٔ اختیاری، ۷۱۴
دورهٔ انترنی، ۳۹۱
دورهٔ انتظار، ۷۵۵
دورهٔ انجام وظیفه، ۷۱۷
دورهٔ اولیهٔ استخدام، ۷۷، ۵۴۰
دورهٔ بازآموزی، ۵۴۱، ۶۰۵
دورهٔ بازدهی، ۵۳۴، ۵۳۶، ۵۴۱
دورهٔ برگشت سرمایه / پول، ۵۴۱
دورهٔ بودجه، ۱۰۹
دورهٔ پیشرفته، ۳۵
دورهٔ تخصیص، ۵۲، ۵۴۰
دورهٔ تصدی، ۳۵۹، ۵۰۴، ۵۴۱، ۷۰۷، ۷۰۸
دورهٔ تکمیلی، ۳۵
دورهٔ توجیهی، ۳۶۴، ۵۱۹
دورهٔ تولید، ۵۴۱
دورهٔ حساب، ۵۴۱
دورهٔ حسابداری، ۲۴، ۵۴۰
دورهٔ خدمت متوالی و ممتد، ۴۹۱
دورهٔ رفع اختلاف، ۱۸۸، ۵۴۱
دورهٔ ریاست، ۷۰۸
دورهٔ زمامداری، ۷۰۷، ۷۰۸
دورهٔ عالی، ۳۵
دورهٔ عدم افزایش حقوقها، ۵۳۶
دورهٔ عمر محصول، ۴۳۳
دورهٔ عمل حسابداری، ۲۴
دورهٔ کار، ۷۶۳

دورهٔ کارآموزی، ۳۹۱، ۵۴۱
دورهٔ مالی، ۱۲۱، ۱۲۵، ۱۵۰، ۴۸۷، ۵۰۸، ۵۴۱
دورهٔ مأخذ حسابداری، ۲۴
دورهٔ مبنا، ۵۴۰
دورهٔ محاسبه، ۲۴
دورهٔ محکومیت را طی کردن، ۶۴۷
دورهٔ معافیت مالیاتی، ۷۰۳
دورهٔ نگهداری، ۵۴۱
دوره‌های آموزشی فشرده، ۶۳۷
دوره‌های آموزشی متناوب، ۶۳۷
دوره‌های میانی، ۶۳۷
دوسوگرایی، ۴۴
دو شغله بودن، ۲۴۷
دو شغلی، ۲۴۷، ۴۷۶
دولت غیر قانونی، ۳۴۹
دولتهای طرف قرارداد، ۱۸۲
دون پایه، ۴۱۱
دید روانی، ۴۶۸
دیدگاه رفتاری، ۸۲
دیدگاه سازی، ۷۵۱
دیدگاه کنش متقابل، ۳۸۳
دیدگاه مکانیکی (در مقولهٔ تعارض سازمانی و ارتباطات)، ۴۶۵
دیرترین زمان آغاز یک فعالیت (دربرنامه‌ریزی شبکه)، ۴۲۱
دیرترین زمان انجام یک فعالیت (دربرنامه‌ریزی شبکه)، ۴۲۰
دیرترین زمان خاتمهٔ یک فعالیت، ۴۲۰
دیسک مغناطیسی، ۳۰۸، ۴۴۷
دیسک نرم (در کامپیوتر)، ۳۰۸
دیکتاتور مآبانه حرف زدن یا رفتار

دفتر مرکزی (شرکت)، ۳۲۴، ۳۳۸، ۵۰۴، ۶۰۷
دفتر مطبوعاتی، ۵۶۳
دفتر معاملات نقدی، ۱۲۷
دفتر موجودی کالا، ۶۷۹
دفتر نمایندگی، ۶۱۵
دفتر واسطه‌گری، ۱۰۷
دقت در اجرای به موقع تعهدات، ۵۸۵
دقت کار، ۷۱۵
دکترای مدیریت بازرگانی، ۲۱۰
دگرگونی فصلی، ۶۴۱
دلارهای نفتی، ۵۴۵
دلال ارز و سهام، ۲۱۱
دلال بازار بورس، ۶۷۹
دلال برات، ۸۶
دلال بورس، ۶۶۹، ۶۷۸، ۶۷۹
دلال بورس اوراق بهادار، ۶۶۹
دلال بیمه، ۵۹، ۳۸۰
دلال حراج، ۶۱
دلال خیابان‌گرد، ۶۸۳
دلال سهام، ۶۷۸
دلال کالا، ۱۵۸
دلال معاملات ارزی، ۶۷۸
دلال / واسطهٔ ارز، ۳۱۰
دلالی ارز، ۱۱۸
دلالی بورس، ۶۷۹
دلالی سهام، ۴۰۳
دلالی کردن، ۴۰۳
دلالی که برای معاملهٔ اسناد دولتی منصوب می‌شود، ۳۳۰
دلالی و بهره، ۱۴۲، ۱۵۷
دلایل قانع کننده، ۱۶۲

دلایل معتبر، ۷۴۵
دلایل موجه، ۱۶۲
دلیل قطعی برای تقاضایی، ۴۳۷
دلیل منطقی، ۴۲۷
دلیل موجه، ۴۱۲
دلیل و مدرک اثبات خسارت، ۵۷۸
دمپینگ، ۴۹، ۹۸، ۲۵۰
دموکراسی صنعتی، ۳۶۴
دنبال کار گشتن، ۵۵۱
دنبال کنندهٔ پیشرفت کار، ۵۷۷
دوایر حکومتی، ۱۴۳
دوایر دولتی، ۲۲۸، ۳۳۰
دوباره بررسی کردن، ۶۰۰
دوباره بیمه کردن، ۶۰۹
دوباره تأمین اعتبار / سرمایه کردن، ۶۰۹
دوباره سفارش دادن، ۶۱۳
دوباره‌کاری، ۲۵۰
دوباره‌کاری کردن، ۲۵۰
دوباره / مجدداً تشکیل جلسه دادن، ۶۰۰
دوباره مطرح شدن، ۶۰۲
دوباره منتشر کردن، ۶۰۹
دوران قبل از مدیریت علمی، ۵۶۲
دور بودجه، ۱۰۸
دور تجاری، ۷۱۷
دور تماس، ۱۱۷
دور / چرخهٔ تجاری، ۱۱۲
دور / چرخهٔ خرده‌فروشی، ۷۶۰
دور / سیکل کار، ۴۰۴
دور عملیاتی، ۵۱۰
دور گردش کار، ۶۳۲
دور نگار، ۲۹۵، ۲۹۶، ۳۰۰

دعوت به عضویت، ۱۸۹	دفتر ثبت کلیهٔ معاملات نقدی مؤسسه، ۱۲۷
دعوت به فروش نامنظم، ۳۹۹	دفتر ثبت گزارشها، ۴۴۱
دعوت به کار، ۱۱۷	دفتر ثبت مقدماتی، ۹۱
دعوت به معامله، ۳۹۷	دفتر ثبت وقایع روزانه، ۲۰۹
دعوت به مناقصه، ۳۹۷	دفترچهٔ بانکی، ۵۳۱
دعوت کردن برای تشکیل جلسه، ۱۸۷	دفترچهٔ بسیج اقتصادی، ۵۹۵
دعوت کننده به جلسه، ۱۸۷	دفترچهٔ جیره بندی ارزاق، ۵۹۵
دعوتنامه، ۴۲۸	دفترچه حساب پس انداز، ۵۳۱
دعوتنامه برای حضور در جلسه، ۴۹۶	دفترچهٔ راهنمای بیمه، ۹۷
دعوت یا احضار کردن، ۱۱۷	دفترچهٔ راهنمایی که شامل اطلاعاتی دربارهٔ سازمان، ۲۶۳
دعوی برای شمول همگانی، ۴۳	
دفاتر حسابداری، ۹۷	دفترچه سهمیه‌بندی مواد غذایی، ۵۹۵
دفاتر حسابداری یک مؤسسه، ۹۷	دفترچهٔ مالکیت (وسیلهٔ نقلیه)، ۴۴۱
دفتر / ادارهٔ اطلاعات مشاورهٔ مدیریت، ۴۶۴	دفتر حساب، ۲۳
	دفتر حسابداری، ۱۹۹، ۲۷۰، ۴۲۴
دفتر اسامی اعضا، ۶۰۷	دفتر حسابها، ۹۷
دفتر اسناد رسمی، ۲۶۹، ۴۹۵	دفتر حضور و غیاب، ۶۰، ۶۳۰
دفتر اسناد هزینه، ۷۵۳	دفترخانه، ۴۹۵
دفتر اعتباری، ۱۹۹	دفتر خرید، ۱۰۰
دفتر انتقال سهام، ۶۸۰	دفتر خرید و فروش سهام، ۶۸۰
دفتر بازدید کنندگان، ۷۵۱	دفترداری، ۹۷، ۲۴۷
دفتر بایگانی، ۴۳۱	دفترداری دوبل، ۲۴۷
دفتر بدهیها، ۴۳۱	دفتر ذخیرهٔ کالا، ۶۷۹
دفتر بین المللی کار، ۳۹۰	دفتر روزنامه، ۲۰۹، ۴۱۰
دفتر تعهدات، ۴۳۱	دفتر سوانح، ۲۲
دفتر توسعهٔ اقتصادی ملی، ۴۸۳، ۴۸۵	دفتر فروش، ۶۳۵
دفتر ثبت، ۲۳، ۲۴۴، ۳۵۸، ۶۰۷	دفتر کارگزینی، ۲۶۴
دفتر ثبت اسناد، ۶۰۷	دفتر کل بدهکاران، ۲۱۴
دفتر ثبت بازرگانی، ۷۱۹	دفتر گزارش روزانه، ۴۴۱
دفتر ثبت سوابق، ۶۰۶	دفتر مراجعه کنندگان، ۷۵۱
دفتر ثبت شرکتها، ۱۹۷	دفتر مرکزی اطلاعات، ۱۵۲
دفتر ثبت قیمت تمام شده، ۱۹۴	

دستورالعمل ساخت، 654	دستورالعمل ساخت
دستورالعمل شغلی، 405	
دستورالعمل عمومی، 143	
دستورالعمل قیمت‌گذاری، 565	
دستورالعمل کار، 764	
دستورالعمل ماشین، 446	
دستورالعمل نحوهٔ انجام کار، 570	
دستورالعمل و ارتباط شغلی، 403، 405	
دستور انتقال، 479، 515	
دستور بازرسی دادن، 378	
دستور به زبان دستگاه، 446	
دستور به زبان ماشین، 446	
دستور پرداخت دایمی، 672	
دستور پرداخت سود / بهره، 244	
دستور پرداخت مستمر (تا اطلاع ثانوی)، 73	
دستور تحویل کالا، 514	
دستور توقف، 677	
دستور توقیف، 680	
دستور جلسه، 39، 339، 471، 514	
دستور خاتمهٔ عملیات، 656	
دستور دادن، 155، 268، 326، 327، 379، 422، 513	
دستور را دقیقاً (مو به مو) اجرا کردن، 125	
دستور رسمی، 63	
دستور ساخت / تولید، 457	
دستور صادر کردن، 379، 401	
دستور عدم پرداخت، 681	
دستور عدم پرداخت چک از سوی صاحب حساب، 196	
دستور عدم پرداخت چک به بانک، 534،535، 681	
دستور عملیات، 511	
دستور قطعی، 303	
دستور کار، 39، 379، 406، 471، 514، 515، 661، 764	
دستور کلان، 447	
دستور مافوق، 691	
دستور مشتری به بانک جهت پرداخت مبلغ معین در تاریخهای مشخص تا اطلاع ثانوی، 73	
دستور نهایی، 303	
دستور و اجازهٔ کتبی برای اخذ وجه، 617	
دستوری را اجرا کردن، 514	
دستوری را لغو کردن، 625	
دسته جمعی استعفا دادن، 618	
دسته چک، 140، 141	
دستیابی به اطلاعات یک منبع، 21	
دستیابی به اهداف، 22، 26، 259	
دستیابی به اهداف سازمانی، 60	
دستیابی به توافق، 76، 155	
دست یافتن به توافق، 596	
دعاوی طلبکاران مختلف در مقابل وجه‌معین، 169	
دعوای تعیین حدود، 225	
دعوای جبران خسارت در نتیجهٔ عدم اجرای قرارداد، 28	
دعوای حقوقی، 28، 144، 421	
دعوای متقابل، 180، 196	
دعوای مطروح (در دادگاه)، 126	
دعوایی که در صلاحیت دادگاه تجارت‌است، 126	
دعوت برای تشکیل جلسه، 188

دستبرد در اموال دولت ۵۹۱، ۶۸۰
دست بردن در یک سند، ۷۰۰
دسترسی به اطلاعات، ۲۱
دسترسی به موجودی، ۷۰۰
دست روی دست گذاشتن، ۳۴۷
دستکاری کردن، ۳۹۲
دست کشیدن، ۶۱۱
دستگاه اجرایی، ۳۲، ۳۳
دستگاه اداری، ۳۲، ۳۳، ۱۱۱، ۱۴۴، ۵۰۴
دستگاه ارائهٔ خدمات خودکار، ۶۴
دستگاه برونداد، ۵۲۱
دستگاه تابعه، ۳۷۹
دستگاه ثبت فهرست، ۳۶۱
دستگاه درونداد، ۳۷۳
دستگاه دولتی، ۶۷۲
دستگاه مدیریت، ۴۴۶
دستگاه میانجی، ۳۸۵
دستگاه نمایش لحظه‌ای، ۶۹۸
دستگاههای پیرامونی / جنبی، ۵۴۱
دستگاه یا تشکیلات دولتی، ۳۳۰
دستمزد از پیش پرداخت شده، ۲۱۰
دستمزد اضافی (در روزهای تعطیل)، ۵۳۶
دستمزد امرار معاش، ۴۳۸
دستمزد بازگشت به کار، ۱۱۷
دستمزد بالا در ازای کار برجسته، ۳۴۱
دستمزد پایه، ۷۷
دستمزد پولی، ۴۷۵
دستمزد تشویقی، ۸۵، ۲۳۳، ۳۳۶، ۳۵۵
دستمزد ثابت روزانه، ۱۸۶
دستمزد حضور در محل خدمت، ۶۱۵
دستمزد / حقوق بخور و نمیر، ۶۷۲
دستمزد رضایت‌بخش، ۶۳۷
دستمزد روزانه، ۲۰۷
دستمزد زیادی پرداخت کردن، ۵۲۳
دستمزد ساعتی، ۳۴۴
دستمزد عادلانه، ۲۷۲
دستمزد کار در تعطیلات، ۷۴۴
دستمزد کم / کمتر، ۷۳۳
دستمزد مبتنی بر تورم، ۷۵۵
دستمزد مساوی، ۵۲۸
دستمزد واقعی، ۵۹۷
دستمزدها را کاهش دادن، ۶۳۸، ۷۵۵
دستمزدهای مستقیم، ۲۳۶
دستمزد یا حقوق اضافه‌کاری، ۵۲۴
دستمزد یک برابر و نیم، ۷۱۳
دستمزدی که به مؤسسین شرکت در ازای خدماتشان پرداخت می‌شود، ۵۷۸
دست نگهداشتن، ۳۴۲
دستور آغاز عملیات، ۶۵۶
دستورات صریح، ۱۴۸
دستورات کتبی، ۷۶۷
دستور اداری، ۳۳
دستورالعمل آموزشی، ۷۲۱
دستورالعمل اداری، ۳۳
دستورالعمل استفاده، ۲۳۵
دستورالعمل اعتصاب، ۶۸۴
دستورالعمل تدوین استاندارد ایزو، ۲۳۵
دستورالعمل تعیین قیمت و دستمزد، ۵۶۴
دستورالعمل داخلی، ۳۸۸
دستورالعمل داخلی یا اجرایی، ۱۵۱
دستورالعمل / راهنمای کارهای فنی ایزو، ۲۳۵

درجه‌بندی کردن (مالیات) ۱۲۳ دست از کار کشیدن

درجه‌بندی کردن (مالیات)، ۳۳۰
درجه یا سمت افتخاری، ۱۰۴
در حال اعتصاب، ۶۸۴
در حال انتقال، ۳۹۳
در حالت تعلیق، ۳۵۳
در حالت تعلیق نگه‌داشتن، ۳۴۲
در حضور شخص ثالث، ۳۹۳
در حیطهٔ اختیارات قانونی، ۳۹۳
درخت تصمیم، ۷۹، ۲۱۶
درخت تصمیم تصادفی، ۶۷۸
درخواست استرداد مجرم، ۶۱۶
درخواست اعتبارات، ۵۲
درخواست افزایش دستمزد، ۷۵۴
درخواست برکناری، ۶۱۶
درخواست پرداخت باقیماندهٔ سهام دربورس، ۱۱۸
درخواست پرداخت بخشی از ارزش اسمی سهام صادر شده، ۱۱۸
درخواست تمدید مهلت کردن، ۶۱۶
درخواست خرید، ۵۸۵، ۶۱۶
درخواست رسمی، ۲۶۶، ۳۶۰
درخواست شغل، ۵۰
درخواست کتبی، ۶۱۶، ۶۳۰
درخواست کردن، ۶۱۳، ۶۱۶، ۶۶۲
درخواست گزارش، ۲۲۵
درخواست مجدد، ۶۱۳
درخواست مشترک، ۴۰۹
درخواست نامه، ۶۱۶، ۷۶۷
درخواست وصول طلب (مطالبات)، ۲۱۳
درخواستهای خرید، ۵۸۵
درخواستهای خرید در دست اقدام، ۵۸۵
در دست رسیدگی، ۶۸۶

در دفتر بایگانی کردن، ۶۰۱
در دفتر وارد کردن، ۶۰۶
درست کردن، ۲۶۲
در سرمایه‌گذاری شرکت کردن، ۳۹۵
در سمت مشاور خدمت کردن، ۶۴۸
درصد سود خالص، ۴۸۸
درگیری پویا، ۲۵۱
در مالکیت دولت، ۶۷۴
در مناقصه یا مزایده شرکت کردن، ۸۴، ۸۵، ۲۶۹، ۴۴۸، ۷۰۷
در مورد پیشنهادی از اعضای جلسه رأی‌گیری کردن، ۴۶۷
در نظر گرفتن، ۲۵، ۷۸، ۱۱۰، ۱۱۵، ۱۷۴، ۲۰۴، ۲۵۲، ۴۹۰، ۵۸۱، ۵۸۷، ۶۲۰، ۷۵۰
در وضعیت بد، ۳۹۳
در هیأت منصفه عضویت داشتن، ۴۱۲
دریافت اطلاعات و سازماندهی آن در ذهن، ۳۵
دریافت بها پیش از تحویل کالا، ۱۲۷
دریافت خسارت مبلغ حکم، ۶۰۱
دریافت سفارش، ۵۱۴، ۵۱۵
دریافت کردن، ۱۵۳، ۵۹۸، ۶۰۱
دریافت کننده، ۵۹۸
دریافت کنندهٔ دین / بدهی، ۴۱۰
دریافت کنندهٔ طلب، ۲۱۳
دریافت کنندهٔ عشریه، ۷۱۵
دریافت مفهوم، ۱۶۷
دریافتهای مالیاتی، ۳۷۲
دریافتی بیش از اعتبار، ۵۲۲
دریافتی خالص، ۵۳۶، ۶۹۹
دریای آزاد، ۳۴۱
دست از کار کشیدن، ۱۵۴، ۲۴۸،

درآمد حاصله از سرمایه‌گذاری در یک سال، ۱۲۲
درآمد خارجی، ۳۱۰، ۳۵۶
درآمد خاص، ۵۲، ۱۱۳
درآمد خالص، ۳۵۷، ۴۸۷، ۴۸۸
درآمد خالص حاصل از عملیات، ۴۸۸
درآمد خالص شرکت، ۱۹۱
درآمد خالص مشمول مالیات، ۳۵۷
درآمد داخلی، ۳۸۸
درآمد داشتن، ۲۵۲
درآمد سالانه، ۴۸، ۳۵۶
درآمد سرانه، ۳۵۷، ۵۳۸، ۵۴۳
درآمد شخصی، ۲۴۰، ۵۴۳
درآمد عملیاتی، ۳۵۷، ۵۱۰
درآمد عملیاتی خالص، ۳۵۷، ۴۸۸
درآمد عملیاتی قبل از پرداخت مالیات، ۵۱۰
درآمد / عواید قبل از کسر بهره و پس از پرداخت مالیات، ۲۵۴
درآمد غیر قانونی، ۸۹
درآمد فروش، ۶۳۵، ۷۲۸
درآمد قابل توجه، ۶۲۰
درآمد قابل توزیع، ۳۵۶
درآمد قابل مصرف، ۵۹۶، ۶۶۶
درآمد قبل از پرداخت بهره و مالیات، ۲۵۳
درآمد قبل از کسر بهره و مالیات، ۲۵۳، ۲۵۴
درآمد قطعیت نیافته، ۷۳۲
درآمد کسب شده، ۲۵۳، ۳۵۶
درآمد کل، ۷۱۶، ۷۱۷
درآمد گروهی، ۳۳۳

درآمد مازاد، ۲۶
درآمد مشمول مالیات، ۱۳۷، ۳۵۷
درآمد معاف از (پرداخت) مالیات، ۳۵۶،۴۹۳
درآمد ملی، ۲۱۳، ۲۲۸، ۳۵۷، ۴۸۳
درآمد ملی توزیع شده، ۲۴۲
درآمد ناخالص / ناویژه، ۳۳۲، ۳۵۶
درآمد ناشی از سرمایه‌گذاری، ۳۹۶
درآمد نهایی، ۴۵۸
درآمد واقعاً خالص، ۴۸۷
درآمد واقعی، ۳۰، ۵۹۶
درآمد و سود بدون زحمت / دسترنج، ۷۴۷
درآمد وصول نشده، ۲۶
درآمدهای بین دولتها، ۳۸۶
درآمدهای مالیاتی، ۳۷۲، ۶۲۴، ۷۰۴
درآمد هر سهم، ۲۵۳
درآمد یک دورهٔ معین، ۲۰۴
درآمد یک سال مالی، ۲۰۴
در اجاره، ۱۹۸، ۴۲۳، ۵۰۰
در اسکله، ۲۸۳، ۲۹۱، ۲۹۴
در اوج فعالیت (در بورس)، ۶۰
در بندر توقیف کردن، ۲۶۲
در پایه‌ای قرار گرفتن، ۳۳۰
در توالی قرار دادن، ۶۴۸
در جریان گذاشتن، ۳۰۳
درج کردن مطلب از قلم افتاده، ۶۰۹
درجهٔ اعتبار، ۲۰۰، ۲۷۴، ۴۹۷، ۴۹۸
درجه‌بندی شایستگی، ۴۶۹
درجه‌بندی شغل، ۴۰۵
درجه‌بندی عوامل، ۲۹۶
درجه‌بندی کردن، ۳۳۰

دبیرخــانهٔ بیـن‌المللـی اتحادیه‌های کارگری، ۳۹۱، ۴۰۲	داور ثالث، ۷۱۲
دبیر شرکت، ۱۶۱	داور در اختلافات کارگری، ۷۳۱
دبیر شرکت سهامی، ۱۹۱	داور علی‌البدل، ۴۴
دچار وقفه کردن، ۳۹۲	داور قانونی، ۵۳
دخالت بنیادی، ۶۸۵	داور کارشناس، ۲۸۸
دخالت کارفرما، ۲۶۴	داور منصوب یک طرف، ۵۳۰، ۵۳۱
دخالت کردن، ۳۸۵	داور واحد، ۶۵۷، ۶۶۱
دخالت ناروای کارفرما در روابط کار، ۲۶۴	داوری اجباری، ۱۶۶
	داوری براساس مقررات قانون، ۶۷۶
دخل و تصرف در سند، ۳۹۲	داوری به تراضی، ۷۵۲
دخل و خرج سر به سر، ۱۰۳	داوری تجاری، ۵۴، ۱۴۴، ۱۵۶
درآمد اختصاصی، ۱۱۳	داوری توسط مراجع رسمی / دایمی، ۳۲، ۳۷۸
درآمد ارزی، ۳۵۶	
درآمد انباشته، ۲۶	داوری تــوسـط مـراجـع مـوقتی و غیر رسمی، ۴۹۱
درآمد انتقالی، ۲۲۰	
درآمد بدون دسترنج، ۷۳۵	داوری سازمانی، ۳۷۸
درآمد برآورد شده، ۳۵۶	داوری قراردادی، ۷۵۲
درآمد بر اساس تولید حاصله، ۳۰	داوری کردن، ۴۱۲
درآمد پرداخت نشده، ۷۳۲	داوری مشورتی، ۳۷
درآمد پولی، ۳۵۷، ۴۷۵	داوری منصفانه، ۲۹۷
درآمد پیش بینی شده، ۳۵۶	داوری واحد، ۶۵۷
درآمد تحقق نیافته، ۷۳۵	داوری یک سویه، ۵۴، ۷۳۶
درآمد تحقق یافته، ۳۵۷	دایرهٔ ایمنی، ۶۳۳
درآمد توزیع نشده، ۲۶، ۶۲۲	دایرهٔ پرسنلی، ۵۴۴
درآمد ثابت، ۳۰۶، ۳۵۶	دایرهٔ حسابداری، ۲۴
درآمد جاری، ۶۳۲	دایرهٔ خدمات عمومی، ۳۲۵
درآمد جاری ناشی از سرمایه‌گذاری، ۱۲۸	دایرهٔ خرید، ۵۸۵
	دایرهٔ روشها، ۴۷۰
درآمد حاصل از تقلیل هزینه، ۱۹۵	دایرهٔ صندوق، ۱۲۸
درآمد حاصل از سرمایه گذاری، ۳۹۶	دایرهٔ طرح و برنامه، ۵۵۰
درآمد حاصله، ۲۵۳، ۳۵۶	دایرهٔ طرحها، ۲۳۱
	دایرهٔ ورشکستگی، ۷۴

دارایی غیر قابل تبدیل به نقد، ۵۷
دارایی غیر مادی، ۵۷۹
دارایی غیر ملموس، ۳۸۱، ۵۷۹
دارایی غیر منقول، ۳۴۹، ۵۹۷
دارایی فردی، ۶۴۸، ۶۵۱
دارایی قابل محاسبه، ۲۴
دارایی قانونی، ۵۷، ۴۲۴
دارایی کاهش پذیر، ۷۵۸
دارایی کم ارزش، ۳۵۴
دارایی مادی، ۵۷۹
دارایی مستهلک شدهٔ غیر قابل ترمیم، ۳۵۹
دارایی مشترک، ۴۰۸
دارایی مشهود / ملموس، ۵۷
دارایی معوق، ۲۵، ۵۷، ۲۱۹
دارایی ملموس، ۵۷۹، ۷۰۰
دارایی نامرئی، ۳۸۱
دارایی نامشهود / غیر ملموس، ۵۷، ۳۸۱
دارایی نقدی، ۵۷، ۴۳۶
دارایی نقصان پذیر، ۵۷
دارایی وابسته، ۵۰
دارایی و اموال زمان حیات، ۴۳۳
دارایی و اموال غیر ملموس، ۳۸۱
دارایی و دیون، ۵۷
دارایی وصول نشده، ۲۵
داراییها و بدهیها، ۵۷
داراییهای آشکار، ۷۰۰
داراییهای ثابت، ۳۰۶
داراییهای جاری (در مقابل داراییهای ثابت)، ۲۰۴، ۳۰۸
داراییهای ذخیره، ۶۱۸
داراییهای سرمایه‌ای ثابت، ۳۰۶

داراییهای طویل‌المدت، ۴۴۲
داراییهای عملیاتی خالص، ۴۸۷
داراییهای فرضی، ۳۰۱
داراییهای فعال، ۵۱۰
داراییهای قابل استهلاک، ۲۲۹
داراییهای مشهود / ملموس، ۷۰۰
داراییهای نقدی، ۱۲۷
داراییهای نقصان پذیر، ۷۵۸
دارایی یا اموال شرکت، ۱۹۱
دارایی یا ملکی که به نام کسی است اما شخص دیگری نیز نسبت به آن ادعای مالکیت دارد، ۲۶۶
دارندهٔ امتیاز بهره‌برداری، ۱۶۸
دارندهٔ براتی که کالای موضوع آن تحویل شده باشد، ۳۴۲
دارندهٔ پروانه، ۴۳۱
دارندهٔ جواز، ۴۳۱، ۴۳۲
دارندهٔ حق تصرف و گرویی، ۴۳۲
دارندهٔ درآمد ثابت، ۶۱۳
دارندهٔ سند آزاد یا بلامعارض، ۳۴۲
دارندهٔ سهام قرضهٔ دولتی، ۳۲۰
دارنده / صاحب سهام ممتاز، ۵۶۰، ۵۶۱
دارندهٔ قبض و برات، ۳۴۲
دارندهٔ کارت اعتباری، ۱۲۳
دام نقدینگی، ۴۳۷
دامنهٔ پرداخت، ۵۳۶
دامنهٔ کار، ۴۰۶
دانشکدهٔ فنی آزاد، ۵۰۹
دانشگاه آزاد، ۵۰۹، ۵۱۹
دانش مدیریت، ۴۵۳
داور اختصاصی، ۵۳۰، ۵۳۱
داور تصفیه، ۶۵۱

داد و ستد به وسیلهٔ چک ۱۱۹ دارایی غیر عینی

داد و ستد به وسیلهٔ چک، ۱۴۱
داد و ستد تهاتری، ۱۶۳
داد و ستد جاری، ۲۰۴
داد و ستد خارجی، ۷۲۲
داد و ستد داخلی، ۲۴۶، ۷۲۲
داد و ستد کردن، ۱۵۵، ۴۶۸، ۴۸۶، ۷۱۷، ۷۲۲
داد و ستد مرئی، ۷۵۱
داد و ستدهای توزیعی، ۲۴۳
داده پرداز، ۲۰۹
داده پردازی، ۲۰۸، ۲۴۸، ۳۷۰، ۵۷۱
داده پردازی الکترونیکی، ۲۶۱
داده پردازی توزیعی، ۲۴۲
داده پردازی صنعتی، ۳۶۴
داده پردازی یکپارچه، ۳۸۲
داده‌های اداری پایه، ۴۶۲، ۴۶۴
داده‌های ترکیبی، ۶۹۶
داده‌های معیار اصلی، ۴۶۳
داده‌های معیار پایه، ۴۷۹
داده‌های ورودی، ۳۷۳
دارا بودن شغل تمام وقت در زمان‌بازنشستگی، ۶۹۱
دارای اختیار تام / مطلق، ۵۵۲
دارای ارزش قانونی، ۷۴۵
دارای الزامات متقابل یا دو طرفه، ۶۹۶
دارای امتیازات اولیه کردن، ۶۰۸
دارای اهلیت، ۱۶۳
دارای اهلیت قانونی، ۱۷
دارای تعهدات متقابل، ۶۹۶
دارای تعهد و التزام مشترک، ۱۸۸
دارای جواز، ۶۳۶
دارای حق رأی، ۴۴۷

دارای حقوق بازنشستگی، ۵۳۸
دارای حقوق مکفی، ۷۵۹
دارای شخصیت حقوقی، ۱۹۰
دارای شخصیت حقوقی کردن، ۳۵۸
دارای شغل آزاد، ۶۴۵
دارای صلاحیت، ۳۰۶
دارای صلاحیت شغلی، ۳۰۶
دارای ضمانت اجرایی، ۶۳۶
دارای قدرت قانونی، ۶۳
دارای قوت قانونی، ۳۰۹
دارای مجوز، ۶۳، ۶۰۷
دارای منع قانونی، ۶۷۵
دارای موعد معین، ۲۳۲
دارای نقدینهٔ قابل توجه، ۴۳۶
دارایی آزاد، ۶۵
دارایی اسمی، ۴۹۰
دارایی انفرادی، ۶۴۸
دارایی بدهکاری را گرو گرفتن و فروختن، ۶۴۶
دارایی بی ارزش، ۳۵۴
دارایی تعلق ناپذیر، ۴۹۱
دارایی تعهد شده، ۲۵
دارایی ثابت، ۵۷، ۱۲۱، ۵۴۱
دارایی جاری، ۵۷، ۱۴۳، ۴۳۶
دارایی خالص، ۵۷، ۲۷۲، ۴۸۷، ۴۸۸
دارایی در گردش، ۱۴۳
دارایی دینی، ۳۸۱
دارایی سرمایه‌ای، ۵۷، ۱۲۰
دارایی سیال، ۵۹۰
دارایی شخصی، ۶۵۱
دارایی غیر جاری، ۴۹۲
دارایی غیر عینی، ۳۸۱

د

داخل در غرمه شدن، ۵۹۳
دادخواست خسارت دادن، ۶۹۰
دادخواست دادن، ۳۰۲
دادخواست متقابل، ۶۷۳
دادخواهی کردن، ۴۳۷، ۵۴۵
دادگاه اداری، ۳۳، ۲۳۷، ۷۲۶
دادگاه اروپا، ۲۷۷
دادگاه استیناف روابط کار / صنعتی، ۲۵۴
دادگاه استیناف کار، ۲۶۴
دادگاه انتظامی، ۲۳۷
دادگاه بخش، ۱۹۷، ۴۴۷
دادگاه بین‌المللی، ۳۸۹، ۳۹۱
دادگاه جوامع اروپایی، ۱۹۷
دادگاه داوری بین‌المللی، ۳۸۹
دادگاه روابط صنعتی ملی، ۴۸۳
دادگاه صالحه، ۱۶۳
دادگاه صنعتی، ۳۶۴، ۴۰۲
دادگاه عالی، ۵۸۸، ۵۹۰
دادگاه عملیات محدود (در انگلستان)، ۶۲۱
دادگاه لاهه، ۳۳۶
دادگاه محل انعقاد قرارداد، ۳۱۲
دادگاه محل مال مورد اختلاف، ۳۱۲
دادگاه ملی روابط صنعتی، ۴۸۹
دادگاه ورشکستگی، ۷۴
دادگاههای صالح ایران، ۱۶۳
دادگاههای صنفی، ۱۵۶
دادگاه / هیأت حل اختلافات کارگری، ۳۶۴، ۳۶۶
دادگاه / هیأت حل اختلافات کارگری، ۴۰۲
دادن آگهی یا ابلاغیه جهت پرداخت تعهدات (دیون)، ۳۲۶
دادن امتیاز، ۳۹۶
دادن پست و مقام برای اطرافیان، ۴۰۷
داد و ستد، ۷۵، ۹۰، ۹۱، ۹۷، ۱۵۵، ۱۶۳، ۱۹۷، ۲۰۴، ۲۱۱، ۲۶۹، ۲۷۰، ۳۸۴، ۴۵۹، ۴۶۰، ۴۶۲، ۴۸۶، ۷۱۷، ۷۲۰، ۷۲۲
داد و ستد استثنایی، ۲۸۲
داد و ستد اقساطی، ۷۰۰
داد و ستد بورس، ۷۵

خود نگهداری پویا، ۲۵۱	خود را کنار کشیدن و از مسؤولیت شانه
خود هدایتی، ۶۴۴	خالی کردن، ۷۵۸
خودیاری، ۶۴۵	خود رأیی، ۵۰۲
خویشتن آزمایی، ۶۴۴	خود سازگاری، ۶۴۴
خویشتن داری، ۳۰۹، ۶۴۴	خود سازماندهی، ۶۵
خویش خدمت، ۶۴۵	خود شکوفایی، ۶۴۴
خویش فرمایی، ۶۴۵	خود فرمانی، ۶۴۴
خیار بایع / فروشنده، ۶۴۶	خودکار سازی تولید، ۴۵۷
خیار تخلف شرط، ۵۱۳، ۷۳۶	خودکار سازی صنایع، ۶۵
خیار تخلف وصف، ۵۱۳	خودکار کردن، ۶۴
خیار تدلیس، ۵۱۳، ۷۲۶	خودکاری اختصاصی، ۲۱۷
خیار رؤیت، ۳۷۶، ۵۱۳	خود کامگی، ۱۹
خیار شرط، ۵۱۳	خود گردان، ۶۴۵
خیار غبن، ۵۱۳	خود گردانی، ۶۴
خیار فسخ یا بستن عقدی، ۵۱۲	خود مختاری، ۶۲، ۶۵
خیلی محرمانه، ۱۷۱	خود مداری، ۶۳
	خود مدیریتی، ۶۴۵

خطای معیار، ۲۷۳، ۶۷۰
خطای نمونه‌گیری، ۲۷۳، ۶۳۶
خطای هاله‌ای، ۳۳۶، ۳۴۴
خط بودجه، ۴۳۵
خط توازن، ۴۳۵
خط تولید، ۵۶، ۱۰۶، ۲۴۶، ۳۰۵، ۳۱۷،۴۳۵، ۵۶۴، ۵۷۳
خطرات شغلی، ۳۳۸، ۴۰۵
خطرات کاربرد مدیریت بر مبنای اهداف،۳۳۸
خطرات ناشی از انتقال کالا، ۷۲۳
خطر جویی، ۶۲۹
خط رگرسیون، ۶۰۸
خطری که مشمول قرارداد بیمه شود، ۶۲۸
خط سود، ۹۹، ۴۳۵
خط فرماندهی، ۴۳۵
خط‌مشی شرکت، ۳۰۵
خط‌مشی عمومی، ۵۸۳
خط‌مشی قیمت‌گذاری، ۵۶۶
خط‌مشی گذاری، ۵۵۳
خط‌مشی مدیریت، ۴۵۳
خط‌مشی‌های اجرایی، ۳۴
خط‌مشی‌های حسابداری، ۲۴
خط‌مشی‌های کارگزینی، ۵۴۵
خط‌مشیی را اتخاذ کردن، ۳۴
خط مقدم، ۳۰۵
خط موتناژ، ۵۶، ۲۸۹
خط میانی، ۴۷۰
خط واپس روی، ۶۰۸
خطوط حمل و نقل بین‌المللی، ۷۱۵
خلاصهٔ ترازنامه، ۱۷

خلاصهٔ مذاکرات، ۴۱۰، ۴۷۱، ۴۷۲، ۵۷۱، ۵۸۱، ۷۲۲
خلاصهٔ مذاکرات متفق علیه، ۴۰
خلاصه و رئوس مطالب درسی، ۶۹۵
خلاصهٔ وضعیت تحصیلی، ۲۰۵
خلاصهٔ یک سند، ۱۹
خلاف پیمان عمل کردن، ۳۹۲
خلاف قانون، ۳۹، ۱۸۴، ۱۸۵، ۲۳۰، ۴۵۰، ۵۰۳، ۷۳۹
خلاف قانون عمل کردن، ۱۸۴
خلاف مقررات، ۳۹، ۶۰۸
خلأ بازده، ۵۲۱
خلع شده، ۶۲۴
خلع ید کردن، ۲۳۷، ۲۴۱، ۲۶۰، ۲۷۹،۲۸۷، ۲۹۱، ۵۱۹، ۶۱۸
خلع ید واقعی، ۳۰
خلف وعده، ۱۰۳
خمیده کاری، ۶۸۰
خواستار مجازات (اقتصادی) کشوری شدن، ۳۹۷
خود ارزشیابی، ۶۴۴، ۶۴۵
خود اشتغال، ۶۴۵
خود اشتغالی، ۶۴۵
خودداری از پرداخت دین به دلیل وجودعلت قانونی، ۶۰۱
خودداری از پرداخت مالیات، ۷۰۲
خودداری از خرج کردن درآمد جاری، ۱۹
خودداری از مصرف، ۱۹، ۶۳۷
خودداری کردن از پرداخت مالیات، ۷۰۴
خود را از دین بری‌الذمه کردن، ۵۳۵
خود را بجای دیگری معرفی کردن، ۵۴۴

خسارت از دو طرف، ۷۶۰
خسارت اسمی یا سمبولیک، ۱۸۰، ۴۹۰
خسارت بالقوه، ۲۰۸
خسارت پذیری، ۲۰۷
خسارت پیش‌بینی شده، ۶۶۶
خسارت تأخیر تأدیه، ۲۲۲
خسارت تبعی، ۲۰۷
خسارت تصفیه نشده، ۷۳۹
خسارت تعیین شده طبق حکم دادگاه، ۴۳۶
خسارت جبران ناپذیر، ۳۹۹
خسارت جزئی، ۵۲۹
خسارت خاص که مستلزم مطالبه ضمن دادخواست است، ۶۶۴
خسارت دادرسی، ۱۹۵، ۱۹۷
خسارت دریایی عمومی، ۳۲۳
خسارت دیدن، ۳۵۹، ۴۴۳، ۴۴۴، ۶۹۰
خسارت عادلانه، ۴۱۲
خسارت عادی غیر قابل پیش بینی، ۴۹۴
خسارت عام / عمومی، ۳۲۳
خسارت عدم‌النفع ناشی از عدم اجرای قرارداد، ۲۸۶
خسارت عمومی، ۲۰۷، ۳۲۳، ۶۸۹
خسارت غیر عادی، ۶۱۱
خسارت غیر عمد، ۲۰۸
خسارت غیر قابل جبران، ۳۹۹
خسارت غیر محتمل، ۶۱۱
خسارت غیر مستقیم، ۲۰۷
خسارت قابل تقویم به پول، ۵۳۷
خسارت قابل ملاحظه، ۶۸۹
خسارت کامل، ۷۱۶
خسارت کسی را جبران کردن، ۴۴۹، ۶۰۱

خسارت مالی غیر مستقیم، ۳۶۲
خسارت محتمل‌الوقوع، ۲۰۸
خسارت مستقیم، ۲۰۷، ۲۳۴، ۵۸۲
خسارت معنوی، ۲۰۷
خسارت مورد مطالبه، ۱۴۴
خسارت ناشی از تخلف یا نقض قرارداد، ۲۰۷
خسارت ناشی از عدم استیفای حقوق، ۴۴۳
خسارت وارد کردن (به کشتی)، ۷۶۶
خسارت وارده بر اموال، ۲۰۷
خسارت واقعی، ۲۰۸
خسارتهای تبعی، ۱۷۴
خسارتهای ناشی از مبادلات ارزی، ۲۸۱
خسارتهای ناشی از نوسانهای نرخ ارز، ۲۸۱
خسارتی که تعیین میزان آن به دادگاه واگذار شده باشد، ۲۰۷
خشونت قانون، ۶۸۵
خصوصیات فردی، ۳۶۲
خصوصی سازی، ۵۶۹
خصوصی شده، ۵۶۹
خصوصی کردن، ۲۲۶، ۵۶۹
خط (آهن) کمربندی، ۸۲
خطاب به بانک، ۳۱
خط ارتباط سازمانی، ۴۳۵
خط اعتباری، ۲۰۰، ۴۳۵
خط امضا، ۶۳
خطای احتمالی، ۲۷۳
خطای باقیمانده، ۶۱۸
خطای پیش بینی نتایج، ۶۱۸
خطای تصادفی، ۲۷۳

خرید بنگاه توسط مدیران، 451	خریدن لباس آماده، 114
خرید به موقع، 585	خرید نیازهای فوری، 337
خرید پوشاک آماده، 114	خرید نیمه انحصاری، 506
خرید جانشینی، 114	خرید و تأمین قطعات مورد نیاز از داخل مؤسسه، 100
خرید جلوگیری کننده، 559	خرید و تثبیت سهام، 58
خرید حمایتی، 693	خرید و فروش، 459
خرید خالص، 488	خرید و فروش از طریق واسطه، 113
خرید دو جانبه، 599	خرید و فروش استثنایی، 282
خرید سفارش، 514	خرید و فروش اقساطی، 700
خرید سلف، 313	خرید و فروش اموال مسروقه، 680
خرید سهام به امید ترقی قیمتها، 110	خرید و فروش چند باره، 165
خرید سهام جدید، 680	خرید و فروش در یکجا، 507
خرید سهام یک شرکت توسط شرکت دیگر به منظور کنترل آن، 719	خرید و فروش غیر قانونی، 720
خرید شده، 99	خرید و فروش کردن، 459، 468
خرید کالاهای کمیاب، 638	خرید و فروش و معاملۀ دلالها در بورس به حساب سود و زیان خود، 308
خرید کردن، 459	خرید یکجا، 190
خرید کردن از، 211	خزانه‌دار، 598
خرید کل مایملک، 115	خزانه‌دار کل، 166
خرید کلی، 79، 89، 91، 110، 445	خزانۀ دولت، 583
خرید کلی بدون محاسبۀ جزئیات، 585	خزانۀ نیروی کار، 417
خرید مایحتاج فوری، 337	خسارات تبعی، 361
خرید متقابل، 598، 599	خسارات جنبی، 152، 355
خرید مواد، 680	خسارات عمومی، 515
خرید موجودی، 680	خسارات مالی، 443
خرید مؤسسه از سهامداران اولیه توسط مدیران، 451	خسارات ناشی از فسخ قرارداد، 708
خرید ناگهانی، 353	خسارات وارده توسط فروشندۀ کالا، 207
خریدن سهام یک شرکت، 699	خسارات واقعی، 30
خرید نقد و نسیه، 507	خسارت ابطال، 118
خرید نقدی، 127	خسارت احتمالی، 208
خرید نقدی و حمل توسط مشتری، 127	

خدمات حساب جاری، ۱۴۰
خدمات حمل و نقل، ۷۲۴
خدمات داوری و حل اختلاف، ۱۲۶، ۱۶۸
خدمات درمانی، ۴۶۶
خدمات دولتی، ۶۴۹
خدمات شخصی یا مالی که مردم یک کشور برای بیگانگان انجام می‌دهند، ۳۹۷
خدمات شهری، ۵۸۴، ۷۴۳
خدمات صادقانه، ۴۴۴
خدمات ضمنی، ۲۱، ۶۴۹
خدمات عام‌المنفعه، ۵۸۴، ۷۴۳
خدمات عمومی، ۵۸۴
خدمات فنی، ۶۴۹
خدمات گستردهٔ بانکی، ۷۶۰
خدمات مالی یا شخصی که خارجیان برای مردم یک کشور انجام می‌دهند، ۳۹۷
خدمات مدیریتی، ۴۵۳
خدمات مشاوره، ۱۹
خدمات مشاورهٔ پزشکی استخدامی، ۲۶۴
خدمات مشاوره و داوری، ۳۷
خدمات مشتری، ۲۰۵
خدمات مشورتی، ۳۷، ۱۷۷
خدمت بلا انقطاع، ۴۹۱
خدمت دولت، ۵۸۴
خدمت کردن، ۴۷۱
خدمت نظام وظیفه، ۶۴۹
خرابکاری صنعتی، ۶۳۳
خرابکاری ماشین آلات کارخانه، ۵۹۶

خراب یا غیر عملیاتی، ۵۲۰
خراج و مالیات زمین، ۴۱۹
خرج برداشتن، ۱۹۳
خردسال آموزی، ۵۳۷
خرد کردن سهام، ۶۸۰
خرده فروش، ۶۲۲، ۷۶۰
خرده فروشی، ۶۲۲
خرده فروشی با شعبه‌های زیاد، ۶۲۲
خرده کاری، ۴۰۴
خرق حجاب شخصیت حقوقی، ۵۴۷، ۴۳۳
خروج از خدمت موقت ۴۲۲
خروج سرمایه، ۳۰۷
خروج سرمایه از یک کشور به منظور اجتناب از زیان یا افزایش سود، ۳۰۷
خروجی غلط در مقابل ورودی غلط، ۳۲۲، ۳۲۶
خرید احتکاری، ۶۶۶
خریدار اقلام مورد نیاز در یکجا، ۵۰۷
خریدار پروژه، ۵۷۷
خریدار خوش نیت، ۳۷۲
خریدار دست دوم، ۶۸۷
خریدار نهایی، ۴۵۸
خرید افزون بر فروش، ۱۱۵
خرید اقساطی، ۳۴۱، ۳۷۷
خرید با ارائهٔ بن، ۷۵۳
خرید با چک، ۱۴۱
خرید با ذکر مشخصات، ۱۱۴
خرید بازاری، ۴۶۱
خرید بدون برنامهٔ قبلی، ۳۵۳
خرید برنامه‌ای، ۶۳۸

خ

خاتمه دادن، ۷۰۸، ۷۶۱
خاتمه دادن (به) جلسه، ۳۱، ۴۶۷، ۷۶۱
خاتمهٔ قرارداد، ۷۰۸، ۷۲۵، ۷۲۶
خارج از اختیار، ۷۳۱
خارج از حدود صلاحیت شخص، ۷۳۱
خارج از حیطهٔ قانون، ۲۹۳
خارج از خدمت، ۳۸، ۲۵۱، ۵۰۳
خارج از رده بودن، ۵۰۲
خارج از سرویس اداری، ۳۸
خارج از صلاحیت، ۵۲۱، ۷۳۱
خارج از کنترل قانون، ۲۹۳
خارج از موضوع، ۸۴، ۳۹۹
خارج ساختن از تحت نظارت دولت، ۲۳۰
خارج کردن پول از گردش، ۲۲۶
خارج کردن دارایی از رهن پس ازبازپرداخت وام، ۶۰۳
خالص پرداختی، ۶۹۹
خالی کردن، ۱۰۷، ۲۵۰، ۲۷۷، ۷۴۰، ۷۴۴
خالی کردن بار، ۷۴۰
خانه‌نشین شدن از دست طلبکاران، ۴۱۳
خانه‌نشینی، ۴۱۳
خبرنامهٔ رسمی (رسانه / وسیلهٔ ارتباطی رسمی)، ۵۰۴
خبرنگاران جراید، ۱۹۲
خبر یا گزارش تبلیغاتی، ۵۶۴
خدعهٔ قانونی، ۴۲۵، ۴۴۲
خدمات اجتماعی، ۶۴۹، ۶۶۰، ۷۵۹
خدمات اجرایی، ۶۴۹
خدمات اداری، ۳۴، ۶۴۹
خدمات اطلاعاتی، ۲۰۸، ۳۷۰
خدمات اطلاعاتی پستی، ۲۰۸
خدمات اطلاعاتی در زمینهٔ خسارتهای ناشی از حریق، ۴۴۳
خدمات انحصاری، ۴۷۶
خدمات بهداشتی / درمانی، ۳۳۹
خدمات بهزیستی، ۷۵۹
خدمات پرسنلی، ۶۴۹
خدمات پس از فروش، ۳۸، ۶۴۹
خدمات توسعهٔ آموزشی، ۷۰۵
خدمات جنبی / جانبی، ۲۱، ۶۴۹
خدمات چندگانهٔ بانکی، ۴۸۰

حساب، ۲۱۳	حوزهٔ اطمینان، ۱۷۱
حوالهٔ پستی، ۴۴۷، ۴۷۵، ۵۵۶	حوزهٔ بازرسی، ۳۷۶
حوالهٔ تحویل کالا، ۲۲۳	حوزهٔ دادگاه، ۷۴۸
حوالهٔ تلگرافی، ۱۱۶، ۷۰۶	حیطهٔ اختیار، ۳۵۹، ۶۱۱، ۷۰۹
حوالهٔ در وجه حامل، ۸۰	حیطهٔ توجه، ۶۶۳
حوالهٔ دولتی، ۲۱۲	حیطهٔ شمول، ۵۸۶
حواله / سفتهٔ مدت دار، ۸۷	حیطهٔ کنترل، ۵۸۶
حواله / سفتهٔ مدت دار، ۸۷، ۵۴۰	حیطهٔ مدیریت، ۴۵۰، ۶۶۳
حواله شده، ۵۸	حیطهٔ نظارت، ۱۸۶، ۶۶۳
حوالهٔ عندالمطالبه، ۸۶، ۲۲۴، ۲۲۵	حیطهٔ نظارت گسترده‌تر، ۷۶۱
حواله کردن، ۲۴۸، ۴۴۹	حیطه یا حدود اختیار، ۶۳۹
حواله کردن پول، ۶۱۱	حیف و میل، ۲۶۲
حواله کننده، ۶۱۱	حیف و میل اموال دولت، ۵۳۶
حواله گیرنده، ۵۸	حیف و میل دارایی عمومی / بیت المال، ۴۷۲، ۵۳۷
حوالهٔ مدنی، ۷۲۳	
حوالهٔ نقدی اعتبار، ۵۲	حیف و میل کردن، ۲۶۲، ۳۹۳
حوالهٔ وصول طلب از بدهکار، ۲۲۲	حیلهٔ قانونی (یا شرعی)، ۴۲۵، ۴۴۲
حوزهٔ اختیار، ۶۶۳	حین انجام وظیفه، ۵۰۳، ۷۶۰

حکم نهایی، ۳۰۳
حکم واجب‌الاطاعه، ۵۰۱
حکم ورشکستگی، ۳۲، ۷۵، ۵۱۴
حکمیت عادلانه، ۲۹۷
حکمیت کردن، ۴۱۲
حکمی را ابلاغ کردن، ۴۹۶
حکمی که قبل از صدور حکم نهایی صادر می‌شود، ۳۸۶
حکمی (مثل کارمند حکمی)، ۵۱
حکومت قانون، ۶۳۱، ۶۳۲
حکومت مردم بر مردم، ۲۲۵
حکومت مرکزی، ۱۳۲
حکومت مطلقه، ۱۹، ۶۴
حل اختلافات به صورت مسالمت‌آمیز، ۴۵
حل اختلافات کارگری، ۳۳۲
حل اختلاف / اختلافات، ۳۲، ۱۵۷، ۶۱۹
حل اختلاف با وساطت شخص ثالث، ۴۶۶
حل اختلاف به صورت مسالمت‌آمیز، ۴۵
حل اختلاف و داوری، ۱۶۸
حل تعارض‌های سازمانی، ۶۶۲
حلقه‌های کفیت، ۵۸۹
حلقه‌های همکاری، ۷۷۱
حل مسالمت‌آمیز اختلافات، ۵۳۶
حل مشکل، ۵۷۰
حل و فصل اختلاف، ۵۵، ۲۴۱
حل و فصل کردن
حل و فصل کردن اختلاف / اختلافات، ۶۱۹، ۶۵۰
حل و فصل کردن موضوع، ۲۱۵

حل و فصل یا رفع کردن (اختلاف)، ۶۱۹
حمایت از صنایع، ۵۸۰
حمایت از صنایع داخلی، ۵۸۰
حمایت از عضویت، ۴۴۸
حمایت از نوآوری، ۶۹۳
حمایت خاص از یک عضو شاغل، ۸۴، ۹۳
حمایت سیاسی، ۵۳۳
حمایت کردن، ۲۶۶، ۳۲۸
حمایت موجّه کارفرما از یک عضو در سازمان، ۹۳
حمل کالا به صورت مجموعه، ۴۲۲، ۴۲۷
حمل کردن، ۳۱۲
حمل کردن، ۳۱۲
حمل کننده، ۶۵۳
حمل کنندهٔ کالا، ۳۱۳
حمل و نقل از طریق جاده و راه‌آهن، ۱۲۴
حمل و نقل از طریق دریا، ۱۲۴
حمل و نقل از طریق هوا و زمین، ۱۲۴
حمل و نقل بار، ۳۱۶
حمل و نقل به طرق مختلف (هوایی، دریایی و زمینی)، ۴۷۹
حمل و نقل ترکیبی، ۱۵۴
حمل و نقل داخلی، ۳۹۳
حمل و نقل در محدودهٔ داخلی، ۳۸۶
حمل و نقل درون ایالتی، ۳۹۳
حمل و نقل کالا، ۱۱۶، ۱۲۴، ۱۵۴
حمل و نقل مرکب، ۱۵۴
حواله‌ای را ظهرنویسی کردن، ۲۶۶
حواله‌ای را قبول کردن، ۳۴۳
حوالهٔ بانکی، ۷۳، ۷۴، ۲۴۸
حوالهٔ پرداخت وجه به حساب صاحب

حقوق و مزایای جنسی و نقدی، ۲۶۲
حقوق و مزایای دایم از کار افتادگی، ۵۴۲
حقوق یا دستمزد اضافه کار، ۲۹۳
حقوق یا وظیفهٔ سالیانه، ۱۳۱
حقوق یکسان برای کار یکسان، ۲۷۱
حقوقی و رفاهی کارکنان است، ۲۶۳
حق و مدت و نحوهٔ تصرف یا تمتع، ۷۰۷
حقه / حیلهٔ مالیاتی، ۷۰۳
حقی را از خود سلب کردن، ۶۱۱
حقیقت یابی، ۲۹۶
حکم اخراج، ۷۵۶
حکم استخدام، ۴۲۸
حکم استرداد وجوهی که از روی اشتباه به شخص دیگری پرداخت شده است، ۱۶۹
حکم انتصاب، ۴۲۸، ۷۵۷
حکم انتصاب امین ترکه، ۴۲۸
حکم انتصاب مدیر تصفیه، ۵۹۸
حکم انحلال، ۷۶۱
حکم اولیه، ۳۸۶
حکم برداشت و وصول، ۴۳۰
حکم به پرداخت خسارت دادن، ۶۶
حکم تأمین خواسته، ۳۲۲
حکم تأمین مدعی به، ۲۶۱، ۳۲۲
حکم تحقیق و بررسی، ۷۵۸
حکم تصفیه، ۵۱۴
حکم تضمین برای صاحب ملک، ۴۱۹
حکم تملک مجدد، ۷۶۷
حکم توزیع دیون ورشکسته، ۳۲
حکم توقف اعتصاب، ۸۹
حکم توقیف، ۶۰، ۱۵۷، ۷۶۷
حکم توقیف احتیاطی مال، ۱۳۰

حکم توقیف اموال مدیون، ۳۲۲
حکم توقیف اموال مدیون تا زمان واریزبدهی خود، ۲۶۱
حکم توقیف یا تحریم، ۷۲
حکم جلب، ۷۶۷
حکم دادگاه، ۶۴۷، ۷۴۸
حکم دادگاه در خصوص غیر شخص مانند یک حساب بانکی یا اموال فردی، ۴۱۰
حکم دادن، ۶۴۷
حکم دربارهٔ غیر شخص، ۴۱۰
حکم دربارهٔ فرد، ۴۱۰
حکم سازشی، ۴۰، ۶۶، ۱۷۴، ۳۷۰، ۴۱۰، ۶۲۶
حکم سلب مالکیت، ۲۹۱، ۷۶۷
حکم صادر کردن، ۶۴۷
حکم غیابی، ۶۶، ۴۱۰
حکم قانونی در مورد داراییها، ۳۷۴
حکم قطعی، ۳۰۳
حکم کار، ۲۱۷، ۵۱۵
حکم کتبی، ۷۶۷
حکم لغو مالکیت، ۷۶۷
حکم مالیاتی، ۴۳۰
حکم مبتنی بر شرایط مرضی الطرفین، ۶۷
حکم مبتنی بر مصالحه، ۶۷
حکم مجازات تعلیقی، ۶۹۴
حکم مدیریت تصفیه، ۵۹۸
حکم مرضی الطرفین، ۴۰، ۶۶، ۱۷۴، ۳۷۰، ۴۱۰، ۶۲۶
حکم مصادره، ۷۶۷
حکم منطقه‌ای، ۷۷۲
حکم منطقه بندی، ۷۷۲

حقوق ایام حضور، 117
حقوق ایام مرخصی بـه عـلـت مـرگ نزدیکان، 83
حقوق بازرگانی، 421، 430، 468
حقوق بـازرگانی و مـعـامـلات و انعقاد قراردادها، 412
حقوق بـازنشستگی، 48، 252، 307، 505، 536، 538، 623
حقوق بازنشستگی پیش از موعد، 252
حقوق بازنشستگی زودرس، 252
حقوق بگیر، 48، 678
حقوق بین‌الملل، 390
حقوق بین‌الملل خصوصی، 390، 412
حقوق بین‌الملل دریاها، 390
حقوق بین‌الملل عمومی، 390، 412
حقوق پایه، 77، 78، 534، 537
حقوق پرداختی به فرد داغدیده، 83
حقوق پس از پرداخت مالیات و کسور، 699
حقوق تجارت، 94، 156، 468
حقوق تضمین شده (توسط قانون)، 270
حقوق حضور در محل خدمت، 615
حقوق داخلی، 388
حقوق دریایی، 459، 640
حقوق دیگران را محترم شمردن، 606
حقوق زمان اعتصاب، 684
حقوق زمان بیکاری، 735
حقوق شرکتها، 161
حقوق عرف بین‌الملل، 390
حقوق فروش انحصاری، 662
حقوق قابل انتقال، 724
حقوق قراردادها، 421

حقوق قراردادی، 184
حقوق کارکنان مازاد بر احتیاج، 604
حقوق کسی را اضافه کردن، 327
حقوق کسی را پایمال کردن، 722
حقوق گمرکی، 35، 42، 77، 81، 95، 98، 147، 157، 205، 250، 251، 257، 688
حقوق گمرکی اجناس وارداتی، 250
حقوق گمرکی بر اساس (درصد) ارزش کالا، 35
حقوق گمرکی تعیین کردن، 430
حقوق گمرکی حمایتی، 580
حقوق گمرکی قابل انتقال، 42
حقوق گمرکی کالاهای وارداتی، 352
حقوق گمرکی و مالیاتهای غیر مستقیم، 205
حقوق مالکانه، 525
حقوق مالی، 305، 426
حقوق مدنی، 144
حقوق مساوی، 528، 534
حقوق مسلم، 749
حقوق معاهدات بین‌المللی، 391
حقوق معوق / معوقه، 55، 69، 219
حقوق معین کردن، 678
حقوق مکتسبه، 27، 749
حقوق ناشی از قرارداد، 626
حقوق ناشی از مالکیت، 111
حـقـوق و پـرداخـت یـکـسـان (بـرای مشاغل همانند)، 271
حقوق و دستمزد نامناسب، 602
حقوق و علایق مالی اقلیت، 471
حقوق و علایق مالی اکثریت، 448
حقوق و مزایا، 634

حق فک رهن، ۲۷۲، ۶۰۳
حق قانونی، ۲۴۹، ۶۲۶
حق قانونی خریدار برای پس دادن کالای معیوب، ۶۷۶
حق قضاوت، ۴۱۱
حق کارآیی، ۴۲۳
حق کار فکری، ۱۹۰
حق کارگر نسبت به مالی که روی آن کار کرده تا زمان دریافت اجرت خود، ۴۶۳
حق کارمند برای وجوه بازنشستگی، ۷۴۹
حق گروکشی خاص، ۵۳۰
حق گروکشی ملک در برابر وثیقه، ۶۲۷
حق گرو نگهداشتن فروشنده، ۶۴۶
حق مالکیت، ۲۶۲، ۴۱۲، ۴۳۷، ۵۲۴، ۶۲۷، ۶۳۱، ۶۴۳، ۷۰۹، ۷۱۵
حق مالکیت سودآور، ۴۴۴
حق مالکیت غیر قابل انتقال، ۴۹۳
حق مالکیت مشاع، ۷۳۵
حق مالکیت مطلق، ۲۶۲
حق مالکیت معتبر و عادلانه، ۴۱۲
حق مالکیت ناقص یا محدود، ۴۱۲
حق مخصوص، ۳۱۴
حق مراجع دولتی در تصرف املاک برای مصالح عامه، ۲۶۲
حق مراجعه به دیوان داوری یا دادگاه، ۲۱
حق مراجعه شرکتهای بیمه به یکدیگر برحسب تاریخ وقوع بیمه، ۶۲۱
حق مستأجر در ملک بر اساس توافق، ۲۷۵
حق مسکن / سکونت، ۴۴۱، ۶۲۷
حق مشاع، ۵۶۹

حق مشترک، ۵۶۹
حق مشروع، ۶۲۶
حق مشروع مدیریت، ۴۲۷
حق معنوی، ۳۸۲
حق موضوع دعوا، ۱۴۲
حق ناشی از سرمایه، ۲۷۳
حق ناشی از سهام، ۲۷۲
حق ناشی از مرور زمان، ۵۶۲
حق نمایندگی، ۶۱۵، ۶۲۷
حق و امتیاز یا قدرت کسی را سلب کردن، ۲۳۹
حق و حساب، ۴۱۴، ۵۹۲
حق و حساب دادن، ۵۳۵
حق ورود، ۳۴، ۲۷۰، ۳۷۱، ۴۲۴
حق ورود کشتی به بندر، ۶۲۶
حق وصول، ۶۲۷
حق وصول طلب، ۴۳۲
حق وصول و برداشت از دارایی فرد براساس قانون، ۴۳۰
حقوق آماده به خدمت / کار، ۱۱۷
حقوق اداری، ۳۳
حقوق ارتفاقی، ۲۵۳
حقوق ارضی، ۷۰۹
حقوق انتقال، ۱۸۸، ۳۳۱
حقوق انفصال، ۵۳۴
حقوق ایام اعتصاب، ۲۴۱، ۵۳۶، ۶۸۴
حقوق ایام انتظار خدمت، ۶۱۵، ۶۷۲
حقوق ایام بیکاری، ۲۴۶، ۲۵۳، ۲۹۸، ۷۳۵
حقوق ایام بیماری، ۵۳۶، ۶۵۵
حقوق ایام تعطیل، ۳۴۲، ۷۴۴
حقوق ایام تعلیق، ۴۲۲

اجرای مقررات)، 440
حق تصنیف، 190، 631
حق تعیین مسیر، 114
حق تغییر سازمان، 377
حق تقدم، 627
حق تقدم خرید، 560
حق تقدم خرید سهام، 627
حق تقدم خرید سهام جدید، 569
حق تقدم در استخدام مجدد، 560
حق تقلید محفوظ، 190
حق تملک از طریق رهن قانونی، 137
حق ثبت، 371، 532
حق ثبت اختراع، 532
حق جانشینی طلبکار، 687
حق جبران خسارت به موجب قرارداد بیمه یا بیمه‌نامه، 627
حق چاپ انحصاری، 190
حق چاپ و انتشار انحصاری برای مؤلف اثر یا کسی که این حق را از او به انتقال گرفته‌است، 190
حق حبس اموال مؤدی به علت عدم پرداخت مالیات، 704
حق حبس مال بدهکار، 432
حق خرید سهام به بهای معین و در زمان‌معین، 117
حق خود را مطالبه نمودن، 145
حق خیار، 512، 627
حق خیار فسخ، 558
حق داشتن سهم، 680
حق دسترسی به اسناد و مدارک، 424
حق دلالی، 106، 197
حق دلالی برای تحصیل قرضه یا

وثیقه گذاری سهام، 572
حق دولت در تصاحب ماترک بلا وارث، 116
حق راه، 627
حق رأی، 627، 752، 753
حق رأی داشتن، 338
حق رجوع به ضامن، 627
حق رهنی، 346
حق سکنی، 627
حق شخص برای دریافت طلب مشکوک‌الوصول، 627
حق شفعه، 560
حق شیفت، 562، 653
حق صاحبان سهام، 272
حق ضبط دارایی شخص بدون وارث توسط دولت، 274
حق ضرب سکه، 626
حق طبع، 631
حق طبع و نشر، 190
حق طبع یا چاپ محفوظ است، 190
حق عائله مندی، 299
حق عبور، 254، 531، 627، 715، 724
حق عضویت، 39، 123، 270
حق عضویت در اتحادیهٔ بازرگانان، 337
حق عینی، 711
حق غیر قابل انتقال، 354
حق فروش، 111، 558
حق فروش اموال بدهکار توسط طلبکار، 558
حق فسخ، 603، 627
حق فسخ معامله از طرف خریدار، 603
حق فسخ یا ابطال قرارداد، 627

حق امتیاز، ۱۶۸، ۲۸۲، ۵۳۲، ۶۳۱
حق امتیاز سکه زدن، ۱۰۲
حق انبارداری، ۱۳۱، ۳۴۴، ۶۸۱
حق انتخاب، ۵۱۳، ۵۵۸، ۶۲۷
حق انتخاب با حق خرید برای آینده، ۵۱۳
حق انتخاب را (برای خود) حفظ کردن، ۵۱۳
حق انتفاع، ۲۸۹، ۶۲۶، ۶۲۷
حق انتفاع مادام‌العمر، ۴۳۳
حق انتفاع مجدد، ۶۲۴
حق انتقال به مدت طولانی، ۲۶۳
حق انتقال (واگذاری)، ۲۷۴، ۶۲۶
حق انجام کار، ۶۲۷
حق انحصاری انتشار اوراق بهادار، ۲۸۲
حق انحصاری ثبت شده، ۵۳۲
حق اولاد، ۱۴۱، ۲۹۹
حق اولویت، ۳۰۵، ۶۲۷
حق بازخرید، ۶۲۷
حق بازرسی و تفتیش، ۷۵۱
حق بازنشستگی، ۶۹۱
حق بالفعل مال مورد تصرف، ۱۴۲
حق بالقوه، ۱۴۲
حق برداشت ویژه، ۶۴۰، ۶۶۴
حق برکناری، ۲۳۹
حق بستانکاران، ۶۲۶
حق بستانکار برای حبس اموال بدهکار، ۳۲۴
حق بندر، ۴۱۳
حق بهره‌برداری، ۲۸۹، ۶۳۱
حق بهره‌برداری از معادن یا ذخایر دولتی، ۱۶۸

حق بیکاری، ۵۲۰
حق بیمه، ۳۹، ۵۹، ۱۸۵، ۳۸۱، ۵۶۱، ۶۶۰، ۷۰۵
حق بیمهٔ اتکایی، ۶۲۱
حق بیمهٔ بیکاری، ۲۴۶
حق بیمهٔ ثابت، ۴۲۹
حق بیمهٔ حاصل نشده، ۷۳۵
حق بیمهٔ سنگین، ۶۶۰
حق تألیف، ۱۹۰، ۴۳۷، ۶۳۱
حق تجدیدنظر (قضایی)، ۴۱۰
حق تحصیل طلب از ضامن، ۶۰۱
حق ترانزیت، ۷۲۴
حق تصرف، ۶۲۷
حق تصرف اجباری، ۳۹۷
حق تصرف امانت‌گذار، ۴۳۲
حق تصرف تا آخر عمر، ۴۳۳
حق تصرف خاص، ۶۶۴
حق تصرف خریدار، ۴۳۲
حق تصرف عامل، ۲۹۶
حق تصرف فروشنده، ۴۳۲
حق تصرف گرویی بدون رضایت مالک، ۴۳۲
حق تصرف ملک، ۲۶۲
حق تصرف ملک بدون رضایت صاحب‌ملک، ۳۹۷
حق تصرف ملک و دریافت خسارت، ۲۶۰
حق تصرف نماینده، ۴۳۲
حق تصرف وثیقه، ۶۲۷
حق تصمیم گرفتن، ۵۴
حق تصمیم‌گیری، ۶۲۷
حق تصمیم‌گیری محلی (در

پرداخت نمودن بدهی آن، ۶۲۷	حسابهای تخمینی، ۱۰۷
حق اختراع، ۳۶۵، ۵۳۲، ۶۳۱	حسابهای تلفیقی، ۱۷۵
حق اخراج، ۲۳۹	حسابهای تورم، ۳۶۷
حق اخراج از خدمت، ۵۳۴	حسابهای حقیقی، ۵۴۱
حق ارتفاق، ۶۲۶	حسابهای دایمی، ۵۹۶
حق ارشدیت، ۵۶۷	حسابهای غیر جاری، ۴۹۲
حق استرداد، ۶۲۷	حسابهای واقعی، ۵۹۶
حق استرداد ملک گروپی، ۲۷۲	حسابهای هزینهٔ واقعی، ۳۴۱
حق استفاده از آب، ۶۲۷	حسابهای همیشگی / دایمی، ۵۴۱
حق استفادهٔ نوبتی، ۷۱۴	حساب هزینه / مخارج، ۲۴، ۲۵
حق اشتغال، ۶۲۷	حساب یک کاسه، ۱۹
حق اظهارنظر داشتن، ۳۳۸	حساسیت درآمدی تقاضا، ۳۵۶
حق اعتصاب، ۶۲۷، ۶۸۴	حساسیت قیمت، ۵۶۵، ۵۶۶
حق اکتساب یا سقوط به مرور زمان، ۴۳۴	حساسیت منفی، ۴۸۵
حق‌الامتیاز، ۹۶	حسن پیشینه، ۱۴۶
حق‌الامتیاز سالانه، ۴۸	حسن تدبیر، ۴۵۰
حق‌الزحمهٔ تشویقی بر اساس قیمت تمام‌شده، ۱۹۸	حسن تفاهم، ۱۹۰
	حسن سابقه، ۱۴۷، ۶۰۱
حق‌الزحمهٔ خدمات تخصصی، ۳۴۳	حس وظیفه، ۷۵۱
حق‌الزحمهٔ کار در ارتفاع یا عمق، ۳۴۱	حصول اطمینان از عملیات مؤثر سیستم، ۳۸۱
حق‌السکوت دادن، ۱۰۴	حصول یک موفقیت مطلوب، ۵۱۲
حق‌الضرب (سکه)، ۶۴۳	حضور و غیاب کردن، ۱۱۸، ۶۳۰
حق‌العمل بانک، ۷۳	حفاظت صنعتی، ۴۰۶، ۴۱۰
حق‌العمل تعهد خرید، ۷۳۴	حفظ اسرار صاحب کار، ۱۷۱
حق‌العمل کار، ۹۴، ۱۵۶، ۱۵۷، ۲۱۱، ۲۹۶، ۴۶۸	حفظ اسرار مشتری یا ارباب رجوع، ۱۷۱
حق‌العمل کار بارگیری کشتی، ۶۵۳	حفظ انضباط، ۴۴۸
حق‌العمل / کارمزد مشترک، ۶۶۶	حفظ کردن، ۴۴۸
حق‌العمل کاری، ۳۹، ۱۵۶، ۲۹۶	حفظ کردن حق چاپ یا تقلید، ۱۹۰
حق‌العمل نمایندگی، ۳۹	حفظ منابع طبیعی، ۷۴۱
حق امتناع از تسلیم مال‌التجارهٔ در حال حمل برای فروشنده، ۶۸۱	حفظ منافع مصرف کننده، ۱۷۸
	حق آزاد کردن دارایی از گرو با

حساب دایر، ۲۵، ۵۰۸
حساب دخل و خرج، ۸۵، ۷۲۰
حساب درآمد، ۶۲۴
حساب درآمد و هزینه، ۳۵۶
حساب دریافتی، ۲۵
حساب دریافتی با استفاده از تخفیف، ۲۵
حساب راکد، ۲۴، ۲۴۶، ۳۵۳
حسابرس داخلی، ۳۸۷
حسابرس مستقل، ۳۶۰
حسابرسی پیش از پرداخت، ۵۵۹
حسابرسی خارجی، ۶۲، ۲۹۲
حسابرسی خاص، ۶۲
حسابرسی داخلی، ۶۲، ۳۸۷
حسابرسی سالیانه، ۶۲
حسابرسی عملیاتی، ۶۲
حسابرسی قانونی، ۶۲، ۶۷۶
حسابرسی کالاها، ۶۷۹
حسابرسی کردن، ۶۲
حسابرسی کل، ۳۲۱
حسابرسی مالی، ۶۲
حسابرسی مدیریت، ۴۵۰
حسابرسی مستقل، ۶۲، ۲۹۲، ۳۶۰
حسابرسی منظم امور مالی یک مؤسسه، ۶۲
حسابرسی موجودی (انبار کالا)، ۶۲، ۶۷۹
حسابرسی نهایی، ۵۵۶
حسابرسی ویژه، ۶۶۳
حساب‌سازی، ۲۴۴، ۲۹۸، ۴۵۶
حساب‌سازی با سود سهام، ۲۴۴
حساب سپرده، ۲۴، ۱۱۷، ۲۰۷

حساب سپردهٔ ثابت، ۲۲۹
حساب سرمایه، ۲۳، ۱۲۰، ۶۵۲
حساب سود ناخالص، ۷۲۰
حساب سود و زیان، ۲۵، ۵۷۵، ۶۲۴
حساب شما، ۷۵۲
حساب صندوق، ۱۲۷
حساب عملکرد بازرگانی، ۷۲۰
حساب غیر شخصی، ۳۵۱
حساب قابل پرداخت، ۲۵
حساب قابل دریافت، ۲۵
حساب کالاها، ۱۵۸
حساب کالاهای خریداری شده، ۲۵
حساب کالاهای فروخته شده، ۲۵
حساب کمبود/کسری، ۲۲۰
حساب کنترل، ۱۸۵، ۱۸۶
حساب مخارج، ۲۸۷
حساب مسدود، ۹۱، ۱۴۹
حساب مسدود/بسته، ۲۳
حساب مشترک/چند نفره، ۲۵، ۴۰۷
حساب مطالبات مشکوک‌الوصول، ۲۴۷
حساب معاملات، ۲۵، ۹۷
حساب معلق، ۶۹۴
حساب موازنه، ۱۸۵
حساب موجودی نقدی، ۱۲۷
حساب نسیه، ۱۳۷، ۱۹۹
حساب نقدی، ۱۲۷
حساب وجوه نقدی، ۱۲۷
حسابهای انتقالی، ۵۴۱
حسابهای بازنشستگی انفرادی، ۳۶۳، ۳۹۸
حسابهای بهای تمام شدهٔ تاریخی، ۳۴۱
حسابهای پرداختی، ۲۵

حساب اعتباری، ۲۳، ۱۳۷
حساب اقساطی، ۳۷۷
حساب امانی، ۲۷۴
حساب با پشتوانه، ۴۹۸
حساب باز، ۲۵، ۴۹۹، ۵۰۸
حساب بازگشت، ۶۲۳
حساب بانکی، ۲۳، ۷۳، ۱۴۰، ۱۹۹
حساب بدون کارکرد، ۲۴۶
حساب بدهیها، ۴۳۶، ۴۳۸
حساب بدهیهای خود را واریز کردن، ۴۳۶
حساب برابری نرخ ارز، ۲۸۱
حساب بسته، ۹۱، ۱۴۹
حساب بلوکه شده، ۹۱
حساب بودجه، ۲۳، ۱۰۷
حساب بهرهٔ ویژه، ۶۶۴
حساب پایاپای، ۱۶۳
حساب پرداختی، ۲۵
حساب پس انداز، ۲۵، ۲۲۹، ۲۴۱، ۶۳۸
حساب تجاری، ۷۲۰
حساب تخصیص و تقاضای سهام، ۵۰
حساب تقسیم سود، ۵۲۰
حساب تقسیم یا تخصیص سود، ۵۲
حساب تکمیلی، ۱۹
حساب تنخواه گردان، ۳۵۳
حساب توقیف شده توسط دادگاه، ۶۰
حساب تهاتری، ۱۴۷، ۱۶۳
حساب جاری، ۲۳، ۱۴۰، ۱۴۱، ۲۰۴، ۲۴۸، ۶۳۲
حساب جاری بدون کارمزد، ۴۹۷
حساب جاری ممتاز، ۴۸۶
حساب خارجی در بانک داخلی، ۴۹۵

حساب خاص، ۶۳۱
حساب داخلی در بانک خارجی، ۷۵۲
حسابدار بین‌المللی، ۳۸۹
حسابدار خبره، ۱۱۶، ۱۳۴، ۱۳۹
حسابدار رسمی، ۱۱۶، ۱۳۴، ۱۳۹، ۶۰۷
حسابدار قسم خورده، ۱۱۶، ۱۳۹
حسابدار قیمت تمام شده، ۱۹۳
حسابدار کل، ۲۳
حسابدار مجاز، ۱۳۴، ۱۳۹، ۶۰۷
حسابدار مستقل، ۳۶۰
حسابدار واجد شرایط، ۱۳۴
حسابداری، ۲۱، ۲۳، ۲۴
حسابداری بر مبنای نقدی، ۱۲۷
حسابداری بهای تمام شدهٔ تاریخی، ۳۴۱
حسابداری تعهدی، ۲۵
حسابداری تورمی، ۲۴، ۳۶۷
حسابداری دو طرفه، ۲۴۷
حسابداری دولتی، ۲۴
حسابداری ذخیرهٔ انبار، ۶۸۱
حسابداری ساده، ۶۵۷
حسابداری قیمت جاری، ۱۳۱
حسابداری مدیریت، ۲۴، ۴۵۰، ۴۵۴
حسابداری مسؤولیت، ۲۵، ۶۲۰
حسابداری منابع انسانی، ۳۴۵
حسابداری منابع / نیروی انسانی، ۲۴
حسابداری موجودی، ۶۸۱
حسابداری نظارتی، ۶۷۷
حسابداری نقدی، ۲۴، ۱۲۷
حسابداری هزینه، ۱۹۳
حسابداری هزینه‌های جاری، ۲۰۴
حسابداری یک طرفه، ۶۵۷
حس ابداع / ابتکار، ۳۹۴

۴۳۵

حد اعلای پیشرفت، ۶۷۴

حداقل اجاره، ۲۱۱

حداقل حرکات، ۴۷۱

حداقل دستمزد، ۷۸، ۲۹۸، ۴۳۸، ۴۷۱، ۷۵۴، ۷۵۵

حداقل دستمزد قانونی، ۶۷۶

حداقل قیمت، ۲۹۸، ۵۶۴، ۶۱۸

حداقل مبلغ پرداختی به عنوان اجاره‌بها، ۲۱۱

حداقل مطمئن موجودی انبار، ۶۳۴

حداقل مقدار تولید، ۴۷۱، ۴۷۴

حداقل موجودی، ۴۷۱

حداقل نرخ پرداخت در واحد زمان، ۴۷۹

حداقل نرخ کار، ۴۰۶

حداقل نرخ وام، ۴۷۱، ۴۷۴

حداقل و حداکثر دستمزد، ۷۵۴، ۷۵۵

حداکثر اعتبار، ۱۹۹

حداکثر جریمه، ۴۶۴

حداکثر خریداران بالقوه، ۵۵۷

حداکثر دستمزد، ۷۵۴

حداکثر زیان محتمل، ۵۷۰

حداکثر فضای موجود برای انجام دادن کار، ۴۶۴

حداکثر قیمت تعیین شده، ۵۶۵

حداکثر قیمت قابل قبول، ۵۶۵

حداکثر قیمت قانونی، ۱۳۱

حداکثر محصول، ۵۲۱

حداکثر وام، ۹۹، ۴۳۸

حد ترخیص (مقدار کالایی که هر مسافر حق دارد بدون پرداخت حقوق گمرکی واردکند)، ۶۱۰

حد دشوار کار، ۷۱۳

حدّ سودآوری، ۹۹

حد متوسط کیفیت کالای نهایی، ۵۰، ۶۶

حد مطلوبیت کالا، ۴۵۸

حد مطلوبیت کالای تولید شده با حداقل هزینه، ۲۵۹

حد نصاب اعضای حاضر، ۵۹۱

حد نصاب مرغوبیت، ۲۰

حد نصاب موجودی، ۶۳۴

حدود اختیار، ۷۲، ۴۱۱، ۵۵۷

حدود عملیات، ۶۳۹

حدود فعالیت، ۶۳۹

حدود قرارداد، ۱۰۰

حدود مسؤولیت، ۴۳۵

حذف بدهی مشکوک‌الوصول از دفتر حساب، ۷۶۷

حذف حساب، ۷۶۶

حذف حساب بدهی غیر قابل وصول، ۷۰

حذف سفارش، ۱۱۷

حراج به صورت مناقصه یا مزایده، ۲۵۰

حراج عمومی، ۷۴۸

حراج کردن، ۶۱، ۳۳۶

حراج کردن کالا، ۳۳۸

حراج هلندی، ۲۵۰

حرص برای خرید، ۵۲۷

حرف کسی را قطع کردن، ۳۹۲

حرفه آموزی، ۵۰۲

حرفهٔ تخصصی، ۵۷۴

حرکت سنجی، ۴۷۸

حرکت مارپیچی مزد و قیمت، ۷۵۵

حساب ادغامی، ۱۹

حساب اسمی، ۴۹۰

ح

حادثه اجتناب ناپذیر، ۳۶۷، ۷۳۲
حـادثه‌ای کـه در هـنگام انـجام وظـیفه روی‌می‌دهد، ۵۰۲
حادثهٔ غیر مترقبه، ۲۹، ۳۱۰، ۳۱۲، ۷۵۰، ۷۵۱
حادثهٔ غیر منتظره، ۳۱۲
حادثهٔ قهری، ۲۹، ۲۷۸، ۳۰۹، ۳۱۲، ۳۶۷، ۷۵۰، ۷۵۱
حادثهٔ منجر به اتلاف وقت، ۴۴۴
حادثهٔ ناگهانی که مـمانعت از آن خـارج ازقدرت انسانی است، ۱۲۹
حاشیهٔ امنیت، ۴۵۸
حاشیهٔ ایمنی، ۴۵۸
حاشیهٔ سود، ۵۷۵
حافظهٔ اصلی، ۴۴۸
حافظه با دسترسی تصادفی پویا، ۲۴۸
حافظه با دستیابی پیاپی، ۶۴۸
حافظهٔ داخلی، ۳۸۸
حافظهٔ دستیابی متوالی، ۶۴۸
حاکم بودن قانون، ۶۸۵
حاکمیت مردم، ۶۶۳
حالت استراتژیک، ۶۸۲
حالت تعلیق، ۱۶، ۲۹۸، ۶۹۱
حالت تنزل شدید قیمتها، ۹۹
حالت غیر عادی، ۱۷
حالت فوق‌العاده، ۲۶۲
حالت / وضعیت طبیعی، ۶۷۴
حال کردن دین، ۲۱۴
حال و هوای سازمانی، ۵۱۶
حامل برات، ۳۴۲
حامل سند، ۳۴۲
حایز حداکثر قیمت در مـزایـده شـدن، ۳۴۰
حبس کردن (سرمایه)، ۴۴۱
حبس ملک، ۲۶۹
حجم بازرگانی، ۷۵۲
حجم پول موجود، ۴۷۵
حجم تولید، ۷۵۲
حجم کار، ۷۶۴
حجم کالای درخواست شده، ۶۱۳
حد اعتبار، ۴۳۵
حد اعتبار بر اساس اسناد تـنزیل شـده،

چک برگشتی، ۱۰۰
چک به حواله کرد....، ۱۴۱
چک بی محل، ۷۰، ۹۳، ۱۰۰، ۱۴۰، ۱۴۱، ۲۳۹، ۲۹۸، ۴۹۷، ۶۳۱، ۶۸۶، ۷۳۳
چک پستی، ۵۵۶
چک تایید شده، ۴۵۹
چک تضمین شده، ۱۳۴، ۱۴۰
چک تضمینی، ۴۵۹
چک در وجه حامل، ۸۰، ۱۴۰
چک در وجه حواله کرد، ۵۱۴
چک سفید (امضا)، ۸۹، ۱۴۰، ۱۴۱
چک سند دار، ۷۵۳
چک شخصی، ۵۴۳
چک ظهرنویسی نشده در وجه حامل، ۵۰۸
چک قابل انتقال، ۱۴۰
چک کارت، ۱۴۰
چک کشیدن، ۲۴۸، ۴۴۹
چک گذشته، ۶۷۰
چک لیست، ۱۴۰
چک مدت دار، ۵۵۷
چک مسافرتی، ۱۴۱، ۷۲۵
چک مشروط، ۷۵۳
چک موعد گذشته، ۵۳۲
چک وعده دار، ۵۵۷
چکی را باطل کردن، ۶۹۳
چند تخصصی، ۵۵۴
چند شغلی، ۴۷۶
چوب حراج، ۳۲۳
چهارچوب ذهنی، ۱۶۷
چهارچوب عملیات، ۶۳۹
چهارچوب مورد مراجعه، ۳۱۴
چهار نظام مدیریت، ۶۹۷
چیزی را وقف کردن، ۲۶۷

چ

چاپ جدید، ۶۰۹
چاپ مجدد، ۶۰۹
چارچوب داوری، ۳۱۴
چارچوب سازمان، ۳۱۴
چارچوب نمونه گیری، ۶۳۶
چاره‌جویی کردن، ۶۱۱
چانه زدن برای کاهش قیمت، ۸۰
چانه زدن در معامله، ۱۳۵
چانه زنی انفرادی، ۳۶۲
چانه زنی ائتلافی، ۷۶، ۱۵۰
چانه زنی برای توزیع، ۷۶
چانه زنی در قلمرو یک صنعت، ۷۶، ۳۶۶
چانه زنی صوری، ۷۶، ۶۹۳
چانه زنی فردی / انفرادی، ۷۶
چانه زنی گروهی، ۷۶
چرخش در نقشها، ۶۳۰
چرخش دو سویه، ۶۳۰
چرخش شغلی، ۴۰۶
چرخش کادر، ۷۲۸
چرخش کاری، ۷۶۵
چرخهٔ بودجه، ۱۰۸
چرخهٔ جزئی فروشی، ۷۶۰
چرخه / دور بازرگانی، ۷۱۷
چرخهٔ رونق و کسادی شدید، ۹۸
چرخهٔ سرمایهٔ درگردش، ۷۶۴
چرخهٔ سفارش، ۲۰۵، ۵۱۴
چرخهٔ سفارش کالا، ۶۱۳
چرخهٔ سفارش مشتری، ۲۰۵
چرخهٔ عمر محصول، ۵۵۱، ۵۷۴
چرخهٔ عملیاتی، ۵۱۰
چرخهٔ کار، ۴۰۴، ۷۶۳
چشم پوشی، ۳۰۹
چشم پوشی از ادعای متقابل، ۷۵۶
چشم پوشی از حق یا ادعا بدون تعیین هیچ شرطی، ۶۱۳
چشم پوشی کردن، ۶۱۱، ۶۱۲، ۶۱۳، ۷۵۵
چشم پوشی کردن از حق خود، ۶۱۱
چک امضا شده بدون ذکر مبلغ، ۸۹، ۱۴۱
چک با کسری موجودی، ۱۴۰
چک با موجودی غیر کافی، ۱۴۰، ۴۹۷
چک بانکی، ۷۳، ۱۲۸، ۱۳۴

جلسهٔ کوتاه، ۱۰۵
جلسهٔ محرمانه، ۱۴۹، ۲۷۴، ۵۶۸
جلسهٔ مذاکرهٔ غیر رسمی تشکیل دادن، ۵۵۷
جلسهٔ مشاوره، ۱۷۸
جلسهٔ مشورتی، ۱۷۷، ۱۷۸
جلسهٔ معارفه، ۳۵۴
جلسهٔ نمایندگی، ۲۲۲
جلسهٔ ویژه، ۴۶۶
جلسهٔ هیأت مؤسسان (شرکت)، ۵۱۸
جلسهٔ هیأت وزیران، ۱۱۶
جلوگیری از اجرای قانون، ۲۲۱
جلوگیری از استخدام کارمند اضافی، ۴۹
جلوگیری از استخدام مازاد، ۴۹
جلوگیری از تضییع حق، ۶۱۱
جلوگیری از حمل و نقل کالا با کشتیهای خارجی در آبهای ساحلی یک کشور، ۶۱۷
جلوگیری از سوار یا پیاده کردن مسافر یا بارگیری و تخلیه بار توسط هواپیماهای بیگانه در فرودگاههای یک کشور، ۶۱۷
جلوگیری از ورشکست شدن و توقف مالی دولت به وسیله انتشار اوراق قرضه که خود دولت آنرا تضمین میکند، ۳۲۰
جلوگیری کردن، ۶۱۱
جلوی کاری را گرفتن، ۳۹۲
جمع آوری اطلاعات، ۱۵۴، ۳۲۲
جمع آوری داده‌ها، ۲۰۸
جمع بندی منابع، ۶۱۹
جمع کل سرمایه و عواید آنها در شرکت، ۶۷۹
جمع گرایی، ۱۵۴
جنبش شناسی، ۴۱۴
جنبهٔ ارتباطی بحران، ۱۶۰
جنس تقلبی، ۳۴۹
جنس قاچاق وارد کردن، ۹۸
جنس گران خریداری شده، ۲۱۲
جنگ تعرفه، ۷۰۱
جنگ قدرت، ۵۵۸
جنگ قیمتها، ۵۶۶، ۵۹۴
جواز انتشار کتاب و روزنامه، ۳۵۳
جواز ترخیص کالا از گمرک پس از پرداخت حقوق و عوارض گمرکی، ۲۰۶
جواز کار، ۷۶۵
جواز / مجوز واردات، ۳۵۲
جواز واردات کالا، ۳۵۲
جو اقتصادی، ۲۵۵
جوامع اروپایی، ۲۷۷
جوانب امر را در نظر گرفتن یا سنجیدن، ۴۴۲
جو سازمانی، ۵۱۶
جویندگان کار، ۷۵۶
جهت‌گیری بر اساس نقاط قوت، ۴۲۳
جهش اقتصادی، ۹۸
جیره‌بندی سرمایه، ۱۲۲

جریان داوری		جلسۀ قانونی	

جریان داوری، 53
جریان عادی، 608
جریان نقدینگی ناخالص، 332
جریان نقدی ورودی، 128
جریان نیروی کار، 418
جریمه، 45، 97، 185، 315، 359، 426، 636، 693
جریمه دادن، 305
جریمه کردن، 305
جریمه گرفتن از، 305
جریمۀ نقدی، 45، 537
جزء / بند ماده، 688
جزوۀ خبری در کنفرانس مطبوعاتی، 563
جستجو برای یافتن کارکنان با استعداد، 640
جستجوی مشتری، 119
جعل امضا، 311
جعل اوراق بهادار، 196
جعل پروانۀ امتیاز، 371
جعل کردن، 196، 295، 298، 299، 311، 394، 449
جعل کننده، 311، 394
جلب حمایت کردن، 766
جلسات بازخورد، 57، 300
جلسات کمیته / کمیسیون، 158
جلسات محاکمه در دادگاه، 197
جلسۀ آزاد، 509
جلسۀ اجباری، 456
جلسه / اجلاس سالانه، 466
جلسۀ استماع مقدماتی، 561
جلسۀ اعضای خاص شرکت، 146

جلسۀ افتتاحیه، 508
جلسه‌ای را اداره کردن، 170، 466
جلسه‌ای را برگزار کردن، 342
جلسه‌ای را به وقت دیگر موکول کردن، 587
جلسه‌ای را تشکیل دادن، 342
جلسه‌ای را موقتاً تعطیل کردن، 466
جلسۀ بحث گروهی غیر رسمی، 110
جلسۀ بحث و سخنرانی، 700
جلسۀ برگزار کردن، 467
جلسۀ بریفینگ، 105
جلسۀ بودجه، 108
جلسه تشکیل دادن، 187، 342
جلسۀ توجیهی، 105، 649
جلسۀ خصوصی، 569
جلسه را به عنوان اعتراض ترک کردن، 756
جلسه را به وقت دیگر موکول کردن، 467
جلسۀ رسمی، 39، 318، 467، 504
جلسۀ رسیدگی، 339
جلسۀ سالانه، 48
جلسۀ شش ماهه (سالی دوبار)، 467
جلسۀ شورا، 196
جلسۀ علنی، 467، 509
جلسۀ عمومی، 293، 324، 467، 551، 552، 583، 592
جلسۀ عمومی سالیانه، 48
جلسۀ عمومی فوق‌العاده، 293
جلسۀ غیر رسمی، 368، 467
جلسۀ غیر علنی، 149، 467
جلسۀ فوق‌العاده، 293، 466
جلسۀ قانونی، 676

جایگزینی مدیران، ۴۵۳
جبران خدمت، ۶۲۵
جبران خسارت، ۴۵، ۱۶۲، ۱۶۳، ۳۱۶، ۳۵۹، ۳۶۰، ۵۴۷، ۶۰۱، ۶۰۲، ۶۰۳، ۶۱۱، ۶۱۳، ۶۲۱
جبران خسارت حقوقی، ۱۴۴
جبران (خسارت) کردن، ۶۰۲
جبران خسارت یا زیان کسی را کردن، ۶۰۳
جبران صدمات وارده به کارگران، ۷۶۵
جبران صدمه و جراحت وارده به کسی، ۴۷
جبران کردن، ۶۰۰، ۶۰۱، ۶۰۳، ۶۰۹، ۶۱۱، ۶۱۲، ۶۱۳، ۶۲۳، ۶۳۷
جبران کردن خسارت / ضرر، ۳۶۰، ۴۴۹، ۶۲۱
جبران ناپذیر، ۳۹۹
جبران یا غرامتی که یک مؤسسهٔ اقتصادی به کارمند خود جهت از دست دادن کارش پرداخت می‌نماید، ۳۲۸
جدا شدن شرکتهای فرعی از شرکت مادر/ اصلی، ۶۴۳
جدول آمار تعیین درجهٔ مرغوبیت کالا، ۱۳۹
جدول استفاده از وقت، ۷۱۳
جدول اندوخته، ۲۶، ۶۳۹
جدول بندی کردن، ۶۹۸
جدول بوستون، ۹۹
جدول بی تفاوتی، ۳۶۱، ۶۳۹
جدول تبدیل، ۶۹۸
جدول تصمیم، ۶۹۸
جدول تعرفه، ۶۳۹

جدول تقاضای انفرادی، ۳۶۲، ۶۳۹
جدول / چارت سازمانی، ۵۱۶
جدول حقوقی، ۶۳۹
جدول داده - ستادهٔ نیروی انسانی، ۴۵۶
جدول زمانی، ۷۱۴
جدول سازمانی، ۶۹۸، ۷۱۶
جدول سالیانهٔ تغییر هزینهٔ زندگی (به‌درصد)، ۱۹۴
جدول سرمایه گذاری، ۳۹۶، ۶۳۹
جدول عمر داراییها، ۴۳۳، ۶۹۸
جدول کارکنان، ۶۶۹، ۶۹۸
جدول کارگزینی، ۶۶۹، ۶۹۸
جدول کنترل کیفیت تولید، ۱۸۵
جدول گزارش زمانی، ۷۱۳
جدول مشخصات، ۶۹۸
جدول نرخ پایه، ۶۳۹
جدول نرخ مرحله‌ای، ۶۳۹
جدول نیروی انسانی، ۴۵۶، ۶۹۸
جدول یا برنامهٔ ساعات کار، ۷۱۴
جدیدالاستخدام، ۴۱۱
جذب، ۵۸
جذب بهترین افراد حائز شرایط، ۶۳۹
جذب پرسنل، ۶۶۹
جذب نیروی انسانی متخصص، ۵۷۵
جذب نیروی کار سازمانهای دیگر، ۴۱۷
جذب هزینه‌های عمومی، ۵۲۲
جرایم تنبیهی، ۲۷۹
جرح و تعدیل، ۳۰، ۳۲
جرح و تعدیل بودجه، ۳۲
جرح و تعدیل کردن، ۳۲
جریان تعیین مدیر تصفیه، ۵۹۸
جریان خروجی وجه نقد، ۱۲۸

ج

جا انداختن، ۳۷۸
جابجا کردن ارقام، ۱۲۵
جابجایی / تعویض کارکنان، ۶۱۴
جابجایی شغلی، ۴۰۵، ۵۰۲
جابجایی غیر قانونی کالا، ۹۸
جابجایی فروش، ۶۹۵
جابجایی کارکنان از یک شغل به شغل دیگر، ۴۱۷
جابجایی کالا، ۳۹۵
جابجایی مواد، ۴۶۳
جابجایی نیروی انسانی، ۴۱۷، ۴۱۸، ۴۵۷
جابجایی نیروی کار، ۴۱۶، ۴۵۷
جار و جنجال گروهی، ۶۶۸
جاسوس شرکت، ۶۸۰
جاسوسی صنعتی، ۳۶۵
جاسوسی مدیریت، ۶۳۰
جامعهٔ اشتراکی، ۵۴۶
جامعهٔ اقتصادی آفریقای شرقی، ۲۵۴
جامعهٔ اقتصادی اروپا، ۱۵۹، ۲۵۴، ۲۵۷، ۲۵۸، ۲۷۷
جامعه بعد از عصر صنعت، ۵۵۷
جامعهٔ روزنامه‌نگاران، ۵۶۳
جامعه شناسی صنعتی، ۳۶۶
جامعهٔ صنعتی، ۳۶۶
جامعهٔ فارغ‌التحصیلان رشتهٔ بازرگانی انگلستان، ۱۰۵
جامعهٔ فراسرمایه‌داری، ۵۵۷
جامعهٔ مدیریت منابع انسانی اروپا، ۲۷۷
جامعه نگار، ۶۶۱
جامعیت اطلاعات، ۱۶۴
جامعیت تفکر، ۱۶۵
جانشین قانونی، ۴۴۱
جانشین مدیر، ۲۳۰
جانشینهای رهبری، ۶۸۹
جانشینی مصرف، ۵۲۹
جای خود را به دیگری دادن، ۶۷۷
جایزهٔ تولید، ۵۷۳
جایزهٔ خرید کالا، ۵۰۷، ۵۶۱
جایزهٔ سهام، ۶۵۲
جایگاه خاص به محصول دادن، ۵۷۴
جایگزین کردن، ۶۱۴، ۶۸۹

ث

ثابت نگهداشتش قیمتها از راه کنترل بازار، ۵۳۷
ثابت نگه داشتن دستمزدها، ۷۵۴
ثبات اقتصادی، ۲۵۷، ۳۰۷، ۶۶۸
ثبات پذیری سازمان، ۵۱۷
ثبات مالی، ۶۶۸
ثبات و استمرار فرصتهای اشتغال، ۴۰۷
ثبات و صلح بر اثر سلطه، ۵۳۳
ثبت اختراع، ۵۳۲
ثبت اسمی، ۴۹۰
ثبت اسناد در دفتر اسناد رسمی، ۵۸۱
ثبت اصلاحی، ۳۲
ثبت بدون توضیح، ۹۰
ثبت خریدها، ۱۰۰
ثبت دادهها، ۲۰۸
ثبت در دفتر روزنامه، ۴۱۰
ثبت زمان صرف شده برای کار، ۱۴۸
ثبت سفارش، ۵۱۴
ثبت سهام، ۶۵۲
ثبت سهام قرضهٔ دولتی، ۳۷۴
ثبت شاخص، ۳۶۱
ثبت کردن اختراع، ۴۴۱
ثبت مجدد اقلامی در دفاتر حسابداری، ۶۰۴
ثبت معامله، ۹۷
ثبت نام شده، ۶۰۷
ثبت نام کردن، ۶۰۶
ثبت نام کردن عضو جدید، ۶۰۲
ثبت وثیقهٔ بازرگانی، ۵۳۹
ثروت ملی، ۴۸۴
ثمربخشی سازمانی، ۵۱۶

تهاتر کردن، ۶۰۱
تهاتر کردن ادعا / دین، ۵۰۵، ۶۵۰
تهاتر کردن ادعاها یا دیون، ۲۱۸
تهاتر کردن (چک و حواله) در اتاق پایاپای بانکها، ۱۴۷
تهاتر کردن حسابها در دفتر، ۹۷
تهاجم استخدامی، ۵۹۲
تهاجم عضوگیری، ۵۹۲
ته چک، ۱۴۱
ته حساب را بستن، ۶۳۱
تهدید ملایم، ۳۳۱
تهیهٔ اسناد، ۵۷۳
تهیهٔ برنامه‌های بازرسی، ۵۶۲
تهیهٔ جدول زمان بندی شدهٔ کنفرانسها، ۶۳۹
تهیهٔ رونوشت، ۱۹۰
تهیهٔ سواد مذاکرات، ۷۲۲
تهیهٔ طرح استراتژیک / راهبردی، ۵۶۲
تهیهٔ فتوکپی، ۱۹۰
تهیهٔ فهرستی از اقدامات / راه حلهای احتمالی، ۴۳۷
تهیه کردن برنامه، ۶۳۹
تهیه کنندهٔ صورت جلسه، ۵۸۱
تهیه کنندهٔ مقاوله نامه، ۵۸۱
تهیهٔ مصالح / مواد، ۵۶۲
تهیهٔ مطالب درسی، ۵۶۲
تهیه و تنظیم سفارش، ۵۱۴
تهیه و نگهداری راهنماها (دستورالعملها) و چک لیستهای بازرسی، ۵۶۲
تیم بازرسی، ۲۷۸، ۳۷۶
تئوری x، ۷۶۸
تئوری Y، ۷۷۰
تئوری ارزش کار، ۴۱۸
تئوری انسان عقلایی در برابر انسان عاطفی، ۵۹۵
تئوری انگیزش، ۴۷۸
تئوری ایکس و تئوری وای، ۷۱۱
تئوری تا عمل، ۷۱۱
تئوری رفتار فراجویانه، ۲۶
تئوری مذاکرهٔ جمعی در پرداخت، ۷۶
تئوری مسیر - هدف، ۵۳۲
تئوری میدانی، ۳۰۲
تئوری / نظریهٔ رفتاری سازمان، ۸۱
تئوری / نظریهٔ سازمان اقتصادی و اجتماعی، ۷۱۱
تئوری وضعی رهبری، ۶۵۸

توسعهٔ نیروی انسانی، ۵۴۴
توسل به داوری، ۵۰، ۵۴، ۶۰۱
توصیه‌ای را نادیده‌گرفتن، ۱۱۵
توصیه نامه، ۱۵۵، ۴۲۹
توصیه‌نامه، ۷۰۹
توضیح خواستن، ۱۰۵، ۱۱۸
توقف تولید، ۶۵۵
توقف کار، ۶۸۰، ۷۱۳، ۷۶۵
توقف احتیاطی، ۱۳۰، ۵۵۹
توقیف اموال برای وصول قرض، ۲۸۳
توقیف اموال برای وصول مالیات، ۵۶۹
توقیف اموال مدیون (نزد شخص ثالث)، ۳۲۲
توقیف / ضبط مدارک یا اموال، ۳۵۲
توقیف کردن، ۱۷۲، ۱۷۶، ۲۴۲، ۳۵۲،۴۲۹، ۵۸۷، ۶۷۶
توقیف کردن (ملک رهنی)، ۳۱۰
توقیف کشتی در بندر، ۲۶۲
توقیف مال یا شخص، ۶۰
توقیف (یا تعلیق) داوری به حکم دادگاه، ۶۷۷
توکیل رأی، ۷۲۷، ۷۵۳
تولید آزمایشی، ۵۴۷
تولیدات داخلی، ۲۵۱، ۵۷۴
تولید اضافی، ۱۰۹، ۵۲۳، ۶۹۴
تولید انبوه، ۴۶۲
تولید انبوه کالا، ۴۶۲
تولید بدون انبار، ۴۰۳، ۴۱۲
تولید بدون نقص، ۷۷۱
تولید به روش خط مونتاژ، ۵۶
تولید به روش متوالی، ۵۶
تولید به موقع، ۴۰۳، ۴۱۲

تولید بیرون از بازار، ۴۹۲
تولید پول نقد، ۱۲۸
تولید پیوسته، ۱۸۱، ۳۰۸
تولید خالص داخلی، ۴۸۵، ۴۸۷، ۵۷۴
تولید خالص ملی، ۴۸۷، ۴۹۰، ۵۷۴
تولید دسته‌ای /گروهی، ۳۸۷، ۴۴۴
تولید راهنما، ۵۴۷
تولید زنجیره‌ای، ۳۰۸
تولید سر وقت، ۴۱۲
تولید صنایع دستی، ۳۳۶
تولید غیر مستقیم، ۳۶۲
تولید قطعات استاندارد، ۵۶۰
تولید کالای از مد افتاده / منسوخ، ۵۴۹
تولید کردن، ۴۵۷، ۵۷۲، ۶۵۱
تولید گرا، ۵۷۳
تولید گروهی، ۳۳۳
تولید مازاد، ۵۲۳
تولید محصول از مد افتاده، ۲۷۱
تولید مستمر، ۳۰۸
تولید ملی، ۴۸۴
تولید مواد اولیه، ۵۶۷
تولید ناب، ۴۲۳
تولید ناخالص داخلی، ۳۲۳، ۳۳۲، ۵۷۲
تولید ناخالص ملی، ۳۲۷، ۵۷۲
تولید واحدی، ۷۳۹
تولید و ساخت، ۴۵۷، ۵۷۲
تهاتر، ۳۲، ۷۷، ۱۴۷، ۲۰۳، ۵۰۵، ۶۰۱،۷۲۶
تهاتر ادعا، ۶۰۱
تهاتر حساب بدهکاران و بستانکاران (دربانکداری)، ۱۴۷
تهاتر قهری، ۳۲

توزیع فراوانی، 242	تورم حاد و غیر قابل مهار، 346
توزیع فیزیکی، 546	تورم خریدار، 114
توزیع کردن، 471	تورم زدایی، 221
توزیع کنندهٔ امانی، 175	تورم صفر درصد، 771
توزیع کنندهٔ صنعتی، 365	تورم عمده، 642
توزیع گاما، 321	تورم مهارگسیخته، 368
توزیع گوس، 322	تورم ناشی از افزایش تقاضا، 225
توزیع مؤثر خالص، 487	تورم ناشی از افزایش دستمزد، 755
توزیع نرمال، 494	تورم ناشی از افزایش قیمت نفت، 505
توزیع نمایی، 289	تورم ناشی از افزایش مالیاتها، 703
توزیع نمونه، 636	تورم ناشی از افزایش هزینهٔ تولید، 195
توزیع نمونه‌های رایگان، 636	تورم ناشی از تقاضای زیادی، 280
توزیع یا پخش کردن، 211	تورم ناشی از تنگناهای عوامل تولید، 99
توسعهٔ اعتبارات داخلی / محلی، 210	تورم ناشی از فشار تقاضا، 225، 368
توسعهٔ افراطی، 263	تورم ناشی از فشار هزینه، 368
توسعهٔ اقتصادی، 124، 255	تورم نیروی انسانی، 523
توسعهٔ اکتشافی و ابداعی، 289	تورم و بیکاری، 368
توسعهٔ اهداف عملیاتی، 232	تورم همراه با رکود اقتصادی، 670
توسعه دادن، 286، 291	توزیع احتمالات «کارل فردریک گوس»ریاضیدان آلمانی، 323
توسعهٔ سازمانی، 54، 233، 503، 516	توزیع اصلی، 566
توسعهٔ شغلی، 404	توزیع انحصاری، 242، 282
توسعهٔ عملیات به سوی مشتری، 382	توزیع اولیه، 243
توسعهٔ عمودی، 748	توزیع اولیهٔ ثروت، 372
توسعهٔ فعالیتها، 70	توزیع تی دانشجو، 685
توسعهٔ فعالیتهای یک سازمان با تولیدفرآورده‌های مکمل، 344	توزیع ثانویه، 243
توسعهٔ محصول، 572	توزیع درآمد، 242، 356
توسعهٔ مدیریت، 232، 451	توزیع در سطح گسترده، 383
توسعهٔ منطقه‌ای، 233، 606	توزیع دست دوم، 641
توسعهٔ مهارت، 232	توزیع دو طرفه، 247
توسعهٔ مهندسی، 268	توزیع سهام، 666
توسعهٔ ناحیه‌ای، 606	توزیع عادی / نرمال، 243، 494

توافق بر حکمیت یا داوری، ۵۴
توافق بین‌المللی، ۳۸۹
توافق جمعی، ۴۰، ۱۶۱
توافق خائنانه، ۶۹۵
توافق دو جانبه، ۱۱۵، ۱۵۰، ۴۸۱، ۵۹۸، ۷۱۹
توافق دو طرف، ۴۵
توافق رسمی، ۵۲۷، ۶۶۱
توافق سطحی، ۶۹۳
توافق شرافتی (توافقی که مستند به سند وقابل طرح در دادگاه نیست)، ۳۲۵
توافق شفاهی، ۷۴۱، ۷۴۸
توافق صریح، ۲۹۰
توافق طلبکاران برای تصفیهٔ دیون، ۱۶۵
توافق فروش مشروط، ۱۷۰
توافق قبلی یا اصلی، ۶۸
توافـــق کـردن، ۲۲، ۴۰، ۵۵، ۱۵۵، ۱۹۷، ۱۹۸، ۳۲۶
توافق مسالمت آمیز، ۴۵
توافق میان ورشکسته و بستانکاران در مورد تعیین نمایندهٔ امور ورشکسته، ۲۱۸
توافق نامحدود، ۴۱، ۵۰۸
توافـــق نـامه، ۴۰، ۴۱، ۱۸۷، ۲۰۱، ۴۲۸، ۴۶۸، ۵۲۶، ۵۸۱
توافق نامهٔ شروع کار، ۴۱، ۷۱۲
توافق و رضایت، ۲۲
توافق وضعیت، ۶۷۵
توان اقتصادی، ۲۵۶
توانایی اجرایی، ۱۶، ۲۸۴
توانایی ادارهٔ امور سازمانی، ۳۳
توانایی اداری، ۱۶، ۳۳
توانایی افراد در انجام مأموریتهای خود، ۱۶
توانایی پرداخت بهای واردات، ۷۴۹
توانایی تولید، ۵۷۳
توانایی حل مشکلات پیچیده، ۱۷
توانایی طرح / ارائهٔ راه حلها، ۱۶
توانایی / قدرت پرداخت بدهی، ۶۶۲
تواناییهای جسمی / جسمانی، ۱۶، ۵۴۶
تواناییهای درون شخصی، ۳۹۲
تواناییهای شخصیتی، ۱۶، ۵۴۳
تواناییهای فکری، ۱۶، ۴۶۸
توانایی همکاری با دیگران، ۳۴۶
تـوانـایی یک سیستم در سازگاری با محیط، ۶۴۴
توانایی یگانها / واحدها، ۱۶
توان بالقوه کسب درآمد، ۲۵۳
توانبخشی کاری / شغلی، ۲۶۸
توان تجاری منفی، ۵۳۱
توان تهیهٔ پول نقد، ۴۳۶
توان ذاتی رهبری، ۱۳۸
توجه به ضوابط در امور استخدامی، ۴۶۹
توجه به نگرشهای مردم در مدیریت، ۵۳۸
توجه بیش از حد به مقررات و تشریفات اداری، ۶۰۴
توجه نکردن به اخطار، ۱۰۷، ۵۳۵
توجیه شغلی، ۴۰۶، ۷۰۲
توجیه مختصر، ۱۰۵
تورم آفرینی مهار شده، ۶۰۵
تورم بنیادی، ۳۶۸
تورم پول، ۳۶۷
تورم پیش بینی نشده / غیر منتظره، ۷۳۶
تورم تقاضا، ۲۲۴، ۳۶۸

تمرین مدیریت، ۴۵۲
تمرین مذاکره، ۴۸۶
تمرین نحوهٔ انجام کارهای ارجاعی، ۳۵۴
تملک مجدد، ۶۰۴
تموج فکری، ۱۰۱
تناسب خرید با درآمد، ۳۵۶
تناقض صرفه جویی، ۵۲۸
تنخواه اندک، ۵۴۵
تنخواه‌گردان، ۶۲۵
تن در دادن، ۶۸۷
تنزل ارزش پول خارجی، ۲۸۱
تنزّل بازار، ۱۱۳
تنزل برگهٔ قرضه، ۹۴
تنزل پول، ۲۰۴
تنزل دادن، ۶۰۴، ۶۱۰
تنزل دادن ارزش یک عمل، ۹۰
تنزل رتبه، ۲۴۷
تنزل قیمت ارز، ۲۸۱
تنزل قیمت پول، ۲۲۶
تنزل کردن، ۲۴۹، ۲۹۸، ۷۶۶
تنزل مقام، ۲۴۷
تنزیل ارزش پول، ۲۳۲
تنزیل بانک، ۷۳
تنزیل درجه، ۱۱۰، ۱۱۳، ۲۲۱، ۲۲۶، ۲۴۷
تنزیل درجه کردن، ۱۱۰، ۲۲۶، ۲۴۷، ۶۰۴
تنزیل رتبه، ۱۱۰، ۲۲۱، ۲۲۶
تنزیل رتبه کردن، ۲۲۶، ۲۴۷
تنزیل ساده، ۷۳، ۶۵۷
تنزیل کردن، ۲۳۸
تنزیل مجدد، ۶۰۳

تنزیل مرکب، ۱۶۵
تنظیم برنامه بر اساس تفکیک گروه‌ها و طبقه‌ها با توجه به مقررات، ۱۵۱
تنظیم برنامهٔ زمان کار، ۶۳۹
تنظیم بودجه، ۱۰۷، ۱۰۸
تنظیم جدول زمانی، ۷۱۴
تنظیم سند، ۲۷، ۱۸۸
تنظیم صورت حساب، ۳۹۷
تنظیم فرم سفارش در دو یا سه نسخه، ۳۶۰
تنظیم فهرستی از هزینه‌های مجاز که از درآمد مشمول مالیات کسر می‌شود، ۴۰۲
تنظیم قراردادهای تجاری، ۱۵۶
تنظیم کردن، ۳۱۲
تنظیم کردن متن نهایی سند یا لایحه قانونی، ۲۶۸، ۳۷۱
تنظیم‌کنندهٔ بودجه، ۱۰۸
تنظیم کیفرخواست، ۳۶۱
تنظیم متن نهایی سند یا لایحهٔ قانونی، ۲۶۸، ۳۷۱
تنظیم و عقد بیمه نامه، ۲۵۸
تنفس یا تعطیل جلسه، ۳۱
تنفیذ کردن، ۶۳، ۱۷۲، ۲۵۸، ۲۶۷، ۳۲۶، ۷۴۴
تنوع مهارت، ۷۴۷
توازن تجاری مثبت، ۲۸
توازن نامطلوب تجاری، ۷۳۶
توافق از طریق حکمیت و داوری، ۴۰
توافق اساسی، ۴۱
توافق برای از بین بردن موانع گمرکی، ۷۱۹

تقلیل دادن، 604	تلکس تأیید شده، 709
تقلیل درآمد ملی، 228	تله تایپ، 706
تقلیل رتبه دادن، 226	تمارض کردن، 450
تقویت رفتار، 82	تمام بدهی خود را پرداختن، 325
تقویم کردن، 745	تمام سوابق موجود در پرونده، 295
تکالیف برنامه‌ریزی، 549	تمام شدن، 193
تکامل تدریجی، 279	تمام شدن اعتبار، 288
تکثیر نمودن، 189	تمامیت مسؤولیت، 18
تکذیب کردن، 184، 227، 241، 299، 597، 606، 616، 623	تمدید اجاره، 612
	تمدید اعتبار نمودن، 624
تکرار وظایف، 250	تمدید خدمت، 690
تکمیل سفارشها/دستورهای خرید، 514	تمدید کردن مهلت، 580
تکمیل کردن، 303	تمدید مدت شرکت، 291
تکمیل کردن فرم، 164	تمدید مدت قرارداد، 291
تکنولوژی اطلاعات، 370	تمدید مدت مرخصی، 291
تکنولوژی بدون دود، 92	تمدید مدت معاهده، 577
تکنولوژی پیشرفتهٔ تولید، 46	تمدید مهلت پرداخت بدهی، 291، 293، 620
تکنولوژی گروهی، 334	
تکنولوژی مهندسی کنترل کیفیت (تولید)، 589	تمدید مهلت پرداخت وام، 630
	تمدید مهلت تأدیهٔ دین، 291
تکنیک حل مسأله، 570	تمرکز زدایی، 214
تکنیک گروه اسمی، 489، 490	تمرکز زدایی به عنوان راهبرد (استراتژی)مدیریت و توسعه، 214
تکنیک مشاهده‌ای، 501	
تلاش بی ثمر، 297	تمرکز صنعتی، 364
تلاش/فعالیت انسانی، 345	تمرکز فکری، 712
تلاش مداوم/بی وقفه، 695	تمرکز قدرت در دست مدیران عالی واجرایی، 382
تلافی کردن، 600، 601، 612، 623	
تلف مبیع قبل از تحویل، 231	تمرکز قدرت در دست یک نفر، 63
تلفیق حسابها، 176	تمرکز وظیفه‌ها، 736
تلفیق نا متجانسها، 696	تمرینات کازیه، 354
تلفیقی از علوم مهندسی و روانشناسی، 345	تمرین بازاریابی، 460
	تمرین درون کازیه، 354، 393

تقاضای احتیاطی برای پول، 559
تقاضای استخدام، 428
تقاضای اضافه حقوق / دستمزد، 534
تقاضای اعادهٔ اموال متعلق به اتباع خود، 599
تقاضای افزایش حقوق، 754
تقاضای انفرادی / فردی، 362
تقاضای بالقوه، 225، 557
تقاضای برکناری، 616
تقاضای تصادفی، 225، 593
تقاضای تعویض، 225، 614
تقاضای تکراری، 614
تقاضای جایگزینی، 225، 614
تقاضای خاص، 664
تقاضای سوداگرانه برای پول، 666
تقاضای شغل، 50
تقاضای غیر قابل انعطاف، 367
تقاضای غیر مستقیم، 224، 361
تقاضای فرعی، 230
تقاضای کار، 225
تقاضای کشش دار و انعطاف پذیر، 260
تقاضای مشترک، 225، 408
تقاضای مصرف کننده برای کالاهایی که به‌طور منظم خریداری می‌شود، 614
تقاضای مقدماتی، 80
تقاضای مؤثر، 259
تقبل خطر، 59
تقبل کردن مسؤولیت مالی، 68
تقدیم گزارش، 615
تقسیمات اداری، 33
تقسیمات کشوری، 33
تقسیم ادارات، 227
تقسیم ادارات بر اساس قسمتها، 244
تقسیم ادارات بر مبنای اهداف، 227
تقسیم ادارات بر مبنای جریان عملیات، 571
تقسیم ادارات بر مبنای فرایند عملیات، 227
تقسیم ادارات بر مبنای محصول، 572
تقسیم ادارات بر مبنای مشتریان، 205
تقسیم ادارات بر مبنای هدف / اهداف، 586
تقسیم بندی، 227
تقسیم‌بندی بازار، 461
تقسیم‌بندی سازمان از نظر تشکیلاتی، 227
تقسیم‌بندی (سود سهام)، 242
تقسیم ترکه، 242، 243
تقسیم ثنایی، 233
تقسیم خطر میان خود، 554
تقسیم سهام، 42، 43، 680
تقسیم عملیات بین واحدهای مختلف سازمان، 227
تقسیم قدرت، 558
تقسیم کار، 749، 765
تقسیم کار به اجزای اختصاصی، 664
تقسیم کار بین کارکنان، 652
تقسیم کار عمودی، 749
تقسیم محلی کار، 440
تقسیم نوبتی کار، 407
تقسیم وظایف شغل، 404
تقصیر مشترک، 528
تقلب کردن، 311، 626، 695
تقلیل، 45، 61، 244

تغییر محدودهٔ مالیاتی، ۱۰۱
تغییر و افزایش قیمتها بیشتر از حد واقعی، ۷۲
تغییر و تبدیل اجباری دارایی، ۳۹۷
تغییر و تحول، ۶۵۲
تغییر و توسعهٔ سازمانی، ۵۱۶
تغییرهای ناخواسته، ۳۹۷
تفاضل حدود اعتماد، ۱۳۶
تفاوت / اختلاف دستمزد، ۷۵۴
تفاوت /اختلاف قیمت، ۵۶۵
تفاوت ارزش اسمی بدهی و اصل مبلغ، ۲۱۳
تفاوت ارزش واقعی و ارزش اسمی سهم، ۵۶۱
تفاوت بین درآمد واقعی و درآمد مقرر، ۷۵۴
تفاوت پرداخت، ۶۱۰
تفاوت پیش پرداخت، ۶۵۴
تفاوت غیر عادی قیمت یک کالا در دو بازار، ۶۹
تفاوت قیمت، ۴۶۱، ۵۶۱
تفاوت قیمت در بازرگانی با خارج، ۲۵۰
تفاوت نرخ، ۵۹۴
تفاوت هزینه، ۱۹۵
تفاهم طرفین (درخصوص موضوع و مفادقرارداد)، ۴۶۷
تفاهم متقابل، ۵۹۹، ۷۳۳
تفاهم نامه، ۴۲۹، ۴۶۸، ۵۸۱
تفسیر براساس نص سند، ۴۳۷، ۷۱۰
تفسیر بر حسب مقاصد طرفین، ۱۷۷
تفسیر به رأی، ۵۴
تفسیر تحت‌اللفظی، ۴۳۷، ۷۱۰

تفسیر حقوقی، ۱۵۵
تفسیر دیوان عالی تمیز، ۶۳
تفسیر قانون، ۱۷۷، ۶۷۶
تفسیر قانون موضوعه، ۶۷۶
تفسیر قانونی، ۴۲۵
تفسیر قوانین، ۳۹۲
تفسیر کردن، ۱۷۷
تفسیر معاهده، ۳۹۲
تفسیر نتایج آزمون، ۳۹۲
تفسیر و تعبیر قرارداد، ۱۷۷
تفکر استقرایی، ۳۶۴
تفکر افقی، ۴۲۰
تفکر خلاق، ۶۱، ۱۹۹
تفکر کلامی، ۷۴۸
تفکیک بازار، ۴۶۱
تفکیک کننده، ۶۱۹
تفویض اختیار، ۲۱، ۱۷۱، ۲۱۴، ۲۲۲،۲۲۳، ۲۳۳، ۳۵۴، ۳۹۶، ۴۵۵، ۵۵۷
تفویض اختیار از ردهٔ بالاتر به پایین‌تر، ۱۰۰، ۷۱۶
تفویض اختیار کردن، ۱۷۱، ۲۲۲
تفویض امور یا اختیارات، ۲۲۳
تفویض کردن، ۱۶، ۱۵۲، ۲۲۲، ۲۳۳،۳۲۶، ۳۳۷، ۵۲۲، ۵۲۴، ۷۲۸، ۷۴۹
تفویض کردن اختیارات، ۱۶، ۲۲۲، ۵۵۸
تفویض کننده، ۳۹۶
تقاضا برای استرداد، ۶۱۶
تقاضا کردن، ۶۱۶، ۶۶۲
تقاضا نامه، ۵۰، ۴۲۸
تقاضانامهٔ کتبی، ۶۳۰
تقاضا یا اعلام ورشکستگی، ۷۵، ۵۴۵، ۵۹۸

موافقت نامه، ۱۷۱
تعیین ضایعات احتمالی برای موارد بیمه‌شده، ۴۴۳
تعیین ضرب‌العجل، ۶۵۰
تعیین علل اصلی مشکلات، ۲۳۲
تعیین علی‌الرأس مالیات، ۵۳
تعیین فعالیتهای انجام شده در تولید کالا و ارزش گذاری کالا بر اساس آن، ۷۴۶
تعیین قیمت، ۵۱، ۵۵، ۵۶۵
تعیین قیمت تمام شده، ۱۹۳
تعیین قیمت در حراج، ۵۲
تعیین قیمت فروش مجدد، ۶۱۷
تعیین قیمت یکنواخت برای خرده فروشی، ۶۱۷
تعیین کردن، ۵۱، ۵۸، ۲۰۹، ۲۲۰، ۲۳۱،۲۳۲، ۳۰۶، ۳۳۱، ۳۵۲، ۳۶۱، ۳۷۷، ۴۳۰، ۴۹۰
تعیین‌کنندهٔ خط مشی، ۵۵۳
تعیین مالیات، ۵۳، ۵۷
تعیین مأخذ دستمزد، ۵۹۴
تعیین محل صنعت بر اساس برنامه، ۵۴۹
تعیین محل کارخانه، ۴۴۰
تعیین مدیر عامل، ۴۹۰
تعیین مسیر، ۶۳۱
تعیین میانگین درآمد، ۳۵۶
تعیین نرخ، ۵۹۴
تعیین نقش، ۶۲۹
تعیین نیروی کار کمتر از حد نیاز، ۷۳۳
تعیین وجه خسارت، ۲۳۲
تعیین وقت و دعوت برای جلسه، ۱۱۷
تعیین و مطالبه مالیات متعلقه، ۷۰۲
تعیین هدف، ۳۲۷

تعیین هدف توسط همکاران، ۵۳۷
تعیین هدفهای فرعی و راهبردی جنبی براساس هدفهای بلند مدت و استراتژی کلی، ۳۸۷
تعیین هزینهٔ سفارش کار، ۴۰۶
تعیین هویت کردن، ۳۴۸
تعیین یا تثبیت نمودن ارزش چیزی، ۵۲
تغذیه از درون، ۳۶۷
تغییرات اساسی، ۵۹۲
تغییرات اقلام ثبتی، ۴۵
تغییرات در اظهارنامه‌ها، ۴۵
تغییرات ساختاری، ۶۸۵
تغییرات فنی افزایش بازدهی کار، ۴۱۶
تغییر اساسی (در متن سند)، ۴۶۳
تغییر برنامه، ۵۷۶
تغییر برنامه‌ریزی شده، ۱۳۶، ۵۴۹
تغییر تکنولوژیکی، ۱۳۶، ۷۰۶
تغییرجهت مخاطره آمیز، ۶۲۹
تغییر دادن اسناد، ۶۶۷
تغییر در فن آوری، ۱۳۶
تغییر در موجودی کالا، ۱۳۶
تغییر ساختار دادن، ۶۰۰
تغییر ساختاری، ۱۳۶
تغییر سازمان، ۶۵۲
تغییر سازمانی، ۱۳۶، ۵۱۶
تغییر سطحی، ۶۹۳
تغییر شدید سیاسی یا اجتماعی، ۱۲۹
تغییر عمده، ۴۶۳
تغییر عمده در ساختار سرمایه، ۵۹۸
تغییر قرارداد، ۱۳۶
تغییر قیمت، ۵۶۵
تغییر کامل و ناگهانی، ۶۵۲

تعهدات ثانویه، ۶۴۱
تعهدات سرمایه‌ای، ۱۲۱
تعهدات طرفین، ۵۹۹
تعهدات قراردادی، ۱۸۴، ۷۲۵
تعهدات کوتاه مدت که در طول سال مالی پرداخت می‌شود، ۲۰۴
تعهدات مالی، ۴۳۰
تعهدات متقابل، ۳۶۰، ۳۸۴، ۴۸۱، ۵۹۹
تعهدات مستند به اسناد رسمی، ۶۶۵
تعهدات ناشی از ارادهٔ متعاملین، ۶۰۲
تعهدات ناشی از الزامات قانون، ۳۹۸
تعهدات ناشی از عهدنامه، ۷۲۵
تعهدات ناشی از معاهده، ۷۲۵
تعهدات و تکالیف طرفین عقد، ۴۸۹
تعهدات و مسؤولیتها، ۴۳۰
تعهد اخلاقی، ۴۷۶، ۵۰۱
تعهد به خرید، ۷۳۴
تعهد به موجب سند رسمی، ۷۶۷
تعهد پرداخت، ۲۶۶، ۶۸۸
تعهد تبعی، ۲۱
تعهد تضامنی، ۴۰۸، ۵۰۰، ۶۶۲
تعهد حال، ۴۶۴
تعهد خود را انجام دادن، ۴۶۷
تعهد داشتن، ۸۴، ۵۰۰
تعهد شرعی، ۶۱۱
تعهد ضمنی، ۳۵۱
تعهد غیر مشروط، ۱۸
تعهد کردن، ۱۵۷، ۲۶۸، ۳۳۵، ۶۶۷، ۶۹۹، ۷۰۰، ۷۳۴، ۷۵۴، ۷۵۷
تعهد مالی کردن، ۶۸، ۶۸۸، ۷۳۴
تعهد مشترک، ۴۱۰
تعهد ناشی از الزامات قانون، ۵۰۰

تعهد ناشی از حکم قانون، ۱۹۸
تعهد نامه، ۹۴، ۴۲۸
تعهد نپذیرفتن، ۵۱۳
تعهد نکردن، ۷۴۱
تعهد و مسؤولیت نیابتی، ۷۵۰
تعهدهای جاری، ۲۰۴
تعهد یا الزام قانونی برای اجرای قرارداد، ۵۰۱
تعهد یا قول صریح مندرج در قرارداد، ۲۹۰
تعهد یا قول ضمنی، ۳۵۱
تعهد یا وظیفه‌ای را به عهده گرفتن، ۷۰۰
تعهدی را قبول کردن، ۵۹۹
تعهد یک جانبه، ۵۰۷، ۷۳۶
تعیین ارزش اوراق قرضه، ۹۶
تعیین ارزش شغل، ۴۰۶
تعیین استانداردها، ۲۷۵
تعیین استراتژی و نحوهٔ اجرای آن با استفاده از نظرات شخصی و تجربیات فردی، ۴۱۰
تعیین افزایش بها، ۴۶۱
تعیین اهداف عملیاتی، ۶۵۰
تعیین اهداف قابل ارزشیابی، ۶۵۰
تعیین حقوق، ۶۳۴
تعیین حقوق بازنشستگی، ۴۸
تعیین حقوق بر اساس قدرت پرداخت، ۱۷
تعیین دستمزد به میزانی که امرار معاش کارگر را میسر سازد، ۱۰۲
تعیین سهام، ۴۳، ۵۸
تعیین شاخص، ۳۶۱
تعیین صلاحیت حقوقی بر حسب

تعدیل قیمت، ۴۳
تعدیل موجودی، ۳۹۵
تعدیل هزینهٔ فروش، ۱۹۵
تعرفهٔ آگهی، ۵۹۴
تعرفهٔ حدود پرداخت خسارت شرکت بیمه، ۴۳۵
تعرفهٔ حمایتی، ۵۸۰، ۷۰۱
تعرفهٔ خارجی بازار مشترک، ۱۳۴، ۱۵۸
تعرفهٔ خاص، ۶۶۵
تعرفهٔ خاص / ویژه، ۷۰۱
تعرفهٔ راه‌آهن، ۷۰۱
تعرفهٔ عمومی، ۳۲۵
تعرفهٔ قانونی، ۵۸
تعرفهٔ کلی، ۹۱
تعرفهٔ گمرکی، ۷۰۱
تعرفهٔ گمرکی بر حسب ارزش کالا، ۳۵
تعرفهٔ گمرکی سنگین، ۵۸۰، ۷۰۱
تعرفهٔ گمرکی مشترک، ۱۳۱
تعرفهٔ مشترک خارجی، ۱۵۸
تعرفهٔ ممانعتی، ۷۰۱
تعرفه‌های گمرکی، ۷۰۱
تعرفه‌های گمرکی مشترک، ۱۵۸
تعریف / تشریح مأموریت، ۲۲۰
تعریف / تشریح هدف، ۲۲۰
تعریف مجدد، ۶۰۳
تعریف یا نقل موضوع سند در آغاز آن، ۵۹۹
تعطیل کردن کارخانه، ۴۴۱
تعطیل موقت، ۳۹۲
تعطیلی کار، ۷۱۳، ۷۶۵
تعقل محدود، ۱۰۰
تعلق گرفتن وام، ۳۵۹

تعلیق از خدمت بدون پرداخت حقوق، ۶۹۵
تعلیق رسیدگی، ۶۹۵
تعلیق قانون در مورد خاص، ۲۴۰
تعلیق مجازات، ۳۳۱
تعمیرات اساسی، ۶۱۲، ۶۵۵
تعمیرات اساسی کردن، ۶۱۲
تعمیرات پیشگیری کننده، ۵۶۴
تعمیرات جاری، ۶۳۲
تعمیرات و نگهداری بهره‌ور فراگیر، ۷۱۶
تعمیرات و نگهداری خود کنترلی (خودکار)، ۶۵
تعمیر اساسی، ۵۲۲
تعمیر کردن، ۶۱۳
تعمیر و نگهداری برنامه‌ای، ۵۴۹
تعمیر و نگهداری به هنگام کار دستگاه، ۶۳۲
تعویض کردن، ۶۱۴
تعویض نقش، ۶۳۰
تعویق اجرای حکم دادگاه، ۶۷۷
تعویق تصفیه حساب در خرید و فروش سهام، ۱۲۵
تعهدات، ۴۹، ۹۶، ۹۷، ۱۰۳، ۱۲۰، ۱۳۴، ۱۵۱، ۱۵۶، ۱۵۷، ۱۷۰، ۲۰۰، ۲۰۴، ۲۳۶، ۲۶۸، ۲۷۳، ۲۸۵، ۲۹۲، ۲۹۷، ۳۱۸، ۳۲۶، ۳۴۳، ۳۵۰، ۳۸۴، ۳۹۱، ۴۳۰، ۴۳۱، ۴۶۷، ۵۰۱
تعهدات اولیه، ۵۰۱
تعهدات بانک، ۷۴
تعهدات بانکی، ۷۵
تعهدات بین‌المللی، ۳۹۰
تعهدات تبعی، ۶۴۱

تضمین پرداخت خسارت بر حسب درخواست خریدار، ۵۰۷
تضمین خسارت کردن، ۷۳۴
تضمین دادن، ۷۳۴
تضمین صحت عمل، ۳۰۱
تضمین / ضمانت نشده، ۷۴۱
تضمین عدم تعرض به تصرف، ۳۳۴
تضمین کالا از نظر بی‌عیب و نقص بودن آن، ۷۵۸
تضمین کردن، ۳۸۱
تضمین کیفی، ۵۸۸، ۵۸۹
تضمین کیفیت، ۵۸۸، ۵۸۹، ۶۹۲
تضمین متقابل، ۴۸۱
تضمین معتبر، ۶۶۲
تضییع حق، ۲۲۷
تضییع حقوق استخدامی، ۳۷۱
تطبیق حسابها، ۶۰۰
تطبیق قانون، ۲۶۷
تطبیق قانون با موارد، ۵۰
تطبیق قراردادهای مختلف با قرارداد موجود، ۵۰
تطبیق کردن، ۱۷۱، ۱۷۳، ۱۹۲، ۷۰۰
تطبیق موجودی، ۳۹۵
تطمیع کردن، ۷۰۰
تظاهر به ادامهٔ عضویت / مشارکت، ۳۴۲
تعادل اجتماعی، ۲۷۱
تعادل ایستا، ۲۷۱، ۶۷۴
تعادل بازار، ۲۷۱، ۴۶۰
تعادل بازار برای محصولات / فرآورده‌ها، ۵۷۴
تعادل پویا، ۲۵۱، ۲۷۱
تعادل خنثی / بی تفاوت، ۲۷۱

تعادل سازمانی، ۲۷۱، ۵۱۶
تعادل مطلوب تجاری، ۲۹۹
تعادل یک طرفه، ۴۹۱
تعارض بازدارنده، ۱۷۲
تعارض بین کارکنان، ۳۹۲
تعارض بین واحدها، ۱۷۲، ۳۸۴
تعارض خواست - خواست، ۵۲
تعارض درون سازمانی، ۳۹۱
تعارض درون گروهی، ۱۷۲، ۳۹۳
تعارض درونی در نقش، ۳۹۳
تعارض سازمانی، ۳۰۹، ۳۷۰، ۳۸۳، ۳۹۲، ۴۶۵، ۵۱۶
تعارض سازنده، ۱۷۲، ۱۷۷، ۱۹۹
تعارض قوانین، ۱۳۱، ۱۷۳، ۴۳۰
تعارض قوانین کشورهای مختلف، ۱۷۳
تعارض مخرب، ۱۷۲
تعارض میان گروهی، ۳۸۶
تعارض نقش فردی، ۳۶۳
تعاونی تولید کنندگان، ۵۷۲
تعاونی مصرف، ۱۶۱، ۱۷۸، ۱۸۹
تعداد کارکنان استخدام شده و کارکنانی که در یک دورهٔ معین، سازمان را به دلایل مختلف ترک گفته‌اند، ۴۱۸
تعدی کردن یا تجاوز کردن (به حقوق یا اموال دیگری)، ۲۶۶
تعدیل استهلاک، ۲۳۰
تعدیل پایان دوره، ۷۶۹
تعدیل پایان سال مالی، ۷۶۹
تعدیل حسابهای سال قبل، ۵۶۸
تعدیل رفتار، ۸۲
تعدیل سرمایه‌گذاری، ۳۹۶
تعدیل شدن، ۸۰

تصفیه دیون، 55، 147
تصفیهٔ دیون عمومی، 292
تصفیه کردن، 27، 32، 165، 436، 448، 471، 587، 650، 761
تصفیه نشده، 739
تصمیمات اساسی، 215
تصمیمات انتخابی، 216
تصمیمات برنامه‌ریزی شده، 216
تصمیمات بنیادی / نهادی، 215
تصمیمات راهبردی، 682
تصمیمات سرمایه گذاری، 216
تصمیمات غیر روزمره، 216
تصمیم برنامه‌ریزی شده، 576
تصمیم برنامه‌ریزی نشده، 493
تصمیم درست و به موقع، 412
تصمیم سنجیده و منطقی، 712
تصمیم عادلانه، 215
تصمیم عجولانه، 561
تصمیم غیر برنامه‌ای، 493
تصمیم گرفتن، 306، 596، 619، 631
تصمیم گیرنده، 306
تصمیم گیری اصولی (در مدیریت استراتژیک)، 494
تصمیم‌گیری برای ساخت یا خرید، 449
تصمیم‌گیری تاکتیکی، 699
تصمیم‌گیری توسط مدیریت و کارکنان سازمان، 151
تصمیم‌گیری توصیفی، 231
تصمیم‌گیری در شرایط ریسک، 628
تصمیم‌گیری عقلایی، 595
تصمیم‌گیری عملیاتی، 510
تصمیم‌گیری غیر متمرکز، 214

تصمیم گیری مبتنی بر قضاوت و شعور شخصی، 641
تصمیم‌گیری متمرکز، 132
تصمیم گیری مشارکتی، 529
تصمیم‌گیری مشترک، 151، 473
تصمیم‌گیریهای روزمره و عادی، 630
تصمیمهای اساسی، 78، 378
تصمیم‌های استثنایی، 493
تصمیمهای با احتمال خطر، 628
تصمیمهای سرمایه گذاری، 396
تصمیم‌های غیر روزانه، 493
تصمیمی که توسط مجمع عمومی اتخاذ شده، 619
تصویب قانون، 265
تصویب کردن، 34، 53، 63، 172، 343، 353، 531، 587، 595، 619، 631، 636، 640
تصویب کردن قانون، 265
تصویب نامه صادر کردن، 258
تصویب نکردن، 219، 237، 353
تصویب یا موافقت دولتی، 329
تصویر ذهنی، 349
تصویر کتبی از نحوهٔ عملکرد کارگر در حین کار، 142
تضاد اجتماعی، 173
تضاد منافع، 173، 321
تضاد نقش، 629
تضامن، 408، 409، 430، 662
تضعیف رفتار نامطلوب، 292
تضعیف روحیه، 199، 476
تضمین بازپرداخت، 614
تضمین بانکی، 73

تشریفات گمرکی را انجام دادن، ۱۴۷
تشریک مساعی، ۱۵۲، ۱۸۹، ۴۰۸
تشریک مساعی کردن، ۱۵۲، ۱۸۸
تشکیلات اداری، ۳۴
تشکیل اتحادیه دادن، ۷۳۷
تشکیلات داخلی، ۳۸۸
تشکیلات دولت، ۴۴۶
تشکیلات دولتی، ۶۷۲
تشکیلات سازمان، ۵۱۸
تشکیلات کشوری، ۱۴۴
تشکیلات مذاکره، ۴۸۶
تشکیلات و روشها، ۵۰۶، ۵۱۷
تشکیلات و ساختار سازمانی هیأت مدیره، ۹۳
تشکیلات هزینه‌های بالا سری، ۵۲۲
تشکیلات هیأت مدیره، ۹۳
تشکیل انجمن دادن، ۴۲۳
تشکیل جلسه‌ای را اعلام کردن، ۱۱۷
تشکیل جلسه دادن، ۳۲۶، ۳۴۲، ۴۶۶، ۴۶۷
تشکیل دادن، ۱۷۶، ۱۸۷، ۱۸۸، ۲۷۳، ۲۷۵، ۳۴۱، ۴۴۸، ۴۴۹، ۵۱۸، ۶۵۱
تشکیل سرمایه، ۱۲۱
تشکیل شرکت دادن، ۳۵۸
تشنهٔ کار، ۷۶۳
تشویق اضافی، ۵۲۳
تشویق پولی، ۳۰۴
تشویق صنایع و بازرگانی توسط دولت، ۱۰۱
تشویق مالی، ۲۵۷
تشویق مالی مدیران، ۴۷۸
تصاحب اموال افراد توسط دولت

برای مقاصد عمومی، ۲۶۲
تصحیح خطا یا اشتباه، ۶۰۲
تصحیح سند بر اساس قصد واقعی طرفین، ۶۰۲
تصحیح کردن، ۴۵، ۱۹۱، ۲۶۲، ۶۰۲، ۶۰۳، ۶۰۵
تصحیح موجودی، ۳۹۵
تصدیق اعتبار، ۶۳
تصدیق امضا، ۶۱، ۱۹۷
تصدیق کردن، ۲۶۶، ۶۳۶، ۶۸۸، ۷۰۹، ۷۴۴، ۷۵۳
تصدیق کننده، ۲۶۷
تصدیق موقت سهام، ۵۸۱
تصدی مادام‌العمر یک پست، ۴۳۳، ۷۰۷
تصدی و ادارهٔ کارگاه توسط کارکنان، ۷۶۴
تصرف زاید، ۲۸۰
تصرف غیر قانونی در اموال عمومی، ۴۷۳
تصرف قانونی، ۱۷۷، ۴۲۶، ۶۴۳
تصرف کردن، ۳۹۳
تصرف مال بدون صاحب، ۵۰۲
تصرف موقت غیر قانونی، ۲۲۱
تصریح شده، ۶۶۵، ۶۷۸
تصریح کردن، ۶۷۸
تصریح کننده، ۶۷۸
تصفیهٔ اجباری، ۱۶۶
تصفیهٔ امور شرکتها، ۴۳۶
تصفیهٔ ترکه، ۶۵۰
تصفیه حساب، ۲۳، ۲۵، ۱۴۷، ۶۵۰
تصفیه حساب کردن، ۵۹۹
تصفیهٔ خسارت، ۶۵

ترکیب اعضای هیأت مدیره، 165، 236
ترکیب روشهای تبلیغ فروش، 578
ترکیب نسبی فعالیتهای بازاریابی، 460
ترکیبی از محصولات، 574
ترمیم جدول حقوق، 634
ترمیم کردن، 32، 191، 602، 603، 608، 611
ترمیم کردن موجودی (حساب یا جنس)، 614
ترمیم یا اصلاح جدول حقوق، 32
تزریق تدریجی پول به اقتصاد، 726
تساوی حقوق، 38، 271
تستها / آزمونهای شخصیت، 543، 710
تستها / آزمونهای علاقه، 385، 710
تستها / آزمونهای نگرشها و گرایشها، 61
تسری حکم قانون به مواردی که در قانون تصریح نشده، 272
تسریع کار، 666
تسریع کردن پرداخت، 214
تسعیر کردن، 127، 281
تسلسل اعتصاب برای افزایش دستمزد، 761
تسلط بر یادگیری، 462
تسلیم اسناد در برابر پرداخت، 248
تسلیم کردن، 105، 131، 166، 167، 175، 223، 291، 326، 327، 337، 394، 422، 562، 611، 612، 687، 694، 707، 769
تسلیم مال، 15
تسلیم موافقت نامه، 223
تسلیم یا ظهرنویسی، 223
تسویهٔ بدهی، 213
تسویهٔ بین‌المللی، 391
تسویه حساب، 25، 27، 147، 296، 436، 650، 761
به کردن، 650، 668
تسویه نامه، 429، 650
تسهیلات آموزشی، 721
تسهیلات اعتباری، 200، 201
تسهیلات اعتباری خریدار، 178
تسهیلات تسویه، 180
تسهیلات عمومی، 584
تسهیلاتی از قبیل کارتها و چکهای اعتباری، 201
تسهیل کننده، 295
تسهیم سود بین کارگر و کارفرما، 321
تسهیم کردن، 652، 666
تسهیم هزینه / حساب، 19
تشخیص مالیاتی، 702
تشخیص مسأله / مشکل، 570
تشخیص مشکلات موجود در عملکردها، 233
تشخیص مطالبات، 748
تشخیص میزان مالیات، 57
تشخیص و آگاهی خریدار از وجود یک کالا با مارک معین، 102
تشخیص و تعیین مالیات بر مبنای ضوابط اداری، 54
تشریح اهداف عملیاتی، 674
تشریح / تعریف هدف، 234
تشریح مسأله / مشکل، 220
تشریفات اداری به حد افراط، 111، 604
تشریفات رسمی، 276
تشریفات گمرکی، 206

ترازنامه 77 ترک وظیفه

ترازنامه، ۱۷، ۵۵، ۵۷، ۷۱، ۷۲، ۸۵، ۱۴۵، ۱۴۶، ۵۵۶، ۵۹۶
ترازنامهٔ بازرگانی، ۷۱۸
ترازنامه بانکی، ۷۳
ترازنامهٔ تلفیقی، ۱۷۵
ترازنامهٔ خلاصه شده، ۱۷
ترازنامهٔ شرکت، ۱۹۰
ترازنامهٔ طبقه بندی شده، ۱۴۵
ترازنامهٔ مشترک، ۱۷۵
تراز نقل و انتقال سرمایه، ۷۱
تراست با سرمایه مجزا، ۶۶۶
تراست دوگانه، ۲۴۹
تراست رسمی، ۶۴
تراست سرمایه گذاری تفکیک شده، ۶۶۶
تراست سرمایه گذاری دوگانه، ۶۶۶
تراست غیر قابل انحلال، ۴۰۰
تراضی ضمان، ۱۵۳
تراضی و ایفای تعهد، ۲۲
تراکم اطلاعات، ۳۶۹
تراکم اطلاعاتی، ۳۷۰
تراکم جمعیت، ۵۵۴
تراکم سفارشات، ۶۹
تربیت مدیران، ۴۵۱
تربیت و آموزش نیروی انسانی (کارکنان)، ۲۶۳
ترتیبات امانی، ۷۲۷
ترتیب اثر دادن، ۳۲۶
ترتیب اثر یا اعتبار دادن به، ۳۲۶
ترتیب انجام عملیات، ۶۴۸
ترتیب پرداخت بدهی به طلبکاران، ۱۵۴
ترتیب و تنظیم صورت دارایی، ۲۴۸
ترجمهٔ رسمی، ۷۲۴

ترجمه کردن، ۶۱۲
ترخیص از خدمت، ۲۲۵، ۴۲۲
ترخیص بدون بازرسی، ۱۴۷
ترخیص کردن، ۱۴۷
ترخیص کردن کالاها از گمرک، ۶۱۰
ترسیم تصمیم‌ها به وسیلهٔ شبکهٔ مطلوب، ۲۲۶
ترسیم حدود و خطوط معامله، ۵۲۰
ترسیم نمودار عملیات، ۵۷۱
ترغیب جهت بازگشت به کار، ۱۱۴
ترفیع، ۳۵، ۳۲۱، ۴۴۸، ۴۷۹، ۵۷۸، ۷۴۱
ترفیع اجباری، ۴۱۴
ترفیع افقی، ۳۴۴، ۵۷۸
ترفیع بر اساس شایستگی و حسن خدمت، ۴۶۹
ترفیع دادن، ۲۶۱، ۴۳۳، ۵۹۲، ۷۴۱
ترفیع درجه، ۶۲۸
ترفیع عمودی، ۵۷۸، ۷۴۹
ترفیع گرفتن، ۲۵۳، ۵۷۸، ۷۶۱
ترفیع مقام، ۶۲۸
ترفیع نامطلوب، ۴۱۴
ترقی غیر منتظرهٔ قیمتها، ۵۴۸
ترقی قیمت، ۵۲
ترقی ملک، ۸۴
ترقی نرخ برابری یک ارز نسبت به ارزهای دیگر، ۶۲۴
ترک خدمت، ۱۰۳، ۷۲۸
ترک خدمت اجباری، ۱۷۷
ترک دعوا، ۱۵، ۴۹۶
ترک کردن، ۵۹۱، ۵۹۸، ۶۱۱، ۶۱۲، ۶۱۳، ۷۴۴، ۷۵۵، ۷۶۲
ترک وظیفه، ۱۰۳، ۴۲۰

تخفیف پیش از موعد از طرف طلبکار
به بدهکار، ۲۷۴
تخفیف تجاری، ۷۱۸
تخفیف تسویه حساب، ۶۵۰
تخفیف توزیع کننده، ۲۳۸، ۲۴۳
تخفیف دادن، ۱۵، ۱۶۰، ۲۰۶، ۲۳۸، ۲۹۲، ۵۹۷، ۶۰۴، ۶۱۱
تخفیف دادن مالیات، ۱۳۶
تخفیف در مالیات یا عوارض گمرکی کالاهای صادراتی، ۹۶
تخفیف سنّی، ۳۹
تخفیف فروش، ۲۳۸، ۶۳۵
تخفیف فصلی، ۲۳۸، ۶۴۰
تخفیف قیمت برای خرید کلی، ۵۸۹
تخفیف کمّی غیر انباشته، ۴۹۱
تخفیف مالیاتی، ۱۵، ۴۳، ۱۲۰، ۷۰۳، ۷۰۴
تخفیف مجدد، ۶۰۳
تخفیف مخصوص برای خریداری که وجه را در موعد مقرر بپردازد، ۱۲۷
تخفیف ناشی از صدمه دیدن کالا، ۱۰۳
تخفیف نقدی، ۱۲۷، ۲۳۸
تخفیفی که به علت ضرر و زیان ناشی از آسیب دیدن کالا داده می‌شود، ۱۰۳
تخلف اداری، ۴۵۰، ۵۰۴
تخلف از انتظامات، ۱۰۳
تخلف از تعهد، ۱۰۲
تخلف از حق ثبت، ۳۷۱
تخلف از شرایط قرارداد، ۱۰۳، ۷۲۵
تخلف از شرط، ۱۰۳
تخلف از عهدنامه یا قانون، ۳۷۱
تخلف از قانون، ۲۲۳، ۴۵۰

تخلف از مفاد قرارداد، ۱۰۲
تخلف در استفاده از علامت تجاری، ۳۷۱
تخلف کردن، ۱۰۲، ۱۷۷، ۱۸۴، ۳۷۰، ۳۷۱، ۳۹۲، ۷۲۳، ۷۲۶، ۷۵۰
تخلف مالیاتی، ۷۰۳
تخلف ناشی از نقض قرارداد، ۲۰۳
تخلیه کردن، ۲۳۷، ۲۵۰، ۲۷۷، ۵۹۱، ۷۴۰، ۷۴۴، ۷۵۱
تخلیه کردن بار، ۷۴۰
تخلیۀ موجودی، ۶۸۰
تخمین/برآورد تحلیلی، ۴۷
تخمین متوالی، ۶۹۰
تخمین هزینه، ۱۹۳
تدابیر استراتژیک، ۶۸۲
تدابیری اتخاذ کردن، ۴۶۵
تداخل مسؤولیتها، ۵۲۳
تداخل وظایف، ۵۲۳
تدارکات بازرگانی، ۱۱۲
تدبیر مدیریت/فرماندهی، ۳۲۵
تدوین خط مشی‌ها، ۵۵۳
تدوین قوانین، ۱۵۱
تدوین کردن (قانون)، ۱۵۱
تذکر کتبی، ۷۵۷
تذکر ویژه، ۶۶۵
تراز آزمایشی، ۷۲، ۷۲۶
تراز آزمایشی استخراج شده، ۱۹
تراز بازرگانی، ۷۱
تراز بازرگانی مطلوب، ۷۱، ۲۹۹
تراز بانکی، ۷۳
تراز پرداختها، ۷۱
تراز تجاری/بازرگانی، ۷۱، ۴۶۸

هزینهٔ حمل تا راه‌آهن)، ۳۱۴
تحویل به موقع، ۲۲۳، ۵۰۷
تحویل پس از پرداخت حقوق گمرکی، ۲۱۰
تحویل تا کنار کشتی (بهای کالا به علاوهٔ هزینهٔ حمل تا کنار کشتی)، ۳۱۴
تحویل حضوری، ۵۴۶
تحویل دادن، ۶۱۲، ۶۹۲
تحویل در انبار فروشنده، ۲۹۴
تحویل در بندر، ۲۹۱
تحویل در کارخانه، ۲۸۵، ۲۸۶
تحویل در کارگاه، ۲۹۴
تحویل در کنار کشتی در نقطهٔ بارگیری، ۲۹۹
تحویل در مرز، ۲۰۷
تحویل دیرتر از موعد، ۲۲۳
تحویل روی کشتی، ۲۹۱
تحویل زودتر از موعد، ۲۲۳، ۲۵۲
تحویل فوری، ۶۶۷
تحویل قانونی، ۱۷۷
تحویل کارخانه، ۲۸۵
تحویل کالا از انبار، ۲۹۴
تحویل کالا از کارخانه، ۲۸۶، ۲۹۴
تحویل کالا از کشتی، ۲۹۱
تحویل کالا برخلاف متن قرارداد، ۷۰
تحویل کالا در انبار، ۶۸۱
تحویل کالا در بارانداز، ۲۹۱
تحویل کالا در محل تولید (کارخانه)، ۲۹۴
تحویل کالا روی کشتی، ۳۰۹
تحویل کالا روی واگن قطار، ۳۱۱
تحویل کالا فی‌المجلس، ۶۶۷

تحویل و انتقال نادرست، ۷۰
تخریب اموال، ۲۳۱
تخصصی کردن، ۶۶۴
تخصیص اعانه، ۶۸۹
تخصیص اعتبار، ۵۱
تخصیص اعتبار اضافی، ۳۱
تخصیص بودجه، ۴۳، ۵۲، ۱۰۷
تخصیص پرداختها، ۵۲
تخصیص جزء به جزء، ۴۰۱
تخصیص دادن، ۴۲، ۵۲، ۲۱۷، ۲۳۱، ۲۳۴، ۲۵۲، ۳۳۱، ۳۹۳، ۷۵۲
تخصیص دارایی، ۵۷
تخصیص سرمایه، ۱۲۰، ۱۲۲
تخصیص سهام تازه انتشار یافته، ۴۳
تخصیص مجدد، ۵۹۷
تخصیص مخارج بالاسری، ۴۳
تخصیص منابع، ۴۲، ۶۲۰
تخصیص نام یا علامت تجاری به کالا، ۱۰۱
تخصیص وجوه، ۴۳
تخصیص هزینه، ۱۹۳، ۵۹۷
تخصیص هزینه‌های جانبی، ۴۳
تخصیص یا تقسیم اموال ورشکسته بین طلبکاران، ۱۳۴
تخطی از خط‌مشی‌ها، ۳۷۰
تخطی از قانون، ۴۲۱، ۷۲۳، ۷۳۹
تخطی کردن، ۳۹۴، ۷۲۳، ۷۵۰
تخطی کردن از قانون، ۵۰۳، ۷۵۰
تخطی ناپذیر، ۳۹۷
تخفیف بابت خرید عمده، ۷۵۲
تخفیف بابت مقدار، ۲۳۸
تخفیف پرداخت نقدی، ۶۵۰

نیرنگ، ۵۰۲

تحصیل مالکیت اموالی به قیمت ناچیز یا به مفت، ۴۴۵

تحقیق ابداعی، ۳۹۴

تحقیقات اولیه، ۳۹۶

تحقیقات بر مبنای پیمان نامه، ۱۸۳

تحقیقات برنامه‌ای، ۵۱۸

تحقیقات جامع، ۳۹۶

تحقیقات در زمینهٔ تفکیک بازار، ۶۴۳

تحقیقات سازمان یافته، ۵۱۸

تحقیقات قبل از استخدامی، ۵۵۹

تحقیقات کاربردی، ۵۱

تحقیقات محلی (در محل حادثه)، ۳۹۶

تحقیقات مقدماتی، ۳۹۶

تحقیق بازار صنعتی، ۳۶۵

تحقیق بنیادی، ۷۸

تحقیق در بازار، ۴۶۱، ۶۱۷

تحقیق در زمینهٔ تفکیک بازار، ۶۱۷

تحقیق در زمینهٔ تولید، ۶۱۷

تحقیق در عملیات، ۵۱۹

تحقیق عملیاتی، ۵۱۱، ۶۱۷

تحقیق غیر رسمی، ۳۶۹

تحقیق کردن، ۳۹۵، ۴۴۲، ۵۹۰، ۶۱۷، ۷۴۸

تحقیق کردن در سوابق و پیشینه سیاسی کسی که داوطلب احراز پستی است، ۶۴۰

تحقیق مبتنی بر اطلاعات ثانویه، ۲۳۱

تحقیق محلی، ۳۰۱، ۳۷۶

تحقیق مقدماتی، ۳۰۰

تحقیق موردی، ۱۲۶

تحقیق و توسعه، ۵۹۶

تحکیم ارزشها، ۷۴۶

تحلیل احتمال خطر، ۶۲۸

تحلیل ارزش نسبی، ۵۷۹

تحلیل ایستا، ۶۷۴

تحلیل برگشت، ۴۶، ۶۰۸

تحلیل تطبیقی مؤسسه‌ها، ۳۸۴، ۳۸۵

تحلیل حرکات ریز، ۴۷۰

تحلیل درخت خطا، ۲۹۹

تحلیل درونداد / برونداد، ۳۷۳

تحلیل رسانه‌های همگانی /گروهی، ۴۶۶

تحلیل ریز حرکات، ۴۷۰

تحلیل سهم عوامل، ۱۸۵

تحلیل عملکرد فروشنده، ۱۱۷

تحلیل عملیاتی، ۴۹۹

تحلیلگر، ۴۷

تحلیلگر سیستم، ۶۹۶

تحلیل گروهی، ۱۵۰

تحلیل متمرکز، ۱۶۷

تحلیل نتایج / پیامدهای مهم، ۱۷۴، ۴۱۴

تحلیل نسبتها، ۵۹۵

تحلیل نقش اعضای گروه، ۶۲۹

تحلیل نقطه سر به سر، ۱۰۳

تحلیل واریانس، ۷۴۷

تحلیل وقایع بحرانی، ۲۰۲

تحلیل هزینه، حجم و سود، ۱۹۵

تحلیل هزینه و سود، ۱۳۱، ۱۹۳

تحلیل همبستگی، ۱۹۰

تحمیل کردن، ۳۹۴، ۶۷۷

تحمیل مالیات، ۳۵۲

تحول اداری، ۵۱۶

تحویل با تأخیر، ۲۲۳، ۴۲۰

تحویل به راه‌آهن (بهای کالا به علاوه

تجهیزات آموزشی، ۷۲۱
تجهیزات اداری، ۱۲۱
تجهیزات جابجا شده، ۲۴۰
تجهیزات جانبی، ۵۴۱
تجهیزات خودکار، ۴۱۷
تجهیزات سرمایه‌ای، ۱۲۰، ۱۲۱
تجهیزات صرفه‌جویی کننده در نیروی کار، ۴۱۷
تجهیزات کار اندوز، ۴۱۷
تجهیزات مرتب کننده، ۶۹۸
تحت پوشش گرفتن، ۴۶۶
تحت تعقیب، ۷۵۶
تحت تولیت، ۷۵۶
تحت حمایت و سرپرستی، ۷۵۶
تحت سرپرستی خود قرار دادن، ۶۹۱
تحت سرپرستی یا نظارت قرار دادن، ۵۷۲
تحت سفارش، ۵۰۷
تحت سلطه، ۶۸۶
تحت سلطه در آوردن، ۶۸۶
تحت فشار امضا کردن، ۶۵۶
تحت فشار گذاشتن، ۷۰۱، ۷۰۲
تحت کنترل، ۵۸، ۱۸۶، ۳۷۱، ۶۲۱
تحت کنترل شدید قرار دادن، ۶۰۶
تحت محاکمه، ۶۸۶
تحت نظارت، ۶۳، ۱۷۴، ۱۸۶، ۲۷۸، ۵۷۳، ۶۲۱، ۷۳۴
تحت نظارت داشتن، ۱۸۵
تحت نظارت دولت، ۷۳۴
تحت نظر کسی کار کردن، ۷۶۶
تحدید تجارت، ۶۲۱
تحدید حدود، ۴۳۴

تحرک حرفه‌ای، ۵۰۲
تحرک عمودی نیروی کار، ۷۴۹
تحرک گروهی، ۳۳۳
تحرک مغزی، ۱۰۱
تحرک نیروی انسانی، ۴۱۷
تحرک و جابجایی شغلی، ۴۰۵
تحریر کردن، ۳۱۲
تحریف شده، ۱۹۲، ۱۹۳، ۳۲۲
تحریف کردن، ۴۴، ۱۹۲، ۲۹۹، ۴۵۰، ۵۴۲
تحریک به اعتصاب، ۵۴۷
تحریک به اعتصاب کردن، ۷۲۶
تحریک کردن، ۶۷۸
تحریک کردن به اعتصاب، ۳۷۷
تحریم ابدی، ۵۴۲
تحریم اقتصادی، ۹۰، ۲۵۵، ۲۵۷، ۶۳۶، ۷۱۸
تحریم بین‌المللی، ۳۹۱
تحریم ثانوی، ۶۴۱
تحریم را برداشتن، ۷۳۲
تحریم را لغو کردن، ۴۳۳، ۵۹۲، ۶۱۲
تحریم شده، ۵۷۷، ۶۹۸
تحریم کردن، ۷۲، ۱۰۱، ۳۴۹، ۳۵۲، ۳۸۴، ۵۴۸، ۵۷۷، ۵۸۰، ۵۸۶
تحریم کردن واردات کالاهای خارجی، ۱۰۱
تحریم معامله، ۱۰۱
تحریم ورود یا صدور بعضی کالاها، ۶۴۴
تحصیلدار، ۱۵۳
تحصیلدار مالیاتی، ۱۵۴، ۶۲۴، ۷۰۳
تحصیلداری، ۱۵۳
تحصیل مال غیر با توسل به خدعه و

تجدید نظر در مقررات، ۶۱۷
تجدید نظر کردن، ۴۵، ۲۰۲، ۶۰۰، ۶۲۴
تجربهٔ تخصصی، ۶۶۴
تجربه در محل، ۳۰۱
تجزیهٔ بیش از حد شغل، ۲۹۳
تجزیه و تحلیل، ۴۶، ۲۰۲، ۲۹۶، ۳۲۲، ۶۵۸
تجزیه و تحلیل اداری، ۳۲، ۳۳، ۴۶
تجزیه و تحلیل ارزش، ۴۷، ۷۴۵
تجزیه و تحلیل امور ورشکستگی، ۵۸
تجزیه و تحلیل اهداف، ۴۶
تجزیه و تحلیل ای.بی.سی، ۱۵
تجزیه و تحلیل تصمیم، ۴۶، ۲۱۵
تجزیه و تحلیل تقاضا، ۴۶، ۲۲۴
تجزیه و تحلیل جایگزینی، ۶۱۴
تجزیه و تحلیل حادثه‌ای پس از وقوع آن، ۵۵۷
تجزیه و تحلیل حرفه‌ای / شغلی، ۴۶، ۵۰۲
تجزیه و تحلیل حساسیت، ۴۶
تجزیه و تحلیل خطر پذیری، ۴۶
تجزیه و تحلیل خط‌مشی، ۴۶، ۵۵۳
تجزیه و تحلیل خوشه‌ای، ۱۵۰
تجزیه و تحلیل دامنهٔ زمانی، ۷۱۴
تجزیه و تحلیل درجهٔ اهمیت، ۶۱۰
تجزیه و تحلیل دست و پاگیر، ۵۲۸
تجزیه و تحلیل دو متغیری، ۸۸
تجزیه و تحلیل رفتارهای متقابل، ۳۸۳
تجزیه و تحلیل رگرسیون، ۴۶، ۶۰۸
تجزیه و تحلیل روابط، ۴۶، ۶۰۹
تجزیه و تحلیل ریختی، ۴۷۷
تجزیه و تحلیل ریسک، ۶۲۸

تجزیه و تحلیل سازمانی، ۵۱۵
تجزیه و تحلیل سیستمها، ۴۶، ۶۹۷
تجزیه و تحلیل شبکه، ۴۶، ۴۸۸
تجزیه و تحلیل شغلی، ۴۶، ۴۰۳
تجزیه و تحلیل عملکرد، ۴۶
تجزیه و تحلیل عملیاتی، ۵۱۰
تجزیه و تحلیل عمودی، ۴۷
تجزیه و تحلیل عوامل، ۴۶
تجزیه و تحلیل فعالیتها، ۲۸
تجزیه و تحلیل کارکرد، ۴۶
تجزیه و تحلیل کردن، ۴۷
تجزیه و تحلیل مأموریت، ۴۶
تجزیه و تحلیل مدیریت، ۴۶
تجزیه و تحلیل مراوده‌ای، ۳۸۳
تجزیه و تحلیل مربوط بودن، ۶۱۰
تجزیه و تحلیل مسیر بحرانی، ۱۹۸، ۲۰۲
تجزیه و تحلیل ،مشارکت و ساختار چندمتغیره، ۴۸۱
تجزیه و تحلیل مشکل / مسأله، ۴۷
تجزیه و تحلیل نقطهٔ سربه سر، ۱۰۳
تجزیه و تحلیل نهایی، ۴۵۸
تجزیه و تحلیل نیازها، ۴۸۵
تجزیه و تحلیل نیازهای پرسنلی، ۵۴۴
تجزیه و تحلیل نیروی انسانی، ۴۶، ۴۵۶
تجزیه و تحلیل واریانس، ۴۶
تجزیه و تحلیل وضعی، ۶۵۸
تجزیه و تحلیل وظایف، ۴۷، ۷۰۱
تجزیه و تحلیل وظیفهٔ مهم، ۴۱۴
تجزیه و تحلیل هدف، ۴۷
تجزیه و تحلیل هزینهٔ بازاریابی، ۴۶، ۴۶۰
تجزیه و تحلیل هزینهٔ سود، ۱۹۳

۳۸۷، ۳۹۳، ۷۱۸	تبلیغ در نقطهٔ فروش، ۳۶
تجارت درون ایالتی، ۳۹۳	تبلیغ درون فروشگاهی، ۳۷۹
تجارت دو جانبه، ۵۹۹	تبلیغ سربسته، ۳۷، ۶۸۶
تجارت سودآور، ۴۱۴	تبلیغ سوء راجع به کالا، ۶۵۹
تجارت قاچاق، ۱۸۱، ۷۲۰	تبلیغ شخصی، ۶۴۴، ۶۴۵
تجارت کالا، ۷۵۱	تبلیغ صنعتی، ۳۶
تجارت کالای تابع مد، ۵۹۲	تبلیغ فروش، ۶۹، ۷۲، ۱۷۹، ۵۷۸، ۶۳۵
تجارت کشورهای مشترک‌المنافع با کشور انگلستان، ۷۱۸	تبلیغ فروش در داخل فروشگاه، ۳۷۹
تجارت متقابل / دو طرفه، ۹۰	تبلیغ فریبنده، ۳۶، ۷۱
تجارت مرئی، ۷۵۱	تبلیغ کردن، ۳۶، ۱۱۹، ۵۵۲، ۵۷۸
تجارت مشترک، ۴۰۷	تبلیغ کوتاه، ۶۶۷
تجارت مشروع و قانونی، ۲۹۷	تبلیغ مستقیم، ۱۷، ۳۶، ۲۳۴
تجارت هدایت شده، ۷۲۰	تبلیغ مستقیم از طریق پُست، ۲۳۵
تجاوز از حدود اختیارات، ۱۹، ۲۸۰، ۲۸۳، ۷۵۶	تبلیغ مستقیم با پست، ۳۶
	تبلیغ نمایشی، ۳۶، ۲۴۰
تجاوز به حق اختراع، ۵۳۲	تبلیغ وابسته، ۶۹
تجاوز به حقوق دیگران، ۲۶۶	تبلیغ واهی، ۷۱
تجاوز کردن، ۱۰۲، ۱۸۴، ۱۸۵، ۳۷۰، ۳۷۱، ۳۹۲، ۳۹۴، ۷۲۳، ۷۲۶، ۷۵۰	تثبیت دستمزدها، ۷۵۴، ۷۵۵
	تثبیت قیمت، ۵۶۵، ۵۶۶، ۷۴۵
	تثبیت کردن، ۱۷۵، ۴۴۸، ۵۳۷، ۵۶۶، ۶۶۸
تجدید اجاره، ۶۱۰	
تجدید پیمان، ۶۱۲	تثبیت مشاغل، ۴۰۷
تجدید چاپ کردن، ۶۰۹	تجارب هاوتورن، ۳۳۸
تجدید سازمان، ۵۹۶، ۶۰۰، ۶۱۳	تجارت آزاد، ۱۲۴، ۲۶۰، ۲۶۹، ۳۱۶، ۷۰۱، ۷۱۸، ۷۷۱
تجدید سازمان شرکت بین‌المللی، ۶۱۳	
تجدید سازمان کردن، ۵۹۲، ۶۰۰، ۶۱۳	تجارت افراطی، ۵۲۴
تجدید سفارش، ۶۱۳	تجارت / بازرگانی خارجی، ۳۱۱
تجدید عهدنامه، ۶۱۲	تجارت بدون تعرفهٔ گمرکی، ۷۰۱
تجدید قرارداد، ۶۱۲	تجارت بدون حقوق گمرکی، ۷۷۱
تجدید قرارداد با قبول ضمنی، ۶۱۲	تجارت بین‌المللی، ۳۹۱
تجدید کردن، ۶۰۸، ۶۰۹	تجارت خارجی، ۷۱۸
تجدید مقررات، ۶۱۷	تجارت داخلی، ۱۲۵، ۲۴۶، ۳۴۳،

تأیید سندیت، ۶۳
تأیید صحت، ۷۴۸
تأیید ضمنی، ۴۸۵، ۶۹۸
تأیید قانونی، ۶۳۶
تأیید کردن، ۲۶۶
تأییدکننده، ۲۶۷
تأیید مشروط، ۱۷۰
تأیید نکردن، ۲۳۷
تأیید و تصدیق، ۷۴۵
تأیید و گواهی کردن، ۱۷۶
تأییدیهٔ بانکی، ۷۳
تبادل آزاد اطلاعات، ۳۱۵
تبادل حق اختراع، ۵۳۲
تبادل قرارداد، ۲۸۱
تبادل نظر، ۱۷۸، ۲۳۹، ۲۸۱، ۷۵۰
تبادل نظر کردن، ۱۷۷
تبانی شرکتها برای انحصار چند کالا به‌منظور کسب حداکثر سود، ۴۰۹
تبانی فروشندگان یا تولیدکنندگان در قیمت‌گذاری، ۵۶۶
تبدیل ارز، ۲۸۱
تبدیل به احسن کردن، ۳۵۳
تبدیل به نقد نشده، ۷۳۹
تبدیل تعهد، ۴۴، ۲۹۰، ۴۹۷، ۵۶۹، ۶۸۹
تبدیل داده‌ها، ۲۰۹
تبدیل دارایی غیر منقول به منقول، ۲۷۲
تبدیل دارایی‌های یک سازمان به نقدینگی، ۱۲۳
تبدیل دین، قرارداد یا تعهد، ۴۹۷
تبدیل سهام، ۱۸۷
تبدیل کردن به پول نقد، ۵۹۶
تبدیل معادل و هم‌تراز، ۲۷۲

تبدیل یک سند به سند دیگر، ۱۸۷
تبرئه کردن، ۱۹، ۲۷، ۱۴۷
تبعیت از مزد توافق شده، ۵۳۲
تبعیت نکردن از قوانین و مقررات، ۲۹۷
تبعیض جنسی، ۶۵۱
تبعیض در قیمت، ۵۶۵
تبعیض نرخ، ۵۹۴
تبلیغ آرام برای فروش، ۶۶۱
تبلیغات بازرگانی، ۴۶۸
تبلیغات بی‌ثمر، ۷۵۸
تبلیغات تجاری سازمانی، ۳۷۸
تبلیغات چی، ۱۱۹
تبلیغات حساب شده یا سنجیده، ۱۱۶، ۵۷۸
تبلیغات دقیق و سنجیده، ۱۱۶
تبلیغات زیاد کردن، ۳۲۷
تبلیغات سطح شهر، ۵۲۰
تبلیغات صنعتی، ۳۶۴
تبلیغات طبقه‌بندی شده، ۱۴۵
تبلیغات فروش، ۶۳۵
تبلیغات قبل از عرضهٔ کالا و خدمات، ۳۵
تبلیغات کردن، ۱۰۹، ۵۷۸
تبلیغات گروهی، ۱۸۹
تبلیغات نا هشیارانه، ۶۸۶
تبلیغ با پاسخ فوری، ۲۳۶
تبلیغ با پاسخ مستقیم، ۲۳۶
تبلیغ برای خود، ۶۴۴، ۶۴۵
تبلیغ برای فروش، ۵۷۸
تبلیغ برای مؤسسه، ۳۷۸
تبلیغ به کمک شخصیتهای معروف، ۵۴۳
تبلیغ در سطح ملی، ۳۶، ۴۸۲
تبلیغ در محل فروش، ۵۵۳

تاریخ مقدمی را در سند قید کردن، ۴۹، ۵۵۷
تاریخ مهلت، ۲۰۹
تاریخ مهلت ارفاقی، ۲۰۹
تاریخی مقدم بر تاریخ واقعی روی سند نوشتن، ۳۱۰، ۵۵۹
تاریک اندیشی، ۵۰۱
تازگی اطلاعات، ۳۷۰
تالار تشریفات، ۶۷۴
تامین هزینه‌ها از منابع داخلی، ۳۸۸
تاوان چیزی را دادن، ۳۵۹، ۵۳۴
تأثیر بهره‌وری، ۵۷۴
تأثیر قصور کارگر در ایجاد سوانح، ۲۶۴
تأثیر هاله‌ای، ۳۳۶
تأثیر هاوتورن، ۳۳۸
تأخیر تأدیه، ۲۰۷، ۴۲۰
تأخیر در اجرای قرارداد، ۲۲۲
تأخیر در پرداخت، ۴۲۰
تأخیر در پرداخت بدهی تا موعد مقرر یا تعیین موعد دیگر، ۶۰
تأدیه دین، ۶۳۷
تأدیه کردن، ۲۵۹
تأدیهٔ وام، ۲۷
تأسیسات دولتی، ۵۸۴
تأسیسات عام‌المنفعه، ۵۸۴
تأسیس سازمان، ۲۷۵
تأسیس کردن، ۳۱۳، ۶۵۱
تأسیس کردن اعتبار، ۶۵۱
تأسیس یافته، ۱۹۰
تأمین اجتماعی، ۶۶۰
تأمین اعتبار، ۱۵۷
تأمین اعتبار برای پرداخت قروض و دیون، ۲۱۳
تأمین انضباط، ۴۴۸
تأمین بودجه کردن، ۳۰۳
تأمین پرداخت عوارض و مالیات متعلقه بر کالا، ۹۴
تأمین دادن، ۳۲۷
تأمین سرمایه، ۳۰۳
تأمین کارگر، ۴۱۸
تأمین کردن، ۳۸۱، ۴۶۶
تأمین کردن هزینه، ۶۹۳
تأمین کسر بودجه، ۲۲۰
تأمین کلیهٔ خسارتها، ۷۶۰
تأمین کنندهٔ مالی یک طرح، ۶۸
تأمین مالی ارتباطی، ۴۳۶
تأمین مالی از راه‌های غیر معمول، ۶۸
تأمین مالی از طریق فروش سهام، ۲۷۲
تأمین مالی بدون وجود اعتبار مصوّب، ۶۸
تأمین مالی به طور طبیعی، ۴۸۴
تأمین مالی پروژه، ۵۷۷
تأمین مالی کردن، ۳۰۳
تأمین مالی کوتاه مدت، ۶۵۴
تأمین مالی مجدد، ۶۰۵
تأمین مالی مجدد کردن، ۶۰۵
تأمین نیروی انسانی، ۶۶۹
تأمین نیروی انسانی فنی و حرفه‌ای، ۵۷۵
تأمین نیروی کار انعطاف پذیر، ۳۰۷
تأمین و خرید قطعات از خارج مؤسسه، ۱۰۰
تأمین هزینه، ۶۶۷
تأویل و تفسیر کردن، ۲۸۸
تأیید تجاری، ۷۱۹

ت

تا اطلاع ثانوی، ۷۳، ۴۹۶
تابع تقاضا، ۲۲۴
تابع تقدم و تأخر، ۱۵۳
تابع توزیع، ۲۴۲
تابع چگالی نرمال، ۴۹۴
تابع خاص، ۶۴
تابع خطی، ۳۱۹
تابع عرضه، ۳۱۹
تابع فراوانی، ۳۱۷
تابع کردن، ۶۸۷
تابع مصرف، ۱۷۹
تابع مقررات، ۶۰۸
تابع و مطیع قانون، ۶۸۶
تابع هدف، ۳۱۹، ۴۹۹
تابعیت شرکت، ۱۹۱
تابلوی اعلانات، ۱۱۰، ۲۴۰
تابلوی اعلان (در بورس)، ۴۹
تابلوی تبلیغاتی در فضای باز، ۸۶
تابلوی سنجش مهارتهای حرکتی، ۵۳۷
تابلوی مغناطیسی، ۴۴۷
تاجر / سوداگر منحصر به فرد، ۶۶۲

تاریخ اجرا، ۷۴۵
تاریخ اجرا یا شروع قرارداد، ۲۵۹
تاریخ انقضا، ۲۸۸
تاریخ بعد گذاشتن، ۵۵۶
تاریخ پرداخت، ۲۰۹، ۷۴۵
تاریخ تأدیه، ۲۰۹، ۲۴۹
تاریخ ترازنامه، ۷۲
تاریخ تعلق پذیری، ۲۵
تاریخ تعیین کردن، ۲۰۹، ۳۰۶
تاریخ خریداری، ۲۰۹
تاریخ سررسید، ۲۵، ۸۶، ۲۰۹، ۲۴۹
تاریخ سند را جلوتر از تاریخ واقعی آن نوشتن، ۵۵۹
تاریخ شروع بازرسی، ۶۷۲
تاریخ قبل را بر سندی زدن، ۶۸
تاریخ گذاشتن، ۲۰۹
تاریخ ماقبل گذاشتن، ۴۹
تاریخ مبنای حسابداری، ۲۴
تاریخ مقدم بر تاریخ واقعی روی سند نوشتن (به قصد عطف به ماسبق کردن اعتبار سند از تاریخ قید شده)، ۴۹

پیمانکار جزء، ۶۸۶
پیمانکار دست دوم، ۶۸۶
پیمانکار فرعی، ۶۸۶
پیمانکار قانونی، ۶۷۶
پیمان کارگاهی، ۲۹۶
پیمانکار مستقل، ۳۶۰
پیمانکاری دست دوم، ۶۸۶
پیمانکاری فرعی، ۶۸۶
پیمانکاری کردن، ۴۰۳
پیمان متقابل، ۵۹۹
پیمان منع تعطیل کارخانه، ۴۹۰

پیمان نامه، ۱۸۷، ۲۶۶، ۷۲۵، ۷۶۷
پیمان نفتا، ۴۸۲، ۴۹۵
پیمان یا معاهدهٔ معتبر و لازم‌الاجرا، ۸۷
پیمانی را محترم شمردن، ۳۴۳
پیوست سند، ۴۳
پیوست کردن، ۲۲، ۴۷، ۶۰
پیوستن به معاهده، ۲۱
پیوستن یا ملحق شدن به معاهده(بین‌المللی)، ۲۰، ۳۱
پیوند اتفاقی، ۴۱۲

پیش نویس مواد قرارداد، ۵۸۴
پیش نویس مورد توافق طرفین، ۴۰
پیشنهاد ادغام معکوس، ۶۲۴
پیشنهاد اصلاحی، ۴۵
پیشنهاد اقدام اصلاحی کردن، ۶۰۰
پیشنهاد انجام کار یا ایفای تعهد، ۷۰۷
پیشنهاد تشویق، ۷۵۳
پیشنهاد تلفیقی، ۱۶۵
پیشنهاد جامع، ۵۷۹
پیشنهاد خاص، ۶۶۵
پیشنهاد خرید (به قیمت معین) دادن، ۷۰۷
پیشنهاد خرید دادن، ۸۴، ۸۵
پیشنهاد خرید و تملک، ۶۹۹
پیشنهاد دادن، ۴۴۹، ۵۸۶، ۵۸۷، ۶۸۷، ۷۰۷
پیشنهاد دهنده، ۸۴، ۵۰۴، ۵۷۹، ۶۶۷، ۷۰۷
پیشنهاد دهندهٔ حاشیه‌ای / جانبی، ۱۱۵
پیشنهاد رسمی و کتبی از طرف یک ذینفع قرارداد به ذینفع دیگر، ۴۷۳
پیشنهاد شده از سوی، ۶۶۷
پیشنهاد / طرحی را به رأی گذاشتن، ۵۷۹
پیشنهاد / طرحی را رد کردن، ۵۷۹
پیشنهاد عقد قرارداد، ۱۸۴
پیشنهاد قطعی، ۳۰۵
پیشنهاد کردن، ۳۷، ۳۷۲، ۴۷۸، ۴۷۹، ۵۲۰، ۵۲۴، ۵۷۹، ۵۸۶، ۵۸۷، ۵۹۹، ۶۸۷
پیشنهاد متقابل، ۱۹۶
پیشنهاد مزایده، ۸۴

پیشنهاد معاوضهٔ کالا، ۷۱۸
پیشنهاد مناقصه، ۸۴، ۱۲۸، ۷۰۷
پیشنهاد ویژه، ۶۶۴
پیشنهاد یا طرحی را پذیرفتن، ۵۷۹
پیشنهادی را برای بحث و بررسی ارائه دادن، ۵۷۹
پیشنهادی را به رأی گذاشتن، ۵۸۶
پیشنهادی را تصویب کردن، ۳۴
پیشنهادی را جهت بررسی به شورا دادن، ۵۷۹
پیشنهادی را رد کردن، ۲۱۹، ۳۳۵، ۷۲۸
پیشنهادی را مسکوت گذاشتن، ۵۷۹
پیشنهادی را مطرح کردن، ۵۷۹، ۵۹۲
پیشینهٔ جزایی، ۲۰۱
پیشینهٔ خوب، ۶۰۱
پیکان تلاقی رویدادها، ۲۴۹
پیکان توالی، ۶۴۸
پیکان فعالیتهای وابسته، ۶۴۸
پیگیری پیشرفت کار، ۵۷۷
پیمان اتحاد و همبستگی بستانکاران، ۲۰۰
پیمان بستن، ۱۶۰، ۱۸۱، ۱۹۸، ۳۶۰
پیمان تحویل آتی، ۳۲۰
پیمان توزیعی، ۲۴۲
پیمان جمعی بهره‌وری، ۵۷۴
پیمان جمعی در قلمرو معیّن، ۵۴
پیمان چهار جانبه، ۵۸۸
پیمان خصوصی، ۵۶۹
پیمان سه جانبه، ۵۲۶
پیمان شکنی کردن، ۱۰۴، ۵۷۷، ۷۲۵
پیمانکار، ۳۲، ۹۷، ۱۸۱، ۱۸۳، ۲۷۰
پیمانکاران فرعی واگذار کردن، ۴۰۳

پیروان نظریهٔ نوکینزی، ۴۸۷
پیرو ساختن، ۶۸۷
پیرو نامهٔ قبلی، ۴۲۸
پیروی از دستمزد مورد توافق، ۵۳۲
پیروی از مکتب مدیریت علمی تیلور، ۷۰۵
پیروی کردن از مقررات، ۷۱۵
پیش آزمون، ۵۶۴
پیش آگهی، ۳۱۱، ۵۶۴
پیش‌بینی احتمال ضرر، ۶۶۶
پیش بینی ادواری، ۲۰۶
پیش بینی تجویزی، ۵۵۶
پیش بینی تصریحی، ۲۸۸
پیش بینی توالی زمانی، ۷۱۴
پیش بینی توسعهٔ فن‌آوری، ۲۸۹
پیش بینی جمعیت، ۵۵۴
پیش بینی داخلی، ۳۸۸
پیش بینی رشد تکنولوژی، ۲۸۹
پیش بینی سببی / اتفاقی، ۱۲۹
پیش بینی فصلی، ۶۴۱
پیش بینی کردن، ۴۹، ۳۱۰، ۳۱۱، ۵۸۱
پیش بینی موارد فسخ قرارداد، ۲۳۰
پیش پرداخت، ۳۵، ۳۶، ۲۱۹، ۲۵۳، ۲۸۷، ۳۳۷، ۲۴۷، ۳۵۲، ۴۷۵، ۵۰۶، ۵۳۴، ۵۳۵
پیش پرداخت کرایه (حمل)، ۱۳۷
پیش پرداخت کرایهٔ حمل بار، ۳۵
پیش پرداخت هزینه، ۲۱۹
پیشتازان نهضت کارگری، ۴۱۴
پیش خرید، ۳۱۳
پیش خریدار سهام، ۱۱۰
پیش خرید کردن، ۳۱۱

پیش داوری، ۵۶۱
پیش داوری کردن، ۵۶۱
پیش دریافت درآمد، ۲۲۰
پیشرفت اقتصادی، ۲۵۶، ۲۵۷
پیشرفت در مذاکرات، ۱۰۴
پیشرفت را گزارش کردن، ۶۱۵
پیشرفت واقعی، ۳۰
پیشرو در تغییر قیمت، ۵۶۵
پیش سازمان دهنده به فکر، ۳۵
پیش شرط قرارداد، ۱۷۰
پیش فاکتور، ۵۳۹، ۵۷۶
پیش فروش، ۸۰، ۲۱۱، ۳۲۰، ۶۳۴
پیش فروش اضافی، ۵۲۳
پیش فروش کردن، ۳۶، ۶۳۵
پیش فروشی، ۳۱۳
پیش قراول اعتصاب، ۵۴۷
پیش قراول اعتصاب شدن، ۵۴۷
پیش قسط، ۳۰۵
پیش قسط دادن، ۵۳۴
پیش کرایه، ۳۵
پیش نوبت کاری، ۳۱۱
پیش نویس، ۲۴۸، ۴۷۱، ۵۸۱
پیش نویس آیین نامه، ۲۴۸
پیش نویس تهیه کردن، ۲۴۸
پیش نویس قراردادی را تهیه و تنظیم کردن، ۲۴۸، ۷۲۵
پیش نویس قطعنامه، ۶۱۹
پیش نویس قطعنامه‌ای را تهیه کردن، ۲۴۸، ۶۱۹
پیش نویس لایحه یا قانونی را نوشتن، ۲۴۸
پیش نویس معاهده، ۲۴۸

پول اندوخته، ۲۶۶
پول با ارزش، ۲۱۲، ۴۷۵
پول با ثبات، ۴۷۵، ۶۶۸
پول با نرخ بهرهٔ نسبتاً کم، ۱۴۰
پول بدون پشتوانه، ۳۰۱
پول بلا استفاده / بیکار، ۳۴۸، ۴۷۵
پول به منفعت دادن، ۴۳۹
پول بی‌ارزش، ۶۵۳
پول بی‌ثمر، ۷۷
پول بیعانه، ۴۷۵
پول تقلبی، ۱۹۶، ۷۴۳
پول جعلی / تقلبی، ۹۳، ۱۹۶، ۷۴۳
پول خارجی، ۳۱۰
پول دادن به کسی (به عنوان رشوه)، ۲۰۳
پول در گردش، ۲۸، ۱۴۴، ۴۷۵
پول ذخیره، ۲۶۶
پول را از اعتبار انداختن، ۲۲۶
پول راکد، ۳۴۸، ۷۳۵
پول رایج، ۲۰۴، ۴۲۶
پول رایج غیر قابل تبدیل به ارز، ۳۵۸
پول رایج مملکت، ۵۲۸
پول سالم و قوی، ۶۶۳
پول سپرده، ۱۳۱، ۲۲۹
پول سرگردان، ۳۴۸
پول ضعیف، ۶۶۱
پول غیر رایج، ۶۵۳
پول غیر فعال، ۴۷۵
پول غیر قابل تبدیل، ۳۹۹
پول غیر قابل تسعیر، ۳۵۸
پول غیر مجاز، ۵۹۲
پول فعال، ۳۴۴، ۴۷۵
پول قابل تبدیل، ۱۸۸

پول قانونی، ۴۲۶
پول کاغذی، ۲۰۴
پول نقد جزئی، ۵۴۵
پولی که در اثر توقف تعطیلی کار، به کارگر کارمزدی پرداخت می‌شود، ۳۸۵
پولی که سازمان به منظور ترغیب یک کارمند با ارزش خود به ادامهٔ کار در سازمان، به وی پرداخت می‌کند، ۳۲۸
پولی که سازمان معمولاً در هنگام خاتمهٔ خدمت (اجباری) مدیران ارشد به آنان پرداخت می‌کند، ۳۲۸
پولی که شرکت به منظور جذب کارمند ممتاز به وی پرداخت می‌کند، ۳۲۸
پویایی سازمان، ۵۱۷
پویایی شغل، ۴۰۴
پویایی صنعتی، ۳۶۵
پویایی گروه، ۳۳۳
پویایی‌های کاربرد مدیریت بر مبنای اهداف، ۲۵۱
پیام دادن / فرستادن، ۴۶۹، ۷۶۲
پیامد وضعیت، ۶۷۵
پیامدهای پیش بینی شده، ۴۹
پیامدهای فروش، ۱۷۴
پیام رساندن، ۱۸۸
پیام رسان مضاعف، ۴۸۰
پیام رسانی مضاعف، ۴۸۰
پیام رسمی، ۲۳۱، ۵۰۴
پیام رمز، ۴۶۹
پیام شفاهی، ۷۴۸
پیامی را به صورت رمز نوشتن، ۲۶۶، ۴۶۹
پیامی را رمزگشایی کردن، ۴۶۹

پژوهشهای مخاطره آمیز با نتیجه‌های مثبت، ۹۲
پس آزمون، ۵۵۷
پس از رؤیت، ۳۸
پس از ساعات کار اداری، ۳۸
پس انداز، ۶۳۷
پس انداز اجباری، ۳۰۹، ۳۹۸
پست الکترونیکی، ۲۶۱، ۴۴۷
پست انتخابی، ۲۶۱، ۵۵۵
پست انتصابی، ۵۱، ۵۵۵
پست بلاتصدی، ۵۰۹، ۵۵۶، ۷۴۴
پست بیمه‌ای، ۳۸۱
پست تشریفاتی، ۱۳۳
پست تصویری، ۲۹۵، ۲۹۶، ۷۰۶
پست خالی، ۵۰۸، ۵۵۶، ۷۴۴
پست دارای اختیار، ۵۵۶
پست دارای قدرت و اقتدار، ۵۵۸
پست دولتی، ۵۸۳
پست سفارشی، ۴۴۷، ۶۰۷
پست عادی، ۱۱۰، ۴۴۷
پست ممتاز، ۵۶۰
پست موقت، ۳۸۶
پست مهمی را (با زرنگی) اشغال کردن، ۵۵۶
پست و شغل خود را ترک کردن، ۱۰۳
پست هوایی، ۴۴۷
پستی را اشغال کردن، ۳۰۳
پستی را به عهده گرفتن، ۳۴۲، ۵۵۷
پستی را عهده‌دار بودن، ۳۴۲
پس گرفتن جنس از خریداری که بها یا اقساط آن را در موعد مقرر نپرداخته باشد، ۶۱۵

پس گرفتن مالیات پرداخت شده، ۵۹۹
پشت درهای بسته، ۸۲
پشت نویسی بدون قید و شرط، ۸۹
پشت نویسی دوستانه، ۲۲
پشت نویسی شده، ۲۶۶
پشت نویسی کردن، ۱۹۶، ۲۶۶
پشت نویسی مجدد، ۶۰۴
پشت نویسی مقید، ۶۲۱
پشت نویسی ویژه، ۶۶۴
پشت نویسی یا ظهرنویسی سند، ۲۴۶
پشتوانهٔ پولی، ۴۷۵
پشتوانهٔ پول یک کشور، ۶۹
پشتوانهٔ طلا، ۳۲۸
پشتیبانی از نوآوری / ابتکار، ۶۹۳
پشتیبانی / حمایت مالی، ۳۰۴
پشتیبانی کردن، ۳۲۸
پشتیبانی لجستیکی، ۴۴۱
پشتیبانی مالی، ۶۶۷
پشتیبانی مردم را جلب کردن، ۷۶۶
پناهگاه مالیاتی، ۷۰۳
پنجرهٔ جو - هری، ۴۰۷
پنهانکاری در اقتصاد، ۸۸
پوزش نامه، ۴۲۹
پوسدکورب، ۵۵۵
پوشش برای فعالیتهای غیر قانونی، ۳۱۷
پوشش بیمه، ۳۸۰
پوشش بیمهٔ اضافی، ۲۹۱
پوشش حوادث شخصی، ۵۴۳
پوشش کلی (بیمه)، ۸۹
پول ارزان، ۱۴۰، ۲۵۴، ۴۷۵
پول اروپایی، ۲۷۷
پول اشیای مرهونه، ۴۴۵

پردازش داده‌ها، 88، 208
پردازش داده‌های صنعتی، 364
پردازش دسته‌ای، 79
پردازش سفارش، 514
پردازش سفارشهای فروش، 662
پردازشگر اطلاعات، 209
پردازش گفتار، 666
پرسش کلیدی، 414
پرسشنامه، 590
پرسشنامهٔ اطلاعات شخصی، 543
پرسشنامهٔ تجزیه و تحلیل مشاغل، 555
پرسشنامهٔ شغلی، 406
پرسنل آموزش دیده، 720
پرسنل جدید، 489
پرسنل کم تجربه، 367
پرسنل مجرب، 287
پرش افکار، 308
پر کـردن (فـرم، پرسشنامه و غیره)، 302،303
پر کردن فرم نامه‌ها، 447
پروانهٔ اشتغال، 104، 459
پروانهٔ انحصاری، 661
پروانهٔ بارگیری کشتی، 653
پروانهٔ حق امتیاز انحصاری، 282
پروانه دادن، 432
پروانهٔ رسمی، 548
پروانهٔ ساخت یا بهره برداری، 532
پروانهٔ صادرات و واردات، 289
پروانه طبع و نشر، 353
پروانهٔ گمرکی بـرای تـرخیص کـالا از انبار، 208
پروانهٔ موافقت، 133

پروانهٔ واردات، 352
پروانه ورود، 352
پروتکل خودکار سازی تولید، 457، 458
پروتکل نهایی، 303
پروژهٔ سرمایه گذاری، 396
پروژه‌ها/ طرحهای مقطعی، 655
پروژه‌های در دست اقدام، 507
پروفرما، 539، 576
پروندهٔ حقوقی یا کیفری، 144
پروندهٔ راکد، 302
پروندهٔ فراگیر، 731
پرونده‌های در دست اقدام/ جاری، 507
پـرهیز از عـدم اطمینان یـا اجتناب از ریسک، 732
پزشک مشاور امور استخدامی کارکنان، 264
پژوهش بنیادی، 78
پژوهش پیش بین، 559
پژوهش تحلیلی، 47
پژوهش خواستن، 50
پژوهش در بازار، 461
پـژوهش در خـصوص بـازار کـالاهای صنعتی، 365
پژوهش در رسانه‌های همگانی، 466
پژوهش در محل، 301
پژوهش ریخت شناسی، 477
پژوهش عملیاتی، 511، 519، 617
پژوهش قراردادی، 183
پژوهش کردن، 617
پژوهش میدانی، 301، 302
پژوهش نوآور و خلاق، 394
پژوهش و توسعه، 596

پرداخت خالی، ۴۴۱
پرداخت داوطلبانهٔ شرکت بیمه، ۲۸۵
پرداخت در اولین روز، ۳۰۵
پرداخت در زمان ارسال، ۱۲۸
پرداخت در زمان تحویل، ۱۲۸، ۱۵۱، ۲۲۳
پرداخت در سررسید، ۵۳۳، ۵۳۵
پرداخت دوره‌ای، ۵۱۵
پرداخت دین، ۱۳۸، ۲۱۶، ۲۲۳، ۲۳۷،۳۷۵، ۴۲۹، ۴۳۰، ۴۳۱، ۵۵۱، ۶۱۰، ۶۶۲
پرداخت دین دیگری برای حفظ حیثیت او، ۳۹۲
پرداخت سفته یا سندی برای حفظ حیثیت خود یا دیگری، ۳۹۲
پرداخت شده، ۲۵
پرداخت صرف، ۴۴۱
پرداخت غیر قانونی به سهامداران، ۷۰
پرداخت فوق‌العاده، ۹۷، ۲۴۷، ۶۲۵
پرداخت قبل از تحویل (کالا)، ۱۲۷، ۱۳۱
پرداخت قراردادی، ۱۸۴
پرداخت قسطی، ۵۳۵
پرداخت قیمت کالا در زمان تحویل، ۱۲۸، ۲۲۳
پرداخت کرایه توسط گیرنده در مقصد، ۳۱۶
پرداخت کردن سفته یا برات، ۷۰۰
پرداخت کنندهٔ دین / بدهی، ۴۱۰
پرداخت کنندهٔ غرامت، ۳۶۰
پرداخت مالیات، ۶۳۸، ۶۹۹، ۷۰۲، ۷۰۳، ۷۰۴
پرداخت مالیات اراضی، ۶۰۳

پرداخت مالیات متناسب با قدرت مالی افراد، ۲۷۱
پرداخت مربوط به قرارداد، ۱۸۴
پرداخت مرحله‌ای / تدریجی، ۵۳۵
پرداخت مستقیم، ۵۳۵
پرداخت مستقیم بدهی، ۲۳۴
پرداخت مقرری به علت اتفاق غیر مترقبه، ۱۸۰
پرداختن غرامت، ۴۴۹، ۶۲۱
پرداخت نقدی به محض تحویل کالا، ۲۲۳
پرداختن وجه برای برائت ذمه، ۴۴۳
پرداخت نهایی، ۵۳۵
پرداختن (هنگام سررسید)، ۴۶۶
پرداخت وجه سفته یا تبدیل مدارک دین، ۴۳۳
پرداخت وجه سفته یا تبدیل مدرک دین، ۵۷۸
پرداخت وجه مورد مطالبه، ۶۳۷
پرداخت‌های بین دولت‌ها، ۳۸۵
پرداخت‌های تدریجی، ۵۷۷، ۶۶۹
پرداخت‌های مرحله‌ای، ۶۶۹
پرداخت‌های میان بانکی، ۳۸۳
پرداخت هزینه حمل با کشتی توسط فروشنده، ۳۱۵
پرداخت هفتگی، ۷۵۹
پرداخت یکجا و نقدی، ۴۴۵
پرداختی مربوط به افزایش، ۱۹۴
پردازش اطلاعات، ۲۰۹، ۲۴۸، ۳۷۰، ۷۱۰
پردازش اطلاعات سازمانی، ۵۱۶
پردازش الکترونیکی اطلاعات، ۲۶۱

پخش شایعات، ۱۴۴
پذیرش تجاری/بازرگانی، ۷۱۷
پذیرش جانشینی، ۳۳۱
پذیرش خطر، ۶۲۹
پذیرش ظهرنویسی، ۲۱
پذیرش مشروط، ۱۶۹
پذیره نویس، ۲۱
پذیره‌نویسی سهام، ۶۸۰، ۶۸۸
پذیره‌نویسی کردن سهام، ۶۸۸
پراگماتیسم، ۵۵۸
پربار کردن شغل، ۴۰۴
پرت تصادفی، ۶۷۸
پرت هزینه، ۵۴۵
پرچم کشتی، ۳۰۷
پرداخت/ادای قرض، ۵۳۵
پرداخت با اجازهٔ قبلی، ۵۵۹
پرداخت با توجه به سابقه، ۴۴۱
پرداخت با حفظ حق اعتراض، ۵۳۵
پرداخت بازنشستگی، ۶۹۱
پرداخت بدهی، ۲۷، ۴۹، ۵۷، ۱۵۳، ۲۳۷، ۲۹۸، ۳۳۶، ۳۷۵، ۵۳۵، ۵۹۹، ۷۵۹
پرداخت بر اساس نظام‌های مبتنی بر بازدهی، ۵۳۴
پرداخت بر اساس نظام‌های مبتنی بر زمان، ۵۳۴
پرداخت برای حفظ اعتبار، ۵۳۵
پرداخت برای زمان رسیدن به محل کار، ۵۵۴
پرداخت بر مبنای شایستگی، ۴۶۹
پرداخت بر مبنای نتایج کار، ۵۳۴، ۵۳۶
پرداخت به اقساط، ۳۷۷
پرداخت بهای کالا در زمان ارسال برای خریدار، ۱۲۸
پرداخت بهره، ۹۵، ۲۵۳، ۲۵۴، ۴۹۲، ۵۳۵
پرداخت به میزان عایدی، ۵۳۴
پرداخت پاداش بر اساس عملکرد سازمان، ۹۶
پرداخت پس از تحویل، ۵۳۴
پرداخت پس از دریافت صورت حساب، ۵۳۵
پرداخت پیش از سررسید، ۴۹
پرداخت تداخلی، ۳۸۵
پرداخت تدریجی وام، ۴۵
پرداخت ترتیبی بدهی بستانکاران، ۱۵۴
پرداخت تشویقی، ۲۰، ۸۱، ۹۶، ۳۵۵، ۴۳۲، ۵۳۵
پرداخت تشویقی بر مبنای عملکرد گروهی، ۳۳۳
پرداخت تشویقی به کل واحد، ۵۵۱
پرداخت تشویقی جانشین/جایگزین، ۴۳۲
پرداخت تشویقی گروهی، ۳۳۳
پرداخت جایگزین، ۴۳۲
پرداخت جبرانی، ۴۴۹
پرداخت حق عضویت از سوی کارگران غیر عضو، ۳۹
پرداخت حقوق بر مبنای شایستگی، ۴۶۹
پرداخت حقوق بر مبنای قطعه‌کاری، ۵۴۷
پرداخت حقوق فرد اخراجی، ۶۵۱
پرداخت حقوق فرد برکنار شده، ۶۵۱
پرداخت حقوق معوقه، ۶۹

پ

پاداش اضافه تولید، ۲۰
پاداش پایان خدمت کارمندان، ۸۳
پاداش تشویقی، ۳۵۵، ۵۸۶
پاداش تولید، ۵۷۳
پاداش حاصل از افزایش زمان کار، ۹۶
پاداش حضور، ۶۰
پاداش خارجی، ۲۹۳
پاداش درونی، ۳۹۴
پاداش شایستگی، ۴۶۹
پاداش عدم مطالبه، ۴۹۰
پاداش غیر عینی، ۳۸۱
پاداش کارمند پیشرو، ۴۲۳
پاداش کوشش زیاد، ۵۸۶
پاداشهای منصفانه و مطلوب، ۵۳۸
پاداش همگانی، ۵۵۱
پاراف / امضا کردن، ۳۷۲، ۵۲۸
پارتی بازی، ۲۰، ۳۰۰، ۴۸۷، ۵۰۶، ۵۸۴،
۶۸۵، ۷۴۳، ۷۶۲
پارچه کاری، ۵۴۷
پارک بازرگانی، ۱۱۳
پاسخگو بودن، ۶۱۴، ۶۲۰
پاسخگویی با مسؤولیت، ۲۳
پاسداری یا مراقبت از اعتصاب، ۵۴۷
پافشاری کردن در تقاضای خود، ۵۶۴
پاک سازی یا تصفیه کردن مخالفان، ۵۸۶
پاپای کردن، ۷۷، ۱۴۷، ۱۹۳، ۱۹۷
پایان ارتباط، ۶۵۶
پایان دادن به محاصره، ۹۰، ۴۳۳
پایان کار، ۷۱۳
پایان موجودی، ۳۹۵
پایانهٔ ویژهٔ کار، ۴۰۶
پایان یافتن تعهدات، ۷۰۸
پای‌بند بودن، ۱۶، ۳۴۳
پایداری سازمان، ۵۱۷
پایگاه اطلاعاتی، ۲۰۸
پایگاه داده‌ها، ۲۰۸
پایهٔ پولی منعطف، ۴۳۴
پایه حقوق، ۷۷
پایین آمدن حد مطلوب بازدهی، ۶۸۷
پایین آوردن ماندهٔ حساب، ۱۲۵
پایین تر از میزان مقرر، ۶۸۶
پخش انحصاری، ۲۸۲

بیمهٔ مالکیت، ۷۱۵
بیمهٔ محصول، ۲۰۲
بیمهٔ محموله در بندر، ۵۵۵
بیمهٔ مخاطرات مشخص، ۴۸۲
بیمهٔ مستمری سالانه، ۴۸
بیمهٔ مسؤولیت، ۲۶۴، ۳۸۰، ۴۳۱
بیمهٔ مشارکتی، ۵۲۹
بیمهٔ مشترک، ۱۵۰، ۱۵۲، ۴۸۱
بیمهٔ مضاعف، ۲۰۳
بیمهٔ ملک، ۳۸۰
بیمه نامه، ۴۳، ۵۹، ۲۹۱، ۳۸۰، ۵۵۳، ۷۴۵، ۷۵۳
بیمه نامهٔ آزاد، ۵۵۳
بیمه نامهٔ ارزش گذاری شده، ۷۴۵
بیمه نامهٔ افتخاری، ۳۴۳
بیمه نامهٔ جامع، ۱۶۵
بیمه نامهٔ دریایی، ۴۵۹
بیمه نامهٔ دریایی با مدت محدود، ۷۱۴

بیمه نامهٔ عمر برای تأمین سرمایه، ۲۶۷
بیمه نامهٔ عمومی، ۸۹
بیمه نامهٔ کلی، ۸۹، ۹۱
بیمه نامهٔ گسترده، ۲۹۱
بیمه نامهٔ متغیر / شناور، ۳۰۸
بیمه نامهٔ محدود، ۴۳۴
بیمه نامهٔ مرکب، ۵۲۶
بیمه نامهٔ موقت، ۸۷، ۱۹۸
بیمه نامه‌های وسائط نقلیهٔ آبی، ۳۴۴، ۷۴۹
بیمهٔ واریز شده، ۵۲۷
بیمهٔ وسایل مسافرت، ۴۴۵
بیمه‌های اجتماعی، ۶۶۰
بیمهٔ همگانی، ۳۸۰
بیمه یا تضمین صحت عمل شخص ثالث، ۶۹۳
بیمهٔ یک سویه، ۴۹۱

بیمهٔ تعهدات عمومی، ۵۸۳
بیمهٔ تمام خطر، ۳۹، ۴۳
بیمهٔ تمام زیان، ۴۲
بیمهٔ تمام عمر، ۷۶۰
بیمهٔ تمدید شده، ۲۹۱
بیمهٔ توقف بازرگانی، ۱۱۲
بیمهٔ توقف عملیات به علت حادثهٔ موردبیمه، ۱۱۲
بیمهٔ توقف کسب و کار، ۱۱۲
بیمهٔ جامع، ۱۶۵
بیمهٔ جبران خسارت وارده به کارفرما در اثر اعتصاب، ۲۶۴
بیمهٔ جمعی/گروهی، ۳۳۳
بیمهٔ چند پوششی، ۴۹۱
بیمهٔ حوادث / تصادفات، ۱۲۹، ۲۶۴، ۳۸۰
بیمهٔ حیوانات، ۴۳۸
بیمهٔ خسارت، ۳۶۰
بیمهٔ خسارت کامل، ۴۲
بیمهٔ خطرات و حوادث در نزد دو یا چندبیمه‌گر، ۲۰۳
بیمهٔ خویش فرما، ۶۴۵
بیمهٔ درمانی، ۳۳۹
بیمه در مقابل جعل اسناد، ۹۵
بیمه در مقابل حوادث ناشی از جنگ، ۶۲۹
بیمه در مقابل هر گونه خطر احتمالی، ۱۵، ۳۹، ۴۳
بیمهٔ دریایی، ۴۵۸، ۴۵۹
بیمهٔ دریایی داخلی، ۳۷۲
بیمهٔ دزدی /سرقت، ۳۸۰، ۳۸۱، ۷۱۰
بیمهٔ دسته جمعی، ۳۸۰

بیمهٔ سرقت، ۱۱۱، ۳۸۰، ۳۸۱، ۷۱۰
بیمهٔ سلامتی، ۳۳۹
بیمهٔ سند مالکیت، ۷۱۵
بیمهٔ شخص ثالث، ۳۸۱، ۷۱۲
بیمهٔ شده، ۳۸۱
بیمهٔ شده به نام، ۴۸۲
بیمهٔ صنعتی، ۳۶۵، ۳۸۰
بیمهٔ عادی، ۱۰۶، ۵۱۵
بیمهٔ عمر، ۳۰، ۲۶۷، ۳۸۰، ۴۳۲، ۴۳۳، ۴۹۰، ۵۰۱، ۷۰۸، ۷۶۰
بیمهٔ عمر قابل پرداخت در زمان حیات، ۲۶۷
بیمهٔ عمر متغیر، ۷۴۷
بیمهٔ عمر مشترک، ۴۰۹
بیمهٔ عمومی، ۸۹
بیمهٔ غیر حصه‌ای، ۴۹۱
بیمهٔ کامل، ۱۶۵
بیمه کردن، ۵۹، ۱۹۸، ۳۸۱، ۷۳۴
بیمه کردن به زیر قیمت، ۷۳۳
بیمهٔ کشتی در تمام مدت یک سفر، ۷۵۳
بیمهٔ کل خسارات، ۴۲
بیمهٔ کلی، ۸۹، ۳۸۰
بیمهٔ کلی یا جزئی مربوط به دریانوردی،۴۵۸
بیمه کننده، ۳۸۱
بیمهٔ کیفیت فروشنده، ۶۶۸
بیمه‌گذار، ۱۵، ۴۳، ۵۹، ۳۸۱، ۴۹۶
بیمه‌گر، ۱۵، ۵۹، ۱۵۰، ۴۹۶، ۷۳۴
بیمه‌گر اصلی، ۴۲۳
بیمهٔ لوازم سفر، ۴۴۵
بیمهٔ مادام‌العمر، ۶۸۱
بیمهٔ مازاد، ۲۸۰

| بیع خیاری | ۵۶ | بیمهٔ تعهدات شغلی |

بیع خیاری، ۵۸۶
بیع سلف، ۳۱۳، ۳۲۰
بیع شرط، ۲۶۳، ۶۲۵، ۶۳۵
بیع شرطی، ۱۷۰
بیع صرف، ۶۳۴
بیع غیر قطعی، ۶۳۵
بیع فاسد، ۳۹۴
بیع قطعی، ۱۸، ۲۸۳، ۴۰۰، ۶۳۴
بیع کالی به کالی، ۱۸۳
بیع مشروط، ۴۶۸
بیع مؤجل، ۲۸۵
بیع نامه، ۶۳۴
بیع نامه با شرط خیار، ۱۷۰
بیکاران جویای کار، ۳۳۷
بیکاری ادواری / دوره‌ای، ۲۰۶، ۷۳۵
بیکاری بنیادی / ساختاری، ۶۸۵، ۷۳۵
بیکاری پنهان، ۳۴۰، ۷۳۵
بیکاری تکنولوژیکی، ۷۰۶
بیکاری دوره‌ای / ادواری، ۲۰۶، ۷۳۵
بیکاری غیر ارادی، ۳۹۸
بیکاری غیر ارادی / ناخواسته، ۷۳۵
بیکاری فصلی، ۶۴۱
بیکاری فصلی / موسمی، ۷۳۵
بیکاری ناخواسته، ۷۳۵
بیکاری ناشی از نوسانهای اقتصادی که معمولاً در شرایط کسادی و رکود ایجاد شود، ۲۰۶
بیلان، ۵۷، ۷۱، ۸۵
بیلان خلاصه شده، ۱۷
بیماری شغلی، ۵۰۲
بیماریهای صنعتی، ۳۶۵
بی‌مبالاتی و بی‌احتیاطی، ۲۰۳

بیم زیان، ۶۴۸
بی مسؤولیتی، ۳۹۹
بیمهٔ آتش سوزی، ۳۰۵، ۳۸۰
بیمهٔ ابدیت، ۳۸۰
بیمهٔ اتکایی، ۵۹۷، ۶۰۹، ۶۲۱
بیمهٔ اتکایی با تعهد مشترک و فردی، ۴۰۸
بیمهٔ اتکایی کردن، ۶۰۹
بیمهٔ اتومبیل، ۴۹۳
بیمهٔ اجاره، ۴۲۴، ۶۱۳
بیمهٔ اجباری، ۱۶۶
بیمهٔ اجتماعی، ۳۸۱، ۴۸۳، ۶۶۰
بیمهٔ از کار افتادگی، ۳۸۰
بیمهٔ اشتراکی، ۴۰۸
بیمهٔ اضافی، ۲۸۰، ۲۹۱، ۵۲۲
بیمهٔ اعتباری، ۲۰۰
بیمهٔ اعتصاب کارفرمایی، ۲۶۴
بیمهٔ املاک، ۳۸۰
بیمهٔ اموال منقول، ۳۸۰
بیمهٔ ایام پیری، ۳۸۰، ۵۰۵
بیمهٔ ایام پیری و بازماندگان، ۳۸۰، ۵۰۵
بیمهٔ باربری، ۶۰، ۱۲۴، ۳۱۶، ۳۸۰
بیمهٔ باربری آبی درون مرزی، ۳۷۲
بیمه با مخارج اضافی، ۲۹۳
بیمهٔ بدنه، ۴۹۰
بیمهٔ بدنهٔ کشتی، ۳۴۴
بیمهٔ بیکاری، ۷۳۵
بیمهٔ بیماری، ۶۵۵
بیمهٔ پرداخت شده، ۵۲۷
بیمه تا عرشهٔ کشتی، ۶۰
بیمه تصادفات، ۱۰۶، ۱۲۹، ۱۵۴، ۴۹۰
بیمهٔ تعهدات شغلی، ۵۷۴

بهرهٔ وام، ۴۳۹
بــهره‌وری، ۴۸، ۸۰، ۱۰۱، ۱۰۵، ۱۰۶، ۱۲۱، ۱۹۶، ۲۲۷، ۲۲۸، ۳۵۸، ۴۵۴، ۴۵۶، ۵۷۳، ۷۴۳
بهره‌وری سرمایه، ۱۲۲
بهره‌وری نیروی انسانی، ۳۴۶
بهرهٔ هوشی، ۳۸۲، ۳۹۸
بهزیستی صنعتی، ۳۶۶
به سازمان تبدیل کردن، ۳۷۸
بهسازی مدیریت، ۴۵۱
بهشت مالیاتی، ۷۰۳
به شراکت، ۴۰۹
به شرط تحصیل مجوز صادرات، ۶۸۶
به صلاحدید شخصی، ۲۳۹
به صورت قاعده یا اصل در آوردن، ۳۱۲
به صورت مشاع، ۴۰۹
به ضمیمه، ۲۶۵
به طور صریح / قاطع رد کردن، ۶۰۹
به طور مشترک، ۴۰۹
به عنوان مشاور انجام وظیفه نمودن، ۶۴۸
به فعالیت واداشتن، ۶۷۸
به قبض دادن، ۳۲۶
به قدر کفایت، ۳۰۲
به قوت خود باقی بودن، ۳۱۰
به قوت خود باقی ماندن، ۲۵۹، ۶۱۱
به قید کفالت آزاد کردن، ۷۱
به قیمت تمام شده، ۴۴۴
به کار گرفتن، ۲۶۳
به کار گماشتن، ۱۰۵، ۲۶۳
به کسی اختیار دادن، ۳۲۷
به کسی مفاصا حساب دادن، ۳۲۷
به مرحله اجرا در آمدن، ۲۵۹، ۳۰۹، ۳۱۰

به موجب این حکم یا سند، ۳۳۹
به موجب این نامه، ۳۳۹
به مورد اجرا گذاشتن، ۲۵۹، ۳۰۹، ۳۱۰
به مورد اجرا گذاشته شدن، ۱۵۴، ۲۵۸
به موضوعی رسیدگی کردن، ۴۰۱
بهنجاری تعارض، ۴۹۴
به نفع کسی کنار رفتن، ۶۷۷
به نفع یک طرف، ۲۸۶
به نمایندگی از، ۶۱۶
به ودیعه گذاشتن، ۲۶۷
بی اثر کردن، ۳۹۴
بی ارزش، ۳۵۴، ۴۹۷
بی اعتبار کردن، ۳۹۴
بی‌اعتبار کننده، ۶۱۹
بی‌اعتنا بودن نسبت به مقررات، ۶۳۲
بی‌اعتنایی به دستور مقام بالاتر، ۲۲۰، ۲۲۱
بی‌اعتنایی کردن، ۶۱۶
بی انضباطی، ۱۰۳
بیانیهٔ رسمی، ۵۰۵
بیانیهٔ لازم‌الاجرا، ۶۷۳
بیانیهٔ مشترک، ۲۱۶، ۴۰۸
بیانیهٔ هدف سازمان، ۵۰۰
بی توجهی علنی به قوانین و مقررات، ۶۳۲
بیرون کردن، ۲۶۰، ۲۸۷، ۶۳۳
بیـش از حــد ارزیـابی کـردن ارزش دارایی‌های ثابت مؤسسه، ۵۲۱
بیش از مقدار متعارف، ۱۷
بیشینه کردن، ۴۶۴
بیشینه کردن سود، ۵۷۵
بیعانه دادن، ۲۲۸

بهبود روابط رو در رو، 353
بهبود سازمان، 84
بهبود سازمانی، 503
بهبود فرآیند تصمیم‌گیری، 353
بهبود محصول، 572
بهبود و بالندگی سازمانی، 516
بهبود و توسعهٔ سازمانی، 517
بهبودی ملک، 84
به بهره گذاشتن، 385
به پیوست، 265
به پیوست فرستادن، 265
به تأخیر انداختن، 620
بهترین نتیجهٔ ممکن، 464
به تصویب رساندن، 265، 326
به تصویب رسیدن، 326
به تعویق انداختن، 337، 342، 580، 586، 587، 611، 618، 620، 676
به تعهدات خود عمل کردن، 157، 268، 318، 343، 467، 500، 501
به توافق رسیدن، 40، 55، 75، 155، 166، 326، 449، 486، 596، 650، 709
به ثبت رساندن، 302، 606
به ثبت رسیده، 607
به حالت رمز درآوردن، 266
به حداکثر رساندن، 464
به حق کسی تجاوز یا تخطی کردن، 266
به خدمت کسی خاتمه دادن، 708
بهداشت حرفه‌ای، 502
بهداشت روانی، 468
بهداشت محیط کار، 502
به دست آوردن اطلاعات، 326
به دست گرفتن کنترل شرکتها از طریق خرید قسمت اعظم سهام آنها، 344
به دقت بررسی کردن، 442
به دیگری واگذار کردن، 393
به رغم کلیهٔ شرایط مغایر با قرارداد فعلی، 496
بهرهٔ آزاد، 385، 508
بهره‌ای که به اقساط بدهی معوقه تعلق می‌گیرد، 125
بهرهٔ بانکی، 74
بهرهٔ بدهی، 385
بهره‌برداری از منابع طبیعی، 289
بهره‌برداری زیر ظرفیت، 734
بهره‌برداری کامل از چاه‌های نفت، 289
بهره‌برداری کمتر از ظرفیت، 734
بهرهٔ بیمه شدنی، 379، 385
بهرهٔ خالص، 385، 487
بهرهٔ دیرکرد تسلیم قرضه و سهام، 180
بهرهٔ رهن طویل‌المدت، 119
بهرهٔ ساده، 385، 657
بهرهٔ سرمایه، 385
بهرهٔ سنگین، 340
بهره / سود تعلق گرفته به پول، 25
بهرهٔ عادلانه، 297
بهرهٔ عادی، 385، 515
بهرهٔ عندالمطالبه، 385
بهرهٔ فوق‌العاده، 293
بهرهٔ قابل پرداخت، 384، 385
بهرهٔ قابل دریافت، 385
بهرهٔ گزینش، 644
بهره‌گیری متعادل از منابع، 620
بهرهٔ متعلقه، 25
بهرهٔ مرکب، 165، 384

بورس معاملات ارزی، 649، 677	بودجهٔ جاری، 204
بوروکرات، 111	بودجهٔ خاص، 554
بوروکراسی، 111، 604	بودجهٔ دولت، 98، 108
بوروکراسی ماشینی، 446	بودجهٔ ذخیرهٔ انبار، 108
به اجرا گذاشتن رهن، 310	بودجه‌ریزی عملیاتی، 539
به اعتصاب ادامه دادن، 329	بودجهٔ ساخت مصنوعات، 457
بها / قیمت مبتنی بر روان شناختی، 582	بودجهٔ سالیانه / سالانه، 47، 107
بهای اختیار، 513	بودجهٔ سرمایه‌ای، 107، 120، 121
بهای از پیش تعیین شده، 313	بودجهٔ طرح / پروژه، 109
بهای اسمی، 82، 490، 746، 766	بودجهٔ عمرانی، 108، 232
بهای اعلام شده، 565، 591	بودجهٔ عملیاتی، 108، 510
بها یا قیمت عادلانه، 597	بودجهٔ فروش، 635
بهای الغا، 219	بودجهٔ قابل انعطاف، 746
بهای پیشنهادی، 600	بودجهٔ کل، 462
بهای تحویل کالا بر روی کامیون، 315	بودجه مالی، 304
بهای تمام شدهٔ واقعی، 29	بودجهٔ مبارزات انتخاباتی، 118
بهای خرده فروشی، 565	بودجهٔ متعادل / متوازن، 71، 107
بهای عادلانه، 298	بودجهٔ متغیر / انعطاف پذیر، 109، 746
بهای عامل تولید، 296	بودجهٔ متمم ماهانه، 692
بهای عمده فروشی، 566، 719، 761	بودجهٔ متوازن، 107
بهای فرصت، 512	بودجهٔ مصارف شخصی، 543
بهای فهرست شده، 437، 565	بودجهٔ مصرفی، 178
بهای قطعی، 618	بودجهٔ مقادیر مادی و غیر پولی، 546
بهای کالای تحویلی در کارخانه، 285، 286، 294	بودجهٔ مواد، 463
	بودجهٔ نقدی، 108، 127، 128
بهای منصفانه، 758	بودجهٔ هزینهٔ سرمایه‌ای، 121
بهای واقعی، 341، 565، 597	بورس آمریکا، 45
به بازار عرضه کردن، 459	بورس اوراق بهادار، 24، 101
به بخش خصوصی واگذار کردن، 226	بورس بازی کردن، 461
به بعد موکول کردن، 620	بورس سهام و ارز، 679
به بن بست رسیدن، 211	بورس سهام و اوراق بهادار، 679
بهبود ارتباط حضوری، 353	بورس سیاه، 88

بسته بندی شفاف، 90
بسته بندی قبلی، 564
بسته بندی ممتاز، 561
بسته بندی مواد ترد و شکننده، 109
بسته بندی یکپارچه، 655
بستهٔ حاوی چند کالا برای فروش، 72
بستهٔ مختلط، 480
بسته نرم افزاری برای علوم اجتماعی، 675
بسط کار، 683
بطلان سند، 498
بطلان صریح به موجب قانون، 498
بطلان ضمنی، 177
بطلان قرارداد، 498
بطور علنی مخالفت کردن، 155
بعد از رؤیت، 20، 38
بعلاوهٔ هزینه دادرسی، 762
بکلی سری، 716
بلااستفاده ماندن، 337
بلاتکلیف گذاشتن، 587، 694
بلاعوض یا غیر معوض بودن (معامله یاتعهد)، 175
بلاعوض یا مجانی بودن، 175، 756
بلوک درونداد، 373
بمباران تبلیغاتی، 32
بنا کردن، 313
بن بست را شکستن، 103
بندر بارگیری، 555
بندر مقصد یا تخلیه، 555
بنگاه اقتصادی، 305
بنگاه باربری، 313
بنگاه باربری خصوصی، 568

بنگاه تبلیغاتی، 36
بنگاه رهنی، 533
بنگاه مرکب، 40
بنگاهها یا مؤسسات غیر حقوقی، 293
بنگاههای صدور کالا به خارج از کشور، 290
بنگاههای کاریابی تخصصی، 640
بنگاه یا شرکت متشکل از چند نفر، 40
بنگاه یا نمایندگی وصول، 153
بنیاد آموزش مدیریت، 309
بنیاد نهادن، 313
بنیان گذاری کردن، 313
بودجهٔ آگهی، 107
بودجهٔ آگهی تجاری و تبلیغات، 36
بودجهٔ اداری، 32، 107
بودجهٔ اصلی، 462
بودجهٔ اضطراری، 180
بودجه‌ای که برای یک سال مالی تدوین شود، 204
بودجهٔ بازاریابی، 108، 460
بودجهٔ برنامه‌ای، 109
بودجه‌بندی ایستا، 108، 674
بودجه‌بندی بر مبنای صفر، 108، 771
بودجه‌بندی برنامه‌ای، 108، 576
بودجه‌بندی دولتی، 108، 329
بودجه‌بندی سرمایه‌ای، 108، 120
بودجه‌بندی عملیاتی، 539
بودجهٔ پرسنلی، 109
بودجهٔ تبلیغات، 107
بودجهٔ تبلیغاتی، 36
بودجهٔ تولید، 457
بودجهٔ ثابت، 108، 306

برنامه‌ریزی یکپارچه، ۳۸۲
برنامهٔ زمان بندی شده، ۶۳۸
برنامهٔ سازماندهی تولید، ۵۴۹
برنامهٔ سرپرستی، ۲۸۴، ۶۹۲
برنامهٔ شناساندن شرکت، ۱۹۰
برنامهٔ عملیات اضطراری، ۲۶۲
برنامهٔ عملیاتی، ۵۱۱
برنامهٔ عیب یابی، ۲۳۳
برنامهٔ فرصتهای کارآموزی و استخدامی جوانان، ۷۷۰
برنامهٔ فنی ایزو، ۴۰۱
برنامهٔ قراردادی، ۱۸۴
برنامهٔ کار، ۵۷۷
برنامهٔ کار / روزانه، ۵۱۴
برنامهٔ کامپیوتری که دستورالعملهای یک زبان سطح بالا را به زبان قابل فهم ماشین بر می‌گرداند، ۳۹۲
برنامهٔ کنترل مواد، ۴۶۳
برنامهٔ کنفرانس، ۱۷۱، ۷۱۴
برنامهٔ مارشال، ۴۶۱
برنامهٔ مالیاتی، ۶۳۸، ۷۰۵
برنامهٔ مستقل، ۴۰۳
برنامهٔ مورد نظر، ۵۰۰
برنامهٔ ناظر، ۴۷۶
برنامه‌نویسی تفکیک پذیر، ۶۴۸
برنامه‌نویسی قابل تفکیک، ۶۴۸
برنامه‌های بهبود و توسعهٔ اقتصادی، ۴۸۹
برنامه‌های پیشنهادی، ۶۹۰
برنامه‌های تفصیلی، ۲۳۲
برنامه‌های ثابت، ۶۷۲
برنامه‌های غیر مولد به منظور ایجاد کار، ۹۸

برنامهٔ یکپارچه، ۳۸۶
برنده شدن در مناقصه یا مزایده، ۸۴، ۸۵، ۷۶۱
برندهٔ مزایده یا مناقصه، ۳۲، ۸۴، ۳۴۰
برندهٔ مناقصه یا مزایده، ۸۴، ۶۸۹
بروشور تبلیغاتی، ۳۷۴
برونداد چاپی، ۳۳۷
برونگرایی، ۲۹۳
برهم زدن، ۲۴۰، ۲۶۱
بری‌الذمه، ۱۴۷، ۲۳۷، ۲۵۱
بری‌الذمه شدن، ۲۱۹، ۲۴۹
بری‌الذمه کردن، ۱۹، ۲۷، ۲۳۷، ۴۴۳، ۶۱۰
بریدهٔ آگهی، ۷۰۵
بریده از گروه، ۴۴۵
بریدهٔ جراید، ۵۶۳
بزرگسال آموزی، ۴۷
بساط پهن کردن، ۴۰۰
بستانکار، ۲۳، ۲۵، ۲۸، ۹۰، ۹۷، ۱۳۰، ۱۳۷، ۱۴۷، ۱۴۹، ۱۶۵، ۱۹۹، ۲۰۰، ۲۰۱، ۲۱۳، ۲۱۴، ۲۱۷، ۲۱۸، ۲۲۲، ۲۷۲، ۳۲۲، ۳۲۴، ۴۳۲، ۴۹۵، ۵۰۰، ۵۰۱، ۵۶۷
بستانکاران مشترک، ۱۹۲
بستانکار با وثیقه، ۶۴۲
بستانکار بدون وثیقه، ۷۴۰
بستانکار تجاری، ۷۱۸
بستانکار مُطالب، ۵۴۵
بستانکار ممتاز، ۵۴۰
بستانکار نهایی، ۲۱۹
بستن چک، ۲۰۳
بستن حساب، ۲۳، ۶۳۱
بسته بندی با بادخور، ۱۰۴

برنامه‌ریزی پژوهش / تحقیق، ۵۵۰
برنامه‌ریزی پولی، ۳۲۰
برنامه‌ریزی پویا، ۲۵۱
برنامه‌ریزی تاکتیکی، ۶۹۹
برنامه‌ریزی تسهیلات و امکانات، ۵۵۰
برنامه‌ریزی تشکیلاتی، ۵۱۸
برنامه‌ریزی تفصیلی بر مبنای نتایج یا ابزار، ۲۳۲
برنامه‌ریزی توزیع (کالا)، ۲۴۳
برنامه‌ریزی توسعه / پیشرفت، ۲۳۳
برنامه‌ریزی تولید، ۱۲۰، ۵۵۰، ۵۷۱، ۵۷۳، ۵۷۴
برنامه‌ریزی جامع، ۴۰
برنامه‌ریزی جامع تولید، ۴۰
برنامه‌ریزی جانشینی، ۶۹۰
برنامه‌ریزی جهت دهنده، ۲۳۵
برنامه‌ریزی چند پروژه‌ای، ۴۸۰
برنامه‌ریزی خرید، ۵۷۲
برنامه‌ریزی خطی، ۴۳۵، ۴۴۴، ۵۷۶
برنامه‌ریزی داخلی، ۳۸۸، ۵۵۰
برنامه‌ریزی دراز مدت، ۴۴۲، ۵۵۰
برنامه‌ریزی دولتی، ۵۵۰، ۶۷۴
برنامه‌ریزی راهبردی / استراتژیک برای سازمانهای غیر انتفاعی، ۶۸۲
برنامه‌ریزی رهنمودی، ۲۳۵
برنامه‌ریزی ریاضی، ۴۶۳
برنامه‌ریزی سازمان، ۴۰۱، ۵۱۷، ۵۱۸
برنامه‌ریزی سود، ۵۷۵
برنامه‌ریزی شبکه، ۲۰۸، ۲۷۸، ۳۵۲، ۴۲۰، ۴۲۱، ۴۸۸، ۵۵۰
برنامه‌ریزی شده، ۶۹۶
برنامه‌ریزی شرکت، ۱۹۱، ۵۵۰

برنامه‌ریزی شغلی، ۱۲۴، ۴۰۶، ۵۵۰
برنامه‌ریزی ظرفیت، ۱۲۰
برنامه‌ریزی عامل متغیر، ۷۴۷
برنامه‌ریزی عملیات، ۵۵۰
برنامه‌ریزی غیر خطی، ۴۹۲، ۵۷۶
برنامه‌ریزی فعالیت اصلی، ۴۵۷، ۴۶۲
برنامه‌ریزی فعالیتهای مهم، ۴۷۱
برنامه‌ریزی کلی، ۴۰، ۵۵۰
برنامه‌ریزی کوتاه مدت، ۵۵۰، ۶۵۵
برنامه‌ریزی کیفیت، ۵۸۹
برنامه‌ریزی مالی، ۳۰۴
برنامه‌ریزی متمرکز، ۱۳۲، ۵۵۰
برنامه‌ریزی محلی، ۵۵۰
برنامه‌ریزی مختلط، ۴۷۴، ۵۷۶
برنامه‌ریزی مختلط، ۱۶۴
برنامه‌ریزی مرکب، ۱۶۴
برنامه‌ریزی مکالمه‌ای، ۱۸۷
برنامه‌ریزی منابع، ۶۲۰
برنامه‌ریزی منابع انسانی، ۳۴۵
برنامه‌ریزی منابع تولید، ۴۵۷، ۴۷۹، ۵۵۰
برنامه‌ریزی منقطع، ۶۵۸
برنامه‌ریزی منقطع کار، ۶۵۴
برنامه‌ریزی موضعی، ۵۵۰
برنامه‌ریزی موضوعی، ۷۱۰
برنامه‌ریزی میان مدت، ۳۸۷
برنامه‌ریزی نشده، ۷۴۰
برنامه‌ریزی نیازمندیهای مواد، ۴۶۳، ۵۵۰
برنامه‌ریزی نیروی انسانی، ۲۸۶، ۳۴۵، ۳۴۶، ۴۵۶، ۵۵۰
برنامه‌ریزی و تجزیه و تحلیل سازمانی، ۵۱۵

برنامهٔ آموزش حین خدمت، ۵۰۵
برنامهٔ آموزش روابط انسانی در کار، ۴۰۶
برنامهٔ آموزشی، ۷۲۱
برنامهٔ اجرایی، ۲۸۴
برنامهٔ اختصاصی، ۶۵۷
برنامهٔ ادواری، ۶۳۰
برنامهٔ ارتباطات خارجی، ۲۹۲
برنامهٔ ارتباطات داخلی، ۳۸۷
برنامهٔ ارزیابی مدیریت، ۴۵۰
برنامهٔ استاندارد، ۶۷۱
برنامهٔ استراتژیک اروپا برای پژوهش و تکنولوژی اطلاعاتی، ۵۷۶
برنامهٔ استفاده از ظرفیتهای تولیدی، ۵۴۹
برنامهٔ اصلاحات اجتماعی و اقتصادی، ۲۱۱
برنامهٔ اصلی، ۶۹، ۴۶۳
برنامهٔ اصلی تولید، ۴۷۹
برنامهٔ اصلی زمان تولید، ۴۶۲
برنامهٔ انعطاف پذیر، ۶۳۰
برنامه‌ای که اطلاعات لازم را در مورد شغل کارکنان جدیدالاستخدام در اختیار آنان قرار می‌دهد، ۲۶۳
برنامهٔ بهبود کارهای دفتری، ۱۴۸
برنامه به زبان ماشین، ۴۴۶
برنامهٔ پاسخگویی، ۶۲۰
برنامهٔ پنج ساله، ۳۰۶
برنامهٔ تبلیغاتی، ۵۷۸
برنامهٔ تشخیص لغزشها، ۲۳۳
برنامهٔ توجیه کارکنان، ۲۶۳
برنامهٔ توسعهٔ اقتصادی سازمان ملل، ۷۳۵، ۷۳۸
برنامهٔ توسعهٔ تکنولوژی / فن آوری، ۵۴۹

برنامهٔ توسعهٔ سازمان ملل، ۷۳۸
برنامهٔ تولید اصلی، ۴۶۲
برنامهٔ تولید کلان، ۴۴۷
برنامهٔ جداگانه، ۴۰۳
برنامهٔ جزئی / فرعی، ۶۸۷
برنامهٔ حسابرسی داخلی، ۳۸۷
برنامهٔ حفظ تساوی حقوق، ۳۸
برنامهٔ درسی، ۲۰۴، ۴۲۷
برنامهٔ راه‌اندازی کامپیوتر، ۹۸
برنامه‌ریز آموزشی، ۳۷۹
برنامه‌ریز سیستم، ۶۹۷
برنامه‌ریزی آموزش، ۲۰۵
برنامه‌ریزی آموزشی، ۳۷۹، ۵۵۰
برنامه‌ریزی اداری، ۵۵۰
برنامه‌ریزی ارشادی، ۳۶۱
برنامه‌ریزی استراتژیک / راهبردی، ۵۵۰،۶۸۲
برنامه‌ریزی اقتصادی، ۲۵۶، ۵۵۰
برنامه‌ریزی اقتضایی، ۱۸۰، ۵۵۰
برنامه‌ریزی انطباق پذیر، ۳۰
برنامه‌ریزی بازرگانی، ۱۱۳، ۵۴۹
برنامه‌ریزی بخش خصوصی، ۵۶۹
برنامه‌ریزی برای انتخاب رسانهٔ ارتباط جمعی، ۴۶۶
برنامه‌ریزی برای بحران، ۵۵۰
برنامه‌ریزی برای بهبود معضل / بحران، ۲۳۷
برنامه‌ریزی برای کنترل عواقب بحران، ۲۳۷
برنامه‌ریزی بلند مدت، ۴۴۲
برنامه‌ریزی پرسنلی، ۵۴۵
برنامه‌ریزی پروژه، ۵۵۰

بررسی حقوق و دستمزد، ۶۳۴
بررسی داخلی، ۳۸۷
بررسی در محل، ۳۰۱
بررسی دوره‌ای عملکرد کلی مؤسسه، ۶۲
بررسی روانی، ۵۸۲
بررسی روحیهٔ کارکنان، ۴۷۶
بررسی زمان عملیات، ۵۱۱
بررسی سوابق، ۶۸
بررسی طرز برخورد، ۶۱
بررسی عقاید، ۵۱۱
بررسی قابلیت عملیات، ۵۷۱
بررسی کردن، ۳۹۵، ۴۴۲
بررسی مخاطبان، ۶۱
بررسی مقدماتی، ۳۰۰
بررسی مورد خاص، ۱۲۶
بررسی نتایج، ۱۴۰
بررسی نسبت میان زمان و کار، ۷۱۳
بررسی نگرشها، ۶۱
بررسی نمونه، ۶۳۶
بررسی و تجزیه و تحلیل مداوم طرحها، ۶۲۴
بررسی و مطالعهٔ زمانی، ۷۱۴
بررسی و یافتن راه‌حلهایی برای حل مشکل، ۲۸۹
برطرف کردن، ۶۱۲، ۶۱۹
بر عهده گرفتن دین و تعهد دیگری در مقابل بستانکار، ۱۳۰
برقراری ارتباط بین‌المللی از راه دور، ۳۴۷
برقراری انضباط، ۲۷۵
برقراری مجدد، ۶۲۱، ۶۲۲
برقراری نظم، ۲۷۵

برکنار کردن از شغل / مقام، ۶۹۵
برکنار کردن عناصر نامطلوب، ۴۴۸
برکناری از خدمت به طور موقت، ۶۴۸
برگ آتا، ۵۹
برگ انتشار سهام، ۵۰
برگ برنده، ۷۶
برگ بستانکار، ۴۹۵
برگ تخصیص سهام، ۴۲۸
برگ ترخیص کالا، ۷۲۴
برگ ترخیص کشتی، ۱۷۳
برگ تعهد خطرات بیمه، ۶۵۹
برگ جریان عملیات، ۵۷۱
برگ جریمه، ۷۱۲
برگ در خواست کوپن سود سهام، ۷۰۰
برگرداندن چک، ۶۱۱
برگزار کنندهٔ جلسه، ۱۸۷
برگ سفارش خرید، ۵۸۵
برگشت حقوق گمرکی، ۲۴۸
برگشت دادن چک، ۲۳۹
برگشت سرمایه، ۳۰، ۲۷۳
برگ عبور، ۴۸۴
برگ فروش، ۳۹۷
برگ مونتاژ، ۵۶
برگ وثیقه، ۱۹۸
برگهٔ انتقال، ۷۲۲
برگهٔ بدهی، ۷۲
برگهٔ پیشرفت کار، ۷۶۵
برگهٔ سهام، ۱۳۴، ۷۵۸
برگهٔ فروش، ۶۳۵
برگهٔ کار، ۴۰۷
برنامهٔ آموزش ایمنی کار، ۴۰۶
برنامهٔ آموزش توجیهی، ۵۱۹

برات فروش، ۷۱۷
برات قابل پرداخت، ۸۷، ۲۴۹
برات قابل دریافت، ۸۷
برات قبولی، ۸۶
برات کش، ۲۴۸، ۴۲۸، ۴۹۶
براتگیر، ۲۰، ۵۶، ۸۶، ۲۴۶، ۲۴۸، ۴۲۸، ۴۹۶
برات مبادله‌ای، ۸۶
برات مدت دار، ۸۷، ۲۰۹، ۵۴۰، ۷۰۸، ۷۱۳، ۷۴۲
برات مشروط، ۸۶
برات معتبر، ۲۶۱
برات موعد گذشته، ۵۳۲
برات میعادی، ۸۷
برات نزولی، ۲۳۸
برات نکول شده، ۲۳۹
برات نکولی، ۲۳۹
برات وعده دار، ۸۷
براتهای قابل قبول، ۲۶۱
برات یا چک موعد گذشته، ۵۲۲
برات یوزانس، ۸۷
بر اساس قانون، ۶۷۶
برائت از دین، ۴۴۳
برائت ذمه، ۲۷، ۱۴۷، ۲۳۷، ۵۹۸
برائت ذمه از دین، ۲۷
برائت ذمه کردن، ۲۷
برای ثبت در پرونده، ۳۱۲
برای فروش عرضه شدن، ۴۵۹
برتری / توفق دانش، ۶۹۱
برتری کسب کردن، ۳۳۶
برچسب زدن، ۴۱۶
برچسب قیمت، ۵۶۶

برچسب قیمت زدن، ۵۶۴
برحسب قانون، ۲۲
برحسب مقررات موجود، ۲۸۶
برخورداری مساوی از حمایت قانون، ۵۸۰
برخورد اندیشه‌ها، ۱۵۴
برخورد عقاید، ۱۵۴، ۱۷۳
برخورد میان فردی، ۳۹۲
بردار هزینه، ۱۹۳
برداشت جزء به جزء، ۴۰۱
برداشت خودکار حق عضویت اتحادیه از حقوق کارگران، ۱۴۱
برداشت دو طرفه، ۲۰۳
برداشت سهم اتحادیه، ۱۴۱
برداشت غیر قانونی از حساب یک مشتری، ۴۱۹
برداشت کردن، ۱۴۷، ۲۴۸، ۷۶۲
برداشتهای نقدی، ۱۲۷
بررسی اسناد مالکیت، ۳۷۶
بررسی امکانات عملی بودن طرح، ۳۰۰
بررسی اوراق (اسناد / وثیقه)، ۳۷۶
بررسی اولیه، ۷۵۶
بررسی بازخورد، ۳۰۱
بررسی پاسخ ارائه شده به گزارش بازرسی، ۶۱۴
بررسی پیشرفت کار، ۷۶۵
بررسی تجارب گذشته، ۶۸
بررسی تحصیلی اقتصاد، ۵۵۶
بررسی تطبیقی شرکتهای مختلف با یکدیگر، ۳۸۴
بررسی حرکتهای انسانی در مطالعهٔ کار، ۴۱۴

بدهی معوقه، ۱۲۵، ۲۲۰، ۲۹۸

بدهی موعد رسیده، ۴۶

بدهی موعد نرسیده، ۷۳۵

بدهی وثیقه دار، ۲۱۴، ۶۴۲

بدهی وصول شدنی، ۳۲۸

بدهیها و داراییها، ۴۳۰

بدهیهای بانک، ۷۴

بدهیهای بانک به صورت سپرده، ۷۳

بدهیهای بانکی، ۷۵

بدهیهای بلند مدت، ۱۲۱، ۴۳۰

بدهیهای جاری، ۲۰۴، ۴۳۰

بدهیهای داخلی و خارجی، ۲۴۶

بدهیهای دراز مدت، ۱۲۲

بدهیهای عقب افتاده، ۵۵

بدهیهای غیر جاری، ۴۳۰، ۴۹۲

بدهیهای کوتاه مدت، ۴۳۰

بدهیهای مخفی، ۵۰۳

بدهیهای میان مدت، ۴۳۰، ۴۶۶

بدهیهای ناشی از هزینه‌های تحقق یافته، ۲۶

بدهی یا دینی را پرداختن، ۵۰۱

بدهی یا وام دراز مدت، ۳۰۶، ۴۴۲

بدیعه پردازی، ۶۹۶

برآورد آماری، ۲۷۶

برآورد تحلیلی، ۲۷۶

برآورد تطبیقی، ۱۶۲، ۲۷۶

برآورد تعدیلی، ۳۲

برآورد زمان انتظار، ۴۲۳

برآورد زیادی، ۵۲۲

برآورد فروش، ۶۳۵

برآورد قیمت کردن، ۲۷۶، ۵۶۴

برآورد کردن، ۵۶، ۲۷۵، ۲۷۷، ۲۹۳

برآورد کردن هزینه، ۱۹۳

برآورد مالیات، ۵۷

برآوردن نیازها، ۶۳۷

برآورد نیازها، ۴۸۵، ۶۳۷

برآورد هزینه، ۶۵، ۱۹۳، ۲۷۶

برآورده کردن، ۴۶۶

برابر نهاد، ۴۹

برابری نرخ اسمی و واقعی، ۵۲۸

برات ارزی، ۸۰، ۸۶، ۶۰۴، ۶۳۷

برات اسنادی، ۸۶، ۲۴۵

برات با سررسید معین (غیر قابل تمدید)، ۳۰۷

برات بانکی، ۷۳

برات بدون قید و شرط، ۱۴۶

برات پرداختنی، ۸۷

برات پرداختی، ۵۳۴

برات تجاری، ۱۵۶، ۷۱۸

برات تضمین شده (معمولاً توسط بانک یا مؤسسهٔ مالی)، ۳۳۴

برات تک نسخه‌ای، ۶۶۱

برات تمدید شده، ۶۱۲

برات خارجی، ۸۶

برات داخلی، ۳۴۳، ۳۷۲، ۳۸۷، ۳۸۸، ۳۴۳

برات دریافتنی، ۸۷

برات دوستانه، ۲۲

برات دیداری، ۸۷، ۲۲۴، ۲۲۵، ۶۵۴، ۶۵۵

برات رجوعی، ۶۰۳، ۶۰۴

برات عندالمطالبه، ۸۶، ۲۲۴، ۲۲۵، ۶۵۴، ۶۵۵

برات غیر دیداری، ۸۷

بخشی از بازار، 461
بخشی از حافظه کامپیوتر، 440
بخشی از مراحل رسیدگی به شکایتها که به صورت مصاحبه انجام می‌شود، 332
بخشی از نیروی کار غیر ماهر، 308
بخشیدن به، 267
بد قولی، 103
بد قولی کردن، 327
بدون اعتراض، 494، 497، 637
بدون پروانه، 739
بدون حق مراجعه، 637، 762
بدون درخواست غرامت، 762
بدون شغل، 265
بدون قید و شرط، 18، 86، 146، 740
بدون مجوز، 412
بدون مسؤولیت، 399
بدون واخواهی، 497
بدون وصیت نامه، 393
بدون هزینه تخلیه و بارگیری، 305
بدهکار اصلی، 567
بدهکاران با ضمانت، 408
بدهکاران مشترک، 192
بدهکار بودن، 359
بدهکار تجاری، 718
بدهکار راهن، 477
بدهکار کردن، 212، 359
بدهی احتمالی، 181
بدهی اقتضایی، 181
بدهی با بهره، 28
بدهی با چند طرف حساب، 408
بدهی بانکی، 74
بدهی بلند مدت، 213

بدهی به شخص ثالث، 430
بدهی پرداخت یا وصول نشده، 521
بدهی تضمین شده، 59
بدهی تضمین نشده، 740
بدهی تعهد شده، 26، 430
بدهی ثابت، 213، 306، 442
بدهی جاری، 430
بدهی خارجی، 292
بدهی خالص مالیاتی، 488
بدهی داخلی، 387
بدهی دراز مدت، 220، 320
بدهی دفتری، 214
بدهی دولت، 583
بدهی / دین ممتاز مقدم، 562
بدهی ذخیره، 618
بدهی شرافتی، 214
بدهی شناور، 308
بدهی (طلب) مشکوک‌الوصول، 247
بدهی عندالمطالبه، 213، 224
بدهی غیر قابل وصول، 70، 213
بدهی غیر مستقیم، 362، 431
بدهی فعلی، 214
بدهی قابل تبدیل، 188
بدهی قابل وصول، 328
بدهی / قرضهٔ ملی، 214
بدهی قطعی، 436
بدهی کل، 40، 430
بدهی کوتاه مدت، 214
بدهی متعلقه، 25، 26
بدهی مستقیم، 235، 431
بدهی مشترک، 409، 431
بدهی مشکوک‌الوصول، 767

بانک معروف و معتبر، ۷۴
بانک ملی، ۴۸۲
بانک ناشر اسکناس، ۷۴
بانکهای اتحادیه‌های کارگری، ۴۱۶
بانکی که گشایش اعتبار کرده است، ۴۰۱
بانی / بنیانگذار شرکت، ۱۶۱
با وساطت حل و فصل کردن، ۴۶۶، ۶۵۰
با وعده (در مورد برات)، ۳۸
بای بک، ۴۰، ۱۱۳
بایگان، ۵۴، ۱۴۸، ۳۰۲
بایگانی، ۵۴، ۳۰۲، ۳۵۳
بایگانی به ترتیب الفبا، ۳۰۲
بایگانی جاری، ۳۰۲
بایگانی راکد، ۲۱۰، ۲۱۱، ۳۰۲
بایگانی غیر متمرکز، ۳۰۲
بایگانی کردن، ۳۰۲، ۵۴۷، ۶۰۱
بایگانی متمرکز، ۳۰۲
بایگانی منفی، ۳۰۲، ۴۸۵
بایگانی موضوعی، ۳۰۲
بحث آزاد و غیر رسمی، ۶۳۰
بحث برای دستیابی به توافق، ۷۶
بحث را آغاز کردن، ۲۱۲
بحث کردن، ۲۱۱، ۲۱۲، ۲۳۸، ۲۳۹، ۷۰۰
بحث گروهی، ۳۳۳
بحث گروهی بدون سرپرستی / رهبری، ۴۲۲
بحث میز گرد، ۵۲۷
بحث و تبادل نظر، ۳۱۲
بحث و مذاکره رسمی دو جانبه، ۱۵۴
بحران اقتصادی، ۲۰۱، ۲۵۵
بحران جاری، ۲۰۱
بحران حاد / مزمن، ۳۰، ۱۴۲

بحران را رفع / حل کردن، ۲۰۱
بحران غیر قابل پیش بینی، ۷۳۶
بحران غیر منتظره، ۷۳۶
بحران قابل پیش بینی، ۲۸۷
بحران مالی، ۳۰۴
بحران مورد انتظار، ۲۸۷
بحرانهای ناشی از سوء مدیریت، ۴۷۳
بخش بندی جدولی، ۴۶۳
بخش بندی دو بعدی، ۴۶۳
بخش بندی ماتریسی، ۴۶۳
بخش پرسنلی / کارکنان، ۵۴۴، ۶۴۲
بخش تبلیغات، ۵۸۳
بخش تولید، ۵۷۳
بخش تولید با مسؤولیت بین‌المللی، ۷۶۶
بخش خدمات، ۶۴۹
بخش خصوصی، ۲۲۶، ۲۶۹، ۴۵۲، ۵۶۹، ۶۴۲
بخش دولتی، ۵۸۴، ۶۴۲
بخشش بدهی، ۲۱
بخشش مشروط، ۱۷۰
بخش عمومی، ۵۸۲، ۵۸۴، ۶۴۲
بخش مواد اولیه، ۵۶۷
بخش مؤثر سند، ۵۱۱
بخشنامهٔ بودجه، ۱۰۷
بخشنامهٔ عمومی، ۳۲۳
بخشنامه کردن، ۱۴۳
بخش نتایج عمده، ۴۱۴
بـخشودگی مـالیاتی، ۱۲۵، ۵۴۳، ۵۴۴، ۶۱۱، ۷۰۳
بـخشودگی / مـعافیت مـالیاتی برای گذشته، ۱۲۵
بخشوده از مالیات، ۷۰۳

291، 292، 299، 394، 400،
485، 498، 523، 590، 617، 624،
625، 735، 744، 751
باطل نشدنی، 399
باطل و بی اثر، 497
با کلاه شرعی از اجرای قانون طفره رفتن،
325
بالا بردن ارزش، 353
بالا بردن سطح دستمزدها، 755
بالاترین قیمت، 84، 131
بالاترین مقام اجرایی سازمان، 141
بالاترین مقام مالی شرکت یا سازمان،
166
بالا رفتن ارزش، 353
بالندگی سازمانی، 503، 517
با مهر و امضای من، 326
بانک ابلاغ کننده، 37
بانک استقراضی، 427، 438، 439
بانک اطلاعات، 208، 209
بانک ایالتی، 673
بانک بازرگانی، 156، 469
بانک باز کنندهٔ اعتبار، 401
بانک بین‌المللی بازسازی و توسعه، 389
بانک بین‌المللی نوسازی و توسعه، 347
بانک بین‌المللی همکاریهای
اقتصادی، 347، 389
بانک پرداختهای بین‌المللی، 73
بانک پس‌انداز، 638
بانک تأیید کننده، 172
بانک تجارت، 156
بانک تخصصی، 664
بانک تسویهٔ بین‌المللی، 88

بانک تصفیه، 147
بانک تصفیه حسابهای بین‌المللی، 73
بانک توسعهٔ اسلامی، 400
بانک توسعهٔ صنعتی، 364
بانک تهاتر، 147
بانک جهانی، 766
بانک حواله دهنده، 611
بانک داده‌ها، 208
بانکدار واسطه، 396
بانکداری اسلامی، 400
بانکداری شعبه‌ای (در مقابل
بانکداری عمده)، 622
بانکداری عمده، 760
بانک دولتی، 673
بانک سرمایه گذار، 396
بانک سرمایه گذاری، 396
بانک سرمایه گذاری اروپا، 277
بانک صادرات و واردات آمریکا، 286
بانک صادر کننده، 401
بانک صنعتی، 364
بانک عضو اطاق پایاپای، 147
بانک فدرال (آمریکا)، 300
بانک فرستنده، 611
بانک کارگران، 364
بانک کارگزار، 39، 192
بانک مجاز، 64، 599
بانک مراکز خرید، 475
بانک مرکزی، 132، 300
بانک مستقل، 360
بانک مسکن، 638
بانک مشارکتی، 409
بانک معتبر، 85، 261

بازرس قانونی، ۴۲۵
بازرس کل، ۶۲، ۳۷۶
بازرس و ناظر شرکت‌ها، ۷۵۱
بازرسی اسناد و مدارک، ۳۷۶
بازرسی اصلاحی، ۱۹۲
بازرسی برنامه‌ریزی شده، ۵۴۹
بازرسی برنامه‌ریزی شدهٔ ایمنی، ۵۷۶
بازرسی بهداشتی، ۶۳۷
بازرسی پیشگیری، ۵۶۴
بازرسی تخصصی، ۳۱۸
بازرسی تمام وقت، ۳۱۸
بازرسی دریایی، ۴۵۹
بازرسی سازنده، ۱۷۷
بازرسی عادی، ۶۳۱
بازرسی عملیاتی، ۳۷۵، ۵۱۱
بازرسی قابلیت و توانایی، ۱۱۹
بازرسی کردن، ۵۱، ۱۴۰، ۱۸۵، ۲۸۹، ۳۷۵، ۵۷۲، ۶۴۰، ۷۵۶
بازرسی کوتاه، ۳۷۵
بازرسی گمرکی، ۲۰۶
بازرسی متغیر، ۷۴۷
بازرسی متمرکز، ۱۳۲، ۳۷۵
بازرسی مدیریت خدمات بهداشتی، ۳۷۵، ۳۳۹
بازرسی معمولی/ عادی، ۳۷۶
بازرسی نهایی، ۳۷۵
بازرسی‌های کارآیی/ اثربخشی مدیریت، ۴۵۱
بازرگانی الکترونیک، ۲۶۱
بازرگانی/ تجارت داخلی، ۷۱۸
بازرگانی تهاتری، ۱۴۸
بازرگانی دو جانبه، ۷۱۸

بازرگانی دولتی، ۶۷۴
بازرگانی سه جانبه، ۷۱۹، ۷۲۶
بازرگانی متقابل، ۹۰
بازسازی اقتصادی - اجتماعی، ۵۳۹
بازسازی کردن، ۶۰۰، ۶۰۸، ۶۱۳
بازگرداندن به سمت، ۶۰۹
بازگرداندن وجه دریافتی، ۶۱۳
بازگرداندن وضع پیشین زیان دیده، ۶۲۱
بازگشت به کار قبل از پایان اعتصاب، ۶۹
بازگشت سرمایه، ۱۲۳
بازنشستگی، ۶۱۸، ۶۲۳
بازنشستگی اجباری، ۳۹۷
بازنشستگی تدریجی یا مرحله‌ای، ۵۴۶
بازنشستگی زودرس، ۲۵۲
بازنشستگی غیر ارادی، ۳۹۷
بازنشستگی قابل انتقال، ۵۵۴
بازنشسته، ۱۵۷، ۵۳۸، ۶۲۲
بازنشسته شدن، ۶۲۲
بازنشسته کردن، ۵۳۸، ۶۲۲
بازنگری عملکرد، ۵۴۰
بازنگری مدیریت، ۴۵۳
بازیابی اطلاعات، ۳۷۰
بازی تصادفی، ۶۷۸
بازی دو نفره با نتیجهٔ صفر، ۷۲۹
بازی قدیمی، ۵۰۶
بازی مدیریت، ۳۲۱، ۴۵۲
بازیهای آموزشی شغلی - حرفه‌ای، ۱۱۲
باطل اعلام کردن، ۶۱۶، ۷۰۵
باطل اعلام کردن (معاهده)، ۲۲۷
باطل شدن، ۸۳، ۴۲۰
باطل کردن، ۱۷، ۴۸، ۶۶، ۱۱۸، ۱۲۸، ۲۱۹، ۲۳۷، ۲۴۱، ۲۴۲، ۲۶۱، ۲۷۷،

بازارهای جدیدی را مورد استفاده
قراردادن، 289
بازار هدف، 461، 700
بازاریاب، 635
بازاریابی، 460
بازاریابی آزمایشی، 710
بازاریابی با استفاده از تجزیه و تحلیل شبکه‌ای، 215
بازاریابی با هدف مشخص، 701
بازاریابی برای جلب نظر گروههای خاص، 276
بازاریابی بین‌المللی، 390، 460
بازاریابی تبدیلی، 460
بازاریابی تفکیکی، 460
بازاریابی تلفنی، 706
بازاریابی توسعه، 460
بازاریابی صنعتی، 365
بازاریابی غیر انتفاعی، 493
بازاریابی کردن، 119
بازاریابی همزمان، 460
بازبینی داخلی، 387
بازبینی کردن، 247
بازبینی همهٔ مراحل، 756
باز پرداخت پول، 609
بازپرداخت عوارض گمرکی کالاهای وارداتی، 248
بازپرداخت کردن، 605
بازپرداختن، 609
بازپرداخت وام، 603، 606
باز پس خواستن، 599
باز خرید، 708
بازخواست کردن، 105، 118، 135، 702

بازخورد اطلاعات، 369
بازخورد کنترل شده، 476
بازدارندگی مؤثر، 569
بازداشت وثیقه، 310
بازده اسمی، 490، 770
بازده اوراق قرضه، 96، 770
بازده جاری، 204، 632، 682
بازده خالص، 66، 488، 770
بازده دارایی مشخص، 623، 629
بازده درآمد، 253
بازده سالانه، 48
بازده سرمایه، 623، 629
بازده سرمایه به کار رفته، 623
بازده سرمایه‌گذاری، 623
بازده سود سهام، 244، 770
بازده عادی، 494، 623
بازده مستقیم، 682
بازده نزولی، 217، 234، 623
بازده نفر – نوبت کار، 506
بازده نهایی سرمایه، 458
بازده نهایی سرمایه‌گذاری، 458
بازده هر شیفت کاری، 506
بازدهی اقتصادی، 259
بازدهیِ سالانهٔ مؤسسه، 48
بازدهیِ سرمایه، 273
بازدهی سهام، 244
بازدهی صنعتی، 259
بازده یک شیفت، 521
بازدهی مورد انتظار، 287
بازدید رسمی، 751
بازرس بانک، 279
بازرس دارایی، 725

بازار ضعیف، 661	122، 247، 336، 339، 475
بازار غیر رسمی، 521	بازار بورس اوراق بهادار، 679
بازار فروشندگان، 646	بازار بورس سهام نیویورک، 85، 756
بازار فعال، 28	بازار بورس کالا، 158
بازار فوری، 667	بازار بی‌ثبات، 461، 741
بازار قوی، 685	بازار بی واسطه، 566
بازار کار، 405، 417، 459، 460	بازار پذیری، 459
بازار کالاهای مصرفی، 158، 179	بازار پر رونق، 98، 438، 685
بازار کامل، 539	بازار پول، 460
بازار کساد، 80، 211، 249، 459	بازار پول خارجی، 292، 310
بازار کم رونق، 211	بازار تنزیل، 238
بازار کیفی، 589	بازار ثانوی، 641
بازار گرایی، 461	بازار حراجی، 461، 520
بازار گرمی، 93، 152، 758	بازار حراجی آزاد، 509
بازار مالی، 304	بازار حساس، 647
بازار محدود، 123، 350، 460، 482	بازار خرید، 114
بازار محصول، 574	بازار خریداران، 114
بازار محوری، 461	بازار داخلی، 343
بازار مشاغل، 405	بازار دست اول، 461، 566
بازار مشترک، 159، 459	بازار را اشباع کردن، 460
بازار مشترک اروپا، 159، 254، 255، 258، 277	بازار راکد، 80
	بازار ساختگی / کاذب، 460
بازار مشترک امریکای مرکزی، 116	بازار سرمایه، 122، 459
بازار مشترک کشورهای آمریکای مرکزی، 132	بازار سرمایهٔ آمریکا، 45
	بازار سرمایه گذاری، 396
بازار مورد نظر، 461	بازار سست، 759
بازار ناپایدار، 741، 759	بازار سلف، 313، 320
بازار نامعلوم، 331	بازار سلف ارز، 313
بازار نقدی، 461، 667	بازار سهام، 475
بازار نهایی، 461، 708	بازار سهام پر رونق، 110، 459
بازار نیروی کار اولیه، 566	بازار سیاه، 88، 459
بازارهای پول و سرمایه، 304	بازار صنعتی، 365، 572

ب

باب مذاکره را بازگذاشتن، ۴۲۴
با تقبل کلیهٔ هزینه‌ها، ۶۰
با توجه به دلایل اقامه شده، ۳۰۹
باج خواهی، ۸۸
باج سبیل، ۴۱۴
بار اضافی اطلاعات، ۳۷۰
بار سبک و حجیم، ۷۲
بار کارگاه، ۶۵۴
بار مسؤولیت، ۱۰۷، ۵۰۷
بارنامهٔ آبراه داخلی، ۳۷۲
بارنامه با قید معیوب بودن کالا یا بسته بندی آن، ۲۳۶، ۷۳۲
بارنامه با قید نام گیرنده، ۶۸۱
بارنامهٔ بدون قید و شرط، ۱۴۶
بارنامهٔ تحویل کالا در کشتی، ۵۰۶
بارنامهٔ حمل کالا، ۸۶
بارنامهٔ حمل و نقل هوایی، ۴۲
بارنامهٔ حمل هوایی، ۴۱
بارنامهٔ داخلی، ۳۷۲
بارنامه (در حمل و نقل داخلی)، ۱۷۵
بارنامه صادر کردن، ۷۵۸

بارنامهٔ صادره بعد از بارگیری محموله درکشتی، ۶۵۳
بارنامهٔ غیر انتقالی، ۸۶
بارنامهٔ غیر قابل انتقال، ۶۸۱
بارنامهٔ غیر قابل فسخ، ۸۶، ۶۸۱
بارنامهٔ غیر منصفانه، ۳۱۳
بارنامهٔ کشتی، ۸۶، ۹۰
بارنامهٔ مشروط، ۸۶، ۱۴۶، ۳۱۳
بارنامهٔ هوایی، ۴۱، ۴۲، ۴۱۸، ۷۵۸
بازآموزی، ۱۸۷، ۶۰۵، ۶۲۳، ۷۴۱
بازار آتی / آینده، ۳۱۳، ۳۲۰، ۷۰۸
بازار آزاد، ۱۶۳، ۴۶۰، ۴۶۱، ۴۹۴، ۵۰۹
بازار آینده، ۳۱۳
بازار احتکاری، ۶۲۶
بازار ارز، ۳۱۰، ۴۶۰
بازار انحصاری، ۱۲۳
بازار اوراق بهادار، ۶۴۳
بازار اولیه، ۴۶۱
بازار برای کرایه کردن یا کرایه دادن کشتی برای حمل کالا، ۳۱۶
بازار بورس، ۵۳، ۸۵، ۹۲، ۹۹، ۱۱۴،

اهداف کمی، ۵۸۹
اهداف کوتاه مدت، ۴۹۹
اهداف کیفی، ۵۸۹
اهداف متضاد، ۲۰۳
اهداف مشترک، ۲۶، ۱۵۹
اهداف ملی، ۴۸۴، ۴۹۹
اهداف / هدفهای بلند مدت، ۳۲۷
اهداف / هدفهای تحمیلی، ۳۲۷
اهداف / هدفهای کوتاه مدت، ۳۲۷
اهداف یگان، ۷۳۸
اهرم فشار، ۷۶
اهل زد و بند، ۳۶۸، ۴۰۳
اهل صنعت، ۳۶۵
اهلیت استیفای حقوق و اجرای تعهدات، ۱۲۰
اهلیت انعقاد قرارداد، ۱۲۰، ۱۸۲، ۱۸۴
اهلیت قانونی، ۱۷، ۱۱۹، ۳۵۵
اهمال فاحش، ۴۸۶
ائتلاف شرکت کنندگان، ۶۲۷
ائتلاف شرکتها و بانکهای کوچک یا بزرگ، ۱۷۶
ایجاد اختلال در کار، ۹۱
ایجاد بازار ساختگی / کاذب، ۶۲۶
ایجاد تسهیلات، ۲۹۵

ایجاد تمایز در تولید، ۵۷۲
ایجاد تنوع در تولید، ۵۷۲
ایجاد تورم کنترل شده، ۶۰۵
ایجاد روابط خوب انسانی، ۲۷۵
ایجاد روحیه، ۴۷۶
ایجاد سلسله مراتب، ۱۴۵
ایجاد شخصیت حقوقی برای شرکت، ۳۵۸
ایجاد فرصتهای یکسان و بدون تبعیض در استخدام، ۲۷۱
ایجاد کار، ۹۸، ۴۴۹
ایجاد کردن، ۳۱۳
ایجاد گروه کار، ۷۰۵
ایجاد واحدهای مبتنی بر وظیفه، ۳۱۹
ایستادگی کردن، ۶۷۷
ایستگاه بین راه، ۷۵۸
ایست و حرکت، ۶۸۰
ایفا کردن، ۲۳۷، ۲۸۵، ۳۱۸، ۳۴۳، ۵۳۹، ۶۳۷
ایفای تعهد، ۴۹، ۱۷۰، ۵۳۹
ایفای تعهد مورد ادعا، ۶۳۷
ایفای قرارداد، ۲۳۷
ایفای نقش، ۶۲۹
ایمنی شغلی، ۴۰۶، ۴۱۰

اوراق قرضهٔ بلند مدت، ۴۴۲
اوراق قرضهٔ بی نام، ۸۰
اوراق قرضهٔ تضمین شده، ۹۴، ۹۵، ۹۶، ۳۳۴
اوراق قرضهٔ تضمین نشده، ۹۶
اوراق قرضهٔ جزء، ۴۱۱
اوراق قرضهٔ حامل، ۹۴
اوراق قرضهٔ دایم / مادام‌العمر، ۹۴، ۹۶
اوراق قرضهٔ درآمدی، ۹۵
اوراق قرضهٔ دراز مدت، ۷۲۵
اوراق قرضهٔ دولتی، ۸۶، ۶۷۳
اوراق قرضهٔ دولتی کوتاه مدت، ۶۵۴
اوراق قرضهٔ دیداری، ۱۱۷
اوراق قرضهٔ راکد، ۴۴۱
اوراق قرضهٔ رهنی، ۹۶
اوراق قرضهٔ سالانه، ۴۸، ۹۴
اوراق قرضه / سهام قابل تبدیل، ۱۸۸
اوراق قرضهٔ شرکت، ۱۲۲، ۱۹۰
اوراق قرضهٔ شرکت سهامی، ۱۹۱
اوراق قرضهٔ طبقه بندی شده، ۹۴
اوراق قرضهٔ عندالمطالبه، ۹۴، ۱۱۷
اوراق قرضهٔ غیر قابل بازخرید، ۹۶
اوراق قرضهٔ فرعی، ۴۱۱
اوراق قرضهٔ قابل بازخرید، ۶۰۲
اوراق قرضهٔ قابل تبدیل، ۹۴
اوراق قرضهٔ قابل معاوضه، ۳۸۴
اوراق قرضهٔ کم اعتبار، ۴۱۱
اوراق قرضهٔ کوتاه مدت، ۷۲۵
اوراق قرضهٔ مقدم، ۹۶
اوراق قرضهٔ ملی، ۳۳۰
اوراق قرضه منتشر شده از سوی شهرداری، ۴۸۱

اوراق قرضهٔ موقتی، ۹۵، ۹۶، ۷۰۶
اوراق قرضهٔ وثیقه‌دار، ۹۶، ۶۴۲
اوراق هویت، ۵۲۷
اورگانوگرام، ۵۱۹
اوصاف مال‌التجاره، ۷۱۸
اوقات بلااستفادهٔ دستگاه، ۴۴۶
اوقاف خاصه، ۲۶۷
اوقاف عامه، ۲۶۷
اول سال، ۱۰۱
اولویت برنامه‌ریزی، ۵۶۶
اولویت داشتن، ۱۵۴
اولویت قایل شدن، ۵۸۶
اولویت کارکنان ارشد، ۶۹
اولویت کامل، ۱۸
اولویت مصرف کننده نسبت به یک جنس خاص، ۵۶۰
اولیای امور، ۶۳
اولین صادره از آخرین وارده، ۳۰۳، ۳۰۵، ۴۲۰، ۴۳۳
اولین صادره از اولین وارده، ۳۰۵
اهداف استراتژیک، ۶۸۲
اهداف بعید، ۴۹۹
اهداف بلند مدت، ۴۴۲، ۴۹۹
اهداف بنیادی، ۴۹۹
اهداف تبلیغاتی، ۴۹۹
اهداف دراز مدت، ۴۴۲
اهداف راهبردی، ۶۸۲
اهداف سازمان اصلی، ۵۲۸
اهداف عالی، ۳۴۰
اهداف غیر قابل دستیابی، ۴۹۹
اهداف قابل ارزیابی، ۳۲۷
اهداف قابل سنجش، ۴۹۹

اوراق بهادار خرید تجهیزات، ۲۷۲	انگیزهٔ اجتماعی، ۴۷۸
اوراق بهادار در وجه حامل که پس از یک بار پرداخت، مجدداً قابل استفاده می‌باشد، ۶۰۹	انگیزهٔ احتیاطی، ۵۵۹
	انگیزهٔ انسانی، ۳۴۵
	انگیزهٔ ایجاد کردن، ۴۷۸
اوراق بهادار دولتی، ۳۳۰	انگیزهٔ بازرگانی / تجاری، ۷۱۸
اوراق بهادار را به رهن گذاشتن، ۵۵۱، ۶۴۳	انگیزهٔ بهره‌وری، ۵۷۴
	انگیزهٔ تشخّص، ۲۶۱
اوراق بهادار غیر قابل بازخرید، ۳۹۹	انگیزهٔ خرید، ۱۱۴
اوراق بهادار قابل انتقال، ۷۲۳	انگیزهٔ دستاورد، ۲۶
اوراق بهادار قابل معامله در بورس، ۴۳۷	انگیزهٔ روانی، ۴۷۸
اوراق بهادار و اسناد قرضهٔ بلند مدت، ۴۴۲	انگیزهٔ شغلی، ۳۵۵
	انگیزهٔ فیزیکی، ۴۷۸
اوراق بهادار همیشه موجود، ۷۰۰	انگیزهٔ گروهی کار، ۷۳
اوراق تجاری، ۴۶۸	انگیزهٔ مادی، ۴۶۳
اوراق تجاری قابل انتقال، ۷۲۳	انگیزهٔ مالی، ۳۵۵
اوراق قابل انتقال / معامله، ۵۲۷	انگیزهٔ موفقیت / دستاورد، ۴۷۸
اوراق قرضه، ۴۸، ۸۰، ۹۳، ۹۴، ۹۵، ۹۶، ۱۰۶، ۱۱۵، ۱۱۷، ۱۱۸، ۲۱۲، ۲۲۶، ۲۶۲، ۲۷۶، ۳۲۰، ۳۸۴، ۴۰۱، ۴۱۱، ۴۴۱، ۴۸۱، ۴۹۵، ۵۲۷، ۷۲۵، ۷۲۷	انگیزه‌ها / محرکهای خرید از یک محل خاص، ۵۳۳
	انگیزه‌های احساسی خرید، ۲۶۲
	انگیزه‌های گروهی، ۲۳۹
	انواع سازمان، ۷۳۰
اوراق قرضهٔ ارزان، ۹۴	اوآپک، ۵۱۸
اوراق قرضهٔ اروپایی، ۲۷۶	اوپک، ۵۱۸
اوراق قرضهٔ اقساطی، ۹۵	اوج فعالیتهای یک مؤسسه، ۵۳۶
اوراق قرضه با ارزش رسی پایین، ۹۴	اوراق آمریکایی، ۷۶۹
اوراق قرضه با تضمین چندگانه، ۸۹، ۹۴	اوراق اعتباری، ۵۰۰
اوراق قرضه با جایزه، ۵۶۱	اوراق بهادار، ۲۴، ۵۳، ۶۰، ۵۲۷، ۶۴۲، ۶۴۳، ۷۳۴
اوراق قرضه با رهن کامل، ۹۵	
اوراق قرضه با مالیات محدود، ۴۳۴	اوراق بهادار با بهرهٔ ثابت، ۳۰۶
اوراق قرضه با نرخ بهرهٔ بازار، ۹۵	اوراق بهادار بازرگانی، ۱۵۶
اوراق قرضهٔ بدون بهره، ۹۶، ۲۷۹	اوراق بهادار با نرخ رسمی و قانونی، ۴۲۱
اوراق قرضهٔ بدون سررسید، ۳۹۹، ۵۴۲، ۷۳۳	اوراق بهادار بی‌نام، ۸۰

اندازه‌گیری کار، ۷۱۳، ۷۶۴
اندازه‌گیری کار با فاصله‌های کوتاه، ۴۷۹
اندوختهٔ احتیاطی، ۳۱۹، ۶۱۸
اندوختهٔ استهلاکی، ۲۳۰
اندوختهٔ بازنشستگی، ۶۱۸
اندوختهٔ سرمایه‌ای، ۱۲۳
اندوختهٔ قانونی، ۴۲۶
اندوخته‌های بین‌المللی، ۳۹۰
انسان اداری، ۳۳
انسان اقتصادی، ۲۵۶
انسان اقتصادی در مقابل انسان خودیاب، ۲۵۶
انستیتو تحقیقات مدیریت انگلستان، ۱۰۶
انستیتو مدیریت انگلستان، ۸۷
انستیتوی تخصصی، ۵۷۴
انستیتوی مدیریت پرسنلی (انگلستان)، ۳۷۸
انسداد حساب، ۶۳۱
انسداد خاص، ۶۶۴
انسداد عام (چک)، ۳۲۳
انشا کردن، ۳۱۲
انشای قانون، ۳۹۴
انصراف ضمنی، ۳۵۱، ۷۵۵
انضباط برقرار کردن، ۲۶۷
انضباط شخصی، ۶۴۵
انضباط فردی، ۶۴۵
انعام، ۹۶، ۳۳۱، ۵۲۷، ۵۶۱، ۵۶۹، ۶۲۵، ۶۹۹، ۷۱۵
انعطاف پذیری، ۳۰۷
انعطاف پذیری تقاضا به نسبت درآمد، ۳۵۶

انعطاف پذیری سازمان، ۳۰۷
انعطاف قیمت، ۵۶۵
انعطاف منفی، ۴۸۵
انعطاف ناپذیری قیمت، ۵۶۶
انعقاد پیمان تجاری، ۱۶۹
انعقاد معاهده، ۱۶۹
انعقاد معاهدهٔ چند جانبه، ۱۶۹
انفجار جمعیت، ۵۵۴
انفصال از خدمت، ۲۳۹، ۶۴۸
انفصال از عضویت، ۲۳۹
انقضای قرارداد، ۷۰۸
انقضای مدت، ۲۸۸
انقضای (مدت) خیار، ۲۸۸
انقضای مدت قرارداد، ۲۸۸
انقضای مدت معاهده، ۷۰۸
انقضای مهلت / مدت، ۲۸۸، ۴۶۴
انقلاب اداری، ۳۴، ۶۰۵
انقلاب فرهنگی، ۲۰۳
انکار کردن، ۱۸۴، ۱۸۷، ۲۲۷، ۴۸۵، ۶۰۶، ۶۱۲، ۶۱۶
انکار کردن (دین، تعهد یا وظیفه)، ۶۱۶
انکار مسؤولیت یا بدهی، ۲۳۸
انگشت نگاری، ۳۰۵
انگشت نگاری کردن، ۳۰۵
انگیزش، ۲۵۷، ۲۸۶، ۳۰۴، ۳۳۹، ۳۴۰، ۳۵۵، ۴۰۴، ۴۴۶، ۴۷۸
انگیزش اقتصادی، ۲۵۷
انگیزش پیشرفت، ۲۶
انگیزش / تشویق کارکنان، ۴۷۸
انگیزش مالی، ۳۰۴
انگیزش و پاداش، ۴۷۸
انگیزش و جو / فضای سازمانی، ۴۷۸

انجمن بین‌المللی مدیریت علمی (درفرانسه)، ۳۸۹
انجمن پیشرفت بین‌المللی مدیریت، ۱۴۳
انجمن تحقیقات عملیاتی، ۵۱۱
انجمن حسابداران بین‌المللی، ۵۹
انجمن حسابداران رسمی (انگلستان)، ۵۹
انجمن حسابداران شرکتی و بازرگانی، ۶۶۱
انجمن حسابداران و حسابرسان انگلستان، ۱۰۵
انجمن / شورای بهره‌وری بریتانیا، ۱۰۱
انجمن صنعتی، ۳۶۶
انجمن صنفی، ۷۱۷
انجمن فارغ‌التحصیلان رشتهٔ بازرگانی، ۱۱۲
انجمن کارکنان، ۶۶۹
انجمن کارگری، ۱۵۰
انجمن مدیران صنعتی، ۳۷۹
انجمن مدیریت آمریکا، ۴۴، ۴۵
انجمن مدیریت اداری (در آمریکا)، ۳۳
انجمن مدیریت انگلستان، ۱۰۵
انجمن مدیریت پرسنلی (کارگزینی) اروپا، ۲۷۷
انجمن مدیریت منابع انسانی اروپا، ۲۵۲
انجمن مربیان / مدرسان مدیریت، ۵۹
انجمن مربیان مدیریت، ۶۰
انجمن مشارکت صنعتی، ۳۶۵
انجمن مشاوران مدیریت، ۴۶۴
انجمن ملی تولیدکنندگان بریتانیا، ۴۸۲
انجمن نظارت، ۶۹۱

انجمن نظارت بر انتخابات، ۱۹۵
انحراف از استانداردهای تعیین شده، ۲۳۳
انحراف استاندارد، ۲۷۳
انحراف متوسط، ۶۵
انحراف میانگین، ۴۶۵
انحراف میانگین مطلق، ۴۴۷، ۴۶۵
انحراف نرخ، ۵۹۴
انحصار برای به حداکثر رساندن سود، ۴۰۹
انحصار جزئی، ۴۷۶، ۵۲۹
انحصار چندگانهٔ خرید، ۵۰۶
انحصار خرید، ۴۷۶
انحصار خریدار، ۴۷۶
انحصار دو جانبه / مضاعف، ۸۵، ۲۵۰، ۴۷۶
انحصار دوگانهٔ خریداران، ۲۵۰
انحصار سازمانی، ۳۷۸
انحصار طبیعی، ۴۸۴
انحصار فروش چند جانبه، ۵۰۶
انحصار قانونی، ۳۷۵، ۴۷۶
انحصار کامل، ۴۷۶، ۵۳۹، ۵۸۶
انحصار گروهی، ۵۰۶
انحصار مضاعف، ۸۵
انحصار مطلق، ۴۷۶
انحصار منابع استراتژیک / راهبردی، ۴۷۶، ۶۸۲
انحلال اجباری، ۱۶۶
انحلال ارادی، ۷۵۲
انحلال داوطلبانه، ۷۵۲
انحلال شرکت، ۲۴۱، ۳۹۴، ۷۶۱
اندازه‌گیری پدیده‌های اقتصادی، ۲۵۵

موجب وصیت نامه، 225
انتقال بین خطی، 386
انتقال پول از یک حساب بانکی به حساب دیگر، 326
انتقال تصویر از راه دور، 706
انتقال تعهدات، 723
انتقال تکنولوژی، 706، 723
انتقال تلگرافی، 116، 706، 723، 728
انتقال دادن، 42، 58، 61، 131، 170،225، 233، 240، 248، 277، 331، 393، 479، 486، 611، 722
انتقال دادن حق به دیگری، 58
انتقال دادن سند مالکیت، 15
انتقال داده‌ها از طریق تلگراف یا تلفن، 209
انتقال دارایی، 243
انتقال دهنده، 42، 58، 131، 188، 301، 331، 336، 486، 723، 724
انتقال سرمایه، 71، 123
انتقال سهام، 55، 134، 223
انتقال عمودی، 723
انتقال فن آوری، 706
انتقال فن آوری، 723
انتقال قدرت، 233
انتقال قهری، 601
انتقال کارگر تولیدی، 573
انتقال کالا در داخل یک فروشگاه، 393
انتقال مال به قصد فرار از دین، 314
انتقال مالکیت، 723
انتقال مانده حساب دارایی، 766
انتقال مأموریت، 723
انتقال محموله از یک وسیلۀ نقلیه به وسیلۀ نقلیۀ دیگر، 618، 725
انتقال نادرست اوراق بهادار، 70
انتقال وام، 450
انتقال و حمل بار و تجهیزات از یک دستگاه باربری به دستگاه دیگر، 386
انتقال یا جابجایی صنایع، 365
انتقال یا رهن مال غیر، 677
انجام آزمون روانی، 582
انجام اقدامات اصلاحی مورد نیاز، 699
انجام امور بانکی در یک محل، 507
انجام تعهد به صورت ناقص، 219
انجام تکراری کارها، 250
انجام دادن، 16، 17، 22، 26، 27، 78،97، 117، 125، 225، 247، 250،253، 268، 283، 317، 318، 351، 473، 492، 502، 510، 539، 564،612، 709
انجام کار خلاف، 157
انجام مأموریت، 22، 473
انجام معامله، 115، 540
انجام وظیفه کردن، 302
انجمن آموزش بازرگانی، 80، 112
انجمن آموزش بازرگانی و صنعتی انگلستان، 105
انجمن / اتحادیۀ بین‌المللی توسعه، 390
انجمن ارتباطات راه دور بین بانکها، 695
انجمن استاندارد آمریکا، 56
انجمن بهره‌وری، 573
انجمن بین‌المللی ارتباطات، 347
انجمن بین‌المللی توسعه، 347
انجمن بین‌المللی حسابداران، 59
انجمن بین‌المللی رشد، 347

انبار کالاهای خرید یا فروش نقدی، ۱۲۷
انبار کالاهای رهنی، ۹۵، ۴۴۵
انبار کالاهای گمرکی، ۹۵
انبار کردن، ۳۴۹، ۶۷۸، ۶۸۱
انبار کردن کالا در کشتی، ۶۸۱
انبار گمرک، ۹۵، ۲۰۶
انبار گمرکی، ۷۵۶
انباشته، ۲۵، ۴۹۱
انتخاب بر مبنای هدف / اهداف، ۶۴۳
انتخاب بهترین اقدامات ممکن، ۶۴۳
انتخاب راه‌حل نهایی، ۶۴۳
انتخاب شدن، ۱۵۴
انتخاب فروش، ۵۱۴
انتخاب قانون حاکم، ۱۴۲
انتخاب کردن، ۳۰۶
انتخاب کردن روش ارتباطی، ۶۴۳
انتخاب مدیر شایسته، ۱۴۲
انتخاب مرجع رسیدگی، ۱۴۲
انتخاب مصرف کننده، ۱۷۹
انتخاب نظام پرداخت دستمزد، ۶۴۳
انتشار آگهی برای استخدام، ۶۰۲
انتشار افراطی سهام، ۶۸۰
انتشار اوراق بهادار، ۵۴۸
انتشار اوراق بهادار از طرف دولت و بانک مجاز، ۲۶۲
انتشار سهام، ۵۸۰
انتشار سهام جایزه، ۶۴۰
انتشار سهام دولتی و اوراق قرضه و اسکناس، ۲۶۲
انتشار سهام شرکت، ۲۶۲
انتشار / گسترش دادن، ۶۷۷
انتصاب امین، ۵۱
انتصاب / انتخاب اسمی و صوری، ۷۱۵
انتصاب بازرسان، ۵۰
انتصاب حسابرس، ۵۱
انتصاب رهبری، ۴۲۲
انتصاب شغلی، ۴۰۶
انتصاب مجدد، ۶۰۹
انتصاب نادرست، ۳۵۳
انتصاب یا استخدام کردن مجدد شخص برکنار شده یا کارگر اخراج شده، ۶۰۹
انتظار آماری، ۲۸۷
انتظارات متناقض، ۳۹۳
انتظار خدمت موقت، ۴۲۲
انتفاع مستقیم و بلافاصله، ۷۴۴
انتفاع مشترک، ۴۰۸
انتفای تعهدات تجاری به علت حوادث قهری، ۱۵۶
انتفای قرارداد یا تعهد، ۳۵۲
انتقاد دوستانه، ۳۴
انتقال اجاره‌نامه، ۷۲۳
انتقال اختیاری، ۷۵۲
انتقال ارادی، ۷۵۲
انتقال اطلاعات، ۷۹، ۱۵۹، ۳۷۰
انتقال اطلاعات و انجام معاملات بین بانکها و مؤسسات مالی با استفاده از شبکه‌های کامپیوتری، ۲۶۱
انتقال اعتبار، ۲۰۱
انتقال اعتبار بانکی، ۷۲۳
انتقال افقی، ۷۲۳
انتقال اموال به صورت ارثیه، ۸۳
انتقال بانکی، ۵۲۲
انتقال به صورت عمری یا رقبی یا به

امضا یا ظهرنویسی برات بدون قید

امضا یا ظهرنویسی برات بدون قید، ۸۹
نام‌براتگیر، ۲۶۶، ۲۶۷، ۳۲۴، ۳۶۳
امضای جعلی، ۲۹۸، ۳۱۱
امضای ساختگی، ۳۱۱
امضای سند، ۲۶۷
امضای قرارداد، ۱۶۴، ۲۵۳
امضای قرارداد حمل کالا، ۱۶۸
امضای کسی را گواهی یا تأیید کردن، ۶۱
امضای مجاز، ۶۴
امضای مدیر، ۶۵۶
امضایی را تأیید و تصدیق کردن، ۴۲۵
امضایی را جعل کردن، ۳۱۱
امضای یک سند یا چک برای انتقال آن به دیگری، ۲۶۷
امکانات تولید، ۵۷۳
امکانات تهیهٔ مسکن، ۳۴۴
امکانات درمانی، ۴۶۶
امکانات را مورد بررسی قرار دادن، ۴۴۲
امکانات مالی، ۷۵۸
امکانات نهفتهٔ تولید، ۴۲۰
امکان تحصیل اعتبار، ۶۵
املاک خود را واگذار کردن، ۳۲۷
املاک دولتی، ۵۸۳
املاک غیر کافی برای پرداخت دیون شخصی، ۳۷۵
امنیت شغلی، ۴۰۷، ۶۴۳، ۷۰۷
اموال خود را برای تأدیهٔ قرض خودفروختن، ۶۴۶
اموال / دارایی غیر منقول، ۵۹۶
اموال دولتی، ۵۷۹، ۵۸۳، ۶۷۴
اموال دینی، ۳۸۱

انبار کالا

اموال شخصی، ۵۴۴
اموال شراکتی، ۵۳۱
اموال عمومی، ۹۴، ۵۷۹، ۵۸۳، ۶۷۴
اموال عینی، ۵۴۶
اموال غیر قابل انتقال، ۲۱۰
اموال غیر منقول، ۳۴۹، ۵۹۷
اموال مسروقه، ۶۸۰
اموال مصادره شده، ۱۱۶، ۱۷۲
اموال منقول، ۳۸۰، ۴۷۸
اموال موقوفه، ۴۷۷
اموال و دارایی‌های منقول، ۳۲۸
اموالی که سریع بتوان آنها را به پول تبدیل کرد، ۲۰۴
امور اجرایی، ۳۸، ۲۸۴
امور اداری، ۳۲، ۳۳
امور برنامه‌ریزی، ۵۴۹
امور خرید، ۵۸۵
امور خیریه، ۶۶۰
امور دفتری، ۵۸۶
امور مالی، ۳۰۳
امین ترکه، ۴۲۸، ۵۴۴، ۷۲۷
امین تصفیه، ۷۲۷
امین سهام، ۶۴
امین منصوب دادگاه، ۵۹۸
امین ورشکستگی، ۷۲۷
انبار بیرونی، ۶۸۱
انبار خصوصی، ۵۶۹، ۷۵۷
انبار دولتی، ۵۸۴
انبار شخصی، ۷۵۷
انبار شرکت، ۷۵۶
انبار عمومی، ۵۸۴، ۷۵۷
انبار کالا، ۱۶، ۹۵، ۲۷۰، ۶۸۱، ۷۵۶

الگوی تولید، ۵۷۴
الگوی رشد و توسعه، ۵۳۳
الگوی رفتاری، ۵۳۳
الگوی رفتاری یک شخص، ۶۲۹
الگوی رهبری دو بعدی، ۴۷۴، ۷۲۹
الگوی رهبری روم - یتون، ۷۵۳
الگوی رهبری سه بعدی، ۴۷۴، ۷۱۲
الگوی سازمانی بر مبنای تولید، ۵۷۴
الگوی سلسله مراتب نیازها، ۴۷۴، ۴۸۵
الگوی فیدلر، ۳۰۱
الگوی قیمت‌گذاری دارایی‌های سرمایه‌ای، ۱۲۰
الگوی یکپارچه و متحد، ۳۸۲
المثنی، ۲۵۰
امانت استفاده شده، ۷۵۸
امانت ضمنی، ۱۷۷
امانت قانونی، ۱۷۷
امانت قهری، ۴۸۵
امانت گذاشتن دارایی برای دریافت وام، ۳۴۶
امپراطوری ساختن، ۲۶۳
امپریالیسم اقتصادی، ۲۵۶
امتحان شفاهی، ۵۱۳
امتحان کتبی، ۷۶۷
امتناع از پرداخت، ۲۱۸، ۷۶۲
امتناع از قبولی نوشتن برات (سند)، ۶۰۶
امتناع از کار در طول اعتصاب، ۸۸
امتناع از معامله، ۸۸
امتناع شرکتهای حمل و نقل از پذیرش یا‌انتقال بار به هنگام اعتصاب یا ازدحام غیر عادی، ۲۶۲
امتناع کردن، ۶۱۶

امتناع یا استنکاف کردن، ۶۰۶
امتیازات کسی را گرفتن، ۲۴۱
امتیازات متقابل، ۵۶۹
امتیازات مخصوص، ۱۱۱
امتیازات ویژه، ۲۸۲
امتیاز اجباری، ۱۶۶
امتیاز استاندارد، ۶۷۱
امتیاز انحصاری، ۲۸۲، ۴۷۶
امتیاز تأسیس بانک، ۷۳
امتیاز رهن، ۴۷۷
امتیاز متقابل، ۵۹۹
امتیاز مدیریت کارفرما در برابر کارکنان، ۲۶۴
امتیاز ناشی از مقام رسمی، ۲۸۶
امتیاز نامه، ۱۳۹، ۱۶۸
امتیازهای مدیریت، ۲۶۴
امتیازی را برای خود قائل شدن، ۱۴۵
امحای اسناد، ۶۶۷
امرار معاش در حداقل، ۶۴۰
امراض شغلی، ۵۰۲
امر کردن، ۱۵۵، ۳۷۹، ۵۱۳
امضا ساز، ۳۱۱
امضا سازی، ۳۱۱
امضا/عقد قرارداد فروش کالا بین طرفین، ۱۶۹
امضا کردن، ۳۸، ۱۹۶، ۱۹۸، ۲۶۶، ۲۸۳، ۳۶۳، ۳۷۲
امضا کردن (سند)، ۶۵۰
امضا کنندگان قرارداد / عهدنامه، ۶۵۶
امضا کننده، ۱۹۳، ۲۶۷
امضا کننده یا امضا کنندگان زیر، ۷۳۳
امضا یا ظهرنویسی برات بدون قید نام،

الزامات و تعهدات، ۷۵۷	اقرار یا اذعان کردن، ۲۶
الزام متضرر به کاستن از میزان ضرر، ۱۷۴	اقساط بازپرداخت، ۶۱۴
الزام یا تعهد مشترک، ۱۹۱	اقساط برای مستهلک کردن، ۴۵
الصاق کردن، ۶۷۷	اقساط سالانه / سالیانه، ۴۸، ۷۶۹
الغاء شده، ۶۲۴	اقساط مال‌الاجاره، ۳۷۷
الغای معاهده، ۱۷، ۲۲۷	اقلام استثنایی، ۲۸۰، ۲۹۳
القای شبهه، ۴۷۳	اقلام تولید شده در یک زمان، ۶۳۲
الگوسازی رفتار، ۸۲	اقلام ثبت شده در دفتر روزنامه، ۴۱۰
الگوسازی سه بعدی، ۶۶۲	اقلام دارای اشکال، ۳۹۹
الگوهای ارتباطی، ۵۳۳	اقلام غیر پولی، ۴۹۲
الگوهای تصمیم‌گیری هنجارگذار، ۴۹۴	اقلام فوق‌العاده، ۲۸۰، ۲۹۳
الگوهای حسابداری، ۲۴	اقلام گرانبها و بزرگ، ۸۵
الگوهای کامپیوتری که برای فعالیتهای مالی شرکتها مورد استفاده قرار می‌گیرد، ۳۰۴	اقلام معوقه، ۵۳۲
	اقلام وارده در ستون بدهکار، ۲۱۴
الگوهای مالی، ۳۰۴	اقلامی که در حال انتقال از مبدأ به سوی مقصد هستند، ۳۹۳
الگوهای نمادین، ۶۹۶	اکثریت آرا، ۴۴۸
الگوی ارتباطی چرخشی، ۵۳۳، ۷۶۰	اکثریت تام، ۴۴۸
الگوی ارتباطی دایره‌ای، ۱۴۳، ۱۶۰، ۵۳۳	اکثریت قریب به اتفاق، ۴۴۸
	اکثریت مطلق
الگوی ارتباطی زنجیره‌ای، ۱۳۵، ۵۳۳	اکثریت مطلق (نصف آرا به اضافهٔ یک)، ۱۸، ۴۴۸
الگوی ارتباطی غیر متمرکز، ۲۱۴	اکثریت نسبی، ۶۱۰
الگوی ارتباطی متمرکز، ۱۳۲	اکو، ۲۵۵
الگوی ارتباطی همه جانبه، ۴۲، ۱۶۰	التزام دادن، ۳۲۶، ۷۳۴
الگوی ایستا، ۶۷۴	الحاق به سند یا درج در سند، ۳۹۲
الگوی بودجه، ۱۰۹	الحاق کردن، ۴۷، ۳۷۴، ۴۰۷
الگوی ترکیبی مدیریت، ۳۸۲	الحاق و حذف، ۶۹۳
الگوی تغییر مارک مورد نظر مصرف کننده، ۱۰۲	الزامات، ۳۸۳، ۳۹۸، ۵۰۰، ۵۰۱، ۵۸۱
الگوی تقاضا، ۵۳۳	الزامات روابط متقابل گروهی، ۳۸۳
الگوی تقاضای معکوس، ۳۹۵	الزامات شغلی، ۴۰۶
الگوی توصیفی، ۲۳۱، ۴۷۴	الزامات قراردادی، ۶۷۸

اقتصاد سیاه، ۸۸، ۸۹
اقتصاد طبیعی، ۴۸۴
اقتصاد قوی، ۷۴۹
اقتصاد کار، ۴۱۶
اقتصاد کارآمد / خودکفا، ۷۴۹
اقتصاد کلاسیک، ۱۴۵
اقتصاد کلان، ۴۴۶
اقتصاد مبتنی بر اطلاعات، ۳۷۰
اقتصاد مبتنی بر عرضه و تقاضا، ۳۱۵
اقتصاد متعادل، ۷۱
اقتصاد متعادل / متوازن، ۲۵۷
اقتصاد متکی به صادرات، ۲۵۷، ۲۹۰
اقتصاد متکی به نفت، ۲۵۷
اقتصاد مختلط، ۲۵۷، ۴۷۴
اقتصاد مدیریت، ۴۵۴
اقتصاد مصرفی، ۱۷۸
اقتصاد نامتوازن، ۲۵۷
اقتصاد نسنجیده، ۵۴۹
اقتصاد نیروی انسانی، ۴۵۶
اقتصاد نئوکلاسیک، ۴۸۷
اقدامات احتیاطی، ۱۸۰، ۵۶۴
اقدامات اداری، ۳۲، ۳۳، ۳۴
اقدامات اصلاحی، ۱۹۲، ۶۰۵
اقدامات اصلاحی پیشنهاد شده، ۶۰۰
اقدامات اضطراری، ۱۸۰
اقدامات برنامه‌ریزی شده، ۵۴۹
اقدامات بشر دوستانه، ۳۴۵
اقدامات پیشنهادی، ۶۰۰
اقدامات تنبیهی، ۵۸۵
اقدامات ضد تورمی، ۲۲۱
اقدامات کارگری، ۳۶۴
اقدامات مختلف، ۴۴

اقدامات مدیریتی، ۴۵۴
اقدامات هماهنگ، ۱۸۹
اقدام احتیاطی، ۵۵۹
اقدام اداری، ۳۳، ۵۰۴
اقدام برای وصول طلب، ۲۸۳
اقدام به صدور سهام جدید، ۳۰۸
اقدام به ورشکستگی، ۲۹
اقدام تضامنی، ۴۱۰
اقدام حمایتی، ۵۸۰
اقدام در جهت جذب افراد مناسب برای سازمان، ۶۰۲
اقدام ستادی، ۶۶۹
اقدام فوری، ۶۹۰
اقدام قابل قبول، ۲۰
اقدام قاطع، ۲۱۶
اقدام قانونی، ۲۷، ۴۲۴، ۶۰۸
اقدام/کار مدیریتی، ۴۵۰
اقدام کردن، ۲۷، ۲۱۱، ۴۶۵، ۷۳۴، ۷۵۴
اقدام لازم / مورد نیاز، ۶۱۶
اقدام متقابل، ۱۹۶
اقدام مشترک، ۴۱۰
اقدام مصرف کننده، ۱۷۸
اقدام معمول، ۶۰۸
اقدام مقتضی، ۵۲، ۶۱۶، ۶۹۰
اقدام مناسب، ۶۹۰
اقدام مؤثر، ۷۶۳
اقدام ناموفق، ۲۹۷
اقدام نکردن، ۳۳۷
اقدامهای محدود کننده، ۶۲۱
اقدام هماهنگ، ۱۶۷
اقرار به بدهی، ۲۶
اقرارنامه به قید سوگند، ۳۸

افزایش سرمایه از طریق فروش سهام، ۲۱۳
افزایش سرمایه‌ای، ۱۲۱
افزایش سریع و بدون حد و مرز قیمتها، ۳۴۶
افزایش صوری ارزش دارایی، ۷۶۷
افزایش طبیعی، ۴۸۴
افزایش فروش، ۵۷۸
افزایش قدرت خرید، ۶۰۵
افزایش قیمت، ۴۶۱
افزایش قیمت متوسط، ۶۶
افزایش کالاهای سرمایه‌ای در نتیجهٔ پس‌انداز، ۱۲۱
افزایش مهارتهای مدیریتی، ۲۳۲
افزایش / میزان اعتبار داخلی، ۲۴۶
افزایش نرخ ارز، ۶۲۴
افزایش نهایی، ۴۵۸
افزایش هزینهٔ زندگی، ۳۵۸
افزایش یافتن
افزایش یافتن (قیمتها)، ۳۳۷، ۲۸۶
افزایش یکنواخت دستمزد، ۲۷
افزودنی‌های مجاز، ۴۳
افسر آجودانی، ۳۴
افشای اطلاعات، ۲۳۸
افشای اطلاعات خیلی محرمانه، ۲۳۸
افشای برنامه‌های آیندهٔ مؤسسه، ۵۰۹
افشـای غیـر مجـاز (نامـه، تلگراف، مکالمهٔ تلفنی و غیره)، ۱۰۲
افشای مجاز خبر محرمانه، ۶۴
افق برنامه‌ریزی، ۵۵۰
اقامتگاه قانونی / حقوقی، ۴۲۶، ۴۲۷
اقامتگاه قانونی شرکت، ۶۰۷

اقامهٔ دعوا، ۳۷۸
اقامهٔ دعوا کردن، ۱۰۵، ۳۰۲، ۳۸۳، ۴۳۷
اقامهٔ دلیل کردن، ۳۱
اقامه کردن دعوا، ۱۰۵، ۱۵۵، ۳۰۲، ۳۷۷، ۳۷۸
اقتباس و تقلید کـردن (از یک سیستم)، ۲۶۵
اقتدار سلسله مراتبی، ۱۱۱، ۴۳۵
اقتدار طلبی، ۶۳
اقتدار و سیادت مصرف کننده، ۶۶۳
اقتصاد آزاد، ۲۵۷، ۲۶۹، ۳۱۵، ۴۱۸
اقتصاد اثباتی، ۵۵۶
اقتصاد ارشادی، ۱۸۶
اقتصاد اسلامی، ۴۰۰
اقتصاد باز، ۲۵۸، ۴۵۹، ۵۰۸
اقتصاد برنامه‌ریزی شده، ۱۳۲، ۲۵۸، ۵۴۹
اقتصاد برنامه‌ریزی شده متمرکز، ۱۳۲
اقتصاد بسته، ۲۵۷
اقتصاد بی بند و بار، ۲۵۷
اقتصاد بین‌المللی، ۳۹۰
اقتصاد پویا، ۲۵۱
اقتصاد تجویزی، ۴۹۵
اقتصاد تک محصولی، ۲۵۸
اقتصاد خرد، ۴۷۰
اقتصاددانان مکتب شیکاگو، ۱۴۱
اقتصاد دستوری، ۴۹۵
اقتصاد دولتی، ۱۳۲، ۲۵۸، ۵۴۹، ۶۷۴
اقتصاد دولتی متمرکز، ۱۳۲
اقتصاد راکد، ۲۵۸
اقتصاد سنجی، ۲۵۵
اقتصاد سنجیده، ۵۴۹

ورشکسته، ۷۵۲
اعلام ورشکستگی به موجب تقاضای عده‌ای از طلبکاران، ۳۹۷
اعلام وصول، ۲۶، ۳۷
اعلامیه/برگهٔ تخصیص سهام، ۴۳
اعلامیهٔ تخصیص سهام، ۴۲۸
اعلامیه دادن، ۴۰۱
اعلامیهٔ رسمی، ۱۶۰، ۵۷۸
اعلامیه صادر کردن، ۱۶۰، ۴۰۱، ۵۷۱، ۶۱۰، ۶۷۳
اعلامیهٔ مشترک، ۱۶۰، ۲۱۶، ۴۰۸، ۶۷۳
اعلان ادای دین، ۲۱۶
اعلان عمومی، ۷۲
اعلان قطع رابطه، ۲۲۷
اعلان مناقصه یا مزایده دادن، ۷۰۷
اعلان ورشکستگی، ۷۴
اعمال صنعتی غیر منصفانه، ۷۳۶
اعمال قدرت، ۸۵، ۴۸۵، ۵۱۰
اعمال قدرت با توجه به نفوذ رهبری، ۱۳۸
اعمال قیمت واحد، ۵۶۵
اعمال کردن، ۵۱، ۱۰۵، ۲۶۷، ۲۸۵، ۳۰۹
اعمال نفوذ، ۴۴۰
اعمال نفوذ در تصویب لوایح، ۴۴۰
اعمال نفوذ کردن، ۲۸۵، ۳۶۸، ۴۴۰، ۵۸۴، ۵۹۳
اغتنای شغلی، ۴۰۴
اغماض کردن، ۶۱۱
افت پول، ۲۰۴
افتتاح حساب جاری، ۶۵۱
افتتاح کردن و خاتمه دادن جلسه، ۵۰۸
افت عادی، ۴۸۴

افراد ذینفع، ۵۴۵، ۶۷۰، ۷۴۹
افراد سازمانی، ۵۱۸
افراد غیر مدیر، ۵۹۳
افزایش ارزش، ۳۱، ۵۲، ۵۹۲
افزایش ارزش دارایی، ۳۴۲
افزایش اعتبار، ۲۲، ۳۱
افزایش بها بدون دسترنج، ۷۳۵
افزایش بهای سرمایه، ۱۲۱
افزایش بهره‌وری، ۴۸، ۱۲۱، ۳۵۸
افزایش تأثیر آموزش، ۴۶۴
افزایش تولید، ۷۰، ۱۰۱
افزایش تولید بیش از حد، ۶۳۲
افزایش جزء، ۴۵۸
افزایش جمعیت، ۳۵۸
افزایش حق بیمه، ۴۳۸
افزایش حقوق، ۵۳۴
افزایش حقوق بر اساس ارشدیت یا طول‌خدمت، ۴۴۱
افزایش حقوق بر مبنای ارشدیت و عملکرد، ۳۵۸
افزایش حقوق بر مبنای شایستگی، ۴۶۹
افزایش دادن حقوقها، ۱۱۱
افزایش در ارزش، ۲۱
افزایش درک و احترام متقابل بین اعضاء(سازمان)، ۵۷۸
افزایش دستمزد به نسبت مساوی برای همهٔ کارکنان سازمان، ۲۵
افزایش دستمزدها، ۲۵۷، ۶۲۸، ۷۵۴، ۷۵۵
افزایش/رشد سریع جمعیت، ۲۸۹
افزایش سرمایه، ۲۱۳، ۳۵۸
افزایش سرمایه از راه استقراض، ۳۲۳

اعتصاب عمومی / سراسری، ۳۲۵، ۶۸۴
اعتصاب غیر رسمی، ۶۸۴، ۷۴۰، ۷۶۱
اعتصاب غیر قانونی، ۳۴۸، ۵۲۰، ۶۸۴
اعتصاب غیر مجاز، ۷۳۲
اعتصاب غیر منتظره، ۷۶۱
اعتصاب کارکنان راه‌آهن، ۵۹۲
اعتصاب کارگران ذوب آهن یا فولادسازی، ۶۷۷
اعتصاب کارگران علیه کارفرمای خود جهت افزایش دستمزد یا خواسته دیگر، ۲۳۶
اعتصاب کارگری، ۳۶۴، ۴۱۷، ۶۸۴، ۷۵۶
اعتصاب کامل، ۴۳، ۶۷۲
اعتصاب کـردن، ۱۱۷، ۱۵۴، ۱۵۵، ۳۲۹، ۳۴۱، ۵۴۷، ۶۷۷، ۶۸۴، ۷۵۶
اعتصاب کم‌کاری، ۶۸۴
اعتصاب کندکاری، ۱۱۶
اعتصاب کننده، ۶۸۴
اعتصاب مبتنی بر اختیار قانونی، ۴۱۱
اعتصاب مستقیم، ۲۳۶
اعتصاب نشسته، ۶۵۸، ۶۸۴
اعتصاب همدردی، ۶۸۴، ۶۹۶
اعتصاب یک اتحادیه به علت تعارض و اختلاف با اتحادیهٔ دیگر، ۴۱۱
اعتماد به نفس، ۶۴۴
اعـراض کـردن، ۶۱۱، ۶۹۴، ۷۵۵، ۷۶۹، ۷۶۲
اعراض کردن از حق، ۶۱۶
اعضای اتاق تجارت، ۹۲
اعضای انتخابی، ۲۶۰
اعضای انتصابی (در مقابل اعضای انتخابی)، ۵۱

اعضای ثابت کمیته، ۵۹۱
اعضای خاص (شرکت)، ۱۴۵
اعضای سازمان، ۴۶۷
اعضای کادر، ۱۲۴
اعضای کمیتهٔ حسابرسی، ۴۶۷
اعضای کمیته/کمیسیون، ۱۵۸
اعضای مهم کمیسیون، ۴۱۳، ۴۶۷
اعضای هیأت مدیره، ۴۶۷
اعطا کردن به، ۲۶۷
اعطا کننده، ۳۹۶
اعطا یا تفویض کردن (اختیار)، ۳۹۵
اعطای منصب و مقام، ۳۹۶
اعطای نشان، ۳۹۶
اعلام اعتصاب به وسیلهٔ یک گروه کوچک، ۵۴۸
اعلام اعتصاب کردن، ۱۱۷
اعلام پست‌های خالی، ۴۰۶
اعلام پست‌های خالی و امکان ارتقا، ۵۵۷
اعلام رسمی، ۳۸
اعلام رها کردن کشتی یا کالا، ۱۵، ۴۹۶
اعلام فروش، ۴۹۶
اعلام فسخ یک جانبهٔ قرارداد، ۲۲۷
اعلام قصد عدم ایفای تعهدات تصریح شده در قرارداد، ۴۹
اعلام کتبی وضع مالی (شرکت)، ۲۳۸
اعلام کـردن، ۳۲۶، ۵۷۸، ۵۸۰، ۵۸۴، ۵۸۷، ۶۱۵، ۶۲۳، ۷۰۸
اعلام لغو یا فسخ قرارداد، ۲۲۷
اعلام مفاد معاهده، ۵۷۸
اعلام ورشکستگی از سوی دادگاه، ۳۲، ۵۱۳
اعلام ورشکستگی از طرف خود

اعتبار تجاری بانکی، ۷۳
اعتبار تجدید شدنی، ۱۸۱، ۶۲۵
اعتبار تصویب شده، ۵۲
اعتبار چرخشی، ۱۸۱، ۶۲۵
اعتبار خارجی تحقیق، ۲۹۲
اعتبار خرید، ۱۱۲، ۱۱۴، ۳۴۱
اعتبار خود را از دست دادن، ۲۹۸
اعتبار دارای شرط قرمز، ۶۰۲
اعتبار درجهٔ یک، ۷۱۶
اعتبار سرمایه گذاری، ۳۹۶
اعتبار سند، ۴۹، ۶۳
اعتبار صادراتی، ۲۰۰، ۲۸۹، ۲۹۰
اعتبار غیر اقساطی، ۲۰۰، ۴۹۲
اعتبار غیر قابل فسخ، ۴۰۰
اعتبار قابل انتقال، ۲۰۱
اعتبار قابل تجدید، ۱۸۱، ۲۰۰، ۶۲۵
اعتبار قابل معامله، ۴۸۶
اعتبار قابل واگذاری، ۲۰۱
اعتبار قانون دادن، ۴۲۵
اعتبار قانونی، ۴۲۶
اعتبار قانونی قراردادی را مورد تردید قرار دادن، ۵۹۰
اعتبار قبولی، ۲۰، ۱۹۹
اعتبار گردان، ۲۰۰
اعتبار ما اضافه بر موجودی، ۴۹۵
اعتبار مالیاتی، ۷۰۳
اعتبار مدت‌دار، ۲۰۱
اعتبار مشکل / سخت، ۷۱۳
اعتبار مصرفی، ۱۷۸، ۱۷۹
اعتبار مطالبات مشکوک‌الوصول، ۴۳
اعتبار معاملهٔ آزاد، ۳۱۵
اعتبار موافقت‌نامه، ۷۴۵

اعتبار میان مدت، ۳۸۷
اعتبار نامحدود، ۸۹
اعتبارنامه، ۱۰۴، ۴۲۹
اعتبارنامهٔ اتکایی، ۶۷۱
اعتبار نامهٔ بانکی، ۲۰۰
اعتبار نقدی، ۱۹۹
اعتبار وصول نشده، ۵۲۱
اعتراض به کار، ۴۰۳
اعتراض نکول، ۵۸۰
اعتراف کردن به تعهدی، ۵۹۹
اعتصاب آزمایشی، ۷۱۵
اعتصاب اقتصادی، ۲۵۷
اعتصاب با هماهنگی سندیکای مربوطه، ۶۸۴
اعتصاب بدون پشتوانه، ۷۶۱
اعتصاب بدون موافقت اتحادیهٔ کارگران، ۷۶۱
اعتصاب برای ابراز همدردی، ۶۸۴
اعتصاب برای همدردی، ۶۴۱
اعتصاب بی‌خبر، ۶۵۹
اعتصاب پرشی، ۶۵۹
اعتصاب تهدیدی، ۷۱۵
اعتصاب تهدیدی / آزمایشی، ۶۹۹
اعتصاب ثانوی، ۶۴۱
اعتصاب در محل کار، ۶۷۶
اعتصاب را شکستن، ۱۰۳
اعتصاب راه انداختن، ۳۷۷
اعتصاب رسمی، ۵۰۵، ۶۸۴
اعتصاب سراسری، ۴۳، ۳۲۵، ۴۶۲، ۴۸۴
اعتصاب سرنوشت ساز، ۲۴۶
اعتصاب شکن، ۸۸، ۳۰۵، ۶۳۸، ۶۸۴
اعتصاب شکنی، ۶۸۴

اظهارنامهٔ گمرکی، ۲۰۵، ۲۰۶
اظهارنامهٔ مالیاتی، ۵۷، ۷۰۳، ۷۰۴
اظهارنامه مبنی بر آزاد بودن از رهن، ۱۳۳
اظهارنامهٔ موقت، ۸۶
اظهارنامهٔ ورود، ۳۹۸
اظهارنامهٔ ورود کشتی، ۶۵۳
اظهار نظر، ۱۵۵، ۳۱۷، ۴۴۹، ۶۱۱
اظهار نظر قطعی، ۵۶
اظهارنظر قطعی کردن، ۳۸
اظهار نظر کردن، ۱۵۵
اظهارنظر کردن، ۱۵۵، ۲۷۶، ۲۹۰
اظهاریهٔ عدم صلاحیت، ۵۸۱
اظهاریه یا رسید غیر رسمی که شخصی در برابر وام به شخص دیگری تسلیم می‌کند، ۳۹۸
اعادهٔ اعتبار، ۶۰۸
اعادهٔ اعتبار کردن، ۶۰۸
اعاده بدون اعتراض (برات)، ۶۳۷
اعاده به خدمت، ۶۰۹
اعاده به وضع سابق، ۶۲۱
اعادهٔ تصرف، ۶۰۱، ۶۰۴، ۶۲۱
اعادهٔ تصرف کردن، ۶۰۱
اعادهٔ حیثیت، ۶۰۸
اعادهٔ حیثیت کردن، ۶۰۸
اعاده کردن حیثیت یا اعتبار، ۶۰۹
اعادهٔ مال (به صاحب اصلی)، ۶۲۱
اعادهٔ وضع، ۶۰۸
اعادهٔ وضع کردن، ۶۰۸
اعادهٔ وضعیت به حالت قبلی، ۴۵
اعانهٔ دولتی، ۶۸۹
اعانهٔ نقدی، ۶۸۸
اعتبار آزمون، ۷۴۵

اعتبارات بانکی، ۷۴
اعتبارات تأیید شده و تأیید نشده، ۱۷۲
اعتبارات تهاتری، ۱۴۷
اعتبارات فروشندگان، ۶۴۶
اعتبارات معوق، ۲۲۰
اعتبارات ویژه، ۳۱، ۳۳۱
اعتبار اجتماعی، ۶۶۰
اعتبار اسنادی، ۱۵۶، ۱۷۲، ۲۰۰، ۲۴۵، ۴۰۰، ۴۲۲، ۴۲۸
اعتبار اسنادی بازرگانی، ۱۵۶
اعتبار اسنادی بدون قید مبلغ (اعتبار)، ۹۰
اعتبار اسنادی بدون محدودیت، ۵۰۸
اعتبار اسنادی تأیید شده، ۱۷۲، ۴۲۸
اعتبار اسنادی تأیید نشده، ۴۲۸، ۷۳۲
اعتبار اسنادی در گردش، ۶۲۵
اعتبار اسنادی ضمانت شده، ۴۲۸
اعتبار اسنادی غیر قابل فسخ، ۴۰۰، ۴۲۸
اعتبار اسنادی غیر قابل فسخ تضمین شده، ۶۸۱
اعتبار اسنادی قابل فسخ، ۴۲۸، ۶۲۵
اعتبار اسنادی مدت دار، ۴۲۸
اعتبار اعطایی به خریدار، ۱۱۴
اعتبار اقساطی، ۲۰۰، ۳۷۷
اعتبار بازرگانی، ۱۵۶، ۷۱۸
اعتبار بانکی، ۷۳
اعتبار بخشیدن، ۳۲۶، ۶۶۱، ۷۴۴
اعتبار پیش بین، ۵۵۹
اعتبار تأمین مالی مجدد، ۶۰۵، ۶۰۸
اعتبار تأیید شده، ۱۷۲
اعتبار تأیید نشده، ۷۳۲
اعتبار تجاری، ۳۲۹

اطلاعات آماری، ۶۷۵
اطلاعات ارائه شده در دادگاه، ۲۸۵
اطلاعات استاندارد، ۶۷۰
اطلاعات استاندارد اولیه، ۵۶۷، ۵۸۲
اطلاعات اصلی، ۵۶۶
اطلاعات اولیه / اصلی، ۲۰۸
اطلاعات بودجه، ۲۰۸
اطلاعات پایه، ۷۷
اطلاعات ترکیبی، ۶۹۶
اطلاعات خام، ۲۰۹
اطلاعات / داده‌های خام، ۵۹۶
اطلاعات دست دوم، ۲۰۹، ۶۴۱
اطلاعات شخصی، ۲۰۸
اطلاعات ضروری، ۴۸۱
اطلاعات ضروری تولید، ۳۷۳
اطلاعات طبقه بندی شده، ۱۴۶، ۳۶۹
اطلاعات کمکی، ۱۹۵
اطلاعات گرفتن، ۲۱۳
اطلاعات مالی مدیریت منابع، ۳۱۲
اطلاعات محرمانه، ۷۱۵
اطلاعات محرمانه دادن، ۷۱۵
اطلاعات مدیریت لجستیکی، ۴۴۱
اطلاعات مورد نیاز، ۶۵۵
اطلاعات مورد نیاز برای تصمیم‌گیری، ۳۷۰
اطلاعات مورد نیاز تولید / محصول، ۳۷۰، ۳۷۳
اطلاعات نادرست / غلط، ۳۵۳
اطلاعات ناقص و نامفهوم، ۴۱۱
اطلاع دادن، ۳۶، ۳۷، ۴۷، ۳۲۶، ۳۷۹،۴۹۶
اطلاع رسانی، ۳۷۰

اطلاعیه، ۳۷، ۴۷، ۱۶۰، ۳۳۶، ۳۳۷، ۴۲۸، ۴۹۶
اطلاعیهٔ ارسال، ۳۷
اطلاعیهٔ برات، ۳۷
اطلاعیهٔ تحویل، ۳۷
اطلاعیهٔ تمدید، ۳۷
اطلاعیهٔ حمل کالا (با کشتی)، ۳۷
اطلاعیهٔ رسمی، ۳۱۲، ۵۶۴
اطلاعیهٔ صدور، ۳۷
اطلاعیهٔ عدم تحویل، ۳۷
اطلاعیهٔ عرضه برای فروش، ۵۸۰
اطلاعیهٔ عمومی، ۵۸۰
اطلاعیهٔ کتبی بازرگان یا بانک دیگر مبنی بر اعلام حمل کالا یا ارسال برات یا سفته برعهدهٔ طرف اخیر، ۳۷
اطلاعیه کوتاه، ۱۰۵
اطلاعیه ورود، ۳۷
اطمینان از کیفیت عرضه کننده، ۶۹۲
اظهارات بی‌اساس، ۳۳۲
اظهارات ضد و نقیض، ۳۵۸
اظهار داشتن، ۶۱۱، ۶۱۵، ۶۸۷
اظهار قدردانی کردن، ۲۹۰
اظهار قطعی، ۳۸
اظهارنامهٔ ترخیص، ۲۱۶
اظهارنامهٔ ترخیص کالا از گمرک، ۲۰۵، ۲۱۶
اظهارنامهٔ تکلیف به قبض، ۲۱۶
اظهارنامهٔ توانایی پرداخت دین، ۲۱۶
اظهارنامهٔ ثبت، ۶۰۷
اظهارنامهٔ ثبت نام فرضی تجارتی، ۳۰۱
اظهارنامهٔ رسمی، ۵۰۵
اظهارنامهٔ عمومی هواپیما، ۴۱

اصل زنجیرهٔ فرماندهی، ۶۳۸
اصل سلب حق ادعای خسارت، ۷۵۲
اصل سلسله مراتب، ۶۳۸
اصل شتاب، ۲۰
اصل ضریب افزایش، ۴۸۰
اصل عدم عطف به ماسبق شدن قوانین، ۷۶
اصل قداست معاهدات، ۲۴۵
اصل قدرت پرداخت، ۱۷
اصل لزوم وفای به عهد، ۲۴۵
اصل مالکیت مشترک، ۱۶۰
اصل محافظه کاری، ۵۶۷
اصل مذاکرهٔ دایم، ۴۳۸
اصل مزد عادلانه، ۴۱۲
اصل مساوات، ۲۷۲
اصل مسؤولیت نسبت به عمل ارادی، ۷۵۲
اصل نسبی بودن قرارداد، ۵۶۹
اصل وام یا سرمایه، ۵۶۷
اصل وحدت فرماندهی، ۶۳۸، ۷۳۹
اصل وحدت مدیریت، ۷۳۹
اصل همسانی، ۵۶۷
اصول اخلاقی، ۵۶۷
اصول انسانی، ۵۶۷
اصول اولیه رفتار سازمانی، ۵۱۶
اصول بنیادی، ۶۸۵
اصول حسابداری، ۲۴
اصول ساختاری، ۶۸۵
اصول سازمان، ۵۶۷
اصول محاکمات جزایی، ۲۰۱
اصول محاکمات حقوقی، ۱۴۴
اصول مدیریت، ۷۸

اصول مدیریت علمی، ۵۶۷
اصول یادگیری، ۵۶۷
اضافه ارزش اوراق قرضه، ۱۱۸
اضافهٔ ارزش سرمایه، ۱۲۱
اضافهٔ ارزش مصرف کننده، ۱۷۹
اضافه استخدام، ۵۲۳
اضافهٔ انتشار، ۵۲۲
اضافه بار کردن، ۶۹۳
اضافه برآورد کردن، ۵۲۳
اضافه برداشت از حساب جاری، ۵۲۲
اضافه برداشت کردن از حساب، ۵۲۲
اضافه بیمه کردن، ۵۲۲
اضافه پرداخت، ۱۲۵، ۵۲۳، ۵۶۱
اضافه پرداخت واحدهای استاندارد کار، ۵۶۲
اضافه پرداختی جهت بازخرید، ۶۰۳
اضافه تولید، ۲۰، ۸۵، ۲۸۱
اضافه حقوق دادن، ۳۲۷
اضافه درآمد کارگر، ۷۶۳
اضافه دستمزد، ۳۶
اضافه کاری، ۵۲۴، ۷۴۱
اضافه مالیات، ۶۹۴
اضافه مالیات بر درآمد، ۶۹۱
اضافه محصول، ۴۵۸
اطاعت کردن، ۶۸۷
اطاعت کردن از دستورات، ۷۱۵
اطاعت کردن از قوانین، ۶۳۲
اطاعت کورکورانه، ۴۷۱
اطاعت نکردن، ۱۶۵
اطاق بازرگانی بین المللی، ۱۵۵
اطاق پایاپای اسناد بانکی، ۷۴
اطلاعات آزمایشی، ۲۰۹

اشتغال مضاعف، ۲۴۷
اشتغال مناسب، ۶۹۰
اشتغال ناقص، ۷۳۳
اشتغال ناکافی، ۷۳۳
اشغال کردن (پست)، ۳۰۲
اشکال تراشی کارفرما، ۲۶۴
اشیای فروشی، ۷۵۷
اشیای مصرف شدنی، ۱۷۹
اصالت تجربه، ۲۶۳
اصالت سودمندی، ۳۷۹
اصحاب یا طرفین دعوا، ۵۳۰
اصرار در درخواست خود، ۵۶۴
اصرار ورزیدن، ۶۷۷
اصطلاحات اداری، ۵۰۴
اصطلاحات حقوقی، ۴۲۵، ۴۲۶
اصطلاحات فنی (حقوقی)، ۷۰۶
اصطلاحات یا شرایط مندرج در عهدنامه، ۷۲۵
اصل آشکاری، ۵۶۷
اصلاحات اداری، ۳۴، ۶۰۵
اصلاحات اساسی؛ تغییرات اساسی، ۳۱۹
اصلاحات اقتصادی، ۲۵۷
اصلاحات سازمانی، ۵۱۷، ۶۰۰
اصلاحات قانون‌گذاری، ۴۲۶
اصلاح اداری، ۶۵۲
اصلاح امور مالیاتی، ۷۰۴
اصلاح تعرفه‌ها، ۷۰۱
اصلاح جدول حقوق، ۶۳۴
اصلاح حساب، ۳۲
اصلاح دایم، ۵۴۲
اصلاح دستور، ۳۷۹

اصلاح کار، ۶۲۶
اصلاح کــردن، ۳۲، ۴۴، ۴۵، ۱۹۱، ۲۶۲، ۳۰۶، ۳۵۳، ۴۷۴، ۵۸۸، ۵۹۹، ۶۰۲، ۶۰۳، ۶۰۵، ۶۱۱، ۶۱۳، ۶۲۴، ۷۴۱
اصلاح نواقص مشاهده شده، ۱۹۲
اصلاح وضعیت، ۴۵
اصل اختیار طرفین داوری در انتخاب قواعد و آیین داوری، ۵۳۱
اصل اختیار و مسؤولیت، ۶۳
اصل ارزش خدمت، ۷۴۶
اصل استثنا، ۲۸۰
اصل افشا، ۵۶۷
اصل انضباط، ۲۳۷
اصل اهمیت، ۴۶۳
اصل برابری، ۵۲۸
اصل بودن برنامه‌ریزی، ۵۶۶
اصل پاداش پرسنل، ۶۱۲
اصل پول، بهره، مالیات و حق بیمه، ۵۴۸
اصل پیتر، ۵۴۵
اصل تــداوم داخــلی (در طبقه بندی توانایی‌های فردی)، ۳۸۷
اصل تشدید کننده نوسانهای اقتصادی، ۲۰
اصل تغییر در عمل، ۱۳۶
اصل تفکیک وظایف، ۳۱۹
اصل تقدم منافع عمومی بر منافع فردی، ۶۸۷
اصل تمرکز، ۱۳۲
اصل ثبات تصدی مشاغل، ۶۶۸
اصل ثبات رویه، ۱۷۵
اصل ثبات و هماهنگی، ۵۶۷
اصل حاکمیت قانون، ۶۳۱

اسقاط دین، ۶۱۱
اسقاط شرط، ۷۵۵
اسقاط کافّهٔ خیارات، ۷۵۵
اسناد بدهی، ۲۱۳
اسناد بدهی را خریداری کردن، ۲۹۶
اسناد تابع قوانین محل صدور است، ۴۴۱
اسناد تجاری / بازرگانی، ۵۲۷
اسناد تضامنی، ۵۰۰
اسناد تعهدآور، ۷۶۷
اسناد تقلبی، ۳۱۵
اسناد تنخواه گردان، ۱۲۸
اسناد جعلی، ۲۴۶، ۳۱۱
اسناد حاوی تعهدات و انتقالات متقابل طرفین، ۳۹۱، ۵۲۷
اسناد حسابداری، ۲۴
اسناد حمل کالا، ۸۶، ۶۵۳
اسناد خزانه، ۸۶، ۷۲۵
اسناد خزانهٔ بلند مدت، ۷۲۵
اسناد خزانهٔ کوتاه مدت، ۷۲۵
اسناد خطی، ۱۴۲
اسناد دال بر تصدیق و تصویب، ۵۹۴
اسناد دولتی، ۲۴۶، ۵۸۳
اسناد را به رهن گذاشتن، ۵۵۱
اسناد رسمی، ۳۸، ۲۴۶، ۴۹۵، ۵۰۴، ۶۴۰
اسناد عادی، ۵۸۳
اسناد غیر محرمانه، ۵۸۳
اسناد قرضهٔ بی نام، ۸۰
اسناد کشتی، ۶۵۳
اسناد گرویی، ۶۴۳
اسناد مربوط به بارگیری و حمل کالا با کشتی، ۶۵۳
اسناد موجه، ۴۱۲

اسناد و سهام پذیرفته شده در بورس، ۴۳۷
اسناد و مدارک حسابداری، ۲۴
اسناد و مدارک خروج کشتی از بندر، ۱۴۷
اسناد و مدارک طبقه بندی شده، ۱۴۶
اسناد و مدارک مالکیت کالا، ۲۴۵
اسناد و مدارک مکمل یا تکمیلی، ۶۹۲
اسناد هویت، ۳۴۸
اشباع، ۶۳۷
اشباع کردن، ۳۲۷
اشتباهات قابل برگشت است، ۲۵۲، ۲۵۸، ۲۷۳
اشتباهات قابل جبران است، ۲۵۲، ۲۵۸، ۲۷۳
اشتباهات و از قلم افتادگیها، ۲۷۳
اشتباه تحریری، ۱۴۸، ۴۲۰
اشتباه غیر عمدی، ۳۵۴
اشتباه کننده در قرارداد، ۴۷۳
اشتباه مبطل عقد، ۵۱۱
اشتباه مشترک، ۴۸۱
اشتراک در حق اختراع، ۵۳۲
اشتراک در حق انتفاع، ۱۵۹
اشتراک زمانی، ۷۱۴
اشتراک شغل، ۷۶۵
اشتراک قانونی در مسؤولیت و تعهد، ۴۰۹
اشتراک کار، ۷۶۵
اشتراک مساعی، ۱۶۹، ۱۸۸، ۶۶۲
اشتراک منافع، ۱۷۶، ۶۶۲
اشتغال اصلی، ۲۶۵، ۵۶۶
اشتغال در معامله پولهای خارجی، ۱۱۸
اشتغال دوم / ثانویه، ۲۶۵
اشتغال کامل، ۲۶۴، ۳۱۸

استعفا نامه، ۴۲۹
استعفای اجباری، ۳۹۷
استعفای خود را تسلیم کردن، ۶۱۸، ۶۸۷
استعفای دسته جمعی، ۴۶۲، ۶۱۸
استعفای غیر ارادی، ۳۹۷
استعلام بها کردن، ۶۵۳
استفاده از چشم‌اندازهای جدید در حل مشکلات، ۶۹۶
استفاده از منابع طبیعی، ۲۸۹
استفاده از نیروی کار ارزان، ۲۸۹
استفاده از نیروی کار انعطاف پذیر، ۳۰۷
استفادهٔ بهینه از منابع، ۲۵۵
استفادهٔ بهینه (بهتر) از تجهیزات و امکانات، ۸۴
استفادهٔ غیر مجاز از امتیاز، ۵۴۸
استفادهٔ غیر مجاز از وجوه، ۲۴۳
استفاده غیر مجاز کردن، ۱۹
استفاده کردن، ۱۹، ۵۱، ۱۲۷، ۲۶۳، ۲۸۵، ۲۸۹، ۵۱۰، ۵۸۴
استفاده کنندهٔ مجاز، ۶۰۷
استفاده مجدد، ۶۰۲
استفادهٔ مؤثر از ماشین آلات، ۴۴۶
استفاده مؤثر و مقرون به صرفه از تجهیزات و نیروی انسانی، ۲۵۵
استفادهٔ نامشروع از، ۴۰۳
استفادهٔ نوبتی از یک ماشین، ۷۱۴
استقبال کردن از یک پیشنهاد، ۱۲۹
استقرار بر اساس خط تولید، ۴۳۵
استقرار مجدد، ۶۲۱
استقراض با نرخ بهرهٔ سنگین، ۷۱۳
استقراض عمومی، ۵۸۳
استقراض مجدد، ۶۰۵

استقراض مقید / مشروط، ۷۱۲
استقلال اقتصادی، ۳۶۰
استقلال ملی، ۴۸۳
استماع مقدماتی، ۵۶۱
استمرار در خرید یک کالا یا خدمت با وجود گران شدن قیمت آن، ۱۰۲
استمهال، ۵۱، ۵۶، ۴۷۶، ۶۲۰
استناد کردن، ۳۱، ۶۱، ۶۰۵
استنباط پیچیدگی بودجه، ۱۰۹
استنباط کردن، ۱۷۷، ۲۹۳
استنتاج آماری، ۶۷۵
استنتاج کردن، ۱۶۸، ۲۴۸
استنکاف از اجرای عدالت، ۲۲۷
استنکاف از احقاق حق، ۲۲۷
استهلاک به خط مستقیم، ۶۸۱
استهلاک پذیری دارایی‌ها، ۴۷۷
استهلاک تدریجی بدهی، ۴۵
استهلاک ثابت، ۶۸۱
استهلاک دفتری، ۹۷
استهلاک دین / بدهی، ۴۵
استهلاک زودرس یا سریع، ۲۰
استهلاک سرراست، ۶۸۱
استهلاک سرمایه، ۱۲۰
استهلاک منابع طبیعی، ۲۲۸
استیفا کردن، ۷۵۰
استیفای حق، ۷۵۰
استیفای حقوق، ۵۹۰، ۶۲۷
استیلا جویی، ۲۴۶
اسقاط تعهدات، ۲۹۲، ۷۰۸
اسقاط تعهد پس از انقضای مدت معین طبق شرایط مندرج در قرارداد، ۳۹۲
اسقاط حق، ۷۵۵، ۷۵۶

استاندارد کارگر باتجربه (مجرب) ۱۷ استعفا کردن

استاندارد کارگر باتجربه (مجرب)، ۲۷۹
استاندارد کاری کارگر مجرب، ۲۸۷
استاندارد کردن، ۶۷۱
استاندارد کردن حقوق و دستمزد، ۶۳۴
استاندارد کردن شغل، ۴۰۷
استانداردهای اداری، ۳۴
استانداردهای عملکرد شغلی، ۴۰۶
استانداردهای کنترل / نظارت، ۱۸۶
استانداردهای مربوط به کنترل هدف، ۳۲۷
استانداردهای نظارت بر هدف، ۳۲۷
استثمار سرمایه‌داری، ۳۵۰
استثمار کارگر، ۲۸۹
استثنای قانونی، ۶۷۶
استحقاق داشتن، ۲۳۱، ۲۵۲
استخدام باز، ۵۰۹
استخدام به شرط عدم عضویت در اتحادیه، ۳۹۸
استخدام پاره وقت، ۲۶۵، ۵۳۱
استخدام تمام وقت، ۲۶۴، ۳۱۸
استخدام رسمی، ۵۴۲
استخدام شدن، ۲۶۸
استخدام غیر رسمی، ۷۰۶
استخدام غیر قانونی کارگران، ۸۸
استخدام قراردادی، ۱۸۴، ۲۶۵
استخدام کردن، ۵۱، ۲۶۳، ۲۶۸، ۳۰۰، ۳۴۱، ۶۵۶، ۶۹۹
استخدام کردن به عنوان کارآموز، ۵۲
استخدام کشوری، ۱۴۴
استخدام مشروط به قبول عضویت اتحادیه، ۵۵۷
استخدام موقت، ۷۰۶

استخدام ویژه، ۶۶۴
استراتژی امنیت ملی، ۴۸۴
استراتژی بازار، ۴۶۱، ۶۸۳
استراتژی بصیرتی، ۳۷۶
استراتژی تأمین نیروی انسانی، ۶۶۹
استراتژی تنوع محصول، ۱۰۶، ۶۸۳
استراتژی تولید انبوه، ۳۱۸
استراتژی تهاجمی، ۵۰۳، ۶۸۳
استراتژی جاگیری در بازار، ۴۶۰
استراتژی / راهبرد تغییرات محدود، ۴۳۴
استراتژی / راهبرد کنترلی، ۲۸۴
استراتژی رقابتی، ۱۶۳، ۶۸۳
استراتژی شرکت، ۱۹۱، ۶۸۳
استراتژی صنعتی، ۱۹۱
استراتژی عملیاتی، ۵۱۱
استراتژی مبتنی بر نوآوری، ۳۷۳، ۶۸۳
استراتژی مدیرمدار، ۲۸۴، ۶۸۳
استراتژی مدیریت، ۶۸۳
استراتژی مطلق، ۵۸۶
استراتژی ملی، ۴۸۴
استراتژی ملی نظامی، ۴۸۴
استراتژی ورود، ۲۷۰، ۶۸۳
استراتژی‌های اطلاعات، ۳۷۰
استراتژی یکسویه، ۷۳۷
استراحت جبرانی، ۱۶۲
استراق سمع تلفنی، ۷۰۶
استرداد مجرمین، ۲۹۳
استرداد وجه، ۵۹۷، ۶۰۶، ۶۰۹
استعداد مدیریت، ۴۵۳
استعفا دادن، ۱۶، ۳۲۹، ۴۲۲، ۵۰۴، ۵۲۸، ۵۹۱، ۶۱۸، ۶۷۷، ۶۸۷، ۷۰۷
استعفا کردن، ۱۵، ۱۶، ۲۳۴، ۳۲۹

ارزیابی کارآیی سیستمهای مدیریت، ۴۶۵
ارزیابی کردن، ۵۲، ۵۶، ۲۷۶، ۲۷۷، ۶۹۴، ۷۴۵
ارزیابی مالیاتی کردن، ۵۹۳
ارزیابی مأموریت، ۴۶
ارزیابی مجدد داراییها، ۶۲۴
ارزیابی محیط، ۲۷۸
ارزیابی نیازها، ۵۷، ۴۸۵
ارزیابی و درجه بندی ارزش اوراق قرضه به وسیلهٔ یک سازمان مالی معتبر، ۹۶
ارزیابی ویژه، ۵۷، ۶۶۳
ارزیابیهای دوره‌ای، ۵۴۱
ارسال سفارش، ۵۱۵
ارسال کالا، ۴۱، ۲۳۱، ۲۴۰
ارسال کردن، ۳۱۲
ارسال کردن پول، ۶۱۱
ارسال کنندهٔ کالا، ۱۷۵
ارسال نشریه برای گروهی خاص، ۵۸۲
ارش عیب، ۱۶۳
ارقام کلی، ۳۹
ارقام مجموع سنوات، ۶۹۰
اروکرات، ۲۷۶
از ادعایی چشم پوشی کردن، ۶۱۲
از انجام تعهدات خود قصور ورزیدن یا تخلف کردن، ۲۹۷
از بن‌بست بیرون آمدن، ۱۰۳
از پست خود استعفا دادن، ۶۱۸
از پیشنهادی استقبال کردن، ۱۲۹
از تصرف در آوردن، ۲۴۱
از حق خود گذشتن، ۶۱۱، ۶۱۹
از خدمت (ارتش) رها ساختن، ۲۲۵

از خدمت مرخص کردن، ۲۲۵
از خدمت معاف کردن (به علت بیماری یا زخمی شدن)، ۳۹۴
ازدیاد جمعیت، ۴۸۴
از رهن درآوردن، ۲۴۰
از سر گیری مذاکرات، ۶۱۲
از شر بدهی خلاص شدن، ۳۲۵
از طریق قرعه، ۴۴۴
از عهده برآمدن، ۲۱۱
از قراردادی عدول کردن، ۶۱۹
از قوانین تبعیت کردن، ۶۰۸
از کار کناره گیری کردن، ۶۱۸
از محاصره خارج شدن، ۱۰۴
از موقعیت به نفع خود سوء استفاده کردن، ۲۸۹
از موقوفه خارج کردن، ۳۵۳
از نو درخواست کردن، ۶۱۳
از نو سازمان دادن، ۶۰۸
از نو سازماندهی شدن، ۶۰۸
اساسنامه، ۵۵، ۱۳۹، ۱۵۵، ۱۷۶، ۲۴۸، ۳۲۴
اساسنامهٔ شرکت، ۵۵، ۱۱۵، ۱۳۳، ۱۹۰، ۳۵۸، ۴۶۸
استاد کار، ۶۵۹
استاندارد، ۶۷۱
استاندارد انگلستان، ۱۰۶، ۱۰۷
استاندارد بدیل، ۴۴
استاندارد جایگزین، ۴۴
استاندارد جهانی طبقه بندی مشاغل، ۳۹۱، ۴۰۰
استاندارد عملکرد، ۲۰۱، ۵۴۰، ۶۷۱
استاندارد عملکرد فروش، ۹۳

ارزیابی توسط بالادست | ۱۵ | ارزیابی عملکرد خرید

ارزیابی توسط بـالادست (یـا مـقام بالاتر)، ۵۲
ارزیابی توسط زیردستان، ۵۱
ارزیابی توسط همکاران، ۵۱
ارزیابی خود، ۶۴۵
ارزیابی (داراییهای شرکت) در بـازار دست دوم، ۶۴۲
ارزیابی رسمی، ۳۱۱
ارزیابی سـهام از دیـدگاه شـرکتهای قابل‌مقایسه، ۱۶۲
ارزیابی سهام از طریق تـعیین ارزش حقوق صاحبان سهام، ۱۶۲
ارزیـــابی سـهام شـرکت از طـریق ارزیابی‌داراییها، ۵۷
ارزیابی شرایط آتی / آینده، ۵۶۲
ارزیابی شغل، ۴۰۴
ارزیابی شغل / مشاغل، ۲۷۸
ارزیابی عـملکرد، ۱۸۶، ۲۷۸، ۳۳۶، ۵۳۹
ارزیابی عملکرد بـر مـبنای هـدف یـا اهداف، ۵۴۰
ارزیابی عملکرد کارکنان، ۲۶۳
ارزیابی عملکرد کارکنان توسط گروهی از مدیران، ۳۳۲
ارزیابی غیر رسمی، ۳۶۸
ارزیابی فرآیند (آموزش، تولید و ...)، ۵۷۱
ارزیابی فرایند تولید، ۵۷۳
ارزیابی فعالیت دفتری، ۱۴۸
ارزیابی فعالیتها، ۲۷۸
ارزیـابی قـابلیت و تـوانـایی تیم بازرسی، ۲۷۸

ارزیابی کارآیی تیم بازرسی، ۲۷۸
ارزیابی کارکنان /کارمندان، ۲۷۸
ارزیابی کردن، ۵۲، ۲۷۷، ۷۴۵
ارزیابی گروههای نامتجانس، ۶۶۲
ارزیابی گروهی، ۳۳۲
ارزیابی مشترک، ۴۰۸
ارزیابی یکپارچهٔ شغل، ۳۸۱
ارز غیر قابل تبدیل، ۳۵۸
ارزیاب خسارت، ۳۲، ۵۷، ۴۴۳
ارزیاب گمرک، ۲۰۵
ارزیاب مالیاتی، ۵۷، ۶۹۴
ارزیابی از خویش، ۶۴۴
ارزیابی از نظر فن آوری، ۵۷
ارزیابی اطلاعات، ۲۷۸
ارزیابی اقدامات احتمالی، ۲۷۸
ارزیابی اقلام دارایی، ۲۷۸
ارزیابی بازار، ۵۷، ۴۵۹
ارزیابی / بررسی راه‌حلهای احتمالی، ۷۱۰
ارزیابی پرسنلی، ۵۴۴
ارزیابی پروژه‌های سرمایه‌گذاری، ۱۲۱
ارزیابی تأثیر مشکلات بـر نـحوهٔ انجام مأموریت، ۵۷
ارزیابی تکنولوژیکی، ۵۷
ارزیابی توانایی‌های بالقوهٔ کارکنان، ۵۵۷
ارزیابی توانایی یگان، ۵۷
ارزیابی خرده فروشی، ۶۲۲
ارزیابی سریع، ۵۹۳
ارزیابی / سنجش عملکرد، ۵۴۰
ارزیابی شایستگی، ۴۶۹
ارزیابی عملکرد، ۸۱، ۵۳۹
ارزیابی عملکرد خرید، ۵۸۵

ارزش خالص فعلی، ۴۸۸
ارزش خالص ملک، ۴۸۷
ارزش خالص واقعی فروش، ۴۸۸
ارزش خیالی، ۶۵۱
ارزش دارایی خالص، ۴۸۷
ارزش در مصرف، ۷۴۶
ارزش دفتری، ۵۲، ۹۷، ۷۴۵
ارزش دفتری بدون استهلاک، ۱۲۵
ارزش ذاتی / اصلی، ۳۹۴
ارزش سالانه، ۴۸
ارزش سر رسید، ۷۴۶
ارزش سرمایه، ۱۲۱، ۱۲۳
ارزش سنجی، ۷۴۵
ارزش سند در سررسید، ۴۶۴، ۷۴۶
ارزش سود حاصل از فعالیت بازرگانی، ۷۲۹
ارزش شرکت دایر و فعال، ۳۲۸
ارزش ظاهری، ۲۹۵
ارزش عادلانهٔ بازار، ۲۹۷
ارزش عادی، ۴۹۴
ارزش عینی، ۵۰۰، ۷۴۶
ارزش فعلی، ۱۲۳، ۷۴۶
ارزش قرارداد، ۱۸۳
ارزش کاربردی، ۷۴۲
ارزش کاربردی فعلی دارایی، ۲۸۶
ارزش کالا در بازار، ۵۰۰
ارزش کل داراییهای ثبت شده در ترازنامه، ۷۲
ارزش کلی سهام شرکتها، ۴۵۹
ارزش کمیابی، ۶۳۸
ارزش کنونی، ۵۸۷
ارزش گذاری اوراق قرضه، ۹۶

ارزش گذاری مجدد، ۶۲۴
ارزش متعارف، ۴۹۴، ۷۴۶
ارزش متوسط، ۷۴۵
ارزش مصرفی، ۶۸۳
ارزش مطلق، ۱۹
ارزش معتبر، ۶۶۳
ارزشمند سازی، ۷۴۴
ارزش موجودی، ۳۹۵
ارزش موجودی کالا و مواد خام در ابتدای دورهٔ مالی، ۵۰۸
ارزش موجودی مواد خام و کالا در پایان دورهٔ مالی، ۱۵۰
ارزش مورد انتظار، ۲۸۷، ۷۴۶
ارزش ناخالص سالانه، ۳۳۲
ارزش نهایی، ۷۰۸، ۷۶۷
ارزش واقعی، ۳۰
ارزش واقعی پول، ۵۹۷
ارزش واگذاری نقدی، ۱۲۸
ارزش ویژه، ۴۸۸، ۵۲۴
ارزشیابی از طریق مقایسهٔ کارکنان بایکدیگر، ۴۵۷
ارزشیابی اقتصادی داراییها، ۲۵۷
ارزشیابی بر اساس معیارها، ۲۰۱
ارزشیابی بر مبنای وظیفه، ۷۰۱
ارزشیابی برنامه، ۲۷۸
ارزشیابی پیشرفت آموزش، ۳۸۶
ارزشیابی پیشرفت کار، ۳۸۶
ارزشیابی تحلیلی شغلی، ۴۷
ارزشیابی تغییر / تحول، ۱۳۶
ارزشیابی تکنولوژیکی، ۷۰۶
ارزشیابی تواناییهای بالقوه، ۵۶، ۵۵۷
ارزشیابی تواناییهای بالقوهٔ کارکنان، ۵۶

ارتباط دانشگاههای جهان در خصوص
آموزش مدیریت، ۴۰۲
ارتباط دو طرفه، ۱۶۰، ۷۳۰
ارتباط رو در رو، ۲۹۵
ارتباط سازمانی، ۴۳۵، ۵۱۷
ارتباط شخصی، ۵۴۳
ارتباط غیر رسمی، ۳۶۸
ارتباط غیر شخصی و رسمی، ۳۵۱
ارتباط غیر کلامی، ۱۶۰، ۴۹۴
ارتباط کلامی/لفظی، ۱۶۰، ۵۱۳، ۷۴۸
ارتباط گروهی، ۱۶۰
ارتباط لفظی، ۱۶۰، ۷۴۸
ارتباط متقابل نظامهای باز، ۵۰۹
ارتباط نظارت شده در روابط بین‌الملل، ۱۸۶
ارتباط یک طرفه، ۶۳، ۱۶۰، ۵۰۷
ارتشا، ۱۰۴، ۵۲۷
ارتقا یافتن، ۴۷۹، ۷۶۵
ارتقای فردی در سلسله مراتب سازمانی، ۷۴۹
ارتقای کارآیی سازمان، ۵۰۳
ارتکاب عمل غیر قانونی، ۱۵۷
ارجاع دادن، ۲۰۳، ۶۰۵
ارجاع کردن، ۵۸، ۱۵۷، ۶۰۵، ۶۱۰، ۶۱۱، ۶۸۷
ارجاع یک موضوع خاص به داوری، ۳۱
ارزان خر، ۶۲۳
ارزان فروش، ۲۰۶، ۲۳۸
ارزان قیمت، ۲۰۶
ارزان/مفت خریدن دارایی، ۵۷
ارزش اخلاقی سازمان، ۲۷۶
ارزش از نظر بازرگانی، ۷۴۶

ارزش استفادهٔ سالانه، ۴۸
ارزش اسقاط، ۶۳۶
ارزش اسقاطی، ۶۴۰
ارزش اسمی، ۶۴، ۶۸، ۹۴، ۱۱۸، ۲۱۳، ۲۹۵، ۴۹۰، ۵۳۱، ۵۹۲، ۶۷۳، ۷۴۶
ارزش اسمی مؤثر (سهام ممتاز)، ۲۵۹
ارزش اضافی، ۶۹۴
ارزش اعتباری، ۲۰۱
ارزش افزوده، ۳۱، ۵۷۱، ۶۹۴، ۷۰۲، ۷۰۵، ۷۴۵، ۷۷۱
ارزش بازار، ۴۶۱، ۷۲۷، ۷۴۶
ارزش بازار پس از ترقی قیمتها، ۳۵۳
ارزش بازخرید، ۶۹۴
ارزش به هنگام انحلال، ۱۰۴، ۴۳۶
ارزش بیمه، ۵۹، ۳۸۱، ۷۴۵، ۷۴۶
ارزش پایانه، ۷۰۸
ارزش پایه، ۷۷
ارزش پس از کسر استهلاک، ۷۶۷
ارزش پول، ۷۴۶
ارزش پولی بیمه‌نامه، ۵۵۳
ارزش پولی مورد انتظار، ۲۸۷، ۷۴۶
ارزش تصفیه، ۱۰۴، ۴۳۶
ارزش تقریبی، ۷۴۶
ارزش تنزیلی جریان وجوه نقدی، ۲۱۰، ۲۳۸
ارزش جاری، ۷۴۵
ارزش چیزی را اثبات کردن، ۵۸۱
ارزش چیزی را تصویب کردن، ۵۲
ارزش حال، ۵۶۳
ارزش حقیقی، ۷۲۷
ارزش خالص، ۷۶۶
ارزش خالص حال، ۴۹۷

ادعای تقابل، ۶۷۳
ادعای خسارت کردن، ۱۴۴
ادعای خسارت یا عدم‌النفع بابت قراردادرسمی یا ضمنی، ۲۹۰
ادعای خسارت یا عدم‌النفع ناشی از لغوقرارداد یا عقدی، ۳۵۹
ادعای دروغ، ۴۰۳
ادعای متقابل، ۱۶۶، ۱۸۰، ۱۹۶، ۲۰۲،۲۰۳، ۲۱۸، ۶۵۰
ادعای متقابل ناشی از موضوع دعوای اصلی، ۱۶۶
ادعای مشمول مرور زمان، ۷۶
ادعای معوق، ۴۳۷
ادعای ممنوع از طرح، ۷۶
ادعای واهی، ۴۰۳
ادعای هر گونه طلب یا حقی، ۱۶۹
ادغام افقی، ۳۴۴، ۳۸۲
ادغام ترکیبی، ۱۷۳
ادغام / تلفیق بنگاهها، ۴۶۹
ادغام چند شرکت، ۴۴، ۳۸۲
ادغام داوطلبانه دو شرکت، ۴۴
ادغام دو یا چند شرکت که کالاها و خدمات مشابهی را تولید می‌کنند، ۳۴۴
ادغام دو یا چند مؤسسه در یکی از آن‌مؤسسات، ۱۱۲
ادغام شرکتها، ۱۴۴، ۱۵۲
ادغام شرکتهای مرتبط، ۱۴۳
ادغام عمودی، ۳۸۲، ۷۴۹
ادغام کردن، ۴۶۹
ادغام معکوس، ۶۲۴
ادغام مؤسسه‌ای با یکی از عرضه کنندگان مواد آن، ۷۴۹

ادغام وارونه، ۶۲۴
ادلهٔ مستند، ۲۴۵
ادهوکراسی (سازمان موقت)، ۳۱
ارائه اسناد، ۳۹، ۵۷۳، ۶۹۰
ارائهٔ اطلاعات، ۳۲۷
ارائهٔ خدمات اضافی به مشتریان به دلیل رضایت از عملکرد گذشتهٔ آنها، ۶۱۴
ارائهٔ دادن، ۵۷۹، ۵۸۶، ۶۱۵، ۷۰۷
ارائه دادن برای بازرسی، ۵۵۴
ارائه دادن دلیل یا مدرک مستند، ۶۸۹
ارائهٔ دلیل برای ابطال یک سند یا ادعا، ۳۵۳
ارائهٔ راه‌کارها، ۲۳۲، ۶۹۰
ارائهٔ سند کردن، ۲۴۵
ارائه کردن، ۲۲۳، ۲۴۵، ۲۸۶، ۲۹۱، ۳۹۴، ۵۷۹
ارائه گزارش، ۶۱۵
ارائهٔ مطالب (درسی)، ۵۶۳
ارباب رجوع، ۱۴۸
ارتباطات اداری، ۳۳
ارتباطات پستی که با استفاده از شبکه‌های‌کامپیوتری برقرار می‌شود، ۲۶۱
ارتباطات تک رشته‌ای، ۶۵۷
ارتباطات سازمانی، ۵۱۶
ارتباطات موازی و هم سطح، ۴۲۰
ارتباط از پایین به بالا، ۷۴۲
ارتباط افقی، ۱۶۰، ۲۳۳
ارتباط پویا، ۲۵۱
ارتباط تلفنی، ۷۰۶
ارتباط جمعی، ۱۷، ۱۶۰
ارتباط حضوری، ۲۹۵

اخطاریه | 11 | ادعای پابرجا

اخــــطاریه، 130، 176، 250، 428، 496، 757
اخطاریهٔ اخراج، 496
اخطاریه برای حضور در دادگاه، 37
اخلاق کاری، 763
اخلاقیات بازرگانی، 112
ادارات دولتی، 144، 228
ادارهٔ آموزش، 228
ادارهٔ استخدام، 264
ادارهٔ اطلاعات، 369
ادارهٔ اموال، 228
ادارهٔ امور، 24، 32، 55
ادارهٔ امور به صورت متمرکز، 132
ادارهٔ امور پرسنلی، 544
ادارهٔ امور دولتی، 582
ادارهٔ امور عمومی، 582
ادارهٔ امور مالی، 303
ادارهٔ امور مالی با کسر بودجه، 220
ادارهٔ امور ورشکستگی، 375
ادارهٔ بازرسی، 375
ادارهٔ بازرسی و نظارت بر کار شرکتها، 751
ادارهٔ بهبود بازرگانی، 84
ادارهٔ تدارکات، 228
ادارهٔ تشریفات، 581
ادارهٔ ثبت، 607
ادارهٔ ثبت احوال، 544، 607
ادارهٔ ثبت اختراعات، 532
ادارهٔ ثبت اسناد و املاک، 419، 607
ادارهٔ حسابداری، 24
ادارهٔ حسابرسی، 62
ادارهٔ حقوقی، 227، 323، 424، 425

ادارهٔ دارایی، 39
ادارهٔ درآمدهای مالیاتی، 372
ادارهٔ روابط عمومی، 584
اداره سازی، 227
ادارهٔ سرپرستی، 33، 228، 727
ادارهٔ قیمومت، 727
ادارهٔ کارگزینی، 264، 544
ادارهٔ کاریابی، 264، 416
اداره کــــردن، 32، 99، 135، 170، 234، 337، 448، 450، 510، 563، 606، 632، 691، 763
اداره کردن جلسه، 135
ادارهٔ کل، 227، 338، 372
ادارهٔ گمرک، 205
ادارهٔ مالی، 39
ادارهٔ مالیات، 624
ادارهٔ مالیات بر درآمد، 281، 372، 388
ادارهٔ مرکزی، 324، 338، 504، 567
ادارهٔ مرکزی اطلاعات، 132
ادارهٔ ممیزی، 62
ادا کردن، 27، 237، 343، 637
ادا کردنی، 237
ادامهٔ اشتغال، 690
ادامه دادن به اعتصاب، 677
ادا نکردن دین، 616
ادای قرض، 27، 431
ادراک نقش، 629
ادعا کردن، 615
ادعانامهٔ رسمی، 169
ادعای استرداد عین (نه قیمت چیزی)، 169
ادعای پابرجا، 521

اختلاف را رفع کردن، ۶۱۹
اختلاف سازمانی، ۵۱۶
اختلاف شدید، ۲۶۲
اختلاف عقیده، ۱۵۴
اختلاف نظر، ۱۷۳، ۲۳۷، ۲۴۳، ۴۸۹
اختلاف نظر داشتن، ۲۳۷
اختلاف نظرها را رفع کردن، ۶۰۰
اختلاف یا تعارض بین قصد فروشنده بامشتری، ۲۰۳
اختلافی را حل و فصل / رفع کردن، ۲۴۱
اختلال ایجاد کردن، ۳۸۵
اختلال توجه، ۲۴۰
اختلال حافظه، ۲۴۰
اختلال فکر، ۷۱۲
اختلال گسستگی، ۲۴۱
اختیارات تام، ۲۸۱، ۵۵۸
اختیارات تفویض شده، ۳۹۵
اختیارات فوق‌العاده، ۵۵۸
اختیارات قانونی، ۳۹۳، ۴۲۵
اختیارات کلی به اعتبار سمت، ۳۲۵
اختیار خریدار، ۱۱۷
اختیار خرید سهم، ۶۵۲
اختیار دادن، ۲۶۵، ۳۵۲، ۳۹۷
اختیار عقلایی - قانونی، ۵۹۵
اختیار فروش، ۵۸۷
اختیار قیمومت، ۷۲۹
اختیار کردن، ۳۴
اختیار کردن سمت مجعول، ۵۴۴
اختیار مبتنی بر وظیفه، ۳۱۸
اختیار نامه، ۴۲۸
اخذ سند به عنف، ۵۰۲
اخذ سند یا امضا بزور و اجبار از کسی، ۲۹۳
اخراج / انفصال ناروا، ۷۶۷
اخراج شدن، ۲۴۹، ۳۲۵، ۵۲۰
اخراج غیر عادلانه، ۷۳۶
اخراج غیر قانونی، ۷۶۷
اخراج کردن، ۶۷، ۹۸، ۲۳۷، ۲۳۹، ۲۶۰، ۲۸۷، ۲۹۳، ۳۲۷، ۴۱۴، ۵۱۹، ۵۲۰، ۶۳۳، ۷۲۸، ۷۲۹
اخراج کردن (به حکم قانون)، ۲۷۹
اخراج موقتی کارگران، ۴۲۲
اخراج ناروا، ۱۹
اخطار / آگهی عدم پرداخت، ۴۹۶
اخطار اعتصاب، ۶۸۴
اخطار برای کسی فرستادن، ۶۴۸
اخطار به انجام تعهد، ۶۹۰
اخطار به عامل، ۱۳۰
اخطار به مشتری، ۱۳۰
اخطار به نکول، ۴۹۶
اخطار تخلیه، ۴۹۶
اخطار / تذکر شفاهی، ۷۵۷
اخطار دادن، ۳۲۶، ۴۹۶، ۶۶۳، ۷۵۷
اخطار رسمی، ۱۳۰، ۷۵۷
اخطار رفع نقیصه، ۴۹۶
اخطار ضمنی، ۳۵۱
اخطار قانونی، ۱۷۷
اخطار قانونی کردن، ۶۴۸
اخطار قبلی، ۳۱۱، ۵۶۸
اخطار کتبی، ۷۵۷، ۷۶۷
اخطار کتبی دادن به، ۶۴۸
اخطار کردن، ۳۷، ۴۹۶، ۶۴۸، ۷۵۷
اخطار ورشکستگی، ۷۵
اخطار یا احضار کردن، ۳۲۲

احترام متقابل میان کلیهٔ اعضای سازمان، ۴۸۱
احتکار، ۴۹، ۱۵۲، ۲۶۸، ۳۴۱، ۳۷۱، ۵۱۰، ۶۲۶، ۶۶۵، ۶۶۶
احتکار اوراق بهادار، ۴۴۲
احتکار اوراق بهادار و سهامی که ارزش آنها مبهم و یا اصلاً ارزشی ندارند، ۱۳۰
احتکارچی، ۶۶۶
احتکار در بازار، ۶۲۶
احتکار سهام، ۴۴۲
احتکار کالا، ۴۴۲
احتکار کالا یا سهام بورس، ۱۱۰
احتکار کردن، ۳۱۱
احتکارکننده، ۷۶۲
احتمال خسارت، ۴۴۳
احتمال خطر بازرگانی، ۱۱۳
احتمال مشترک، ۴۰۹
احرار هویت کردن، ۳۴۸
احراز صلاحیت، ۵۶
احراز کردن، ۶۰، ۲۷۵، ۳۱۷، ۵۰۲، ۶۳۷
احراز مجدد، ۶۲۲
احساس مسؤولیت، ۶۴۷
احساس وظیفه، ۲۵۱، ۶۴۷، ۷۵۱
احصائیه، ۱۳۱
احضار به خدمت، ۲۴۸
احضار کردن، ۱۱۷، ۱۸۷، ۲۴۸
احضار کردن (اعضا) برای تشکیل جلسه، ۱۸۸
احقاق حق، ۷۵۰
احقاق حق کردن، ۷۵۰
احیای روحیه، ۴۷۶
اخاذی کردن، ۱۹، ۸۸

اختتام جلسه، ۱۵۰
اختراع کردن، ۳۹۴
اختصاص دادن، ۴۲، ۵۱، ۵۲، ۵۸، ۱۷۴، ۲۱۷، ۲۳۲، ۲۵۲، ۳۵۳، ۳۸۳، ۳۹۳، ۷۵۲
اختصاص منابع، ۴۲
اختصاص منابع به سازمان، ۴۳
اختلاس، ۱۹، ۹۴، ۱۲۳، ۱۶۹، ۲۱۸، ۳۱۴، ۳۱۵، ۴۵۰، ۴۷۲، ۵۳۶
اختلاس از بیت‌المال، ۲۶۲
اختلاس از صندوق دولت، ۴۷۲
اختلاس اموال دولتی، ۴۷۲
اختلاس بیت‌المال، ۲۶۲، ۴۷۲
اختلاس دارایی عمومی، ۴۷۲
اختلاس کردن، ۲۶۲، ۳۹۳
اختلاس وجوه عمومی، ۲۶۲، ۴۷۲
اختلافات حقوقی، ۴۲۵
اختلافات را رفع کردن، ۶۵۰
اختلافات صنعتی، ۳۶۵
اختلافات کارگری، ۳۳۲، ۳۶۴، ۳۶۶، ۴۰۲، ۴۱۱، ۴۱۶
اختلافات ناشی از قرارداد، ۲۴۱
اختلاف بازده، ۷۷۰
اختلاف بازرگانی، ۷۱۸
اختلاف بودجه‌ای، ۱۰۹
اختلاف بین قیمت عمده‌فروشی و قیمت خرده‌فروشی کالا، ۴۶۱
اختلاف بین کارگران و کارفرما در مورد چگونگی انجام کار، ۷۱۸
اختلاف در زمینهٔ مسایل کاری، ۴۱۶
اختلاف در قلمرو کار، ۲۲۵
اختلاف در مورد صلاحیت (چنددادگاه) ۱۷۳،

اجرای پروژه، ۲۲	اجارۀ کشتی به صورت دربست، ۲۲۵
اجرای تعهدات، ۵۴۰	اجارۀ مادام‌العمر، ۴۲۳، ۵۴۲
اجرای خط‌مشی‌ها، ۱۲۵	اجارۀ مشروط، ۲۶۳، ۲۸۵
اجرای دستورات، ۲۲	اجارۀ معوقه، ۵۵، ۶۱۳
اجرای طرح‌ها / برنامه‌ها، ۱۲۵	اجارۀ ملک، ۱۰۹
اجرای عین تعهد، ۶۶۵	اجاره نامۀ رسمی، ۴۹۵
اجرای قانون، ۲۸۴	اجارۀ نود و نه ساله، ۲۶۳
اجرای قراردادها، ۲۸، ۱۵۳، ۱۷۰، ۱۸۲، ۲۵۳، ۲۷۴، ۲۸۳، ۵۴۰	اجازۀ انعقاد قرارداد، ۱۸۱
	اجازۀ تأسیس شرکت، ۱۳۹، ۱۹۰
اجرای قراردادی را ضمانت کردن، ۳۳۴	اجازۀ چاپ و انتشار، ۳۵۳
اجرای قسمت عمده و اساسی تعهد، ۶۸۹	اجازه دادن، ۲۶۵، ۳۵۲
اجرای قسمتی از مورد تعهد، ۵۲۹	اجازۀ عبور کالا، ۷۲۴
اجرای قسمتی از مورد تعهد یا کار، ۵۳۱	اجازۀ کتبی، ۷۶۷
اجرای مأموریت، ۲۲	اجازه گرفتن، ۴۳۲
اجرای مستقیم تعهد، ۶۶۵	اجازه ندادن، ۳۵۳
اجرای مقررات عهدنامه، ۳۹۷	اجازۀ ورود، ۳۴، ۸۶، ۲۷۰، ۳۷۱
اجرای موافقت نامه (قرارداد)، ۳۵۱، ۲۸۳، ۵۴۰	اجازۀ ورود دادن، ۳۴
	اجتناب از اشتباه در انتخاب مدیران، ۶۶
اجرای موقت، ۵۸۱	اجتناب از پرداخت مالیات با استفاده ازطرق قانونی، ۷۰۲
اجرای نقش، ۶۲۹	
اجرای هدف، ۴۳۴، ۴۹۹	اجتناب از ریسک / خطر، ۶۲۸
اجراییۀ سند رهنی، ۳۱۰	اجتناب کردن، ۲۶۲
اجلاس سالانه، ۴۸	اجرا شدن، ۱۵۴، ۲۵۸، ۲۵۹، ۳۰۹
اجلاس شش ماهه، ۸۴	اجـــرا کـــردن، ۲۲، ۵۱، ۱۲۵، ۱۷۰، ۲۵۸،۲۵۹، ۲۶۵، ۲۶۷، ۲۸۳، ۲۸۵، ۳۱۷، ۳۲۹، ۳۵۱، ۳۹۴، ۵۰۲، ۵۳۹، ۵۵۸،۵۸۷، ۷۱۶
اجلاس ویژه، ۴۶۶	
اجناس فروشی، ۷۵۷	
اجناس یا خدمات کم ارزش، ۶۳۹	
اجور معوقه، ۷۴۰	اجرا نشدنی، ۳۵۲
احاله کردن، ۶۱۱، ۷۲۸	اجرای آزمایشی، ۷۲۶
احترام به خود، ۶۴۵	اجرای اسناد ثبتی، ۲۸۴
احترام به قوانین / مقررات، ۶۲۰	اجرای اسناد رسمی، ۲۸۴
احترام گذاشتن، ۶۲۰	اجرای اهداف / هدفها، ۲۲

| اتحادیهٔ کارگری مستقل | ۷ | اجاره کردن |

مؤسسات صنعتی، ۳۸، ۳۶۵
اتحادیهٔ کارگری مستقل، ۳۶۱
اتحادیهٔ گمرکی، ۱۲۴، ۲۰۶، ۷۳۷
اتحادیهٔ مدیران صنعتی (در فرانسه)، ۵۹
اتحادیهٔ مدیریت، ۴۵۴
اتحادیهٔ ملی، ۴۸۴
اتحادیهٔ ملی تولید کنندگان، ۴۸۴
اتحادیهٔ نمایشگاههای بین‌المللی، ۷۳۷
اتحادیه‌های پژوهشی، ۶۱۷
اتحادیه‌های کارگری، ۱۴۹، ۲۷۳، ۲۷۶، ۳۴۷، ۳۶۴، ۳۹۱، ۴۰۲، ۴۱۶، ۴۱۷، ۴۹۴، ۵۱۸
اتخاذ تدابیر کردن، ۳۵
اتخاذ تصمیم، ۵۴، ۵۵، ۶۹۹
اتخاذ خط مشی، ۳۵
اتخاذ کر،،، ۶۱۲
اتلاف وقت ناشی از حوادث، ۴۴۴
اتمام کار، ۷۱۳
اتمام موجودی، ۶۸۰
اتوماتیک کردن، ۶۵
اتوماسیون، ۶۵
اتوماسیون دفتری، ۲۶۱
اتوماسیون ساخت و تولید، ۴۵۷
اتوماسیون فعالیتهای دفتری، ۵۰۴
اتیکت قیمت، ۵۶۶
اثبات کردن، ۶۸۹، ۷۰۹، ۷۴۸، ۷۵۰
اثبات مالکیت، ۵۷۸
اثربخشی رهبری، ۴۲۲
اثربخشی سازمان، ۵۰۳، ۵۱۷
اثربخشی سازمانی، ۵۱۶
اثربخشی عملیاتی، ۵۱۰
اثربخشی مدیریت، ۴۵۴

اثربخشی مزایا در صنعت، ۲۵۹
اثربخشی هزینه، ۱۹۳
اثر/ تأثیر هاله‌ای، ۳۴۴
اثر جانشینی، ۶۸۹
اثر درآمد، ۳۵۶
اثر ضریب افزایش، ۴۸۰
اثر هاله‌ای، ۳۳۶
اجارهٔ اشیاء، ۴۴۰
اجارهٔ اقتصادی، ۲۵۷
اجارهٔ اقلام صادراتی، ۲۹۰
اجارهٔ بلند مدت، ۴۴۲
اجاره بها، ۱۸۳، ۱۸۴، ۴۸۷
اجاره بهای پرداخت نشده، ۷۴۰
اجاره بهای خالص سالانه، ۴۸۷
اجاره بهای ماهانه، ۶۱۲
اجارهٔ پرداخت سود سهام، ۲۴۴
اجاره پس از فروش، ۴۲۳
اجارهٔ تمام یک کشتی، ۱۳۹
اجاره دادن، ۲۲۵، ۴۰۳، ۴۲۳، ۴۲۷، ۵۰۰، ۶۱۲
اجاره‌داری، ۷۰۶
اجاره دربست برای مدت معین، ۷۰۵
اجارهٔ دوره‌ای، ۵۴۱
اجارهٔ دهنده، ۴۴۰، ۶۱۳
اجارهٔ سنگین، ۵۹۲
اجارهٔ صریح، ۶۸۱
اجارهٔ طویل‌المدت، ۲۶۳
اجارهٔ عقب افتاده، ۶۱۳
اجارهٔ قراردادی، ۱۸۴
اجارهٔ کامل، ۷۶۰
اجاره کردن، ۱۳۹، ۳۴۱، ۴۲۳، ۴۲۹، ۵۰۰، ۶۱۲

ابهام یا مبهم بودن اطلاعات، ۴۴
اتاق بازرگانی، ۹۲، ۹۹، ۱۳۶
اتاق بازرگانی بین‌المللی، ۳۴۷، ۳۸۹
اتاق پایاپای، ۱۴۷
اتاق تأیید سفارشها، ۱۷۲
اتاق تجارت، ۹۲، ۱۳۶
اتاق تهاتر، ۱۴۷
اتاق صنایع و تجارت، ۱۳۶
اتحاد پولی، ۴۷۵
اتحاد در تعیین قیمت، ۵۶۴، ۵۶۶
اتحادیهٔ آزاد، ۵۰۹، ۷۳۷
اتحادیهٔ آژانسهای مطبوعاتی اروپا، ۴۲
اتحادیهٔ اعتباری، ۶۷، ۲۰۱، ۷۳۷
اتحادیهٔ اقتصادی، ۲۵۷، ۷۳۷
اتحادیهٔ اقتصادی و پولی (اروپا)، ۲۵۵
اتحادیهٔ اقتصادی و گمرکی آفریقای مرکزی، ۱۳۲
اتحادیهٔ انجمن‌های بهره‌وری انگلستان، ۱۰۵
اتحادیهٔ بازرگانان، ۳۳۷
اتحادیهٔ بازرگانی، ۳۳۷، ۷۱۷، ۷۱۹
اتحادیهٔ بین‌المللی، ۳۹۱، ۷۳۷
اتحادیهٔ بین‌المللی ارتباطات / مخابرات، ۳۹۱
اتحادیهٔ بین‌المللی اسناد (در فرانسه)، ۳۰۰
اتحادیهٔ بین‌المللی بیمهٔ دریایی، ۳۹۱
اتحادیهٔ بین‌المللی بیمهٔ هوانوردی، ۳۹۱
اتحادیهٔ بین‌المللی تعاونی، ۳۸۹
اتحادیهٔ بین‌المللی تهاتر، ۳۸۹
اتحادیهٔ بین‌المللی حمل و نقل زمینی، ۳۹۰
اتحادیهٔ بین‌المللی حمل و نقل عمومی، ۳۹۱
اتحادیهٔ بین‌المللی راه‌آهن، ۳۹۱
اتحادیهٔ بین‌المللی کشتیرانی داخلی، ۳۹۱
اتحادیهٔ بین‌المللی مخابرات، ۴۰۲
اتحادیهٔ پایاپای بین‌المللی، ۳۸۹
اتحادیهٔ پرداختهای اروپا، ۲۷۱، ۲۷۷
اتحادیهٔ پیشه‌وران، ۷۳۷
اتحادیهٔ تجارت آزاد اروپا (افتا)، ۲۷۷
اتحادیهٔ تجاری / صنفی، ۷۳۷
اتحادیه تشکیل دادن، ۷۳۷
اتحادیهٔ جهانی کارگران صنعتی، ۳۶۶
اتحادیه / سازمان کارگری کارگاهی، ۳۷۴
اتحادیهٔ سازمانهای بین‌المللی مهندسی، ۷۳۷
اتحادیهٔ سازمانهای صنعتی، ۱۷۳
اتحادیهٔ شرکت، ۱۶۲
اتحادیهٔ شرکتها، ۵۹
اتحادیهٔ صنعتگران، ۷۳۷
اتحادیهٔ صنعتی، ۳۶۶، ۷۳۷، ۷۴۹
اتحادیهٔ صنفی، ۱۶۲، ۴۱۸، ۴۹۴، ۷۱۹
اتحادیهٔ عمودی، ۷۴۹
اتحادیهٔ عمومی، ۳۲۵
اتحادیهٔ قیمت گذاری، ۵۶۴
اتحادیهٔ کارفرمایان، ۲۶۴
اتحادیهٔ کارگران، ۴۱۸
اتحادیهٔ کارگری، ۳۸، ۱۱۱، ۱۵۰، ۳۲۵، ۳۴۸، ۳۶۶، ۴۱۷، ۴۱۸، ۴۴۰، ۶۵۴، ۷۱۹، ۷۲۹، ۷۳۱، ۷۳۷
اتحادیهٔ کارگری امریکا متشکل از صنعتگران و پیشه‌وران و

الف

ابتکار عمل را در دست گرفتن، ۳۲۱، ۳۲۵، ۳۳۶
ابداع ناشی از نیاز، ۲۲۵
ابراء تعهد، ۶۱۰، ۶۱۱
ابراء دین، ۶۱۰، ۶۱۱
ابراء ذمه، ۲۳۷
ابراء ذمهٔ متعهد، ۶۱۰
ابرا کردن تعهد یا قرض، ۲۱۹
ابزار آزمون خودکار، ۶۵
ابزار پژوهش، ۶۱۷
ابزار حساس، ۶۴۷
ابزار داده خوان، ۶۴۷
ابزار کنترل خودکار، ۶۴
ابطال حکم، ۴۹
ابطال دین، ۱۱۸
ابطال سند، ۳۶۷
ابطال قانون، ۴۸
ابطال قرارداد، ۶۲۵
ابطال ناپذیری (در مورد عقد)، ۴۰۰
ابطال یا فسخ قرارداد، ۴۹۷
ابعاد کارهای مدیریتی، ۲۳۴

ابقا در شغل پس از بازنشستگی رسمی یا خاتمهٔ خدمت، ۶۹۰
ابقا کردن، ۱۰۵، ۱۸۱، ۴۴۸، ۶۰۹، ۶۲۲
ابلاغ از طریق نشر در جراید، ۶۴۹
ابلاغ پستی، ۶۴۹
ابلاغ در محل اقامت، ۶۴۹
ابلاغ رسمی، ۳۱۲
ابلاغ ضمنی، ۳۵۱
ابلاغ عادی، ۱۷۷
ابلاغ قانونی، ۱۷۷
ابلاغ کردن، ۱۵۹، ۱۸۸، ۳۵۰، ۳۷۹، ۴۹۶، ۵۷۱، ۶۴۸
ابلاغ واخواست، ۴۹۶
ابلاغ یک سند رسمی، ۲۲۳
ابلاغیهٔ پرداخت، ۴۹۶
ابلاغیهٔ رسمی، ۵۴۸
ابلاغیهٔ صحیح، ۲۴۹
ابلاغیه یا آگهی رسمی، ۱۱۰
ابهامات را رفع کردن، ۶۱۹
ابهام در ثبت، ۵۳۲
ابهام نقش، ۶۲۹

آموزش پویایی گروهی، ۳۳۳
آموزش پیش از استخدام، ۵۶۳
آموزش تجربی، ۷۲۱
آموزش تخصصی، ۶۶۴، ۷۲۱
آموزش تقویتی، ۹۸
آموزش توجیهی، ۳۶۴، ۵۱۹
آموزش جدید، ۱۸۷
آموزش جرأت در بیان، ۵۶
آموزش حرفه‌ای، ۴۰۷، ۵۰۲، ۷۲۲، ۷۵۱
آموزش حرفه‌ای فشرده، ۲۰
آموزش حساسیت، ۶۴۷، ۷۲۱
آموزش حین خدمت، ۷۲۱
آموزش خارج از کشور، ۷۲۱
آموزش در خارج از محل کار، ۵۰۵
آموزش در محل، ۷۲۱
آموزش درون سازمانی، ۳۵۷، ۳۶۷، ۳۷۳، ۷۲۱
آموزش درون کارخانه، ۷۲۱
آموزش دستورالعمل شغلی، ۴۰۳، ۴۰۵
آموزش دهلیزی، ۷۴۹
آموزش روابط انسانی در کار، ۷۲۱
آموزش روابط شغلی، ۴۰۶، ۴۱۰
آموزش روابط کاری، ۴۰۶، ۴۱۰
آموزش روشهای انجام کار، ۴۰۳، ۴۰۵
آموزش رهبری، ۴۲۳، ۷۲۱
آموزش زیردستان، ۶۸۷
آموزش سرپرستی صنعتی، ۷۲۲
آموزش شغلی، ۷۲۰
آموزش ضمن خدمت، ۳۷۴، ۷۲۱
آموزش ضمن کار، ۳۷۳، ۵۰۷، ۷۲۱
آموزش غیر تلقینی، ۴۹۲
آموزش قاطعیت، ۵۶
آموزش قبل از خدمت، ۷۲۱

آموزش /کارآموزی مدیریت، ۴۵۴
آموزش کارکنان / پرسنل، ۷۲۱
آموزش کارگاهی، ۳۷۳
آموزش /کارورزی مدیریت، ۴۵۳
آموزش کاوردل، ۱۹۸
آموزش گروهی، ۳۳۴، ۶۸۲، ۷۲۱
آموزش مدیریت، ۱۹۸، ۳۰۹، ۴۰۲، ۴۵۱، ۶۷۳، ۷۲۱
آموزش مدیریت بر پایهٔ پویایی گروه، ۱۹۸
آموزش مربیان، ۴۰۵، ۷۲۱
آموزش مشاهده‌ای، ۶۵۸
آموزش مهارت جدید، ۶۲۳
آموزش مهارتهای رهبری، ۲۸
آموزش نیروی انسانی، ۴۵۶
آموزش نیروی انسانی در سازمانها، ۷۲۱
آموزش و دیدار، ۷۲۰
آنتی تز، ۴۹
آنکوم، ۴۷
آوردهٔ سرمایه، ۱۲۱
آهنگ / نرخ رشد متوسط سالانه، ۶۵
آیدا، ۴۱
آینده‌نگری استراتژیک / راهبردی، ۶۸۲
آینهٔ سازمانی، ۵۱۷
آیین دادرسی کیفری، ۱۵۱، ۲۰۱
آیین دادرسی مدنی، ۱۴۴، ۱۵۱
آیین نامه، ۵۸
آیین نامهٔ اجرایی، ۲۸۴
آیین نامهٔ اداری، ۳۳
آیین نامهٔ استخدامی، ۲۶۴
آیین نامهٔ حمایت استخدامی، ۲۶۵
آیین نامهٔ داخلی، ۶۳۲، ۶۷۲
آیین نامهٔ گمرکی، ۲۰۶

آغاز سال، ۱۰۱
آغاز مجدد مذاکرات، ۶۱۲
آگاهی و شناخت مارک، ۱۰۲
آگاهی یابی، ۶۷
آگهی استخدام، ۷۵۶
آگهی اعتصاب، ۶۸۴
آگهی الحاقی، ۱۰۰
آگهی الصاقی، ۴۹۶
آگهی انحصار وراثت، ۴۹۶
آگهی اهانت آمیز، ۴۱۵
آگهی بین مطالب، ۴۰۰
آگهی بیهوده، ۷۵۸
آگهی پرداخت، ۴۹۶
آگهی تبلیغاتی، ۵۷۸
آگهی تبلیغاتی دادن، ۳۶
آگهی تبلیغاتی کوپنی، ۱۹۷
آگهی تبلیغاتی ناخودآگاه، ۶۸۶
آگهی تجارتی، ۳۶
آگهی تجارتی / بازرگانی همراه با برنامه، ۳۸۱
آگهی تجارتی بی‌نام، ۹۰
آگهی تجاری به منظور کسب شأن سازمان، ۱۹۰
آگهی دادن، ۳۶، ۴۹۶
آگهی در روزنامه، ۳۶
آگهی در محل خرید، ۵۵۴
آگهی دعوت، ۴۹۶
آگهی دعوت به مناقصه، ۷۰۷
آگهی عرضهٔ سهام، ۵۸۰
آگهی عمومی، ۴۸۲، ۶۴۹
آگهی کالای ویژه، ۶۶۵
آگهی کردن، ۱۶، ۳۶، ۴۷، ۵۵۲

آگهی کننده، ۳۶
آگهی مشترک، ۱۸۹
آگهی نوبتی، ۵۴۱
آگهی‌های تجاری طبقه بندی شده، ۱۴۵
آلاینده‌های غیرقابل تجزیه، ۴۹۲
آلت شکنجه، ۱۲۹
آماد و پشتیبانی، ۶۹۳
آماده برای فروش، ۵۰۷
آمار استدلالی، ۳۶۴
آمار تولید، ۱۳۱
آمار کاربردی، ۵۱
آمار مالیاتی، ۱۲۳
آمارهای اساسی، ۷۵۱
آمارهای حیاتی، ۷۵۱
آمر و عامل، ۵۶۷
آموزش آزاد، ۵۰۸
آموزش آزمایشگاهی، ۴۱۶
آموزش اجباری، ۷۲۱
آموزش از راه دور، ۲۴۲
آموزش از طریق تجربه، ۴۱۶
آموزش بخشی، ۴۷۴
آموزش بدون ترتیب حساسیت، ۴۹۳
آموزش بر مبنای هدف / اهداف، ۷۲۰
آموزش برنامه‌ای، ۵۷۶
آموزش برنامه‌ای خطی، ۴۳۵
آموزش برنامه‌ریزی شده، ۱۷۶، ۵۴۸، ۵۵۲، ۵۷۶، ۷۲۱
آموزش برنامه‌ریزی شده همراه با پاسخ تنظیم شده، ۱۷۶
آموزش بهبود روشهای کار، ۴۰۵
آموزش به کمک مربی، ۱۵۰
آموزش پس از استخدام، ۵۵۷

آزمون پیشرفت تحصیلی، ۲۶، ۶۰
آزمون تأثیر (تبلیغات)، ۳۵۰
آزمون تجربی، ۷۰۹
آزمون تحصیلی، ۷۰۹
آزمون ترفیع، ۷۷
آزمون تشخیص کور رنگی، ۶۷۷
آزمون تشریحی، ۲۷۴
آزمون تطبیقی، ۴۶۳
آزمون تقاضا، ۳۷۴
آزمون تکمیلی، ۱۶۴
آزمون تمایل خریدار/ مشتری، ۱۷۸
آزمون توانایی ذهنی، ۴۶۸
آزمون جور کردنی، ۴۶۳
آزمون چشم بسته، ۹۰
آزمون چند گزینه‌ای، ۴۸۰
آزمون درک موضوع، ۷۱۰
آزمون دوتایی فرآورده‌ها، ۲۳۳
آزمون رسانه‌های مختلف برای انجام تبلیغات، ۴۶۶
آزمون روابط افراد جامعه، ۶۶۱
آزمون روانی، ۵۸۲، ۶۶۸
آزمون رورشاخ، ۶۳۰
آزمون سرعت، ۶۶۶، ۷۱۰
آزمون سنجش شخصیت، ۵۴۳
آزمون شخصیت، ۵۴۳
آزمون شغلی، ۵۰۳، ۷۱۰
آزمون شفاهی، ۵۱۳
آزمون شماره‌ای، ۲۷۰
آزمون شناسایی (وسایل و علایم)، ۳۴۸
آزمون صحیح و غلط، ۷۲۷
آزمون صلاحیت، ۵۸۹
آزمون طبقه بندی، ۱۴۵

آزمون علاقه، ۳۸۵
آزمون علاقه‌مندی، ۳۸۵
آزمون علمی، ۵۵۸
آزمون عملکرد، ۵۴۰، ۷۱۰
آزمون عینی، ۵۰۰، ۷۱۰
آزمون فرانکنی، ۶۳۰
آزمون فهرستی، ۲۷۰، ۴۳۷
آزمون کارکرد، ۷۱۰
آزمون کالاهای سه گانه، ۷۲۶
آزمون کالای واحد، ۴۷۵
آزمون کای اسکویر، ۱۴۲
آزمون کتبی، ۷۶۷
آزمون مشاهده، ۵۰۱
آزمون موقعیتی، ۶۵۸
آزمون مهارت، ۵۷۵، ۷۱۰
آزمون مهارت دستی، ۴۵۷
آزمونهای ان.آی.پی، ۴۸۹
آزمونهای پردیو، ۵۸۶
آزمونهای حرفه‌ای، ۷۵۱
آزمونهای شغلی، ۷۵۱
آزمونهای مهارت، ۶۵۹
آزمون هوش، ۴۶۸، ۷۱۰
آژانس استخدام، ۲۶۴
آژانس تبلیغاتی، ۳۶، ۵۸۳
آژانس کار و رفاه سازمان ملل، ۷۳۸
آژانس کاریابی، ۵۴۴
آژانس مطبوعاتی، ۵۶۳
آسیب پذیری، ۲۰۷
آشتی ناپذیری، ۴۹
آشنا کردن کارکنان جدید با ویژگیهای شغلی و سازمانی، ۳۶۳
آغاز ارتباط، ۶۵۶

آ

آبهای بین المللی، ۳۴۱
آبهای داخلی، ۳۸۹
آثار بیع، ۱۷۴
آجودانی، ۳۳
آخرین تاریخ مجاز، ۴۲۰
آخرین قسط، ۳۰۳
آخرین نوبت کار، ۴۲۰
آرایهٔ گمب (گروه مشاوران بوستون)، ۹۹
آرشیو، ۵۴
آرمان گرا، ۵۸۶
آزاد سازی تجاری، ۷۱۹
آزاد کردن، ۷۱، ۲۳۷، ۲۶۸، ۴۳۱، ۵۰۱، ۶۰۳، ۶۱۰، ۶۵۰
آزاد کردن به قید کفالت (یا ضمانت)، ۷۱
آزادمنشی صنعتی، ۳۶۴
آزادی اقتصادی، ۲۵۵، ۲۵۷، ۴۱۸
آزادی پهلو گیری کشتیها در تمام نقاط جهان، ۴۳۱
آزادی تجارت، ۱۵۵
آزادی دادن، ۴۳۱
آزادی در انتخاب، ۵۱۲
آزادی عمل، ۶۵، ۲۳۹، ۴۱۸، ۴۳۱
آزادی عمل داشتن، ۳۳۶
آزادی قراردادها (اصل حاکمیت اراده در انعقاد قرارداد)، ۳۱۵، ۴۳۱
آزادی مسکوک، ۶۲۶
آزمایش جامعه سنجی، ۶۶۱
آزمایش رسانه‌های همگانی، ۴۶۶
آزمایش میدانی، ۳۰۱، ۳۰۲
آزمون آمادگی، ۵۳
آزمون ارتقا، ۷۷
آزمون استخدامی، ۲۶۵، ۷۰۹، ۷۱۰
آزمون استعداد، ۵۳، ۷۰۹
آزمون استعداد مکانیکی، ۴۶۵
آزمون استعلام، ۳۷۴
آزمون انتصاب، ۵۴۸
آزمون اندازه‌گیری توان دفتری، ۱۴۸
آزمون انطباق، ۱۷۳
آزمون انگیزهٔ دستاورد، ۲۶
آزمون انگیزهٔ موفقیت، ۲۶
آزمون بسته‌بندی (کالا)، ۵۲۶
آزمون پاسخ کوتاه، ۶۵۴

بسم الله الرحمن الرحيم

فهرست واژگان فارسی

موارد خاصی که تنوع نوشتاری وجود داشته، کوشش به عمل آمده است تا این امر بصورت زیر نشان داده شود:

endorse (var. indorse)

ظهر نویسی‌کردن؛ پشت نویسی‌کردن؛ تاییدکردن؛ تصدیق‌کردن؛ امضاکردن

centralized planning (var. centralised planning)

برنامه‌ریزی متمرکز

dishonored check (var. dishonoured cheque)

چک بی‌محل

installment plan (var. instalment plan)

خرید / فروش اقساطی؛ خرید / فروش قسطی

labor exchange (var. labour exchange)

ادارهٔ کاریابی

● اختصارات سازمانها و مؤسسات ملی و بین‌المللی نیز جمع‌آوری و در کنار واژگان دیگر به ترتیب الفبا در اختیار علاقمندان قرار گرفته است.

using your dictionary — شیوهٔ نگارش فرهنگ

● در تدوین این فرهنگ از کلیهٔ منابع فارسی و انگلیسی موجود و در دسترس استفاده گردیده که فهرست آنها در بخش منابع و ماخذ ذکر شده است.

● فرهنگ حاضر دارای بیش از ۲۰۰۰۰ واژه و اصطلاح در زمینهٔ مدیریت و زمینه‌های وابسته می باشد که به ترتیب الفبا تنظیم شده است.

● در نگارش فرهنگ سعی شده تا از هرگونه شرح و تفسیر اضافی اجتناب شده و مطالب بصورت ساده و قابل فهم بیان شود.

● برای تفکیک معانی واژه‌ها و اصطلاحات صرفا از نشانهٔ نقطه ویرگول (؛) استفاده شده و در مواردی نیز که توضیح لازم بوده، به منظور پرهیز از هرگونه ابهام مشتقات هر واژه بصورت کامل آورده شده است. مانند:

agreement — موافقت نامه؛ توافق نامه؛ قرارداد؛ توافق ؛ موافقت قبول؛ پذیرش ، قول و قرار

annuity — حقوق؛ مقرری / درآمد سالانه؛ مستمری سالانه

management — مدیریت؛ هیأت مدیره؛ حیطهٔ مدیریت؛ روش مدیریت؛ حسن تدبیر؛ مدیران

● در صورتی که جزء دوم و سوم واژه‌های مرکب از اهمیت زیادی برخوردار بوده، به منظور سهولت دسترسی به این کلمات و ترکیبات مختلف آنها سعی شده است که این واژه‌ها نیز بصورت مدخلهای مستقل که با نشانهٔ ویرگول (,) از هم جدا شده‌اند، به ترتیب الفبا آورده شوند، مانند مثالهای زیر:

hierarchy, organizational (organizational hierarchy) — سلسله مراتب سازمانی

manager, industrial (industrial manager) — مدیر صنعتی

manager, production (production manager) — مدیر تولید

staff, specialized (specialized staff) — ستاد تخصصی

● در انتخاب معادلها ازمنابع دیگر صرفا" معادلهایی برگزیده شده‌اند که صحیح‌تر و دقیق‌تر بوده‌اند. در غیر اینصورت، مدخلها و معانی پس از بررسی و ویرایش انتخاب شده‌اند.

● در مقابل برخی واژه‌ها چندین مترادف یا متضاد نیز ارائه شده است که این ویژگی می تواند مترجم را در ترجمهٔ متون فارسی به انگلیسی یاری کند. برای مثال: در صورت ارجاع به مترادف واژه‌ای، این امر با علامت دست سفید (☞) و در صورت ارجاع به متضاد آن، با دست سیاه (☛) نشان داده شده است.

● در نگارش فرهنگ سعی شده است تا حد امکان از املای امریکایی استفاده شود، لیکن در

کشورها ایجاد کرده است و لذا می توان گفت که محور جامعه و اقتصاد مدرن صرفا تکنولوژی و اطلاعات نیست، بلکه اینها ابزاری هستند در دست مدیریت و مدیریت نیز همان ابزار، دانش و فعالیتهایی است که سازمانها با تقویت نمودن آنها می توانند با اطمینان به اهداف مورد نظر خود نایل شوند. بهمین دلیل است که عصر حاضر را عصر مدیریت نامیده اند، چراکه تصمیم یک مدیر بویژه در سازمانهای بزرگ می تواند بتدریج سرنوشت کلیهٔ نهادهای جامعه را دستخوش تغییر نماید. برعکس، در صورتی که مدیران در تعیین اهداف کلی و خط مشی‌های سازمان ناتوان بوده و یا دچار لغزشهایی شوند، آثار ناشی از این اشتباهات ممکن است موجب بروز مشکلات اصلی ، صرف زمان بیشتر و در نتیجه، هزینه‌های گزافی را برای سیستم تحمیل نماید.

بنابراین، بهره‌گیری از دانش و تجربیات نوین در زمینه‌های مختلف مدیریتی از جمله مدیریت اداری، آموزشی، بازرگانی، دولتی، صنعتی و ... مستلزم آشنایی با واژه‌ها، مفاهیم و اصطلاحاتی است که ادبیات این علم را تشکیل می‌دهند.

در فرهنگ حاضر علاوه بر پاسخگویی به این نیاز علاقمندان، سعی شده است تا نیاز دانشجویان رشته‌های مختلف مدیریت و زبان انگلیسی را نیز تا حد زیادی برآورده نماید.

برغم کوشش و تلاش بسیار زیادی که در خصوص تهیه و تدوین و همچنین دقت و وسواسی که در ویرایش این فرهنگ بعمل آمده ، نگارش آن عاری از لغزش و خطا نیست و لذا موجب امتنان و تشکر خواهد بود که اساتید گرامی با یادآوری لغزشها و نارساییها مؤلف را در جهت کاملتر شدن فرهنگ یاری نمایند. اکنون با تقدیم این مجموعه به شیفتگان علم و دانش، محققان، مدیران، مترجمان و دانشجویان عزیز، امید است که گامی هر چند کوچک در راستای پیشبرد اهداف علمی و توسعهٔ فرهنگی کشور عزیزمان برداشته باشیم.

تقدیر و تشکر:

اینک که نگارش این مجموعه خاتمه یافته، فرصت را غنیمت شمرده و وظیفه خود می دانم تا از کلیهٔ کسانی که به نحوی مؤلف را در تدوین این فرهنگ یاری داده‌اند، به ویژه جناب آقای محمد جوادصبایی مدیر محترم انتشارات رهنما که اینجانب را به تهیه و تدوین این فرهنگ ترغیب و تشویق نمودند و به رغم مشکلات موجود در زمینهٔ چاپ کتاب از هیچگونه مساعدت و پشتیبانی دریغ ننمودند، صمیمانه تشکر و قدردانی نموده و توفیق روزافزون ایشان را از درگاه خداوند بزرگ مسألت می نمایم.

عباس یزدی

باسمه تعالی

پیشگفتار :

گسترش و توسعهٔ روز افزون مؤسسات و سازمانهای مختلف خصوصی و عمومی و رقابت بین آنها سبب گردیده که این سازمانها برای دستیابی به اهداف مختلف خود از هیچ تلاشی دریغ ننموده و پیوسته در جهت جمع‌آوری اطلاعات جدید و آموزش مستمر نیروی انسانی و کادر مدیریتی خود برای رسیدن به خودکفایی و بهره‌وری بیشتر کوشش کنند.

در مورد نقش و جایگاه والای آموزش مدیران در بهبود و بالندگی سازمان مطالب زیادی نوشته شده است. آموزش نه تنها موجب ارزش افزودهٔ شغلی کارکنان می گردد، بلکه در رشد و ارتقای فکری، عاطفی، اجتماعی و مهارت نیروی انسانی سازمانها بسیار مؤثر می‌باشد. البته وجود برنامه های آموزشی در یک سازمان نشان دهنده بلوغ و نگرش والای مدیریت بر مسائل سازمانی تلقی شده و اجرای آنها نیز به مفهوم کارآیی مدیریت و پویایی مجموعه می‌باشد. آموزش مناسب و برنامه‌ریزی شده قادر است از کارکنان، منابع انسانی مجرب و متعهدی ساخته و سبب تقویت و افزایش سرعت سازمان در دستیابی به اهداف استراتژیک (راهبردی) خود گردد.

ورود کارکنان جدید به سازمان، بهره گیری از فن‌آوری پیشرفته و بکارگیری روشهای نوین مستلزم نوعی آموزش است. بدون تردید، طراحی دوره‌های آموزشی و اجرای آنها نیز خود نیازمند برنامه‌ریزی دقیق و در نهایت مدیریت آموزشی مؤثر و کارآمد می‌باشد که با بررسی کلیهٔ جوانب نسبت به تدوین دوره‌های آموزشی که در جهت ارتقای دانش، مهارت، نگرش و رفتار کارکنان ثمر بخش باشد، اقدام نماید.

بدیهی است که برای انجام این امور به برنامه‌ریزی، سازماندهی، رهبری، نظارت و بهره گیری از ارتباطات سازمانی مناسب و تصمیم گیریهای منطقی و سنجیده و همچنین نظام مالی هدفمند و کارگزینی فعال نیاز داریم. از اینرو، پی بردن به هر کدام از اصول فوق ما را بیش از پیش به اولویت و ضرورت آموزش مدیریت واقف می سازد. بر همین اساس یکی از اهداف اصلی هر سازمان آموزش مدیران جهت آشنایی کافی با موارد مذکور می باشد. آنچه که مسلم است امروزه پیشرفت علم مدیریت با بهره‌گیری از فن‌آوری اطلاعات، تحول شگرفی را در جهان ایجاد نموده است. در این راستا ابزارهای انتقال پیام از رسانه‌های گروهی، ماهواره‌ها و شبکه‌های اینترنت گرفته تا انواع کتابها و مجلات نقش مؤثری را در تحول فرهنگ سازمانی

یزدی، عباس، ۱۳۳۰-
فرهنگ مدیریت انگلیسی - فارسی رهنما به انضمام
فهرست واژگان فارسی: شامل بیش از ۲۰۰۰. اصطلاح .../
تألیف عباس یزدی . - تهران: رهنما، ۱۳۷۹.
774 ، ۲۹۴ ص.
ISBN 964 - 6951-33-3
فهرستنویسی براساس اطلاعات فیپا.
ص. ع. به انگلیسی: Abbas Yazdi . Rahnama:
Manegment Dictionary English- Persian: over ...
کتابنامه: ص. ۲۹۱- ۲۹۴.
۱. مدیریت - واژه نامه ها - انگلیسی. ۲. زبان انگلیسی -
واژه نامه ها - فارسی. الف. عنوان.
1. English Language - Dictionaries - Persian.
HD۳۰/۱۵/ی۴ف۴ ۶۵۸/۰۰۳
کتابخانه ملی ایران ۷۹/۲۸۸۲م

نام کتاب: فرهنگ مدیریت انگلیسی- فارسی رهنما. مؤلف: عباس یزدی.
ویراستار، مهندس فرهاد یزدی. نوبت چاپ: اول. تاریخ چاپ: تابستان ۱۳۷۹.
تیراژ: ۳۰۰۰ نسخه. صفحه آرایی: فرزاد. حروفچینی: نوین پژوهش.
لیتوگرافی: دانش. چاپ: کاج.
شابک: ۳-۳۳-۶۹۵۱-۹۶۴
ناشر: انتشارات رهنما. مقابل دانشگاه تهران، خیابان فروردین،
نبش خیابان شهدای ژاندارمری.
تلفن: ۶۴۱۶۶۰۴ - ۶۴۰۰۹۲۷

حق چاپ برای ناشر محفوظ است.

فرهنگ مدیریت
انگلیسی - فارسی
رهنما

به انضمام فهرست واژگان فارسی

شامل بیش از ۲۰۰۰۰ اصطلاح مدیریت در زمینهٔ:

مدیریت آموزشی، اداری، بازرگانی، دولتی، صنعتی و زمینه های وابسته

تألیف
عباس یزدی